JN437690

|제2판|

형법총론

|제2판|

형법총론

발행일 1판 1쇄 2013년 02월 28일 2판 1쇄 2016년 10월 1일 발행인 오덕성
지은이 도중진·정대관 펴낸곳 충남대학교출판문화원 주소 대전광역시 유성구 대학로 99
전화 042-821-6045 홈페이지 http://www.cnupress.co.kr E-mail cnupress@cnu.ac.kr

ISBN 978-89-7599-597-2 93360
정가 38,000원

| 제2판 |

형법총론

도중진 · 정대관

충남대학교출판문화원

[제2판]
刑法總論

머 리 말

형법총론이 세상에 나온 지도 3년이 지났다. 그 동안 발견된 오탈자도 다수 있었으며 독자들이 좀 더 쉽게 이해할 수 있도록 내용이나 표현을 바꾸는 것이 바람직한 부분들도 다수 발견되었다. 또한 외국에서 받은 형의 집행조문과 관련된 헌법재판소의 헌법불합치결정을 위시로 한 다수의 헌법재판소 결정과 제3자의 과실이 개입한 경우의 상당인과관계 판단 등 새로운 대법원 판례도 많이 나왔기 때문에 이를 반영하여야 할 필요도 있었다. 아울러 판례와 함께 그 동안 출간된 교과서들의 새로운 내용도 참고하여 적기할 필요가 있었다.

특히 최근 징역형의 상한선을 15년에서 30년으로 상향조정한 형법개정을 통하여 형벌제도가 더욱 강화되었으며, 우리 사회의 고위험 범죄자들에 대한 사회통제수단으로서 '신상정보공개제도'를 필두로 '위치추적 전자장치 부착제도', '성충동약물치료제도' 등의 보안처분에 관한 형사입법분야에서 나타난 획기적인 변화도 있었다. 또한 2016년 1월에는 유기징역 또는 유기금고의 집행이 종료하거나 면제될 때까지 당연히 자격이 정지되도록 하고 있는 제43조제2항에 대하여 다른 법률에 특별한 규정이 있는 경우에는 그 법률에 따르도록 단서를 신설하고, 500만원 이하의 벌금형에 대한 집행유예제도의 도입, 간통죄의 삭제, 특수상해죄, 특수강요죄 및 특수공갈죄의 신설을 주된 골자로 하는 형법개정과 같은 해 5월에는 부패행위를 방지하고 "UN 부패방지협약" 등 국제적 기준에 부합하도록 본인이 직접 재물이나 재산상의 이익을 취득하는 행위뿐만 아니라 제3자로 하여금 재물이나 재산상 이익을 취득하게 하는 행위도 처벌할 수 있도록 배임수재죄의 구성요건을 정비하고, 그 제3자가 배임수재의 정(情)을 알고 취득한 경우에는 그 제3자가 취득한 재물이나 재산상의 이익을 몰수 또는 추징하는 것을 골자로 하는 형법개정도 이루어졌다.

따라서 이러한 상황을 반영하여 새로운 학설의 동향 및 판례와 함께 최근 총론과 관련된 형법개정의 내용을 새롭게 추가하거나 보완하였으며 그 밖의 부분은 독자들이 사고와 이해위주의 형법학습방법을 통하여 형법에 대한 전반적인 이해와 기초지식을 배양하고 심화하는데 도움이 될 수 있도록 서술방식을 그대로 유지하면서 해당 내용을 수정·보완하였다.

본서의 서술에도 다른 교과서의 내용을 소개하고 인용한 부분 또한 적지 않지만 독자들의 편의를 위하여 부득이 각주를 생략하고 참고문헌을 일괄적으로 게재하는 것으로 대신하였다. 여러 교수님들의 양해를 구하는 동시에 부족하기 그지없는 본서에 대한 독자제현의 예리한 비판과 조언을 고대하면서 본서가 수정·보완되어 출판되는 과정에서 물심양면으로 도움을 준 모든 분들께 마음깊이 감사함을 전한다.

2016년10월

대학로 연구실에서

저자 일동

刑法總論

머 리 말

저자들이 형법을 공부한지도 수 십년의 성상이 흘렀다. 그 동안 우리 형법학계도 눈부신 발전과 성장을 거듭하여 형법총론은 거의 모든 분야에 있어서 이전과는 비교할 수 없을 정도로 훌륭한 연구성과가 축적되었다. 또한 이러한 연구성과의 집약체인 형법총론교과서도 출간된 것만 수 십종류에 이르고 있다.

저자들은 그 동안 법과대학, 법학전문대학원 및 외부에서 형법총론을 강의해 오면서 어떻게 하면 난해하기 그지없는 형법에 대한 기초지식 및 전문지식을 보다 쉽게 이해하도록 전달할 수 있을까 하고 고민해 왔다. 기존의 교과서들이 대부분 전문적인 형법학 연구를 위한 것이거나 사법시험 준비를 위한 것이기 때문에 형법학에 대한 기초가 아직 부족한 이들이 쉽게 이해하기에는 적합하지 않을 수 있기 때문이다. 따라서 저자들은 형법을 처음 공부하는 이들이 형법에 대한 기초지식과 전문지식을 쉽게 이해할 수 있도록 이해하기 쉬운 내용으로 구성된 교재가 있어야 한다는 필요성을 절감하고 있었다.

이러한 필요성에 부응하기 위하여 저자들은 형법총론교과서의 집필을 결심하고, 형법이론들을 가급적 이해하기 쉽게 정리하고 체계화함으로써 형법을 처음 공부하는 사람들이 형법에 대한 전반적인 이해와 기초지식을 배양하는 데 도움이 될 수 있도록 초점을 맞추었으며, 형법에 대한 기본지식을 가진 사람들에게는 그 동안 공부한 내용을 체계적으로 정리하여 사례를 해결할 수 있도록 하는데 저술의 목적을 두었다.

본서는 저자들이 형법강의를 위하여 공저로 처음 만드는 교과서이다. 기존의 훌륭한 형법총론교과서들이 있음에도 불구하고 형법총론의 교과서를 쓰게 된 데에는 학문적 연구결과에 대한 학자로서의 부끄러움 이외에도 저자들의 마음에 드는 형법총론교과서를 만들어보고 싶다는 평소의 희망이 작용한 결과라 할 수 있다. 저자들이 본서를 집필함에 있어서는 다음의 점에 유의하였다.

첫째, 최근 교과서의 경향이 부작위범과 과실범에 대하여 특별한 범죄형태로서 별도로 다루는 방식을 취하는 것이 일반적이지만, 이에 대하여는 전통적인 방법에 따라 구성요건론에서 하나의 장별로 서술하였다.

둘째, 범죄론에서는 학설의 대립이 극심하지만, 저자들이 개인적으로 취하는 태도를 엄격하게 고집하지 않고 통설과 판례의 태도를 중심으로 서술함으로써 형법기본서가 될 수 있도록 충실을 기하였다. 따라서 범죄론체계에 대하여는 전통적인 범죄론 3분법체계에 입각하고 통설인 사회적 행위론의 입장에서 고의·과실의 이중적 지위를 인정하는 입장에서 서술하였다.

셋째, 특히 형법을 처음 접하는 사람들로 하여금 형법전반에 대한 기초지식을 쉽게 이해할 수 있도록 하기 위하여 본문에서는 기본적인 내용들을 중심으로 설명하였으며, 필요한 경우에는 도표 등을 이용하여 비교·정리할 수 있도록 보충설명하였다. 또한 이론적 깊이를 더 할 수 있도록 부가적으로 알아야 할 내용이나 중요한 논점이 되는 부분에 대하여는 [보충설명], [용어정리], [쟁점정리], [사례풀이] 등의 란을 통하여 별도로 설명함으로써 학문적 욕구를 충족시키고자 하였다.

넷째, 최근에는 판례의 태도가 중시되고 있고, 사례에 대한 해결을 중심으로 한 공부방법이 강조되고 있으므로 형법학에 있어서 판례의 중요성은 아무리 강조하여도 지나칠 수 없다. 판례를 통하여 형법이론이 구체적 사건에 어떻게 적용되는지를 파악할 수 있고, 이를 통하여 형법의 정확한 이해가 가능해 질뿐만 아니라 판례에 대한 풍부한 지식은 사례문제의 해결에 있어서 많은 도움을 줄 수 있기 때문이다. 따라서 본서에서는 본문 및 각주에서 [보충판례] 및 [판례의 쟁점 및 연구] 등을 통하여 대법원판례를 가급적 많이 소개하고자 하였다. 또한 대법원판결이 없는 부분에 대하여는 부득불 독일과 일본 등 외국의 판결을 소개할 수밖에 없었다.

본서를 서술함에 있어서는 다른 교과서의 내용을 소개하거나 인용한 부분도 적지 않지만, 독자들의 편의를 도모하고자 부득이 각주를 생략하고 참고문헌을 일괄적으로 게재하는 것으로 대신하고자 한다. 여러 교수님들의 양해를 구하는 동시에 미흡하기 그지없는 본서에 대한 독자제현의 예리한 비판과 조언을 고대한다.

본서는 많은 분들의 도움없이는 출판될 수 없었다. 대전시청에 근무 중인 김혁 박사, 충남대학교 시간강사로 근무 중인 윤민석 박사, 충남대학교 법률상담소에 근무 중인 김호겸 법학석사는 어려운 근무여건 속에서도 편집, 색인작성, 교정 등 여러 가지 까다로운 일들을 도맡아 주었다. 창원대학교 법학과에 재직 중인 류병관 교수와 대전대학교 경찰학과에 재직 중인 박행렬 교수는 바쁜 일정 속에서도 여러 가지 내용상의 조언을 해 주었을 뿐만 아니라 성심성의껏 교정도 봐 주었다. 이들의 앞길에 학문적 대성이 있기를 기원하며 깊은 감사의 말씀을 드린다.

2013년 1월

눈덮인 궁동캠퍼스 연구실에서

저자 일동

참고문헌

김성돈, 『형법총론』 제4판, 성균관대학교 출판부, 2015.
김성천/김형준, 『형법총론』 제6판, 소진, 2014.
김일수/서보학, 『형법총론』 제11판, 박영사, 2006.
김일수, 『형법학원론』, 박영사, 1992.
김일수, 『한국형법 Ⅰ·Ⅱ』, 박영사, 1992.
박광섭 외 2인 공저, 『기초형법강의Ⅰ』, 만파, 1999.
박상기, 『한국형법』 제9판, 박영사, 2012.
박상기 외 4인 공저, 『판례교재 형법총론』, 준커뮤니케이션즈, 2010.
배종대, 『형법총론』 제12판, 홍문사, 2016.
성낙현, 『형법총론』, 동방문화사, 2010.
손해목, 『형법총론』, 홍문사, 2008.
신동욱 외 7인 공저, 『신고 형법총론』, 사법행정, 1978.
신동운, 『형법총론』 제9판, 법문사, 2015.
신동운, 『판례백선 형법총론』(개정판), 경세원, 1997.
안동준, 『형법총론』, 학현사, 1998.
오영근, 『형법총론』 제3판, 박영사, 2014.
유기천, 『개정 형법학(총론강의)』, 일조각, 1980.
이영란, 『형법학(총론강의)』, 형설출판사, 2008.
이재상, 『형법총론 제7판』, 박영사, 2011.
이재상/장영민/강동범, 『형법총론』 제8판, 박영사, 2015.
이재상, 『형법기본판례 총론』, 박영사, 2011.
이정원, 『형법총론』, 문영사, 1998.
이형국, 『형법총론』, 법문사, 1990.
임 웅, 『형법총론』 제7판, 법문사, 2015.
정성근, 『형법총론』(전정판), 법지사, 1996.
정성근/박광민, 『형법총론』 제4판, 삼지원, 2008.
정영석, 『형법총론』 제5전정판, 법문사, 1987.
정영일, 『형법총론』 제3판 , 박영사, 2010.
조준현, 『형법총론』 4정판, 법원사, 2011.
진계호, 『신고 형법총론』, 대왕사, 1988.
차용석, 『형법총론강의』, 고시연구, 1988.
하태훈, 『사례중심 형법총론』(전정판), 법원사, 2002.
형사판례연구회, 『형사판례연구』 제1권-제23권, 박영사, 1993-2015.
허일태, 『형법연구(Ⅰ)』, 세종출판사, 1997.
황산덕, 『형법총론』 제7정판, 방문사, 1982.

刑法總論

목 차

序章 _ 형법총칙의 전체상

제1장 _ 형법의 기초 : 기본개념

제2장 _ 죄형법정주의 : 형법과 그 해석

제3장 _ 형법의 적용범위

제4장 _ 범죄의 기본요소

제5장 _ 구성요건적 행위(실행행위)와 부작위범

제6장 _ (형법적)인과관계(와 객관적 귀속)

제7장 _ 고의와 사실의 착오

제8장 _ 구성요건적 과실과 결과적 가중범

제9장 _ 위법성의 일반이론

제10장 _ 정당행위

제11장 _ 정당방위

제12장 _ 긴급피난

제13장 _ 자구행위

제14장 _ 피해자의 승낙에 의한 행위

제15장 _ 책임론 일반

제16장 _ 책임능력

제17장 _ 위법성의 인식과 법률의 착오

제18장 _ 기대가능성

제19장 _ 미수범의 일반이론 및 장애미수

제20장 _ 중지미수, 불능미수, 예비·음모죄

제21장 _ 정범과 공범론

제22장 _ 죄수론

제23장 _ 형벌론

序章

형법총칙의 전체상

제1절 형법이란 무엇인가?

1. 총론(총칙)과 각론(각칙)

형법은 형법총론(총칙)과 형법각론(각칙)으로 구성되어 있다.

형법총론에서는 범죄와 형벌에 대한 일반적인 구조를 공부하고, 형법각론에서는 개별범죄별로 그 구조를 학습하게 된다. 형법을 숙련과목(자신있는 과목)으로 만들기 위해서는 먼저 형법총론을 충분히 공부함으로써 형법특유의 이론적인 사고나 체계적인 사고에 익숙해질 필요가 있다.[1)]

형법은 처음에는 난해하여 공부하기 어려운 법률로 생각하는 경향이 있다. 그러나 항상 전체상을 의식하면서 기본적인 사고의 방향성을 잘못 인식하지만 않으면, 적어도 변호사시험 수준의 형법 정도는 숙련과목으로 만들 수 있다. 물론 헌법 등과 같이 형법도 그 배후의 이념을 추구하다 보면 역사, 철학 등의 세계에 빠져들 수밖에 없다.

---

1) **[형법학방법론]** : 김성돈, **"형법공부, 어떻게 할 것인가?"** 형법총론 제2판, 성균관대학교출판부, 2009, 815-823쪽 ; 신동운, **"형법공부 어떻게 할 것인가?"** 형법총론 제6판, 법문사, 2011, 14-24쪽 ; 오영근, **"사례문제 해결방법"**, 형법연습, 박영사, 2004, ix-xx쪽 ; 이재상, **"형법사례문제 해결의 방법론"**, 형법연습 제8판, 신조사, 2012, 3-16쪽 등을 **필독하시오**.

또한 이론적인 개념조작도 학자의 수준이 되면 어지간한 정도로는 따라가기 어려울 정도로 난해하다. 그러나 시험에 합격하여 실무에서 형법을 능숙하게 구사하기 위한 논의에 한정하는 경우에는, 형법이라는 망망대해에 배를 띄울 필요도 없이 용이하게 목적지에 도달할 수 있는 방법이 있다. 이를 지금부터 학습해 가기로 하자. 그리고 형법에 흥미가 생기면 조금 더 깊고, 넓게 학습하면 좋을 것이다.

이 序章에서는 형법의 존재이유를 간단히 확인한 다음, 범죄라는 것이 무엇인지에 대하여 그 전체상을 살펴보기로 한다.

2. 형법의 기능(형법의 역할)

형법이라는 법률을 무엇 때문에 만든 것일까? 형법은 왜 존재하는 것일까? 이는 형법에는 일정한 역할이 부여되어 있기 때문이다. 이러한 형법의 역할을 **형법의 기능**이라 한다. 상세하게는 후술하는 제1장(제2절)에서 살펴볼 것이지만, 여기서는 간단하게 개략을 확인해 두기로 하자.

가. 법익보호기능(형법의 보호적 과제)[2]

사회 일반의 형법에 대한 이미지는 "나쁜 사람들로부터 국민을 지켜주는 법률"일 것이다. 즉 형법으로서 일정한 행위 즉 범죄를 범하면 형벌을 부과한다는 규정을 둠으로써 사람들의 다양한 이익을 지키는 것이다. 이처럼 형법에는 국민의 생활을 위협하는 범죄자를 처벌하여 국민의 이익을 지킨다는 기능이 기대되고 있다. 이를 **법익보호기능**이라 한다. 여기서 **'법익(Rechtsgut)'이란 우리가 사회내지 국가에서 평화로운 공존질서를 유지하기 위해 법적으로 보호하여야 할 가치 또는 이익**으로 이해할 수 있다.

예컨대 살인죄(제250조)에 있어서는 생명이 보호법익이다. 사람을 살해하는 행위,

---

2) **[형법의 보호적 과제의 양면]** : 형법의 보호적 과제로서 **결과불법적 측면**을 강조하게 되면 법익보호기능을 전면에 내세우게 되지만, **행위불법적 측면**을 강조하는 경우에는 사회윤리적 행위가치보호기능을 강조하게 될 것이다.

즉 생명을 박탈하는 행위를 처벌한다고 규정하고 실제로 이를 처벌함으로써 형법은 국민의 생명이라는 생활이익을 지키는 것이다.

나. 인권보장기능=자유보장기능(형법의 보장적 과제)

한편 형벌은 인권에 대한 가혹한 침해이다. 따라서 (국가)형벌권은 부당한 인권침해를 초래하지 않도록 명확한 요건 아래 필요최소한도로 행사되어야 한다. 왜냐하면 헌법에서 공부한 것처럼 인권은 최대한 존중되어야 하는 것이며 인권에 대한 침해는 필요최소한에 그쳐야 하기 때문이다. 즉 형법은 국가권력이 형벌을 부과할 수 있는 **요건(범죄성립요건)**과 **효과(구체적인 형벌)**를 명문화하고, 형벌권의 행사를 이에 한정함으로써 국민의 자유를 가능한 보장한다는 역할까지도 담당하고 있는 것이다.

이를 형법의 **인권보장기능**이라 한다. 또는 **자유보장기능**이라고도 한다. "형법은 범죄인의 마그나 카르타"라는 별칭은 바로 이러한 형법의 중요한 일면을 나타내는 말이기도 하다. 후술하는 것처럼 죄형법정주의라는 형법의 기본원칙은 이 인권보장기능을 담당하는 것이다.

[보충설명 : 형법의 과제와 범죄자 및 피해자와의 관계]

[형법의 자유보장과제와 법익보호과제는 서로 역설적인 관계]에 있다. 형법은 원래 '피해자의 이익'을 일반화추상화하여 이를 법익으로 격상시키고 이를 침해하는 행위유형을 범죄화하였다. 따라서 당연히 법익을 침해하는 범죄행위자로부터 법익을 보호해야 할 과제를 수행하여야 하는데, 형법은 다시 자기성찰과 자기발전을 통해 국가의 형벌권을 제한하기 위해 범죄자의 자유보장이라는 법치국가적 과제를 설정하게 되었다. 사실상 형법이나 형사소송법의 여러 가지 이념들을 보면 범죄피해자를 보호하는 원칙보다는 범죄행위자의 자유보장을 위한 원칙들이 훨씬 많고 더 중요한 원칙들로 취급받고 있음을 알 수 있다.

그러나 최근에는 이에 대한 반작용으로 형법의 무대에서 법익이라는 추상물만 남겨둔 채 잊혀져 있던 인물인 범죄피해자의 권리를 재조명하려는 이른바 **'피해자의 르네상스'**적 경향이 영미계통이나 유럽의 형사정책학자들 사이에 유행처럼 번지고 있으며, '피해자학'이라는 독립된 학문영역에 관한 연구도 활발하게 진행되고 있다.

이에 대한 최근의 연구로는, 도중진, 형사절차에서 범죄피해자에 대한 재고찰, 피해자학연구 제10권 제1호, 한국피해자학회, 2002 외 다수 참조.

다. 보호적 과제와 보장적 과제의 조화

이처럼 형법은 ①법익보호기능과 ②인권보장기능이라는 두 가지 기능을 갖고 있다. 법익을 보호하고 인권을 보장하기 위하여 형법은 존재하는 것이다. 헌법상 국민은 타인에게 폐를 끼치지 않는 한 자유이다. 어떤 사람의 인권과 다른 사람의 인권이 충돌할 때에는 공공의 복지에 의해 조정된다. 여기서는 타인의 인권이 법익이고 그 공공복지의 조정도구가 형법인 것이다. 따라서 형법은 피해자의 인권 즉 법익을 보호하고 한편으로 자유의 한계범위를 제시함으로써 범인을 포함한 모든 국민의 인권보장을 목표로 하는 것이다.

형법으로 사회질서를 유지하기 위해서는 이러한 ①법익보호기능과 ②인권보장기능이라는 상호 모순·대립하는 두 가지 요소를 적절하게 조화시킬 필요가 있다. 이러한 이유로 형법의 해석에 있어서도 이 양자를 어떻게 조화할 것인가라는 점이 중요한 포인트가 된다.

▮ 형법해석의 포인트 ▮

사례 1　보호적 기능과 보장적 기능의 조화

예컨대 산업스파이가 경쟁기업의 연구실에 잠입하여 신제품의 디자인을 소형카메라로 촬영하였다. 신제품의 디자인을 훔쳤다고 할 수 있지만, 이를 '절도죄(제329조)'로 처벌할 수 있을 것인가? 형법 제329조에는 "타인의 재물을 절취한 자는 6년 이하의 징역 또는 1천만원 이하의 벌금에 처한다"고 규정하고 있다.

여기서는 신제품의 디자인이 형법 제329조의 '재물'에 해당하는지 여부가 문제된다. 이 경우 디자인도 절취되지 않도록 법적으로 보호하여야 한다고 생각하면 즉 법익보호의 측면을 중시하면 디자인도 '재물'에 해당한다는 해석이 가능하다. 이에 대하여 '재물'인 이상은 상식적으로 생각할 때 有體物이어야 하는 것이 아닌가, 형법에 (財)物이라고 표기되어 있기 때문에 디자인 등 무형의 것은 (財)物이라 할 수 없다. 즉 이를 절취하는 행위는 치열한 기업경쟁범위내의 자유로운 행위라고 생각하여 디자인을 절취한 사람의 자유를 해하는

....

3) [情報財保護의 입법례] : 현재 신제품의 디자인과 같은 情報財(무체물로서 지적재산이자 산업재산권인 영업비밀)의 보호는 형법의 영역이 아닌 형사특별법인 '부정경쟁방지및영업비밀보호에관한법률[시행 2012.3.15][법률 제11112호, 2011.12.2, 일부개정]' 제18조(벌칙), 즉 영업비밀침해행위에 대한 벌칙조항으로 규제하고 있으며, '산업기술의유출방지및보호에관한법률[시행 2012.1.26][법률 제10962호, 2011.7.25, 일부개정]'도 '산업기술' 및 '국가핵심기술'(제2조 정의)을 보호하려는 취지에서 그 침해행위를 제36조(벌칙) 이하에서 벌칙조항으로 규제하고 있다.
한편 군사기밀의 유출과 관련하여서는 '군사기밀보호법[시행 2011.6.9][법률 제10792호, 2011.6.9, 일부개정]' 제10조 이하에서 벌칙조항으로 규제하고 있다.

결과가 된다. 따라서 자유보장기능이라는 측면을 중시하면 재물에는 해당하지 않는다고 해석하게 된다. 이처럼 법익보호와 자유보장의 어느 쪽을 중시하는가에 따라서 재물의 해석도 달라지는 것이다.[3]

이처럼 형법은 국가형벌의 모든 가치관점 및 목적관점을 염두에 두어야 하기 때문에 법률해석의 한계가 다른 법영역보다 훨씬 좁게 설정되어 있다. 형법을 적용함에 있어서 형법의 자유보장적 과제를 앞세우면 개별형법규정을 행위자에게 유리하게 해석하고, 법익보호과제 내지 사회보호과제를 우선하게 되면 행위자에게 불리하게 해석하게 된다.

[요약 도식 : 보호적 기능과 보장적 기능의 조화]

대립

처벌범위확대 ⬅ [법익보호기능] × [인권보장(자유보장)기능] ➡ 처벌범위한정

조화

[피해자의 입장] [범인을 포함한 모든 국민]

재물에 해당한다 재물에 해당하지 않는다(유체물에 한정)

사례 2 보호적 기능과 보장적 기능의 조화

견인료의 납부를 요구하는 교통관리직원을 승용차 앞 범퍼부분으로 들이받아 폭행한 사건의 경우, 법익보호나 사회보호의 관점을 앞세워 행위자(운전자)에게 불리하게 단순폭행죄(제260조)[4]가 아니라 특수폭행죄(제261조)[5]의 규정을 적용하려면 형법 제261조의 위험한 물건[6]의 '휴대'라는 개념을 '널리 이용하여'라고 해석한다.[7] 반면에 형법의 자유보장적 기능을 앞세워 해석하는 경우에는 '휴대'란 '몸에 지니는 것'이라는 의미로 제한해석되어 행위자에게 특수폭행죄의 성립을 인정할 수 없고 단순폭행죄의 성립만 인정하게 된다.

이처럼 형법학도는 형법규정의 여러 가지 개념을 해석함에 있어서 자유보장과 법익보호라는 두 가지 관점 사이에서 갈등에 빠지는 경우에 직면하는 경우가 많다. 자유보장은 궁극적으로 피고인의 인권침해의 소지를 줄이기 위해 국가형벌권을 제한적으로 행사하고 절차적으로 적정절차를 유지하는 데 무게중심을 두게 된다. 반면에 법익보호라는 관점은 질서의 유지, 사회의 안정을 지향하는 데 동원될 수 있는 논리이다.

어느 쪽을 우선할 것인지는 국가형벌권에 대한 해석자의 철학(가치관)과 세계관에 따라 달라질 것이고, 그 사회의 정치적 상황 및 시민의식에 따라 상대적으로 양자 간의 긴장관계의 강도가 달라질 것이다.

---

4) 제1항 "사람의 身體에 對하여 暴行을 加한 者는 2年 以下의 懲役, 500萬원 以下의 罰金, 拘留 또는 科料에 處한다.<改正 1995.12.29>"

5) "團體 또는 多衆의 威力을 보이거나 危險한 物件을 携帶하여 第260條 第1項 또는 第2項의 罪를 犯한 때에는 5年 以下의 懲役 또는 1千萬원 以下의 罰金에 處한다.<改正 1995.12.29>" 이 조항은 **'폭력행위등처벌에관한법률[시행 2006.6.25][법률 제7891호, 2006.3.24, 일부개정]'** 제3조 제1항에 의해 '1년 이상의 유기징역'으로 가중처벌된다.

6) **[위험한 물건의 판단기준]** : 대법원 2003.1.24. 선고 2002도5783 판결(어떤 물건이 폭력행위등처벌에관한법률 제3조 제1항의 '위험한 물건'에 해당하는지 여부는 구체적인 사안에서 사회통념에 비추

어 그 물건을 사용하면 상대방이나 제3자가 생명 또는 신체에 위험을 느낄 수 있는지 여부에 따라 판단하여야 하고, **자동차**는 원래 살상용이나 파괴용으로 만들어진 것이 아니지만 사람의 생명 또는 신체에 위해를 가하거나 다른 사람의 재물을 손괴하는 데 사용되었다면 폭력행위등처벌에관한법률 제3조 제1항의 **'위험한 물건'에 해당한다**.) ; 대법원 2004.5.14. 선고 2004도176 판결(폭행에 사용한 당구큐대가 폭력행위등처벌에관한법률 제3조 제1항의 위험한 물건에 해당하지 않는다고 한 사례) ; 대법원 2008.1.17. 선고 2007도9624 판결(상해행위 과정에서 사용한 당구공이 폭력의 정도와 결과 등에 비추어 폭력행위등처벌에관한법률 제3조 제1항의 '위험한 물건'에 해당하지 않는다고 한 사례) ; 대법원 2009.3.26. 선고 2007도3520 판결[**자동차를 이용하여 다른 자동차를 충격한 사안**에서, 충격 당시 차량의 크기, 속도, 손괴 정도 등 제반 사정에 비추어 위 자동차가 폭력행위 등 처벌에 관한 법률 제3조 제1항에 정한 **'위험한 물건'에 해당하지 않는다고 한 사례**. 원심판결 이유에 의하면, 원심은 그 판시와 같이 사실을 인정한 다음, 피고인이 이혼 분쟁 과정에서 자신의 아들을 승낙 없이 자동차에 태우고 떠나려고 하는 피해자들 일행을 상대로 급하게 추격 또는 제지하는 과정에서 이 사건 자동차를 사용하게 된 점, 이 사건 범행은 소형승용차(라노스)로 중형승용차(쏘나타)를 충격한 것이고, 충격할 당시 두 차량 모두 정차하여 있다가 막 출발하는 상태로서 차량 속도가 빠르지 않았으며 상대방 차량의 손괴 정도가 그다지 심하지 아니한 점, 이 사건 자동차의 충격으로 피해자들이 입은 상해의 정도가 비교적 경미한 점 등의 여러 사정을 종합하면, 피고인의 이 사건 자동차 운행으로 인하여 사회통념상 상대방이나 제3자가 생명 또는 신체에 위험을 느꼈다고 보기 어렵다고 판단하여 피고인에 대한 폭력행위 등 처벌에 관한 법률 제3조 제1항 위반죄가 성립하지 아니한다고 보았다. 앞서 본 법리 및 기록에 비추어 살펴보면, 원심의 위와 같은 판단은 정당하고, 거기에 상고이유로 주장하는 폭력행위 등 처벌에 관한 법률 제3조 제1항에 정한 '위험한 물건'에 관한 법리오해 등의 위법이 없다.] ; 대법원 2010.4.29. 선고 2010도930 판결(경륜장 사무실에서 술에 취해 소란을 피우면서 '소화기'를 집어던졌지만 특정인을 겨냥하여 던진 것이 아닌 점 등을 종합하여, 위 '소화기'는 폭력행위 등 처벌에 관한 법률 제3조 제1항의 '위험한 물건'에 해당하지 않는다고 한 사례) ; 대법원 2010.11.11. 선고 2010도10256 판결[【판시사항】 [1] 폭력행위 등 처벌에 관한 법률 제3조 제1항에서 정한 '위험한 물건'의 판단 기준 [2] 피고인이 甲과 운전 중 발생한 시비로 한차례 다툼이 벌어진 직후 甲이 계속하여 피고인이 운전하던 자동차를 뒤따라온다고 보고 순간적으로 화가 나 甲에게 겁을 주기 위하여 자동차를 정차한 후 4 내지 5m 후진하여 甲이 승차하고 있던 자동차와 충돌한 사안에서, **피고인 운전의 자동차를 폭력행위 등 처벌에 관한 법률 제3조 제1항이 정한 '위험한 물건'에 해당한다**고 본 사례

【판결요지】

[1] 어떤 물건이 폭력행위 등 처벌에 관한 법률 제3조 제1항에서 정한 '위험한 물건'에 해당하는지 여부는 구체적인 사안에서 사회통념에 비추어 그 물건을 사용하면 상대방이나 제3자가 생명 또는 신체에 위험을 느낄 수 있는지 여부에 따라 판단하여야 한다. 이러한 판단 기준은 자동차를 사용하여 사람의 생명 또는 신체에 위해를 가하거나 다른 사람의 재물을 손괴한 경우에도 마찬가지로 적용된다.

[2] 피고인이 甲과 운전 중 발생한 시비로 한차례 다툼이 벌어진 직후 甲이 계속하여 피고인이 운전하던 자동차를 뒤따라온다고 보고 순간적으로 화가 나 甲에게 겁을 주기 위하여 자동차를 정차한 후 4 내지 5m 후진하여 甲이 승차하고 있던 자동차와 충돌한 사안에서, 본래 자동차 자체는 살상용, 파괴용 물건이 아닌 점 등을 감안하더라도, 위 충돌 당시와 같은 상황하에서는 甲은 물론 제3자라도 피고인의 자동차와 충돌하면 생명 또는 신체에 살상의 위험을 느꼈을 것이므로, 피고인이 자동차를 이용하여 甲에게 상해를 가하고, 甲의 자동차를 손괴한 행위는 폭력행위 등 처벌에 관한 법률 제3조 제1항이 정한 '위험한 물건'을 휴대하여 이루어진 범죄라고 봄이 상당함에도, 이와 달리 판단한 원심판결에 법리오해의 위법이 있다고 한 사례.

【원심판결】

춘천지법 2010. 7. 16. 선고 2010노136 판결

【주 문】

원심판결을 파기하고, 사건을 춘천지방법원 본원 합의부로 환송한다.

【이 유】

상고이유를 판단한다.

1. 어떤 물건이 폭력행위 등 처벌에 관한 법률 제3조 제1항에서 정한 '위험한 물건'에 해당하는지 여부

는 구체적인 사안에서 사회통념에 비추어 그 물건을 사용하면 상대방이나 제3자가 생명 또는 신체에 위험을 느낄 수 있는지 여부에 따라 판단하여야 한다. 이러한 판단 기준은 자동차를 사용하여 사람의 생명 또는 신체에 위해를 가하거나 다른 사람의 재물을 손괴한 경우에도 마찬가지로 적용된다(대법원 2009.3.26. 선고 2007도3520 판결 등 참조).

2. 원심판결 이유에 의하면, 원심은 그 판시와 같은 사정을 인정한 다음, 이 사건 범행의 전후 사정과 피해자의 피해정도를 종합하여 보면, 사회통념에 비추어 피고인의 판시 자동차(이하 '이 사건 자동차'라고 한다)의 운행으로 인하여 피해자나 제3자가 생명 또는 신체에 위험성을 느꼈으리라고는 보이지 아니하고, 검사 제출의 모든 증거를 종합하더라도 피고인의 이 사건 자동차 이용행위를 폭력행위 등 처벌에 관한 법률 제3조 제1항이 정한 '위험한 물건'을 휴대한 것이라고 단정하기 어렵다는 이유를 들어, 이 사건 공소사실 중 폭력행위 등 처벌에 관한 법률 위반(집단·흉기등상해)의 점 및 폭력행위 등 처벌에 관한 법률 위반(집단·흉기등재물손괴등)의 점은 범죄의 증명이 없는 때에 해당하나, 그와 동일한 공소사실의 범위 내에 있는 판시 상해죄 및 판시 제2의 재물손괴죄를 유죄로 인정하는 이상, 주문에서 따로 무죄를 선고하지 아니한다고 판단하였다.
3. 그러나 원심의 위와 같은 판단은 다음과 같은 이유로 이를 수긍하기 어렵다.
원심이 인정한 사실에 따르면, 피고인은 피해자와 사이에 운전 중 발생한 시비로 한차례 다툼이 벌어진 직후 피해자가 계속하여 피고인이 운전하던 이 사건 자동차를 뒤따라온다고 보고 순간적으로 화가 나 피해자에게 겁을 주기 위하여 이 사건 자동차를 후진하여 피해자가 승차하고 있던 판시 자동차(이하 '피해자 자동차'라고 한다)와 충돌하였고, 피해자는 원심법정에서 이 사건 당시 이 사건 자동차와 피해자 자동차 사이의 거리가 4 내지 5m 가량 되었다고 진술하였음을 알 수 있다. 한편 기록에 의하면, 피해자는 검찰에서 이 사건 자동차와 충돌할 당시의 상황에 대하여, '피고인이 이 사건 자동차를 운행하다가 정차한 후에 급하게 후진을 하였고, 이에 피해자도 급하게 후진기어를 넣고 약 4 내지 5m 이상을 후진하면서 충돌을 피하려고 하였는데, 이 사건 자동차가 워낙 빠른 속도로 후진하여 피하지 못하고 피해자 자동차의 앞 범퍼와 이 사건 자동차의 뒤 범퍼가 부딪쳤다'라는 취지로 진술한 바 있다.
사정이 그러하다면 앞서 본 법리에 비추어 볼 때, 피고인이 피해자에게 겁을 주기 위하여 이 사건 자동차를 후진하다가 피해자 자동차와 충돌한 것이고, 본래 자동차 자체는 살상용, 파괴용 물건이 아닌 점 등을 감안하더라도, 이 사건 자동차와 피해자 자동차의 충돌 당시와 같은 상황하에서는 피해자는 물론 제3자라도 이 사건 자동차와 충돌하면 생명 또는 신체에 살상의 위험을 느꼈을 것이라고 할 것이다. 따라서 피고인이 이 사건 자동차를 이용하여 원심판시와 같이 피해자에게 상해를 가하고, 피해자 자동차를 손괴한 행위는 폭력행위 등 처벌에 관한 법률 제3조 제1항이 정한 '위험한 물건'을 휴대하여 이루어진 범죄라고 봄이 상당하다.
그럼에도 불구하고 원심은 그 판시와 같은 사정만을 들어 폭력행위 등 처벌에 관한 법률 위반(집단·흉기등상해)의 점과 폭력행위 등 처벌에 관한 법률 위반(집단·흉기등재물손괴등)의 점에 관한 공소사실은 범죄의 증명이 없다고 판단하고 말았으니, 이러한 원심판결에는 폭력행위 등 처벌에 관한 법률 제3조 제1항이 정한 '위험한 물건'에 관한 법리를 오해한 나머지 판결 결과에 영향을 미친 위법이 있다. 이 점을 지적하는 상고이유는 이유 있다.
4. 한편 이 사건에서는, 검사가 상고한 원심 무죄 부분인 폭력행위 등 처벌에 관한 법률 위반(집단·흉기등상해)의 점과 폭력행위 등 처벌에 관한 법률 위반(집단·흉기등재물손괴등)의 점은 원심에서 유죄로 인정된 판시 상해죄 및 판시 제2의 재물손괴죄와 각각 일죄의 관계에 있고, 또한 위와 같이 유죄가 인정된 판시 상해죄 등은 원심이 그와 함께 유죄로 인정한 판시 제1의 재물손괴죄와 형법 제37조 전단의 경합범 관계에 있다. 따라서 판시 제1의 재물손괴죄에 대하여는 피고인이나 검사가 상고하지 아니하였더라도, 판시 상해죄 등과 일죄의 관계에 있는 원심 무죄 부분에 대한 검사의 상고가 이유 있는 경우에는 피고인에게 새로 하나의 형이 선고되어야 하므로, 원심판결은 전부 파기되어야 한다(대법원 2009.8.20. 선고 2008도8034 판결 참조).
5. 그러므로 원심판결을 파기하고, 사건을 다시 심리·판단하게 하기 위하여 원심법원으로 환송하기로 하여 관여 법관의 일치된 의견으로 주문과 같이 판결한다. 대법관 민일영(재판장) 이홍훈(주심) 김능환 이인복] ; **부산지법 2011.4.1. 선고 2010노4489 판결 : 확정.**

7) **[휴대라는 개념의 해석례]** : **대법원 2002.9.6. 선고 2002도2812 판결**(폭력행위등처벌에관한법률 제3조 제1항에 있어서 '위험한 물건'이라 함은 흉기는 아니라고 하더라도 널리 사람의 생명, 신체에 해

3. 범죄란?

형법은 범죄와 형벌을 규정함으로써 법익의 보호와 자유의 보장이라는 역할을 수행하고 있다. 즉 **형법이란 범죄와 형벌에 관한 법규범의 총체이다.**

본래 법률은 일정한 요건을 충족하면 일정한 효과가 발생한다는 구조로 구성되어 있다. 형법의 경우는 일정한 범죄를 범하면 일정한 형벌을 부과한다는 형태로 규정하고 있다. 따라서 **범죄가 요건, 형벌이 효과**이다.

형법총론에서는 범죄란 무엇인가? 어떠한 요건을 충족시키면 범죄가 성립하는가? 형벌로서 어떠한 것이 있는가? 그 의의는 무엇인가? 등을 공부한다. 전자의 범죄란 무엇인가에 대한 이론을 **범죄론**이라 하고, 후자의 형벌이란 무엇인가에 대한 이론을 **형**

....

를 가하는 데 사용할 수 있는 일체의 물건을 포함한다고 풀이할 것이므로, 본래 살상용·파괴용으로 만들어진 것뿐만 아니라 다른 목적으로 만들어진 칼, 가위, 유리병, 각종 공구, 자동차 등은 물론 화학약품 또는 사주된 동물 등도 그것이 사람의 생명·신체에 해를 가하는 데 사용되었다면 본조의 '위험한 물건'이라 할 것이며, 한편 이러한 물건을 '휴대하여'라는 말은 소지뿐만 아니라 널리 이용한다는 뜻도 포함하고 있다.) ; **대법원 1997.5.30. 선고 97도597 판결**(폭력행위등처벌에관한법률 제3조 제1항에 있어서 '위험한 물건'이라 함은 흉기는 아니라고 하더라도 널리 사람의 생명, 신체에 해를 가하는 데 사용할 수 있는 일체의 물건을 포함한다고 풀이할 것이므로, 본래 살상용·파괴용으로 만들어진 것뿐만 아니라 다른 목적으로 만들어진 칼·가위·유리병·각종공구·자동차 등은 물론 화학약품 또는 사주된 동물 등도 그것이 사람의 생명·신체에 해를 가하는 데 사용되었다면 본조의 '위험한 물건'이라 할 것이며, 한편 이러한 물건을 '휴대하여'라는 말은 소지뿐만 아니라 널리 이용한다는 뜻도 포함하고 있다. **[이 판결에 대한 판례평석]**으로는 강용현, 자동차를 이용한 폭행과 「위험한 물건의 携帶」, 刑事判例硏究 7號, 博英社, 1999, 238-255쪽 ; 方熙宣, '危險한 物件의 携帶'와 自動車의 利用, 判例月報 359號, 判例月報社, 2000, 25-32쪽) ; **대법원 1990.4.24. 선고 90도401 판결**(폭력행위등처벌에관한법률의 목적과 그 제3조 제1항의 규정취지에 비추어 보면 같은 법 제3조 제1항 소정의 "흉기 기타 위험한 물건을 휴대하여 그 죄를 범한 자"란 범행현장에서 그 범행에 사용하려는 의도아래 흉기를 소지하거나 몸에 지니는 경우를 가리키는 것이지 그 범행과는 전혀 무관하게 우연히 이를 소지하게 된 경우까지를 포함하는 것은 아니다.) ; **대법원 1985.10.8. 선고 85도1851 판결**(폭력행위등처벌에 관한 법률 제3조 제1항 소정의 위험한 물건의 "휴대"라 함은 범행현장에서 범행에 사용할 의도 아래 위험한 물건을 몸 또는 몸 가까이 소지하는 것을 말하므로 청산염 2그램 정도를 협박편지에 동봉 우송하여 피해자에게 도달케 하였다는 것만으로는 위 법조에서 말하는 위험한 물건의 휴대라고 할 수 없다.) 이 판례가 '휴대하여'에 해당하지 아니한다고 판시한 것은 소지하지 아니하였다는 이유보다는 피고인의 지배가능범위 밖에 있어 '이용'이라고 할 수 없다고 본 것으로 이해된다. ; **대법원 1985.9.24. 선고 85도1591 판결**(폭력행위등처벌에 관한 법률 제3조 제1항에서 말하는 "흉기 기타 위험한 물건을 휴대하여"라고 함은 반드시 몸에 지니고 다니는 것만을 뜻하는 것이 아니라 범행현장에서 범행에 사용할 의도하에 이를 소지하거나 몸에 지니는 경우도 포함한다.) ; **대법원 1984.1.31. 선고 83도2959 판결**(폭력행위등처벌에관한법률 제3조 제1항의 휴대라 함은 소지와 같은 뜻으로 새겨지니 범행 이전부터 흉기를 몸에 지니고 있어야 할 필요는 없다.) ; **대법원 1982.2.23. 선고 81도3074 판결**(폭력행위등 처벌에 관한 법률 제3조 제1항에서 말하는 위험한 물건의 휴대라 함은 반드시 몸에 지니고 다니는 것만을 뜻한다고는 할 수 없고 범행현장에서 범행에 사용할 의도 아래 이를 소지하거나 몸에 지니는 경우도 포함한다.) 등 참조.

벌론이라 한다. 그러나 각종 국가시험과의 관계에서 중요한 것은 범죄에 관한 부분이다. 형벌에 관해서는 주로 형사정책이라는 법분야에서 공부하게 될 것이다.

그러면 형법을 공부하기 위한 전제로서 먼저 형벌을 부과하기 위한 요건이 되는 범죄란 무엇인지를 확인하기로 하자.

범죄의 의의에 관해서도 다양한 논의가 있지만, 일반적인 사고법을 알아두면 충분할 것이다.

범죄는 형벌이라는 (법적) 효과를 부과하기 위한 요건이기 때문에, 왜 형벌이 부과되는지를 생각해 보면 그 이유가 되는 요소를 충족시키는 것이 범죄라고 할 수 있다.

그런데 도대체 사람을 살해하면 어째서 처벌되는 것일까?

이는 ①나쁜 짓을 하였기 때문에 ......, ②비난받을 만하기 때문에 ....., ③형법에 규정되어 있기 때문에....., 모두 이유가 될 수 있다.

즉 사람을 살해하는 것은 그 사람의 생명이라는 귀중한 가치를 빼앗는 것으로 사회의 건전한 질서를 어지럽히는 것이다. 따라서 이는 나쁜 일인 것이다. 이를 **위법성이 있다**고 한다.

그리고 사람을 살해하는 것은 인간으로서 해서는 아니 되는 것으로 현재의 사회에 있어서는 강하게 비난받을 만한 행위이다. 이를 **책임이 있다**고 한다. 이 책임이라는 말은 극히 다의적인 것으로 민법상의 책임이라는 경우나 범죄자는 형사책임을 진다는 경우와는 다른 의미이다. 비난할 수 있다는 정도의 의미라고 이해하면 좋을 것이다.

또한 사람을 살해하는 것은 형법 제250조에 살인죄로서 규정되어 있다. 이렇듯 조문에 처벌한다는 규정이 있기 때문에 처벌된다는 설명도 가능할 것이다.

이상과 같이 사람을 살해하면 이는 나쁜 짓 즉 위법성이 있고, 비난받을 만한 짓 즉 책임이 있으며, 조문에 규정된 즉 미리 법률에서 범죄로 규정하고 있기 때문에 형벌을 과하는 것이라 할 수 있다.

그렇다면 다음의 사례는 범죄인 것인가?

사례 3 **범죄의 성립요건**

1. 타이타닉호가 빙산과 충돌하여 침몰할 때에 먼저 보트에 타고 탈출 중인 사람들은 이미 보트가 만원이어서 더 이상 사람이 타면 보트가 침몰할 것이기 때문에 나중에 보트에 타려고 한 사람들을 밀쳐 떨어뜨렸다.
2. 아직 분별력이 전혀 없는 어린 아이가 근처의 빵집에서 제멋대로 빵을 가지고 집으로 돌아왔다.
3. 甲은 타인의 배우자 A와 서로 사랑하는 사이가 되어 남녀관계를 갖게 되었다.

이들 행위는 그 어느 것도 그대로 내버려둘 수 없는 행위처럼 생각된다. 그러나 형벌권을 발동하여 단속할 필요가 있는 행위인가에 대하여는 의문의 여지가 있다.

첫째, 보트로 먼저 탈출한 사람들이 나중에 만원인 보트에 타려고 한 사람들을 밀쳐 떨어뜨려 사망에 이르게 한 경우에는 물론 도덕적으로는 비난받을지도 모르고 살인죄(제250조 제1항)라는 규정에도 해당하게 된다.

그러나 만약 그대로 보트에 타게 하였다면 자신들도 죽을지도 모르는 일이었다. 이러한 상황에서는 그 누구라도 동일한 행동을 취할 가능성이 있다. 슬픈 일이기는 하지만 인간은 자신을 보호하기 위하여 부득이하게 타인을 희생시킬 수도 있다. 따라서 이러한 행동을 한 사람을 사회질서를 어지럽힌 위법한 행위를 한 사람들이라 하여 형벌에 의한 제재를 과할 수는 없다. 이러한 행위는 법적으로는 나쁜 짓으로 평가되지 않는 것이다. 즉 위법성이 없다. 참고로 형법총론을 공부한 사람들은 이 사례를 "나중에 보트에 타려다 바다에 던져진 사람들을 구조하려 했다가는 자신들도 죽을지 모르기 때문에 구조하지 않고 죽게 두었다"는 사례로 바꾸어 생각해 보기로 하자.

둘째, 근처의 빵집에서 제멋대로 빵을 가지고 집으로 돌아온 행위는 어떠한가? 이 또한 허용되는 행위는 아니다. 빵집의 재산을 침해하였을 뿐만 아니라 사회의 건전한 거래질서를 어지럽혔기 때문에 이러한 행위는 위법이다. 더욱이 절도죄(제329조)라는 형법의 조문에도 해당한다. 그러나 분별력이 전혀 없는 어린 아이에게 형벌을 부과할 수는 없다. 그 어린 아이는 아무것도 모른 채 빵을 가지고 온 것이기 때문에 그 어린 아이를 비난하더라도 아무런 의미가 없기 때문이다. 형벌을 부과하기 위해서는 위법행위를 한 것에 대하여 그 행위자를 비난할 수 있어야 하는 것이다.

마지막으로 甲의 행위(간통)은 상대방 여성의 가정을 파괴하여 법질서에 반하는 행위이다. 따라서 민법상으로도 상대방 배우자에 대한 불법행위(제750조)를 형성하여 손해배상책임을 부담하여야 한다. 즉 甲의 간통행위는 위법하며 또한 비난받을 만한 행위이기 때문에 책임도 있다.

그러나 형벌이 부과되기 위해서는 이것만으로는 부족하다. 미리 형법에 범죄로 규정되어 있어야 하는 것이다. 이점에서 우리 형법은 제241조로 간통죄를 규정하여 처벌하고 있다. 그러나 최근의 논란에서 알 수 있는 것처럼 향후 형벌로 처벌할 필요가 없음을 이유로 비범죄화될 가능성은 상존한다 할 것이다. 이러한 경우처럼 조문의 규정이 없는 이상은 아무리 위법하고 책임이 있는 행위일지라도 처벌할 수 없는 것이다.

소위 죄형법정주의의 관점에서 사람에게 형벌을 부과하기 위해서는 미리 위법하고 유책한 행위를 유형화하여 법률에 '범죄'로 규정하여야 하는 것이다. **죄형법정주의**란 어떠한 행위가 범죄이고 이에 대하여 어떠한 형벌이 부과되는가에 대하여 ①미리(이는 헌법상 자유주의의 요청이다), ②성문의 법률(이는 민주주의의 요청이다)로써 규정해 두지 않으면 사람을 처벌할 수 없다는 형법의 기본원칙이다.

물론 이러한 원칙 하에서는 나쁜 짓을 하더라도 법률규정이 없기 때문에 처벌할 수 없다는 사태를 초래할 우려가 있다. 그러나 설령 그렇다하더라도 죄형법정주의는 유지되어야 할 중요한 원칙이라 할 것이다. 왜냐하면 죄형법정주의가 유지되지 않으면 누구든지 국가로부터 범죄자 취급을 받을지도 몰라 자유롭고 평온한 생활을 영위할 수 없게 되기 때문이다.

그리고 이러한 형벌을 부과할 대상으로 법률에 규정된 위법·유책한 행위의 유형을 '**범죄구성요건**(또는 **구성요건**)'이라 한다. 즉 세상에는 위법한 행위나 비난받을 만한 행위는 많이 있지만 그 중에서 특히 형벌의 제재로써 억제하여야 한다고 국민이 생각하는 행위만을 법률의 형태로 추상적으로 유형화하여 규정한 것이다. 이러한 구성요건은 법을 적용하는 국가의 판단이 자의적으로 흐르거나 국민의 자유를 침해하지 않도록 제동을 가하는 기능을 담당한다.

이상의 점에서 **범죄란 구성요건에 해당하고 위법하며 유책한 행위**라고 정의할 수 있다.

제2절 형법의 기본개념

1. 범죄의 성립요건

이처럼 범죄를 구성요건에 해당하고 위법하며 유책한 행위라고 정의하면, 그 성립요건도 구성요건, 위법성, 책임의 3요소를 충족시키는 것이다. 여기서 범죄의 성립여부에 관한 판단방법의 하나로는 구성요건해당성이 있는가, 위법성이 있는가, 책임이 있는가 라는 판단을 순차적으로 진행하는 방법을 들 수 있다.

[범죄성립의 판단순서]

구성요건해당성 ➡ 위법성 ➡ 책임 ➡ 범죄성립

그러나 본래 구성요건은 위법성이 있는 행위를 유형화한 것이었다. 따라서 구성요건에 해당하면 위법성이 있다고 추정되는 것이다. 여기서 구성요건에 해당한다는 판단이 이루어진 후에는 예외적으로 그 위법성이 부정되는 사정(즉 조각사유)이 있는지 여부를 판단하게 된다. 즉 구성요건해당성이 있는가, 위법성조각사유가 있는가, 책임이 있는가 라는 판단을 순차적으로 행하는 것이다.

[위법성판단의 특성]

구성요건해당성 ➡ 위법성조각 ➡ 책임 ➡ 범죄성립
‖
위법행위유형

한편 구성요건은 유책한 행위를 유형화한 것이라고 생각하는 경우에는 구성요건에 해당하면 책임이 있다고 추정하게 된다. 여기서 구성요건에 해당한다는 판단이 이루어진 후에는 예외적으로 그 위법성이 부정되는 사정이 있는지 여부, 그 책임이 부정되는 사정이 있는지 여부를 판단하게 된다. 즉 구성요건해당성이 있는가, 위법성조각사유가 있는가, 책임조각사유가 있는가 라는 판단이 순차적으로 행해진다.

[책임판단의 특성]

구성요건해당성 ➡ 위법성조각 ➡ 책임 ➡ 범죄성립
‖
위법·유책행위유형

구체적으로는 다음과 같은 도식에 따라 고의범의 성립요건을 검토하게 된다.

[고의범의 성립요건 및 판단구조]

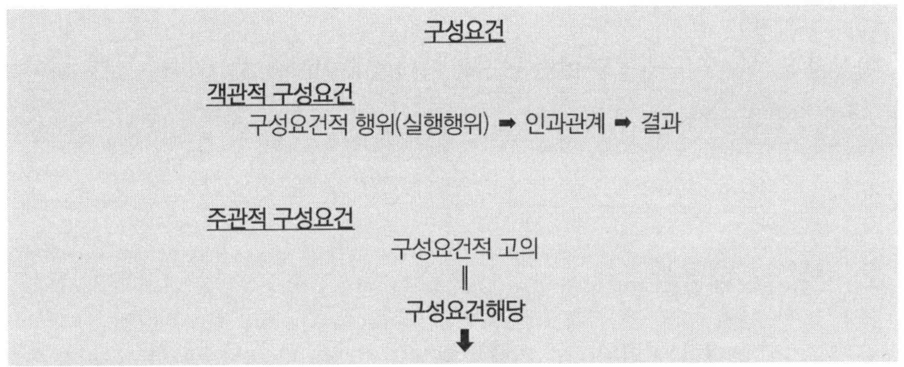

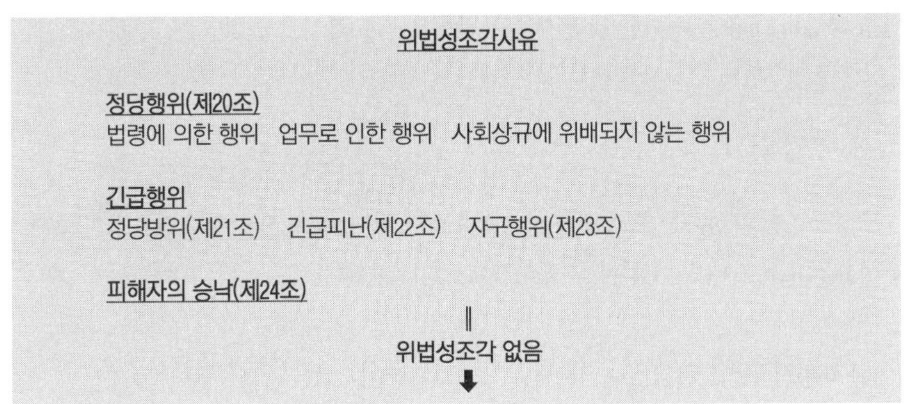

책임요소

책임능력

책임고의 ➡ 위법성조각사유의 전제사실에 대한 불인식

기대가능성

‖

책임 있음

⬇

고의범성립

이상의 도식을 염두에 두고 어떤 논점을 어디에 위치시킬 것인가를 제대로 파악하는 것이 형법을 이해하는 비결이다.

2. 구성요건해당성

구성요건에 해당하는 위법하고 유책한 행위가 범죄이다. 다음에서는 구성요건·위법성·책임의 내용은 어떠한 것인지 순차적으로 검토하기로 한다.

가. 구성요건요소

구성요건을 형성하는 요소를 **구성요건요소**라 한다. **객관적 구성요건요소**와 **주관적 구성요건요소**로 대별(규범적 구성요건요소)할 수 있다.

(1) 객관적 구성요건요소

그 존재를 외견적으로 인식할 수 있는 것, 즉 행위의 외부적 현상에 해당하는 요소를 말한다. 예컨대 권총의 방아쇠를 당기는 행위라든지, 사람의 사망이라는 결과 등이다. 이들은 외부로부터 판단할 수 있는 것으로 객관적인 요소이다. 객관적 구성요건요소로서는 주로 ① 구성요건적 행위(실행행위), ② 결과, ③ 실행행위와 결과 간의 인과관계가 거론된다.

[사례보기에 의한 보충설명]

예컨대 "甲이 乙을 향하여 권총을 발사하여 살해하였다"는 사례로 살펴보면,
①'甲이 乙을 겨냥하여 권총의 방아쇠를 당겼다'는 사실은 실행행위로 불린다.
②'乙이 사망하였다'는 사실은 결과에 해당한다.
③'甲이 발사한 총탄에 맞아서 사망하였다'는 경우의 원인·결과의 관계를 '인과관계'라 한다.
이처럼 객관적 구성요건요소에는 실행행위, 결과, 그리고 실행행위에 의해 결과가 발생하였다는 원인·결과의 관계인 인과관계라는 3개의 요소로 구성된다. 이것이 기본형이다.

물론 범죄 중에는 행위만으로 범죄가 성립하고 결과의 발생을 필요로 하지 않는 것도 있다. 예컨대 법정에서 선서를 했음에도 허위의 진술을 하는 행위는 위증죄(제152조)로 처벌되지만, 이는 결과의 발생을 요건으로 하지 않는다. 그러나 대부분의 범죄는 살인죄처럼 결과의 발생을 요건으로 하고 있기 때문에 이러한 기본형을 공부할 필요가 있다.

그리고 이 때 그 순서가 중요하다. 왜냐하면 이러한 순서로 답안을 작성하기 때문이다. 즉 **①실행행위, ②결과, ③실행행위와 결과 간의 인과관계라는 순서**는 논점을 발견하는 검토순서이며 답안을 작성하는 순서가 되기 때문이다.

(2) 주관적 구성요건요소

행위자의 내심(관념세계)에 관한 것, 즉 행위자의 정신적·심리적 현상에 해당하는 것으로 따라서 외견적으로는 인식할 수 없는 요소이다. 예컨대 그 사람을 살해하려고 생각하고 있다는 것과 같은 심리상태 등을 들 수 있다.

객관적인 구성요건의 검토 후에 비로소 주관적인 구성요건의 검토를 시작한다. 주관적 구성요건요소에는 **구성요건적 고의**와 **구성요건적 과실** 등이 있다. 그 외에도 통화위조죄(제207조)의 **'행사의 목적'**이나 절도죄(제329조)의 **'불법영득의사'** 등이 있지만, 여기서는 가장 중요한 구성요건적 고의를 검토하기로 한다. 과실에 대해서는 고의범의 기본구조를 이해한 후에 학습하는 것이 이해하기 쉽기 때문에 나중에 검토하기로 한다.

용어설명

구성요건적 고의 구성요건적 고의란 객관적 구성요건요소에 해당하는 사실(즉 객관적 구성요건 실현)을 인식(지적 요소), 희망·의욕하는 것(의지적 요소), 즉 객관적 구성요건 실현의 인식과 의사를 말한다(결합설)[8]. 여기서는 인식이란 사실을 알고 있는 것, 의욕(의사)이란 결과발생을 희망·의욕하는 것으로 이해하기로 하자.

예를 들면 행위자는 권총의 방아쇠를 당겼다(실행행위), 이로써(인과관계), 사람이 사망하였다(결과) 는 객관적 구성요건요소에 해당하는 사실을 알고 있었다는 점에서 인식이 있다고 하게 된다. 그리고 그러한 결과의 발생을 희망하고 의욕하는 의사결정이 있는 경우에는 의사가 있다고 하게 된다. 이처럼 자신이 행한 일을 알고 있을 뿐만 아니라 그러한 결과의 발생을 희망 · 의욕하는 심리상태가 있을 때에 구성요건적 고의가 있다고 한다. 그리고 이러한 고의가 있을 때 비로소 알고 있었음에도 그러한 행위를 했다는 강한 법적 비난을 가할 수 있는 것이다.

(3) 소결

이상과 같이 구성요건해당성의 부분에 있어서는 실행행위, 결과, 인과관계, 구성요건적 고의라는 4개의 요소를 충족하고 있는지 여부를 순서대로 검토하게 된다. 형법의 기본적인 사고방법은 **'객관(적인 요건)으로부터 주관(적인 요건)에로'** 검토한다는 발상이다. 다음에서는 각각의 요소에 있어서 문제점을 개관하기로 한다.

[고의범의 구성요건해당성]

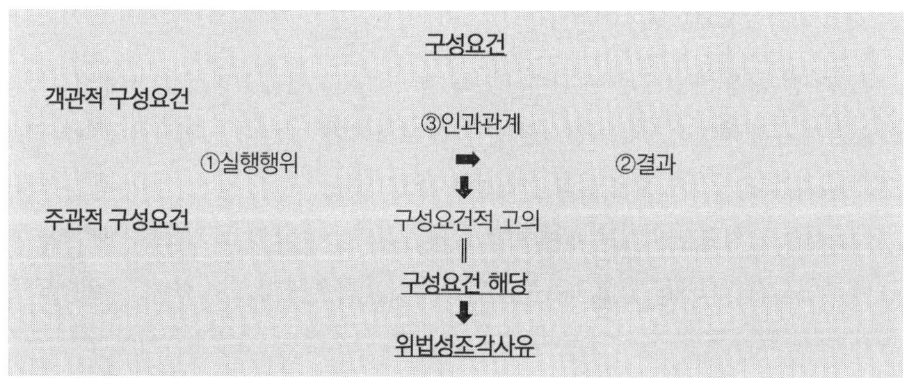

8) **[결합설에 입각한 판례]** : 통설 및 판례의 입장이다. 대법원 1977.1.11. 선고 76도3871 판결 ; 대법원 2004.5.14. 선고 2004도74 판결 ; 대법원 2005.10.7. 선고 2005도5554 판결 등.

나. 구성요건적 행위(실행행위)

형법에서 검토의 대상이 되는 행위를 **구성요건적 행위(실행행위)**라 한다. 특정의 구성요건에 해당하는 법익침해의 현실적 위험성을 가진 행위로 정의할 수도 있다.

처음부터 이 실행행위에 해당하지 않으면 어떠한 행위라도 형법의 처벌대상이 되지 않는다. 예컨대 사람을 주술로써 살해하려고 생각하고 한밤중에 지푸라기로 만든 인형에 장침을 꽂았다 하더라도 살인죄의 실행행위에는 해당하지 않는 것이다. 따라서 형법의 검토대상으로 할 필요가 없다.

이처럼 **실행행위의 긍정여부는 그 행위가 범죄에 해당하는지 여부에 관한 최초의 판단이기에 가장 중요한 판단**이라 할 수 있다.

살인죄를 예로 들어 실행행위의 긍정여부라는 점에서 문제될 수 있는 몇 가지 행위 유형을 검토하기 하자. 전형적인 범죄는 자신의 적극적인 행위로 직접 행하는 것이라 할 수 있다. 예컨대 살인죄라면 자신의 손으로 권총의 방아쇠를 당긴다는 유형이다. 권총의 방아쇠를 당긴다는 행위는 **작위**이다. 또한 직접 자신의 손으로 행하고 있다. 이러한 행위가 실행행위에 해당하는 것은 이론의 여지가 없을 것이다. 즉 **작위에 의한 직접정범**이다.

이에 대하여 부작위에 의한 것도 실행행위라 할 수 있는가? 사람을 이용하여 간접적으로 행해진 것도 실행행위라 할 수 있는지가 문제된다. 부작위범과 간접정범이 그것이다.

(1) 부작위범

사례 4 　부진정부작위범

어린 아이가 강에 빠져 허우적거리고 있던 중 마침 그곳을 지나가던 어린 아이의 부친은 이전부터 그 아이를 증오하고 있었기 때문에 물에 빠져 죽으면 좋겠다고 생각하여 구조하지 않고 방치하였다.

이 사례에서는 일반적인 법감정으로는 부친에게 살인죄가 성립한다고 생각하는 사람이 많을 것이다. 그러나 문제가 그리 간단한 것만은 아니다.

예컨대 **부친**이 전혀 수영을 하지 못하는 사람이었기 때문에 어린 아이를 구조하려고 하였더라도 구조할 수가 없었던 경우에는 부친에게 살인죄가 성립한다고 할 수 없을 것이다. 불가능을 강제할 수는 없기 때문이다. 나아가 부친이 아니라 단지 그곳을 지나가던 **통행인**이었던 경우에는 "어린아이일지언정 죽더라도 상관없다"고 생각하여 구조하지 않았다 하더라도 살인죄를 물을 수는 없을 것이다.

이처럼 '아무 것도 하지 않는 것'(이를 **'부작위'**라 한다)이 범죄에 해당하는 것은 어떠한 경우인가를 검토하는 것이 **'부작위범론'**이라는 논점이다.

부작위범이 작위범과 동일하게 실행행위성을 인정받아 범죄로 될 수 있기 위해서는 예컨대 살인죄라면 사람을 구조할 법적인 의무가 있을 것(이를 **'작위의무'**라 한다), 구조가 가능하였을 것(이를 **'작위가능성'**이라 한다), 그리고 구조하지 않은 것이 실제 자신의 손을 사용하여 작위로 살해한 경우와 동일하게 평가될 수 있을 사정이 있을 것(이를 **'작위범과의 구성요건적 동가치성'**이라 한다)이 필요하다. 이들 요소를 충족시킬 때 비로소 부작위범은 작위범과 동일한 법익침해의 위험성을 가진 행위, 즉 실행행위로서 처벌의 대상이 되는 것이다.

[부작위범의 실행행위 구조]

작위범의 실행행위 = 부작위범의 실행행위
- 작위의무
- 작위가능성
- 구성요건적 동가치성

(2) 간접정범

사례 5 간접정범

의사인 甲은 환자 A를 살해하려고 마음먹고 아무 것도 모르는 간호사 乙에게 'A에게 주사하세요'라고 지시하면서 독이 든 주사를 건네주었다. 乙은 甲의 지시대로 A에게 주사하여 살해하였다.

이 경우 실제로 독을 주사한 것은 乙이다. 그러나 실질적으로 범죄를 실행한 사람은 甲이라 할 수 있다. 甲은 乙을 자신의 의사대로 이용하여 그 동작이나 행위를 마치 일종의 도구로서 자기의 범죄에 이용한 것이기 때문에 법적인 평가의 문제로서 甲은 자신의 손으로 실행행위를 한 것과 동일하게 생각할 수 있는 것이다. 즉 타인을 자기의 도구처럼 이용하여 범죄를 실행한 경우에는 자신의 손으로 실행한 경우와 동일한 위험성이 있기 때문에 처벌할 수 있다고 할 것이다(이를 **'도구이론'**이라 한다). 이 경우 甲도 직접 자신이 범죄를 실행한 경우와 동일하게 정범이 된다.

[간접정범 해석의 포인트 : 실행행위의 동일성]

예컨대 권총을 발사하면 총탄이 날아가 피해자에 적중하여 그 사람의 사망이라는 결과가 발생한 경우, 권총의 방아쇠를 당기는 행위는 이처럼 결과발생의 개연성이 극히 높기 때문에 위험한 행위로서 처벌된다. 즉 실행행위로 평가되는 것이다.

그리고 간호사를 이용한 경우도 아무 것도 알지 못하는 간호사가 의사의 말(지시)대로 독을 환자에게 주사한 때에는 간호사는 총탄과 동일한 작용을 하고 있는 것이 된다. 따라서 총탄이 정면으로 날아가고 있기 때문에 위험하다는 것과 동일하게 간호사가 환자에게 곧 바로 가서 아무 것도 모른 채 독을 주사하기 때문에 대단히 위험한 것이다. 이렇듯 권총의 방아쇠를 당기는 행위와 아무 것도 모르는 간호사에게 독이 든 주사를 건네는 행위는 동일하게 위험하다고 할 수 있는 것이다.

이처럼 타인을 이용하여 범죄를 실행한 경우를 **간접정범**이라 한다. 참고로 **정범**이란 스스로 범죄를 실행한 자를 말한다. 타인의 범죄에 가담하는 것을 **공범**이라 하여 정범과 구별한다.

간접정범은 타인을 도구처럼 지배하여 이용하는 것이므로 스스로 직접 범죄를 실행한 때와 동일한 법익침해의 위험성을 발생시키는 것이기 때문에 실행행위로 평가되는 것이다.

[간접정범의 도식]

권총발사 ➡ 총탄이 날아 감 ➡ 피해자

‖ 동일한 위험

독이 든 주사를 건넴 ➡ 간호사가 주사를 위해 감 ➡ 피해자

다. 결과

실행행위의 다음에는 결과를 검토하게 된다.

대부분의 구성요건은 일정한 결과의 발생을 요건으로 하고 있다. 이러한 결과의 발생을 요건으로 하고 있는 범죄를 **결과범**이라 한다. 살인죄는 전형적인 결과범이다.

이에 대하여 결과의 발생을 필요로 하지 않고 행위자의 일정한 신체적 靜動만이 구성요건의 내용인 범죄를 **단순행위범(거동범)**이라 한다. 예컨대 위증죄(제152조)나 주거침입죄(제319조), 무고죄(제156조) 등을 들 수 있다.

라. 형법적 인과관계

살인죄와 같은 결과범에 있어서 그 범죄가 **기수가 되기 위해서**는 행위와 결과 간의 인과관계가 항상 구성요건요소로서 필요하게 된다. 즉 발생한 결과를 그 행위자의 책임이라고 하기 위해서는 그 행위자의 실행행위의 결과로서 그러한 결과가 발생한 것이라는 점을 말할 수 있어야 한다. 이 실행행위와 결과 간의 원인·결과의 관계를 **형법적 인과관계**라 한다.

형법적 인과관계가 존재한다고 하기 위해서는 먼저 실행행위와 결과 사이에 'A가 없었더라면 B도 없다'는 관계가 존재할 필요가 있다. 이를 **사실적 인과관계(조건관계, 자연과학적 인과관계)**라 한다. 처음부터 조건관계가 존재하지 않는 경우 그 결과는 행위자와는 전혀 관계없이 발생한 것이기 때문에 그의 책임으로 돌릴 수 없는 것이다.

사례 6 **비유형적 인과관계**

예컨대 甲이 3시간 후에 약효가 퍼지는 독약을 乙에게 마시게 하였지만, 乙은 그 독이 퍼지기 전에 교통사고로 사망하였다.

[비유형적 인과관계의 도식]

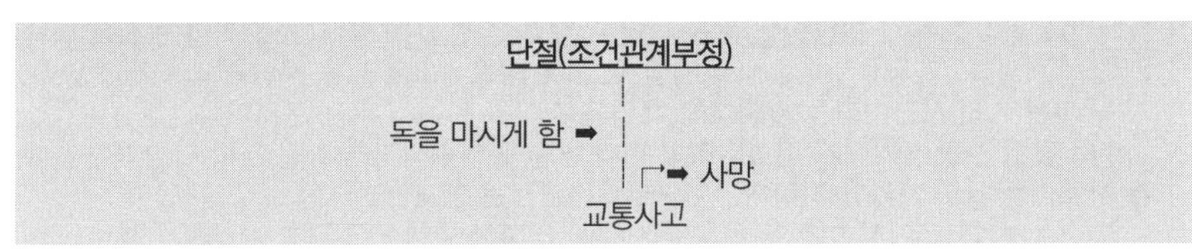

이 경우에는 甲이 독을 마시지 않았더라도, 즉 실행행위가 없었더라도 그 사망이라는 결과는 발생한 것이기 때문에 "실행행위가 없더라도 결과가 발생"한 것이 되어 조건관계가 부정된다. 즉 乙의 사망은 甲의 행위와는 전혀 관계없이 발생한 것이기 때문에 甲에게 乙의 사망이라는 결과까지의 책임을 물을 수 없는 것이다. 그러나 위험한 독을 마시게 한 것은 사실이기 때문에 이 경우 甲은 살인미수죄의 책임을 지게 된다.

현재의 통설적 입장은 사실적 인과관계(조건관계)가 존재하면 곧 바로 형법적 인과관계를 긍정하는 것이 아니라, 이에 더하여 **정당한 처벌이라는 관점(규범적·법적 평가 관점)**에서 발생된 결과를 행위자의 작품으로 귀속시킬 수 있는가라는 **객관적 귀속**을 요구하고 이 때 객관적 귀속의 척도(위험의 창출 또는 증가, 허용되지 않는 위험의 실현, 규범의 보호범위 등)를 활용한다. 즉 행위와 결과 사이의 연관은 사실적 인과관계와 객관적 귀속이라는 두 단계의 판단을 통하여 이루어진다는 것이다.

[형법적 인과관계의 도식]

실행행위 ➡ 결과
사실적 인과관계(조건관계)
+
객관적 귀속(상당인과관계)

이처럼 사실적 인과관계가 단절되든지 또는 객관적 귀속이 부정되는 경우에는 그 발생한 결과를 행위자의 책임으로 물을 수 없게 되기 때문에 결과불발생과 동일하게 취급하게 된다. 즉 **미수로 처리**되는 것이다. 따라서 미수란 결과불발생의 경우 외에 형법상 인과관계가 부정되는 경우도 포함하게 된다.

사례 7 **형법적 인과관계의 의미**

예컨대 甲이 乙에게 조금만 상처를 내려고 칼로 乙의 팔을 찔렀다. 그러나 병원에 이송된 乙을 치료하던 의사 丙이 통상 생각할 수 없는 의료과오로 乙을 사망에 이르게 하였다. 이 때 甲은 乙의 사망이라는 결과까지 책임을 지어야 하는가 라는 문제이다.

甲이 칼로 乙을 상처내지 않았더라면 丙의 병원에 이송되지 않았을 것이고 그러면 丙에게 치료받을 일도 없었을 것이다. 따라서 조건관계는 존재한다.

그러나 인과과정에서 이러한 이상한 사태에 의하여 발생한 결과까지 甲에게 책임을 지울 수 있는 것인가라는 문제는 발생된 결과를 행위자의 작품으로 귀속시킬 수 있는가 라는 객관적 귀속으로 판단하여야 하는 바, 乙의 사망이라는 결과가 甲에 의해 창출된 위험(乙의 刺傷)의 실현으로 발생된 것이 아니기 때문에, 즉 우연에 의하여 발생된 것이기 때문에 그 결과를 甲에게 귀속시킬 수 없는 것이다. 따라서 객관적 귀속은 부정된다.

[형법적 인과관계의 법적 효과]

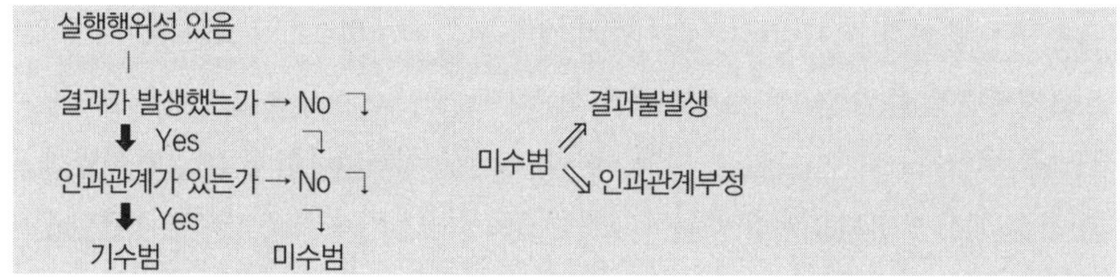

마. 구성요건적 고의

이상과 같은 객관적인 구성요건(실행행위, 결과, 인과관계)을 충족시킨 후에 비로소 주관적인 구성요건을 검토한다. 여기서는 구성요건적 고의를 검토한다.

사례 8 **구성요건적 고의**

어느 조직폭력배의 조직원인 甲은 대립 중인 다른 조직폭력배의 조직원 乙을 발견하고는 칼로 찔러 乙을 과다출혈로 사망케 하였다.

이 사례에서 甲에게는 무슨 죄가 성립하는 것인가?

일단은 '乙을 칼로 찔러 살해하려고 한 것이기 때문에 살인죄에 해당한다'고 생각할 것이다. 그러나 그리 간단한 문제가 아니다.

먼저 만일 가정하여 甲은 乙을 살해할 작정이 아니었다고 하자. 즉 甲은 乙을 칼로 찔러 부상을 입히려고 생각하였지 살해하려고는 꿈에도 생각하지 않았다고 가정하자. 이러한 경우는 살인죄는 성립하지 않는다. 살인죄가 성립하기 위해서는 단지 '객관적으로 (외부에서 관찰하여) 사람을 살해했다'는 것만으로는 부족하고, '주관적으로 (행위자의 내심도) 사람을 살해할 작정이었다'는 것이 필요하기 때문이다.

'고의로'라는 용어는 일반적으로는 '일부러'라는 의미로 사용되지만, 구성요건에 있어서 **'고의'**란 범죄사실 보다 구체적으로 말하면 구성요건해당사실을 인식·의욕하는 것을 말한다.

이러한 구성요건해당사실을 인식·의욕한다는 의미의 고의의 유무는 구성요건단계에서 검토하기 때문에 이를 **구성요건적 고의**라 한다.

[도식 : 구성요건적 고의의 구조]

구성요건적 고의 = 구성요건해당사실의 인식(지적 요소) + 의욕(의지적 요소)

그렇다면 살인죄의 구성요건적 고의가 있다고 할 수 있는 경우는 어떠한 경우를 말하는 것일까? 간단히 대답할 수 있을 것 같지만 사실은 이점에 대해서도 학설은 격하게 대립하고 있는 것이다.

예컨대 ① 丙을 살해하려고 생각하였지만 丙으로 오인하여 乙을 살해한 경우, ② 丙을 살해하려고 하였던 바 손이 미끄러져 옆에 있던 乙을 살해한 경우 등에 있어서 살인죄의 고의를 긍정할 수 있는가 라는 문제가 발생하는 것이다. 이러한 사례의 문제는 '고의론(내지 착오론)'에서 취급하게 된다. 참고로 통설 및 판례[9]는 사람을 살해하려고 하였던 것이기 때문에 결과적으로 丙이 아닌 乙을 살해하였다 하더라도 고의가 성립한다고 판단한다. 행위자가 발생시킨 결과, 즉 객관과 주관(즉 행위자의 내심)이 동일한 구성요건의 범위 안이라면 고의범으로 강하게 비난할 수 있다고 생각하는

9) **[구성요건적 고의와 사실의 착오(객체의 착오)]** : **대법원 1968.8.23. 선고 68도884 판결**(피고인 甲이 공소 외 乙을 살해할 의사로 농약 1포를 숭늉그릇에 넣어서 乙의 식당에 놓아두었는데, 그 정을 알지 못한 乙의 장녀 丙이 이를 마시고 사망한 사안에 대하여, 甲이 丙을 살해할 의사는 없었다 하더라도 피고인은 사람을 살해할 의사로서 이와 같은 행위를 하였고 그 행위에 의하여 살해라는 결과가 발생한 이상 피고인의 행위와 살해라는 결과 사이에는 인과관계가 있다 할 것이므로 丙에 대하여 살인죄를 긍정한 사례) ; **대법원 1975.4.22. 선고 75도727 판결** ; **대법원 1984.1.24. 선고 83도2813 판결** 등.

것이다. 甲은 丙이라는 '사람'을 살해하려고 하였다. 그 결과 乙이라는 '사람'을 살해하였다. 그렇다면 어느 쪽이든 '사람'을 살해한다는 구성요건의 범위 내인 것이므로 구성요건적으로는 주관과 객관이 일치한다고 생각하여 구성요건적 고의를 인정하는 것이다.

[도식 : 사례에 의한 구성요건적 고의의 구조]

권총발사 ·········→ 丙
　　└→　乙이 死亡

객관적 사실	권총발사	➡	乙이라는 사람의 사망
	‖ 일치		‖ '사람의 사망'이라는 점에서 일치
주관적 심리상태	권총발사	➡	丙이라는 사람의 사망

3. 위법성

가. 구성요건과 위법성

구성요건에 해당하면 원칙적으로 위법성이 추정(즉 위법성이 징표)된다. 왜냐하면 구성요건은 위법행위를 유형화한 것이기 때문이다. 그러나 예외적으로 위법성이 인정되지 않음으로써 범죄가 성립하지 않는 경우가 있다. 이를 **위법성조각**이라 한다. 범죄성립요건으로서의 위법성단계에서는 이러한 위법성조각사유를 검토하는 것이지만, 다음에서는 그 전제로 위법성이 무엇을 의미하는지에 대하여 살펴보기로 하자.

나. 위법성의 본질

본래 위법이란 무엇인가 라는 문제에 대한 탐구를 **위법성의 본질(실질)론**이라 한다.

범죄는 죄형법정주의의 견지에서 정의하면 법률에 범죄로 규정되어 있는 행위이어야 한다. 그렇다면 무엇 때문에 법은 일정한 행위를 범죄로서 처벌하는 것일까? 간단히 말하면 그것은 형벌로써 금지할 필요가 있는 '나쁜 행위'이며 '비난할 만한 행위'이기 때문이다. 그 행위의 '惡性'을 **위법성**이라 한다. 그리고 형법학에서는 무엇이 '나쁜(즉 위법한)'행위인가 라는 점에 대하여 크게 두 가지의 견해가 대립하고 있다.

(1) 형식적 위법성론(규범위반설)

위법이란 법규범에 규정된 작위 또는 부작위의무의 침해, 즉 형식적인 '규범(내지 법질서)에 위반하는 것'으로 이해하는 견해이다. 이러한 견해를 **규범위반설**이라 한다. 여기서 규범이란 일정한 규칙(rule) 정도의 의미로 이해해 두기로 하자. 단 '법(규범)에 위반하는 것이 위법이다'라고 하더라도 실질적으로는 아무것도 판명된 것이 없기 때문에(위법성의 내용이 공허하기 때문에), 이 설은 규범위반의 구체적 의미를 규범의 배후에 있는 도의질서(공서양속)위반, 문화규범위반 등으로 설명하거나 사회적 상당성을 결하는 것으로 이해한다. 이 설에 의하면 위법성의 실질, 즉 무엇이 위법인가는 도의질서(공서양속)나 사회적 상당성에 의해 결정하게 된다.

[보충해설 : 규범위반설]

예컨대 사람을 살해하는 것이 위법한 것은 사람을 살해해서는 안 된다는 규범에 위반하였기 때문인 것으로 사회에는 그러한 도의적인 규범이 존재한다고 생각하는 것이다. 여기서의 규범은 어디까지나 형법조문의 배후에 있는 사회의 일반규범이며 사회의 도의관념과 같은 것이다. 형법이라는 법률이 성립되기 전부터 사회에는 사람을 살해하는 것은 나쁜 짓이라는 관념이 있었고 그러한 규범에 위반한 행위이기 때문에 위법이라고 생각하는 것이다. 이러한 사고에 대해서는 법위반이란 무엇인가 라는 문제를 검토할 때에 규범위반이라고 설명하는 것은 동의반복이 아닌가, 또는 도의관념이라는 애매한 개념을 기준으로 삼을 수 없다는 등의 비판이 제기된다.

(2) 실질적 위법성론(법익침해설)

이에 대하여 국민의 기본적인 이익을 침해하는 것이 위법성의 원점이라고 생각하여 위법이란 법익침해 내지 법익침해의 위험이라고 생각하는 설이 유력하게 대두되고 있다. 이 설은 법익침해설로도 불린다.

[보충해설 : 법익침해설]

예컨대 사람을 살해하는 것이 위법한 것은 그 피해자의 생명이라는 구체적인 법익을 침해하였기 때문이라고 생각하는 것이다. 규범이라는 애매한 필터를 통하는 것이 아니라 보다 직접적으로 법익의 침해가 위법이라고 하는 것이다. 이처럼 형법의 객관성 내지 정형화 요구에 부응하기 위하여 보호법익을 전제로 하여 법익침해 및 그 위험을 위법의 실질내용으로 이해하는 견해가 지배적인 견해로 자리잡게 되었다.

[도식 : 위법성의 본질]

위법성의 본질
‖
· 규범위반설(형식적 위법성론) : 위법이란 법규범에 위반하는 것을 말한다.
· 법익침해설(실질적 위법성론) : 위법이란 법익침해 내지 그 위험을 말한다

다. 행위반가치론과 결과반가치론

이러한 형식적 위법성론과 실질적 위법성론의 대립은 해석론상 주로 '위법성은 순수하게 객관적으로 결정되는 것인가, 주관적 사정이나 윤리도 관계하는 것인가'라는 대립으로 형성되어 다투어져 왔다.

(1) 행위반가치론

규범위반설에 입각하면 도의질서나 사회적 상당성에 반하는 나쁜 행위가 문제되기 때문에 그러한 행위태양을 감안한 위에 당사자의 주관적 사정도 고려하게 되는 것이다. 행위는 행위자의 주관(심리상태나 의사 등)에 좌우되기 때문에 주관도 위법성에 영향을 끼친다고 생각한다. 그 결과 위법성판단에 즈음하여서는 결과뿐만 아니라 주관적 사정까지도 고려하게 된다. 이처럼 '나쁜 행위, 나쁜 내심이 위법성의 주요근거'라고 생각하는 입장을 **행위반가치론**이라 한다.

[도식 : 행위반가치의 구조]

규범위반설
‖
행위반가치론 ➡ 결과반가치 + 행위반가치 결과뿐만 아니라 행위태양에도 착안 ➡ 행위자의 주관도 위법성에 영향을 끼친다

행위반가치라는 말은 'Handlungsunwert'라는 독일어의 직역으로 이해하기 어려운 개념이지만, 요컨대 행위가 '반가치(=나쁘기)'이기 때문에 위법이라는 사고이다. 즉 행위에 대한 부정적 가치판단을 의미한다.

(2) 결과반가치론

이에 대하여 법익침해설에 입각하면 법익침해의 유무는 객관적으로 결정되는 것이므로 위법성판단도 객관적으로 이루어지게 된다. 이처럼 '나쁜 결과의 발생(기수범의 결과반가치)이나 그 위험성(미수범의 결과반가치)'만을 위법성의 근거로 하는 입장을 **결과반가치론**이라 한다. 즉 결과가 '반가치(=나쁘기)'(결과반가치=Erfolgsunwert)이기 때문에 위법하다는 사고이다. 즉 법익의 침해 또는 그 위험에 대한 부정적 가치판단을 의미한다.

이러한 입장에서는 행위자의 고의나 과실이라는 주관적 사정은 위법성에 아무런 영향을 끼치지 않고 오로지 책임의 단계에서 검토하게 된다. '위법은 객관으로, 책임은 주관으로'라는 표어가 이 입장의 특징을 단적으로 표현하고 있다.

[도식 : 결과반가치의 구조]

법익침해설
‖
결과반가치론 ➡ 오직 결과반가치 결과에만 착안 ➡ 행위자의 주관은 위법성에 영향을 끼치지 않는다.

[보충해설 : 행위자 주관의 고려여부]

예컨대 고의로 사람을 살해한 범인과 무의식 중에 과실로 사람을 살해한 범인을 비교하는 경우에 그 양자는 위법성의 정도도 다르다고 생각하는 것이 행위반가치론의 입장이다. 일부러 사람을 살해한 범인 쪽이 보다 더 나쁜 사람이라고 생각하는 것이다. 이는 사회일반의 도의관념으로서 고의로 사람을 살해하는 자의 쪽이 더 나쁘게 평가된다고 생각하기 때문이다.

이에 대하여 양쪽 모두 사람을 살해하였다는 점에서는 동일한 것은 아니지만 사람의 생명이라는 법익을 침해하였다는 점에서는 동일하기 때문에 위법성의 정도는 동일하다고 생각하는 입장이 결과반가치론이다. 이 경우 고의로 살해한 범인과 무의식 중에 살해한 범인의 차이는 책임이라는 비난이 다른 문제로서 취급하게 된다.

[행위반가치론과 결과반가치론의 차이 1]

행위반가치론			결과반가치론	
	고의범	과실범	고의범	과실범
위법성	大	小	위법성의 정도는 동일	
책 임	大	小	大	小

이러한 결과반가치론과 행위반가치론의 대립은 형법총론 해석의 도처에 등장하는 문제이기 때문에 확실히 이해해 둘 필요가 있다.

[행위반가치론과 결과반가치론의 차이 2]

	결과반가치론	행위반가치론
형법의 성격	평가규범	의사결정규범
형법의 기능	법익보호	사회윤리적 행위가치보호
범죄의 본질	법익침해	규범위반(의무위반)
위법성의 실체	법익침해 또는 그 위험	사회적 상당성의 일탈
고의·과실의 체계적 지위	책임요소	불법요소
과실범의 불법	법익침해	주의의무위반
위법성조각의 일반원리	법익침해설 우월적 이익설	사회적 상당성설 목적설
실행의 착수시기	객관설	주관설
불능범·불능미수 구별	객관설	주관설→불능범 부정

한편 오늘날 **통설**은 결과반가치와 행위반가치는 동일한 서열에서 병존하는 불가피

한 불법요소라는 **이원적 인적 불법론**에 입각하고 있다.

즉 형법은 평가규범인 동시에 의사결정규범이므로 어느 일면만 강조하는 결과반가치론과 행위반가치론은 타당하지 않다. 또한 구성요건해당성은 결과를 포함한 구성요건의 주관적·객관적 요소의 의미통일체이므로, 구성요건해당성은 행위에 의해 야기된 결과라는 객관적 측면과 실행행위의 주관적 측면을 함께 고려함으로써만 올바르게 평가될 수 있다는 것이다. 따라서 이에 의하면 결과반가치와 행위반가치 중 어느 하나가 결여되면 불법은 존재하지 않기 때문에 형벌을 부과할 수 없다.

[결과반가치와 행위반가치의 내용]

결과반가치의 내용	행위반가치의 내용
1. 법익침해(기수범) · 결과범 : 현실적인 침해결과 · 위험범 : 위험상태 또는 위험결과 · 거동범 : 행위자체가 법익에 대한 침해결과	1. 주관적 요소 · 주관적 행위요소 : 고의 및 과실 · 주관적 행위자적 요소 : 목적·경향·표현 등 특별한 주관적 불법요소
2. 법익침해의 위험성(미수범)	2. 객관적 요소 · 객관적 행위요소 : 범죄의 가벌성이 범죄실행의 종류와 방법에 의하여 결정되는 경우. 예)위험한 물건의 휴대(특수폭행죄), 기망(사기죄) 등 · 객관적 행위자적 요소 : 행위자가 의무를 부과하는 객관적 요소에 의하여 일정한 범위의 사람에게 제한되는 경우. 예)신분범의 신분, 정범의 표지 등

[용어설명 : 위법성과 불법의 구별]

	위법성	불법
개념	행위가 전체 법질서에 배치·모순되는 성질	구성요건에 해당하고 위법하다고 평가된 행위자체 → 실체개념
판단	법질서 전체에 비추어 결정. 개개의 법영역에 따른 개별적 위법성 불인정.	개개의 법률에 비추어 결정. 개개의 법영역에 따라 개별화 가능.
정도	유무의 단일하고 동일한 판단 → 질적·양적 차이 불인정	질적·양적 차이 존재 경중 비교 가능

라. 위법성조각의 근거

구성요건에 해당하였다 하더라도 위법성이 조각되는 경우가 있다. 정당방위 등이 그 전형이다.

그렇다면 무엇 때문에 위법성이 조각되는 것일까?

무릇 구성요건에 해당하면서도 위법성이 조각되는 것은 그 행위에 실질적 위법성이 없기 때문에 지나지 않는다. 무엇이 실질적 위법인가에 대해서는 전술한 대로 다툼이 있다. 여기서 통설·판례는 위법성조각의 근거를 개개 위법성조각사유마다 달라진다고 하는 다원설(개별화설)에서 찾는다.[10]

우리 형법은 이 문제를 입법적으로 해결하여 위법성조각의 근거를 '사회상규에 위배되지 않는 경우(형법 제20조)'라고 규정하였다.[11] 이러한 '사회상규'는 다양한 내용을 지니고 있기 때문에 개별화설에 가깝다고 할 수 있다. 판례는 "사회상규에 위배되지 아니하는 행위라 함은 법질서 전체의 정신이나 그 배후에 놓여 있는 사회윤리 도의적 감정 내지 사회통념에 비추어 용인될 수 있는 행위를 말하는 것이어서 어떠한 행위가 사회상규에 위배되지 아니하는가는 구체적 사정 아래서 합목적적·합리적으로 고찰하여 개별적으로 판단되어야 한다"고 한다.[12]

따라서 정당방위 등의 위법성조각사유는 이러한 사회상규의 불위배성을 가진 행위를 유형화한 것이라 할 수 있다.

---

10) **[판례에 의한 위법성조각사유의 일반원리]** : 대법원 2000.4.25. 선고 98도2389 판결 ; 대법원 2007.5.11. 선고 2006도4328 판결. 즉 판례는 행위반가치론에서 도출되는 행위의 동기나 목적의 정당성 원칙, 행위의 수단이나 방법의 상당성 원칙, 긴급성의 원칙, 그 행위 외에 다른 수단이나 방법이 없다는 보충성의 원칙과 결과반가치론에서 도출되는 보호이익과 침해이익과의 법익권형성 원칙, 이익흠결의 원칙, 우월적 이익의 원칙 등이 상호다양하게 결합되어 위법성조각사유의 일반원리로 작용한다는 것이다.

11) 여기서는 '사회상규에 위배되지 아니하는 행위'의 성질과 관련하여 사회상규불위배행위가 모든 개별 위법성조각사유를 포괄하는 일반적·근본적 위법성조각사유라고 하는 포괄적 위법성조각사유설(다수설)에 따른다.

12) **[사회상규에 위배되지 아니하는 행위의 판단기준]** : 대법원 2004.6.10. 선고 2001도5380 판결.

[도식 : 사회상규불위배행위의 체계적 지위]

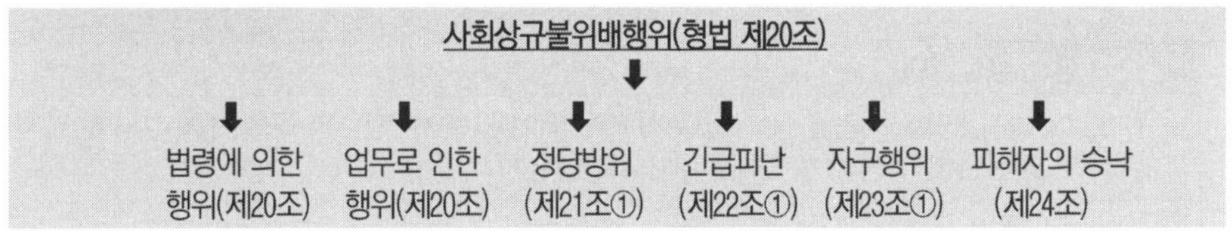

마. 위법성조각사유의 종류

위법성조각사유는 정당행위와 긴급행위로 구별할 수 있다.

[도식 : 위법성조각사유의 구조]

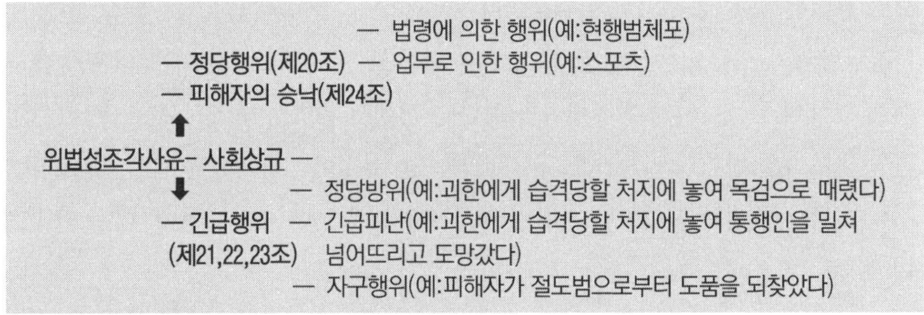

정당행위란 사회상규에 위배되지 아니하여 국가적·사회적으로 정당시되는 행위를 말한다. 형법 제20조는 '법령에 의한 행위'와 '업무로 인한 행위'를 규정하고 있지만, 이는 '사회상규에 위배되지 아니하는 행위'의 예시적 규정에 지나지 않는다고 이해하는 것이 통설의 입장이다. 따라서 치료행위, 노동쟁의행위 등이라 할지라도 사회상규에 위배되는 한 위법성이 조각되지 않는다.

긴급행위에는 정당방위(제21조 제1항), 긴급피난(제22조 제1항), 자구행위(제23조 제1항)가 있다.

(1) 정당방위

사례 9　정당방위

甲은 乙이 목검으로 머리를 내리치려 하기에 옆에 있던 주먹만 한 돌멩이를 살의를 가지고 乙에게 던졌던바 머리에 명중시켜 사망하였다.

甲이 살인죄의 구성요건에 해당하는 것은 의심의 여지가 없다. 그러나 그럼에도 불구하고 甲에게는 범죄는 성립하지 않는다. 즉 甲에게는 정당방위(형법 제21조 제1항)가 성립하기 때문이다.

정당방위가 성립하면 어째서 범죄가 성립하지 않는 것일까? 이는 행위반가치론의 입장에서는 사회상규에 위배되지 않는 행위(즉 사회적으로 상당한 행위 또는 사회적으로 용인된 행위)로 평가되기 때문이다.

정당방위의 성립요건은 형법 제21조 제1항에 규정되어 있지만, 현재의 부당한 침해에 대하여 부득이하게 방위행위를 했다는 점에서 위법성이 조각된다. 부당(위법)한 침해에 대한 반격일 필요가 있다(不正 대 正). 이점이 긴급피난과 결정적으로 다른 점이다(즉 긴급피난은 위법한 침해일 것을 요하지 않는다는 점에서 正 대 正의 관계이다).

위 사례에서는 원칙적으로 정당방위가 성립한다고 생각되지만, 만일 甲이 乙의 공격을 알지 못한 채 공격을 가하였다고 한다면 정당방위는 성립하는 것인가? 즉 객관적으로는 완전히 정당방위의 요건을 충족하고 있더라도 주관적으로 '정당방위의 의사'가 인정되지 않는 경우에는 정당방위는 성립하지 않는 것이 아닌가 라는 문제가 있다. 이 문제는 **'우연방위'**라 불리는 논점이지만, 이에 대해서는 행위반가치론과 결과반가치론의 대립이 영향을 미치고 있다.

즉 행위반가치론의 입장을 취하면 위법성판단에 있어서 행위자의 주관을 고려하기 때문에 정당방위가 성립하기 위해서는 주관적으로도 '정당방위의 의사'가 필요하게 된다.

이에 대하여 결과반가치론에 의하면 위법성판단은 순수하게 객관적으로 이루어져야 하기 때문에 '방위의사'라는 주관적 요건은 불필요하게 된다.

[방위의사의 요부 : 행위반가치론과 결과반가치론]

행위반가치론 ➡ '방위의사' 필요

결과반가치론 ➡ '방위의사' 불요

위 사례에서는 乙이 '목검으로' 공격한 것에 대하여 甲은 '돌멩이'로 반격행위를 하고 있다. 만일 乙이 '맨손'으로 공격하였음에도 甲이 '회칼'로 반격하였다면 어찌되는 것인가? 이는 甲의 과잉행위로 정당방위가 될 수 없다. 정당방위가 성립하기 위해서는 방위행위의 필요성·상당성이라는 요건이 필요한 것이지만, 이 경우에는 상당성이 부정되기 때문이다. 이러한 경우를 **과잉방위**라 하고, 정황에 의하여 형을 감경 또는 면제할 수 있도록 규정하고 있다(형법 제21조 제2항). 과잉방위는 위법성이 조각되지 않고 책임도 충족되어 범죄가 성립하지만 情狀에 의해 형이 감면되는 것이다.

[도식 : 과잉방위의 구조]

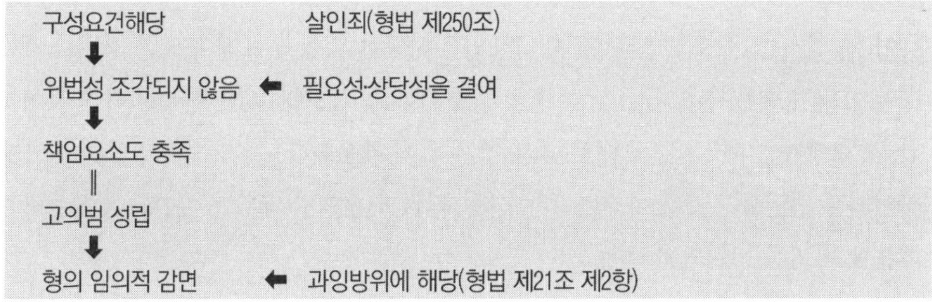

한편 乙은 놀래주려고 생각하여 손을 올렸을 뿐임에도 이를 본 甲이 자신을 공격하는 것으로 착각하여 공격을 가한 경우에는 객관적으로는 부당한 침해가 없었기(즉 정당방위의 객관적 전제사실이 존재하지 않았기) 때문에 정당방위는 성립하지 않는다. 그러나 정당방위로 오신한 甲을 중한 고의범으로 비난하기는 어려울 것이다. 이때에는 위법성의 다음 검토단계인 책임단계에서 고의(책임고의)가 조각되어 고의범은 성립하지 않게 된다(위법성조각사유의 전제사실에 관한 착오). 이를 **오상방위**라 한다.

[도식 : 오상방위의 구조]

구성요건해당 → 살인죄(제250조)
⬇
위법성 조각되지 않음 ⬅ 부당한 침해의 결여
⬇
책임고의를 조각 ⬅ 오상방위로서
즉 심정반가치(법배반적 심정) 결여
⬇
고의범불성립

(2) 긴급피난

사례 10 긴급피난의 법익균형성

甲과 乙이 바다에서 수영 중 익사직전이었다. 하필이면 고무튜브가 하나 밖에 떠있질 않아 한 명밖에 사용할 수 없는 상황이었다. 甲이 어쩔 수 없이 고무튜브를 빼앗아 탔기 때문에 乙은 익사하였다.

이 사례는 정당방위는 아니다. 왜냐하면 익사당한 乙이 甲에게 부당한 침해를 가한 것이 아니기 때문이다. 즉 정당방위는 '不正 대 正'의 관계인 경우에 성립하는 것이지만, 사례에서 甲과 乙은 '正 대 正'의 관계에 있기 때문이다. 단 그렇다고 하여 甲에게 살인죄가 성립하는 것은 아니다. 甲에게는 긴급피난(형법 제22조 제1항)이 성립하기 때문에 범죄가 성립되지 않는다.

긴급피난은 현재의 위난에 대하여 유일한(부득이한) 수단으로 행한 경우가 아니면 위법성은 조각되지 않는다. 正인 상대방을 침해해서까지 자신이나 제3자의 법익을 지키려고 하는 것이기 때문에 유일한(부득이한) 수단일 것이 요구되는 것이다. 이를 **보충성의 원칙**이라 한다. 그리고 긴급피난행위에 의해 발생한 손해가 이로 인하여 침해된 손해의 정도를 넘지 않을 것이 필요하다. 즉 사소한 이익을 지키기 위하여 보다 큰 손해를 부여해서는 안 되는 것이다. 이를 **법익균형성의 원칙**이라 한다. 또한 긴급피난행위 자체가 사회윤리나 법정신에 비추어 적합한 수단이어야 한다. 이를 **적합성의 원칙**이라 한다. 이처럼 정당방위와 달리 긴급피난은 '正 대 正'의 관계이기 때문에 보충성, 균형성, 적합성이 요구된다는 점을 기억할 필요가 있다.

긴급피난에 있어서도 위법성조각의 근거나 피난의사의 要否, 과잉피난이나 오상피난 등 정당방위와 동일한 논의가 이루어지고 있다.

4. 책임

가. 총설

구성요건에 해당하고 위법성조각사유가 없음에도 범죄가 성립하지 않는 경우가 있다. 즉 책임이 없는 경우이다. 그렇다면 '책임'이란 무엇인가?

(1) 책임주의

조문에 규정된 구성요건에 해당하고 나아가 그 행위가 특히 위법성조각사유를 충족시키지 않았다 하더라도 그것만으로 형벌을 과할 수 없다. 행위자의 책임으로 돌릴 수 있는, 즉 비난할 수 있는 것이어야 한다. 이러한 '책임(비난가능성)없으면 형벌없다'는 원칙을 **책임주의**라 한다. 그리고 형법상 **책임개념의 핵심**은 **비난가능성**이라는 개념이다.

용어설명

책임개념의 핵심 책임이란 규범이 요구하는 합법을 결의하고 이에 따라 행동할 수 있었음에도 불구하고 불법을 결의하고 위법하게 행위하였다는 데 대하여 행위자에게 가해지는 비난가능성을 말한다(의사형성의 비난가능성, 통설).

이 **'비난가능성'**이라는 개념을 어떻게 이해할 것인가에 대해서는 여전히 격론 중인 분야의 하나이다. 여기서는 일단 종래대로 행위자의 자유의사를 전제로 하여 행위자에 대한 도의적 비난이야말로 (형법상) 책임의 본질이라고 하는 **도의적 책임론**을 기초로 생각하기로 하자. 즉 인간은 자신의 의사로 합법적인 행위도 불법적인 행위도 선택할 수 있음에도 불구하고 굳이 자신의 의사로 범죄라는 위법한 행위를 선택했다는 점에 비난이 가해지는 것이라 한다(행위자에게 가해지는 도의적·윤리적 비난).

(2) 책임의 요건

행위자를 비난하기 위해서는 다음의 세 가지 요건을 충족시켜야 한다.

① **책임능력** : 행위의 是非를 변별하고 이에 따라 행위자가 유책하게 행위할 수 있는 능력(유책행위능력).

ㄱ. 형사미성년자(형법 제9조), 심신상실자(형법 제10조 제1항)가 아닐 것 : 책임무능력자(책임조각사유).

ㄴ. 심신미약자(형법 제10조 제2항), 농아자(형법 제11조)가 아닐 것 : 한정책임능력자(형의 필요적 감경).

② **책임고의(고의범의 경우) 또는 책임과실(과실범의 경우)**

③ **기대가능성**

다음에서는 각각의 요건에 대하여 간단하게 살펴보기로 한다.

사례 11 책임능력으로서의 의사변별력(유책행위능력)

정신분열증을 앓고 있어 아무 것도 모르는 甲은 사물의 선악을 변별하지 못한 채 乙을 사람으로 인식하면서도 칼로 찔러 살해하였다.

甲의 행위는 살인죄의 구성요건에 해당하고 위법성도 조각되지 않는다. 그러나 甲에게 살인죄를 인정하는 것은 가혹하다 할 것이다. 甲은 정신병을 앓고 있어 그를 비난할 수 없기 때문이다. 甲에게 필요한 것은 치료이지 형벌이 아니다('치료감호법[시행 2011.8.4][법률 제11005호, 2011.8.4, 타법개정]' 제2조 제1항 제1호). 이러한 경우에는 책임능력의 결여(책임무능력)로서 범죄가 성립하지 않는다. 14세 미만이라는 형사미성년자의 경우도 동일하다. 이러한 경우에는 형벌이라는 강한 법적 제재를 부과하는 것보다도 교육·치료가 필요할 것이라는 사고 하에 형법상 범죄는 성립하지 않는 것이다. 물론 치료감호시설이나 소년원에서 교정을 행하게 된다.

다만 동일한 책임무능력이라 하더라도, 예컨대 조직폭력배인 甲이 대립 중인 다른 조직폭력배와 싸움을 시작하기 전에 힘을 배가시키기 위해 각성제를 주사하고 책임무능력 상태에 빠지어 乙을 살해한 경우에, 책임무능력상태인 이상 甲에게 살인죄는 성립하지 않는다고 하는 것은 적절하지 않을 것이다. 이러한 경우를 살인죄로 처벌하기 위하여 학설상 다양한 논리가 제시되고 있다. 이를 **'원인에 있어서 자유로운 행위의 이론'**이라 한다. 스스로 의사를 결정한 단계에서 책임능력이 있었다면 그 의사의 실현으로서 행해진 범죄에 대해서는 책임을 묻는다는 사고이다.

나. 책임요소로서의 고의·과실

(1) 총설

책임주의의 내용으로서는 설령 책임능력이 있었다 하더라도 '고의 또는 적어도 과실이 없으면 처벌하지 않는다'는 원칙이 중요하다. 행위자에게 고의·과실이 존재할 것이 제2의 책임요소인 것이다.

[도식 : 고의의 이중적 기능]

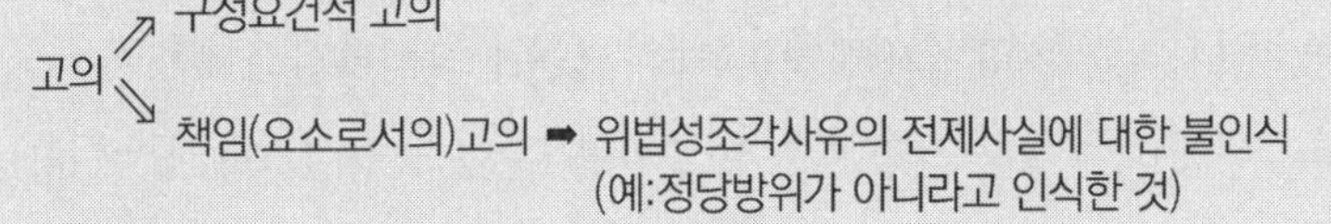

과실범은 잠시 차치해 두고 책임요소로서의 고의를 **책임고의**라 하지만, 고의에 대해서는 구성요건해당성판단의 단계에서 일단 판단을 거친 것이므로 책임판단의 단계에서는 구성요건적 고의의 존재를 전제로 행위자가 위법성조각사유의 전제사실에 대하여 착오에 빠졌는지 여부를 검토하게 된다.

즉 고의가 있다고 하기 위해서는 구성요건적 고의와 책임고의를 모두 충족시켜야 하는 것이다.

(2) 위법성조각사유의 전제사실에 대한 불인식

이는 구성요건사실의 인식이 있었더라도 위법성조각사유의 전제사실(예컨대 정당방위의 상황)을 인식하였더라면 그 행위자를 비난할 수 없는 점에서 문제가 된다. 정당방위상황이 아니었음에도 정당방위라고 오신하여 반격한 경우에는 자신은 상대방에게 반격하고 있다는 구성요건사실의 인식은 있기 때문에 구성요건적 고의는 존재한다. 그러나 위법성조각사유가 존재한다고 생각하였기 때문에, 바꾸어 말하면 위법성조각사유가 없다는 것을 인식하지 못했기 때문에 책임고의가 인정되지 않아 고의범이 성립할 수 없는 것이다.

다. 기대가능성

책임능력이 있고 책임고의 또는 책임과실이 인정되는 경우에도 행위 당시의 구체적 상황 여하에 의해서는 그 행위자가 위법행위를 하지 않고 적법행위를 할 것을 전혀 기대할 수 없는 경우도 있을 수 있다. 이러한 예외적인 경우는 '기대가능성이 결여'되어 책임이 조각된다. 즉 기대가능성의 존재가 제3의 책임요소인 것이다.

이상과 같이 구성요건해당성, 위법성조각사유, 책임요소를 모두 충족시키면 고의범이 성립하게 된다. 범죄성립 후에는 그 형을 감경, 면제하여야 하는 사정이 존재하는지 여부, 처벌조각사유나 처벌조건을 검토한다. 예컨대 과잉방위에 해당하는 경우는 고의범이 성립하지만 그 형을 감경 또는 면제받을 수 있다(형법 제21조 제2항).

이러한 감경·면제에는 반드시 감경이나 면제하여야 하는 **필요적 감경·필요적 면제** 외에, 법관의 재량으로 임의적으로 행해지는 경우도 있다. 이를 **임의적 감경·임의적 면제**라 한다. 또한 감경 또는 면제를 약하여 **감면**이라 하는 경우도 있다.

다음의 고의범의 성립요건에 관한 도표는 기억해 둘 필요가 있다. 도표의 검토순서대로 논점을 발견하여 시험답안을 작성해야 하기 때문이다.

[요약 도식 : 고의범의 성립요건에 대한 판단방법]

- 사전심사
  - 작위와 부작위의 구별
  - 형법상의 행위에 해당하는지의 여부 검토
- 구성요건해당성
  - 객관적 구성요건
    - 범행, 범행상황, 범행객체, 구성요건적 결과, 기타 요소들
    - 행위와 결과간의 인과관계와 객관적 귀속
  - 주관적 구성요건
    - 고의
    - 특별한 주관적 요소(예: 불법영득의사)
  - 객관적 처벌조건(예: 사전수뢰죄에서 '공무원이 된 사실')
- 위법성: 위법성 조각사유의 부존재
  - 위법성 조각사유의 객관적 요건
  - 위법성 조각사유의 주관적 요건
- 책임
  - 책임능력
  - 특별한 형가중(또는 감경)적 책임요소(예: 영아살해죄에서 '특히 참작할만한 동기')
  - 개인적 비난가능성
    - 책임형식: 고의책임(허용구성요건착오의 부존재)
    - 위법성 인식(금지착오 내지 허용착오의 부존재)
    - 책임조각사유의 부존재
- 인적처벌조각사유
- 소추조건

5. 예비·미수(시간적 수정형식)

지금까지는 주로 '단독범의 기수범'을 두고 검토하였다. 이제부터는 그 수정형식이라 할 수 있는 '미수범' 및 '공범'에 대하여 설명하기로 한다. 그리고 미수보다 전단계인 '예비'라는 개념에 대해서도 설명하기로 한다.

이러한 미수나 예비는 단독기수범이라는 기본적 구성요건을 수정한 유형이다(판례[13]의 태도=다수설인 발현형태설의 입장). 따라서 **수정된 구성요건**이라고도 할 수

13) 대법원 1976.5.25. 선고 75도1549 판결(형법 제28조에 의하면 범죄의 음모 또는 예비행위가 실행의 착수에 이르지 아니한 때에는 법률에 특별한 규정이 없는 한 벌하지 아니한다고 규정하여 예비죄

있다. 예비죄나 미수범의 경우 이러한 수정된 구성요건에 해당하게 되면 기수범과 동일하게 위법성조각사유, 책임요소의 검토를 진행하게 된다. 따라서 지금까지와 다른 점은 구성요건부분의 일부뿐이다.

[도식 : 구성요건의 수정 유형]

		(예) 살인죄	절도죄
원칙적 형태	— 기수	제250조	제329조
시간적 수정	— 미수	제254조	제342조
	ㄴ 예비	제255조	규정없음
인적 수정(공범)	➡ 공동정범(제30조)		
	ㄴ 교사범 (제31조)		
	ㄴ 방조범 (제32조)		

가. 미수

미수란 무엇인가? 예컨대 권총을 발사했지만 탄환이 명중되질 않아 피해자가 사망하지 않았다는 경우가 전형적인 예이다. 즉 구성요건적 행위(실행행위)는 행했지만 결과가 발생하지 않은 경우가 미수가 된다. 또한 결과가 발생하더라도 인과관계가 없는 경우에는 그 결과를 형법적으로는 행위자의 책임으로 돌릴 수 없기 때문에 미수가 된다. 따라서 미수는 크게 ① 결과불발생의 경우와 ② 결과는 발생했지만 인과관계가 없는 경우로 나눌 수 있다.

[도식 : 미수의 大別]

의 처벌이 가져올 범죄의 구성요건을 부당하게 유추 내지 확장해석하는 것을 금지하고 있기 때문에 형법각칙의 예비죄를 처단하는 규정을 바로 독립된 구성요건 개념에 포함시킬 수는 없다고 하는 것이 죄형법정주의의 원칙에도 합당하는 해석이라 할 것이기 때문이다. 따라서 형법전체의 정신에 비추어 예비의 단계에 있어서는 그 종범의 성립을 부정하고 있다고 보는 것이 타당한 해석이라고 할 것이다.)

(1) 중지범

예컨대 甲이 권총을 발사한 직후에 '엄청난 일을 저질렀다'고 반성하고 총상을 입은 乙을 병원까지 데리고 갔기 때문에 乙이 생명을 구한 경우를 생각해 보자. 甲은 살인을 하려고 하였지만 미수에 그쳤을 뿐이다. 다만 이 사례는 가해자인 甲이 스스로 피해자의 생명을 구하기 위한 행위를 하였기 때문에 통상적인 미수와 구별하여 **'중지미수'** 내지는 **'중지범'**(형법 제26조)이라 한다. '중지범'이 되면 형벌은 반드시 감경 또는 면제된다(필요적 감면). 결과의 발생을 자신의 의사로써(自意로) 저지하였다는 점에서 행위자에 대한 비난가능성 즉 책임을 감소시켰다고 하여 형을 감면하는 것이다(법률설).

이에 대하여 일반적인 미수를 가리켜서 '장애미수' 내지는 협의의 미수범(형법 제25조)이라 한다.

[도식 : 중지미수와 장애미수]

미수 ↗	중지미수 : 자의로 중지	➡ 필요적 감면(형법 제26조)
미수 ↘	장애미수 : 그 이외의 미수범	➡ 임의적 감경(형법 제25조 제2항)

(2) 불능범

가령 丙의 탄환이 명중하여 乙이 절명한 후에 甲이 권총을 발사하여 이 또한 乙에 명중되었다면 어떻게 되는 것인가?(즉 甲은 권총으로 시체를 쏜 결과가 된다) 이 경우는 甲이 乙을 살해한 것이 아니기 때문에 살인기수죄가 성립할 수 없다. 그러나 살인죄의 '미수'에는 해당한다고 생각할 수도 있다. 즉 甲의 주관(내심)은 살인자의 주관과 다를 바 없으며 단지 객관적으로(외부적 사정으로는) 살인이라는 '결과'가 발생하지 않았음에 지나지 않기 때문이다.

이러한 경우에 살인죄의 미수가 성립하는지 여부에 대해서도 학설상 다툼이 있다. 이러한 문제를 **'불능범론'**이라 한다. 처음부터 살인죄를 범하는 것이(즉 결과를 발생시키는 것이) 불가능하였기 때문에(즉 乙은 이미 사망하였기 때문에) 불능범이라는 명칭을 붙인다. 불능'범'이라 부르지만 범죄(미수범)가 성립하지 않는 경우이다.

불능범은 **구성요건적 행위(실행행위)로 평가할 수 있을 정도의 위험성이 발생하였는지 여부를 어떻게 판단할 것인가**라는 문제가 핵심이다. 법익침해발생의 위험성이 있다고 평가되면, 설령 결과가 발생하지 않더라도 미수범으로서의 죄책을 지게 된다. 여기서는 이러한 위험성을 어떻게 판단할 것인가가 문제인 것이다. 다수설 및 판례[14]는 (과학적) 일반인의 인식을 기준으로 위험성을 판단한다. 따라서 (과학적) 일반인이 乙이 아직 살아있다고 생각할 것 같은 상황에서 甲이 乙을 향하여 발포한 때에는 살인죄로서의 위험성이 긍정되고 살인죄의 실행행위로 평가되어 살인미수의 죄책을 지게 된다. 이처럼 불능범의 문제는 실행행위성을 긍정할 수 있는가 라는 문제라고도 할 수 있다.

[도식 : 불능범에 있어서 위험성의 판단효과]

실행행위로서의 위험성 ↗ 있음 ➡ 미수범
실행행위로서의 위험성 ↘ 없음 ➡ 불능범

나. 예비

예비란 범죄의 실행을 목적으로 이루어지는 범죄의 준비행위이다. 예컨대 살인의 목적으로 권총을 구입하는 행위나 방화목적으로 라이터와 가솔린을 준비하는 행위 등을 생각하면 이해하기 쉬울 것이다. 즉 일정한 위험성은 있지만 실행의 착수에는 이르지 않은 경우라 할 수 있다.

용어설명

예비와 범행의 결의 및 미수와의 구별 예비는 범죄적 의사가 외부로 표현되었다는 점에서 외부성이 없는 범행의 결의와 구별되고, 실행의 착수 이전 단계라는 점에서 미수와 구별된다.

예비행위가 지닌 법익침해의 위험성은 아직 현실화되지 않은 것이기 때문에 형법

14) **[위험성의 판단기준]** : 대법원 1978.3.28. 선고 77도4049 판결 ; 대법원 2005.12.8. 선고 2005도8105 판결.

은 살인(제255조), 방화(제175조), 강도(제343조) 등과 같이 중대한 법익에 대한 범죄에 대해서만 처벌하고 있다. 이들 예비죄가 규정되어 있는 범죄유형에 대해서는 실행의 착수에 이르지 않은 경우에도 예비행위자체가 처벌의 대상이 되는 것이다.

용어설명

예비와 음모의 구별 예비가 범죄의 실행을 목적으로 이루어지는 범죄의 준비행위임에 반하여, 음모는 범죄의 심리적 준비행위로서 2인 이상의 자 사이에 성립한 범죄실행의 합의를 의미한다. 즉 음모가 인정되기 위해서는 특정범죄의 실행을 위한 준비행위라는 것이 객관적으로 명백히 인식되어야 하며, 범죄실행의 합의에 실질적인 위험성이 인정되어야 한다.[15)]

이처럼 예비와 음모는 양자 모두 실행의 착수 이전단계의 행위인 점에서는 차이가 없기 때문에 양자를 구별할 실익이 있는지 여부가 문제된다. 다수설 및 판례[16)]는 예비와 음모가 병렬적으로 규정되어 있는 경우, 예비는 음모에 해당하는 행위를 제외한 것으로 보고 있어 예비와 음모를 구별하고 있다. 특별법상으로도 음모는 벌하지 않고 예비죄만을 처벌하는 규정[17)]이 있는 이상 예비와 음모를 개념상으로 뿐만 아니라 그 법효과면에서도 구별할 실익은 엄연히 존재한다 할 것이다.

6. 공범(인적 수정형식)

수정된 구성요건의 또 다른 하나의 유형으로 공범을 들 수 있다. **공범**이란 대략적으로는 두 사람 이상이 협력하여 범죄를 실행하는 경우의 범죄참가형태(다수자의 범죄관여형태)를 말한다.[18)]

15) **[음모인정을 위한 실질적 위험성의 정도]** : 대법원 1999.11.12. 선고 99도3801 판결. **[판례해설]** : 대법원이 "甲과 乙이 군복무기간 중에 수회에 걸쳐 '총을 훔쳐 전역 후 은행이나 현금수송차량을 털어 한탕 하자'는 말을 나눈 정도만으로는 강도음모를 인정하기에 부족하다"고 한 것은 범죄실행의 합의가 실질적인 위험성이 인정되는 정도에 이르지 못한 것으로 보았기 때문이라 할 수 있다.

16) **[예비의 선행단계로서의 음모]** : 대법원 1984.12.11. 선고 82도3019 판결 ; 대법원 1986.6.24. 선고 86도437 판결. 86도437. **[판례해설]** : 판례는 일본으로 밀항하고자 도항비로 일화 100만엔을 주기로 약속하였던 자가 그 후 이 밀항을 포기한 경우에는 밀항의 음모에는 해당하지만 밀항의 예비정도에는 이르지 아니하였다고 판단하면서 음모가 예비에 선행하는 단계임을 인정하고 있다.

17) **[예비만을 처벌하는 규정을 둔 입법례]** : 예컨대 '밀항단속법([시행 2008.1.1][법률 제7427호, 2005.3.31, 타법개정])' 제3조 제1항 및 제3항(제1항의 죄를 범할 목적으로 예비를 한 자는 1년 이하의 징역 또는 100만원 이하의 벌금에 처한다.)은 예비만을 처벌하고 있으며, '관세법([시행 2011.1.1][법률 제10424호, 2010.12.30, 일부개정])' 제271조 제3항(제268조의2, 제269조 및 제270조의 죄를 범할 목적으로 그 예비를 한 자는 본죄의 2분의 1을 감경하여 처벌한다.) 및 제274조 제3항(제1항에 규정된 죄를 범할 목적으로 그 예비를 한 자는 본죄의 2분의 1을 감경하여 처벌한다.)에서도 예비만을 처벌하고 있다.

18) **[공범의 의미]** : 즉 한 사람의 행위자가 실현하기로 예정되어 있는 하나의 구성요건이 두 사람 이상에

가. 공범의 분류

우리 형법상 공범의 본격적인 형태는 공동정범(제30조), 교사범(제31조), 방조범(제32조), 간접정범(제34조) 등으로 나타나고 있다.

한편 **간접정범**이 정범인가 또는 공범인가에 대해서는 학설상 논란의 여지가 있다. **통설(정범설)**은 형법이 간접정범의 행위를 교사 또는 방조로 규정한 것은 **이용행위의 형태를 분류**한 것에 불과하고, 간접정범의 본질이 공범이 아닌 **정범성**을 갖추고 있기 때문에 형법 제34조의 규정에도 불구하고 공범이 아닌 정범으로 해석한다.[19]

따라서 여기서는 통설적 견해에 입각하여 공범을 분류하기로 한다(간접정범에 대하여는 본 서 48쪽 이하 참조).

[도식 : 정범 및 공범의 형태]

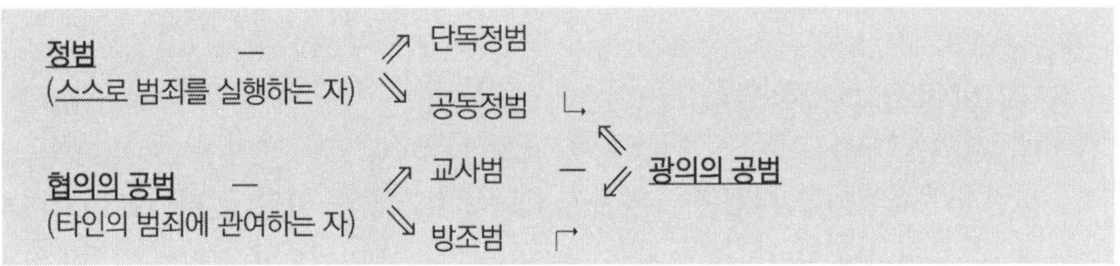

나. 공동정범

사례 12 공동정범

甲과 乙은 A를 살해할 것을 계획하여, 甲이 A의 신체를 붙잡고 乙이 칼로 A를 찔러 살해하였다.

사례에서 甲의 행위를 살펴보면, 단지 乙과 살해를 계획하고, 현장에서는 A의 신체

의하여 실현되는 경우에 두 사람 이상의 행위자를 가리켜 공범이라 한다.

19) **[공범설]** : 이에 대하여 소수설인 공범설은, 우리 입법자는 협의의 공범처벌에 불비점이 생기는 것을 방지하기 위하여 간접정범을 보완책으로 마련하였다는 점을 분명히 하고 있는데, 이처럼 간접정범을 공범처벌의 불비를 방지하기 위한 보완책으로 보는 견해를 공범설이라 한다 : 신동운, 형법총론 제6판, 법문사, 2011, 624쪽 이하 참조.

를 붙잡고 있었을 뿐이다. 실제로 A를 칼로 찔러 살해한 것은 乙이었다. 얼핏 보면 甲은 살해행위 그 자체에 대한 책임은 없는 것처럼도 보인다. 즉 개인은 자신의 행위로부터 발생한 결과에 대해서만 책임을 진다는 개인책임의 원칙이 존재하기 때문이다.

그러나 이 사례에서 甲이 살인죄의 죄책을 지지 않는다(또는 살인의 방조범에 지나지 않는다)고 하는 것은 불합리할 것이다. 甲이 A의 사망이라는 결과에 강한 인과적 영향을 미쳤다는 것은 의심할 여지가 없을 뿐만 아니라 그 배후에는 分業의 원리가 작용하기 때문이다. 이러한 공동정범에 있어서 타인이 야기한 결과에 대해서도 책임을 지는 효과를 **일부실행 전부책임**이라 한다(**기능적 범행지배**).

이처럼 공동정범에 있어서 공범자는 각각 모두 정범으로서의 죄책을 진다. 그 의미에서 공동정범은 공범인 동시에 정범이기도 한 것이다.

공동정범의 경우에 타인의 실행부분까지도 책임을 묻는 것은 어째서일까? 공동정범의 경우에는 각자가 서로 상대를 이용하고(역할을 분담하고) 자신의 부족한 부분을 서로 보충하여(기능적으로) 범죄를 실행(범행지배)하기 때문이다. 이를 상호이용·보충관계(분업적 범행실행과 기능적 역할분담의 원칙)라 한다.

용어설명

기능적 범행지배 공동정범의 배후에는 **분업의 원리**가 작용하고 있다. 분업의 원리에 입각하여 다수관여자에게 역할을 분담시키면 범죄를 대규모적으로 신속하게 실현시킬 수 있다. 즉 분업의 원리가 작용하는 공동정범의 경우에는 범죄피해가 급속하게 확산될 우려가 있다.

공동정범의 이러한 특징에 착안할 때 공동정범을 효과적으로 차단하는 방법은 공동의 범죄실현에 관여한 모든 사람에게 실현된 범죄전체에 대하여 형사책임을 묻는 것이다(**일부실행 전부책임**).

공동정범은 담당한 역할의 수행 여하에 따라서 각자가 전체범죄의 실현을 좌우할 수 있는 지위에 있다. 공동정범의 이러한 지위를 일컬어 **기능적 범행지배**라 한다.

여기서 **기능적**이라 함은 전체범죄의 실현이라는 목표를 향하여 도움이 되는 수단으로 쓰인다는 의미이다. 공동정범은 기능적 범행지배를 통하여 전체범죄의 실현을 좌우할 수 있는 것이다. 이점에서 각각의 공동정범자는 그 죄의 정범으로 처벌된다.

다. 교사범

사례 13 **교사범**

> 甲은 乙에게 평소부터 증오해 마지않던 A를 살해해 주면 1,000만원을 주겠다고 제의하였다. 경제적으로 어려움을 겪고 있던 乙은 이를 승낙하고 A를 살해하였다.

이 사례처럼 타인으로 하여금 범죄를 결의하여 실행케 한(타인을 교사하여 죄를 범하게 한) 경우를 **교사범**이라 한다. 교사범에 대해서는 정범(범죄를 실행한 자)과 동일한 법정형이 적용된다(형법 제31조 제1항). 그리고 교사범은 정범이 그 범죄의 실행에 착수하여야 비로소 처벌된다(같은 조 제2항). 즉 교사범은 정범의 실행에 종속하는 것이다. 이를 **공범의 종속성**이라 한다. 이 종속성이라는 성질은 방조범에 있어서도 공통적이다.

라. 방조범(종범)

사례 14 **방조범**

> 甲은 乙이 'A를 죽여 버리겠다'고 씨근대는 것을 듣고 乙이 A를 살해하는 것을 도우려고 생각하여 '이 권총을 사용하면 한 발로 저 세상에 보낼 수 있다'고 말하면서 권총을 건네주었다. 乙은 그 권총으로 A를 살해하였다.

이 사례에서 甲은 乙에게 권총을 건네줌으로써 살해행위를 도운 것이다. 이처럼 타인의 범죄를 방조한 자(甲)를 **방조범**이라 한다. 이 때 방조란 타인의 범죄실행을 물질적 또는 정신적으로 돕는 행위를 말한다. 따라서 방조범은 타인의 범죄실행을 물질적 또는 정신적으로 돕는 자를 말한다. 방조범의 법정형은 정범의 형보다 감경한다(형법 제32조 제2항, 필요적 감경).

[정범과 공범의 구체적 구별실익]

정범과 공범은 명확하게 구별할 필요가 있다. 그 논의의 실익 또한 분명하다. 방조범의 경우를 보면 방조범의 형은 정범의 형보다 감경된다. 즉 방조범의 형을 결정하려면 먼저 '정범'이 누구인지 확인하고 정범에 과해지는 형을 확정해 두어야 한다.

좁은 의미의 공범은 정범에 종속하여 성립한다는 중요한 특징을 가지고 있다. 따라서 여러 사람이 하나의 구성요건을 실현시킨 경우에 법관은 정범을 먼저 확인하고 이어서 그 정범을 근거로 공범을 포착해 내야 한다. 협의의 공범은 정범에 종속하여 성립하기 때문에 공범 자체의 성립요소뿐만 아니라 정범의 성립요소도 상당부분 갖추어야 한다. 범죄성립요건이 늘어나는 만큼 공범의 성립 여지는 그 만큼 줄어든다(다음의 용어설명 : 공범의 종속성을 참조하시오).

용어설명

공범의 종속성 공범의 종속성은, ①협의의 공범은 정범에 종속하여 성립하는가 아니면 독립하여 성립하는가 라는 문제(종속성의 유무)와 ②정범이 범죄성립요건 즉 구성요건해당성, 위법성, 책임 중에서 어느 단계까지의 요건을 구비한 경우에 공범이 성립할 수 있는가 라는 문제(종속성의 정도)로 구성된다.

①종속성의 유무에 관하여 통설 및 판례[20]는 공범은 적어도 정범이 구성요건에 해당하는 실행행위로 나아가야만 이에 종속하여 성립할 수 있다, 즉 공범의 불법은 독립하여 존재하는 것이 아니라 정범의 불법에서 나오는 것이므로 공범의 불법은 정범의 불법에 종속되지 않을 수 없다(성립상의 종속성)고 하는 공범종속성설을 취한다.

②공범종속성설을 취하는 경우에도 다시 종속성의 정도가 문제된다. 이에 대하여 통설은 정범의 행위가 구성요건에 해당하고 위법하면 유책하지 않은 경우에도 공범이 성립한다는 **제한적 종속형식**[21]을 취하고 있다. 따라서 책임무능력자에게 절도를 교사한 경우에도 교사자는 공범(절도죄의 교사범)으로서 책임을 진다.

요컨대 형법의 해석상 협의의 공범은 종속성을 가졌으며, 종속성의 정도로는 제한적 종속형식을 취하고 있다는 것이 통설 및 판례의 입장이다.

---

20) **[종속성의 유무]** : 대법원 1981.11.24. 선고 81도2422 판결 ; 대법원 2000.2.25. 선고 99도1252 판결(정범의 성립은 교사범, 방조범의 구성요건의 일부를 형성하고 교사범, 방조범이 성립함에는 먼저 정범의 범죄행위가 인정되는 것이 그 전제요건이 되는 것은 공범의 종속성에 연유하는 당연한 귀결이다.)

21) **[종속형식에 따른 공범의 성립범위]** : 이에 대하여 '최소한 종속형식'은 정범의 행위가 구성요건에 해당하기만 하면 공범의 성립을 인정하고, '극단적 종속형식'은 정범의 행위가 구성요건에 해당하고 위법·유책할 경우에 공범의 성립을 인정하며, '확장적 종속형식(초극단적 종속형식)'은 정범의 행위가 구성요건에 해당하고 위법·유책할 뿐만 아니라 더 나아가 가벌성의 모든 조건까지 완전히 갖춘 경우에 공범의 성립을 인정한다.

7. 죄수

통상 범죄는 1개만이 문제된다고 생각하는 경향이 있지만, 잘 생각해 보면 다양한 범죄가 동시에 행해지는 경우가 있다.

예컨대 단순한 살인죄의 진행과정을 살펴보면, 권총을 준비한 단계에서는 '살인예비죄', 그 권총으로 피해자를 겨냥한 단계에서는 '살인미수죄', 총탄이 날아가 피해자의 양복을 관통하여 구멍을 낸 단계에서는 '재물손괴죄', 피해자의 피부에 접촉할 것 같은 단계에서는 '폭행죄', 피부에 명중하여 상처를 입힌 단계에서 는 '상해죄', 그리고 피해자가 사망한 단계에서는 '살인죄'인 것이다.

바로 이러한 경우에 이들 범죄를 어떻게 정리할 것인가 하는 문제, 즉 범죄의 수를 정하는 문제가 **죄수론**이다. 참고로 앞의 사례에서는 살인기수**일죄**를 인정하면 충분하다. 일죄의 유형에는 본래 의미의 일죄 이외에 법조경합 및 포괄일죄가 있다.

이러한 일죄 외에도 1개의 행위로 복수의 범죄(數罪)를 발생시키는 경우도 있다. 즉 한 발의 탄환으로 두 사람을 살해하는 경우를 들 수 있다. 이를 상상적 경합(관념적 경합)이라 한다(형법 제40조).

또한 복수의 범죄가 목적·수단의 관계를 구성하는 경우도 있다. 이를 **견련범**이라 한다. 예컨대 절도의 목적이나 강간의 목적으로 주거침입(목적달성을 위한 수단)을 한 경우이다. 이때 절도죄·강간죄와 주거침입죄는 견련범으로 처리된다. 상상적 경합과 견련범은 모두 실질적으로 수개의 범죄임에도 불구하고 형을 선고하는 절차에서는 하나의 형을 선고해야 하는 **과형상 일죄**[22]로 부르며 가장 중한 죄에 정한 형으로 처벌된다(제40조). 즉 절도죄(제329조)는 징역 6년 이하이고, 강간죄(제297조)는 징역 3년 이상이며, 주거침입죄(제319조)는 징역 3년 이하이기 때문에 중한 절도죄·강간죄로 처벌되는 것이다.

한편 이러한 과형상 일죄에 해당하지 않는 복수의 범죄는 일정한 요건을 충족하는

22) **[과형상의 의미]** : 여기서 '과형상'이라 함은 구체적인 형사절차에서 형을 선고할 때 사용되는 단위임을 나타내기 위한 용어이다. 구체적인 형사절차에서 사용되는 단위라는 관점에서 과형상 일죄를 소송법상 일죄라고도 한다.

경우 (실체적) 경합범(형법 제37조)이 된다. (실체적) 경합범의 경우 징역형일 때에는 가장 중한 죄의 형에 1.5배까지 가중하도록 하고 있다(제38조 제1항 제2호).

용어설명

견련범의 의미 견련범은 형법상의 개념이 아니다. 즉 1953년 제정형법 부칙 제4조 제2항이 견련범의 개념을 형법전에서 배제하였기 때문이다. 따라서 견련범에 해당하는 경우에는 원칙적으로 경합범이 될 뿐이나 예외적으로 행위의 동일성이 인정되는 범위에서 상상적 경합이 성립할 수 있다.

한편 형사소송법은 검사 또는 사법경찰관에 의하여 구속되었다가 석방된 자를 다른 중요한 증거를 발견한 경우를 제외하고는 동일한 범죄사실에 관하여 재차 구속하지 못하도록 재구속을 제한(형사소송법 제208조 제1항)하고 있는데, 이러한 재구속금지의 특례에 있어서는 피의자의 신체의 자유를 보다 강하게 보호하기 위한 조치로서 견련범(수단결과의 관계에서 행하여진 행위)을 동일한 범죄사실로 파악하고 있다(같은 조 제2항).

예습심화문제 **다음 수업시간 전까지 스스로 풀어볼 것!**

사례 1	음식점을 운영하는 甲은 식품위생법상의 관련 규정들을 준수하지 아니하고 상한 음식을 만들어 손님들에게 제공하였다. 그 음식을 먹은 손님 중 1명은 복통을 일으켜 사망하였고, 3명의 손님은 집중적인 치료로 생명을 구할 수 있었다. 甲의 행위에 대해 개입할 수 있는 법을 생각해보시오?

	사례 1과 관련하여 다음에 답하시오. 1. 형법, 민법 및 행정법의 공통점과 차이점을 설명하시오? 2. 현행 형법에는 어떠한 법률효과가 규정되어 있는가?

사례 2	甲과 乙은 밤 10시에 술을 먹고 지나가는 행인과 시비를 벌이다 행인의 이를 부러뜨렸다. 이 경우 甲과 乙은 어떠한 법률에 의하여 처벌되는 것인가?(**참조판례 : 대법원 1998.3.10. 선고 98도70 판결 ; 대법원 2000.2.25. 선고 99도4305 판결 등**)

사례 3	최근 들어 청소년비행이 커다란 사회문제로 대두되자 국회에서 "행실이 불량한 청소년은 행실이 올바르게 고쳐질 때까지 교도소에 수용한다"는 법률을 제정한 경우 이 법률은 유효한 것인가?(**참조판례 : 헌법재판소 2002.2.28. 99헌가8 전원재판부 결정 ; 대법원 2003.12.26. 선고 2003도5980 판결 등**)

제 1 장

형법의 기초 : 기본개념

제1절 형법의 의의

1. 형법의 의의

형법은 범죄와 그 법적 효과인 형사제재로서 형벌[23]이나 보안처분[24]을 규정해 두고 있는 법규범의 총체를 말한다(**실질적 의미의 형법 : 넓은 의미의 형법**). 즉 형법은 무엇이 범죄인가(**법률요건**)를 정함과 동시에 그 범죄에 대응하는 형벌이나 보안처분의 종류와 양(**법률효과**)[25]을 규정한다.[26] 따라서 형사특별법(또는 특별형법)도 실질적 의

23) **[형벌]** : 형벌이란 범죄행위자에게 과하는 제재이며, 이로써 범죄를 억제 내지 예방하는 것을 목적으로 하기 때문에 본질적으로 害惡의 부과를 내용으로 한다.

24) **[보안처분]** : 보안처분이란 행위자가 가진 사회적 위험성에 착안하여 아무리 노력을 기울이더라도 재사회화시킬 가능성이 매우 적거나 현저히 곤란한 범죄자의 범죄로부터 사회를 방위하기 위한 수단을 보안처분(**보안과 개선의 처분**)이라 한다. 넓은 의미에서는 마약의 몰수 등도 보안처분에 포함된다(**대물적 보안처분**).

여기서 보안이란 재범의 위험성이 있는 자로부터 사회를 안전하게 지킨다는 의미이며, 개선이란 범죄인에게 적절한 처우를 행하여 올바른 사람을 만든다는 의미이다.

보안처분의 도입여부는 입법정책에 속하는 사항인데, 우리 입법자는 보안처분을 형법전에 형벌과 함께 규정하지 아니하고 각종 특별법('치료감호법[시행 2011.8.4][법률 제11005호, 2011.8.4, 타법개정]', '보안관찰법[시행 2008.1.1][법률 제8435호, 2007.5.17, 타법개정]', '보호관찰등에관한법률(구 보호관찰법)[시행 2011.1.1][법률 제10220호, 2010.3.31, 타법개정]' 등등)에 근거규정을 마련하는 방식을 취하고 있다.

미의 형법이다(즉 형법 제41조의 형벌과 보안처분을 규정하고 있으면 모두 형법이다).[27] [**예습심화 사례 2** : 형법 제257조(상해죄)와 '폭력행위등처벌에관한법률[시행 2006.6.25][법률 제7891호, 2006.3.24, 일부개정]' 제2조제1항제3호 및 제2항]

이러한 형법 중 가장 중요한 것은 '형법'이라는 이름의 법률(**刑法典**[28] **: 1953.9.18. 법률 제293호**)이다(**형식적 의미의 형법 : 좁은 의미의 형법**).[29]

---

25) **[법률요건과 법률효과]** : 일반적으로 법률의 조문은 법률요건과 법률효과로 구성된다. 형법의 처벌규정에 있어서는 **법률요건의 부분으로서 범죄의 개별적 요건**이, **법률효과의 부분으로서 그 범죄에 대한 형사제재로서의 형벌과 보안처분**을 규정하고 있다.

26) **[국가형벌권과 Control(통제)]** : 국가는 국가권력 내용의 하나로 범죄자를 처벌하는 형벌권을 가진다. 형벌이라는 지극히 준엄한 제재가 아무렇게나 자의적으로 사용되어서는 곤란하기 때문에 미리 법률을 규정하여 형벌권의 발동·실현에 관여하는 국가기관(형사사법기관)의 활동이 그 법률의 틀을 벗어나지 않도록 통제할 필요가 있다.

27) '폭력행위등처벌에관한법률[시행 2006.6.25][법률 제7891호, 2006.3.24, 일부개정]', '특정범죄가중처벌등에관한법률[시행 2012.4.1][법률 제11136호, 2011.12.31, 타법개정]', '특정경제범죄가중처벌등에관한법률[시행 2012.3.2][법률 제10522호, 2011.3.31, 타법개정]', '특정강력범죄의처벌에관한특례법[시행 2011.3.7][법률 제10431호, 2011.3.7, 일부개정]', '성폭력범죄의처벌등에관한특례법[시행 2012.3.16][법률 제11162호, 2012.1.17, 일부개정]', '성폭력방지및피해자보호등에관한법률[시행 2012.8.2][법률 제11286호, 2012.2.1, 일부개정]' '국가보안법[시행 2012.7.1][법률 제11042호, 2011.9.15, 타법개정]', '경범죄처벌법[시행 2008.1.1][법률 제8435호, 2007.5.17, 타법개정] : [시행 2013.3.22][법률 제11401호, 2012.3.21, 전부개정]', '도로교통법[시행 2012.9.22][법률 제11402호, 2012.3.21, 일부개정]', '상법[시행 2012.6.11][법률 제10366호, 2010.6.10, 타법개정]' 제7장 벌칙조항 등등.

28) **[刑法典]** : 형법전은 총칙과 각칙으로 구성된다. **형법총칙(제1조-제86조)**은 형벌법규에 공통적으로 적용되는 원칙들을 규정해 놓은 반면, **형법각칙(제87조-제372조)**은 총칙 이외의 개별적인 형벌법규들을 가리킨다.

한편 **형법총칙은 다른 법영역에 산재해 있는 형벌법규들에 대해서도 공통적으로 적용되는 특징**을 갖는다 : **형법 제8조(총칙의 적용)** "본법 총칙은 타법령에 정한 죄에 적용한다. 단 그 법령에 특별한 규정이 있는 때에는 예외로 한다". **예) 형법 제48조(몰수의 대상과 추징)와 '범죄수익은닉의규제및처벌등에관한법률[시행 2012.8.5][법률 제11002호, 2011.8.4, 타법개정]' 제8조(범죄수익등의 몰수)**.

29) 참고로 **[한국형법의 역사]**에 대해서는 오영근, 형법총론(보정판), 박영사, 2005, 31-38쪽 ; 이형국, 형법총론연구 Ⅰ, 법문사, 1984, 36-51쪽 참조.

한편, 형법전에는 실질적 의미의 형법에 포함되지 않는 것도 포함되어 있다(예컨대, 친고죄의 고소, 양형의 조건, 형의 집행, 형의 실효 등).

[보충설명 : 질서위반행위규제법[2007.12.21. 법률제8725호]과 형법의 구별]

질서위반법이란 경미한 행정법규위반(지방자치단체의 조례를 포함) 등의 질서위반행위(예컨대 정지선 위반, 조례에 의해 부과되는 각종 과태료처분 대상행위 등)에 대하여 **질서벌의 일종인 과태료나 범칙금**[30]**의 부과를 규율하는 법체계**를 말한다. 따라서 과태료부과만을 규정하고 있는 **'질서위반행위규제법'**은 과태료에 관한 법률관계를 명확히 하여 국민의 권익을 보호하는 한편, 기초질서 위반자에 대한 합리적인 제재수단을 마련함으로써 과태료의 실효성을 제고하기 위한 법률이라 할 수 있다.

연혁적으로 질서위반법이라는 개념은 독일에서 산업화에 따라 국가의 행정적 규제가 증대하게 되자 행정적 규제위반행위에 대한 형벌권의 남용을 막고(형법의 보충성을 참조!) 법원의 업무부담의 경감이라는 사법경제적 관점에서 대두하게 되었다.

형법과 질서위반법의 구별기준에 대해서는, 형식설(일정한 행태에 대한 제재의 종류가 형벌인가 아니면 과태료인가에 따라 양자를 구별하는 설)과 실질설(독일의 다수설로서 질서위반행위규제법의 규율대상은 법익에 대한 위험과 책임비난의 정도가 범죄행위보다 약하고 처벌이 갖는 사회윤리적 비난성도 형벌에 비하여 약하다는 점에서 양자는 양적으로 구별된다는 설)이 대립하고 있지만, 입법자가 제재수단에 따라 미리 엄격하게 형법과 질서위반법을 구별하고 있는 것은 아니기 때문에 실질설이 타당하다. 따라서 형법과 질서위반법은 질적으로 같은 대상을 양적으로 구별하여 취급할 뿐이기 때문에 **질서위반법에도 원칙적으로 형법총칙이 적용**된다. 예컨대 현행 '질서위반행위규제법' 제3조-제15조 참조. 특히 제6조는 '질서위반행위법정주의'를 천명하고 있다.

: 임웅, 비범죄화의 이론, 법문사, 1985, 229쪽 이하 참조.

사례 1 **형법과 질서위반법의 구별**

의대생인 甲은 같은 대학 법학전문대학원에 재학 중인 여자친구 忠子를 놀라게 하기 위

---

30) **[범칙금납부통고처분상의 범칙금과의 구별]** : '경범죄처벌법' 제5조 이하, '도로교통법' 제162조 이하에 규정된 **[범칙금납부통고처분]**이란, 20만원 이하의 벌금, 구류 또는 과료의 형으로 처벌할 경미한 범죄에 대하여 사법경제적 관점에서 경찰서장 또는 해양경찰서장에게 처분권을 부여하면서('즉결심판에관한절차법[시행 2009.12.29][법률 제9831호, 2009.12.29, 일부개정]' 제3조) 범칙자가 일정한 금융기관에 범칙금['경범죄처벌법' 제1조(10만원 이하), '도로교통법시행령[시행 2012.6.1][대통령령 제23350호, 2011.12.6, 일부개정]' 제93조 제1항 별표7(13만원 이하)]을 납부함으로써 형사사건이 종결되도록 하는 한편, 범칙행위자에게는 전과기록을 남기지 않도록 하는 처분을 말한다.

31) **[경범죄의 유형]** : '경범죄처벌법' 제1조(경범죄의 종류) "다음 각호의 1에 해당하는 사람은 10만원 이하의 벌금, 구류 또는 과료의 형으로 벌한다." 다음 각호는 제1호(빈집등에의 潛入)부터 제54호(禁煙장소에서의 吸煙)까지 규정되어 있다.

한편 **2013.3.22.부터 시행 중인 경범죄처벌법[법률 제11401호, 2012.3.21, 전부개정]**은 제3조(경범죄의 종류) 제1항(벌금 10만원 이하)에서 제1호(빈집 등에의 침입)부터 제41호(지속적 괴롭힘)을 규정하고 있고, 제2항(벌금 20만원 이하)은 제1호(출판물의 부당게재 등)부터 제4호(암표매매)까지 규정하고 있으며, 따라서 경범죄처벌법상의 범칙금납부통고처분의 대상은 벌금 20만원 이하로 상향조정되었다고 할 수 있다. 한편 제3항(벌금 60만원 이하)에서는 '술에 취한 채로 관공서에서 몹시 거친 말과 행동으로 주정하거나 시끄럽게 한 사람'을 경범죄로 처벌하고 있는데, 제3항의 경범죄는 제6조(정의) 제1항의 '이 장에서 "범칙행위"란 제3조제1항 각 호 및 제2항 각 호의 어느 하나에 해당하는 위반행위를 말하며, 그 구체적인 범위는 대통령령으로 정한다.'는 규정에 따라 범칙금납부통고처분의 대상인 범칙행위의 범주에서 제외되어 있다.

하여 忠子의 핸드백에 의학실험용 흰쥐 1마리를 몰래 넣어두었다. 사정을 모르는 忠子는 학교 강의실에 도착한 후 형법총론 강의 도중에 핸드백을 열다가 갑자기 뛰어 나온 흰쥐에 놀라 비명을 질렀고 흰쥐 때문에 강의실 내에서 잠시 소동이 벌어졌다.

甲의 처벌여부는?

▮ 사례해설 ▮

甲의 행위와 관련하여서는 '威力으로써 사람의 업무를 방해한' 경우로서 '형법' 제314조 제1항의 업무방해죄 규정을 적용할 것인지, 아니면 '다른 사람 또는 단체의 업무에 관하여 못된 장난 등으로 이를 방해한' 경우로서 '경범죄처벌법' 제1조 제12호(업무방해)의 규정을 적용할 것인지가 문제된다.

형법과 질서위반법의 구별에 관한 실질설을 따르면 甲의 행위는 법익에 대한 위험과 책임비난의 정도가 아직 범죄행위에 이를 정도는 아니므로 경범죄처벌법상의 업무방해규정이 적용된다. 이에 대하여 형식설을 고집하는 경우에는 경범죄처벌법도 형법상의 형벌인 '10만원 이하의 벌금, 구류 또는 과료'를 제재수단으로 규정[31)]하고 있으므로 질서위반법에 속하지 않고 형법에 속하게 된다.

2. 전체 법체계상 형법의 지위

사례 2 형법의 보충성(최후수단성)

甲은 이웃집에 사는 남성 두 명이 동성연애자라는 사실을 알고 불쾌하기 짝이 없다. 甲은 두 사람을 형사사법기관에 고발하여 처벌받게 할 수 있는가?

위법한 행위가 행해진 때 이에 대해서는 일반적으로 그 어떠한 법적 제재(그 사람에 대한 불이익한 효과)가 부과되는데, 범죄도 위법행위의 일종이기 때문에 형벌도 위법행위에 대하여 부과되는 제재의 일종이다. 다만 모든 위법행위가 범죄행위로서 형사처벌의 대상이 되는 것은 아니다.

예컨대 부주의로(즉 고의없이) 타인의 값비싼 물건을 부순 경우에는 위법행위로 타인에 대하여 손해를 가한 것으로 피해자가 받은 손해를 전보하기 위한 배상이 의무지워져 있지만, 그 행위는 **민법상의 불법행위**에 지나지 않는다.[32)] 부주의로 타인의 고가

32) 즉 사적인 손해의 전보(손해배상)인 민사책임 ➡ "고의 또는 과실로 인한 위법행위로 타인에게 손해를 가한 자는 그 손해를 배상할 책임이 있다"(민법 제750조).

품 손괴라는 불법행위는 범죄가 아니며 이에 대하여 명령된 피해자에의 손해배상은 민법상의 법률효과로 일종의 제재라 할 수 있지만, 형벌은 아닌 것이다.[33]

이에 대하여 **고의로** 타인의 高價物을 부수는 행위는 불법행위임과 동시에 형법에 범죄(재물손괴죄)로 규정(제366조, 제13조도 참조)되어 있기 때문에 일정한 요건 아래 **형벌이라는 가장 중한 제재**가 부과되는 것이다[**예습심화 사례 1**[34]].

이처럼 사회공동생활을 유지하는 역할은 형법이외에도 민법, 행정법 등과 같이 다양한 법규범이 상이한 목적을 추구하면서 사회적 갈등(위법행위)에 대하여 대처하고 있을 뿐만 아니라, 나아가 도덕이나 종교 등 사회규범이 담당하고 있다.

위 사례 동성연애의 경우, 이로 인하여 타인의 사회생활에 구체적 해악을 초래하는 것이 아니기 때문에 도덕적, 종교적 비난의 대상은 될지 모르나 형법에 의한 처벌은 바람직하다고 할 수 없을 것이다.

[보충설명 : 형법의 최후수단성[보충성. ultima ratio]과 謙抑性]

형법은 규범[35]위반에 대한 강제수단의 강렬함(우리 형법은 사형까지도 과할 수 있는 규범체계이다)을 특징으로 한다. 이 때문에 형법은 법익[36] 중에서도 가장 기본적인 것들(생명, 신체의 완전성, 국가의 기본질서 등)을 보호대상으로 삼는다. **형벌을 동원하지 아니하여도 보호할 수 있는 법익이라면 형법은 개입을 하지 않는 것이 원칙이다**. 즉 다른 법규범이나 사회규범을 동원하여도 법익을 보호할 수 없는 상황에 이를 때 형법은 최후의 수단으로 개입할 것이 요구되는데, 이를 **형법의 최후수단성** 또는 **보충성**이라 한다[보충성의 근거로는 **비례성의 원칙(과잉금지의 원칙, 즉 형사제재의 필요최소성이 적용된다)**].[37]

또한 형법은 다른 규범체계가 법익보호를 달성할 수 있다고 생각되면 개입을 자제하여야 하는데, 이를 **형법의 겸억성**이라 한다.

[용어설명 : 형사책임과 민사책임의 구별]

	형사책임	민사책임
목적 및 원리	범죄에 대한 응보와 예방	사인 간의 손해의 공평한 보상
법적 효과의 원칙	엄격한 책임주의의 관철 (형사책임의 주관화현상)	위험책임·무과실책임 인정 (민사책임의 객관화현상)
고의와 과실의 취급	과실은 예외적으로 처벌	책임의 경중 불인정
책임의 궁극적 대상	원칙적으로 행위자의 신체	행위자의 재산
책임의 추궁형태	생명이나 신체의 자유박탈·제한	강제집행

33) 즉 과실재물손괴죄의 규정은 형법전에는 존재하지 않는다. 다만 형사특별법인 '도로교통법' 제151조(벌칙)에는 '업무상과실재물손괴죄'가 규정되어 있다.

34) **[행정제재(처분)]** : 이에 더하여 행정법의 영역에서는 위험예방과 행정법상의 조치(행정기관의 영업허가취소나 영업정지 등)가 취해진다.

복습 및 심화질문

1. 형법은 도덕.윤리와 어떠한 관계에 있는가?

2. 민사책임과 형사책임의 유사점과 상이점은 무엇인가?

3. 형벌과 보안처분의 임무는 무엇인가?

---

35) **[규범]** : 규범이란 법률상 어떠한 행위양식이 허용(즉 합법)되거나 금지(즉 위법)되는지를 말하고 있는 법률상의 규칙을 말한다. 형법상의 규범은 **행위규범**(제250조 제1항의 사람을 살해한 자는)과 **제재규범**(같은 항의 사형, 무기 또는 5년 이상의 징역)으로 구분된다.
한편 형법의 규범적 성격으로는 가설적 규범, 평가규범과 결정규범, 행위규범 및 재판규범을 들 수 있다 : 상세하게는 이재상, 형법총론 제7판, 박영사, 2011, 5쪽 참조.

36) [法益(保護法益)] : 법익은 법질서가 보호하는 사회생활상의 이익(생활이익), 즉 법적으로 승인되거나 보호된 이익이다. 사회가 평화롭게 발전하기 위해서는 필요한 요소들이 있는데, 이러한 요소들을 가리켜 생활이익이라고 한다. 생활이익 가운데 특별히 법공동체가 지키고자 하는 것을 가리켜 법익이라 한다.
[법익과 행위객체(보호되는 법익의 침해대상)]는 구별할 필요가 있다. 예컨대 甲이 총을 쏘아 乙을 살해한 경우, (보호)법익은 생명이고 행위객체는 구체적인 사람(즉 乙)이다.

37) **[형법의 보충성을 부정하는 견해]** : 한편 형법이 가지는 보호의 수단이 다른 법률의 그것과 본질적 차이가 없다는 이유로 형법의 보충성을 부정하는 견해로는, 유기천, 개정형법학(총론강의), 일조각, 1980, 7쪽 ; 진계호, 신고형법총론, 대왕사, 1984, 27쪽.

제2절 형법의 사회적 기능(역할)

형법의 기능으로서 법익보호기능과 인권(자유)보장기능의 상호관계 및 조화의 중요성에 대해서는 이미 언급하였다.[38] 그 밖의 기능으로는 다음을 들 수 있다.

1. 규제적 기능

형법은 일정한 행위를 범죄로 정하고, 이에 대하여 害惡인 형벌을 예고함으로써 국민이 그러한 범죄행위를 행하지 않도록 명령한다. 이처럼 국민의 행위를 규제하는 기능을 **형법의 규제적(규율적) 기능**이라 한다. 즉 형법의 행위규범 및 재판규범으로서의 기능을 말한다.

2. 사회질서유지기능

사회질서유지기능은 형법이 존재하는 것으로 사회의 질서가 유지된다는 것이지만, 그 유지방법은 두 가지로 나누어진다.

가. 법익보호기능

형법규범에 의해 법익을 보호하는 기능을 말한다. 즉 법익을 내·외의 공격과 침해로부터 보호해 주는 형법의 기능으로서, 형법의 실천에 의해 사회생활상의 일정한 이익이 보호된다고 기대하는 것이다. 이는 보충성의 원칙, 비례성의 원칙=과잉금지의 원칙, 형법의 단편적 성격, 형법의 탈윤리화를 통해 실효적으로 그 기능을 달성할 수 있다.

---

38) '산업스파이사례'를 상기하자!. 본 서 '序章 형법총칙의 전체상' 부분인 36-37쪽 참조.

나. 일반예방기능과 특별예방기능

일반예방기능이란 범죄행위자를 처벌함으로써 다른 법공동체 구성원들에게 범죄행위를 단념하도록 경각심을 불러일으키는 기능을 말한다. 즉 일벌백계의 사고방식을 토대로 일반국민 또는 잠재적 행위자에 대하여 형벌로써 위협함으로써 범죄예방을 달성하려는 것이다.

이에 대하여 **특별예방기능**이란 특정행위자에 대하여 장래 범죄를 행하지 못하도록 하는 기능을 말한다. 형벌을 통하여 범죄자를 개선시켜 재범을 예방하는 것이다.[39]

---

[39] **[일반예방기능과 특별예방기능]** : 이러한 기능은 **형벌의 본질(형벌이론)**과 직결된다. 탈리오의 법칙이라고도 불리는 동해보복의 사고에서 형벌의 본질을 찾는 **'응보형론(절대적 형벌론)'**을 극복하기 위하여 등장한 **'상대적 형벌론(예방론)'**은 형벌로부터 일정한 교육목적을 기대한다. 즉 형벌을 "구체적인 사회건설적 목적을 달성하기 위한 예방적 수단"으로 정의한다.

보충판례 1[형벌의 본질] : 대법원 2009.9.10. 선고 2009도6061,2009전도13 판결 【준강도·강도강간·주거침입·강도상해·부착명령】; 대법원 2010.11.11. 선고 2010도7955,2010전도46 판결(특정 성폭력범죄자에 대한 위치추적 전자장치 부착에 관한 법률에 의한 전자감시제도는, 성폭력범죄자의 재범방지와 성행교정을 통한 재사회화를 위하여 그의 행적을 추적하여 위치를 확인할 수 있는 전자장치를 신체에 부착하게 하는 부가적인 조치를 취함으로써 성폭력범죄로부터 국민을 보호함을 목적으로 하는 일종의 보안처분이다. 이러한 전자감시제도의 목적과 성격, 그 운영에 관한 위 법률의 규정 내용 및 취지 등을 종합해 보면, **전자감시제도는 범죄행위를 한 자에 대한 응보를 주된 목적으로 그 책임을 추궁하는 사후적 처분인 형벌과 구별되어 그 본질을 달리하는 것**으로서 형벌에 관한 일사부재리의 원칙이 그대로 적용되지 않으므로, 위 법률이 형 집행의 종료 후에 부착명령을 집행하도록 규정하고 있다 하더라도 그것이 일사부재리의 원칙에 반한다고 볼 수 없다. 또 위 법률이 그 목적 달성을 위한 합리적 범위 내에서 전자감시제도를 탄력적으로 운영하도록 하면서 그에 따른 피부착자의 기본권 침해를 최소화하기 위한 방안을 마련하고 있는 이상, 오로지 형기를 마친 성폭력범죄자의 감시를 위한 방편으로만 이용함으로써 피부착자의 기본권을 과도하게 제한하는 과잉입법에 해당한다고 볼 수도 없다. 그리고 위 법률은 피부착자의 전자장치로부터 발신되는 전자파의 수신자료에 대한 사용을 피부착자의 재범방지와 성행교정 등을 위하여 필요한 경우로 엄격히 제한하고 있을 뿐 아니라, 부착명령의 선고와 함께 '야간 등 특정 시간대의 외출제한'을 준수사항으로 부과할 수 있도록 한 것도 범죄에 취약한 시간대의 외출을 제한함으로써 가능한 한 재범의 발생을 방지하려는 데 있으므로, 헌법이 보장한 거주이전의 자유를 본질적으로 침해하는 측면도 없다.)

한편 **상대적 형벌론(예방론)은 다시 일반예방론과 특별예방론**으로 나누어진다.

Ⅰ. [일반예방론: 일반국민을 대상]

1. **소극적 일반예방** : 입법, 형선고 및 형집행단계에서 '일반국민 또는 잠재적 행위자에 대하여 형벌로써 위협함으로써 범죄예방 달성(Feuerbach의 심리적 강제설).
   한편 소극적 일반예방의 유형은 **형집행에 의한 일반예방**(준엄한 형벌의 공개집행을 통하여 일반인을 위하함으로써 범죄예방의 목적을 달성)과 **형예고에 의한 일반예방**(법률에 형벌을 명확히 규정하고 이를 일반인에게 주지시켜 범죄예방의 목적을 달성, 심리적 강제설)으로 구분할 수 있다.
2. **적극적 일반예방** : 법질서의 불가침성을 확증함으로써 범죄예방 달성. 즉 형벌을 통하여 적극적으로 일반인의 규범의식을 강화하고 법규범에의 자발적인 복종을 가능케 함으로써 규범의 안정화를 가져오는 효과를 말한다(Jakobs의 사회적 기능이론).

보충판례 1[형벌의 본질] : 대법원 2009.9.10. 선고 2009도6061,2009전도13 판결 【준강도 · 강도강간 · 주거침입 · 강도상해 · 부착명령】 ; 대법원 2010.11.11. 선고 2010도7955,2010전도46 판결

보충판례 1-1[형벌과 보안처분의 관계] : 대법원 1988.11.16. 선고 88초60 판결

보충판례 1-2[형벌과 치료감호처분의 관계] : 대법원 2007.8.23. 선고 2007도3820,2007감도8 판결

다. 인권보장기능

자유보장기능이라고도 한다. 범죄와 형벌을 法定함으로써 선량한 국민의 자유를 보장함과 동시에 범인 자신의 자유까지도 보장하는 기능을 말한다.

이러한 보장적 기능은 형사입법에 의한 정형화 및 규범원칙에 의한 정형화를 통하여 실효적으로 달성될 수 있다.[40]

일반국민에 대한 형벌효과로는, ① 학습효과(법질서에의 훈련), ② 신뢰효과(시민이 법이 관철되는 것을 봄으로써 나타나는 효과), ③ 만족효과(행위자가 범행결과를 해소하기 위해 적극적으로 행위한 것에 대한 일반 국민의 만족 의식)를 거론한다.

3. **일반예방론에 대한 비판** : ① 행위자를 국가형벌권의 도구로 삼는다, ② 강력한 형벌의 가능성, ③ 구체적 형량에 대한 적절한 기준을 제시하지 못한다.

II. [특별예방론: 행위자 개인을 대상]

1. **소극적 특별예방** : 행위자에 대한 위협(개별적 위하), 위협이나 개선이 불가능한 경우 행위자의 격리 보안.
2. **적극적 특별예방**: 행위자의 교육·개선(재사회화, 개선형·교육형주의). 형벌의 개별화가 요청된다.
   Franz von Liszt(마부르크 강령)의 행위자 유형 : ① 개선이 가능한 경우 개선, ② 단순한 기회범의 경우 위협, ③ 개선이나 위협이 불가능한 상습범의 경우 무해화
3. **특별예방론에 대한 비판** : ① 개선이나 위협을 빌미로 형벌이 과도하게 될 수 있다, ② 행위자가 판결시점에 완전히 사회화되었다고 볼 수 있거나 재범의 위험성이 전혀 존재하지 아니하여 위협이나 개선 등이 요구되지 않는 경우(예: 나치 범죄자들) 특별예방론은 그 의미를 상실.

III. [결합설(다수설의 입장)]

1. 통합이론 : 응보형론, 절대적 형벌이론과 상대적 형벌이론의 적절한 조화
2. 책임응보 그 자체만을 위하여 형벌이 부과되어서는 안된다 ➡ 순수한 응보론 거부
3. 형벌은 예방적 과제를 수행해야 한다 ➡ 목적형법(예방형법)의 수용
4. 예방적 과제 속에서는 행위자의 재사회화를 의미하는 특별예방이 우선된다 ➡ 재사회화 형법의 우선
5. 특별예방을 추구함에 있어서는 특별한 사정이 없는 한 벌금형이 징역·금고형에 우선되고, 집행유예가 실형에 우선 ➡ 경한 제재 우선의 원칙(비례원칙)

40) 배종대, 형법총론 제9개정판, 홍문사, 2009, 46쪽 이하 참조.

복습 및 심화질문

1. 형법의 일반예방기능이란?

2. 형법의 특별예방기능이란?

3. 제재규범과 관련하여 절대적 형벌론과 상대적 형벌론의 개념적 특징을 설명하시오.

4. 형법의 보호적 기능과 보장적 기능의 반비례관계를 설명하시오.

제3절 형법이론

[형법이론(형법학파, 형벌이론, 범죄이론)에 있어서 고전학파와 근대학파의 차이점]

	고전주의 형법이론 (고전학파, 구파, 객관주의)	실증주의 형법이론 (근대학파, 신파, 주관주의)
사상적 배경	18세기의 계몽이론	19세기의 자연과학, 진화론(다윈)
인간상	자유의사(의지자유) 인정 [의사비결정(자유)론]	자유의사 부정(범죄인은 소질과 환경에 의해 지배되는 숙명적인 존재) (의사결정론)
국가의 역할	국가의 적극적 역할 (사회계약론)	사회적 국가모델(개인의 교육과 사회환경의 개선)
처벌의 대상	행위(행위주의)	행위자(행위자주의)
범죄의 성립에 관한 기본적 태도	행위의 객관적 결과를 중시 (객관주의)	행위자의 반사회적 성격, 동기 등의 주관면을 중시(주관주의)
범죄의 개념	법규범에 대한 위반, (평가규범)	형식적 범죄개념을 떠나 범죄를 '반사회성의 징표'로 이해 (의사결정규범)
범죄의 원인	개인의 내면	범죄인의 생물학적 특징이나 그 환경적 요인
형벌을 과하는 근거	도의적인 행위선택에 대한 비난(도의적 책임론) 즉 외부적 사실인 행위와 결과라는 객관적 요소를 형벌평가의 대상으로 함	행위자의 반사회적 성격, 사회적 위험성(사회적 책임론)을 형벌평가의 대상으로 함.
범죄에 대한 대응수단 (형벌의 본질)	응보형(응보론 및 일반예방), 정기형	사회방위사상(보안처분 강조), 부정기형=목적형
형벌의 목적	일반예방	특별예방
형법의 기능	법질서유지	사회방위

* 위험사회의 대두와 위험형법(위험예방기능의 강화, 법익개념의 기능화, 형법적 보호의 前置化)의 필요성을 중시하는 경우 고전주의 형법이론과 실증주의 형법이론의 조화와 절충이 필요.

[현행 형법의 입장]

원칙적 입장	구체적 고찰	
	객관주의의 표현	주관주의의 표현
현행 형법은 원칙적으로는 객관주의의 입장을 취하면서 주관주의의 입장을 고려하는 절충적 입장을 취하고 있다.	①행위자의 범죄의사 내지 위험성만으로 처벌하지 않고 '행위를 한' 경우에 처벌. ②기수와 미수를 구별. ③미수 및 예비·음모를 원칙적으로 처벌하지 않는 것.	①예외적으로 미수 및 예비·음모를 처벌하는 것. ②미수범의 형을 기수범의 형에 대해 필요적 감경이 아니라 임의적 감경으로 한 것(제25조). ③선고유예제도(제59조) ④집행유예제도(제62조) ⑤가석방제도(제72조) ⑥보호관찰·수강명령·사회봉사명령 등의 보안처분제도(제62조의2 등) ⑦누범가중(제35조) ⑧상습범가중(제264조=상해죄, 폭행죄 상습범 규정) ⑨양형조건의 참작(제51조) ⑩작량감경(제53조) ⑪자수·자복의 임의적 감면(제52조) ⑫형의 실효와 복권(제81조 이하) ⑬판결의 공시제도(제58조) ⑭소년법상의 부정기형제도(제60조)

복습 및 심화질문

1. 경제공황 아래에서 절도행위가 빈발해진 가운데, 법원은 절도범 甲에 대해 법정 최고형인 6년의 징역형을 선고하였다. 법원은 선고이유로 "甲은 초범이고 충분히 반성하고 있어 정상적인 사회인으로 복귀하는데 이와 같은 장기간의 구금이 불필요하지만, 일벌백계의 취지로 중형을 선고한다"는 점을 들고 있다. 여기서 강조된 형벌의 본질과 가장 관계가 먼 것은?
①목적형주의 ②구파 ③일반예방주의 ④책임주의 ⑤수단화된 인간

<해설>④행위자가 범한 범죄행위의 불법과 책임에 상응하는 형벌을 부과하여야 한다는 책임주의와는 거리가 있다. ①③목적형주의에는 일반예방주의와 특별예방주의가 있는데, 설문은 형벌의 목적을 잠재적 범죄인의 威嚇에 의한 범죄예방에 있다고 하는 일반예방주의와 관련이 있다. ②구파(고전학파)는 범죄이론에 있어서 객관주의와 형벌이론에서 응보형주의 및 일반예방이론이 결합하여 형성된 형법사상이다. ⑤일벌백계는 범죄인(인간)을 다른 사람의 범죄를 방지하기 위한 수단으로 취급하는 것이므로 헌법의 대원칙인 인간의 존엄과 가치(헌법 제10조)에 반할 수 있다.

2. 범죄이론으로서의 주관주의.객관주의의 대립과 직접 관계가 없는 것은 다음 중 어느 것인가?
①불능범의 문제 ②인과관계의 문제 ③중지미수와 장애미수의 구별
④공범독립성.종속성의 문제 ⑤형벌과 보안처분의 구별

<해설>②객관주의와 주관주의의 대립은 범죄가 성립한 경우에 객관적 요소와 주관적 요소가 관련될 때에만 문제가 되므로 고의나 목적과 같은 순수한 주관적 요소나 과실범에 있어서 주의의무위반의 기준에 관한 주관설과 객관설, 인과관계론과 같은 객관적 구성요건요소에 관하여는 주관주의와 객관주의의 대립이 있을 수 없다.

제4절 형법의 해석

사례 3 **형법의 해석방법**

주부인 甲女는 대형슈퍼마켓의 진열대에서 올리브식용유 한 병을 집어 쇼핑바구니에 몰래 넣었다. 甲女는 계산대에서 식용유 값을 치르지 아니한 채 그 슈퍼마켓을 빠져나왔다. 甲女의 罪責은?

(형법 제329조의 조문을 읽고 법률요건과 법률효과의 부분으로 구분해 보자!)

1. 형법조문의 구조와 포섭

가. 형법조문의 구조

일반적으로 완결된 형태의 법조문은 법률요건과 법률효과의 두 부분으로 구성되어 있다. 예컨대 절도죄를 규정한 형법 제329조도 두 부분으로 이루어져 있다. 즉 조문의 전반부에는 특정한 인간의 행위가 기술된다(구성요건=사실요건·법률요건). 그리고 조문의 후반부에는 특정한 법률효과가 연결된다(법적 효과=법률효과).

[형법 제329조의 구조]

구성요건		법적효과
형법 제329조 : 타인의 재물을 절취한 자는	➡	6년 이하의 징역 또는 1천만원 이하의 벌금에 처한다.
일반화하면 : ……을 한 자는	➡	……의 형에 처한다.
또는 : A 이면	➡	B이다.

나. 형법조문 배후의 규범

형법 제329조를 얼핏보면 무색·무취한 조건문처럼 보인다. 이 조문에 따르면 '타인의 재물을 절취한다'는 조건을 충족시킨 자는 형법상의 강제처분인 형벌을 受忍할 의무를 진다.

이처럼 형법조문은 조건문으로 구성되어 있다. 이 점에 착안하여 후반부의 법률효과를 받아들이겠다고 작정하기만 하면 전반부에 규정된 행위를 얼마든지 해도 무방하지 않은가 라고 생각할 수도 있다. 그러나 이와 같은 사고방식은 용납되지 않는다.

법적 효과로 규정된 형벌을 受忍할 용의가 있다고 해서, 예컨대 절도나 사기 또는 살인까지 마음대로 할 수는 없다. **형법법규의 배후에는 명령 또는 금지의 형태로 구성된 당위명제(Sollen)[41]가 존재한다.** 이 당위명제는 무조건적으로 준수하지 않으면 안 되는 규범이다.

형법 제329조 [절도죄] : 도둑질하지 말라.

형법 제250조 [살인죄] : 살인하지 말라.

형법 제271조 [유기죄] : 위험에 처한 사람을 구조하라.

다. 사실관계와 구성요건요소

형법조문의 전반부를 구성하는 것은 구성요건이다. **구성요건**은 예컨대 살인이나 절도죄와 같이 인간의 위법행위를 규정해 놓은 것이다. 구성요건을 정하는 것은 입법자의 임무이다. 입법자는 구성요건을 규정하면서 여러 가지 개념요소들을 사용한다. 구성요건에 사용되는 개념요소들을 가리켜서 **구성요건요소**라고 한다.

살인이나 절도 등의 행위는 일어나서는 안 될 일이지만 현실사회를 보면 이러한 일들이 적지 않게 일어나고 있다. 실제생활에서 일어나는 구체적 사건의 내용을 가리켜서 **사실관계**라고 한다.

판사, 검사, 변호사 등 법조인은 법의 적용을 임무로 한다. 법을 적용하는 사람의 주

41) **[Sollen과 Sein의 구별]** : 사회적인 공동목적을 달성하기 위하여 "…해서는 안 된다"(금지)라든가, "…하지 않으면 안 된다"(명령)라고 하는 것처럼 인간이 마땅히 해야 할 것을 정하는 **당위의 법칙(Sollen)**이다. 당위란 "마땅히 …해야 한다"는 것을 의미한다. 이에 대하여 자연법칙이라 함은 "해는 동쪽에서 솟아 서쪽으로 진다", "겨울이 가면 봄이 온다", "물은 0℃가 되면 언다"는 것과 같이 사람의 의사와는 관계없이 객관적으로 인정되는 "사실상 그러하다"는 관계를 나타내고 있는 법칙을 말한다. 이러한 의미에서 이를 **존재의 법칙(Sein)**이라고도 한다.

요 임무는 실제생활에서 일어난 사건(사실관계)을 입법자가 구성요건을 규정하면서 사용한 개념들(구성요건요소)에 대입시킬 수 있는가를 검토하는 작업을 가리켜서 **포섭** 또는 **추론**이라고 한다.

[사례에의 법적용]

위의 사례에서는 법의 적용은 다음의 과정을 거친다.

형법 제329조의 구성요건		사실관계
타인의	⬅	대형슈퍼마켓 주인 소유의
재물을	⬅	올리브식용유 한 병을
(불법영득 의사를 가지고)	⬅	아무런 권리도 없으면서도 그것을 자신이 주인처럼 사용할 생각을 가지고
절취한	⬅	진열대에서 몰래 쇼핑바구니에 넣은
자는	⬅	甲女는

위 사례의 사실관계는 형법 제329조에 규정되어 있는 개개의 구성요건요소에 전부 포섭되고 있다. 여기에서 우리는 甲女의 행위가 절도죄의 구성요건을 충족시키고 있다는 결론을 내리게 된다.

라. 형법조문의 불완전성

현실의 세계에서는 비슷비슷한 사건들이 되풀이하여 일어난다. 입법자는 무수히 발생할 수 있는 동종의 사실관계를 가능한 한 통일적으로 규율하지 않으면 안 된다. 이 때문에 입법자는 구성요건을 규정함에 있어서 일반개념이나 추상적인 개념을 사용하지 않을 수 없다.

또한 입법자가 최선을 다하여 분명한 개념으로 구성요건을 규정하였다고 하여도 현실사회에서는 기술혁신이나 사회변동이 급속하게 진행된다. 변화된 사회상황에 비추어 볼 때 제정 당시 명백하였던 개념도 현재의 적용시점에서 보면 불충분한 것으로 되는 경우가 적지 않다.

법률은 일단 제정되면 쉽사리 이를 개정할 수 없다는 특성을 가진다. 아무리 기술혁신이나 사회변동이 급속하게 진행된다 하더라도 법률은 쉽게 고칠 수 없다. 그러므로 법률을 적용하려면 그에 앞서서 반드시 구성요건요소의 개념내용을 현재의 시점에 맞추어 분명하게 확정해 두지 않으면 안 된다.

마. 학설과 판례

법적용의 통일을 위하여 때때로 구성요건요소의 개념내용을 입법자 스스로 정의조항의 형태로 규정해 놓는 경우가 있다. 이를 法的 定義라고 한다.

형법전 가운데서 찾아 볼 수 있는 정의조항의 예로는 형법 제91조(국헌문란의 정의)가 있다. 이 조문은 내란죄(제87조)의 핵심적 구성요건요소인 '국헌문란(國憲紊亂)'의 개념을 정의해 놓고 있다. 때때로 구성요건요소의 정의조항이 형법 이외의 법영역에 존재하는 경우도 있다. 예컨대 '物件'의 개념을 정의한 민법 제98조(물건의 정의)는 형법의 적용에 있어서도 중요한 의미를 가진다.

그러나 입법자가 구성요건요소의 개념을 직접 정의하는 일은 극히 드물다. 일반적인 경우에 있어서 구성요건요소의 개념내용을 구체적으로 확정하는 작업은 학계와 실무계에 맡겨져 있다. 이러한 작업 가운데 학계의 견해를 **학설(즉 無權解釋 또는 學理解釋)**이라 하고 유권적 판단기관인 법원의 견해를 가리켜서 **판례(즉 有權解釋)**라고 한다.[42]

2. 법적용과 법해석

가. 법적용의 순서

구체적 사건에 법을 적용하는 작업은 항상 다음의 세 단계를 거쳐 수행된다.

① 우선 판단의 대상이 될 사실관계를 확정해야 한다. **사실관계의 확정**은 피고인신문[43], 증인신문[44], 검증[45], 서증 및 기타 증거물[46]의 조사[47] 등을 통하여 이루어진

---

42) 상세하게는 배포한 보충자료, 도중진, "형법과 판례 및 학설의 관계"를 참조할 것.

43) **[被告人訊問]** : 피고인신문이란 피고인에 대하여 공소사실과 그 정상에 관한 필요한 사항을 신문하

다.

② 다음으로는 사실관계에 대한 법적 판단을 함에 있어서 검토대상이 되는 **범죄구성요건의 내용을 확정**해야 한다.

③ 마지막으로 당해 사실관계가 그 구성요건 내에 포섭되는가를 검토하여야 한다(**포섭작용**).

나. 법해석의 방법

(1) 법해석의 의미와 방법

법의 해석이란 법규 내지 법조문이 가지고 있는 표준적인 의미내용을 명확히 밝히는 작업이다. 법해석의 방법으로 다음과 같은 기법들이 사용되고 있다.

① **문리적 해석방법** : 文理的 解釋方法은 법규를 문법적으로 분석하거나 語義的으로 검토하는 기법이다. 법적용자는 일반인의 언어관용이나 법률용어의 사용법에 비추어 일정한 표현에 부여될 수 있는 의미내용을 확정하고자 한다. 문리해석은 다음에 서술하는 여타 해석방법의 출발점이 된다는 점에 그 의미가 크다. 형벌법규는 문언에 따라 엄격하게 해석 · 적용해야 하는 것이 원칙이다.[48]

는 절차이다.

44) **[證人訊問]** : 증인신문이란 증인이 직접 체험한 사실을 내용으로 하는 진술을 얻는 증거조사, 즉 증인에 대한 증거조사를 말한다.

45) **[檢證]** : 검증이란 법관이 오관의 작용에 의하여 사물의 존재와 상태를 직접 실험·인식하는 증거조사를 말한다. 특히 범죄현장 또는 법원 이외의 일정한 장소에서 행하는 검증을 臨檢 또는 現場檢證이라고 한다.

46) **[書證 및 기타 證據物]** : 증거서류와 증거물인 서면을 합하여 서증이라 한다. 여기서 **證據**란 사실인정(사실관계의 확정)에 근거가 되는 자료를 말하는데, 분류방법에 따라 人證, 物證, 書證으로 나눌 수 있다.
人證(인적 증거)이란 사람의 진술내용이 증거로 되는 것을 말하며, 증인의 증언, 피고인의 진술 등이 여기에 속한다. **物證(물적 증거)**이란 물건의 존재 또는 상태가 증거로 되는 것을 말하며, 범행에 사용된 흉기 또는 절도의 장물이 여기에 속한다. 이에 반하여 서면의 의미내용이 증거로 되는 것을 증거서류라고 하는데, 공판조서 또는 검증조서가 그것이다. 바로 이러한 증거서류와 증거물인 서면을 합하여 **書證**이라고 하는 것이다.

47) **[證據調査]** : 증거조사란 법원이 피고사건의 사실인정과 형의 양정에 관한 심증을 얻기 위하여 인증, 서증, 물증 등 각종의 증거방법을 조사하여 그 내용을 감지하는 소송행위를 말한다.

48) **대법원 1993.7.27. 선고 93도1502 판결 ; 대법원 1999.5.14. 선고 99도337 판결.**

② **역사적 해석방법** : 歷史的 解釋方法이란 법률을 제정할 당시에 입법자가 의도하였던 구상이 무엇이었는가를 밝히는 기법이다. 이를 위해서는 법률안 초안, 입법이유서, 국회속기록 등 여러 가지 입법자료를 동원하여 법률제정의 경위를 규명하여야 한다. 역사적 해석을 보다 넓게 이해하게 되면 어떠한 법률제정의 배후에 자리잡고 있는 사상적 흐름을 조망하고 평가하는 작업도 여기에 포함될 것이다.

③ **논리적 해석방법** : 論理的 解釋方法은 개개의 법규나 법조문을 개별적으로 보지 아니하고 그것이 차지하고 있는 당해 법체계 내의 지위를 분석하는 기법이다. 당해 법조문이 특정한 章 또는 節에 속하고 있다는 점, 특정한 구성요건들과 인접하여 규정되어 있다는 점, 당해 법률이 법체계상 특정한 위치(공법, 사법, 소송법 등)를 차지하고 있다는 점 등은 논리적 해석의 주요자료가 된다. 어느 법규가 차지하고 있는 법체계상의 위치는 법해석에 있어서 매우 중요한 근거를 제공한다.[49]

보충판례 2[체계적·논리적 해석] : 대법원 2010.5.13. 선고 2009도13332 판결.

④ **합목적적 해석방법** : 合目的的 解釋方法이란 당해 법규범이 실현시키고자 하는 목적을 해석의 지침으로 삼는 기법이다. 해석을 통하여 법률의 적용범위가 法文에 비추어 축소되는 경우를 制限的 解釋이라 하고 그 반대의 경우를 擴張的 解釋이라고 한다.

(2) 헌법합치적 해석방법

憲法合致的 解釋方法은 헌법에 합치되는지 여부가 의문시 되는 법규가 있을 때 가

49) **[체계적·논리적 해석의 판단기준]** : 대법원 2007.6.14. 선고 2007도2162 판결은 '정보통신망 이용촉진 및 정보보호 등에 관한 법률' 제49조는 정보통신망에 의하여 처리 · 보관 또는 전송되는 타인의 정보를 훼손하거나 타인의 비밀을 침해 · 도용 또는 누설한 자를 처벌하고 있다. 갑은 정보통신망에 의하여 보관되고 있는 특정 사고 사망자의 주민등록번호를 누설하였다는 공소사실로 위 법률 규정위반죄로 기소되었다. 제1심법원은 "위 법조 소정의 '타인'에는 이미 사망한 사람이 포함되지 않는다."는 이유로 무죄를 선고하였고, 항소심법원도 이를 유지하였다. 검사는 이에 불복 상고하였다. 대법원은 위의 판단기준을 제시하면서 항소심판결을 파기환송하였다.

능하면 헌법에 부합하는 쪽으로 의미를 부여하려는 기법을 말한다. 이 기법은 국민의 대표기관인 국회가 다수결을 통하여 제정한 법률을 가능한 존중하려는 취지에서 나온 것이다.

그러나 法文과 그 의미내용에 있어서 명백히 헌법에 위반된 법률을 헌법합치적 해석방법을 동원하여 무리하게 합헌으로 의미를 부여해서는 안 된다. 국회의 다수결로 제정된 법률일지라도 위헌임이 명백한 경우에는 당해 법률은 위헌 무효가 된다. 헌법재판소가 담당하는 위헌법률심사는 소수자 보호의 관점에서 다수결의 횡포를 견제하는 중요한 장치이다.

다. 해석방법의 우선 순위

일반적인 법해석의 기법으로는 문리적 해석방법, 역사적 해석방법, 논리적 해석방법, 합목적적 해석방법이 많이 사용된다. 헌법합치적 해석방법은 법률이 헌법에 위한된다고 의심되는 이례적인 상황에서 사용되는 기법이므로 일반적인 경우에는 그다지 논의되지 않는다.

앞에서 문리적, 역사적, 논리적, 합목적적 해석방법을 순차적으로 살펴보았다. 그러나 이러한 설명순서가 이들 해석방법 사이에 존재하는 우선순위를 의미하지는 않는다. 다만 일반적으로 역사적 해석방법보다는 논리적 해석방법이나 합목적적 해석방법이 우선한다는 인식이 널리 퍼져 있다. 여기에서 한 가지 분명한 것은 법규나 법조문의 의미를 바르게 파악하려면 위에서 말한 네 가지 해석방법이 모두 사용되어 조화를 이루어야 한다는 사실이다.

해석이 올바르게 이루어졌는가를 판단함에 있어 최후에 주목해야 할 척도는 法文言의 의미한계이다. 문리적 해석방법은 법해석의 출발점을 제공하지만 동시에 여타 해석방법에 대하여 최후의 한계로 기능하기도 한다. 해석을 통하여 얻어진 법적 표현의 의미내용은 어떠한 형태로든지 법문언과 조화를 이루지 않으면 안 되기 때문이다.

라. 입법의 흠결

법해석은 만능이 아니며 한계가 있다. 해석작업을 통하여 당해 법률에 표현된 기본사고를 훼손하는 순간 법해석자는 해석의 한계점을 벗어나게 된다. 법해석자가 여러 가지 해석방법을 아무리 동원하더라도 규제의 필요성이 있고 법적으로도 중요한 특정 사실관계를 어느 법규에 포섭시킬 수 없는 경우가 있다. 이와 같이 법해석을 통하여 사실관계를 법규범에 포섭시킬 수 없는 상황을 가리켜서 立法의 欠缺이라고 한다.

입법의 흠결은 어떠한 성문법체계에서도 존재하기 마련이다. 입법의 흠결은 입법자가 문제점을 간과한 경우(비의도적 흠결)에 일어나는 것이 보통이다. 그렇지만 법률문제의 판단을 학설 · 판례에 맡기기 위하여 입법자가 의도적으로 흠결부분을 보완하지 아니한 경우(의도적 흠결)에도 입법의 흠결은 발생한다.

입법의 흠결에 대처하기 위한 방법으로 유추적용의 기법이 사용된다. 類推適用이란 아직 법적으로 규율되고 있지 아니한 개별사건에 대하여 비슷한 개별사건에 적용되는 기존의 법규를 借用하여 적용하는 기법을 말한다. 민법의 경우를 보면 "민사에 관하여 법률에 규정이 없으면 관습법에 의하고 관습법이 없으면 조리에 의한다."라고 규정하여(민법 제1조) 유추적용을 허용하고 있다. 그러나 형법의 경우에는 유추적용이 제한적으로만 허용된다. 피고인에게 불리한 유추적용은 엄격히 금지된다. 이에 대해서는 죄형법정주의와 관련하여 유추적용금지의 항목에서 자세히 고찰하기로 한다.

제 2 장

형법총론

죄형법정주의 : 형법과 그 해석

[조문]

大韓民國憲法[시행 1988.2.25][헌법 제10호, 1987.10.29, 전부개정] 第12條 ① 모든 國民은 身體의 自由를 가진다. 누구든지 法律에 의하지 아니하고는 逮捕·拘束·押收·搜索 또는 審問을 받지 아니하며, 法律과 適法한 節次에 의하지 아니하고는 處罰·保安處分 또는 强制勞役을 받지 아니한다.

第13條 ① 모든 國民은 行爲時의 法律에 의하여 犯罪를 구성하지 아니하는 행위로 訴追되지 아니하며, 동일한 犯罪에 대하여 거듭 處罰받지 아니한다.

刑法[시행 2010.10.16][법률 제10259호, 2010.4.15, 일부개정] 第1條(犯罪의 成立과 處罰) ① 犯罪의 成立과 處罰은 行爲時의 法律에 依한다.

2011년 형법일부개정법률안[형법총칙전면개정안][의안번호 제11304호][50] 제1조(죄형법정주의) 누구든지 법률에 따르지 아니하고는 형벌 또는 보안처분을 받지 아니한다.

秩序違反行爲規制法[시행 2011.7.6][법률 제10544호, 2011.4.5, 일부개정] 第6條(秩序違反行爲 法定主義) 법률에 따르지 아니하고는 어떤 행위도 질서위반행위로 과태료를 부과하지 아니한다.

50) **[법무부 2011년 형법총칙전면개정안의 국회상정 경위]** : 지난 2007년 6월 법무부는 **"형사법개정특별분과위원회"**를 신설하고, 이재상교수를 위원장으로 하여 학계 13명(위원장 포함), 판사 2명, 검사 2명, 변호사 3명 등 총 21명의 위원들로 "형사법개정특별분과위원회"를 구성하고 형법의 전면개정을 위한 연구를 시작하여 성안된 "형법총칙전면개정안"을 2011년 3월 22일 국무회의에서 의결[의안번호 제11304호]하여 국회에 상정하였다. 국회 법제사법위원회는 정부가 제출한 "형법총칙전면개정안"에 대한 공청회를 2011년 11월 9일 개최하는 등, 입법을 위한 절차를 진행하였으나 최종단계에서 입법의결이 되지 않아 입법화되지 못하였다.

한편, **법무부는 형법개정의 기본방향**으로 ① 기본권 보장에 관한 헌법정신의 구현, ② 형법이론 발전에 따른 범죄론 재정비, ③ 사회 변화로 인한 범죄화 및 비범죄화 현상 반영, ④ 형사정책적 고려에 의한 형벌제도 및 법정형 조정, ⑤ 각종 형사특별법의 형법으로 흡수·통합, ⑥ 평이한 법률용어로 개선 등을 제시하였다. 이에 대하여 상세하게는, 오영근, 2010년 형법총칙개정법률안의 주요내용과 문제점, 법학논총 제28집 제2호, 한양대학교 법학연구소, 2011, 5쪽 이하 및 장영민, 형법개정의 기본방향 : 한국형사법학회의 2010년 형법개정시안을 중심으로, 형사법연구 제22권 제4호, 한국형사법

제1절 죄형법정주의의 의의와 법적 근거

1. 죄형법정주의의 의의

국가형벌권의 확장과 자의적 행사로부터 시민의 자유를 보장하기 위한 형법의 최고 원리인 罪刑法定主義란 어떠한 행위가 범죄로 되고, 그 범죄에 대하여 어떠한 종류와 범위의 형벌을 과할 것인가는 행위 이전(이는 헌법상 자유주의의 요청이다)에 미리 성문의 법률(이는 민주주의의 요청이다)에 규정되어 있어야 한다는 원칙을 말한다.[51]

[보충설명 : 죄형법정주의의 기능]

죄형법정주의는 국가형벌권 발동의 조건·정도를 명확한 실정법률에 구속시킴으로써 **형벌권의 자의적 행사로부터 국민의 자유와 안전을 보장하는 기능즉 형법의 인권보장기능인 보장적 과제**를 수행한다.

물론 죄형법정주의원칙 하에서는 나쁜 짓을 하더라도 법률규정이 없기 때문에 처벌할 수 없다는 사태를 초래할 우려가 있다. 그러나 설령 그렇다하더라도 죄형법정주의는 유지되어야 할 중요한 원칙이라 할 것이다. 왜냐하면 죄형법정주의가 유지되지 않으면 누구든지 국가로부터 범죄자 취급을 받을지도 몰라 자유롭고 평온한 생활을 영위할 수 없게 되기 때문이다.

학회, 2010, 3쪽 이하 참조.

51) **[罪刑專斷主義]** : 형벌은 근대 이전의 시대에 있어서는 국왕·군주 등에 의해 자의적으로 발동되어, 국민·신민을 실력 내지 공포로써 지배하는 수단의 하나였다. 따라서 무엇이 범죄이고, 이에 대하여 어떠한 형이 과해지는가는 오직 권력자(군주나 재판관)의 자유에 맡겨졌던 것이 죄형전단주의의 형법이다.

2. 죄형법정주의의 법적 근거

죄형법정주의는 라틴어로 "nulla poena, nullum crimen sine lege"로 표현되는데, 이 명제는 "법률 없으면 형벌 없고, 법률 없으면 범죄 없다"는 의미이다.

가. 법률 없으면 범죄 없다(nullum crimen sine lege)

어떠한 행위가 사회적으로 매우 유해하여 비난가능성이 크다 하더라도 그러한 행위가 범죄로서 사전에 법률로 명백히 공표되어 있는 경우에만 형사처벌의 원인으로 삼을 수 있다는 원칙이다.

헌법 제13조 제1항은 "모든 국민은 행위시의 법률에 의하여 범죄를 구성하지 아니하는 행위로 소추되지 아니한다"고 규정하여 죄형법정주의를 헌법상의 원칙으로 천명하고 있으며, 형법 제1조 제1항도 "**범죄의 성립** …은 행위시의 법률에 의한다"고 규정한 것도 형법의 기본원리로서 죄형법정주의를 규정한 것이라고 볼 수 있다.[52)]

나. 법률 없으면 형벌 없다(nulla poena sine lege)

어떤 행위의 가벌성 자체뿐만 아니라 형벌의 종류와 정도도 범죄행위 이전에 법률로 확정되어 있어야 한다는 원칙이다.

이와 관련하여 헌법 제12조 제1항은 "누구든지 법률과 적법한 절차에 의하지 아니하고는 … 처벌, 보안처분 …을 받지 아니한다"고 규정하고 있으며, 형법 제1조 제1항은 "**범죄의 … 처벌**은 행위시의 법률에 의한다"고 규정하고 있다.

---

52) **[죄형법정주의의 입법례]** : 엄밀한 의미에서 죄형법정주의를 형법상 명문의 규정으로 두고 있는 입법례로는 독일의 형법규정을 들 수 있다. 즉 **독일형법 제1조(죄형법정주의)**는 "(범죄)행위는 그 행위를 범하기 전에 가벌성이 법률에 정해져 있는 경우에 한하여 처벌될 수 있다"고 규정하여 죄형법정주의를 천명하고 있다. 한편 우리 형사법의 영역에서는 **'질서위반행위규제법' 제6조(질서위반행위법정주의)**가 "법률에 따르지 아니하고는 어떤 행위도 질서위반행위로 과태료를 부과하지 아니한다."고 규정하고 있을 뿐이다. 한편 형법과 질서위반법의 관계에 대해서는 본 서 제1장 형법의 기초 : 기본개념 85쪽의 보충설명 및 사례1을 참조.

다음에서는 죄형법정주의의 내용, 즉 성문법률주의, 명확성의 원칙, 유추해석금지의 원칙, 소급효금지의 원칙, 적정성의 원칙이라는 파생원칙에 대하여 절을 달리하여 살펴보기로 한다.

제2절 성문법률주의(관습형법금지의 원칙)

사례 4 **법률과 조례의 관계**

최근 자동차는 급격히 증가하는 반면, 주차장은 제대로 확보되지 않아 불법주차가 커다란 문제로 대두되고 있다. 이러한 불법주차를 근절하기 위하여 대전광역시 의회는 '지방자치법[시행 2012.7.1][법률 제10739호, 2011.5.30, 일부개정]' 제22조(조례) 단서조항 및 제27조(조례위반에 대한 과태료)에 근거하여 불법주차를 한 자에게 6개월 이하의 징역 또는 100만원 이하의 벌금을 부과하는 조례를 제정하였다고 가정할 때 이 조례는 유효할 것인가? **[대법원 1995.6.30. 선고 93추83 판결[모욕증인 벌칙조례사건]참조]**

1. 의의

성문법률주의란 범죄와 형벌은 成文의 법률로 규정해 두어야 한다는 원칙을 말한다. 여기서 법률은 형식적 의미의 법률[53]을 의미한다.

따라서 반드시 국회에서 제 · 개정된 법률에 의해야 하기 때문에 형식적 의미의 법률이 아닌 명령·규칙 등으로 범죄와 형벌을 규정하거나 관습법[54]에 의한 형벌법규의 신설이나 형의 가중은 원칙적으로 죄형법정주의에 위반된다.[55] 다만 행위자에게 유리

53) **[成文法律]** : 성문법률주의에서 말하는 성문법률은 **형식적 의미의 법률**을 말한다. **[형식적 의미의 법률]**은 헌법에 의하여 입법기관으로 인정된 국회가 헌법이 규정한 입법절차에 따라서 제정한 성문의 법규법을 의미한다.

54) **[관습형법의 문제점]** : 관습형법은 범죄와 형벌의 구체적 내용이 불분명하여 수범자의 (객관적) 예측가능성을 담보할 수 없기 때문에 법적 안정성을 보장할 수 없는 문제점을 내포하고 있다.

55) 죄형법정주의는 불리한 형사처분으로부터 국민을 보호하기 위한 원칙이기 때문이다.

한 관습법은 인정된다.[56)]

> **▮ 사례 4의 풀이 ▮**
> 생각건대 조례에 형벌법규의 제정을 위임하는 것은 헌법에 명시적인 수권규정이 존재하지 않는 한 위헌이라 할 수밖에 없다. 성문법률주의는 헌법 제12조 제1항의 헌법상의 지위를 갖는 원칙이므로 헌법보다 효력이 낮은 법인 법률에 의 성문법률주의의 효력이 제한될 수 없기 때문이다.
> 따라서 '지방자치법' 제22조 단서가 "다만, 주민의 권리제한 또는 의무부과에 관한 사항이나 벌칙을 정할 때에는 법률의 위임이 있어야 한다."[57)]고 규정하더라도 헌법상의 지위를 갖는 성문법률주의를 감안할 때 조례는 형벌의 위임이 될 수 없다 할 것이다.

2. 위임입법의 한계

위임입법이란 범죄와 형벌의 주된 내용은 형식적 의미의 법률에 정하되, 그 구체적인 내용은 다른 법률 또는 명령·규칙 등 하위법규에 위임하는 법률을 의미한다.[58)] 위임입법의 근거규범은 헌법 제75조(대통령령)와 제95조(총리령, 부령)이다.

형벌법규의 입법을 위임하는 경우에는 일반적인 위임입법에 비하여 범죄의 성립요건과 형벌의 종류 및 범위가 보다 엄격하게 제한되어야 한다.[59)] 이러한 제한에 반하는 위임법률과 이 위임에 근거하여 제정된 하위의 형벌법규는 헌법 제12조 제1항의 죄형법정주의에 위반하여 무효가 된다.[60)]

---

56) **[성문법률주의와 행위자에게 유리한 관습법의 관계]** : 예컨대 위법성조각사유의 지도원리인 '사회상규에 위배되지 아니한 행위'에서 '사회상규'의 解釋法源은 행위자에게 유리한 경우 관습법을 포함할 수밖에 없으므로 관습법도 형법의 간접적인 法源(보충적 관습법)이 된다.

57) **[주민의 권리제한]** : 대법원 2009.5.28. 선고 2007추134 판결 **【조례안재의결무효확인청구】**(영유아보육법이 보육시설 종사자의 정년에 관한 규정을 두거나 이를 지방자치단체의 조례에 위임한다는 규정을 두고 있지 않음에도 보육시설 종사자의 정년을 규정한 '서울특별시 중구 영유아 보육조례 일부개정조례안' 제17조 제3항은, 법률의 위임 없이 헌법이 보장하는 직업을 선택하여 수행할 권리의 제한에 관한 사항을 정한 것이어서 그 효력을 인정할 수 없으므로, 위 조례안에 대한 재의결은 무효라고 한 사례.)

58) **[위임입법의 불가피성]** : 사회현상의 복잡다기화와 국회의 전문적·기술적 능력의 한계 및 시간적 적응능력의 한계로 인하여 범죄와 형벌에 대한 규정을 명령·규칙 등 하위법규에 위임할 필요성이 대두된다.

59) **[형벌법규의 위임입법요건]** : 헌법재판소 전원재판부 1997.5.29. 94헌바22 결정.

60) **[위임입법의 한계를 벗어난 경우로 판단한 판례]**로는, **보충판례 3-1-1 : 헌법재판소 2007.7.26. 선고 2006헌가4 전원재판부결정**[의료업무에 관한 광고의 범위 기타 의료광고에 필요한 사항은 보건복지부령으로 정한다."는 규정 위반 시 300만 원 이하의 벌금에 처하도록 한 구 의료법(2002.3.30. 법률

보충판례 3-1[법률과 조례의 관계] : 대법원 1995.6.30. 선고 93추83 판결.

보충판례 3-1-1[위임입법의 한계를 벗어난 경우] : 헌법재판소 2007.7.26. 선고 2006헌가4 전원재판부결정.

보충판례 3-1-2[위임입법의 한계를 벗어난 경우] : 헌법재판소 2010.2.25. 선고 2008헌가6 전원재판부결정.

보충판례 3-1-3[위임입법의 한계를 벗어나지 않은 경우] : 헌법재판소 2000.6.29. 선고 99헌가16 전원재판부결정.

[판례연구 : 보충판례 3-1-4 : 대법원 1999.2.11. 선고 98도2816 전원합의체 판결[총포부품사건]]

....

제6686호로 개정되고, 2007.1.3. 법률 제8203호로 개정되기 전의 것, 이하 '법'이라 한다) 제69조 중 '제46조 제4항'은 위임되는 내용이 허용되는 의료광고의 범위인지, 금지되는 의료광고의 범위인지 모호할 뿐 아니라, 하위법령에 규정될 의료광고의 범위에 관한 내용이 한정적인지, 예시적인 것인지도 불분명하다. 위 조항이 위임하고 있는 내용이 광고의 내용에 관한 것인지, 절차에 관한 것인지 그 위임의 범위를 특정하기도 쉽지 않다. 이는 형사처벌의 대상이 되는 구성요건을 구체적으로 위임하지 않고, 하위법령에서 어떤 행위가 금지될 것인지에 예측할 수 없게 하므로 헌법 제75조 및 제95조의 포괄위임입법금지원칙에 위반된다] ; **헌법재판소 1998.3.26. 선고 96헌가20 전원재판부결정**[구 노동조합법(1986.12.31. 법률 제3925호로 최종 개정되었다가 1996.12.31. 법률 제5244호로 공포된 노동조합및노동관계조정법의 시행으로 폐지된 것) 제46조의3은 그 구성요건을 "단체협약에……위반한 자"라고만 규정함으로써 범죄구성요건의 외피(外皮)만 설정하였을 뿐 구성요건의 실질적 내용을 직접 규정하지 아니하고 모두 단체협약에 위임하고 있어 죄형법정주의의 기본적 요청인 "법률"주의에 위배되고, 그 구성요건도 지나치게 애매하고 광범위하여 죄형법정주의의 명확성의 원칙에 위배된다] ; **보충판례 3-1-2 : 헌법재판소 2010.2.25. 선고 2008헌가6 전원재판부결정** 등등 참조.

이에 대하여 **[위임입법의 한계를 벗어나지 않은 경우로 판단한 판례]**로는, **보충판례 3-1-3 : 헌법재판소 2000.6.29. 선고 99헌가16 전원재판부결정**[청소년에게 유해한 매체물을 적시하여 청소년에 대한 판매·대여 등을 제한하고자 하는 경우에는 각 매체물의 내용을 실제로 확인하여 유해성 여부를 판단할 수밖에 없는데, 그때마다 법 또는 하위법령을 개정하여 직접 개별 매체물을 규정하는 것은 현실적으로 거의 불가능하고 법령의 개정에 소요되는 시일로 인하여 규제의 실효성도 기할 수 없게 될 것이므로 청소년유해매체물이 결과적으로 범죄의 구성요건의 일부를 이루게 되더라도 이 사건 법률조항에서 직접 청소년유해매체물의 범위를 확정하지 아니하고 행정기관(청소년보호위원회 등)에 위임하여 그 행정기관으로 하여금 청소년유해매체물을 확정하도록 하는 것은 부득이하다고 할 것이다. 따라서 이 사건 법률조항이 형벌법규의 위임의 한계를 벗어나거나 불명확하여 죄형법정주의에 위반된다고 할 수 없다] ; **대법원 2005.1.13. 선고 2004도7360 판결**[공직선거및선거부정방지법 제90조 전문은 선거일 전 180일부터 선거에 영향을 미치게 하기 위하여 법정의 방법 이외의 방법으로 시설물설치 등을 하는 것을 금지한 규정으로서, 이는 선거의 부당한 과열경쟁으로 인한 사회경제적 손실을 막고 후보자 간의 실질적인 기회균등을 보장함과 동시에 탈법적인 선거운동으로 인하여 선거의 공정과 평온이 침해되는 것을 방지하고자 일정 범위의 선거운동방법에 대하여는 그 주체, 시간, 태양을 불문하고 일률적으로 이를 금지하는 것인바, 위와 같은 목적 달성을 위하여 달리 효과적인 수단을 상정할 수가 없고, 제한되는 자유의 범위도 예상되는 다양한 선거운동의 방법 중에서 특히 중대한 폐해를 초래할 우려가 크다고 인정되는 특정의 선거운동방법과 내용에 국한되는 것이며, 선거일 전 180일부터는 이미 사실상 선거운동의 준비작업이 시작되었다고 볼 수 있으므로, 이러한 제한은 폐해방지에 필요한 최소한의 정도를 넘지 아니하여 표현의 자유 등을 침해한다고 할 수 없고, 설치가 허용되는 간판의 규격과 같은 세부적이고 기술적인 사항을 중앙선거관리위원회 규칙에서 정하도록 위임하였다 하여 이를 죄형법정주의와 포괄위임금지의 원칙에 어긋난다고 볼 수도 없다] 등등 참조.

[사실관계] 甲은 자신의 집에서 총포신, 공이치기가 부착된 노리쇠 등 총포의 부품을 소지하였다가 적발되었다. '총포 · 도검 · 화약류등단속법[시행 2011.1.1][법률 제10219호, 2010.3.31, 타법개정]' 제2조 제1항은 "이 법에서 '총포'라 함은 권총 · 소총 · 기관총 · 포 · 엽총 그 밖의 금속성 탄알이나 가스 등을 쏠 수 있는 장약총포와 공기총(압축가스를 이용하는 것을 포함한다) 중에서 대통령령이 정하는 것을 말한다[구 규정 : (2003.7.29. 개정 이전의 규정)]. 이 법에서 '총포'라 함은 권총 · 소총 · 기관총 · 포 · 엽총, 금속성 탄알이나 가스 등을 쏠 수 있는 장약총포, 공기총(압축가스를 이용하는 것을 포함한다. 이하 같다) 및 **총포신·기관부 등 그 부품(이하 '부품'이라 한다)**으로서 대통령령이 정하는 것을 말한다(2003.7.29. 개정 이후의 현행 규정)"고 규정하고 있고, '동법시행령[시행 2012.2.5][대통령령 제23570호, 2012.1.31, 타법개정]' 제3조 제1항은 "법 제2조 제1항의 규정에 의한 총포는 다음 각 호의 총과 포 및 총포의 부품을 말한다"고 규정하였다. 甲을 총포 · 도검 · 화약류등단속법 위반의 죄로 처벌한다면 죄형법정주의의 어떠한 원칙에 저촉되는가?

[판결요지] 총포 · 도검 · 화약류등단속법 제2조 제1항은 총포에 관하여 규정하면서 총에 대하여는 일정 종류의 총을 총포에 해당하는 것으로 규정하고 그 외의 장약총이나 공기총도 금속성 탄알이나 가스 등을 쏠 수 있는 성능이 있는 것은 총포에 해당한다고 규정하고 있으므로, 여기서 말하는 총은 비록 모든 부품을 다 갖추지는 않았더라도 적어도 금속성 탄알 등을 발사하는 성능을 가지고 있는 것을 가리키는 것이고, 단순히 총의 부품에 불과하여 금속성 탄알 등을 발사할 성능을 가지지 못한 것까지 총포로 규정하고 있는 것은 아니라고 할 것임에도 불구하고 **동법시행령 제3조 제1항은 같은 법 제2조 제1항의 위임에 따라 총포의 범위를 구체적으로 정하면서도 제3호에서 모법의 위임 범위를 벗어나 총의 부품까지 총포에 속하는 것으로 규정함으로써, 같은 법 제12조 제1항 및 제70조 제1항과 결합하여 모법보다 형사처벌의 대상을 확장**하고 있으므로, 이는 결국 위임입법의 한계를 벗어나고 죄형법정주의 원칙에 위배된 것으로 무효라고 하지 않을 수 없다.

[판례해설] 대법원은 위임입법의 한계를 벗어나지 않는 한, 성문법률주의의 원칙에 부합한다는 입장이라 할 수 있다(대법원 1972.9.26. 선고 72도987판결 참조.). 즉 총포 · 도검 · 화약류등단속법 제2조 제1항은 소지가 금지되는 총포의 구체적 범위를 '발사성능'이 있는 것으로 제한하여 동법 시행령에 위임하였다. 그런데 **동법시행령 제3조 제1항은 이러한 위임의 범위를 벗어나 '발사성능'이 없는 총포의 부품소지까지 범죄로 규정**하였다. 이는 형식적 의미의 법률이 아닌 시행령에 의하여 새로운 범죄를 규정한 것이며, 위임입법의 한계를 벗어난 것으로서 죄형법정주의의 성문법률주의에 저촉된다. 따라서 동법시행령 제3조 제1항은 무효이고, 甲은 무죄이다.

[판례연구 : 대법원 1991.10.22. 선고 91도1617 전원합의체판결 [행복호선장사건]]

[사실관계] 甲은 행복호의 선주 겸 선장으로서, 1990.5.24. 12:00경 경기도 화성군 도리도 북동방 약 1마일 해상에서 당국으로부터 허가받은 어업허가장을 소지하지 아니하고 어업을 목적으로 운항하였다. 검사는 이에 대하여 수산자원보호령 제31조 제1호, 제25조 제1항을 적용하여 기소하였다.

[판결요지] 구 수산업법(1990.8.1. 법률 제4252호로 개정되기 전의 것) 제48조 제1항이 대통령령에 위임한 그 제2호의 "어선에 관한 제한 또는 금지"란 위 법률의 입법목적과 어선 · 어구의 제한 또는 금지에 관하여 규정한 수산자원보호령 제23조 등에 비추어 어선의 척수, 규모, 설비와 어법에

관한 제한 또는 금지라고 풀이되는바, 위 영 제25조 제1항이 어업면허장, 어업허가장, 어업감찰 또는 접수증을 어업종사 기간 중 어선을 사용하는 경우에는 어선에 비치하고 어선을 사용하지 않는 경우에는 휴대하도록 규정하고 이에 위반될 경우에 위 영 제31조 제1호에 의하여 처벌하도록 한 것은 어구 또는 어선의 제한 또는 금지에 관한 것이 아님이 명백하고 그 밖에 수산업법상 이를 처벌할 위임근거가 없으므로 위 영 제25조 제1항, 제31조 제1호는 모법의 위임 없이 부당하게 형벌의 범위를 확장한 것으로서 죄형법정주의의 원칙에 위배되고 위임입법의 한계도 벗어난 무효의 규정이다. 이러한 이유로 법원은 甲에게 무죄를 선고하였다.

형벌법규의 위임에 관하여 헌법재판소 및 대법원은 다음과 같은 허용요건을 제시하고 있다.

보충판례 3-1-5[헌법재판소결정 및 대법원판결에 표현된 위임입법의 허용요건] : 대법원 2002.11.26. 선고 2002도2998 판결 : 헌재결 2011.3.31. 2009헌가12 ; 헌재결 1991.7.8. 91헌가4 ; 헌재결 1994.6.30. 93헌가15, 16, 17(병합) ; 헌재결 1995.10.26. 93헌바62. 등

[위임입법의 허용요건]

죄형법정주의와 위임입법의 한계의 요청상 처벌(형벌)법규를 위임하기 위해서는, ① 특히 긴급한 필요가 있거나 법률로써 자세히 정할 수 없는 부득이한 사정이 있는 경우에 한정되어야 하고, ② 이 경우에도 법률에서 범죄의 구성요건은 처벌대상인 행위를 예측할 수 있을 정도로 구체적인 기준(대강)을 정해야 하고, ③ 형벌의 종류 및 그 상한과 폭을 명백히 규정하여야 한다.

제3절 명확성원칙

1. 개념

사례 5 **헌법재판소 2002.2.28. 99헌가8 전원재판부 결정 ; 대법원 2003.12.26. 선고 2003도5980 판결[행위규범과 제재규범의 명확성]**

최근 들어 청소년비행이 커다란 사회문제로 대두되자 국회에서 "행실이 불량한 청소년은 행실이 올바르게 고쳐질 때까지 교도소에 수용한다"는 법률을 제정한 경우 이 법률은 유효한 것인가?

형법은 범죄의 구성요건과 형사제재에 관한 규정을 법관의 자의적 해석이 허용되지 않도록 구체적으로 명확[61]하게 규정하여야 한다는 원칙을 명확성의 원칙이라고 한다. 즉 형벌법규를 창설함에 있어 구성요건이 모호한 개념을 사용하지 않고 가능한 한 명확하게 규정되어야 하고, 법효과도 분명하게 명시되어 있어야 하며, 형벌공간도 한정된 폭만을 담고 있어야 한다. [사례 5의 질의응답]

[헌법재판소결정 및 대법원판결 : 명확성원칙의 필요성]

헌법재판소 전원재판부결정결 1998.4.30. 95헌가16 : "법치국가원리의 한 표현인 명확성원칙은 기본적으로 모든 기본권제한 입법에 대하여 요구된다. 규범의 의미내용으로부터 무엇이 금지되는 행위이고 무엇이 허용되는 행위인지를 수범자가 알 수 없다면 법적 안정성과 예측가능성은 확보될 수 없게 될 것이고, 또한 법집행 당국에 의한 자의적 집행을 가능하게 할 것이기 때문이다."

대법원 2003.11.14. 선고 2003도3600 판결 : "헌법 제12조 제1항의 죄형법정주의는 나아가 형식적 의미의 법률로 범죄와 형벌을 규정하더라도 그 법률조항이 처벌하고자 하는 행위가 무엇이며 그에 대한 형벌이 어떠한 것인지를 누구나 예견할 수 있고 그에 따라 자신의 행위를 결정할 수 있도록 구성요건을 명확하게 규정할 것을 요구하고 있다."

---

61) **[추상적·일반적 명확화의 의미로서의 구체적 명확성]** : 형법조문의 불완전성을 감안하는 한, 명확성의 의미는 추상적 명확화를 의미한다. 법조문의 구체적·상세적 명확화는 입법기술상 불가능하기 때문이다. 상세하게는 본 서 98쪽 이하의 '형법조문의 불완전성' 및 배종대, 형법총론 제9개정판, 홍문사, 2009, 89쪽 참조.

2. 행위규범과 제재규범의 명확성

법정구성요건에서 금지된 행위와 그 법률효과인 형사제재(형벌과 보안처분)를 명확하게 규정하여야 한다. 이는 구성요건의 명확성을 의미한다. 형법의 영역에서 입법자가 일반조항[62]이나 불특정조항 및 가치충전을 요하는 개념들을 사용하는 것을 두고 곧바로 명확성의 원칙에 위반된다고 판단할 수 없다(최소한의 명확성[63]).

보충판례 3-2-2[일반조항] : 대법원 1995.6.16. 선고 94도2413 판결.

보충판례 3-2[명확성의 정도] : 대법원 2008.10.23. 자 2008초기264 결정 ; 대법원 2008.5.29. 선고 2008도1857 판결.

판례에 의하면, **행위규범(법률요건)의 명확성 판단기준**[64]으로는 일반인이 무엇이 금지된 행위인가를 예견할 수 있어야 하고(예견가능성, 법적 안정성), 법률이 구체적인 보호법익 자체를 법관 등 법적용자에게 위임해서는 안되며(법적용자의 자의배제),

....

62) **[일반조항]** : 법률상의 요건(법률요건)을 추상적·가치적·일반적인 용어로 정한 규정을 말한다. 예컨대 '선량한 풍속 기타 사회질서(민법 제103조)', '사회상규(형법 제20조)'를 법률요건으로 하는 규정과 같다. 그 구체적인 적용은 법관에게 일임되며 탄력성을 가지고 사회사정의 변화에 즉응하여 구체적 타당성을 추구할 수 있는 특색이 있지만, 형법은 죄형법정주의의 견지에서 일반조항적 구성요건은 위험하다고 인정되지만, 절도죄에 있어서 '재물의 타인성', '불법영득의 의사', 음화반포·제조죄에 있어서 '음란' 등과 같은 규범적 구성요건요소에는 일반조항에 해당하는 것이 있어 구성요건을 한정하는 기능을 갖는다 : **보충판례 3-2-2[일반조항] : 대법원 1995.6.16. 선고 94도2413 판결**(일반적으로 법규는 그 규정의 문언에 표현력의 한계가 있을 뿐만 아니라 그 성질상 어느 정도의 추상성을 가지는 것은 불가피하고, **형법 제243조, 제244조에서 규정하는 "음란"**은 평가적, 정서적 판단을 요하는 규범적 구성요건 요소이고, "음란"이란 개념이 일반 보통인의 성욕을 자극하여 성적 흥분을 유발하고 정상적인 성적 수치심을 해하여 성적 도의관념에 반하는 것이라고 풀이되고 있으므로 이를 불명확하다고 볼 수 없기 때문에, 형법 제243조와 제244조의 규정이 죄형법정주의에 반하는 것이라고 할 수 없다.) ; 배종대, 형법총론 제9개정판, 홍문사, 2009, 86쪽 참조.

63) **보충판례 3-2[명확성의 정도] : 대법원 2008.10.23. 자 2008초기264 결정 ; 대법원 2008.5.29. 선고 2008도1857 판결**["명확성의 원칙은 법치국가원리의 한 표현으로서 기본권을 제한하는 법규범의 내용은 명확하여야 한다는 헌법상의 원칙이며, 그 근거는 법규범의 의미내용이 불확실하면 법적 안정성과 예측가능성을 확보할 수 없고, 법집행 당국의 자의적인 법해석과 집행을 가능하게 할 것이기 때문이다. 그러나 법규범의 문언은 어느 정도 가치개념을 포함한 일반적, 규범적 개념을 사용하지 않을 수 없는 것이기 때문에 명확성의 원칙이란 **기본적으로 최대한이 아닌 최소한의 명확성을 요구**하는 것으로서, 그 문언이 법관의 보충적인 가치판단을 통해서 그 의미내용을 확인할 수 있고, 그러한 보충적 해석이 해석자의 개인적인 취향에 따라 좌우될 가능성이 없다면 명확성의 원칙에 반한다고 할 수 없다(헌법재판소 2005.12.22. 선고 2004헌바45 전원재판부 결정 등 참조)."]

64) **보충판례 3-2-1[명확성의 판단방법] : 대법원 2006.5.11. 선고 2006도920 판결.**

용어의 사용이 입법기술상 별다른 어려움 없이 구체화할 수 있었는지(구체화 가능성)를 판단해 보아야 한다.[65]

보충판례 3-2-1[명확성의 판단방법] : 대법원 2006.5.11. 선고 2006도920 판결.

보충판례 3-2-6[명확성의 원칙에 반하는 경우] : 대법원 1998.6.18. 선고 97도2231 전원합의체 판결.

보충판례 3-2-7[명확성의 원칙에 반하지 않는 경우] : 대법원 2006.5.26. 자 2006초기92 결정.

....

65) **[명확성의 원칙에 반한다고 판단한 판례]**로는, **보충판례 3-2-6 : 대법원 1998.6.18. 선고 97도2231 전원합의체 판결**['도박 기타 범죄 등 선량한 풍속 및 사회질서에 반하는 행위'라는 요건은, 이를 한정할 합리적인 기준이 없다면, 형벌법규의 구성요건 요소로서는 지나치게 광범위하고 불명확하다고 할 것인데, 외국환관리에 관한 법령의 입법 목적이나 그 전체적 내용, 구조 등을 살펴보아도 사물의 변별능력을 제대로 갖춘 일반인의 이해와 판단으로서도 그 구성요건 요소에 해당하는 행위유형을 정형화하거나 한정할 합리적 해석기준을 찾기 어려우므로, 죄형법정주의가 요구하는 형벌법규의 명확성의 원칙에 반한다] ; 헌법재판소 2007.5.31. 선고 2006헌가10 전원재판부 결정[조세범처벌법 제13조 제1호는 범죄의 구성요건이 추상적이고 모호할 뿐 아니라, 그 적용범위가 너무 광범위하고 포괄적이어서 통상의 판단능력을 가진 국민이 무엇이 법률에 의하여 금지되는지를 예견하기 어렵다고 할 것이므로 죄형법정주의의 명확성의 원칙에 위반된다] ; 헌법재판소 2002.2.28. 99헌가8 전원재판부 결정[아동복지법 조항의 "어질고 너그러운 품성"을 뜻하는 '덕성'이라는 개념은 도덕이나 윤리가 품성으로 인격화된 것을 의미한다 할 것인바, 도덕이나 윤리는 국민 개개인마다 역사인식이나 종교관, 가치규범에 따라 자율적인 구속력을 지닌 내면적인 당위(當爲)로서 일의적으로 확정된 의미를 가진다고 보기 어려우므로 그 적용범위의 한계가 명확하다고 할 수 없고, 이에 덧붙인 "심히 해할 우려"라는 요소까지 고려하면 과연 무엇을 기준으로 그 덕성을 심히 해하는 경우와 다소 해하기는 하지만 심히 해하는 정도에까지 이르지 못하는 경우를 나눌 수 있을지 알 수 없으며, 나아가 심히 해하는 정도에까지 이르지 못하는 경우 중에서도 심히 해하지는 않을까 하는 우려가 인정되는 경우와 그러한 우려가 인정되지 않는 경우를 다시 나누는 것도 어렵다. 그러므로, 이 사건 아동복지법 조항 역시 법관의 보충적인 해석을 통하여도 그 규범내용이 확정될 수 없는 모호하고 막연한 개념을 사용함으로써 그 적용범위를 법집행기관의 자의적인 판단에 맡기고 있으므로, 죄형법정주의에서 파생된 명확성의 원칙에 위배된다] 등등 참조.

[명확성의 원칙에 반하지 않는다고 판단한 판례]로는, 헌법재판소 2008.1.17. 선고 2005헌마1215 전원재판부 결정[공중위생영업은 매우 다양하고 수시로 발전·변화하는 것이고, 공중위생영업의 종류에 따라 공중위생영업자가 위생관리 또는 영업질서 유지를 위하여 준수하여야 할 사항도 다르다고 할 것이므로 그 구체적인 내용의 규율을 보건복지부령에 위임한 것의 필요성과 합리성을 부정하기 어렵고, 이 사건 규정이 사용하고 있는 "보호자"나 "출입"의 개념은 막연하거나 애매하다고 볼 수 없으므로 처벌법규 명확성의 원칙에 어긋난다고 보기도 어려우므로, 이 사건 규정이 공중위생관리법 제4조 제7항의 구체적인 위임에 따라 공중위생영업자가 준수하여야 할 사항으로서 형사처벌의 구성요건으로 되는 사항의 일부를 규정하고 있더라도 죄형법정주의 원칙에 위배된다고 보기 어렵다] ; 대법원 2003.12.26. 선고 2003도5980 판결[청소년보호법 제26조의2 제8호 소정의 "풍기를 문란하게 하는 영업행위를 하거나 그를 목적으로 장소를 제공하는 행위"의 의미는 청소년보호법의 입법 취지, 입법연혁, 규정형식에 비추어 볼 때 "청소년이 건전한 인격체로 성장하는 것을 침해하는 영업행위 또는 그를 목적으로 장소를 제공하는 행위"를 의미하는 것으로 보아야 할 것이고, 그 구체적인 예가 바로 위 규정에 열거된 "청소년에 대하여 이성혼숙을 하게 하거나 그를 목적으로 장소를 제공하는 행위" 등이라고 보이는바, 이는 건전한 상식과 통상적인 법감정을 통하여 판단할 수 있고, 구체적인 사건에서는 법관의 보충적인 해석을 통하여 그 규범내용이 확정될 수 있는 개념이라 할 것이어서 위 법률조항은 명확성의 원칙에 반하지 아니하여 실질적 죄형법정주의에도 반하지 아니한다] ; **보충판례 3-2-7 : 대법원 2006.5.26. 자 2006초기92 결정** 등등 참조.

한편 **제재규범으로서의 법률효과부분인 형벌을 규정함에 있어서는 명확성의 원칙이 다소 후퇴**한다. 구체적인 피고인에게 적절한 양형을 할 수 있도록 법관에게 재량이 부여되지 않으면 안 되기 때문이다.

그렇다고 하더라도 형의 장기와 단기가 전혀 정해지지 않은 **절대적 부정기형**은 법적 안정성을 해하고 인권보장을 위태롭게 하므로 허용되지 않는다.[66]

보충판례 3-2-3[행위규범과 제재규범의 명확성] : 대법원 1979.12.26. 선고 78도957 판결 ; 대법원 1977.6.28. 선고 77도251 판결.

이에 대하여 형의 장기와 단기 또는 장기만 정해진 **상대적 부정기형**은 형기를 수형자의 개선의 진도에 따르게 함으로써 교정교육의 효과를 기대하는 것으로 허용된다.[67]

한편 **부정기 보안처분의 인정여부**에 대해서는 긍정설[68]과 **부정설(다수설)**이 대립한다. 구 '사회보호법' 제9조 제2항의 치료감호가 '치유될 때까지' 처분을 부과할 수 있도록 하여 절대적 부정기처분주의를 채택하고 있었지만 2005년 폐지되었다. 현행 '치료감호법' 제16조(치료감호의 내용) 제2항에는 치료감호의 상한선이 15년으로 되어 있고, 같은 법 제22조(가종료 등의 심사·결정)에는 치료감호심의위원회는 치료위탁 후 매 6개월 마다 종료내지 가종료 여부를 심사 · 결정하도록 규정하고 있다. 즉 **종래의 절대적 부정기처분주의가 상대적 부정기처분주의로 변경**된 것이다.

이점에서는 당사자(피치료감호자)의 예견가능성과 사법절차적 기본권이 보장되고 죄형법정주의의 명확성원칙에도 위반되지 않는다(**다수설**).[69] 보안처분이라고 하여 국

---

66) **보충판례 3-2-3[행위규범과 제재규범의 명확성] : 대법원 1979.12.26. 선고 78도957 판결 ; 대법원 1977.6.28. 선고 77도251 판결**("'부정선거관련자처벌법' 제5조 제4항에 동법 제5조 제1항의 예비음모는 이를 처벌한다고만 규정하고 있을 뿐이고 그 형에 관하여 따로 규정하고 있지 아니한 이상 죄형법정주의의 원칙상 위 예비음모를 처벌할 수 없다.")

[질의응답] : 위 대법원 판결취지와 관련하여 "범죄의 음모 또는 예비행위가 실행의 착수에 이르지 아니한 때에는 법률에 특별한 규정이 없는 한 벌하지 아니 한다."고 규정하고 있는 '형법' 제28조(음모, 예비)도 제재규범의 명확성원칙에 반하는 것인가?

67) **[상대적 부정기형]** : 예컨대 **'소년법[시행 2011.8.4][법률 제11005호, 2011.8.4, 타법개정]'제60조(부정기형) 제1항** "소년이 법정형으로 장기 2년 이상의 유기형에 해당하는 죄를 범한 경우에는 그 형의 범위에서 장기와 단기를 정하여 선고한다. 다만 장기는 10년, 단기는 5년을 초과하지 못 한다."

68) 이재상, 형법총론 제7판, 26쪽은 형벌과 달리 보안처분은 장래의 위험성에 대한 합목적적 처분이기 때문에 위험이 계속되는 동안 집행할 것을 요하며 굳이 정기일 필요가 없다고 한다.

69) 유사한 취지의 판례로는, **보충판례 3-2-4[제재규범의 명확성] : 대법원 1987.5.12. 선고 87감도50 판결**(사회보호법에 의한 치료감호처분은 치료가 필요한 자에 대하여 사회복귀를 촉진하고 사회를 보호

민의 기본권을 필요 이상으로 제한할 이유가 없다(비례성원칙 내지 과잉금지원칙상 제한의 필요최소성을 상기하자!)는 점에서 다수설인 부정설이 타당하다 할 것이다.

보충판례 3-2-4[제재규범의 명확성] : 대법원 1987.5.12. 선고 87감도50 판결.

보충판례 3-2-5[재범의 위험성의 의미 및 그 판단기준] : 대법원 2000.7.4. 선고 2000도1908,2000감도62 판결.

보충판례 3-2-8[엄격해석의 원칙과 형벌법규의 명확성원칙의 관계] : 대법원 2004.11.18. 선고 2004도1228 전원합의체판결.

....

함에 목적으로 과하는 감호 또는 감찰처분으로서 형벌과 같이 볼 수 없으므로 치료감호의 요건을 사법적 판단에 맡기면서 사회보호위원회로 하여금 감호기간을 정하도록 하였다 하여 죄형법정주의나 무죄추정의 원칙에 반한다고 할 수 없다.)

보충판례 3-2-5[재범의 위험성의 의미 및 그 판단기준] : 대법원 2000.7.4. 선고 2000도1908,2000감도62 판결[치료감호의 요건이 되는 재범의 위험성이라 함은 피감호청구인이 장래에 다시 심신장애의 상태에서 범행을 저지를 상당한 개연성이 있는 경우를 말하고, 그 위험성 유무는 피감호청구인에 대한 위험성의 하나의 징표가 되는 원인행위로서 당해 범행의 내용과 판결선고 당시의 피감호청구인의 심신장애의 정도, 심신장애의 원인이 될 질환의 성격과 치료의 난이도, 향후 치료를 계속 받을 수 있는 환경의 구비여부, 피감호청구인 자신의 재범예방 의지의 유무 등 제반 사정을 종합적으로 평가하여 객관적으로 판단하여야 하는 것인바(대법원 1990.8.28. 선고 90감도103 판결 참조), 기록상 나타나는 위와 같은 제반 사정, 특히 피고인은 자신이 피해형 망상장애라는 심신장애가 있다는 것을 전혀 인식하지 못한 채 아직도 사실을 밝히는 고소는 하겠다는 취지의 주장을 하고 있을 뿐만 아니라 실제로 제1심 증인 박상동을 위증으로 고소하는 내용의 고소장을 작성하기까지 한 점에 비추어 보면, 피고인은 적절한 정신과적 치료를 받지 아니하는 경우 다시금 무고 범행을 저지를 개연성이 높다고 할 것이므로 재범의 위험성이 있다고 하지 않을 수 없다.]

보충판례 1-2[형벌과 보안처분의 관계] : 대법원 2007.8.23. 선고 2007도3820,2007감도8 판결(형벌과 치료감호처분은 신체의 자유를 박탈하는 수용처분이라는 점에서 유사하기는 하나 그 본질과 목적 및 기능에 있어서 서로 다른 독자적 의의를 가진 제도인바, 명시적인 배제 조항 등이 없는 이상 어느 한 쪽의 적용 대상이라는 이유로 다른 쪽의 적용 배제를 주장할 수 없는 것이다. 특정범죄 가중처벌 등에 관한 법률 제5조의4 제6항이 2005.8.4. 사회보호법상 보호감호제도 폐지를 즈음하여 마련되었다고 하여 달리 볼 것은 아니다.)

제4절 유추적용금지의 원칙

사례 6 **유추적용과 확장해석**

乙은 자신의 집 거실에 다양한 종류의 새들을 새장에 가두어두고 감상하는 동물애호가이다. 어느 날 을이 감기에 걸려 눕게 되자 을을 간호하러 온 을의 친구 갑은 동물을 사랑한 나머지 새장을 열어 새가 날아갈 수 있게 하였다. 갑은 새가 자연 속에서 자유롭게 살아야지 새장에 갇혀 있어서는 안 된다고 생각하였다.

甲은 절도죄(형법 제329조)를 범하였는가?

재물손괴죄(제366조)의 성립여부는 어떠한가?

예컨대 산업스파이가 경쟁기업의 연구실에 잠입하여 신제품의 디자인을 소형카메라로 촬영하였다. 신제품의 디자인을 훔쳤다고 할 수 있지만, 이를 '절도죄(제329조)'로 처벌할 수 있을 것인가?

참고로 형법 제329조에는 "타인의 재물을 절취한 자는 6년 이하의 징역 또는 1천만원 이하의 벌금에 처한다"고 규정하고 있다.

1. 해석과 유추의 의미

해석[70]은 법규정이나 법개념의 의미내용을 명확히 하고, 그 의미를 파악하는 것임에 반하여, 유추는 아직 법적으로 규율되고 있지 아니한 개별 사건에 대하여 비슷한 개별사건에 적용되는 기존의 법규를 차용하여 적용하는 기법으로서 입법(법률)흠결의 보충을 목적으로 하는 유추적용은 금지되는 것이다.

예컨대 업무상비밀누설죄(제317조)에서 변호사 아닌 변호인[71]도 변호사에 포함시

70) **[형법해석의 방법]**에 대하여 상세하게는, 본 서 96쪽 이하 및 이재상·장영민·강동범, 형법총론 제8판, 박영사, 2015, 27쪽 이하 등을 참조.

71) 예컨대 **'형사소송규칙[시행 2012.5.29][대법원규칙 제2403호, 2012.5.29, 일부개정]' 제14조 (국선변호인의 자격)** ① 국선변호인은 법원의 관할구역 안에 사무소를 둔 변호사, 그 관할구역 안에서 근무하는 공익법무관에관한법률에 의한 공익법무관(법무부와 그 소속기관 및 각급검찰청에서 근무하는 공익법무관을 제외한다. 이하 "공익법무관"이라 한다) 또는 그 관할구역 안에서 수습중인 사법연수생 중에서 이를 선정한다. ②제1항의 변호사, 공익법무관 또는 사법연수생이 없거나 기타 부득이한 때에는 인접한 법원의 관할구역 안에 사무소를 둔 변호사, 그 관할구역 안에서 근무하는 공익법무관 또는 그 관할구역 안에서 수습중인 사법연수생 중에서 이를 선정할 수 있다. ③제1항 및 제2항의 변호사, 공익법무관 또는 사법연수생이 없거나 기타 부득이한 때에는 법원의 관할구역 안에서 거

켜 처벌해야 한다고 해석하는 경우나 자전거도 자동차불법사용죄(제331조의2)의 객체에 해당한다고 해석하는 경우가 유추이다.[72)]

보충판례 3-3-7[유추적용이라고 한 경우] : 대법원 2008.3.27. 선고 2007도7561 판결.

2. 확장해석과 유추적용

확장해석은 이미 존재하고 있는 법규범을 전제로 하면서 당해 법규가 지향하는 목

주하는 변호사 아닌 자 중에서 이를 선정할 수 있다.[전문개정 1995.7.10]

72) **[유추적용이라는 판례]**로는, **보충판례 3-3-7 : 대법원 2008.3.27. 선고 2007도7561 판결**[지방세법 제84조 제1항은 '지방세에 관한 범칙행위에 대한 조세범처벌법 등의 준용'이라는 제목 아래 "지방세에 관한 범칙행위에 대하여는 조세범처벌법령을 준용한다"고 규정하고 있는바, 그 문언 및 지방세법 제82조의 다른 법률 준용 형식에 비추어 볼 때 '조세범처벌법령'은 조세범처벌법과 그 부속 하위법령을 의미한다고 할 것이다. 한편, 지방세법 제84조 제1항의 규정은 입법의 편의상 지방세에 관한 범칙행위에 대하여 조세범처벌법에 정한 규정을 준용하여 처벌하도록 한 것에 불과할 뿐, 위 규정으로 인하여 지방세에 관한 범칙행위가 곧바로 조세범처벌법 위반죄에 해당하는 것은 아니라고 할 것인데, 특정범죄 가중처벌 등에 관한 법률은 제1조에서 '이 법은 형법·관세법·조세범처벌법·산림자원의 조성 및 관리에 관한 법률 및 마약류 관리에 관한 법률에 규정된 특정범죄에 대한 가중처벌 등을 규정함으로써 건전한 사회질서의 유지와 국민경제의 발전에 기여함을 목적으로 한다'고 규정할 뿐, 지방세법 위반죄를 가중처벌 대상에 포함시키지 않고 있다. 따라서 지방세법 제84조 제1항의 '조세범처벌법령'에 특정범죄 가중처벌 등에 관한 법률도 포함된다고 해석하는 것은 수범자인 일반인의 입장에서 이를 쉽게 예견하기 어려운 점에 비추어 형벌법규의 명확성의 원칙에 위배되는 것이거나 형벌법규를 지나치게 확장·유추해석하는 것으로서 죄형법정주의에 반하여 허용되지 않는다] ; **대법원 2007.6.29. 선고 2006도4582 판결**[구 대기환경보전법(2005.3.31. 법률 제7458호로 개정되기 전의 것) 제55조 제3호, 제32조 제1항 소정의 자동차에 관하여 규정하고 있는 같은 법 제2조 제11호, 같은 법 시행규칙(2005.12.30. 부령 제192호로 개정되기 전의 것) 제7조 [별표 5] 비고 제7호의 "엔진배기량이 50cc 미만인 이륜자동차는 모페드형에 한한다"고 한 규정에서 말하는 '모페드(moped)형'이라 함은 원래 '모터와 페달을 갖춘 자전거의 일종으로서 오토바이처럼 달리다가 페달을 밟아 달릴 수도 있는 것'을 의미하지만, 그 개념이 확장되어 널리 '50cc 미만의 경량 오토바이'를 의미하는 것으로 사용되고 있으나, 만일 위와 같이 확장된 개념에 따라 '50cc 미만의 경량 오토바이'도 모페드형에 포함되는 것으로 보게 되면 위 규정은 동어반복에 불과하여 그 규정의 취지가 불명확해지므로, 위 규정에서 정한 '모페드형'은 원래의 개념에 따라 '모터와 페달을 갖춘 자전거의 일종으로서 오토바이처럼 달리다가 페달을 밟아 달릴 수도 있는 것'을 의미하는 것으로 보아야 하고, 이를 '50cc 미만의 경량 오토바이'까지 포괄하는 의미로 해석하는 것은 형벌규정을 피고인에게 불리한 방향으로 지나치게 확장 해석하거나 유추 해석하는 것으로서 허용될 수 없다] ; **대법원 1999.3.26. 선고 97도1769 판결**[저작권법 제98조 제1호는 저작재산권 그 밖의 저작권법에 의하여 보호되는 재산적 권리를 복제·공연·방송·전시 등의 방법으로 침해한 자를 처벌한다고 규정하고 있는바, 저작권법상 저작재산권의 하나로 배포권이 인정되나, 그렇다고 하여 권리침해의 복제행위 외에 '배포'행위까지 위 법조에 의해 반드시 처벌되어야 하는 것은 아니라고 할 것이어서, 위와 같이 처벌규정에 명시적으로 규정되어 있지 아니한 '배포'행위를 복제행위 등과 별도로 처벌하는 것은 유추해석이나 확장해석을 금하는 죄형법정주의의 원칙상 허용되지 않는다] 등등 참조.

표나 방향설정의 테두리 내에서 그 의미내용을 넓혀가는 것인 반면에, 유추는 기존의 법규범이 존재하지 않는 곳에서 그 의미를 가진다. **판례**[73]**와 달리 통설이 허용하는 확장해석과 금지되는 유추의 한계는 '문언의 가능한 의미'이다**.

보충판례 3-3 : 대법원 1994.12.20. 자 94모32 전원합의체 결정 : 대법원 2015.6.25. 선고 2014도17252 전원합의체 판결.

여기서 '문언의 가능한 의미'[74]란 그 언어가 일상생활에서 통상 관용적으로 사용되

---

73) **형법해석에서 당해 문언의 가능한 의미를 넘으면 법의 형성이 되고 이는 허용되지 않은 법의 창조가 된다 ; 보충판례 3-3 : 대법원 1994.12.20. 자 94모32 전원합의체 결정.**
대법원 2009.12.10. 선고 2009도3053 판결 ; 대법원 2010.12.23. 선고 2008도2182 판결[형벌법규의 해석은 엄격하여야 하고 명문규정의 의미를 피고인에게 불리한 방향으로 지나치게 확장해석하거나 유추해석하는 것은 죄형법정주의의 원칙에 어긋나는 것으로서 허용되지 않는다(대법원 2005.11.24. 선고 2002도4758 판결, 대법원 2008.9.25. 선고 2006도5937 판결 등 참조).
원심판결 이유에 의하면, 원심은 그 판시와 같은 사실, 즉, 산업자원부장관의 용제수급조정명령에 의하여 용제생산 및 판매업체인 피고인 7 주식회사는 용제의 수급상황을 기록하는 수급상황기록부를 작성하고 이를 매주 산업자원부장관에게 보고하여야 함에도 불구하고, 피고인 1, 2, 3, 5는 공소외 주식회사에서 공급받은 특수용제11호인 에이치디오이공(HD-520)의 판매량, 원료사용량, 재고량 등을 허위로 기재한 수급상황기록부를 작성하여 산업자원부장관에게 보고한 사실을 인정한 다음, 위 피고인들의 위 행위가 산업자원부장관의 용제수급조정명령을 위반한 것이라고 판단하였다.
그러나 원심의 이와 같은 판단은 앞서 본 법리와 아래와 같은 사정에 비추어 볼 때 이를 그대로 수긍하기 어렵다.
구 석유 및 석유대체연료 사업법(2008.2.29. 법률 제8852호로 개정되기 전의 것, 이하 '구 법'이라 한다) 제21조 제1항은 '산업자원부장관은 국내외 석유사정의 악화로 인하여 석유수급에 중대한 차질이 생기거나 생길 우려가 있는 경우 또는 석유의 유통질서의 문란으로 인하여 국민생활의 안정과 국민경제의 원활한 운용을 해치거나 해칠 우려가 있는 경우에는 석유수급의 안정을 기하기 위하여 석유정제업자 등에게 석유 및 석유화학제품의 유통거래질서의 확립 등에 관한 명령을 할 수 있다'라고 규정하고 있고, 구 법 제46조 제5호는 '제21조 제1항의 규정에 의한 명령을 위반한 자는 2년 이하의 징역 또는 5천만 원 이하의 벌금에 처한다'라고 규정하고 있으며, 산업자원부장관이 산업자원부 공고 제2003-59호로 발령한 용제수급조정명령에는 '용제생산업체는 용제수급상황기록부를 작성하여 산업자원부에 보고하여야 한다'라고 규정하고 있다. 그런데 기록에 의하면 산업자원부장관이 발령한 위 용제수급조정명령은 용제수급상황기록부의 작성과 관련하여 보고주기, 보고기한, 보고방법 등을 규정함과 아울러 용제판매실적이 없는 경우에도 반드시 보고하도록 하고, 거래상황을 사업장에서 검사·확인이 가능하도록 장부 및 관련 서류를 비치·보관하도록 요구하고 있을 뿐 더 나아가 보고의 진실성 여부에 대하여는 어떠한 명시적인 요구도 하고 있지 아니함을 알 수 있다. 한편 구 법 제46조 제5호는 '제21조 제1항의 규정에 의한 명령을 위반한 자'라고만 규정하고 있을 뿐 '산업자원부장관의 명령에 따른 보고를 하지 않거나 허위보고를 한 자'라고 규정하고 있지 아니하다. 이와 같은 사정들을 앞서 본 법리에 비추어 살펴보면, 용제생산업체가 산업자원부장관의 용제수급조정명령에 따라 용제수급상황기록부를 작성하여 보고를 한 이상 그 보고내용 중에 허위의 내용이 포함되어 있다고 하더라도, 이러한 행위를 들어 구 법 제46조 제5호, 제21조 제1항에서 정한 '명령 위반'에 해당한다고 해석할 수는 없다고 할 것이다.
그럼에도 불구하고 원심은 위 피고인들의 위 행위를 구 법 제46조 제5호, 제21조 제1항 소정의 명령위반행위로 보고 이 부분 공소사실을 유죄로 인정하였으니, 이러한 원심판결에는 형벌법규의 해석에 관한 법리를 오해함으로써 판결에 영향을 미친 위법이 있다고 할 것이다.]

74) **보충판례 3-3 및 3-3-1[형벌법규의 흠결과 해석에 의한 보정의 한계사례] : 대법원 1994.12.20. 자 94**

는 용례를 기준으로 삼아서 판단하여야 한다.

3-3-1[형벌법규의 흠결과 해석에 의한 보정의 한계사례] : 대법원 1994.12.20. 자 94모32 전원합의체 결정 ; 대법원 2010.9.30. 선고 2008도4762 판결.

예컨대 자동판매기에 허위의 주화를 넣고 콜라를 뽑은 경우에 사기죄를 적용하는 것은 '기망'이라는 문언의 가능한 의미를 초과한 것으로 허용되지 않는다.[75][76]

······················

모32 전원합의체결정 ; 대법원 2010.9.30. 선고 2008도4762 판결(형벌법규의 해석에서 법규정 문언의 가능한 의미를 벗어나는 경우에는 유추해석으로서 죄형법정주의에 위반하게 되고, 이러한 유추해석금지의 원칙은 모든 형벌법규의 구성요건과 가벌성에 관한 규정에 준용되는데, 위법성 및 책임의 조각사유나 소추조건 또는 처벌조각사유인 형면제 사유에 관하여도 그 범위를 제한적으로 유추적용하게 되면 행위자의 가벌성의 범위는 확대되어 행위자에게 불리하게 되는바, 이는 가능한 문언의 의미를 넘어 범죄구성요건을 유추적용하는 것과 같은 결과가 초래되므로 죄형법정주의의 파생원칙인 유추해석금지의 원칙에 위반하여 허용될 수 없다.)

75) **[유추적용이 아니라는 판례]**로는, **보충판례 3-3-2[문언의 가능한 의미] : 대법원 2007.6.14. 선고 2007도2162 판결**[형벌법규는 문언에 따라 엄격하게 해석·적용하여야 하고 피고인에게 불리한 방향으로 지나치게 확장해석하거나 유추해석하여서는 아니 되나, 형벌법규의 해석에 있어서도 가능한 문언의 의미 내에서 당해 규정의 입법 취지와 목적 등을 고려한 법률체계적 연관성에 따라 그 문언의 논리적 의미를 분명히 밝히는 체계적·논리적 해석방법은 그 규정의 본질적 내용에 가장 접근한 해석을 위한 것으로서 죄형법정주의의 원칙에 부합한다. 따라서 정보통신망에 의하여 처리·보관 또는 전송되는 타인의 정보를 훼손하거나 타인의 비밀을 침해·도용 또는 누설하는 행위를 금지·처벌하는 규정인 정보통신망 이용촉진 및 정보보호 등에 관한 법률 제49조 및 제62조 제6호의 '타인'에는 생존하는 개인뿐만 아니라 이미 사망한 자도 포함된다] ; **대법원 2002.9.6. 선고 2002도2812 판결**[폭력행위등처벌에관한법률 제3조 제1항에 있어서 '위험한 물건'이라 함은 흉기는 아니라고 하더라도 널리 사람의 생명, 신체에 해를 가하는 데 사용할 수 있는 일체의 물건을 포함한다고 풀이할 것이므로, 본래 살상용·파괴용으로 만들어진 것뿐만 아니라 다른 목적으로 만들어진 칼, 가위, 유리병, 각종 공구, 자동차 등은 물론 화학약품 또는 사주된 동물 등도 그것이 사람의 생명·신체에 해를 가하는 데 사용되었다면 본조의 '위험한 물건'이라 할 것이며, 한편 이러한 물건을 '휴대하여'라는 말은 소지뿐만 아니라 널리 이용한다는 뜻도 포함하고 있다] 등등 참조.

76) **보충판례 3-3-2[유추적용과 체계적·논리적 해석] : 대법원 2007.6.14. 선고 2007도2162 판결**[형벌법규는 문언에 따라 엄격하게 해석·적용하여야 하고 피고인에게 불리한 방향으로 지나치게 확장해석하거나 유추해석하여서는 아니 되나, 형벌법규의 해석에 있어서도 가능한 문언의 의미 내에서 당해 규정의 입법 취지와 목적 등을 고려한 법률체계적 연관성에 따라 그 문언의 논리적 의미를 분명히 밝히는 체계적·논리적 해석방법은 그 규정의 본질적 내용에 가장 접근한 해석을 위한 것으로서 죄형법정주의의 원칙에 부합한다.

정보통신망 이용촉진 및 정보보호 등에 관한 법률(이하 '법'이라고만 한다) 제49조는 "누구든지 정보통신망에 의하여 처리·보관 또는 전송되는 타인의 정보를 훼손하거나 타인의 비밀을 침해·도용 또는 누설하여서는 아니 된다."고 규정하고, 제62조 제6호에서는 "제49조의 규정을 위반하여 타인의 정보를 훼손하거나 타인의 비밀을 침해·도용 또는 누설한 자"를 5년 이하의 징역 또는 5천만 원 이하의 벌금에 처하도록 하고 있는바, 여기에서 말하는 '타인'에 이미 사망한 자가 포함되는지에 관하여 보건대, '정보통신망의 이용을 촉진하고 정보통신서비스를 이용하는 자의 개인정보를 보호함과 아울러 정보통신망을 건전하고 안전하게 이용할 수 있는 환경을 조성'(제1조)한다는 입법 취지에서 제정된 법은 정보통신망의 이용촉진(제2장) 및 개인정보의 보호(제4장)에 관한 규정과 별도로 정보통신망의 안정성과 정보의 신뢰성 확보를 위한 규정들을 두고 있는데(제6장) 그 중의 하나가 제49조인 점, 이미 사망한 자의 정보나 비밀이라고 하더라도 그것이 정보통신망에 의하여 처리·보관 또는 전송되는 중 다른 사람에 의하여 함부로 훼손되거나 침해·도용·누설되는 경우에는 정보통신망의 안정성

보충판례 3-3-2[유추적용이 아닌 경우 및 체계적·논리적 해석] : 대법원 2007.6.14. 선고 2007도 2162 판결.

3. 적용범위

가. 불리한 유추적용의 금지

형법각칙의 모든 범죄구성요건과 형법총칙의 모든 가벌성에 관한 규정에 대하여 행위자에게 불리한 유추적용은 금지된다.[77]

보충판례 3-3-3 : 대법원 1992.10.13. 선고 92도1428 전원합의체판결.

보충판례 3-3-3-1 : 대법원 1999.7.9. 선고 98도1719 판결 ; 대법원 2011.7.14. 선고 2009도7777 판결.

나. 유리한 사유의 제한적 유추적용금지

피고인에게 유리한 위법성조각사유, 책임조각사유, 소추조건, 처벌조각사유의 범

및 정보의 신뢰성을 해칠 우려가 있는 점, 법 제2조 제1항 제6호는 '개인정보'가 생존하는 개인에 관한 정보임을 명시하고 있으나 제49조에서는 이와 명백히 구분되는 '타인의 정보·비밀'이라는 문언을 사용하고 있는 점, 정보통신서비스 이용자의 '개인정보'에 관하여는 당해 이용자의 동의 없이 이를 주고받거나 직무상 알게 된 개인정보를 훼손·침해·누설하는 것을 금지하고 이에 위반하는 행위를 처벌하는 별도의 규정을 두고 있는 점(법 제24조, 제62조 제1 내지 3호), 형벌법규에서 '타인'이 반드시 생존하는 사람만을 의미하는 것은 아니며, 예컨대 문서의 진정에 대한 공공의 신용을 그 보호법익으로 하는 문서위조죄에 있어서 '타인의 문서'에는 이미 사망한 자의 명의로 작성된 문서도 포함되는 것으로 해석하고 있는 점(대법원 2005.2.24. 선고 2002도18 전원합의체 판결 참조) 등에 비추어 보면, 법 제49조 및 제62조 제6호 소정의 '타인'에는 생존하는 개인뿐만 아니라 이미 사망한 자도 포함된다고 보는 것이 체계적이고도 논리적인 해석이라 할 것이다.]

77) **[불리한 유추적용의 금지]** : 대법원 2004.5.14. 선고 2003도3487 판결[형법 제207조 제3항은 "행사할 목적으로 외국에서 통용하는 외국의 화폐, 지폐 또는 은행권을 위조 또는 변조한 자는 10년 이하의 징역에 처한다."고 규정하고 있는바, 여기에서 외국에서 통용한다고 함은 그 외국에서 강제통용력을 가지는 것을 의미하는 것이므로 외국에서 통용하지 아니하는 즉, 강제통용력을 가지지 아니하는 지폐는 그것이 비록 일반인의 관점에서 통용할 것이라고 오인할 가능성이 있다고 하더라도 위 형법 제207조 제3항에서 정한 외국에서 통용하는 외국의 지폐에 해당한다고 할 수 없고, 만일 그와 달리 위 형법 제207조 제3항의 외국에서 통용하는 지폐에 일반인의 관점에서 통용할 것이라고 오인할 가능성이 있는 지폐까지 포함시키면 이는 위 처벌조항을 문언상의 가능한 의미의 범위를 넘어서까지 유추해석 내지 확장해석하여 적용하는 것이 되어 죄형법정주의의 원칙에 어긋나는 것으로 허용되지 않는다].

위를 제한적으로 유추해석하는 것은 가벌성의 범위가 확대되어 행위자에게 불리하게 되므로 허용되지 않는다.[78)]

보충판례 3-3-4 : 대법원 1997.3.20. 선고 96도1167 전원합의체 판결.

보충판례 3-3-4-1 : 대법원 2010.9.30. 선고 2008도4762 판결.

다. 유리한 유추적용

죄형법정주의는 국가형벌권으로부터 개인의 자유를 최대한 확보하려는 원칙이므로 피고인에게 유리한 유추적용은 허용된다(통설).[79)] 예컨대 위법성조각사유의 확장적 유추적용, 예비의 중지에 중지미수규정을 유추적용하는 것이 그것이다.[80)]

---

78) **보충판례 3-3-4 : 대법원 1997.3.20. 선고 96도1167 전원합의체 판결**[형벌법규의 해석에 있어서 법규정 문언의 가능한 의미를 벗어나는 경우에는 유추해석으로서 죄형법정주의에 위반하게 된다. 그리고 유추해석금지의 원칙은 모든 형벌법규의 구성요건과 가벌성에 관한 규정에 준용되는데, 위법성 및 책임의 조각사유나 소추조건, 또는 처벌조각사유인 형면제 사유에 관하여 그 범위를 제한적으로 유추적용하게 되면 행위자의 가벌성의 범위는 확대되어 행위자에게 불리하게 되는바, 이는 가능한 문언의 의미를 넘어 범죄구성요건을 유추적용하는 것과 같은 결과가 초래되므로 죄형법정주의의 파생원칙인 유추해석금지의 원칙에 위반하여 허용될 수 없다. 한편 형법 제52조나 국가보안법 제16조 제1호에서도 공직선거법 제262조에서와 같이 모두 '범행발각 전'이라는 제한 문언 없이 "자수"라는 단어를 사용하고 있는데 **형법 제52조나 국가보안법 제16조 제1호의 "자수"에는 범행이 발각되고 지명수배된 후의 자진출두도 포함되는 것으로 판례가 해석하고 있으므로 이것이 "자수"라는 단어의 관용적 용례**라고 할 것인바, 공직선거법 제262조의 "자수"를 '범행발각 전에 자수한 경우'로 한정하는 풀이는 "자수"라는 단어가 통상 관용적으로 사용되는 용례에서 갖는 개념 외에 '범행발각 전'이라는 또 다른 개념을 추가하는 것으로서 결국은 '언어의 가능한 의미'를 넘어 공직선거법 제262조의 "자수"의 범위를 그 문언보다 제한함으로써 공직선거법 제230조 제1항 등의 처벌범위를 실정법 이상으로 확대한 것이 되고, 따라서 이는 단순한 목적론적 축소해석에 그치는 것이 아니라, 형면제 사유에 대한 제한적 유추를 통하여 처벌범위를 실정법 이상으로 확대한 것으로서 죄형법정주의의 파생원칙인 유추해석금지의 원칙에 위반된다] ; 대법원 1999.7.9. 선고 98도1719 판결 등등.

79) 대법원 2004.1.27. 선고 2001도3178 판결[2004.1.20. 법률 제7077호로 공포, 시행된 형법 중 개정법률에 의해 형법 제37조 후단의 "판결이 확정된 죄"가 "금고 이상의 형에 처한 판결이 확정된 죄"로 개정되었는바, 위 개정법률은 특별한 경과규정을 두고 있지 않으나, 형법 제37조는 경합범의 처벌에 관하여 형을 가중하는 규정으로서 일반적으로 두 개의 형을 선고하는 것보다는 하나의 형을 선고하는 것이 피고인에게 유리하므로 위 개정법률을 적용하는 것이 오히려 피고인에게 불리하게 되는 등의 특별한 사정이 없는 한 형법 제1조 제2항을 유추적용하여 위 개정법률 시행 당시 법원에 계속(繫屬) 중인 사건 중 위 개정법률 전에 벌금형에 처한 판결이 확정된 경우에도 적용되는 것으로 보아야 한다] ; 대법원 2004.2.13. 선고 2003도7554 판결.

80) **보충판례 3-3-8[유리한 축소해석의 허용] : 대법원 2005.4.15. 선고 2003도2960 판결**(국가공무원법 제66조에서 금지한 '노동운동'은 헌법과 국가공무원법과의 관계 및 우리 헌법이 근로삼권을 집회, 결사의 자유와 구분하여 보장하면서도 근로삼권에 한하여 공무원에 대한 헌법적 제한규정을 두고 있는 점에 비추어 헌법 및 노동법적 개념으로서의 근로삼권, 즉 단결권, 단체교섭권, 단체행동권을 의미한

보충판례 3-3-5 : 대법원 2004.10.18. 자 2004코1(2004오1) 결정 【형사보상】; 대법원 2004.11.11. 선고 2004도4049 판결.

보충판례 3-3-5-1 : 대법원 2012.4.19. 선고 2010도6388 전원합의체 판결 【국가공무원법위반 · 집회및시위에관한법률위반】

보충판례 3-3-8[유리한 축소해석의 허용] : 대법원 2005.4.15. 선고 2003도2960 판결.

라. 소송법규정

소송법규정에 대해서는 유추적용이 원칙적으로 허용된다. 그러나 소추조건은 실질적으로 객관적 처벌조건이나 인적 처벌조각사유와 근접해 있는 문제영역이기 때문에 행위자에게 불리한 유추적용은 금지된다.[81]

보충판례 3-3-6 : 대법원 2009.11.19. 선고 2009도6058 전원합의체 판결 ; 대법원 2010.5.27. 선고 2010도2680 판결 ; 대법원 2010.10.14. 선고 2010도5610, 2010전도31 판결.

다고 해석하여야 할 것이고, 제한되는 단결권은 종속근로자들이 사용자에 대하여 근로조건의 유지, 개선 등을 목적으로 조직한 경제적 결사인 노동조합을 결성하고 그에 가입, 활동하는 권리를 말한다고 할 것이며, 또한 같은 법상의 '공무 이외의 일을 위한 집단적 행위'는 공무가 아닌 어떤 일을 위하여 공무원들이 하는 모든 집단적 행위를 의미하는 것은 아니고 언론, 출판, 집회, 결사의 자유를 보장하고 있는 헌법 제21조 제1항, 헌법상의 원리, 국가공무원법의 취지, 국가공무원법상의 성실의무 및 직무전념의무 등을 종합적으로 고려하여 '공익에 반하는 목적을 위하여 직무전념의무를 해태하는 등의 영향을 가져오는 집단적 행위'라고 축소 해석하여야 한다.)

81) **보충판례 3-3-6 : 대법원 2009.11.19. 선고 2009도6058 전원합의체 판결 ; 대법원 2010.5.27. 선고 2010도2680 판결 ; 대법원 2010.10.14. 선고 2010도5610,2010전도31 판결**[만약 반의사불벌죄에 있어서 피해자에게 의사능력이 있음에도 불구하고 그 처벌을 희망하지 않는다는 의사표시 또는 처벌희망 의사표시의 철회에 법정대리인의 동의가 있어야 하는 것으로 본다면, 이는 피고인 또는 피의자에 대한 처벌희망 여부를 결정할 수 있는 권한을 명문의 근거 없이 새롭게 창설하여 법정대리인에게 부여하는 셈이 되어 부당하며, 형사소송법 또는 청소년성보호법의 해석론을 넘어서는 입론이라고 할 것이다. 뿐만 아니라, 처벌을 희망하지 않는다는 의사표시 또는 처벌희망 의사표시의 철회는 이른바 소극적 소송조건에 해당하고, **소송조건에는 죄형법정주의의 파생원칙인 유추해석금지의 원칙이 적용된다**고 할 것인데, 명문의 근거 없이 그 의사표시에 법정대리인의 동의가 필요하다고 보는 것은 유추해석에 의하여 소극적 소송조건의 요건을 제한하고 피고인 또는 피의자에 대한 처벌가능성의 범위를 확대하는 결과가 되어 죄형법정주의 내지 거기에서 파생된 유추해석금지의 원칙에도 반한다.]

제5절 소급효금지원칙

1. 개념

어떠한 행위이든 행위 이전에 제정·공포된 법률에 의하지 않고는 처벌되지 않는다. 즉 행위당시에는 처벌의 대상이 되지 않았으나 행위 후에 처벌하는 규정인 소급입법 및 소급적용은 금지(사후입법금지, 형벌불소급의 원칙)되는 것이다. 이는 법적 안정성과 법률에 대한 예측가능성을 담보하는 법치주의원리 및 책임주의[82]의 당연한 요청으로서 우리 헌법 제13조 제1항과 형법 제1조 제1항은 소급효금지의 원칙을 선언하고 있다.

이는 **행위자에게 불리한 사후법의 소급을 금지**한다는 것이지, 유리한 법률의 소급효까지 부정하는 것은 아니다(형법 제1조 제2항 및 제3항 참조).[83]

보충판례 3-4 : 대법원 2009.4.23. 선고 2008도11017 판결.

보충판례 3-4-1[대법원 양형위원회의 양형기준과 소급효금지원칙의 관계] : 대법원 2009.12.10. 선고 2009도11448 판결 ; 대법원 2010.12.9. 선고 2010도7410, 2010전도44 판결.

한편 **보안처분**에 대해서도 소급효금지원칙이 적용되는지에 대해서는 학설과 판례의 입장은 대립한다. 즉 통설은 보안처분도 형벌과 마찬가지로 자유제한처분이므로 소급효금지의 원칙이 적용된다는 입장(긍정설)임에 반하여, 판례는 소급효금지의 원

---

82) **[형법의 소급적용과 책임주의의 관계]** : 한편 형법의 소급적용은 형법의 의사결정기능을 무의미하게 하므로 책임과 결부된 정당한 형벌이 될 수 없다는 점에서 책임주의를 그 근거로 한다.

83) **보충판례 3-4 : 대법원 2009.4.23. 선고 2008도11017 판결**(헌법 제13조 제1항 전단과 형법 제1조 제1항은 형벌법규의 소급효금지 원칙을 밝히고 있고, 2007.1.19. 제8247호로 법률이 개정되면서 시행된 게임산업진흥에 관한 법률 제44조 제1항 제2호, 제32조 제1항 제7호와 2007.5.16. 제20058호로 대통령령이 개정되면서 신설된 법 시행령 제18조의3과 그 부칙 제1조에 의하면, 법 시행령 제18조의3의 시행일 이후 위 시행령 조항 각 호에 규정된 게임머니의 환전, 환전 알선, 재매입 영업행위가 처벌되는 것이므로, 그 시행일 이전에 위 시행령 조항 각 호에 규정된 게임머니를 환전, 환전 알선, 재매입한 영업행위를 처벌하는 것은 형벌법규의 소급효금지 원칙에 위배된다.)

칙이 적용되지 않는다는 부정설에 입각한다.[84)]

보충판례 3-4-2 : 대법원 1997.6.13. 선고 97도703 판결.

2. 진정소급효와 부진정소급효

소급입법이 발생시키는 소급효는 진정소급효와 부진정소급효로 구분된다. 진정소급효란 새로운 입법으로 이미 과거에 종료된 사실관계에 작용하게 하는 경우로서 법적 안정성과 신뢰이익보호의 관점에서 절대적으로 금지된다.

이에 대하여 부진정소급효는 새로운 입법으로 현재 진행 중에 있는 사실관계에만 작용하게 하는 경우[85)]로서 기존의 법을 변경해야 할 공익적 필요가 개인의 신뢰보다 훨씬 더 높을 경우에 예외적으로 허용된다.[86)]

보충판례 3-4-3[부진정 소급효의 예외적 허용] : 대법원 1997.4.17. 선고 96도3376 전원합의체 판결 ; 헌법재판소 1996.2.16. 선고 96헌가2, 96헌바7, 96헌바13 전원재판부 결정[5.18 특별법 사건].

---

84) **보충판례 3-4-2 : 대법원 1997.6.13. 선고 97도703 판결**[보호관찰은 형벌이 아니라 보안처분의 성격을 갖는 것으로서, 과거의 불법에 대한 책임에 기초하고 있는 제재가 아니라 장래의 위험성으로부터 행위자를 보호하고 사회를 방위하기 위한 합목적적인 조치이므로, 그에 관하여 반드시 행위 이전에 규정되어 있어야 하는 것은 아니며, 재판시의 규정에 의하여 보호관찰을 받을 것을 명할 수 있다고 보아야 할 것이고, 이와 같은 해석이 형벌불소급의 원칙 내지 죄형법정주의에 위배되는 것이라고 볼 수 없다].

85) 예컨대 전○○장군이 주도한 신군부의 권력장악을 단죄하기 위한 **"5.18민주화운동등에관한특별법[시행 2010.3.24][법률 제10182호, 2010.3.24, 일부개정]" 제2조(공소시효의 정지)** '1979년 12월 12일과 1980년 5월 18일을 전후하여 발생한「헌정질서 파괴범죄의 공소시효 등에 관한 특례법」제2조의 헌정질서 파괴범죄행위에 대하여 해당 범죄행위의 종료일부터 1993년 2월 24일까지의 기간은 공소시효의 진행이 정지된 것으로 본다. [전문개정 2010.3.24]' 및 **"헌정질서파괴범죄의공소시효등에관한특례법[시행 2010.3.24][법률 제10181호, 2010.3.24, 일부개정]" 제2조(정의)** '이 법에서 "헌정질서 파괴범죄"란「형법」제2편 제1장 내란의 죄, 제2장 외환의 죄와「군형법」제2편 제1장 반란의 죄, 제2장 이적(利敵)의 죄를 말한다. [전문개정 2010.3.24]' 등.

86) **보충판례 3-4-3 : 대법원 1997.4.17. 선고 96도3376 전원합의체 판결 ; 헌법재판소 1996.2.16. 선고 96헌가2,96헌바7,96헌바13 전원재판부 결정(5.18 특별법 사건)**[형벌불소급의 원칙은 "행위의 가벌성" 즉 형사소추가 "언제부터 어떠한 조건하에서" 가능한가의 문제에 관한 것이고, "얼마동안" 가능한가의 문제에 관한 것은 아니므로, 과거에 이미 행한 범죄에 대하여 공소시효를 정지시키는 법률이라 하더라도 그 사유만으로 헌법 제12조 제1항 및 제13조 제1항에 규정한 죄형법정주의의 파생원칙인 형벌불소급의 원칙에 언제나 위배되는 것으로 단정할 수는 없다. 공소시효가 아직 완성되지 않은 경우 위 법률조항은 단지 진행 중인 공소시효를 연장하는 법률로서 이른바 부진정소급효를 갖게 되나, 공소시효제도에 근거한 개인의 신뢰와 공시시효의 연장을 통하여 달성하려는 공익을 비교형량하여 공익이 개인의 신뢰보호이익에 우선하는 경우에는 소급효를 갖는 법률도 헌법상 정당화될 수 있다].

3. 소급효금지원칙에 대한 예외

가. 재판시법주의

재판시법주의란 형벌법규가 행위시와 재판시에 서로 다른 경우 재판시에 유효한 법규를 적용하는 방식을 말한다. 형법 제1조 제2항(행위자에게 유리한 경우 재판시법 적용).

나. 소송법규정과 소급효금지

형벌권 자체가 아니라 형벌권을 실현하는 절차를 규정하는 형사절차법에는 소급효금지가 적용되지 않는다.

예컨대 친고죄의 고소기간(6월)을 개정하여 1년으로 연장하면서 기간이 경과되지 아니한 사건에 대해 소급효를 인정하더라도 소급효금지에 위반되지 않는다(다수설). 또한 발생한 범죄에 대한 공소시효의 완성이 임박한 시점에서 공소시효기간을 행위자에게 불리하게 연장하는 것(부진정 소급효)도 금지되지 않는다.

그러나 이미 고소기간이 경과되었거나 공소시효가 완성된 범죄에 대해서 시효기간을 연장(진정소급효)하는 소급효는 인정되지 않는다.[87]

---

[87] **보충판례 3-4-4 : 대법원 2003.11.27. 선고 2003도4327 판결**(형사소송법은 1995.12.29. 법률 제5054호로 개정되면서 시효의 정지와 효력에 관한 제253조에 제3항으로 '범인이 형사처분을 면할 목적으로 국외에 있는 경우 그 기간 동안 공소시효는 정지된다.'는 규정을 신설하고, 그 부칙 제1항은 시행일에 관하여 '이 법은 1997.1.1.부터 시행한다.'고 규정하고, 제2항은 경과조치로서 '이 법은 이 법 시행 당시 법원 또는 검찰에 계속된 사건에 대하여 적용한다. 다만, 이 법 시행 전 종전의 규정에 의하여 행한 소송행위의 효력에는 영향을 미치지 아니한다.'고 규정하고 있는데, 이와 같은 부칙 제2항은 형사절차가 개시된 후 종결되기 전에 형사소송법이 개정된 경우 신법과 구법 중 어느 법을 적용할 것인지에 관한 입법례 중 이른바 혼합주의를 채택하여 구법 당시 진행된 소송행위의 효력은 그대로 인정하되 신법 시행 후의 소송절차에 대하여는 신법을 적용한다는 취지에서 규정된 것으로서, 위 개정 법률 시행 당시 법원 또는 검찰에 계속된 사건이 아닌 경우에 위 개정 법률이 적용되지 않는다는 것은 아니며, 위 개정 법률은 그 시행일인 1997.1.1.부터 적용되는 것인바, 기록에 의하면, 피고인은 형사처분을 면할 목적으로 1997.12.28. 출국하였다가 2002.10.9. 입국한 사실을 엿볼 수 있으므로, 위 개정 법률 시행 당시 공소시효가 완성되지 아니한 위 각 외국환관리법위반죄에 대한 공소시효는 위 개정 법률에 의하여 피고인이 외국에 있는 기간 동안 정지되었고, 따라서 이와 같이 공소시효가 정지된 기간을 제외할 경우 위 각 외국환관리법위반죄의 범죄행위가 종료한 때로부터 이 사건 공소가 제기된 2002.10.28.까지 5년의 공소시효의 기간이 경과되지 아니하였음은 역수상 명백하므로, 결국 위 각 외국환관리법위반죄에 대한 이 사건 공소는 형사소송법 제326조 제3호에 규정된 '공

보충판례 3-4-4 : 대법원 2003.11.27. 선고 2003도4327 판결.

다. 판례변경과 소급효금지

행위당시의 판례에 의하면 불가벌적 행위이지만 행위이후에 판례의 변경으로 처벌될 수 있는가? 헌법 제13조는 '법률'만 명시하고 있기 때문에 '판례'변경에 대해서는 소급효금지가 적용되지 않는 다고 볼 수 있지만, 행위자의 입장에서 보면 새로운 판례변경은 마치 소급입법이 시행되는 것과 같은 의미이기 때문에 행위자의 신뢰보호가 문제된다.

이에 대하여 소급효 긍정설은 불이익하게 변경된 판례에도 소급효를 긍정한다. 판례는 구체적 사건에 대한 법적 판단에 불과하여 일반적 구속력을 갖는 법률과 구별된다는 것이 그 이유이다. 현재 대법원의 입장이기도 하다.[88]

보충판례 3-4-5[판례의 변경과 소급효금지원칙의 관계] : 대법원 1999.9.17. 선고 97도3349 판결 ; 대법원 1999.7.15. 선고 95도2870 전원합의체 판결.

금지착오원용설은 판례변경으로 새롭게 형사처벌을 받거나 가중된 처벌을 받게 될 피고인을 구제하기 위하여 금지착오의 법리를 원용하는 견해이다(소급효 긍정설과 유사).[89]

소급효 부정설은 확고한 판례에 의하여 범죄성립이 지속적으로 부정되어 오던 행위나 경한 처벌에 그치던 행위에 대해서는 변경된 판례에 소급효를 부여해서는 안 된다는 견해이다.

법적 안정성 보장과 신뢰보호의 차원에서 변경된 판례는 판결선고 이후에 발생한 범죄에 대하여 적용하는 소급효부정설이 타당하다.

소의 시효가 완성되었을 때'에 해당한다고 할 수 없다.

그럼에도 불구하고, 원심은 위 각 외국환관리법위반죄에 대하여는 위 개정 법률 부칙 제2항에 의하여 위 개정 법률이 적용되지 아니한다는 이유로 공소시효가 완성된 때에 해당한다고 보아 면소를 선고하고 말았으니, 이에는 위 개정 법률 부칙의 해석에 관한 법리를 오해하여 판결 결과에 영향을 미친 위법이 있다고 하지 않을 수 없다. 이 점을 지적하는 상고이유에서의 주장은 이유 있다.)

88) **[판례변경과 소급효 긍정]** : 대법원 1999.7.15. 선고 95도2870 전원합의체 판결.

89) **[금지착오]** : 금지착오란 자신의 행위가 법에 의하여 금지되고 있음을 알지 못하는 것을 말한다.

제6절 적정성의 원칙

1. 개념

범죄와 형벌을 규정하는 법률의 내용은 기본적 인권을 실질적으로 보장할 수 있도록 적정해야 한다는 원칙이다(**실질적 의미의 죄형법정주의**[90]). 적정성원칙은 실질적 법치주의가 형법에 구현된 것으로서 입법자의 자의에 의한 형벌권의 남용을 방지한다.

2. 적정성원칙의 내용

가. 필요성원칙

형법은 인간의 공동생활을 보장하기 위한 불가결한 가치를 보호하기 위한 최후의 수단으로만 사용되어야 하며, 불가피한 최소한도에 그쳐야 한다(**필요 없으면 형벌 없다**). 또한 형법은 실질적인 불법을 처벌대상으로 삼아야 한다(**불법 없으면 형벌 없다**).

나. 비례성원칙

범죄와 형벌 사이에는 적정한 균형이 유지되어야 하며(**균형성의 원칙**), 형벌은 책임을 초과해서는 안 된다(**과잉금지의 원칙**). 그리고 잔악한 형벌은 금지된다(**인도성의 원칙**).[91]

90) **[실질적 의미의 죄형법정주의]** : "적정한 법률없으면 범죄도 없고, 형벌도 없다."

91) **[적정성의 원칙에 위배된다고 판단한 판례]**로는, 헌법재판소 2004.12.16. 2003헌가12 전원재판부 결정[폭처법 제3조 제2항은 동 조항의 적용대상인 형법 본조에 대하여 일률적으로 5년 이상의 유기징역에 처하는 것으로 규정하고 있다. 그런데 위 각 형법상의 범죄는 죄질과 행위의 태양 및 그 위험성이 사뭇 다르고, 이에 따라 원래의 법정형은 낮게는 폭행(제260조 제1항)이나 협박(제283조 제1항)과 같이 구류 또는 과료가 가능한 것에서부터 높게는 상해(제257조 제1항) 또는 공갈(제350조)과

보충판례 3-5[균형성의 원칙] : 헌법재판소 1992.4.28. 선고 90헌바24 전원재판부 결정 [위헌] 【특정범죄가중처벌등에관한법률제5조의3제2항제1호에대한헌법소원】

보충판례 3-5-1[과잉금지의 원칙] : 헌법재판소 1997.8.21. 선고 96헌바9 전원재판부 결정 [합헌] 【형법 제335조 등 위헌소원】

보충판례 3-5-2[형벌과 책임간의 비례성원칙] : 대법원 2007.2.8. 선고 2006도7882 판결.

······················

같이 10년 이하의 징역에 이르기까지 그 경중에 차이가 많음을 알 수 있다. 그럼에도 불구하고, 그 행위가 야간에 행해지고 흉기 기타 위험한 물건을 휴대하였다는 사정만으로 일률적으로 5년 이상의 유기징역형에 처하도록 규정한 것은 실질적 법치국가 내지는 사회적 법치국가가 지향하는 죄형법정주의의 취지에 어긋날 뿐만 아니라 기본권을 제한하는 입법을 함에 있어서 지켜야 할 헌법적 한계인 과잉금지의 원칙 내지는 비례의 원칙에도 어긋난다] ; **헌법재판소 1996.1.25. 95헌가5 전원재판부 결정**[반국가행위자의처벌에관한특별조치법 제8조는 피고인의 소환불응에 대하여 전재산 몰수를 규정한바, 설사 반국가행위자의 고의적인 소환불응을 범죄행위라고 규정하는 취지라 해도 이러한 행위에 대해 전재산의 몰수라는 형벌은 행위의 가벌성에 비해 지나치게 무거워 적정하지 못하고 일반형사법체계와 조화를 이루지 못하고 있다. 결국 이는 행위책임의 법리를 넘어서 자의적이고 심정적인 처벌에의 길을 열어 둠으로써 형벌체계상 정당성과 균형을 벗어나 적법절차 및 과잉금지의 원칙에 어긋난다] ; **헌법재판소 1992.4.28. 90헌바24 전원재판부 결정**[1. 우리 헌법이 선언하고 있는 "인간의 존엄성"과 "법앞에 평등"은 행정부나 사법부에 의한 법적용상의 평등만을 의미하는 것이 아니고, 입법권자에게 정의와 형평의 원칙에 합당하게 합헌적으로 법률을 제정하도록 하는 것을 명하는 법내용상의 평등을 의미하고 있기 때문에 그 입법내용이 정의와 형평에 반하거나 자의적으로 이루어진 경우에는 평등권 등의 기본권을 본질적으로 침해한 입법권의 행사로서 위헌성을 면하기 어렵다.
2. 본 법률조항(특정범죄가중처벌등에관한법률 제5조의3제2항제1호)에서 과실로 사람을 치상하게 한 자가 구호행위를 하지 아니하고 도주하거나 고의로 유기함으로써 치사의 결과에 이르게 한 경우에 살인죄와 비교하여 그 법정형을 더 무겁게 한 것은 형벌체계상의 정당성과 균형을 상실한 것으로서 헌법 제10조의 인간으로서의 존엄과 가치를 보장한 국가의 의무와 헌법 제11조의 평등의 원칙 및 헌법 제37조 제2항의 과잉입법금지의 원칙에 반한다.]

[적정성의 원칙에 위배되지 않는다고 판단한 판례]로는, **헌법재판소 2007.10.25. 선고 2006헌바50 전원재판부 결정**[마약류에 관한 범죄 가운데 영리목적의 마약류 공급범죄는 이를 구매하여 소비하는 자에게 중독상태를 유발함으로써 마약류 남용의 폐해를 야기하고 그것을 기화로 높은 수입을 취하는 죄질이 무거운 중대범죄로서 그 폐해가 크다. 따라서 마약류를 영리목적으로 수입하는 행위는 중한 법정형으로 처벌할 필요성이 인정된다. 이와 같은 마약류 수입 내지 공급범죄의 무거운 불법성과 비난가능성 및 국민의 법감정, 형사정책적 목적 등을 종합적으로 고려하여 볼 때, 마약류, 특히 향정신성의약품을 영리목적으로 수입하는 행위를 처벌하는 이 사건 법률조항이 규정한 법정형이 형벌 본래의 목적과 기능을 달성함에 있어 필요한 정도를 일탈한 지나치게 과중한 형벌이라고 보기는 어렵다] ; **헌법재판소 2006.4.27. 2005헌바38 전원재판부 결정**[형법 제257조 제1항의 상해죄는 그 법정형이 '7년 이하의 징역, 10년 이하의 자격정지 또는 1천만 원 이하의 벌금'으로, 구 폭처법 제2조 제1항에 열거된 범죄 중 공갈죄를 제외한 다른 모든 범죄들보다 법정형이 무겁고, 인간의 신체의 자유, 건강은 인간생존의 기본전제로서 최우선적인 법적 보호의 대상이라 할 것이므로 그 법익 침해의 정도가 일반적으로 경하다고 보기 어렵다. 또한 상해죄를 야간에 흉기 기타 위험한 물건을 휴대하여 범하는 경우 피해자의 심리적 불안을 조성할 가능성이 높고, 심각한 상해를 가할 가능성 역시 높다는 점에서 그 죄질이나 위험성이 중하여 주간에 흉기 기타 위험한 물건을 휴대하지 아니하고 상해죄를 범하는 경우보다 가중 처벌할 필요성이 인정된다. 이러한 법익 침해의 중대성, 가중처벌의 필요성을 고려하면 이 사건 법률조항이 5년 이상의 유기징역에 처하도록 법정형을 규정한 것이 형의 하한을 지나치게 높게 규율하여 수긍할 수 없는, 과중한 형벌을 부과한 것이라거나 형벌과 책임간의 비례성원칙에 어긋나는 자의적인 입법권의 행사라고 보기 어렵다].

복습 및 심화질문

1. 허용되는 해석과 금지되는 유추의 한계는 어떠한 기준으로 판단하는가?

2. 절대적 불확정형의 금지와 상대적 부정기형제도의 채용취지를 감안한 위에, 제93조(與敵罪)의 법정형은 적절한 것인가?

   형법 제93조 : 적국과 합세하여 대한민국에 抗敵한 자는 사형에 처한다.

3. 판례의 변경에 대하여 소급효금지원칙이 적용되는가?

4. 죄형법정주의의 요청이 충족되었는지 여부는 누구를 기준으로 하여 판단하여야 하는 것인가?

5. 대통령령 이외의 명령(예컨대 部令) 등에 벌칙조항을 신설하는 것은 허용되는가? 또한 조례에 벌칙조항을 두는 것은 허용되는가?

6. 현행형법에는 죄형법정주의를 선언한 규정은 없다. (O, X)
7. 관습법은 형법의 직접적인 法源이 될 수 없기 때문에 위법성의 판단에 있어서 관습법을 고려하는 것은 죄형법정주의에 반한다. (O, X)
8. 장기와 단기를 정하여 선고된 부정기형은 죄형법정주의에 반하지 않는다. (O, X)
9. 유추해석은 피고인에게 유리하게 적용되는 경우에는 죄형법정주의에 반하지 않는다. (O, X)
10. 작량감경(형법 제53조)은 범죄자의 위험성을 중시하는 사고에 적합하지 않다. (O, X)

예습심화문제 **다음 수업시간 전까지 스스로 풀어볼 것!**

사례 1	소말리아인 A는 독일에서 남아프리카 공화국 국적의 B녀를 강간한 후 얼마 전부터 우리나라에 체류 중에 있다. A에 대하여 대한민국의 형법을 적용할 수 있는가?

사례 2	부산항에 정박 중인 일본국적의 관광선에서 일본인 A와 중국인 B가 말다툼 끝에 폭행사건이 발생하여 A는 전치 4주 B는 전치 5주의 상해를 입었다. A와 B에 대하여 대한민국의 형법을 적용할 수 있는가?

사례 3	A국에서는 1992년부터 1998년까지 무자비한 집단살해가 발생하였다. 국제사면기구(Amesty International) 한국 지부는 이 집단살해죄를 범한 혐의를 받고 있는 A국의 내무부장관 B를 대한민국 대검찰청에 고발하였다. 대한민국 대검찰청은 B에 대한 수사를 개시해야 하는가?

제 3 장

형법의 적용범위

제1절 시간적 적용범위

1. 총설

형법의 적용범위에 관해서는 시간적 적용범위, 장소적 적용범위, 인적 적용범위가 문제된다. 중요한 것은 시간적 · 장소적 적용범위이다.

시간적 적용범위란 형법이 어느 시점부터 어느 시점까지 효력을 갖는가라는 문제이다. 행위시 법률의 내용과 재판시 법률의 내용이 서로 다른 경우에 어떠한 법률을 적용할 것인가 라는 문제이다. 특히 형의 변경이 있은 때에 문제가 된다. 여기서는 소급처벌의 금지(행위시법주의)가 대원칙이다(통설 및 판례[92]). 죄형법정주의 파생원칙

92) **보충판례 4-1 : 대법원 2010.6.10. 선고 2010도4416 판결**[1. 헌법 제13조 제1항 전단과 형법 제1조 제1항은 형벌법규의 소급효금지 원칙을 밝히고 있고, 2008.12.31. 법률 제9325호로 개정된 전자금융거래법(부칙에 따라 공포후 3개월이 경과한 날인 2009.4.1.부터 시행되었다. 이하 '법'이라 하고, 위와 같이 개정되기 전의 구 전자금융거래법을 '구법'이라 한다) 제49조 제4항 제4호, 제6조 제3항 제4호에 의하면 위 법 시행일 이후 비로소 법 제6조 제3항 제1호 내지 제3호에 규정된 접근매체의 양도·양수행위 등을 알선하는 행위가 처벌되는 것이므로, 그 시행일 이전의 법 제6조 제3항 제1호에 규정된 접근매체 양도·양수의 알선행위를 처벌하는 것은 형벌법규의 소급효금지 원칙에 위배된다. 2. 범죄 후 법률의 변경이 있더라도 형이 중하게 변경되는 경우나 형의 변경이 없는 경우에는 형법 제1조 제1항에 따라 행위시법을 적용하여야 한다.]

의 하나이기도 하다. 이 원칙에 대한 중대한 예외규정으로는 형법 제1조 제2항이 있다. 또한 이에 대한 예외로서 한시법의 문제가 있다.

보충판례 4[행위시법주의] : 대법원 1986.7.22. 선고 86도1012 전원합의체 판결 ; 대법원 2011.6.10. 선고 2011도4260 판결.

보충판례 4-1[행위시법주의와 소급효금지] : 대법원 2010.6.10. 선고 2010도4416 판결.

장소적 적용범위란 형법이 어떠한 장소에서 범한 범죄에 대하여 적용되는가라는 문제이다. 즉 범죄는 세계 어느 곳에서도 발생할 수 있는 것이기 때문에 한국의 형법이 적용되는 행위는 어디에서 행해진 행위인 것인가라는 문제이다.

인적 적용범위란 형법이 어떠한 사람에 대하여 적용되는가 라는 문제이다. 대통령, 국회의원의 원내활동, 외국원수·외교관·使節과 그 가족, 승인을 받고 한국영토 내에 주둔하는 외국군대에는 적용되지 않는다.[93]

한편 형법이 적용되더라도 특히 조약 등이 없는 한, 외국에서의 범죄수사는 불가능하다. 즉 한국의 주권이 미치지 않기 때문에 행정권으로서의 경찰권[94]을 행사할 수 없기 때문이다. 실체법으로서의 형법의 적용과 수사 등의 절차가 미치는가 하는 문제는 전혀 별개의 문제이기 때문에 주의할 필요가 있다.

2. 시간적 적용범위에 관한 원칙

사례 7 행위시법의 의미[대법원 1994.5.10. 선고 94도563 판결]

변호사가 아닌 甲은 당시의 현행 변호사법(1993.3.10. 법률 제4544호로 개정된 것) 시행 당시인 1993.3.15.경부터 같은 해 5월 초순경까지 사이에 자동차보험 손해사정업무를

93) 여기서의 '적용되지 않는다'는 의미와 관련해서는 논란의 여지가 있다. 상세히는 후술의 인적 적용범위 부분을 참조.

94) **[경찰권(Polizeigewalt, Police Power)]** : 경찰작용으로 발동되는 일반통치권의 일부로서 사회공공의 안녕질서유지와 위해방지를 목적으로 국민에게 명령·강제되는 권한을 말한다. 경찰권은 일반통치권의 작용이므로 그 나라의 통치권에 복종하는 자는 내국인·외국인·자연인·법인의 구별없이 경찰권의 대상이 된다. 법치국가에 있어서는 경찰권의 발동은 반드시 법규의 근거가 있어야 한다.

수행하면서 12회에 걸쳐 甲에게 손해사정업무를 위임한 교통사고 피해자들을 대신하여 보험회사와 접촉하여 피해자의 과실비율, 소득액 등 손해액 결정요인들에 대하여 절충을 하고 사정금액과 보험회사의 제시액이 일치하지 아니하는 경우에는 보험회사의 제시액에 승복하도록 피해자들을 설득하여 합의를 유도하고, 나아가 합의과정에 참여하여 입회하는 등 교통사고 피해자와 보험회사간의 화해에 관여하고, 그 대가로 피해자가 보험회사로부터 받는 합의금의 10% 정도를 수수료로 지급받는 방법으로 일반 법률사건의 화해에 관한 사무를 취급함으로써 변호사법 제90조 제2호(현행변호사법 제109조 제1호) 위반으로 기소되었다. 한편 변호사 아닌 자의 화해관여행위에 대한 벌칙조항(7년 이하의 징역 또는 5천만원 이하의 벌금을 병과할 수 있다)은 1993년 개정변호사법에 의해 처음으로 도입되었다.

甲에게는 어떤 법률이 적용되어야 하는가?

가. 의의

형법의 시간적 적용범위란 행위시점과 재판시점 사이에 법률의 변경이 발생한 경우에 신법(재판시법)과 구법(행위시법) 중 어느 법률을 적용할 것인가 라는 문제를 말한다.

여기서는 (1)행위시에는 불가벌이었던 어떤 행태가 후에 범죄로 규정된 경우, (2)행위시에 유효했던 처벌법규가 후에 폐지된 경우, (3)행위시와 재판시의 법률 사이에 형의 경중에 변경이 있는 경우가 문제된다.

나. 행위시법주의와 재판시법주의

행위시와 재판시 사이에 법률의 변경이 있는 경우에 대해서는 소급효금지의 원칙(사후입법금지의 원칙)과 죄형법정주의의 원칙을 근거로 구법의 추급효(행위시법의 처벌조항을 적용!)를 인정하는 **행위시법주의(구법주의)**[95]와 신법은 구법보다 합리적·진보적이며 또한 형법은 재판규범이라는 점을 근거로 신법의 소급효(실행행위 종료 후 변경된 법률의 처벌조항을 적용!)를 인정하는 **재판시법주의(신법주의)**가 대립할 수 있다.

---

95) **[行爲時法主義]** : 행위시법주의란 범죄인이 행위하던 시점에 유효한 형벌법규를 적용하여 재판하는 원칙을 말한다. 이는 시민의 법적 안정성과 예측가능성을 보장하기 위하여 도출된 원칙으로서 행위자에게 불이익이 발생하는 사태를 막기 위하여 인정되는 원칙이다.

新法優先의 원칙이라는 법의 일반원칙에 입각하여 본다면 법관은 자신이 재판을 하는 시점에 유효한 법률을 적용해야 할 것이다. 그러나 헌법 제13조 제1항 전단과 형법 제1조 제1항은 실체형법의 영역에서 이러한 일반원칙의 적용을 금지한다(절차법의 영역에서는 그렇지 않다). 헌법과 형법은 범죄와 형벌을 규정하는 실체형법의 경우에 소급처벌금지의 원칙을 형법전에 구체화한 **행위시법주의를 원칙으로 설정**하고 있다.

3. 시간적 적용범위에 관한 대한민국 형법의 구체적 내용

가. 원칙 : 행위시법주의

[조문]

刑法 第1條(犯罪의 成立과 處罰) ① 犯罪의 成立과 處罰은 行爲時의 法律에 依한다.

2011년 형법일부개정법률안[형법총칙전면개정안][의안번호 제11304호] 제2조(시간적 효력) ① 범죄의 성립과 처벌은 행위 시의 법률에 따른다.

질서위반행위규제법 제3조(법 적용의 시간적 범위) ① 질서위반행위의 성립과 과태료 처분은 행위 시의 법률에 따른다.

형법 제1조 제1항에 의하면, 형법은 그 시행 후에 행해진 범죄행위에 대해서만 적용된다. 재판시의 법률을 소급적으로 행위시에 적용해서는 아니 된다는 의미에서 죄형법정주의의 핵심적 내용인 소급효금지의 원칙을 의미한다(**통설 및 판례**[96]).

(1) 행위시점의 결정

① 행위시점의 판단방법

형법의 시간적 적용범위를 결정하기 위해서는 행위시점에 유효한 형벌법규가 비교

96) 앞의 주 92)의 **보충판례 4-1 : 대법원 2010.6.10. 선고 2010도4416 판결 참조.**

의 척도로 등장하기 때문에 행위시점을 확정하여야 한다. 특히 행위 당시의 법률을 기준으로 행동을 결정하는 행위자를 보호하기 위하여 행위시점은 기본적으로 행위 자체를 기준으로 판단할 필요가 있다.

② 행위시점의 판단기준

통설 및 판례[97]는 행위시점을 범죄의 실행행위가 종료하는 시점으로 이해한다.[98] 따라서 실행행위의 종료 후 그 행위로 인하여 발생하는 결과 및 객관적 처벌조건[99]은 행위시점을 결정하는 기준이 아니다.

보충판례 4-2[행위시점의 판단기준] : 대법원 2011.6.10. 선고 2011도4260 판결 ; 대법원 1994.5.10. 선고 94도563 판결 ; 대법원 1986.7.22. 선고 86도1012 전원합의체 판결 ; 대법원 1998.2.24. 선고 97도183 판결.

(2) 실행행위 계속 중의 법률변경

범죄의 실행행위 종료 이전에 법률이 변경된 경우, 즉 실행행위가 신·구법에 걸쳐 행해진 경우에는 실행행위는 신법 시행시에 종료된 것이므로 신법이 행위시법으로 적용된다.[100]

....

97) **보충판례 4-2 : 대법원 2011.6.10. 선고 2011도4260 판결 ; 대법원 1994.5.10. 선고 94도563 판결 ; 대법원 1986.7.22. 선고 86도1012 전원합의체 판결 ; 대법원 1998.2.24. 선고 97도183 판결**(범죄의 성립과 처벌은 행위시의 법률에 의한다(형법 제1조 제1항)고 할 때의 **"행위시"라 함은 범죄행위의 종료시를 의미**한다.)

98) **[범죄유형별 행위시점]** : 구체적으로 **작위범의 경우**에는 실행행위의 시점이 행위시점이 되고, **부작위범의 경우**에는 요구되는 작위를 수행해야 할 시점이 행위시점이 된다. **공동정범의 경우**에는 공동의 범행결의에 기초하여 실행행위를 분담하는 행위를 할 때가 행위시점이 되며, **교사범과 방조범의 경우**에 행위시점은 정범자의 행위가 아니라 공범자의 행위를 기준으로 판단한다. **간접정범의 경우**에는 이용자가 피이용자를 이용하는 시점이 행위시점이 된다.

99) **[客觀的 處罰條件과 人的 處罰阻却事由]** : **객관적 처벌조건**이란 구성요건해당성, 위법성, 책임 이외에 범죄성립을 위하여 적극적으로 갖추어져야 할 객관적인 조건을 말한다. 예컨대 사전수뢰죄(형법 제129조 제2항)는 아직 공무원(또는 중재인)이 되지 아니한 사람이 앞으로 담당하게 될 직무와 관련하여 뇌물을 수수할 때 성립하는 범죄이지만, 뇌물수수행위가 있다고 하여 곧바로 뇌물죄가 성립하는 것이 아니라 뇌물을 수수한 사람이 "공무원(또는 중재인)이 되었다"는 객관적인 사정이 존재해야 비로소 그 사람을 처벌할 수 있는 것이다.
한편 **인적 처벌조각사유**란 어느 사람에게만 존재하는 특별한 사정이 범죄성립을 저지시키는 경우에 범죄성립을 조각하는 특별한 인적 사유를 말한다. 예로는 범인은닉죄(형법 제제151조 제2항)나 증거인멸죄(형법 제155조 제4항)의 소위 "친족간의 특례"조항을 들 수 있다.

100) **[형법의 규정례]** : 형법도 **1995년 개정형법 부칙 제3조(1개의 행위에 대한 경과조치)**에서 "1개의 행

구체적으로는 포괄일죄[101]의 경우에 포괄일죄로 묶이는 일련의 행위들이 진행되는 동안에 형벌법규가 변경되는 경우, 행위시점은 일련의 행위가 종료하는 최종시점이다. 따라서 포괄일죄의 중간에 개정된 법률은 재판시법으로서가 아니라 처음부터 행위시법으로 적용된다.[102]

위가 이 법 시행전후에 걸쳐 이루어진 경우에는 이 법 시행이후에 행한 것으로 본다."고 규정하고 있다.

101) **[包括一罪]** : 판례에 의해 확립된 포괄일죄란 수개의 자연적인 행위가 일정한 기준 하에 하나의 죄로 묶이는 범죄유형을 말한다. 포괄일죄는 수개의 행위를 예정하고 있다는 점에서 전형적인 단순일죄와 다소 차이가 있지만, 하나의 구성요건을 실현시킨다는 점에서 단순일죄의 영역에 속한다. 예컨대 연속범 등.

102) **[판례상 포괄일죄의 행위시점]** : **대법원 1992.12.8. 선고 92도407 판결[페놀방류사건]**["1개의 죄가 본법 시행 전후에 걸쳐서 행하여진 때에는 본법 시행 전에 범한 것으로 간주한다"고 규정하고 있는 형법 부칙 제4조 제1항은 형법을 시행함에 즈음하여 구형법과의 관계에서 그 적용범위를 정한 경과규정으로서, 형법 제8조가 타법령에 정한 죄에도 적용하도록 규정한 "본법 총칙"에 해당되지 않을 뿐만 아니라, 범죄의 성립과 처벌은 행위시의 법률에 의한다고 규정한 형법 제1조 제1항의 해석으로서도 행위가 종료된 때 시행되는 법률의 적용을 배제한 점에서 타당한 것이 아니므로, 신·구형법 사이의 관계가 아닌 다른 법률 사이의 관계에서는 형법 부칙 제4조 제1항을 그대로 적용하거나 유추적용할 것이 아니다(당원 1986.7.22. 선고 86도1012 전원합의체 판결; 1989.5.23. 선고 89도570 판결 등 참조). 또 수질환경보전법이 시행된 1991.2.1. 이후에도 계속되어 온 이 사건 범행을 같은 법 부칙 제15조가 규정하고 있는 "이 법 시행전에 행한 종전의 환경보전법의 위반행위"라고 볼 수는 없으므로, 같은 법 부칙 제15조에 따라 이 사건 범행에 대한 벌칙의 적용을 종전의 규정인 환경보전법에 의할 것도 아니다. 이와 취지를 같이하여 피고인들의 이 사건 범행을 계속범으로 보고 그 행위가 종료된 때인 1991.3.20.에 시행되고 있는 수질환경보전법의 관계규정을 적용한 원심판결에 행위시법주의와 법률불소급의 원칙에 관한 법리를 오해한 위법이 있다고 비난하는 논지도 받아들일 수 없다.] 즉 수질환경보전법이 시행된 1991.2.1. 전후에 걸쳐 계속되다가 1991.3.20.에 종료된 수질오염물질배출행위는 같은 법 부칙 제15조가 규정하고 있는 "이 법 시행 전에 행한 종전의 환경보전법 위반행위"라고 볼 수 없으므로 그 행위가 종료된 때에 시행되고 있는 수질환경보전법을 적용한 것은 행위시법주의와 법률불소급의 원칙에 반하지 아니한다는 것이다. ; **대법원 1998.2.24. 선고 97도183 판결**(포괄일죄로 되는 개개의 범죄행위가 법 개정의 전후에 걸쳐서 행하여진 경우에는 신·구법의 법정형에 대한 경중을 비교하여 볼 필요도 없이 범죄 실행 종료시의 법이라고 할 수 있는 신법을 적용하여 포괄일죄로 처단하여야 한다.) ; **대법원 1986.7.22. 선고 86도1012 전원합의체 판결**(상습으로 사기의 범죄행위를 되풀이 한 경우에 특정경제범죄가중처벌등에 관한 법률시행 이후의 범행으로 인하여 취득한 재물의 가액이 위 법률 제3조 제1항 제3호의 구성요건을 충족하는 때는 그 중 법정형이 중한 위 특정경제범죄가중처벌등에 관한 법률위반의 죄에 나머지 행위를 포괄시켜 특정경제범죄가중처벌등에 관한 법률위반의 죄로 처단하여야 한다.) ; **대법원 2005.3.24. 선고 2004도8651 판결•대법원 2004.5.28. 선고 2004도1465 판결**(포괄일죄인 시세조종행위가 증권거래법 개정 법률 시행 전후에 걸쳐 있는 경우, 증권거래법 시행 이후의 범행으로 인하여 얻은 이익 또는 회피한 손실액이 같은 법 제207조의2 제2항 소정의 구성요건을 충족하는 때에는 같은 법 제207조의2 제2항을 적용하여 처벌할 수 있으나, 그렇지 않은 경우에는 법률불소급의 원칙상 구 증권거래법(2002.4.27. 법률 제6695호로 개정되기 전의 것) 제207조의2를 적용하여 처벌하여야 한다.) ; **대법원 2009.9.10. 선고 2009도5075 판결**[2007.1.19. 법률 제8259호로 개정된 방문판매 등에 관한 법률 제23조 제2항이 시행된 이후에도 포괄일죄인 위 법률 위반 범행이 계속된 경우 그 범죄실행 종료시의 법이라고 할 수 있는 신법을 적용하여 포괄일죄로 처단하여야 하고, 또한 "이 법 시행 전의 행위에 대한 벌칙의 적용에 있어서는 종전의 규정에 따른다."는 방문판매 등에 관한 법률 부칙(2007.1.19.) 제3조가 적용될 수도 없다.]

보충판례 4-3[실행행위 계속 중의 법률변경 : 포괄일죄의 행위시점] : 대법원 2009.4.9. 선고 2009도 321 판결.

또한 포괄일죄와 마찬가지로 형법상 한 개의 범죄를 이루는 계속범[103]도 행위시점은 최종행위가 종료하는 시점이 된다. 그 결과 계속범의 범행계속 도중에 개정된 법률은 행위시법으로 적용된다.

> **▮사례 7의 풀이▮**
> 이점에서 위 사례의 甲은 비록 1993.3.10.의 변호사법 개정으로 인하여 비로소 일반 법률사건에 관한 화해관여행위가 처벌대상이 되었고, 甲의 사건수임계약체결과 화해관여행위가 위 변호사법의 개정 이전에 착수된 것이라 하더라도 **그와 같은 관여행위가 법률개정 이후에 종료된 경우**에는 甲에게는 **신법인** 개정변호사법이 적용되어 개정변호사법위반으로 처벌된다.

(3) 실행행위 종료 후의 법률변경

구법 시행시에 행위가 종료하였지만 결과는 신법 시행시에 발생한 경우에는 원칙적으로 구법이 행위시법으로 적용된다.

---

103) **[계속범]** : 단순일죄의 한 유형인 계속범이란 최초의 위법상태 야기행위와 이 위법상태의 유지에 기여하는 이후의 행위들이 모여서 하나의 구성요건을 실현시키는 범죄유형을 말한다. 즉 첫 번째의 행위로 범죄가 성립하였으나 이 행위가 지속되는 동안 계속 범죄가 성립하는 범죄유형이다. 예컨대 감금죄(형법 제276조), 주거침입죄(형법 제319조) 등을 들 수 있다 : **대법원 2001.9.25. 선고 2001도3990 판결**(일반적으로 계속범의 경우 실행행위가 종료되는 시점에서의 법률이 적용되어야 할 것이나, 법률이 개정되면서 그 부칙에서 '개정된 법 시행 전의 행위에 대한 벌칙의 적용에 있어서는 종전의 규정에 의한다'는 경과규정을 두고 있는 경우 개정된 법이 시행되기 전의 행위에 대해서는 개정 전의 법을, 그 이후의 행위에 대해서는 개정된 법을 각각 적용하여야 한다.) **[판례해설]** : 2001도3990판결은 실행행위 종료의 개념인 계속범의 최종행위시의 법률에 대한 판단기준의 예외를 인정한 판례로서 포괄일죄의 취급에 관한 기본원칙에 반하는 판례라 할 수 있다. 물론 **통설 및 판례[대법원 1999.4. 3. 자 99초76 결정 : 대법원 1999.12.24. 선고 99도3003 판결**(형법 제1조 제2항 및 제8조에 의하면 범죄 후 법률의 변경에 의하여 형이 구법보다 경한 때에는 신법에 의한다고 규정하고 있으나 신법에 경과규정을 두어 이러한 신법의 적용을 배제하는 것도 허용되는 것으로서, 형을 종전보다 가볍게 형벌법규를 개정하면서 그 부칙으로 개정된 법의 시행 전의 범죄에 대하여 종전의 형벌법규를 적용하도록 규정한다 하여 헌법상의 형벌불소급의 원칙이나 신법우선주의에 반한다고 할 수 없다.)]는 부칙의 경과규정, 즉 유리한 신법의 적용을 배제하는 경과규정은 형법 제8조(총칙의 적용) 단서에 의해 가능하다고 할 것이지만, 이를 적용하기 위해서는 원칙적으로 실행행위 종료시의 법률의 경과규정일 필요가 있다. ; **대법원 2004.2.12. 선고 2003도6215 판결**[구 문화재보호법(2001.3.28. 법률 제6443호로 개정되기 전의 것) 제81조 제2항에서 지정문화재 등을 은닉한 자를 처벌하도록 한 규정은 지정문화재 등임을 알고 그 소재를 불분명하게 함으로써 발견을 곤란 또는 불가능하게 하여 그 효용을 해하는 행위를 처벌하려는 것이므로, 그러한 은닉범행이 계속되는 한 발견을 곤란케 하는 등의 상태는 계속되는 것이어서 공소시효가 진행되지 않는 것으로 보아야 한다.]

나. 예외 : 재판시법주의

[조문]

<u>刑法 第1條(犯罪의 成立과 處罰)</u> ② 犯罪後 法律의 變更에 依하여 그 行爲가 犯罪를 構成하지 아니하거나 刑이 舊法보다 輕한 때에는 新法에 依한다.

③ 裁判確定後 法律의 變更에 依하여 그 行爲가 犯罪를 構成하지 아니하는 때에는 刑의 執行을 免除한다.

<u>2011년 형법일부개정법률안[형법총칙전면개정안][의안번호 제11304호] 제2조(시간적 효력)</u> ② 범죄 후 법률이 변경되어 그 행위가 범죄를 구성하지 아니하거나 형이 구법(舊法)보다 가벼운 경우에는 신법(新法)을 적용한다.

③ 재판확정 후 법률이 변경되어 그 행위가 범죄를 구성하지 아니하는 경우에는 형의 집행을 면제한다.

<u>질서위반행위규제법 제3조(법 적용의 시간적 범위)</u> ② 질서위반행위 후 법률이 변경되어 그 행위가 질서위반행위에 해당하지 아니하게 되거나 과태료가 변경되기 전의 법률보다 가볍게 된 때에는 법률에 특별한 규정이 없는 한 변경된 법률을 적용한다.

③ 행정청의 과태료 처분이나 법원의 과태료 재판이 확정된 후 법률이 변경되어 그 행위가 질서위반행위에 해당하지 아니하게 된 때에는 변경된 법률에 특별한 규정이 없는 한 과태료의 징수 또는 집행을 면제한다.

(1) 재판시법주의와 피고인보호

행위시법주의는 행위자에게 불이익이 발생하는 사태를 막기 위하여 인정되는 형법의 시간적 적용범위의 원칙이다. 만일 행위시점 이후에 개정된 신법이 행위자에게 유리하다면 신법을 적용하는 것이 죄형법정주의의 정신에도 부합하며 신법우선이라는 법의 일반원칙에도 적합하다.

이러한 점을 고려하여 형법 제1조 제2항은 행위자에게 유리한 경우에 예외적으로 재판시법을 적용하도록 천명한 것이다(<u>경한 법 소급의 원칙 · 경한 법 우선의 원칙</u>[104]).

104) **[輕한 법 소급의 원칙]** : '경한 법 소급의 원칙'이란 신법의 형이 구법보다 경하거나 처벌규정이 없어진 때에는 행위자에게 유리한 신법을 소급적용해야 한다는 원칙이다. 이는 사후법의 적용, 즉 소급처벌을 인정하는 것이기 때문에 소급효금지의 원칙에 대한 예외가 된다. 그러나 소급효금지의 원칙은 행위자를 보호하기 위한 규범이므로 유리한 신법을 소급적용하는 것은 죄형법정주의에 반하는 것이라 할 수 없다.

(2) 재판시법의 적용요건

① 범죄후 법률의 변경

'**범죄후**'란 범죄행위, 즉 **실행행위의 종료후**를 의미한다. 따라서 **결과범**에 대해서도 결과가 발생한 시점이 아니라 행위시점을 기준으로 한다. 또한 신법과 구법의 구별은 법률공포의 시기가 아닌 **시행의 시기**를 기준으로 한다.

사례 8　중간시법의 해결(대법원 1968.12.17. 선고 68도1324 판결)

甲은 관세포탈혐의로 기소되었다. 행위시로부터 제1심을 거쳐 항소심에 이르는 동안에 '관세법'과 '특정범죄가중처벌등에관한법률'이 잇따라 개정되었다. 적용법령은 행위시 구관세법+구특정범죄가중처벌등에관한법률(중간형), 제1심 재판시 개정관세법+구특정범죄가중처벌등에관한법률(경한 형, 甲에 대해 구특정범죄가중처벌등에관한법률의 적용 없음), 항소심재판시 개정관세법+개정특정범죄가중처벌등에관한법률(중한 형)의 순서로 개정되었다. 대법원은 이 가운데 어떠한 형을 적용하여야 하는가?

한편 '**법률의 변경**'이란 가벌성의 존부와 정도를 규율하는 총체적 법상태의 개정과 폐지를 의미하기 때문에, 여기서의 법률은 법률, 명령, 규칙을 불문하며 반드시 형법의 변경을 요하지 않는다.[105] 여기서 행위후 재판까지의 사이에 법률이 수차에 걸쳐 변

105) **[법률변경을 부정한 판례]** : 대법원 2000.1.28. 선고 99도4022 판결(누설한 군사기밀사항이 누설행위 이후 평문으로 저하되었거나 군사기밀이 해제된 경우, 이를 법률의 변경으로 볼 수 없으므로 재판시 법적용 여부가 문제될 여지는 없다.) ; **대법원 2007.6.1. 선고 2006도1813 판결**[기업회계기준이 개정되었지만 그 부칙에 따라 개정 전의 기업회계기준을 적용하여야 할 사안에서 주식회사의 외부감사에 관한 법률은 위 법 제2조에서 정한 주식회사는 제13조 제1항에 의한 회계처리기준에 따라 재무제표를 작성하여야 한다고 하면서(제13조 제3항), 위 회계처리기준을 위반하여 허위의 재무제표를 작성·공시하는 행위를 각종 행정제재 및 형사처벌 대상으로 삼고 있는바, 위 법 제2조에서 정한 주식회사의 여신 신청을 심사하는 금융기관으로서는 특별한 사정이 없는 한 그 회사의 특정 회계연도 재무제표는 당해 회계연도에 적용되는 회계처리기준에 따라 작성된 것으로 신뢰하게 될 것이다. 따라서 주식회사가 위 법률의 회계처리기준이 개정되었으나 그 부칙 조항에 따라 아직 개정 전 회계처리기준이 적용되어야 하는 회계연도 재무제표를 작성함에 있어 개정 전 회계처리기준에 의할 경우 당기 순손실이 나타나는 것을 숨기기 위하여 아직 적용시기가 도래하지 않은 개정 회계처리기준을 미리 적용하는 방법으로 당기 순이익이 발생한 것으로 처리된 재무제표를 작성하면서도, 이를 분명하게 주석 처리하는 등의 방법으로 명시하지 아니하고, 이와 같이 편법을 사용하여 작성된 재무제표를 금융기관에 제출하게 되면 금융기관으로서는 원래 해당 회계연도에 적용되는 개정 전 회계처리기준에 의하여 위 재무제표가 작성되었고 그 결과 당기 순이익이 발생한 것으로 잘못 인식할 수 있는바, 이는 해당 회계연도의 회사 재무상황에 대하여 금융기관의 착오를 일으키는 것이어서 기망행위에 해당한다. 이는 개정 회계처리기준이 회계기법상 기업의 재무상황을 상대적으로 더 정확하게 반영하는 내용으로 개선된 경우라고 하여 달리 볼 수는 없고, 위와 같은 행위 이후에 개정 회계처리기준이 실제 시행되었다고 하더라도 이는 형법 제1조 제2항이 적용되는 범죄 후 법률이 변경된 경우에 해당하지 않는다.] ; **대법원 1983.5.23. 선고 82도142 판결**(비상계엄이 해제되었다 하더라도 계엄실시중

경되어 중간시법이 있는 경우 우리형법은 특별한 규정을 두고 있지 않지만 모든 법을 비교하여 가장 경한 법률을 적용하는 것이 학설 및 판례의 태도이다.

즉 위 사례 8에서 대법원은 모든 법의 형의 경중을 비교하여 그 중 가장 형이 경한 법규정을 적용하여야 할 것이기에 甲에게 가장 형이 경한 개정관세법의 법규정을 적용하여야 한다.[106)]

② 범죄를 구성하지 아니하는 경우

'범죄를 구성하지 아니하는 경우'란 형법각칙이나 특별형법의 구성요건이 폐지된 경우뿐만 아니라, 위법성조각사유 등 형법총칙의 변경으로 가벌성이 폐지된 경우를 포함한다. 이 경우 행위자가 법원에 기소되었다면 법원은 **'범죄 후의 법령개폐로 형이 폐지되었을 때'**에 해당함을 이유로 면소판결을 선고하여 당해 형사절차를 종료하여야 한다(형사소송법 제326조 제4호).

의 계엄포고령 위반소위에 대한 형이 범죄후 법령의 개폐로 폐지된 것에 해당한다고 볼 수 없으므로 계엄법위반죄로 처벌된다.)

[법률변경을 긍정한 판례] : 대법원 2000.12.8. 선고 2000도2626 판결[구 청소년보호법 제2조 제5호의 개정으로 청소년의 숙박업소출입허용행위가 처벌대상에서 제외된 것이 범죄 후의 법률의 변경에 의하여 그 행위가 범죄를 구성하지 않는 경우에 해당하는지 여부에 대하여, 피고인이 운영한 여관은 구 청소년보호법(1999.2.5. 법률 제5817호로 개정되기 전의 것) 제2조 제5호 소정의 청소년유해업소에 해당하여 피고인의 청소년 숙박업소출입 허용행위도 범행 당시에는 같은 법 제51조 제7호 및 제24조 제2항에 해당되어 처벌받도록 규정되어 있었으나, 종전부터 청소년의 숙박업소 출입을 전면적으로 금지하는 것이 과연 합리적이고 바람직스러운 것인지 문제되어 왔다고 보일 뿐만 아니라, 1999.2.5.자 제14125호 관보에 의하면 청소년보호를 강화하려는 사회적 분위기에 맞추어, 청소년을 각종 유해행위로부터 보호하기 위하여 청소년유해행위에 대한 처벌규정을 신설하고, 사회문제화되고 있는 청소년폭력과 학대 등으로부터 청소년의 보호를 강화하는 등 종합적이고 실효성 있게 청소년을 보호하려는 내용으로 같은 법이 법률 제5817호로 개정되었다는 것인데 구 청소년보호법(1999.2.5. 법률 제5817호로 개정되기 전의 것)과 달리 1999.7.1.부터 시행된 청소년보호법에서는 오히려, 숙박업은 청소년유해업소 중 청소년의 출입은 가능하나 고용은 유해한 것으로 인정되는 업소에 해당하는 것으로 변경된 점[청소년보호법 제2조 제5호 (나)목 (2) 참조] 및 같은 법 개정 당시 그 부칙 등에 같은 법 시행 전의 위와 같은 출입허용행위에 대한 벌칙의 적용에 있어서는 이에 대한 아무런 경과규정을 두지 아니한 점 등을 종합하여 보면, **그 변경은 청소년의 숙박행위까지 처벌대상으로 삼은 종전의 조치가 부당하다는 데서 나온 반성적 조치라고 보아야 할 것이므로 이는 범죄 후 법률의 변경에 의하여 그 행위가 범죄를 구성하지 아니한 경우에 해당**한다.]

106) 대법원 1968.12.17. 선고 68도1324 판결(행위시와 재판시 사이에 수차 법령의 변경이 있는 경우에는 이 점에 관한 당사자의 주장이 없더라도 본조 제2항에 의하여 직권으로 행위시법과 제1, 2 심판시법의 세 가지 규정에 의한 형의 경중을 비교하여 그중 가장 형이 경한 법규정을 적용하여 심판하여야 한다.)

③ 형이 구법보다 경하게 변경된 경우

법률의 개정에 의하여 형이 구법보다 경하게 변경된 경우에는 신법(재판시법)을 적용하여야 한다. 그러나 법률의 변경이 있더라도 중한 형으로 법률이 변경되거나 형의 경중에 변화가 없을 때[107]에는 행위시법주의 원칙에 따라 구법(행위시법)을 적용하여야 한다.[108]

④ 형의 경중(輕重) 비교

행위시법과 재판시법 가운데 어느 것을 적용할 것인가를 결정하려면 두 법률 사이에 존재하는 형의 경중을 비교하여야 한다. 형의 경중은 형법 제50조(형의 경중)를 기준으로 한다.

형의 경중을 비교하는 기법과 관련하여 다수설 및 판례[109]는 구법과 신법이 규정한

---

107) **대법원 2002.4.12. 선고 2000도3350 판결**(법원이 인정하는 범죄사실이 공소사실과 차이가 없이 동일한 경우에는 비록 검사가 재판시법인 개정 후 신법의 적용을 구하였더라도 그 범행에 대한 형의 경중의 차이가 없으면 피고인의 방어권 행사에 실질적으로 불이익을 초래할 우려도 없어 공소장 변경절차를 거치지 않고도 정당하게 적용되어야 할 행위시법인 구법을 적용할 수 있다.)

108) **대법원 1992.6.23. 선고 92도954 판결**(사기죄의 범행으로 인하여 피고인이 취득한 이득액이 합계 5억 2천만 원인데 특정경제범죄가중처벌등에관한법률이 1990.12.31. 개정되었어도 위 이득액에 있어서는 개정 전후를 통하여 형의 경중은 없으므로 행위시법인 개정 전의 위 법률 제3조 제1항을 적용하여야 한다.)

109) **[병과형 또는 선택형이 있는 경우 법정형의 경중 비교방법]** : 대법원 1992.11.13. 선고 92도2194 판결 ; 청주지법 2004.3.24. 선고 2003노1300 판결 : 확정](형의 경중의 비교는 **원칙적으로 법정형을 표준**으로 할 것이고 처단형이나 선고형에 의할 것이 아니며, 법정형의 경중을 비교함에 있어서 법정형 중 병과형 또는 선택형이 있을 때에는 이 중 가장 중한 형을 기준으로 하여 다른 형과 경중을 정하는 것이 원칙이다.) ; **대법원 1983.11.8. 선고 83도2499 판결**[행위시법인 구 변호사법(1982.12.31 개정전의 법률) 제54조에 규정된 형은 징역 3년이고 재판시법인 현행 변호사법 제78조에 규정된 형은 5년 이하의 징역 또는 1천만원 이하의 벌금으로서 신법에서는 벌금형의 선택이 가능하다 하더라도 법정형의 경중은 병과형 또는 선택형 중 가장 중한 형을 기준으로 하여 다른 형과 경중을 정하는 것이므로 행위시법인 구법의 형이 더 경하다.] ; **대법원 1996.2.13. 선고 95도2843 판결**(원심은 군의회 의원선거에서 최종학력에 관하여 허위사실을 공표하게 한 범죄사실에 대하여 당시 시행 중인 공직선거및선거부정방지법 제250조 제1항을 적용하였는데, 위 법이 상고심 계속 중 법률 제5127호(1995.12.30. 공포)로 개정되었고 개정된 법 제250조 제1항에 의하면 개정 전의 '3년 이하의 징역 또는 200만원 이상 1천만원 이하의 벌금'이 '3년 이하의 징역 또는 1천만원 이하의 벌금'으로 되어 형법 제1조 제2항에 따라 개정된 법률에 의하여 처벌하여야 할 것이다.) ; **대법원 2008.12.11. 선고 2008도4376 판결 ; 대법원 2005.8.25. 선고 2005도4355 판결**[범죄 후 법률의 개정에 의하여 법정형이 가벼워진 경우에는 형법 제1조 제2항에 의하여 당해 범죄사실에 적용될 가벼운 법정형(신법의 법정형)이 공소시효기간의 기준으로 된다(대법원 1987.12.22. 선고 87도84 판결 참조). 원심은, 이 사건 관세포탈 미수로 인한 관세법 위반의 점이 행위 당시 구 특정범죄가중처벌 등에 관한 법률(2005.12.29. 법률 제7767호로 개정되기 전의 것) 제6조 제7항, 제4항 제2호, 관세법 제271조 제2항, 제270조 제1항 제1호에 해당하였으나, 2005.12.29. 위 특정범죄가중처벌 등에 관한 법률의 개

법정형[110]을 비교해서 형의 경중을 판단해야 한다는 **형식적 기준설**에 입각하고 있다. 이에 대하여 **실질적 기준설**은 구체적이고 개별적인 사정, 즉 법정형인 한, 주형뿐만 아니라 부가형[111]도 포함되고 가중 · 감면사유와 선택형의 가능성도 비교해야 한다고 주장한다.

형식적 기준설이 형의 경중을 비교함에 있어서 명확한 기준을 제시하는 장점을 가진다는 점에서 타당하다 할 것이다. 피고인에 대한 실질적인 배려는 양형단계에서 제공할 수 있을 것이다.

정으로 위 범죄가 위 특별법의 적용대상에서 제외되어 일반법인 위 관세법으로 의율받게 된 것이 범죄 후 법률의 개정으로 법정형이 가벼워진 때에 해당하므로, 그 공소시효기간 역시 위 관세법의 법정형을 기준으로 한 3년으로 보아야 할 것이라며, 이 부분에 대해 면소를 선고하였다. 원심의 이러한 판단은 앞서 설시한 법리에 따른 정당한 것으로서, 거기에 상고이유에서 주장하는 바와 같은 법리오해의 위법이 없다 할 것이므로, 검사의 이 부분 상고논지는 이유 없다.]

110) **[法定刑 · 選擇刑 · 處斷刑 · 宣告刑]** : 법원은 피고사건에 대하여 刑을 결정할 때 법정형, 선택형, 처단형, 선고형의 순으로 형량을 구체화해 간다. **법정형**은 적용할 형벌법규에 규정되어 있는 형량을 말하고, **선택형**은 법정형에 규정된 여러 종류의 형벌 가운데 특정한 종류의 형을 선택한 것을 말한다. **처단형**은 법정형에 수정을 가할 사유가 있을 때 이를 반영하여 계산해 놓은 형의 범위이다. **선고형**은 처단형의 범위 내에서 특정한 형량을 결정해 놓은 것이다.

111) **[主刑·附加刑]** : 형벌은 주형과 부가형으로 나누어진다. **주형**이란 독자적으로 부과할 수 있는 형벌을 말한다. 이에 대하여 **부가형**은 다른 주형에 부가해서만 부과되는 형벌을 말한다. 우리형법(제41조, 제49조)은 주형으로, 사형, 징역, 금고, 자격상실, 자격정지, 벌금, 구류, 과료의 여덟 가지 형벌을, 부가형으로 몰수를 각각 규정하고 있다.

한편 **2011년 형법총칙전면개정안**은 실무상 잘 활용되지 않는 금고, 자격정지 및 과료, 형의 부수적 효과에 불과한 자격상실을 형의 종류에서 삭제하고, 몰수는 보안처분의 성격(즉 대물적 보안처분)도 가지므로 형의 종류에서 삭제하는 대신 기타의 형사제재로 규정함으로써 형의 종류를 사형, 징역, 벌금, 구류 등 4개 종류로 간소화하고 있다(안 제40조).

(3) 재판시법의 적용효과

[재판시법주의의 적용효과]

행위시	재판시	통설	판례(동기설)[112]
범죄	비범죄	제1조제2항적용 ➡ 소급효인정(추급효부정) ➡ 면소판결	법률이념변경 : 제1조제2항적용 ➡ 소급효인정(추급효부정) ➡ 면소판결 사실관계변경 : 제1조제1항적용 ➡ 소급효부정(추급효인정) ➡ 유죄판결
비범죄	범죄	제1조제1항적용 ➡ 소급효부정(추급효인정) ➡ 무죄판결	통설과 동일
중한 형	경한 형	제1조제2항적용 ➡ 소급효인정(추급효부정) ➡ 경한 형 적용	법률이념변경 : 제1조제2항적용 ➡ 소급효인정(추급효부정) ➡ 경한 형 적용 사실관계변경 : 제1조제1항적용 ➡ 소급효부정(추급효인정) ➡ 중한 형 적용
경한 형	중한 형	제1조제1항적용 ➡ 소급효부정(추급효인정) ➡ 경한 형 적용	통설과 동일

(4) 재판확정 후의 법률변경 : 형법 제1조 제3항의 적용요건과 효과

① 적용요건

형법 제1조 제3항은 "재판확정후 법률의 변경에 의하여 그 행위가 범죄를 구성하지 아니하는 때에는 형의 집행을 면제한다."고 규정하고 있다.[113] 여기서 '재판확정후'란

---

112) 상세하게는 후술하는 '한시법의 문제'를 참조. 참고로 **[동기설의 입장을 취한 판례]**로는, 대법원 1997.12.9. 선고 97도2682 판결 : 대법원 2003.10.10. 선고 2003도2770 판결 : 대법원 2005.1.14. 선고 2004도5890 판결 : 대법원 2005.12.23. 선고 2005도747 판결(형법 제1조 제2항의 규정은 형벌법령 제정의 이유가 된 법률이념의 변천에 따라 과거에 범죄로 보던 행위에 대하여 그 평가가 달라져 이를 범죄로 인정하고 처벌한 그 자체가 부당하였다거나 또는 과형이 과중하였다는 반성적 고려에서 법령을 개폐하였을 경우에 적용하여야 할 것이고, 이와 같은 법률이념의 변경에 의한 것이 아닌 다른 사정의 변천에 따라 그때 그때의 특수한 필요에 대처하기 위하여 법령을 개폐하는 경우에는 이미 그 전에 성립한 위법행위를 현재에 관찰하여도 행위 당시의 행위로서는 가벌성이 있는 것이어서 그 법령이 개폐되었다 하더라도 그에 대한 형이 폐지된 것이라고는 할 수 없다.)

113) **[형법 제1조제3항의 실질적 의미]** : 이 조문은 엄밀한 의미에서 행위시법과 재판시법에 관한 규정은 아니다. 형선고의 판결이 확정되면 판결내용대로 형을 집행하는 것이 원칙이지만, 제1조제3항은 형이 확정되지 않은 자와의 형평을 기하기 위하여 형의 집행만을 면제하는 것이다. 이점에서 제1조제3항은 실질적으로 형법의 시간적 적용범위에 관한 특칙이 아니라 형의 집행에 관한 특칙이라 할 수 있다.
한편 **"형의 집행을 면제한다"**는 유죄판결 그 자체는 유효하다는 의미이기 때문에 피고인은 누범전과자가 된다 : **[보호감호와 형법 제1조 제2항 및 제3항의 적용여부]** 대법원 1991.8.13. 선고 91감도72 판결(사회보호법에 규정된 보호감호처분은 형이 아니므로 형사소송법 제326조 제4호의 적용대상이 되지 않는 것이고, 또 개정된 사회보호법 부칙 제2조 제1항의 규정내용에 비추어 보더라도, 개정되기 전의 사회보호법에 의하여 보호감호의 판결을 받은 자에 대하여 법령개폐를 이유로 면소의

재판이 통상의 불복신청방법으로 다툴 수 없게 되고, 그 재판의 내용을 변경할 수 없는 상태에 이른 후를 의미한다.

'법률의 변경에 의하여 범죄를 구성하지 아니하는 경우'란 형벌법규 그 자체가 폐지된 경우, 구성요건의 내용이 변경되어 행위가 불가벌로 된 경우 및 형이 폐지된 경우를 포함한다.

② 효과

법률변경의 시점 / 법률변경의 내용	제1조 제2항	제1조 제3항
	범죄후 재판확정전에 법률이 변경된 경우	재판확정후에 법률이 변경된 경우
비범죄화된 경우	제2항 적용 ➡ 신법 적용 ➡ 면소판결	제3항 적용 ➡ 형집행 면제
경한 형으로 변경된 경우	제2항 적용 ➡ 신법 적용 ➡ 경한 형으로 처벌	제3항 적용하지 않음 ➡ 종래의 형을 그대로 집행

4. 한시법의 문제

가. 개념과 문제점

限時法이란 일시적인 특수상황(예컨대 천재지변, 전시상황, 재정경제상의 위기상황, 전염병의 만연사태 등)에 대처하기 위하여 일정한 시간적 범위를 한정하여(즉 유효기간을 명시!) 그 기간 동안에만 유효한 법률을 말한다(협의의 한시법, 통설=협의설).[114]

판결을 선고하거나 보호감호의 집행을 면제할 수는 없다.) ; **대법원 1993.9.14. 선고 93감도67 판결** [헌법재판소의 위헌결정으로 헌법재판소법 제47조 제2항 단서에 따라 소급하여 효력이 상실된 구 사회보호법(1989.3.25. 법률 제4098호로 개정되기 전의 것) 제5조 제1항에 의하여 보호감호를 선고받았던 자에 대한 재심사건에서도 그가 '재범의 위험성'이 있는 경우에는 검사의 감호청구서 변경에 의하여 다시 보호감호를 선고할 수 있고 이를 헌법 제13조 제1항에 위반된다 할 수 없다.]

114) 이에 대하여 **광의설**은 협의의 한시법 이외에 유효기간의 명시없이 법률의 내용이나 목적이 일시적인 특수사정에 대처하기 위한 임시법(82도1861판결의 계엄령 등)도 한시법의 범주에 포함시키는 견해를 말한다. **[광의의 한시법과 추급효] : 대법원 1982.10.26. 선고 82도1861 판결**(법령의 개폐로 형이 폐지되는 경우는 첫째로 국가의 법률이념의 변천에 따라 종래의 처벌자체의 필요를 인정하지 아

여기서는 한시법이 추급효를 인정하는 명문의 경과규정 없는 경우[115]에도 종료한 후에 한시법 유효기간 중에 범해진 위반행위를 처벌할 수 있는가, 즉 명문규정이 없는 한시법의 추급효[116]를 인정할 수 있는가가 문제된다.

나. 추급효의 인정여부

(1) 추급효 긍정설(소수설)

이 설은 한시법이 특수한 목적을 달성하기 위하여 제정된 법률이므로 실효 후에도 행위시의 법률을 적용하여 처벌해야 한다는 견해이다. 추급효를 부정하면 한시법의 종기가 가까워짐에 따라 위반행위가 속출하고 이를 처벌할 수 없게 되어 법의 실효성을 유지할 수 없다는 점을 이유로 한다.

(2) 추급효 부정설(통설)

이 설은 재판시에 법률이 실효되고 있으므로 행위자에게 유리한 재판시법을 적용해야 한다, 즉 추급효를 인정하는 명문의 규정이 없는 한 유효기간이 경과함과 동시에 한시법은 실효되므로 그 이후에는 처벌할 수 없다는 견해이다. 명문의 규정이 없음에도 불구하고 실효된 법률의 추급효를 인정하는 것은 죄형법정주의에 반한다는 점을 근거로 한다.

니하게 될 경우와 둘째로는 전혀 사정의 변경에 의하여 법령이 개폐된 것이거나 또는 보다 강화되어 법령안에 발전적 해소를 이르는 경우의 두 가지를 상정할 수 있는 것인바, 형법 제1조 제2항의 규정이나 형사소송법 제326조 제4호의 규정은 형벌법령제정의 이유가 된 법률이념의 변경에 따라 종래의 처벌자체가 부당하였다거나 또는 과형이 과중하였다는 반성적 고려에서 법령을 개폐하였을 경우에 적용된다고 해석하여야 할 것이다.

계엄이 선포되었다가 해제되어 계엄포고문이 그 효력을 상실하게 되는 것과 같이 법률 이념의 변경에 의한 것이 아니고 계엄의 목적수행등 사정의 변천에 따라 그 때의 특수한 필요에 대처하기 위하여 계엄령이 해제되어 계엄포고문이 개폐되는 결과를 초래하게 되는데 불과한 경우에 있어서는 계엄선포 당시의 상황에서 범해진 위반행위에 대한 가벌성을 소멸시키거나 축소시킬 아무런 이유가 없다고 할 것이므로 비록 계엄령의 해제로 계엄포고문이 개폐되었다고 하더라도 행위 당시의 계엄법 및 계엄선포문에 따라 그 위반 행위는 처벌되어야 한다.)

115) 따라서 한시법에 추급효를 인정하는 명문의 규정이 존재하는 경우에는 당연히 추급효가 인정된다고 할 수 있다.

116) **[追及效]** : 추급효란 失效된 법률이 실효 전에 행해진 행위에 효력을 미치는 것을 말한다.

(3) 동기설(판례의 입장)

이 설은 한시법이 실효된 사유가 일시적 위급상태의 호전이라는 사실관계의 변경에 의한 것일 경우에는 추급효 인정(즉 처벌)하는 반면, 한시법이 실효된 사유가 애초에 한시법을 제정한 것이 잘못되었다는 법이념적 반성에 기인한 경우에는 추급효 부정(즉, 불처벌)하는 견해이다.[117]

보충판례 4-4[한시법의 추급효 : 동기설] : 대법원 1985.5.28. 선고 81도1045 전원합의체 판결 【계엄포고위반】

(4) 결론

긍정설의 논거는 한시법의 추급효를 인정하는 명문규정을 둠으로써 해결할 수 있고, 법적 견해의 변경과 사실관계의 변경을 구별하는 동기설은 그 변경의 해석이 해석자의 주관에 따라 좌우되어 법적 안정성을 해할 우려가 있다. 법적 안정성의 확보와 형사처벌의 절제라는 관점에서는 추급효 부정설이 타당하다 할 것이다.

따라서 범죄후 재판확정전에 한시법이 실효된 경우에는 제1조제2항을 적용하여 면

117) **[한시법에 대하여 동기설을 취한 판례]** : 대법원 1988.3.22. 선고 87도2678 판결(부동산소유권이전등기등에관한특별조치법이 1985.1.1부터 실효되었으나 이 법은 부동산등기법에 의하여 등기하여야 할 부동산으로서 그 소유권보존등기가 되어 있지 아니하거나 등기부 기재가 실제 권리관계와 일치하지 아니하는 부동산을 간이한 절차에 의하여 등기할 수 있게 함을 목적으로 하여 한시적으로 제정된 것이어서 그 폐지는 위 법제정의 이유가 된 법률이념의 변경에 따라 종래의 처벌 그 자체가 부당하였다는 반성적 고려에서 기인한 것이 아니라 그 제정목적을 다하여 위 법을 존속시킬 필요성이 없다는 고려(**필자 주 : 정책적 관점**)에서 폐지된 것이므로 위 법 시행당시에 행하여진 위반행위에 대한 가벌성을 소멸시킬 이유가 없어 위 법 시행기간 중의 위반행위는 그 폐지 후에도 행위당시에 시행되던 위 법에 따라 처벌되어야 한다.) ; 대법원 2004.8.16. 선고 2004도3062 판결[공직선거및선거부정방지법의 개정 경과에 비추어 고비용의 정치구조를 개혁하자는 취지에서 명함을 선거운동에 사용하지 못하도록 전면적으로 제한하였다가 선거기간 중 후보자가 명함을 직접 주는 행위까지 처벌대상으로 삼은 종전의 조치가 부당하였다는 반성적 고려에서 구 공직선거및선거부정방지법(2002.3.7. 법률 제6663호로 개정되고 2004.3.12. 법률 제7189호로 개정되기 전의 것) 제93조 제1항 단서가 신설된 것으로 보이는 점 및 위 단서의 신설로 후보자가 명함을 '직접 주는' 행위만 허용되었을 뿐 같은 법 제93조 제1항 본문에 의하여 선거에 영향을 미치게 하기 위하여 명함을 '배부'하는 행위 일반은 여전히 금지되고 있는 점 등을 종합하여 보면, 위와 같이 신설된 같은 법 제93조 제1항 단서가 시행된 2002.3.7.부터는 선거기간 중 후보자가 명함을 직접 주는 경우에 한하여 예외적으로 금지대상에서 제외된 것으로 볼 것이고, 이와 달리 선거에 영향을 미치게 하기 위하여 명함을 아파트 현관의 세대별 우편함에 넣어두거나 아파트 출입문 틈새 사이로 밀어 넣어 안으로 투입하거나 틈새 사이에 끼워 놓은 경우에는 설령 그 투입행위 자체를 후보자 본인이 하였다고 하더라도 명함을 직접 준 것과 동일시할 수 없으므로 여전히 같은 법 제93조 제1항 본문 위반행위에 해당한다.]

소판결을 선고하고, 재판확정후 한시법이 실효된 경우에는 제1조제3항의 입법취지에 따라서 형집행을 면제하여야 할 것이다.

5. 백지형법의 문제

가. 개념과 문제점

백지형법이란 형법법규 제정시 구성요건이나 법효과를 빠짐없이 규정하지 아니하고 일부를 남겨두어 다른 법규에 의하여 보충되도록 한 법률(예컨대 경제통제법령에서의 고시 등)을 말한다.[118] 형법전에 나타난 백지형법의 예로서는 '중립명령위반죄'[119]가 유일하다.

백지형법과 한시법은 구별되어야 하는데, 백지형법의 경우에는 근거되는 형벌법규의 효력은 계속 유지되면서 보충규정이 변경 또는 폐지되는 상황이 문제되는 것임에 반하여, 한시법은 형벌법규 자체가 실효되는 경우이기 때문이다. 백지형법은 유지되면서 고시가 폐지되거나 변경된 경우 행위시법과 재판시법 중 어느 것을 적용할 것인가 라는 문제이다.

나. 백지형법과 명령·고시의 변경

백지형법은 유지되면서 고시가 폐지되거나 변경된 경우 행위시법과 재판시법 중 어느 것을 적용할 것인가가 문제된다.

법률변경긍정설(적극설)은 보충규정(즉 고시)의 변경을 제1조 2항의 법률의 변경

---

118) **[보충규범이 제정되지 않은 경우의 처벌여부]** : 대법원 2006.4.27. 선고 2004도1078 판결(석유판매업자가 비상표제품의 판매에 관한 표시 없이 이를 판매하는 행위를 처벌하는 구 석유사업법과 그 시행령 규정이 위 표시의무의 세부 내용이 되는 구체적 표시기준과 표시방법을 산업자원부장관의 고시로 정하도록 위임하였음에도 비상표제품의 판매행위 당시 관련 고시가 제정되지 않았다면 이를 처벌할 수 없다.)

119) **[백지형법의 입법례]** : '형법' 제112조(中立命令違反) "外國間의 交戰에 있어서 中立에 關한 命令에 違反한 者는 3年 以下의 禁錮 또는 500萬원 以下의 罰金에 處한다."

으로 간주한다(통설). 이 설에 의하면 법원은 '고시의 변경'이 있는 피고사건을 '범죄 후 법령개폐로 형이 폐지되었을 때'에 해당한다고 보아 면소판결을 선고하게 된다(면소판결설).

이에 대하여 법률변경부정설(소극설)은 '고시의 변경'이 형법 제1조 제2항에서 말하는 '법률의 변경'에 해당하지 않는다는 견해이다. 고시의 변경을 법률변경과 같이 취급하면 백지형법의 실효성이 떨어진다는 점을 이유로 한다. 이에 의하면 보충규범이 변경된 경우에도 추급효가 인정되어 행위자는 행위시법으로 처벌된다(전면적 처벌설).

법률변경절충설은 범죄성립 여부나 처벌의 정도에 직접 관계되는 보충규범(고시)이면 법률의 변경에 해당하고(면소판결), 그 밖의 경우[120]에는 법률의 변경에 해당하지 않는다(추급효 인정)는 견해이다(구분설).

동기설은 대법원의 판례로 한시법의 경우와 유사하게 해결[121]하고자 한다.[122]

---

120) 예컨대 단순히 구성요건에 해당하는 사실면에서 법규의 변경에 해당하는 경우 등.

121) **[백지형법에 대한 동기설적 해결방법]** : 즉 보충규범의 변경이 사실관계의 변경을 동기로 할 경우에는 법률의 변경이 아니므로 추급효를 인정하지만, 법적 견해의 변경으로 인한 반성적 고려에 기인한 경우에는 법률의 변경으로 보아 추급효를 부정한다.

122) **[백지형법에 대하여 동기설을 취한 판례]** : 대법원 1989.4.25. 선고 88도1993 판결(공산품품질관리법 제6조 제1항에 의한 공업진흥청의 품질검사 지정상품에 관한 고시의 변경은 법률이념의 변천으로 종래의 규정에 따른 처벌 자체가 부당하다는 고려에서 비롯되기보다는 공산품의 품질향상에 따른 정책의 변경 등 특수한 필요에 대처하기 위한 것이므로, 그 고시의 변경으로 그 이전에 범한 위반행위의 가벌성이 소멸되는 것은 아니다.) ; **대법원 1999.11.12. 선고 99도3567 판결**(공산품품질관리법 제6조 제1항에 의한 공업진흥청의 품질검사 지정상품에 관한 고시의 변경은 법률이념의 변천으로 종래의 규정에 따른 처벌 자체가 부당하다는 고려에서 비롯되기보다는 공산품의 품질향상에 따른 정책의 변경 등 특수한 필요에 대처하기 위한 것이므로, 그 고시의 변경으로 그 이전에 범한 위반행위의 가벌성이 소멸되는 것은 아니다.) ; **대법원 2000.6.9. 선고 2000도764 판결**(식품위생법 제30조의 규정에 의하여 단란주점의 영업시간을 제한하고 있던 보건복지부 고시가 유효기간 만료로 실효되어 그 영업시간 제한이 해제됨으로써 그 후로는 이 사건과 같은 영업시간제한 위반행위를 더 이상 처벌할 수 없게 되기는 하였으나, 이와 같은 영업시간제한의 해제는 법률 이념의 변천으로 종래의 규정에 따른 처벌 자체가 부당하다는 반성적 고려에서 비롯된 것이라기보다는 사회상황의 변화에 따른 식품접객업소의 영업시간제한 필요성의 감소와 그 위반행위의 단속과정에서 발생하는 부작용을 줄이기 위한 특수한 정책적인 필요 등에 대처하기 위하여 취하여진 조치에 불과하므로, 위와 같이 영업시간제한이 해제되었다고 하더라도 그 이전에 범하여진 피고인의 이 사건 위반행위에 대한 가벌성이 소멸되는 것은 아니다.) ; **대법원 2005.12.23. 선고 2005도747 판결**[사용이 금지되었던 식품첨가물이 '건강기능식품에 관한 법률' 및 이에 의하여 고시된 '건강기능식품의 기준 및 규격' 등에 의하여 그 제한적 사용이 가능하도록 법률이 변경된 것은 법률이념의 변천으로 종래의 규정에 따른 처벌 자체가 부당하다는 반성적 고려에서 비롯된 것이라기보다는 건강기능식품의 국내 수요 확대 등 여건의 변화에 따른 규제범위의 합리적 조정의 필요와 건강기능식품의 안전성 제고 등 그때그때의 특수한 필요에 대처하기 위한 정책적 조치에 따른 것으로 보아, 위 법률 및 고시가 시행되기 전에 이미 범하여진 위반행위에 대한 가벌성이 소멸되는 것은 아니라고 한 원심의 판단을 수긍한 사례.]

보충판례 4-5[백지형법과 동기설 : 법률이념의 변경] : 대법원 2010.3.11. 선고 2009도12930 판결.

보충판례 4-6[백지형법과 동기설 : 사실관계의 변경] : 대법원 2011.9.8. 선고 2011도7635 판결.

제2절 장소적 · 인적 적용범위

사례 9 장소적 효력범위

소말리아인 A는 독일에서 남아프리카공화국 국적의 B녀를 강간한 후 얼마 전부터 우리나라에 체류 중에 있다. A에 대하여 대한민국의 형법을 적용할 수 있는가?

1. 개념 및 문제점

형법의 장소적 적용범위란 어느 지역에서 행해진 범죄에 대하여 우리나라의 실체형법을 적용할 것인가, 즉 대한민국 형법의 효력이 미치는 지역적 범위가 어디까지인가라는 문제로, 절차적으로도 실제로 처벌할 수 있는가라는 문제(형사재판관할권의 범위)[123]와는 명확하게 구별할 필요가 있다.

형법상 국외범[124]을 처벌할 수 있는 경우에도 실제로 처벌하기 위해서는 소재국으

123) **[刑事裁判權]** : 형사재판권이란 국가형벌권을 구체적으로 실현시킬 수 있는 사법판단의 권한을 말한다. 형사재판권은 주권의 일부로서 영토 내에서 행사되어야 하기 때문에 형법의 효력을 실현시키기 위한 대한민국 법원의 재판권은 대한민국 영토로 한정된다.
[領事裁判權] : 영사재판권이란 외국인의 범죄를 국내에서 외국기관이 재판할 수 있는 권한을 말한다. 영사재판권은 불평등조약의 전형적인 특징을 이루는데, 다만 국가간의 평등조약에 의하여 대한민국의 司法高權에 예외를 인정할 수 있다. 예컨대 주한미군의 법적 지위에 관한 **"대한민국과아메리카합중국간의상호방위조약제4조에의한시설과구역및대한민국에서의합중국군대의지위에관한협정(=한·미행정협정, SOFA)" 제22조(형사재판권)**는 우리나라와 미합중국 군 당국이 각각 전속적으로 재판권을 행사할 수 있는 경우 및 양국의 재판권이 경합하는 경우에 관하여 규정하고 있는데, 이 협정에 의하여 미국 측은 대한민국 영토 안에서 발생한 범죄에 대하여 재판권을 가진다.

124) **[범죄지의 결정기준]** : 형법의 효력은 범죄를 기준으로 하기 때문에 예외적으로 대한민국 외에서 범해진 國外犯에 대해서도 우리형법을 적용할 수 있다. 국내범과 국외범을 구별하기 위해서는 犯罪地의 개념을 규명할 필요가 있는데, 범죄지의 결정기준에 관해서는 행위기준설, 결과기준설, 보편기준

로부터 범죄인을 인도[125]받지 않으면 안 되기 때문이다. 우리나라 형법의 적용이 문제될 수 있는 경우로는, 내국인의 국내범, 내국인의 국외범, 외국인의 국내범, 외국인의 국외범을 들 수 있다.[126]

2. 입법방식

형법의 장소적 적용범위를 정함에 있어서 각국이 입법상 사용하는 원칙에는 다음의 4가지 유형이 있다.

가. 屬地主義

속지주의란 자국의 영역 안에서 범해진 범죄에 대해서는 범인의 국적 여하를 불문하고 자국의 형벌법규를 적용한다는 원칙을 말한다.[127]

그러나 이러한 속지주의는 국외에서 발생한 범죄에 대하여 형벌권을 행사할 수 없고, 범죄지의 확정이 곤란한 경우가 있다는 문제점을 안고 있다.

설 등이 제시되고 있다.

여기서 **행위기준설**이란 행위자가 행위를 한 장소 또는 부작위범의 경우 행위자가 행위를 하였어야 할 장소를 범죄지로 보는 견해를 말하며, **결과기준설**이란 구성요건에 해당하는 결과가 발생한 장소를 범죄지로 보는 견해이다. **보편기준설**은 범죄실현을 위한 행위가 이루어진 장소와 범죄행위의 결과가 발생한 장소를 모두 범죄지로 보는 견해를 말한다. 행위와 결과가 범죄실현과정에서 대등한 의미를 가진다는 점 및 형법의 적용범위에 간극이 생겨서는 안 된다는 점(즉 행위지와 결과발생지가 다른 범죄인 離隔犯의 해결을 위해서는)에서는 보편기준설이 기준이 되어야 한다는데 異論은 없다.

125) **[외국의 재판권과 형사판결의 효력]** : 외국의 재판권은 우리나라에 효력이 미치지 않는다. 동일한 원리에서 외국의 형사판결은 우리나라 안에서 집행력이 없다. 국제간의 협력을 위하여 犯罪人引渡나 외국과의 형사사법에 관한 共助가 필요한 경우가 있는데, 이를 대비하여 "犯罪人引渡法[시행 2010.3.31][법률 제10202호, 2010.3.31, 일부개정]" 및 "國際刑事司法共助法[시행 2009.11.2][법률 제9811호, 2009.11.2, 일부개정]"이 제정되어 있다. 그러나 **이들 법률은 외국과의 협조를 위한 것일 뿐(제1조의 목적규정을 참조) 외국의 재판권을 우리나라에서 실현시키기 위한 것은 아니다.**

126) **[내국인 및 외국인의 범위]** : 여기서의 內國人에는 대한민국 국적보유자 이외에 이중국적자를 포함하며, 外國人은 외국국적보유자뿐만 아니라 무국적자도 포함한다.

127) **[旗國主義]** : 국외를 운항 중인 자국의 선박 또는 항공기 내에서 행한 범죄에 대해서는 자국형법을 적용한다는 원칙을 기국주의라 하며 속지주의 특별한 경우라 할 수 있다(형법 제4조 참조).

나. 屬人主義

속인주의란 자국민의 모든 범죄에 대해서는(즉 자국민이 범죄의 주체로서 범죄행위자인 경우에는) 범죄지 여하를 불문하고 자국의 형법을 적용하는 원칙을 말한다. **적극적 속인주의(형법 제3조)**라고도 한다.

이에 대하여 자국민이 외국에서 자국 또는 자국민의 법익을 침해한 범죄에 대해서만 자국의 형법을 적용하는 원칙 및 자국민이 범죄의 객체로서 범죄피해자인 경우에 범인에 대해서 그 범죄지 여하를 불문하고 자국의 형법을 적용하는 원칙을 **소극적 속인주의(형법 제6조의 내용에 해당)**라 한다.

그러나 속인주의에 의하면 외국인이 자국민의 법익을 침해하는 범죄를 처벌할 수 없고 형법적용의 충돌과 이중처벌의 가능성이라는 문제[128]가 발생한다.

다. 保護主義

보호주의란 범인의 국적 및 범죄지 여하를 불문하고 자국(국가보호주의) 또는 자국민의 법익(국민보호주의)을 보호하기 위하여 필요한 범위에서 자국의 형법을 적용하는 원칙을 말한다. 그러나 보호주의를 철저화하면 입장이 다른 타국과의 마찰을 피할 수 없게 된다.

라. 世界主義

세계주의란 범죄지 및 범인의 국적 여하를 불문하고 세계 각국에 공통된 일정한 법익을 침해하는 범죄(예컨대 전쟁도발범죄, 국제테러범죄, 마약밀매범죄, 인신매매범죄, 민족학살범죄 등)에 대하여 각국이 자국의 형법을 적용하는 원칙을 말한다.[129] 사

128) **[속인주의의 문제점]** : 즉 외국에서 범죄를 범한 자국민은 속인주의에 따른 자국형법을 적용받는 이외에 외국의 속지주의에 따른 외국형법의 적용도 받게 되는 형법적용의 충돌문제 및 이중처벌의 가능성이 발생한다.

129) **[세계주의의 입법례]** : **'국제형사재판소관할범죄의처벌등에관한법률[시행 2011.4.12][법률 제10577호, 2011.4.12, 일부개정]'** 제2조(정의), 제6조(시효의 적용 배제) 및 제2장 국제형사재판소 관할범죄의 처벌(제8조-제18조), 형법[시행 2016.5.29.] [법률 제14178호, 2016.5.29., 일부개정]

회방위의 국제적 연대성에 기초한 것으로, 각국의 침해범죄에 대한 태도 및 형벌이 동일하지 않다는 문제점이 있다.

이상과 같은 4가지 주의 가운데 우리 형법은 속지주의를 원칙으로 하여 속인주의, 보호주의를 보충적으로 倂用하고 있다고 할 수 있다.

[입법방식의 정리]

		범죄지에 착안	범인에 착안	법익에 착안	피해자에 착안
속지주의		○	×	×	×
속인주의	적극적	×	○	×	×
	소극적	×	×	×	○
보호주의		×	×	○ 국가적 법익 사회적 법익	×
세계주의		×	×	○ 각국 공통의 법익	×

3. 대한민국 형법의 구체적 내용

가. 국내범

[조문]

刑法 第2條(國內犯) 本法은 大韓民國領域內에서 罪를 犯한 內國人과 外國人에게 適用한다.

제4조(國外에 있는 內國船舶등에서 外國人이 犯한 罪) 本法은 大韓民國領域外에 있는 大韓民國의 船舶 또는 航空機內에서 罪를 犯한 外國人에게 適用한다.

2011년 형법일부개정법률안[형법총칙전면개정안][의안번호 제11304호] 제3조(속지주의) 이 법은 대한민국 영역 안에서 죄를 범한 자에게 적용한다.

제5조(기국주의) 이 법은 대한민국 영역 밖에 있는 대한민국의 선박 또는 항공기 안에서 죄를 범한

제296조의2(세계주의) 규정 등을 참조.

외국인에게 적용한다.

<u>국제형사재판소관할범죄의처벌등에관한법률[시행 2011.4.12][법률 제10577호, 2011.4.12, 일부개정] 제3조(적용범위)</u> ① 이 법은 대한민국 영역 안에서 이 법으로 정한 죄를 범한 내국인과 외국인에게 적용한다.

③ 이 법은 대한민국 영역 밖에 있는 대한민국의 선박 또는 항공기 안에서 이 법으로 정한 죄를 범한 외국인에게 적용한다.

<u>질서위반행위규제법 제4조(법 적용의 장소적 범위) ①</u> 이 법은 대한민국 영역 안에서 질서위반행위를 한 자에게 적용한다.

<u>③</u> 이 법은 대한민국 영역 밖에 있는 대한민국의 선박 또는 항공기 안에서 질서위반행위를 한 외국인에게 적용한다.

(1) 원칙 : 속지주의

사례 10 속지주의

부산항에 정박 중인 일본국적의 관광선에서 일본인 A와 중국인 B가 말다툼 끝에 폭행사건이 발생하여 A는 전치 4주 B는 전치 5주의 상해를 입었다. A와 B에 대하여 대한민국의 형법을 적용할 수 있는가? (사례풀이 본 서 154쪽 본문 참조)

대한민국영역 내에서 범해진 범죄에 대해서는 내·외국인을 불문하고 형법을 적용한다. 이처럼 우리 형법은 장소적 적용범위의 원칙으로 속지주의를 천명하고 있다. 또한 국외에 있는 대한민국의 선박 또는 항공기내에서 죄를 범한 외국인에게도 우리 형법이 적용된다. 이를 <u>旗國主義</u>라 한다.[130)]

사례 11 기국주의

공해상을 항해 중인 여객선X(소유자 : 한국기업)의 선상에서 술에 취한 미합중국 국적의 승객(A와 B)끼리 싸움이 붙어, A가 B를 살해하려고 칼로 찌른 후 필리핀국적의 객실승무원에 의해 붙잡혔다. 피해자의 생명에 지장은 없었지만, A를 제압하는 과정에서 당해 승무원도 부상을 입었다. X선의 다음 기항예정지는 하와이 호놀룰루이었지만 한국인선장 Y는 승하선예정자가 없었기 때문에 호놀룰루기항을 중지하고 그 다음 기항예정지인 부산으로 직행하여 붙잡아 둔 미합중국인 A를 한국의 경찰에 인도하였다.

A에 대하여 대한민국의 형법을 적용할 수 있는가? (사례풀이 본 서 154쪽 본문 이하 참조)

130) **<u>[기국주의의 의미]</u>** : 기국주의는 어느 나라 형벌권의 적용도 받지 않는 공해에서 발생한 범죄와 같이 그 가벌성의 흠결을 메우기 위하여 추가적인 국내 범행지를 인위적으로 만들어 영토개념을 확장한 것이다. 이점에서 <u>기국주의는 넓은 의미의 속지주의</u>에 속한다.

그런데 우리 형법이 속지주의를 관철시키기 위해서는 두 가지 선결문제를 전제로 하는데, 하나는 국가의 영역이 어디까지 미치는가 라는 국내개념의 문제이고, 다른 하나는 어디서 범행이 범해졌는가 라는 범죄지개념의 문제이다.

(2) 국내개념의 문제

속지주의의 기준이 되는 **'대한민국의 영역'**이란 한반도와 그 부속도서(헌법 제3조, 영토) 및 영해[131], 영공(영해를 포함한 영토 위에 존재하는 영공) 內를 의미한다. 예컨대 위 속지주의 사례 10에서 일본인 A와 중국인 B에 대하여 대한민국 형법을 적용하여 처벌할 수 있을 뿐만 아니라, 기국주의 사례 11에서도 대한민국 국적의 여객선 내에서 刺傷을 입힌 A에게도 대한민국 형법을 적용할 수 있다.

문제는 북한지역이 헌법 제3조가 규정한 대한민국 영토에 속하는지 여부이다. 종전의 판례[132]는 헌법 제3조를 근거로 북한도 대한민국의 영토에 속한다고 판단하여 속지주의의 적용을 인정하였으나, 최근 태도를 변경하여 북한지역을 대한민국의 통치권이 사실상 미치지 아니하는 지역으로 보아 외국에 준하여 취급하고 있다.[133]

---

131) **[영해의 정의]** : 대한민국의 領海는 기선으로부터 측정하여 그 바깥쪽 12해리의 선까지에 이르는 수역을 말한다['영해및접속수역법[시행 2011.4.4][법률 제10524호, 2011.4.4, 일부개정]' 제1조(영해의 범위)]. 다만 '영해및접속수역법시행령[시행 2008.1.20][대통령령 제20544호, 2008.1.11, 타법개정]' 제3조(대한해협에 있어서의 영해의 범위)는 별표2에 따라 대한해협을 구성하는 수역에 있어서의 영해는 별표1의 직선기선으로부터 측정하여 그 외측 3해리 선까지로 규정하고 있다.

132) **[국내의 개념]** : 대법원 1957.9.20. 선고 4290형상228 판결(북한도 우리 영토의 일부이므로 당연히 형법의 적용대상 지역이지만 단지 재판권이 미치지 못할 뿐이다.) ; **대법원 1997.11.20. 선고 97도2021 전원합의체 판결**[또한 헌법 제3조는 대한민국의 영토는 한반도와 그 부속도서로 한다고 규정하고 있어 북한도 대한민국의 영토에 속하는 것이 분명하므로, 캐나다 국적을 가진 피고인이 북한의 지령을 받기 위하여 캐나다 토론토를 출발하여 일본과 중국을 순차 경유하여 북한 평양에 들어간 행위는 제3국과 대한민국 영역 내에 걸쳐서 이루어진 것이고, 피고인이 북한의 지령을 받고 국내에 잠입하여 활동하던 중 그 목적수행을 위하여 서울 김포공항에서 대한항공편으로 중국 북경으로 출국한 후 중국 북경에서 북한 평양으로 들어간 행위는 대한민국 영역 내와 대한민국 영역 외에 있는 대한민국의 항공기 내 및 대한민국의 통치권이 미치지 아니하는 제3국에 걸쳐서 이루어진 것이라고 할 것인바, 이와 같은 경우에는 비록 피고인이 캐나다 국적을 가진 외국인이라고 하더라도 형법 제2조(속지주의), 제4조(기국주의)에 의하여 대한민국의 형벌법규가 적용되어야 할 것이고, 형법 제5조, 제6조에 정한 외국인의 국외범 문제로 다룰 것은 아니다.]

133) **보충판례 5[국내의 개념] : 대법원 2008.4.17. 선고 2004도4899 전원합의체 판결 ; 대법원 1976.5.11. 선고 76도720 판결**([다수의견]독일 국적을 취득함에 따라 대한민국 국적을 상실한 피고인이 독일 내에서 북한의 지령을 받아 1997.7.7. 베를린 주재 북한이익대표부를 방문하고 그곳에서 북한공작원을 만난 행위는 외국인의 국외범에 해당한다는 이유로 무죄를 선고한 원심은 정당하고, 거기에 상고이유에서 지적하는 바와 같은 위법은 없다. 독일 베를린 주재 북한이익대표부는 대한민국의 영토

보충판례 5[국내의 개념] : 대법원 2008.4.17. 선고 2004도4899 전원합의체 판결 ; 대법원 1976.5.11. 선고 76도720 판결.

또한 판례에 따르면 재외공관의 내부도 대한민국의 영토가 아니다.[134] 이점에서 대한민국 내에 있는 외교공간에서 범한 국내범죄에 대해서는 대한민국 형법이 적용되지만 소송법적으로 형사재판관할권이 면제될 뿐이라고 이해하는 것이 타당할 것이다.

보충판례 5-1[재외공관의 영토성] : 대법원 2006.9.22. 선고 2006도5010 판결.

(3) 범죄지개념의 문제

① 범죄지 일반

범죄지 결정의 기준으로는 행위기준설(거동설), 결과기준설(결과설), 보편기준설(편재설, 통설 및 판례[135])이 제시되고 있으나 범죄지는 행위와 결과를 모두 고려하여 결정하는 보편기준설이 타당함은 전술하였다.[136]

로 볼 수 있다는 주장 등은 모두 독자적인 견해에 불과하여 받아들일 수 없다. **[별개의견]**… 국가보안법의 입법 목적이, 반국가단체인 북한이 한반도의 일부 지역을 사실상 지배하면서 대한민국의 영토 참절(僭竊)을 기도하는 등 대한민국의 존립과 안전을 위협하는 상황에 맞서, 대한민국의 존립과 안전 및 계속성을 보장하고, 그 영토인 한반도와 부속도서를 보전하며 그에 대한 실효적 지배력을 확보하기 위한 것임을 고려할 때, 국가보안법 제6조 제1항, 제2항에서 말하는 탈출이란 대한민국의 이른바 영토고권(領土高權)이 현실적으로 미치고 있는 남한 지역으로부터 이탈하는 행위를 말하는 것으로 보는 것이 옳다.)

134) **보충판례 5-1[재외공관의 영토성] : 대법원 2006.9.22. 선고 2006도5010 판결**(중국 북경시에 소재한 대한민국 영사관 내부는 여전히 중국의 영토에 속할 뿐 이를 대한민국의 영토로서 그 영역에 해당한다고 볼 수 없다.)

135) 대법원 2000.4.21. 선고 99도3403 판결[외국인이 대한민국 공무원에게 알선한다는 명목으로 금품을 수수하는 행위가 대한민국 영역 내에서 이루어진 이상, 비록 금품수수의 명목이 된 알선행위를 하는 장소가 대한민국 영역 외라 하더라도 대한민국 영역 내에서 죄를 범한 것이라고 하여야 할 것이므로, 형법 제2조에 의하여 대한민국의 형벌법규인 구 변호사법(2000.1.28. 법률 제6207호로 전문 개정되기 전의 것) 제90조 제1호가 적용되어야 한다.] ; 대법원 1999.4.13. 선고 98도4560 판결[대마관리법 제18조 소정의 대마의 수입이라 함은 국외로부터 대마를 우리 나라의 영토 내로 반입하는 모든 행위를 의미하는 것으로서, 반입의 목적이나 의도 및 반입량의 다과 등은 수입의 성립 여부와는 상관이 없고, 한편 대마관리법은 대마의 관리를 적정히 하여 그 유출을 방지함으로써 국민보건 향상에 기여함을 목적으로 하는 것으로서(같은 법 제1조), 대마를 항공기를 이용하여 수입하는 경우에는 이로 인한 국민보건에 대한 위해발생의 위험성은 대마의 지상반입에 의하여 이미 발생하는 것이므로, 위와 같은 대마를 항공기에서 지상으로 반입하는 때에 기수에 달하는 것이라고 해석함이 타당하다.]

136) 앞의 주 124)를 참조.

사례 12 **작위범의 범죄지 1**

A는 강의 독일측 상류지역에서 살인의 고의를 가지고 강의 오스트리아측 하류지역에서 아무것도 모르고 낚시를 하고 있는 B를 향해 총을 쏘았다. A의 저격은 명중하였고, B는 즉사하였다.

이 사례 12에서는 살인죄는 작위범이고, 이러한 작위범의 행위지는 독일(실행행위지)이다. 따라서 독일이 범죄지가 된다. 또한 살인죄의 구성요건적 결과는 사람의 죽음이다. B가 사망한 곳은 오스트리아이다. 따라서 기수범의 결과지는 오스트리아이고, 오스트리아도 범죄지가 된다.

사례 12의 응용 **작위범의 범죄지 2**

사례 1의 사안에서 A가 총을 쏘았지만 B를 죽이지 못했다.

이 사례 12의 응용에서는 살인죄는 작위범이고, 이러한 작위범의 행위지는 독일(실행행위지)이다. 따라서 독일이 범죄지가 된다. 그러나 B는 죽지 않았기 때문에 살인미수가 되고, 살인의 고의는 오스트리아에 있는 B에 대한 살인을 내용으로 하는 것이기 때문에 결과지는 오스트리아가 되고, 따라서 범죄지도 오스트리아가 된다.

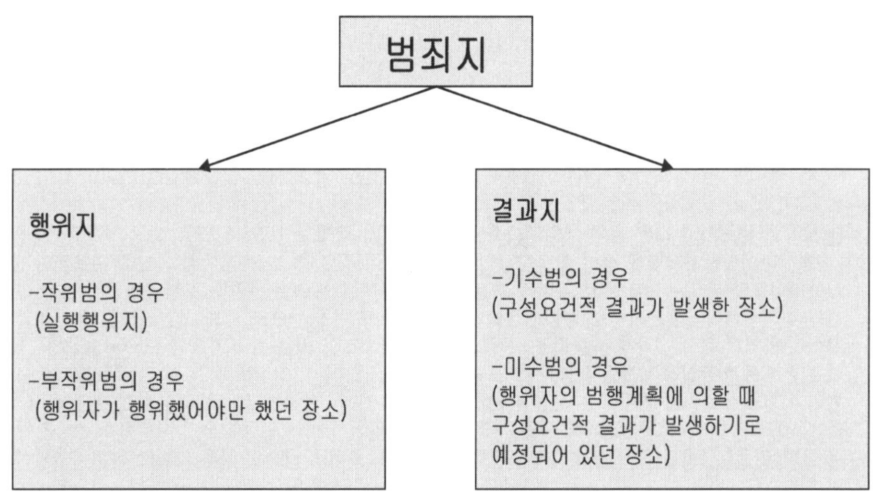

사례 13 부작위범의 범죄지

A는 미성년자인 B의 아버지이다. A는 강의 독일측 상류에 앉아서 강의 오스트리아 측 하류에서 놀고 있는 자신의 아들 B를 지켜보고 있다. 그러던 와중에 A는 갑자기 강에 빠졌고, 수영을 할 수 없었다. 그러나 오래 전부터 자신의 아들 B를 위한 학비와 용돈 등의 명목으로 많은 비용이 지출되어 고민을 하고 있던 아버지 A는 아들을 당장 구조할 수 있었음에도 불구하고 구조하지 않았고, 그 결과 B는 익사하고 말았다.

위 사례 13과 같은 부작위범의 경우에는 행위지는 결과발생을 방지하기 위한 필요한 행위를 할 수 있었던 장소(즉, 행위자가 부작위하는 동안에 머무르는 체류지) 또는 행위자가 결과발생을 방지했어야만 했던 장소(결과발생방지지)이다. 즉 행위지와 범죄지는 독일이다. 기수범의 경우 결과지는 사망의 결과가 발생한 장소이기 때문에 오스트리아도 범죄지가 된다.

② 공범의 범죄지

공동정범의 경우에는 실행행위를 분담하여 실행한 곳이 범죄지가 되며, 1인에 대한 범죄지가 국내인 이상 전원에 대하여 대한민국 형법이 적용된다. 공모공동정범[137]의 경우에도 범죄지를 동일하게 파악하며, 공모가 국내에서 행해지고 외국에서 실행이 이루어진 경우에도 전원을 형법으로 처벌할 수 있다.[138]

137) **[共謀共同正犯]** : 2인 이상이 공동하여 죄를 범하는 공동정범의 성립에는 **'공동가공의 의사(공동의 의사연락, 즉 공모)'**라는 주관적 요건과 **'공동가공의 사실(실행행위의 분담)'**이라는 객관적 요건이 구비되어야 한다. 공모공동정범이란, 공동의 의사연락은 있으나 범죄의 실행행위에 직접 가담하지 아니한 상태에서 공동정범으로 인정되는 자를 말한다.

138) **[공모지와 범죄지가 다른 경우 형법 제2조의 적용문제]** : **대법원 1998.11.27. 선고 98도2734 판결**[향정신성의약품관리법에 정한 향정신성의약품의 수입이라 함은 그 목적이나 의도에 관계없이 향정신성의약품을 국외로부터 우리 나라의 영토 내로 양륙하는 등으로 반입하는 행위를 뜻하는 것이고, 한편 향정신성의약품관리법은 향정신성의약품의 오용 또는 남용으로 인한 보건위생상의 위해를 방지하기 위하여 필요한 규제를 행함을 목적으로 하는 것으로서(같은 법 제1조 참조), 이러한 위해발생의 위험성은 향정신성의약품의 양륙 또는 지상반입에 의하여 이미 발생하고, 위와 같은 의약품을 선박이나 항공기로부터 양륙 또는 지상에 반입함으로써 기수에 달하는 것이라고 해석함이 타당하다(대법원 1994.3.11. 선고 93도3416 판결 참조). 또한 국외에서 국외로 운반중인 히로뽕이 경유지인 국내 공항에서 환적을 위하여 항공사측에 의하여 일시적으로 지상반출된 경우, 향정신성의약품의 수입에 해당한다 : 이처럼 미국시민권자인 재미교포 甲과 내국인 乙이 홍콩에서 히로뽕을 구입하기로 국내에서 공모하고 乙이 홍콩에서 히로뽕을 구입한 사안에 대하여, 형법 제2조를 적용함에 있어서 공모공동정범의 경우 공모지도 범죄지로 보아야 한다.] ; **대법원 1999.4.13. 선고 98도4560 판결**[대마관리법 제18조 소정의 대마의 수입이라 함은 국외로부터 대마를 우리 나라의 영토 내로 반입하는 모든 행위를 의미하는 것으로서, 반입의 목적이나 의도 및 반입량의 다과 등은 수입의 성립 여부와는

협의의 공범에 대해서도 즉 교사·방조가 외국에서 행해지더라도(범죄지) 정범행위가 국내에서 행해진 경우(정범의 실행행위지 즉 협의의 공범의 결과발생지)에는 공범자에게도 형법을 적용할 수 있다.[139)]

간접정범의 경우에는 피이용자의 실행행위지 이외에 이용자의 이용행위지도 범죄지에 포함된다.

나. 보충 : 속인주의와 보호주의

[조문]

刑法 第3條(內國人의 國外犯) 本法은 大韓民國領域外에서 罪를 犯한 內國人에게 適用한다.

第5條(外國人의 國外犯) 本法은 大韓民國領域外에서 다음에 記載한 罪를 犯한 外國人에게 適用한다.
1. 內亂의 罪 2. 外患의 罪 3. 國旗에 關한 罪 4. 通貨에 關한 罪
5. 有價證券, 郵票와 印紙에 關한 罪
6. 文書에 關한 罪中 第225條 乃至 第230條
7. 印章에 關한 罪中 第238條

第6條(大韓民國과 大韓民國國民에 對한 國外犯) 本法은 大韓民國領域外에서 大韓民國 또는 大韓民國國民에 對하여 前條에 記載한 以外의 罪를 犯한 外國人에게 適用한다. 但 行爲地의 法律에 依하여 犯罪를 構成하지 아니하거나 訴追 또는 刑의 執行을 免除할 境遇에는 例外로 한다.

2011년 형법일부개정법률안[형법총칙전면개정안] 제4조(속인주의) 이 법은 대한민국 영역 밖에서 죄를 범한 내국인에게 적용한다.

제6조(보호주의) ① 이 법은 대한민국 영역 밖에서 다음 각 호의 어느 하나의 죄를 범한 외국인에게 적용한다.
1. 제87조부터 제90조까지의 죄

상관이 없고, 한편 대마관리법은 대마의 관리를 적정히 하여 그 유출을 방지함으로써 국민보건 향상에 기여함을 목적으로 하는 것으로서(같은 법 제1조), 대마를 항공기를 이용하여 수입하는 경우에는 이로 인한 국민보건에 대한 위해발생의 위험성은 대마의 지상반입에 의하여 이미 발생하는 것이므로, 위와 같은 대마를 항공기에서 지상으로 반입하는 때에 기수에 달하는 것이라고 해석함이 타당하다.] ; **대법원 2000.4.21. 선고 99도3403 판결**[외국인이 대한민국 공무원에게 알선한다는 명목으로 금품을 수수하는 행위가 대한민국 영역 내에서 이루어진 이상, 비록 금품수수의 명목이 된 알선행위를 하는 장소가 대한민국 영역 외라 하더라도 대한민국 영역 내에서 죄를 범한 것이라고 하여야 할 것이므로, 형법 제2조에 의하여 대한민국의 형벌법규인 구 변호사법(2000.1.28. 법률 제6207호로 전문 개정되기 전의 것) 제90조 제1호가 적용되어야 한다.]

139) 김성돈, 형법총론 제2판, 성균관대학교 출판부, 2009, 93쪽 ; 신동운, 형법총론 제4판, 법문사, 2009, 64쪽 ; **日本最高裁判所決定平成6(1994).12.9., 刑集第48卷第8号576面** 등 참조.

2. 제92조부터 제101조까지 및 제103조의 죄
3. 제105조 및 제106조의 죄
4. 제225조부터 제230조까지의 죄

② 이 법은 대한민국 영역 밖에서 대한민국 또는 대한민국 국민에 대하여 제1항 각호에 해당하지 아니한 죄를 범한 외국인에게도 적용한다. 다만, 행위지의 법률에 따라 범죄를 구성하지 아니하거나 소추 또는 형의 집행을 면제하는 경우에는 예외로 한다.

국제형사재판소관할범죄의처벌등에관한법률[시행 2011.4.12][법률 제10577호, 2011.4.12, 일부개정] 제3조(적용범위) ② 이 법은 대한민국 영역 밖에서 이 법으로 정한 죄를 범한 내국인에게 적용한다.

④ 이 법은 대한민국 영역 밖에서 대한민국 또는 대한민국 국민에 대하여 이 법으로 정한 죄를 범한 외국인에게 적용한다.

질서위반행위규제법 제4조(법 적용의 장소적 범위) ② 이 법은 대한민국 영역 밖에서 질서위반행위를 한 대한민국의 국민에게 적용한다.

아동·청소년의성보호에관한법률[시행 2012.8.5][법률 제11002호, 2011.8.4, 타법개정] 제21조(내국인의 국외범 처벌) 국가는 국민이 대한민국 영역 외에서 아동·청소년대상 성범죄를 범하여 「형법」 제3조에 따라 형사처벌하여야 할 경우에는 외국으로부터 범죄정보를 신속히 입수하여 처벌하도록 노력하여야 한다.

범죄수익은닉의규제및처벌등에관한법률[시행 2012.8.5][법률 제11002호, 2011.8.4, 타법개정] 제7조의2(국외범) 제3조(범죄수익등의 은닉 및 가장) 및 제4조(범죄수익등의 수수)는 대한민국 영역 밖에서 해당 죄를 범한 내국인에게도 적용한다.[전문개정 2010.3.31]

(1) 속인주의

우리 형법은 대한민국 국민이 대한민국 영역 외에서 범한 범죄에도 적용한다(제3조). 즉 대한민국의 국적[140)]을 가지기만 하면 그 범죄가 외국에서 행해진 경우에도 우

140) **[국적법상 북한주민의 대한민국국적 인정]** : 대법원 1996.11.12. 선고 96누1221 판결[원심판결 이유에 의하면 원심은 거시 증거에 의하여 원고는 1937.3.17. 강원도 화천군 상서면 사향리에서 아버지를 조선인인 소외 1, 어머니를 조선인인 소외 2로 하여 출생한 자로서 8·15 광복에 이은 남북분단 이후 북한지역에서 거주하던 중 6·25사변으로 부모를 잃고 북한의 여러 지역을 돌아다니며 생활하다가 1960년경 중국으로 건너간 사실, 중국에 건너간 직후인 1961년경 한국계 중국인인 소외 3과 결혼하였다가 1963년경 이혼하였고, 1979년경 다시 한국계 중국인인 소외 4와 재혼하여 살다가 1992.7.13. 중국정부로부터 중국여권을 발급받아 대한민국 법무부장관으로부터 체류자격을 방문목적으로 하고 체류기간을 30일로 하는 사증을 발급받아 1992.9.1. 남편과 함께 대한민국에 입국한 사실, 원고는 중국에 거주하던 1977.8.25. 중국 주재 북한대사관으로부터 해외공민증을 발급받았고 1987.3.1.에는 중국정부로부터 유효기간을 1992.3.1.까지로 하는 외국인거류증을 발급받았으며, 1992.3.1.에는 외국인거류증의 유효기간을 1997.3. 까지로 연장받은 사실을 인정한 다음, 남조선과도정부법률 제11호 국적에관한임시조례 제2조 제1호는 조선인을 부친으로 하여 출생한 자는 조선의 국적을 가지는 것으로 규정하고 있고, 제헌헌법은 제3조에서 대한민국의 국민되는 요건을 법률로써

리 형법이 적용되는 것이다. 이처럼 우리 형법은 보충적으로 속인주의(적극적 속인주의)를 취하고 있다.[141)]

한편 형법 제3조의 적용에 있어서 문제된 범죄행위가 대한민국 국민이 체재하는 외국에서도 범죄로 되는가 하는 점은 고려할 필요가 없다.[142)]

(2) 보호주의

보호주의란 대한민국이 보호할 가치가 있다고 판단한 법익에 대하여 외국인이 국외에서 범한 범죄도 우리 형법을 적용하여 처벌하는 원칙을 말한다.

국가보호주의를 채택한 규정인 형법 제5조는 일정한 유형의 범죄에 대하여 외국인이 국외에서 죄를 범하더라도 우리 형법을 적용하여 처벌하고 있다. 예컨대 홍콩에서 중국삼합회조직이 한국원화의 위조지폐를 제조·유통시킨 경우에 형법 제5조 제4호가 적용된다.

....

정한다고 규정하면서 제100조에서 현행 법령은 이 헌법에 저촉되지 아니하는 한 효력을 가진다고 규정하고 있는바, 원고는 조선인인 위 소외 1을 부친으로 하여 출생함으로써 위 임시조례의 규정에 따라 조선국적을 취득하였다가 1948.7.17. 제헌헌법의 공포와 동시에 대한민국 국적을 취득하였다 할 것이고, 설사 원고가 북한법의 규정에 따라 북한국적을 취득하여 1977.8.25. 중국 주재 북한대사관으로부터 북한의 해외공민증을 발급받은 자라 하더라도 북한지역 역시 대한민국의 영토에 속하는 한반도의 일부를 이루는 것이어서 대한민국의 주권이 미칠 뿐이고, 대한민국의 주권과 부딪치는 어떠한 국가단체나 주권을 법리상 인정할 수 없는 점에 비추어 볼 때 이러한 사정은 원고가 대한민국 국적을 취득하고, 이를 유지함에 있어 아무런 영향을 끼칠 수 없다고 판단하였다.

기록과 관계 법령의 규정에 비추어 보면 원심의 위 사실인정 및 판단은 정당하고, 거기에 소론과 같이 국적법에 관한 법리를 오해한 위법이 있다고 할 수 없다.]

141) **[형사재판관할권과 속인주의]** : **대법원 1986.6.24. 선고 86도403 판결**(국제협정이나 관행에 의하여 대한민국 내에 있는 미국문화원이 치외법권지역이고 그 곳을 미국영토의 연장으로 본다 하더라도 그 곳에서 죄를 범한 대한민국 국민에 대하여 우리 법원에 먼저 공소가 제기되고 미국이 자국의 재판권을 주장하지 않고 있는 이상 속인주의를 함께 채택하고 있는 우리나라의 재판권은 동인들에게도 당연히 미친다 할 것이며 미국문화원측이 동인들에 대한 처벌을 바라지 않았다고 하여 그 재판권이 배제되는 것도 아니다.) **[이에 대한 평석]**으로는, 오영근, 형법총론, 87쪽 ; 신양균, 형법판례연구(2), 12쪽 ; 신동운, 판례백선 형법총론, 63쪽 참조.

142) **대법원 2001.9.25. 선고 99도3337 판결**(형법 제3조는 '본법은 대한민국 영역 외에서 죄를 범한 내국인에게 적용한다.'고 하여 형법의 적용 범위에 관한 속인주의를 규정하고 있는바, 필리핀국에서 카지노의 외국인 출입이 허용되어 있다 하여도, 형법 제3조에 따라, 필리핀국에서 도박을 한 피고인에게 우리 나라 형법이 당연히 적용된다.) ; **대법원 2004.4.23. 선고 2002도2518 판결**(형법 제3조는 "본법은 대한민국 영역 외에서 죄를 범한 내국인에게 적용한다."고 하여 형법의 적용 범위에 관한 속인주의를 규정하고 있고, 또한 국가 정책적 견지에서 도박죄의 보호법익보다 좀 더 높은 국가이익을 위하여 예외적으로 내국인의 출입을 허용하는 폐광지역개발지원에관한특별법 등에 따라 카지노에 출입하는 것은 법령에 의한 행위로 위법성이 조각된다고 할 것이나, 도박죄를 처벌하지 않는 외국 카지노에서의 도박이라는 사정만으로 그 위법성이 조각된다고 할 수 없다.)

한편 **국민보호주의(소극적 속인주의)**를 채택한 규정인 형법 제6조는 제5조에 규정된 범죄 이외의 범죄에 대한 외국인의 국외범에 대해서도 우리 형법이 적용됨을 규정하고 있다.[143)]

제5조와 제6조의 차이점은 제5조에 열거된 범죄는 외국에서 범죄가 되지 않더라도 그 죄를 범한 외국인에 대해 우리나라 형법이 적용가능한 반면, 제6조는 당해 범죄가 행위지법인 외국에서도 범죄로 되어야 한다는 쌍방가벌성원칙이 적용(제6조 단서 참조)된다는 점이다.

사례 14 쌍방가벌성의 원칙

예컨대 독일인 A남이 독일에서 한국인 배우자 B의 부인인 한국인 C녀와 간통한 경우, 독일형법상 간통죄가 없기 때문에(즉, 쌍방가벌성이 인정되지 않기 때문에) A남에 대해서는 한국형법의 적용이 불가능하지만, 단 C녀는 적극적 속인주의에 따라 한국형법의 적용이 가능하다.

한편 형법 제6조 단서는 우리 형법의 적용범위가 지나치게 확장되는 것을 방지하기 위하여, ① 그 행위가 행위지의 법률에 의하여 범죄를 구성하지 아니하는 경우[144)], ②

143) **대법원 1997.7.25. 선고 97도1142 판결**[피고인들은 파나마국적의 참치잡이 원양어선 페스카마(PESCA MAR) 15호에 승선하여 남태평양 해상에서 근무하던 중 한국인 선원들이 피고인들에 대하여 조업거부 등을 이유로 징계의결을 하고 피고인들을 하선시키기 위하여 사모아로 회항하게 되자, 자신들의 의사에 반하여 하선당하는 데 불만을 품은 나머지, 1등 항해사 피해자 이인석(27세)을 제외한 선장, 갑판장 등 한국인 선원 7명을 살해하고, 인도네시아인, 조선족 중국인 등 선원 10명은 어창에 감금하여 동사시켜 선박을 그들의 지배하에 넣어 한국이나 일본 부근으로 항해하여 선박을 매도하거나 침몰시킨 후 한국이나 일본으로 밀입국하기로 결의한 다음, 합세하여 선장 피해자 최기택(32세)을 비롯하여 한국인 선원 7명을 차례로 살해하고, 나머지 생존 선원들의 반항을 억압하여 선박의 지배권을 장악한 후 피해자 이인석에게 지시하여 사모아로 향하던 항로를 한국으로 수정하였다가 다시 일본으로 수정하였고, 선박을 침몰시키고 일본으로 밀입국하기 위하여 항해 도중에 뗏목을 만들기도 하였던 사실을 확정하고서, 피고인들은 선박의 권리자를 배제하고 선박을 자신들의 소유물과 같이 그 경제적 용법에 따라 이용하고 처분할 의사가 있었다고 인정하여 피고인들이 선박에 대한 불법영득의 의사가 없었다는 주장을 배척한 조치나, 피고인 1이 판시와 같이 범행의 모의를 주도하고 다른 피고인들에게 구체적인 실행행위를 지시하였다고 인정한 제1심판결을 유지하고, 피고인들이 한국인 선원 7명을 살해하고 나머지 선원들의 반항을 억압하여 선박의 지배권을 장악한 판시 범행을 다중의 위력으로 선박을 강취한 것으로 보아 이를 해상강도살인죄로 의율한 조치는 모두 정당하다.] ; **대법원 2008.7.24. 선고 2008도4085 판결**(피고인이 뉴질랜드 시민권을 취득함으로써 우리나라 국적을 상실하였으므로, 그 후 뉴질랜드에서 대한민국 국민에 대하여 사기행위를 하였더라도 외국인이 대한민국 영역 외에서 대한민국 국민에 대하여 범죄를 저지른 경우에 해당한다.)

144) **보충판례 5-2[보호주의 : 쌍방가벌성의 원칙] : 대법원 1973.5.1. 선고 73도289 판결**(미국 시민권자인 재미교포 甲은 미국 LA 소재 한국 국적의 A은행 대출담당자 乙에게 불법커미션을 제공하였다. 당시 '특정범죄가중처벌등에관한법률'에 의하여 정부출자기관의 임직원은 공무원으로 의제되었다. 검사는 甲을 뇌물공여죄로 기소하였다. 그러나 법원은 "피고인은 1968.6.28. 미국 시민권을 획득한 미국인인 사실은 충분히 인정되지만 이 사건 범죄는 행위지인 미국 캘리포니아주에서도 범죄를 구성하고

소추가 면제되는 경우, ③ 형의 집행이 면제되는 경우에는 외국인이 국외에서 대한민국 또는 대한민국 국민에 대하여 죄를 범하더라도 우리 형법의 적용을 배제하고 있다.

보충판례 5-2[보호주의 : 쌍방가벌성의 원칙] : 대법원 1973.5.1. 선고 73도289 판결 ; 대법원 2008.7.24. 선고 2008도4085 판결.

다. 보충 : 세계주의

사례 15 절대적 세계주의

A국에서는 1992년부터 1998년까지 무자비한 집단살해가 발생하였다. 국제사면기구(Amesty International) 한국 지부는 이 집단살해죄를 범한 혐의를 받고 있는 A국의 내무부장관 B를 대한민국 대검찰청에 고발하였다. 대한민국 대검찰청은 B에 대한 수사를 개시해야 하는가?

세계주의는 국제범죄의 규제에 관한 세계(법)적 관할권을 각국에 인정하는 것이라 할 수 있다. 이러한 세계주의는 누가 범죄를 범하였는지, 어디서 범죄가 범해졌는지, 범죄피해자가 어떠한 국적을 가지고 있었는지를 불문하고 세계의 모든 국가가 문제되는 범죄에 대하여 자신의 형벌권을 행사할 권한을 가진다는 **절대적 세계주의**와, "이 법은 대한민국 영역 밖에서 집단살해죄 등을 범하고 대한민국영역 안에 있는 외국인에게 적용한다"(**'국제형사재판소관할범죄의처벌에관한법률'** 제3조 제5항)는 **상대적 세계주의**로 구분할 수 있다.

우리 형법에 세계주의가 도입되어 있는지에 대해서는 긍정설과 부정설이 대립한다. **긍정설(다수설)**은 형법 제5조 제4호(통화에 관한 죄의 외국인의 국외범)와 '외국

있음이 명백한 양으로 판시하고 있다. 그런데 기록에 의하면 캘리포니아주에서도 이 사건 범죄가 처벌되는 것인지에 관하여는 아무러한 증명이 없다. 필경 원심은 근거없이 행위지에도 이러한 처벌법규가 있는 것처럼 판시한 셈이므로 증거없이 사실을 인정하였거나 심리미진, 이유불비의 위법을 면하기 어렵다 할 것이다. 논지는 이미 이 점에서 이유 있다 할 것이므로 나머지의 상고논지에 관한 판단을 생략하고, 원심 판결중 피고인 1에 관한 부분을 파기하여 이 부분을 원심인 서울고등법원으로 환송"하였다. ; **보충판례 5-2[보호주의 : 쌍방가벌성의 원칙] : 대법원 2008.7.24. 선고 2008도4085 판결**[형법 제6조 본문에 의하여 외국인이 대한민국 영역 외에서 대한민국 국민에 대하여 범죄를 저지른 경우에도 우리 형법이 적용되지만, 같은 조 단서에 의하여 행위지의 법률에 의하여 범죄를 구성하지 아니하거나 소추 또는 형의 집행을 면제할 경우에는 우리 형법을 적용하여 처벌할 수 없다고 할 것이고, 이 경우 행위지의 법률에 의하여 범죄를 구성하는지 여부에 대해서는 엄격한 증명에 의하여 검사가 이를 입증하여야 할 것이다(대법원 1973.5.1. 선고 73도289 판결 참조).]

통화의 위조죄(형법 제207조 제3항)'를 체계해석하면 행사할 목적으로 외국에서 외국통화를 위조한 외국인에게 우리나라 형법을 적용할 수 있다고 한다.[145] 이에 대하여 **부정설**은 형법 제5조 제4호·5호에 규정된 범죄도 형법 제6조와의 관련상 대한민국 국민에 대하여 죄를 범한 경우에 국한된다고 해석해야 하므로 보호주의의 범주 내에 있는 것으로 이해한다.

보충판례 5-3[외국인의 국외범과 세계주의] : 대법원 1984.5.22. 선고 84도39 판결.

생각건대 세계주의를 인정하는 것은 주권국가의 형벌권을 침해할 위험(내정불간섭의 원칙)이 있기 때문에 세계주의의 대상은 매우 좁게 한정되어야 할 것이며, 즉 집단살해, 전쟁범죄, 인도에 반하는 죄, 해적행위 등 국제적으로 합의를 이루고 있는 범죄에 대해서만 세계주의가 적용되어야 할 것이며, 입법론적으로도 다양한 국제협약의 취지에 부합하기 위해서는 세계주의를 우리 형법총칙에 도입할 필요가 있을 것이다.[146]

145) **보충판례 5-3[외국인의 국외범과 세계주의] : 대법원 1984.5.22. 선고 84도39 판결**[항공기운항안전법 제3조, "항공기내에서 범한 범죄 및 기타 행위에 관한 협약"(토오쿄협약) 제1조, 제3조, 제4조 "항공기의 불법납치억제를 위한 협약"(헤이그협약) 제1조, 제3조, 제4조, 제7조의 각 규정들을 종합하여 보면 외국인에 의한 국외에서의 민간항공기납치 사건에 대하여는 항공기등록지국에 원칙적인 재판관할권이 있는 외에 항공기착륙국인 우리나라에도 경합적으로 재판관할권이 생기어 우리나라 항공기운항안전법은 외국인의 국외범까지도 적용대상이 된다고 할 것인바, 위와 같은 취지에서 원심이 피고인들의 이 사건 항공기납치치상죄에 대하여 우리나라의 형사재판권이 미친다고 판단한 조치는 정당하다.] **[판례해설]** : 이 사안에서 '상해'부분은 대한민국의 영역 외에서 행해졌기 때문에 속지주의의 적용이 불가능하고, 항공기 또한 중국국적이기에 기국주의의 적용도 불가능하며, 범인도 중국인이었기에 속인주의의 적용도 불가능하였을 뿐만 아니라, 피해자 또한 중국인이었기에 보호주의도 적용할 여지가 없었다. 결국 대법원은 조약이 국내법과 동일한 효력을 가진다고 규정한 헌법 제6조 제1항에 근거하여 조약을 매개로 세계주의적 요청에 대처하였다고 평가할 수 있다.

146) **[1992년 법무부 형법개정법률안 제안이유서]**는 제7조에서 세계주의를 규정하여, 대한민국영역 밖에서 폭발물파열죄, 선박·항공기납치죄, 통화위조죄, 유가증권위조죄 등의 죄 및 대한민국에 대하여 구속력 있는 조약에 의하여 처벌되는 범죄 등과 같이 세계적 법익을 침해하는 범죄를 범한 외국인에 대하여도 형법이 적용되도록 규정하였으나, 위 법률안의 총칙규정은 입법화되지 못하였다.

[세계주의의 입법화 법안 및 입법례]

2011년 형법일부개정법률안[형법총칙전면개정안][의안번호 제11304호] 제7조(세계주의) 이 법은 대한민국 영역 밖에서 다음 각 호의 어느 하나의 죄를 범한 외국인에게 적용한다.
1. 제119조의 죄
2. 제207조, 제208조 및 제212조(제211조의 미수범은 제외한다)의 죄
3. 제214조, 제218조 및 제223조(제214조, 제218조의 미수범만 해당한다)의 죄
4. 제287조부터 제289조까지, 제291조, 제292조 및 제294조(제293조의 미수범은 제외한다)의 죄
5. 대한민국에 대하여 구속력 있는 조약에 따라 처벌하는 범죄

국제형사재판소관할범죄의처벌등에관한법률[시행 2011.4.12][법률 제10577호, 2011.4.12, 일부개정]제3조(적용범위) ⑤ 이 법은 대한민국 영역 밖에서 집단살해죄 등을 범하고 대한민국영역 안에 있는 외국인에게 적용한다.

라. 외국형사판결의 효력

[조문]

刑法 第7條 (外國에서 받은 刑의 執行) 犯罪에 依하여 外國에서 刑의 全部 또는 一部의 執行을 받은 者에 對하여는 刑을 減輕 또는 免除할 수 있다.[147)]

2011년 형법일부개정법률안[형법총칙전면개정안][의안번호 제11304호] 제8조(외국에서 받은 형의 집행) 죄를 범하여 외국에서 형의 전부 또는 일부의 집행을 받은 자에 대해서는 형을 감경하거나 면제할 수 있다.

---

147) **[헌법불합치결정]** : 본 조에 대하여 헌법재판소 2015.5.28. 2013헌바129 결정은 '형법(1953.9.18. 법률 제293호로 제정된 것) 제7조는 헌법에 합치되지 아니한다. 위 법률조항은 2016.12.31.을 시한으로 입법자가 개정할 때까지 계속 적용된다.'고 하는 헌법불합치결정을 선고하였다.
[결정요지] 가. 형사판결은 국가주권의 일부분인 형벌권 행사에 기초한 것으로서, **외국의 형사판결은 원칙적으로 우리 법원을 기속하지 않으므로** 동일한 범죄행위에 관하여 다수의 국가에서 재판 또는 처벌을 받는 것이 배제되지 않는다. 따라서 이중처벌금지원칙은 동일한 범죄에 대하여 대한민국 내에서 거듭 형벌권이 행사되어서는 안 된다는 뜻으로 새겨야 할 것이므로 이 사건 법률조항은 헌법 제13조 제1항의 이중처벌금지원칙에 위배되지 아니한다.
나. 입법자는 외국에서 형의 집행을 받은 자에게 어떠한 요건 아래, 어느 정도의 혜택을 줄 것인지에 대하여 일정 부분 재량권을 가지고 있으나, 신체의 자유는 정신적 자유와 더불어 헌법이념의 핵심인 인간의 존엄과 가치를 구현하기 위한 가장 기본적인 자유로서 모든 기본권 보장의 전제조건이므로 최대한 보장되어야 하는바, **외국에서 실제로 형의 집행을 받았음에도 불구하고 우리 형법에 의한 처벌 시 이를 전혀 고려하지 않는다면 신체의 자유에 대한 과도한 제한이 될 수 있으므로 그와 같은 사정은 어느 범위에서든 반드시 반영되어야 하고, 이러한 점에서 입법형성권의 범위는 다소 축소될 수 있다.** 입법자는 국가형벌권의 실현과 국민의 기본권 보장의 요구를 조화시키기 위하여 **형을 필요적으로 감면하거나 외국에서 집행된 형의 전부 또는 일부를 필요적으로 산입하는 등의 방법을 선택**하여 청구인의 신체의 자유를 덜 침해할 수 있음에도, 이 사건 법률조항과 같이 우리 형법에 의한 처벌 시 외국에서 받은 형의 집행을 전혀 반영하지 아니할 수도 있도록 한 것은 과잉금지원칙에 위배되어 신체의

적극적 속인주의는 범죄지(외국)의 속지주의와 중복됨으로써 동일한 범죄에 대해 재차 처벌의 가능성을 열어놓고 있는 우리 형법의 태도(제7조)는 헌법 제13조 제1항 후단(모든 국민은 … 동일한 범죄에 대하여 거듭 처벌받지 아니한다)의 이중처벌금지의 원칙[148]에 반할 소지가 있다.

그러나 헌법이 규정하고 있는 **일사부재리의 원칙은 외국 법원의 판결에는 적용이 없으며 우리 법원이 행한 판결에 대해서만 적용**된다. 즉 범죄에 의하여 외국에서 형의 전부 또는 일부의 집행을 받더라도(범죄지의 속지주의적용) 우리 법원은 우리 형법을 적용하여 범인을 처벌할 수 있다(적극적 속인주의). 다만 형을 감경하거나 면제할 수 있을 뿐인 임의적 감면사유에 불과하기 때문에 다시 형을 선고할 수도 있는 것이다.[149]

보충판례 5-4[외국형사판결의 효력] : 대법원 1979.4.10. 선고 78도831 판결.

한편 오늘날 국제적으로는 행위자의 인권보호 차원에서 이중처벌을 금지하는 국가간의 협약이 발효하고 있다(예컨대 유럽인권협약 등).

자유를 침해한다.

다. 만약 이 사건 법률조항이 위헌결정으로 즉시 효력을 상실할 경우, **임의적으로나마 형을 감면할 근거규정이 없어지게 되어 감면 적용을 받아야 할 사람에 대하여도 감면을 할 수 없게 되므로**, 법적 안정성의 관점에서 용인하기 어려운 법적 공백이 생기게 된다. 따라서 이 사건 법률조항에 대하여 헌법불합치결정을 선고하되, 2016.12.31.을 시한으로 입법자의 개선입법이 있을 때까지 계속적용을 명하기로 한다.

148) **[이중처벌금지의 원칙]** : 이중처벌의 금지는 법치국가의 핵심을 이루는 법적 안정성 및 신뢰의 보호에 바탕을 둔 일사부재리의 원칙이 특별히 국가의 형벌권을 기속하는 원리로서 기능하는 경우에 사용되는 개념이다.

149) **보충판례 5-4[외국형사판결의 효력] : 대법원 1979.4.10. 선고 78도831 판결**(형법 제7조의 규정은 그 취지가 범죄에 대하여 외국에서 형의 전부 또는 일부의 집행을 받은 자에 대하여는 법원의 재량에 의하여 형을 감경 또는 면제할 수 있다는 것으로서 외국에서 형을 받은 자라고 해서 반드시 감경 또는 면제를 하지 않으면 안 된다는 것이 아니니, 이건에 있어서 피고인등이 일본국에서 형의 집행을 받았다고 해서 피고인등에게 형을 선고한 것이 형법 제7조에 위배된다고 할 수 없다.) ; **대법원 1988.1.19. 선고 87도2287 판결**(형법 제7조의 규정취지는 외국에서 형의 전부 또는 일부를 받은 자에 대하여 법원의 재량으로 형을 감경 또는 면제할 수 있다는 것이므로 외국에서 형의 집행을 받은 자에 대하여 형을 선고한 것을 위법하다고 할 수 없다. 따라서 원심이 이 사건으로 베네주엘라국에서 형의 선고를 받고 그 집행을 마친 피고인에게 다시 형을 선고한 조치에 주장하는 바와 같은 법리오해의 위법이 없다.) ; **대법원 1998.5.12. 선고 96도2850 판결**[구 외국환관리법(1991.12.27. 법률 제4447호로 개정되기 전의 것)의 몰수, 추징은 같은 법 제36조의2 규정의 취지에 비추어 범인이 취득한 범칙물은 필요적으로 몰수되어야 하고, 범인이 이를 소비, 은닉, 훼손, 분실하는 등의 장애사유나 그 소재 장소로 말미암은 장애 사유로 인하여 몰수할 수 없는 때에는 이를 추징하여야 할 것인바, 외국환관리법위반범죄의 범칙물인 아파트가 프랑스 국내에 있고 동 지역 내에는 프랑스국과 우리 나라와의 사이에 사법공조에 관한 협약 등이 맺어지지 않고 있어 우리의 재판권을 행사할 수 없음으로 인하여 이를 몰수할 수 없는 때에 해당하므로, 그 가액을 추징하여야 한다.]

마. 인적 적용범위

(1) 원칙과 예외

형법의 인적 적용범위란 형법이 어떤 사람에게 적용되는가에 관한 문제이다. 즉 형사재판권은 주권의 표현이므로 대한민국 영토 내에 있는 모든 사람에게 미치는 것이 원칙이다.

이와 관련하여 대통령의 재직시 불소추특권(헌법 제84조), 국회의원의 국회 내에서의 발언·투표에 대한 면책특권(헌법 제45조)이 예외조항으로 규정되어 있다. 이러한 일련의 특권을 형법의 인적 적용범위의 예외로 이해하는 견해도 있지만, 형법의 인적 적용범위에 관한 문제(즉 어느 범죄에 대하여 우리 형법을 적용할 수 있는가 하는 문제)와 불소추특권이나 면책특권의 문제(즉 어느 사람에 대하여 우리나라 형벌권을 실현시킬 때 어느 정도 절제를 가할 것인가 하는 문제)는 엄격히 구별할 필요가 있다. 즉 대통령과 국회의원에 대해서는 형법이 원칙적으로 적용되지만, 소추조건이 결여(퇴직 후 형사소추는 가능!)되어 있거나 인적 처벌조각사유가 존재(임기 후에도 형사소추 불가능!)할 뿐이라고 새겨야 할 것이다.

(2) 국제법상의 특례

외국의 원수와 그 가족 및 내국인이 아닌 從者, 신임된 외국대사, 공사, 수행원, 그 가족 및 내국인이 아닌 종자 등과 같이 외교 또는 영사관계에 있는 자('외교관계에 관한 Wien 협약' 제31조)와 한미주둔군지위협정(SOFA)[150]에 의한 일정범위의 미군범죄에 대해서도 우리 형법 인적 적용범위가 배제된다고 이해하는 견해도 있으나, 이 또한 우리 형법이 원칙적으로 적용되지만 형사재판관할권만 면제된다고 이해하는 것이 타당할 것이다.[151]

---

150) 앞의 주 123)을 참조.

151) **보충판례 6[미합중국 군속에 대한 형사재판관할권] : 대법원 2006.5.11. 선고 2005도798 판결**[대한민국과 아메리카합중국 간의 상호방위조약 제4조에 의한 시설과 구역 및 대한민국에서의 합중국 군대의 지위에 관한 협정(1967.2.9. 조약 제232호로 발효되고, 2001.3.29. 조약 제553호로 최종 개정된 것) 제1조 (가)항 전문(前文), (나)항 전문(前文), 같은 협정 제22조 제4항에 의하면, 미합중국 군대의 군속 중 통상적으로 대한민국에 거주하고 있는 자는 위 협정이 적용되는 군속의 개념에서 배제

보충판례 6[미합중국 군속에 대한 형사재판관할권] : 대법원 2006.5.11. 선고 2005도798 판결.

복습 및 심화질문

1. 한시법과 백지형법에서 판례가 취하는 동기설의 개념내용을 설명하시오?

2. 국내 법질서가 속지주의를 관철시키기 위한 두 가지 선결문제는 무엇인가?

3. 세계주의와 그 대상범죄는 무엇인가?

되므로, 그에 대하여는 대한민국의 형사재판권 등에 관하여 위 협정에서 정한 조항이 적용될 여지가 없다. … 한반도의 평시상태에서 미합중국 군 당국은 미합중국 군대의 군속에 대하여 형사재판권을 가지지 않으므로, 미합중국 군대의 군속이 범한 범죄에 대하여 대한민국의 형사재판권과 미합중국 군 당국의 형사재판권이 경합하는 문제는 발생할 여지가 없고, 대한민국은 대한민국과 아메리카합중국 간의 상호방위조약 제4조에 의한 시설과 구역 및 대한민국에서의 합중국 군대의 지위에 관한 협정(1967.2.9. 조약 제232호로 발효되고, 2001.3.29. 조약 제553호로 최종 개정된 것) 제22조 제1항 (나)에 따라 미합중국 군대의 군속이 대한민국 영역 안에서 저지른 범죄로서 대한민국 법령에 의하여 처벌할 수 있는 범죄에 대한 형사재판권을 바로 행사할 수 있다.]

[판례해설 : 대법원 2006.5.11. 선고 2005도798판결의 의의] : 이 판결은 종래 주한미군지위협정의 적용범위에 대한 사회적 관심이 적지 않았음에도 불구하고 이에 관한 대법원의 판결을 찾아보기 어려운 상황에서, 대법원이 한반도의 평시상태에서 미합중국 군대의 군속이 대한민국 영역 안에서 저지른 범죄로서 대한민국 법령에 의하여 처벌할 수 있는 범죄에 대하여 대한민국이 바로 형사재판권을 행사할 수 있다는 것을 명백히 하였다는 점에서 그 의의가 크다 할 것이다.

범죄의 기본요소

제1절 범죄의 분류

1. 槪說

가. 실질적 범죄개념과 형식적 범죄개념

실질적 범죄개념은 범죄를 사회공동체의 유지에 필수적인 법익을 침해하는 반사회적 행위로 이해한다. 범죄의 형사정책적 의의라고 할 수 있다. 이점에서 실질적 범죄개념은 범죄화와 비범죄화에 대한 정책적 판단기준을 제시[152]해 주지만[153], 접근방법

152) **[실질적 범죄개념의 기능]** : 따라서 실질적 범죄개념은 기존 형법질서의 정당성을 검증하는 척도로서 '체계비판적 기능'을 수행한다.

153) **[범죄화와 비범죄죄화에 대한 정책적 판단기준]** : 헌법재판소 1995.4.20. 91헌바11 전원재판부 결정(어떤 행위를 犯罪로 규정하고 이를 어떻게 처벌할 것인가 하는 문제는 원칙적으로 입법자가 우리의 역사와 문화, 입법 당시의 시대적 상황과 국민 일반의 가치관 내지 법감정, 犯罪의 실태와 罪質 및 保護法益 그리고 범죄예방효과 등을 종합적으로 고려하여 결정하여야 할 국가의 立法政策에 관한 사항으로서 광범위한 立法裁量 내지 形成의 自由가 인정되어야 할 분야이다.) ; **헌법재판소 2001.11.29. 2001헌가16 전원재판부 결정** ; **헌법재판소 2006.4.27. 2005헌가2 전원재판부 결정** ; **헌법재판소 2006.6.29. 자 2006헌가7 전원재판부 결정** ; **대법원 2006.5.12. 선고 2005도5428 판결** ; **대법원 2007.2.8. 선고 2006도7882 판결**[어떤 범죄를 어떻게 처벌할 것인가 하는 문제 즉 법정형의 종류와 범위의 선택은 그 범죄의 죄질과 보호법익에 대한 고려뿐만 아니라 우리의 역사와 문화, 입법 당시의

의 다양성 때문에 통일적이고 일관된 범죄개념을 얻기 어려워 법관의 범죄인정에 구체적 기준을 제시해 줄 수 없다.

이에 대하여 **형식적 범죄개념**은 범죄의 내용적 실질을 묻지 아니하고 일정한 조건을 갖추었을 때 범죄로 인정하는 견해로, 즉 '범죄란 구성요건에 해당하고 위법하며 有責한 인간의 행위'를 말한다.[154] 이처럼 형식적 범죄개념은 처벌할 필요가 있는 실체를 정확하게 인식·확인할 수 있는 방법을 제공하여 형법의 보장적 기능을 달성하게 해 주지만, 범죄의 실질적 내용이 없어 어떤 행위를 범죄로 할 것인가에 대하여 아무런 기준을 제시하지 못한다. 현재 우리나라를 비롯한 독일, 일본의 형사재판은 이러한 형식적 범죄개념에 입각하여 이루어지고 있다.

이상과 같이 형식적 범죄개념은 범죄에 대한 형식적인 분석과 체계화를 가능케 하는데, 이에 대한 내용을 보충설명해 주는 것이 실질적 범죄개념인 것이다. 따라서 양개념은 상호보충적인 기능을 담당하고 있다.[155]

시대적 상황, 국민일반의 가치관 내지 법감정 그리고 범죄예방을 위한 형사정책적 측면 등 여러 가지 요소를 종합적으로 고려하여 입법자가 결정할 사항으로서 광범위한 입법재량 내지 형성의 자유가 인정되어야 할 분야이다. 따라서 어느 범죄에 대한 법정형이 그 범죄의 죄질 및 이에 따른 행위자의 책임에 비하여 지나치게 가혹한 것이어서 현저히 형벌체계상의 균형을 잃고 있다거나 그 범죄에 대한 형벌 본래의 목적과 기능을 달성함에 있어 필요한 정도를 일탈하였다는 등 헌법상의 평등의 원칙 및 비례의 원칙 등에 명백히 위배되는 경우가 아닌 한, 쉽사리 헌법에 위반된다고 단정하여서는 아니 된다. 그리고 형법규정의 법정형만으로는 어떤 범죄행위를 예방하고 척결하기에 미흡하다는 입법정책적 고려에 따라 이를 가중처벌하기 위하여 특별형법법규를 제정한 경우에는 형법규정의 법정형만을 기준으로 하여 그 특별형법법규의 법정형의 과중 여부를 쉽사리 논단해서도 안 될 것이다(헌법재판소 2001.11.29. 선고 2001헌가16 결정, 2006.4.27. 선고 2005헌가2 결정 등 참조).

이러한 법리 등에 비추어 살펴보면, 성폭력범죄의 처벌 및 피해자보호 등에 관한 법률 제5조 제2항이 특수강도죄를 범한 자가 강간죄를 범한 경우와 강제추행죄를 범한 경우를 구별하지 않고 법정형을 동일하게 규정하고 있다고 하여도, 위 규정이 특수강도죄를 범하고 강간죄를 범한 자와 강제추행죄를 범한 자를 합리적 이유 없이 차별하여 형벌과 책임간의 비례성의 원칙, 형벌의 체계 정당성, 평등의 원칙 등에 어긋나거나 공정한 재판을 받을 권리를 침해한다고 할 수 없다.]등.

154) **[絶對的 犯罪槪念과 相對的 犯罪槪念]** : **절대적 범죄개념**이란 일정한 국가의 법질서와 무관하게 시간과 공간을 초월해서 타당할 수 있는 자연적 범죄개념을 말한다. 이에 대하여, **상대적 범죄개념**이란 일정한 국가의 법질서가 범죄로 규정한 것이 범죄가 된다는 범죄개념을 말한다. 앞의 주 153)의 헌법재판소 및 대법원이 취하고 있는 범죄개념이라 할 수 있다.

155) **[범죄의 본질]** : 범죄의 본질을 둘러싸고는 다음과 같이 견해가 대립한다.

1. **권리침해설** : 범죄의 본질은 개별적인 권리를 침해하는데 있다는 견해이다. 이 설은 권리침해를 내용으로 하지 않는 범죄(예컨대 공연음란죄, 피해자없는 범죄 등)를 설명할 수 없고, 특히 위험범을 범죄에서 제외시킬 가능성이 있다는 문제점이 있다.
2. **법익침해설** : 범죄의 본질은 법익을 침해하거나 침해할 위험에 있다는 견해이다. 결과불법만을 고려한 나머지, 사회윤리적 행위가치보호라는 측면에서 행위의 반윤리성(의무위반), 즉 행위불법을 간과하였다는 문제점을 안고 있다.
3. **의무위반설** : 범죄의 본질은 사회질서 내지 법익을 침해하지 아니하여야 할 의무를 위반하는데 있다

나. 형식적 범죄개념의 구성요소

(1) 범죄 성립요건

형식적 범죄개념의 세 가지 요소인 구성요건해당성, 위법성, 책임을 일반적으로 범죄의 성립요건이라고 한다.[156)]

(2) 범죄 처벌조건(기타의 범죄성립요소)

범죄의 처벌조건이란 일단 성립된 범죄의 가벌성만을 좌우하는(즉 형벌권의 발생을 위한 필요한) 조건을 말한다. 즉 입법자가 위와 같은 범죄성립의 세 가지 요건에 만족하지 아니하고 예외적으로 추가사유를 설정하여 범죄성립의 범위(즉 형벌권의 발생)에 제한을 가하는 것을 말한다. 이에는 객관적 처벌조건과 인적 처벌조각사유가 있다.

① 객관적 처벌조건

객관적 처벌조건이란 구성요건해당성, 위법성, 책임 이외에 범죄성립을 위하여 적극적으로 갖추어져야 할 객관적인 조건을 말한다.[157)]

예컨대 사전수뢰죄(형법 제129조 제2항)는 아직 공무원(또는 중재인)이 되지 아니한 사람이 앞으로 담당하게 될 직무와 관련하여 뇌물을 수수할 때 성립하는 범죄이지만, 뇌물수수행위가 있다고 하여 곧바로 뇌물죄가 성립하는 것이 아니라 뇌물을 수수한 사람이 "공무원(또는 중재인)이 되었다"는 객관적인 사정이 존재해야 비로소 그 사

는 견해이다. 행위불법을 강조한 나머지 결과불법을 경시한 견해이며, 형법도 행위불법만을 보호하는 것은 아니기 때문에 모든 범죄를 의무위반으로 파악할 수 없다는 문제점을 포함하고 있다.

4. 결합설 : 형법은 법익침해라는 결과불법만을 금지하는 것이 아니라 법익을 침해하는 행위불법 자체도 금지하고 있다는 점에서 법익침해설과 의무위반설을 결합하여 범죄의 본질을 파악하는 견해인 결합설이 타당하다.

156) 이에 대하여 상세하게는 본 서 '序章 형법의 전체상' 40-71쪽 및 후술의 각 개소를 참조·필독하시오!

157) **[객관적 처벌조건과 책임주의와의 관계]** : 객관적 처벌조건이 형벌을 근거지우거나 가중시키는 경우에는 책임없이 형벌을 부과하는 결과를 초래하기 때문에 책임주의원칙에 반하지만, 객관적 처벌조건이 발생한 때에만 처벌하는 경우에는 형벌제한적으로 작용하기 때문에 책임주의원칙에 합치되는 것이라 할 수 있다.

람을 처벌할 수 있는 것이다.[158)]

② 인적 처벌조각사유

인적 처벌조각사유란 어느 사람에게만 존재하는 특별한 사정이 범죄성립을 저지시키는 경우에 범죄성립을 조각하는 특별한 인적 사유를 말한다.[159)] 예로는 범인은닉죄(형법 제151조 제2항)나 증거인멸죄(형법 제155조 제4항)의 소위 "친족간의 특례"조항상 '신분' 및 헌법 제45조(발언 · 표결의 면책특권)에서 '국회의원의 신분'을 들 수 있다.

③ 법적 효과

ㄱ. 형면제판결

객관적 처벌조건이 결여되었거나 인적 처벌조각사유가 존재하는 경우에는 범죄는 성립하지만 불가벌이기 때문에 형면제판결[160)]을 한다. 대법원은 '공소기각의 판결'을 선고하여야 한다는 입장이다.[161)]

······················

158) **[객관적 처벌조건의 유형]** : **'채무자회생및파산에관한법률[시행 2012.6.11][법률 제10366호, 2010.6.10, 타법개정]'** 제643조(사기회생죄)에서 '채무자에 대하여 회생절차개시의 결정이 확정된 경우' 및 제650조(사기파산죄)에서 '그 파산선고가 확정된 때' 등도 객관적 처벌조건에 해당한다.

159) **[人的 處罰消滅事由]** : 인적 처벌소멸사유란 가벌적 행위 후에 발생한 행위자의 특별한 태도로 인하여 이미 성립한 가벌성을 소급적으로 소멸시키는 사정(예컨대 중지미수의 형의 면제, 자수로 인한 형의 면제 등)을 말한다(김일수/서보학, 새로 쓴 형법총론 제10판, 박영사, 2004, 436쪽 ; 정성근/박광민, 형법총론 제2판, 삼지원, 2005, 70쪽).

그러나 이러한 경우는 자수자나 중지자가 특수한 신분적 지위에 있는 것도 아니고, 형의 면제를 받는 것도 자수나 중지가 법률상의 형면제사유이기 때문이라고 할 수 있을 뿐이므로 이를 처벌조건으로 볼 수는 없을 것이다.

160) **[刑免除判決]** : **유죄판결의 일종인 형면제판결(형사소송법 제322조 전단)**이란 각 형벌법규에 형을 면제하는 규정이 있는 경우에 科刑을 면제하는 판결을 말한다. 형면제판결의 주문은 '피고인에 대한 형을 면제한다'로 된다(이재상, 형법총론 제7판, 70쪽).

161) **대법원 1992.9.22. 선고 91도3317 판결**(국회의원의 면책특권에 속하는 행위에 대하여는 공소를 제기할 수 없으며 이에 반하여 공소가 제기된 것은 결국 공소권이 없음에도 공소가 제기된 것이 되어 형사소송법 제327조 제2호의 "공소제기의 절차가 법률의 규정에 위반하여 무효인 때"에 해당되므로 공소를 기각하여야 한다.) ; **대법원 1996.11.8. 선고 96도1742 판결**(면책특권이 인정되는 국회의원의 직무행위에 대하여 수사기관이 그 직무행위가 범죄행위에 해당하는지 여부를 조사하여 소추하거나 법원이 이를 심리한다면, 국회의원이 국회에서 자유롭게 발언하거나 표결하는데 지장을 주게 됨은 물론 면책특권을 인정한 헌법규정의 취지와 정신에도 어긋나는 일이 되기 때문에, 소추기관은 면책특권이 인정되는 직무행위가 어떤 범죄나 그 일부를 구성하는 행위가 된다는 이유로 공소를 제기할 수 없고, 또 법원으로서도 그 직무행위가 범죄나 그 일부를 구성하는 행위가 되는지 여부를 심리하거나 이를 어떤 범죄의 일부를 구성하는 행위로 인정할 수 없다.)

ㄴ. 정당방위의 성립가능

객관적 처벌조건이 결여되었거나 인적 처벌조각사유가 존재하는 경우에는 범죄는 성립하는 것이므로 상대방은 이에 대하여 정당방위가 가능하다.

ㄷ. 공범의 성립가능

객관적 처벌조건이 결여된 경우에도 구성요건해당성과 위법성은 인정되므로 이에 대하여 공범(교사범, 종범)이 성립할 수 있으며, 공범관계에 있는 경우 인적 처벌조각사유는 신분자에게만 적용된다.[162)]

ㄹ. 착오의 효과

처벌조건은 단지 객관적으로 존재하기만 하면 되고 고의의 인식대상이 아니므로 인적 처벌조각사유에 대한 착오는 범죄성립에 영향이 없다.

(3) 범죄 소추조건(소송조건)

소추조건이란 범죄가 성립하고 처벌조건이 충족되었다고 하더라도 그 범죄에 대해 공소를 제기하기 위하여 필요한 소송법상의 조건을 말한다. 소추조건은 공소제기의 유효조건이기 때문에 흠결시에는 공소기각의 판결 등 형식재판으로 소송을 종결한다(형사소송법 제327조 제5·6호).

162) **[보충설명 : 공범의 종속성]**

공범의 종속성은, ①협의의 공범은 정범에 종속하여 성립하는가 아니면 독립하여 성립하는가라는 문제(**종속성의 유무**)와 ②정범이 범죄성립요건 즉 구성요건해당성, 위법성, 책임 중에서 어느 단계까지의 요건을 구비한 경우에 공범이 성립할 수 있는가 라는 문제(**종속성의 정도**)로 구성된다.

①**종속성의 유무**에 관하여 통설 및 판례는 공범은 적어도 정범이 구성요건에 해당하는 실행행위로 나아가야만 이에 종속하여 성립할 수 있다, 즉 공범의 불법은 독립하여 존재하는 것이 아니라 정범의 불법에서 나오는 것이므로 공범의 불법은 정범의 불법에 종속되지 않을 수 없다(성립상의 종속성)고 하는 공범종속성설을 취한다.

②공범종속성설을 취하는 경우에도 다시 **종속성의 정도**가 문제된다. 이에 대하여 통설은 정범의 행위가 구성요건에 해당하고 위법하면 유책하지 않은 경우에도 공범이 성립한다는 **제한적 종속형식**을 취하고 있다. 따라서 책임무능력자에게 절도를 교사한 경우에도 교사자는 공범(절도죄의 교사범)으로서 책임을 진다.

요컨대 형법의 해석상 협의의 공범은 종속성을 가졌으며, 종속성의 정도로는 제한적 종속형식을 취하고 있다는 것이 통설 및 판례의 입장이다.

이러한 소추조건에는, (1) 범죄사실의 공개 및 국가의 개입이 피해자의 명예를 실추시킬 우려가 있는 경우 국가형벌권의 발동을 피해자의 의사에 맡겨두기 위해 피해자 등 고소권자의 고소를 국가형벌권의 발동조건으로 만들어둔 범죄인 **친고죄의 고소**[163]와, (2) 피해자의 명시한 의사에 반하여 공소를 제기할 수 없는 범죄인 **반의사불벌죄의 처벌의사표시**[164]가 있다.[165]

---

163) **[처벌불원의사표시 후의 고소의 효력]** : 대법원 1993.10.22. 선고 93도1620 판결(피해자가 고소장을 제출하여 처벌을 희망하는 의사를 분명히 표시한 후 고소를 취소한 바 없다면 비록 고소 전에 피해자가 처벌을 원치 않았다 하더라도 그 후에 한 피해자의 고소는 유효하다.) ; **대법원 2008.11.27. 선고 2007도4977 판결**(고소는 범죄의 피해자 기타 고소권자가 수사기관에 대하여 범죄사실을 신고하여 범인의 소추를 구하는 의사표시를 말하는 것으로서, 단순한 피해사실의 신고는 소추·처벌을 구하는 의사표시가 아니므로 고소가 아니다. 또한, 피해자가 고소장을 제출하여 처벌을 희망하는 의사를 분명히 표시한 후 고소를 취소한 바 없다면 비록 고소 전에 피해자가 처벌을 원치 않았다 하더라도 그 후에 한 피해자의 고소는 유효하다.) ; **대법원 2004.3.25. 선고 2003도8136 판결**(원심은, 피고인과 고소인 사이의 대전지방법원 2001가단36532 채무부존재확인 청구사건에서 제1심판결 선고 전인 2002.3.5. '이 사건과 관련하여 서로 상대방에 대하여 제기한 형사 고소 사건 일체를 모두 취하한다.'는 내용이 포함된 조정이 성립된 사실을 인정하면서, 고소인이 위 조정이 성립된 이후에도 수사기관 및 제1심 법정에서 여전히 피고인의 처벌을 원한다는 취지로 진술하고 있으며 달리 고소인이 고소취소 또는 처벌불원의 의사를 표시하기 위하여 위 조정조서 사본 등을 수사기관이나 제1심 법정에 제출하지 아니하였다는 이유로, 위와 같은 조정이 성립된 것만으로는 고소인이 수사기관이나 제1심 법정에 피고인에 대한 고소를 취소하였다거나 처벌을 원하지 아니한다는 의사를 표시한 것으로 보기 어렵다고 판단하였다.

관련 법령과 기록에 비추어 살펴보면 위와 같은 원심 판단은 옳고, 거기에 고소취소 또는 처벌불원 의사표시의 효력에 관한 법리를 오해한 위법이 없다.)

164) **[처벌불원의사의 철회여부]** : 대법원 2001.12.14. 선고 2001도4283 판결(피해자가 피고인과 사이에 피고인이 교통사고로 인한 피해자의 치료비 전액을 부담하는 조건으로 민·형사상 문제삼지 아니하기로 합의하고 피고인으로부터 합의금 일부를 수령하면서 피고인에게 합의서를 작성·교부하고, 피고인이 그 합의서를 수사기관에 제출한 경우, 피해자는 그 합의서를 작성·교부함으로써 피고인에게 자신을 대리하여 자신의 처벌불원의사를 수사기관에 표시할 수 있는 권한을 수여하였고, 이에 따라 피고인이 그 합의서를 수사기관에 제출한 이상 피해자의 처벌불원의사가 수사기관에 적법하게 표시되었으며, 이후 피고인이 피해자에게 약속한 치료비 전액을 지급하지 아니한 경우에도 민사상 치료비에 관한 합의금지급채무가 남는 것은 별론으로 하고 처벌불원의사를 철회할 수 없다.) ; **대법원 2010.5.27. 선고 2010도2680 판결**[폭행죄는 피해자의 명시한 의사에 반하여 공소를 제기할 수 없는 반의사불벌죄로서 처벌불원의 의사표시는 **의사능력**이 있는 피해자가 단독으로 할 수 있는 것이고(대법원 2009.11.19. 선고 2009도6058 전원합의체 판결 참조), 피해자가 사망한 후 **그 상속인**이 피해자를 대신하여 처벌불원의 의사표시를 할 수는 없다고 보아야 한다.]

165) **[정지조건부 범죄와 해제조건부 범죄]** : 친고죄는 고소권자의 고소가 있을 때까지 공소를 제기할 수 없다는 의미에서 정지조건부 범죄라 하며, 반의사불벌죄는 일단 공소제기 후 피해자의 불처벌의사가 명시적으로 드러난 때에는 공소제기가 부적법하게 되어 처벌할 수 없게 된다는 의미에서 해제조건부 범죄라고도 한다.

[범죄 성립요건·처벌조건·소추조건의 구별 및 법효과]

구분	범죄성립요건	처벌조건	소추조건
재판의 종류	·성립요건 구비시 유죄판결(형소법 제321조제1항) ·성립요건 결여시 무죄판결(동법 제325조)	·객관적 처벌조건 결여 및 인적 처벌조각사유 존재시 형면제판결(동법 제322조 전단)	·소추조건결여시 공소기각판결(동법 제327조 제5·6호)
고의의 인식대상	구성요건해당사실에 대한 인식결여시 고의 조각	처벌조건·소추조건은 고의의 인식대상 아님. 인식결여시 고의 조각되지 아니함.	
정당방위	·위법성이 결여된 행위에는 불가 ·책임이 결여된 행위에는 가능	처벌조건·소추조건이 결여된 행위에 대해서도 정당방위 가능	
간접정범·공범	구성요건해당성·위법성이 결여된 행위 이용시 간접정범 성립	처벌조건·소추조건이 결여된 행위 이용시 공범성립. 단 인적 처벌조각사유는 신분자에게만 적용.	
형사보상청구권의 유무	무죄판결을 선고받은 때 가능(헌법 제28조·형사보상법 제1조)	형사보상청구 불가	

2. 형법총칙상의 범죄분류 기준

가. 주관적 요소(행위자의 내적 태도) : 고의(제13조), 과실(제14조)

나. 객관적 요소(행위진행의 외부적 모습) : 작위, 부작위(제18조)[166]

다. 주관적 요소와 객관적 요소의 결합에 따라 다양한 유형의 범죄발현형식이 생성될 수 있다.

3. 총칙상의 기준에 의한 범죄분류

가. 작위범, 부작위범(진정·부진정 부작위범)[167]

166) **[작위범과 부작위범의 구별]** : 적극적인 신체동작(作爲)을 통하여 대부분의 범죄를 실현하는 것을 作爲犯이라 하고, '법적으로 요구되는 특정한 행위(일정한 작위의 수행)를 하지 않는' 소극적인 태도의 형태로 범해지는 범죄유형을 不作爲犯이라 한다.

167) **[진정부작위범과 부진정부작위범의 구별]** : 통설(형식설) 및 판례에 따르면, 부작위가 구성요건에 명시되어 있는 범죄[형법 제116조(다중불해산죄), 제319조 제2항(퇴거불응죄) 등]를 **진정부작위범**이라 하고, 부작위가 구성요건에 명시되어 있지 않음에도 불구하고 부작위범으로 처벌되는 범죄를 부

나. 고의범, 과실범, 결과적 가중범(진정·부진정 결과적 가중범)[168)]

....

진정부작위범이라고 한다. 부진정부작위범은 작위범이면서 부작위범이라는 이중적 성격을 갖는데 대부분의 작위범 구성요건은 부진정부작위범의 형태로 실현될 수 있다.

[양자의 구별에 대한 판례의 입장] : 대법원 1983.3.22. 선고 82도3065 판결[형법 제122조 소정의 직무유기죄는 이른바 부진정부작위범으로서 구체적으로 그 직무를 수행하여야 할 작위의무가 있는데도 불구하고 이러한 직무를 버린다는 인식하에 그 작위의무를 수행하지 아니한 사실이 있어야 하고(당원 1975.11.25 선고75도306 판결참조) 또 그 직무를 유기한 때라 함은 공무원이 법령내규 또는 지시 및 통첩에 의한 추상적인 충근의 의무를 태만하는 일체의 경우를 이르는 것이 아니고 직장의 무단이탈, 직무의 의식적인 포기등과 같이 그것이 국가의 기능을 저해하며 국민에게 피해를 야기시킬 가능성이 있는 경우를 말하는 것으로 해석하여야 한다(당원 1970.9.29 선고 70도1790판결 ; 1966.3.15 선고 65도984 판결참조).]

168) **[결과적 가중범의 유형]** : 대법원 1996.4.26. 선고 96도485 판결(현주건조물방화치사상죄와 살인죄 및 존속살인죄의 죄수관계)[원심판결과 원심이 인용한 제1심판결 이유에 의하면, 제1심은 그 명시한 증거에 의하여 피고인은 1995.8.7. 03:15경 경기 광주군 도척면 도웅 2리 소재의 피고인 집 안방에서 잠을 자고 있는 피해자인 아버지 피해자 1과 동생 피해자 2를 살해하기 위하여 그 곳에 있던 두루마리 화장지를 말아 장롱 뒷면에 나 있는 구멍을 통하여 장롱 안으로 집어넣은 다음, 평소 소지하고 다니던 1회용 라이터로 화장지에 불을 붙여 장롱으로 불이 번지자 그 곳을 빠져 나옴으로써 직계존속인 위 피해자 1과 동생인 위 피해자 2를 연기로 인하여 질식사하도록 하여 이들을 살해하고, 위 피해자들이 현존하는 건조물을 소훼하여 사망에 이르게 한 사실을 인정한 다음, 아버지에 대한 살인행위를 형법 제250조 제2항, 동생에 대한 살인행위를 같은 법 제250조 제1항, 각 현주물방화치사의 점을 같은 법 제164조 후단에 의율하여 위 각 죄를 상상적 경합범으로 처단하였고, 원심은 이를 유지하였다.

살피건대, 형법 제164조 후단이 규정하는 현주건조물방화치사상죄는 그 전단이 규정하는 죄에 대한 일종의 가중처벌 규정으로서 **과실**이 있는 경우뿐만 아니라, **고의**가 있는 경우에도 포함된다고 볼 것이므로 사람을 살해할 목적으로 현주건조물에 방화하여 사망에 이르게 한 경우에는 현주건조물방화치사죄로 의율하여야 하고 이와 더불어 살인죄와의 상상적 경합범으로 의율할 것은 아니라고 할 것이고(대법원 1983.1.18. 선고 82도2341 판결 참조), 다만 존속살인죄와 현주건조물방화치사죄는 상상적 경합범 관계에 있으므로, 법정형이 중한 존속살인죄로 의율함이 타당하다고 할 것이다.

따라서 이 사건에 있어 동생의 살해에 대하여는 현주건조물방화치사죄만으로 의율하였어야 함에도 불구하고, 위와 같이 동생의 살해에 대하여 살인죄와 현주건조물방화치사죄의 상상적 경합범으로 의율한 제1심을 유지한 원심은 필경 형법 제164조 후단의 현주건조물방화치사죄의 법리나 상상적 경합범의 법리를 오해하였다고 아니할 수 없다.

그러나, 피고인의 소위는 1개의 방화행위로 인하여 아버지와 동생을 동시에 사망하게 한 것으로서 이는 상상적 경합범에 해당되므로 어차피 현주건조물방화치사죄보다 형이 더 무거운 존속살인죄의 정한 형으로 처벌할 수밖에 없고, 원심도 피고인을 형이 가장 무거운 존속살인죄의 정한 형으로 처벌하였으므로 원심의 위와 같은 잘못은 판결에 영향이 없다 할 것이니, 이 점을 지적하는 상고이유의 주장은 결국 이유 없음에 귀착한다고 할 것이다.] ; **대법원 2008.11.27. 선고 2008도7311 판결**[기본범죄를 통하여 고의로 중한 결과를 발생하게 한 경우에 가중 처벌하는 **부진정결과적가중범**에 있어서, 고의로 중한 결과를 발생하게 한 행위가 별도의 구성요건에 해당하고 그 고의범에 대하여 결과적가중범에 정한 형보다 더 무겁게 처벌하는 규정이 있는 경우에는 그 고의범과 결과적가중범이 상상적 경합관계에 있다고 보아야 할 것이지만(대법원 1995.1.20. 선고 94도2842 판결, 대법원 1996.4.26. 선고 96도485 판결 등 참조), 위와 같이 고의범에 대하여 더 무겁게 처벌하는 규정이 없는 경우에는 결과적가중범이 고의범에 대하여 **특별관계**에 있다고 해석되므로 결과적가중범만 성립하고 이와 **법조경합의 관계**에 있는 고의범에 대하여는 별도로 죄를 구성한다고 볼 수 없다. 따라서 직무를 집행하는 공무원에 대하여 위험한 물건을 휴대하여 고의로 상해를 가한 경우에는 특수공무집행방해치상죄만 성립할 뿐, 이와는 별도로 폭력행위등처벌에관한법률위반(집단·흉기 등 상해)죄를 구성한다고 볼 수 없다.

기록에 의하면, 피고인이 승용차를 운전하던 중 음주단속을 피하기 위하여 위험한 물건인 승용차로

다. 기수범, 미수범(고의범의 경우에만 해당, 과실미수범은 처벌규정이 없으므로 불처벌)

라. 단독범, 가담범[또는 단독범, 공범(협의의 공범)]

4. 범죄성립배제사유

가. 위법성조각사유(정당화사유) : 정당행위(제20조), 정당방위(제21조), 긴급피난(제22조), 자구행위(제23조), 피해자의 승낙(제24조)

나. 책임조각사유(면책사유) : 형사미성년자(제9조), 책임무능력자(제10조 제1항), 강요된 행위(제12조), 법률의 착오(제16조)

5. 형법각칙상의 범죄유형의 분류

가. 침해범과 위험범

[침해범과 위험범 : 범죄를 보호법익에 대한 침해정도에 따라 구별]

Ⅰ. [침해범[실해범]] : 보호법익이 현실적으로 침해되어야 성립하는 범죄를 말한다. 예컨대 살인죄, 상해죄, 절도죄 등.

Ⅱ. [위험범[위태범]] : 구성요건상으로 전제된 보호법익에 대한 위험상태의 야기(즉 법익침해의 위험성)만으로 구성요건이 충족되는 범죄를 말한다.

1. 구체적 위험범 : 법익침해의 위험성이 구성요건에 구체적으로 명시된 범죄로서 대부분 결과

단속 경찰관을 들이받아 위 경찰관의 공무집행을 방해하고 위 경찰관에게 상해를 입게 하였다는 이 사건 공소사실에 대하여, 검사는 피고인의 행위가 폭력행위등처벌에관한법률위반(집단·흉기 등 상해)죄와 특수공무집행방해치상죄를 구성하고 두 죄는 상상적 경합관계에 해당하는 것으로 보아 공소를 제기하였음을 알 수 있다.

이에 대하여 원심은, 피고인의 행위는 특수공무집행방해치상죄를 구성할 뿐, 폭력행위등처벌에관한법률위반(집단·흉기 등 상해)죄는 특수공무집행방해치상죄에 흡수되어 별도로 죄를 구성하지 않는다고 보아 폭력행위등처벌에관한법률위반(집단·흉기 등 상해)죄에 관하여 무죄로 판단하였는바, 앞서 본 법리와 기록에 비추어 살펴보면 원심의 위와 같은 판단은 정당하고, 거기에 상고이유로 주장하는 바와 같은 죄수에 관한 법리오해 등의 위법이 없다.

그러므로 상고를 기각하기로 하여 관여 법관의 일치된 의견으로 주문과 같이 판결한다.]

범이다. 예컨대 형법 제166조 제2항(자기소유일반건조물방화죄), 제167조 제1항(일반물건방화죄), 제170조 제2항(자기소유일반건조물실화죄), 제172조(폭발성물건파열죄), 제87조(내란죄), 제122조(직무유기죄) 등.

2. 추상적 위험범 : 구성요건에 해당하는 행위가 있으면 입법자가 바로 법익침해의 위험성이 있는 것으로 인정하는 범죄를 말한다. 예컨대 형법 제164조(현주건조물방화죄), 제166조 제1항(타인소유일반건조물방화죄), 제170조 제1항(타인소유일반건조물방화죄), 제179조 제1항(타인소유일반건조물일수죄) 등등.

Ⅲ. [구체적·추상적 위험범의 구별실익] : 구체적 위험범은 위험의 발생이 객관적 구성요건요소이기 때문에 '위험에 대한 인식'이 고의의 내용이 되는데 반하여, 추상적 위험범의 경우에는 '위험의 발생'이 객관적 구성요건요소가 아니기 때문에 '위험에 대한 인식'은 고의의 인식대상에서 제외된다는 점에 차이가 있다.

나. 결과범과 거동범[169)]

- 결과범의 경우 인과관계가 요구된다.
- 결과적 가중범(예 : 상해치사, 폭행치사 등)[170)]도 결과범이다.

다. 즉시범과 상태범 및 계속범[171)]

169) **[결과범(실질범)과 거동범(형식범) : 범죄를 구성요건적 결과발생 여부를 기준으로 구별]** : 행위자의 신체거동 이외에 일정한 결과발생을 요구하는 범죄유형을 결과범(예컨대 살인죄, 결과적 가중범 등)이라 하고, 구성요건적 행위(실행행위)를 하기만 하면 구성요건이 전부 실현되는 범죄유형을 거동범(예컨대 주거침입죄, 공무집행방해죄 등)이라 한다.

170) **대법원 2000.5.12. 선고 2000도745 판결**[결과적 가중범인 상해치사죄의 공동정범은 폭행 기타의 신체침해행위를 공동으로 할 의사가 있으면 성립되고 결과를 공동으로 할 의사는 필요 없으며(대법원 1978.1.17. 선고 77도2193 판결, 1993.3.24. 선고 93도1674 판결 등 참조), 여러 사람이 상해의 범의로 범행 중 한 사람이 중한 상해를 가하여 피해자가 사망에 이르게 된 경우 나머지 사람들은 사망의 결과를 예견할 수 없는 때가 아닌 한 상해치사의 죄책을 면할 수 없다고 할 것이다(대법원 1996.12.6. 선고 96도2570 판결 등 참조).] ; **대법원 2010.5.27. 선고 2010도2680 판결**[폭행치사죄는 결과적 가중범으로서 폭행과 사망의 결과 사이에 인과관계가 있는 외에 사망의 결과에 대한 예견가능성 즉 과실이 있어야 하고, 이러한 예견가능성의 유무는 폭행의 정도와 피해자의 대응상태 등 구체적 상황을 살펴서 엄격하게 가려야 한다(대법원 1990.9.25. 선고 90도1596 판결 등 참조).]

171) **[즉시범·상태범·계속범 : 범죄를 범죄행위의 시간적 계속성을 기준으로 구별]**

1. 즉시범 : 즉시범이란 구성요건적 결과발생(법익침해 내지 법익침해의 위태화)과 동시에 범죄가 기수에 이르고 완료되는 범죄유형을 말한다. 예컨대 형법 제145조 제1항(도주죄) 등 : **대법원 1991.10.11. 선고 91도1656 판결[도주죄의 기수시기 및 도주행위가 기수에 이른 후에 도주죄의 범인의 도피를 도와주는 행위가 도주원조죄에 해당하는지 여부(소극)]**(도주죄는 즉시범으로서 범인이 간수자의 실력적 지배를 이탈한 상태에 이르렀을 때에 기수가 되어 도주행위가 종료하는 것이고, 도주원조죄는 도주죄에 있어서의 범인의 도주행위를 야기시키거나 이를 용이하게 하는 등 그와 공범관계에 있는 행위를 독립한 구성요건으로 하는 범죄이므로, 도주죄의 범인이 도주행위를 하여 기수에

이르른 이후에 범인의 도피를 도와주는 행위는 범인도피죄에 해당할 수 있을 뿐 도주원조죄에는 해당하지 아니한다.)

2. 상태범 : 상태범이란 하나의 구성요건적 행위에 의하여 법익침해가 발생함으로써 범죄는 기수에 이르고 종료되지만, 그 하나의 구성요건적 행위로 인한 법익침해(위법)상태는 기수이후에도 존속되는 범죄유형을 말한다. 이러한 법익침해상태에 포섭될 수 있는 기수 이후의 행위는 하나의 행위로 평가되는 불가벌적 사후행위가 된다. 예컨대 형법 제329조(절도죄), 제355조(횡령죄) 등.

***[즉시범과 상태범의 구별실익]** : 즉시범과 상태범의 구별은 형법상 아무런 실익이 없으므로 양자를 동의어로 파악하여야 한다는 견해(이재상, 제7판, 73쪽)도 있지만, 상태범의 경우에는 불가벌적 사후행위에 가담하는 제3자를, 새로운 구성요건적 행위가 없기 때문에 공동정범이 성립할 수는 없지만, 방조범으로 처벌할 수 있다는 점에서 그렇지 않은 즉시범과의 구별실익이 있다(신동운, 제6판. 469쪽 : 김성돈, 115쪽 등). 대법원도 같은 취지라 할 수 있다 : **대법원 2008.10.23. 선고 2008도6080 판결**[1. 피고인 1의 절취의 고의에 관하여

원심이 채택한 증거들에 의하여 알 수 있는 사정, 즉 이 사건 범행장소의 위치 및 주변상황, 절취품인 영산홍의 형상 및 크기, 특히 피고인 1이 이 사건 범행 약 2주 전에 딸과 함께 범행장소에 가서 피해자에게 그 곳에 있는 나무를 팔지 않겠느냐고 물어본 사실이 있는 점 등을 종합해 보면, 피고인 1에게 영산홍 절취의 고의가 있었음을 인정하기에 충분하므로, 이 점에 관한 위 피고인의 상고이유의 주장은 받아들일 수 없다.

2. 피고인들의 특수절도의 점에 관하여

가. 원심의 판단

원심은 "피고인들은 합동하여, 2007.2.11. 13:30경 수원시 장안구 이목동 289-7 소재 피해자 공소외인운영의 주식회사 유천연구소에서, 피고인 1이 위 연구소 마당 뒤편에서 캔 피해자 소유의 영산홍 1그루 시가 70만 원 상당을 위 연구소 마당에 주차된 승용차에 싣기 위해 운반하여 가 이를 절취하였다"는 피고인들에 대한 특수절도의 점에 관한 공소사실에 대하여, 그 채택 증거들을 종합하여, 피고인 1은 위 일시에 위 연구소 마당에 쏘렌토 승용차를 세워 두고, 그 곳에서 약 20m 떨어진 연구소 마당 뒤편에서 피해자 소유의 영산홍 1그루를 캔 다음, 남편인 피고인 2에게 전화를 걸어 영산홍을 차에 싣는 것을 도와 달라고 말하여, 피고인 2가 그곳으로 온 사실, 위 영산홍은 높이가 약 1m 50㎝ 이상, 폭이 약 1m 정도로서 상당히 클 뿐만 아니라 뿌리가 상하지 않도록 뿌리 부분의 흙까지 함께 캐내어져 피고인 1이 혼자서 이를 운반하기는 어려웠던 사실, 피고인들은 위 연구소 마당에 주차된 승용차 바로 뒤에서 위 영산홍을 함께 잡고 있다가 피해자에게 발각된 사실을 인정한 다음, 그 인정 사실에 의하면, 피고인 2는 피고인 1의 절취범행이 **완성되기 전에 위 범행에 가담**하여 피고인 1이 캔 영산홍을 피고인 1과 함께 위 승용차에 싣기 위해 운반함으로써 범행을 완성하였다고 할 것이므로, 피고인들은 합동하여 위 영산홍을 절취하였다고 판단하여 피고인들을 특수절도죄로 의율하였다.

나. 이 법원의 판단

그러나 원심이 피고인 1의 절취범행이 완성되기 전에 피고인 2가 이에 가담하여 함께 운반함으로써 피고인들이 합동하여 위 영산홍을 절취하였다고 판단하여 피고인들을 특수절도죄로 의율한 것은 다음과 같은 이유로 수긍하기 어렵다.

입목을 절취하기 위하여 이를 캐낸 때에는 그 시점에서 이미 소유자의 입목에 대한 점유가 침해되어 범인의 사실적 지배하에 놓이게 됨으로써 범인이 그 점유를 취득하게 되는 것이므로, **이때(저자 주 : 입목채취시) 절도죄는 기수**에 이르렀다고 할 것이고, 이를 운반하거나 반출하는 등의 행위는 필요로 하지 않는다고 할 것이다.

원심이 확정한 사실관계에 의하더라도, 피고인 2는 피고인 1이 영산홍을 땅에서 완전히 캐낸 이후에 비로소 범행장소로 와서 피고인 1과 함께 위 영산홍을 승용차까지 운반하였다는 것인바, 앞서 본 법리에 비추어 보면, 피고인 1이 영산홍을 땅에서 캐낸 그 시점에서 이미 피해자의 영산홍에 대한 점유가 침해되어 그 사실적 지배가 피고인 1에게 이동되었다고 봄이 상당하므로, 그때 피고인 1의 영산홍 절취행위는 기수에 이르렀다고 할 것이고, 이와 같이 보는 이상 그 이후에 피고인 2가 영산홍을 피고인 1과 함께 승용차까지 운반하였다고 하더라도 **그러한 행위가 다른 죄에 해당하는지의 여부는 별론**으로 하고, 피고인 2가 피고인 1과 합동하여 영산홍 절취행위를 하였다고 볼 수는 없다고 할 것이다.

그럼에도 불구하고, 원심은 피고인 1이 영산홍을 땅에서 캐낸 것만으로는 그 절취행위가 완성되지

- **즉시범**[172]**과 계속범**[173]**의 구별실익** : 공소시효의 기산점(계속범의 완료이후), 정당방위와 공범의 성립시기(계속범의 완료시까지)
- **계속범과 상태범의 구별실익** : 상태범의 경우 원칙적으로 기수 이후 공동정범은 불가능하지만, 방조범의 성립은 가능하고 정당방위도 성립 불가능하며 공소시효의 기산점도 기수시가 된다.[174]

않았음을 전제로 하여, 피고인 1이 캐낸 영산홍을 피고인 2가 함께 승용차까지 운반함으로써 비로소 절취행위를 완성하였다는 이유로 피고인들이 합동하여 절취행위를 하였다고 보아 특수절도죄로 의율하였으니, 원심판결에는 절도죄의 기수시기에 관한 법리를 오해한 위법이 있고, 이는 판결 결과에 영향을 미쳤음이 분명하다.

3. 파기의 범위

따라서 원심판결 중 피고인들에 대한 특수절도의 점에 관한 공소사실을 유죄로 인정한 부분은 파기되어야 할 것인바, 원심은 위 공소사실과 피고인들이 상고이유로 삼지 아니한 피고인들에 대한 각 건조물침입의 점에 관한 공소사실을 모두 유죄로 인정한 다음 이를 형법 제37조 전단의 경합범으로 보아 피고인들에 대하여 각 1개의 형을 정하였으므로, 피고인들에 대한 원심판결은 모두 파기될 수밖에 없다.]

3. 계속범 : 계속범이란 첫 번째 구성요건적 행위로 인하여 객관적 구성요건이 전부 충족되어 기수에 이르렀으나 이 행위와 별개의 동일한 새로운 구성요건적 행위(제2, 제3의 구성요건적 행위)가 되풀이 되는 동안 계속 범죄가 성립하는 범죄유형을 말한다. 예컨대 형법 제276조 제1항(감금죄) 등. 즉 최초의 감금행위에 의하여 신체의 자유가 침해된 상황에서 이후 감금행위가 종료할 때까지 감금죄는 계속 성립한다. 따라서 첫 번째 구성요건적 행위로 평가될 수 없는 새로운 제2, 제3의 구성요건적 행위부분에 대해서는 새로이 구성요건을 공동으로 실현할 수 있기 때문에 공동정범의 성립이 가능하게 된다.

172) **대법원 2009.9.10. 선고 2009도5075 판결**(유사수신행위의 규제에 관한 법률 제3조는 유사수신행위를 금지하면서 제2조 제1호에서 '장래에 출자금의 전액 또는 이를 초과하는 금액을 지급할 것을 약정하고 출자금을 수입하는 행위'를 유사수신행위의 하나로 규정하고 있는바, 상품거래의 형식을 띠었다고 하더라도 그것이 상품의 거래를 가장하거나 빙자한 것일 뿐 사실상 금전의 거래라고 볼 수 있는 경우라면 위 법이 금하는 유사수신행위로 볼 수 있다. 또한 위 법 제3조, 제2조 제1호의 유사수신행위는 장래에 출자금의 전액 또는 이를 초과하는 금액을 지급할 것을 약정하고 출자금을 수입하는 행위를 함으로써 즉시 성립하고, 그와 동시에 완성되는 즉시범이다.) ; **대법원 2009.4.9. 선고 2008도11572 판결**(위험물안전관리법 제36조 제2호, 제6조 제1항 후단에서 규정하는 허가 없이 위험물 제조소 등을 변경한 죄는 같은 법에 규정된 제조소 등의 위치, 구조, 설비를 변경함으로써 즉시 성립하고 그와 동시에 완성되는 이른바 즉시범이라 할 것이다.)

173) **대법원 2004.2.12. 선고 2003도6215 판결**[원심은 구 문화재보호법(2001.3.28. 법률 제6443호로 개정되기 전의 것, 이하 같음) 제81조 제2항에서 지정문화재 등을 은닉한 자를 처벌하도록 한 규정은 지정문화재 등임을 알고 그 소재를 불분명하게 함으로써 발견을 곤란 또는 불가능하게 하여 그 효용을 해하는 행위를 처벌하려는 것이라는 전제하에 그러한 은닉범행이 계속되는 한 발견을 곤란케 하는 등의 상태는 계속되는 것이어서 공소시효가 진행되지 않는 것으로 보아야 한다는 이유로, 은닉행위를 시작한 때로부터 문화재보호법위반죄의 공소시효가 기산되어 이미 그 공소시효가 완성되었다는 피고인의 주장을 배척하였는바, 구 문화재보호법 제81조 제2항의 내용 및 그 입법취지에 비추어 보면 원심의 위와 같은 판단은 정당하고, 거기에 상고이유에서 지적하는 바와 같이 문화재보호법위반죄의 공소시효에 관한 법리를 오해한 잘못이 있다 할 수 없다.] ; **대법원 2006.1.26. 선고 2005도7283 판결**(주차장법 제29조 제1항 제2호 위반의 죄는 이른바 계속범으로서, 종전에 용도외 사용행위에 대하여 처벌받은 일이 있다고 하더라도 그 후에도 계속하여 용도외 사용을 하고 있는 이상 종전 재판 후의 사용에 대하여 다시 처벌할 수 있는 것이다.)

174) **[정리 : 즉시범·상태범·계속범의 구별실익]**

라. 일반범과 신분범 및 자수범[175)]

- **신분범** : 업무상 비밀누설죄, 부진정 부작위범 ➡ 진정신분범(범죄구성적 신분)[176)], 부진정신분범(형벌가감적 신분) = 형법 제33조
- **자수범** : 위증죄, 간통죄 ➡ 간접정범 · 공동정범 성립 불가능

제2절 범죄체계론

1. 의의

- 범죄성립 여부를 논하는 일련의 검토과정 또는 시스템
- 다종다양한 사실관계에 대하여 형벌법규의 통일적인 적용이 가능하도록 하는 시스템

	즉시범·상태범	계속범
공소시효의 기산점	기수시	완료시
공동정범·방조범의 성립시기	기수시까지 가능. 상태범의 경우에는 기수이후에도 방조범의 성립이 가능한 점에서 즉시범과 구별	완료시까지 가능
정당방위의 가능시기	기수시까지 가능	완료시까지 가능

175) **[일반범·신분범·자수범]** : 일반범이란 누구나 행위자(정범)가 될 수 있는 범죄유형(예컨대 구성요건에 '…한 자'로 표현되어 있는 범죄유형)을 말하고, 신분범이란 구성요건이 행위주체에 일정한 신분을 요구하는 범죄유형(예컨대 각종 공무원직무범죄 등)을 말하며, 자수범이란 자연인인 정범 자신이 직접 범죄를 저질렀을 때 범죄가 성립하고 타인을 이용해서는 성립시킬 수 없는 범죄유형(예컨대 위증죄, 도주죄, 간통죄 등)을 말한다. 즉 자수범은 직접정범의 형태로만 성립할 수 있기 때문에 직접적 실행지배가 없다고 할 수 있는 우월적 의사지배(간접정범)나 기능적 범행지배(공동정범)의 형태로는 자수범을 실현할 수 없지만, 공범의 성립은 가능하다.

176) **[의무범]** : 진정신분범의 특수형태로는 구성요건이 요구하는 형법외적 특별의무를 침해할 수 있는 의무자(예컨대 공무원의 직무범죄상의 행위주체, 유기죄의 행위주체 등)만이 정범이 될 수 있는 범죄유형인 의무범이 있다.

2. 범죄체계의 기본적 개념

■ 행위	인간의 '의사'에 의해 지배되거나 적어도 지배될 수 있는 사회적으로 중요한 행태
■ 구성요건해당성	- 범죄유형을 기술한 것 - 적극적 요소
■ 위법성	행위에 대한 객관적 반가치 판단 - 소극적 요소
■ 책임	행위자 개인에 대한 비난가능성 - 소극적 요소
■ 기타 가벌성의 조건	- 객관적 처벌조건, 인적 처벌조각사유 → 일단 성립한 범죄의 가벌성을 문제 삼는 요건 - 소극적 요소

3. 범죄체계론의 발전과정

<u>형법 제329조(절도)</u> : "타인의 재물을 절취한 자는 6년 이하의 징역 또는 1천만원 이하의 벌금에 처한다."

	고전적 범죄체계	신고전적 범죄체계	목적적 범죄체계	합일태적 범죄체계
시기/대표자	19세기 말 Beling, Binding 등	1차 대전 이후 Mezger, Frank	2차 대전 이후 Welzel 등 Bonn학파	2차 대전 이후 Gallas, Roxin 등
기본경향	순수 인과적 불법론 (모든 객관적 요소는 불법에, 모든 주관적인 요소는 책임에 속한다➡심리적 책임개념[177])	순수 인과적 불법론의 체계내적 개선 (특별한 주관적 불법요소와 규범적 구성요건요소[178]의 발견, 규범적 책임개념[179])	목적적 행위론 (책임에서 고의·과실을 완전히 분리시켜 구성요건에 위치)	신고전적 범죄체계와 목적적 범죄체계의 합일 (고의의 이중기능 인정)
구성요건해당성	타인의 재물의 절취	타인의 재물의 절취 + 불법영득의사[180]	타인의 재물의 절취(객관) + <u>구성요건고의(주관)</u> + 불법영득의사	타인의 재물의 절취(객관) + 구성요건고의(주관) + 불법영득의사
위법성	(객관적-형식적 기준에 따른) 위법성조각사유의 부존재	(객관적 및 주관적 관점에서) 위법성조각사유의 부존재	위법성조각사유의 부존재(객관적 정당화사유+주관적 정당화사유)	위법성조각사유의 부존재(객관적 정당화사유+주관적 정당화사유)
책임	①책임능력 ②<u>책임유형[181]으로서 고의</u> ③그 밖의 책임요소로서 불법영득의사 ④면책사유의 부존재	①책임능력 ②<u>책임형식[182]으로서 고의</u> ③그 밖의 책임요소로서 불법영득의사 ④면책사유의 부존재	①책임능력 ②책임요소로서 불법의식 ③면책사유의 부존재	①책임능력 ②<u>책임형식으로서 고의</u> ③책임요소로서 불법의식 ④면책사유의 부존재
비판	-결과범위주로 구성된 이론 -순수인과적 사고방식이 규범과학과 맞지 않다. -불법영득의사를 책임영역에 위치시키는 것은 잘못(행위의 비난가능성은 영득의사와 무관)	-구성요건고의가 주관적 불법구성요건에 속한다는 점을 오해하고 있다. -불법영득의사를 책임영역에 위치시키는 것은 잘못	-범죄체계를 지나치게 (목적적) 행위개념 측면에서만 전개 -고의가 불법영역에서 뿐만 아니라 책임영역에도 포함될 수 있다는 점 간과	-고의와 과실은 행위형식(구성요건단계)에도 관련되어 있고 책임형식(책임단계)에도 관련되어 있다(고의과실의 이중적 기능)

177) **[심리적 책임개념]** : 행위에 대한 행위자의 심리적 관계(고의, 과실 있으면 책임있고, 고의나 과실없으면 책임없다)

178) **[규범적 구성요건요소의 판단방법]** : **대법원 2008.12.24. 선고 2008도9581 판결**[일반적으로 법규는 그 규정의 문언에 표현력의 한계가 있을 뿐만 아니라 그 성질상 어느 정도의 추상성을 가지는 것은 불가피하고, 구 정보통신망 이용촉진 및 정보보호 등에 관한 법률(2007.1.26. 법률 제8289호로 개정되기 전의 것) 제65조 제1항 제3호에서 규정하는 **"불안감"**은 **평가적·정서적 판단을 요하는 규범적 구성요건요소**이고, "불안감"이란 개념이 사전적으로 "마음이 편하지 아니하고 조마조마한 느낌"이라고 풀이되고 있어 이를 불명확하다고 볼 수는 없으므로, 위 규정 자체가 죄형법정주의 및 여기에서 파생된 명확성의 원칙에 반한다고 볼 수 없다.] ; **대법원 2008.6.12. 선고 2007도3815 판결**[구 정보통신망 이용촉진 및 정보보호 등에 관한 법률(2007.1.26. 법률 제8289호로 개정되기 전의 것, 이하 '구법'이라고 한다) 제65조 제1항 제2호에서 규정하고 있는 **'음란'이라 함은** 사회통념상 일반 보통인의 성욕을 자극하여 성적 흥분을 유발하고 정상적인 성적 수치심을 해하여 성적 도의관념에 반하는 것을 말하는바(대법원 2006.4.28. 선고 2003도4128 판결 등 참조), **음란성에 관한 논의**는 자연스럽게 형성·발전되어 온 사회 일반의 성적 도덕관념이나 윤리관념 및 문화적 사조와 직결되고 아

울러 개인의 사생활이나 행복추구권 및 다양성과도 깊이 연관되는 문제로서 국가 형벌권이 지나치게 적극적으로 개입하기에 적절한 분야가 아니라는 점을 고려할 때, 위 법리에 따라 특정 표현물을 형사처벌의 대상이 될 음란표현물이라고 하기 위하여는 그 표현물이 단순히 성적인 흥미에 관련되어 저속하다거나 문란한 느낌을 준다는 정도만으로는 부족하고, 사회통념에 비추어 전적으로 또는 지배적으로 성적 흥미에만 호소할 뿐 하등의 문학적·예술적·사상적·과학적·의학적·교육적 가치를 지니지 아니한 것으로서, 과도하고도 노골적인 방법에 의하여 성적 부위나 행위를 적나라하게 표현·묘사함으로써 존중·보호되어야 할 인격체로서의 인간의 존엄과 가치를 훼손·왜곡한다고 볼 정도로 평가되는 것을 뜻한다고 할 것이고, 이를 판단함에 있어서는 표현물 제작자의 주관적 의도가 아니라 사회 평균인의 입장에서 그 전체적인 내용을 관찰하여 건전한 사회통념에 따라 객관적이고 **규범적**으로 평가하여야 한다(대법원 2008.3.13. 선고 2006도3558 판결 등 참조).] ; **대법원 2000.10.13. 선고 2000도3346 판결**[음란한 물건이라 함은 성욕을 자극하거나 흥분 또는 만족케 하는 물품으로서 일반인의 정상적인 성적 수치심을 해치고 선량한 성적 도의관념에 반하는 것을 가리킨다고 할 것인바(대법원 1987.12.22. 선고 87도2331 판결, 1999.2.24. 선고 98도1536 판결 등 참조), 이 사건 여성용 자위기구나 돌출콘돔의 경우 그 자체로 남성의 성기를 연상케 하는 면이 있다 하여도 그 정도만으로 그 기구 자체가 성욕을 자극, 흥분 또는 만족시키게 하는 물건으로 볼 수 없을 뿐만 아니라 일반인의 정상적인 성적 수치심을 해치고 선량한 성적 도의관념에 반한다고도 볼 수 없으므로, 위와 같은 성기구들은 음란한 물건에 해당한다고 볼 수 없다고 할 것이다.] ; **대법원 2003.5.16. 선고 2003도988 판결**[음란한 물건이라 함은 성욕을 자극하거나 흥분 또는 만족케 하는 물건들로서 일반인의 정상적인 성적 수치심을 해치고 선량한 성적 도의관념에 반하는 것을 의미하며(대법원 2001.6.12. 선고 2001도1144 판결 등 참조), 어떤 물건이 음란한 물건에 해당하는지 여부는 행위자의 주관적 의도나 반포, 전시 등이 행하여진 상황에 관계없이 그 물건 자체에 관하여 객관적으로 판단하여야 한다.

기록에 의하여 살펴보면, 이 사건 기구와 같은 남성용 자위기구가 그 시대적 수요가 있고 어느 정도의 순기능을 하고 있으며 은밀히 판매되고 사용되는 속성을 가진 것은 사실이나, 이 사건 기구는 사람의 피부에 가까운 느낌을 주는 실리콘을 재질로 사용하여 여성의 음부, 항문, 음모, 허벅지 부위를 실제와 거의 동일한 모습으로 재현하는 한편, 음부 부위는 붉은 색으로, 음모 부위는 검은 색으로 채색하는 등 그 형상 및 색상 등에 있어서 여성의 외음부를 그대로 옮겨놓은 것이나 진배없는 것으로서, 여성 성기를 지나치게 노골적으로 표현함으로써 사회통념상 그것을 보는 것 자체만으로도 성욕을 자극하거나 흥분시킬 수 있고 일반인의 정상적인 성적 수치심을 해치고 선량한 성적 도의관념에 반한다고 하지 않을 수 없다.]

179) **[규범적 책임개념]** : 책임은 고의, 과실이라는 심리적 요소가 아니라 비난가능성을 의미할 뿐이다.

180) **[불법영득의 의사]** : **대법원 1992.9.8. 선고 91도3149 판결 ; 대법원 2000.10.13. 선고 2000도3655 판결(절도죄의 성립에 필요한 불법영득의 의사라 함은** 권리자를 배제하고 타인의 물건을 자기의 소유물과 같이 그 경제적 용법에 따라 이용·처분할 의사를 말하는 것으로 영구적으로 그 물건의 경제적 이익을 보유할 의사가 필요한 것은 아니지만 단순한 점유의 침해만으로서는 절도죄를 구성할 수 없고 소유권 또는 이에 준하는 본권을 침해하는 의사 즉 목적물의 물질을 영득할 의사이거나 또는 그 물질의 가치만을 영득할 의사이든 적어도 그 재물에 대한영득의 의사가 있어야 한다.)

181) **[책임유형(Schuldart) 또는 책임종류]** : 고전적 범죄체계에서는 책임과 고의(또는 과실)간의 관계를 하나의 종류로 보았다(즉, 책임=고의, 책임=과실로 이해). 고전적 범죄체계에서는 책임능력의 존재나 면책사유의 부존재 등의 사유는 책임을 인정하기 위한 전제조건에 불과한 것이지 이러한 사유들이 곧 책임의 내용에 해당하는 것이라고 이해하지 않았다.

182) **[책임형식(Schuldform)]** : 신고전적 범죄체계에서는 고전적 범죄체계와는 달리 책임능력이 책임을 구성하는 요소로 이해하게 되었고(특히 Frank), 따라서 고의나 과실은 책임의 행위자가 구체적으로 부담하는 책임의 형식, 즉 고의책임인지 아니면 과실책임인지를 지시해주는 기능을 담당(즉 신고전적 범죄체계에서는 책임=고의, 책임=과실이라는 등식이 불성립)

제3절 3단계 범죄체계론에 따른 가벌성 판단 방법

1. 고의작위기수범

■ 사전심사

- 작위와 부작위의 구별
- 형법상의 행위에 해당하는 지의 여부 검토

■ 구성요건해당성

- 객관적 구성요건
  - 범행, 범행상황, 범행객체, 구성요건적 결과, 기타 요소들
  - 행위와 결과간의 인과관계와 객관적 귀속
- 주관적 구성요건
  - 고의
  - 특별한 주관적 요소(예: 불법영득의사)
- 객관적 처벌조건(예: 사전수뢰죄에서 '공무원이 된 사실')

■ 위법성: 위법성 조각사유의 부존재

- 위법성 조각사유의 객관적 요건
- 위법성 조각사유의 주관적 요건

■ 책임

- 책임능력
- 특별한 형가중(또는 감경)적 책임요소(예: 영아살해죄에서 '특히 참작할만한 동기')
- 개인적 비난가능성
  - 책임형식: 고의책임(허용구성요건착오의 부존재)
  - 위법성 인식(금지착오 내지 허용착오의 부존재)
  - 책임조각사유의 부존재

■ 인적처벌조각사유

■ 소추조건

2. 고의작위미수범

■ 사전심사

■ 당해 행위가 기수에 이르지 못한 점 확인

■ 미수의 가벌성 확인

■ 구성요건해당성

■ 주관적 구성요건: 범행결의

- 구성요건적 고의

- 그 밖의 주관적 구성요건요소

■ 객관적 구성요건: 실행의 착수

■ 객관적 처벌조건(예: 사전수뢰죄에서 '공무원이 된 사실')

■ 위법성: 위법성 조각사유의 부존재

■ 책임

■ 인적처벌조각사유

■ 소추조건

3. 과실작위범

■ 사전심사

- ■ 당해 행위가 고의의 작위범이 아니라는 점 확인
- ■ 과실범의 가벌성 확인

■ 구성요건해당성

- ■ 구성요건적 행위를 통한 결과의 발생
- ■ 객관적 주의의무 위반
- ■ 결과의 귀속
  - 주의의무위반관련성
  - 규범의 보호목적 관련성
  - 허용된 위범과 신뢰원칙의 검토
- ■ 객관적 처벌조건(예: 사전수뢰죄에서 '공무원이 된 사실')

■ 위법성

■ 책임

- ■ 책임능력
- ■ 특별한 책임요소(문제되는 경우)
- ■ 개인적 비난가능성
  - 책임형식: 과실책임(주관적 주의의무위반)
  - 잠재적 위법성인식
  - 책임조각사유의 부존재(특히 기대불가능성 검토)

■ 인적처벌조각사유

■ 소추조건

4. 결과적 가중범

■ 기본범죄의 고의에 의한 실현

■ 구성요건

■ 위법성

■ 책임

■ 중한 결과의 야기

■ 객관적 귀속

■ 객관적 과실

■ 주관적 과실

5. 고의 부진정 부작위범

■ 사전심사

- ■ 작위와 부작위의 구별
- ■ 형법상의 행위에 해당하는 지의 여부 검토

■ 구성요건해당성

- ■ 객관적 구성요건
  - 구성요건적 결과의 발생
  - 결과발생을 방지하기 위하여 객관적으로 요구된 행위의 부작위
  - 보증인적 지위
  - 부작위의 작위와의 동가치성
  - 부작위와 결과간의 인과관계와 객관적 귀속
- ■ 주관적 구성요건
  - 고의
  - 그 밖의 주관적 요소
- ■ 객관적 처벌조건

■ 위법성: 위법성 조각사유의 부존재

■ 책임

- ■ 책임능력
- ■ 특별한 책임요소
- ■ 개인적 비난가능성
  - 책임형식: 고의책임
  - 위법성 인식
  - 책임조각사유의 부존재

■ 인적처벌조각사유

■ 소추조건

6. 과실 부진정 부작위범

- 사전심사

    - 당해 행위가 고의의 부진정 부작위범이 아니라는 점 확인
    - 과실범의 가벌성 확인

- 구성요건해당성

    - 구성요건적 결과의 발생

    - 결과발생을 방지하기 위하여 객관적으로 요구된 행위의 부작위
    - 보증인적 지위
    - 부작위와 결과간의 인과관계
    - 객관적 주의의무 위반
    - 결과의 귀속

    - 부작위의 작위와의 동가치성

- 위법성: 위법성 조각사유의 부존재

- 책임

- 인적처벌조각사유

- 소추조건

제4절 3단계 범죄체계론에 따른 실용적 사례풀이 방법론

앞에서 언급한 범죄유형별 사례풀이 방법론을 현실적으로 재구성하여 보다 쉽게 제시하면 다음과 같다.

1. 실용적 사례풀이 방법론

제1단계(대전제)

- 문제제기 단계
- 예: "본 사례에서 갑은 을에게 독약을 먹여 그 결과 을이 사망하였다. 이 경우 갑에게 살인죄(형법 제250조 제1항)의 책임을 물을 수 있는지가 문제로 된다"

제2단계(사전심사)

- 형법적 행위에 해당하는지의 여부 검토
- 행위자가 미수범인지의 여부 검토
- 주범이 범죄의 기수에 도달하지 못했는지의 여부 검토
- 당해 행위가 작위인지 부작위인지 구별

제3단계(구성요건)

- 객관적 구성요건
- 주관적 구성요건
- 공범의 종속성 검토

※ 다수의 가담자들이 있는 경우에는 반드시 실행행위자의 가벌성부터 검토해야 한다(공범의 종속성, 간접정범 등과 관련하여 중요)

제4단계(위법성)

- 객관적 위법성조각사유
- 주관적 위법성조각사유

제5단계(책임)

- 책임능력
- 책임조각사유

제6단계(인적처벌조각사유)

제7단계(소추조건 등)

2. 사례 풀이

가. [사례 16 : 은행털이]

> 은행털이 전과자인 甲은 돈을 훔치기 위하여 새벽 1시 경에 은행관리인의 감시가 소홀한 틈을 이용하여 A은행에 몰래 들어와 그 은행의 금고에 있는 다이얼자물쇠를 열기 시작하였다. 甲의 평소의 능력에 비추어볼 때 甲이 은행금고를 열기까지 약 40분 정도 소요된다. 그런데 甲이 은행금고를 여는 동안에 乙도 은행금고를 털기 위하여 은행에 몰래 들어왔다.
>
> 그러나 乙은 그곳에서 마주친 甲이 과거 교도소 재소시절에 자신에게 은행털이 수법을 가르쳐준 선생이었기 때문에 乙은 결국 甲에게 은행털이를 양보하였다. 乙은 은행을 빠져나오기 전에 甲에게 은행털이를 위한 용접기구를 넘겨주었고, 甲은 乙이 넘겨준 용접기구를 이용하여 예상보다 빨리 25분 만에 은행금고를 부수고 돈을 훔쳐서 나왔다.
>
> 사건이 발생한 지 3일후, 은행털이 사건에 대한 전모를 乙에게서 듣고 알고 있던 은행직원 丙은 甲이 훔친 돈을 자신의 것으로 하기 위하여 甲의 집에 찾아가 甲이 훔친 돈을 몰래 훔쳐가려고 하자, 甲은 丙을 죽여버리겠다고 결심하고 丙에게 권총을 쏘았으나 丙은 머리에 찰과상만 입는데 그쳤고, 곧바로 병원으로 옮겨졌다. 그러나 丙은 병원에서 치료를 받는 과정에서 수혈로 인하여 에이즈에 걸려 사망하고 말았다.
>
> 甲과 乙의 가벌성을 논하시오(특별법에 대한 논의는 제외한다).

나. 사례풀이

(1) 쟁점의 정리

위 사례와 같이 시간적 과정이 경과되면서 다수의 가담자가 있는 경우에는 행위군을 기준으로 사례를 분리해야 한다. 여기서 행위군은 내부적으로 밀접하게 연결되어 있는 과정으로서 사건의 진행과정에서 일정한 중단점에서 분리해야 한다. 일반적으로 행위군 내부에서의 행위들 간에는 상상적 경합이 대부분이지만, 각 행위군 간에는 실체적 경합이 존재한다.

[쟁점정리의 도식]

I. 은행털이

1. 갑의 죄책
   가. 야간주거침입절도죄의 가벌성(제330조)
   나. 준강도죄의 가벌성(제335조)
   다. 손괴죄의 가벌성(제366조)
   라. 기타: 절도죄(제329조), 주거침입죄(제319조 제1항)
   마. 소결

2. 을의 죄책
   가. 야간주거침입절도죄의 공동정범 여부(제330조, 제30조)
   나. 야간주거침입절도죄의 중지미수 여부(제330조, 제26조)
   다. 야간주거침입절도죄의 방조범 여부(제330조, 제32조)
   라. 소결

II. 총을 쏜 행위와 그 결과
1. 살인죄의 가벌성(제250조 제1항)
2. 살인미수의 가벌성(제250조 제1항, 제254조, 제25조)

III. 죄수론 및 결론
1. 갑의 죄책
2. 을의 죄책

(2) 은행털이 : 쟁점 1

1. 갑의 죄책

가. 야간주거침입절도죄의 가벌성(제330조)

제1단계(대전제)

갑이 새벽 1시경에 은행에 침입하여 은행금고에서 돈을 훔친 행위에 대해 야간주거침입절도죄의 가벌성을 물을 수 있는지 문제로 된다.

제3단계(구성요건)

1) 야간주거침입절도죄의 구성요건

가) 객관적 구성요건

형법 제330조의 야간주거침입죄의 객관적 구성요건은 "야간에 사람의 주거, 간수하는 저택, 건조물이나 선박 또는 점유하는 방실에 침입하여 타인의 재물을 절취"하는 것이다.

갑은 새벽 1시에 은행에 침입하였다. 야간의 개념에 대하여 일반인이 심리적으로 야간이라고 볼 수 있는 상태를 야간이라고 해야 한다는 견해도 있지만, 통설과 판례는 야간이란 일몰후 일출전까지를 의미한다고 해석하고 있다. 그러나 어느 견해에 의하든 새벽 1시가 야간이라는 점에 의문의 여지가 없다.

갑은 은행에 침입하였다. 여기서 은행은 건조물에 해당한다. 건조물이란 주거를 제외한 일체의 건물을 의미하기 때문이다.

갑은 은행금고를 열어 돈을 훔쳤다. 야간주거침입죄에서 말하는 '타인의 재물의 절취'란 형법 제329조의 절도죄의 절취개념과 동일하다. 절도죄의 객체인 '재물'이란 유체물과 관리가능한 동력을 말한다(통설, 판례). 갑이 훔친 돈이 유체물이라는 점에 의문이 없다. 또한 은행금고에 있는 돈은 갑이 아니라 은행의 소유에 속한다는 점에서 재물의 타인성도 인정된다. 나아가 '절취'란 타인의 점유의 배제와 새로운 점유의 취득을 의미한다. 갑은 은행금고를 털어 그 속에 있는 돈에 대한 은행의 점유를 배제하였고 자신의 점유로 하였다. 따라서 갑의 행위는 절취에 해당한다.

종합해보면, 야간주거침입절도죄의 객관적 요건을 충족시켰다.

나) 주관적 구성요건

야간주거침입절도죄는 야간에 주거 등에 침입하여 타인의 재물을 절취한다는 고의를 가지고 있어야 한다. 야간주거침입절도죄의 고의란 야간주거침입절도죄의 모든 객관적 구성요건요소에 대한 인식과 의사를 말한다. 이 사안에서 갑은 돈을 훔치기 위하여 은행에 침입하였다는 점에서 야간주거침입절도죄를 실현하기 위한 인식과 의사를 가지고 있었다고 볼 수 있다.

야간주거침입절도죄의 주관적 구성요건에는 고의뿐만 아니라 불법영득의 의사도 가지고 있어야 한다(통설, 판례). 야간주거침입절도죄는 불법영득의사를 요건으로 하는 절도죄를 포함하고 있기 때문이다. 여기서 불법영득의사란 "권리자를 영구적으로 배제(소극적 요소)하고 타인의 물건을 자기의 소유물과 같이 그 경제적 용법에 따라서 이용하고 처분(적극적 요소)할 의사"를 말한다. 갑은 은행금고에 있는 돈을 자기의 것으로 만들었고(적극적 요소), 그 돈에 대한 은행의 권리자로서의 지위를 영구적으로 배제하였다. 따라서 갑에게는 불법영득의사를 인정할 수 있다. 갑이 은행금고에 있는 돈에 대한 청구권을 가지고 있지 않기 때문에 영득의 불법도 인정된다.

결론적으로 야간주거침입죄의 주관적 구성요건도 충족시켰다.

제4단계(위법성과 책임)

2) 위법성과 책임

이 사안에서는 야간주거침입절도와 관련한 위법성 조각사유나 책임조각사유가 존재하지 않기 때문에 갑의 야간주거침입절도 행위는 위법하고 책임있다.

나. 손괴죄의 가벌성(제366조)

제1단계(대전제)

갑이 돈을 훔치기 위하여 용접기구를 이용하여 은행금고를 부순 행위에 대해 손괴죄(형법 제366조)의 가벌성을 물을 수 있는지 문제로 된다.

제3단계(구성요건)

1) 손괴죄의 구성요건

가) 객관적 구성요건

손괴죄는 타인의 재물, 문서 또는 전자기록 등 특수매체기록을 손괴 또는 은닉 기타 방법으로 그 효용을 해함으로써 성립하는 범죄이다. 여기서 재물이란 절도죄에서의 재물개념과 동일하게 유체물 뿐만 아니라 관리 가능한 동력도 포함한다. 은행금고는 유체물이라는 점에서 재물성이 인정된다. 또한 손괴죄에서 말하는 손괴란 재물에 대해 직접 유형력을 행사하여 그 이용가능성을 침해하는 것을 말한다. 따라서 갑이 용접기구를 이용하여 은행금고를 부순 행위는 손괴에 해당한다.

나) 주관적 구성요건

손괴죄는 고의범이다. 손괴죄의 고의를 타인의 재물 등의 이용가치의 전부 또는 일부를 침해한다는 인식을 내용으로 한다. 갑은 은행금고에 있는 돈을 절취하기 위하여 은행금고를 부수었다는 점에서 손괴의 고의를 인정할 수 있다.

결론적으로 갑이 은행금고를 부순 행위는 손괴죄의 구성요건을 충족시켰을 뿐만 아니라 위법하고 책임도 있다.

다. 기타 : 주거침입죄(제319조 제1항), 절도죄(제329조)

그 밖에 갑이 은행에 침입한 행위는 주거침입죄가 성립되고, 은행금고에서 돈을 훔친 행위는 절도죄를 구성한다. 그러나 야간주거침입절도죄는 주거침입죄와 절도죄의 결합범이기 때문에 야간주거침입죄가 인정되는 경우에는 법조경합의 특별관계에 따라 주거침입죄와 절도죄는 적용되지 않는다.

라. 소결

갑은 야간주거침입절도죄(제330조)와 손괴죄(제366조)의 책임을 진다.

2. 을의 죄책

가. 야간주거침입절도죄의 공동정범 여부(제330조, 제30조)

을에게 야간주거침입절도죄의 공동정범을 인정할 수 있는지 문제로 된다. 그러나 갑과 을 사이에는 공동의 범행계획이 존재하지 않았다는 점에서 을에게 공동정범을 인정할 수 없다.

나. 야간주거침입절도죄의 중지미수 여부(제330조, 제26조)

야간주거침입절도죄의 실행의 착수시기는 절도의 의사로 주거나 건조물 등에 침입한 때이다. 을은 이미 은행에 침입하였으므로 야간주거침입절도죄의 실행의 착수를 인정할 수 있다. 그러나 을은 갑에게 은행털이를 양보한 후 은행금고에 있는 돈을 훔치지 않고 은행을 빠져나와 버렸다. 즉, 을은 야간주거침입절도의 실행에 착수하였으나 실행행위를 완수하지 못한 상황에서 은행을 빠져나와 버렸다(착수중지). 여기서 을이 은행에 있는 돈을 훔치지 않고 빠져나온 행위가 야간주거침입절도죄의 중지미수에 해당하는지 문제가 제기된다.

형법 제26조에 따라 중지미수가 성립되기 위해서는 행위자가 자의로 범행을 중지해야 한다. 따라서 이 사안에서는 을이 은행을 빠져나온 행위가 을의 자의에 의한 것인지가 문제로 된다. 자의성의 판단기준에 관하여 학설은 외부적 사정에 의하여 중지하면 장애미수이고 내부적 사정에 의하여 중지하면 중지미수라는 객관설과 행위자의 중지가 윤리적 동기에 의한 경우에는 자의성이 인정되고 그렇지 않은 경우에는 장애미수라는 주관설, 자율적 동기로 실행행위를 포기하는 자에게는 자의성이 인정되고 타율적 동기로 실행행위를 중지하는 경우에는 자의성이 부정된다는 절충설 등이 대립하고 있다. 판례는 "사회통념상 범죄실행에 대한 장애라고 여겨지지 아니할 경우" 자의성을 인정하는 입장을 취하고 있다. 이 점에서 판례의 견해는 객관설과 매우 근접해있다고 이해할 수 있다. 이 사안에서 을은 갑이 자신에게 은행털이를 가르켜 준 선생이라는 점을 고려하여 갑에게 먼저 은행털이의 기회를 주었다. 또한 을은 갑과 함께 은행털이를 할 수 있었음에도 갑에게 우선권을 주고 은행을 빠져나왔다. 이 점에서 을의 중지는 객관설에서 말하는 외부적 사정에 의하여 중지한 것이 아니고 판례에서 말하는 것처럼 사회통념상 범죄실행에 대한 장애가 존재하지도 않았다. 따라서 을이 은행을 빠져나온 행위는 중지미수에 해당하게 된다.

다. 야간주거침입절도죄의 방조범 여부(제330조, 제32조)

제1단계(대전제)

을이 은행을 빠져나오기 전에 갑에게 은행금고를 열기위한 용접봉을 건네 준 행위가 갑의 야간주거침입절도죄에 대한 방조범에 해당하는지 문제로 된다.

제3단계(구성요건)

1) 방조범의 구성요건

가) 객관적 구성요건

방조범이 성립하기 위해서는 공범종속성에 따라 우선 정범이 고의의 위법한 범행을 범해야 한다. 이 사례에서 정범인 갑은 이미 고의의 위법한 범행을 범하였다.

또한 방조범이 성립하기 위해서는 방조행위가 있어야 한다. 여기서 방조란 정범의 범죄실현을 도와주는 행위를 말하며, 방조의 방법은 작위, 부작위, 심리적, 물질적 방조를 불문하고 모두 가능하다는 데 이설이 없다. 다만, 방조행위와 정범의 행위간에 인과관계가 반드시 존재해야 하는지, 어느 정도의 인과관계가 있어야 하는지에 관해서는 논란이 되고 있다. 이와 관련하여 우리나라의 통설은 방조행위와 정범의 범죄실현 사이에 인과관계가 인정되어야 방조범이 성립한다고 이해하고 있다. 이에 반해 소수설은 방조행위가 정범의 범죄실현을 가능하게 하거나 촉진하는 정도이면 인과관계의 확인없이도 방조범이 성립한다고 이해하고 있다.

이 사례에서 을은 용접기구를 갑에게 넘겨줌으로써 갑은 예상보다 빨리 은행금고를 열고 돈을 훔칠 수 있었다. 또한 을이 용접기구를 갑에게 준 행위는 정범인 갑의 절취행위를 촉진시켰다. 따라서 을의 행위는 통설의 인과관계 요구설에 따르는 경우에도 인과관계가 존재한다.

나) 주관적 구성요건

방조행위는 고의행위이다. 방조행위의 고의는 정범의 범죄실현에 대한 고의와 방조행위 그 자체에 대한 고의라는 이중의 고의를 요한다. 이 사례에서 정범인 갑의 범죄실현(은행털이)을 용이하기 하기 위하여 갑에게 은행금고를 열기 위한 용접기구를 제공하였으며 을 스스로도 자신의 방조행위를 인식하였을 뿐만 아니라 의욕하고 있었다. 따라서 방조행위의 주관적 구성요건도 충족시켰다.

제4단계(위법성과 책임)

2) 방조범의 위법성과 책임

이 사안에서는 야간주거침입절도의 방조와 관련한 위법성 조각사유나 책임조각사유가 존재하지 않기 때문에 을의 방조행위는 위법하고 책임있다.

라. 소결

을은 야간주거침입절도죄의 방조범(제330조, 제32조)의 책임을 진다.

(3) 총을 쏜 행위와 그 결과 : 쟁점 2

1. 살인죄의 가벌성(제250조 제1항)

제1단계(대전제)

갑이 병에게 총을 쏜 결과 병이 사망한 것에 대하여 살인죄로 물을 수 있는지 문제로 된다.

제3단계(구성요건)

1) 살인죄의 구성요건

가) 객관적 구성요건

살인죄는 사람이 사망해야 성립된다. 이 사례에서 병은 사망하였다.

문제는 갑의 행위와 병의 사망간에 인과관계가 존재하며, 갑에게 객관적으로 귀속시킬 수 있는지의 여부이다.

형법상 인과관계와 관련한 학설로는 조건설, 합법칙적 조건설, 목적설, 상당인과관계설 등이 주장되고 있다. 우리나라 판례는 행위와 결과간에 형법상의 인과관계가 인정되기 위해서는 상당인과관계가 있어야 한다는 태도를 취하고 있다. 그러나 상당인과관계설은 인과관계의 존부의 문제를 뛰어넘어 곧바로 '정도'의 문제를 의미하는 판단작업까지 나아가는 방법론상의 문제를 안고 있다. 이 점에서 오늘날 형법학계에서는 행위와 결과간의 인과관계의 존부를 경험적으로 확인하는 절차(인과관계)와 경험적으로 확인된 여러 개의 원인들 가운데 결과에 객관적으로 귀속시킬 수 있는 원인을 평가하는 절차(객관적 귀속)로 나누고 있다.

상당인과관계설과 객관적 귀속간의 근본적인 차이점은 이 사례와 같은 비유형적 인과과정의 사례에서 나타난다. 상당인과관계설에 의하면, 비유형적 인과과정의 경우 행위자의 행위가 결과에 대한 유력한 원인이 된 이상 행위와 결과간에 인과관계가 인정된다고 보는 반면, 객관적 귀속론에 따르게 되면 행위자의 행위가 결과가 발생할 것이라고 일반적으로 예견할 수 없는 경우에는 객관적 귀속이 부정된다.

따라서 객관적 귀속론에 따르면 이 사안에서 병이 수혈로 인하여 사망한 경우에는 갑에게 고의살인의 결과귀속이 부정되어야 한다. 수혈로 인하여 에이즈로 사망한 것을 두고 행위자의 행위가 창출한 결과라고 할 수 없으며, 따라서 행위자의 작품으로 돌릴 수 없기 때문이다.

결론적으로 병이 수혈로 인하여 에이즈로 사망한 경우에는 객관적 귀속이 부정되므로 이미 살인죄의 객관적 구성요건이 충족되지 않았다.

2. 살인미수의 가벌성(제250 제1항, 제254조, 제25조)

제1단계(대전제)

갑이 병에게 총을 쏜 결과 병이 사망한 것에 대하여 살인미수의 책임을 부담하는지 문제로 된다.

제2단계(사전심사)

이미 앞에서 언급한 것처럼 살인죄의 객관적 구성요건이 충족되지 않았기 때문에 갑의 행위는 기수가 되지 않고 미수로 된다.

제3단계(구성요건)

1) 구성요건

가) 객관적 구성요건

미수범이 성립하기 위해서는 객관적으로 실행의 착수가 있어야 한다. 우리나라 통설은 행위자의 범행계획에 비추어볼 때 구성요건의 실현을 위한 직접적인 개시행위를 실행의 착수시기로 보고 있다(이른바 절충설). 이 사안에서 갑은 병을 죽일 각오로 병에게 총을 쏘았고, 이는 살인죄를 실현하기 위한 직접적인 개시행위로 볼 수 있다.

나) 주관적 구성요건

미수범의 주관적 구성요건은 '범행결의'이다. 범행결의는 고의와 그 개념의 폭을 달리하지만, 적어도 이 사안에서와 같이 갑이 병을 죽이겠다고 결심한 경우에는 갑의 범행결의를 큰 어려움 없이 인정할 수 있다.

제4단계(위법성)

2) 위법성 : 정당방위(제21조)

정당방위란 자기 또는 타인의 법익에 대한 현재의 부당한 침해를 방위하기 위한 상당한 이유가 있는 행위를 말한다. 형법에 규정되어 있는 위법성조각사유이다.

정당방위의 요건인 '침해'란 인간에 의한 법익의 위협을 의미한다. 또한 정당방위에서 침해의 대상이 되는 법익의 종류를 불문하며 형벌법규에 의하여 보호될 법익일 필요도 없고 따라서 위법한 점유도 정당방위에서 보호하는 법익이 된다. 따라서 갑이 은행에서 훔친 돈에 대해 병이 몰래 훔쳐가려는 행위도 침해가 될 수 있다.

정당방위는 위법한 침해에 대해서만 가능하다. 병이 돈을 몰래 훔쳐가려 한 행위는 위법한 침해이다. 병은 갑이 훔친 돈을 자신의 것으로 하고자 했고, 따라서 병의 행위는 위법성을 조각시킬 수 없기 때문이다.

정당방위가 인정되기 위해서는 현재의 침해, 즉 침해의 현재성이 존재해야 한다. 침해의 현재성이란 침해가 막 개시되고 있거나 이미 개시된 경우를 말한다. 이 사안에서 병은 돈을 훔치기 위한 행위를 하고 있다는 점에서 침해의 현재성이 인정된다.

마지막으로 정당방위가 인정되기 위한 요건으로는 방위행위가 상당해야 한다. 즉 정당방위가 인정되기 위해서는 상당한 이유라는 요건을 갖추어야 한다. 형법 제21조 제1항에 규정된 상당한 이유는 필요성과 사회윤리적 조정이라는 두 가지 요건으로 구체화된다. 여기서 필요성이란 방위행위가 침해를 저지하기 위하 필요한 최소한의 것이어야 한다는 것을 의미한다. 이와 관련하여 갑이 병에게 권총을 쏜 행위가 필요성의 요건을 충족시켰는지가 문제로 된다. 강도에게 물건을 빼앗긴 사람은 달리 적절한 수단이 없는 경우에는 최후적으로 강도를 살해할 수도 있다. 그러나 총기를 사용할 경우에는 원칙적으로 경고사격을 먼저하고 경고사격에도 불구하고 침해행위가 계속되는 예외적인 경우에 한해서만 살해하는 것이 인정될 수 있다고 보아야 한다. 또한 근소한 가치의 재산적 법익에 대하여 생명을 침해하면서까지 방위행위를 하는 것은 사회윤리적으로 허용되지 않는다.

이 사안에서 갑의 방위행위는 필요성의 요건뿐만 아니라 사회윤리적 조정에 모두 저촉되므로 정당방위가 되지 못하고 형법 제21조 제2항의 과잉방위에도 해당되지 않는다.

제5단계(책임)

3) 책임

이 사안에서 갑이 총을 쏜 행위가 야간 기타 불안스러운 상태하에서 공포, 경악, 흥분 또는 당황으로 인한 것인지를 분명하게 알 수 없다. 사안에서 주어진 자료만 가지고 판단하면 이러한 요소들을 인정할 수 없다. 따라서 갑은 형법 제21조 제3항에 따라 기대불가능으로 인한 책임이 조각되지 않는다.

그 밖에 갑에게 책임을 조각시킬 수 있는 사유들이 존재하지 않는다.

3. 소결

갑은 살인미수(제250조 제1항, 제254조, 제25조)의 가벌성을 범하였다.

(4) 죄수론 및 결론

1. 갑의 죄책

갑이 범한 야간주거침입절도죄(제330조)와 손괴죄(제366조)는 상상적 경합의 관계에 있다. 또한 갑이 범한 야간주거침입절도죄(제330조), 손괴죄(제366조)와 살인미수(제250조 제1항, 제254조, 제25조)간에는 실체적 경합이 성립한다.

2. 을의 죄책

을은 야간주거침입절도죄의 방조범(제330조, 제32조)의 책임을 진다.

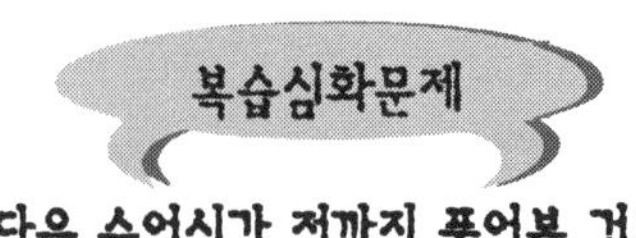

다음 수업시간 전까지 풀어볼 것!

사례 1	甲은 A를 살해한 후 때 마침 통행 중인 知人 乙에게 그 사실을 告知하고 범행을 은폐하기 위하여 같이 A의 사체를 매장하였다. 이 경우 甲과 乙의 처벌범위를 논하시오. [참조조문] : 형법 제250조 제1항(살인죄), 제30조(공동정범), 제161조 제1항(사체등의영득죄) * 卽時犯(卽成犯)의 문제임을 염두에 두고 해결할 것.

사례 2	甲은 절도의 현행범인 A를 체포하여 자택에 감금한 후, 乙에게 A의 감시를 부탁하고 외출하였다. 乙은 이를 승낙하고 2시간 동안 더 감시한 끝에 석방하였다. 이 경우 甲과 乙의 처벌범위를 논하시오. [참조조문] : 형법 제30조(공동정범), 제32조(종범), 제276조 제1항(체포·감금죄), 형사소송법 제212조(현행범인의 체포) * 繼續犯의 문제임을 염두에 두고 해결할 것.

사례 3	甲은 山寺에서 순금으로 된 佛像을 절취하고 이를 熔解하여 금괴로 만든 후, 타인에게 매각하여 취득한 금괴의 대금을 소비하였다. 이 경우 甲의 처벌범위를 논하시오. [참조조문] : 형법 제329조(절도죄), 제347조 제1항(사기죄), 제355조 제1항(횡령죄), 제366조(재물손괴죄), 제362조(장물죄) * 狀態犯의 문제임을 염두에 두고 해결할 것.

사례 4	甲은 근처에 아무 집도 없는 산속에서 혼자 살던 자기소유의 家屋에 방화하여 이를 燒燬하였다. 이 경우 甲의 처벌범위를 논하시오. [참조조문] : 형법 제166조 제2항(자기소유에 속하는 일반건조물등 방화죄) * 危險犯의 문제임을 염두에 두고 해결할 것.

사례 4	미술관 주인인 甲은 자신의 조각기술을 표현하기 위하여 견본용으로 500원권 주화 1매를 제작하여 미술관 입구 창문에 전시하였다. 이 경우甲의 처벌범위를 논하시오. [참조조문] : 형법 제207조 제1항(통화위조죄) * 目的犯의 문제임을 염두에 두고 해결할 것.

예습심화문제 **다음 수업시간 전까지 스스로 풀어볼 것!**

사례 1

甲은 부인과 함께 취침 중에 꿈속에서 조직폭력배 3명으로부터 구타를 당하는 등 공격을 받고 도주하던 중 조직폭력배 1명이 회칼로 위협하며 달려들자 극도의 공포심을 느끼고 있었다. 그러는 와중에 半覺醒의 의식상태 하에서 회칼로 위협하며 달려드는 조직폭력배의 목을 조른다는 것이 옆에서 자고 있던 부인의 목을 조른 결과 부인을 사망에 이르게 하였다.

甲은 罪責은?[大阪地判昭和37(1962).7.24. 下刑集第4卷第7=8号696面/判時第309号4面參照]

사례 2

甲女(母)는 젖먹이 어린아이 乙을 품에 안은 채로 잠이 들었다. 수면도중 甲女가 몸을 심하게 뒤척이는 바람에 젖먹이 乙이 질식으로 사망하였다. 甲女의 罪責은? 이 경우 만일 甲女가 자신의 잠버릇이 매우 험하다는 사실을 알고 있었다면 이러한 사정은 형법상 중요한 의미를 가지는 것인가?

사례 3

칠갑산 도로를 주행 중이던 甲女는 운전 중인 자동차의 조수석 창문을 열어둔 채 약간 굽은 커브길을 돌 때 갑자기 날파리 한 마리가 그녀의 눈으로 날아들었다. 그러자 甲女는 한손으로 날파리를 갑작스레 쫓아버리려 하였고 그 순간 핸들의 조종기능을 상실한 결과, 甲女의 자동차는 반대 차선으로 뛰어들게 되고 마주오던 자동차와 충돌하여 탑승자 여러 명이 부상을 입었다. 甲女의 죄책은?(OLG Hamm NJW 1975, 657)

사례 4

학교법인 한국대학의 상무이사인 甲은 동대학 이사회의 결의에 따라 不渡手票를 발행하여 乙회사의 물건을 詐取하였다. 甲과 한국대학의 죄책은?

[참조조문] : 부정수표단속법 제2조(부정수표발행인의 형사책임), 동법 제3조(법인·단체등의 형사책임), 형법 제347조 제1항(사기죄)

사례 5

甲은 모극장의 사장인 바 그 극장의 표판매원인 乙은 입장표의 매수를 허위신고함으로써 입장세를 逋脫하고 그 금액을 횡령하였다. 단 조세범처벌법에는 양벌규정이 있다. 이 경우 극장의 사장인 甲이 처벌되는 이유는 무엇인가?

[참조조문] : 조세범처벌법 제3조(처벌범위), 동법 제9조 제1항(조세포탈자등의 처벌), 특정범죄가중처벌등에관한법률 제8조(조세포탈의 가중처벌)

제5절 행위론

1. 행위의 의의와 기능

가. 범죄개념의 基底로서의 의의

범죄는 먼저 사람의 행위이어야 한다. 행위는 범죄성립의 전제임과 동시에 범죄의 성립을 논하는 대상이기도 하다. 즉 범죄의 성립요건인 구성요건해당성, 위법성, 책임은 모두 행위의 속성을 가리키는 말이다.[183]

행위론은 이러한 행위의 실질과 구조를 밝히려는 이론적 시도를 말한다. 즉 **행위론**이란 범죄론에 대한 체계적 상위개념으로서 범죄의 모든 발생형태에 보편타당하게 적용될 수 있는 행위개념은 가능한가, 또 이러한 행위개념은 존재론적으로 파악해야 하는가 아니면 규범적으로 파악해야 하는가 라는 문제[184]에 대한 이론이라 할 수 있다.[185]

---

183) **[행위개념탐구의 실천적 의미]** : 행위가 아닌 것을 범죄로 인정하지 않으려는 태도는 행위의 존재론적 구조를 파악하여 형법의 영역에서 입법자나 해석자의 자의를 배제함으로써 형법의 자유보장적 과제를 실천하여 단순히 생각만 하는 것은 행위가 아니므로 범죄에서 배제하려는 의도가 담겨 있다.

184) **[형법에서 사용되는 개념의 유형]** : 형법에서 사용되는 개념은 그 성격에 따라 사실적·서술적·記述的·존재론적 개념(Sein)과 규범적·가치판단적·당위적 개념(Sollen)으로 나눌 수 있다. 이 중 **사실적 개념이 규범적 개념보다 좀 더 분명한 개념**이다.

예컨대 형법 제245조(공연음란죄)의 '음란한 행위'에서 '음란'이란 개념(음란성)은 규범적 개념(규범적 구성요건요소)이기 때문에 어떤 것이 음란인지 누구도 명확하게 말할 수 없다. 해석자의 취향, 윤리관 등에 의해 좌우될 수 있는 불명확한 개념이다. "甲이 옷을 모두 벗었다"라는 말은 사실적 개념이므로 그 진위여부는 대부분 쉽게 알 수 있다. 그러나 옷을 벗은 사실이 음란한가에 대해서는 견해가 갈라질 수 있다. 따라서 형법의 보장적 기능이라는 측면에서는 규범적 개념보다는 사실적 개념을 사용하는 것이 바람직하다. 행위의 존재론적 구조를 파악하려는 것은 형법의 보장적 기능을 강화하려는 것이기 때문이다.

185) **[행위개념에 대한 형법 및 판례의 태도]** : 형법 제1조 제1항, 제2항, 제3항 및 제9조 이하에서는 '행위'란 용어만 등장할 뿐 형법상의 행위가 되려면 어떠한 요건을 구비해야 할 것인지에 대한 규정은 없다. 또한 우리나라 형사재판에서도 행위자의 어떤 행위가 형법상 '행위'인지 여부가 쟁점으로 부각된 사례도 아직까지 발견되지 않는다. 따라서 형법상의 행위를 어떻게 개념정의할 것인가 하는 문제는 형법학에서 중요한 문제 중의 하나가 되었다.

나. 행위론의 유용성에 관한 논의

(1) 행위론 無用論(前구성요건적 행위개념 부정설)

행위론의 존재가치에 의문을 제기하는 무용론자들은 형법적 이론규명의 대상은 형사재판에 필요한 법리이지 추상적이고 관념적인 행위자체의 분석은 아니라고 주장한다(**행위론 무용론**). 그 주된 논거는 다음과 같다.

첫째 **인간행위의 다양성**이다. 인간의 행위는 실로 다양한 형태로 나타나기 때문에 이를 하나로 묶어 통일적으로 설명하는 것이 과연 가능한가 하는 의문이 제기된다는 것이다.186)

둘째 **행위론의 실용성**이다. 형법적 고찰의 중점은 구성요건해당성, 위법성, 책임과 같은 법리적 영역에 집중되어야 한다. 즉 형법에서 행위를 평가하는 일은 법률상의 구성요건을 토대로 하여 이루어지므로 구성요건과는 독립된 前구성요건적(前法律的) 행위를 논하는 것은 무의미하다는 것이다. 이점에서 형법상의 행위개념은 실정형법의 '구성요건적 실행행위'를 의미하는 것에 불과하다.

이처럼 형법상의 행위개념을 구성요건적 행위로 파악하게 되면 작위는 작위범의 구성요건적 행위이고 부작위는 부작위범의 구성요건적 행위로 되어 작위와 부작위에 공통되는 상위개념인 類概念으로서의 행위개념을 인정할 필요가 없게 된다.187)

(2) 행위론 有用論(前구성요건적 행위개념 긍정설)

행위론 유용론(다수설)188)은 존재론적으로 '행위'가 존재하여야 이를 기초로 구성요건해당성, 위법성, 책임 등의 형법적 평가를 할 수 있기 때문에 前구성요건적(前法律

---

186) **[행위무용론의 논거]** : 즉 범죄의 경우에도 작위범, 부작위범, 고의범, 과실범 등 다양한 행위유형이 존재하는데, 과연 이들을 총괄할 수 있는 행위개념의 수립이 가능한 것인가 하는 의문이 나타나지 않을 수 없다.

187) **[행위론 무용론의 귀결]** : 따라서 행위론 무용론에 의하면 행위개념의 내용도 구성요건적 실행행위가 채우게 되므로 행위개념의 내용을 둘러 싼 논쟁은 무의미한 것이 된다. 다만 행위론의 공헌으로는 부산물로서 **범죄체계론의 정립에 기여했다는 점**을 들 수 있다.

188) **[기능적 행위론]** : 행위론의 절대성을 부정하고 행위론을 실정형법의 법리규명에 유용한 도구라고 보는 견해를 기능적 행위론이라 한다.

的) 행위개념을 인정해야 한다는 견해이다. 따라서 이 견해에 의하면 구성요건을 중심으로 규범적 평가를 하기 이전에 행위개념의 내용요소를 존재론적으로 확정해 두어야 하므로 행위개념의 내용을 둘러싼 논쟁이 의미를 갖게 된다. 그 주된 논거는 다음과 같다.

첫째 형법전은 도처에서 행위라는 용어를 사용하고 있다. 따라서 실정법에서 사용되고 있는 이 개념의 정의를 꾀할 필요가 있다.

둘째 범죄의 개념정의상 행위개념의 규명이 필요하다. 즉 이론적으로 만약 행위의 존재론적 구조를 파악하지 않고 규범적 평가의 결과에 따라 행위성을 인정해 버린다면 해석자의 자의에 따라 행위개념이 신축적으로 되어 행위 아닌 것을 행위라고 규정하고 처벌하는 입법권의 남용이 있을 수 있기 때문이다.

셋째 행위개념을 정립할 때 형법적 고찰의 대상이 될 수 없는 현상들을 처음부터 非行爲로 포착하여 논의에서 배제할 수 있다.

이상과 같은 행위론 유용론을 전제로 할 때, 형법상의 행위개념이 前 구성요건적인 개념이 되기 위해서는 다음과 같은 세 가지 기능을 수행하여야 한다.

다. 기능 : 유용한 행위개념의 구비조건

(1) 결합요소로서의 기능(종합기능)

형법상 범죄가 구성요건에 해당하고 위법하며 유책한 행위라고 한다면, 여기서 말하는 행위란 구성요건, 위법성 및 책임이라는 체계요소를 결합하는 상위요소가 되어야 한다. 이처럼 각 범죄체계의 각 요소에 대해 가치중립적인 개념인 행위가 범죄체계의 각 요소를 서로 연결하여 결합시켜주는 기능[189]을 행위개념의 **'결합요소로서의 기능 또는 체계요소로서의 기능'**이라고 한다.

189) **[논리적 출발점으로서의 행위개념]** : 즉 행위개념은 구성요건해당성, 위법성, 책임에 대한 검토의 논리적 출발점으로서 그리고 단계적 발전의 기초로서 기능할 수 있어야 한다.

(2) 근본요소로서의 기능(분류기능)

형법상 의미있는 모든 종류의 인간의 행위를 하나의 통일개념으로 파악하고, 이러한 통일적인 행위개념(상위개념)으로부터 고의·과실 또는 작위·부작위의 행위 등을 분류할 수 있는 기능을 행위개념의 **'근본요소로서의 기능 또는 분류기능'**이라고 한다.

(3) 한계요소로서의 기능(한계설정기능)

'행위 없으면 범죄 없다'는 표어에서 알 수 있는 것처럼, 존재론적으로 확정된 행위개념을 통하여 형법적으로 의미있는 행위와 무의미한 비행위를 구별함으로써 미리 형법상의 평가의 대상을 축소시키는 기능을 행위개념의 **'한계요소로서의 기능'**이라고 한다. 행위개념의 실천적 기능이기도 하다.

2. 행위의 개념과 그 요소

가. 행위개념을 둘러싼 이론들

(1) 인과적 행위론(자연적 행위론)

① 내용

인과적 행위론은 행위를 정신작용에서 비롯된 신체적 동작으로 이해한다. 따라서 행위란 **'意思(有意性)에 기인한 신체의 動靜(擧動性)'**을 말한다.[190] 단순한 사상 자체를 행위개념에서 배제하여 사상 그 자체, 반사작용, 전혀 의사에 基하지 않는 절대적 폭력에 基한 외적 작용을 벌하지 않는다는 행위개념의 한계기능을 달성한다.

② 비판

자연적·물리적 관점을 철저화하면, 신체의 정지인 부작위는 물리적인 의미에서의

---

190) **[인과적 행위론의 특징]** : 이점에서 인과적 행위론의 가장 큰 특징은 행위개념에서 주관적 요소를 거의 배제해 버리는 점에 있다고 할 수 있다.

자연적 거동이라 할 수 없기 때문(거동성이 없기 때문에)에 작위와 같은 차원에서 파악하는 것이 곤란할 뿐만 아니라, 과실에 의한 부작위(망각범)[191]는 의사에 기인한 행위라 할 수 없어(유의성이 없어) 행위에 포함시킬 수 없게 된다.

(2) 목적적 행위론

① 내용

행위란 **'목적에 의해 지배된 신체의 動靜, 즉 목적적 조종활동'**을 말한다. 즉 행위는 행위자가 일정한 목적을 설정하고 그 달성에 필요한 수단을 선택하여 인과의 흐름을 목적의 실현을 위해 조종·지배하는 점에 그 본질이 있다는 것이다.[192]

② 비판

목적적 행위론을 철저화하면, 인과과정에 대한 목적적 조종이 결여된 부작위를 행위개념에 포함시킬 수 없고, 특히 인식없는 과실행위를 설명할 수 없어 행위개념의 통일적 기능뿐만 아니라 결합기능도 만족시킬 수 없다.

[목적적 행위론의 인식없는 과실구조에 대한 비판례]

예컨대 핸드브레이크를 당겨놓지 않고 하차함으로서 타인에게 상해를 유발시킨 운전자의 행위를 범죄라고 할 수 있는 것은 그가 목표지향적으로 하차하였다는 점에 있는 것이 아니라 하차하기 전에 핸드브레이크를 당겨놓지 않으면 차가 움직일 수도 있음을 염두에 두지 못한 주의태만에 있으므로 과실행위의 경우 목적성에 대한 평가가 무의미해 진다.

191) **[忘却犯]** : 망각범이란 무의식의 과실에 의한 부작위범으로 예컨대 전철수가 졸고 있어서 차단기를 내리지 않았기 때문에 기차가 전복한 경우 등을 말한다. 이 경우에는 의사에 기인한 신체의 거동은 존재하지 않았음에도 불구하고 인간의 행위라 할 수 있는지 라는 문제가 발생한다.

192) **[目的的 操縱活動의 구조]** : 목적적 행위론자에 의하면 목적적 조종활동은 첫째 행위자가 일정한 목표를 설정하고, 둘째 행위자 자신이 가지고 있는 인과지식을 바탕으로 목적달성에 적합한 수단을 선택하며, 셋째 적절한 시기에 신체동작이라는 형태로 선택된 수단을 투입하는 단계를 거쳐서 이루어진다고 한다.

(3) 사회적 행위론

① 내용

행위란 '**사회적으로 의미있는 인간의 신체의 動靜, 즉 사회적으로 의미있는 인간의 行態**[193]'을 말한다(**다수설**). 따라서 고의행위·과실행위·작위·부작위는 모두 행위에 포함된다. 이점에서 행위개념의 통일적 기능에 충실하다.

여기서 '**사회적으로 의미있다**'는 말은 형법이 보호하려는 법익을 침해하는 객관적 경향이 있다는 뜻으로 이해하며, 어느 행태가 있을 때 그에 대하여 부여되는 바로 이러한 사회적 의미를 중시하는 것이다. 즉 행위자와 타인과의 사회적 관계에서 사회적 효과를 발생시키는 **사회적 의미성·중요성이 행위의 상위개념**이 된다.

② 비판

사회적 행위론에 대해서는 사회적으로 의미있다는 평가요소를 도입하는 논거가 불명확하고, 이러한 사회적 중요성이라는 평가의 도입은 구성요건과 행위론의 구별을 애매하게 한다는 비판이 제기된다.

(4) 그 밖의 행위론

① 인격적 행위론

행위를 '**인격의 표현**'이라고 정의하는 인격적 행위론은 사회적 행위론의 亞流라고 할 수 있기 때문에 사회적 행위론에 대한 비판이 그대로 타당하다. "행위는 인격의 표현이다"라는 말은 불법주차한 차에 써붙인 '주차도 인격의 표현이다'라는 말처럼 모든 것을 이야기해 주지만 아무 것도 이야기해 주지 않는다.

② 소극적 행위론

행위를 '**회피가능한 불회피**'라고 소극적인 관점에서 정의하는 견해이다. 그러나 이러한 소극적 행위개념은 머리를 더욱 혼란스럽게 할 뿐이다. 즉 '甲이 밥을 먹는다'는

---

193) **[行態(Verhalten)의 의미]** : 형법에서 행태라 할 때에는 일상용어가 아닌 전문용어로서 작위(Tun)와 부작위(Unterlassen)를 함께 일컫는 말로 이해된다.

것을 '甲이 밥먹는 것을 회피할 수 있었음에도 회피하지 않고 있다'는 식으로 복잡하게 정의해야 하는지 의문이기 때문이다.

나. 형법상 행위와 비행위의 구별(행위의 한계설정기능)

(1) 형법상 행위의 최소한의 조건

어떤 행위론에 입각하든 형법상의 행위가 되려면 최소한 다음의 조건을 구비하여야 한다고 한다.

① 인간의 행위

원칙적으로 인간의 행위만이 형법상 행위가 된다. 따라서 단순히 자연현상(雷雨事例)이나 화학적·물리적 과정 및 동물의 행동[194]은 행위에 해당하지 않는다.

② 외부적인 행위

형법상의 행위는 외부적·신체적 동작이라는 점에서 인간의 내면에서 일어나는 일은 그것만으로 행위가 될 수 없다. 따라서 생각, 목적, 소원 등은 형법상의 행위에 해당하지 않는다.

③ 의사에 의해 지배된 행위

아무리 사람의 외부적인 행위라도 그 행위가 그의 의사에 기인한 것이 아니라면 형법상의 행위가 아니다. 여기서 '의사'란 의식이 있는 상태만을 의미하고 '의사의 내용'은 행위심사단계에서는 문제삼지 않아야 한다.

(2) 형법상 非行爲의 대표적인 예

이상과 같이 의사에 의해 지배된 인간의 외부적 행위라는 세 가지 최소요건을 갖추

194) **[동물의 행동]** : 개가 사람을 문 경우, 한편 개의 주인이 개의 행동을 부추긴 경우처럼 동물의 행동이라도 인간의 사주에 의한 것이면 인간의 행위로 보아야 할 것이다.

지 못하면 형법상의 행위가 아니다.

① 완전한 무의식 상태에서 전개된 일

인간의 정신적인 조종작용이 전혀 없는 행위는 형법상의 행위가 아니다. 예컨대 깊은 수면 중의 행위[**예습심화사례 1 및 2**], 고열상태에서 몸을 움직이는 동작, 기절 혹은 완전한 마비증세를 일으킨 경우의 신체의 동작, 최면상태에서 이루어진 동작[195] 등이 그것이다.

② 절대적 폭력에 의하여 강제된 경우

제3자의 타격으로 인해 넘어지면서 유리창을 파손한 경우, 손목을 잡힌 채 문서에 서명한 경우 등은 절대적 폭력에 의한 행위로서 형법상 행위가 아니다. 즉 이러한 경우에는 반대조종의 가능성도 없이 타인의 행위에 의하여 기계적으로 움직인 것에 불과하기 때문이다.

그러나 이와는 달리 폭력 등으로 강요당하여 행위하였다 하더라도 상대방에게 심리적 압박을 받아 행위한 경우에는 의사가 있는 경우이므로 형법상 행위성이 인정된다.[196]

③ 의식작용 없는 반사적 동작

행위자의 의식이 매개되지 않고 외부적 자극에 따라 바로 신체동작으로 나아간 반사적 동작[**예습심화사례 3**]은 형법상 행위라고 할 수 없다. 예컨대 검사자가 피검자의 무릎반사를 측정하다가 피검자가 반사적으로 움직인 발에 채인 경우, 전기충격으로 꿈틀거리다가 다른 사람을 때린 경우, 운전 중에 벌레에게 쏘여 순간적인 통증으로 인

---

195) **[입법례]** : 미국 모범형법전 제2.01조 제2항에서는 최면중의 동작은 행위가 아니라고 규정하고 있다.

196) **[사례 17 : 강요된 행위의 행위성]**

> 예컨대 가족을 인질로 잡힌 자가 은행강도를 강요받고서 은행을 습격한 행위는 의사에 기인한 행위가 된다. 즉 강요된 자는 비록 의사결정에서 자유롭지 못했다 하더라도 일정한 의미의 의사(유의성)를 가지고 있기 때문이다.
> 물론 이러한 행위는 구성요건에 해당하고 위법성이 인정되더라도 강요된 행위(형법 제12조)로 인정되어 책임이 조각될 수 있는 행위이다.

해 눈을 감아 사고를 낸 경우 등이 여기에 해당한다.

홍분 내지 즉각적 반응에 따른 행위 등은 그 진행속도상 행위를 억제할 가능성이 없는 경우이지만, **의식적 작용이 개입**하므로 반사적 동작과는 구별되어야 한다. 예컨대 **[예습심화사례 3]의 경우**는 반사적 동작이 아니라 의식적 작용에 기인한 즉각적 반응으로서 형법상 행위로 인정된다. 이때의 방어동작은 너무 빨리 행해졌기 때문에 하지 말아야 한다는 생각조차 할 여유가 없었지만 여전히 의사는 존재한다고 할 수 있기 때문이다.[197]

제6절 행위의 주체와 객체

1. 행위의 주체

가. 행위주체와 범죄능력

구성요건은 위법행위의 정형이다. 이 때 위법행위의 정형에 행위의 주인공으로 등장할 수 있는 사람을 가리켜서 行爲主體라고 한다. 또한 구성요건에 행위의 주체로 등장할 수 있는 자격을 가리켜 **형법상 범죄능력(범죄행위능력)**이라고 한다.

나. 범죄능력과 책임능력

모든 자연인(어린 아이나 정신병자 등)은 형법상 구성요건의 행위주체가 될 수 있다. 행위주체가 될 수 있는 자격을 범죄능력이라 할 때, 이와 구별되는 개념으로서 형

197) **[의식적 작용에 기인한 즉각적 반응으로서의 형법상 행위성]** : 이와 마찬가지로 운전자가 운전도중 갑자기 도로 위에 뛰어 든 동물을 피하려다가 가드레일을 들이받게 되어 운전석 옆의 동승자를 죽게 한 경우에도 형법상의 행위성을 인정할 수 있을 것이다.

법상 **책임능력**은 행위자가 비난을 받을 만한 자격이 있음을 말한다. 즉 행위자에게 비난을 가하려면 최소한 행위자에게 사물을 이해하고 선악을 변별할 수 있는 능력(사리변별력)이 있어야 한다. 따라서 **범죄능력은 행위능력과 책임능력을 포함한 개념**으로 이해되어야 한다.

다. 신분범

행위의 주체로서 일정한 신분[198]이 있을 것을 필요로 하는 범죄가 있는데 이를 **신분범**이라 한다. 그 중요한 예로는 각종 공무원범죄(형법 제122조 이하)를 들 수 있다. 신분범[199]은 다시 진정신분범과 부진정신분범으로 나눌 수 있다.

(1) 진정신분범

진정신분범이란 행위자의 신분관계(범죄구성적 신분관계)로 인하여 비로소 범죄가 성립하는 범죄유형을 말한다(형법 제33조 본문 참조). 즉 신분있는 자만이 행위주체가 될 수 있다. 예컨대 업무상비밀누설죄(형법 제317조)는 의사 등 일정한 신분자만을 행위주체로 설정하고 있다. 일반인은 아무리 타인의 비밀을 누설하더라도 업무

198) **[구성요건상 신분]** : 여기서의 신분은 행위자에게 특별히 존재하는, 人的인 성질이나 관계 또는 상태를 말한다. 身分關係라고도 한다.
[신분관계의 의미] : 대법원 1994.12.23. 선고 93도1002 판결(형법 제33조 소정의 이른바 신분관계라 함은 남녀의 성별, 내 외국인의 구별, 친족관계, 공무원인 자격과 같은 관계뿐만 아니라 널리 일정한 범죄행위에 관련된 범인의 인적관계인 특수한 지위 또는 상태를 지칭하는 것인 바, 형법 제152조 제1항은 '법률에 의하여 선서한 증인이 허위의 공술을 한 때에는 5년 이하의 징역 또는 2만 5천원 이하의 벌금에 처한다'고 규정하고, 같은 법조 제2항은 '형사사건 또는 징계사건에 관하여 피고인, 피의자 또는 징계혐의자를 모해할 목적으로 전항의 죄를 범한 때에는 10년 이하의 징역에 처한다'고 규정함으로써 **위증을 한 범인이 형사사건의 피고인 등을 '모해할 목적'을 가지고 있었는가 아니면 그러한 목적이 없었는가 하는 범인의 특수한 상태의 차이에 따라 범인에게 과할 형의 경중을 구별하고 있으므로, 이는 바로 형법 제33조 단서 소정의"신분관계로 인하여 형의 경중이 있는 경우"에 해당한다**고 봄이 상당하다.) **[질의응답] : '모해할 목적'이 판례의 설시처럼 신분에 해당하는지에 대한 타당성여부는?**

199) **[공범과 신분]** : 신분범은 하나의 범죄에 신분자와 비신분자가 관여할 때 특히 문제된다. 이러한 경우의 문제상황을 가리켜서 공범과 신분이라 한다. 공범과 신분에 대해서는 공범론에서 자세히 살펴보기로 한다.
[형법 제33조(共犯과 身分)] "신분관계로 인하여 성립될 범죄에 가공한 행위는 신분관계가 없는 자에게도 전3조의 규정을 적용한다. 단, 신분관계로 인하여 형의 경중이 있는 경우에는 중한 형으로 벌하지 아니한다."

상비밀누설죄의 구성요건에 해당하지 않기 때문에 이 죄로 형사처벌되지 않는다.

(2) 부진정신분범

이에 대하여 **부진정신분범**이란 행위자의 신분관계(형벌가감적 신분관계)로 인하여 법정형이 가중되거나 감경되는 경우를 말한다(형법 제33조 단서). 예컨대 형법 제355조 제1항은 횡령죄를 규정하면서 "5년 이하의 징역 또는 1,500만원 이하의 벌금"으로 처벌하고 있다. 이에 대하여 형법 제356조는 업무상의 임무에 위배하여 횡령죄를 범한 자를 "10년 이하의 징역 또는 3,000만원 이하의 벌금"으로 처벌한다.

이처럼 법정형의 가중은 **업무자**라는 신분 때문에 발생한다. 그렇지만 업무자라는 신분이 없어도 행위자는 처벌을 완전히 면하지 않는다(형법 제355조 제1항의 단순횡령죄로 처벌된다). 이와 같이 신분없는 자도 처벌될 여지가 남아있다는 점에서 **'부진정'**신분범인 것이다.

라. 법인의 범죄능력

[조문 : 양벌규정]

> **舊 환경범죄의단속에관한특별조치법[시행2009.8.7][법률제9432호, 2009.2.6, 타법개정]** 제10조(양벌규정) "법인의 대표자 또는 법인이나 개인의 대리인 · 사용인 기타 종업원이 그 법인 또는 개인의 업무에 관하여 제5조 내지 제7조의 위반행위를 한 때에는 행위자를 벌하는 외에 그 법인 또는 개인에 대하여도 각 해당조의 벌금형을 과한다."[200]
>
> **국제형사재판소관할범죄의처벌등에관한법률[시행 2011.4.12][법률 제10577호, 2011.4.12, 일부개정]** 제5조(지휘관과 그 밖의 상급자의 책임) 군대의 지휘관(지휘관의 권한을 사실상 행사하는 사람을 포함한다. 이하 같다) 또는 단체 · 기관의 상급자(상급자의 권한을 사실상 행사하는 사람을 포함한다. 이하 같다)가 실효적인 지휘와 통제 하에 있는 부하 또는 하급자가 집단살해죄 등을 범하고 있거나 범하려는 것을 알고도 이를 방지하기 위하여 필요한 상당한 조치를 하지 아니하였

200) 구법 제10조는 2011.4.28. 개정으로 **"환경범죄등의 단속 및 가중처벌에 관한 법률"[시행 2011.10.29][법률 제10616호, 2011. 4.28, 일부개정] 제10조(양벌규정)** '법인의 대표자나 법인 또는 개인의 대리인, 사용인, 그 밖의 종업원이 그 법인 또는 개인의 업무에 관하여 제5조부터 제7조까지의 어느 하나에 해당하는 위반행위를 하면 그 행위자를 벌하는 외에 그 법인 또는 개인에게도 해당 조문의 벌금형을 과(科)한다. 다만, 법인 또는 개인이 그 위반행위를 방지하기 위하여 해당 업무에 관하여 상당한 주의와 감독을 게을리하지 아니하였을 경우에는 그러하지 아니하다. [전문개정 2011.4.28]'로 개정되었다.

을 때에는 그 집단살해죄 등을 범한 사람을 처벌하는 외에 그 지휘관 또는 상급자도 각 해당 조문에서 정한 형으로 처벌한다.[전문개정 2011.4.12]

질서위반행위규제법 제11조(법인의 처리 등) ① 법인의 대표자, 법인 또는 개인의 대리인 · 사용인 및 그 밖의 종업원이 업무에 관하여 법인 또는 그 개인에게 부과된 법률상의 의무를 위반한 때에는 법인 또는 그 개인에게 과태료를 부과한다.

② 제7조부터 제10조까지의 규정은 「도로교통법」 제56조제1항에 따른 고용주등을 같은 법 제160조제3항에 따라 과태료를 부과하는 경우에는 적용하지 아니한다.

사례 18 및 19 **법인의 범죄능력**

사례 18 : 학교법인 한국대학의 상무이사인 甲은 동대학 이사회의 결의에 따라 不渡手票를 발행하여 乙회사의 물건을 詐取하였다. 甲과 한국대학의 죄책은?

[참조조문] : 부정수표단속법 제2조(부정수표발행인의 형사책임), 동법 제3조(법인·단체등의 형사책임), 형법 제347조 제1항(사기죄)

사례 19 : 甲은 모극장의 사장인 바 그 극장의 표판매원인 乙은 입장표의 매수를 허위신고함으로써 입장세를 逋脫하고 그 금액을 횡령하였다. 단 조세범처벌법에는 양벌규정이 있다. 이 경우 극장의 사장인 甲이 처벌되는 이유는 무엇인가?

[참조조문] : 조세범처벌법 제3조(처벌범위), 동법 제9조 제1항(조세포탈자등의 처벌), 특정범죄가중처벌등에관한법률 제8조(조세포탈의 가중처벌)

법인의 범죄능력의 문제는 자연인이 아닌 법인도 범죄행위의 주체가 될 수 있는가의 문제이다.[201] 즉 이 문제는 형사특별법상의 범죄구성요건에서 자연인인 개인 이외에 법인에 대해서도 형벌을 부과하고 있는 이른바 '兩罰規定'의 존재 때문에 생겨난 문제이다.

법인에게 범죄행위의 주체성을 부여할 수 있느냐에 따라 법인의 범죄능력문제, 법인처벌의 근거, 양벌규정의 법적 성질에 대한 이해가 달라지게 된다.

201) **[법인의 범죄능력에 대한 비교법적 고찰]** : **윤리적 형법관에 기초한 대륙법계**에서는 범죄의 주체를 윤리적 인격자로 파악하므로 법인의 범죄능력을 부정하는데 반하여, **실용주의적 형법관에 기초한 영미법계**에서는 법인단속의 사회적 필요성을 중시하여 법인의 범죄능력을 긍정한다.

한편 법인실재설이 지배적인 독일에서는 법인의 범죄능력을 부정하고, 법인의제설을 취하는 영미에서는 오히려 법인의 범죄능력을 긍정한다. 이처럼 법인의 범죄능력의 문제는 법인의 본질에 관한 사법상의 이론과는 논리필연적인 관계가 없고 형법이론적·형사정책적 고려의 산물에 지나지 않는다.

(1) 법인의 범죄능력에 관한 찬반론

① 부정설

부정설은 자연인만이 범죄행위의 주체가 될 수 있고 법인은 범죄행위의 주체가 될 수 없다는 견해로 법인의 범죄능력을 부정한다(통설). 그 주된 논거는 다음과 같다.

첫째 법인은 의사활동을 할 수 있는 정신과 육체가 없기 때문에 의사능력·행위능력이 없고, 둘째 법인을 처벌하면 범죄와 관계없는 구성원까지 처벌하는 것이 되어 근대형법의 기본원칙인 개인책임원칙과 자기책임원칙에 반하는 결과가 되며, 셋째 법인에 대해서는 의사결정의 자유를 전제로 한 책임비난을 가할 수 없고, 넷째 법인은 법률의 규정에 좇아 정관으로 정한 목적의 범위 내에서 권리와 의무의 주체가 되는데(민법 제34조) 범죄는 법인의 목적에 들어가 있지도 않으며, 다섯째 형법상 사형과 자유형은 법인에 대해 집행할 수도 없고, 여섯째 형벌 이외의 수단(즉 이익의 박탈 등)으로서 법인에 대한 형사정책적 효과를 달성할 수 있음에도 법인의 범죄주체성을 인정하는 것은 형법의 최후수단성에 반한다는 등의 근거가 그것이다.

② 긍정설

긍정설은 법인에 대해서도 자연인과 마찬가지로 범죄능력을 인정하자는 견해이다(일본의 통설 및 판례). 즉 법인(특히 경제활동의 주역이라 할 수 있는 회사[202])의 사회적 활동이 증가함에 따라 법인의 반사회적 활동(범죄행위)도 적지 않게 일어나고 있는 현실에 비추어 법인의 범죄에 대한 적절한 형사정책적 대응을 하기 위해 법인의 범죄능력을 인정해야 할 필요성이 있다는 것이다. 그 주된 논거는 다음과 같다.

첫째 법인본질론과 관련하여 법인실재설[203]에 따르면 법인의 범죄능력을 인정할 수 있고, 둘째 법인은 기관을 통하여 의사를 형성하지만 그 의사는 구성원인 개인의 의사와는 다른 법인의 고유한 의사인 것이므로 법인에게도 의사능력과 행위능력이 있는

202) **[會社]** : 회사는 商行爲 기타 영리를 목적으로 하는 사단법인이다(상법 제169조, 제171조 제1항 참조).

203) **[法人實在說과 法人擬制說]** : **법인실재설**은 법인을 그 구성원인 개인과는 별개의 독립된 인격체로 보는 학설을 말한다. 이에 대하여 **법인의제설**은 법인 즉 회사는 **의제(본질이 다른 것을 법률상 동일한 것으로 간주하는 것)**함으로써 법률상 자연인과 동등한 자격이 있다고 보는 이론, 즉 법인은 실재하지 않는데도 영리를 목적으로 하는 개인의 집합체라고 보는 학설을 말한다.

것이며, **셋째** 법인의 기관에 의한 행위라도 그것은 동시에 법인의 행위라는 양면성을 가지므로 법인을 처벌해도 이중처벌이 되는 것은 아니고, **넷째** 책임을 형벌적응능력이라고 새기면 법인에게도 책임능력이 있다고 할 수 있으며, **다섯째** 법인이 사회적 존재로서 활동하는 행위는 법인의 목적범위 내에 있는 것이므로 법인도 범죄행위를 할 수 있고, **여섯째** 형벌 가운데 재산형과 자격형은 법인에게도 유효한 형벌이 될 수 있으며, **일곱째** 자연인에 대한 생명형과 자유형에 상응하는 형벌로서 법인의 해산과 영업정지·영업제한 등을 고려할 수 있다는 등의 주장이 그것이다.

③ 부분적 긍정설

ㄱ. 형사범·행정범의 구별을 전제로 하는 견해(이분설)

형사범에 대해서는 법인의 범죄능력을 부정하면서 행정범에 대해서는 법인의 범죄능력을 긍정하는 견해이다.[204] 행정범의 경우에 법인의 범죄능력을 인정할 수 있는 것은 행정범이 윤리적 색채가 약한 반면 합목적적·기술적 색채가 강하다는 특수성을 지니기 때문이라고 한다.

ㄴ. 양벌규정의 경우에만 긍정하는 견해(양벌규정설)

형법전상 법인의 범죄능력은 부정되지만 자연인과 법인을 함께 처벌하는 양벌규정이라는 '특별규정'을 두고 법인을 처벌하는 범죄에서는 법인도 범죄능력을 가진다고 보는 견해이다.

즉 형법 제8조에 따라 **'다른 법령에 특별한 규정'**이 있는 경우에는 그 다른 법령이 예외적으로 적용될 수 있기 때문이라는 것이다. 또한 양벌규정을 두고 있는 경우까지 법인의 범죄능력을 부정하게 되면 법인의 범죄능력은 부정하면서도 수형능력은 인정하게 되어 형법의 기초인 책임주의에 반하게 될 것이라고 한다.

---

204) **[刑事犯과 行政犯]** : **형사범**이란 법규의 설정을 기다리지 않고 그 행위 자체가 반사회적·반도의적인 범죄(예 : 살인죄, 절도죄 등)를 말하며, 自然犯과 동의로 사용되기도 한다. 이에 대하여 **행정범**이란 행정상의 목적을 위하여 정해진 법규에 위반하는 행위로서 그 행위 자체는 반사회성·반도의성을 갖지 않고 법규에 정한 명령·금지에 위반하기 때문에 비로소 위법성을 가지게 되는 범죄를 말한다. 자연범에 대하여 사용될 때에는 法定犯이라고 한다.

④ 판례의 태도

우리나라 대법원은 법인의 범죄능력을 부정한다. 대법원[205]은 타인의 사무를 처리하는 자가 임무에 위배되는 행위를 할 경우에 성립하는 범죄인 **배임죄(형법 제355조 제2항)의 경우에 법인도 그러한 범죄의 행위주체가 될 수 있는지에 대하여**, "**법인은 다만 사법상의 의무주체가 될 뿐 범죄능력이 없는 것이며 그 타인의 사무는 법인을 대표하는 자연인인 대표기관의 의사결정에 따른 대표행위에 의하여 실현될 수밖에 없어** 그 대표기관은 마땅히 법인이 타인에 대하여 부담하고 있는 의무내용 대로 사무를 처리할 임무가 있다 할 것이므로 법인이 처리할 의무를 지는 타인의 사무에 관하여는 법인이 배임죄의 주체가 될 수 없다"고 하면서 법인의 범죄능력을 부인하여 범죄주체를 자연인에 국한하고 있다.[206]

보충판례 7 : 대법원 1984.10.10. 선고 82도2595 전원합의체 판결.

⑤ 소결

생각건대 법인의 범죄능력부정설(통설)은 형벌의 본질에 착안한 것으로서 기본적

205) **보충판례 7 : 대법원 1984.10.10. 선고 82도2595 전원합의체 판결**[다수의견 : 형법 제355조 제2항의 배임죄에 있어서 타인의 사무를 처리할 의무의 주체가 법인이 되는 경우라도 법인은 다만 사법상의 의무주체가 될 뿐 범죄능력이 없는 것이며 그 타인의 사무는 법인을 대표하는 자연인인 대표기관의 의사결정에 따른 대표행위에 의하여 실현될 수 밖에 없어 그 대표기관은 마땅히 법인이 타인에 대하여 부담하고 있는 의무내용 대로 사무를 처리할 임무가 있다 할 것이므로 법인이 처리할 의무를 지는 타인의 사무에 관하여는 법인이 배임죄의 주체가 될 수 없고 그 법인을 대표하여 사무를 처리하는 자연인인 대표기관이 바로 타인의 사무를 처리하는 자 즉 배임죄의 주체가 된다.
소수의견 : 법인은 사법상의 의무주체가 될 뿐 범죄능력이 없다고 하나 바로 이 사법상의 의무주체가 배임죄의 주체가 되는 것이므로 이것을 떠나서 배임죄는 성립할 수 없다할 것이고 법인의 대표기관은 법인이 타인에 대하여 부담하고 있는 의무내용대로 사무를 처리할 임무가 있다는 그 임무는 법인에 대하여 부담하는 임무이지 법인의 대표기관이 직접 타인에 대하여 지고 있는 임무는 아니므로 그 임무에 위배하였다 하여 이를 타인에 대한 배임죄가 성립한다고 할 수 없다.
[전원합의체판결 : 본판결로 1982.02.09. 80도1796 ; 1983.02.22. 82도1527 판결 등 변경]

206) **[법인의 범죄능력을 부정한 판례]** : 대법원 1984.10.23. 선고 83도222 판결 ; 대법원 1985.10.8. 선고 83도1375 판결 등 참조.
한편 **[법인격 없는 단체의 범죄능력]**과 관련하여 대법원 1997.1.24. 선고 96도524 판결은 "법인격 없는 사단과 같은 단체는 법인과 마찬가지로 사법상의 권리의무의 주체가 될 수 있음은 별론으로 하더라도 법률에 명문의 규정이 없는 한 그 범죄능력은 없고 그 단체의 업무는 단체를 대표하는 자연인인 대표기관의 의사결정에 따른 대표행위에 의하여 실현될 수밖에 없는바, 구 건축법(1995.1.5. 법률 제4919호로 개정되기 전의 것) 제26조 제1항의 규정에 의하여 건축물의 유지·관리의무를 지는 '소유자 또는 관리자'가 법인격 없는 사단인 경우에는 자연인인 대표기관이 그 업무를 수행하는 것이므로, 같은 법 제79조 제4호에서 같은 법 제26조 제1항의 규정에 위반한 자라 함은 법인격 없는 사단의 대표기관인 자연인을 의미한다."고 판시하여 **그 범죄능력을 부정**하고 있다.

으로 타당하다고 할 것이다. 그러나 법인의 범죄능력을 전면적으로 부정하는 것은 우리 실정법에서 양벌규정을 두어 법인을 처벌하는 현실을 도외시하고 있다는 점에서 실정법의 해석론으로서 수용하기 어렵다는 흠이 있다.

따라서 법인을 형사처벌의 대상으로 삼는 양벌규정이 있는 경우에 한하여 법인의 범죄주체성(법인의 형벌능력 인정과 범죄능력의 전제)이 법률에 의해 '창설'되었다고 보아야 할 것이다(**양벌규정설**). 이처럼 법인에 대하여 예외적으로 행위주체의 지위를 부여하는 것은 법인이 사회에 끼친 손해의 재발을 위한 예방목적을 고려한 결과라 할 수 있다.

(2) 양벌규정과 법인의 처벌

① 양벌규정의 의미

양벌규정이란 형벌법규를 직접 위반한 행위자를 처벌하는 외에 그 행위자와 일정한 관계를 맺고 있는 법인 또는 자연인도 함께 처벌하는 규정을 말한다.[207] 구체적으로는 주로 법인의 대표자나 대리인, 사용인 기타 종업원이 그 법인의 업무에 관하여 일정한 위반행위를 한 경우에 직접적인 위반행위자를 처벌하는 외에 영업주인 법인 또는 개인에 대해서도 형벌을 과하는 처벌규정을 양벌[208]규정이라고 한다.[209]

---

207) **[轉家罰規定(代罰規定)]** : 전가벌규정이란 형벌법규를 직접 위반한 종업원을 처벌하지 않고 사업주만을 처벌하는 규정을 말한다.

208) **[양벌규정에서의 兩罰의 의미]** : 양벌규정에서 양벌이라 함은 하나의 범죄행위에 대하여 직접행위자와 제3자를, 즉 자연인과 법인을 함께 처벌한다는 의미이다.

209) **[지방자치단체에 대한 양벌규정의 적용 여부]** : 대법원 2005.11.10. 선고 2004도2657 판결(헌법 제117조, 지방자치법 제3조 제1항, 제9조, 제93조, 도로법 제54조, 제83조, 제86조의 각 규정을 종합하여 보면, 국가가 본래 그의 사무의 일부를 지방자치단체의 장에게 위임하여 그 사무를 처리하게 하는 기관위임사무의 경우에는 지방자치단체는 국가기관의 일부로 볼 수 있는 것이지만, **지방자치단체가 그 고유의 자치사무를 처리하는 경우**에는 지방자치단체는 국가기관의 일부가 아니라 국가기관과는 별도의 독립한 공법인이므로, 지방자치단체 소속 공무원이 지방자치단체 고유의 자치사무를 수행하던 중 도로법 제81조 내지 제85조의 규정에 의한 위반행위를 한 경우에는 지방자치단체는 도로법 제86조의 양벌규정에 따라 처벌대상이 되는 법인에 해당한다고 할 것이다.) ; 대법원 2009.6.11. 선고 2008도6530 판결[직권으로 보건대, 국가가 본래 그의 사무의 일부를 지방자치단체의 장에게 위임하여 그 사무를 처리하게 하는 기관위임사무의 경우에는 지방자치단체는 국가기관의 일부로 볼 수 있고, 지방자치단체가 그 고유의 자치사무를 처리하는 경우에 지방자치단체는 국가기관의 일부가 아니라 국가기관과는 별도의 독립한 공법인으로서 양벌규정에 의한 처벌대상이 되는 법인에 해당하며(대법원 2005.11.10. 선고 2004도2657 판결 등 참조), 법령상 지방자치단체의 장이 처리하도록 하고 있는 사무가 자치사무인지, 기관위임사무에 해당하는지 여부를 판단함에 있어서는 그에 관한 법

② 양벌규정의 세부유형

현행법 및 구법상 양벌규정의 유형은 다음과 같은 세 가지 유형으로 분류할 수 있다.

ㄱ. 법인의 과실책임을 근거로 처벌하는 경우

이는 종업원의 위반행위에 대한 방지조치를 취하지 아니한 때 행위자와 법인을 처벌하는 양벌규정형식을 말한다. 예컨대 구 선원법 제148조 제1항 단서[210], 하천법 제97조 단서조항[211] 등을 들 수 있다.

령의 규정 형식과 취지를 우선 고려하여야 할 것이지만 그 외에도 그 사무의 성질이 전국적으로 통일적인 처리가 요구되는 사무인지 여부나 그에 관한 경비부담과 최종적인 책임귀속의 주체 등도 아울러 고려하여 판단하여야 한다(대법원 2003.4.22. 선고 2002두10483 판결 등 참조)

그런데 지방자치단체 소속 공무원이 지정항만순찰 등의 업무를 위해 관할관청의 승인 없이 개조한 승합차를 운행함으로써 구 자동차관리법(2007.10.17. 법률 제8658호로 개정되기 전의 것)을 위반한 사안에서, 지방자치법, 구 항만법(2007.8.3. 법률 제8628호로 개정되기 전의 것), 구 항만법 시행령(2007.12.31. 대통령령 20506호로 개정되기 전의 것) 등에 비추어 위 항만순찰 등의 업무가 지방자치단체의 장이 국가로부터 위임받은 **기관위임사무에 해당**하여, 해당 지방자치단체가 구 자동차관리법 제83조의 양벌규정에 따른 처벌대상이 될 수 없다.]

210) 구 선원법[시행 2008.6.28][법률 제8822호, 2007.12.27, 일부개정] 제148조(양벌규정) "① 선박소유자의 대표자·대리인·사용인 그밖의 종업원이 선박소유자의 업무에 관하여 제137조의2, 제137조의3, 제137조의4, 제138조,제138조의2, 제139조, 제140조, 제143조제1호·제2호 또는 제144조의 위반행위를 한 때에는 그 행위자를 벌하는 외에 선박소유자에 대하여도 각 해당조의 벌금형을 과한다. 다만, 선박소유자(선박소유자가 법인인 경우에는 그 대표자를, 선박소유자가 영업에 관하여 성년자와 동일한 능력을 가지지 아니한 미성년자·한정치산자 또는 금치산자인 경우에는 그 법정대리인을 말한다. 이하 이 조에서 같다)가 위반행위의 방지를 위하여 필요한 조치를 한 경우에는 그러하지 아니하다." : **현행 선원법[시행 2012.8.2][법률 제11270호, 2012.2.1, 타법개정] 제178조(양벌규정)** "선박소유자의 대표자나 대리인, 사용인, 그 밖의 종업원이 선박소유자의 업무에 관하여 제167조부터 제170조까지, 제172조, 제173조, 제174조제1호·제2호, 제175조 또는 제177조의 위반행위를 하면 그 행위자를 벌하는 외에 그 선박소유자에게도 해당 조문의 벌금형을 과(科)한다. 다만, 선박소유자(선박소유자가 법인인 경우에는 그 대표자를, 선박소유자가 영업에 관하여 성년자와 같은 능력을 가지지 아니한 미성년자·한정치산자 또는 금치산자인 경우에는 그 법정대리인을 말한다)가 그 위반행위를 방지하기 위하여 해당 업무에 관하여 상당한 주의와 감독을 게을리하지 아니한 경우에는 그러하지 아니하다."

211) 구 하천법[시행 2009.4.1][법률 제9605호, 2009.4.1, 일부개정] 제97조 (양벌규정) "법인의 대표자나 법인 또는 개인의 대리인·사용인 그 밖의 종업원이 그 법인 또는 개인의 업무에 관하여 제93조부터 제96조까지의 위반행위를 한 때에는 행위자를 벌하는 외에 그 법인 또는 개인에 대하여도 각 해당 조의 벌금형을 과(科)한다. 다만, 법인 또는 개인이 그 위반행위를 방지하기 위하여 그 업무에 관하여 상당한 주의와 감독을 게을리하지 아니한 때에는 그러하지 아니하다." : **현행 하천법[시행 2012.7.1][법률 제11194호, 2012.1.17, 일부개정] 제97조(양벌규정)** "법인의 대표자나 법인 또는 개인의 대리인·사용인 그 밖의 종업원이 그 법인 또는 개인의 업무에 관하여 제93조부터 제96조까지의 위반행위를 한 때에는 행위자를 벌하는 외에 그 법인 또는 개인에 대하여도 각 해당 조의 벌금형을 과(科)한다. 다만, 법인 또는 개인이 그 위반행위를 방지하기 위하여 그 업무에 관하여 상당한 주의와 감독을 게을리하지 아니한 때에는 그러하지 아니하다."

ㄴ. 법인의 공범책임을 근거로 처벌하는 경우

이는 법인 또는 사업주가 종업원의 위반행위를 사전 또는 사후에 알고도 방치·방관하거나 교사한 경우에 행위자와 법인을 처벌하는 양벌규정형식을 말한다. 예컨대 구 근로기준법 제115조 제2항[212], 구 선원법 제148조 제2항[213] 등을 들 수 있다.

ㄷ. 면책규정없이 무조건 법인까지 처벌하는 경우

이는 조직체의 구성원·종업원의 위반행위에 대해서 행위자와 함께 무조건 법인(사용인)까지 처벌하는 양벌규정형식을 말한다. 예컨대 구 조세범처벌법 제3조[214], 구 도

---

212) 구 근로기준법[시행 2008.7.1][법률 제8960호, 2008.3.21, 일부개정] 제115조(양벌규정) ②사업주가 대리인, 사용인, 그 밖의 종업원의 이 법의 위반행위와 관련하여 그 계획을 알고 그 방지에 필요한 조치를 하지 아니하는 경우, 위반행위를 알고 그 시정에 필요한 조치를 하지 아니하는 경우 또는 위반을 교사한 경우에는 사업주도 행위자로 처벌한다. : **현행 근로기준법[시행 2012.8.2][법률 제11270호, 2012.2.1, 일부개정] 제115조(양벌규정)** "사업주의 대리인, 사용인, 그 밖의 종업원이 해당 사업의 근로자에 관한 사항에 대하여 제107조, 제109조부터 제111조까지, 제113조 또는 제114조의 위반행위를 하면 그 행위자를 벌하는 외에 그 사업주에게도 해당 조문의 벌금형을 과(科)한다. 다만, 사업주가 그 위반행위를 방지하기 위하여 해당 업무에 관하여 상당한 주의와 감독을 게을리하지 아니한 경우에는 그러하지 아니하다.[전문개정 2009.5.21]"

213) 구 선원법[시행 2008.6.28][법률 제8822호, 2007.12.27, 일부개정] 제148조(양벌규정) ②선박소유자가 제1항의 규정에 의한 위반행위의 계획을 알고 그 방지에 필요한 조치를 하지 아니한 때, 위반행위를 알고도 그 시정을 위하여 필요한 조치를 하지 아니한 때 또는 위반행위를 교사한 때에는 선박소유자도 행위자로서 처벌한다. : **현행 선원법[시행 2012.8.2][법률 제11270호, 2012.2.1, 타법개정] 제178조(양벌규정)** "선박소유자의 대표자나 대리인, 사용인, 그 밖의 종업원이 선박소유자의 업무에 관하여 제167조부터 제170조까지, 제172조, 제173조, 제174조제1호·제2호, 제175조 또는 제177조의 위반행위를 하면 그 행위자를 벌하는 외에 그 선박소유자에게도 해당 조문의 벌금형을 과(科)한다. 다만, 선박소유자(선박소유자가 법인인 경우에는 그 대표자를, 선박소유자가 영업에 관하여 성년자와 같은 능력을 가지지 아니한 미성년자·한정치산자 또는 금치산자인 경우에는 그 법정대리인을 말한다)가 그 위반행위를 방지하기 위하여 해당 업무에 관하여 상당한 주의와 감독을 게을리하지 아니한 경우에는 그러하지 아니하다."

214) 구 조세범처벌법[시행 2008.4.15][법률 제8884호, 2008.3.14, 일부개정] 제3조 "법인의 대표자, 법인 또는 개인의 대리인, 사용인, 기타의 종업인이 그 법인 또는 개인의 업무 또는 재산에 관하여 이 법에 규정하는 범칙행위를 한 때에는 행위자를 벌하는 외에 그 법인 또는 개인에 대하여서도 각 본조의 벌금형에 처한다. 다만, 국세기본법에 의한 과점주주가 아닌 행위자에 대하여서는 정상에 의하여 그 형을 감면할 수 있다."[**단순위헌, 2009헌가33(병합), 2010.7.29.** 구 조세범처벌법(2004.12.31. 법률 제7321호로 개정되고, 2010.1.1. 법률 제9919호로 개정되기 전의 것) 제3조 본문 중 "법인의 대리인, 사용인, 기타의 종업인이 그 법인의 업무 또는 재산에 관하여 제11조의2 제4항 제1호에 규정하는 범칙행위를 한 때에는 그 법인에 대하여서도 본조의 벌금형에 처한다."는 부분은 **헌법에 위반**된다.] : **현행 조세범처벌법[시행 2012.1.26][법률 제11210호, 2012.1.26, 일부개정] 제18조(양벌 규정) 단서** "법인(「국세기본법」 제13조에 따른 법인으로 보는 단체를 포함한다. 이하 같다)의 대표자, 법인 또는 개인의 대리인, 사용인, 그 밖의 종업원이 그 법인 또는 개인의 업무에 관하여 이 법에서 규정하는 범칙행위를 하면 그 행위자를 벌할 뿐만 아니라 그 법인 또는 개인에게도 해당 조문의 벌금형을 과(科)한다. 다만, 법인 또는 개인이 그 위반행위를 방지하기 위하여 해당 업무에 관하여 상당한 주의와 감독을 게을리하지 아니한 경우에는 그러하지 아니하다."

로교통법 제159조[215], 구 문화재보호법 제117조[216], 구 환경범죄의단속에관한특별조치법 제10조[217] 등 대부분의 양벌규정을 들 수 있다.

③ 양벌규정의 법적 성질(법인처벌의 근거)

자연인 외에 법인도 처벌한다는 양벌규정의 '벌'도 형벌인 이상 일신전속적인 성격을 가지는 것은 당연하다.[218] 그런데 법인을 처벌하는 근거가 무엇인지에 대해서는 과

---

215) **구 도로교통법[시행 2008.6.22][법률 제8736호, 2007.12.21, 일부개정] 제159조(양벌규정)** "법인의 대표자나 법인 또는 개인의 대리인·사용인 그 밖의 종업원이 법인 또는 개인의 업무에 관하여 제148조 내지 제157조의 위반행위를 한 때에는 행위자를 벌하는 외에 그 법인 또는 개인에 대하여도 각 해당 조의 벌금 또는 과료의 형을 과한다."[**단순위헌, 2009헌가14, 2010헌가18(병합), 2010.7.29.** 구 도로교통법(2005.5.31. 법률 제7545호로 전부개정되고, 2009.4.1. 법률 제9580호로 개정되기 전의 것) 제159조 중 "개인의 대리인·사용인 그 밖의 종업원이 개인의 업무에 관하여 제150조 제1호의 위반행위를 한 때에는 그 개인에 대하여도 각 해당 조의 벌금 또는 과료의 형을 과한다."라는 부분은 헌법에 위반된다.] : **현행 도로교통법[시행 2011.12.9][법률 제10790호, 2011.6.8, 일부개정] 제159조(양벌규정)** "법인의 대표자나 법인 또는 개인의 대리인, 사용인, 그 밖의 종업원이 법인 또는 개인의 업무에 관하여 제148조, 제148조의2, 제149조부터 제157조까지의 어느 하나에 해당하는 위반행위를 하면 그 행위자를 벌하는 외에 그 법인 또는 개인에게도 해당 조문의 벌금 또는 과료의 형을 과(科)한다. 다만, 법인 또는 개인이 그 위반행위를 방지하기 위하여 해당 업무에 관하여 상당한 주의와 감독을 게을리하지 아니한 경우에는 그러하지 아니하다. [전문개정 2011.6.8]"

216) **구 문화재보호법[시행 2009.7.31][법률 제9401호, 2009.1.30, 타법개정] 제117조(양벌규정)** ① 법인의 대표자, 대리인, 사용인, 그 밖의 종업원이 그 법인의 업무나 재산의 관리에 관하여 제104조부터 제114조까지의 규정에 따른 위반행위를 하면 그 행위자를 벌할 뿐만 아니라 그 법인에도 해당 조문의 벌금형을 과한다. ② 개인의 대리인, 사용인, 그 밖의 종업원이 그 개인의 업무나 재산의 관리에 관하여 제104조부터 제114조까지의 규정에 따른 위반행위를 하면 그 행위자를 벌할 뿐만 아니라 그 개인에게도 해당 조문의 벌금형을 과한다. : **현행 문화재보호법[시행 2012.7.27][법률 제11228호, 2012.1.26, 일부개정] 제102조(양벌규정)** "법인의 대표자나 법인 또는 개인의 대리인, 사용인, 그 밖의 종업원이 그 법인 또는 개인의 업무에 관하여 제94조부터 제96조까지 또는 제98조부터 제101조까지의 어느 하나에 해당하는 위반행위를 하면 그 행위자를 벌하는 외에 그 법인 또는 개인에게도 해당 조문의 벌금형을 과(科)하고 벌금형이 없는 경우에는 3억원 이하의 벌금에 처한다. 다만, 법인 또는 개인이 그 위반행위를 방지하기 위하여 해당 업무에 관하여 상당한 주의와 감독을 게을리하지 아니한 경우에는 그러하지 아니하다."

217) **구 환경범죄의단속에관한특별조치법[시행 2011.2.5][법률 제10031호, 2010.2.4, 타법개정] 제10조(양벌규정)** "법인의 대표자 또는 법인이나 개인의 대리인·사용인 기타 종업원이 그 법인 또는 개인의 업무에 관하여 제5조 내지 제7조의 위반행위를 한 때에는 행위자를 벌하는 외에 그 법인 또는 개인에 대하여도 각 해당조의 벌금형을 과한다." : **현행 환경범죄등의단속및가중처벌에관한법률[시행 2012.7.29][법률 제10977호, 2011.7.28, 타법개정] 제10조(양벌규정) 단서** "법인의 대표자나 법인 또는 개인의 대리인, 사용인, 그 밖의 종업원이 그 법인 또는 개인의 업무에 관하여 제5조부터 제7조까지의 어느 하나에 해당하는 위반행위를 하면 그 행위자를 벌하는 외에 그 법인 또는 개인에게도 해당 조문의 벌금형을 과(科)한다. 다만, 법인 또는 개인이 그 위반행위를 방지하기 위하여 해당 업무에 관하여 상당한 주의와 감독을 게을리하지 아니하였을 경우에는 그러하지 아니하다. [전문개정 2011.4.28]"

218) **[양벌규정의 일신전속성]** : 대법원 2007.8.23. 선고 2005도4471 판결[합병으로 소멸한 법인이 양벌규정에 따라 부담하던 형사책임이 합병 후 존속회사에 승계되는지 여부(소극)] : "회사합병이 있는

실책임설, 무과실책임설, 과실추정설 등이 대립하고 있다.

ㄱ. 과실책임설

과실책임설은 사업주가 사용인의 선임·감독을 태만히 한 점에서 사업주처벌의 근거를 구하는 견해이다(**다수설**). 즉 법인은 사업경영의 주재자라는 지위에서 종업원의 업무전반에서 발생하는 결과를 예견할 의무와 회피할 의무를 위반하였기 때문에 과실책임을 부담한다는 것이다.

이 견해에 의하면 타인행위에 대한 책임이 법인에게 귀속·전가되는 것이 아니라 **법인 스스로 감독상 주의의무를 위반한 자기행위책임**이 된다. 또한 과실책임설에 의하면 검사가 사용인의 선임·감독에 대한 사업주의 고의·과실을 증명할 때 비로소 사업주에게 형사처벌을 과할 수 있다.

ㄴ. 무과실책임설

무과실책임설은 사업주의 과실여부를 묻지 않고 위법행위로 인한 이익의 귀속주체를 규제한다는 정책적 관점에서 사업주를 처벌하는 것이라고 보는 견해이다. 즉 종업원의 위반행위에 대해 법인에게 전가책임 또는 대위책임을 인정하는 견해라 할 수 있다. 무과실책임설에 의하면 검사가 사업주의 사용인에 대한 선임·감독상의 과실을 증명할 필요가 없다.

ㄷ. 과실추정설

과실추정설은 사용인의 범죄행위가 있을 때 사업주에 대해 선임·감독상의 과실을 추정하되 사업주가 과실없음을 증명하면 형사처벌을 면할 수 있다고 보는 견해를 말

경우 피합병회사의 권리·의무는 사법상의 관계나 공법상의 관계를 불문하고 모두 합병으로 인하여 존속하는 회사에 승계되는 것이 원칙이지만, 그 성질상 이전을 허용하지 않는 것은 승계의 대상에서 제외되어야 할 것인바, 양벌규정에 의한 법인의 처벌은 어디까지나 형벌의 일종으로서 행정적 제재처분이나 민사상 불법행위책임과는 성격을 달리하는 점, 형사소송법 제328조가 '피고인인 법인이 존속하지 아니하게 되었을 때'를 공소기각결정의 사유로 규정하고 있는 것은 형사책임이 승계되지 않음을 전제로 한 것이라고 볼 수 있는 점 등에 비추어 보면, 합병으로 인하여 소멸한 법인이 그 종업원 등의 위법행위에 대해 양벌규정에 따라 부담하던 형사책임은 그 성질상 이전을 허용하지 않는 것으로서 합병으로 인하여 존속하는 법인에 승계되지 않는다."

한다(일본의 통설 및 판례). 이점에서 과실추정설은 과실책임설과 무과실책임설의 중간에 위치하는 것으로 이해할 수 있다.

ㄹ. 판례의 태도

종래 판례는 개별적인 양벌규정의 특성에 따라서 과실책임설[219], 과실추정설[220], 무과실책임설[221] 등을 취해오고 있었다. 이와 같은 상황에서 **최근 헌법재판소는 양벌규정의 처벌근거를 명백히 과실책임설에서 구해야 한다는 판례**를 내어놓기에 이르렀다.[222]

219) **대법원 1977.5.24. 선고 77도412 판결**(식품위생법 제47조의 양벌규정은 식품영업주의 그 종업원에 대한 감독태만을 처벌하려는 규정으로서 종업원이 영업주의 업무를 수행함에 있어서 동조 소정의 위반행위가 있을 때는 설사 그 위반행위의 동기가 직접적으로 종업원 자신의 이익을 위한 것에 불과하고 그 영업에 이로운 행위가 아니라 하여도 영업주는 그 감독 해태에 대한 책임을 면할 수 없다.) ; **대법원 1987.11.10. 선고 87도1213 판결**(양벌규정에 의한 영업주의 처벌은 금지위반행위자인 종업원의 처벌에 종속하는 것이 아니라 독립하여 그 자신의 종업원에 대한 선임감독상의 과실로 인하여 처벌되는 것이므로 영업주의 위 과실책임을 묻는 경우 금지위반행위자인 종업원에게 구성요건상의 자격이 없다고 하더라도 영업주의 법죄성립에는 아무런 지장이 없다.) ; **대법원 2006.2.24. 선고 2005도7673 판결**(양벌규정에 의한 영업주의 처벌은 금지위반행위자인 종업원의 처벌에 종속하는 것이 아니라 독립하여 그 자신의 종업원에 대한 선임감독상의 과실로 인하여 처벌되는 것이므로 종업원의 범죄성립이나 처벌이 영업주 처벌의 전제조건이 될 필요는 없다.) ; **대법원 2007.11.29. 선고 2007도7920 판결**[식품위생법(이하 '법'이라 한다) 제79조는 법인의 대표자나 법인 또는 개인의 대리인·사용인 기타의 종업원이 그 법인 또는 개인의 업무에 관하여 법 제74조 내지 제77조의 위반행위를 한 때에는 그 행위자를 벌하는 외에 그 법인이나 개인에 대하여도 해당 각조의 벌금형을 과하도록 하는 양벌규정으로서 식품영업주의 그 종업원 등에 대한 감독태만을 처벌하려는 규정이다.]

220) **대법원 1982.6.22. 선고 82도777 판결**(보건범죄단속에 관한 특별조치법 제6조와 같은 양벌규정에 있어서 사업주가 개인인 때에는, 그 개인의 대리인, 사용인 기타 종업원의 위반행위가 있는 경우에 그 사업주에게 그 행위자의 선임, 감독 기타 위반행위를 방지하기 위하여 필요한 주의를 다하지 아니한 과실이 있다고 추정하고 이를 처벌하는 것이라고 볼 것이므로 그 사업주는 이러한 주의를 다 하였음을 증명하지 아니하는 한 그 형사책임을 면할 수 없다고 볼 것이다.) ; **대법원 1992.8.18. 선고 92도1395 판결**(공중위생법 제45조의 규정은, 법인의 경우 종업원의 위반행위에 대하여 행위자인 종업원을 벌하는 외에 업무주체인 법인도 처벌하고, 이 경우 법인은 엄격한 무과실책임은 아니라 하더라도 그 과실의 추정을 강하게 하고, 그 입증책임도 법인에게 부과함으로써 양벌규정의 실효를 살리자는 데 그 목적이 있다.)

221) **대법원 1982.9.14. 선고 82도1439 판결**(도로교통법 제81조의 양벌규정은 도로에서 발생하는 모든 교통상의 위해를 방지, 제거하여 교통의 안전과 원활을 도모하기 위하여 도로교통법에 위반하는 행위자 외에 그 행위자와 위 법 소정의 관계에 있는 고용자등을 아울러 처벌하는 이른바 질서벌의 성질을 갖는 규정이므로 비록 행위자에 대한 감독책임을 다하였다거나 또는 행위자의 위반사실을 몰랐다고 하더라도 이의 적용이 배제된다고 할 수 없다.) ; **대법원 2006.1.27. 선고 2005도9106 판결.**

222) **[양벌규정의 처벌근거로서 과실책임설]** : **헌법재판소 2000.6.1. 99헌바73 전원재판부 결정**(과적차량을 운행한 자나 그 운행을 지시·요구한 자를 처벌하는 것은 직접 위반행위를 한 자를 처벌하는 것이고, **행정형벌법규에서 양벌규정으로 사업주인 법인 또는 개인을 처벌하는 것은 위반행위를 한 피용자에 대한 선임 감독의 책임을 물음으로써 행정규제의 목적을 달성하려는 것**이므로 형벌체계상 합리적인 근거가 있다고 할 것이나, **과적차량의 운행을 지시·요구하지도 않고 과적차량을 운행한 자에**

보충판례 7-1[양벌규정과 법인의 처벌근거] : 헌법재판소 2009.10.29. 선고 2009헌가6 전원재판부결정 【의료법제91조제2항위헌제청】

[면책조항없는 양벌규정에 대하여 법치국가원리 및 책임주의 위반을 이유로 위헌성을 확인한 헌법재판소의 결정] : [헌법재판소 전원재판부 결정 2000.6.1. 99헌바73 [합헌 · 각하] 【도로법 제83조 제2호 등 위헌소원】 ; 헌법재판소 2007.11.29. 선고 2005헌가10 전원재판부 결정 【보건범죄단속에관한특별조치법제6조위헌제청】 ; 헌법재판소 2009.7.30. 선고 2008헌가10 전원재판부 결정 【청소년보호법제54조위헌제청】 ; 헌법재판소 2009.7.30. 선고 2008헌가14 전원재판부 결정 【사행행위등규제및처벌특례법제31조위헌제청】 ; 헌법재판소 2009.7.30. 선고 2008헌가16 전원재판부 결정 【의료법제91조제1항위헌제청】 ; 헌법재판소 2009.7.30. 선고 2008헌가17 전원재판부 결정 【구도로법제86조위헌제청】 ; 헌법재판소 2009.7.30. 선고 2008헌가18 전원재판부 결정 【구건설산업기본법제98조제2항위헌제청】 ; 헌법재판소 2009.7.30. 선고 2008헌가24 전원재판부 결정 【의료기사등에관한법률제32조위헌제청】 ; 헌법재판소 2010.12.28. 선고 2010헌가94 전원재판부 결정 【아동복지법제43조위헌제청】 ; 헌법재판소 2010.9.30. 선고 2009헌가23,31(병합) 전원재판부 결정 【구의료법제70조등위헌제청등】 ; 헌법재판소 2010.9.30. 선고 2010헌가52,57,59,60,63,69,81(병합) 전원재판부 결정 【구양곡관리법제35조위헌제청등】 ; 헌법재판소 2010.9.2. 선고 2009헌가11 전원재판부 결정 【수산업법제98조제2항위헌제청】 ; 헌법재판소 2010.7.29. 선고 2009헌가14,2010헌가18,2009헌가16,2010헌가9,2009헌가35,2010헌가4,5,34(병합) 전원재판부 결정 【도로교통법제159조위헌제청등】 ; 헌법재판소 2010.10.28. 선고 2010헌가23,24,36,39,47,50(병합) 전원재판부 결정 【청소년보호법제54조위헌제청등】 ; 헌법재판소 2010.12.28. 선고 2010헌가94 전원재판부 결정 【아동복지법제43조위헌제청】 ; 헌법재판소 2011.5.26. 선고 2010헌가98 전원재판부 결정 【골재

대한 선임감독의 책임도 없는 화주 등을 과적차량을 운행한 자와 양벌규정으로 처벌하는 것은 형법상 책임주의의 원칙에 반하므로, 이 사건 법률조항이 과적차량을 운행하는 자와 화주 등을 양벌규정으로 처벌하지 않고 화주 등은 과적차량의 운행을 지시·요구한 때에만 처벌하도록 규정한 데에는 합리적인 이유가 있는 것으로 평등의 원칙에 위반된 것이라고 볼 수 없다.) ; **헌법재판소 2007.11.29. 선고 2005헌가10 전원재판부 결정 【심판대상조문】** 보건범죄단속에 관한 특별조치법(1990. 12. 31. 법률 제4293호로 개정된 것) 제6조 중 "개인의 대리인·사용인 기타 종업원이 그 개인의 업무에 관하여 제5조의 위반행위를 한 때에는 행위자를 처벌하는 외에 개인에 대하여도 본조의 예에 따라 처벌한다"고 규정한 부분. **【결정요지】** (1)이 사건 법률조항이 종업원의 업무 관련 무면허의료행위가 있으면 이에 대해 영업주가 비난받을 만한 행위가 있었는지 여부와는 관계없이 자동적으로 영업주도 처벌하도록 규정하고 있고, 그 문언상 명백한 의미와 달리 "종업원의 범죄행위에 대해 영업주의 선임감독상의 과실(기타 영업주의 귀책사유)이 인정되는 경우"라는 요건을 추가하여 해석하는 것은 문리해석의 범위를 넘어서는 것으로서 허용될 수 없으므로, 결국 위 법률조항은 다른 사람의 범죄에 대해 그 책임 유무를 묻지 않고 형벌을 부과함으로써, 법정형에 나아가 판단할 것 없이, 형사법의 기본원리인 '책임없는 자에게 형벌을 부과할 수 없다'는 책임주의에 반한다. (2) 일정한 범죄에 대해 형벌을 부과하는 법률조항이 정당화되기 위해서는 범죄에 대한 귀책사유를 의미하는 책임이 인정되어야 하고, 그 법정형 또한 책임의 정도에 비례하도록 규정되어야 하는데, 이 사건 법률조항은 문언상 종업원의 범죄에 아무런 귀책사유가 없는 영업주에 대해서도 그 처벌가능성을 열어두고 있을 뿐만 아니라, 가사 위 법률조항을 종업원에 대한 선임감독상의 과실 있는 영업주만을 처벌하는 규정으로 보더라도, 과실밖에 없는 영업주를 고의의 본범(종업원)과 동일하게 '무기 또는 2년 이상의 징역형'이라는 법정형으로 처벌하는 것은 그 책임의 정도에 비해 지나치게 무거운 법정형을 규정하는 것이므로, 두 가지 점을 모두 고려하면 형벌에 관한 책임원칙에 반한다.)

채취법제51조위헌제청】 ; 헌법재판소 2011.6.30. 선고 2011헌가7,10(병합) 전원재판부 결정 【구산업안전보건법제71조위헌제청등】 ; 헌법재판소 2011.9.29. 선고 2011헌가12 전원재판부 결정 【환경정책기본법제44조위헌제청】 ; 헌법재판소 2011.10.25. 선고 2010헌바307 전원재판부 결정 【구관광진흥법제80조위헌소원】 ; 헌법재판소 2011.11.24. 선고 2011헌가34 전원재판부 결정 【구파견근로자보호등에관한법률제45조위헌제청】 ; 헌법재판소 2011.12.29. 선고 2011헌가28 전원재판부 결정 【약사법제97조제1항위헌제청】 ; 헌법재판소 2011.12.29. 선고 2011헌가33 전원재판부 결정 【구식품위생법제79조위헌제청】 ; 헌법재판소 2011.12.29. 선고 2011헌가38 전원재판부 결정 【수질및수생태계보전에관한법률제81조위헌제청】 ; 헌법재판소 2011.12.29. 선고 2011헌가41 전원재판부 결정 【청소년보호법제54조위헌제청】 ; 헌법재판소 2012.2.23. 선고 2012헌가2 전원재판부 결정 【구도로법제86조위헌제청】 ; 헌법재판소 2012.4.24. 선고 2011헌가37 전원재판부 결정 【구유사수신행위의규제에관한법률제7조위헌제청】 등등

가. 형벌에 관한 책임원칙

형벌은 범죄에 대한 제재로서 그 본질은 법질서에 의해 부정적으로 평가된 행위에 대한 비난이다. 만약 법질서가 부정적으로 평가한 결과가 발생하였다고 하더라도 그러한 결과의 발생이 어느 누구의 잘못에 의한 것도 아니라면, 부정적인 결과가 발생하였다는 이유만으로 누군가에게 형벌을 가할 수는 없다. 이와 같이 '책임없는 자에게 형벌을 부과할 수 없다'는 형벌에 관한 책임주의는 형사법의 기본원리로서, 헌법상 법치국가의 원리에 내재하는 원리인 동시에, 헌법 제10조의 취지로부터 도출되는 원리이다.

나. 책임 없는 영업주에 대한 처벌 가능성

이 사건 법률조항은 영업주가 고용한 종업원 등이 그 업무와 관련하여 위반행위를 한 경우에, 그와 같은 종업원 등의 범죄행위에 대해 영업주가 비난받을 만한 행위가 있었는지 여부와는 전혀 관계없이 종업원 등의 범죄행위가 있으면 자동적으로 영업주도 처벌하도록 규정하고 있다. 한편, 이 사건 법률조항을 '영업주가 종업원 등에 대한 선임감독상의 주의의무를 위반한 과실 기타 영업주의 귀책사유가 있는 경우에만 처벌하도록 규정한 것'으로 해석할 수 있는지가 문제될 수 있으나, 합헌적 법률해석은 법률조항의 문언과 목적에 비추어 가능한 범위 안에서의 해석을 전제로 하는 것이므로 위와 같은 해석은 허용되지 않는다. 결국, **이 사건 법률조항은 아무런 비난받을 만한 행위를 한 바 없는 자에 대해서까지, 다른 사람의 범죄행위를 이유로 처벌하는 것으로서 형벌에 관한 책임주의에 반하므로 헌법에 위반**된다.

다. 책임의 정도를 초과한 과도한 법정형

한편 이 사건 법률조항은 다음과 같이 책임에 비해 지나치게 과도한 법정형을 규정하고 있다. 영업주가 종업원 등과 공모하거나 그 위반행위를 조장, 묵인하는 행위를 하여 공동범의 법리에 따라 처벌될 경우에는 그 행위자와 영업주에 대한 법정형이 동일하더라도 책임과 형벌의 비례성원칙에 적합하다는 평가를 받을 수 있을 것이다.

그러나, 동일한 결과를 발생시킨 행위라고 하더라도 그 행위태양에 따라서는 보호법익과 죄질에 비추어 범죄와 형벌 간의 비례의 원칙상 수긍하기 어려운 경우가 있을 수 있다. 예컨대 그 행위가 고의에 의한 것과 과실에 의한 것 사이에는 비례의 원칙상 그에 따른 책임의 정도를 다르게 판단하여야 할 것이므로 **가사 이 사건 법률조항을 종업원에 대한 선임감독상의 과실 있는 영업주를 처벌하는 규정으로 보는 경우라 해도 과실밖에 없는 영업주를 고의의 본범(종업원)과 동일한 법정형으로 처벌하**

는 것은 각자의 책임에 비례하는 형벌의 부과라고 보기 어렵다. 무면허의료행위가 아무리 중대한 불법이라고 본다 하더라도, '종업원에 대한 선임감독상 등의 과실'에 대해 무려 '무기 또는 2년 이상의 징역형'이라는 형벌을 가하는 것은 그 책임에 비해 지나치게 무거운 법정형이라고 하지 않을 수 없기 때문이다. 뿐만 아니라 업무상 과실 또는 중대한 과실로 사람을 사망에 이르게 한 경우에 5년 이하의 금고 또는 2천만 원 이하의 벌금에 처하도록 규정하고 있는 형법 제268조와 비교해 보더라도 이 사건 법률조항의 법정형이 비례의 원칙에 크게 어긋나 있음을 쉽게 알 수 있다.

그렇다면 이 사건 법률조항은 종업원의 무면허의료행위에 대해 귀책사유가 있는 영업주에 대한 처벌을 넘어 종업원의 범죄행위에 대해 아무런 책임이 없는 영업주에 대해서까지 처벌할 수 있는 가능성을 열어놓고 있을 뿐만 아니라 책임의 정도에 비해 지나치게 무거운 법정형을 규정함으로써 형벌에 관한 책임원칙에 반한다.

보충판례 7-2[양벌규정과 과실책임] : 대법원 2011.9.29. 선고 2009도12515 판결 【산업안전보건법 위반 · 업무상과실치사】

ㅁ. 소결

생각건대 무과실책임설은 책임비난의 근거인 고의·과실이 없음에도 불구하고 정책목적의 달성을 위하여 사업주에게 형사처벌을 가한다는 점에서 책임주의에 반하는 결점을 내포하고 있다. 또한 과실추정설에 의하면 과실 없음을 들어 사업주가 처벌을 면할 여지는 있지만, 무과실의 반증이 쉽지 않다는 난점이 있다.

형사처벌은 언제나 비난가능성을 전제하는 것이라고 볼 때 헌법재판소판례가 확인한 것처럼 과실책임설이 형법의 기본원칙에 충실한 해석이라 할 것이다. 따라서 법인에게 적어도 종업원의 선임·감독상의 과실이 있어야 책임을 물을 수 있다고 하여야 할 것이다(**과실책임설**).

(3) 양벌규정의 적용 : 소유자와 경영자가 다른 경우

소유와 경영의 분리라는 영업원칙상 소유자와 실질적인 경영자가 다른 경우에 양벌규정의 수범자는 누구인지 문제될 수 있다. 사법상의 권리·의무는 소유자에게 귀속되는 것이 원칙이다. 하지만 실질적인 경영자가 별도로 있는 경우 종업원의 위반행위로 인한 양벌규정상의 형사책임은 실질적인 책임이 있는 경영자가 진다고 해야 할 것이다.[223][224]

223) **[소유자와 경영자가 다른 경우]** : 대법원 2000.10.27. 선고 2000도3570 판결(법인이 아닌 약국에서

보충판례 7-3[양벌규정에 의한 수범자영역의 확대] : 대법원 1999.7.15. 선고 95도2870 전원합의체 판결.

의 영업으로 인한 사법상의 권리의무는 그 약국을 개설한 약사에게 귀속되므로 대외적으로 그 약국의 영업주는 그 약국을 개설한 약사라고 할 것이지만, 그 약국을 실질적으로 경영하는 약사가 다른 약사를 고용하여 그 고용된 약사를 명의상의 개설약사로 등록하게 해두고 실질적인 영업약사가 약사 아닌 종업원을 직접 고용하여 영업하던 중 그 종업원이 약사법위반 행위를 하였다면 약사법 제78조의 양벌규정상의 형사책임은 그 실질적 경영자가 지게된다.)

224) **보충판례 7-3[양벌규정에 의한 수범자영역의 확대] : 대법원 1999.7.15. 선고 95도2870 전원합의체 판결.**

대법원 2010.4.29. 선고 2009도13868 판결[개정 「상호저축은행법」은 제39조의2에서 구「상호저축은행법」과 마찬가지로 "법인의 대표자나 법인 또는 개인의 대리인·사용인 기타 종업원이 그 법인 또는 개인의 업무에 관하여 제39조의 위반행위를 한 때에는 행위자를 처벌하는 외에 그 법인 또는 개인에 대하여도 동조의 벌금형을 과한다"는 양벌규정을 두고 있는데, 이는 당해 업무를 실제로 집행하는 자가 있는 때에 위 벌칙규정의 실효성을 확보하기 위하여 그 적용대상자를 당해 업무를 실제로 집행하는 자에게까지 확장함으로써 그러한 자가 당해 업무집행과 관련하여 위 벌칙규정의 위반행위를 한 경우 위 양벌규정에 의하여 처벌할 수 있도록 한 행위자의 처벌규정임과 동시에 그 위반행위의 이익귀속주체인 상호저축은행에 대한 처벌규정이라 할 것이다(대법원 1999.7.15. 선고 95도2870 전원합의체 판결, 대법원 2009.2.12. 선고 2008도9476 판결 등 참조).

따라서 앞서 본「상호저축은행법」의 개정 결과, 같은 법 제39조 제3항 제4의2호의 문언이 '법 제12조 제1항을 위반한 자'에서 '법 제12조 제1항을 위반한 상호저축은행'으로 바뀌었다 하여 위 양벌규정의 해석을 달리할 것은 아니다.] ; 대법원 2009.2.12. 선고 2008도9476 판결[구 건축법 제78조, 제14조의 벌칙규정의 적용대상은 건축주, 공사시공자 등 일정한 업무주로 한정하고 있는 반면에, 같은 법 제81조 제2항의 양벌규정은 업무주가 아니면서 당해 업무를 실제로 집행하는 자가 있는 때에 위 벌칙규정의 실효성을 확보하기 위하여 그 적용대상자를 당해 업무를 실제로 집행하는 자에게까지 확장함으로써, 그러한 자가 당해 업무집행과 관련하여 위 벌칙규정의 위반행위를 한 경우 위 양벌규정에 의하여 처벌할 수 있도록 한 행위자의 처벌규정임과 동시에 그 위반행위의 이익귀속주체인 업무주에 대한 처벌규정이라고 할 것이다(대법원 1999.7.15. 선고 95도2870 전원합의체 판결, 대법원 2005.12.22. 선고 2003도3984 판결 등 참조).

그런데 이 사건 공소사실과 원심이 인정한 사실관계에 의하더라도, 피고인 1은 피고인 학교법인이 설치·운영하는 ○○대학의 학장, 피고인 2는 위 ○○대학의 총무처장일 뿐이고 구 건축법 제78조의 적용대상인 '건축물을 용도변경한 건축주'인 지위에 있지 아니하므로, 위 피고인들의 위 용도변경행위와 관련하여서는 직접 구 건축법 제78조, 제14조 위반죄로 처벌할 수는 없고, 구 건축법 제81조 제2항에 의하여 비로소 같은 법 제78조, 제14조의 적용대상이 될 뿐이라고 할 것이다.] ; 대법원 2009.5.28. 선고 2009도988 판결([1] 건설산업기본법 제95조의2 위반죄의 처벌대상이 되는 행위는 발주자, 수급인, 하수급인 또는 이해관계인이 도급계약의 체결 또는 건설공사의 시공과 관련하여 스스로 영득하기로 하는 명목으로 재물 또는 재산상의 이익을 취득하거나 그와 같은 명목으로 이를 공여하는 행위에 한정되고, 그와 달리 발주자 등의 사용인 기타 종업원 등이 개인적으로 영득하기 위하여 배임수증재적 명목으로 재물 또는 재산상의 이익을 취득하거나 그와 같은 명목으로 이를 공여하는 행위는 위 조항에 의하여 처벌되는 행위에 포함되지 아니한다.

[2] 건설산업기본법 제98조 제2항의 양벌조항에 의하여 발주자 등의 대표자, 대리인·사용인 기타 종업원도 위 법 제38조의2와 제95조의2에 의한 처벌대상이 될 수 있으나, 발주자 등이 스스로 영득하기 위한 명목으로 재물 또는 재산상의 이익을 취득하거나 그와 같은 명목으로 이를 공여하는 행위와 사용인 등이 배임수증재적 명목으로 재물 또는 재산상의 이익을 취득하거나 그와 같은 명목으로 이를 공여하는 행위는 그 본질, 성격과 내용을 전혀 달리 하는 별개의 행위이므로, 양벌조항을 매개로 삼아 전자의 행위를 처벌하는 조항으로 후자의 행위까지 처벌하는 것은 새로운 구성요건을 창출하는 것이어서 허용될 수 없다.)

2. 행위의 객체

가. 보호의 객체와의 관계

행위의 객체(범죄의 객체 또는 공격의 객체)와 보호의 객체(당해범죄의 보호법익)와는 구별할 필요가 있다. 양자는 일치하는 경우가 많지만, 공무집행방해죄(형법 제136조)의 경우처럼 행위의 객체(공무원)와 보호의 객체(공무, 즉 국가 또는 지방자치단체의 작용)가 일치하지 않는 경우도 있다.

나. 구성요건과의 관계

행위의 객체는 반드시 모든 구성요건에 그 요소로서 규정되어 있는 것은 아니다. 반면 보호의 객체를 생각할 수 없는 구성요건은 존재하지 않는다. 예컨대 단순도주죄(형법 제145조 제1항) 등은 행위의 객체는 구성요건상 규정되어 있지 않지만, 보호의 객체는 국가의 구금작용이다.

다. 범죄피해자와의 관계

행위의 객체와 범죄피해자는 구별할 필요가 있다. 예컨대 사기죄(형법 제347조 제1항)에 있어서 피사기자와 재물의 교부자가 일치하지 않는 경우에는 행위의 객체는 피사기자이지만, 피해자는 재물의 교부자이다.

복습 및 심화질문

1. 현행법의 형벌체계에 사형이나 자유형이 있는 것은 법인의 범죄능력에 대한 부정설의 논거가 될 수 있다. (O, X)
2. 특별형법에 법인을 처벌하는 규정이 있는 것은 법인의 범죄능력에 대한 긍정설의 논거가 될 수 있다. (O, X)
3. 양벌규정에 있어서 종업원의 위반행위에 의한 사업주의 처벌근거에 대하여 '종업원에 대한 선임.감독 기타 위반행위를 방지하기 위하여 필요한 주의를 다하지 않은 점에 과실이 추정된다'고 생각하는 설에 대해서는 그러한 주의의무를 다했다는 입증이 곤란하여 실질적으로 책임주의에 반한다는 비판은 타당하다. (O, X)

예습심화문제 **다음 수업시간 전까지 스스로 풀어볼 것!**

사례 1	母親 甲은 생후 3개월 된 젖먹이 X를 餓死시키려고 하여 우유를 몇일 동안 마시게 하지 않은 결과 X는 사망하였다. 甲의 죄책은?

사례 2	甲은 호텔 객실에서 13세 소녀 X에게 수차례에 걸쳐 각성제를 주사하였던 바, X는 두통을 호소하면서 착란상태에 빠졌다. 그러나 甲은 119에 구급의료를 요청하지도 않고 객실에 X를 남겨 둔 채 도망쳤다. X는 다음날 아침 각성제에 의한 급성심부전으로 사망하였다. 甲의 죄책은?

사례 3	甲은 자동차를 운전 중 통행인 X를 부주의로 치었지만 무언가 돌멩이에 충돌하였다고 생각하여 그대로 운전을 계속하였던 바, 다음날 아침 뉴스에서 X의 사망을 알고 놀랐다. 甲의 죄책은?

사례 4	甲은 자동차를 운전 중 통행인 X를 부주의로 치었지만 두려운 나머지 그대로 도주하였다. 얼마 후 X는 사망하였다. 甲의 죄책은?

사례 5	甲과 乙은 사업상의 경쟁 때문에 오래전부터 적대관계에 있었다. 어느 날 甲은 乙이 자동차에 치이는 것을 우연히 보게 되었다. 사고차량은 도주해 버렸다. 甲은 乙이 사고 당한 것을 고소하게 생각하였다. 甲은 중상을 입은 乙이 죽을지도 모른다고 생각하면서 중상을 당한 乙을 그대로 두고 현장을 떠나 버렸다. 乙은 과다출혈로 사망하였다. 甲의 죄책은?

구성요건적 행위(실행행위)와 부작위범

제1절 실행행위의 의의

1. 의의

실행행위(구성요건적 행위)란 **특정의 구성요건에 해당하는, 법익침해의 현실적 위험성을 가진 행위**를 말한다. 형법 제25조(미수범), 제26조(중지범), 제27조(불능범), 제31조(교사범) 등에 규정된 '실행'이라는 용어는 모두 이러한 실행행위를 의미한다.

실행행위는 행위자 자신이 직접 적극적인 신체활동으로 행하는 것이 원칙이다. 이러한 경우를 **작위에 의한 직접정범**이라 한다. 이때의 실행행위성은 이해하기 쉽지만, 이에 대하여 행위자가 소극적인 동작에 의해 범죄를 실현하는 경우나 타인 또는 자기 자신을 도구로 이용하여 범죄를 실현하는 경우도 있다. 이들에 대하여 실행행위성이 인정되는지 여부가 문제가 된다. 이 장에서는 실행행위의 의의와 부작위범을 중심으로 서술하기로 한다.

2. 실행행위의 多義性

실행행위라는 말은 다음과 같은 의미로 사용된다.

첫째 **기본적 구성요건의 객관면에 해당하는 행위**라는 의미가 있다. 범죄성립요건의 검토시 **실행행위** ➡ 결과 ➡ 인과관계 ➡ 구성요건적 고의에 있어서의 실행행위가 그것이다.

둘째 **기본적 구성요건해당행위라는 의미**로 사용하는 경우도 있다. 이때에는 주관과 객관의 결합체로서의 행위를 의미한다.

셋째 기본적 구성요건에 해당하는 행위뿐만 아니라 **수정된 구성요건에 해당하는 행위(교사, 방조)를 포함**하여 실행행위라는 용어를 사용하는 경우도 있다.

제2절 실행행위의 기능

1. 미수범을 기초지우는 기능

미수범은 범죄의 실행에 착수하여 이를 종료하지 못한 경우(결과를 발생시키지 못한 경우)에 성립한다(형법 제25조). 따라서 실행의 착수 즉 **실행행위의 개시는 예비와 미수를 구별하여 미수범을 적극적으로 기초지운다**. 또한 미수범으로서 처벌할 수 있는 위험성이 없는 불능범도 실행행위 裏面의 문제로 파악할 수 있다.

예컨대 사람을 주술로써 살해하려고 생각하고 한밤중에 지푸라기로 만든 인형에 장침을 꽂는 의식을 행했다 하더라도, 살인의 현실적 위험성이 없기 때문에 실행행위성이 부정되어 살인죄의 미수범은 성립하지 않는다.

2. 인과관계의 起點으로서의 기능

결과범에 있어서는 행위와 결과 사이에 형법상의 인과관계를 필요로 한다. 한편 기수범 내지 결과범은 범죄의 실행에 착수하여 이를 종료한 경우이다. 따라서 결과와의 사이에 형법상의 인과관계가 필요한 행위란 실행행위를 의미한다. 즉 **실행행위에는 인과관계의 기점으로서의 기능**이 있다.

예컨대 추락사고를 기대하여 안전도가 낮은 비행기여행을 권유한 바, 우연히 추락사고가 발생하여 피해자가 사망하더라도 비행기여행을 권유한 행위는 사회통념상 살인의 현실적 위험성이 있다고 할 수 없으므로 실행행위성이 부정[225]되어 살인죄의 기수범은 물론 미수범도 성립하지 않는다.

결국 실행행위는 있지만 형법상의 인과관계가 없는 경우에는 미수범이 성립한다.

3. 정범을 기초지우는 기능

정범이란 원칙적으로 구성요건에 해당하는 행위를 실행하는 경우를 말하는 것으로 이해되고 있다(형법 제30조 참조. 범행지배설[226] 및 판례[227]).

225) **[객관적 귀속론의 입장]** : 물론 객관적 귀속이론에 의하는 경우에는 행위자의 행위가 사회적으로 상당성이 있어 위험을 법적으로 의미있는 만큼 증대시키지 아니한 경우인 **'사회적으로 상당하고 경미한 위험'**에 해당하여 **'법적으로 허용되지 아니한 위험창출'**을 부정함으로써 객관적 귀속을 부정하게 될 것이다.

226) **[犯行支配 또는 行爲支配]** : 범행지배(행위지배)란 고의에 의해 포착된 구성요건에 해당하는 사건진행의 장악 또는 의사에 의해 지배된 시간경과의 조종 등으로 개념정의된다. 따라서 **행위자가 계획적으로 범행에 적합한 수단을 투입·조종함으로써 그 범죄를 장악하여 결과발생에 이르기까지 그 진행과정을 지배하고 있으면 행위지배가 있다**고 하게 되는데 **이러한 의미의 범행지배를 하는 자가 정범**이 된다.
여기서 정범의 유형 중 **직접정범의 경우 범행지배는 '실행행위의 지배**(구성요건에 해당하는 행위 자체에 대한 지배를 의미)', **간접정범의 경우 범행지배는 '우월적 의사지배**(행위자의 의사와 계획대로 타인을 도구로 이용하는 것을 의미)', **공동정범의 범행지배는 '기능적 범행(행위)지배**(분업적 역할분담에 따른 전체계획의 수행에 필요불가결한 기여를 의미)'를 의미한다.

227) **[판례의 입장]** : **대법원도 범행지배설에 따라 정범과 공범을 구별**하고 있다. **보충판례 8 : 대법원 1989.4.11. 선고 88도1247 판결**(공동정범의 본질은 분업적 역할분담에 의한 기능적 행위지배에 있으므로 공동정범은 공동의사에 의한 기능적 행위지배가 있음에 반하여 종범은 그 행위지배가 없는 점에서 양자가 구별된다 할 것인바, 원심이 유지한 제1심 판결이 들고 있는 증거들에 의하면, 피고인은 이 사건 대출이 부정대출인 정을 알면서 원심 상피고인들에게 대출에 필요한 서류들을 작성하여

보충판례 8 : 대법원 1989.4.11. 선고 88도1247 판결.

따라서 실행행위는 정범과 협의의 공범을 구별하는 기준이 되며, 공범종속성설[228]의 입장에서는 협의의 공범이 성립하기 위한 불가결의 요건이 된다(상세하게는 후술의 공범론 참조!).

결국 실행행위에는 정범을 기초지우는 기능이 있다.

4. 범죄의 유형화기능

형법각칙상의 각 구성요건에 규정된 실행행위는 범죄유형별로 그 내용을 달리한다. 예컨대 절도죄(형법 제329조)에 있어서 '절취'[229], 강도죄(제333조)에 있어서 '강취'[230] 등을 들 수 있다.

이처럼 실행행위에는 범죄를 유형화하는 기능이 있다.

결재를 받은 사실이 인정되므로 동 피고인의 행위에는 공동의사에 의한 기능적 행위지배가 있었다고 보아야 할 것이니 동 피고인의 행위를 공동정범으로 처단한 원심의 판단은 정당하고 거기에 지적하는 바와 같은 법리오해나 채증법칙위배의 잘못이 없으니 논지는 이유없다.) ; **대법원 2008.4.10. 선고 2008도1274 판결**(형법 제30조의 공동정범은 2인 이상이 공동하여 죄를 범하는 것으로서, 공동정범이 성립하기 위하여는 **주관적 요건으로서 공동가공의 의사**와 **객관적 요건으로서 공동의사에 기한 기능적 행위지배를 통한 범죄의 실행사실이 필요**하고, 공동가공의 의사는 타인의 범행을 인식하면서도 이를 제지하지 아니하고 용인하는 것만으로는 부족하고 공동의 의사로 특정한 범죄행위를 하기 위하여 일체가 되어 서로 다른 사람의 행위를 이용하여 자기의 의사를 실행에 옮기는 것을 내용으로 하는 것이어야 한다.)

228) **[共犯從屬性說]** : 공범종속성설은 반드시 정범에 종속하여야만 공범이 성립할 수 있다고 새기는 견해이다. 따라서 **공범의 성립에는 반드시 정범의 범죄성립이 요구된다**. 즉 공범은 교사행위나 방조행위 자체로 바로 범죄가 성립하는 것이 나니라 **정범의 실행의 착수가 있을 때 비로소 성립**하게 된다 **(정범우선의 원칙, 정범의 우월성)**.

229) **[절취의 의미]** : **대법원 2008.7.10. 선고 2008도3252 판결**[절취란 타인이 점유하고 있는 재물을 점유자의 의사에 반하여 그 점유를 배제하고 자기 또는 제3자의 점유로 옮기는 것을 말하고, 어떤 물건이 타인의 점유 하에 있는지 여부(저자주 '재물의 타인성' 여부)는, 객관적인 요소로서의 관리범위 내지 사실적 관리가능성 외에 주관적 요소로서의 지배의사를 참작하여 결정하되 궁극적으로는 당해 물건의 형상과 그 밖의 구체적인 사정에 따라 사회통념에 비추어 규범적 관점에서 판단하여야 한다.]

230) **[강취의 의미]** : **대법원 2007.5.10. 선고 2007도1375 판결**(강도죄는 공갈죄와는 달리 피해자의 반항을 억압할 정도로 강력한 정도의 폭행·협박을 수단으로 재물을 탈취하여야 성립하므로, 피해자로부터 현금카드를 강취하였다고 인정되는 경우에는 피해자로부터 현금카드의 사용에 관한 승낙의 의사표시가 있었다고 볼 여지가 없다. 따라서 강취한 현금카드를 사용하여 현금자동지급기에서 예금을 인출한 행위는 피해자의 승낙에 기한 것이라고 할 수 없으므로, 현금자동지급기 관리자의 의사에 반하여 그의 지배를 배제하고 그 현금을 자기의 지배하에 옮겨 놓는 것이 되어서 강도죄와는 별도로 절도죄를 구성한다.)

제3절 부작위범

[조문]

<u>刑法 第18條 (不作爲犯)</u> 危險의 發生을 防止할 義務가 있거나 自己의 行爲로 因하여 危險發生의 原因을 惹起한 者가 그 危險發生을 防止하지 아니한 때에는 그 發生된 結果에 依하여 處罰한다.

<u>第319條(住居侵入, 退去不應)</u> ② 前項의 場所에서 退去要求를 받고 應하지 아니한 者도 前項의 刑과 같다.

<u>2011년 형법일부개정법률안[형법총칙전면개정안][의안번호 제11304호]</u> <u>제15조(부작위범)</u> 위험의 발생을 방지할 의무가 있거나 자기의 행위로 인하여 위험 발생의 원인을 야기한 자가 그 위험 발생을 방지하지 아니한 경우에는 그 발생된 결과에 따라 처벌한다. 이 경우 형을 감경할 수 있다.

<u>국가보안법[시행 2012.7.1][법률 제11042호, 2011.9.15, 타법개정][시행 1998.1.1]</u><u>第10條(不告知)</u> 第3條, 第4條, 第5條第1項 · 第3項(第1項의 未遂犯에 한한다) · 第4項의 罪를 범한 者라는 情을 알면서 搜査機關 또는 情報機關에 告知하지 아니한 者는 5年 이하의 懲役 또는 200萬원 이하의 罰金에 處한다. 다만, 本犯과 親族關係가 있는 때에는 그 刑을 減輕 또는 免除한다.[全文改正 1991 · 5 · 31]

<u>부정수표단속법[시행 2010.3.24] [법률 제10185호, 2010.3.24, 일부개정]</u><u>제7조(금융기관의 고발의무)</u> ① 금융기관에 종사하는 사람이 직무상 제2조제1항(발행인이 법인이나 그 밖의 단체인 경우를 포함한다) 또는 제5조에 규정된 수표를 발견한 때에는 48시간 이내에 수사기관에 고발하여야 하며, 제2조제2항(발행인이 법인이나 그 밖의 단체인 경우를 포함한다)에 규정된 수표를 발견한 때에는 30일 이내에 수사기관에 고발하여야 한다.

② 제1항의 고발을 하지 아니하면 100만원 이하의 벌금에 처한다.[전문개정 2010.3.24]

1. 작위와 부작위의 구별

가. 의의

이상과 같은 구성요건의 실행행위와 관련하여 공통적으로 논의되는 쟁점이 不作爲의 문제이다.

대부분의 범죄는 적극적인 신체동작(作爲)을 통하여 실현된다(作爲犯). 이에 대하여 不作爲犯이란 **'법적으로 요구되는 특정한 행위(일정한 작위의 수행, 즉 법적으로 가능하고 기대되는 특정한 행위)를 하지 않는 것'**[231], 즉 구성요건적 결과 또는 법익에 대한 위험발생을 방지하지 않는 소극적인 태도의 형태로 범해지는 범죄유형을 말한다.[232]

나. 작위범과 부작위범의 구별실익

구체적인 사실관계에서 어떤 행위에 작위적 요소와 부작위적 요소가 혼재되어 있는 경우에는 **작위와 부작위의 판별문제가 선결과제**가 된다.[233] 즉 이는 개념적으로 구별된 작위와 부작위 가운데 어느 것을 선택하여 행위자의 행위를 형법적으로 평가할 것인지에 관한 선택의 문제이기 때문이다.

양자의 구별실익은 형법상 인과관계의 판단 및 범죄성립요건 등과 관련하여 다음과 같은 중대한 차이점에서 찾을 수 있다.

---

231) **[부작위의 행위성 인정여부]** : 유의성과 거동성을 행위의 요소로 이해하는 인과적 행위론에 따르면, 부작위는 거동성을 가질 수 없기 때문에 행위로 포섭할 수 없게 된다. 목적적 행위론에 의할 때에는 부작위에는 행위의 본질적 요소인 목적적 행위지배가 존재할 수 없기 때문에 부작위의 행위성을 설명하기 곤란한 점이 있다. 통설인 사회적 행위론에 의하면, 부작위는 '법적 행위기대'라는 규범적 가치판단요소에 의하여 사회적 중요성(의미성)을 지닌 인간의 행태로 포섭될 수 있기 때문에 부작위의 행위성을 인정할 수 있게 된다 : 상세하게는 본 서 209쪽 이하의 각 행위론부분을 참조.

232) **[금지규범과 명령규범]** : **작위범**이 **금지규범**(형법 제250조 제1항 "사람을 살해한 자는 …" ➡ "살인하지 말라" ➡ 금지규범)에 대한 위반행위인 반면, **부작위범**은 **명령규범**(형법 제319조 제2항 "[주거 등]의 장소에서 퇴거요구를 받고 응하지 아니한 자는 …" ➡ "퇴거요구를 받으면 퇴거하도록 하라" ➡ 명령규범)에 대한 위반행위라는 점에서 양자는 구별된다.

233) **[사안의 선결과제로서 작위와 부작위의 판별]** : 예컨대 '치료담당의사가 인공호흡기로 생명을 유지하고 있는 환자의 기계장치의 스위치를 꺼서 환자가 사망한 사례'에서, **담당환자를 계속 치료하지 않은 행위**는 소극적인 부작위라고 할 수 있지만, **스위치의 작동을 멈추게 하는 행위**는 적극적인 작위라고 할 수 있다.

물론 이 경우에도 부진정부작위범에 있어서 부작위는 작위에 대해서 보충적인 지위를 가지는 것이므로 작위를 우선적으로 검토한 후, 작위범이 성립하지 않는 경우에 한하여 부작위범의 성립여부를 검토하여야 한다**[부진정부작위범에 있어서 부작위의 보충성 : 뒤의 주 234)를 참조]**.

[하나의 행위가 부작위범과 작위범의 구성요건을 동시에 충족시키는 경우의 공소제기권자의 재량] : **대법원 1999.11.26. 선고 99도1904 판결**(하나의 행위가 부작위범인 직무유기죄와 작위범인 범인도피죄의 구성요건을 **동시에 충족하는 경우** 공소제기권자는 재량에 의하여 작위범인 범인도피죄로 공소를 제기하지 않고 부작위범인 직무유기죄로만 공소를 제기할 수도 있으므로, 군검찰관이 피고인의 행위를 범인도피죄로 공소를 제기하지 않고 직무유기죄로만 공소를 제기한 이 사건에서 원심이 그 공소범위 내에서 피고인을 직무유기죄로 인정하여 처벌한 조치는 수긍이 가고, 거기에 상고이유에서 지적하는 바와 같은 죄수에 관한 법리오해의 위법이 없다. 이 점에 관한 상고이유도 받아들일 수 없다.)

첫째 **객관적 요건**과 관련해서는 부작위범이 성립하였다고 하기 위해서는 **결과범에 있어서 부작위와 결과 사이에 형법적 인과관계가 존재하는 것만으로 부족**하고 **행위자의 보증인적 지위**가 별도로 인정되어야 하며, **사실상의 결과방지가능성 및 기대가능성**까지 존재하여야 한다.

둘째 **주관적 요건**과 관련해서는 부작위범의 고의가 인정되기 위해서는 행위자가 **보증인적 지위를 근거지우는 사실에 대한 인식** 및 **작위가능성에 대한 인식**도 인정되어야 한다.

이처럼 형법은 작위범의 범죄성립에 비해 부작위범의 성립요건을 훨씬 엄격하게 설정하고 있다.

다. 작위범과 부작위범의 구별기준

어떤 행위가 부작위로 평가되는 경우에는 **작위의무자만이 행위의 주체**가 될 수 있기 때문에 작위와 부작위의 구별은 중요한 문제로 대두된다. 우리 형법은 범죄성립 여부를 검토하는 첫출발점인 작위범과 부작위범의 구별기준에 대하여 아무런 언급을 하고 있지 않지만, 학설 및 판례는 다음과 같은 기준을 제시하고 있다.

(1) 자연적 관찰방법

이 견해는 아무런 평가를 개입시키지 않고 작위와 부작위를 구별하려는 시도로서 두 가지 입장으로 나뉜다(소수설). 하나는 **자연과학적인 인과관계의 인정여부**에 따라 인정되는 경우에는 작위, 인정되지 않으면 부작위로 보아야 한다는 입장이다. 다른 하나는 **일정한 방향으로 에너지의 투입**이 있으면 작위이고 그러한 에너지의 투입이 없으면 부작위로 보아야 한다는 입장이다.

이에 대해서는 첫째 부작위가 규범적 개념이라는 점을 도외시하고 있고, 둘째 부작위도 결과발생에 대해 규범적인 의미의 관련성을 가지고 있어야 하는 것이기 때문에 자연과학적 인과관계를 작위와 부작위의 구별척도로 사용하는 것은 부당하다는 비판이 제기된다.

(2) 평가적(규범적) 관찰방법

이 견해는 **문제되는 행위의 '사회적 의미(중요성)의 중점'** 또는 **'법적 비난의 중점'**이 어디에 있는가를 기준으로 작위와 부작위를 구별한다(**다수설**). 즉 규범적인 관점에서 행위의 사회적 의미(사회적 비난의 경중)를 고려해 볼 때 작위와 부작위 중 어느 것에 대해 비난을 가할 수 있는가를 비교하여 작위와 부작위를 구별하려는 것이다. 다양한 개별적 사실관계들 속에서 자연과학적 인과관계만을 주목하여서는 적절한 형법적 평가를 확보할 수 없다는 점을 강조한다.

그러나 이 견해는 첫째 어떤 행위가 작위 또는 부작위로서 사회적 의미 내지 비난의 중점을 가지는가를 확정하기 위한 구체적인 기준을 제시하고 있지 못하며, 둘째 비난의 중점이 어디에 있는가 하는 점은 작위범 또는 부작위범의 다양한 범죄성립요건에 대한 심사를 종결한 후에야 비로소 답할 수 있는 문제이기 때문에 '법적 비난의 중점'이라는 구별척도는 법적 평가에 선행되는 문제라기보다는 그 결과에 불과하고, 셋째 비난의 중점이 어디에 있는가 하는 문제는 결국 판단자의 주관적인 사고에 의존할 수 밖에 없으므로 비합리적인 감정판단이 되지 않을 수 없다는 비판이 가해진다.

(3) 판례의 태도

최근 대법원은 작위와 부작위의 구별에 대하여 **자연적 관찰방법에 입각한 판단기준**을 제시한 것처럼 보인다.

즉 대법원[234)]은 "어떠한 범죄가 적극적 작위에 의하여 이루어질 수 있음은 물론 결과의 발생을 방지하지 아니하는 소극적 부작위에 의하여도 실현될 수 있는 경우에, **행위자가 자신의 신체적 활동이나 물리적·화학적 작용을 통하여 적극적으로 타인의 법익 상황을 악화시킴으로써 결국 그 타인의 법익을 침해하기에 이르렀다면, 이는 작위에 의한 범죄로 봄이 원칙**이고, 작위에 의하여 악화된 법익 상황을 다시 되돌이키지 아니한 점에 주목하여 이를 부작위범으로 볼 것은 아니며, 나아가 악화되기 이전의 법

234) **보충판례 9[부진정부작위범에 있어서 부작위범의 보충성] : 대법원** 2004.6.24. **선고** 2002**도**995 **판결 (보라매병원사건) ; 대법원** 1997.3.14. **선고** 96**도**1639 **판결. [판례해설]** : 즉 **2002도995판결의 의미**는 '작위와 부작위의 구별'에 있어서 **부작위는 작위에 대하여 보충적 지위**에 있으므로 작위를 우선적으로 검토한 후, 작위범이 성립하지 않는 경우에 부작위범의 성립여부를 판단하여야 한다는 의미이다.

익 상황이, 그 행위자가 과거에 행한 또 다른 작위의 결과에 의하여 유지되고 있었다 하여 이와 달리 볼 이유가 없다."고 판시하였다.

보충판례 9[부진정부작위범에 있어서 부작위범의 보충성] : 대법원 2004.6.24. 선고 2002도995 판결(보라매병원사건) ; 대법원 1997.3.14. 선고 96도1639 판결.

이상과 같이 대법원은 '법익침해의 결과를 향한 신체적 활동여부'를 구별척도로 활용함으로써 **자연적 관찰방법에 입각**하고 있다고 할 수 있다.

(4) 소결

작위와 부작위의 구별기준인 평가적 관찰방법은 그 척도를 사용하는 주체의 관점에 따라 결론이 달라질 수 있는 위험성이 있기 때문에, 구별기준으로서는 가치중립적인 구별척도(자연적 관찰방법)를 사용하는 것이 바람직하다 할 것이다(**심화사례1, 사례5의 행위는 작위인가?, 부작위인가?**).

사례 20-1 **작위와 부작위 구별기준의 사례에의 적용(대법원 2011.3.17. 선고 2007도482 전원합의체 판결 【업무방해】**[235]

한국철도공사와 전국철도노동조합 사이에 노사분규가 발생하였다. 단체교섭과정에서 甲을 비롯한 전국철도노동조합 집행부가 '파업없이 성실히 교섭할 것을 서면으로 확약한다'는 확약서를 제출하자, 특별조정위원회는 '향후 노동조합이 약속을 지키지 아니하고 쟁의행위에 돌입할 가능성이 현저한 경우에는 당해 사업장을 중재에 회부할 것을 권고한다'는 내용의 2005.11.25.자 조건부 중재회부 권고를 하였고, 중앙노동위원회 위원장은 그 취지를 존중하여 2005.11.25.과 2005.12.6. 두 차례에 걸쳐 위와 같은 취지의 중재회부 보류결정을 하였다가 전국철도노동조합과 한국철도공사 간의 단체교섭이 2006.2.28. 최종적으로 결렬되자 같은 날 21:00부로 직권중재회부결정을 하였음에도 불구하고, 甲을 비롯한 전국철도노동조합 집행부는 2006.2.7.자 결의에 따라 예정대로 파업에 돌입하여 이를 지속할 것을 지시하였으며, 이에 전국철도노동조합 조합원들은 2006.3.1. 01:00경부터 같은 달 4일 14:00경까지 서울철도차량정비창 등 전국 641개 사업장에 출근하지 아니한 채 업무를 거부하여 한국철도공사의 케이티엑스(KTX) 열차 329회, 새마을호 열차 283회 운행이 중단되도록 함으로써, 한국철도공사로 하여금 영업수익 손실과 대체인력 보상금 등 총 135억원 상당의 손해를 입게 하였다. 검사는 갑을 위력에 의한 업무방해죄(형법 제314조)로 기소하였다.

위의 사례 20-1에서 갑은 작위범인가 아니면 부작위범인가?

양자의 구별실익은 무엇인가?

235) **사례 20-1 : 대법원 2011.3.17. 선고 2007도482 전원합의체 판결 【업무방해】**(**【판시사항】** [1] 쟁의행위로서 파업이 업무방해죄의 '위력'에 해당하는지 여부(한정 적극) [2] 피고인을 비롯한 전국철도노동조합 집행부가 중앙노동위원회 위원장의 직권중재회부결정에도 불구하고 파업에 돌입할 것을 지시하여, 조합원들이 사업장에 출근하지 아니한 채 업무를 거부하여 사용자에게 손해를 입힌 사안에서, 피고인에 대한 업무방해의 공소사실을 유죄로 인정한 원심판결을 수긍한 사례.

【판결요지】 [1] [다수의견] (가) 업무방해죄는 위계 또는 위력으로써 사람의 업무를 방해한 경우에 성립하며(형법 제314조 제1항), '위력'이란 사람의 자유의사를 제압·혼란케 할 만한 일체의 세력을 말한다. 쟁의행위로서 파업(노동조합 및 노동관계조정법 제2조 제6호)도, 단순히 근로계약에 따른 노무의 제공을 거부하는 부작위에 그치지 아니하고 이를 넘어서 사용자에게 압력을 가하여 근로자의 주장을 관철하고자 집단적으로 노무제공을 중단하는 실력행사이므로, 업무방해죄에서 말하는 위력에 해당하는 요소를 포함하고 있다.

(나) 근로자는 원칙적으로 헌법상 보장된 기본권으로서 근로조건 향상을 위한 자주적인 단결권·단체교섭권 및 단체행동권을 가지므로(헌법 제33조 제1항), 쟁의행위로서 파업이 언제나 업무방해죄에 해당하는 것으로 볼 것은 아니고, 전후 사정과 경위 등에 비추어 사용자가 예측할 수 없는 시기에 전격적으로 이루어져 사용자의 사업운영에 심대한 혼란 내지 막대한 손해를 초래하는 등으로 사용자의 사업계속에 관한 자유의사가 제압·혼란될 수 있다고 평가할 수 있는 경우에 비로소 집단적 노무제공의 거부가 위력에 해당하여 업무방해죄가 성립한다고 보는 것이 타당하다.

(다) 이와 달리, 근로자들이 집단적으로 근로의 제공을 거부하여 사용자의 정상적인 업무운영을 저해하고 손해를 발생하게 한 행위가 당연히 위력에 해당하는 것을 전제로 노동관계 법령에 따른 정당한 쟁의행위로서 위법성이 조각되는 경우가 아닌 한 업무방해죄를 구성한다는 취지로 판시한 대법원 1991.4.23. 선고 90도2771 판결, 대법원 1991.11.8. 선고 91도326 판결, 대법원 2004.5.27. 선고 2004도689 판결, 대법원 2006.5.12. 선고 2002도3450 판결, 대법원 2006.5.25. 선고 2002도5577 판결 등은 이 판결의 견해에 배치되는 범위 내에서 변경한다.

[대법관 박시환, 대법관 김지형, 대법관 이홍훈, 대법관 전수안, 대법관 이인복의 반대의견] (가) 다수의견은 폭력적인 수단이 동원되지 않은 채 단순히 근로자가 사업장에 출근하지 않음으로써 근로제공을 하지 않는 '소극적인 근로제공 중단', 즉 '단순 파업'이라고 하더라도 파업은 그 자체로 부작위가 아니라 작위적 행위라고 보아야 한다는 것이나, 이러한 견해부터 찬성할 수 없다. 근로자가 사업장에 결근하면서 근로제공을 하지 않는 것은 근로계약상의 의무를 이행하지 않는 부작위임이 명백하고, 근로자들이 쟁의행위의 목적에서 집단적으로 근로제공을 거부한 것이라는 사정이 존재하다고 하여 개별적으로 부작위인 근로제공의 거부가 작위로 전환된다고 할 수는 없다.

(나) '단순 파업'을 다수의견의 견해와 달리 부작위라고 보더라도, 부작위에 의하여 위력을 행사한 것과 동일한 결과를 실현할 수 있고 근로자들이 그러한 결과 발생을 방지하여야 할 보증인적 지위에 있다고 볼 수 있다면, 비록 다수의견과 논거를 달리하지만 위력에 의한 업무방해죄의 성립을 인정할 수 있다. 그러나 일반적으로 사용자에게 근로자들의 단순 파업으로부터 기업활동의 자유라는 법익을 스스로 보호할 능력이 없다거나, 근로자들이 사용자에 대한 보호자의 지위에서 사태를 지배하고 있다고는 말할 수 없다. 무엇보다 근로자 측에게 위법한 쟁의행위로서 파업을 해서는 안 된다는 작위의무를 인정하는 것은 서로 대립되는 개별적·집단적 법률관계의 당사자 사이에서 상대방 당사자인 사용자 또는 사용자단체에 대하여 당사자 일방인 근로자 측의 채무의 이행을 담보하는 보증인적 지위를 인정하자는 것이어서 받아들일 수 없고, 근로자들의 단순한 근로제공 거부는 그것이 비록 집단적으로 이루어졌다 하더라도 업무방해죄의 실행행위로서 사용자의 업무수행에 대한 적극적인 방해 행위로 인한 법익침해와 동등한 형법가치를 가진다고 할 수도 없다.

(다) 다수의견의 견해와 같이 '단순 파업'도 예외적인 상황에서는 작위로서 위력에 해당한다고 보는 입장에 서더라도, 위력의 해당 여부에 관하여 다수의견이 제시하는 판단 기준에는 찬성할 수 없다. 단순 파업이 쟁의행위로서 정당성의 요건을 갖추지 못하고 있더라도 개별적 근로관계의 측면이나 집단적 근로관계의 측면에서 모두 근본적으로 근로자 측의 채무불이행과 다를 바 없으므로, 이를 위력의 개념에 포함시키는 것은 무엇보다 죄형법정주의의 관점에서 부당하다. 또한 파업 등 쟁의행위가 정당성을 결여한 경우 쟁의행위를 위법하게 하는 각각의 행위에 대하여는 노동조합 및 노동관계조정법에 별도의 처벌규정을 두고 있어 같은 법 위반죄로 처벌할 수 있으므로, 위법한 단순 파업이 위력에 의한 업무방해죄를 구성하지 않는다 하더라도 위법의 원인행위 자체에 대한 처벌의 공백이 생기는

▌사례 20-1 풀이▐

사례 20-1에서 문제된 업무방해죄는 위계 또는 위력으로써 사람의 업무를 방해한 경우에 성립한다(제314조 제1항). 이때 '위력'은 사람의 자유의사를 제압·혼란케 할 만한 일체의 세력을 말한다. 문제는 조합원들이 일제히 출근하지 아니하여 업무를 거부하는 쟁의행위가 위력에 해당할 것인가 하는 점이다.

이와 관련하여 대법원은 근로자가 노무제공을 거부하는 경우를 두가지 유형으로 구분한다.

첫째 **'쟁의행위로서의 파업'이 단순히 노무의 제공을 거부하는 부작위에 그치는 경우**이다. 이러한 경우가 위력에 해당하지 않는다는 점에 대해서는 대법관들 사이에 의견이 일치하였다. 이러한 의견의 일치를 기초로 대법원은 '단순한 노무제공 거부'도 '위력'에 해당한다고 판단하였던 종래의 판례[대법원 1991.4.23. 선고 90도2771 판결, 대법원

것이 아니다. 따라서 근로자들이 단결하여 소극적으로 근로제공을 거부하는 파업 등 쟁의행위를 하였으나 폭행·협박·강요 등의 수단이 수반되지 않는 한, 같은 법의 규정을 위반하여 쟁의행위로서 정당성을 갖추지 못하였다고 하더라도 당해 쟁의행위를 이유로 근로자를 형법상 업무방해죄로 처벌할 수는 없고, 근로자에게 민사상 채무불이행 책임을 부담시킴과 함께 근로자를 노동조합 및 노동관계조정법 위반죄로 처벌할 수 있을 뿐이며, 그것으로 충분하다.

(라) 다수의견이 '단순 파업'이 쟁의행위로서 정당성이 없는 경우라 하여 언제나 위력에 해당한다고 볼 수 없다고 보아 위력의 개념을 어느 정도 제한하여 해석한 것은 종래 판례의 태도에 비추어 진일보한 입장이다. 그러나 다수의견이 제시하는 위력의 해당 여부에 관한 판단 기준에 의하더라도 과연 어떠한 경우를 전격적으로 이루어졌다고 볼 수 있을 것인지, 어느 범위까지를 심대한 혼란 또는 막대한 손해로 구분할 수 있을 것인지 반드시 명백한 것은 아니다. 따라서 다수의견의 해석론에 따른다 할지라도 형법 제314조 제1항에 규정한 '위력' 개념의 일반조항적 성격이 충분히 해소된 것은 아니고, 위력에 의한 업무방해죄의 성립 여부가 문제되는 구체적 사례에서 자의적인 법적용의 우려가 남을 수밖에 없다.

[2] **[다수의견]** 피고인을 비롯한 전국철도노동조합 집행부가 중앙노동위원회 위원장의 직권중재회부결정에도 불구하고 파업에 돌입할 것을 지시하여, 조합원들이 전국 사업장에 출근하지 아니한 채 업무를 거부하여 철도 운행이 중단되도록 함으로써 한국철도공사에 영업수익 손실과 대체인력 보상금 등 막대한 손해를 입힌 사안에서, 중앙노동위원회 위원장의 중재회부보류결정의 경위 및 내용, 노동조합의 총파업 결의 이후에도 노사 간에 단체교섭이 계속 진행되다가 최종적으로 결렬된 직후 위 직권중재회부결정이 내려진 점을 감안할 때, 한국철도공사로서는 노동조합이 필수공익사업장으로 파업이 허용되지 않는 사업장에서 구 노동조합 및 노동관계조정법(2006.12.30. 법률 제8158호로 개정되기 전의 것)상 직권중재회부 시 쟁의행위 금지규정 등을 위반하면서까지 파업을 강행하리라고는 예측할 수 없었다 할 것이고, 나아가 파업의 결과 수백 회에 이르는 열차 운행이 중단되어 한국철도공사의 사업운영에 예기치 않은 중대한 손해를 끼친 사정들에 비추어, 위 파업은 사용자의 자유의사를 제압·혼란케 할 만한 세력으로서 형법 제314조 제1항에서 정한 '위력'에 해당한다고 보기에 충분하다는 이유로, 같은 취지에서 피고인에 대한 업무방해의 공소사실을 유죄로 인정한 원심판결을 수긍한 사례.

[대법관 박시환, 대법관 김지형, 대법관 이홍훈, 대법관 전수안, 대법관 이인복의 반대의견] 위 사안에서, 전국철도노동조합의 조합원들이 단순히 근로제공을 거부하는 형태로 이루어진 위 파업은, 앞서 본 법리에 비추어 볼 때 형법 제314조 제1항에서 정한 '위력'에 해당한다고 볼 수 없고, 또한 다수의견의 법리에 비추어 보더라도 제반 사정을 종합할 때 위 파업이 예측할 수 없는 시기에 전격적으로 이루어졌다고 볼 수 없으며, 파업의 수단 역시 폭력적 행동이나 달리 위법이라고 할 만한 언동 없이 집단적인 소극적 근로제공 거부에 그친 이상 그 손해가 파업의 전격성에 기한 것이었다고 단정할 수 없는데도, 이와 반대의 전제에서 피고인에게 업무방해죄의 죄책을 인정한 원심판결에 법리오해의 위법이 있다고 한 사례.)

1991.11.8. 선고 91도326 판결, 대법원 2004.5.27. 선고 2004도689 판결, 대법원 2006.5.12. 선고 2002도3450 판결, 대법원 2006.5.25. 선고 2002도5577 판결 등]를 변경하였다.

둘째 **'쟁의행위로서의 파업'이 사용자에게 압력을 가하여 근로자의 주장을 관철하고자 집단적으로 노무제공을 중단하는, 이른 바 실력행사의 경우**이다. 파업이 실력행사로 이루어지는 경우 그 파업은 '위력'에 해당하여 업무방해죄에 해당할 여지가 있다.

사례 20-1의 사안은 실력행사의 경우에 해당한다. 그런데 조합원들의 '집단적 출근거부'를 작위로 볼 것인가 부작위로 볼 것인지에 따라 결론이 달라지기 때문에 실력행사 자체가 곧 바로 '위력에 의한 업무방해죄'를 구성한다고 판단할 사항은 아니다.

이와 관련하여 **'대법원 다수의견'**은 집단적 출근거부가 실력행사로서 작위에 해당한다고 보고 집단적 출근거부에 의한 실력행사를 업무방해죄의 '위력'에 해당한다고 판단하였다. 즉 근로자는 원칙적으로 헌법상 보장된 기본권으로서 근로조건 향상을 위한 자주적인 단결권·단체교섭권 및 단체행동권을 가지므로(헌법 제33조 제1항), 쟁의행위로서 파업이 언제나 업무방해죄에 해당하는 것으로 볼 것은 아니고, 전후 사정과 경위 등에 비추어 사용자가 예측할 수 없는 시기에 전격적으로 이루어져 사용자의 사업운영에 심대한 혼란 내지 막대한 손해를 초래하는 등으로 사용자의 사업계속에 관한 자유의사가 제압·혼란될 수 있다고 평가할 수 있는 경우에 비로소 집단적 노무제공의 거부가 위력에 해당하여 업무방해죄가 성립한다는 것이다.

그러나 이러한 판단이 폭행·협박·강요 등의 수단의 수반을 전제로 하는 '위력'이라는 판단에 대한 명확한 근거를 제시한 것이라 할 수 없을 뿐만 아니라, 다수의견이 제시하는 위력의 해당 여부에 관한 판단 기준에 의하더라도 과연 어떠한 경우를 전격적으로 이루어졌다고 볼 수 있을 것인지, 어느 범위까지를 심대한 혼란 또는 막대한 손해로 구분할 수 있을 것인지 반드시 명백한 것은 아니므로 이를 위력의 개념에 포함시키는 것은 죄형법정주의의 관점에서 부당하다 할 것이다.

이에 대하여 **'대법원 소수의견'**은 집단적 출근거부라 해도 사실적 측면에서볼 때(소위 자연적 관찰방법) 근로자가 아무런 일도 하지 않은 것에 불과하여 부작위에 해당한다고 보았다. 노무제공의 거부가 집단적으로 이루어진 경우라고 해도 신체적 활동 등 적극적 행위가 없다는 점에서 단순한 노무제공 거부와 차이가 없다는 것이다.

소수의견은 집단적 노무거부가 부작위에 해당한다는 판단을 전제로 작위범인 업무방해죄의 경우에 행위자를 부작위범으로 처벌하려면 행위자에게 부작위를 작위와 같이 평가할 수 있는 보증인적 지위가 필요하다고 이해한다.

나아가 소수의견은 보증인적 지위를 인정하기 위해서는, ① 법익의 주체(사용자)가 근로자들의 단순 파업으로부터 기업활동의 자유라는 법익의 침해위협에 스스로 대처할 보호능력이 없고, ② 부작위 행위자가 그 법익침해의 위험으로부터 상대방의 법익을 보호해 주어야 할 법적 의무, 즉 작위의무가 있어야 하며, ③ 부작위 행위자가 이러한 보호자의 지위에서 법익침해를 일으키는 사태를 지배하고 있을 것을 요한다는 추가적 범죄성립요소가 필요하다고 판단하였다.

결론적으로 소수의견은 사례 20-1의 구체적 사실관계에서 ①과 ③의 요소가 갖추어지지 않았다고 판단하여 무죄의견을 제시하였다.

사례 20-2 작위범과 부작위범의 구별기준 적용사례(대법원 1978.9.26. 선고 78도1996 판결 ; 판례총람 형법 제18조 3번 판례)

갑은 P화약회사의 직원이다. 갑의 업무는 폭약을 실은 화차에 함께 타고 가면서 폭약의 안전한 운송을 감시하는 일이다. 화약수송의 안전수칙에 의하면 화약을 실은 화차 내에서는 일체의 화기사용이 금지되고 있다.

갑은 폭약을 호송하던 중 화차 내에서 사용이 금지된 촛불을 켜 놓은 채, 잠이 들었다. 촛불은 점차 타들어 갔고 마침내 폭약상자 표면에 불이 붙는 단계에 이르렀다. 갑은 폭약상자에 불이 붙는 순간 잠에서 깨어나 이를 발견하였다. 갑은 덮고 있던 담요로 불을 끄려고 하였으나 불은 쉽게 꺼지지 아니하였다. 당황한 갑은 불을 그대로 둔 채 화차 밖으로 도망쳐 버렸다. 불이 붙은 폭약상자는 마침내 폭발하였고 화차의 다른 폭약에 연쇄폭발을 일으켜서 수많은 사람들이 죽거나 다쳤다.

갑의 죄책은?

▮사례 20-2 풀이▮

갑을 작위범으로 처벌하여야 하는지 부작위범으로 처벌하여야 하는지가 문제이다.

자연적 관찰방법을 사용하여 갑의 행위를 이해하는 경우에는, 폭약상자 위에 촛불을 켜 놓은 작위로 인하여 폭발사고가 발생한 것이므로 작위범으로 포착된다. 다음으로는 고의의 인정여부를 확인하여야 하는데, 폭발의 점에 대한 고의는 인정되지 않기 때문에 업무상과실치사상죄(제268조)의 죄책을 지게 된다.

평가적 관찰방법을 사용하는 경우 사례 20-2에서 검토해야 할 점은 폭약상자 위에 촛불을 켜놓은 행위에 사회적 비난의 초점이 모아지는가 아니면 불이 붙은 폭약상자를 보고도 아무런 조치를 취하지 아니한 점에 비난의 핵심이 있는가 하는 점이다.

폭약상자 위에 촛불을 켜놓은 작위행위에 사회적 비난의 중점이 있다고 판단하는 경우에는 사례 20-2는 작위범의 사례로 취급하여야 한다. 다음으로는 문제의 작위행위가 고의행위인지 과실행위인지 여부를 살펴보아야 한다. 안전수칙을 무시하고 화차 내에서 촛불을 켠 행위는 주의의무에 위반한 행위이다. 따라서 화약호송원 갑은 과실로 촛불을 켠 것이며 이 과실행위로 인하여 인명살상의 결과가 발생한 것이기 때문에 업무상 과실치사상죄로 처벌될 것이다.

이에 반하여 불이 붙은 폭약상자를 보고 아무런 조치를 취하지 아니한 점에 비난의 초점이 모아지는 경우에는 부작위범의 사안이 된다. 이때 적용할 구성요건은 형법 제172조 제1항의 폭발성물건파열죄이다. 제172조 제1항의 구성요건은 '파열시킨다'는 실행행위를 설정함으로써 작위범의 형식을 취하고 있다. 갑은 화약열차의 호송책임을 지고 있으므로 폭발성물건파열죄의 구성요건이 실현되지 않도록 담보하여야 할 보증인적 지위에 있다. 그렇다면 갑이 불붙은 폭약상자를 그대로 둔 채 현장을 떠나는 행위는 보증인적 지위에서 발생하는 작위의무를 이행하지 않은 부작위에 해당되어 부작위에 의한 폭발성물건파열죄에 해당한다.

사례 20-2에서 대법원은 사실관계에 부여되는 비난가능성의 중점을 중심으로 작위범과 부작위범을 구별하는 평가적 관찰방법에 입각하여 갑을 '부작위에 의한 폭발성물건파열죄'로 처벌하였다.

2. 眞正不作爲犯과 不眞正不作爲犯의 구별

가. 의의

행위자에게 요구되는 작위를 하지 않는 부작위범이 성립하기 위해서는 작위의무의 존재를 전제로 한다(예컨대 선한 사마리아인의 법[236]).

진정부작위범(부작위에 의한 부작위범)이란 부작위가 처음부터 범죄구성요건에 구성요건적 행위로 예정되어 있는 경우를 말한다. 일반인 모두에게 작위의무가 인정

236) **[선한 사마리아인의 법(good Samaritan law)]** : 위험에 처한 사람을 구조해 주는 것은 사회공동체가 널리 인정하는 도덕적 의무이다. 이러한 구조의무를 법적 의무로 파악하여 법적인 강제력을 부여하는 규범체계를 가리켜서 '선한 사마리아인의 법'이라 한다.

형사법적으로는 자신에게 특별한 부담이나 피해가 오지 않는데도 불구하고 다른 사람의 생명이나 신체에 중대한 위험이 발생하고 있음을 보고도 구조에 나서지 않는 경우에 처벌하는 법체계나, 주로 응급사항에 처한 환자를 도울 목적으로 행한 응급처치 등이 본의 아니게 재산상의 피해를 입혔거나 사상(死傷)에 이르게 한 경우, 고의 또는 중대한 과실이 없는 한 민·형사상의 책임을 감면해 주는 법률상 면책을 일컫는 말이다. 이는 **[성서(누가복음 10장 25절 - 37절)]**에 나오는 비유로서, 강도를 만나 죽게 된 사람을 제사장이나 레위 사람도 그냥 지나쳤으나 한 사마리아 사람만은 성심껏 돌봐 구해주었다는 데에서 비롯되었다. 결국 '선한 사마리아인 법'은 도덕적인 의무를 법으로 규정하여 강제하는 것으로 타인이 응급사항이나 위험에 처한 것을 인지했을 때 본인이 크게 위험하지 않을 경우에는 타인을 위험으로부터 구조해 줄 의무를 부여한 것이다. 이러한 법규정은 일반인의 적극적인 구호활동 참여를 유도할 취지로 만들어졌으며, 미국의 대다수 주와 프랑스, 독일, 일본 등에서 시행 중이다. 구체적인 입법례로는 프랑스 형법의 제223-6조(범죄의 불저지 및 구조불이행) 제2항 "자기 또는 제3자의 위험을 초래함이 없이 개인적 행동에 의하여 또는 구조의 요청에 의하여 위험에 처한 타인을 구조할 수 있었음에도 불구하고 고의로 이를 하지 아니한 자는 전항과 동일한 형(5년의 구금형 및 75,000유로의 벌금형)에 처한다."에서 찾을 수 있다.

최근 우리나라에서도 응급환자에게 응급처치를 하다 본의 아닌 과실로 인해 환자를 사망에 이르게 했거나 손해를 입힌 경우 민・형사상의 책임을 감면 또는 면제한다는 **"응급의료에관한법률(구호자보호법)[시행 2012.8.5][법률 제11004호, 2011.8.4, 일부개정]"**이 2008년 6월 13일 개정을 통하여 **'선한 사마리아인법'[제5조의2(선의의 응급의료에 대한 면책)** "생명이 위급한 응급환자에게 다음 각 호의 어느 하나에 해당하는 응급의료 또는 응급처치를 제공하여 발생한 재산상 손해와 사상(死傷)에 대하여 고의 또는 중대한 과실이 없는 경우 그 행위자는 민사책임과 상해(傷害)에 대한 형사책임을 지지 아니하며 사망에 대한 형사책임은 감면한다.

1. 다음 각 목의 어느 하나에 해당하지 아니하는 자가 한 응급처치
   가. 응급의료종사자
   나. 「선원법」 제86조에 따른 선박의 응급처치 담당자, 「소방기본법」 제35조에 따른 구급대 등 다른 법령에 따라 응급처치 제공의무를 가진 자
2. 응급의료종사자가 업무수행 중이 아닌 때 본인이 받은 면허 또는 자격의 범위에서 한 응급의료
3. 제1호 나목에 따른 응급처치 제공의무를 가진 자가 업무수행 중이 아닌 때에 한 응급처치 [전문개정 2011.8.4]"이 도입되어, 2008년 12월 14일부터 시행되고 있다. 그동안 국내에서는 사고를 당해 목숨이 위태로운 사람을 구해주려다 결과가 잘못되면 구호자가 소송에 휘말리거나 죄를 덮어쓰는 경우가 많아 위험에 처한 사람을 봐도 도움을 주저하거나 외면하는 경우가 많았으나 위의 입법으로 이러한 문제는 어느 정도 해소될 것으로 생각된다.

된다. 예컨대 퇴거불응죄(형법 제319조 제2항), 다중불해산죄(제116조), 전시공수계약불이행죄(제117조), 전시군수계약불이행죄(제103조), 불고지죄(국가보안법 제10조) 등을 들 수 있다.

부진정부작위범(부작위에 의한 작위범)이란 형법이 규정한 작위범을 부작위에 의하여 실현하는 범죄를 말한다. 따라서 **작위의무는 보증인적 지위에 있는 자에게만** 인정된다(예 : 사례1). 거의 모든 작위범 구성요건은 부진정부작위범의 형태로 실현될 수 있다.

나. 진정부작위범과 부진정부작위범의 구별기준

(1) 형식설(통설)

어느 형벌법규의 조문구성형식을 검토하여, 법률에 명문으로 부작위에 의해서만 실현될 수 있도록 규정된 범죄가 진정부작위범이고, 법률의 규정형식은 작위범이지만 이를 부작위에 의해서도 실현할 수 있는 범죄를 부진정부작위범이라고 보는 견해이다.

(2) 실질설

범죄의 내용과 성질을 검토하여 단순한 부작위에 의하여 성립되는 범죄(거동범)를 진정부작위범이라 하고, 부작위 이외에 결과의 발생이 있어야 성립하는 범죄(결과범)를 부진정부작위범으로 보는 견해이다.

(3) 판례의 태도

대법원은 진정부작위범과 부진정부작위범을 법문의 형식에 따라 구별하는 **형식설**을 취하고 있다.[237]

237) **[형식설에 입각한 판례]** : 대법원 2009.2.12. 선고 2008도9476 판결[구 공중위생관리법(2008.2.29. 법률 제8852호로 개정되기 전의 것, 이하 '구법'이라고 한다) 제3조 제1항 전단은 "공중위생영업을 하고자 하는 자는 공중위생영업의 종류별로 보건복지부령이 정하는 시설 및 설비를 갖추고 시장·군

즉 대법원[238]은 "**직무유기죄는 이른바 부진정부작위범으로서 구체적으로 그 직무를 수행하여야 할 작위의무가 있는데도 불구하고** 이러한 직무를 버린다는 인식하에 **그 작위의무를 수행하지 아니함으로써 성립**하는 것이다."라고 판시하고 있는데, 결과발생에 관한 언급을 하지 않은 것은 실질설에 입각하지 않고 있다는 반증이라 할 수 있다. 즉 직무유기죄가 결과발생을 요하지 않는다면 실질설에 의하면 진정부작위범이 되어야 함에도 대법원이 이를 부진정부작위범이라 하는 것은 직무유기죄가 거동범이 아니라 작위에 의해서도 실현될 수 있는 범죄임을 말해주기 때문이다.

(4) 소결

형법상 진정부작위범은 형법각칙에 열거적으로 규정되어 있기 때문에 그 외의 해석을 통한 진정부작위범의 범주확장을 인정할 수 없고, 부진정부작위범에 거동범[239]도 포함될 수 있다는 점에서 **형식설이 타당**하다 할 것이다.

수·구청장에게 신고하여야 한다."고 규정하고 있고, 제20조 제1항 제1호는 '제3조 제1항 전단의 규정에 의한 신고를 하지 아니한 자'를 처벌한다고 규정하고 있는바, 그 규정 형식 및 취지에 비추어 신고의무 위반으로 인한 구 공중위생관리법 위반죄는 **구성요건이 부작위에 의하여서만 실현될 수 있는 진정부작위범에 해당**한다고 할 것이고, 한편 부작위범 사이의 공동정범은 다수의 부작위범에게 공통된 의무가 부여되어 있고 그 의무를 공통으로 이행할 수 있을 때에만 성립한다고 할 것이다. 그리고 공중위생영업의 신고의무는 '공중위생영업을 하고자 하는 자'에게 부여되어 있고, 여기서 '영업을 하는 자'라 함은 영업으로 인한 권리의무의 귀속주체가 되는 자를 의미하므로, 영업자의 직원이나 보조자의 경우에는 영업을 하는 자에 포함되지 않는다고 해석함이 상당하다(대법원 2008.3.27. 선고 2008도89 판결 참조).]

238) **대법원 1983.3.22. 선고 82도3065 판결**[형법 제122조 소정의 **직무유기죄는 이른바 부진정부작위범**으로서 구체적으로 **그 직무를 수행하여야 할 작위의무가 있는데도 불구하고 이러한 직무를 버린다는 인식하에 그 작위의무를 수행하지 아니한 사실**이 있어야 하고(당원 1975.11.25 선고75도306 판결참조) 또 그 직무를 유기한 때라 함은 공무원이 법령내규 또는 지시 및 통첩에 의한 추상적인 충근의 의무를 태만하는 일체의 경우를 이르는 것이 아니고 직장의 무단이탈, 직무의 의식적인 포기등과 같이 그것이 국가의 기능을 저해하며 국민에게 피해를 야기시킬 가능성이 있는 경우를 말하는 것으로 해석하여야 한다(당원 1970.9.29 선고 70도1790판결; 1966.3.15 선고 65도984 판결참조).]

239) **[부작위에 의한 거동범의 실현례]** : 예컨대 거동범으로 분류되는 모욕죄의 경우에도 부작위에 의해 실현될 수 있다. 즉 사병이 장교에게 욕설을 하여(작위) 모욕할 수도 있지만, 의도적으로 경례를 하지 않음(부작위)으로써 모욕할 수도 있기 때문이다.

3. 부진정부작위범의 성립요건

(1) 성립요건의 검토순서

형법 제18조는 부진정부작위범의 성립요건을 규정하고 있다.[240] 형법 제18조는 다음의 세 가지 요건을 요구하고 있다.

① 위험이 발생하였다(암묵적으로 전제됨).

② 보증인적 지위가 인정되어야 한다('위험을 방지할 의무가 있는 자' 또는 '자기의 행위로 인하여 위험발생의 원인을 야기한 자'). ➡ 주체의 제한(**진정신분범화**)

③ 구성요건적 결과의 발생을 방지하지 아니한 부작위가 있어야 한다('그 위험발생을 방지하지 아니한 때'). ➡ 결과발생의 요구(**결과범화**)

입증의 용이성을 생각할 때 부진정부작위범의 사실관계를 분석함에 있어서는 위의 순서에 따르는 것이 편리할 것이다.

(2) 구성요건적 상황

작위의무는 특정한 상황에서만 현실화되기 때문에 작위가 요구되는 객관적 상황이 존재하여야 한다. 형법 제18조가 '위험의 발생을 방지할 의무'로 규정하고 있는 것은 법익침해의 가능성인 위험발생이 대두되었음을 전제로 한다. 이러한 **구성요건적 결과발생의 위험성이 존재하게 된 상황**을 일컬어 구성요건적 상황이라 한다. 부진정부작위범의 경우에는 구성요건적 상황이 구성요건에 명시되어 있지 않기 때문에 주어진 여러 사정들을 종합하여 합리적으로 판단하여야 한다(예 : 심화사례2).

---

240) **[구성요건적 상황의 의미]** : 구체적인 작위의무의 내용을 인식할 수 있는 사실관계를 구성요건적 상황이라 하는데, 진정부작위범의 구성요건적 상황은 형법각칙의 구성요건에 규정되어 있다. 따라서 **진정부작위범의 경우에는 형법 제18조가 적용되지 않는다.**

(3) 부작위

① **개별적 작위가능성(사실상의 작위가능성)**

부진정부작위범은 부작위로써 작위범의 구성요건을 실현시키는 범죄유형이다. 그런데 부작위라는 것을 관념할 수 없어서 부진정부작위범의 성립이 부정되는 경우가 있다. 부작위 자체와 관련되는 성립요건은 진정부작위범의 경우에도 공통되는 사항이다.

ㄱ. 개별적 작위가능성

부작위범이 성립하려면 작위행위의 수행이 행위자에게 구체적으로 가능한 것이어야 한다. **작위행위가 구체적으로 가능한 것을 개별적 작위가능성**이라 한다. 행위자에게 개별적 작위가능성이 없는 경우에는 부작위 자체가 부정된다. 이는 부작위범의 객관적 구성요건요소이다.[241)]

ㄴ. 일반적 작위가능성(부작위의 행위성)과의 구별

이에 대하여 **일반적 작위가능성**이란 작위행위의 수행이 일반적으로 누구에게나 가능한 것을 말한다. 작위행위의 수행을 일반인들에게 도저히 기대할 수 없다면 처음부터 아예 행위라는 것을 관념할 수 없다. 어느 누구에게도 작위행위의 수행이 불가능하다면 그것은 사회적으로 의미있는 행태(즉 부작위의 행위개념)라고 할 수 없기 때문이다. 이러한 경우는 행위론단계에서부터 행위성이 부정된다(예 : 한강에 빠져 허우적거리는 아들을 제주도에 있는 부모가 구하지 않는 경우 ➡ 부작위 행위성 부정).

ㄷ. 개별적 작위가능성의 판단기준

개별적 작위가능성의 유무는 요구된 작위행위를 수행하는 데 필요한 **정신적·육체적(내적) 능력(예 : 신체조건, 기술적 지식, 지능 등)과 외적 조건(예 : 장소적 접근성,**

241) **[개별적 작위가능성과 기대가능성의 구별]** : 작위의무의 이행가능성이라는 개별적 작위가능성과 그러한 개별적 작위가능성이 있는 행위자가 행위 당시의 특수사정 때문에 작위의무를 이행할 수 있었는가라는 기대가능성의 문제는 구별해야 하므로 기대가능성은 부작위범에 있어서도 책임조각사유로 파악함이 타당하다(이재상, 122쪽/김성돈, 600쪽 등).

적절한 구조수단의 존재 등)에 의하여 판단된다.

② 결과발생방지의 가능성

부작위가 성립하려면 두 번째로 결과발생방지의 가능성이 남아 있어야 한다. 따라서 **결과발생을 방지하기 위한 노력이 더 이상 필요하지 않게 된 경우**에는 부작위가 부정된다(예 : 제3자가 이미 결과발생 방지조치를 효과적으로 취해 놓은 경우 또는 피보증회사가 이미 사실상 도산해서 채권회수를 위한 노력이 아무런 변화를 가져올 수 없는 경우 등[242]). 이러한 상황 하에서는 결과발생을 방지하도록 기대하는 것이 무의미하기 때문이다.

③ 결과발생 방지행위의 불이행

부작위가 성립하기 위해서는 세 번째로 결과발생 방지행위를 수행하지 아니하여야

---

242) **[결과발생방지의 가능성]** : 대법원 1983.3.8. 선고 82도2873 판결(은행장인 피고인이 은행보증회사채의 상환금을 발행회사로 하여금 자체자금으로 상환하게 하는 조치를 취하지 아니하였다 하여도 위 회사가 그 당시 은행보증회사채의 채무를 자체자금으로 상환할 수 있는 능력이 있었다는 사실이 전제되지 않는 이상 그러한 조치는 불가능하거나 실효성이 없는 것으로 피고인의 이러한 소위가 은행에 대한 업무상배임죄가 된다고 볼 수 없다.) ; **대법원 2010.1.14. 선고 2009도12109,2009감도38 판결**[형법이 금지하고 있는 법익침해의 결과발생을 방지할 법적인 작위의무를 지고 있는 자가 그 의무를 이행하지 아니한 경우, 이를 작위에 의한 실행행위와 동일하게 부작위범으로 처벌하기 위하여는, **그 의무를 이행함으로써 결과발생을 쉽게 방지할 수 있었음에도 불구하고** 그 결과의 발생을 용인하고 이를 방관한 채 그 의무를 이행하지 아니한 결과, 그 부작위가 작위에 의한 법익침해와 동등한 형법적 가치를 가진다고 볼 수 있어 그 범죄의 실행행위로 평가될 만한 것이라야 한다(대법원 1992.2.11. 선고 91도2951 판결, 대법원 2006.4.28. 선고 2003도4128 판결 등 참조).

원심은, 이 사건 화재는 피고인이 모텔 방에 투숙하여 담배를 피운 후 재떨이에 담배를 끄게 되었으나 담뱃불이 완전히 꺼졌는지 여부를 확인하지 않은 채 불이 붙기 쉬운 휴지를 재떨이에 버리고 잠을 잔 과실로 담뱃불이 휴지와 옆에 있던 침대시트에 옮겨 붙게 함으로써 발생하였고, 이러한 피고인의 과실은 중대한 과실에 해당한다고 전제한 다음, 이와 같이 이 사건 화재가 피고인의 중과실로 발생하였다 하더라도, 이 부분 공소사실과 같이 부작위에 의한 현주건조물방화치사 및 현주건조물방화치상죄가 성립하기 위하여는, 피고인에게 법률상의 소화의무가 인정되는 외에 소화의 가능성 및 용이성이 있었음에도 피고인이 그 소화의무에 위배하여 이미 발생한 화력을 방치함으로써 소훼의 결과를 발생시켜야 하는 것인데, 이 사건 화재가 피고인의 중대한 과실 있는 선행행위로 발생한 이상 피고인에게 이 사건 화재를 소화할 법률상 의무는 있다 할 것이나, 피고인이 이 사건 화재 발생 사실을 안 상태에서 모텔을 빠져나오면서도 모텔 주인이나 다른 투숙객들에게 이를 알리지 아니하였다는 사정만으로는 피고인이 이 사건 화재를 용이하게 소화할 수 있었다고 보기 어렵고, 달리 이를 인정할 만한 증거가 없다는 이유로, 이 부분 공소사실에 대하여 무죄로 판단하였다.

앞서 본 법리에 비추어 기록을 살펴보면, 이러한 원심의 사실인정과 판단은 정당한 것으로 수긍이 되고, 거기에 상고이유의 주장과 같은 채증법칙 위배나 부작위범에 관한 법리오해 등의 위법이 있다고 할 수 없다.]

한다. 일단 결과발생 방지행위를 수행한 경우에는 부작위가 존재하지 않는다.[243] 일단 작위행위를 하였다면 설령 그 행위가 결과발생 방지의 효과를 거두지 못하였다고 할지라도 부작위는 성립하지 않는다.

보충판례 9-1 : 대법원 1993.7.13. 선고 92도2089 판결 ; 대법원 2003.2.11. 선고 2002도5679 판결.

(4) 부작위의 형법적 인과관계

부진정부작위범을 결과범으로 해석하는 이상 부작위와 결과발생 간에도 형법적 인과관계가 인정되어야 한다. **사회적으로 기대되는 작위의무를 다하였더라면 결과가 발생하지 않았을 것이라는 관계가 인정(투입의 공식)**될 때 당해 부작위와 결과 사이의 인과관계가 인정된다(예 사례2). 예습심화문제 사례2에서는 곧 바로 119에 구급의료를 요청하였더라면 십중팔구 생명을 구할 가능성이 있었고, X의 救命은 합리적인 의심을 넘을 정도로 확실하였다고 인정되는 관계로 甲의 부작위(유기행위)와 X의 사망이라는 결과간의 자연과학적 인과관계를 긍정하게 될 것이다.[244]

보충판례 9-2 : 대법원 1967.10.31. 선고 67도1151 판결.

(5) 부작위의 동가치성

동가치성이란 부진정부작위범은 작위범의 구성요건을 부작위에 의해 실현하는 것이므로 **작위의무자의 부작위에 의한 범행이 작위에 의한 구성요건의 실현과 동일한**

243) **보충판례 9-1 : 대법원 1993.7.13. 선고 92도2089 판결 ; 대법원 2003.2.11. 선고 2002도5679 판결**(근로기준법 제109조, 제30조에서 규정하는 퇴직금 등의 기일 내 지급의무는 사용자로 하여금 기일 내에 퇴직금을 근로자에게 어김없이 지급하도록 강제함으로써 근로자의 생활안정을 도모하고자 하는 데에 그 입법취지가 있으므로 사용자가 퇴직금 지급을 위하여 최선의 노력을 다하였으나 경영부진으로 인한 자금사정 등으로 지급기일 내에 퇴직금을 지급할 수 없었던 불가피한 사정이 인정되는 경우에는 퇴직금체불의 죄책을 물을 수 없다.)

244) **보충판례 9-2 : 대법원 1967.10.31. 선고 67도1151 판결**(치사량의 청산가리를 음독했을 경우 미처 인체에 흡수되기 전에 지체없이 병원에서 위 세척을 하는 등 응급 치료를 받으면 혹 소생할 가능은 있을지 모르나 이미 이것이 혈관에 흡수되어 피고인이 피해자를 변소에서 발견했을 때의 피해자의 증상처럼 환자의 안색이 변하고 의식을 잃었을 때는 우리의 의학기술과 의료시설로서는 그 치료가 불가능하여 결국 사망하게 되는 것이고 또 일반적으로 병원에서 음독환자에게 위세척 호흡촉진제 강심제주사 등으로 응급가료를 하나 이것이 청산가리 음독인 경우에는 아무런 도움도 되지 못하는 것이므로 피고인의 유기행위와 피해자의 사망간에는 상당인과 관계가 없다 할 것이다.)

정도로 평가될 수 있어야 한다는 것을 말한다.[245)] 이러한 동가치성의 제1요소는 보증인적 지위로서 구성요건적 결과와 관련한 작위와 부작위의 동가치를 말하며, 그 제2요소는 행위정형의 동가치성으로 개별구성요건이 규정한 실행행위의 특수성질에 관련된 작위와 부작위의 동가치성(상응성)을 말한다.[246)]

보충판례 9-3[부작위의 동가치성 요건] : 대법원 2008.2.28. 선고 2007도9354 판결.

(6) 보증인적 지위의 의미

① 보증인적 지위의 의미

형법 제18조에 따르면 부진정부작위범의 주체는 일정한 작위의무(결과발생을 방지할 법적 의무) 있는 자로 제한된다. 모든 사람에게 작위의무를 요구하여 그의 부작위를 형사처벌의 대상으로 삼는 경우에는 부진정부작위범의 성립범위가 지나치게 넓어져 죄형법정주의에 반하기 때문이다. 이처럼 부진정부작위범의 주체가 될 수 있는 일정한 작위의무를 '보증인의무'라 하고 작위범의 구성요건이 실현되지 않도록 방지할 법적 의무 있는 자를 '보증인적 지위에 있는 자' 내지 '보증인'이라고 한다. 형법 제18조는 보증인을 "위험의 발생을 방지할 의무가 있는 자"로 표현하고 있다.

---

245) [동가치성의 기능] : 부진정부작위범이라는 法形象은 부작위의 無定型性 때문에 죄형법정주의와 상충되는 것이 아닌가 하는 의문을 야기한다. 부작위의 동가치성 요건은 이러한 헌법상의 의문을 제거하는 필수적인 장치로서 기능한다.

246) 보충판례 9-3[부작위의 동가치성 요건] : 대법원 2008.2.28. 선고 2007도9354 판결.
대법원 2010.1.14. 선고 2009도12109,2009감도38 판결[형법이 금지하고 있는 법익침해의 결과발생을 방지할 법적인 작위의무를 지고 있는 자가 그 의무를 이행하지 아니한 경우, 이를 작위에 의한 실행행위와 동일하게 부작위범으로 처벌하기 위하여는, 그 의무를 이행함으로써 결과발생을 쉽게 방지할 수 있었음에도 불구하고 그 결과의 발생을 용인하고 이를 방관한 채 그 의무를 이행하지 아니한 결과, 그 부작위가 작위에 의한 법익침해와 동등한 형법적 가치를 가진다고 볼 수 있어 그 범죄의 실행행위로 평가될 만한 것이라야 한다(대법원 1992.2.11. 선고 91도2951 판결, 대법원 2006.4.28. 선고 2003도4128 판결 등 참조).] ; 대법원 1992.2.11. 선고 91도2951 판결(형법상 부작위범이 인정되기 위해서는 형법이 금지하고 있는 법익침해의 결과발생을 방지할 법적인 작위의무를 지고 있는 자가 그 의무를 이행함으로써 결과발생을 쉽게 방지할 수 있었음에도 불구하고 그 결과의 발생을 용인하고 이를 방관한 채 그 의무를 이행하지 아니한 경우에, 그 부작위가 작위에 의한 법익침해와 동등한 형법적 가치가 있는 것이어서 그 범죄의 실행행위로 평가될 만한 것이라면, 작위에 의한 실행행위와 동일하게 부작위범으로 처벌할 수 있다고 할 것이다.) ; 대법원 1996.9.6. 선고 95도2551 판결 ; 대법원 1997.3.14. 선고 96도1639 판결 ; 대법원 2006.4.28. 선고 2003도4128 판결 ; 대법원 2008.2.28. 선고 2007도9354 판결 등.

[보증인의무와 보증인지위와의 관계 : 양자의 형법상 체계적 지위]

양자의 체계적 지위를 위법성요소로 이해하는 **위법성요소설**은, 부진정부작위범은 작위범과 달리 구성요건에서 무엇을 하여야 할 것인가를 규정하고 있지 않기 때문에 구성요건해당성이 위법성을 징표할 수 없고 보증인지위에 있는 자가 작위의무에 위반하여 부작위를 한 때 비로소 그 행위의 위법성이 인정된다는 견해이다. 그러나 위법성요소설에 대해서는 작위의무없는 자의 부작위도 부진정부작위범의 구성요건에 해당하게 되어 구성요건을 부당하게 확대시키고, 부진정부작위범에 대해서만 구성요건의 징표적 기능을 부정하는 것은 범죄론체계와 일치하지 않는다는 문제점을 지적할 수 있다.

이에 대하여 양자의 체계적 지위를 구성요건요소로 파악하는 **구성요건요소설(보증인설)**은, 보증인의 부작위만이 작위와 같은 것으로 평가될 수 있으므로 보증인지위와 그 기초가 되는 보증인의무는 구성요건요소가 된다고 하는 견해이다. 그러나 구성요건요소설은 작위범에서는 법적 의무가 구성요건요소가 아님에도 부진정부작위범의 작위의무를 구성요건요소라고 하는 것은 체계적으로 부당하다는 문제점이 지적된다.

다수설인 이분설은 보증인지위와 보증인의무의 체계적 지위를 구별하여 보증인지위는 구성요건요소이나 보증인의무는 위법성의 요소가 된다는 견해이다. 위법성요소설 및 구성요건요소설의 문제점을 극복할 수 있는 이분설이 타당하다.

따라서 보증인의무는 적극적인 위법성의 구성요소라기 보다는 단지 부진정부작위범에서 위법성 인식의 대상 및 법률의 착오문제를 규율하기 위한 준거점이 된다.

사례 21 보증인의무 및 보증인지위의 착오와 이분설에 의한 해결

▮사례 21-1 : 법률의 착오와 이분설▮ 甲은 乙의 養父이다. 어느 날 갑이 집에 와보니 을이 연탄가스를 마셔 혼수상태에 빠져 있었다. 갑은 그대로 방치하면 을이 사망할 것이라고 생각하였으나 자신은 養父이기 때문에 을을 구할 의무는 없다고 생각하여 방치하여 사망케 하였다. 엄격책임설과 이분설에 의할 경우 갑의 죄책은(입법고시 제18회)?

▮사례 21-1 풀이▮ 갑은 을의 사망에 대한 인식과 의사가 있었으므로 살인의 고의가 인정된다. 또한 작위의무의 체계적 지위에 관한 이분설에 따르면 보증인지위는 구성요건요소이지만 보증인의무는 위법성요소이므로, 보증인에 대한 착오는 사실의 착오(구성요건적 착오)가 되지만 보증인의무에 대한 착오는 법률의 착오(금지착오)가 된다.

사례 21-1에서 갑은 을의 養父라는 사실을 인식하였으므로 보증인지위에 대한 착오는 없다. 그러나 養父로서 을에 대한 보호의무가 있었음에도 불구하고 없다고 착오함으로써 보증인의무를 착오하였다. 따라서 이분설에 따를 때 이러한 보증인의무의 착오는 위법성에 대한 착오로서 법률의 착오가 된다. 법률의 착오와 관련한 엄격책임설에 따를 때 법률의 착오는 정당한 이유가 있는 경우에 한하여 책임이 조각되는데, 사례 21-1에서 갑에게는 착오에 정당한 사유가 있다고 볼만한 사정이 존재하지 않는다. 따라서 갑의 책임은 조각되지 않기 때문에 부작위에 의한 살인죄가 성립한다.

▮사례 21-2 : 사실의 착오와 이분설▮ 갑은 자신의 아들 을이 익사하는 것을 보았으나 을이 아닌 다른 아이인줄 알고 남의 자식을 구할 의무는 없다고 생각하여 구조하지 않았다. 보증인지위와 보증인의무의 범죄체계론적 지위를 구별하는 이분설에 따르면서 갑의 유죄를 인정한다면 갑의 죄책은(행정고시 제46회)?

▌사례 21-2 풀이▌ 작위의무의 체계적 지위에 관한 다수설인 이분설에 의하면, 보증인지위는 구성요건요소이지만 보증인의무는 위법성요소이다. 위 사례 21-2에서 갑은 을의 아버지로서의 지위를 가지고 있음에도 불구하고 그러한 지위에 있지 않다고 착오하였는데 이는 보증인지위에 대한 착오이다. 따라서 구성요건적 착오로서 인식한 사실에 대한 고의는 조각되지만, 발생한 결과에 대한 과실범으로 처벌되므로 부작위에 의한 과실치사죄가 성립할 수 있다.

② 보증인적 지위의 분석방법

보증인적 지위가 어떠한 경우에 발생하는가 하는 문제에 대하여 형법 제18조는 선행행위로 인한 보증인적 지위('자기행위로 인하여 위험발생의 원인을 야기한 자')에 대해서만 구체적으로 규정하고 있을 뿐 나머지에 대해서는 언급하지 않고 있다. 보증인적 지위의 구체적 발생근거는 해석을 통하여 보충하여야 한다.

ㄱ. 형식설(法源說)

보증인의 지위 및 작위의무를 형식적인 발생근거를 중심으로 법령·계약·선행행위·조리 등의 형식에 따라 확정하려는 견해이다.

ㄴ. 실질설(기능설)

보증인의 지위 및 작위의무를 보증인 보호법익에 대하여 어떠한 관계에 있는가 라는 실질적 기준에 따라 확정하려는 견해이다. 실질설에 의할 때 보증인의 지위 및 작위의무는 법익보호를 위한 '보호의무(위험발생 방지의무)'와 위험발생(위험원)을 감시해야 할 '감시의무'로 나누어진다.

ㄷ. 결합설(다수설)

보증인의 지위 및 작위의무를 형식설과 실질설을 결합시켜 확정하려는 견해이다.

ㄹ. 판례의 입장(형식설)

대법원은 작위의무는 법적인 의무이어야 하므로 단순한 도덕상 또는 종교상의 의무는 포함되지 않지만, 작위의무가 법적인 의무인 한 성문법, 불문법, 공법, 사법이든 상관없다고 한다. 따라서 법령, 법률행위, 선행행위로 인한 경우는 물론이고 기타 신의성실의 원칙이나 사회상규 또는 조리상[247] 작위의무가 기대되는 경우에도 법적인 작위의무가 있다고 하여 **형식설**에 입각하고 있다.

보충판례 9-4 : 대법원 2005.7.22. 선고 2005도3034 판결.

그러나 작위의무의 발생근거를 신의칙이나 조리(사회상규)에까지 확장시키면 결국 마땅히 행해야 할 바를 하지 않은 모든 경우를 범죄시하게 되어 죄형법정주의의 근간을 무너뜨릴 위험이 있기 때문에 엄격히 제한된 범위 내에서만 인정되어야 할 것이다.

ㅁ. 소결

형식설을 철저히 하는 경우에는 그 형식적인 기준으로 인하여 보증인적 지위 및 작위의무를 지나치게 확장할 위험이 있고, 실질설은 보호의무와 관련하여 결과발생의 위험이 다종다양하기 때문에 다양한 기준을 제시할 수밖에 없게 되어 통일성을 갖춘 기준을 마련하지 못한다는 점에서 결합설이 타당하다 할 것이다.

(7) 보증인적 지위의 발생근거

① 법령에 의한 보증인적 지위

법령에 의하여 보증인적 지위 내지 작위의무가 발생하는 경우가 있는데, 모든 法源이 발생근거가 될 수 있다. 법령은 공법, 사법을 불문하며 성문의 법률규정뿐만 아니

247) **[형식설의 입장]** : **대법원 1996.9.6. 선고 95도2551 판결**(형법상 부작위범이 인정되기 위해서는 형법이 금지하고 있는 법익침해의 결과 발생을 방지할 법적인 작위의무를 지고 있는 자가 그 의무를 이행함으로써 결과 발생을 쉽게 방지할 수 있었음에도 불구하고 그 결과의 발생을 용인하고 이를 방관한 채 그 의무를 이행하지 아니한 경우에, 그 부작위가 작위에 의한 법익침해와 동등한 형법적 가치가 있는 것이어서 그 범죄의 실행행위로 평가될 만한 것이라면, 작위에 의한 실행행위와 동일하게 부작위범으로 처벌할 수 있고, 여기서 작위의무는 법적인 의무이어야 하므로 단순한 도덕상 또는 종교상의 의무는 포함되지 않으나 작위의무가 법적인 의무인 한 성문법이건 불문법이건 상관이 없고 또 공법이건 사법이건 불문하므로, 법령, 법률행위, 선행행위로 인한 경우는 물론이고 기타 신의성실의 원칙이나 사회상규 혹은 조리상 작위의무가 기대되는 경우에도 법적인 작위의무는 있다.) ; **대법원 2006.4.28. 선고 2003도4128 판결** ; **대법원 2008.2.28. 선고 2007도9354 판결** 등.

라 명령, 규칙을 모두 포함한다(예 : 심화사례3, 사례4의 해결).[248)249)]

② 계약에 의한 보증인적 지위

보증인적 지위 내지 작위의무는 계약에 의해서도 발생한다.[250)251)] 여기서 '**계약**'이란 타인의 법익에 대한 보호책임을 인수[252)]한다는 의사표시이다. 단순한 호의적 행동도

248) **[법령에 의한 '보호의무'의 예]**로는, 부부간의 보호의무(민법 제826조 제1항), 부모의 자녀보호의무(민법 제913조), 운전자의 구호의무(도로교통법 제54조) 등을 들 수 있으며, **[법령에 의한 위험원 '감시의무'의 예]**로는 자녀에 대한 부모의 감독의무(민법 제913조), 동물에 대한 점유자의 감시의무(민법 제759조), 공작물에 대한 점유자·소유자의 감시의무(민법 제758조), 고용운전사에 대한 차주의 감독의무(도로교통법 제56조) 등을 들 수 있다.

249) **[법적인 작위의무]** : 대법원 1996.9.6. 선고 95도2551 판결[형법상 부작위범이 인정되기 위해서는 형법이 금지하고 있는 법익침해의 결과 발생을 방지할 법적인 작위의무를 지고 있는 자가 그 의무를 이행함으로써 결과 발생을 쉽게 방지할 수 있었음에도 불구하고 그 결과의 발생을 용인하고 이를 방관한 채 그 의무를 이행하지 아니한 경우에 그 부작위가 작위에 의한 법익침해와 동등한 형법적 가치가 있는 것이어서 그 범죄의 실행행위로 평가될 만한 것이라면 작위에 의한 실행행위와 동일하게 부작위범으로 처벌할 수 있는 것임은 소론이 지적하는 바와 같고(당원 1992.2.11. 선고 91도2951 판결), 작위의무는 법적인 의무이어야 하므로 단순한 도덕상 또는 종교상의 의무는 포함되지 않으나 작위의무가 법적인 의무인 한 성문법이건 불문법이건 상관이 없고 또 공법이건 사법이건 불문하므로 법령, 법률행위, 선행행위로 인한 경우는 물론이고 기타 신의성실의 원칙이나 사회상규 혹은 조리상 작위의무가 기대되는 경우에도 법적인 작위의무는 있다고 할 것인바, 입찰사건에 관한 제반 업무를 주된 업무로 하는 피고인들이 자신이 맡고 있는 입찰사건의 입찰보증금이 계속적으로 횡령되고 있는 사실을 알았다면 담당 공무원으로서는 이를 제지하고 즉시 상관에게 보고하는 등의 방법으로 그러한 사무원의 횡령행위를 방지해야 할 법적인 작위의무를 지는 것이 당연하다고 할 것이고, 비록 피고인들의 그와 같은 행위가 배당불능이라는 최악의 사태를 막기 위한 동기에서 비롯된 것이라고 하더라도 자신의 작위의무를 이행함으로써 결과 발생을 쉽게 방지할 수 있는 피고인들이 위 원심 공동피고인의 새로운 횡령범행을 방조 용인한 것을 작위에 의한 법익 침해와 동등한 형법적 가치가 있는 것이 아니라고 볼 수는 없기 때문에 부작위에 의한 업무상횡령죄의 방조범이 성립한다.] ; 대법원 2004.5.27. 선고 2003도4531 판결 ; 대법원 2007.4.12. 선고 2007도1033 판결.

250) **[계약에 의한 보증인적 지위 발생례]** : 예컨대 고용계약에 의한 보호의무, 간호사의 환자간호의무, 보모의 아동보호의무 등을 들 수 있다.

251) **[계약에 의한 작위의무]** : 대법원 2008.2.28. 선고 2007도9354 판결 ; 대법원 1997.3.14. 선고 96도1639 판결(백화점에서 바이어를 보조하여 특정매장에 관한 상품관리 및 고객들의 불만사항 확인 등의 업무를 담당하는 직원은 자신이 관리하는 특정매장의 점포에 가짜 상표가 새겨진 상품이 진열·판매되고 있는 사실을 발견하였다면 고객들이 이를 구매하도록 방치하여서는 아니되고 점주나 그 종업원에게 즉시 그 시정을 요구하고 바이어 등 상급자에게 보고하여 이를 시정하도록 할 근로계약상·조리상의 의무가 있다고 할 것임에도 불구하고 이러한 사실을 알고서도 점주 등에게 시정조치를 요구하거나 상급자에게 이를 보고하지 아니함으로써 점주로 하여금 가짜 상표가 새겨진 상품들을 고객들에게 계속 판매하도록 방치한 것은 작위에 의하여 점주의 상표법위반 및 부정경쟁방지법위반 행위의 실행을 용이하게 하는 경우와 동등한 형법적 가치가 있는 것으로 볼 수 있으므로, 백화점 직원인 피고인은 부작위에 의하여 공동피고인인 점주의 상표법위반 및 부정경쟁방지법위반 행위를 방조하였다고 인정할 수 있다.) ; 대법원 1998.4.14. 선고 98도231 판결(중고 자동차 매매에 있어서 매도인의 할부금융회사 또는 보증보험에 대한 할부금 채무가 매수인에게 당연히 승계되는 것이 아니라는 이유로 그 할부금 채무의 존재를 매수인에게 고지하지 아니한 것이 부작위에 의한 기망에 해당하지 아니한다.)

보증인적 지위를 발생시킬 수 있다.[253]

계약에 의한 보증인적 지위는 의사표시의 시점이 아니라 **현실적으로 보호의무가 인수될 때 발생**한다. 사법상 계약이 무효가 되더라도 보증인적 지위가 발생할 수 있다. 보호책임을 인수한 사람은 다시 다른 사람에게 보호책임을 이전할 수 있다. 이 경우 원래의 보증인은 새롭게 보호책임을 인수한 사람이 보호책임을 적절히 이행하도록 감독할 의무를 진다.[254]

③ 사회상규 내지 조리에 의한 보증인적 지위

社會常規란 사회의 일반인들이 언제나 지켜야 할 것으로 인정되는 행동준칙을 말한다. 條理라고도 한다. 사회상규는 법적 의무를 발생시킨다는 점에서 단순한 도덕률과 구분된다.

사회상규 내지 조리는 추상적이고 불특정한 개념이기 때문에 이를 근거로 할 경우 보증인적 지위의 인정범위가 지나치게 확대될 우려가 있다. 이점에서 사회상규 내지 조리에 의한 보증인적 지위는 엄격히 제한된 범위 내에서만 인정되어야 한다.[255][256]

---

252) **[보호책임의 인수]** : 보호책임의 인수란 법익보호의 책임을 본래의 의무자로부터 이어받는 것을 말한다. 의사표시를 통하여 법익보호의 책임을 인수하게 되면 다른 사람들은 보호책임 인수자가 법익보호의 의무를 잘 수행할 것이라고 믿어 더 이상 보호조치를 강구할 필요가 없다고 생각하게 되는데, 이러한 타인의 신뢰를 근거로 계약상의 보호책임인수자는 보증인적 지위에 서게 되는 것이다.

253) **[호의적 행동과 보증인적 지위의 관계]** : 예컨대 부모가 외출하면서 어린아이를 돌보아 달라고 이웃집에 부탁했을 때 그 이웃이 '염려 말라'고 답하는 것 자체가 보증인적 지위의 발생근거가 될 수 있다.

254) **[보호책임 인수자가 타인에게 그 보호책임을 이전시킨 경우]** : 따라서 본래의 보증인이 새로운 보호책임인수자의 불성실한 의무이행사실이나 이행불능의 사실을 알게 되었다면 **새로운 위험원이 발생**한 것으로 보아야 할 것이다. 즉 본래의 의무자는 보증인으로서 **다시금 발생된 결과에 대하여 부작위범의 죄책**을 지게 된다.

255) **[사회상규 내지 조리에 의한 보증인적 지위 발생례]** : 예컨대 동거하는 고용자에 대한 고용주의 보호의무, 관리자의 위험발생방지의무, 목적물의 하자에 대한 신의칙상의 고지의무 등을 들 수 있다.

256) **[사회상규 내지 조리에 의한 작위의무]** : **대법원 1985.3.26. 선고 84도301 판결**(매매에 있어서 매수인이 알았다면 매수하지 아니할 것이 거래의 경험칙상 명백한 사실에 대하여는 매도인은 신의성실의 원칙에 따라 이를 상대방에게 고지할 법률상 의무가 있다고 보아야 할 것이므로 제3자가 매도인을 상대로 대지 및 지상건물에 대한 명도소송을 제기하여 계속 중이고 점유이전금지가처분까지 되어 있는 사실을 매수인이 알았다면 거래의 경험칙상 위 대지를 매수하지 아니하였을 것이 분명하므로 신의성실의 원칙에 따라 매도인은 위와 같은 소송관계를 매수인에게 고지할 법률상 의무가 있다.) ; **대법원 1986.9.9. 선고 86도956 판결**(부동산매매에 있어서 매매목적물에 관하여 소유권귀속에 관한 분쟁이 있어 재심소송이 계속 중에 있다면 이러한 사정들은 특별한 사정이 없는 한 매수인으로서는 매매계약의 체결 여부를 결정짓는 매우 중요한 요소이므로 매도인은 거래의 신의성실의 원칙상 매수인에게 고지할 의무가 있다 할 것이고 매도인 이 매수인에게 소송계속사실을 숨기고 매도하여 대금

보충판례 9-5 : 대법원 2011.1.27. 선고 2010도5124 판결.

④ 선행행위에 基한 보증인적 지위

先行行爲란 작위범의 구성요건이 실현될 위험에 앞서서 먼저 이루어진 행위를 말한다. 형법 제18조는 '자기의 행위로 인하여 위험발생의 원인을 야기한 자'를 보증인적 지위가 발생하는 자로 규정하고 있다. 즉 선행행위는 위험발생의 원인이 된 행위(작위 및 부작위)이다(예 : 사례3, 사례4).[257)][258)]

보충판례 9-6 : 대법원 1992.2.11. 선고 91도2951 판결.

선행행위는 반드시 형법상의 구성요건에 해당하는 행위일 필요는 없다. 선행행위

....

을 교부받았다면 이는 사기죄를 구성한다.) ; 대법원 1991.12.24. 선고 91도2698 판결 ; 대법원 1993.7.13. 선고 93도14 판결 ; 대법원 1994.10.21. 선고 94도2048 판결 ; 대법원 1996.7.30. 선고 96도1081 판결 ; 대법원 1998.12.8. 선고 98도3263 판결 ; 대법원 2004.5.27. 선고 2003도4531 판결 ; 대법원 2006.2.23. 선고 2005도8645 판결 ; 대법원 2007.4.12. 선고 2007도1033 판결 ; 대법원 2008.5.8. 선고 2008도1652 판결 등.

257) **[선행행위에 의한 보증인적 지위 발생례]** : 예컨대 보행인을 과실치상한 운전자의 피해자 구호의무(이는 법령 즉 도로교통법 제54조에 의해서도 구호의무가 발생한다), 실화자의 소화의무 등을 들 수 있다.

258) **[선행행위에 기한 작위의무]** : 대법원 1982.11.23. 선고 82도2024 판결(피고인이 미성년자를 유인하여 포박 감금한 후 단지 그 상태를 유지하였을 뿐인데도 피감금자가 사망에 이르게 된 것이라면 피고인의 죄책은 감금치사죄에 해당한다 하겠으나, 나아가서 그 감금상태가 계속된 어느 시점에서 피고인에게 살해의 범의가 생겨 피감금자에 대한 위험발생을 방지함이 없이 포박감금상태에 있던 피감금자를 그대로 방치함으로써 사망케 하였다면 피고인의 부작위는 살인죄의 구성요건적 행위를 충족하는 것이라고 평가하기에 충분하므로 부작위에 의한 살인죄를 구성한다.) ; **보충판례 9-6 : 대법원 1992.2.11. 선고 91도2951 판결**[피고인이 조카인 피해자(10세)를 살해할 것을 마음먹고 저수지로 데리고 가서 미끄러지기 쉬운 제방 쪽으로 유인하여 함께 걷다가 피해자가 물에 빠지자 그를 구호하지 아니하여 피해자를 익사하게 한 것이라면 피해자가 스스로 미끄러져서 물에 빠진 것이고, 그 당시는 피고인이 살인죄의 예비 단계에 있었을 뿐 아직 실행의 착수에는 이르지 아니하였다고 하더라도, **피해자의 숙부로서 익사의 위험에 대처할 보호능력이 없는 나이 어린 피해자를 익사의 위험이 있는 저수지로 데리고 갔던 피고인으로서는 피해자가 물에 빠져 익사할 위험을 방지**하고 피해자가 물에 빠지는 경우 그를 구호하여 주어야 할 법적인 작위의무가 있다고 보아야 할 것이고, 피해자가 물에 빠진 후에 피고인이 살해의 범의를 가지고 그를 구호하지 아니한 채 그가 익사하는 것을 용인하고 방관한 행위(부작위)는 피고인이 그를 직접 물에 빠뜨려 익사시키는 행위와 다름없다고 형법상 평가될 만한 살인의 실행행위라고 보는 것이 상당하다.] ; 대법원 2010.1.14. 선고 2009도12109,2009감도38 판결[모텔 방에 투숙하여 담배를 피운 후 재떨이에 담배를 끄게 되었으나 담뱃불이 완전히 꺼졌는지 여부를 확인하지 않은 채 불이 붙기 쉬운 휴지를 재떨이에 버리고 잠을 잔 과실로 담뱃불이 휴지와 침대시트에 옮겨 붙게 함으로써 화재가 발생한 사안에서, **위 화재가 중대한 과실 있는 선행행위로 발생한 이상 화재를 소화할 법률상 의무는 있다 할 것**이나, 화재 발생 사실을 안 상태에서 모텔을 빠져나오면서도 모텔 주인이나 다른 투숙객들에게 이를 알리지 아니하였다는 사정만으로는 화재를 용이하게 소화할 수 있었다고 보기 어렵다는 이유로, 부작위에 의한 현주건조물방화치사상죄의 공소사실에 대해 무죄를 선고한 원심의 판단을 수긍하였다.]

가 유책할 필요가 없다는 점에 이견은 없지만, **위법하지 아니한 선행행위도 보증인적 지위를 발생시키는지**에 대해서는 견해가 대립한다.

부정설은 선행행위책임을 지우기 위해서는 위험을 근거지우는 행위가 있는 것으로 충분하고 선행행위의 위법(의무위반성)여부는 보증인적 지위 내지 작위의무의 문제와 무관하다고 보는 견해이다. 형법 제18조의 문언해석상 결과발생을 초래한 선행행위의 적법·위법을 불문하므로 야기설이라고도 한다.

긍정설(통설)은 선행행위는 위법해야 하므로 정당화되는 선행행위가 있으면 보증인적 지위는 부정되어야 한다는 견해이다.

생각건대 위법하지 아니한 선행행위로부터는 보증인적 지위 내지 작위의무가 발생하지 않는다고 하는 **긍정설이 타당**하다. 따라서 정당방위행위자는 위법한 선행행위자가 아니기 때문에 작위의무(구호의무)를 지지 아니한다. 다만 예외적으로 긴급피난의 경우에는 위난의 발생과 무관하게 제3자의 법익이 희생되는 것이므로 피난행위자에게 일정한 작위의무가 발생할 수 있고, 법령상 명문규정이 있는 경우(예컨대 도로교통법 제54조 제1항의 사고운전자의 구호의무)에는 적법한 선행행위에 의해서도 작위의무를 인정할 수 있다.[259)]

보충판례 9-7 : 대법원 2002.5.24. 선고 2000도1731 판결.

⑤ 보호의무에 의한 보증인적 지위

이는 법익주체와 보증인 사이에 특별한 결합관계 내지 보호관계가 존재함으로써 보증인이 법익에 대하여 특별한 보호책임을 지는 경우이다.

---

259) **보충판례 9-7[적법한 선행행위에 의한 작위의무] : 대법원 2002.5.24. 선고 2000도1731 판결**(도로교통법 제50조 제1항, 제2항이 규정한 교통사고발생시의 구호조치의무 및 신고의무는 차의 교통으로 인하여 사람을 사상하거나 물건을 손괴한 때에 운전자 등으로 하여금 교통사고로 인한 사상자를 구호하는 등 필요한 조치를 신속히 취하게 하고, 또 속히 경찰관에게 교통사고의 발생을 알려서 피해자의 구호, 교통질서의 회복 등에 관하여 적절한 조치를 취하게 하기 위한 방법으로 부과된 것이므로 교통사고의 결과가 피해자의 구호 및 교통질서의 회복을 위한 조치가 필요한 상황인 이상 그 의무는 교통사고를 발생시킨 당해 차량의 운전자에게 그 사고발생에 있어서 고의·과실 혹은 유책·위법의 유무에 관계없이 부과된 의무라고 해석함이 상당할 것이므로, 당해 사고에 있어 귀책사유가 없는 경우에도 위 의무가 없다 할 수 없고, 또 위 의무는 신고의무에만 한정되는 것이 아니므로 타인에게 신고를 부탁하고 현장을 이탈하였다고 하여 위 의무를 다한 것이라고 말할 수는 없다.)

ㄱ. 자연적 결합관계

가족 상호간에는 서로 상대방의 법익에 대한 위험을 방지해야 할 보증인의무가 있다. 예컨대 타인이 자신의 아버지를 독살하려는 것을 알면서도 방치한 자는 부작위에 의한 살인죄의 방조범으로 처벌된다.[260]

이 경우의 보증인적 지위는 상호간의 신뢰와 의존관계가 현실적으로 존재하는 경우로 한정된다(예컨대 별거 중인 부부는 보증인적 지위가 인정되지 않는다).

ㄴ. 긴밀한 공동관계

밀접한 생활공동체나 위험공동체에 속해 있는 사람 사이에 특수한 신뢰관계가 존재하는 경우에는 보증인적 지위가 인정된다(예 : 사실혼부부, 산악등반대, 동굴탐험대 등).

그러나 단순한 집합체나 우연히 공동위험상황에 처한 자 상호간에는 보증인적 지위가 인정되지 않는다(예 : 단순한 숙식공동체, 구명보트에 우연히 동승한 난파선 승객들).

ㄷ. 보호기능의 자의적 인수

피해자의 법익에 대한 보호기능을 자의로 인수하여 다른 구조의 가능성이 배제되었거나 새로운 위험이 발생한 경우에도 보증인적 지위가 인정된다(예 : 수영강습생의 수영지도를 맡은 경우, 의사가 환자의 치료를 맡은 경우 등). 이 경우 계약 등 사법상의 근거의 유무, 계약의 유효성 여부, 기간을 불문하고 사실상 보호기능을 맡고 있으면 보증인적 지위가 인정된다.

⑥ 감시의무에 의한 보증인적 지위

ㄱ. 危險源에 대한 감독의무

자기의 지배영역 안에 위험원을 소유·점유한 자는 이 위험원이 타인의 법익을 침해

---

260) BGHSt. 19, 167. 이와 유사한 사례로 남편이 자살을 기도하여 의식을 잃고 있는 것을 방치한 경우에는 자살방조죄의 책임을 진다.

하지 않도록 안전조치를 취할 보증인적 의무가 발생한다(예 : 건축공사장의 감독자, 맹견의 소유자 등).[261]

ㄴ. 타인에 대한 감독의무

특별한 신분상의 권위로 인하여 타인을 통솔할 책임이 있는 사람은 이들이 다른 사람의 법익을 침해하지 않도록 감독해야 할 보증인적 지위에 있다(예 : 미성년자에 대한 부모의 의무, 학생에 대한 교사의 감독의무, 부하직원에 대한 상관의 감독의무 등).[262]

(8) 행위정형의 동가치성

부진정부작위범 동가치성의 제2요소인 **행위정형의 동가치성**이란 보증인적 지위에 있는 자의 부작위가 작위적 방법에 의한 구성요건의 실현과 동등한 것으로 평가될 수 있어야 한다는 것을 말한다. 相應性이라고도 한다.[263]

순수한 결과범(살인죄 등)에서는 동가치성기준이 적용되지 않기 때문에 보증인적 지위에 있는 자의 부작위에 의해서 구성요건적 결과가 발생하면 구성요건해당성이

261) **대법원 1986.8.19. 선고 86도915 판결**(자전거 전용통로에 도시가스배관, 철도횡단흄관 압입공사를 하기 위하여 너비 약 3미터, 깊이 약 1미터, 길이 약 5미터의 웅덩이를 파두어 야간에 그곳을 지나던 통행인이 위 웅덩이에 떨어져 상해를 입었다면 동 공사현장 감독에게는 공사현장의 보안관리를 소홀히 한 주의의무위반이 있다.)

262) **대법원 2006.4.28. 선고 2003도4128 판결 ; 대법원 1984.11.27. 선고 84도1906 판결**(형법상 방조는 작위에 의하여 정범의 실행행위를 용이하게 하는 경우는 물론, 직무상의 의무가 있는 자가 정범의 범죄행위를 인식하면서도 그것을 방지하여야 할 제반조치를 취하지 아니하는 부작위로 인하여 정범의 실행행위를 용이하게 하는 경우에도 성립된다 할 것이므로 은행지점장이 정범인 부하직원들의 범행을 인식하면서도 그들의 은행에 대한 배임행위를 방치하였다면 배임죄의 방조범이 성립된다.) ; **대법원 1985.11.26. 선고 85도1906 판결**(종범의 방조행위는 작위에 의한 경우뿐만 아니라 부작위에 의한 경우도 포함하는 것으로서 법률상 정범의 범행을 방지할 의무있는 자가 그 범행을 알면서도 방지하지 아니하여 범행을 용이하게 한 때에는 부작위에 의한 종범이 성립한다.)

263) **[행위정형의 동가치성(상응성)]** : **대법원 2008.2.28. 선고 2007도9354 판결**[형법상 부작위범이 인정되기 위해서는 형법이 금지하고 있는 법익침해의 결과발생을 방지할 법적인 작위의무를 지고 있는 자가 그 의무를 이행함으로써 결과발생을 쉽게 방지할 수 있었음에도 불구하고 그 결과의 발생을 용인하고 이를 방관한 채 그 의무를 이행하지 아니한 경우에, 그 부작위가 작위에 의한 법익침해와 동등한 형법적 가치가 있는 것이어서 그 범죄의 실행행위로 평가될 만한 것이라면, 작위에 의한 실행행위와 동일하게 부작위범으로 처벌할 수 있고, 여기서 작위의무는 법령, 법률행위, 선행행위로 인한 경우는 물론, 기타 신의성실의 원칙이나 사회상규 혹은 조리상 작위의무가 기대되는 경우에도 인정된다 할 것이다(대법원 1992.2.11. 선고 91도2951 판결, 대법원 2006.4.28. 선고 2003도4128 판결 등 참조).]

인정된다.

이에 대하여 구성요건상 행위의 수단·방법이 특정되어 있어서 일정한 행위태양에 의해서만 구성요건적 결과가 발생해야 성립하는 행태적 결과범(예 : 사기죄의 '기망', 공갈죄의 '폭행·협박' 등)에 있어서는, 부작위가 결과야기행위의 구성요건적 양태와도 동가치성을 가질 때 비로소 구성요건적 부작위로 평가될 수 있기 때문에 동가치성기준이 적용된다.

예컨대 사기죄에 있어서 사람을 착오에 빠지게 하는 작위행위인 '欺罔'은 단순히 착오를 불러일으킨다는 것을 넘어서 그 행위가 거래사회에 있어서 신의칙에 반하는 것이라고 평가될 수 있어야 한다. 즉 소위 고지의무불이행에 의한 부작위사기죄에 있어서는 단순한 고지의무의 불이행이 곧 바로 기망이 되는 것이 아니라 고지의무불이행이 부작위사기죄의 실행행위로서 기망이 되려면 그 불고지가 거래사회에서 신의칙에 위반하는 것이라고 평가될 수 있는 정도에 이르러야 작위에 의한 기망과 실행행위의 동가치성이 인정되는 것이다.

4. 부작위범의 법적 효과

(1) 부작위범의 처벌

진정부작위범의 경우에는 당해 부작위범의 형벌법규에 법정형이 규정되어 있다. 그러나 부진정부작위범의 경우에는 그 법정형이 동가치성이 인정되는 작위범 구성요건에 명시되어 있다(형법 제18조는 '발생된 결과에 의하여 처벌한다'고 규정). 작위범이 부작위의 형태로 실현되었다는 사정은 작량감경(형법 제53조 참조)의 사유로 고려될 수 있을 뿐이다.

입법론적으로는 부진정부작위범의 불법과 책임이 작위범보다 가볍다는 점과 부진정부작위범의 불명확성 때문에 형사처벌이 지나치게 확대되는 것을 방지한다는 점에서 형을 임의적 감경을 허용하는 것이 바람직할 것이다**[2011년 형법총칙전면개정안 제15조(부작위범) 단서조항 참조!]**.

(2) 부작위범의 미수

진정부작위범의 미수에 대해서는 미수범처벌규정이 있는 한 미수를 인정할 수 있다는 긍정설과 진정부작위범은 모두 거동범이므로 미수를 인정할 수 없다는 부정설(다수설)이 대립하고 있으나, 부진정부작위범은 결과범의 성격을 가진 범죄이므로 미수범의 성립이 가능하다.

부진정부작위범의 실행의 착수시기와 관련해서는, 작위의무이행의 지연으로 인하여 당해 구성요건이 보호하는 법익에 현저한 위험이 발생하기 시작하는(법익침해의 위험성이 급격히 증가하는) 시점에 실행의 착수가 인정된다(다수설).

(3) 작위의무의 착오

진정부작위범에 있어서는 객관적 구성요건에 해당하는 사실을 인식하지 못하고 일정한 작위를 하지 않은 경우에는 구성요건적 착오가 되고, 객관적 구성요건에 해당하는 사실을 인식하였으나 자신의 부작위가 위법하지 않다고 오인하고 작위로 나아가지 않은 경우에는 금지착오가 된다.

부진정부작위범에 있어서는 보증인적 지위에 관하여 착오한 경우에는 구성요건적 착오가 된다. 결과발생방지의 가능성도 부진정부작위범의 객관적 구성요건요소이므로 이를 착오로 인식하지 못한 경우도 구성요건적 착오로서 고의가 조각된다. 보증인의무에 관하여 착오가 있는 경우에는 금지착오가 된다.

보충판례 9-8[부작위범 사이의 공동정범] : 대법원 2009.2.12. 선고 2008도9476 판결 ; 대법원 2008.3.27. 선고 2008도89 판결.

보충판례 9-9[부작위범 사이의 공동정범(2008도89) 원심판결] : 서울중앙지방법원 2007.12.18. 선고 2007노2052 판결 【공중위생관리법위반】

복습 및 심화질문

1. 부진정부작위범은 구성요건이 작위범의 형상으로 규정되어 있기 때문에 그 작위의무의 범위가 반드시 명확하다고 할 수 없는 문제가 있다. (O, X)
2. 작위의무에 위반하였다고 하여 반드시 부진정부작위범이 성립한다고 할 수 없다. (O, X)
3. 부진정부작위범은 법령상 규정된 작위의무의 존재가 필요하다. (O, X)
4. 부진정부작위범은 작위의무에 따라서 행위를 하더라도 구성요건적 결과가 발생한 이상 성립하는 경우도 있다. (O, X)

예습심화문제 **다음 수업시간 전까지 스스로 풀어볼 것!**

사례 1	甲은 A를 살해하기 위하여 물을 달라고 하는 A에게 치사량의 독약을 탄 냉수를 주었다. 이 때 옆에 있던 乙도 A를 살해하기 위하여 치사량의 독약이 든 쥬스를 주었다. A는 甲이 준 냉수를 먹고 사망하였다. 甲의 행위와 A의 사망 사이의 인과관계는?(甲과 乙은 의사연락이 없었다)

사례 2	甲, 乙, 丙은 서로 의사연락없이 각각 A를 살해하기로 결심하고 있었다. 이들은 연설 중인 A에게 동시에 달려들어 모두 심장을 찔렀다. 이로 인해 A는 사망하였다. 甲의 행위와 A의 사망 사이의 인과관계는?

사례 3	乙은 A를 살해하기 위하여 63층 빌딩 옥상에서 A를 빌딩 밑으로 밀어버렸다. A가 추락하는 도중 10층에서 이를 발견한 甲은 A를 반드시 자신의 손으로 죽이겠다고 생각하고 총을 꺼내 A에게 발사하였다. A는 甲의 총을 맞고 즉사하였다. 甲의 행위와 A의 사망 사이의 인과관계는?(甲과 乙은 의사연락이 없었다)

사례 4	甲은 A를 살해하기 위해 A가 탄 비행기에 시한폭탄장치를 하였다. 그러나 비행 도중 그 비행기는 엔진고장을 일으켜 추락하였고, 추락 도중 시한폭탄이 터져 A는 사망하였다. 甲의 행위와 A의 사망 사이의 인과관계는?(甲과 乙은 의사연락이 없었다)

사례 5	甲, 乙, 丙은 서로 의사연락없이 A를 살해하기 위하여 치사량 10g의 독약을 차례로 3g, 4g, 3g씩 A에게 먹였다. 이로 인해 A는 사망하였다. 甲의 행위와 A의 사망 사이의 인과관계는?

제 6 장

형법총론

(형법적)인과관계(와 객관적 귀속)

[조문]

刑法 第17條(因果關係) 어떤 行爲라도 罪의 要素되는 危險發生에 連結되지 아니한 때에는 그 結果로 因하여 罰하지 아니한다.

第19條(獨立行爲의 競合) 同時 또는 異時의 獨立行爲가 競合한 境遇에 그 結果發生의 原因된 行爲가 判明되지 아니한 때에는 各行爲를 未遂犯으로 處罰한다.

第263條(同時犯) 獨立行爲가 競合하여 傷害의 結果를 發生하게 한 境遇에 있어서 原因된 行爲가 判明되지 아니한 때에는 共同正犯의 例에 依한다.

2011년 형법일부개정법률안[형법총칙전면개정안][의안번호 제11304호] 제10조(인과관계) 어떤 행위라도 죄의 요소가 되는 위험 발생에 연결되지 아니한 경우에는 그 결과로 인하여 벌하지 아니한다.

제16조(독립행위의 경합) 동시(同時) 또는 이시(異時)의 독립행위가 경합한 경우에 그 결과 발생의 원인된 행위가 판명되지 아니하였을 때에는 각 행위를 미수범으로 처벌한다.

舊 환경범죄의단속에관한특별조치법[시행 2011.2.5][법률 제10031호, 2010.2.4, 타법개정 : 2011.4.28. 개정으로 2011.10.28.까지 유효] 第11條(推定) 오염물질을 사람의 생명 · 신체, 상수원 또는 자연생태계등(이하 "생명 · 신체등"이라 한다)에 위험(제3조제3항 각호의 1에 해당하는 경우를 포함한다. 이하 같다)이 발생할 수 있을 정도로 불법배출한 사업자가 있는 경우 그 물질의 불법배출에 의하여 위험이 발생할 수 있는 지역안에서 동종의 물질에 의하여 생명 · 신체등에 위험이 발생하고 그 불법배출과 발생한 위험 사이에 상당한 개연성이 있는 때에는 그 위험은 그 사업자가 불법배출한 물질에 의하여 발생한 것으로 추정한다.

환경범죄등의단속및가중처벌에관한법률[시행 2012.7.29][법률 제10977호, 2011.7.28, 타법개정] 第11條(推定) "사람의 생명 · 신체, 상수원 또는 자연생태계 등(이하 "생명 · 신체등"이라 한다)에 위해(제3조제3항 각 호의 어느 하나에 해당하는 경우를 포함한다. 이하 이 조에서 같다)를 끼칠 정도로 오염물질을 불법배출한 사업자가 있는 경우 그 오염물질의 불법배출에 의하여 위해가 발생할 수 있는 지역에서 같은 종류의 오염물질로 인하여 생명 · 신체등에 위해가 발생하고 그 불법배출과 발생한 위해 사이에 상당한 개연성이 있는 때에는 그 위해는 그 사업자가 불법배출한 물질로 인하여 발생한 것으로 추정한다.[전문개정 2011.4.28]"

제1절 인과관계의 형법적 의의

1. 의의

형법상의 인과관계는 일정한 결과발생을 구성요건요소로 하는 모든 범죄에 대하여 요구되는 객관적 구성요건요소이다. 즉 일반적으로 결과범에 있어서 요구되는 행위와 결과사이의 연결관계를 인과관계라고 한다. 따라서 인과관계는 발생한 구성요건적 결과를 행위자의 실행행위에 귀속시키기 위한 요건이기 때문에 **결과가 발생한 때에만** 문제가 된다.[264)]

이처럼 범죄의 대부분인 결과범이 성립하기 위해서는 구성요건적 행위와 발생된 결과 사이에 연결고리가 존재하여야 하는데, 형법 제17조는 이 점을 소극적인 방식[265)]으로 표현하여 "어떤 행위라도 죄의 요소되는 위험발생에 연결되지 아니한 때에는 그 결과로 인하여 벌하지 아니한다[266)]"고 규정하고 있다.

264) 이에 대하여 상세하게는 후술하는 형법 제17조의 적용범위를 참조.

265) **[형법 제17조와 해석의 상관성]** : 우리 형법 제17조는 인과관계가 있는 경우와 그 효과를 적극적으로 규정하지 않고 인과관계가 없는 경우의 효과만을 소극적으로 규정하는 방식을 취하고 있기 때문에 인과관계의 존재문제와 인과관계존재시의 효과는 해석에 의해 해결할 수밖에 없다.

266) **[인과관계의 기능 : 우연한 결과의 배제]** : 일정한 결과가 행위자의 행위와 무관하게 발생하였다면 그 결과는 피해자에게 우연하게 일어난 '불행'한 결과이지 행위자의 행위가 만들어낸 '불법'한 결과가 아니다. 그러한 우연에 의해 발생한 불행한 결과에 대해서까지 행위자가 책임지지 않도록 하기 위하여 형법은 행위와 결과 간의 '인과관계'를 범죄구성요건요소로 요구하고 있는 것이다. 즉 형법에서 인과관계를 논하는 가장 큰 이유는 어떤 행위로 인해 발생한 모든 결과에 대해 무조건 책임을 져야 한다는 **結課責任主義(결과적 가중범의 문제점)를 배제**하려는 점에 있다.

2. 형법 제17조의 적용범위 : 인과관계론의 실익

인과관계는 거동범에서는 문제되지 않고 결과범에서 문제된다. 즉 거동범에서는 구성요건적 행위만 있으면 기수가 될 수 있기 때문이다.[267)]

[보충설명 : 형법상 인과관계에 있어서 결과의 의미]

형법상 인과관계에서 말하는 '결과'는 반드시 침해범의 법익침해적 결과에 국한되지 않는다. 구체적 위험범(예컨대 형법 제166조 제2항, 제167조 등)의 구체적 위험도 당해 범죄의 결과에 해당하기 때문이다. 따라서 형법 제17조는 침해범과 구체적 위험범에 대해서도 적용된다.

이에 대하여 **법익침해의 위험성이 구성요건에 명시되어 있지 않는 추상적 위험범의 경우**에는 위험의 발생이라는 결과를 구성요건요소로 설정하고 있지 않은 범죄이므로 원칙적으로 인과관계가 문제되지 않는다.

다만 **추상적 위험범 중에서도 구성요건적 결과를 명시하고 있는 경우에는 예외적으로 인과관계가 문제된다** 할 것이므로 형법 제17조가 적용된다. 예컨대 형법 제164조(현주건조물방화죄)의 경우는 추상적 위험범이면서도 '소훼(燒燬)'라는 구성요건적 결과를 특별히 규정하고 있으므로 방화행위와 소훼라는 결과사이에도 형법상의 인과관계가 인정되어야 한다.

가. 고의결과범

고의결과범에서 인과관계는 **범죄의 기수·미수를 결정짓는 기능**을 담당한다. 예컨대 살인죄에서는 살인행위 뿐만 아니라 피해자의 사망이라는 결과가 발생하여야 살인기수죄가 될 수 있다. 그러나 살인행위와 사망이라는 결과 사이에 **인과관계가 없는 경우(즉 사실적 인과관계의 단계이든, 객관적 귀속의 단계이든 불문한다)에는** 행위자는 사망이라는 결과에 대해 책임을 지는 것이 아니라 자신의 행위에 대해서만 책임을 지는 것이므로 살인미수의 죄책만을 지는 것이다.

---

267) **[거동범의 인과관계]** : 예컨대 공무집행방해죄(형법 제136조 제1항), 주거침입죄(제319조 제1항) 등을 들 수 있다. 이러한 범죄의 경우에는 직무를 집행하는 공무원에게 폭행을 가하거나 타인의 주거에 침입하는 **행위만으로 구성요건은 실현**된다.

나. 과실범과 결과적 가중범

과실범에서 인과관계의 유무는 **과실범의 성립여부를 결정하는 기능**을 담당한다. 주의의무위반도 있고 결과도 발생하였지만 양자 사이에 인과관계가 없는 경우에는 과실범이 성립하지 않는다. 이 경우 주의의무위반행위는 있어 과실범의 미수는 성립하지만 과실범의 미수는 형법이 처벌하지 않기 때문이다.

한편 결과적 가중범[268]에서 인과관계의 유무는 **결과적 가중범이 성립하는가 아니면**

---

268) **[結果的 加重犯]** : 결과적 가중범이란 고의의 기본범죄에 의하여 행위자가 예견하지 못했던(그러나 예견할 수 있었던) 중한 결과가 발생한 경우에 그 중한 결과를 이유로 형벌이 가중되는 범죄(형법 제15조 제2항)를 말한다. 형법각칙상 상해치사죄(제259조), 폭행치사상죄(제262조) 등과 같은 각종 유형의 致死傷罪가 이에 해당한다.

[결과적 가중범의 구조]는 원칙적으로 고의(기본범죄)+과실(중한 결과)**[진정결과적 가중범]**의 형태가 일반적이지만, **고의(기본범죄)+고의(중한 결과)[살인죄와 현주건조물방화죄의 상상적 경합과 현주건조물방화치사상죄의 법정형비교]** 또는 **과실(기본범죄)+고의(중한 결과)[부진정결과적 가중범, 특정범죄가중처벌등에관한법률 제5조의3(도주차량운전자의가중처벌)][부진정결과적가중범]**의 형태를 가진 것도 있다. 결과적 가중범에 대하여 자세하게는 후술의 장을 참조!

대법원 2005.9.30. 선고 2005도2654 판결 【특정범죄가중처벌등에관한법률위반(도주차량)·도로교통법위반】 [사고운전자가 사고로 인하여 피해자가 사상을 당한 사실을 인식하였음에도 불구하고, 곧 정차하여 피해자를 구호하는 등 필요한 조치를 이행하기 이전에 사고현장을 이탈하여 사고를 낸 자가 누구인지 확정될 수 없는 상태를 초래하는 경우, 이는 특정범죄 가중처벌 등에 관한 법률 제5조의3 제1항 소정의 '곧 정차하여 사상자를 구호하는 등 도로교통법 제50조 제1항의 규정에 의한 조치를 취하지 아니하고 도주한 때'에 해당한다고 할 것이고(대법원 2002.2.8. 선고 2001도4771 판결, 2003.4.25. 선고 2002도6903 판결, 2004.3.12. 선고 2004도250 판결, 2004.3.25. 선고 2003도8125 판결, 2004.6.10. 선고 2003도5138 판결 등 참조), 이러한 경우 사고로 인하여 피해자가 사상을 당한 사실에 대한 인식의 정도는 반드시 확정적임을 요하지 아니하고 미필적으로라도 인식하면 족하다(대법원 1985.9.10. 선고 85도1462 판결, 2001.1.5. 선고 2000도2563 판결, 2005.1.14. 선고 2004도7746 판결 등 참조).

기록에 의하면, 피해자들이 이 사건 교통사고로 입은 상해부위에는 압통 등이 있어 일상생활에 지장을 줄 정도이고 사고 다음날인 2003.4.4.부터 같은 달 16일까지 병원에 입원하여 약물치료(근육주사, 근이완제, 진통제 등) 및 1일 2회씩의 물리치료를 한 사실이 인정되므로, 이러한 상해를 형법 제257조 제1항에 규정된 '상해'로 평가될 수 없을 정도의 극히 하찮은 상처로서 굳이 치료할 필요가 없는 것이라고 할 수는 없고, 기록에 나타난 사고의 경위와 피고인이 사고 직후 곧 정차하여 피해자의 상태를 살피지도 아니한 채 그대로 현장을 이탈한 사정을 미루어 보면, 피고인으로서는 최소한 미필적으로나마 피해자들이 위와 같은 상해를 입었을지도 모른다는 인식을 하면서도 그대로 현장을 이탈한 것이라 할 것이어서 피고인에게 도주의 의사가 있었다고 봄이 상당하다.] ; **대법원 2004.3.12. 선고 2004도250 판결 【특정범죄가중처벌등에관한법률위반(도주차량)(인정된 죄명 : 교통사고처리특례법위반)·도로교통법위반】** (위 법률 조항 소정의 피해자 구호조치는 반드시 본인이 직접 할 필요는 없고, 자신의 지배하에 있는 자를 통하여 하거나, 현장을 이탈하기 전에 타인이 먼저 구호조치를 하여도 무방하다고 할 것이나, 이 사건의 경우와 같이 사고 운전자가 그가 일으킨 교통사고로 상해를 입은 피해자에 대한 구호조치의 필요성을 인식하고 부근의 택시 기사에게 피해자를 병원으로 이송하여 줄 것을 요청하였으나 경찰관이 온 후 병원으로 가겠다는 피해자의 거부로 피해자가 병원으로 이송되지 아니한 사이에 피해자의 신고를 받은 경찰관이 사고현장에 도착하였고, 피해자의 병원이송 및 경찰관의 사고현장 도착 이전에 사고 운전자가 사고현장을 이탈하였다면, 비록 그 후 피해자가 택시를 타고 병원에 이송되어 치료를 받았다고 하더라도 운전자는 피해자에 대한 적절한 구호조치를 기본범죄만 성립하는가를 결정한다. 기본범죄행위가 있고 중한 결과도 발생하였지만 양자 사이에 인과관계가 없는 경우에는 결과적 가중범이 성립하지 않고 행위자는 기본범죄에 대해서만 책임을 진다.

[보충적 설명 : 인과관계개념의 이중적 의미=형법적 인과관계의 의미]

인과관계에 관한 학설을 이해함에 있어서 먼저 익혀 두어야 할 중요사항은 올바른 용어사용법이다. 인과관계는 행위가 결과에 대한 원인으로 작용하였는가를 묻는 존재론적 문제이다. 이는 자연과학적 인과관계의 의미에서 행위와 발생한 결과 사이에 자연법칙에 따라 설명할 수 있는 결합이 존재하는가를 문제(인과관계의 존부문제)로 한다. 그러나 이러한 인과관계만으로 행위자를 처벌할 수는 없다. 사실적 인과관계만으로는 형법적 인과관계에 대한 평가적 수정이 이루어지지 않기 때문이다.

따라서 사실적 인과관계(조건관계)는 단순한 존부확인을 넘어서 규범적 측면(즉 평가적 요소=형법적 평가)까지도 포함하는 형법적 인과관계(그 판단기준이 상당인과관계설이든, 객관적 귀속이론이든 불문하고)에 의해 제한되어야 한다.

취하지 않은 채 사고현장을 이탈하였다고 할 것이어서, 설령 운전자가 사고현장을 이탈하기 전에 피해자의 동승자에게 자신의 신원을 알 수 있는 자료를 제공하였다고 하더라도, 피고인의 이러한 행위는 '피해자를 구호하는 등 조치를 취하지 아니하고 도주한 때'에 해당한다고 할 것이다.) ; **대법원 2002.2.8. 선고 2001도4771 판결 【특정범죄가중처벌등에관한법률위반(도주차량)】**(사고운전자가 교통사고 후 피해자를 병원으로 후송하여 치료를 받게 하고 병원에서 피해자의 가족들에게 자신의 인적사항을 알려주었다면, 비록 경찰관서에 자신이 사고운전자임을 신고하지 아니하고 동료 운전기사로 하여금 그가 사고운전자인 것으로 신고하게 하였다 하더라도, 피해자를 구호하는 등 도로교통법 제50조 제1항에 규정된 의무를 이행하기 이전에 사고현장을 이탈하여 사고를 낸 자가 누구인지 확정될 수 없는 상태를 초래하였다고 볼 수는 없으므로, 사고운전자가 특정범죄가중처벌등에관한법률 제5조의3 제1항 소정의 피해자를 구호하는 등 도로교통법 제50조 제1항의 규정에 의한 조치를 취하지 아니하고 도주하였다고 볼 수 없다.)

제2절 사실적 인과관계(조건관계)의 존부 확정

1. 자연과학적 인과관계의 특수유형

▮ 사실적 인과관계의 유형 ▮

사례 22

甲은 A를 살해하기 위하여 물을 달라고 하는 A에게 치사량의 독약을 탄 냉수를 주었다. 이 때 옆에 있던 乙도 A를 살해하기 위하여 치사량의 독약이 든 쥬스를 주었다. A는 甲이 준 냉수를 먹고 사망하였다. 甲의 행위와 A의 사망 사이의 인과관계는?(甲과 乙은 의사연락이 없었다)

[擇一的(競合的) 競合[269)]] : 독자적으로 결과를 발생시킬 수 있는 수개의 행위가 있고 그 중 하나의 행위에 의해 결과가 발생한 경우를 말한다.

사례 23

甲, 乙, 丙은 서로 의사연락없이 각각 A를 살해하기로 결심하고 있었다. 이들은 연설 중인 A에게 동시에 달려들어 모두 심장을 찔렀다. 이로 인해 A는 사망하였다. 甲의 행위와 A의 사망 사이의 인과관계는?

[二重的 競合] : 독자적으로 결과를 발생시킬 수 있는 수개의 행위가 동시에 이루어져 결과가 발생한 경우를 말한다.

사례 24

乙은 A를 살해하기 위하여 63층 빌딩 옥상에서 A를 빌딩 밑으로 밀어버렸다. A가 추락하는 도중 10층에서 이를 발견한 甲은 A를 반드시 자신의 손으로 죽이겠다고 생각하고 총을 꺼내 A에게 발사하였다. A는 甲의 총을 맞고 즉사하였다. 甲의 행위와 A의 사망 사이의 인과관계는?(甲과 乙은 의사연락이 없었다)

[追越的 競合] : 독자적으로 결과를 발생시킬 수 있는 행위가 있은 후에 다른 행위가 결과를 발생시킨 경우, 후의 행위에 의한 결과발생을 말한다(甲의 행위와 A의 사망).

[斷絶的 競合] : 독자적으로 결과를 발생시킬 수 있는 행위가 있은 후에 다른 행위가 결과를 발생시킨 경우, 결과를 발생시키지 못한 앞의 행위와 결과발생의 관계를 말한다(乙의 행위와 A의 사망).

---

269) **[競合]** : 경합이란 행위자 사이에 의사연락이 없는 수 개의 독립된 행위가 우연히 동시 또는 異時에 이루어 진 것을 말한다[형법 제19조(독립행위의 경합)]. 행위자들이 의사연락 하에 수 개의 행위가 동시 또는 異時에 이루어 진 경우는 경합이라 하지 않고 공동정범이라 한다.

사례 25

甲은 A를 살해하기 위해 A가 탄 비행기에 시한폭탄장치를 하였다. 그러나 비행 도중 그 비행기는 엔진고장을 일으켜 추락하였고, 추락 도중 시한폭탄이 터져 A는 사망하였다. 甲의 행위와 A의 사망 사이의 인과관계는?(甲과 乙은 의사연락이 없었다)

[假說的·假定的 競合] : 독자적으로 결과를 발생시킬 수 있는 행위가 있은 후에 독자적으로 결과를 발생시킬 수 있는 다른 행위가 있었으나 앞의 행위에 의해 결과가 발생한 경우를 말한다(사형수사례).

사례 26

甲, 乙, 丙은 서로 의사연락없이 A를 살해하기 위하여 치사량 10g의 독약을 차례로 3g, 4g, 3g씩 A에게 먹였다. 이로 인해 A는 사망하였다. 甲의 행위와 A의 사망 사이의 인과관계는?

[累積的 競合] : 독자적으로는 결과를 발생시킬 수 없는 행위들이 결합하여 결과를 발생시킨 경우를 말한다.

사례 27 累積的 因果關係와 형법 제263조[동시범]의 적용 여부

甲, 乙, 丙은 등산을 계획하였다. 甲은 평소 자신과 성격차이가 심한 丙이 빠졌으면 좋겠다고 생각하고, 등산가기 전날 밤 甲 은 설사약을 탄 음료수를 丙에게 주어 마시도록 하였다.

한편 이 사실을 전혀 모르는 乙도 甲과 같은 생각으로 丙에게 설사약을 탄 간식을 주었다. 甲과 乙이 丙에게 중 설사약은 각자의 양만으로는 丙이 설사할 수 없는 적은 양에 불과하였으나, 丙 은 두 사람이 준 설사약을 모두 먹었기 때문에 그 다음 날 계속되는 설사로 인해 등산에 동행하지 못하였다.

甲과 乙의 죄책은?(사법고시 제45회)

▮ 사례 27의 해설 ▮

상해죄의 동시범특례는 인과관계가 판명되지 않은 경우에 적용된다. 그러나 사례 27은 누적적 인과관계의 유형에 해당되어 합법칙적 조건공식에 의하면 자연과학적 인과관계는 긍정되므로 형법 제263조는 적용될 여지가 없다. 다만 상당인과관계 또는 객관적 귀속이 부정되므로 甲과 乙은 각각 상해미수죄로 처벌된다.

2. Conditio sine qua non 공식에 의한 자연과학적 인과관계의 확정

가. 절대적 제약공식(C.S.Q.N.공식)

절대적 제약공식이란 작위의 판단에 있어서 존재하는 A와 존재하는 B를 먼저 확정한 후 "**A가 없었더라면 B도 없었을 것이다(conditio sine qua non)**"라는 질문을 제기하여 긍정의 답변이 제시되면 A와 B는 서로 조건관계에 있다고 판단하는 공식을 말한다.

즉 A가 B를 절대적으로 제약한 것이라고 할 수 있기 때문에 절대적 제약공식이라고 한다.

한편 無와 有의 관계를 논해야 하는 부작위의 판단에 있어서는 **가설적 투입의 공식**[270]으로 대체한다. 즉 "**요구되는 A를 하였더라면 문제의 B는 발생하지 않았을 것인가?**"라는 질문을 제기한다.

이 질문에 긍정적인 답변이 제시되면 요구되는 A와 문제되는 B의 조건관계를 긍정하게 된다.

나. 가설적 제거(소거)절차

이상과 같은 자연과학적 인과관계의 존부확인(판단) 공식인 절대적 제약공식은 **그 판단과정에서 문제의 행위(A)를 사고 속에서 가정적으로 제거하는 방법**을 동원하기 때문에 '**가설적 제거(소거)절차**'라고 부르기도 한다.

즉 절대적 제약공식은 판단과정에서 문제되는 A를 제거한(가설적으로 제거한) 후 문제되는 B의 발생여부에 따라 조건관계를 판단하게 된다.

[가설적 제거절차에 의한 사례 22-26의 해결]

C.S.Q.N.(절대적 제약)공식에 의하면 "앞의 행위가 없었더라면 뒤의 결과가 발생하지 않았을 것"이라고 인정될 때에만 행위와 결과 사이의 조건관계를 인정한다. 따라서 위 택일적(사례22), 이중적(사례23), 추월적(사례24), 가정적(사례25)의 경우 '甲의 행위가 없었더라면 A의 사망이라는 결과가 발생하지 않았을 것'이라고 인정되지 않고, '甲의 행위가 없었더라도 A의 사망이라는 결과는 발생하였을 것'이기 때문에 甲의 행위와 A의 사망 사이에 자연과학적 인과관계를 인정할 수 없다.

한편 누적적(사례26)·단절적(사례24)의 경우에는 甲의 행위(단절적 경합에서는 乙의 행위)가 없었더라면 A의 사망이라는 결과가 발생하지 않았을 것이기 때문에 자연과학적 인과관계가 긍정된다.

270) **[부작위범에 있어서 가설적 투입의 공식]** : 부작위의 경우에 '**투입되는 행위**'는 실제로 존재하는 것이 아니라 **가상적인 것**이다. 따라서 "요구되는 작위를 하였을 때 결과가 발생하지 않았을 것이다"라고 그 누구도 단언할 수가 없다. 그렇기 때문에 "**요구되는 행위(작위)를 하였더라면 문제의 결과가 발생하지 않았을 것이 거의 확실하다**"는 판단이 내려질 때 조건관계를 **긍정**하게 된다.

다. 절대적 제약공식의 문제점과 한계

첫째 절대적 제약공식에 따르면 결과와 연결된 모든 조건들을 원인으로 인정하는 문제점을 내포하고 있다. 즉 판단과정에서 가설적 제거절차를 거치게 되면 **결과와 연결된 조건들은 무한대로 소급하게 되어 자연과학적 인과관계를 모두 인정하게 되는 우를 범하게 되는 것**이다.

둘째 가설적 제거절차라는 판단방법은 **존재 여부를 조사해 보아야 비로소 알 수 있는 사항을 미리 존재하는 것으로 전제하고 있다. 즉 가설적 제거절차의 기초가 되는 인과법칙이 먼저 확정**되어 있어야 한다. 따라서 우리가 아직 모르고 있는 인과관계에 대해서는 가설적 제거절차를 통해서는 아무 것도 알아낼 수가 없는 것이다.

[절대적 제약공식의 문제점에 대한 사례에 의한 논증 : 콘터간(Contergan)사건[271)]]

A제약회사는 '탈리도미드'라는 신물질을 개발하여 '콘터간'이라는 제품명으로 진정제를 판매하였다. A회사의 진정제 '콘터간'을 복용한 B녀는 그 후 기형아를 출산하였다. 이와 유사한 사례가 수차례 보고되자 검사는 A제약회사의 경영진을 과실상해죄로 기소하였다.

이 사건에서 A회사측의 진정제 발매행위와 B녀의 기형아출산 사이에 인과관계가 인정되는가 하는 문제가 제기되었다.

'콘터간 사건'에서 절대적 제약공식을 단순적용하면 A회사측의 진정제 발매행위와 B녀의 기형아 출산 사이에 자연과학적 인과관계는 쉽게 긍정할 수 있다. 즉 A회사가 진정제를 발매하지 않았더라면 B녀는 진정제를 복용하지 않았을 것이고, B녀가 진정제를 복용하지 않았더라면 기형아는 출산되지 않았을 것이기 때문이다.

그러나 신물질 '탈리도미드'가 기형아출산이라는 부작용을 낳는가 하는 문제는 당시 관련학계에서 검증되어 있지 않았다. 따라서 이점이 확인되지 않은 이상 "'콘터간'을 복용하지 않았더라면"이라는 가설적 제거절차는 아무런 의미를 가질 수 없게 되는 것이다.

이 사건을 계기로 독일에서는 절대적 제약공식의 맹목적인 적용에 비판이 제기되었다. 즉 '콘터간 사건'은 "그 행위가 없었더라면 그 결과가 발생하지 않았을 것인가?"라는 공식을 적용하기에 앞서 **그 판단의 전제가 되는 인과법칙을 확정해 두어야 한다는 반성을 초래**하였다.

셋째 절대적 제약공식으로는 **택일적·이중적 경합의 사례에서 자연과학적 인과관계를 부정해야 하는 불합리한 점이 노정**된다. 이들 사례에서 가설적 제거절차를 사용하면, 즉 甲의 행위를 제거하더라도(없었더라도) A의 사망이라는 결과가 발생하였을 것이기 때문이다.

271) LG Aachen, JZ 1971, S.510 ff.

3. 합법칙적 조건공식에 의한 자연과학적 인과관계의 확정

가. 합법칙적 조건공식의 대두

절대적 제약공식의 판단방법인 가설적 제거절차의 문제점이 노정됨에 따라 자연과학적 인과관계를 확정함에 있어서 **인과법칙을 먼저 확정해 두고 그에 따라서 절대적 제약공식을 적용하여 자연과학적 인과관계를 확정하는 공식을 합법칙적 조건공식(다수설)**이라 한다.

이 때 '合法則的'이란 "**확인된 인과법칙(인간에게 알려진 모든 논리적·과학적 법칙)에 따라서(적합하게)**"라는 의미이다.[272]

합법칙적 조건공식이 전제로 하는 인과법칙은 때로는 '콘터간사건'처럼 고도의 학술적 검증을 요하는 경우도 있지만, 대부분의 경우에는 사람들이 일상생활 속에서 경험으로 체득한 인과법칙이 절대적 제약공식의 전제가 된다.

나. 합법칙적 조건공식의 적용

합법칙적 조건공식은 **현실세계에서 실제로 전개된 행위와 결과만을 가지고 절대적 제약공식을 적용하여 자연과학적 인과관계를 확인하는 방법**을 취한다. 따라서 이 공식에 따르면 택일적·이중적·추월적·가설적·누적적 경합의 사례에서 모두 합법칙적 관련성이 인정되어 자연과학적 인과관계를 인정하게 된다.[273]

또한 인과과정이 비유형적으로 전개된 경우(피해자의 지병이나 특이체질, 행위 후

272) **[합법칙적 조건공식에 의한 자연과학적 인과관계의 판단방법]** : "어떤 행위가 시간적으로 그 행위에 뒤따르는 외부세계의 변화를 만들어 내고 그 외부세계의 변화가 구성요건적 결과로 이어졌을 경우, 외부세계의 변화와 구성요건적 결과발생이 합법칙적인 연관관계에 있는 것으로 확인되면 자연과학적 인과관계가 인정된다."

273) **[누적적 경합과 단절적 경합의 해결]** : 누적적 경합의 경우 합법칙적 조건공식에 의해 자연과학적 인과관계가 긍정된다 하더라도 형법적 평가의 문제는 여전히 존재한다. 따라서 **형법적 평가의 단계에서 형법적 인과관계가 부정되어 미수의 책임을 지게 된다(후술참조)**. 한편 **단절적 경합**에 있어서는 **단절된 조건은 구체적으로 실현되지 않았기 때문에 합법칙적 조건공식에 의하면 자연과학적 인과관계를 부정**하게 된다.

에 개입된 의사나 피해자의 과실, 피해자의 치료거부 등의 개입변수가 존재하는 사례)에도 행위와 결과 간의 자연과학적 인과관계를 긍정하게 된다. 즉 **그러한 중간개입변수들이 모두 행위자의 행위 후에 전개된 외부세계의 변화와 구성요건적 결과를 연결하는 '합법칙적 연관관계'를 인정하는데 기여하기 때문**이다.

다. 합법칙적 조건공식의 문제점과 한계

첫째 합법칙적 조건공식도 절대적 제약공식과 마찬가지로 우리가 한 번도 경험하지 못한 사건에서는 **무엇이 인과법칙인지 합법칙적인지에 대해 답할 수 없는 문제점**을 안고 있다('콘터간사건'을 상기해 보자!).

둘째 합법칙적 조건공식은 택일적·이중적·추월적·가설적 경합 사례에서 경합하였던 행위(가설적 대체원인)를 **현실에서 실제로 전개된 행위가 아니기 때문**에 **자연과학적 인과관계의 판단에서 고려하지 말아야 한다고 하지만, 그 이유에 대해서는 침묵**하고 있다. 이는 **절대적 제약공식을 따르더라도 똑같이 경합하였던 행위들을 고려하지 않는 경우에는 인과관계를 인정**할 수 있게 된다.

셋째 합법칙적 조건공식의 행위와 결과를 연결시켜 주는 **'합법칙성'도 구체적인 내용이 채워지지 않은 개방적 개념**이기 때문에 결국 법관의 주관적 확신이나 자의에 의해 판단되어질 수밖에 없는 맹점을 안고 있다.

라. 소결

이상과 같이 절대적 제약공식을 적용하든, 합법칙적 조건공식을 적용하든 **양자는 자연과학적 인과관계를 확정함에 있어서는 사실상 거의 다른 점이 없다**고 할 수 있다. 다만 **절대적 제약공식**이 이중적 경합 등에서 자연과학적 인과관계를 인정 못하는 대신, **주의의무위반이 있고 결과도 발생하였으나 의무이행이 있었더라도 같은 결과가 발생하였으리라고 할 사례에서는 오히려 자연과학적 인과관계를 부정하여 그 범위를 줄이는 기능도 담당**한다. 이에 대하여 합법칙적 조건공식은 자연과학적 인과관계를 긍정할 수밖에 없게 된다.

결국 절대적 제약공식에 의해서든, 합법칙적 조건공식에 의해서든 자연과학적 인과관계를 확정한 후에는 형법적 인과관계(형법적 평가)를 다시 판단해야 하는 것에는 변함이 없다.

절대적 제약공식이 아무리 복잡한 사태진행이 있더라도 가설적 제거절차를 통하여 자연과학적 인과관계를 간단히 검증해 낼 수 있는 장점을 가지고 있지만, 합법칙적 조건공식은 자연과학적 인과관계의 판단방법으로서 보다 사실에 입각하고 있을 뿐만 아니라 명쾌한 결론을 도출한다고 할 수밖에 없을 것이다.

제3절 형법적 인과관계(형법적 평가)에 의한 제한

1. 조건설(등가설)

가. 내용

조건설은 절대적 제약공식을 통하여 자연과학적 인과관계(조건관계)를 판단하고 조건관계에 있는 행위는 모두 발생된 결과에 대하여 형법적 인과관계가 있다고 보는 견해이다. 즉 조건설의 입장에서는 조건관계가 인정되면 형법적 인과관계를 긍정하게 된다.

조건설은 조건관계가 인정되는 행위들 사이에 우열을 인정하지 않으며, 결과발생으로부터 아무리 멀리 떨어진 행위라 할지라도 조건관계가 인정되는 행위는 모두 因果力을 갖는다고 한다. 따라서 모든 조건은 결과발생에 대하여 동일한 값을 갖고, 각 조건들이 발생한 결과에 기여한 값이 동등하다고 보는 점에서 等價說이라고도 한다.[274)]

274) **[조건설을 취한 것으로 평가되는 판례]** : 대법원 1955,5,24, 선고 4288형상26 판결 ; 대법원 1955.6.7. 선고 4288형상88 판결(안면 및 흉부에 대한 구타는 생리적 작용에 중대한 영향을 줄 뿐 아니라 신경에 강대한 자극을 줌으로써 정신의 흥분과 이에 따르는 혈압의 항진을 초래하여 뇌일혈

나. 문제점

첫째 조건설은 무한대로 소급하여 형법적 인과관계를 인정함으로써 결과책임을 제한하지 못하고 행위자의 책임을 인정하여야 할 경우에도 부인하게 되는 등 형법의 목적을 달성하는 데에 별로 기여하지 못한다.

둘째 조건설은 가설적 경합이나 이중적 경합의 사례에서 인과관계를 부정하는 우를 범하고 있다.[275]

2. 원인설

가. 내용

원인설은 조건설에 의하여 확장된 조건들 중에서 결과의 발생에 대하여 **중요한 영향을 준 조건**과 단순한 조건을 구별하여 전자를 **원인**이라 하고 **원인이 될 조건에 대해서만 결과에 대한 형법적 인과관계를 인정**하려는 이론이다. 모든 조건을 개별적으로 관찰하여 원인과 조건을 구별한다는 점에서 **개별화설**이라고도 한다.[276]

나. 문제점

원인설의 난점은 이론상 원인과 조건을 명백히 구별할 수 없을 뿐만 아니라 그 구별기준으로서 형법에 있어서는 아무런 가치도 가질 수 없는 자연과학적 사고를 무비판

을 야기케 할 수 있고 이는 누구든지 예견할 수 있음으로 구타와 뇌일혈 사이에 인과관계가 있다 할 것이다).

275) **[수정된 절대적 제약공식(수정적 조건공식)]** : 이러한 모순을 해결하기 위하여 조건설은 인과관계란 가설적 대체원인을 고려함이 없이 오로지 구체적인 인과의 진행이나 현실적으로 실현된 상황만을 문제로 하여야 한다고 절대적 제약공식을 수정한다. 그러나 **현실적으로 실현된 인과관계를 기초로 해야 한다고 할 때에는 이미 절대적 제약공식은 포기한 것이나 진배없을 것이다**.

276) **[원인과 조건의 구별기준]** : ①필연조건설(결과발생에 필연적인 조건만이 원인), ②최종조건설(결과발생에 최후에 영향을 준 조건만이 원인), ③최유력조건설(결과발생에 가장 유력한 작용을 한 조건만이 원인), ④動的 조건설(결과발생에 원동력을 준 조건만이 원인), ⑤결정적 조건설(결과발생에 결정적 원동력을 준 조건만이 원인)

적으로 도입하였다는 점에 있다.

3. 상당인과관계설

가. 내용

상당인과관계설이란 행위와 결과 사이에 경험법칙상 상당인과관계가 인정될 때에만 형법적 인과관계를 긍정하는 이론을 말한다. 여기서 '**상당인과관계(相當性)**'란 '**확실성에 근접한 고도의 가능성', 즉 '蓋然性'을 의미**한다. 따라서 일정한 행위가 있으면 일정한 결과가 발생할 **개연성이 있는 경우에만 형법적 인과관계를 긍정**하고, 일정한 행위에서 일정한 결과가 발생할 가능성만이 있는 경우에는 형법적 인과관계를 부정한다.

또한 상당성 판단의 척도는 일반인(평균인)의 일상적인 경험에 비추어 판단하게 된다. 즉 일정한 행위가 있으면 문제의 구체적인 결과가 발생한다고 통상적으로(경험법칙상 객관적 예측가능성이) 인정될 경우에 상당성을 인정한다.

보충판례 10 : 대법원 2000.9.5. 선고 2000도2671 판결.

한편 상당성판단의 자료(判斷基底)를 무엇으로 할 것인가, 즉 행위당시에 어떤 사정이 있다는 것을 전제로 하여 행위와 결과발생 사이의 상당성을 판단할 것인가에 따라 주관적[277]·객관적[278]·절충적[279] 상당인과관계설로 나뉜다.

277) **[주관적 상당인과관계설]** : 행위 당시에 '**행위자**'가 인식했거나 인식할 수 있었던 사정을 기초로 하여 상당성의 유무를 판단해야 한다는 견해이다.

278) **[객관적 사후예측설의 판단구조]** : 행위 당시에 객관적으로 확인된 사정 및 행위 후에 판명된(발견된) 새로운 사정을 모두 판단의 기초로 삼아 제3자인 법관이 행위자가 행위하는 당시로 거슬러 올라가서 행위자의 행위로부터 앞으로 어떠한 결과가 발생할 것인가를 예측하여 상당성의 유무를 판단해야 한다는 견해이다(객관적 사후예측설).

279) **[절충적 상당인과관계설]** : 행위 당시에 일반인이 알고 있거나 예견할 수 있었던 일반적 사정과 행위자가 실제로 알고 있었던 특별한 사정을 기초로 하여 상당성의 유무를 판단하는 견해이다.

사례 28 상당인과관계

대학생 甲은 길을 지나다 혈색이 아주 좋고 건강해 보이는 행인 A의 발을 잘못하여 밟았다. 이 일로 말다툼이 벌어져 실랑이하다가 甲이 A를 떠밀었는데, 그로 인해 넘어진 A의 안색이 갑자기 검붉게 변하더니 그대로 쓰러져 사망하고 말았다. 사건 당시에 A는 심한 고혈압증세가 있었고 떠밀리는 순간 흥분으로 인해 혈압이 급격히 올라가 사망한 것으로 밝혀졌다.

인과관계에 관한 주관적 상당인과관계설에 의할 경우 甲의 죄책은?(행정고시 제47회)

▮ 사례 28의 해설 ▮

주관적 상당인과관계설은 행위자가 인식하였거나 인식할 수 있었던 사정만을 상당성의 판단자료로 하여 상당인과관계를 판단하는 학설이다. 사례 28에서 A는 혈색이 아주 좋고 건강해 보이므로 甲은 A가 건장한 사람이라고 인식했지 고혈압환자라고는 인식하지 못하였다. 또한 A가 고혈압환자라는 사실을 인식할 있었다고 보여지는 사정도 존재하지 않는다. 따라서 甲이 인식한 사실을 판단자료로 하여 판단할 때 폭행과 사망사이에는 상당인과관계가 인정되지 않으므로 폭행치사죄(제262조)는 성립하지 않고 폭행죄(제260조 제1항)만이 성립한다.[280]

상당인과관계설은 현재 우리 판례의 주류적 입장[281]이다.

---

280) 대법원 1990.9.25. 선고 90도1596 판결(폭행치사죄는 이른바 결과적 가중범으로서 폭행과 사망의 결과 사이에 인과관계가 있는 외에 사망의 결과에 대한 예견가능성 즉 과실이 있어야 하고 이러한 예견가능성의 유무는 폭행의 정도와 피해자의 대응상태 등 구체적 상황을 살펴서 엄격하게 가려야 하며, 만연히 예견가능성의 범위를 확대해석함으로써 형법 제15조 제2항이 결과적 가중범에 책임주의의 원칙을 조화시킨 취지를 몰각하여 과실책임의 한계를 벗어나 형사처벌을 확대하는 일은 피하여야 할 것이다.

이 사건에서 피고인이 물건을 손에 들고 피해자의 면전에서 삿대질을 하여두어 걸음 뒷걸음치게 만든 행위는 피해자에 대한 유형력의 행사로서 폭행에 해당하므로 피해자가 뒤로 넘어지면서 시멘트 바닥에 머리를 부딪쳐 두개골골절 등의 상해를 입고 사망하였다면 위 폭행과 사망의 결과 사이에 인과관계가 있다고 할 수 있다.

그러나 그 사망의 결과에 대하여 피고인에게 폭행치사의 죄책을 물으려면 피고인이 위와 같은 사망의 결과발생을 예견할 수 있었음이 인정되어야 할 것인바, 피고인이 피해자에게 상당한 힘을 가하여 넘어뜨린 것이 아니라 단지동료 사이에 말다툼을 하던 중 피고인이 삿대질하는 것을 피하고자 피해자 자신이 두어 걸음 뒷걸음치다가 장애물에 걸려 넘어진 정도라면, 당시 피해자가 서있던 바닥에 원심판시와 같은 장애물이 있어서 뒷걸음치면 장애물에 걸려 넘어질 수 있다는 것까지는 예견할 수 있었다고 하더라도, 그 정도로 넘어지면서 머리를 바닥에 부딪쳐 두개골절로 사망한다는 것은 이례적인 일이어서 통상적으로 일반인이 예견하기 어려운 결과라고 하지 않을 수 없다.

원심은 피해자가 술에 취한데다가 고령이어서 중심을 잃고 넘어지기 쉬웠다는 것을 예견가능성의 근거로 설시하고 있으나, 우선 피해자는 사고 당시 만 53세에 불과하였으므로 고령이라고 보기 어려울 뿐아니라, 기록을 살펴보아도 피해자가 몸의 중심을 잃기 쉬울 정도로 술에 취하였었다고 인정할 만한 자료를 찾아볼 수 없으므로 위 원심 설시부분은 근거가 없다.

결국 원심판결에는 결과적 가중범의 요건인 예견가능성에 관한 증거판단을 그르쳐 판결에 영향을 미친 위법이 있고 논지는 이유있으므로 원심판결을 파기 환송하기로 하여 관여 법관의 일치된 의견으로 주문과 같이 판결한다.)

281) **1.[피해자의 질병이 개입된 경우] 보충판례 10-1 : 대법원 1986.9.9. 선고 85도2433 판결** ; 대법원 1967.2.28. 선고 67도45 판결(평소부터 고혈압 증세에 있는 피해자가 피고인의 폭행행위로 지면에

전도할 때의 자극에 의하여 뇌출혈을 일으켜서 사망하였을 때에는 폭행과 치사 사이에 상당인과관계가 있다.) ; **대법원 1978.11.28. 선고 78도1961 판결**[고등학교 교사인 피고인이 공소 일시·장소에서 동교3학년 학생인 피해자가 민방공훈련에 불참하였다는 이유를 들어 주의를 환기시킴에 있어 왼쪽 빰을 한번 살짝 때린 사실이 있고(이 점에서 원심은 원심이 인정한 사실과는 그 정도에서 차이가 있는 "피고인이 주먹으로 피해자의 왼쪽빰을 1회 구타하는 등의 폭행을 가하였다"는 공소사실을 배척하고 있다.), 이 순간 피해자가 뒤로 넘어지면서 머리를 지면에 부딪혀 우측 측두골부위에 선상골절상을 입고 지주막하출혈 및 뇌좌상을 일으켜 사망한 것은 사실이나, 피해자가 위와같이 뒤로 넘어진 것은 피고인으로부터 빰을 맞은 탓이 아니라 그 피해자의 원심판시와 같은 평소의 허약상태에서 온 급격한 뇌압상승 때문이었고, 또 위 사망의 원인이 된 측두골 골절이나 뇌좌상은 보통 사람의 두개골은 3내지 5미리미터인데 비하여 피해자는 0.5미리 밖에 안되는 비정상적인 얇은 두개골이었고 또 뇌수종이 있었던데 연유한 것이라는 사실과, 피고인은 이 피해자가 다른 학생에 비하여 체질이 허약함은 알고 있었으나 위와 같은 두뇌의 특별이상이 있음은 미쳐 알지 못하였던 것이라고 인정하고 있다. **원심이 확정한 사실관계가 위와 같은 이상 피고인의 소위와 피해자의 사망간에는 이른바 인과관계가 없는 경우에 해당**하거나, 또는 피고인으로서는 본건 사망의 결과발생에 대한 예견가능성이 없었다고 인정한 원심판단은 정당한 것으로 보여 여기에 소론과 같은 인과관계와 결과적가중범의 법리를 오해한 위법이 있다고 할 수 없다.] ; **대법원 1979.10.10. 선고 79도2040 판결**(피해자가 평소 병약한 상태에 있었고 피고인의 폭행으로 그가 사망함에 있어서 지병이 또한 사망 결과에 영향을 주었다고 하여 폭행과 사망 간에 인과관계가 없다고 할 수 없다.) ; **대법원 1983.1.18. 선고 82도697 판결**[피고인이 1981.4.8 피해자의 빰을 2회 때리고 두손으로 어깨를 잡아 땅바닥에 넘어뜨리고 머리를 세멘트벽에 부딪치게 하여서, 피해자가 그 다음날부터 머리에 통증이 있었고 같은 달 16 의사 3인에게 차례로 진료를 받을 때에 혈압이 매우 높았고 몹시 머리가 아프다고 호소하였으며 그 후 병세가 계속 악화되어 결국 같은 해 4.30 뇌손상(뇌좌상)으로 사망하였다면, 피해자가 평소 고혈압과 선천성혈관기형인 좌측전고동맥류의 증세가 있었고 피고인의 폭행으로 피해자가 사망함에 있어 위와 같은 지병이 사망결과에 영향을 주었다고 해서 피고인의 폭행과 피해자의 사망간에 상당인과관계가 없다고 할 수 없다.] ; **대법원 1989.10.13. 선고 89도556 판결**(피고인이 피해자의 멱살을 잡아 흔들고 주먹으로 가슴과 얼굴을 1회씩 구타하고 멱살을 붙들고 넘어뜨리는 등 신체 여러 부위에 표피박탈, 피하출혈 등의 외상이 생길 정도로 심하게 폭행을 가함으로써 평소에 오른쪽 관상동맥폐쇄 및 심실의 허혈성 심근섬유화증세 등의 심장질환을 앓고 있던 피해자의 심장에 더욱 부담을 주어 나쁜 영향을 초래하도록 하였다면, 비록 피해자가 관상동맥부전과 허혈성심근경색 등으로 사망하였더라도, 피고인의 폭행의 방법, 부위나 정도 등에 비추어 피고인의 폭행과 피해자의 사망 간에 상당인과관계가 있었다고 볼 수 있다.)

2.[피해자의 행위가 개입된 경우] : **대법원 1982.11.23. 선고 82도1446 판결**(강간을 당한 피해자가 집에 돌아가 음독자살하기에 이르른 원인이 강간을 당함으로 인하여 생긴 수치심과 장래에 대한 절망감 등에 있었다 하더라도 **그 자살행위가 바로 강간행위로 인하여 생긴 당연의 결과라고 볼 수는 없으므로 강간행위와 피해자의 자살행위 사이에 인과관계를 인정할 수는 없다**.) ; **대법원 1991.10.25. 선고 91도2085 판결**[피고인이 피해자(당시 19세)와 동거하고 있던 아파트에서 피해자가 술집에 다시 나가 일을 하겠다고 한다는 이유로 위 아파트 안방에서 피해자를 데리고 들어가 거실로 통하는 안방문에 못질을 하여 밖으로 나갈 수 없게 감금한 후, 피해자가 술집에 나가기 위하여 준비해 놓은 화장품 및 화장품 휴대용가방 등을 창문 밖으로 던져 버리고, 피해자를 때리고 옷을 벗긴 다음 가위로 모발을 자르는 등 가혹한 행위를 하여 피해자가 이를 피하기 위하여 창문을 통해 밖으로 뛰어 내리려 하자 피고인이 2회에 걸쳐 이를 제지한 바 있는 사실, 이때 피해자가 죽는다고 소리치며 울다가 피고인이 밖에서 걸려온 인터폰을 받으려고 방문에 뚫은 구멍을 통하여 거실로 나오는 사이에 갑자기 안방 창문을 통하여 알몸으로 아파트 아래 잔디밭에 뛰어 내리다가 다발성실질장기파열상 등을 입고 사망한 사실을 인정한 후, 위 인정사실에 의하면 피고인의 중감금행위와 피해자의 사망 사이에는 인과관계가 있고, 피고인에게 그로 인한 결과에 대한 예측가능성도 있었다면서 피고인을 중감금치사죄로 처단한 원심의 유죄판단을 유지하고 있는바, 원심이 인용한 제1심 거시의 증거들을 기록과 대조하여 살펴보면, 원심의 위와 같은 사실인정과 판단은 수긍이 가고 거기에 소론과 같이 채증법칙위배 또는 감금치사죄의 법리를 오해한 위법이 있다 할 수 없다.] ; **대법원 1994.3.22. 선고 93도3612 판결**[살인의 실행행위가 피해자의 사망이라는 결과를 발생하게 한 유일한 원인이거나 직접적인 원인

이어야만 되는 것은 아니므로(당원 1982.12.28. 선고 82도2525 판결 참조), 살인의 실행행위와 피해자의 사망과의 사이에 다른 사실이 개재되어**(필자 주 : 즉 자상을 입은 피해자가 콜라와 김밥을 함부로 먹은 탓으로 체내에 수분저류가 발생하여 합병증이 유발됨으로써)** 그 사실이 치사의 직접적인 원인이 되었다고 하더라도, 그와 같은 사실이 통상 예견할 수 있는 것에 지나지 않는다면 살인의 실행행위와 피해자의 사망과의 사이에 인과관계가 있는 것으로 보아야 할 것이다.] ; **보충판례 10-2 : 대법원 1995.5.12. 선고 95도425 판결**(피고인이 자신이 경영하는 속셈학원의 강사로 피해자를 채용하고 학습교재를 설명하겠다는 구실로 유인하여 호텔 객실에 감금한 후 강간하려 하자, 피해자가 완강히 반항하던 중 피고인이 대실시간 연장을 위해 전화하는 사이에 객실 창문을 통해 탈출하려다가 지상에 추락하여 사망한 사안에서, 피고인의 강간미수행위와 피해자의 사망과의 사이에 상당인과관계가 있다고 보아 피고인을 강간치사죄로 처단한 원심의 판단을 수긍한 사례.) ; 대법원 1996.7.12. 선고 96도1142 판결(폭행 또는 협박으로 타인의 재물을 강취하려는 행위와 이에 극도의 흥분을 느끼고 공포심에 사로잡혀 이를 피하려다 상해에 이르게 된 사실과는 상당인과관계가 있다 할 것이고 이 경우 강취 행위자가 상해의 결과의 발생을 예견할 수 있었다면 이를 강도치상죄로 다스릴 수 있다.) ; 대법원 2000.2.11. 선고 99도5286 판결(승용차로 피해자를 가로막아 승차하게 한 후 피해자의 하차 요구를 무시한 채 당초 목적지가 아닌 다른 장소를 향하여 시속 약 60km 내지 70km의 속도로 진행하여 피해자를 차량에서 내리지 못하게 한 행위는 감금죄에 해당하고, 피해자가 그와 같은 감금상태를 벗어날 목적으로 차량을 빠져 나오려다가 길바닥에 떨어져 상해를 입고 그 결과 사망에 이르렀다면 감금행위와 피해자의 사망 사이에는 상당인과관계가 있다고 할 것이므로 감금치사죄에 해당한다.)

3.**[제3자의 행위가 개입된 경우] 보충판례 10-3 : 대법원 1984.6.26. 선고 84도831, 84감도129 판결** ; 대법원 1986.7.8. 선고 86도1048 판결(운전자가 차를 세워 시동을 끄고 1단 기어가 들어가 있는 상태에서 시동열쇠를 끼워놓은 채 11세 남짓한 어린이를 조수석에 남겨두고 차에서 내려온 동안 동인이 시동열쇠를 돌리며 악셀러레이터 페달을 밟아 차량이 진행하여 사고가 발생한 경우, 비록 동인의 행위가 사고의 직접적인 원인이었다 할지라도 그 경우 운전자로서는 위 어린이를 먼저 하차시키던가 운전기기를 만지지 않도록 주의를 주거나 손브레이크를 채운 뒤 시동열쇠를 빼는 등 사고를 미리 막을 수 있는 제반조치를 취할 업무상 주의의무가 있다 할 것이어서 이를 게을리 한 과실은 사고결과와 법률상의 인과관계가 있다고 봄이 상당하다.) ; 대법원 1988.11.8. 선고 88도928 판결(피고인이 운행하던 자동차로 도로를 횡단하던 피해자를 충격하여 피해자로 하여금 반대차선의 1차선상에 넘어지게 하여 피해자가 반대차선을 운행하던 자동차에 역과되어 사망하게 하였다면 피고인은 그와 같은 사고를 충분히 예견할 수 있었고 또한 피고인의 과실과 피해자의 사망사이에는 인과관계가 있다고 할 것이므로 피고인은 업무상과실치사죄의 죄책을 면할 수 없다.) ; 대법원 1990.5.22. 선고 90도580 판결(피고인이 야간에 오토바이를 운전하다가 도로를 무단횡단하던 피해자를 충격하여 피해자로 하여금 위 도로상에 전도케 하고, 그로부터 약 40초 내지 60초 후에 다른 사람이 운전하던 타이탄 트럭이 도로위에 전도되어 있던 피해자를 역과하여 사망케 한 경우, 피고인이 전방좌우의 주시를 게을리 한 과실로 피해자를 충격하였고 나아가 이 사건 사고지점 부근 도로의 상황에 비추어 야간에 피해자를 충격하여 위 도로에 넘어지게 한 후 40초 내지 60초 동안 그대로 있게 한다면 후속차량의 운전사들이 조금만 전방주시를 태만히 하여도 피해자를 역과할 수 있음이 당연히 예상되었던 경우라면 피고인의 과실행위는 피해자의 사망에 대한 직접적 원인을 이루는 것이어서 양자 간에는 상당인과관계가 있다.) ; 대법원 1996.5.10. 선고 96도529 판결(피고인이 이 사건 범행일시경 계속 교제하기를 원하는 자신의 제의를 피해자가 거절한다는 이유로 얼굴을 주먹으로 수회 때리자 피해자는 이에 대항하여 피고인의 손가락을 깨물고 목을 할퀴게 되었고, 이에 격분한 피고인이 다시 피해자의 얼굴을 수회 때리고 발로 배를 수회 차는 등 폭행을 하므로 피해자는 이를 모면하기 위하여 도로 건너편의 추어탕 집으로 도망가 도움을 요청하였으나, 피고인은 이를 뒤따라 도로를 건너간 다음 피해자의 머리카락을 잡아 흔들고 얼굴 등을 주먹으로 때리는 등 폭행을 가하였고, 이에 견디지 못한 피해자가 다시 도로를 건너 도망하자 피고인은 계속하여 쫓아가 주먹으로 피해자의 얼굴 등을 구타하는 등 폭행을 가하여 전치 10일간의 흉부피하출혈상 등을 가하였고, 피해자가 위와 같이 계속되는 피고인의 폭행을 피하려고 다시 도로를 건너 도주하다가 차량에 치여 사망한 사실을 인정한 다음, 위와 같은 사정에 비추어 보면 피고인의 위 상해행위와 피해자의 사망 사이에 상당인과관계가 있다고 하여 피고인을 상해치사죄로 처단한 제1심의 판단을 유지하고 있는바, 기록에 의하여 살펴보면, 원심의 사실인정과 피고인의 위 상해행위와 피해자의 사망 사이에 상당인과관계가 있다고 본 원심의 판단은

모두 정당한 것으로 수긍이 되고, 거기에 소론과 같이 필요한 심리를 다하지 아니하여 사실을 오인한 위법이나 상해치사죄의 법리를 오해한 위법이 있다고 할 수 없다.) ; 대법원 2001.12.11. 선고 2001도5005 판결[피해자는 이 사건 사고 전까지는 좌측 얼굴에 피를 흘리고 있었던 것 외에는 신체나 의류에 외형적인 손상이 가해진 흔적 없이 도로에 반듯하게 누워있었던 사실, 그 후 제1심 공동피고인과 피고인의 차량이 피해자를 연속하여 역과하는 과정에서 피고인의 차량이 피해자를 약 10m 정도 끌고 감으로써 피해자의 온 몸이 꼬이고 두개골의 일부가 떨어져 나가는 등 신체 전반에 광범한 손상을 입게 되었는데, 피해자의 사망원인은 두개골 손상 및 심장 파열, 경추와 두부의 분리 등인 것으로 밝혀진 사실, 피해자의 시신을 부검한 결과 피해자가 입은 신체 각 부의 다발성 골절 및 심장파열 등의 손상부위에서 생전에 신체 내·외부에 가해진 자극에 대하여 반응하는 이른바 생활반응(출혈 및 혈액응고 현상)이 관찰되고 있어, 피해자는 위 다발성 골절상 및 심장파열상 등의 손상을 입을 당시까지는 생존해 있었던 것으로 보이는 사실을 각 알 수 있는바, 사실관계가 이러하다면, 제1심 공동피고인에 이어 피고인이 다시 피해자를 역과함으로써 피해자의 심장 등 내부 장기가 파열되고 두부가 손상되었을 뿐만 아니라 신체의 여러 부위가 골절되는 등의 손상을 입게 된 것이라고 보아야 할 것이고, 피해자의 위 각 손상부위마다 생활반응이 나타난 이상, 피고인이 피해자를 역과하기 전에는 피해자는 아직 생존해 있었고, 피고인 운전차량의 역과에 의하여 비로소 사망하게 된 것으로 판단함이 상당하다고 할 것이다. 같은 취지에서 원심이 피고인 운전 차량의 역과와 피해자의 사망 사이에 인과관계가 있다고 판단한 조치는 수긍할 수 있고, 거기에 상당인과관계의 존부에 관하여 채증법칙을 위배하여 사실을 오인한 위법이 있다고 할 수 없다.]

4.**[상당인과관계를 인정한 경우] 보충판례 10-4 : 대법원 2010.10.28. 선고 2008도8606 판결** ; 대법원 1982.12.28. 선고 82도2525 판결(피고인의 자상행위가 피해자를 사망하게 한 직접적 원인은 아니었다 하더라도 이로부터 발생된 다른 간접적 원인이 결합되어 사망의 결과를 발생하게 한 경우라도 그 행위와 사망간에는 인과관계가 있다고 할 것인바, 이 사건 진단서에는 직접사인 심장마비, 호흡부전, 중간선행사인 패혈증, 급성심부전증, 선행사인 자상, 장골정맥파열로 되어 있으며, 피해자가 부상한 후 1개월이 지난 후에 위 패혈증 등으로 사망하였다 하더라도 그 패혈증이 위 자창으로 인한 과다한 출혈과 상처의 감염 등에 연유한 것인 이상 자상행위와 사망과의 사이에 인과관계의 존재를 부정할 수 없다.) ; 대법원 1991.2.12. 선고 90도2547 판결[자기집 안방에서 취침하다가 일산화탄소(연탄가스) 중독으로 병원 응급실에 후송되어 온 환자를 진단하여 일산화탄소 중독으로 판명하고 치료한 담당의사에게 회복된 환자가 이튿날 퇴원할 당시 자신의 병명을 문의하였는데도 의사가 아무런 요양방법을 지도하여 주지 아니하여, 환자가 일산화탄소에 중독되었던 사실을 모르고 퇴원 즉시 사고 난 자기 집 안방에서 다시 취침하다 전신피부파열 등 일산화탄소 중독을 입은 것이라면, 위 의사에게는 그 원인 사실을 모르고 병명을 문의하는 환자에게 그 병명을 알려주고 이에 대한 주의사항인 피해장소인 방의 수선이나 환자에 대한 요양의 방법 기타 건강관리에 필요한 사항을 지도하여 줄 요양방법의 지도의무가 있는 것이므로 이를 태만한 것으로서 의사로서의 업무상과실이 있고, 이 과실과 재차의 일산화탄소 중독과의 사이에 인과관계가 있다고 보아야 한다.] ; 대법원 1995.9.15. 선고 95도906 판결[가. 건설기술관리법 제35조, 같은법시행령 제56조, 같은법시행규칙(1993.12.31. 건설부령 제544호로 개정되기 전의 것) 제24조, 제25조, 같은법시행규칙(건설부령 제544호로 개정된 후의 것) 제43조 별표 9의 규정은 공사감독관으로 하여금 위 법령이 정한 감독의무를 철저히 수행하게 하여 무자격자 또는 자격미달자가 건설공사에 참여함으로써 야기될 공사의 부실화와 그로 인하여 발생할지도 모르는 재해를 미연에 방지하고자 하는 일반예방적인 차원에서 사전에 이를 차단하기 위한 것으로 보여지고, 오늘날 도처에서 일어나고 있는 교량 및 건물붕괴 등의 건축물 관련 대형 사고가 대부분 부실공사에 의한 것으로 나타나고 있고, 그 사고의 결과 또한 참혹하기 이를 데 없을 뿐만 아니라 무자격자에 의한 시공이 그 부실공사의 원인 중의 하나로 밝혀지고 있는 점까지 아울러 감안하여 보면 공사감독관이 위와 같은 직무에 위배하여 당해 건축공사가 불법하도급되어 무자격자에 의하여 시공되고 있는 점을 알고도 이를 묵인하였거나 그와 같은 사정을 쉽게 적발할 수가 있었음에도 직무상의 의무를 태만히 하여 무자격자로 하여금 공사를 계속하게 함으로써 붕괴사고 등의 재해가 발생한 경우에, 만일 자격있는 자가 시공을 하였다면 당해 재해가 발생하지 아니하였거나 재해 발생의 위험이 상당히 줄어들었으리라고 인정된다면, 공사감독관의 그와 같은 직무상의 의무위반과 붕괴사고 등의 재해로 인한 치사상의 결과 사이에 상당인과관계가 있다. 나. 공사를 발주한 구청 소속의 현장감독 공무원인 피고인이 갑 회사가 전문 건설업 면허를 소지한 을 회사의 명의를 빌려 원수급인

인 병 회사로부터 콘크리트 타설공사를 하도급받아 전문 건설업 면허나 건설기술 자격이 없는 개인인 정에게 재하도급주어 이 사건 공사를 시공하도록 한 사실을 알았거나 쉽게 알 수 있었음에도 불구하고 그 직무를 유기 또는 태만히 하여 정의 시공방법상의 오류와 그 밖의 안전상의 잘못으로 인하여 콘크리트 타설작업 중이던 건물이 붕괴되는 사고가 발생할 때까지도 이를 적발하지 아니하였거나 적발하지 못한 잘못이 있다면, 피고인의 위와 같은 직무상의 의무위반 행위는 이 사건 붕괴사고로 인한 치사상의 결과에 대하여 상당인과관계가 있다.] ; **대법원 1996.9.24. 선고 95도245 판결**(피해자가 다른 병원으로 전원할 당시 이미 후복막에 농양이 광범위하게 형성되어 있었고 췌장이나 십이지장과 같은 후복막 내 장기 등 조직의 괴사가 진행되어 이미 회복하기 어려운 상태에 빠져 있었다면, 피해자가 다른 병원으로 전원하여 진료를 받던 중 사망하였다는 사실 때문에 피고인의 진료상의 과실과 피해자의 사망과의 사이의 인과관계가 단절된다고 볼 수는 없다고 한 사례.) ; **대법원 1997.1.24. 선고 96도776 판결**(건설업자가 토공사 및 흙막이공사의 감리업무까지 수행하기로 약정하였음에도 이에 위반하여 실질적인 감리업무를 수행할 수 있는 사람을 감리자로 파견하지 않은 상태에서, 건설업법 제33조, 건설업법시행령 제36조 제2항 제2호 소정의 건설기술자를 현장에 배치할 의무를 위반하여 건설기술자조차 현장에 배치하지 아니한 과실은 공사현장 인접 소방도로의 지반침하 방지를 위한 그라우팅공사 과정에서 발생한 가스폭발사고와 상당한 인과관계가 있다고 본 사례.) ; **대법원 2001.6.1. 선고 99도5086 판결**(임차인이 자신의 비용으로 설치·사용하던 가스설비의 휴즈콕크를 아무런 조치 없이 제거하고 이사를 간 후 가스공급을 개별적으로 차단할 수 있는 주밸브가 열려져 가스가 유입되어 폭발사고가 발생한 경우, 구 액화석유가스의안전및사업관리법상의 관련 규정 취지와 그 주밸브가 누군가에 의하여 개폐될 가능성을 배제할 수 없다는 점 등에 비추어 그 휴즈콕크를 제거하면서 그 제거부분에 아무런 조치를 하지 않고 방치하면 주밸브가 열리는 경우 유입되는 가스를 막을 아무런 안전장치가 없어 가스 유출로 인한 대형사고의 가능성이 있다는 것은 평균인의 관점에서 객관적으로 볼 때 충분히 예견할 수 있다는 이유로 임차인의 과실과 가스폭발사고 사이의 상당인과관계를 인정한 사례.) ; **대법원 2002.10.11. 선고 2002도4315 판결**(4일 가량 물조차 제대로 마시지 못하고 잠도 자지 아니하여 거의 탈진 상태에 이른 피해자의 손과 발을 17시간 이상 묶어 두고 좁은 차량 속에서 움직이지 못하게 감금한 행위와 묶인 부위의 혈액 순환에 장애가 발생하여 혈전이 형성되고 그 혈전이 폐동맥을 막아 사망에 이르게 된 결과 사이에는 상당인과관계가 있다고 인정한 사례.)

5.**[상당인과관계를 부정한 경우] 보충판례 10-5 : 대법원 1987.4.28. 선고 87도297 판결** ; **대법원 1977.3.8. 선고 76도4174 판결**(피고인이 1975.11.27 11:20경 서울 사2517호 시내버스를 운전하여 서대문구 홍은동 방면에서 같은 구 응암동 방면을 향하여 홍은동 고개를 넘어 경사 15도의 비탈길을 내려감에 있어서 기아를 2단으로 변속하여 진행하지 아니하고 4단으로 진행하다가 3단으로 변속하고 같은 구 녹번동 3거리 소재 횡단보도 못미쳐 약 50미터 지점에서 위 버스의 "브레이크 마스타 시린다 롯트핀"이 빠져 페달브레이크 장치가 작동하지 아니하게 되자 당황하여 싸이드 브레이크 핸들을 잡아 재동조치를 취하지 아니한 사실이 인정되나 위의 "롯트핀"이 빠진 것은 피고인의 과실로 인한 것이라 할 수 없고 싸이드 브레이크는 비상시에 사용하는 것이라 하더라도 원래 주차용으로서 차량 주행 중에는 이를 사용할 수 없을 뿐더러 더우기 경사진 곳에서 내려가는 경우에는 이를 사용하더라도 재동의 효과를 얻을 수 없으므로 피고인이 이와 같이 싸이드 브레이크를 조작하지 아니한 것이 본건 사고의 원인이 되었다 할 수 없다.) ; **대법원 2000.9.5. 선고 2000도2671 판결**[피해자와 그 일행 한 사람은 함께 우측 도로변에 서 있다가 피고인이 1차로에서 2차로로 진로를 변경하여 고속버스를 추월한 직후에 피고인 운전의 자동차 30 내지 40m 전방에서 고속도로를 무단횡단하기 위하여 2차로로 갑자기 뛰어들었고, 피고인은 그제서야 위와 같이 무단횡단하는 피해자 등을 발견하였는데 충격을 피할 수 있는 조치를 하기에 이미 늦어 피고인 운전의 자동차로 피해자 등을 충격하게 된 것이므로, 피고인이 급제동 등의 조치로 피해자 등과의 충돌을 피할 수 있는 상당한 거리에서 피해자 등의 무단횡단을 미리 예상할 수 있었다고 할 수 없고(피고인이 상당한 거리에서 피해자 등이 도로변에 서 있는 것을 발견하였다고 하더라도 피해자 등이 갑자기 고속도로를 무단횡단한 이상 피고인으로서는 이를 예견하여 피해자 등과의 충돌사고를 예방하기 위하여 급정차 등의 조치를 취할 수 있도록 대비하면서 운전할 주의의무도 없다), 이 사건 사고 지점이 인터체인지의 진입로 부근이라 하여 달리 볼 수 없으며, 또 원심이 판시한 바와 같이 피고인에게 야간에 고속버스와의 안전거리를 확보하지 아니한 채 진행하다가 고속버스의 우측으로 제한최고속도를 시속 20km 초과하여 고속버스를 추월한 잘못이 있더라도, 이 사건 사고경위에 비추어 볼 때 피고인의 위와 같은 잘못과 이 사건 사

보충판례 10-1[피해자의 질병이 개입된 경우] : 대법원 1986.9.9. 선고 85도2433 판결.

보충판례 10-2[피해자의 행위가 개입된 경우] : 대법원 1995.5.12. 선고 95도425 판결.

보충판례 10-3[제3자의 행위가 개입된 경우] : 대법원 1984.6.26. 선고 84도831, 84감도129 판결.

보충판례 10-4[상당인과관계를 인정한 경우] : 대법원 2010.10.28. 선고 2008도8606 판결.

보충판례 10-5[상당인과관계를 부정한 경우] : 대법원 1987.4.28. 선고 87도297 판결.

보충판례 10-6[상당인과관계를 부정한 경우] : 대법원 2002.4.9. 선고 2001도6601 판결.

나. 문제점

첫째 상당인과관계설은 상당성의 판단기준이 모호하여 법적 안정성을 해칠 우려가 있다. 즉 상당성과 가능성의 구별이 모호하다는 점이다. 일정한 행위가 있을 때에 일정한 결과가 발생할 가능성이 어느 정도일 때에 상당성이 있다고 할 수 있는가가 불분명하다는 것이다.

둘째 상당인과관계설은 구성요건단계에서 귀책의 범위를 제한하려고 하였으나 이는 자연적 인과관계(사실판단)와 결과귀속(규범판단)을 혼동하였다는 것이다.

셋째 주관적·절충적 상당인과관계설은 범죄체계론상 확립된 전제와 조화를 이룰 수 없는 문제점이 있다고 한다. 즉 형법적 인과관계는 '객관적'구성요건요소로 파악되고 있기 때문에 '주관적' 사정을 판단자료로 가져와서는 안되기 때문이라는 것이다.

고결과와의 사이에 상당인과관계가 있다고 할 수도 없다.] ; **보충판례 10-6 : 대법원 2002.4.9. 선고 2001도6601 판결**(파도수영장에서 물놀이하던 초등학교 6학년생이 수영장 안에 엎어져 있는 것을 수영장 안전요원이 발견하여 인공호흡을 실시한 뒤 의료기관에 후송하였으나 후송 도중 사망한 사고에 있어서 그 사망원인이 구체적으로 밝혀지지 아니한 상태에서 수영장 안전요원과 수영장 관리책임자에게 업무상 주의의무를 게을리 한 과실이 있고 그 주의의무 위반으로 인하여 피해자가 사망하였다고 인정한 원심판결을 업무상과실치사죄에 있어서의 과실 및 인과관계에 관한 법리오해 및 심리미진 등의 위법을 이유로 파기한 사례.)

4. 기타의 학설 : 할애

가. 중요설 나. 목적설 다. 인과관계중단론 라. 소급금지이론

5. 객관적 귀속이론

가. 내용

객관적 귀속이론이란 **자연과학적 인과관계가 인정되는 일정한 결과를 행위자의 행위에 객관적으로 귀속시킬 수 있는가를 확정하려는 이론**이다(**다수설**). 즉 발생된 결과를 어느 행위의 탓으로 돌릴 수 있음을 말한다.[282] 객관적 귀속은 **(기술되지 아니한) 객관적 구성요건요소**이다.

나. 객관적 귀속의 구체적 기준

(1) 위험의 창출 : 행위반가치 측면

위험창출이론이란 행위자의 행위가 **법적으로 허용되지 아니한 위험을 창출·강화**시켜야 객관적 구성요건에의 귀속을 인정할 수 있는 구체적 기준이다. 따라서 **위험창출이 결여된 경우에는 행위반가치의 결여로 가벌성이 탈락**된다. 위험의 창출은 다음과 같은 세부적인 하위기준에 의해 판단된다.

① 허용된 위험

위험을 수반하는 행위가 공공의 이익을 근거로 허용되는 경우에는 행위가 결과에

---

282) **[상당인과관계설과 객관적 귀속이론의 사고방법상 차이]** : 상당인과관계설에서는 일정한 행위에서 어떤 결과가 발생할 것인가를 예측하려고 하는 展望的 성격이 강한 데 비해, 객관적 귀속이론에서는 이미 발생한 결과를 기존의 어느 행위의 탓으로 돌릴 것인가 하는 回顧的 성격이 더 강하게 나타난다고 할 수 있다.

대하여 원인이 될지라도 **구성요건적 행위라고 평가되지 않는다**.[283)]

② 위험의 감소

행위자가 기존의 인과과정에 개입하여 위험을 비록 저지하지는 못하였지만 그 위험의 정도를 감소시킨 경우에는 위험의 창출이 부정된다.[284)]

③ 사회적으로 상당하고 경미한 위험

행위자의 행위가 사회적으로 상당성이 있어 위험을 법적으로 의미있는 만큼 증대시키지 아니한 경우에는 그 행위가 예외적으로 어떤 법익침해를 야기했다 하더라도 위험창출이 부정된다.[285)]

(2) 위험의 실현 : 결과반가치 측면

위험의 실현이란 행위자에 의해 창출되거나 증가된 법적으로 허용되지 아니한 위험이 구성요건적 결과에 실제로 실현되었을 때 객관적 귀속을 인정하는 구체적 기준이다. 따라서 위험창출행위는 있었으나 구체적인 위험실현이 결여된 경우에는 **결과반가치의 결여로 미수**가 된다. 이 또한 다음과 같은 세부적인 하위기준에 의해 판단된다.

① 일상적인 위험의 실현

결과가 행위자가 창출한 위험의 실현이 아닌 우연히 개입된 일상적인 위험이 현실화 된 경우에는 위험의 실현이 부정되어 미수로 처리된다. 여기서 위험실현의 여부는

283) **[허용된 위험에 의한 위험창출의 부정]** : 예컨대 교통법규를 준수하면서 운전 중 갑자기 도로로 뛰어든 사람을 치어 사망케 한 경우에는 교통법규준수의 운전행위는 허용된 위험이기 때문에 위험창출이 부정된다.

284) **[위험의 감소사례]** : 예컨대 피해자의 머리 위로 벽돌이 떨어지는 순간 그를 구하고자 밀쳤으나 어깨에 맞게 하여 부상을 입힌 경우가 그것이다. **이 사례는 상당인과관계설에 의할 때 상당성이 긍정되는 사례라 할 것이다.** 그러나 **상당성이 긍정된다 하더라도 긴급피난의 문제로 해결이 가능**할 것이다.

285) 예컨대 낙뢰사건(주인이 일꾼을 雷雨時에 들판에 나가 일하게 함으로써 일꾼이 낙뢰에 맞아 사망한 경우) 및 전세기 사건(상속인이 피상속인을 살해하기 위하여 피상속인으로 하여금 안전도가 낮은 전세기를 타도록 한 결과 마침 추락사고로 피상속인이 사망한 경우) 등을 들 수 있다.

구체적으로 나타난 결과에 대한 객관적 예측가능성으로 판단한다.[286]

② 허용된 위험의 실현

허용되지 않는 위험을 창출한 행위가 결과에 대해서 자연과학적 인과관계는 존재하지만, 구체적인 결과가 행위자가 창출한 위험이 현실화된 것이 아니라 허용된 위험으로부터 현실화된 경우에는 위험의 실현이 부정된다.[287]

③ 합법적 대체행위

행위자가 금지된 행위를 함으로써 구성요건적 결과를 야기하였지만, **합법적인 행위를 하였더라도 똑 같은 결과가 발생하였을 개연성이 있는 경우**에는 위험실현의 인정여부가 문제된다.[288] **다수설(의무위반관련성이론)**은 행위자가 합법적 행위를 했더라면 결과가 발생하지 않았을 것이 확실한 경우에는 위험의 실현이 긍정되지만, 행위자가 합법적 행위를 했더라도 결과발생이 거의 확실하거나 또는 결과가 발생했을 가능성이 남아있는 경우에는 위험의 실현을 부정해야 한다고 주장한다.[289]

286) 예컨대 살인행위가 미수에 그쳤지만 피해자가 병원으로 호송 중에 교통사고로 사망한 경우를 들 수 있다. 즉 교통사고라는 일상적인 위험이 실현된 것이라는 것이다.

287) **[허용된 위험의 실현에 의한 위험의 실현 부정례 : 규범의 보호범위]** : 예컨대 제한속도를 초과하여 국도를 주행 중 교통단속경찰관이 있을 만한 지점에 도달하기 전에 규정속도로 주행 중이었는데 갑자기 차도로 뛰어든 사람을 치어 부상을 입힌 경우를 들 수 있다. 이 경우에는 부상자의 중상은 과속으로 인하여 창출된 위험이 실현된 것이 아니라 규정속도라는 허용된 위험이 실현된 것이므로 위험의 실현이 부정된다.

288) **[합법적 대체행위의 사고구조]** : 예컨대 트레일러 운전자가 1.5m인 법정추월간격을 위반하여 1m의 간격으로 자전거를 타고 가던 피해자를 추월하였는 바, 만취상태에 있던 피해자가 핸들조작 미숙으로 트레일러 바퀴에 치어 사망한 사례에서 독일연방법원은 법정추월간격을 준수하였더라도 사고가 발생했을 개연성이 있다는 이유로 위험의 실현을 부정하였다.

289) **보충판례 11[합법적 대체행위와 의무위반관련성] : 대법원 1990.12.11. 선고 90도694 판결**[혈청에 의한 간기능검사를 시행하지 않거나 이를 확인하지 않은 피고인들의 과실과 피해자의 사망 간에 인과관계가 있다고 하려면 피고인들이 수술 전에 피해자에 대한 간기능검사를 하였더라면 피해자가 사망하지 않았을 것임이 입증되어야 할 것인데도(수술 전에 피해자에 대하여 혈청에 의한 간기능검사를 하였더라면 피해자의 간기능에 이상이 있었다는 검사결과가 나왔으리라는 점이 증명되어야 할 것이다)] ; 대법원 1991.2.26. 선고 90도2856 판결(원심판결 이유에 의하면 원심은 그 증거에 의하여 피고인이 트럭을 운전하여 판시도로의 중앙선 위를 왼쪽 바깥바퀴가 걸친 상태로 운행하던 중 그 판시와 같은 경위로 그 50미터 앞쪽 반대방향에서 피해자가 승용차를 운전하여 피고인이 진행하던 차선으로 달려오다가 급히 자기차선으로 들어가면서 피고인이 운전하던 위 트럭과 교행할 무렵 다시 피고인의 차선으로 들어와 그 차량의 왼쪽 앞 부분으로 위 트럭의 왼쪽 뒷바퀴 부분을 스치듯이 충돌하였고 이어서 위 트럭을 바짝 뒤따라 운전해오던 공소외 이진섭의 운전차량을 들이받아 이 사건 사고가 발생한 사실을 인정한 다음 이와 같은 사고 경위에 비추어 설사 피고인이 중앙선 위를 달리지

보충판례 11[합법적 대체행위와 의무위반관련성] : 대법원 1990.12.11. 선고 90도694 판결.

(3) 지배가능성이론

지배가능성이론이란 행위자가 **그 결과발생 여부를 지배할 수 있었던 경우에만 객관적 귀속을 인정**할 수 있다는 이론이다. 즉 법은 객관적으로 예측이 불가능한 결과의 발생을 회피할 것을 요구할 수는 없기 때문에 발생된 결과는 객관적으로 예측가능하고 회피가능한 경우에 한하여 행위자에게 객관적으로 귀속할 수 있다는 것이다. 이 점에서 회피가능성이론이라고도 한다. 다음과 같은 세부적인 하위기준에 의해 판단된다.

① 지배불가능한 인과과정

사건의 인과적 진행이 인간의 행위에 의한 지배가 불가능한 경우에는 객관적 귀속이 부정된다.[290]

② 결과와 시간적으로 멀리 떨어진 조건

결과발생에 대한 지배가능성이 없으므로 객관적 귀속이 부정된다.[291]

아니하고 정상차선으로 달렸다 하더라도 이 사건 사고는 피할 수 없다 할 것이므로 피고인이 트럭의 왼쪽바퀴를 중앙선 위에 올려놓은 상태에서 운전한 것만으로는 이 사건 사고의 직접적인 원인이 되었다고는 할 수 없다고 판시하고 달리 이 사건 범죄에 대한 증명이 없음을 이유로 피고인에게 무죄의 선고를 하였는 바, 기록에 비추어 원심의 판단은 옳게 수긍이 되고 거기에 지적하는 바와 같은 법리의 오해나 채증법칙을 어긴 위법이 없다.) ; **대법원 1996.11.8. 선고 95도2710 판결**(치과의사인 피고인이 농배양을 하지 않은 과실이 피해자의 사망에 기여한 인과관계 있는 과실이 된다고 하려면, 농배양을 하였더라면 피고인이 투약해 온 항생제와 다른 어떤 항생제를 사용하게 되었을 것이라거나 어떤 다른 조치를 취할 수 있었을 것이고, 따라서 피해자가 사망하지 않았을 것이라는 점을 심리·판단하여야 한다.) ; **대법원 2007.10.26. 선고 2005도8822 판결**(선행 교통사고와 후행 교통사고 중 어느 쪽이 원인이 되어 피해자가 사망에 이르게 되었는지 밝혀지지 않은 경우 후행 교통사고를 일으킨 사람의 과실과 피해자의 사망 사이에 인과관계가 인정되기 위해서는 후행 교통사고를 일으킨 사람이 주의의무를 게을리하지 않았다면 피해자가 사망에 이르지 않았을 것이라는 사실이 증명되어야 하고, 그 증명책임은 검사에게 있다.)

290) 앞의 주 285)의 낙뢰사건 및 전세기사건이 이에 해당한다.

291) 예컨대 살인에 사용한 총기를 제조한 행위 및 나중에 살인자가 된 아이를 출산한 행위가 이에 해당한다.

③ 지나치게 비유형적인 인과과정

객관적으로 예견할 수 없었던 인과과정을 통하여 결과가 초래된 경우에는 객관적 귀속이 부정된다.[292)]

④ 제3자의 고의행위의 개입

원인행위로부터 진행된 인과과정에 다른 고의행위자가 자유롭게 개입한 경우에도 객관적 귀속은 부정된다.[293)]

(4) 규범의 보호목적이론

규범의 보호목적이란 행위자가 보호법익에 대하여 허용된 위험을 초과하는 위험을 창출하였고 또한 그 위험이 결과로 실현되었지만, 그 인과과정의 진행을 방지하도록 하는 것이 당해 범죄구성요건의 임무가 아닐 경우에는 객관적 귀속을 부정하여야 한다는 이론이다. 규범의 보호목적이 결여된 때에는 **가벌성이 탈락하거나 미수가 성립**한다. 다음과 같은 세부적인 하위기준에 의해 판단된다.

① 과실범과 규범의 보호목적

행위가 허용되지 아니한 위험과 상당한 관련성이 있는 경우에도 그러한 위험결과를 제지하고자 하는 것이 주의규범의 보호목적이 아니고 주의의무의 반사적 보호에 불과할 경우에는 객관적 귀속이 부정된다.[294)295)]

---

292) **[비유형적 인과과정]** : 예컨대 피해자에게 경상을 입혔으나 피해자가 혈우병환자였기 때문에 병원으로 가는 도중에 교통사고가 발생하여 사망하거나 병원에서 의사의 실수로 사망한 경우를 들 수 있는데 이러한 사례에서는 객관적 예측가능성이 존재하지 않기 때문에 객관적 귀속이 부정된다.

293) 예컨대 의사가 의료용으로 보관 중인 독약을 간호사가 몰래 꺼내어 살인을 한 경우가 그것이다.

294) 예컨대 운전자 甲이 규정을 위반하여 乙의 자동차를 추월하자 이에 놀란 乙이 심장마비로 사망한 경우를 들 수 있다.

295) **[규범의 보호목적의 맹아]** : **보충판례 11-1 : 대법원 1983.8.23. 선고 82도3222 판결**(피고인 운전의 차가 이미 정차하였음에도 뒤쫓아오던 차의 충돌로 인하여 앞차를 충격하여 사고가 발생한 경우, 설사 피고인에게 안전거리를 준수치 않은 위법이 있었다 할지라도 그것이 이 사건 피해결과에 대하여 인과관계가 있다고 단정할 수 없다.) ; **대법원 1989.9.12. 선고 89도866 판결**(자동차의 운전자가 그 운전상의 주의의무를 게을리하여 열차건널목을 그대로 건너는 바람에 그 자동차가 열차좌측 모서리와 충돌하여 20여미터쯤 열차 진행방향으로 끌려가면서 튕겨나갔고 피해자는 타고가던 자전거에서 내려 위 자동차 왼쪽에서 열차가 지나가기를 기다리고 있다가 위 충돌사고로 놀라 넘어져 상처를 입

보충판례 11-1 : 대법원 1983.8.23. 선고 82도3222 판결.

사례 29 규범의 보호목적

甲과 乙은 어둠 속에서 전조등을 켜지 않은 채 자전거를 운행하고 있었는데, 앞에서 달리던 乙이 반대편에서 달려오던 丙의 자전거와 충돌하여 부상을 입었다. 재판과정에서 乙의 뒤에서 쫓아가던 甲이 전조등을 켰더라면 사고를 피할 수 있었다는 사실이 판명되었다.
甲의 죄책은?(독일판례 참조)

▮ 사례 29의 해결 ▮

甲에게는 야간에 전조등을 켜지 않고 자전거를 운행한 과실이 있다. 그러나 자전거운전자의 조명의무는 자기 자전거와 다른 자전거와의 충돌을 방지하는 것을 목적으로 하는 것이지, 앞에서 주행 중인 자전거를 비추어 줌으로써 그 자전거와 다른 자전거의 충돌을 방지하는 것을 목적으로 하지 않는다.

따라서 규범의 보호목적이론에 의하면 객관적 귀속이 부정되므로 과실치상죄가 성립하지 않는다.

② 피해자의 고의적인 자기위태화

위험을 분명히 인식한 책임능력자인 피해자의 고의적인 자기위태화로 인하여 구성요건적 결과가 발생한 경우에 그러한 결과는 당해 구성요건규범의 보호영역 밖에서 발생한 것이므로 객관적 귀속이 부정된다.[296]

③ 피해자의 양해있는 타인의 위태화

행위자의 행위에 포함된 위험성을 알면서도 이를 양해한 피해자에게 행위자 스스로 사건경과를 지배하여 구성요건적 결과를 야기한 경우에는 객관적 귀속은 인정되지만 피해자의 승낙을 근거로 정당화된다고 하여야 한다(긍정설).[297]

었다면 비록 위 자동차와 피해자가 직접 충돌하지는 아니하였더라도 자동차운전자의 위 과실과 피해자가 입은 상처 사이에는 상당한 인과관계가 있다.)

296) **[피해자의 고의적인 자기위태화]** : 예컨대 甲과 乙이 복잡한 도로에서 오토바이 경주를 하다가 乙이 운전 잘못으로 넘어져 사망한 경우, 甲이 乙에게 상처를 입혔으나 乙은 종교적 이유로 수혈을 거부하여 사망한 경우, 甲이 방화한 乙의 집에 乙이 가재도구를 꺼내려고 들어갔다가 소사한 경우 등을 들 수 있다.

297) **[피해자의 양해있는 타인의 위태화]** : 예컨대 택시기사 甲이 승객 乙의 요구에 따라 과속운전을 하다가 사고로 乙이 부상을 입은 경우, 만취한 운전자가 운전하는 승용차에 탑승하여 부상당한 피해자의 경우가 그것이다.

④ 타인의 책임영역

행위자가 창출한 위험이 결과로 실현되었다고 하더라도 그러한 결과방지가 타인의 직업적 책임영역에 인수된 이후에 발생된 결과는 행위자의 행위에 귀속시킬 수 없다.[298)]

다. 문제점

첫째 독일형법과 달리 우리형법은 제17조에 인과관계에 관한 규정을 두고 있다. 이는 형법상의 귀책문제를 해결하기 위해 형법적 인과관계를 규정한 것으로 해석해야 하고 자연과학적 인과관계를 규정한 것으로 이해하는 것은 바람직하지 않다.

둘째 형법 제17조가 인과관계와 개관적 귀속을 모두 규정하고 있다고 해석하는 것은 동규정의 연혁을 무시하는 것이다. 이는 해석의 합리성 여부 이전에 형법해석의

---

298) 예컨대 甲이 교통사고로 乙에게 부상을 입혔는데 乙은 병원에서 의료과오로 인한 패혈증으로 사망한 경우를 들 수 있다.

대법원 1984.6.26. 선고 84도831,84감도129 판결(원심이 인용한 제1심판결이 들고 있는 증거들을 기록에 대조하여 살펴보면, 피고인에 대하여 폭행치사죄를 인정한 원심의 조치는 정당한 것으로 수긍되고 피고인이 주먹으로 피해자의 복부를 1회 힘껏 때려 장파열로 인한 복막염으로 사망에 이르게 한 사실이 증거상 명백한 이상 피해자의 사망은 결국 피고인의 폭행행위에 의한 결과라고 봄이 상당하고, 비록 소론의 의사의 수술지연 등의 과실이 피해자 사망의 공동원인이 되었다 하더라도 역시 피고인의 행위가 사망의 결과에 대한 유력한 원인이 된 이상 그 폭행행위와 치사의 결과와의 간에 인과관계는 있다 할 것이고, 피고인은 피해자의 사망의 결과에 형사책임을 져야함은 당연하다 할 것이다. 또 기록을 살펴보아도 피고인의 이 사건 소위가 현재의 급박부정한 침해에 대한 그 방위를 위한 상당한 행위라고 인정되지 아니하므로 정당방위의 성립을 인정할 여지는 없다 할 것이다. 논지는 모두 이유없다.)

[판례해설] 규범의 보호목적이론에 의하면 행위자가 창출한 법적으로 허용되지 않는 위험이 결과에 실현되었다고 하더라도 그러한 결과방지가 타인의 직업적 책임영역에 인수된 이후에 발생한 결과인 경우에는 행위자의 행위에 객관적으로 귀속시킬 수 없다.

따라서 이 사건의 경우에 피고인의 폭행으로 인하여 창출된 위험이 사망의 결과로 실현되었을지라도 피해자가 병원으로 옮겨져 의사가 피해자를 자신의 환자로 인수한 후에 그 의사의 수술지연으로 인하여 피해자가 사망하였다면 그 사망결과는 피고인에게 객관적으로 귀속될 수 없다. 그러나 피고인은 폭행으로 인하여 야기된 장파열에 대해서는 객관적 귀속이 인정되므로 폭행치상죄가 성립한다고 하여야 할 것이다. 그러나 판례는 원인설적 사고에 입각하여 폭행과 사망사이의 인과관계를 인정하여 폭행치사죄를 인정하였다.

한편 이 사건은 의사의 수술지연이라는 제3자의 개입행위가 인과과정에 개재하고 있다. 따라서 **상당인과관계설에 의할 때에는** 의사의 수술지연이라는 사정이 일반적 평균인(즉 의사들 중의 평균인)의 입장에서 통상적으로(경험칙상) 객관적으로 예측가능한 사정인지 여부(즉 병원에서의 수술지연의 빈도, 시간적인 수술지연의 허용범위 등)를 판단할 필요가 있을 것이다. 의사의 수술지연이라는 사정이 일반인(의사들 중의 평균인)의 입장에서 경험칙상 객관적으로 예측가능한 사정이라면 상당인과관계는 긍정되어 폭행치사죄가 성립할 것이지만, 객관적으로 예측불가능한 사정이었다고 한다면 피고인의 행위와 사망사이의 상당인과관계는 부정되어 폭행치상죄로 처벌될 수 있을 뿐이다.

기본원칙을 무시하는 것이다.

셋째 객관적 귀속이론이 상당인과관계설보다 우월하다는 것을 보이기 위해 제시하는 사례들은 상당인과관계설에 의해서도 합리적으로 해결할 수 있고, 객관적 귀속이론이 모든 사례들을 의심없이 분명하게 해결해 주는 것도 아니다.

복습 및 심화질문

1. 甲은 친구 乙과 걸어가던 중 乙의 머리로 떨어지는 벽돌을 보고 乙을 세차게 밀었다. 그 결과 벽돌은 乙의 머리가 아닌 어깨에 맞아 乙의 어깨뼈에 금이 갔다. 甲의 행위는 상해죄의 구성요건에 해당하나 긴급피난으로 위법성이 조각된다. (O, X)
2. 절대적 제약공식과 합법칙적조건공식이 모두 자연적 인과관계를 부정하는 경합사례는? (O, X)
3. 합법칙적 조건공식에 의거하여 자연과학적 인과관계를 판단할 경우에 결과발생에 대하여 가설적 경합관계에 있는 행위는 형법상 원인이 된다. (O, X)

예습심화문제 **다음 수업시간 전까지 스스로 풀어볼 것!**

사례 1	甲은 '淫亂圖畵(형법 제243조)'에 해당하는 사진집을 입수하여 판매하였다. 그 때 甲은 책의 존재와 사진집이라는 성질은 인식하고 있었지만, 음란성이 문제된 부분은 전혀 본 적이 없었다. 甲의 죄책은?

사례 2	甲은 乙로부터 의류를 구입하였지만 그 때 최근 의류도난사고가 전국적으로 발생하고 있다는 등의 사정으로부터 乙이 절취한 의류를 판매하는 것이 아닌가 라는 의심을 품었다. 甲의 죄책은?

사례 3	甲은 A를 살해할 의사로써 A라 믿고 살해하였던 바, 사후에 판명된 사실에 의하면 甲이 살해한 사람은 B이었다. 甲의 죄책은?

사례 4	甲은 형수인 乙을 향해 살의를 갖고 소나무 몽둥이로 내려쳤으나 조카 丙의 머리 부분이 맞아 丙이 현장에서 두개골절 및 뇌좌상으로 사망하였다. 甲의 죄책은?

제 7 장

고의와 사실의 착오

제1절 구성요건적 고의

[조문]

刑法 第13條 (犯意) 罪의 成立要素인 事實을 認識하지 못한 行爲는 罰하지 아니한다. 但, 法律에 特別한 規定이 있는 경우에는 例外로 한다.

2011년 형법일부개정법률안[형법총칙전면개정안][의안번호 제11304호]제11조(고의) 죄의 성립요소인 사실을 인식하지 못한 행위는 벌하지 아니 한다. 다만, 법률에 특별한 규정이 있는 경우에는 예외로 한다.

질서위반행위규제법제7조(고의 또는 과실) 고의 또는 과실이 없는 질서위반행위는 과태료를 부과하지 아니한다.

1. 고의의 체계적 지위

가. 구성요건적 고의와 책임고의

故意란 객관적 구성요건요소에 해당하는 사실(즉 객관적 구성요건 실현)을 인식

(지적 요소), 희망·의욕하는 것(의지적 요소), 즉 **객관적 구성요건 실현의 인식과 의사(의욕)를 말한다(통설**[299] **및 판례**[300]**)**. 여기서 인식이란 사실을 알고 있는 것, 의욕(의사)이란 결과발생을 희망·의욕하는 것이다.

예를 들면 행위자는 권총의 방아쇠를 당겼다(실행행위), 이로써(인과관계), 사람이 사망하였다(결과) 는 객관적 구성요건요소에 해당하는 사실을 알고 있었다는 점에서 인식이 있다고 하게 된다. 그리고 그러한 결과의 발생을 희망하고 의욕하는 의사결정이 있는 경우에는 의사가 있다고 하게 된다.

보충판례 12[고의의 본질 및 그 존재여부 판단방법] : 대법원 2005.10.7. 선고 2005도5554 판결.

이처럼 자신이 행한 일을 알고 있을 뿐만 아니라 그러한 결과의 발생을 희망·의욕하

299) **[故意의 本質에 관한 學說對立]**
認識說(表象說)은 고의는 지적 요소(즉 구성요건에 해당하는 객관적 사실에 대한 인식)만 있으면 성립하고, 구성요건적 결과발생을 희망·의욕(의지적 요소)할 필요가 없다고 주장한다. **意思說(意志說)**은 고의를 구성요건을 실현하려고 하는 의사라고 이해하여 고의의 의지적 요소를 강조한다.
그러나 인식설을 철처히 할 때에는 인식있는 과실은 모두 고의에 포함되어 고의의 범위가 부당하게 확대되지 않을 수 없고, 의사설에 의할 때에는 의욕하지 않은 때에는 고의가 없게 되어 고의의 범위가 부당하게 축소되고 그 결과 미필적 고의를 설명할 수 없게 된다. 이처럼 인식설과 의사설은 동일 사실의 일면만을 강조하는 것으로서 의미가 없기 때문에 **고의는 지적 요소와 의지적 요소의 통합으로 파악하여야 한다**는 것이 **통설(결합설, 통합설)**의 입장이다.

300) 대법원 1977.1.11. 선고 76도3871 판결[제분에 이기지 못하여 식도를 휘두르는 피고인을 말리거나 그 식도를 뺏으려고 한 그 밖의 피해자들을 닥치는 대로 찌르는 무차별 횡포를 부리던 중에 그의 부(父)까지 찌르게 된 결과를 빚은 경우 피고인이 칼에 찔려 쓰러진 부를 부축해 데리고 나가지 못하도록 한 일이 있다고 하여 그의 부를 살해할 의사로 식도로 찔러 살해하였다는 사실을 인정하기는 어렵다고 봄이 상당하다.] ; 대법원 1985.6.25. 선고 85도660 판결(미필적 고의라 함은 결과의 발생이 불확실한 경우 즉 행위자에 있어서 그 결과발생에 대한 확실한 예견은 없으나 그 가능성은 인정하는 것으로 미필적 **고의가 있었다고 하려면 결과발생에 대한 인식이 있음은 물론 나아가 이러한 결과발생을 용인하는 내심의 의사가 있음을 요한다.**) ; 대법원 1987.2.10. 선고 86도2338 판결 ; 대법원 2004.5.14. 선고 2004도74 판결 ; **보충판례 12[고의의 본질 및 그 존재여부 판단방법] : 대법원 2005.10.7. 선고 2005도5554 판결**(범죄구성요건의 주관적 요소로서 미필적 **고의라 함은 범죄사실의 발생 가능성을 불확실한 것으로 표상하면서 이를 용인하고 있는 경우를 말하고, 미필적 고의가 있었다고 하려면 범죄사실의 발생 가능성에 대한 인식이 있음은 물론 나아가 범죄사실이 발생할 위험을 용인하는 내심의 의사가 있어야 하며**, 그 행위자가 범죄사실이 발생할 가능성을 용인하고 있었는지의 여부는 행위자의 진술에 의존하지 아니하고 외부에 나타난 행위의 형태와 행위의 상황 등 구체적인 사정을 기초로 하여 일반인이라면 당해 범죄사실이 발생할 가능성을 어떻게 평가할 것인가를 고려하면서 행위자의 입장에서 그 심리상태를 추인하여야 하고, 이와 같은 경우에도 공소가 제기된 범죄사실의 주관적 요소인 미필적 고의의 존재에 대한 입증책임은 검사에게 있는 것이며, 한편, 유죄의 인정은 법관으로 하여금 합리적인 의심을 할 여지가 없을 정도로 공소사실이 진실한 것이라는 확신을 가지게 하는 증명력을 가진 증거에 의하여야 하므로, 그와 같은 증거가 없다면 설령 피고인에게 유죄의 의심이 간다고 하더라도 피고인의 이익으로 판단할 수밖에 없다.)

는 심리상태가 있을 때에 **구성요건적 고의**가 있다고 한다. 그리고 이러한 고의가 있을 때 비로소 알고 있었음에도 그러한 행위를 했다는 강한 법적 비난을 가할 수 있는 것이므로 **책임고의**는 책임판단의 중심요소인 책임요소로 파악된다.

나. 고의의 이중적 지위

고의의 이중적 지위설의 입장에서는 **행위의 방향을 결정하는 행위의사로서의 고의는 구성요건요소**가 되며, 심정반가치[301]로서의 고의는 책임요소가 된다고 보아 고의의 이중적 지위를 인정하는 견해이다(**다수설**). 사회적 행위론자와 합일태적 범죄론 체계론자 들이 취하는 입장이다. 이 입장에 의하면 구성요건적 고의가 인정되면 원칙적으로 책임고의는 추정된다.

2. 고의범처벌의 원칙

고의는 범죄를 실현시키는 정신작용 가운데 가장 강력한 것이다. 우리 형법은 원칙적으로 고의범만을 처벌한다. 형벌이라는 가장 강력한 제재수단은 신중하게 운영되어야 할 필요가 있기 때문에 **고의를 가지고 범죄행위를 하는 경우(고의범)에만 형사처벌을 과하는 것이 원칙**이다.[302]

그러나 이러한 원칙에 대해서는 **예외가 인정**된다. 즉 형법 제13조 단서는 "단, 법률에 특별한 규정이 있는 경우에는 예외로 한다"고 규정하고 있는데, 이처럼 고의가 없어서 원칙적으로 처벌되지 않지만 **법률에 특별한 규정이 있어서 처벌되는 경우로는 과실범(형법 제14조)과 결과적 가중범(제15조)**을 들 수 있다.

301) **[心情反價値]** : 심정반가치란 고의의 불법행위를 통하여 드러나는 행위자의 법적대적 태도에 대한 부정적 가치판단으로서 책임비난의 내용을 이룬다.

302) **[형법 제13조의 반대해석의 의미]** : 형법 제13조 본문은 "죄의 성립요소인 사실을 인식하지 못한 행위는 벌하지 아니한다"고 규정함으로써 반대해석에 의할 때 죄의 성립요소인 사실을 인식하고 의욕한 행위만을, 즉 고의에 의한 행위만을 처벌한다고 천명하고 있다. 이 점은 민사상 손해배상책임이 고의뿐만 아니라 과실에 의한 행위에도 인정되는 것(민법 제750조)과 크게 구별되는 특징이라 할 수 있다.

이렇듯 형법상 고의(처벌의 원칙)와 과실(처벌의 예외)의 구별은 다음과 같은 의미를 가진다.

첫째 과실행위는 형법에 이를 처벌한다는 명문의 규정이 있을 때에만 처벌한다.

둘째 과실의 경우에는 결과가 발생하지 않으면 형법상 처벌되지 않는다. 즉 **형법상 과실미수는 인정되지 않고 고의미수만 인정**되기 때문이다.

셋째 어떤 범죄에 가담한 자에 대한 공범(교사범 또는 방조범)성립을 인정하려면 그 가담한 범죄도 고의범이어야 하고 가담한 자의 행위도 고의행위이어야 한다. 즉 **과실행위에 의한 교사 또는 방조는 인정되지도 않고, 가담한 범죄가 과실범인 경우에는 공범이 성립하지 않고 간접정범이 성립**할 수 있을 뿐이다.

3. 고의의 인식대상 : 고의의 지적 요소

가. 객관적 구성요건요소 총체의 인식

(1) 객관적 구성요건요소의 구체적 내용

구성요건적 고의는 구성요건의 객관적 요소들이 실현됨을 인식하고 의욕하는 것이다. 따라서 **고의의 인식대상은 객관적 구성요건요소에 해당하는 모든 사실(행위주체, 실행행위, 행위객체, 결과발생, 인과관계, 특수한 행위사정 등)이다**.[303)]

이처럼 객관적 구성요건요소 가운데 어느 하나라도 인식하지 못하면 구성요건적 고의는 성립하지 않는다. 따라서 고의범(기수범은 물론 미수범)으로 처벌할 수 없다.[304)]

303) **[범죄유형별 고의의 인식대상]** : 예컨대 부진정부작위범의 경우에는 보증인적 지위를 발생시키는 상황, 신분범의 경우에는 행위자의 특별한 속성·관계·지위, 성범죄의 경우에는 피해자의 연령과 같은 피해자의 속성이 구성요건적 고의의 인식대상에 포함되며, 경우에 따라서는 행위시간(야간주거침입절도죄의 야간), 행위상황(도주운전죄의 경우 사고 후 도주한다는 사실), 행위방법이나 수단(흉기휴대) 등도 구성요건적 고의의 인식대상에 포함된다.

304) **대법원 1983.9.13. 선고 83도1762 판결**[절도죄에 있어서 재물의 타인성을 오신하여 그 재물이 자기에게 취득(빌린 것)할 것이 허용된 동일한 물건으로 오인하고 가져온 경우에는 **범죄사실에 대한 인식이 있다고 할 수 없으므로 범의가 조각되어 절도죄가 성립하지 아니한다.**] ; **대법원 1984.12.11. 선고 84도2002 판결**(자정 가까운 시간에 점포를 폐점하면서 제조 년월일이 오래된 빵을 별다른 감수조치를 취함이 없이 점포 밖에 방치하였다면 외관상 피해자가 그 소유를 포기한 물품으로 오인될 수

보충판례 12-1 : 대법원 2007.1.11. 선고 2006도5288 판결.

(2) 구성요건적 고의의 인식대상에서 제외되는 사실

행위의 위법성이나 형법각칙에 별도로 규정되어 있는 객관적 처벌조건(예컨대 사전수뢰죄의 경우 공무원 또는 중재인이 된 사실), 인적 처벌조각사유(친족상도례의 적용을 받는 범죄에 있어서 행위자와 재물의 점유자 및 소유자와의 일정한 친족관계), 소송조건(친고죄 등) 등은 체계상 구성요건요소가 아니므로 구성요건적 고의의 인식대상이 되지 않는다.

또한 목적범에 있어서의 목적, 경향범에 있어서의 경향, 표현범에 있어서의 표현성[305)]등의 초과주관적 사실도 객관적 구성요건 사실이 아니므로 인식대상이 아니다. 위법성의 인식도 독자적인 책임요소이기 때문에 고의의 인식대상이 되지 않는다(책임설).

도 있고, 이러한 경우에 그 빵을 가져간 행위는 절도의 범위를 인정하기 어려운 경우가 있을 것이므로 원심으로서는 위 빵이 쌓여있던 위치와 감수조치의 유무 및 종전에도 피해자가 부패된 빵을 점포 앞에 방치해 둔 사례가 있었는지 여부 등을 더 심리해 보아 부패하여 버린 빵으로 오인했다는 피고인 주장의 당부를 가렸어야 할 것이다.) ; **대법원 1989.1.17. 선고 88도971 판결**(**절도의 범의는 타인의 점유하에 있는 타인소유물을 그 의사에 반하여 자기 또는 제3자의 점유하에 이전하는 데에 대한 인식**을 말하므로, 타인이 그 소유권을 포기하고 버린 물건으로 오인하여 이를 취득하였다면 이와 같이 오인하는 데에 정당한 이유가 인정되는 한 절도의 범의를 인정할 수 없다.) ; **대법원 1995.9.15. 선고 94도2561 판결**(주거침입죄는 사실상의 주거의 평온을 보호법익으로 하는 것이므로, 반드시 행위자의 신체의 전부가 범행의 목적인 타인의 주거 안으로 들어가야만 성립하는 것이 아니라 신체의 일부만 타인의 주거 안으로 들어갔다고 하더라도 거주자가 누리는 사실상의 주거의 평온을 해할 수 있는 정도에 이르렀다면 범죄구성요건을 충족하는 것이라고 보아야 하고, 따라서 **주거침입죄의 범의는 반드시 신체의 전부가 타인의 주거 안으로 들어간다는 인식이 있어야만 하는 것이 아니라 신체의 일부라도 타인의 주거 안으로 들어간다는 인식이 있으면 족하다.**) ; **보충판례 12-1 : 대법원 2007.1.11. 선고 2006도5288 판결**[범죄수익은닉의 규제 및 처벌 등에 관한 법률 제3조 제1항 제3호에 의하여 특정범죄를 조장하거나 또는 적법하게 취득한 재산으로 가장할 목적으로 범죄수익 등을 은닉하는 행위를 한 자를 처벌하기 위해서는 그 행위자가 자신이 은닉하려고 한 재산이 같은 법 제2조 제2호 내지 제4호에서 정한 범죄수익 등에 해당한다는 사실을 인식하였을 것을 필요로 하나, 특정범죄를 조장하는 경제적 요인을 근원적으로 제거하기 위한 위 법률의 입법목적(제1조)과 구성요건의 형식에 비추어 그러한 인식은 당해 재산이 같은 법 제2조 제2호 내지 제4호에서 정한 범죄수익 등에 해당한다는 사실을 인식하는 정도로 충분하고 반드시 그 범죄의 종류나 구체적 내용까지 알아야 하는 것은 아니다.]

305) **[초과주관적 구성요건요소로서의 目的犯·傾向犯·表現犯]** : 구성요건적 고의 이외에 추가적으로 요구되는 주관적 구성요건요소를 일컬어 **초과주관적 구성요건요소**라 한다. 초과주관적 구성요건요소는 행위자가 실현시키는 불법(즉 구성요건에 해당하는 위법한 행위) 가운데 결과불법보다 행위불법을 더욱 강조하려고 할 때 입법자가 사용하는 표지이다.

그 유형의 하나인 **목적범**이란 일정한 목적의 달성을 의욕하는 범죄(형법 제87조의 내란죄 등에 있어서 '목적')이다. **경향범**이란 구성요건을 실현함에 있어서 일정한 방향으로 나아가려는 주관적 경향성이 요구되는 범죄(각종 성범죄에 있어서 행위자가 성적 흥분 내지 만족을 얻고자 하는 경향성)이다. **표현범**이란 내심의 의사를 외부에 표현하는 범죄(형법 제105조의 국기비방죄, 제152조의 위증죄 등과 같이 내면의 인식상태를 외부에 일정한 방식으로 전하는 범죄유형)를 말한다.

(3) 구성요건적 고의의 인식대상 여부가 논란이 되는 문제

① 인과관계 내지 인과과정

결과발생을 필요로 하는 결과범의 경우, 행위로부터 결과에 이르는 인과적 진행과정도 구성요건적 고의의 인식대상인지에 대해서는 이를 부정하면서 객관적 귀속의 문제로 다루는 것이 타당하다고 주장하는 견해[306]도 있지만, **통설**은 **인과과정도 구성요건적 고의의 인식대상이 된다**고 한다.

다만 인과과정에 대한 정확한(구체적인) 인식은 전문가들만이 할 수 있는 영역이다.[307] 따라서 **인과과정의 본질적 부분(기본이 되는 중요한 흐름)에 대한 인식**이 있으면 구성요건적 고의는 인정된다고 하여야 할 것이다.

② 위법성조각사유의 객관적 요건(전제사실)

위법성조각사유의 객관적 요건(정당방위에 있어서 자기의 신체에 대한 부당한 현재의 침해)도 구성요건적 고의의 인식대상인지에 대해서도 견해가 대립한다.

소극적 구성요건표지이론[308]에 의하면 위법성조각사유의 객관적 요건도 구성요건의 소극적 요소이므로 이 요건의 부존재도 구성요건적 고의의 인식대상이 된다고 한다. 또한 고의를 책임요소로 보는 견해(엄격고의설)도 고의의 인식대상에 위법성의 인식을 포함하므로 위법성조각사유의 객관적 요건의 부존재도 고의의 인식대상이 된다고 한다.

---

306) **[인과과정을 고의의 인식대상에서 배제하고 객관적 귀속의 문제로 다루는 입장에 대한 비판]** : 이 입장에서는 인과관계가 이미 발생한 행위와 결과 사이의 연결관계라는 점에 주목하여, '이미 발생한' 행위와 결과 사이의 인과관계를 행위자가 앞을 내다 보고 인식·의욕할 수 없다고 주장한다. 이처럼 인과관계를 구성요건적 고의의 인식대상에서 제외하게 되면 소위 인과관계의 착오로 논의되던 문제상황은 논의의 의미가 없어지게 된다. 따라서 이 입장에서는 인과관계의 착오문제는 객관적 구성요건단계에서 객관적 귀속의 이론으로 해결하면 족하다고 한다. 그러나 이는 재판시의 사후판단(형법적 인과관계)과 행위시의 사전판단(구성요건적 고의의 인식대상인 인과관계)이라는 판단시점의 차이를 간과한 주장이라 할 수 있다.

307) **[인과과정에 대한 구체적인식의 곤란성]** : 예컨대 사람의 심장을 칼로 찔렀을 때 어떤 과정을 거쳐서 사람이 사망하는지는 의료전문가들이나 알 수 있는 영역이다.

308) **[소극적 구성요건표지이론]** : 구성요건을 위법성의 존재근거로 파악하는 입장을 철저하게 관철시키면 구성요건과 위법성을 구별하는 것이 무의미하다는 결론으로 귀결된다. 이러한 결론에 따라 구성요건과 위법성을 불법구성요건이라는 하나의 개념으로 통합시켜 불법구성요건개념의 구조 속에서 위법성조각사유를 소극적인 구성분자로 파악하는 견해가 있는데, 이 견해에 따르면 위법성조각사유는 불법을 배제하는 소극적인 구성요건요소가 되기 때문에 이러한 견해를 **'소극적 구성요건표지이론'**이라고 한다.

그러나 고의를 구성요건요소로 파악하는 한은 위법성조각사유의 객관적 요건도 위법성과 관련된 요소이므로 그 요건의 부존재는 구성요건적 고의의 인식대상이 될 수 없다고 해야 할 것이다. 따라서 행위자가 그러한 사실이 없는데도 불구하고 존재한다고 오인한 경우에도 구성요건적 고의는 인정되어야 한다.

나. 의미의 인식

구성요건적 고의는 일반적으로 기술적 구성요건요소에 표시된 사실을 인식할 것을 요한다. 그러나 규범적 구성요건요소에 대해서는 사실을 인식하는 것으로 족하지 아니하고 **규범적 구성요건요소에 포섭되어 있는 사실의 본질적 의미내용(법적·사회적 의미내용)을 인식**할 것을 요한다.[309]

예컨대 **예습심화사례1의 경우** 음란도화의 음란성과 같은 규범적 구성요건요소에 대해서는 객체의 물리적 존재의 지각으로는 충분하지 않기 때문에, 즉 그 곳에 있던 책을 판매한다는 인식만 있거나 사진집을 판매한다는 인식에 그친 때에는 구성요건적 고의는 부정된다. 따라서 사진집의 내용이 성적으로 흥분을 야기시키는 것이라는 인식이 있어야 비로소 구성요건적 고의가 인정되는 것이다. 결국 甲에게는 구성요건적 고의는 인정되지 않는다.[310]

보충판례 12-2[의미의 인식] : 대법원 2004.3.12. 선고 2003도6514 판결.

---

309) **[본질적 의미내용의 인식 필요성]** : 예컨대 유가증권위조죄(형법 제214조)에 있어서 유가증권의 의미나 절도죄(제329조)에 있어서 재물의 타인성의 의미내용에 대한 인식을 들 수 있다.

310) **보충판례 12-2[의미의 인식] : 대법원 2004.3.12. 선고 2003도6514 판결**[형법 제245조(공연음란죄) 소정의 '음란한 행위'라 함은 일반 보통인의 성욕을 자극하여 성적 흥분을 유발하고 정상적인 성적 수치심을 해하여 성적 도의관념에 반하는 것을 가리킨다고 할 것이고, 위 죄는 주관적으로 성욕의 흥분, 만족 등의 성적인 목적이 있어야 성립하는 것은 아니고 **그 행위의 음란성에 대한 의미의 인식이 있으면 족하다**고 할 것이나(대법원 2000.12.22. 선고 2000도4372 판결 참조), 경범죄처벌법 제1조 제41호가 '여러 사람의 눈에 뜨이는 곳에서 함부로 알몸을 지나치게 내놓거나 속까지 들여다 보이는 옷을 입거나 또는 가려야 할 곳을 내어 놓아 다른 사람에게 부끄러운 느낌이나 불쾌감을 준 사람'을 처벌하도록 규정하고 있는 점 등에 비추어 볼 때, 신체의 노출행위가 있었다고 하더라도 그 일시와 장소, 노출 부위, 노출 방법·정도, 노출 동기·경위 등 구체적 사정에 비추어, 그것이 일반 보통인의 성욕을 자극하여 성적 흥분을 유발하고 정상적인 성적 수치심을 해하는 것이 아니라 단순히 다른 사람에게 부끄러운 느낌이나 불쾌감을 주는 정도에 불과하다고 인정되는 경우 그와 같은 행위는 경범죄처벌법 제1조 제41호에 해당할지언정, 형법 제245조의 음란행위에 해당한다고 할 수 없을 것이다.] ; 대법원 2006.1.13. 선고 2005도1264 판결.

그러나 이러한 의미의 인식은 정확한 법적 평가를 요구하는 것이 아니라 문외한으로서의 소박한 가치평가(문외한에 의하여 판단된 법적·사회적 의미내용)이면 충분하다. 의미에 대한 정확한 법적 평가까지 요구할 때에는 오로지 법률가만이 구성요건적 고의를 가질 수 있게 되기 때문이다.[311)]

다. 인식의 정도

구성요건적 고의의 지적 요소인 인식과 관련해서도 행위자가 구성요건적 사실에 대해 어느 정도의 인식이 있어야 하는지가 문제된다.

구성요건적 고의의 인식정도는 ① 행위자가 행위사정의 존재 또는 결과의 발생이 확실하다고 생각한 경우인 **확실성의 인식**, ② 행위자가 적어도 개연성이 있는 것이라고 생각한 경우인 **개연성의 인식**, ③ 행위자가 객관적 구성요건요소의 실현이 가능하다고 생각한 경우인 **가능성의 인식**이라는 단계로 나누어진다. 여기서 가능성조차 인식하지 못한 경우에는 구성요건적 고의가 조각되어 인식없는 과실의 문제가 된다.

4. 구성요건적 고의의 의지적 요소

구성요건적 고의가 성립하기 위해서는 행위자가 인식한 내용을 실현하려는 의사(의욕)가 있어야 한다. 객관적 구성요건요소를 인식한 사람만이 그 실현을 의욕할 수 있기 때문에 의지적 요소인 의사(의욕)는 지적 요소인 인식을 전제로 한다.[312)]

보충판례 12-3[구성요건의 실현의사] : 대법원 1977.1.11. 선고 76도3871 판결.

311) **[문외한으로서의 소박한 가치평가의 의미]** : 예컨대 재물의 타인성에 관해서는 그 재물이 자기 아닌 다른 사람의 소유라는 것을 인식하면 족하며 그 재물이 어떤 근거로 타인에게 소유권이 있느냐 하는 부분까지 알 필요는 없다.

312) **[고의의 의지적 요소 부정과 고의의 조각] : 보충판례 12-3[구성요건의 실현의사] : 대법원 1977.1.11. 선고 76도3871 판결**[제분에 이기지 못하여 식도를 휘두르는 피고인을 말리거나 그 식도를 뺏으려고 한 그 밖의 피해자들을 닥치는 대로 찌르는 무차별 횡포를 부리던 중에 그의 부(父)까지 찌르게 된 결과를 빚은 경우 피고인이 칼에 찔려 쓰러진 부를 부축해 데리고 나가지 못하도록 한 일이 있다고 하여 그의 부를 살해할 의사로 식도로 찔러 살해하였다는 사실을 인정하기는 어렵다고 봄이 상당하다.]

한편 구성요건적 고의의 의사(의욕)정도는 ① 행위자가 어떤 구성요건의 실현을 주목적으로 삼아 의욕하는 **의욕적 의사단계**, ② 행위자의 구성요건실현을 위한 **단순한 의사단계**, ③ 행위자가 구성요건실현의 가능성을 제한된 의사의 수준에서 감수한 **감수의사단계**로 나누어진다. 여기서 행위자가 구성요건의 실현가능성이 전혀 없는 것으로 신뢰하여 감수의사조차 없는 경우에는 구성요건적 고의성립에 필요한 의지적 요소가 결여된 것이므로 과실범의 문제가 된다.

5. 구성요건적 고의의 종류

가. 확정적 고의와 불확정적 고의

구성요건적 고의를 의사(의욕)의 측면에서 분석하면 확정적 고의와 불확정적 고의로 나눌 수 있다.

(1) 확정적 고의

확정적 고의는 구성요건의 실현을 확실히 인식하면서 이를 적극적으로 의욕하는 것이다. 두 가지 하위 유형 중 하나는 행위자가 구성요건의 실현 그 자체를 자기 행위의 목표로 삼는 경우이다(제1급 직접고의, 의도적 고의).[313] 다른 하나는 행위자가 구성요건의 객관적 요소를 실현시킨다는 점을 확실히 인식하고 의욕하지만 구성요건의 실현 자체는 목표가 아닌 경우이다(제2급 직접고의, 지정고의).[314]

(2) 불확정적 고의

불확정적 고의는 구성요건의 실현을 적극적으로 인식하거나 의욕하지 않는 경우이

313) **[의도적 고의]** : 예컨대 아버지 A를 살해한 B에게 복수하기 위하여 아들 甲이 B를 죽이는 경우가 그것이다. B의 살해가 甲의 범행목표이다.

314) **[지정고의]** : 예컨대 택시강도 甲이 택시기사 A에게서 돈을 강취한 뒤 A를 살해하는 경우에 A의 살해는 그 자체가 甲의 범행목적은 아니다. 돈을 빼앗거나 증거를 인멸하는 것이 목적일 뿐이다.

다. 구성요건의 실현을 적극적으로 의욕하지 않지만 구성요건이 실현될 수도 있다는 점을 인식하면서 이를 소극적으로 용인하는 것이다(미필적 고의, 조건부 고의).

나. 택일적 고의

택일적 고의란 수 개의 행위객체가 특정되기는 하였으나 구체적으로 결과가 발생할 행위객체가 특정되지 아니한 상태의 고의, 즉 행위자가 두 가지 이상의 구성요건 또는 결과 중에서 어느 하나만 실현하기를 원하지만 그 중 어느 것에서 그 결과가 발생해도 좋다고 생각하고 행위하는 경우의 고의를 말한다.

이러한 택일적 고의는 행위객체가 한 개인 경우[315], 행위객체가 두 개인 경우[316], 행위객체가 수많은 경우[317]에도 인정된다.

다. 사전고의·사후고의·승계고의

사전고의란 행위자가 행위이전에는 구성요건의 실현의사를 가지고 있었으나 정작 행위시에는 실현의사가 없었던 경우를 말한다.[318] 고의는 실행행위시에 있어야 하기 때문에 사전고의의 경우에는 고의는 성립하지 않고 과실범이 문제된다.

사후고의란 행위자가 고의없이 구성요건적 사실을 실현한 후에 비로소 그 결과를 인식·인용한 경우를 말한다.[319] 그러나 고의는 실행행위시에 있어야 하기 때문에 사후고의의 경우에도 고의는 성립하지 않고 과실범이 문제된다.

승계고의란 고의가 일련의 계속된 행위의 중간에 생긴 경우에 전체에 대한 고의가 인정되는가의 고의를 말한다.[320] 이때에는 고의 이후의 행위에 대해서만 고의범이 성립한다.

---

315) 예컨대 죽었는지 실신한 것인지 알 수 없는 사람으로부터 지갑을 취거하는 경우.

316) 예컨대 두 사람 중 어느 한 사람이 맞아도 좋다고 생각하고 총을 발사한 경우.

317) 예컨대 수 백명의 군중을 향해 폭탄을 던지면서 누가 죽어도 좋다고 생각하는 경우.

318) **[사전고의의 예]** : 예컨대 이등병 甲이 병장 乙을 사격훈련시 살해할 계획을 세웠지만 사격장에서 오발로 乙을 사망케 한 경우.

319) **[사후고의의 예]** : 예컨대 청자항아리를 깼으나 주인이 온갖 욕설을 퍼붓자 잘 깼다고 생각한 경우.

320) **[승계고의의 예]** : 예컨대 사무실의 문을 잠근 후에 다른 직원이 아직 안에 있음을 알면서도 감금의사로 그대로 방치한 경우.

라. 미필적 고의와 인식있는 과실

미필적 고의란 행위자가 객관적 구성요건실현의 가능성을 충분히 인식하고 또한 그것을 감수·용인하는 의사를 표명한 경우의 고의를 말한다. 이에 대하여 **인식있는 과실**이란 구성요건이 실현될 여지가 있음을 인식하면서도 자신의 경우에는 구성요건이 결코 실현되지 않을 것이라고 신뢰하는 경우를 말한다(**윌리엄 텔 사례**).

양자는 지적 요소가 존재한다는 점에서는 동일하나, 미필적 고의에는 의지적 요소가 존재하지만 인식있는 과실에는 없기 때문에 미필적 고의의 의지적 요소의 구체적 내용을 둘러싸고 견해가 대립한다.

(1) 가능성설

행위자가 결과발생의 구체적 가능성을 인식하고도 행위하였을 경우에는 미필적 고의이고, 그렇지 않은 경우에는 인식있는 과실이 된다는 견해이다.[321] 그러나 이 설은 고의의 의지적 요소를 무시하여(즉 인식있는 과실의 존재를 부정한다) 인식있는 과실을 고의에 포함시킴으로서 고의의 범위가 지나치게 확대한다는 문제가 있다.

(2) 개연성설

행위자가 결과발생의 개연성을 인식한 경우에는 미필적 고의이고 단순한 가능성을 인식한 경우에는 인식있는 과실이 된다는 견해이다. 그러나 이 설은 개연성과 가능성을 구별할 수 있는 명백한 기준이 없다는 단점을 가지고 있다.

(3) 용인설(다수설)

행위자가 구성요건의 실현(특히 결과발생)을 인식하고 나아가 용인(받아들임)이

---

321) **대법원 2000.8.18. 선고 2000도2231 판결**(살인죄에 있어서의 범의는 반드시 살해의 목적이나 계획적인 살해의 의도가 있어야만 인정되는 것은 아니고 자기의 행위로 인하여 타인의 사망의 결과를 발생시킬 만한 가능 또는 위험이 있음을 인식하거나 예견하면 족한 것이고 그 인식 또는 예견은 확정적인 것은 물론 불확정적인 것이라도 이른바 미필적 고의로도 인정된다.)

있을 경우에는 미필적 고의가 인정된다는 견해이다. 이에 따르면 인식은 하였으나 용인을 하지 않았을 때에는 인식있는 과실이 인정된다고 한다.

(4) 감수설

행위자가 결과발생의 가능성을 인식하면서도 구성요건이 실현될 위험을 감수한 때에는 미필적 고의를 인정할 수 있다고 하는 견해이다. 이때 감수의사란 행위의 목표를 달성하기 위하여 구성요건실현을 묵인하고 행위시의 불확정상태를 견디기로 결의한 것을 말한다.

(5) 판례의 입장

대법원은 "범죄구성요건의 주관적 요소로서 미필적 고의라 함은 범죄사실의 발생 가능성을 불확실한 것으로 표상하면서 이를 용인하고 있는 경우를 말하고, 미필적 고의가 있었다고 하려면 범죄사실의 발생 가능성에 대한 인식이 있음은 물론 나아가 범죄사실이 발생할 위험을 용인하는 내심의 의사가 있어야 한다."고 판시하여 **용인설에 입각**하고 있다.[322]

보충판례 12-4 : 대법원 1995.1.24. 선고 94도1949 판결.

(6) 소결

생각건대 미필적 고의와 인식있는 과실은 용인설의 기준에 따라서 구별하는 것이 타당하다 할 것이다. 감수설에 의하면 용인설에 비하여 고의범의 처벌범위가 확장될 위험이 있기 때문이다(**예습심화 사례2**).[323]

---

322) **[용인설에 입각한 판례]** : 대법원 2004.5.14. 선고 2004도74 판결 ; 대법원 2005.10.7. 선고 2005도5554 판결.

323) **[미필적 고의의 긍정판례]** : 대법원 1982.11.23. 선고 82도2024 판결(피해자를 아파트에 유인하여 양 손목과 발목을 노끈으로 묶고 입에 반창고를 두 겹으로 붙인 다음 양손목을 묶은 노끈은 창틀에 박힌 시멘트 못에, 양발목을 묶은 노끈은 방문손잡이에 각각 잡아매고 얼굴에 모포를 씌워 감금한 후 수차 아파트를 출입하다가 마지막 들어갔을 때 피해자가 이미 탈진 상태에 이르러 박카스를 마시지 못하고 그냥 흘려버릴 정도였고 피고인이 피해자의 얼굴에 모포를 덮어씌워 놓고 그냥 나오면서 피

보충판례 12-5[미필적 고의를 부정한 경우] : 대법원 2004.12.10. 선고 2004도6480 판결.

제2절 사실의 착오(구성요건적 착오)

[조문]

刑法 第15條 (事實의 錯誤) ① 特別히 重한 罪가 되는 事實을 認識하지 못한 行爲는 重한 罪로 罰하지 아니한다. **2011년 형법일부개정법률안[형법총칙전면개정안][의안번호 제11304호]** 제12조(사실의 착오) 특별히 무거운 죄가 되는 사실을 인식하지 못한 행위는 무거운 죄로 벌하지 아니한다.

1. 착오론의 기본개념

가. 착오의 의의

착오란 외적 상황과 내적 表象(머리 속으로 그려 본 모습)이 일치하지 않는 것이다.[324] 이러한 착오는 범죄론체계의 각 단계별로 나타날 수 있다.

구성요건 단계에서의 사실의 착오(구성요건적 착오)란 행위자가 주관적으로 인식·인용(의욕)한 범죄사실과 발생한 객관적인 범죄사실이 일치하지 아니하는 경우, 즉 실제로 발생한 사실이 범죄사실(객관적 구성요건적 사실)에 해당하지만 행위자가 그

해자를 그대로 두면 죽을 것 같다는 생각이 들었다면, 피고인이 위와 같은 결과발생의 가능성을 인정하고 있으면서도 피해자를 병원에 옮기지 않고 사경에 이른 피해자를 그대로 방치한 소위는 피해자가 사망하는 결과에 이르더라도 용인할 수밖에 없다는 내심의 의사 즉 살인의 미필적 고의가 있다고 할 것이다.)

324) **[錯誤의 類型]** : 착오는 두 가지 유형으로 나누어진다. **하나는** 외적 상황은 존재하지만 내적 표상에는 그 존재가 인식되지 아니하는 경우(**소극적 착오, 형법상의 착오론**)이고, **다른 하나는** 외적 상황은 존재하지 않지만 내적 표상에는 그것이 존재하는 것으로 인식되는 경우(**적극적 착오, 미수범이나 환각범, 불능범**)이다.

러한 범죄사실을 인식하지 못한 경우를 말한다. 사실의 착오의 경우에는 **행위자에게 당해 범죄사실에 대한 고의(범)를 인정할 수 있는지가 문제**된다.[325]

[사실의 착오 사례]

예컨대 간음의 상대방이 13세 미만의 부녀가 아니라고 생각하였기 때문에 형법상 미성년자에 대한 간음죄(제305조)를 범하는 것이라는 인식이 없었으나 실제로는 13세 미만의 부녀이기 때문에 이 죄에 해당하는 경우를 말한다.

위법성의 단계에서는 착오의 문제가 발생하지 않는다. 위법성판단은 법질서 전체의 입장에서 객관적으로 내리는 것이기 때문에 외부에 존재하는 것과 내적 표상이 불일치하는 현상은 발생하지 않는다.

책임의 단계에서의 **법률의 착오(금지착오, 위법성의 착오)**란 객관적으로 행위가 위법함에도 불구하고 구체적 행위자의 내면세계에서는 자신의 행위의 규범적 의미를 위법하지 않다고 생각하는 경우를 말한다. 즉 객관적으로는 불법이 존재하지만 주관적으로는 불법인식이 없는 경우이다.

[법률의 착오 사례]

예컨대 등산애호가 甲이 산을 오르고 있던 중 키가 2m 넘는 거한 A가 왜소한 체구의 B를 폭행하고 있는 현장을 목격하였다. 이에 甲은 들고 있던 등산지팡이로 A를 후려쳤던 바 A는 뇌진탕을 입고 쓰러졌다. 그런데 사실 그 현장은 영화촬영 장면이었으며 A의 B에 대한 폭행은 연기의 일부이었다. 이 경우에는 착오에 정당한 이유가 있으면 **책임이 조각**된다(통설인 책임설).

나. 사실의 착오의 대상

사실의 착오의 대상은 **구성요건적 고의의 인식대상인 모든 객관적 구성요건요소이다(예컨대 행위, 객체, 인과관계 등)**. 따라서 객관적 구성요건요소에 포함되지 않는

325) **[반전된(거꾸로 된) 사실의 착오]** : 착오의 유형 중 적극적 착오는 반전된 사실의 착오에 해당한다. 예컨대 사람을 맞추려고 돌을 던졌으나 실제로는 사람이 아니라 허수아비였던 경우에는 사람에 대한 인식은 있었던 것이 되어 고의를 조각하지 않고 (불능)미수범의 문제가 남을 뿐이다.

범죄의 동기, 책임능력, 처벌조각사유, 소추조건, 형벌의 종류 등에 대한 착오는 사실의 착오가 될 수 없다.[326]

다. 사실의 착오의 효과

(1) 기본적 구성요건의 착오 : 고의조각의 원칙

행위자가 행위시에 기본적 구성요건에 해당하는 요소를 인식하지 못한 때에는 고의범으로 처벌할 수 없다. 진정신분범[일정한 신분 있는 자에 의하여만 범죄가 성립하는 경우를 말하며, 위증죄(형법 제152조) · 수뢰죄(제129조) · 횡령죄(제335조)]에 있어서 신분에 대한 착오가 있었던 때도 동일하다. 다만 그 착오가 회피할 수 있었고 이에 대한 과실범의 구성요건이 있는 때에는 과실범으로 처벌할 수 있을 뿐이다.

(2) 가중적 구성요건의 착오

가중적 구성요건에 있어서 형을 가중하는 사유를 인식하지 못한 때에는 가중적 구성요건에 의하여 처벌할 수 없고 **기본적 구성요건에 의한 처벌이 가능**할 뿐이다.[327] 따라서 보통살인의 고의로 존속살해죄를 범한 때에는 보통살인죄가 성립할 뿐이고[328],

---

326) **대법원 1966.6.28. 선고 66도104 판결**(피고인의 위 물건이 본가의 소유물이라는 주장에는 피고인이 그것을 본가의 소유물로 오신하였다는 취지도 포함되어 있는 듯 하나 설사 본건 범행이 그러한 오신에 의하여 이루어진 것이라고 할지라도 **그 오신은 형의 면제사유에 관한 것으로서 이에 범죄의 구성요건사실에 관한 형법 제15조 제1항은 적용되지 않는 것이므로 그 오신은 본건 범죄의 성립이나 처벌에 아무런 영향을 미치지 아니한다**.)

327) **[대소포함명제설]** : 이처럼 가중사실에 대한 고의는 부정되지만 기본범죄사실에 대한 고의를 인정하는 결론은 "大는 小를 포함한다(대소포함명제설)"는 논증의 결론이라 할 수 있다.

328) **대법원 1960.10.31. 선고 4293형상494 판결**(직계존속임을 알지 못하고 살인을 한 경우는 형법 제15조 소정의 특히 중한 죄가 되는 사실을 인식하지 못한 행위에 해당한다.) ; **대법원 1977.1.11. 선고 76도3871 판결**(1심이 채택하고 있는 증거들을 기록에 대조하여 종합하여 보면 1심판시사실과 같이 피고인이 피해자 1이 피고인이 음주후 행패를 부린 사실을 피고인의 부 피해자 2에게 고자질한 것에 분개하여 피해자 1에게 이를 따지려고 식도를 가지고 나가려 할 때 그 식도를 뺏으려 하던 피고인의 모 피해자 3에게 식도를 휘둘러 상해를 가하고 이어 피해자 1의 집으로 가서 동식도를 꺼내들고 휘두르며 죽여버린다고 찌를 듯이 협박을 하고 농소에 치재된 상품인 환타등을 밖으로 내던져 손괴하고 이를 말리던 피해자 4의 흉부를 그 식도로 그곳에 있던 피해자 5의 머리를 1회 때리고 피해자 6의 우둔부를 1회 찔러 각 상해를 가하는 등 무차별 횡포를 하고 있을 때 피고인의 부 피해자 2가 나타나 왜 이러느냐고 피고인의 빰을 때리고 욕을 하면서 꾸중을 하자 피고인의 동 식도로 피해자 2의 좌전흉부를 1회 찔러 사망에 이르게 한 사실은 이를 인정할 수 있을지라도 피고인이 그 부 피해자 2

점유이탈물횡령의 고의로 절도죄를 범한 때에는 점유이탈물횡령죄(제360조)가 성립할 수 있을 뿐이다.

(3) 감경적 구성요건의 착오

감경적 구성요건에 있어서 행위자가 형을 감경하는 사유가 있는 것으로 오인한 때에는 감경적 구성요건에 의하여 벌할 수 있을 뿐이다(통설). 따라서 촉탁살인의 고의로 보통살인죄를 범한 때에는 촉탁살인죄(제252조)의 고의만을 인정하여야 한다.

[형법상 착오유형의 비교]

	주관적 인식	객관적 사실	효과
과실범	범죄사실의 인식·의사 無	범죄결과 발생	고의범보다 경하게 처벌
결과적 가중범	기본범죄	기본범죄+중한 결과	고의범·과실범보다 가중처벌
불능미수	결과발생 가능(기수)	결과발생 불가능(미수)	형의 임의적 감면
장애미수	결과발생 의욕(기수)	결과 불발생(미수)	형의 임의적 감경
사실의 착오	甲이라는 사실	乙이라는 사실	고의 조각
법률의 착오	적법	위법	정당한 이유 有 ➡ 책임조각
환각범[329]	위법	적법	불가벌

를 살해하기로 결의할만한 동기나 이유있음을 인정할 만한 자료있음을 찾아볼 수 없다. 피해자 2가 피해자 1로부터 피고인이 음주 후 행패를 부린 사실을 듣고 피고인을 "그놈 쳐 넣어야겠다"고 말하는 것을 피고인이 들었다는 것만으로서 그 부 피해자 2를 살해할 결의를 하였다고 볼만한 사유로 삼을 수는 없다고 본다. 거기에다 이건 범행전모의 경위와 순서가 위에서 본 바와 같은 것임을 아울러 고찰하여 볼 때 피고인이 피해자 1에게 위 고자질한 일을 따지러 가서 식도를 꺼내들고 죽인다고 협박을 할 때 피해자 1이 무서워서 그 자리를 피해 버리자 제분에 이기지 못하여 식도를 휘두르는 피고인을 말리거나 그 식도를 뺏으려고 한 그 밖의 피해자들을 닥치는 대로 찌르는 무차별 횡포를 부리던 중에 그의 부까지 찌르게 된 결과를 빚은 것으로 엿보일 뿐 피고인이 칼에 찔려 쓰러진 피해자 2를 부축해 데리고 나가지 못하도록 한 일이 있다는 1심 채택 증거중의 일부 진술정도로써 피고인이 그의 부 피해자 2를 살해할 의사로 식도로 찔러 살해하였다는 사실을 인정하기는 어렵다고 봄이 상당하다 할 것이다. 1심의 법령적용에 있어서 피고인이 식도를 휘둘러 그의 모 피해자 3에게 자상의 상해를 가한 점에 대하여는 존속상해죄를, 그 밖의 피해자들을 식도로 찌르거나 때려서 자창이나 절창을 가한 점에 대하여는 각 상해죄를 적용하였음에 그쳤음을 보면 피고인의 부 피해자 2를 찔러 사망케 한 행위만을 존속살해죄로 의율한 것은 이유에 서로 맞지 아니한 점이 있다고 보여진다. 이러함에도 불구하고 피고인에 대한 존속살해사실을 인정 처단해 버린 원심판결은 채증법칙에 위배하여 증거없이 사실을 인정하였거나 심리미진 이유불비의 잘못있어 판결에 영향을 미친다 할 것이므로 논지들은 이유있음에 돌아간다. 그러므로 형사소송법 제391조, 제397조에 의하여 원판결을 파기환송하기로 하여 관여법관의 일치된 의견으로 주문과 같이 판결한다.)

329) **[幻覺犯]** : 환각범이란 법률상 죄가 되지 않는 행위를 죄가 된다고 오신하고 하게 된 행위를 말한다. 예컨대 판매의 목적이 있어야 범죄가 되는 형법 제243조(음화반포등)의 죄를, 음화 등을 소지하는

라. 사실의 착오론의 임무

행위자가 인식한 사실과 발생한 사실 사이에 약간의 불일치가 있어도 모두 고의가 조각된다면 실제로 고의범으로 처벌되는 경우는 거의 없게 된다. 따라서 이러한 상황에서 어느 정도의 불일치를 무시하고 어느 정도의 불일치부터 법적인 의미를 부여해야 할 것인가 하는 문제가 제기되는데, 구성요건적 고의를 둘러싼 착오론의 임무는 바로 이 문제를 해결하기 위한 기준을 제시하는 것이다.

보충판례 13[사실의 착오의 효과] : 대법원 1994.3.22. 선고 93도3612 판결.

2. 사실의 착오의 유형

가. 사실의 착오의 유형분류

착오는 객관과 주관의 불일치이므로 구성요건의 객관적 요소들을 중심으로 착오의 유형을 분류할 수 있다. 특히 **실무상으로는** 객체의 착오(목적의 착오), 방법의 착오(타격의 착오), 인과관계의 착오 등이 자주 문제된다.

첫째 **객체의 착오(목적의 착오)**란 실제로 존재하는 행위객체와 행위자가 인식한 행위객체 사이에 **성질상 불일치가 존재**하는 경우를 말한다(**예습심화사례3**).

사례 3

甲은 A를 살해할 의사로써 A라 믿고 살해하였던 바, 사후에 판명된 사실에 의하면 甲이 살해한 사람은 B이었다. 甲의 죄책은?

사례3에서 행위자 甲은 목표물인 사람을 정확히 살해하고 있다. 행위자가 의도한 객체에 결과가 현실적으로 발생한 것이다. 그런데 피살자는 A가 아닌 B이다. 이러한

것만으로도 죄가 되는 것이라 잘못 믿고 자기의 소유물로서 소지하고 있는 경우와 같다. 환각범에는 ① 자살을 범죄라 믿고 행한 때와 같이 구성요건 자체가 없는데도 불구하고 그것이 있다고 오신하여 행한 경우와, ② 정당방위의 요건이 충족되었는데도 위법이라 믿고 살인한 경우와 같이 위법이 아닌 것을 위법이라 오신하여 행한 경우가 있다.

경우 객체 자체는 객관(B의 사망)과 주관(A의 사망)이 일치하지만 성질에 있어서 차이가 있기 때문에 객체의 착오에 해당한다.

둘째 **방법의 착오(타격의 착오)**란 실제로 사용된 범행방법이 발생시킨 효과와 행위자가 인식한 범행방법의 효과 사이에 불일치가 존재하는 경우이다(**예습심화사례4**).[330]

사례 4

甲은 형수인 乙을 향해 살의를 갖고 소나무 몽둥이로 내려쳤으나 조카 丙의 머리 부분이 맞아 丙이 현장에서 두개골절 및 뇌좌상으로 사망하였다.[331] 甲의 죄책은?

사례4에서는 행위자 甲이 범행목적을 위하여 투입한 수단(형수 乙을 살해하기 위하여 몽둥이를 내리친 행위)이 현실적으로 발생시킨 효과는 형수가 업고 있던 조카 丙에 대한 가격이다. 이에 대하여 행위자 甲은 자신의 행위에 의하여 형수 乙이 가격당할 것으로 인식하고 있다. 실제의 범행방법이 발생시킨 효과와 주관적으로 인식한 범행방법으로 인한 효과가 일치하지 않는다는 점에서 방법의 착오에 해당하는 것이다.

셋째 **인과관계의 착오**란 객관적으로 진행된 인과과정과 행위자가 주관적으로 인식한 인과과정 사이에 불일치가 존재하는 경우를 말한다.[332] 이에 대하여는 후술한다.

나. 구체적 사실의 착오와 추상적 사실의 착오

구체적 사실의 착오(同價值的 객체 간의 착오)란 행위자가 인식한 객체와 결과가 발생한 객체가 구성요건적으로 동가치이지만 구체적으로 일치하지 않는 경우를 말한다. 이에는 앞에서 언급한 객체의 착오와 방법의 착오가 유형으로 포함된다.

330) **[객체의 착오와 방법의 착오의 차이점]** : 객체의 착오와 방법의 착오는 **행위자가 주관적으로 인식한 객체 자체에 결과가 발생하였는가 라는 점에서 차이**가 있다. 객체의 착오 사안에서는 행위자가 인식한 객체 자체에 결과가 발생하지만 객체의 성질이 행위자가 인식한 내용과 다를 뿐이다. 이에 비하여 방법의 착오 사안에서는 아예 행위자가 인식한 객체 자체에 결과가 발생하지 않는다.

331) **[타격의 착오와 살인의 고의]** : 대법원 1984.1.24. 선고 83도2813 판결(소위 타격의 착오가 있는 경우라 할지라도 행위자의 살인의 범의성립에 방해가 되지 아니한다.)

332) **[인과관계의 착오례]** : 예컨대 甲이 A를 살해하려고 무차별 구타한 후 A가 사망한 것으로 오인하고 웅덩이에 매장하였으나 A는 구타에 의하여 사망한 것이 아니라 웅덩이에서 질식사한 경우를 들 수 있다.

[구체적 사실의 착오 사례]

甲이 A의 물건을 훔친다고 훔쳤으나 사실은 B의 물건이었다.

이 사례에서 객관적으로 존재하는 행위유형(B의 물건의 절취)은 절도죄(형법 제329조)이다. 주관적으로 인식한 행위유형(A의 물건의 절취)도 절도죄이다. A의 물건을 B의 물건으로 잘못 알고 절취하는 것은 분명히 착오에 해당한다. 여기서 행위정형이라는 관점에서는 양자는 '타인의 재물을 절취하였다'는 점에서 동일(구성요건적 동가치)하기 때문에 구체적 사실의 착오에 해당한다.

이에 대하여 **추상적 사실의 착오(異價値的 객체 간의 착오)**란 객관적으로 발생한 사실과 주관적으로 인식한 사실이 서로 다른 구성요건에 해당하는 경우를 말한다. 추상적 사실의 착오는 첫째 **경한 사실을 인식하고 중한 결과를 발생시킨 경우**[333], 둘째 **중한 사실을 인식하고 경한 결과를 발생시킨 경우**[334]로 나누어진다.

3. 사실의 착오에 관한 학설 및 판례의 태도

가. 符合說의 의미

실무상 빈번하게 문제되는 객체의 착오와 방법의 착오에 대한 해결기준으로 그 동안 제시된 학설이 구체적 부합설, 법정적 부합설, 추상적 부합설이다.[335]

여기서 공통적 용어인 '**부합설**'이란 **일정한 범위에서 객관과 주관이 부합하면 구성요건적 고의를 인정하는 이론**이다. '符合'이라는 말은 '딱 들어맞는다'는 의미이다. 부합설은 객관과 주관 사이에 다소 차이가 있더라도 일정한 범위에서 들어맞기만 하면(즉 부합하기만 하면) 객관과 주관이 일치하는 것으로 간주하겠다는 견해이다. 요컨

333) **[유형]** : **객체의 착오**(甲의 개인 줄 알고 돌을 던졌으나 사실은 甲이 부상을 입은 경우)와 **방법의 착오**(甲의 개를 향해 발포하였으나 빗나가 옆에 있던 甲에게 명중한 경우)가 있다.

334) **[유형]** : **객체의 착오**(甲인 줄 알고 상해의 의사로 돌을 던졌으나 甲의 개가 부상을 입은 경우)와 **방법의 착오**(甲을 향하여 발포하였으나 옆에 있던 甲의 개에게 명중한 경우)가 있다.

335) 이에 대하여 인과관계의 착오에서는 별도의 기준이 모색된다.

대 **부합설은 일정한 범위에서 객관적 구성요건요소와 주관적 인식(즉 구성요건적 고의)이 부합하면 고의기수범의 성립을 인정하는 이론**이다.

나. 구체적 부합설

(1) 구체적 부합설의 의미

구체적 부합설(구체화설)이란 **객관적으로 실현된 구성요건요소와 주관적으로 인식한 구성요건요소가 구체적으로 부합할 때 고의기수범의 성립을 인정하는 견해이다(다수설)**. 즉 객관적으로 실현된 사실관계의 구체적 특성과 주관적으로 인식한 사실관계의 구체적 특성이 서로 일치하는 경우에 한하여 고의기수범의 성립을 인정하는 것이다.

(2) 해결방안

① 구체적 사실의 착오의 해결

ㄱ. 객체의 착오의 경우

구체적 부합설은 동일한 구성요건 간의 객체의 착오에 대하여 착오로서 형법적 의미를 부여하지 않는다. 즉 객체에 부여된 성질상의 불일치는 중요한 것이 아니며 무시해도 좋을 정도의 사소한 착오에 불과하다는 것이다. 또한 인식사실과 발생사실이 구체적으로 일치하므로 **동일한 구성요건 간의 객체의 착오에 대해서는 고의기수범을 인정**한다.

예습심화사례3을 구체적 부합설로 해결하면 실제로 발생한 B의 사망은 보통살인죄(제250조 제1항)에 해당한다. 甲이 의도하였던 A의 사망 또한 보통살인죄에 해당한다. 양자는 동일한 구성요건에 해당하지만 B와 A라는 성질상의 차이가 있을 뿐이다. 이러한 경우에 대해서까지 형법적 배려를 가할 필요가 없기 때문에 B의 사망이라는 결과에 대하여 甲은 보통살인죄의 기수범으로 처벌된다.

ㄴ. 방법의 착오의 경우

구체적 부합설은 방법의 착오의 경우에는 인식사실과 발생사실이 구체적으로 일치하지 않기 때문에 고의기수책임을 인정하지 않는다. 즉 **인식사실의 미수범과 발생사실의 과실범의 상상적 경합(형법 제40조)으로 처벌**한다.

예습심화사례4를 구체적 부합설로 해결하면 행위자 甲은 형수 乙을 살해하려는 고의를 가지고 있었다. 그런데 사건의 진행과정에서 형수 乙은 살아있다. 형법은 원칙적으로 기수범만을 처벌하지만, 법률에 특별한 규정이 있으면 미수범도 처벌한다(제29조). 살인죄의 경우에는 미수범처벌규정이 있다(제254조). 따라서 형수 乙을 살해하려고 한 주관적 측면에 대해서는 살인미수죄의 형량이 확보된다. 한편 행위자 甲이 발생시킨 결과(조카 丙의 사망)에 고의범이 인정되지 않는다면 과실범의 성립 여부를 살펴보아야 하는데, 형법 제267조는 과실에 의한 사망의 결과발생을 문제삼는 처벌규정으로 과실치사죄를 규정하고 있다. 따라서 발생된 사실에 대한 과실치사죄의 형량도 확보된다. 이 때 주관(살인미수)과 객관(과실치사)은 하나의 행위로 결합되어 있기 때문에 양자는 상상적 경합으로 처리된다.[336)]

② 추상적 사실의 착오의 해결

구체적 부합설은 추상적 사실의 착오의 경우에 대해서는 인식한 사실과 발생된 사실이 구체적으로 일치하지 않기 때문에 인식사실의 미수와 발생사실의 과실의 상상적 경합으로 처리한다. 즉 甲의 개인 줄 알고 돌을 던졌으나 甲이 부상을 입은 경우에는, 개에 대한 손괴미수(인식사실의 미수)와 甲에 대한 과실치상(발생사실의 과실)의 상상적 경합이 된다.

③ 예상외의 사실이 병발한 경우의 해결

첫째 甲에게 발사한 탄환이 甲과 乙을 관통하여 양자가 사망한 경우에는, 甲에 대한 살인기수죄와 乙에 대한 과실치사죄의 상상적 경합이 성립한다.

336) **[상상적 경합에 의한 처벌의 구조]** : 형법 제40조는 상상적 경합의 경우에 가장 중한 죄에 정한 형으로 처벌하도록 규정하고 있다. '가장 중한 죄'란 상상적으로 경합하는 수개의 죄 가운데 상한이 가장 무거운 죄를 말한다. 그런데 상상적 경합관계에 있는 다른 죄가 하한을 더 무겁게 규정하고 있으면 그 죄가 규정한 형의 하한이 기준이 된다.

둘째 甲에게 발사한 탄환이 甲을 관통·살해한 후 乙에게 부상을 입힌 경우에는 甲에 대한 살인기수죄와 乙에 대한 과실치상죄의 상상적 경합이 성립한다.

셋째 甲에게 발사한 탄환이 甲에게 부상을 입히고 乙을 사망케 한 경우에는 甲에 대한 살인미수죄와 乙에 대한 과실치사죄의 상상적 경합이 성립한다.

(3) 비판

구체적 부합설은 구체적 사실의 착오에 있어서 객체의 착오와 방법의 착오를 달리 취급하는 이유가 명백하지 못하고, 사람을 살해할 의사로 사람을 살해했음에도 불구하고 살인미수죄라고 하는 것은 일반인의 법감정에 반하며, 고의의 기수책임을 인정하는 범위가 지나치게 협소하다는 비판에 직면한다.

다. 법정적 부합설

(1) 법정적 부합설의 의미

법정적 부합설이란 실현된 사실과 인식한 사실이 법정적으로 부합할 때 발생사실에 대한 고의기수범을 인정하자는 견해이다(**종래의 통설**). 여기서 '법정적'이라 함은 입법자가 정해 놓은 행위정형을 기준으로 삼는다는 의미이다.[337]

법정적 부합설은 다시 인식사실과 발생사실의 구성요건이 일치하는 경우에 한하여 발생사실에 대한 고의기수를 인정하는 **구성요건부합설**과 인식사실과 발생사실의 구성요건이 일치하는 경우는 물론, 구성요건이 서로 다른 경우에도 죄질이 부합[338]하는 범위 내에서 발생사실에 대한 고의기수를 인정하는 **죄질부합설(법익부합설)**로 나누어진다.[339]

337) **[구체적 부합설과 법정적 부합설의 차이]** : 구체적 부합설이 실현된 사실관계와 인식한 사실관계의 **동일성 여부**를 살피는 것임에 반하여, 법정적 부합설은 실현된 구성요건과 인식한 구성요건을 **대비시켜서 양자의 부합여부를 결정**한다.

338) **[罪質의 부합]** : 죄질의 부합이란 피해법익이 같고 행위태양이 같거나 유사한 경우를 말한다.

339) **[구성요건부합설과 죄질부합설의 차이]** : 죄질부합설은 서로 다른 구성요건 간의 착오의 경우에도 죄질이 같다면 발생사실에 대하여 고의기수를 인정하기 때문에 **구성요건부합설보다 고의범의 성립범위가 넓어지게 된다.** 예컨대 자신의 직계존속을 살해하려고 총을 발사하였으나 일반인을 살해한 경우

(2) 해결방안

① 구체적 사실의 착오의 해결

구체적 사실의 착오의 경우에는 인식사실과 발생사실의 구성요건 또는 죄질이 동일하기 때문에 객체의 착오 또는 방법의 착오를 불문하고 발생사실에 대한 고의기수범이 성립한다.

예습심화사례3, 4를 법정적 부합설로 해결하면 두 사례 모두 발생된 사실(B의 사망, 丙의 사망)에 대한 살인기수죄가 성립한다.

② 추상적 사실의 착오의 해결

추상적 사실의 착오의 경우에는 인식사실과 발생사실의 구성요건 또는 죄질이 동일하지 않기 때문에 인식사실의 미수와 발생사실의 과실의 상상적 경합이 성립한다. 예컨대 甲의 개를 향하여 발포하였으나 빗나가 옆에 있던 甲에게 명중한 경우에는 개에 대한 손괴미수와 甲에 대한 과실치사의 상상적 경합이 성립한다.

③ 예상외의 사실이 병발한 경우의 해결

첫째 甲에게 발사한 탄환이 甲과 乙을 관통하여 양자가 사망한 경우에는, 두 개의 살인죄의 상상적 경합이 성립한다는 견해와 甲이 사망한 이상 甲에 대한 살인의 고의를 乙에게 전용할 필요가 없으므로 甲에 대한 살인죄와 乙에 대한 과실치사죄의 상상적 경합이 성립한다는 견해가 대립한다.

둘째 甲에게 발사한 탄환이 甲을 관통·살해한 후 乙에게 부상을 입힌 경우에는 甲에 대한 살인죄와 乙에 대한 살인미수죄의 상상적 경합이 성립한다는 견해와 고의없는 결과에 대해 고의를 인정하여 두 개의 고의범을 인정하는 것은 부당하므로 甲에 대한 살인죄와 乙에 대한 과실치상죄의 상상적 경합이 성립한다는 견해가 대립한다.

셋째 甲에게 발사한 탄환이 甲에게 부상을 입히고 乙을 사망케 한 경우에는 甲에 대한 살인미수죄와 乙에 대한 살인기수죄의 상상적 경합이 성립한다는 견해, 甲에 대

....

에 구성요건부합설에 의하면 추상적 사실의 착오이므로 존속살해미수죄와 과실치사죄의 상상적 경합이 성립하지만, 죄질부합설에 따르면 구체적 사실의 착오이므로 발생사실에 대한 살인기수죄가 성립한다.

한 과실치상죄와 乙에 대한 살인기수죄의 상상적 경합이 성립한다는 견해, 甲에 대한 살인미수죄와 乙에 대한 과실치사죄의 상상적 경합이 성립한다는 견해, 乙에 대한 살인기수죄만 성립하고 甲에 대한 살인미수죄는 이에 흡수된다는 견해가 대립하고 있다.

(3) 비판

법정적 부합설에 대해서는 첫째 고의는 추상적으로 어떤 객체의 종류에 관련되는 것만으로는 불충분하고 행위자가 특정한 공격대상을 지목해야 한다는 점을 간과하고 있고, 둘째 결과발생이 전혀 예상치 못한 과정을 통하여 발생한 경우에도 고의기수의 형사책임을 묻게 된다는 문제점을 안고 있으며, 셋째 구체적 사실의 착오에서 객체의 착오와 방법의 착오는 행위구조를 달리하기 때문에 양자를 동일하게 취급하는 것은 부당하다는 비판이 제기된다.

라. 추상적 부합설

(1) 추상적 부합설의 의미

추상적 부합설이란 발생한 사실과 인식한 사실이 추상적으로 부합할 때 발생사실의 고의기수범을 인정하는 견해를 말한다. 즉 인식사실과 발생사실이 구성요건 또는 죄질을 달리하는 경우에도 **가벌적 사실이라는 점에서 추상적으로 중첩하는 범위 내에서 경한 죄의 고의기수를 인정**하고, 다만 **인식사실보다 발생사실이 중한 경우에는 형법 제15조 제1항에 의하여 중한 죄의 고의기수로 논할 수 없다**는 견해이다. 이 때 '추상적'이란 사실관계의 구체적 특성이나 개개 구성요건의 특성을 捨象해 버린다는 의미이다.

(2) 해결방안

① 구체적 사실의 착오의 해결

인식사실과 발생사실이 구성요건 뿐만 아니라 가벌적이라는 점에서 추상적으로 일치하므로 발생사실에 대한 고의기수가 성립한다.

예습심화사례3, 4를 추상적 부합설로 해결하면, 발생사실과 인식사실이 구성요건뿐만 아니라 가벌적이라는 점에서도 추상적으로 일치하기 때문에 발생사실(B의 사망, 丙의 사망)에 대한 살인기수죄가 성립하게 된다.

② 추상적 사실의 착오의 해결

ㄱ. 경한 죄의 고의로 중한 죄의 사실을 실현한 경우

이 경우에는 경한 죄의 고의기수와 중한 죄의 과실의 상상적 경합이 된다. 예컨대 손괴의 고의로 사람을 상해한 경우에는 손괴기수와 과실치상의 상상적 경합이 된다.

ㄴ. 중한 죄의 고의로 경한 죄의 사실을 실현한 경우

이 경우에는 중한 죄의 미수와 경한 죄의 기수의 상상적 경합이 성립한다는 견해와, 중죄의 고의는 경죄의 고의를 흡수하므로 두 죄의 경합은 성립하지 않고 중죄미수만 성립하고, 다만 중죄의 미수가 불가벌인 경우에 한하여 경죄의 고의범으로 처벌된다는 견해가 대립한다. 예컨대 상해의 고의로 손괴를 한 경우에는 상해미수와 손괴기수의 상상적 경합(앞의 설) 또는 상해미수만 성립한다(뒤의 설).

③ 예상외의 사실이 병발한 경우의 해결

법정적 부합설과 동일하다.

(3) 비판

추상적 부합설에 대해서는 첫째 항상 발생하지 않은 경한 죄의 기수를 인정한다는 점에서 부당하고, 둘째 중한 죄의 고의로 경한 죄의 사실을 실현한 경우 경한 죄의 고의기수를 인정함으로써 고의없는 경우에도 고의범을 인정한다는 점에서 부당하며, 셋째 사실과 부합하지 않는 의사를 벌함으로써 죄형법정주의에 반한다는 비판이 제기된다.

[정리 : 사실의 착오에 관한 학설]

		구체적 부합설	법정적 부합설	추상적 부합설
구체적 사실의 착오	객체의 착오	발생사실에 대한 고의기수	발생사실에 대한 고의기수	발생사실에 대한 고의기수
	방법의 착오	인식사실의 미수와 발생사실의 과실의 상상적 경합	발생사실에 대한 고의기수	발생사실에 대한 고의기수
추상적 사실의 착오	객체의 착오	인식사실의 불능미수와 발생사실의 과실의 상상적 경합	인식사실의 불능미수와 발생사실의 과실의 상상적 경합	·경죄고의로 중한 결과 ➡ 경죄기수와 중죄과실의 상상적 경합
	방법의 착오	인식사실의 미수와 발생사실의 과실의 상상적 경합	인식사실의 미수와 발생사실의 과실의 상상적 경합	·중죄고의로 경죄 결과 ➡ 중죄미수(경죄기수와 상상적 경합)

마. 판례의 태도

대법원판례는 사실의 착오에 대하여 법정적 부합설의 입장을 취하고 있다.[340)]

보충판례 13-1[타격의 착오와 살인의 고의] : 대법원 1984.1.24. 선고 83도2813 판결.

---

340) 대법원 1975.4.22. 선고 75도727 판결("갑"을 살해할 목적으로 총을 발사한 이상 그것이 목적하지 아니한 "을" 에게 명중되어 "을"이 사망한 경우에 "을"에 대한 살인의 고의가 있는 것이다.) ; **보충판례 13-1[타격의 착오와 살인의 고의] : 대법원 1984.1.24. 선고 83도2813 판결**[피해자1인 피고인의 형수의 등에 업혀 있던 피고인의 조카 피해자 2(남1세)에 대하여는 살인의 고의가 없었으니 과실치사죄가 성립할지언정 살인죄가 성립될 수 없다는 주장을 살피건대, 피고인이 먼저 피해자 1을 향하여 살의를 갖고 소나무 몽둥이(증 제1호, 길이 85센티미터 직경 9센티미터)를 양손에 집어들고 힘껏 후려친 가격으로 피를 흘리며 마당에 고꾸라진 동녀와 동녀의 등에 업힌 피해자 2의 머리부분을 위 몽둥이로 내리쳐 피해자 2를 현장에서 두개골절 및 뇌좌상으로 사망케 한 소위를 살인죄로 의율한 원심조처는 정당하게 긍인되며 소위 타격의 착오가 있는 경우라 할지라도 행위자의 살인의 범의성립에 방해가 되지 아니한다.] ; 대법원 1987.10.26. 선고 87도1745 판결(갑이 을등 3명과 싸우다가 힘이 달리자 식칼을 가지고 이들 3명을 상대로 휘두르다가 이를 말리면서 식칼을 뺏으려던 피해자 병에게 상해를 입혔다면 갑에게 상해의 범의가 인정되며 상해를 입은 사람이 목적한 사람이 아닌 다른 사람이라 하여 과실상해죄에 해당한다고 할 수 없다.)

4. 인과관계의 착오

가. 의미

인과관계의 착오란 실제로 진행된 인과과정과 행위자가 인식한 인과과정이 불일치하는 경우를 말한다.[341] 인과관계도 구성요건적 고의의 인식대상에 속한다. 그러나 행위자에게 정확한 인과법칙을 인식하거나 인과의 진행에 대한 법적 판단을 기대할 수는 없기 때문에 문외한으로서의 소박한 가치판단만을 기대할 수밖에 없다. 따라서 인과관계의 착오에 있어서는 현실로 진행된 인과관계가 **예견된 인과의 진행과 본질적인 차이가 있는 때에만** 사실의 착오가 있는 것이 된다.

나. 비본질적 착오와 본질적 착오

인과관계의 본질적 착오란 객관적으로 진행된 인과과정과 주관적으로 인식한 인과과정 사이에 **현저한 불일치**가 존재하는 경우를 말한다. 이에 대하여 현저한 불일치의 정도에 이르지 아니한 경우가 비본질적 착오이다. 인과관계의 착오에 있어서 **비본질적 착오**는 고려의 대상이 되지 않는다. 즉 이러한 경우에는 **구성요건적 고의가 인정**되는 것이다. 이에 대하여 인과관계의 본질적 착오는 구성요건적 고의를 배제한다. 따라서 **인과관계의 착오가 본질적 착오에 해당하면 고의의 기수범은 성립하지 않는다**.

인과관계의 착오의 본질성 내지 중요성(현저한 불일치 여부)에 대한 판단은 '**일반인의 생활경험칙을 기초로 한 객관적 예견가능성**'을 기준으로 삼아야 한다. 행위자가 인식한 인과과정과 현실적으로 진행된 인과과정 간의 차이가 일반적인 생활경험칙상 예견가능한 범위 밖에 있는 본질적인 착오의 경우에는 인과관계의 중요부분을 인식하지 못한 것이므로 발생한 결과에 대한 고의가 조각된다. 따라서 **인식사실에 대한**

---

341) **[인과관계의 착오와 방법의 착오의 異同]** : 인과관계의 착오는 행위자가 인식한 대로 결과가 진행되지 않는 점에서는 방법의 착오와 동일하지만, 행위자가 애초에 의도한 그 대상에 대해 결과가 발생한 점에서 결과가 행위자가 목표로 삼았던 대상이 아닌 다른 대상에 대하여 결과가 발생한 경우인 방법의 착오와 구별된다.

미수범과 발생사실에 대한 과실범의 상상적 경합이 된다.

다. 인과관계의 착오와 개괄적 고의

(1) 개괄적 고의의 의미

인과관계의 착오와 관련하여 특히 문제되는 것은 개괄적 고의의 사례를 어떻게 처리할 것인가에 있다. **개괄적 고의의 사례**란 행위자가 일정한 구성요건적 결과를 실현하려고 하였으나 생각과 달리 연속된 다른 행위에 의하여 결과가 발생한 경우를 말한다.[342)]

이러한 경우에 한 개의 고의기수범인가, 제1의 행위에 대한 미수와 제2의 행위에 대한 과실의 실체적 경합범인가가 문제된다.

(2) 해결방안

① 개괄적 고의설

이 설은 제1의 행위의 고의가 제2의 행위부분에 대해서도 概括的으로 미치는 단일사건이기 때문에 하나의 고의기수범이 성립한다는 견해이다. 그러나 이 설은 사전고의를 인정함으로써 행위와 책임의 동시존재의 원칙에 위배된다는 난점을 내포하고 있다.

② 미수범설

제1행위에 의하여 이미 결과가 발생한 것으로 알고 제2행위로 나아간 때에는 발생한 결과에 대한 미수범(제1행위)과 과실범(제2행위)의 실체적 경합을 인정하는 견해이다. 그러나 객관적으로 귀속될 수 있는 결과가 발생하였음에도 미수범으로 처벌하는 것은 타당하지 않다는 비판이 제기된다.

---

342) **[인과관계의 착오와 개괄적 고의 사례]** 예컨대 甲이 乙을 익사시키려고 다리 밑으로 밀었으나 乙은 떨어지면서 교각에 머리를 부딪쳐 뇌진탕으로 사망한 경우나, 甲이 乙의 머리를 돌멩이로 내리쳐 땅바닥에 쓰러진 乙을 보고 사망한 것으로 생각하여 범행을 은폐하기 위하여 모래사장에 구덩이를 파고 乙을 매장하였던 바, 실은 암매장에 따른 산소부족으로 질식사한 경우 등을 들 수 있다.

③ 객관적 귀속설

인과과정의 인식은 구성요건적 고의의 인식대상이 아니므로 개괄적 고의의 사례는 고의의 문제가 아닌 객관적 귀속의 문제라고 보는 견해이다. 즉 객관적 귀속의 기준 중 '위험실현의 원칙'에 따라 구성요건적 결과가 일반적인 생활경험에 비추어 罪迹 은폐를 위한 전형적인 행위로 평가된 제2행위에 의하여 야기되었을 때 원칙적으로 객관적 귀속을 인정한다. 이 견해에 대해서는 객관적 귀속이 인정된다는 것과 그 결과에 대해서 고의를 인정할 수 있는가 하는 문제는 별개의 문제라는 점을 간과했다는 비판이 제기된다.

④ 인과관계착오설

개괄적 고의를 인과관계의 착오의 한 형태로 보면서 결과발생의 결정적 원인은 고의가 존재하는 제1행위이고, 인과과정의 상위는 비본질적이기 때문에 발생한 결과의 고의기수범이 성립한다는 견해이다(<u>**다수설**</u>).

(3) 판례의 태도

대법원은 "피해자가 피고인들의 살해의 의도로 행한 구타행위에 의하여 직접 사망한 것이 아니라 죄적을 인멸할 목적으로 행한 매장행위에 의하여 사망하게 되었다 하더라도 <u>**전 과정을 개괄적으로 보면**</u> 피해자의 살해라는 처음에 예견된 사실이 결국은 실현된 것으로서 피고인들은 살인죄의 죄책을 면할 수 없다."고 판시하였다.[343]

<u>**보충판례 13-2 : 대법원 1994.11.4. 선고 94도2361 판결 ; 대법원 1988.6.28. 선고 88도650 판결.**</u>

[343] <u>**보충판례**</u> 13-2 : <u>**대법원**</u> 1994.11.4. <u>**선고**</u> 94<u>**도**</u>2361 <u>**판결**</u> ; <u>**대법원**</u> 1988.6.28. <u>**선고**</u> 88<u>**도**</u>650 <u>**판결**</u>(피고인이 피해자에게 우측 흉골골절 및 늑골골절상과 이로 인한 우측 심장벽좌상과 심낭내출혈 등의 상해를 가함으로써, <u>피해자가 바닥에 쓰러진 채 정신을 잃고 빈사상태에 빠지자, 피해자가 사망한 것으로 오인하고, 피고인의 행위를 은폐하고 피해자가 자살한 것처럼 가장하기 위하여</u> 피해자를 베란다로 옮긴 후 베란다 밑 약 13m 아래의 바닥으로 떨어뜨려 피해자로 하여금 현장에서 좌측 측두부분쇄함몰골절에 의한 뇌손상 및 뇌출혈 등으로 사망에 이르게 하였다면, <u>**피고인의 행위는 포괄하여 단일의 상해치사죄**</u>에 해당한다.)

복습 및 심화질문

1. 甲을 맞추려고 돌멩이를 던졌는데 옆에 있던 乙이 맞았다. 이 경우 미필적 고의를 인정할 수 있는 경우도 있지만, 없었다고 한다면 법정적 부합설과 추상적 부합설에서는 결론을 달리한다. (O, X)
2. 甲은 A를 살해하려고 권총을 발사하였지만 총탄은 옆에 있던 B에 명중하여 B가 사망하였다. 법정적 부합설의 입장에서는 B에 대한 살인죄를 인정하지만 구체적 부합설의 입장에서는 A에 대한 살인미수죄와 B에 대한 과실치사죄의 상상적 경합이 된다고 주장한다. (O, X)
3. 사람에게 쏠 작정으로 발포하였던 바 옆에 있던 개에 명중한 경우 법정적 부합설의 입장에서는 살인미수죄와 기물손괴죄의 상상적 경합을 인정한다. (O, X)

예습심화문제 **다음 수업시간 전까지 스스로 풀어볼 것!**

사례 1	OO대학교부속병원 신경외과 의사로 근무하던 甲이 乙에 대한 제5번 요추 척추후궁 절제수술을 하던 중 부러진 수술용 메스조각이 乙의 체내에 남게 되었는데도 이를 제거함이 없이 그대로 봉합한 잘못으로 乙에게 일수 미상의 외상 후 신경불안증 및 요통 등의 상해를 입게 하였다. 甲의 죄책은?

사례 2	甲은 대전 동구 자양동 소재 OO칼국수 음식점 앞 편도 2차선 도로를 乙과 같이 무단 횡단하기 위해 도로 중앙선에 서 있다가, 지나가는 차량 유무를 확인하지 아니한 채, 술에 취하여 양손을 주머니에 넣고 고개를 숙이고 서 있던 乙의 팔을 갑자기 잡아끌고 도로를 횡단하였던 바, 때마침 그 곳을 지나가던 丙운전의 승용차에 충격되는 교통사고가 발생하여 乙이 사망하였다. 甲의 죄책은?

사례 3	甲은 OO대학교 병원 내과 인턴으로서 간경화, 식도정맥류 출혈 등으로 치료받던 乙의 주치의인 丙을 보좌하여 乙의 치료를 맡은 자인바, 乙에게 신선 냉동혈장 3봉지(320㎖) 및 농축적혈구 1봉지(200㎖)를 수혈하면서, 간호사인 丁으로 하여금 단독으로 수혈을 하도록 방치하였다. 丁은 혈액봉지의 라벨을 확인하지 아니한 채 간호처치대 위에 놓여있던 타인에게 수혈할 혈액봉지를 乙에 대한 혈액봉지로 오인하고서, 혈액형이 B형인 乙에 대하여 A형 농축적혈구 약 60㎖를 수혈하여, 乙로 하여금 급성 용혈성 수혈부작용 등으로 사망에 이르게 하였다. 甲의 죄책은?

제 8 장

형법총론

구성요건적 과실과 결과적 가중범

제1절 구성요건적 과실

[조문]

<u>刑法 第14條(過失)</u> 正常의 注意를 怠慢함으로 因하여 罪의 成立要素인 事實을 認識하지 못한 行爲는 法律에 特別한 規定이 있는 境遇에 限하여 處罰한다.

<u>2011년 형법일부개정법률안[형법총칙전면개정안][의안번호 제11304호]</u><u>제13조(과실)</u> 정상(正常)의 주의(注意)를 게을리하여 죄의 성립요소인 사실을 인식하지 못한 행위는 법률에 특별한 규정이 있는 경우에만 처벌한다.

<u>질서위반행위규제법</u><u>제7조(고의 또는 과실)</u> 고의 또는 과실이 없는 질서위반행위는 과태료를 부과하지 아니한다.

1. 구성요건적 과실의 의의

가. 예외적 처벌과 현대적 의의

<u>과실</u>이란 사회생활상 요구되는 주의의무를 위반 또는 태만함으로써 구성요건적 결과발생을 예견하지 못하거나 회피하지 못한 경우를 말한다. 여기서 <u>주의의무</u>란 구성

요건이 실현되지 않도록(즉 법익이 침해되지 않도록) 주의해야 할 의무를 말한다.[344)]

보충판례 14[과실의 본질 :주의의무의 정의] : 대법원 2011.4.14. 선고 2010도10104 판결.

과실범이란 과실을 범죄성립요건으로 하는 범죄유형을 말한다. 교통사고로 인한 업무상과실치사상죄(이 죄는 '교통사고처리특례법[시행 2011.12.9][법률 제10790호, 2011.6.8, 타법개정]' 제3조 제1항에 따라 형법 제268조의 적용이 배제된다) 등이 전형적인 예이다.

형법은 제13조 본문에서 **고의범처벌의 원칙**을 규정하고 있다. 고의범이 과실범보다 법질서를 위반하려는 내심상태가 있어서 반윤리성이 강하고, 도의적 비난도 무겁기 때문이다. 그러나 **예외적**으로 법률에 규정이 있는 경우에는 고의없이 구성요건을 실현하더라도 행위자를 처벌할 수 있다(제13조 단서조항 참조). 이러한 예외의 대표적인 예가 과실범이며, **형법 제14조는 과실범이 예외적으로 처벌되는 범죄임을 나타내기 위하여** '법률에 특별한 규정이 있는 경우에 한하여'라는 표현을 사용하고 있다.

[과실범의 예외적 처벌원칙 : 대법원 2010.02.11. 선고 2009도9807 판결 ; 대법원 1986.7.22. 선고 85도108 판결 등]

대법원은 행정상의 단속을 주안으로 하는 법규의 경우 명시적 규정 없이도 과실범으로 처벌할 수 있는지 여부와 관련하여, "행정상의 단속을 주안으로 하는 법규라 하더라도 '명문규정이 있거나 해석상 과실범도 벌할 뜻이 명확한 경우'를 제외하고는 형법의 원칙에 따라 '고의'가 있어야 벌할 수 있다."고 판시함으로써 과실범의 예외적 처벌원칙을 천명하고 있다.

이처럼 조문상으로는 과실범은 예외적 처벌이지만 교통사고나 그 밖의 사고들이 급증하고 있는 현실에서 알 수 있는 것처럼 현대산업사회에서는 과실범처벌이 사실상 원칙화하고 있으며 형사실무에서 차지하는 비중 또한 날로 높아지고 있다. 이점에

344) **[주의의무의 정의에 관한 판례]** : 대법원 1984.6.12. 선고 82도3199 판결(의료과오사건에 있어서의 의사의 과실은 결과발생을 예견할 수 있었음에도 불구하고 그 결과발생을 예견하지 못하였고 그 결과발생을 회피할 수 있었음에도 불구하고 그 결과발생을 회피하지 못한 과실이 검토되어야 한다.) ; 대법원 1992.3.10. 선고 91도3172 판결 ; 대법원 1994.8.26. 선고 94도1291 판결 ; 대법원 1999.12.10. 선고 99도3711 판결 ; 대법원 2006.12.7. 선고 2006도1790 판결 ; 대법원 2007.9.20. 선고 2006도294 판결 ; 대법원 2008.8.11. 선고 2008도3090 판결 등.

서 법익보호기능과 인권보장기능의 조화라는 관점에서 과실범의 처벌범위를 합리적으로 확정하는 것이 중요한 과제로 대두되고 있다.

나. 형법 제14조와 과실인정의 요건

형법상 과실범의 범죄구성요건[345]을 충족시키기 위해서는 소극적으로 행위자의 고의가 부정되는 외에 적극적으로 행위자의 과실이 인정되어야 한다. 어떤 요건이 충족되어야 과실이 인정될 수 있는가 하는 문제는 과실개념을 구성하고 있는 내용요소에 관한 문제이다. 과실개념과 관련해서는 형법 제14조를 분석할 필요가 있다.

(1) 과실인정의 제1요건 : 불인식 또는 불의욕

형법 제14조를 체계적으로 해석하면 과실이 인정되기 위한 요건은 '죄의 성립요소인 사실의 불인식'뿐이 아니다. '죄의 성립요소인 사실의 인식'은 있지만 의지적 요소(의욕)가 인정되지 않는 경우에도 과실이 인정될 수 있기 때문이다(형법 제13조의 해석론).

따라서 형법상 과실은, 첫째 객관적 구성요건적 사실을 인식조차 하지 못한 경우(인식없는 과실)[346], 둘째 객관적 구성요건적 사실을 인식하였지만 그것이 실현되지 않을 것으로 경솔하게 믿어버린 경우, 즉 구성요건실현에 대한 의지적 요소가 없는 경우(인식있는 과실)에 인정된다.[347]

---

345) **[형법상 과실범의 처벌규정]** : 형법에서 과실범을 처벌하는 특별규정을 둔 경우는, 과실치상죄(제266조 제1항), 과실치사죄(제267조), 업무상과실·중과실치사상죄(제268조), 실화죄(제170조), 업무상실화·중실화죄(제171조), 과실·업무상과실·중과실폭발성물건파열죄(제173조의2), 과실일수죄(제181조), 과실·업무상과실·중과실교통방해죄(제189조), 업무상과실·중과실장물취득죄(제364조) 등이다.

346) **[인식없는 과실례]** : 예컨대 권총에 실탄이 장전된 것을 모르고 방아쇠를 당겨 피해자를 사망케 한 경우를 들 수 있다.

347) **[인식있는 과실의 취급]** : 대법원도 인식없는 과실뿐만 아니라 인식있는 과실도 과실의 종류로 인정하고 있다 : **대법원 1984.2.28. 선고 83도3007 판결**(과실범에 있어서의 비난가능성의 지적 요소란 결과발생의 가능성에 대한 인식으로서 인식있는 과실에는 이와 같은 인식이 있고, 인식없는 과실에는 이에 대한 인식자체도 없는 경우이다.)

[보충설명 : 인식있는 과실과 인식없는 과실의 형법적 취급의 차이]

인식있는 과실과 인식없는 과실은 과실범의 성립요소로서 동등한 지위를 갖는다. 양자 모두 과실범이 성립한다(즉 불법과 책임의 경중에 차이가 없다)는 점에서 별다른 차이가 없다(다수설). **양자의 차이는 주로 量刑의 무대에서 나타난다**.

주의의무에 위반하여 구성요건이 실현되는 것을 인식조차 하지 못하였다는 점에서는 인식없는 과실의 경우에 형량이 더 높아질 여지가 있지만, 구성요건이 실현될 수 있음을 인식하였으면서도 주의의무에 위반하여 구성요건이 실현되지 않을 것으로 경솔하게 신뢰한 점에서는 인식있는 과실의 경우에 비난의 여지가 더 높아지는 것도 배제할 수 없을 것이다.

결국 인식있는 과실과 인식없는 과실의 구별을 기준으로 하는 양형의 경중은 구체적인 사정을 종합적으로 고려하여 판단할 수 있는 것이기 때문에 양자의 양형상의 차이를 일률적으로 말할 수는 없다.

(2) 과실인정의 제2요건 : 정상의 주의태만

한편 과실은 행위자에게 죄의 성립요소인 사실을 인식할 가능성이 있었거나, 인식은 하였으나 의욕이 없다고 해서 무조건 인정되는 것은 아니다. 형법 제14조가 '정상의 주의태만'이라는 요소를 구비할 것을 요구하고 있기 때문이다. 여기서 **'주의태만'은 '주의의무위반'으로, '정상의 주의태만'은 '객관적 주의의무위반'으로 표현**되고 있다.

구성요건이 실현되지 않도록 주의해야 할 의무는 다양한 형태로 나타날 수 있으며, 사람의 능력이나 처지에 따라서 주의의무의 정도는 달라질 수 있다. 그러나 형법은 **'정상의 주의'라는 표현을 사용하여 사회 일반인에게 가해지는 평균적인 주의의무를 과실판단의 기준**으로 제시하고 있다.

용어설명

경과실·중과실·업무상 과실 輕過失(보통의 과실)이란 사회의 일반인이 기울여야 할 주의의무를 다하지 아니한 것을 말한다. 형벌법규에서 '과실'이라 함은 이 경과실을 말한다. 형법은 중대한 과실과 업무상 과실을 경과실보다 무겁게 처벌하고 있다.

重過失이란 주의의무를 현저하게 태만히 하는 것, 즉 아주 조금만 주의를 기울였더라도 구성요건의 실현을 예견할 수 있거나 또는 그 실현을 회피할 수 있었던 경우에 성립한다. 중과실인지 여부는 구체적인 경우에 사회통념을 고려하여 결정하지 않을 수 없다.[348)]

業務上 過失이란 사회생활상의 지위에서 계속적·반복적으로 일을 행하는(업무) 사람이 당해 업무 수행상 요구되는 주의의무를 태만히 한 경우를 말한다.[349)]

업무상 과실의 형벌가중 근거에 대해서는 ① 업무자에게는 더 높은 주의의무가 요구되기 때문이라는 견해, ② 업무자에게는 주의의무는 동일하지만 더 높은 예견의무가 요구되기 때문이라는 견해, ③ 주의의무는 같지만 업무자에게는 더 높은 주의능력이 있기 때문이라는 견해가 대립하고 있다.

생각건대 업무상 과실을 가중처벌하는 이유는 업무자들은 일반인들보다 주의능력이 더 많고 또 주의능력을 더 많이 갖출 것이 요구되기 때문이라고 새겨야 할 것이다(예컨대 프로선수와 아마추어 선수의 동일한 실수에 대한 비난의 정도를 생각해 보자).

348) **보충판례 14-1[중과실의 의의 및 경과실과의 구별기준] : 대법원 1960.3.9. 선고 4292형상761 판결**(**중과실은 행위자가 극히 근소한 주의를 함으로써 결과발생을 인식할 수 있음에도 불구하고 부주의로서 이를 인식하지 못한 경우를 말하는 것이고 경과실과의 구별은 구체적인 경우에 사회통념을 고려하여 결정**될 문제이다.) ; 대법원 1980.10.14. 선고 79도305 판결 ; 대법원 1988.8.23. 선고 88도855 판결.

[중과실을 긍정한 판례] : 대법원 1982.11.23. 선고 82도2346 판결(피고인이 관리하던 주차장 출입구 문주의 하단부분에 금이 가 있어 도괴될 위험성이 있었다면 피고인으로서는 소유자에게 그 보수를 요청하는 외에 그 보수가 있을 때까지 임시적으로라도 받침대를 세우는 등 도괴를 방지하거나 그 근처에 사람이나 자동차 등의 근접을 막는 등 도괴로 인한 인명의 피해를 막도록 조치를 하여야 할 주의의무가 있다 할 것이며 동 주차장에는 사람이나 자동차의 출입이 빈번하고 근처 거주의 어린아이들이 문주근방에서 놀이를 하는 사례가 많은데도 불구하고 **소유자에게 그 보수를 요구하는데 그쳤다면 그 주의의무를 심히 게을리 한 중대한 과실이 있다**고 할 것이다.) ; **대법원 1988.8.23. 선고 88도855 판결**(피고인이 약 2.5평 넓이의 주방에 설치된 간이온돌용 새마을보일러에 연탄을 갈아넣음에 있어서 연탄의 연소로 보일러가 가열됨으로써 그 열이 전도, 복사되어 그 주변의 가열접촉물에 인화될 것을 쉽게 예견할 수 있었음에도 불구하고 **그 주의의무를 게을리 하여 위 보일러로부터 5 내지 10 센티미터쯤의 거리에 판시 가연물질을 그대로 두고 신문지를 구겨서 보일러의 공기조절구를 살짝 막아놓은 채 그 자리를 떠나버렸기 때문에 판시와 같은 화재가 발생**한 경우에는 형법 제171조가 정하는 중실화는 행위자가 극히 작은 주의를 함으로써 결과발생을 예견할 수 있었는데도 부주의로 이를 예견하지 못하는 경우를 말하는 것이므로 피고인의 행위를 중실화죄로 다스린 원심의 조치는 정당하다.) ; **대법원 1993.7.27. 선고 93도135 판결**(피고인이 성냥불로 담배를 붙인 다음 그 **성냥불이 꺼진 것을 확인하지 아니한 채 휴지가 들어 있는 플라스틱 휴지통에 던진 것은 중대한 과실이 있는 경우에 해당**한다) : **대법원 1997.4.22. 선고 97도538 판결**(피고인은 84세 여자 노인과 11세의 여자 아이를 상대로 안수기도를 함에 있어서 피해자를 바닥에 반드시 눕혀 놓고 기도를 한 후 "마귀야 물러가라", "왜 안 나가느냐"는 등 큰 소리를 치면서 한 손 또는 두 손으로 피해자의 배와 가슴 부분을 세게 때리고 누르는 등의 행위를, 여자 노인에게는 약 20분간, 여자아이에게는 약 30분간 반복했다는 것이니 사실이 그러하다면 판시와 같은 고령의 여자 노인이나 나이 어린 연약한 여자아이들은 약간의 물리력을 가하더라도 골절이나 타박상을 당하기 쉽고, 더욱이 배나 가슴 등에 그와 같은 상처가 생기면 치명적 결과가 올 수 있다는 것은 피고인 정도의 연령이나 경험 지식을 가진 사람으로서는 약간의 주의만 하더라도 쉽게 예견할 수 있을 것임에도 불구하고, 그와 같은 예견될 수 있는 결과에 대해서 주의를 다하지 않아 사람을 죽음으로까지 가게 한 행위는 중대한 과실이라고 하지 않을 수 없고, 따라서 피고인의 소위를 중과실치사죄로 처단한 원심의 조치에 법리상 잘못이 있다고 할 수 없

보충판례 14-1[중과실의 의의 및 경과실과의 구별기준] : 대법원 1960.3.9. 선고 4292형상761 판결.

2. 과실범의 구조(범죄체계상의 지위)

과실범의 경우에도 과실이 과실범의 구성요건요소인지 책임요소인지가 문제되고 있다.

고, 이를 비난하는 상고 논지는 이유 없다.)

[중과실을 부정한 판례] : 대법원 1960.3.9. 선고 4292형상761 판결(피고인이 사용한 양촉은 신품으로 약 3시간 지속할 수 있고 창고 내에는 상자위에 녹여서 붙여 놓은 촛불 부근에 헌가마니 쓰레기 등이 있을 뿐 휘발유 등 인화물질은 없었으며 양곡이 입고되어 있었고 약 30분 후에는 고사를 끝내고 고사에 사용한 쌀가마니를 입고할 예정으로 촛불을 끄지 아니하고 그대로 세워 놓고 창고문을 닫고 나온 것이니 위 경우에 인정되는 피고인이 촛불을 들고 나오든가 소화하고 나오지 아니한 과실은 어디까지나 경과실에 불과하다 할 것이다.) ; 대법원 1986.6.24. 선고 85도2070 판결(임차인이 사용하던 방문에 약간의 틈이 있다거나 연통 등 까스배출시설에 결함이 있는 정도의 하자는 임대차 목적물인 위 방을 사용할 수 없을 정도의 파손상태라고 볼 수 없고 이는 임차인의 통상의 수선 및 관리의무에 속하는 것이므로 임차인이 그 방에서 연탄까스에 중독되어 사망하였더라도 위 사고는 임차인이 그 의무를 게을리 함으로써 발생한 것으로서 임대인에게 중과실치사의 죄책을 물을 수 없다.) ; 대법원 1989.10.13. 선고 89도204 판결(호텔오락실의 경영자가 그 오락실 천정에 형광등을 설치하는 공사를 하면서 그 호텔의 전기보안담당자에게 아무런 통고를 하지 아니한 채 무자격전기기술자로 하여금 전기공사를 하게 하였더라도, 전기에 관한 전문지식이 없는 오락실경영자로서는, 시공자가 조인터박스를 설치하지 아니하고 형광등을 천정에 바짝 붙여 부착시키는 등 부실하게 공사를 하였거나 또는 전기보안담당자가 전기공사사실을 통고받지 못하여 전기설비에 이상이 있는지 여부를 점검하지 못함으로써 위와 같은 부실공사가 그대로 방치되고 그로 인하여 전선의 합선에 의한 방화가 발생할 것 등을 쉽게 예견할 수 있었다고 보기는 어려우므로 위 오락실경영자에게 위와 같은 과실이 있었더라도 사회통념상 이를 화재발생에 관한 중대한 과실이라고 평가하기는 어렵다.) ; 대법원 1992.3.10. 선고 91도3172 판결[경찰관인 피고인들은 동료 경찰관인 갑 및 피해자 을과 함께 술을 많이 마셔 취하여 있던 중 갑자기 위 갑이 총을 꺼내 을과 같이 총을 번갈아 자기의 머리에 대고 쏘는 소위 "러시안 룰렛" 게임을 하다가 을이 자신이 쏜 총에 맞아 사망한 경우 피고인들은 위 갑과 을이 "러시안 룰렛"게임을 함에 있어 갑과 어떠한 의사의 연락이 있었다거나 어떠한 원인행위를 공동으로 한 바가 없고, 다만 위 게임을 제지하지 못하였을 뿐인데 보통사람의 상식으로서는 함께 수차에 걸쳐서 흥겹게 술을 마시고 놀았던 일행이 갑자기 자살행위와 다름없는 위 게임을 하리라고는 쉽게 예상할 수 없는 것이고(신뢰의 원칙), 게다가 이 사건 사고는 피고인들이 "장난치지 말라"며 말로 위 갑을 만류하던 중에 순식간에 일어난 사고여서 음주만취하여 주의능력이 상당히 저하된 상태에 있던 피고인들로서는 미처 물리력으로 이를 제지할 여유도 없었던 것이므로, 경찰관이라는 신분상의 조건을 고려하더라도 위와 같은 상황에서 피고인들이 이 사건 "러시안 룰렛"게임을 즉시 물리력으로 제지하지 못하였다 한들 그것만으로는 위 갑의 과실과 더불어 중과실치사죄의 형사상 책임을 지울 만한 위법한 주의의무위반이 있었다고 평가할 수 없다.]

349) **[업무에 있어서 계속성의 예]** : 예컨대 자동차를 처음사서 운전한 날 사고를 낸 경우에는 계속성이 있기 때문에 업무상 과실이 되지만, 길에 시동이 걸려 있는 자동차가 있어서 호기심에 운전을 하다가 사고를 낸 경우에는 계속성이 없어서 업무상 과실이라 할 수 없다.

가. 책임요소설(구과실론)

범죄의 객관적인 요소는 불법으로 주관적인 요소는 책임으로 배치하였던 고전적·신고전적 범죄체계론 하에서는 **과실도 고의와 마찬가지로 심리적·주관적 요소(책임요소)로서 오로지 행위자가 져야할 책임의 형식을 결정하는 기능만을 가지고 있다**고 주장한다.[350)]

그러나 책임요소설에 의하면 형법에 살인죄(제250조)와 과실치사죄(제267조, 제268조), 상해죄(제257조 이하)와 과실치상죄(제266조, 제268조)와 같이 고의범죄와 과실범죄의 구성요건 자체가 별도로 규정되어 있다는 점, 이는 고의·과실이 어느 구성요건이 적용될 것인가를 결정하는 기능을 가지고 있다는 점을 설명할 수 없게 된다.

나. 위법성요소설(신과실론)

허용된 위험의 법리[351)]를 과실범에 적용하여 허용된 위험범위 내에서의 행위는 위법하지 않고 **주의의무를 위반하여 허용된 위험을 초과하는 행위만이 위법하기 때문에 과실은 위법성요소가 된다**는 견해이다. 즉 적법한 행위와 위법한 행위는 결과면에서 구별되는 것이 아니라 고의·과실이 있었느냐에 의해 구별된다는 것이다.

그러나 위법성요소설에 대해서는 고의·과실없이 타인의 법익을 침해·위태화한 경우에도 일단 구성요건에 해당한다고 하는 것은 부당하고 아예 구성요건해당성 자체가 없다고 해야 한다는 비판이 제기된다.

---

350) **[과실의 책임형식 결정기능]** : 예컨대 甲이 차를 몰고 가다가 乙을 상해한 경우 불법의 단계에서는 객관적인 상해의 존재 여부 및 위법성 여부를 결정하게 된다. 행위자가 어떤 심리상태에서 행위하였느냐에 따라 고의로 상해한 경우에는 고의책임. 과실로 상해한 경우에는 과실책임을 지고, 고의·과실도 없는 경우에는 책임을 지지 않기 때문에 고의·과실은 행위자가 어떤 형태의 책임을 지느냐 하는 책임형식을 결정하는 기능만을 담당한다는 것이다.

351) **[허용된 위험의 법리]** : 현대산업사회의 특성상 비록 법익침해의 위험성을 수반하는 행위(자동차운행, 건설공사 등)라도 그로 인한 사회적 이익이 그 위험성에 비해 현저히 큰 경우에는 일정한 조건(결과를 회피하기 위한 안전조치를 취한 경우) 하에서는 법익침해적 결과가 발생하더라도 형사책임을 지우지 않는 것을 말한다. 즉 위험을 허용하는 것이 아니라 위험을 수반하는 행위를 허용하는 것이라 할 수 있다.

다. 구성요건요소설

목적적 범죄론체계에서는 과실행위의 본질적 요소는 타인의 법익을 침해·위태화하였다는 결과(결과불법, 결과반가치)가 아니라 어떻게 또는 어떤 행위를 통해(행위불법, 행위반가치) 타인의 법익을 침해·위태화하였느냐 하는 점이기 때문에 **과실(주의의무위반)은 범죄성립의 첫단계인 구성요건해당성 여부를 결정하게 되고, 구성요건요소가 된다**는 것이다.

과실(주의의무위반)이 구성요건요소라고 하는 점은 오늘날 널리 인정되고 있다. 그러나 주의의무위반(행위불법, 행위반가치)이 과실범의 본질이라고 한다면 주의의무는 위반하였으나 결과가 발생하지 않은 과실범의 미수를 처벌해야 하는 결과를 초래하게 된다. 이점에서 과실범도 결과불법(반가치)와 행위불법(반가치) 양자가 갖추어져야 한다고 하여야 할 것이다.

라. 과실의 이중적 기능설

합일태적 범죄론체계에 기초한 이중적 기능설은 고의와 마찬가지로 **과실(주의의무위반)을 양분화하여 객관적 주의의무위반은 구성요건요소로, 주관적 주의의무위반은 책임요소로 파악한다(다수설)**.

이 입장에 따르면 **객관적 주의의무위반 여부의 판단**은 '행위자와 동일한 직업범위 및 생활권에 속하는 신중하고 양심적인 제3자(일반인 또는 평균인)가 행위 당시 행위자의 입장에 있었더라면 결과발생(또는 그 가능성)에 대해 예견할 수 있었는지' 여부를 통해 이루어지는 반면, **주관적 주의의무위반 여부의 판단**은 '행위 당시 행위자가 자신의 능력에 비추어 보면 결과발생(또는 그 가능성)에 대해 예견할 수 있었는지' 여부를 통해 이루어진다고 한다.[352] 즉 구성요건요소로서의 과실에서는 객관적으로 요구되는 주의의 태만이 문제됨에 반하여 책임요소로서는 행위자의 개인적 능력에 따

352) **[객관적 주의의무와 주관적 주의의무의 정도]** : 예컨대 부시맨과 군인이나 사격선수가 총알이 장전된 총을 만져보다가 오발로 타인의 신체를 상해한 경우에 부시맨과 군인이나 사격선수의 객관적 주의의무위반 여부와 주관적 주의의무위반 여부를 비교해 보도록 하자!

라 그가 객관적 주의의무를 다 할 수 있었는지가 문제되는 것이다.

따라서 고의와 마찬가지로 과실에서도 그 이중적 기능을 인정할 수밖에 없다.

마. 판례의 태도

대법원은 과실요소를 '지적 측면'과 '규범적 측면'으로 구분하면서 지적 측면인 인식·불인식과 규범적 측면인 주의의무(부주의)를 모두 비난가능성(책임)의 요소로 파악하고 있다.[353] 여기서 비난가능성이 있는지 여부를 판단할 경우 주의의무위반 여부를 누구의 주의정도를 기준으로 할 것인지와 관련해서는 행위자의 주의정도가 아니라 일반인의 주의정도를 기준으로 하여야 한다고 한다.[354]

결국 대법원은 과실을 기본적으로 책임요소로 파악하면서도 동시에 주의의무위반의 인정유무는 일반인·평균인의 주의정도를 기준으로 판단하고 있다(**책임요소설**).

보충판례 14-2[과실범의 책임발생이유] : 대법원 1984.2.28. 선고 83도3007 판결.

3. 과실범의 체계(성립요건)

가. 과실범의 구성요건

과실범의 구성요건해당성도 고의범과 마찬가지로 행위반가치와 결과반가치에 의하여 결정된다. 따라서 과실범의 구성요건으로는 객관적 주의의무위반(행위반가치), 결과발생 및 결과에 대한 형법적 인과관계(결과반가치)가 필요하다.

....

353) **보충판례 14-2[과실범의 책임발생이유] : 대법원 1984.2.28. 선고 83도3007 판결**(과실범에 있어서의 비난가능성의 지적 요소란 결과발생의 가능성에 대한 인식으로서 인식있는 과실에는 이와 같은 인식이 있고, 인식없는 과실에는 이에 대한 인식자체도 없는 경우이나, 전자에 있어서 책임이 발생함은 물론, 후자에 있어서도 그 결과발생을 인식하지 못하였다는 데에 대한 부주의 즉 규범적 실재로서의 과실책임이 있다고 할 것이다.)

354) **[주의의무위반여부의 판단기준으로서 주의정도]** : 대법원 1997.10.10. 선고 97도1678 판결(과실의 유무를 판단함에는 같은 업무와 직무에 종사하는 일반적 보통인의 주의정도를 표준으로 하여야 한다.) ; 대법원 2006.10.26. 선고 2004도486 판결 ; 대법원 2008.8.11. 선고 2008도3090 판결.

(1) 객관적 주의의무 위반

① 객관적 주의의무

ㄱ. 객관적 주의의무의 내용

객관적 주의의무위반(정상의 주의태만)이란 행위자가 사회생활상 요구되는 주의의무를 태만히 하여 예견이 가능하고 회피가 가능하였던 결과를 발생시킨 경우를 말한다. 따라서 **객관적 주의의무는 결과예견의무와 결과회피의무를 그 내용으로 한다**.

결과예견의무란 행위자가 사전에 주의력을 집중하여 법익침해에 대한 위험성을 인식해야 할 의무(내적 주의의무)로서 결과발생에 대한 구체적인 예견가능성을 전제로 한다. 또한 결과예견의무는 외부적으로 취해야 할 법익침해 방지조치의 전제가 된다.[355]

이에 대하여 **결과회피의무**란 법익침해에 대한 위험성을 인식하였을 때 구성요건적 결과발생을 방지하는데 필요한 적절한 외적 방어조치를 취할 의무(외적 주의의무)로서 결과발생에 대한 회피가능성을 전제로 한다. **결과회피의무에는 일정한 행위를 하거나 하지 말아야 할 의무**가 있다.

보충판례 14-3[객관적 주의의무로서의 결과회피의무] : 대법원 1995.12.26. 선고 95도715 판결.

작위의무의 예로는 행위에 수반될 법익침해의 가능성을 적극적으로 방지·차단하거나 감소시켜야 할 **안전조치의무(사전안전조치와 사후점검조치)**, 법익침해의 위험성을 수반하는 행위를 함에 있어서 사전에 필요한 정보와 기량을 확보해야 할 **조회의무**[356] 등이 있다.

부작위의무의 예로는 위험을 발생시킬 행위를 하지 말아야 할 소극적인 의무를 들 수 있다. 소위 **인수과실(인수책임)**은 부작위의무를 위반한 것이라고 할 수 있다. 따라서 행위자가 능력 밖의 일을 하겠다고 나선 경우에는 그 인수자체로서 과실이 인정된다.[357]

---

355) **[결과예견의무에 있어서 예견의 대상]** : 예견의 대상은 행위시의 여건, 행위의 진행과정, 상황변화의 가능성, 행위가 야기할 위험의 유무 및 정도 등이다.

356) **[조회의무의 예]** : 예컨대 의료행위 등을 수행함에 있어서 환자의 병력을 미리 조사해 두거나 치료에 필요한 의료기법을 충분히 익혀두는 것을 들 수 있다.

ㄴ. 객관적 주의의무의 판단기준 및 방법

객관적 주의의무(결과예견의무 및 결과회피의무)는 사회일반인의 주의능력을 표준으로 하여 인정된 주의의무이다. 여기서 **'사회일반인'이란 행위자와 같은 직업군 내지 생활권 내의 신중하고 양심 있는 제3자를 가리키는 평균인**을 말한다(**객관설 : 통설**).[358] 따라서 평균인이 결과발생에 대해 예견할 수 없는 경우에는 객관적 주의의무가 부정되어 행위자에게 과실이 있어도 과실범의 구성요건에 해당하는 행위라고 할 수 없다.

보충판례 14-4[객관적 주의의무의 판단기준 및 방법] : 대법원 1996.11.8. 선고 95도2710 판결.

한편 법관은 결과예견의무위반 여부 및 결과회피의무 위반 여부를 판단함에 있어서 행위자의 행위시점을 기준으로 하여 장래전망적인 검토를 하여야 한다(사전판단). 발생된 결과를 놓고 소급하여 이를 판단의 대상에 포함시켜서는 안된다(사후판단).

ㄷ. 예습심화사례1, 2, 3의 검토

[사례1] : 대법원 1999.12.10. 선고 99도3711 판결

[사례2] : 대법원 2002.8.23. 선고 2002도2800 판결

[사례3] : 대법원 1998.2.27. 선고 97도2812 판결

② 객관적 주의의무의 위반

주의규정이 존재하지 않거나 주의규정이 존재하여도 구체적인 행위상황 속에서 객관적 예견가능성을 기준으로 '객관적 주의의무'를 인정할 수 있고 이러한 객관적 주의의

357) **[인수과실의 예]** : 예컨대 장O건의 외모로 성형수술을 무리하게 요구한 도O진의 간청에 못이겨, 성형외과의사인 이O영 자신의 능력 밖의 일이었음에도 수술을 감행하여 도O진의 한쪽 눈을 실명시키고 결과적으로 이O일의 외모로 만들어 논 성형수술사례를 생각해 보자.

358) **보충판례 14-4[객관적 주의의무의 판단기준 및 방법] : 대법원 1996.11.8. 선고 95도2710 판결**(의료사고에 있어서 의료종사원의 과실을 인정하기 위하여서는 **의료종사원이 결과 발생을 예견할 수 있음에도 불구하고 그 결과 발생을 예견하지 못하였고 그 결과 발생을 회피할 수 있었음에도 불구하고 그 결과 발생을 회피하지 못한 과실이 검토**되어야 하고, **그 과실의 유무를 판단함에는 같은 업무와 직무에 종사하는 일반적 보통인의 주의정도를 표준**으로 하여야 하며, **이에는 사고 당시의 일반적인 의학의 수준과 의료환경 및 조건, 의료행위의 특수성 등이 고려**되어야 한다.)

무를 인정할 수 있어야 이를 기준으로 객관적 주의의무위반 여부를 판단할 수 있다.[359)]

359) **[객관적 주의의무를 긍정한 판례]** : 대법원 2000.9.5. 선고 2000도2671 판결(고속도로를 운행하는 자동차의 운전자로서는 일반적인 경우에 고속도로를 횡단하는 보행자가 있을 것까지 예견하여 보행자와의 충돌사고를 예방하기 위하여 급정차 등의 조치를 취할 수 있도록 대비하면서 운전할 주의의무가 없고, 다만 고속도로를 무단횡단하는 보행자를 충격하여 사고를 발생시킨 경우라도 운전자가 상당한 거리에서 보행자의 무단횡단을 미리 예상할 수 있는 사정이 있었고, 그에 따라 즉시 감속하거나 급제동하는 등의 조치를 취하였다면 보행자와의 충돌을 피할 수 있었다는 등의 특별한 사정이 인정되는 경우에만 자동차 운전자의 과실이 인정될 수 있다.) ; 대법원 1995.12.26. 선고 95도715 판결(제한속도가 시속 40km인 왕복 6차선 도로의 1차선을 따라 운전하는 운전자는 무단횡단하던 보행자가 중앙선 부근에 서 있다가 마주 오던 차에 충격당하여 자신의 택시 앞으로 쓰러지는 것을 예견·회피해야 할 주의의무가 있다.) ; 대법원 1986.7.8. 선고 86도1048 판결(운전자가 차를 세워 시동을 끄고 1단 기어가 들어가 있는 상태에서 시동열쇠를 끼워놓은 채 11세 남짓한 어린이를 조수석에 남겨두고 차에서 내려온 동안 동인이 시동열쇠를 돌리며 악셀러레이터 페달을 밟아 차량이 진행하여 사고가 발생한 경우, 비록 동인의 행위가 사고의 직접적인 원인이었다 할지라도 그 경우 운전자로서는 위 어린이를 먼저 하차시키던가 운전기기를 만지지 않도록 주의를 주거나 손브레이크를 채운 뒤 시동열쇠를 빼는 등 사고를 미리 막을 수 있는 제반조치를 취할 업무상 주의의무가 있다.) ; 대법원 1988.9.27. 선고 88도833 판결(버스운전사에게 전날 밤에 주차해 둔 버스를 그 다음날 아침에 출발하기에 앞서 차체 밑에 장애물이 있는지 여부를 확인하여야 할 주의의무가 있다.) ; 대법원 2000.1.14. 선고 99도3621 판결(산부인과 의사가 산모의 태반조기박리에 대한 대응조치로서 응급제왕절개 수술을 시행하기로 결정하였다면 이러한 경우에는 적어도 제왕절개 수술 시행 결정과 아울러 산모에게 수혈을 할 필요가 있을 것이라고 예상되는 특별한 사정이 있어 미리 혈액을 준비하여야 할 업무상 주의의무가 있다.) ; 대법원 2006.5.12. 선고 2006도819 판결[액화석유가스 판매사업자인 피고인이 수요자의 소비설비의 철거를 요청받고도 이에 응하지 아니하고 직접 철거하라고 이야기하여 이사를 가는 자로 하여금 별다른 안전조치도 취하지 아니한 채 휴즈콕크(속칭 중간밸브)까지 떼어가게 하여 그 부분으로 새어 나온 가스로 폭발사고가 발생한 경우, 구 액화석유가스의 안전 및 사업관리법 제9조 제1항이 정한 안전점검의무를 위반한 것이다.]

[객관적 주의의무를 부정한 판례] : 대법원 1996.11.8. 선고 95도2710 판결(피고인이 패혈증에 관한 최신 정의를 알지 못하여 이미 진행 중인 패혈증을 아직 진행하지 않고 있는 것으로 잘못 판단하고 적절한 치료방침을 정하지 못한 것이라 하더라도, 그 판단이 현재 우리나라의 일반적 기준으로서의 의학수준과 함께 피고인의 경력·전문분야 등 개인적인 조건이나 진료지·진료환경 등을 고려할 때, 통상의 의사의 정상적인 지식에 기한 것이 아니고 따라서 그것이 과실이라고 단정하기는 어렵다.) ; 대법원 1985.7.9. 선고 84도822 판결(교사가 징계의 목적으로 회초리로 학생들의 손바닥을 때리기 위해 회초리를 들어올리는 순간 이를 구경하기 위해 옆으로 고개를 돌려 일어나는 다른 학생의 눈을 찔러 그로 하여금 우안실명의 상해를 입게 한 경우, 직접 징계당하는 학생의 옆에 있는 다른 학생이 징계 당하는 것을 구경하기 위하여 고개를 돌려 뒤에서 다가 선다던가 옆자리에서 일어나는 것까지 예견할 수는 없다.) ; 대법원 1983.10.11. 선고 83도2108 판결(회사대표자에게는 공장전체의 안전관리책임자인 공장장이나 보이라실과 유류저장탱크의 운용과 보관보존에 대한 책임자인 보이라실 기관장을 임명 지휘감독함에 필요한 일반적 주의의무가 있을 뿐, 유류저장탱크의 불순물청소작업등 구체적인 작업방법 및 작업상 요구되는 안전대책을 강구할 구체적이고도 직접적인 주의의무는 없다.) ; 대법원 1970.12.22. 선고 70도2304 판결(정신병 전문의사가 평소 상당한 주의를 하였었고 망상형 정신분열환자의 자상 내지 자살과 같은 자해행위는 의학상 이례에 속한 예측을 기대하지 못하는 것인데 피해자가 감시 소홀한 틈을 타서 자살하였다면 그에게 사고발생의 원인이 된 과실이 있었다고 할 수 없다.) ; 대법원 2003.8.19. 선고 2001도3667 판결(간호사가 '진료의 보조'를 함에 있어서는 모든 행위 하나하나마다 항상 의사가 현장에 입회하여 일일이 지도·감독하여야 한다고 할 수는 없고, 경우에 따라서는 의사가 진료의 보조행위 현장에 입회할 필요 없이 일반적인 지도·감독을 하는 것으로 족한 경우도 있을 수 있다 할 것인데, 여기에 해당하는 보조행위인지 여부는 보조행위의 유형에 따라 일률적으로 결정할 수는 없고 구체적인 경우에 있어서 그 행위의 객관적인 특성상 위험이 따르거나 부작용 혹은 후유증이 있을 수 있는지, 당시의 환자 상태가 어떠한지, 간호사의 자질과 숙련도

(2) 객관적 주의의무의 제한원리

객관적 주의의무(정상의 주의의무)는 법익침해의 위험 내지 결과발생에 대한 객관적 예견가능성이 있는 경우에 항상 인정되는 것은 아니다. 객관적 예견가능성이 인정되더라도 객관적 주의의무를 제한할 수 있는 예외적인 경우로는 '허용된 위험의 법리'와 '신뢰의 원칙'이 있다.

① 허용된 위험

ㄱ. 허용된 위험의 의의

허용된 위험이란 일정한 생활범위에 있어서 예견가능하고 회피할 수 있는 위험이라 할지라도 전적으로 금지할 수 없는 위험을 말한다. 형법이 허용된 위험을 인정하는 이유는 **'사회적 유용성'과 '필요성'의 관점**에서 일정한 정도의 위험에 대해서는 형법이 이를 감수해야 하기 때문이다.

허용된 위험이 발생한 경우에는 과실범의 최소전제조건이 충족되지 않은 경우이므로 행위자의 행위에 대해 과실범의 성립을 인정할 수 없다.

ㄴ. 허용된 위험의 형법적 효과

사회적으로 허용된 행위는 비록 위험성이 수반된 행위이고 일정한 경우 그 위험이 현실화되어 법익침해의 결과를 발생시킨 경우라도 그 행위는 객관적 주의의무를 제한하거나 객관적 귀속을 부정하여 과실범의 구성요건에조차 해당하지 않는다고 새겨야 한다(**구성요건해당성배제사유설, 다수설**).[360] 이점에서 허용된 위험은 객관적 주의의무의 제한원리가 된다.

② 신뢰의 원칙

ㄱ. 신뢰의 원칙의 의의 및 형법적 효과

는 어느 정도인지 등의 여러 사정을 참작하여 개별적으로 결정하여야 한다.)

360) **[허용된 위험에 대한 기타 학설]** : 그 밖의 학설로는 행위부정설, 위법성조각사유설, 책임배제사유설, 독자성부정설 등이 주장되고 있다.

신뢰의 원칙이란 스스로 교통규칙을 준수하면서 교통에 참여하는 사람은 다른 교통참여자도 규칙을 준수하여 행동할 것이라고 신뢰해도 좋다는 원칙을 말한다.

신뢰의 원칙의 형법적 효과에 대해서도 허용된 위험의 법리와 비슷한 논란이 있으나 우리나라의 통설은 이를 허용된 위험의 특수한 사례인 동시에 객관적 주의의무(결과예견의무 및 결과회피의무 모두)를 제한해 주는 원칙으로 이해하고 있다.

ㄴ. 판례상 신뢰의 원칙의 형성과 발전

대법원은 1957년의 판례[361]이래 고속도로상의 교통사고[362]에서뿐만 아니라 시내의 차도에서도 신뢰의 원칙을 적용[363]함으로써 이를 확립하기에 이르렀다.

그 이후 대법원은 자동차운전자와 자동차운전자 간[364]에는 폭넓게[365] 신뢰의 원칙을

361) 대법원 1957.2.22. 선고 4289형상330 판결[피해자가 과거 역원으로 육년간 기관조수견습으로 일년간 근무한자로서 본건 사고발생당일도 기관조수견습으로서 기관사인 피고인과 같이 기관차의 체환(입환)작업에 종사중이였음으로 여사한 경우에 있어서는 피해자 자신이 기관차의 속력, 도승(비승)의 여부를 감안하야 안전히 도승할 수 있는 시기와 장소를 정할 것이요 그 하차, 승차에 일일히 기관차를 정차 또는 서행치 아니하였다하야 피고인이 업무상 필요한 주의의무를 다하지 아니하였다 할 수 없고 특히 기록에 의하야 인정되는 피해자가 기관차 좌측으로부터 도승한 관계로 기관차우측에 좌정한 피고인이 피해자를 목견할 수 없었던 당시의 사정을 종합하면 본건 사고는 피해자의 과실에 기인하여 발생된 것이며 피고인의 업무상 과실에 기인한 것이라 할 수 없다.]

362) 대법원 1971.5.24. 선고 71도623 판결(자동차전용의 고속도로의 주행선상에 아무런 위험표시 없이 노면보수를 위한 모래더미가 있으리라는 것은 일반적으로 예견할 수 있는 사정이 아니다.)

363) 대법원 1972.2.22. 선고 71도2354 판결(상대방 차량이 신호 대기선을 넘어 피고인 차량의 전면을 가로질러 네거리를 횡단하려는 의도아래 계속 진행하여 올 것을 사전에 예견하고 이에 대한 사전조치를 강구할 것을 기대할 수 없다.)

364) 대법원 1985.1.22. 선고 84도1493 판결(신호등에 의하여 교통정리가 행하여지고 있는 교차로를 녹색등화에 따라 직진하는 차량의 운전자는 특별한 사정이 없는 이상, 다른 차량들도 교통법규를 준수하고 충돌을 피하기 위하여 적절한 조치를 취할 것으로 믿고 운전하면 족하고, **다른 차량이 신호를 위반하고 직진하는 차량의 앞을 가로 질러 좌회전할 경우까지를 예상하여 그에 따른 사고발생을 미연에 방지할 특별한 조치까지 강구할 업무상의 주의의무는 없다.**) ; 대법원 1995.7.11. 선고 95도382 판결(두 줄의 황색중앙선 표시가 있는 직선도로상을 운행하는 차량의 운전자로서는 특별한 사정이 없는 한 상대방향에서 운행하여 오는 차량이 도로중앙선을 넘어 자기가 진행하는 차선에 진입하지 않으리라고 믿는 것이 우리의 경험법칙에 합당하고, 또 반대차선에 연결된 소로에서 주도로로 진입하는 차량이 있다고 하더라도 그 차량이 법률상 금지된 중앙선을 침범하여 자기가 진행하는 차선에 진입하는 범법행위까지를 예상하여 자기가 운전하는 차량을 서행하거나 일일이 그 차량의 동태를 예의주시할 의무가 있다고 할 수 없다.) ; 대법원 1984.5.29. 선고 84도483 판결[피고인(갑)이 봉고트럭을 운전하고 도로 2차선상으로, 피고인(을)이 버스를 운전하고 도로 3차선상으로 거의 병행운행하고 있을 즈음 도로 3차선에서 피고인(을)의 버스뒤를 따라 운행하여 오던 피해자 운전의 오토바이가 버스를 앞지르기 위해 도로 2차선으로 진입하여 무모하게 위 트럭과 버스 사이에 끼어 들어 이 사이를 빠져 나가려 한 경우에 있어서는 선행차량이 속도를 낮추어 앞지르려는 피해자의 오토바이를 선행하도록 하여 줄 업무상 주의의무가 있다고 할 수 없다.] ; 대법원 1984.9.25. 선고 84도1695 판결(운전자에게 야간에 무등화인 자전거를 타고 차도를 무단횡단하는 경우까지를 예상하여 제한속력

적용하고 있다.[366)]

보충판례 14-5[객관적 주의의무의 제한원리 - 신뢰의 원칙 - 자동차운전자와 자동차운전자 간 충돌사고] : 대법원 1992.7.28. 선고 92도1137 판결.

보충판례 14-6[객관적 주의의무의 제한원리 - 신뢰의 원칙 - 자동차와 보행자 간 충돌사고] : 대법원 2000.9.5. 선고 2000도2671 판결.

을 감속하고 잘 보이지 않는 반대차선상의 동태까지 살피면서 서행운행할 주의의무가 있다고 할 수 없다.)

365) 대법원 1970.2.24. 선고, 70도176 판결[같은 방향으로 달려오는 후방차량이 교통법규를 준수하여 진행할 것이라고 신뢰하며 우측전방에 진행 중인 손수레를 피하여 자동차를 진행하는 운전수로서는 위 손수레를 피하기 위하여 중앙선을 약간 침범하였다 하더라도 구 도로교통법(61.12.31. 법률 제941호) 제11조 소정의 규정을 위반한 점에 관한 책임이 있음은 별론으로 하고 **후방에서 오는 차량의 동정을 살펴 그 차량이 무모하게 추월함으로써 야기될지도 모르는 사고를 미연에 방지하여야 할 주의의무까지 있다고는 볼 수 없다.**] ; 대법원 1995.5.12. 선고 95도512 판결 등.

366) **[자동차와 보행자간 사고의 경우]** : 이에 대하여 대법원은 보행자에 대한 사고의 경우에는 신뢰의 원칙을 철저하게 적용하고 있지 않다 : **대법원 1980.5.27. 선고 80도842 판결**(사고당시의 시간이, 통행금지 시간이 임박한 23:45경이라면, 일반적으로 차량의 통행이 적어 통금에 쫓긴 통행인들이 함부로 도로를 횡단하는 것이 예사이며, 이 사건 사고당시와 같이 사고지점의 3차선상에 버스들이 정차하고 있었다면, 버스에서 내려, 버스 사이로 튀어나와, 도로를 횡단하려고 하는 사람이 있으리라는 것은 우리의 경험상 능히 예측할 수 있는 일이라고 할 것임에도 불구하고, 피고인이 그 옆의 1차선을 운행하다가, 이 사건 사고를 발생케 하였음은 그와 같은 경우에, 운전사로서의 지켜야할 주의의무를 태만히 한 과실에 기인한 것이라고 보아 마땅하다 할 것이다.) : **대법원 1990.1.23. 선고 89도1395 판결**(자동차전용도로를 운행중인 자동차운전사들에게 반대차선에서 진행차량 사이를 뚫고 횡단하는 보행자들이 있을 것까지 예상하여 전방주시를 할 의무가 있다고 보기는 어려운 것이므로, 피해자들이 반대차선을 횡단해온 거리가 14.9미터가 된다는 것만으로 피고인의 과실을 인정할 수는 없다.) ; **대법원 1993.2.23. 선고 92도2077 판결**(차량의 운전자로서는 횡단보도의 신호가 적색인 상태에서 반대차선상에 정지하여 있는 차량의 뒤로 보행자가 건너오지 않을 것이라고 신뢰하는 것이 당연하고 그렇지 아니할 사태까지 예상하여 그에 대한 주의의무를 다하여야 한다고는 할 수 없다.) ; **대법원 1995.12.26. 선고 95도715 판결**[이 사건 사고지점의 도로형태, 사고 시각, 사고 당시의 교통량 등에 비추어 볼 때 1차선상으로 진행하던 피고인이 도로의 중앙선 부근에 서 있던 피해자를 미리 발견할 수 없었을 것으로 볼 만한 특별한 사정은 보이지 아니하고, 더욱이 기록에 의하면 이 사건 사고지점은 왕복 6차선의 간선도로였음을 알 수 있으므로 그 중앙선 부근은 양쪽으로 많은 차량들이 교행하는 매우 위험한 지역이었던 것으로 짐작이 되는데다가, 피해자는 횡단 도중에 여의치 못하여 잠시 중앙선 부근에 머무르고 있는 자이었던 만큼 틈만 나면 그곳을 벗어나기 위하여 피고인의 진로 앞으로 횡단하려고 시도하리라는 것은 충분히 예상할 수 있다 할 것이므로, 이러한 경우에 평균적인 운전자라면 피해자가 스스로이든 아니면 위험지역에 있는 관계상 다른 차량에 의한 외력으로 인한 것이든 간에 자신의 진로 상에 들어올 수도 있다는 것을 감안하여 피해자의 행동을 주시하면서 그러한 돌발적인 경우에 대비하여 긴급하게 조치를 취할 수 있도록 제한속도 아래로 감속하여(제한속도의 상한까지만 감속하는 것만으로는 충분하지 아니할 것이다) 서행하거나 중앙선쪽으로부터 충분한 거리를 유지하면서 진행하여야 하는 것은 당연하다 할 것이니, 피고인이 이러한 주의의무를 다하면서 진행하였더라면 비록 피해자가 다른 차에 충격당하여 피고인의 진로 상으로 들어왔다 하더라도 피고인이 그것을 발견한 것이 15m 전방이었던 점을 고려할 때 이 사건 결과의 발생은 충분히 피할 수도 있었을 것으로 보여진다.] **[판례해설]** : **이 사안은** 무단횡단하던 보행자가 중앙선 부근에 서 있다가 마주 오던 차에 충격당하여 자신이 운전하던 택시 앞으로 쓰러지는 것을 피하지 못하고 역과시킨 경우, 업무상 과실이 없다고 판단한 원심판결을 파기환송한 사례이다.

ㄷ. 적용범위의 확대 : 특히 의료행위와 신뢰의 원칙

오늘날 신뢰의 원칙은 의료행위와 같은 분업관계가 확립되어 있는 영역 등으로 그 범위가 확대되고 있다.

(ⅰ) 의료행위의 경우

ⅰ) 수평적 분업관계

공동으로 수술을 행한 의사들 상호간이나 같은 병원에서 독립된 각과의 의사, 의사와 약사 사이처럼 지휘·감독관계가 없는 경우에는 신뢰의 원칙이 적용된다.[367)]

ⅱ) 수직적 분업관계

의사와 조수·간호사 등 보조사 사이, 전문의와 일반의·수련의 사이, 주치의와 야간당직의사 사이처럼 지휘·감독관계가 있는 경우에는 신뢰의 원칙이 적용되지 않는다.[368)]

보충판례 14-7 : 대법원 2012.5.10. 선고 2010도5964 판결.

또한 의사와 환자 사이에도 신뢰의 원칙이 적용되지 않는다. 따라서 의사가 의료행위를 행함에 있어서 환자가 적절한 행동을 취해 줄 것으로 신뢰했다 하더라도 기대되

367) **대법원 1970.1.27. 선고 67다2829 판결**[갑 의사가 수술지원 요청에 의하여 수술(결석을 제거하고 난뇨관의 협착부위를 절단하여 방광측부에 이식하는)을 한 후에 다른 의사들이 한 이형수혈의 부작용으로 인하여 환자가 사망한 경우에는 갑 의사에게는 손해배상책임이 없다.] ; **대법원 2003.1.10. 선고 2001도3292 판결**(내과의사가 신경과 전문의에 대한 협의진료 결과 피해자의 증세와 관련하여 신경과 영역에서 이상이 없다는 회신을 받았고, 그 회신 전후의 진료 경과에 비추어 그 회신 내용에 의문을 품을 만한 사정이 있다고 보이지 않자 그 회신을 신뢰하여 뇌혈관계통 질환의 가능성을 염두에 두지 않고 내과 영역의 진료 행위를 계속하다가 피해자의 증세가 호전되기에 이르자 퇴원하도록 조치한 경우, 피해자의 지주막하출혈을 발견하지 못한 데 대하여 내과의사의 업무상과실이 부정된다.)

368) **대법원 1998.2.27. 선고 97도2812 판결**(의사는 당해 의료행위가 환자에게 위해가 미칠 위험이 있는 이상 간호사가 과오를 범하지 않도록 충분히 지도·감독을 하여 사고의 발생을 미연에 방지하여야 할 주의의무가 있고, 이를 소홀히 한 채 만연히 **간호사를 신뢰하여 간호사에게 당해 의료행위를 일임함으로써 간호사의 과오로 환자에게 위해가 발생하였다면 의사는 그에 대한 과실책임을 면할 수 없다.)** ; **대법원 2007.2.22. 선고 2005도9229 판결**(의사가 다른 의사와 의료행위를 분담하는 경우에도 자신이 환자에 대하여 주된 의사의 지위에 있거나 다른 의사를 사실상 지휘 감독하는 지위에 있다면, 그 의료행위의 영역이 자신의 전공과목이 아니라 다른 의사의 전공과목에 전적으로 속하거나 다른 의사에게 전적으로 위임된 것이 아닌 이상, 의사는 자신이 주로 담당하는 환자에 대하여 다른 의사가 하는 의료행위의 내용이 적절한 것인지의 여부를 확인하고 감독하여야 할 업무상 주의의무가 있고, 만약 의사가 이와 같은 업무상 주의의무를 소홀히 하여 환자에게 위해가 발생하였다면, 의사는 그에 대한 과실 책임을 면할 수 없다.)

었던 환자의 적절한 협조가 이루어지지 않음으로 인하여 발생된 법익침해의 결과에 대해서는 의사에게 과실이 인정된다.

(ii) 제약회사와 약사와의 관계

제약회사와 약사와의 관계에서도 약사에게 제약회사에서 제조된 제약품에 대한 신뢰의 원칙을 적용할 수 있다.[369)]

ㄹ. 신뢰의 원칙의 적용한계

다음과 같은 경우에는 타인의 행동을 신뢰하기 보다는 오히려 그 타인의 행동을 예의주시하면서 결과를 방지해야 할 객관적 주의의무가 인정될 수 있기 때문에 신뢰의 원칙이 적용될 수 없다.

(i) 상대방의 규칙위반을 알고 있거나 알 수 있었던 경우

이러한 경우에는 신뢰관계를 기대할 수 없기 때문에 신뢰의 원칙이 적용되지 않는다. 따라서 필요한 방어조치를 강구해야 할 주의의무가 있다.[370)]

보충판례 14-8 : 대법원 1996.6.11. 선고 96도1049 판결.

....

369) **대법원 1976.2.10. 선고, 74도2046 판결**(약사는 의약품을 판매하거나 조제함에 있어서 그 의약품이 그 표시 포장상에 있어서 약사법 소정의 검인 합격품이고 또한 부패 변질 변색되지 아니하고 유효기간이 경과되지 아니함을 확인하고 조제판매한 경우에는 특별한 사정이 없는 한 관능시험 및 기기시험까지 할 주의의무가 없으므로 그 약의 표시를 신뢰하고 이를 사용한 경우에는 과실이 있다고 볼 수 없다.)

370) **대법원 1986.2.25. 선고 85도2651 판결**(침범금지의 황색중앙선이 설치된 도로에서 자기차선을 따라 운행하는 자동차운전수는 반대방향에서 오는 차량도 그쪽 차선에 따라 운행하리라고 신뢰하는 것이 보통이고 중앙선을 침범하여 이쪽 차선에 돌입할 경우까지 예견하여 운전할 주의의무는 없으나, 다만 **반대방향에서 오는 차량이 이미 중앙선을 침범하여 비정상적인 운행을 하고 있음을 목격한 경우에는** 자기의 진행전방에 돌입할 가능성을 예견하여 그 차량의 동태를 주의깊게 살피면서 속도를 줄여 피행하는 등 적절한 조치를 취함으로써 사고발생을 미연에 방지할 업무상 주의의무가 있다.) ; **대법원 1981.3.24. 선고 80도3305 판결**(고속도로상을 운행하는 자동차운전자는 통상의 경우 보행인이 그 도로의 중앙방면으로 갑자기 뛰어드는 일이 없으리라는 신뢰하에서 운행하는 것이지만 위 도로를 횡단하려는 피해자를 그 차의 제동거리 밖에서 발견하였다면 피해자가 반대 차선의 교행차량 때문에 도로를 완전히 횡단하지 못하고 그 진행차선쪽에서 멈추거나 다시 되돌아 나가는 경우를 예견해야 하는 것이다.)

(ii) 상대방의 규칙준수를 기대할 수 없는 경우

상대방이 교통규칙을 알지 못하거나 규칙을 준수할 가능성이 없는 경우에도 신뢰의 원칙이 적용될 수 없다.[371)]

(iii) 행위자 자신이 스스로 규칙을 위반하고 있는 경우

스스로 규칙을 위반하는 자는 상대방의 신뢰를 어기고 있는 자이기 때문에 결과를 회피해야 할 주의의무를 져야 한다.[372)]

보충판례 14-9 : 대법원 1993.1.15. 선고 92도2579 판결.

(iv) 특별한 사정이 있어서 고도의 주의가 요구되는 경우

신뢰할 수 없는 특별한 사정이 있는 경우에는 신뢰하는 것이 적절하지 않기 때문에 결과회피의무를 이행하여야 한다.[373)]

(3) 결과의 발생

과실범의 미수는 처벌하지 않기 때문에 설령 객관적 주의의무위반행위가 있다 하

371) 대법원 1970.8.18. 선고 70도1336 판결(버스운전자가 40m 전방 우측로변에 어린아이가 같은 방향으로 걸어가고 있음을 목격한 경우에 자동차운전자는 그 아이가 버스 앞으로 느닷없이 튀어나올 수 있음을 예견하고 이에 대비할 주의의무가 있다.)

372) 대법원 1995.5.12. 선고 95도512 판결(차선이 설치된 도로의 중앙선은 서로 반대방향으로 운행하는 차선이 접속하는 경계선에 다름 아니어서 차선을 운행하는 운전자로서는 특단의 사정이 없는 한 반대차선 내에 있는 차량은 이 경계선을 넘어 들어오지 않을 것으로 신뢰하여 운행하는 것이므로, 부득이한 사유가 없는데도 고의로 이러한 경계선인 중앙선을 넘어 들어가 침범당한 차선의 차량운행자의 신뢰에 어긋난 운행을 함으로써 사고를 일으켰다면 교통사고처리특례법 제3조 제2항 단서 제2호가 정한 처벌특례의 예외규정인 중앙선침범사고에 해당한다.)

373) **[특별한 사정 하에 고도의 주의의무가 요구되는 경우]** : 대법원 1984.4.10. 선고 84도79 판결[신뢰의 원칙은 상대방 교통관여자가 도로교통의 제반법규를 지켜 도로교통에 임하리라고 신뢰할 수 없는 특별한 사정이 있는 경우에는 그 적용이 배제된다고 할 것인바 본사건의 사고지점이 노폭 약 10미터의 편도 1차선 직선도로이며 진행방향 좌측으로 부락으로 들어가는 소로가 정(J)자형으로 이어져 있는 곳이고 당시 피해자는 자전거 짐받이에 생선상자를 적재하고 앞서서 진행하고 있었다면 피해자를 추월하고자 하는 자동차운전사는 자전거와 간격을 넓힌 것만으로는 부족하고 경적을 울려서 자전거를 탄 피해자의 주의를 환기시키거나 속도를 줄이고 그의 동태를 주시하면서 추월하였어야 할 주의의무가 있다고 할 것이고 그 같은 경우 피해자가 도로를 좌회전하거나 횡단하고자 할 때에는 도로교통법의 규정에 따른 조치를 취하리라고 신뢰하여도 좋다고 하여 위 사고발생에 대하여 운전사에게 아무런 잘못이 없다고 함은 신뢰의 원칙을 오해한 위법이 있다.]

더라도 결과가 발생하지 않으면 과실범을 논할 실익이 없다. 여기서 결과는 침해범뿐만 아니라 위험범으로도 가능하다.

(4) 과실과 결과 간의 형법적 인과관계

전술의 형법적 인과관계와 객관적 귀속부분 참조!

나. 과실범의 위법성

과실범에 있어서도 구성요건의 실현으로 인하여 위법성이 징표된다. 그러나 구성요건에 해당하는 과실행위의 위법성은 위법성조각사유에 의하여 배제될 수 있다.

예컨대 경찰관이 강도범을 발견하고 경고발사하였는데 탄환이 범인에게 맞아서 상처를 입힌 때에는 과실범의 정당방위가 성립할 수 있고, 의사가 중환자의 생명을 구하기 위하여 과속으로 자동차를 운전한 경우에는 긴급피난에 의하여 위법성이 조각되며, 운동경기 도중 상대방에게 과실로 상처를 입힌 때에는 피해자의 승낙이 위법성을 조각하는 것이다.

과실범의 위법성조각사유에 있어서는 주관적 정당화요소의 존재를 필요로 하지 않는다(불요설, 다수설). 주관적 정당화요소는 행위불법을 조각하는 기능을 가지는 것에 불과하다. 그런데 과실범에 있어서는 행위자가 객관적인 정당화 상황 아래에서 행위하면 행위불법은 조각되기 때문이다.

다. 과실범의 책임

과실범의 책임도 구성요건에 해당하는 위법한 행위의 비난가능성이라는 점에서 고의범의 경우와 같다. 따라서 과실범의 책임도 책임능력과 위법성의 인식을 전제로 한다. 또한 적법행위의 기대가능성이 없으면 책임이 조각된다.

4. 관련문제

가. 과실범의 공범

교사범과 종범은 모두 고의범이므로 과실에 의한 교사·방조는 인정되지 않고, 과실범에 대한 교사·방조는 형법상 간접정범이 성립한다.

나. 과실범의 공동정범

과실범의 경우에는 기능적 범행지배를 인정할 수 없기 때문에 과실범의 공동정범은 성립할 수 없고 동시범이 된다. 대법원판례는 과실의 공동정범을 인정한다. 상세한 것은 공동정범론에서 논하기로 한다.

제2절 결과적 가중범

[조문]

刑法 第15條(事實의 錯誤) ② 結果로 因하여 刑이 重할 罪에 있어서 그 結果의 發生을 豫見할 수 없었을 때에는 重한 罪로 罰하지 아니한다.

2011년 형법일부개정법률안[형법총칙전면개정안][의안번호 제11304호] 제14조(결과적 가중범) 결과로 인하여 형이 무거운 죄의 경우에 그 결과의 발생에 대하여 과실이 없을 때에는 무거운 죄로 벌하지 아니한다.

1. 결과적 가중범의 구조

가. 결과적 가중범의 의의

결과적 가중범이란 고의로 인한 기본범죄에 의하여 행위자가 예견하지 않았던 중한 결과가 발생한 때에 그 형이 가중되는 범죄유형을 말한다.[374] 즉 결과적 가중범은 고의범(기본범죄)과 과실범(중한 결과)이 하나의 구성요건 속에 결합된 형태[375]로서 독립된 불법내용을 가진 독자적 범죄이다.

[결과적 가중범의 가중처벌 이유]

> 결과적 가중범에서 과실로 인해 중한 결과가 발생한 경우를 단순한 과실범보다 무겁게 처벌하는 이유는, **중한 결과가 고의의 기본범죄에 전형적으로 내포되어 있는 잠재적인 위험의 실현**이기 때문에 단순한 과실범의 결과야기보다 행위반가치(행위불법)가 더 무겁기 때문이다.[376]

나. 결과적 가중범과 책임주의

(1) 문제점

종래 형법해석론에 따르면 결과적 가중범의 성립은 고의에 의한 기본범죄와 중한 결과 사이에 (조건설적 의미의) 인과관계만 있으면 족한 것으로 파악되었다.[377] 그러

374) **[결과적 가중범의 입법례]** : 입법례에 따라서는 기본범죄를 과실범에까지 확대하여 과실범에 대한 결과적 가중범을 인정하는 경우도 있다. 예컨대 **독일형법**의 실화치사죄(제309조)와 과실일수치사죄(제314조) 및 **오스트리아 형법**의 과실중상해죄(제88조 제4항)와 실화치사상죄(제170조 제2항) 등.

375) **[하나의 구성요건에 결합된 형태의 독립된 불법내용의 의미]** : 예컨대 형법 제259조 제1항의 상해치사죄는 "사람의 신체를 상해하여(고의범) 사망에 이르게 한(과실범) 자"라는 형식으로 규정하고 있다.

376) **[기본범죄에 내포된 전형적 위험과 헌법상 과잉금지원칙의 관계]** : 따라서 중한 결과는 헌법상 과잉금지원칙에 따라 '사망이나 상해'로 한정된다. 예컨대 **명예훼손, 절도, 사기 등과 같이 기본범죄에 전형적으로 내포되어 있는 잠재적 위험이라 할 수 없는** 명예훼손치사상죄, 절도치사상죄, 사기치사상죄 등과 같은 결과적 가중범의 인정은 과잉금지원칙에 반한다고 하여야 한다.

377) 대법원 1955.6.7. 선고 4288형상88 판결(안면 및 흉부에 대한 구타는 생리적 작용에 중대한 영향을 줄 뿐 아니라 신경에 강대한 자극을 줌으로써 정신의 흥분과 이에 따르는 혈압의 항진을 초래하여 뇌일혈을 야기케 할 수 있고 이는 누구든지 예견할 수 있음으로 구타와 뇌일혈 사이에 인과관계가 있다 할 것이다.)

나 이러한 태도에 대해서는 결과책임사상[378]의 유물로서 책임주의에 어긋난다는 비판이 제기되었다.

(2) 결과적 가중범과 책임주의와의 조화

결과책임사상의 확대를 막고 결과적 가중범과 책임주의를 조화시키기 위하여 기본범죄와 중한 결과 간의 보다 밀접한 연관관계를 인정하는 방향으로 수정이 이루어져 오늘날에는 기본범죄와 중한 결과 사이에 상당인과관계[379] 또는 객관적 귀속관계가 인정되어야 한다는 점에 의견은 일치하고 있다.

나아가 인과관계의 측면에서만 결과적 가중범의 성립을 제한하는데 그치지 않고 **중한 결과에 대하여 적어도 과실[380]을 요구함으로써 책임주의와의 조화를 꾀하고 있다.** 특히 우리 형법이 제15조 제2항에서 중한 결과에 대한 과실(예견가능성)이 없었던 경우에는 중한 죄로 벌하지 아니한다고 규정하고 있는 것도 이러한 책임주의를 관철시키려는 노력의 일환이라 할 수 있다.

보충판례 15[결과적 가중범과 책임주의의 조화] : 대법원 1983.1.18. 선고 82도697 판결.

378) **[결과책임]** : 결과책임이란 고의 또는 과실이 없어 이를 근거로 한 비난가능성이 없음에도 불구하고 **단순히 중한 결과가 발생하였다는 사실만으로 형사처벌을 인정**하는 것을 말한다.

379) **[결과적 가중범과 책임주의의 조화]** : **대법원 1967.2.28. 선고 67도45 판결**(평소부터 고혈압 증세에 있는 피해자가 피고인의 폭행행위로 지면에 전도할 때의 자극에 의하여 뇌출혈을 일으켜서 사망하였을 때에는 폭행과 치사 사이에 상당인과 관계가 있다.) ; **대법원 1983.1.18. 선고 82도697 판결**[피고인이 1981.4.8 피해자의 빰을 2회 때리고 두손으로 어깨를 잡아 땅바닥에 넘어뜨리고 머리를 세멘트벽에 부딪치게 하여서, 피해자가 그 다음날부터 머리에 통증이 있었고 같은 달 16 의사 3인에게 차례로 진료를 받을 때에 혈압이 매우 높았고 몹시 머리가 아프다고 호소하였으며 그 후 병세가 계속 악화되어 결국 같은 해 4.30 뇌손상(뇌좌상)으로 사망하였다면, 피해자가 평소 고혈압과 선천성혈관기형인 좌측전고동맥류의 증세가 있었고 **피고인의 폭행으로 피해자가 사망함에 있어 위와 같은 지병이 사망결과에 영향을 주었다고 해서 피고인의 폭행과 피해자의 사망 간에 상당인과관계가 없다고 할 수 없으며, 피고인이 피해자를 폭행할 당시에 이미 폭행과 그 결과에 대한 예견가능성이 있었다 할 것이고 그로 인하여 치사의 결과가 발생하였다면 이른바 결과적가중범의 죄책을 면할 수 없다**.]

380) **[중한 결과에 대한 중과실 요구의 책임주의적 의미]** : 기본범죄에 내포된 위험성은 중한 결과에 대한 예견가능성을 항상 내포하는 것이기 때문에 단순한 과실로 결과적 가중범을 인정하는 것은 결과책임을 인정하는 것과 다름이 없어 **중한 결과에 대한 과실은 단순한 과실이 아닌 '중과실 또는 경솔성'에 의한 것으로 제한**하여야 한다는 견해 내지 입법론도 주장되고 있다.
이처럼 중한 결과에 대하여 주관적으로 그 주의의무의 정도가 더 높은 **'중과실'을 요구**하는 것은 결과적 가중범의 성립을 더욱 어렵게 하여 그 적용범위를 제한할 수 있다는 점에서 입법론적으로 고려할만한 하다고 생각된다.

(3) 직접성원칙의 고려

그럼에도 불구하고 결과적 가중범의 법정형은 기본범죄와 결과에 대한 과실범죄의 경합범에 비해 더 높은 경우가 많아서 책임주의의 요청과 불협화음이 여전히 존재한다.

[결과적 가중범 법정형의 불협화음]

> 예컨대 甲이 A를 상해하려고 A의 다리를 향해 권총을 발사하였으나, 탄환이 빗나가 A의 심장에 명중하여 A가 사망한 경우, 이를 단순히 **상해기수(또는 미수, 7년 이하의 징역)와 과실치사죄(2년 이하의 금고)의 상상적 경합범으로 처벌**하게 되면 甲은 7년 이하의 징역에 처해지게 된다.
> 그러나 이러한 행위는 상해치사죄(제259조)에 해당하여 3년 이상 30년 이하의 징역(형법 제42조 본문 참조)에 처해진다. 즉 **상해치사죄라는 결과적 가중범은 '1개월 이상 7년 이하의 형벌'을 '3년 이상 30년 이하'로 가중하는 의미**를 지닌다.

이점에서 최근에는 책임주의와의 조화를 더욱 강조하여 중한 결과가 기본범죄의 직접적인 결과(즉 기본범죄와 직접적으로 결합된 전형적인 위험의 실현)인 경우에 한하여 객관적 귀속을 인정하려고 함으로써 소위 '**직접성의 원칙**'[381]을 결과적 가중범의 제한을 위한 부가적인 요건으로 고려하여야 한다는 견해가 대두되고 있다.

2. 결과적 가중범의 유형

가. 형법 제15조 제2항의 해석론

형법 제15조 제2항은 결과적 가중범의 성립요건과 관련하여 중한 결과를 예견할 수 없었던 경우에는 중한 죄로 벌하지 아니한다고 소극적으로 규정하고 있을 뿐 결과적 가중범의 구성요건요소가 적극적으로 무엇인지에 대해서는 규정하고 있지 않다. 따라서 형법 제15조 제2항의 해석론으로서 결과적 가중범은 중한 결과발생에 대해 '과실'이 있는 경우(**진정결과적 가중범**)[382]에만 성립하는지, 중한 결과에 대해 '고의(특히 미

---

381) 이에 대해서는 후술하는 결과적 가중범의 인과관계부분을 참조.

382) **[진정결과적 가중범 유형]** : 폭행치사상죄(형법 제262조) 등 대부분의 결과적 가중범이 이에 속한다.

필적 고의)'가 있는 경우(**부진정결과적 가중범**)[383]에도 성립할 수 있는지가 문제된다.

나. 학설의 태도

(1) 긍정설(부진정결과적 가중범설)

중한 결과에 대하여 고의가 있음에도 불구하고 과실이 있는 경우보다 가볍게 처벌하는 형의 불균형을 시정하기 위해서 부진정결과적 가중범을 인정해야 한다는 견해(**통설**)이다.

(2) 부정설(진정결과적 가중범설)

형법 제15조 제2항의 규정과 상관없이 결과적 가중범은 중한 결과에 대한 예견가능성, 즉 '과실'이 있는 경우에만 인정된다고 보는 견해이다. 만약 행위자가 중한 결과에 대해 '고의'를 가지고 있는 경우에는 결과적 가중범이 성립하지 않고 기본범죄가 '그 중한 결과를 구성요건적 결과로 하고 있는 고의범'에 흡수되어(법조경합) 고의범이 성립할 수 있을 뿐이라고 한다.

(3) 판례의 태도

대법원도 긍정설과 같이 중한 결과에 대해 고의가 있는 경우에도 결과적 가중범의 성립을 인정하면서 이를 부진정결과적 가중범이라 부르고 있다.[384]

---

383) **[부진정결과적 가중범 유형]** : 현주건조물방화치사상죄(제164조 제2항), 특수공무집행방해치사상죄(제144조 제2항), 교통방해치사상죄(제188조), 중상해죄(제258조) 등이 이에 속한다.

384) **[부진정결과적 가중범설을 취한 판례]** : **대법원 1995.1.20. 선고 94도2842 판결**(특수공무집행방해치상죄는 원래 결과적가중범이기는 하지만, 이는 중한 결과에 대하여 예견가능성이 있었음에 불구하고 예견하지 못한 경우에 벌하는 진정결과적가중범이 아니라 그 결과에 대한 예견가능성이 있었음에도 불구하고 예견하지 못한 경우뿐만 아니라 고의가 있는 경우까지도 포함하는 부진정결과적가중범이다.) ; **대법원 2008.11.27. 선고 2008도7311 판결** ; **대법원 1996.4.12. 선고 96도215 판결**(제164조 후단이 규정하는 현존건조물방화치상죄와 같은 이른바 부진정결과적가중범은 예견가능한 결과를 예견하지 못한 경우뿐만 아니라 그 결과를 예견하거나 고의가 있는 경우까지도 포함하는 것이다.)

(4) 소결

① 부진정결과적 가중범의 제한적 인정

부진정결과적 가중범은 **형벌의 불균형을 시정하기 위해 인정(긍정설)**할 수밖에 없다.

예컨대 **부정설처럼 현주건조물방화치사죄(제164조 제2항)를 진정결과적 가중범으로 해석**하게 되면 사람을 살해할 고의로 현주건조물에 방화한 자에 대해서는 현주건조물방화치사죄를 적용할 수 없다. 또한 현주건조물방화살인죄도 없기 때문에 결국 살인죄(사형, 무기 또는 5년 이상의 징역)와 현주건조물방화죄(무기 또는 3년 이상의 징역)의 상상적 경합범으로 하여 중한 죄인 살인죄의 형벌(사형, 무기 또는 5년 이상의 징역)을 과하게 된다. 그런데 살인죄의 형벌이 현주건조물방화치사죄의 형벌(사형, 무기 또는 7년 이상의 징역)보다 가볍다. 이렇게 되면 현주건조물에 방화하여 과실로 사람을 사망케 한 자(현주건조물방화치사죄)가 고의로 살해한 자(살인죄와 현주건조물방화죄의 상상적 경합)보다 무겁게 벌하는 결과가 되어 형벌의 불균형을 초래하게 된다. 이를 시정하기 위해서는 긍정설(부진정결과적 가중범설)이 타당하다.

그러나 부진정결과적 가중범을 인정하는 것은 '…치사상죄'의 문언을 확대해석하는 문제점이 있다. 즉 '…치사상'이라는 문언의 의미는 과실로써 결과를 발생시켰다는 의미가 강함에도 고의로써 결과를 발생시킨 것을 포함시키기 때문이다. 이점에서 형법해석의 일반원칙상 부진정결과적 가중범의 범위를 극히 제한할 필요가 있다.[385] 즉 **입법론적으로는** 강간살인·상해죄(제301조, 제301조의2)[386], 강도살인·상해죄(제337조, 제338조) 등과 같이 현주건조물방화살인죄, 교통방해상해죄 등과 같은 범죄규정을 신설할 필요가 있다.

② 부진정결과적 가중범의 죄수(이중평가의 금지)

부진정결과적 가중범(고의범+고의범)은 이미 결과에 대한 고의를 포함하고 있는

---

385) **[부진정결과적 가중범의 범위제한 필요성]** : 예컨대 교통방해치사상죄의 진정결과적 가중범으로서의 해석을 생각해 보자!

386) **[형법개정에 다른 조문해석의 변화]** : 1995년 개정 이전의 구형법에서는 '강간치사상죄'를 부진정결과적 가중범으로 해석하였지만, 현행형법에서는 강간살인·강간상해죄가 신설됨으로써 강간치사상죄는 진정결과적 가중범으로 해석하여야 한다.

범죄형태이므로, 이에 별도의 고의범 성립을 인정할 수 있는지, 즉 예컨대 현주건조물에 방화하여 사람을 살해한 경우 현주건조물방화치사죄 외에 살인죄를 인정할 것인지가 문제된다.

상상적 경합설은 이 경우 고의범과 부진정결과적 가중범의 상상적 경합을 인정한다(다수설). 부진정결과적 가중범은 본질적으로 결과적 가중범이며 독자적인 범죄이므로 독립적인 고의범의 불법내용이 당연히 포함될 수 없다는 점을 근거로 든다. 위의 사례에서는 현주건조물방화치사죄와 살인죄의 상상적 경합을 인정한다.

이에 대하여 **부진정결과적 가중범설**은 부진정결과적 가중범은 중한 결과에 대한 고의범을 포함하는 개념이므로, **별도로 중한 결과에 대한 고의범의 성립을 인정하는 것은 하나의 행위를 이중평가하는 결과를 초래**하게 되어 이중평가의 방지를 위해서는 부진정결과적 가중범의 성립만 인정해야 한다는 견해이다.

대법원판례(이분설)는 **기본적으로는** 고의범과 부진정결과적 가중범의 상상적 경합을 인정하고 있다.[387] 그러나 대법원은 **중한 결과에 대한 고의범의 법정형이 부진정결과적 가중범의 법정형보다 중한 경우**[388]에는 양자가 상상적 경합관계에 있지만, **그렇지 않은 경우(같거나 경한 경우)**[389]에는 결과적 가중범이 고의범에 대하여 특별관계

....

387) **[고의범과 부진정결과적 가중범의 상상적 경합]** : 대법원 1998.12.8. 선고 98도3416 판결(피고인들이 피해자들의 재물을 강취한 후 그들을 살해할 목적으로 현주건조물에 방화하여 사망에 이르게 한 경우, **피고인들의 행위는 강도살인죄와 현주건조물방화치사죄에 모두 해당하고 그 두 죄는 상상적 경합범**관계에 있다.) ; 대법원 1995.1.20. 선고 94도2842 판결(특수공무집행방해치상죄는 … 부진정결과적가중범이다. 고의로 중한 결과를 발생케 한 경우에 무겁게 벌하는 구성요건이 따로 마련되어 있는 경우에는 당연히 무겁게 벌하는 구성요건에서 정하는 형으로 처벌하여야 할 것이고, 결과적 가중범의 형이 더 무거운 경우에는 결과적가중범에 정한 형으로 처벌할 수 있도록 하여야 할 것이므로, **기본범죄를 통하여 고의로 중한 결과를 발생케 한 부진정결과적가중범의 경우에 그 중한 결과가 별도의 구성요건에 해당한다면 이는 결과적가중범과 중한 결과에 대한 고의범의 상상적 경합관계에 있다**고 보아야 할 것이다.)

388) **[중한 결과에 대한 고의범의 법정형이 부진정결과적 가중범의 법정형보다 중한 경우의 상상적 경합] : 보충판례 15-1 : 대법원 1996.4.26. 선고 96도485 판결**[형법 제164조 후단이 규정하는 현주건조물방화치사상죄는 그 전단이 규정하는 죄에 대한 일종의 가중처벌 규정으로서 과실이 있는 경우뿐만 아니라, 고의가 있는 경우에도 포함된다고 볼 것이므로 사람을 살해할 목적으로 현주건조물에 방화하여 사망에 이르게 한 경우에는 현주건조물방화치사죄로 의율하여야 하고 이와 더불어 살인죄와의 상상적경합범으로 의율할 것은 아니며, **다만 존속살인죄와 현주건조물방화치사죄는 상상적경합범 관계에 있으므로, 법정형이 중한 존속살인죄로 의율함이 타당**하다.]

[판례해설] : 이 판례는 존속살인죄의 형벌이 사형 또는 무기징역이었던 때의 것이다. 1995년 개정형법(1996년7월1일부 시행)에서는 존속살인죄의 형벌이 사형, 무기 또는 7년 이상의 징역으로 현주건조물방화치사죄와 같아졌기 때문에 **법정형을 기준으로 하여 상상적 경합관계인지 법조경합관계인지를 판단하는 대법원의 논리**에 따르면 현주건조물방화치사죄만 인정할 가능성이 높다.

(법조경합관계)에 있으므로 결과적 가중범만 성립한다는 이분설을 취하고 있다.

보충판례 15-1[중한 결과에 대한 고의범의 법정형이 부진정결과적가중범의 법정형보다 중한 경우] : 대법원 1996.4.26. 선고 96도485 판결.

보충판례 15-1[법정형이 같거나 경한 경우] : 대법원 2008.11.27. 선고 2008도7311 판결.

생각건대 현주건조물방화치사죄를 부진정결과적 가중범이라고 해석하는 것은 현주건조물방화치사죄에는 **현주건조물방화살인죄와 현주건조물방화치사죄가 모두 포함되어 있다**는 것을 의미한다. 따라서 다수설인 상상적 경합설처럼 현주건조물방화치사죄와 살인죄의 상상적 경합을 인정하는 것은 현주건조물방화살인죄와 살인죄의 상상적 경합을 인정하는 것과 마찬가지이다. 이는 하나의 살인죄의 고의와 살인행위를 규범적으로 이중평가하는 것이 되어 부당하다고 할 수 밖에 없다. 마찬가지로 강도살인죄와 현주건조물방화치사죄가 문제된 사안에서는 강도살인죄와 현주건조물방화죄의 상상적 경합을 인정해야 할 것이다.

따라서 중한 결과에 대한 고의가 있는 경우에도 부진정결과적 가중범만이 성립한다고 새기는 것이 타당하다.

3. 결과적 가중범의 범죄성립요건

형법 제15조 제2항에 의하면 결과적 가중범이 성립하기 위해서는 고의의 기본범죄가 있어야 하고, 중한 결과가 발생하여야 하며, 중한 결과에 대한 예견가능성이 있어

389) **[중한 결과에 대한 고의범의 법정형이 부진정결과적 가중범의 법정형과 같거나 경한 경우의 법조경합] : 보충판례 15-1 : 대법원 2008.11.27. 선고 2008도7311 판결**[기본범죄를 통하여 고의로 중한 결과를 발생하게 한 경우에 가중 처벌하는 부진정결과적가중범에 있어서, 고의로 중한 결과를 발생하게 한 행위가 별도의 구성요건에 해당하고 그 고의범에 대하여 결과적가중범에 정한 형보다 더 무겁게 처벌하는 규정이 있는 경우에는 그 고의범과 결과적가중범이 상상적 경합관계에 있다고 보아야 할 것이지만, 위와 같이 **고의범에 대하여 더 무겁게 처벌하는 규정이 없는 경우에는 결과적가중범이 고의범에 대하여 특별관계에 있다고 해석되므로 결과적가중범만 성립하고 이와 법조경합의 관계에 있는 고의범에 대하여는 별도로 죄를 구성한다고 볼 수 없다.** 따라서 직무를 집행하는 공무원에 대하여 위험한 물건을 휴대하여 고의로 상해를 가한 경우에는 **특수공무집행방해치상죄만 성립할 뿐, 이와는 별도로 폭력행위 등 처벌에 관한 법률 위반(집단・흉기 등 상해)죄를 구성한다고 볼 수 없다.**]

야 한다. 그 외에도 **통설·판례**는 기본범죄와 중한 결과 사이에 형법적 인과관계(객관적 귀속관계)를 요구한다. 객관적 귀속이론에서는 중한 결과를 객관적으로 귀속시키기 위해서는 중한 결과가 기본범죄에 내포되어 있는 전형적인 위험이 실현된 경우여야 한다는 **직접성의 원칙**을 요구한다.

가. 고의의 기본범죄

기본범죄는 고의범에 국한된다. 여기서는 고의의 기본범죄가 미수에 그쳤더라도 중한 결과가 발생한 이상 결과적 가중범의 기수범이 성립하는지가 문제된다.

(1) 기본범죄의 미수범을 처벌하는 규정이 있는 경우

고의의 기본범죄행위는 일정한 범죄의 '실행행위'를 의미하기 때문에 기수의 경우뿐만 아니라 미수인 경우도 포함한다. 예컨대 강간등치사상죄에 관한 형법 제301조 및 제301조의2는 "**제297조 내지 제300조의 죄를 범한 자**"라고 하여 강간기수범뿐만 아니라 강간미수범(제300조)도 포함하고 있는 것으로 규정하고 있다. 따라서 강간미수범이 과실로 피해자에게 상해를 가하거나 사망케 한 경우에도 강간치사상죄가 성립한다. **대법원판례도 같은 입장**을 취하고 있다.[390] 체포감금치사상죄(제281조)도 동일하다.

---

390) **[기본범죄의 미수범을 처벌하는 규정이 있는 경우]** : 대법원 1984.7.24. 선고 84도1209 판결(강간미수의 경우에도 그 행위와 치상의 결과간에 인과관계가 인정되면 강간치상죄가 성립한다고 할 것이므로, 설령 피고인의 생식기가 피해자의 성기에 삽입되지 아니하였다 하여도 피해자를 협박하여 억지로 성교하려 하고 그로 인하여 피해자에게 요치 1주일 간의 좌둔부 찰과상을 입게 한 피고인의 행위는 강간치상죄에 해당한다.) ; **대법원 1988.11.8. 선고 88도1628 판결(강간이 미수에 그친 경우라도 그 수단이 된 폭행에 의하여 피해자가 상해를 입었으면 강간치상죄가 성립하는 것**이며, 미수에 그친 것이 피고인이 자의로 실행에 착수한 행위를 중지한 경우이든 실행에 착수하여 행위를 종료하지 못한 경우이든 가리지 않는다.) ; **대법원 1999.4.9. 선고 99도519 판결**(강간이 미수에 그치거나 간음의 결과 사정을 하지 않은 경우라도 그로 인하여 피해자가 상해를 입었으면 강간치상죄가 성립하는 것이고, 강간치상죄에 있어 상해의 결과는 강간의 수단으로 사용한 폭행으로부터 발생한 경우뿐 아니라 간음행위 그 자체로부터 발생한 경우나 강간에 수반하는 행위에서 발생한 경우도 포함하는 것이다.)

(2) 기본범죄의 미수범을 처벌하는 규정이 없는 경우

낙태치상죄(제269조 제3항), 교통방해치사상죄(제188조) 등과 같이 **기본범죄의 미수를 처벌하는 규정이 없는 경우에는 미수범은 기본범죄에 포함되지 않는다**고 해야 할 것이다.[391] 예컨대 태아를 낙태시키지 못한 자가 부녀에게 상해를 입힌 경우에는 낙태죄의 미수범처벌규정이 없기 때문에 낙태치상죄에 해당하지 않고 과실유무에 따라 과실치상죄(제266조)의 성립여부가 문제될 수 있을 뿐이다.

보충판례 15-2[기본범죄의 미수범을 처벌하는 규정이 없는 경우] : 대법원 1995.4.7. 선고 95도94 판결.

나. 중한 결과의 발생

결과적 가중범의 중한 결과는 행위자가 의욕·인용하였던 결과보다 중한 결과이어야 한다. 이러한 중한 결과는 연소죄(제168조)를 제외하고는 모두가 사람의 생명이나 신체에 대한 침해와 관련된 결과(상해, 사망)로 예정되어 있다.

다. 기본범죄와 중한 결과 사이의 형법적 인과관계 및 객관적 귀속

(1) 형법적 인과관계

결과적 가중범이 성립하기 위해서는 기본범죄와 중한 결과 사이에 형법적 인과관계나 객관적 귀속관계가 인정되어야 한다(**통설**). **대법원판례**는 상당인과관계설을 기초로 기본범죄와 중한 결과 사이의 형법적 인과관계 여부를 판단한다.[392]

---

391) **보충판례 15-2[기본범죄의 미수범을 처벌하는 규정이 없는 경우] : 대법원 1995.4.7. 선고 95도94 판결**[형벌법규는 그 규정내용이 명확하여야 할 뿐만 아니라 그 해석에 있어서도 엄격함을 요하고 유추해석은 허용되지 않는 것이므로 **성폭력범죄의처벌및피해자보호등에관한법률 제9조 제1항의 죄(강간등상해·치상죄)의 주체는 "제6조의 죄를 범한 자"로 한정되고 같은 법 제6조 제1항의 미수범까지 여기에 포함되는 것으로 풀이할 수는 없다**.] **[판례해설]** : 한편 이 판례 이후 성폭력특별법은 '성폭력범죄의처벌등에관한특례법'과 '성폭력방지및피해자보호등에관한법률'로 이원적으로 개정되었으며 **현행성폭력범죄의처벌등에관한특례법 제8조(강간등상해·치상) 제1항은 제6조의 미수범까지도 포함하는 것으로 규정**하고 있다.

392) **[결과적 가중범의 형법적 인과관계 판단방법]** : **대법원 1967.2.28. 선고 67도45 판결**(평소부터 고혈압 증세에 있는 피해자가 피고인의 폭행행위로 지면에 전도할 때 자극에 의하여 뇌출혈을 일으켜서

인과관계나 객관적 귀속이 인정되면 중한 결과에 대한 행위자의 예견가능성 여부를 논해야 하지만, 부정되는 경우에는 예견가능성을 따질 필요없이 결과적 가중범은 성립하지 않고 기본범죄의 기수범이나 미수범의 성립만이 문제된다.

보충판례 15-3[결과적 가중범의 형법적 인과관계] : 대법원 2011.9.29. 선고 2010도5962 판결 ; 대법원 2000.2.11. 선고 99도5286 판결.

(2) 중한 결과의 객관적 귀속 : 직접성의 원칙

① 의의

직접성의 원칙이란 중한 결과는 기본범죄에 내포된 전형적인 위험의 실현이어야 하므로 중한 결과는 중간원인을 거치지 않고 기본범죄로부터 직접 야기된 것이어야 한다는 원칙을 말한다. 여기서 '**직접성**'이란 행위의 외적인 효과가 결과발생에 이르는 과정에서 개입된 다른 중간행위의 영향을 받지 않고 지속적으로 연결되는 상태를 말한다. 따라서 직접성의 원칙은 상해치사죄에 있어서는 상해결과의 치명상을 요구하고 방화치사죄에 있어서는 화재건물 안에 있던 자의 희생에 제한할 것을 요구한다고 한다.

결과적 가중범에 있어서 객관적 귀속의 판단척도로서 직접성이라는 요건이 요구되는지에 대해서는 견해가 대립한다.

사망하였을 때에는 폭행과 치사 사이에 상당인과관계가 있다.) ; **대법원 1983.1.18. 선고 82도697 판결**[피고인이 1981.4.8 피해자의 빰을 2회 때리고 두손으로 어깨를 잡아 땅바닥에 넘어뜨리고 머리를 세멘트벽에 부딪치게 하여서, 피해자가 그 다음날부터 머리에 통증이 있었고 같은 달 16 의사 3인에게 차례로 진료를 받을 때에 혈압이 매우 높았고 몹시 머리가 아프다고 호소하였으며 그 후 병세가 계속 악화되어 결국 같은해 4.30 뇌손상(뇌좌상)으로 사망하였다면, 피해자가 평소 고혈압과 선천성혈관기형인 좌측전고동맥류의 증세가 있었고 피고인의 폭행으로 피해자가 사망함에 있어 위와 같은 지병이 사망결과에 영향을 주었다고 해서 피고인의 폭행과 피해자의 사망간에 상당인과관계가 없다고 할 수 없으며, 피고인이 피해자를 폭행할 당시에 이미 폭행과 그 결과에 대한 예견가능성이 있었다 할 것이고 그로 인하여 치사의 결과가 발생하였다면 이른바 결과적가중범의 죄책을 면할 수 없다.] ; **대법원 1995.5.12. 선고 95도425 판결**(피고인이 자신이 경영하는 속셈학원의 강사로 피해자를 채용하고 학습교재를 설명하겠다는 구실로 유인하여 호텔 객실에 감금한 후 강간하려 하자, 피해자가 완강히 반항하던 중 피고인이 대실시간 연장을 위해 전화하는 사이에 객실 창문을 통해 탈출하려다가 지상에 추락하여 사망한 사안에서, 피고인의 강간미수행위와 피해자의 사망과의 사이에 상당인과관계가 있다고 보아 피고인을 강간치사죄로 처단하였다.) ; **대법원 1996.5.10. 선고 96도529 판결**(상해행위를 피하려고 하다가 차량에 치어 사망한 경우 상해행위와 피해자의 사망 사이에 상당인과관계가 있다고 하여 상해치사죄로 처단하였다.) ; **대법원 1996.7.12. 선고 96도1142 판결**(피해자가 피고인의 폭행·협박행위를 피하려다 상해를 입게 된 경우 상당인과관계를 인정하여 강도치상죄의 성립을 인정한 사례) 등.

② 학설의 태도

ㄱ. 직접성필요설

'중한 결과가 다른 중간원인의 개입없이 기본범죄행위로부터 직접 초래'되었거나, '상당인과관계 및 과실의 문제와는 별도로 **중한 결과가 기본범죄에 내포된 전형적인 고유한 위험의 실현**일 때' 또는 '**기본범죄행위의 위험의 현저성**'이 있는 경우에 직접성이 인정된다는 견해이다(**다수설**).

예컨대 강간피해자가 자살한 경우 강간행위와 피해자의 사망 사이에 자연과학적 인과관계는 인정되지만 직접성이 인정되지 않으므로 행위자는 강간치사죄의 죄책을 지지 않는다는 것이다.

ㄴ. 직접성불요설

결과적 가중범의 성립을 제한하기 위한 법률적 근거가 형법 제15조 제2항(중한 결과에 대한 예견가능성이 없으면 중한 죄로 벌하지 아니한다)에 마련되어 있는 이상 형법의 조문체계 내에서 결과적 가중범의 성립을 제한하는 것이 타당하고 직접성의 요건을 해석론상 도출해 낼 수 없다거나 직접성을 일상적 경험을 판단기준으로 하는 상당인과관계설의 상당성을 구체화한 것에 지나지 않는다고 하는 견해이다.

③ 판례의 태도

대법원판례도 상당인과관계설을 취하므로 직접성의 원칙은 언급하지 않고 있다.[393)]

....

393) **대법원 1982.11.23. 선고 82도1446 판결**(강간을 당한 피해자가 집에 돌아가 음독자살하기에 이르른 원인이 강간을 당함으로 인하여 생긴 수치심과 장래에 대한 절망감 등에 있었다 하더라도 그 자살행위가 바로 강간행위로 인하여 생긴 당연의 결과라고 볼 수는 없으므로 강간행위와 피해자의 자살행위 사이에 인과관계를 인정할 수는 없다.) ; **대법원 1990.9.25. 선고 90도1596 판결**(피고인이 피해자에게 상당한 힘을 가하여 넘어뜨린 것이 아니라 단지동료 사이에 말다툼을 하던 중 피고인이 삿대질하는 것을 피하고자 피해자 자신이 두어 걸음 뒷걸음치다가 회전중이던 십자형 스빙기게 철받침대에 걸려 넘어진 정도라면, 당시 피해자가 서있던 바닥에 위와 같은 장애물이 있어서 뒷걸음치면 장애물에 걸려 넘어질 수 있다는 것까지는 예견할 수 있었다고 하더라도, 그 정도로 넘어지면서 머리를 바닥에 부딪쳐 두개골절로 사망한다는 것은 이례적인 일이어서 통상적으로 일반인이 예견하기 어려운 결과라고 하지 않을 수 없으므로 피고인에게 폭행치사죄의 책임을 물을 수 없다.) **[판례해설]** : **이 사례에서 직접성의 원칙에 따르면** 피해자가 장애물에 걸려 뒤로 넘어지는 것은 폭행행위와 직접적으로 연결된 것이지만, **바닥에 머리를 부딪쳐 두개골절로 사망한 것은 폭행행위와 직접적으로 연결된 것이라고 할 수 없을 것이다** ; **대법원 2000.2.11. 선고 99도5286 판결**(승용차로 피해자를 가로막아 승차하게 한 후 피해자의 하차 요구를 무시한 채 당초 목적지가 아닌 다른 장소를 향하여 시속 약

보충판례 15-4[직접성의 원칙과 그 판단기준] : 대법원 1994.11.4. 선고 94도2361 판결.

④ 소결

직접성필요설은 결과적 가중범의 지나친 처벌을 완화하려는 노력으로 주목된다 할 것이지만, 이러한 시도는 형법의 조문체계 내에서 그 근거를 구하는 것이 타당하다 할 것이다. 형법이 '예견가능성'이라는 표지를 제한의 척도로 설정하고 있는 이상, 결과적 가중범의 형법적 인과관계는 통상적인 판단(상당인과관계설)에 따르는 것이 바람직하다고 생각된다. 즉 직접성의 원칙은 일상적 생활경험을 판단기준으로 하는 상당인과관계의 상당성을 구체화한 것으로서 의미를 가진다(**직접성불요설**).

라. 중한 결과에 대한 예견가능성

(1) 예견가능성과 과실

중한 결과에 대한 예견가능성이 있다는 것은 행위자가 결과를 예견하지 못한 데에 과실이 있다는 의미이다(**통설**). 결과적 가중범에 있어서 중한 결과에 대한 과실은 기본범죄, 즉 기본적 구성요건의 실행시에 존재하여야 한다.[394]

따라서 강간 후 살해의 고의가 생겨 사람을 살해하거나, 그 후의 새로운 과실로 사람을 사망에 이르게 한 때에는 별개의 살인죄 또는 과실치사죄가 성립하며 결과적 가중범은 성립하지 않는다.

보충판례 15-5[중한 결과에 대한 예견가능성의 존재시기] : 대법원 1988.4.12. 선고 88도178 판결.

60km 내지 70km의 속도로 진행하여 피해자를 차량에서 내리지 못하게 한 행위는 감금죄에 해당하고, 피해자가 그와 같은 감금상태를 벗어날 목적으로 차량을 빠져 나오려다가 길바닥에 떨어져 상해를 입고 그 결과 사망에 이르렀다면 감금행위와 피해자의 사망 사이에는 상당인과관계가 있다고 할 것이므로 감금치사죄에 해당한다.)

394) **보충판례 15-5[중한 결과에 대한 예견가능성의 존재시기] : 대법원** 1988.4.12. **선고** 88도178 **판결**(형법 제15조 제2항이 규정하고 있는 이른바 결과적 가중범은 행위자가 행위시에 그 결과의 발생을 예견할 수 없을 때에는 비록 그 행위와 결과 사이에 인과관계가 있다 하더라도 중한 죄로 벌할 수 없다.)

(2) 예견가능성의 판단기준

통설(객관설)은 평균적 일반인을 기준으로 판단하는 객관적 예견가능성은 구성요건단계에서, 구체적 행위자를 기준으로 판단하는 주관적 예견가능성은 책임단계에서 검토해야 한다(**과실의 이중적 지위**).

즉 지나친 가중처벌을 제한하기 위해서는 객관적 예견가능성만으로는 충분하지 않고 구체적 행위자가 중한 결과의 실현을 예견할 수 없는 특수한 사정이 있는 경우에 이를 반영하지 않고 형을 가중하는 것은 책임비난의 근거없이 가중처벌하는 결과를 초래할 것이기 때문이다. 따라서 객관적 예견가능성과 주관적 예견가능성은 이중적으로 결과적 가중범의 성립범위를 제한하는 것이며, 이 경우 주관적 예견가능성은 책임단계에서 책임과실이 구체화된 것이다.

4. 결과적 가중범의 범죄성립배제사유

결과적 가중범의 경우 행위자의 행위에 대한 위법성조각사유의 해당여부 판단은 두 가지 구성요건요소에 대해 각각 판단하여야 한다.

첫째 고의의 기본범죄행위가 위법성조각사유에 해당하는 경우에는 결과적 가중범 자체의 위법성이 조각되고, 중한 결과에 대한 과실이 있을 때 단독의 과실범이 인정된다.

둘째 중한 결과(과실 내지 부진정결과적가중범의 경우 고의)가 위법성조각사유에 해당하는 경우에는 기본범죄의 고의범만 성립한다.

한편 결과적 가중범의 책임이 인정되기 위해서는 일반범죄와 동일한 책임표지가 기본범죄와 중한 결과 모두에 존재하여야 한다.

5. 관련문제

가. 결과적 가중범의 미수

(1) 1995년 개정형법의 규정

1995년의 개정형법은 부진정결과적 가중범인 현주건조물방화치사상죄(제164조, 제174조 참조)의 미수범처벌규정을 삭제한 반면, 진정결과적 가중범인 인질상해·치상죄와 인질살해·치사죄의 미수범처벌규정(제324조의5), 강도상해·치상죄와 강도살인·치사죄 및 해상강도상해·치상죄와 해상강도살인·치사죄의 미수범처벌규정(제342조)을 신설하였다. 또한 성폭력범죄의처벌등에관한특례법 제14조에서도 특수강도강간치사상죄 및 특수강간치사상죄의 미수범처벌규정을 두고 있다.

여기서 결과적 가중범의 미수를 인정할 것인지 여부가 문제된다.

(2) 진정결과적 가중범의 미수 인정여부

① 긍정설

소수설인 긍정설은 제324조의5와 제342조를 결과적 가중범의 미수를 인정한 것으로 새긴다. 즉 이들 범죄의 미수범은 기본범죄, 따라서 인질강요죄나 강도죄가 미수에 그쳤지만 상해, 사망이라는 결과가 발생한 경우라는 것이다.

보충판례 15-6[기본범죄가 미수인 경우] : 대법원 2008.4.24. 선고 2007도10058 판결.

② 부정설

이에 대해 **다수설인 부정설**은 제324조의5와 제342조는 결과적 가중범이 아니라 두 개의 고의범이 결합되어 있는 범죄, 즉 인질상해·살인죄, 강도상해·살인죄, 해상강도상해·살인죄의 미수만을 규정한 것이고 인질치사상죄나 강도치사상죄를 규정한 것은 아니라고 해석한다.

③ 소결

강간등상해·치상죄(제301조)나 강간등살인·치사죄(제301조의2)에 의하면 강간미수범이 상해나 사망에 이르게 한 때에는 결과적 가중범의 미수로 미수감경을 할 수 없는데 인질강요·강도, 해상강도의 미수범이 피해자를 상해나 사망에 이르게 한 때에는 결과적 가중범의 미수를 인정하여 미수감경을 할 수 있게 하는 것은 법체계상 통일성이 없기 때문에 입법상의 실수로 밖에 볼 수 없다. 따라서 진정결과적 가중범에 대해서는 미수범을 인정하지 않는 부정설(다수설)이 타당하다.

(3) 부진정결과적 가중범의 미수 인정여부

부진정결과적 가중범의 미수인정여부에 대해서는, 첫째 형법전에는 부진정결과적 가중범의 미수를 처벌하는 규정이 없으므로 부진정결과적 가중범의 미수를 논할 실익이 없다는 견해, 둘째 현주건조물일수치사상죄(제177조 제2항)에 대해 미수범처벌규정을 두고 있으므로 부진정결과적 가중범의 미수를 인정할 수 있다는 견해, 셋째 부진정결과적 가중범인 현주건조물일수치사상죄의 미수범처벌규정은 있지만, 현주건조물방화치사상죄와의 균형상 부진정결과적 가중범의 미수를 인정할 수 없다는 견해가 대립한다.

생각건대 중한 결과에 대하여 과실이 있는 경우에는 미수를 인정하지 않으면서 고의가 있는 경우에 미수감경을 하는 것은 불합리할 뿐만 아니라, 우리 형법의 해석론으로는 부진정결과적 가중범인 현주건조물일수치사상죄의 미수범처벌규정은 있지만, 현주건조물방화치사상죄(1995년 개정형법을 통한 미수범규정 삭제)와의 균형상 부진정결과적 가중범의 미수를 인정하지 않는 것이 타당하다 할 것이다.

나. 결과적 가중범의 공범(공동정범, 교사범, 방조범)

이에 대해서는 후술하는 공범론에서 詳論하기로 한다.

복습 및 심화질문

1. 현행법상 과실범의 미수를 처벌하는 규정은 없다. (O, X)
2. 객관적 주의의무의 제한원리인 허용된 위험의 법리가 인정되는 이유는 (　　) 과 (　)의 관점에서 일정한 정도의 (　)에 대해서는 형법이 이를 감수해야 하기 때문이다.
3. 상대방이 법령에 따라서 적절한 행동을 취할 것으로 기대할 수 없는 자임을 인식한 경우에는 신뢰의 원칙을 적용할 수 없다. (O, X)
4. 부진정결과적 가중범의 죄수와 관련하여 판례는 법정형을 중심으로 중한 결과에 대한 고의범의 법정형이 결과적 가중범의 형보다 중한 경우에는 결과적 가중범과 (　　)의 (　　)으로 처리하지만, 그 외의 경우에는 (　　)으로서 결과적 가중범만 성립한다고 한다.
5. 결과적 가중범에서 중한 결과는 기본범죄에 내포된 전형적인 위험의 실현이어야 한다는 (　　)은 상당인과관계의 상당성을 구체화한 것이다. (　)(다수설에 의함)

예습심화문제 **다음 수업시간 전까지 스스로 풀어볼 것!**

사례 1	직속상관 甲은 부하인 乙에게 丙을 구타하라고 명령하였다. 그 명령을 받은 乙은 丙에게 폭행을 가하려던 차에 오히려 丁으로부터 구타를 당하였다. 이 경우 甲, 乙, 丁의 범죄성립여부를 논하시오.

사례 2	노동조합의 대표 甲은 임금인상을 위하여 회사의 사장 乙에게 수차 면회를 요청하였으나 거부 당하였다. 이에 甲은 허가없이 사장실에 무단침입하여 임금인상을 요구하였으나 거절하므로 그 요구사항이 관철될 때까지 동맹파업을 할 것을 선언한 후 소정의 절차에 의하여 노동쟁의행위에 돌입하였다. 甲의 죄책은?

사례 3	부친 甲은 자식 乙의 병역징집을 기피케 하기 위하여 손목을 절단할 것을 교사하여 이를 실현케 하였다. 甲과 乙의 죄책은?

사례 4	甲은 밤중에 총으로 무장한 채 감시견을 데리고 자신의 과수원을 감시하고 있었다. 그러던 중 새벽녘에 두 사람이 과일을 훔치는 것을 목격하였다. 甲은 멈추지 않으면 쏘겠다고 위협했음에도 불구하고 그들은 훔친 과일을 지닌 채 계속 도주하였다. 甲은 이들로부터 과일을 되찾기 위해서는 총을 발사하는 수밖에 없다고 판단하고 총을 쏘아 그 중 한 명(乙)에게 중상을 입혔다. 甲의 범죄성립여부를 논하시오.

제9장

형법총론

위법성의 일반이론

제1절 위법성의 개념

1. 위법성의 의의

위법성이란 구성요건에 해당하는 행위가 법(법질서 전체)에 반하는 성질을 말한다. 법에 반한다는 것은 우리 사회의 전체 법질서가 그 행위를 용납하지 않는다는 것을 의미한다. 따라서 위법성이란 **구성요건에 해당하는 행위에 대한 우리 사회의 법질서 전체적 관점에서의 부정적 가치판단**을 말한다.

구성요건에 해당하는 행위가 위법하다는 부정적 가치판단은 우리 사회의 법질서가 그 행위를 비난하는 것이므로 결국 위법성은 '**행위에 대한 비난가능성**'이라고 할 수 있다.[395]

어떤 행위가 구성요건에 해당한다는 판단을 거쳤더라도 이는 **형식적·유형적인 위법성판단**을 거친 것뿐이기 때문에 **실질적으로도 전체 법질서에 반하는지 여부에 대한 판단**[396]이 필요하게 된다. 다만 구성요건에는 **위법성추정기능**이 있기 때문에 다시

395) **[책임의 성격]** : 이에 대하여 책임은 '행위자에 대한 비난가능성'이라 할 수 있다.

396) **[법질서전체라는 상위의 법 내지 규범의 의미]** : 여기서 판단의 기준이 되는 '법'은 형법을 포함한 개별 '법률'뿐만 아니라 법질서 전체라는 상위의 '법' 내지 '규범(실정법률을 초월한 정의 내지 조리)'을 의미한다. 따라서 형법은 어떤 행위를 다른 법규범이 허용하는 경우 형법적 가치질서와 다른 법의 가치질서의 통일성을 기하기 위하여 형법의 수단인 형벌을 포기해야 하는 것이다.

금 위법성을 적극적으로 기초지울 필요없이 위법성을 조각하는 사유의 존재여부를 검토하면 족하다.

따라서 위법성론에서는 구성요건에 해당하는 행위의 위법성을 조각시키는 **위법성조각사유를 규정하는 규정 속의 개념요소들에 대한 해석문제**가 핵심적 내용을 이룬다.

용어설명

위법성추정기능 어떤 행위가 구성요건의 전부 또는 일부를 실현하는 성질을 일컬어 **구성요건해당성**이라고 하며, 구성요건해당성이 인정될 때 대체로 위법성도 인정된다는 성질을 가리켜서 **위법성추정기능(구성요건의 징표적 기능)**이라고 한다. 그러나 **'구성요건은 위법성을 징표한다'**는 일반원칙은 각종 예외에 의하여 제한된다.

즉 구성요건은 다양한 사실관계를 포섭하기 위하여 넓은 범위에 걸쳐서 위법행위의 정형을 설정하기 때문에 개별적인 경우에 처벌해서는 아니 될 적법행위까지도 위법행위의 정형(구성요건) 안에 들어올 수 있다.

예컨대 맹장수술을 집도하고 있는 의사를 생각해 보자!

2. 위법성개념과 불법개념

위법성판단에서 관건은 어떤 행위가 전체로서의 객관적 법질서에 저촉되는 성질을 가진 것인지 여부에 대한 평가이다. 구성요건에 해당하는 행위가 **위법성이 인정되는 것으로 평가되는 경우 그 행위**는 형법뿐만 아니라 전체로서의 법질서의 관점에서 부정적 가치판단을 받는 행위로서 이제 형법적으로도 '**불법행위**'가 된다.

여기서 위법성과 불법은 같은 개념인지 여부가 문제된다.

[위법성과 불법의 구별 : 다수설의 입장]

	위법성	불법
개념	법질서 전체의 통일성이라는 관점에서 행위가 전체 법질서에 모순·저촉 여부를 판단할 때 사용되는 개념 ➡ 관계개념	개별 법영역의 테두리 내에서 문제가 되는 개념 ➡ 따라서 형법상의 불법은 실체개념으로서 구성요건에 해당하고 위법하다고 평가된 행위 자체이다.
판단	법질서 전체에 비추어 결정 ➡ 따라서 개개의 법영역에 따른 개별적 위법성은 인정되지 않는다.	개개의 법률에 비추어 결정 ➡ 개개의 법영역에 따라 개별화 가능(형법상 불법, 민법상 불법, 행정법상 불법 등)
정도	위법성유무에 대한 단일하고 동일한 판단 ➡ 질적·양적 차이 불인정	질적·양적 차이 인정 및 경중 비교 가능 ➡ 강도 및 절도의 불법의 차등은 법정형의 차이 속에 반영

3. 위법성의 제한기법

가. 개별구성요건의 표지를 통한 위법성의 제한

구성요건에 해당하는 행위이지만 위법하지 아니한 행위로 인정하는 기법은 기본적으로 입법기술의 문제이다.

첫째는 **개별구성요건 자체에 위법성을 제한하는 표지(요소)를 삽입**하는 방법이다. 우리 입법자는 형법 제122조(직무유기죄)를 규정함에 있어 '공무원이 **정당한 이유없이** 그 직무수행을 거부하거나 그 직무를 유기한 때'라는 표현을 사용하고 있는데, '**정당한 이유없이**'[397]라는 표지는 '**위법하게**'라는 의미를 갖는다. 이 '정당한 이유없이'라는 표지를 통하여 입법자는 직무유기죄의 성립범위가 지나치게 확대되는 것을 방지하고 있다.

나. 개별적 위법성 조각사유

개별구성요건을 규정하면서 위법성의 인정범위를 제한하는 또 다른 기법으로 **개별적인 위법성조각사유를 규정하는 방법**을 들 수 있다.

예컨대 **형법 제246조 제1항(단순도박죄)**은 단서에서 '단, 일시 오락정도에 불과한 때에는 예외로 한다.'고 규정하고 있는데, 이 단서조항은 도박죄의 위법성 인정범위를 제한하는 규정이라고 해석되고 있다.

한편 **명예훼손죄의 경우**에는 입법자는 형법 제307조 제1항에서 명예훼손죄의 기본

---

397) **[직무유기죄에 있어서 '정당한 이유없이'의 의미]** : 예컨대 공무원 甲이 근무부서에 나타나지 않아 여러 사람의 민원인이 장시간 대기하는 사태가 발생하였다면 공무원 甲은 직무유기행위를 하고 있는 것이다. 그런데 甲의 離席행위는 공무원 甲이 긴급재해사태를 당하여 복구작업에 동원되었거나 또는 갑자기 비상이 걸려서 당해 관공서의 보안을 강화하기 위하여 차출되었기 때문에 생긴 것일 수도 있다. 이러한 사정들을 감안한 입법자의 표현이 '정당한 이유없이'로 표현되어 위법성을 제한하고 있는 것이라 할 수 있다 : **대법원 1997.8.29. 선고 97도675 판결**(형법 제122조 후단 소정의 **공무원이 정당한 이유 없이 직무를 유기한 때라 함은 직무에 관한 의식적인 방임 내지 포기 등 정당한 사유 없이 직무를 수행하지 아니한 경우를 의미**하는 것이므로 공무원이 태만, 분망, 착각 등으로 인하여 직무를 성실히 수행하지 아니한 경우나 형식적으로 또는 소홀히 직무를 수행하였기 때문에 성실한 직무수행을 못한 것에 불과한 경우에는 직무유기죄는 성립하지 아니한다.) ; **헌법재판소 2005.9.29. 선고 2003헌바52 전원재판부 결정 【형법제122조위헌소원】**

적 구성요건을 설정한 동시에 제310조(위법성의 조각)에서 '제307조 제1항의 행위가 진실한 사실로서 오로지 공공의 이익에 관한 때에는 처벌하지 아니한다.'고 규정하고 있다. 이 조문은 명예훼손죄에 있어서 특별히 위법성의 인정범위를 제한하기 위하여 마련된 규정이다.

다. 일반적 위법성조각사유

이상과 같이 위법성에 관한 요건을 개별구성요건의 내부에 명시하거나 또는 당해 조문에서 위법성 자체에 관한 정의조항을 별도로 규정하는 방식은 입법기술상 매우 번잡스러울 뿐만 아니라, 입법자의 권위에 반하는 것이어서 바람직하지도 않다.

이러한 상황에서 사용할 수 있는 입법기술은 **여러 구성요건에 공통적으로 적용될 수 있는 일반적 기준을 설정**하는 것이다. 즉 **본래는 위법한 행위이지만 예외적인 경우에 이를 적법한 것으로 선언해 주는 공통의 규범을 마련하는 방법**이다. 이를 위하여 입법자가 마련한 일반적 규정이 위법성조각사유이다.

4. 위법성과 구성요건해당성 및 책임과의 관계

가. 구성요건해당성과 위법성의 관계

(1) 소극적 구성요건표지이론(존재근거설)

소극적 구성요건표지이론(총체적 불법구성요건론)에서는 위법성을 소극적 구성요건요소로 보아 **구성요건해당성이 있기 위해 적극적으로는** 구성요건요소들이 존재해야 되고, **소극적으로는** 위법성조각사유가 존재하지 않아야 한다고 한다. 따라서 **위법성조각사유가 있으면 위법성만이 조각되는 것이 아니라 구성요건해당성이 조각된다**고 한다. 이 설은 구성요건해당성판단과 위법성판단을 구별하지 않기 때문에 범죄성립요건을 불법과 책임이라고 하는 2단계 범죄체계론을 취하게 된다.

(2) 통설(인식근거설)

3단계 범죄체계론을 취하는 통설은 구성요건해당성판단과 위법성판단을 구별하여, 전자는 **사실판단적 성격**이 강하고 후자는 **가치판단적 성격**이 강한 것이라고 한다. 통설에 의하면 구성요건에 해당하는 행위와 구성요건에도 해당하지 않는 행위는 근본적으로 차이가 있으며 구성요건해당성이 있는 행위에 위법성이 없을 수도 있다.

즉 구성요건에 해당하는 행위는 **원칙적으로 위법하고 위법성조각사유가 있는 경우에만 예외적으로 위법하지 않으므로 구성요건해당성이 있는 행위는 위법성이 있는 것으로 사실상 추정**[398]을 받게 된다. 따라서 구성요건에 해당하는 행위를 한 사람은 자신의 행위가 위법하지 않다는 것에 대한 거증책임까지 지지는 않지만, 입증의 부담은 지게 된다는 것이다.[399]

나. 위법성과 책임과의 관계

(1) 위법성판단의 요소

위법성은 **행위**에 대한 비난가능성이며, 책임은 **행위자**에 대한 비난가능성이라고 할 수 있다. **위법성판단**에서는 행위자는 평가하지 않고 **(구성요건에 해당하는)행위만을 평가**한다.

행위에는 객관적 요소와 주관적 요소가 있으므로 위법성판단에서도 객관적 요소와 주관적 요소 모두를 고려한다. 예컨대 10만원을 훔친 경우에는 위법하지만 10원을 훔

....

398) **[사실상 추정]** : **사실상 추정이란 경험칙에 의하여 인정된 하나의 전제사실로부터 다른 사실의 존재를 논리적으로 추론하는 것**을 말한다. 예컨대 구성요건해당사실에 대하여 위법성과 책임의 존재가 추정되는 경우를 들 수 있다. 사실상의 추정은 추정되는 사실의 존부를 소송관계인이 다투기만 하면 즉시 그 추정이 깨진다.

399) **[擧證責任과 立證負擔]** : **거증책임**이란 증명을 요하는 사실의 존부에 관하여 증명이 불충분한 경우에 그로 인하여 불이익을 받게 되는 소송관계인의 지위를 말하며, **공소제기된 범죄사실(범죄조각사유의 부존재도 포함)에 대한 거증책임은 검사가 진다(대법원 1984.6.12. 선고 84도796 판결 ; 대법원 2003.12.26. 선고 2003도5255 판결)**.

이에 대하여 **입증의 부담**이란 형사절차의 진행에 따라서 어느 사실이 증명되지 아니함으로써 불이익한 판단을 받을 가능성이 있는 소송관계인이 그 불이익을 면하기 위하여 그 사실을 증명할 증거를 제출해야 하는 부담을 말한다. 입증의 부담은 형사절차의 진행과정에 따라서 소송관계인 사이에 이전되는 성질을 갖는다.

친 경우에는 위법하지 않다고 할 수 있다. 여기서는 객관적 요소가 위법성판단에 영향을 미친다. 우연방위가 위법한가의 여부는 행위의 객관적 요소가 아닌 주관적 요소에 의해 결정된다.

(2) 책임판단의 요소

책임판단에 있어서는 **행위요소뿐만 아니라 행위자요소도 고려**한다. 객관적으로는 동일하였지만 행위자가 누구냐에 따라 책임유무가 결정될 수 있다.

예컨대 11세의 초등학생과 22세의 대학생이 동일한 장소에서 동일한 물건을 절취한 경우, 위법성판단에서는 행위자가 누구인가를 고려하지 않는다. 타인의 재물을 절취하는 객관적 행위요소와 행위자에게 고의·과실이 있다고 하는 주관적 행위요소만을 고려하여 그 행위의 위법성 여부를 판단한다.

그러나 책임판단에서는 행위자의 연령, 동기, 상황 등도 고려하게 된다. 따라서 똑같이 위법한 행위라고 평가되는 경우에도 행위자가 11세인 경우에는 책임이 없다고 하고 22세의 대학생인 경우에는 책임이 있다고 한다.

(3) 위법성과 책임의 구별실익

위법성과 책임을 엄격히 구별하는 실익은 공범관계에서 나타난다. 즉 위법하지 않은 행위에 대해서는 공범성립이 불가능하지만 책임의 유무는 공범성립에 영향이 없다. '**위법은 연대적으로 책임은 개별적으로**'라는 일반원리가 작용하기 때문이다.

예컨대 甲과 乙이 공동으로 甲의 아버지 A를 폭행하는데 甲은 흉기를 사용하지 않고 乙은 흉기를 사용한 경우, 흉기로 폭행하였다는 것은 행위요소로서 위법성에 관련된 것[400]이고, 甲과 A 사이의 직계존비속관계라는 것은 신분에 관련된 것[401]으로서 책임에 관련된 것이다. 즉 동일한 구성요건에 해당하고 위법한 행위를 하였지만 책임을 논할 때에는 행위자 개개인을 분리하여 개별화한다.

400) 甲은 흉기를 사용하지 않았지만 乙의 흉기사용에 공동가공한 것이므로 **甲의 행위도 乙의 행위와 연대하여** 특수폭행죄의 구성요건에 해당하고 위법한 행위가 된다 : **[위법의 연대]**

401) 甲은 특수존속폭행죄의 책임을, 乙은 특수폭행죄의 책임을 진다 : **[책임의 개별화]**

한편 위법성과 책임의 또 다른 구별실익으로는 정당방위 등 위법성이 조각되는 행위에 대해서는 정당방위가 불가능하지만[402], 형사미성년자의 행위 등 책임이 조각되는 행위에 대해서는 정당방위가 가능하다.

제2절 위법성의 본질과 평가방법

1. 위법성의 본질

위법성의 본질이 무엇인가, 즉 어떤 행위를 위법하다고 평가할 때에 무엇을 근거로 위법하다고 평가하는가 하는 문제와 관련하여 형식적 위법성론과 실질적 위법성론이 대립하였다.[403]

가. 형식적 위법성론(규범위반설)

위법이란 법규범에 규정된 작위 또는 부작위의무의 침해, 즉 형식적인 '규범(내지 법질서)에 위반하는 것'으로 이해하는 견해이다. 따라서 **구성요건에 해당하는 행위는 실정화된 위법성조각사유에 해당하지 않으면 위법성이 인정된다**. 이러한 견해를 **규범위반설**이라 한다. 단 '법(규범)에 위반하는 것이 위법이다'라고 하더라도 실질적으로는 아무것도 판명된 것이 없기 때문에(위법성의 내용이 공허하기 때문에), 이 설은 규범위반의 구체적 의미를 규범의 배후에 있는 도의질서(공서양속)위반, 문화규범위

402) **[위법한 침해와 부당한 침해의 관계]** : 우리 형법은 위법한 침해뿐만 아니라 不當한 침해에 대해서도 정당방위가 가능한 것으로 규정하고 있다. 이점에서는 위법성이 조각되는 행위라도 그것이 **부당한 침해(예컨대 행정법상 위법하지는 않고 부당한 행정행위 등)**에 해당하는 경우에는 정당방위의 가능성을 검토할 여지가 있을 것이다.

403) 오늘날에는 형식적 위법성론을 주장하는 학자는 없고 실질적 위법성론을 취하여야 한다는 데에 의견이 일치되어 있다.

반 등으로 설명하거나 사회적 상당성을 결하는 것으로 이해한다. 이 설에 의하면 위법성의 실질, 즉 무엇이 위법인가는 도의질서(공서양속)나 사회적 상당성에 의해 결정하게 된다.

[보충해설 : 규범위반설]

예컨대 사람을 살해하는 것이 위법한 것은 사람을 살해해서는 안 된다는 규범에 위반하였기 때문인 것으로 사회에는 그러한 도의적인 규범이 존재한다고 생각하는 것이다. 여기서의 규범은 어디까지나 형법조문의 배후에 있는 사회의 일반규범이며 사회의 도의관념과 같은 것이다. 형법이라는 법률이 성립되기 전부터 사회에는 사람을 살해하는 것은 나쁜 짓이라는 관념이 있었고 그러한 규범에 위반한 행위이기 때문에 위법이라고 생각하는 것이다. 이러한 사고에 대해서는 법위반이란 무엇인가라는 문제를 검토할 때에 규범위반이라고 설명하는 것은 동의반복이 아닌가, 또는 도의관념이라는 애매한 개념을 기준으로 삼을 수 없다는 등의 비판이 제기된다.

나. 실질적 위법성론(법익침해설)

이에 대하여 국민의 기본적인 이익을 침해하는 것이 위법성의 원점이라고 생각하여 **위법이란 법익침해 내지 법익침해의 위험이라고 하는 설**이 유력하게 대두되고 있다. 이 설은 법익침해설로도 불린다(**통설**).

[보충해설 : 법익침해설]

예컨대 사람을 살해하는 것이 위법한 것은 그 피해자의 생명이라는 구체적인 법익을 침해하였기 때문이라고 생각하는 것이다. 규범이라는 애매한 필터를 통하는 것이 아니라 보다 직접적으로 법익의 침해가 위법이라고 하는 것이다. 이처럼 형법의 객관성 내지 정형화요구에 부응하기 위하여 보호법익을 전제로 하여 법익침해 및 그 위험을 위법의 실질내용으로 이해하는 견해가 지배적인 견해로 자리잡게 되었다.

[도식]

위법성의 본질

‖

· 규범위반설(형식적 위법성론) : 위법이란 법규범에 위반하는 것을 말한다.
· 법익침해설(실질적 위법성론) : 위법이란 법익침해 내지 그 위험을 말한다

다. 형법의 태도

형법 제20조는 위법성조각사유의 일반원리로서 '사회상규'를 규정함으로서 위법성 판단의 실질적인 척도를 입법적으로 해결하였다. 형법 제20조에 의하면 사회상규에 위배되면 위법성이 있고 사회상규에 위배되지 않으면 구성요건에 해당하는 행위라도 위법성이 없다. 이처럼 형법이 위법성판단의 기준을 법규범이 아닌 사회상규라고 하고 있기 때문에 형식적 위법성론은 우리 형법규정과 조화되기 어렵다.

결국 실질적 위법성론에 의해 위법성을 판단하여야 하는데, 사회상규를 위법성의 실질을 근거지우는 적극적인 용도로 사용하게 되면 국민일반의 건전한 도의관념에 반하는 행위 또는 사회통념에 비추어 비난받을 만한 행위에 대해 범죄로 평가할 수 있는 길을 열어주게 된다.[404] 따라서 형법상의 사회상규라는 개념은 적극적으로 위법성을 근거지우는 실질요소가 아니라 소극적으로 위법성을 조각시키는 실질요소로 이해하는 것이 바람직한 해석태도라 할 것이다.

2. 위법성의 평가방법

위법성의 평가방법, 즉 위법성을 평가할 때에 **<u>행위자의 주관적 능력을 고려할 것인지</u>**에 따라 주관적 위법성론과 객관적 위법성론이 대립한다. 현재 주관적 위법성론을 취하는 학자는 없고 위법성의 평가는 객관적 방법에 의해야 한다는 데에 견해가 일치한다.

가. 주관적 위법성론

<u>법규범의 의사결정규범으로서의 성격을 강조</u>하는 입장에서 주장되는 견해로서 행위자의 주관적 능력을 고려하여 위법성을 판단해야 한다고 한다. 따라서 <u>위법성(법규</u>

404) 예컨대 부진정부작위범의 보증인적 지위의 발생근거로서 사회상규에 의한 보증인적 지위의 가벌성 확장에 대한 엄격한 제한적용을 상기해 보도록 하자!

범의 명령·금지)을 이해할 수 있는 능력을 지닌 사람들의 행위만이 위법하고 그렇지 못한 사람들의 행위는 위법하지 않다. 책임무능력자의 행위는 의사결정규범으로서의 법규범을 위반한 것으로 볼 수 없기 때문이다.

결국 책임무능력자의 행위는 위법한 행위를 할 수 없으므로 이에 대해서는 정당방위는 할 수 없고 긴급피난만 가능하게 된다.

나. 객관적 위법성론

위법성이란 **객관적인 평가규범에 대한 위반을 의미**한다는 견해이다(**통설**). 즉 법규범의 (인간의 행위를 사회질서의 관점에서 평가하는 것을 가능하게 하는) 객관적 평가규범으로서의 성격을 강조하는 입장이다. 따라서 **위법성은 행위와 행위 당시의 행위자의 내심상태 및 그 결과를 고려하여 객관적으로 판단**하여야 한다.

결국 책임무능력자의 행위도 법질서 전체적 관점에서 객관적으로 판단하기 때문에 위법하다고 할 수 있어 책임무능력자의 행위에 대해서도 정당방위가 가능하다.

다. 판례의 태도

대법원은 위법성판단에 행위자의 책임능력을 고려하지 않고 객관적 위법성론을 따른다.[405]

405) **[객관적 위법성론에 입각한 판례]** : 대법원 1997.11.14. 선고 97도2118 판결(어떠한 행위가 형법 제20조 소정의 사회상규에 위배되지 않는 행위로 판단되기 위하여서는 그 범행의 동기, 행위자의 의사, 목적과 수단의 정당성, 그로 인한 법익침해의 정도 등을 종합적으로 고려하여 사회통념상 용인될 정도의 상당성이 있다고 인정되어야 하고, **그와 같은 판단에는 법질서 전체의 정신이나 그 배후에 놓여 있는 사회윤리가 그 판단의 기준**이 되어야 할 것인바, 피고인이 백범 김구의 암살범인 안두희를 살해한 범행의 동기나 목적은 주관적으로는 정당성을 가진다고 하더라도 우리 법질서 전체의 관점에서는 사회적으로 용인될 수 있을 만한 정당성을 가진다고 볼 수 없고, 나아가 피고인은 그 처단의 방법으로 살인을 선택하였으나 우리 나라의 현재 상황이 위 안두희를 살해하여야 할 만큼 긴박한 상황이라고 볼 수 없을 뿐만 아니라 민족정기를 세우기 위하여서는 위 안두희를 살해하지 아니하면 안된다는 필연성이 있다고 받아들이기도 어려우므로 결국 피고인의 각 범행이 사회상규에 위배되지 아니하는 행위로서 정당행위에 해당한다고 볼 수 없다.) ; 대법원 2002.12.26. 선고 2002도5077 판결(형법 제20조 소정의 '사회상규에 위배되지 아니하는 행위'라 함은 **법질서 전체의 정신이나 그 배후에 놓여 있는 사회윤리 내지 사회통념에 비추어 용인될 수 있는 행위를 말하고, 어떠한 행위가 사회상규에 위배되지 아니하는 정당한 행위로서 위법성이 조각되는 것인지는 구체적인 사정 아래서 합목적적, 합리적으로 고찰하여 개별적으로 판단**되어야 하므로, 이와 같은 정당행위를 인정하려면 첫째

보충판례 16[객관적 위법성론과 위법성조각사유의 일반원리] : 대법원 2008.10.23. 선고 2008도6999 판결.

제3절 위법성조각사유의 일반이론

1. 위법성조각사유의 의의

가. 위법성조각사유의 개념 및 종류

형법은 구성요건에 해당하는 행위도 특수한 경우에는 허용하는데, 이처럼 **구성요건에 해당하는 행위의 위법성을 배제하는 특별한 사유**를 위법성조각사유 또는 위법성배제사유, 정당화사유라고 한다.

형법상의 위법성조각사유에는 정당행위(제20조), 정당방위(제21조), 긴급피난(제22조), 자구행위(제23조), 피해자의 승낙(제24조), 명예훼손죄에 대한 특별한 위법성조각사유(제310조)가 있고, **특별법상의 위법성조각사유**에는 인공임신중절수술의 허용(모자보건법 제14조 제1항)[406], 현행범의 체포(형사소송법 제212조), 점유권자의 자

그 행위의 동기나 목적의 정당성, 둘째 행위의 수단이나 방법의 상당성, 셋째 보호이익과 침해이익과의 법익권형성, 넷째 긴급성, 다섯째 그 행위 외에 다른 수단이나 방법이 없다는 보충성 등의 요건을 갖추어야 한다.)

406) **[모자보건법상[시행 2016.6.23][법률 제13597호, 2015.12.22, 일부개정]의 위법성조각사유]** : 제14조 (인공임신중절수술의 허용한계) ① 의사는 다음 각 호의 어느 하나에 해당되는 경우에만 본인과 배우자(사실상의 혼인관계에 있는 자를 포함한다. 이하 같다)의 동의를 받아 인공임신중절수술을 할 수 있다.

1. 본인이나 배우자가 대통령령으로 정하는 우생학적 또는 유전학적 정신장애나 신체질환이 있는 경우
2. 본인이나 배우자가 대통령령으로 정하는 전염성 질환이 있는 경우
3. 강간 또는 준강간에 의하여 임신된 경우
4. 법률상 혼인할 수 없는 혈족 또는 인척간에 임신된 경우
5. 임신의 지속이 보건의학적 이유로 모체의 건강을 심각하게 해치고 있거나 해칠 우려가 있는 경우 [전문개정 2009.1.7]

력구제(민법 제209조) 등이 있다.

나. 위법성조각사유의 구조

형법상의 위법성조각사유 중 제20조의 '사회상규에 위배되지 않는 행위'는 **위법성조각사유에 관한 일반(포괄)규정**이라 할 수 있고, 제20조의 나머지 규정과 제21조에서 제24조는 **특별한 위법성조각사유**를 규정한 것이라 할 수 있다. 즉 **일반법과 특별법의 관계**에 있다고 할 수 있는 것이다. 따라서 어떤 행위가 위법성이 조각되는지 여부를 검토할 때에는 특별법우선의 원칙에 따라 특별한 위법성조각사유에 해당하는지를 검토하고 특별한 위법성조각사유의 어디에도 해당하지 않을 경우 최종적으로 사회상규에 위배되는지 여부를 검토하여야 한다. 예컨대 **명예훼손죄(제307조)의 위법성조각 여부를 검토**할 때에는 제일 먼저 제310조, 제20조의 법령, 업무로 인한 행위인지 여부, 제21조에서 제24조의 해당여부, 마지막으로 제20조의 사회상규에 위배되지 않는 행위인지 여부를 검토해야 한다.

다. 판례의 검토

이처럼 특별한 위법성조각사유에서 일반적 위법성 조각사유의 순으로 위법성조각 여부를 검토하는 것은 판례에서도 찾아볼 수 있다.

예컨대 **대법원 1990.3.27. 선고 90도292 판결**은 "택시운전사가 승객의 요구로 택시를 출발시키려 할 때 피해자가 부부싸움 끝에 도망나온 뒤 승객을 택시로부터 강제로 끌어내리려고 운전사에게 폭언과 함께 택시 안으로 몸을 들이밀면서 양손으로 운전사의 멱살을 세게 잡아 상의 단추가 떨어질 정도로 심하게 흔들어 대었고, 이에 운전사가 위 피해자의 손을 뿌리치면서 택시를 출발시켜 운행하였을 뿐이라면 운전사의 이러한 행위는 사회상규에 위배되지 아니하는 행위라고 할 것이다."라고 판시한다.

이 판례의 취지는 정당방위에 해당하지 않지만 정당행위가 성립한다는 것이 아니라 정당방위에 해당하지만 설사 해당하지 않더라도 정당행위는 성립한다는 취지의 판결이라고 할 수 있다.[407]

2. 위법성조각사유의 일반원리

위법성조각의 근거에 대해서는 일원론과 다원론이 대립하였다. 현재 일원론을 주장하는 학자는 없고 **다원론이 통설**의 지위를 차지하고 있다.

가. 일원론

모든 위법성조각사유에 **공통되는 정당화의 원리가 있다는 입장**이다.

(1) 목적설

목적설은 구성요건에 해당하는 행위가 정당한 목적을 달성하기 위한 상당한 수단인 경우에는 위법성이 조각된다는 견해이다. 행위자가 정당한 목적을 가져야 위법성이 조각되므로 원칙적으로 행위자에게 주관적 정당화요소가 있어야 위법성이 조각될 수 있다.

그러나 목적설은 정당한 목적, 상당한 수단이라는 모호한 개념을 사용하므로 구체적인 기준을 제시하지 못한다는 비판에 직면한다.

(2) 이익형량설

이익의 형량에 의하여 경미한 이익을 희생시키고 우월한 이익을 보호했을 때 위법

---

407) **[위법성조각사유의 판단순서]** : **대법원 1995.8.22. 선고 95도936 판결**(피고인이 피해자로부터 며칠간에 걸쳐 집요한 괴롭힘을 당해 온데다가 피해자가 피고인이 교수로 재직하고 있는 대학교의 강의실 출입구에서 피고인의 진로를 막아서면서 피고인을 물리적으로 저지하려 하자 극도로 흥분된 상태에서 그 행패에서 벗어나기 위하여 피해자의 팔을 뿌리쳐서 피해자가 상해를 입게 된 경우, 피고인의 행위는 피해자의 부당한 행패를 저지하기 위한 본능적인 소극적 방어 행위에 지나지 아니하여 사회통념상 허용될 만한 정도의 상당성이 있어 위법성이 없는 정당행위라고 봄이 상당하다.) ; **대법원 1996.5.28. 선고 96도979 판결**(피해자가 양손으로 피고인의 넥타이를 잡고 늘어져 후경부피하출혈상을 입을 정도로 목이 졸리게 된 피고인이 피해자를 떼어놓기 위하여 왼손으로 자신의 목 부근 넥타이를 잡은 상태에서 오른손으로 피해자의 손을 잡아 비틀면서 서로 밀고 당기고 하였다면, 피고인의 그와 같은 행위는 목이 졸린 상태에서 벗어나기 위한 소극적인 저항행위에 불과하여 형법 제20조 소정의 정당행위에 해당하여 죄가 되지 아니한다.)

성이 조각된다는 견해이다. 따라서 정당행위에 의해 보호하려는 이익이 정당행위에 의해 침해받는 이익보다 본질적으로 커야 한다.

그러나 이익형량이 불가능한 경우(예컨대 한 사람의 생명과 열 사람의 생명의 비교)에는 이익의 순위를 판단하는 기준이 불명확하다는 문제가 있다.

나. 다원론(통설)

다양한 위법성조각사유의 정당화원리를 하나로 묶기는 어렵기 때문에 정당화원리는 개별 위법성조각사유에 따라 달라질 수밖에 없다고 설명하는 입장이다.

다원론에는 이분설[408]과 삼분설[409] 등이 있으나 **다수설인 개별화설**은 행위반가치론에서 도출되는 목적의 정당성과 수단의 적합성의 원칙, 긴급성의 원칙, 보충성의 원칙과 결과반가치론에서 도출되는 이익흠결의 원칙, 우월적 이익의 원칙 등이 상호 다양하게 결합하여 위법성조각사유의 일반원리로 작용한다고 보고 있다. **판례도 다원론(개별화설)의 입장**을 따른다고 할 수 있다.[410]

408) **[이분설의 의미]** : 피해자의 승낙과 추정적 승낙에 대해서는 이익흠결의 원칙이, 그 이외의 위법성조각사유에는 우월적 이익의 원칙이 일반원리가 된다는 견해이다.

409) **[삼분설의 의미]** : 정당방위, 방어적 긴급피난, 자구행위, 현행범체포의 경우에는 공격의 피해자에 의한 책임성의 원칙이, 추정적 승낙, 정당행위의 경우에는 공격의 피해자에 의한 이익한정의 원칙이, 공격적 긴급피난의 경우에는 연대성의 원칙이 일반원리가 된다는 견해이다.

410) **[다원론(개별화설)에 입각한 판례]** : 대법원 2000.4.25. 선고 98도2389 판결(형법 제20조 소정의 '사회상규에 위배되지 아니하는 행위'라 함은 법질서 전체의 정신이나 그 배후에 놓여 있는 사회윤리 내지 사회통념에 비추어 용인될 수 있는 행위를 말하고, 어떠한 행위가 사회상규에 위배되지 아니하는 정당한 행위로서 위법성이 조각되는 것인지는 구체적인 사정 아래서 합목적적, 합리적으로 고찰하여 개별적으로 판단되어야 할 것인바, 이와 같은 정당행위를 인정하려면 첫째 그 행위의 동기나 목적의 정당성, 둘째 행위의 수단이나 방법의 상당성, 셋째 보호이익과 침해이익과의 법익권형성, 넷째 긴급성, 다섯째 그 행위 외에 다른 수단이나 방법이 없다는 보충성 등의 요건을 갖추어야 한다.) ; 대법원 2007.5.11. 선고 2006도4328 판결 등.

제4절 주관적 정당화(위법성조각)요소

1. 주관적 정당화요소의 개념

주관적 정당화요소란 구성요건에 해당하는 행위를 하는 사람이 자신이 정당한 행위, 즉 위법성이 조각되는 행위를 하고 있다는 것을 인식 또는 의욕하는 내심상태를 말한다.

위법성조각사유의 요소도 현재의 법익에 대한 부당한 침해와 같은 객관적 요소와 방위의사, 피난의사와 같은 주관적 요소가 있을 수 있는데 후자를 주관적 정당화요소라 한다. 즉 정당행위에서 법령, 업무, 사회상규에 따라 행위할 의사, 정당방위에서 방위의사, 긴급피난에서 피난의사, 자구행위에서 청구권보전의사, 승낙에 의한 행위에서 승낙에 따른 행위를 할 의사 등을 말한다.

2. 주관적 정당화요소의 필요여부

가. 필요설

객관적 정당화상황 이외에 주관적 정당화요소가 있어야 위법성조각사유가 인정된다는 견해이다(**통설**).

형법상 '방위하기 위한 행위', '피난하기 위한 행위', '실행곤란을 피하기 위한 행위'로 규정된 것은 방위, 피난이나 청구권보전을 인식, 의욕, 목적한 행위를 의미하므로 이러한 인식 등이 없는 경우에는 위법성조각사유의 요건을 갖추지 못한 것이라는 논거를 든다. **판례는 필요설을 따른다**.[411]

---

411) **대법원 1997.4.17. 선고 96도3376 전원합의체 판결[전○○내란사건]**(정당행위가 성립하기 위하여는 건전한 사회통념에 비추어 그 행위의 동기나 목적이 정당하여야 하고, **정당방위·과잉방위나 긴급피**

보충판례 16-1[주관적 정당화요소] : 대법원 1955.8.5. 선고 4288형상124 판결.

나. 불요설

위법성을 조각시키기 위해서는 객관적 요건만 충족되면 족하고 주관적 요건은 필요하지 않다고 하는 견해이다. 위법성의 판단을 결과반가치만 가지고 판단하자는 입장에서는 주관적 정당화요소가 없는 경우 결과반가치가 없기 때문에 위법성조각사유가 성립할 수 있다는 것이다.

3. 주관적 정당화요소의 내용

주관적 정당화요소 필요설을 취하는 경우에도 정당화상황에 대한 인식만으로 족한 것인가, 아니면 인식뿐만 아니라 의욕도 필요한 것인가에 대해 견해가 대립한다.

다수설은 정당화상황에 대한 인식만으로는 부족하고 정당화목적·동기 와 같이 행위자가 자기행위를 정당화하려는 '의사'도 가지고 있어야 한다고 주장한다**(인식·의사요구설)**. **판례도 인식·의사요구설에 입각**하고 있다고 할 수 있다.[412]

4. 주관적 정당화요소가 없는 경우의 형법적 효과

우연방위와 같이 정당화사유의 객관적 요건이 존재함에도 불구하고 이를 인식하지 못하였거나, 인식은 하였지만 방위의사없이 범행을 한 경우의 형법적 효과에 대해서는 견해가 대립한다.

난·과잉피난이 성립하기 위하여는 방위의사 또는 피난의사가 있어야 한다고 할 것이다.)

412) 앞의 주 411)의 대법원 1997.4.17. 선고 96도3376 전원합의체 판결.

가. 무죄설(위법성조각설)

위법성조각사유의 성립에는 주관적 정당화요소가 필요없기 때문에 행위자가 존재하는 객관적 정당화상황을 알지 못하고 행위한 경우에도 위법성이 조각된다는 견해이다.

나. 불능미수설

주관적 정당화요소가 없는 경우에는 객관적 정당화상황이 존재함으로써 결과반가치는 배제되나 행위반가치는 그대로 존재하므로 미수범의 불법구조와 유사하고 결과불법의 발생이 불가능함에도 행위자는 가능하다고 오인하였다는 점에서 불능미수와 유사하므로 불능미수의 규정을 유추적용하여 처벌해야 한다는 견해이다. 여기서 유추적용은 피고인에게 유리한 것이므로 허용될 수 있다고 한다(**다수설**).

다. 기수설

위법성조각사유는 모든 객관적 요건과 주관적 요건이 충족된 때에만 성립하는 것이므로 객관적 정당화상황이 존재한다고 하여 결과반가치를 부정할 수 없고 이 경우에는 구성요건적 결과까지도 발생하였으므로 기수가 된다는 견해이다.

제 10 장

형법총론

정당행위

제1절 정당행위의 개념

[조문]

刑法 第20條 [正當行爲] 法令에 依한 行爲 또는 業務로 因한 行爲 其他 社會常規에 違背되지 아니하는 行爲는 罰하지 아니한다.

2011년 형법일부개정법률안[형법총칙전면개정안][의안번호 제11304호] 제21조(정당행위) 법령에 따른 행위, 정당한 업무로 인한 행위, 그 밖에 사회상규에 위배되지 아니하는 행위는 벌하지 아니한다.

'노동조합및노동관계조정법' 제4조[정당행위] 형법 제20조의 규정은 노동조합이 단체교섭 · 쟁의행위 기타의 행위로서 제1조의 목적을 달성하기 위하여 한 정당한 행위에 대하여 적용된다. 다만, 어떠한 경우에도 폭력이나 파괴행위는 정당한 행위로 해석되어서는 아니된다.'

1. 정당행위의 의의

정당행위란 사회 내에서의 지배적인 확신이나 사회윤리에 비추어 일반적으로 승인된 가치있는 행위, 즉 사회상규[413]에 위배되지 아니하여 국가적·사회적으로 정당시되

413) **[판례상 社會常規의 의미]** : 대법원 1956.4.6. 선고 4289형상42 판결(사회상규라 함은 그 입법정신에 비추어 국가질서의 존중성의 인식을 기초로 한 국민일반의 건전한 道義感을 말한다.) ; 대법원 2006.4.13. 선고 2005도9396 판결('기타 사회상규에 위배되지 아니하는 행위'라 함은 법질서 전체

는 행위를 말한다.

2. 형법 제20조의 구조

형법 제20조가 인정하고 있는 정당행위 가운데 '법령에 의한 행위' 및 '업무로 인한 행위'와 '사회상규에 위배되지 아니하는 행위'의 상호관계에 대해서는 견해가 대립한다.

예시적 규정설은 법령에 의한 행위 및 업무로 인한 행위를 사회상규에 위배되지 아니하는 행위의 **단순한 예시(정형화 및 구체화)에 불과**한 것으로 보면서 사회상규에 위배되지 아니하는 행위를 **형법 제20조 내에서 포괄적인 위법성조각사유**로 이해한다.

병렬적 규정설은 사회상규에 위배되지 아니하는 행위를 법령에 의한 행위 및 업무로 인한 행위와 별개의 것으로 파악하여 각각 독자적인 의미와 기능을 갖는 병렬적이고 독자적인 위법성조각사유로 이해한다.

생각건대 '사회상규에 위배되지 아니하는 행위'는 형법 제20조 내에서만 포괄적인 위법성조각사유로 인정되는 것이 아니라 형법상 특별한 개별적 위법성조각사유 이외의 모든 가능한 초법규적 위법성조각사유[414]를 포괄한 **일반적 위법성조각사유**를 실정화한 것이기 때문에 다른 위법성조각사유에 대하여 **일반법의 성격**을 갖는다. 따라서 정당방위나 긴급피난과 같은 형법상의 개별 위법성조각사유의 제한원리로서의 의미를 가질 뿐만 아니라 **모든 위법성조각사유에 대해 보충적·최종적인 위법성조각사유로서 기능**한다. 이처럼 사회상규에 위배되지 아니하는 행위는 **위법성조각의 근거임과 동시에 위법성조각의 한계로서의 성격**을 지니고 있다(**일반적 위법성조각사유설**).

의 정신이나 그 배후에 놓여 있는 사회윤리 내지 사회통념에 비추어 용인될 수 있는 행위를 가리킨다.) ; **대법원 2005.9.30. 선고 2005도4688 판결** ; **대법원 2002.1.25. 선고 2000도1696 판결** ; **대법원 2000.4.25. 선고 98도2389 판결** 등.

414) **[超法規的 違法性阻却事由의 의의]** : 초법규적 위법성조각사유란 예컨대 정당방위와 같이 형법이나 민법에 규정된 경우가 아니라 **법규적 근거가 결여된 경우의 위법성조각사유**를 말한다.

종래 **독일형법을 비롯한 대부분의 입법례**는 형법에 위법성조각사유를 모두 규정하는 것이 불가능하다고 보아 초법규적 위법성조각사유를 인정하고 있다. 그러나 **우리형법 제20조**는 사회상규에 위배되지 아니하는 행위는 벌하지 아니한다고 하여 초법규적 위법성조각사유를 일반적 위법성조각사유로 형법에 규정한 점에 그 의의가 있다.

3. 정당행위의 법적 성격

정당행위의 법적 성격은 형법 제20조에 규정된 '벌하지 아니한다'의 의미를 둘러싸고 전개된 논쟁을 말한다.

첫째 **구성요건해당성배제사유설**은 정당행위는 처음부터 적법행위로서 구성요건해당성이 없기 때문에 처벌되지 않는다고 이해한다.

둘째 **구성요건배제·위법성조각사유설**은 정당행위에는 처음부터 적법인 행위와 구성요건에 해당하면서 위법성이 조각되는 두 가지 경우가 있다는 주장이다.

셋째 **위법성조각사유설(통설)**은 정당행위는 구성요건에 해당하는 행위의 위법성만을 조각시킬 뿐이라는 견해이다. 이 견해를 따르면 정당행위의 세 가지 행위유형은 구성요건에 해당하지만 위법성이 배제되기 때문에 정당화된다는 결론이 된다.

생각건대 구성요건해당성배제사유라는 제3의 개념을 필요로 하지 않을 뿐만 아니라 불법을 근거짓는 구성요건해당성과 불법을 배제하는 위법성조각사유는 구별해야 할 가치있는 평가단계이기도 하다는 점에서 위법성조각사유설이 타당하다고 할 것이다.

제2절 법령에 의한 행위

1. 의의

법령[415]**에 의한 행위**란 법령상 규정되어 있는 정당한 권리 또는 의무를 행사하는 행

415) **[법령의 내용 및 충돌해결]** : 여기서 말하는 법령은 우리나라의 법령이나 우리나라 법령에 의해 국내법적 효력을 갖는 것으로 인정된 외국법의 규정만을 말하며, 이러한 법령에는 실체법·절차법과 같은 실정법률은 물론 관할권있는 부서에서 제정·공포된 일반적·추상적인 법규와 행정명령 등도 포함된다. 법령상 충돌이 있을 때에는 헌법➡법률➡명령➡규칙의 일반적 법단계 외에도 '일반법에 대한 특별법 우선의 원칙'과 '구법에 대한 신법 우선의 원칙'에 따라 조정해야 한다. 한편 조리나 관습법과 같은 法源은 업무로 인한 행위 내지 기타 사회상규에 위배되지 아니하는 행위에 속한다.

위나 법령을 집행하는 행위를 말한다. 따라서 법령에 의하여 행해지는 행위는 설령 그 행위가 타인의 법익을 침해하여 구성요건에 해당하더라도 위법성이 조각된다.

이처럼 **법령에 의한 행위를 위법성조각사유로 파악하는 것은 전체법질서의 통일성을 기하기 위함**이다. 즉 법령에 의하여 인정된 권리를 행사하거나 법령에 의하여 부과된 의무를 이행하는 행위는 법질서를 실현시키는 행위이기 때문에 그로 인하여 법익침해의 결과가 발생하였다고 이를 위법하다고 평가하면 법질서의 통일성을 깨뜨리는 것이 되기 때문이다. 법령에 의한 행위라도 사회상규에 위배되지 아니하는 행위의 제한을 받는 것이므로 권리남용행위와 같이 실질적으로 사회상규에 위배되는 행위로 평가되는 경우에는 위법성이 조각될 수 없다.[416)]

2. 공무원의 직무집행행위

가. 적법한 공무집행행위

법령에 의한 행위 가운데 대표적인 것이 공무원의 직무집행행위이다. 헌법은 개개의 시민에게 각종의 자유권을 인정하고 있는데 이 **자유권은 법률에 의해서만 제한**할 수 있다.[417)] 자유권을 제한하는 법률 가운데 전형적인 것이 **공무원에게 강제처분권을 인정하는 법률들**이다. 따라서 공무원이 법령에 정해진 직무를 수행하면서 타인의 법익을 침해하더라도 이는 정당행위로 위법성이 조각된다.

예컨대 법무부장관의 사형집행명령(형사소송법 제463조)과 교도관의 사형집행(형법 제66조)은 각각 살인교사죄, 살인죄의 구성요건에 해당하지만 법령에 의한 행위로 위법성이 조각된다. 수사기관이나 법원의 강제처분(형사소송법 제68조), 집행관의

....

416) **[법령에 의한 행위의 유형]** : 법령에 의한 행위로는 공무원의 직무집행행위, 명령복종행위, 징계행위, 노동쟁의행위, 사인의 현행범인 체포행위(형사소송법 제212조), 점유자의 자력구제(민법 제209조), 모자보건법상의 낙태행위(제14조), 명예훼손죄에 대한 특칙(형법 제310조) 등이 있다.

417) **[헌법 제37조 제2항의 의미] : 헌법재판소 2005.3.31. 선고 2003헌마87 전원재판부 결정**(헌법 제37조 제2항은 기본권제한에 관한 일반적 법률유보조항이라고 할 수 있는데, 법률유보의 원칙은 '법률에 의한 규율'만을 요청하는 것이 아니라 **'법률에 근거한 규율'을 요청하는 것**이기 때문에 **기본권의 제한에는 법률의 근거가 필요할 뿐이고 기본권제한의 형식이 반드시 법률의 형식일 필요는 없다.**)

강제집행(민사집행법[시행 2011.10.13][법률 제10580호, 2011.4.12, 타법개정] 제24조 이하), '국세징수법[시행 2012.1.1][법률 제11125호, 2011.12.31, 일부개정]'에 의한 체납처분(제24조 이하)[418], '경찰관직무집행법[시행 2011.8.4][법률 제11031호, 2011.8.4, 일부개정]'의 불심검문(제3조), 보호조치(제4조)[419], 장구·최루탄·무기사용

418) **제24조(압류)** ① 세무서장(체납기간 및 체납금액을 고려하여 대통령령으로 정하는 체납자의 경우에는 지방국세청장을 포함한다. 이하 같다)은 다음 각 호의 어느 하나에 해당하는 경우에는 납세자의 재산을 압류한다. [개정 2011.12.31]

1. 납세자가 독촉장(납부최고서를 포함한다)을 받고 지정된 기한까지 국세와 가산금을 완납하지 아니한 경우
2. 제14조제1항에 따라 납세자가 납기 전에 납부 고지를 받고 지정된 기한까지 완납하지 아니한 경우

② 세무서장은 납세자에게 제14조제1항 각 호의 어느 하나에 해당하는 사유가 있어 국세가 확정된 후에는 그 국세를 징수할 수 없다고 인정할 때에는 국세로 확정되리라고 추정되는 금액의 한도에서 납세자의 재산을 압류할 수 있다.

③ 세무서장은 제2항에 따라 재산을 압류하려면 미리 지방국세청장의 승인을 받아야 한다.

④ 세무서장은 제2항에 따라 재산을 압류하였을 때에는 해당 납세자에게 문서로 통지하여야 한다.

⑤ 세무서장은 다음 각 호의 어느 하나에 해당할 때에는 제2항에 따른 재산의 압류를 즉시 해제하여야 한다.

1. 제4항에 따른 통지를 받은 자가 납세담보를 제공하고 압류 해제를 요구한 경우
2. 압류를 한 날부터 3개월이 지날 때까지 압류에 의하여 징수하려는 국세를 확정하지 아니한 경우

⑥ 세무서장은 제2항에 따라 압류한 재산이 금전, 납부기한 내 추심(推尋)할 수 있는 예금 또는 유가증권인 경우 납세자의 신청이 있을 때에는 확정된 국세에 이를 충당할 수 있다.[전문개정 2011.4.4]

제26조(수색의 권한과 방법) ① 세무공무원은 재산을 압류하기 위하여 필요할 때에는 체납자의 가옥·선박·창고 또는 그 밖의 장소를 수색하거나 폐쇄된 문·금고 또는 기구를 열게 하거나 직접 열 수 있다. 체납자의 재산을 점유하는 제3자가 재산의 인도(引渡)를 거부할 때에도 또한 같다.

② 세무공무원은 제3자의 가옥·선박·창고 또는 그 밖의 장소에 체납자의 재산을 은닉한 혐의가 있다고 인정하는 때에는 제3자의 가옥·선박·창고 또는 그 밖의 장소를 수색하거나 폐쇄된 문·금고 또는 기구를 열게 하거나 직접 열 수 있다.

③ 제1항 또는 제2항에 따른 수색은 해뜰 때부터 해질 때까지만 할 수 있다. 다만, 해가 지기 전에 시작한 수색은 해가 진 후에도 계속할 수 있다.

④ 주로 야간에 대통령령으로 정하는 영업을 하는 장소에 대하여는 제3항에도 불구하고 해가 진 후에도 영업 중에는 수색을 시작할 수 있다.

⑤ 세무공무원은 제1항 또는 제2항에 따라 수색을 하였으나 압류할 재산이 없을 때에는 수색조서를 작성하여 체납자 또는 제28조에 따른 참여자와 함께 서명날인하여야 하며, 참여자가 서명날인을 거부할 경우 그 사실을 수색조서에 함께 적어야 한다.[개정 2011.12.31]

⑥ 세무공무원은 제5항에 따라 수색조서를 작성하였을 때에는 그 등본을 수색을 받은 체납자 또는 참여자에게 내주어야 한다.[전문개정 2011.4.4]

419) **대법원 1996.10.25. 선고 95다45927 판결**(정신질환자의 평소 행동에 포함된 범죄 내용이 경미하거나 범죄라고 볼 수 없는 비정상적 행동에 그치고 그 거동 기타 주위의 사정을 합리적으로 판단하여 보더라도 정신질환자에 의한 집주인 살인범행에 앞서 그 구체적 위험이 객관적으로 존재하고 있었다고 보기 어려운 경우, 경찰관이 그때그때의 상황에 따라 그 정신질환자를 훈방하거나 일시 정신병원에 입원시키는 등 경찰관직무집행법의 규정에 의한 긴급구호조치를 취하였고, 정신질환자가 퇴원하자 정신병원에서의 장기 입원치료를 받는 데 도움이 되도록 생활보호대상자 지정의뢰를 하는 등 그 나름대로의 조치를 취한 이상, 더 나아가 **경찰관들이 정신질환자의 살인범행 가능성을 막을 수 있을 만한 다른 조치를 취하지 아니하였거나 입건·수사하지 아니하였다고 하여 이를 법령에 위반하는 행**

행위(제10조의2, 10조의3, 10조의4) 등도 체포·감금죄, 주거침입죄 등의 구성요건에 해당할 수 있지만 법령에 의한 행위로 위법성이 조각된다.

공무원의 직무집행행위가 법령에 의한 행위로서 위법성이 조각되기 위한 절차적 요건으로는 첫째 법령의 형식적 요건 및 적정절차를 준수[420]하여야 하고, 둘째 비례성의 원칙을 준수[421]하여야 하며, 셋째 주관적으로는 공무원으로서 직무를 집행한다는 의사가 있어야 한다.[422]

....

위에 해당한다고 볼 수 없다는 이유로, 사법경찰관리의 수사 미개시 및 긴급구호권 불행사를 이유로 제기한 국가배상청구를 배척한 사례.)

420) **[적정절차의 준수여부]** : **대법원 1971.3.9. 선고 70도2406 판결**(**법정의 절차없이** 피해자를 경찰서보호실에 감금한 행위는 수사목적달성을 위하여 적절한 행위라고 믿고 한 정당행위라 할 수 없고 직무상의 권능을 행사함에 있어서 **법정의 조건을 구비하지 아니하고** 이를 행사한 것은 곧 직권을 남용하여 불법감금한 것에 해당한다.) ; **대법원 1994.3.11. 선고 93도958 판결**(경찰서에 설치되어 있는 보호실은 영장대기자나 즉결대기자 등의 도주방지와 경찰업무의 편의 등을 위한 수용시설로서 사실상 설치, 운영되고 있으나 현행법상 그 설치근거나 운영 및 규제에 관한 법령의 규정이 없고, 이러한 보호실은 그 시설 및 구조에 있어 통상 철창으로 된 방으로 되어 있어 그 안에 대기하고 있는 사람들이나 그 가족들이 출입이 제한되는 등 일단 그 장소에 유치되는 사람은 그 의사에 기하지 아니하고 일정장소에 구금되는 결과가 되므로, 경찰관직무집행법상 정신착란자, 주취자, 자살기도자 등 응급의 구호를 요하는 자를 24시간을 초과하지 아니하는 범위내에서 경찰관서에 보호조치할 수 있는 시설로 제한적으로 운영되는 경우를 제외하고는 **구속영장을 발부받음이 없이** 피의자를 보호실에 유치함은 영장주의에 위배되는 위법한 구금으로서 적법한 공무수행이라고 볼 수 없다.) ; **대법원 1995.5.9. 선고 94도3016 판결**(피의자를 구속영장 없이 현행범으로 체포하기 위하여는 체포 당시에 피의자에 대하여 **범죄사실의 요지, 체포의 이유와 변호인을 선임할 수 있음을 말하고 변명할 기회를 준 후가 아니면 체포할 수 없고**, 이와 같은 절차를 밟지 아니한 채 실력으로 연행하려 하였다면 적법한 공무집행으로 볼 수 없다.) ; **대법원 1995.5.26. 선고 94다37226 판결**(피의자에 대하여 범죄사실의 요지, 체포 또는 구속의 이유와 변호인선임권을 고지하고 변명의 기회를 주지 않고 한 긴급구속의 위법성 및 구속영장 없이 경찰서 조사대기실에 유치하는 것의 위법성을 인정한 사례) ; **대법원 1999.4.23. 선고 98다41377 판결** ; **대법원 2000.7.4. 선고 99도4341 판결**(헌법 제12조 제5항 전문은 '누구든지 체포 또는 구속의 이유와 변호인의 조력을 받을 권리가 있음을 고지받지 아니하고는 체포 또는 구속을 당하지 아니한다.'는 원칙을 천명하고 있고, 형사소송법 제72조는 '피고인에 대하여 범죄사실의 요지, 구속의 이유와 변호인을 선임할 수 있음을 말하고 변명할 기회를 준 후가 아니면 구속할 수 없다.'고 규정하는 한편, 이 규정은 같은 법 제213조의2에 의하여 **검사 또는 사법경찰관리가 현행범인을 체포하거나 일반인이 체포한 현행범인을 인도받는 경우에 준용**되므로, 사법경찰리가 현행범인으로 체포하는 경우에는 반드시 범죄사실의 요지, 구속의 이유와 변호인을 선임할 수 있음을 말하고 변명할 기회를 주어야 할 것임은 명백하며, **이러한 법리는 비단 현행범인을 체포하는 경우뿐만 아니라 긴급체포의 경우에도 마찬가지로 적용되는 것**이고, 이와 같은 고지는 체포를 위한 실력행사에 들어가기 이전에 미리 하여야 하는 것이 원칙이나, 달아나는 피의자를 쫓아가 붙들거나 폭력으로 대항하는 피의자를 실력으로 제압하는 경우에는 붙들거나 제압하는 과정에서 하거나, 그것이 여의치 않은 경우에라도 일단 붙들거나 제압한 후에는 지체 없이 행하여야 한다.) ; **대법원 2008.7.24. 선고 2008도2794 판결** 등.

421) **[비례성원칙의 준수여부]** : **대법원 1997.3.28. 선고 95도2674 판결**(타인의 주거에 침입한 행위가 비록 불법선거운동을 적발하려는 목적으로 이루어진 것이라고 하더라도, **타인의 주거에 도청장치를 설치하는 행위는 그 수단과 방법의 상당성을 결하는 것**으로서 정당행위에 해당하지 않는다.) ; **대법원 1993.10.12. 선고 93도875 판결**(집달관이 압류집행을 위하여 채무자의 주거에 들어가는 과정에서 상해를 가한 것은 상당성이 있는 행위로서 위법성이 조각된다.)

나. 상관의 명령에 의한 직무집행행위

(1) 상관의 명령이 적법한 경우

[조문]

국제형사재판소관할범죄의처벌등에관한법률[시행 2011.4.12][법률 제10577호, 2011.4.12, 일부개정] 제4조(상급자의 명령에 따른 행위) ① 정부 또는 상급자의 명령에 복종할 법적 의무가 있는 사람이 그 명령에 따른 자기의 행위가 불법임을 알지 못하고 집단살해죄 등을 범한 경우에는 명령이 명백한 불법이 아니고 그 오인(誤認)에 정당한 이유가 있을 때에만 처벌하지 아니한다. ② 제1항의 경우에 제8조 또는 제9조의 죄를 범하도록 하는 명령은 명백히 불법인 것으로 본다. [전문개정 2011.4.12]

공무원은 상관의 명령에 복종해야 할 의무가 있으므로('국가공무원법[시행 2012.6.22][법률 제11392호, 2012.3.21 일부개정]' 제57조)[423], **상관의 적법한 직무명령에 따른 행위**는 법령에 의한 행위로서 위법성이 조각될 수 있다.

상관의 명령이 적법성을 갖추기 위한 요건으로는 첫째 명령권자가 추상적 권한을 가지고 있어야 한다. 즉 상관에게 부하의 신분·직무에 대한 감독권한이 있어야 하고, 둘째 명령권자가 구체적 권한을 가지고 있어야 한다. 즉 명령의 내용이 부하의 직무에 관한 것이어야 하며, 셋째 명령이 적법한 절차에 따라 내려져야 한다.[424]

422) **[직무집행의 의사여부]** : 대법원 1996.7.30. 선고 95도2408 판결[총포·도검·화약류등단속법(1995.12.6. 법률 제4989호로 개정되기 전의 것, 이하 총포등단속법이라 한다) 제10조는 "누구든지 다음 각호의 1에 해당하는 경우를 제외하고는 허가 없이 총포·도검·화약류·분사기·전자충격기를 소지하여서는 아니된다"고 규정하면서, 그 제1호에서 제외 사유의 하나로 "법령에 의하여 직무상 총포·도검·화약류·분사기·전자충격기를 소지하는 경우"를 들고 있고, 한편 경찰공무원법 제20조 제2항은 "경찰공무원은 직무수행을 위하여 필요한 때에는 무기를 휴대할 수 있다"고 규정하고 있다. 그런데, 위 경찰공무원법의 규정 취지는 경찰공무원이 직무수행을 위하여 필요하다고 인정되는 경우에 한하여 무기를 휴대할 수 있다는 것뿐이지, 경찰관이라 하여 허가 없이 개인적으로 총포 등을 구입하여 소지하는 것을 허용하는 것은 아니다.]

423) 제57조 (복종의 의무) "공무원은 직무를 수행할 때 소속 상관의 직무상 명령에 복종하여야 한다. [전문개정 2008.3.28]"

424) **[적법한 직무명령과 명령의 부당성]** : 상관의 적법한 직무명령에 따른 행위인 이상 **상관의 명령이 부당**하더라도 그 명령은 부하에 대해 구속력을 가질 수 있고 부하가 그 명령에 따른 경우에도 법령에 의한 행위라고 할 수 있다.

(2) 상관의 명령이 위법한 경우

사례 1

직속상관 甲은 부하인 乙에게 丙을 구타하라고 명령하였다. 그 명령을 받은 乙은 丙에게 폭행을 가하려던 차에 오히려 丁으로부터 구타를 당하였다. 이 경우 甲, 乙, 丁의 범죄성립 여부를 논하시오.

상관의 명령 자체가 적법성의 요건을 갖추지 못한 위법한 명령인 경우에는 원칙적으로 법령에 의한 행위로 인정될 수 없다. 그러나 위법한 명령에 복종한 행위에 대한 형법적 평가에 대해서는 견해가 대립한다.

① 책임조각설(통설)

책임조각설은 절대적 구속력을 가진 위법명령에 복종한 행위에 대해서는 책임을 조각시켜야 한다는 견해이다. 그 근거로는 절대적 명령에 구속력이 있는 한 **하급자가 명령을 거역할 기대가능성(초법규적 책임조각사유)이 존재하지 않는다**는 점을 든다.[425)]

이 견해에 의하면 위법명령을 집행하는 행위는 위법하기 때문에 이에 대해 정당방위를 할 수 있지만, 절대적 구속력을 가진 명령이어서 명령복종자의 행위가 책임이 조각된다면 명령을 발동한 상관은 간접정범으로 처벌된다.

② 명령의 불법정도에 따라 구별하는 설(위법성조각설)

명령의 불법정도에 따라 그 형법적 평가를 다르게 하는 견해이다. 이에 따르면 '구속력이 있더라도 불법내용이 **경미한 명령**'에 복종한 행위는 위법성이 조각될 수 있고, '구속력이 있고 불법내용도 **중대한 명령**'에 복종한 행위는 위법성은 조각되지 않지만 책임은 조각될 수 있다고 한다.

③ 판례의 태도

대법원은 통설과 같이 명령이 위법한 경우에는 이에 따를 의무가 없다고 하면서

425) 이에 대하여 면책적 긴급피난이나 강요된 행위에 따라 책임을 조각시키는 견해도 있다.

도[426] 위법한 명령을 따른 부하의 책임조각, 감경을 거의 인정하지 않고 있다.[427]

④ 소결

생각건대 위법한 상관의 명령에 따른 행위는 그 자체가 위법하므로 위법성이 조각될 수 있다고 하는 것은 개념의 모순이기 때문에 위법성이 조각될 수 없다고 하여야 한다. 다만 기대가능성이 없음으로 인해 책임이 조각되는 경우는 있을 수 있을 것이다(**책임조각설**). 즉 위법한 명령을 발동한 상황, 그러한 명령에 복종한 행위자가 처한 구체적인 사정을 종합적으로 고려하여 특단의 사정이 있기 때문에 적법행위로의 기대가 불가능하다는 평가를 내릴 수 있는 경우에 한하여 책임을 조각할 수 있다.

⑤ 사례1의 해결

사례1에서 상관 甲의 명령은 위법한 명령이다. 공무원이라 할지라도 타인을 구타할 권한은 없기 때문에 그 권한없는 폭행행위는 위법이다. 또한 명령은 법령 등에 의거한 적법한 것이어야 하므로 위법한 사항이 명령이 될 수 없다. 상관의 명령이 위법한 경우에는 하관은 이에 복종할 의무가 없으며, 그 위법명령을 그대로 이행하는 하관의 행위는 위법이다(**대법원의 판례를 상기하자!**).[428]

---

426) **대법원 1999.4.23. 선고 99도636 판결**(공무원이 그 직무를 수행함에 즈음하여 상관은 하관에 대하여 범죄행위 등 위법한 행위를 하도록 명령할 직권이 없는 것이며, 또한 하관은 소속상관의 적법한 명령에 복종할 의무는 있으나 그 명령이 대통령 선거를 앞두고 특정후보에 대하여 반대하는 여론을 조성할 목적으로 확인되지도 않은 허위의 사실을 담은 책자를 발간·배포하거나 기사를 게재하도록 하라는 것과 같이 명백히 위법 내지 불법한 명령인 때에는 이는 벌써 직무상의 지시명령이라 할 수 없으므로 이에 따라야 할 의무가 없다.)

427) **대법원 1988.2.23. 선고 87도2358 판결**(설령 대공수사단 직원은 상관의 명령에 절대 복종하여야 한다는 것이 불문률로 되어 있다 할지라도 국민의 기본권인 신체의 자유를 침해하는 고문행위 등이 금지되어 있는 우리의 국법질서에 비추어 볼 때 그와 같은 불문률이 있다는 것만으로는 고문치사와 같이 중대하고도 명백한 위법명령에 따른 행위가 정당한 행위에 해당하거나 강요된 행위로서 적법행위에 대한 기대가능성이 없는 경우에 해당하게 되는 것이라고는 볼 수 없다.) ; **대법원 1997.4.17. 선고 96도3376 전원합의체 판결**(상관의 적법한 직무상 명령에 따른 행위는 정당행위로서 형법 제20조에 의하여 그 위법성이 조각된다고 할 것이나, 상관의 위법한 명령에 따라 범죄행위를 한 경우에는 상관의 명령에 따랐다고 하여 부하가 한 범죄행위의 위법성이 조각될 수는 없다.) ; **대법원 1999.7.23. 선고 99도1911 판결**(직장의 상사가 범법행위를 하는데 가담한 부하에게 직무상 지휘·복종관계에 있다 하여 범법행위에 가담하지 않을 기대가능성이 없다고 할 수 없다.)

428) **[위법성판단의 객관성]** : 이 경우에 하관이 상관의 위법한 명령을 주관적으로 적법으로 오인하였는지 여부는 위법성판단에 영향이 없다. 일정한 행위가 위법 또는 적법인지 여부는 객관적(사회일반인의 관점)으로 판단하여야 하기 때문이다(**통설인 객관적 위법성론**).

사례1에서는 상관 甲은 하관 乙에게 丙을 구타하라고 명령하였으므로 그 명령은 위법이며, 그 위법명령을 이행하려고 한 乙의 폭행행위 또한 위법이다. 이처럼 위법한 폭행행위에 대하여 그 피해자 또는 제3자가 그 법익을 방위하기 위하여 상당한 방법으로 반격을 가하는 행위는 적법하며 정당방위이다. 따라서 乙이 丙을 구타하려고 할 때에 丙의 법익을 방위하기 위하여 乙에 반격을 가한 丁의 구타행위는 정당방위에 해당한다.

한편 甲은 자기의 지휘·감독을 받는 직속하관 乙에 대하여 폭행을 교사하였기 때문에 '폭행죄(제260조)의 특수교사범(형법 제34조 제2항)'이며, 乙은 그 교사를 받고 실행의 착수에 이르지 아니하였기 때문에 '효과없는 교사(제31조 제2항)'의 경우에 해당한다. 그러나 폭행죄는 그 예비·음모행위를 처벌하지 않기 때문에 甲·乙을 처벌할 수 없으며, 미수 또한 처벌하지 않기 때문에 乙 역시 처벌할 수 없다. 따라서 甲·乙 및 丁은 형법상 아무런 책임을 지지 아니한다.

(3) 상관의 위법한 명령을 적법한 명령으로 오인한 경우

이 경우에도 오인하여 명령을 수행한 행위에 대한 형법적 평가가 문제된다.

① 학설의 입장

적법한 명령에 복종한 행위이어야 법령에 의한 행위로서 위법성이 조각될 수 있기 때문에 위의 경우 위법성은 조각될 수 없고 책임이 조각될 수 있을 뿐이라는 견해를 위시로, 구성요건적 사실에 관한 착오와 유사한 구조를 가지고 있으므로 구성요건적 고의를 조각시키려는 견해에 이르기까지 다양한 견해들이 제시되고 있다. 이에 대해서는 책임론(위법성의 인식과 법률의 착오)에서 상론하기로 한다.

② 판례의 입장

대법원은 위법한 명령을 적법한 명령으로 오인한 경우에는 위법한 명령에 복종한 행위의 위법성을 조각시킬 수 있다는 입장이다. 다만 이 경우에도 오인에 정당한 이유가 있어야 한다는 제한을 요구한다.[429)]

③ 소결

행위자가 위법성조각사유의 객관적 요건(즉 명령의 적법성)이 충족되지 않았음에도 불구하고 자기행위가 그러한 요건을 충족하고 있는 것으로 오인한 경우[430]이므로 **위법성조각사유의 객관적 전제사실에 관한 착오**사례에 해당한다.

이러한 착오를 일으킨 행위자는 자기행위가 법령에 의하여 죄가 되지 아니한 것으로 오인한 경우에 해당하므로 형법 제16조(법률의 착오)의 적용을 받아 정당한 이유가 인정되는 경우에 '책임'이 조각된다고 하여야 할 것이다(엄격책임설, 통설은 제한책임설 중 법효과제한책임설). 이에 대해서도 책임론(위법성의 인식과 법률의 착오)에서 상론하기로 한다.

3. 징계행위

가. 의의 및 위법성조각요건

징계행위란 법령상의 징계권을 정당하게 행사하는 행위를 말한다. 법령에 의한 징계행위가 위법성이 조각되기 위해서는 **사회상규에 위배되지 아니하는 징계행위**이어야 하는데 이를 충족시키기 위한 요건으로서는, 첫째 **객관적 요건**으로서 충분한 징계사유가 있어야 하고, 징계행위 자체가 교육목적을 달성하기 위해 필요·적정한 정도에 그쳐야 하며, 둘째 **주관적 요건**으로서 징계권자에게 최소한 교육적 동기가 표현될 정도의 교육의사가 있어야 한다.[431]

429) **대법원 1986.10.28. 선고 86도1406 판결**(소속 중대장의 당번병이 근무시간 중은 물론 근무시간 후에도 밤늦게 까지 수시로 영외에 있는 중대장의 관사에 머물면서 집안일을 도와주고 그 자녀들을 보살피며 중대장 또는 그 처의 심부름을 관사를 떠나서까지 시키는 일을 해오던 중 사건당일 중대장의 지시에 따라 관사를 지키고 있던 중, 중대장과 함께 외출나간 그 처로부터 24:00경 비가 오고 밤이 늦어 혼자 귀가할 수 없으니 관사로부터 1.5킬로미터 가량 떨어진 지점까지 우산을 들고 마중을 나오라는 연락을 받고 당번병으로서 당연히 해야 할 일로 생각하고 그 지점까지 나가 동인을 마중하여 그 다음날 01:00경 귀가하였다면 위와 같은 당번병의 관사이탈 행위는 중대장의 직접적인 허가를 받지 아니 하였다 하더라도 당번병으로서의 그 임무범위 내에 속하는 일로 오인하고 한 행위로서 그 오인에 정당한 이유가 있어 위법성이 없다고 볼 것이다.)

430) 앞의 주 429) 판례에서는 사병 甲이 중대장의 처 乙의 마중지시를 중대장의 적법한 명령으로 오인한 경우가 그것이다.

징계대상자에 대한 體罰이 징계행위로서 위법성이 조각될 수 있는지에 대해서는 견해가 대립한다.

나. 부모의 체벌행위

친권자의 체벌은 극히 제한된 범위 내에서 법령에 의한 행위로서 위법성이 조각된다는 데에 **학설(통설)과 판례는 일치**한다.[432] 따라서 부모의 체벌행위가 위법성이 조각되기 위해서는 체벌행위의 행사가 객관적으로 징계의 목적을 위해 **필요한 범위 안에서 상당한 방법**[433]으로 행사되어야 하며, 주관적으로 **징계의사가 있어야 한다**.

보충판례 17-1[타인의 자녀에 대한 징계권] : 대법원 1978.12.13. 선고 78도2617 판결.

다. 학교장 및 교사의 체벌행위

(1) 학교장의 체벌행위

'초·중등교육법[시행 2012.7.27][법률 제11219호, 2012.1.26, 일부개정]' 제18조(학

---

431) **[법령상 징계권의 유형]** : 법령상 인정되는 징계권으로는 '보호소년등의처우에관한법률(구소년원법, 2007.12.21.부로 변경[시행 2011.4.5][법률 제10541호, 2011.4.5, 일부개정])'상의 소년원장 또는 소년분류심사원장에게 인정되는 징계권[제15조 (징계) ① 원장은 보호소년등이 규율을 위반하였을 때에는 다음 각 호의 어느 하나에 해당하는 징계를 할 수 있다. 1. 훈계 2. 원내 봉사활동 3. 14세 이상인 자에게 지정된 실내에서 20일 이내의 기간 동안 근신하게 하는 것. ② 소년원장은 보호소년이 제1항 각 호의 어느 하나에 해당하는 징계를 받은 경우에는 법무부령으로 정하는 기준에 따라 교정성적 점수를 빼야 한다. ③ 징계는 당사자의 심신상황을 고려하여 교육적으로 하여야 한다.], '**초·중등교육법[시행 2012.7.27][법률 제11219호, 2012.1.26, 일부개정]' 제18조 제1항 및 '고등교육법[시행 2012.7.22][법률 제11384호, 2012.3.21, 타법개정]' 제13조 제1항상 학교의 장에게 인정되는 징계권**, 민법상 친권자·후견인에게 인정되는 징계권(제915조, 제945조) 등이 있다.

432) **[체벌의 긍정판례]** : 대법원 1986.7.8. 선고 84도2922 판결(비록 수십회에 걸쳐서 계속되는 일련의 폭행행위가 있었다 하더라도 **그 중 친권자로서의 징계권의 범위에 속하여 위 위법성이 조각되는 부분이 있다면 그 부분을 따로 떼어 무죄의 판결을 할 수 있다.**)

433) **[방법의 상당성]** : 대법원 2002.2.8. 선고 2001도6468 판결[친권자는 자를 보호하고 교양할 권리의무가 있고(민법 제913조) 그 자를 보호 또는 교양하기 위하여 필요한 징계를 할 수 있기는 하지만(민법 제915조) **인격의 건전한 육성을 위하여 필요한 범위 안에서 상당한 방법으로 행사되어야만 할 것**인데, 스스로의 감정을 이기지 못하고 야구방망이로 때릴 듯이 피해자에게 "죽여 버린다."고 말하여 협박하는 것은 그 자체로 피해자의 인격 성장에 장해를 가져올 우려가 커서 이를 교양권의 행사라고 보기도 어렵다.] ; 대법원 1969.2.4. 선고 68도1793 판결(4세인 아들이 대소변을 가리지 못한다고 닭장에 가두고 전신을 구타한 것은 친권자의 징계권행사에 해당한다고 볼 수 없다.)

생의 징계) 제1항은 "학교의 장은 교육상 필요한 경우에는 **법령과 학칙으로 정하는 바에 따라 학생을 징계하거나 그 밖의 방법으로 지도**할 수 있다. 다만, 의무교육을 받고 있는 학생은 퇴학시킬 수 없다.[전문개정 2012.3.21]"고 규정하고 있으며, '동법시행령[시행 2012.7.27][대통령령 제23975호, 2012.7.24, 일부개정]' 제31조(학생의 징계 등) 제8항은 "학교의 장은 법 제18조제1항 본문에 따라 **지도를 할 때에는 학칙으로 정하는 바에 따라 훈육 · 훈계 등의 방법으로 하되, 도구, 신체 등을 이용하여 학생의 신체에 고통을 가하는 방법을 사용해서는 아니된다**.[개정 2011.3.18]"고 규정하고 있다. 이에 대해서는 무조건불허설도 주장되지만 학교장의 체벌행위는 초·중등교육법령상 징계행위가 아닌 '지도행위'로서 법령에 의한 정당행위가 된다고 하여야 할 것이다. 대법원도 긍정하는 입장이다.[434)]

(2) 교사의 체벌행위

위 초·중등교육법령뿐만 아니라 현행 교육관련법령에는 교사의 체벌을 정면으로 인정하고 있는 근거규정은 존재하지 않는다. 이를 이유로 교사의 체벌행위를 무조건 불허하는 부정설도 있지만, 그러나 **대법원**은 교사의 체벌행위도 초·중등교육법령에 의한 지도행위로서 법령에 의한 행위로 정당행위가 될 수 있다고 한다.[435)]

434) **[학교장의 체벌]** : 대법원 1976.4.27. 선고 75도115 판결(교육법 제76조에 의하면 각 학교의 장은 교육상 필요할 때는 학생에게 징계 또는 처벌을 할 수 있도록 규정하고 있으므로 피고인이 훈계의 목적으로 교칙위반 학생에게 뺨을 몇 차례 때린 정도는 감호교육상의 견지에서 볼 때 징계의 방법으로서 사회관념상 비난의 대상이 될 만큼 사회상규를 벗어난 것으로는 볼 수 없다 할 것이니 이러한 귀지에서 교장의 징계로서 정당행위라 하여 처벌의 대상이 되지 아니한다.)

435) **보충판례 17[교사의 체벌] : 대법원 2004.6.10. 선고 2001도5380 판결; 인천지법 2009.4.23. 선고 2009 고단1010 판결**[초·중등교육법령에 따르면 교사는 학교장의 위임을 받아 교육상 필요하다고 인정할 때에는 징계를 할 수 있고 징계를 하지 않는 경우에는 그 밖의 방법으로 지도를 할 수 있는데 그 지도에 있어서는 **교육상 불가피한 경우에만** 신체적 고통을 가하는 방법인 이른바 체벌로 할 수 있고 그 외의 경우에는 훈육, 훈계의 방법만이 허용되어 있는바, 교사가 학생을 징계 아닌 방법으로 지도하는 경우에도 징계하는 경우와 마찬가지로 교육상의 필요가 있어야 될 뿐만 아니라 특히 학생에게 신체적, 정신적 고통을 가하는 체벌, 비하(卑下)하는 말 등의 언행은 교육상 불가피한 때에만 허용되는 것이어서, 학생에 대한 폭행, 욕설에 해당되는 지도행위는 학생의 잘못된 언행을 교정하려는 목적에서 나온 것이었으며 다른 교육적 수단으로는 교정이 불가능하였던 경우로서 그 방법과 정도에서 사회통념상 용인될 수 있을 만한 객관적 타당성을 갖추었던 경우에만 법령에 의한 정당행위로 볼 수 있을 것이고, 교정의 목적에서 나온 지도행위가 아니어서 학생에게 체벌, 훈계 등의 교육적 의미를 알리지도 않은 채 지도교사의 성격 또는 감정에서 비롯된 지도행위라든가, 다른 사람이 없는 곳에서 개별적으로 훈계, 훈육의 방법으로 지도·교정될 수 있는 상황이었음에도 낯모르는 사람들이 있는 데서 공개적으로 학생에게 체벌·모욕을 가하는 지도행위라든가, 학생의 신체나 정신건강에 위험한 물

보충판례 17[교사의 체벌] : 대법원 2004.6.10. 선고 2001도5380 판결.

생각건대 초·중등교육법령에는 학교장이 교사에게 체벌을 위임하였다고 할 만한 규정이 없기 때문에 교사의 체벌행위는 법령에 의한 행위로 위법성이 조각될 수는 없고, 교사가 교육목적을 가지고 신체상해에 이르지 않을 정도로 징계목적을 달성하는데 필요한 적정수준에 머무는 체벌인 경우에 한하여[436] 사회상규에 위배되지 아니하는 행위로서 위법성이 조각될 수 있다고 하여야 할 것이다(**제한적허용설**).

대법원도 교사가 상해를 입히거나[437], 침착성과 냉정성을 잃은 상태에서 구타한 경우[438] 위법성조각을 부정하였다.

건 또는 지도교사의 신체를 이용하여 학생의 신체 중 부상의 위험성이 있는 부위를 때리거나 학생의 성별, 연령, 개인적 사정에서 견디기 어려운 모욕감을 주어 방법·정도가 지나치게 된 지도행위 등은 특별한 사정이 없는 한 사회통념상 객관적 타당성을 갖추었다고 보기 어렵다.] ; **헌법재판소 2000.1.27. 선고 99헌마481 전원재판부 결정**[초·중등교육법 제20조 제3항, 제18조 제1항, 동법시행령 제31조 제7항 등의 규정들의 취지에 의하면 비록 체벌이 교육적으로 효과가 있는지에 관하여는 별론으로 하더라도 교사가 학교장이 정하는 학칙에 따라 불가피한 경우 체벌을 가하는 것이 금지되어 있지는 않다고 보여진다. 그러나 어떤 경우에 어떤 방법으로 체벌을 가할 수 있는 지에 관한 기준은 명확하지 않지만 대법원은 징계행위는 그 방법 및 정도가 교사의 징계권행사의 허용한도를 넘어선 것이라면 정당한 행위로 볼 수 없다라고 판시(대법원 1990.10.30. 90도1456 판결)함으로써 그 기준을 일응 제시하고 있다. 따라서 피청구인으로서는 체벌의 수단과 그 정도 및 피해자의 피해정도를 면밀하게 수사하여 만약 청구인들의 행위가 체벌로서 허용되는 범위 내의 것이라면 형법 제20조 소정의 정당행위에 해당하므로 '죄가안됨' 처분을 하였어야 함에도 수사를 미진하여 일부 인정되는 폭행사실만으로 청구인들의 범죄혐의를 인정하여 각 기소유예처분하였다면 이는 수사를 다하지 아니함으로써 청구인들의 평등권을 침해하였다고 할 것이다.] ; **헌법재판소 2006.7.27. 선고 2005헌마1189 전원재판부 결정** 등 참조.

436) **대법원 1991.5.28. 선고 90다17972 판결**(교사의 학생에 대한 체벌이 징계권의 행사로서 정당행위에 해당하려면 그 체벌이 교육상의 필요가 있고 다른 교육적 수단으로는 교정이 불가능하여 부득이한 경우에 한하는 것이어야 할 뿐만 아니라 그와 같은 경우에도 그 체벌의 방법과 정도에는 사회관념상 비난받지 아니할 객관적 타당성이 있지 않으면 안된다.)

437) **대법원 1978.3.14. 선고 78도203 판결**(교육자로서 피교육자인 피해자에 대한 정당한 징계행위인양 주장하나 대나무 막대기로 나이 어린 피해자의 전신을 구타하여 상해까지 입힌 이 사건의 경우에 있어서는 그 제재의 범위를 넘어선 행위가 되어 정당한 징계행위로 볼 수 없다.) ; **대법원 1990.10.30. 선고 90도1456 판결**(교사가 국민학교 5학년생을 징계하기 위하여 양손으로 교탁을 잡게 하고 길이 50cm, 직경 3cm 가량 되는 나무 지휘봉으로 엉덩이를 두 번 때리고, 학생이 아파서 무릎을 굽히며 허리를 옆으로 틀자 다시 허리부분을 때려 6주간의 치료를 받아야 할 상해를 입힌 경우 위 징계행위는 그 방법 및 정도가 교사의 징계권행사의 허용한도를 넘어선 것으로서 정당한 행위로 볼 수 없다.) ; **대법원 1991.5.14. 선고 91도513 판결**(교사가 학생을 엎드러지게 한 후 몽둥이와 당구큐대로 그의 둔부를 때려 3주간의 치료를 요하는 우둔부심부혈종좌이부좌상을 입혔다면 비록 학생주임을 맡고 있는 교사로서 제자를 훈계하기 위한 것이었다 하더라도 이는 징계의 범위를 넘는 것으로서 형법 제20조의 정당행위에는 해당하지 아니한다.) ;

438) **대법원 1980.9.9. 선고 80도762 판결**(교사가 피해자인 학생이 욕설을 하였는지를 확인도 하지 못할 정도로 침착성과 냉정성을 잃은 상태에서 욕설을 하지도 아니한 학생을 오인하여 구타하였다면 그 교사가 비록 교육상 학생을 훈계하기 위하여 한 것이라고 하더라도 이는 징계권의 범위를 일탈한 위

라. 군인의 체벌행위

군대에서 상관의 하관에 대한 체벌이 허용되는지도 문제될 수 있다. '군인복무규율[시행 2012.8.5][대통령령 제24017호, 2012.8.3, 타법개정]' 제15조(사적 제재의 금지)는 "① 군인은 어떠한 경우에도 구타 · 폭언 및 가혹행위등 사적 제재를 행하여서는 아니되며, 사적 제재를 일으킬 수 있는 행위를 하여서도 아니된다. ② 지휘관 및 상관은 병영생활의 지도 또는 군기확립을 구실로 구타 · 폭언 기타 가혹행위가 발생하지 아니하도록 부하를 지도 · 감독하여야 한다."고 규정하여 체벌을 금지하고 있기 때문에 상관의 체벌은 법령에 의한 행위로서 위법성이 조각되지 않는다.

대법원은 감금과 구타행위[439], 상해를 입히는 행위[440], 40-50분간 머리박아(속칭 '원산폭격')를 시키거나 양손을 까지 낀 상태에서 약 2시간 동안 팔굽혀펴기를 50-60회 정도 하게 한 행위[441] 등에서는 위법성조각을 부정하였다. 그러나 경미한 폭행에 대해서는 사회상규에 위배되지 아니하는 행위라는 의미로서 위법성의 조각을 긍정하였다.[442]

법한 폭력행위이다.)

439) **대법원 1984.6.12. 선고 84도799 판결**(상관인 피고인이 군내부에서 부하인 방위병들의 훈련 중에 그들에게 군인정신을 환기시키기 위하여 한 일이라 하더라도 감금과 구타행위는 징계권 내지 훈계권의 범위를 넘어선 것으로 위법하다.)

440) **대법원 1984.6.26. 선고 84도603 판결**(부하를 훈계하기 위한 것이라 하여도 폭행행위가 훈계권의 범위를 넘었다고 보여지고 그로 인하여 상해를 입은 이상 그 행위를 사회상규에 위배되지 아니한 행위로서 위법성이 조각된다고 할 수 없다.)

441) **대법원 2006.4.27. 선고 2003도4151 판결**[상사 계급의 피고인이 그의 잦은 폭력으로 신체에 위해를 느끼고 겁을 먹은 상태에 있던 부대원들에게 청소 불량 등을 이유로 40분 내지 50분간 머리박아(속칭 '원산폭격')를 시키거나 양손을 깍지 낀 상태에서 약 2시간 동안 팔굽혀펴기를 50-60회 정도 하게 한 경우, 피고인은 부대원들에게 얼차려를 지시할 당시 얼차려의 결정권자도 아니었고 소속 부대의 얼차려 지침상 허용되는 얼차려도 아니었기 때문에 형법 제20조의 정당행위로 볼 수 없다.]

442) **대법원 1978.4.11. 선고 77도3149 판결**(군대내의 질서를 지키려는 목적에서 지휘관이 부하에게 가한 경미한 폭행은 지키려는 법익이 피해법익에 비하여 월등이 크다고 할 것이므로 그 위법성을 결여한다.)

4. 노동쟁의행위

사례 2

노동조합의 대표 甲은 임금인상을 위하여 회사의 사장 乙에게 수차 면회를 요청하였으나 거부당하였다. 이에 甲은 허가없이 사장실에 무단침입하여 임금인상을 요구하였으나 거절하므로 그 요구사항이 관철될 때까지 동맹파업을 할 것을 선언한 후 소정의 절차에 의하여 노동쟁의행위에 돌입하였다. 甲의 죄책은?

가. 의의 및 요건

헌법(제33조 제1항)과 노동조합법 등의 노동관계법률에는 노동쟁의를 보장하는 규정을 두고 있다. **'노동조합및노동관계조정법[시행 2011.7.1][법률 제9930호, 2010.1.1, 일부개정]' 제4조(정당행위)**는 "형법 제20조의 규정은 노동조합이 단체교섭 · 쟁의행위 기타의 행위로서 제1조의 목적을 달성하기 위하여 한 정당한 행위에 대하여 적용된다. 다만, 어떠한 경우에도 폭력이나 파괴행위는 정당한 행위로 해석되어서는 아니된다."고 규정하고 있다.

따라서 쟁의행위가 회사에 손해를 야기하여 업무방해죄(형법 제314조)의 구성요건에 해당하더라도 **노동조합및노동관계조정법 제37조(쟁의행위의 기본원칙) "① 쟁의행위는 그 목적 · 방법 및 절차에 있어서 법령 기타 사회질서에 위반되어서는 아니된다. ② 조합원은 노동조합에 의하여 주도되지 아니한 쟁의행위를 하여서는 아니된다." 이하에 규정된 요건**을 충족시키는 경우에는 법령에 의한 행위로 위법성이 조각된다.

쟁의행위의 위법성이 조각되기 위해서는 다음과 같은 실체법적·절차법적 요건을 구비하여야 한다.[443)]

첫째 그 주체가 단체교섭의 주체로 될 수 있는 자이어야 하고, 둘째 그 목적이 근로조건의 향상을 위한 노사간의 자치적 교섭[444)]을 조성하는 데에 있어야 하며, 셋째 사용

---

443) 대법원 2008.9.11. 선고 2004도746 판결 ; 대법원 2008.1.18. 선고 2007도1557 판결 ; 대법원 2007.5.11. 선고 2006도9478 판결 등 참조.

자가 근로자의 근로조건 개선에 관한 구체적인 요구에 대하여 단체교섭을 거부하였을 때 개시하되 특별한 사정이 없는 한 조합원의 찬성결정 및 노동쟁의 발생신고 등 법령이 규정한 절차를 거쳐야 하고, 넷째 그 수단과 방법이 사용자의 재산권과 조화를 이루어야 함은 물론 폭력의 행사에 해당되지 아니하여야 한다.[445]

나. 정당한 쟁의행위로 위법성이 조각되는 경우

대법원은, ① 쟁의행위에 대한 찬반투표 실시를 위하여 전체 조합원이 참석할 수 있도록 근무시간 중에 노동조합 임시총회를 개최하고 3시간에 걸친 투표 후 1시간의 여흥시간을 가졌더라도 그 임시총회 개최행위가 전체적으로 노동조합의 정당한 행위에 해당한다[446]고 하고, ② 쟁의행위의 목적이 위법하지 아니하고 시위행위가 병원의 업무개시 전이거나 점심시간을 이용하여 현관로비에서 이루어졌고 쟁의행위의 방법이 폭력행위를 수반하지 아니한 경우에는 정당한 쟁의행위가 된다[447]고 하며, ③ 쟁의행위에서 추구되는 목적 가운데 일부가 정당하지 못한 경우에도 부당한 요구사항을 뺐더라면 쟁의행위를 하지 않았을 것이라고 인정되는 경우가 아닌 한 정당한 쟁의행위로 인정[448]할 수 있고, ④ 조정절차가 종료되지 아니한 채 조정기간이 끝나는 경우에도 쟁의행위를 할 수 있는 것으로 인정[449]하며, ⑤ 쟁의행위가 냉각기간이나 사전신고의 규정이 정한 시기와 절차에 따르지 아니하였다고 무조건 정당성이 결여되는 것이 아니고[450], ⑥ 신고절차의 미준수만을 이유로 쟁의행위의 정당성을 부정할 수 없다[451]고 한다.

---

444) 이점에서 정치적 목적의 쟁의행위는 위법성을 조각할 수 없다.

445) 따라서 파괴행위 및 안전시설의 정상적인 유지를 방해하는 행위는 허용되지 않는다.

446) 대법원 1994.2.22. 선고 93도613 판결.

447) 대법원 1992.12.8. 선고 92도1645 판결.

448) 대법원 2001.6.26. 선고 2000도2871 판결.

449) 대법원 2001.6.26. 선고 2000도2871 판결.

450) 대법원 1992.9.22. 선고 92도1855 판결.

451) 대법원 2007.12.28. 선고 2007도5204 판결.

다. 부당한 쟁의행위로 위법성이 조각되지 않는 경우

한편 대법원은, ① 사용자의 경영상의 조치인 정리해고를 금지하라는 요구내용과 같이 단체교섭사항이 될 수 없는 사항을 달성하려는 쟁의행위[452]는 위법성이 조각되지 않고, ② 그 절차를 따를 수 없는 객관적인 사정이 인정되지 아니하는 한 쟁의행위를 함에 있어서 조합원의 비밀·무기명투표에 의한 찬성결정이라는 절차를 거치지 않은 경우[453], ③ 노동조합측에서 회사측의 단체협약 체결권한에 대한 의문을 해소시켜 줄 수 있음에도 불구하고 이를 해소시키지 않은 채 단체교섭만을 요구한 경우[454], ④ 농성에 가담하지 아니하고 근무하는 직원들에게 "노조원들과 적이 되려 하느냐"는 등의 야유와 협박을 하며 농성가담을 적극 권유하고, 그 곳에 있는 테렉스기기에 들어가는 테렉스용지를 찢거나 그 작동을 중단시키는 등의 행위를 한 경우[455], ⑤ 노동조합이 실질적으로 구조조정 실시 자체를 반대할 목적으로 쟁의행위에 나아간 경우[456], ⑥ 노동조합이 파업을 시작한 지 불과 4시간 만에 사용자가 바로 직장폐쇄조치를 취한 경우[457], ⑦ 직장 또는 사업장시설을 전면적, 배타적으로 점거하여 조합원 이외의 자의 출입을 저지하거나 사용자측의 관리지배를 배제하여 업무의 중단 또는 혼란을 야기케 하는 것과 같은 행위[458]는 정당성의 한계를 벗어난 부당한 쟁의행위로서 위법성이 조각되지 않는다고 한다.

보충판례17-2[노동쟁의행위와 절차의 정당성]대법원 2001.10.25. 선고 99도4837 전원합의체 판결.

라. 사례2의 해결

사례2는 단체교섭권과 노동쟁의권의 정당성에 관한 문제를 내용으로 한다.

....

452) 대법원 2001.4.24. 선고 99도4893 판결.

453) **보충판례17-2[노동쟁의행위와 절차의 정당성]대법원** 2001.10.25. **선고** 99**도**4837 **전원합의체 판결**.

454) 대법원 2000.5.12. 선고 98도3299 판결.

455) 대법원 1992.5.8. 선고 91도3051 판결.

456) 대법원 2006.5.12. 선고 2002도3450 판결.

457) 대법원 2007.3.29. 선고 2006도9307 판결.

458) 대법원 2007.12.28. 선고 2007도5204 판결.

사례2에서 甲은 그 면회를 거부한 乙의 사장실에 허가없이 무단침입하였다. 그리고 그 임금인상의 요구를 거절한 乙에 대하여 동맹파업을 선언하고 실제로도 쟁의행위로서 동맹파업을 실시하였다.

이점을 형식적으로 고찰하면 甲의 행위가 주거침입죄·업무방해죄의 구성요건에 해당함은 쉽게 수긍할 수 있다. 그리고 乙에 대하여 동맹파업을 선언한 그 행위가 임금인상을 거절당한 보복으로서 공포심을 갖게 하기 위한 해악의 고지였다고 하면 협박죄도 성립할 수 있다.

먼저 甲은 노동조합의 대표이며 임금인상을 위하여 사용자인 그 회사의 사장과 교섭할 권한이 있다[노동조합및노동관계조정법 제29조(교섭 및 체결권한) 제1항]. 그러나 사장 乙은 甲의 면회신청을 수차례 거부하였으므로 甲이 면회를 위하여 허가없이 사장실에 침입한 행위는 임금인상을 교섭하기 위한 부득이한 행위이며 정당행위에 속한다. 또한 노동조합원이 동맹파업 등의 쟁의행위를 함에는 그 조합원 과반수의 찬성을 필요로 한다[동법 제41조(쟁의행위의 제한과 금지) 제1항]. 甲은 이러한 요식행위를 거치지 않고 乙에 대하여 동맹파업을 선언하였으나 이는 甲의 단순한 의사표시이며 임금인상을 위한 행위인 관계로 그 선언 자체를 위법이라 할 수 없다.

또한 사례2에서는 甲이 관할노동위원회에 대한 쟁의행위의 신고 등의 소정절차를 거친 후에 동맹파업을 한 것으로 되어 있으며['동법시행령[시행 2012.1.6][대통령령 제23488호, 2012.1.6, 타법개정]' 제17조(쟁의행위의 신고)], 그 동맹파업 자체도 임금인상 등을 위한 다른 수단·방법이 없었기에 이 역시 위업이라 할 수 없다. 물론 동맹파업은 경영자의 정상적인 업무를 방해하는 결과를 초래하지만 그 목적은 임금인상에 있는 것이기 때문에 부당한 폭행·손괴 등의 행위를 하지 아니한 이상 쟁의행위의 정당성을 일탈한 것이라 할 수 없다.

이상과 같이 甲의 행위는 단체교섭권·노동쟁의권에 의한 행위이며 이는 노동조합및노동관계조정법 제4조(정당행위)에 의한 형법 제20조의 정당행위에 해당하므로 甲은 어떠한 형사책임도 지지 않는다.

5. 사인의 현행범인 체포행위

형사소송법 제211조, 제212조는 현행범 또는 준현행범은 누구든지 영장없이 체포할 수 있다고 규정하고 있다. 따라서 私人의 현행범인 체포행위는 형법상 폭행죄, 체포·감금죄의 구성요건에 해당하더라도 위법성이 조각될 수 있다. 그러나 위법성이 조각되는 것은 직접 체포에 필요한 행위나 체포에 직접 수반되는 행위로 제한되어야 하고 적정한 한계를 벗어나지 말아야 한다.[459]

보충판례 17-3[사인의 현행범체포의 허용한계] : 대법원 1999.1.26. 선고 98도3029 판결.

따라서 사인이 현행범을 체포하기 위해 범인에게 상해를 입히는 행위나 추격 중에 타인의 주거에 침입하는 행위 등이 체포에 직접 수반된 경우에는 법령에 의한 행위로서 위법성이 조각될 수 있지만[460], 사인이 현행범을 체포하면서 불필요한 살인이나 상해 등의 행위로 나아간 경우와 같이 체포에 직접 수반되는 행위를 초과한 행위에 대해서는 위법성이 조각될 수 없다.[461]

---

459) **[적정한 한계를 벗어나는 현행범인 체포행위의 판단기준]** : 적정한 한계를 벗어나는 현행범인 체포행위는 그 부분에 관한 한 법령에 의한 행위로 될 수 없다고 할 것이나, 적정한 한계를 벗어나는 행위인가 여부는 결국 정당행위의 일반적 요건(첫째 그 행위의 동기나 목적의 정당성, 둘째 행위의 수단이나 방법의 상당성, 셋째 보호법익과 침해법익의 권형성, 넷째 긴급성, 다섯째 그 행위 이외의 다른 수단이나 방법이 없다는 보충성의 요건)을 갖추었는지 여부에 따라 결정되어야 할 것이지 그 행위가 소극적인 방어행위인가 적극적인 공격행위인가에 따라 결정되어야 하는 것은 아니다 ; **보충판례 17-3 [사인의 현행범체포의 허용한계] : 대법원 1999.1.26. 선고 98도3029 판결.**

460) **보충판례 17-3[사인의 현행범체포의 허용한계] : 대법원 1999.1.26. 선고 98도3029 판결**(피고인의 차를 손괴하고 도망하려는 피해자를 도망하지 못하게 멱살을 잡고 흔들어 피해자에게 전치 14일의 흉부찰과상을 가한 경우, 정당행위에 해당한다.)

461) **대법원 1965.12.21. 선고 65도899 판결**(현행범을 추적하여 그 범인의 父의 집에 들어가서 동인과 시비 끝에 상해를 입힌 경우에 주거침입죄가 성립한다.)

6. 기타 법령에 의한 행위

사례 3

부친 甲은 자식 乙의 병역징집을 기피케 하기 위하여 손목을 절단할 것을 교사하여 이를 실현케 하였다. 甲과 乙의 죄책은?

가. 유형 및 형법적 효과

'장기등이식에관한법률[시행 2011.8.4][법률 제11005호, 2011.8.4, 타법개정]' 제11조(장기등의 적출·이식의 금지등) 이하는 일정한 요건이 갖춰진 경우, 살아있는 사람 내지 사망한 사람 및 뇌사자로부터의 장기적출을 규정하고 있다. 동법에 의한 장기적출행위는 사체손괴죄, 상해죄 내지 중상해죄 또는 살인죄의 구성요건에 해당하지만 법령에 의한 행위로 위법성이 조각된다.

또한 모자보건법상의 임신중절수술은 형법 제270조의 업무상 동의낙태죄의 구성요건에 해당하지만 법령에 의한 행위로 위법성이 조각된다.[462] 나아가 '감염병의예방및관리에관한법률[시행 2011.12.8][법률 제10789호, 2011.6.7, 타법개정]'상의 신고행위[제11조(의사등의 신고)]는 의사 등의 비밀누설죄의 위법성을 조각하며, '정신보건법[시행 2011.8.4][법률 제11005호, 2011.8.4, 타법개정]' 제24조 이하의 정신질환자에 대한 정신병원 강제입원조치는 체포·감금죄의 위법성을 조각하고, 승마투표권·주택복권 발매행위 등('한국마사회법[시행 2011.7.21][법률 제10891호, 2011.7.21, 일부개정]' 및 '복권및복권기금법 [시행 2011.7.1][법률 제10487호, 2011.3.30, 일부개정]')은

[462] 대법원 1985.6.11. 선고 84도1958 판결(인간의 생명은 잉태된 때부터 시작되는 것이고 회임된 태아는 새로운 존재와 인격의 근원으로서 존엄과 가치를 지니므로 그 자신이 이를 인식하고 있던지 또 스스로를 방어할 수 있는지에 관계없이 침해되지 않도록 보호되어야 한다 함이 헌법 아래에서 국민일반이 지니는 건전한 도의적 감정과 합치되는 바이므로 비록 모자보건법이 특별한 의학적, 우생학적 또는 윤리적 적응이 인정되는 경우에 임산부와 배우자의 동의 아래 인공임신중절수술을 허용하고 있다 하더라도 이로써 의사가 부녀의 촉탁 또는 승낙을 받으면 일체의 낙태행위가 정상적인 행위이고 형법 제270조 제1항 소정의 업무상촉탁낙태죄에 의한 처벌을 무가치하게 되었다고 할 수는 없으며 임산부의 촉탁이 있으면 의사로서 낙태를 거절하는 것이 보통의 경우 도저히 기대할 수 없게 되었다고 할 수도 없다.)

도박죄의 위법성을 조각하며, '폐광지역개발지원에관한특별법[시행 2012.7.22][법률 제10893호, 2011.7.21, 타법개정]'에 의한 정선의 카지노개장[463]은 형법상 도박개장죄(제247조)의 구성요건에 해당하지만 법령에 의한 행위로 위법성이 조각된다.

보충판례 17-4 : 대법원 2004.4.23. 선고 2002도2518 판결.

나. 사례3의 해결 : 질의응답!

제3절 업무로 인한 행위

1. 의의 및 위법성조각요건

업무로 인한 행위란 사회통념상 정당하다고 인정되는 업무를 수행하기 위하여 상당한 수단으로 행한 행위, 즉 직업업무 내지 직업윤리의 정당한 수행을 위해 합목적적으로 요구되는 행위를 말한다.

형법에서 '업무'란 "**사람이 직업 또는 사회생활상의 지위에서 계속·반복할 의사로 행하는 사무 또는 사업**"을 가리킨다.[464] 여기서 사무나 사업은 반드시 적법할 필요는

463) **보충판례 17-4 : 대법원 2004.4.23. 선고 2002도2518 판결**(형법 제3조는 "본법은 대한민국 영역 외에서 죄를 범한 내국인에게 적용한다."고 하여 형법의 적용 범위에 관한 속인주의를 규정하고 있고, 또한 국가 정책적 견지에서 도박죄의 보호법익보다 좀더 높은 국가이익을 위하여 예외적으로 내국인의 출입을 허용하는 폐광지역개발지원에관한특별법 등에 따라 카지노에 출입하는 것은 법령에 의한 행위로 위법성이 조각된다고 할 것이나, 도박죄를 처벌하지 않는 외국 카지노에서의 도박이라는 사정만으로 그 위법성이 조각된다고 할 수 없다.)

464) **[업무의 의미]** : 대법원 1995.10.12. 선고 95도1589 판결(업무라 함은, **직업 또는 사회생활상의 지위에 기하여 계속적으로 종사하는 사무 또는 사업**을 말하는 것인바, 여기에서 말하는 **사무 또는 사업은** 그것이 사회생활적인 지위에 기한 것이면 족하고 경제적인 것이어야 할 필요는 없으며, 또 그 행위 자체는 1회성을 갖는 것이라고 하더라도 계속성을 갖는 본래의 업무수행의 일환으로서 행하여지는 것이면 족하다.) ; **보충판례 18[업무의 의미] : 대법원 2007.6.14. 선고 2007도2178 판결**(업무란

없으므로 무면허, 무허가인 경우에도 업무에 해당하지만 적어도 사회적으로 용인된 것이어야 한다.[465)]

업무로 인한 행위가 정당행위로서 위법성이 조각되기 위해서는 업무 그 자체가 정당하여야 하고 업무의 수행이 사회상규에 위배되지 아니하여야 한다.

보충판례 18[업무의 의미] : 대법원 2007.6.14. 선고 2007도2178 판결.

2. 성직자변호사의 직무행위

가. 성직자의 직무행위

성직자가 告解聖事 등 직무수행상 알게 된 타인의 범죄사실을 알고서도 고발하지 않거나 묵비하는 경우에도 업무로 인한 행위로서 위법성이 조각된다. 즉 성직자가 국가보안법 제10조(불고지죄)의 구성요건에 해당하는 행위를 하였다고 하더라도 업무로 인한 행위로 위법성이 조각된다. 물론 성직자의 업무범위를 초과하는 행위는 위법성이 조각될 수 없다.[466)]

나. 변호사의 직무행위

변호사는 피의자·피고인의 보호의무['변호사법[시행 2012.1.26][법률 제10922호, 2011.7.25, 일부개정]' 제26조(비밀유지의무 등)]가 있으므로 변호사가 피의자·피고인

직업 또는 사회생활상의 지위에 기하여 계속적으로 종사하는 사무나 사업의 일체를 의미하고, 그 업무가 주된 것이든 부수적인 것이든 가리지 아니하며, 일회적인 사무라 하더라도 그 자체가 어느 정도 계속하여 행해지는 것이거나 혹은 그것이 직업 또는 사회생활상의 지위에서 계속적으로 행하여 온 본래의 업무수행과 밀접불가분의 관계에서 이루어진 경우에도 이에 해당한다.)

465) **[업무에 대한 계속성과 사회적 용인성의 관계]** : 예컨대 청부살인업은 계속성은 있지만 사회적으로 용인된 것이 아니기 때문에 업무에 속하지 않는다.

466) **[성직자의 업무범위 초과]** : 대법원 1983.3.8. 선고 82도3248 판결(성직자라 하여 초법규적인 존재일 수는 없으며 성직자의 직무상 행위가 사회상규에 반하지 아니한다 하여 그에 적법성이 부여되는 것은 그것이 성직자의 행위이기 때문이 아니라 그 직무로 인한 행위에 정당, 적법성을 인정하기 때문인 바, 사제가 죄지은 자를 능동적으로 고발하지 않는 것에 그치지 아니하고 **은신처마련, 도피자금 제공등 범인을 적극적으로 은닉·도피케 하는 행위**는 사제의 정당한 직무에 속하는 것이라고 할 수 없다.)

의 범죄사실을 알았다고 해도 이를 고발하지 않거나 묵비하는 것은 업무로 인한 행위로 위법성이 조각되고, 오히려 직무상 알게 된 타인의 비밀을 누설한 때에는 업무상비밀누설죄(형법 제317조)가 성립한다.

변호사가 법정에서 변론 중 피의자 또는 피고인의 범죄사실을 묵비하거나 진실을 밝히기 위하여 타인의 명예를 훼손하는 사실을 적시하는 행위를 하더라도 업무로 인한 행위로서 명예훼손죄의 위법성이 조각된다. 법정이외에서 한 행위라도 업무범위에 속한 경우에는 위법성이 조각될 수 있다.[467] 그러나 변호사가 적극적으로 위증을 교사하거나 증거를 은닉·날조한 경우에는 변호사의 정당한 업무범위를 벗어나는 것이므로 위법성이 조각되지 않는다.

3. 의사의 치료행위

가. 치료행위의 개념

의사의 치료행위란 의사가 환자의 건강을 회복·개선시키기 위하여 의술의 법칙(의료준칙)에 따라 행하는 의료행위를 말한다. 의사의 치료행위를 형법적으로 어떻게 평가할 것인지에 대해서는 견해가 대립한다.

나. 치료행위에 대한 형법적 효과

(1) 학설의 태도

① 구성요건해당성조각설

이 설은 의사의 치료행위를 실질적·전체적으로 고찰하여 치료행위가 성공한 경우

467) **[변호사의 업무범위 인정례]** : 예컨대 변호사가 변호하는 피고인을 위하여 법정 밖에서 신문기자에게 '진범은 甲이다'라고 발언한 것은 정당한 업무행위의 범위를 벗어났다고 할 것이므로 명예훼손죄의 위법성이 조각되지 않는다 : **日本最高裁判所判決 昭和51(1976).3.23. 刑集第30巻第2号229面.** 한편 변호사가 형사소송에서 자신에게 털어 놓은 사적 비밀을 공개하였을 때, 공개하지 않고서는 적절하게 변호할 수 없었다면 권한없이 타인의 비밀을 누설한 것은 아니다 : BGHSt 1, 366.

에는 상해죄의 구성요건에조차 해당하지 않는다는 견해이다. 즉 **환자의 건강을 개선·회복시킨 성공한 치료행위**는 상해의 고의가 결여되어 있으며(행위불법 부정) 상해라는 결과도 없으므로(결과불법 부정), 환자의 승낙유무나 의술의 법칙을 준수하였는지 여부와 상관없이 상해죄의 구성요건해당성이 배제되고, **실패한 경우라도(결과불법 인정)** 치료의사에 따라 통상의 의술법칙을 준수하였다면 고의 또는 과실이 부정되므로(행위불법 부정) 상해죄나 업무상과실치사상죄의 구성요건해당성이 부정된다고 한다. 그러나 **의술의 법칙에 반하거나 비통상적인 치료행위가 실패한 경우(예컨대 의사가 오진하여 수술하거나 수술방법을 잘못 선택한 경우)**에는 사안에 따라 상해죄 내지 업무상과실치사상죄의 구성요건해당성과 위법성을 조각할 수 없다고 한다.

② 위법성조각설

치료행위를 형식적으로 파악하여 의사의 치료행위도 '신체침해', 즉 생리적 기능훼손을 수반하므로 일단 상해죄의 구성요건해당성을 인정한 후 위법성조각의 문제로 접근하는 견해이다(**다수설 및 판례**[468]). 다만 업무로 인한 행위로 위법성이 조각되는지, 아니면 승낙에 의한 행위로 위법성이 조각되는지에 대해서는 견해가 대립한다.

ㄱ. 정당행위설

의사의 치료행위는 상해죄의 구성요건에 해당하지만 업무로 인한 정당행위로서 위법성이 조각된다는 견해이다.

ㄴ. 피해자의 승낙설

환자의 승낙에 의한 치료행위는 피해자의 승낙에 의하여 위법성이 조각되고, 승낙이 없는 경우에는 추정적 승낙 또는 긴급피난에 의하여 위법성이 조각된다는 견해이다.

③ 이분설

이 설은 의사의 치료 및 수술행위는 **원칙적으로** 상해죄의 구성요건해당성이 인정

---

[468] 뒤의 주 470) 판례 참조.

되지 않지만, 치료 및 수술의 종류에 따라[469] 종래 상태와 비교하여 신체의 생리적 기능이 훼손되었다고 볼 수 있는 경우에는 위법성이 조각된다고 보는 견해이다.

(2) 판례의 태도

대법원은 종래 수술 등과 같이 의사가 치료목적으로 타인의 신체를 상해한 경우에는 상해죄의 구성요건에 해당하지만 그 치료행위가 의술의 법칙에 따라 행한 것이면 **업무로 인한 행위로서 위법성이 조각된다는 입장**을 취하여 왔다.[470]

그러나 그 이후에는 **의사가 환자인 피해자에게 수술의 경과 등에 대해 충분히 설명할 의무를 이행한 후 피해자가 이에 승낙한 경우에는 위법성이 조각되는 것으로 입장을 변경**하였다.[471] 즉 이에 따르면 부정확하거나 불충분한 설명 혹은 오진에 근거한 승

---

469) **[이분설에 따른 치료행위의 구성요건해당 유형]** : 예컨대 자궁적출, 다리절단, 성형수술, 채혈이나 장기적출수술, 불임수술, 거세수술, 성전환수술 등의 경우에는 구성요건해당성을 인정한다.

470) 대법원 1974.4.23. 선고 74도714 판결(의사가 정상적인 진찰행위의 일환으로서 검사용으로 태반에서 육편을 떼어 냈다고 하여 이것이 태반기타 모체에 지장을 주는 것이 아닌 한 이것이 상해행위에 속하는 것이라고는 볼 수 없을 것이다. 그렇다면 **원심으로서는 피고인이 피해자의 태반에서 가위로 육편을 떼어낸 행위가 정당행위인지의 여부를 심리하고 여기에 대한 판단을 명시**하였어야 할 것이다.) **[판례해설]** : **이 판례는 마치 구성요건을 조각하는 것처럼 판시한 듯도 보이지만 의사의 의료행위를 업무로 인한 정당행위로 문의하고 있다.** ; 대법원 1976.6.8. 선고 76도144 판결(피고인이 태반의 일부를 떼어낸 행위는 그 의도, 수단, 절단부위 및 그 정도등에 비추어 볼 때 의사로서의 정상적인 진찰행위의 일환이라고 볼 수 있으므로 형법 제20조 소정의 정당행위에 해당한다.) ; **대법원 1978.11.14. 선고 78도2388 판결**(의사가 인공분만기인 "샥숀"을 사용하면 통상 약간의 상해정도가 있을 수 있으므로 그 상해가 있다하여 "샥숀"을 거칠고 험하게 사용한 결과라고는 보기 어려워 **의사의 정당업무의 범위를 넘은 위법행위라고 할 수 없다.**) ; **대법원 1986.6.10. 선고 85도2133 판결**[피고인이 최초의 소파수술을 받은 피해자가 8일후에 다시 복통을 호소하면서 찾아오자 그 복통이 최초수술로 인한 후유증(최초수술시에 태아조직이 완전히 제거되지 아니한 채 자궁내에 잔류함으로 인한 후유증)으로 판단하고 두 번째의 소파수술을 시행하였으나, 이는 피해자에 대한 최초의 소파수술시에 태아조직으로 볼 수 있는 내용물이 나왔던 점에 근거한 판단으로, 그와 같은 판단이 현재의 의학이론에 크게 벗어나지 않는 것이라는 점, 피해자를 자궁외임신으로 의심하는 경우에도 진단목적으로 소파수술을 시행할 수도 있다는 점, 2차 소파수술로 인한 상처가 지극히 경미한 정도의 것이라는 점에 비추어 보면 비록 위 제2차 소파수술이 피해자의 자궁외임신을 오진한 피고인의 과실에 기인된 것이라 하더라도 이는 **사회적 상당성이 인정되는 의사의 통상적인 진료행위에 지나지 않는 것**이므로 피고인의 소위를 과실로 상해를 입힌 행위로는 볼 수 없다.]

471) **보충판례 18-1 : 대법원 1993.7.27. 선고 92도2345 판결**(산부인과 전문의 수련과정 2년차인 의사가 자신의 視診, 觸診결과 등을 과신한 나머지 초음파검사 등 피해자의 병증이 자궁외 임신인지, 자궁근종인지를 판별하기 위한 **정밀한 진단방법을 실시하지 아니한 채** 피해자의 병명을 자궁근종으로 오진하고 이에 근거하여 의학에 대한 전문지식이 없는 피해자에게 자궁적출술의 불가피성만을 강조하였을 뿐 위와 같은 진단상의 과오가 없었으면 당연히 설명받았을 자궁외 임신에 관한 내용을 설명받지 못한 피해자로부터 수술승낙을 받았다면 **위 승낙은 부정확 또는 불충분한 설명을 근거로 이루어진 것으로서 수술의 위법성을 조각할 유효한 승낙이라고 볼 수 없다.** 난소의 제거로 이미 임신불능 상태에 있는 피해자의 자궁을 적출했다 하더라도 그 경우 자궁을 제거한 것이 신체의 완전성을 해한 것이

낙이 있는 경우에는 위법성을 조각시킬 유효한 승낙으로 볼 수 없어 위법성을 조각할 수 없게 된다.

<u>보충판례 18-1 : 대법원 1993.7.27. 선고 92도2345 판결.</u>

(3) 소결

의사의 수술행위의 형법적 효과에 대해서는, 의사의 수술행위의 법적 성격과 의사의 수술행위의 정당화근거를 구별하여 생각할 필요가 있다.

① 의사의 수술행위의 법적 성격 : 상해죄의 구성요건해당성을 배제하는가 아니면 위법성을 조각하는가의 문제

의사의 수술행위가 상해죄의 구성요건해당성을 배제시키는 것이라고 한다면, 수술과정에서의 의사의 실수는 업무상과실치상죄가 된다. 이처럼 구성요건해당성조각설은 수술과정에서 실수한 의사에게 업무상과실치상책임을 묻는 근거를 합리적으로 설명할 수 있는 장점을 가진다.

그러나 구성요건해당성조각설은 **<u>구성요건의 경고적 기능</u>**, 즉 의사로 하여금 상해죄의 구성요건에 해당하는 행위를 하고 있으니 신중하라고 하는 경고적 기능을 수행하기에는 적합한 설이라 할 수 없다.

위법성조각설은 반대의 장·단점을 갖는다. 의사의 치료·수술행위가 건강의 유지·회복을 목적으로 한다고 하더라도 그 과정에서 건강침해나 생리적 기능을 훼손하는 일이 있고 이에 대한 의사의 의욕 및 인용이 있는 것은 사실이기 때문에 상해의 고의를 인정할 수밖에 없다. 이점에서 <u>위법성조각설이 더 바람직하다고 볼 수 있다</u>.

② 의사의 수술행위의 정당화 근거 : 업무로 인한 행위인가 아니면 승낙에 의한 행위인가의 문제

위법성조각설에 따르면 의사가 통상의 의술법칙을 준수한 이상 환자의 승낙여부를

....

아니라거나 생활기능에 아무런 장애를 주는 것이 아니라거나 건강상태를 불량하게 변경한 것이 아니라고 할 수 없고 이는 <u>업무상 과실치상죄에 있어서의 상해에 해당한다.</u>)

불문하고 업무로 인한 정당행위로서 위법성이 조각된다고 하기 때문에 신체에 대한 환자의 자기결정권을 침해하는 결과를 초래하게 된다. 이점에서 의사의 치료행위가 위법성이 조각되는 근거로는 **환자의 자기결정권에 기한 유효한 승낙(피해자의 승낙 또는 추정적 승낙)**이 있기 때문이라고 해야 한다.

업무로 인한 행위라고 하는 경우에는 의사가 의술의 법칙에 따라 치료행위를 한 이상 의사는 책임을 지지 않는다. 그러나 의술의 법칙을 준수하였는지 여부가 형사재판에서 문제되는 경우, 일반인이나 법관은 이에 대한 정확한 판단을 할 수 없어 결국 다른 의사의 감정을 받을 수밖에 없는데, 이 경우 문제된 의사와 동일한 처지가 될 수도 있는 감정의사는 직업동료의식에서 팔이 안으로 굽는 감정을 할 가능성을 배제할 수 없다.

이점에서 환자보호를 위해 의사의 치료행위를 환자중심적 사고에서 파악해야 할 필요성이 있기 때문에 환자의 자기결정권의 존중과 의사의 설명의무[472]에 기초한 환자의 유효한 승낙이 있는 경우에만 의사의 치료행위의 위법성을 조각시켜야 할 것이다(**피해자의 승낙 또는 추정적 승낙에 의한 위법성조각설**).[473] 대법원 92도2345[주 470) 참조] 판결도 이러한 맥락에서 이해할 수 있다.

의사가 설명의무를 다하지 않은 경우 의사는 고의·과실책임을 져야 하는데, 설명의무를 준수하였는지 여부는 다른 의사가 판단하는 것이 아니라 일반인이 판정할 수 있기 때문에 결국 의사로 하여금 신중한 의료행위를 할 수 있도록 하는 효과를 달성할 수 있다.

다. 관련문제 : 안락사

죽음에 직면한 중환자의 고통을 덜어주기 위해 인위적으로 死期를 앞당기는 안락

472) **[설명의무와 유효한 승낙의 관계]** : 따라서 의사는 환자에게 환자의 질환과 수술의 내용, 수술 후의 경과 등에 대한 자세한 설명을 한 후(설명의무) 환자로부터 수술동의를 얻어야 유효한 승낙이라 할 수 있다.

473) **[의사의 치료행위에 대한 피해자 승낙 이외의 범죄성립배제사유]** : 즉시 치료를 하지 않으면 생명이 위태로운 환자가 불합리한 이유로 치료를 거부하는 경우에 환자의 의사에 반하여 수술하여 생명을 구했을 때에는 환자의 승낙이 없더라도 긴급피난의 요건을 충족시켜 위법성이 조각될 수 있다. 뿐만 아니라 의사의 치료행위라 해서 모두 상해죄나 업무상과실치상죄의 구성요건해당성이 인정되는 것은 아니다. 예컨대 의사의 치료행위 가운데에도 **처음부터 신체침해를 수반하지 않는 치료행위(각종 진찰행위나 상처에 소독하거나 검진행위 혹은 골절치료 등)**는 상해죄의 구성요건에 해당할 여지도 없다.

사가 위법성을 조각할 수 있느냐가 문제된다. 생명을 단축시키지 않는 안락사를 **진정 안락사**라고 하는 견해도 있으나, 생명을 단축시키지 않고 임종시의 고통을 제거하는 것은 허용될 뿐만 아니라 의사의 의무에 일치한다고 할 것이므로 살인죄의 구성요건에 해당한다고 할 수 없다.

따라서 문제는 생명을 단축시키는 안락사가 허용될 수 있느냐의 여부이며, 이에는 간접적 안락사, 소극적 안락사(존엄사), 적극적 안락사가 있다.

(1) 간접적 안락사

고통을 완화시키기 위한 처치(약물투여)가 **필수적으로 생명단축의 부수효과를 초래**하는 경우를 말한다. 예컨대 말기 암환자에게 모르핀을 주사하는 경우를 들 수 있다.

(2) 소극적 안락사(존엄사)

이는 환자를 고통으로부터 빨리 벗어나게 하기 위하여 **생명연장의 적극적 수단을 사용하지 않는 경우**를 말한다. 예컨대 환자치료를 중단하는 경우로서 수혈이나 인공호흡장치를 하지 않거나 또는 제거하는 경우가 해당한다.

(3) 적극적 안락사

고통제거를 위해 **적극적으로 생명단축수단을 사용하는 경우**로서 진정한 의미의 안락사이다. 예컨대 이렇게 고통스러워할 바에는 차라리 편히 잠드는 게 더 낫다고 생각하여 청산가리를 먹이는 경우이다.

라. 형법적 효과

① 간접적 안락사 및 소극적 안락사의 경우

간접적 안락사와 소극적 안락사는 위법성이 조각된다(**통설**). 즉 환자의 요청이 있을 때에는 **진료거부권의 행사**, 의식이 없을 때에는 의료업무행위(치료중단)로 위법성이 조각된다고 볼 수 있기 때문이다.

물론 이 경우에도 일정한 조건이 구비되어야 한다.[474]

보충판례 18-2[소극적 안락사(존엄사)의 허용기준] : 대법원 2009.5.21. 선고 2009다17417 전원합의체 판결 【무의미한연명치료장치제거등】 (연명치료중단의 허용기준) ; 헌법재판소 2009.11.26. 선고 2008헌마385 전원재판부결정 【입법부작위위헌확인】

② 적극적 안락사의 경우

적극적 안락사는 환자나 보호자의 동의 또는 요청과 상관없이 허용될 수 없다고 하는 것이 다수설(위법성인정설)의 입장이다. 육체적 고통이 생명보호절대의 원칙을 상쇄할 수 없고, 인간의 가장 본질적 법익인 생명보호에 대한 예외는 가급적 인정하지 않는 것이 바람직하기 때문이다. 생명가치의 상대화는 곧 남용위험에 직면하게 된다.

이에 대하여 무의미한 생명의 연장보다는 환자의 고통을 덜어주는 것이 더 인도적일 수 있고, 남용위험성은 방법론적으로 해결할 문제이며, 안락사 당부에 대한 종교적·도덕적 논쟁은 남아있다 하더라도 안락사에 형벌권을 동원할 필요는 없다는 이유로 적극적 안락사를 찬성하는 입장도 있다(위법성조각설).

'인간답게 죽을 수 있는 권리'는 인간답게 살 수 있는 권리가 제대로 확보·실현된 후에 논의되더라도 큰 문제는 없다는 점에서 조건부로(적극적 안락사의 논의가 사회적으로 성숙하여 법적 통제영역으로 흡수되는 경우에 한하여) 다수설의 입장이 타당하다고 생각된다.

---

474) **[안락사의 위법성을 조각시키기 위한 요건]** : 즉 안락사가 위법성을 조각하기 위해서는 첫째 환자가 불치의 병으로 사기에 임박하였을 것, 둘째 환자의 고통이 차마 볼 수 없을 정도로 극심할 것, 셋째 환자의 고통을 완화하기 위한 목적으로 행할 것, 넷째 환자의 의식이 명료한 때에는 본인의 진지한 촉탁 또는 승낙이 있을 것, 다섯째 원칙적으로 의사에 의하여 시행되고 그 방법이 윤리적으로 타당하다고 인정될 수 있을 것을 요한다 : 日名古屋高判昭和37(1962).12.22. 日高刑第15巻第9号674面.
보충판례 18-2[소극적 안락사(존엄사)의 허용기준] : 대법원 2009.5.21. 선고 2009다17417 전원합의체 판결 【무의미한연명치료장치제거등】 (연명치료중단의 허용기준) ; 헌법재판소 2009.11.26. 선고 2008헌마385 전원재판부결정 【입법부작위위헌확인】 (죽음에 임박한 환자에게 '연명치료 중단에 관한 자기결정권'이 헌법상 보장된 기본권인지 여부(적극).

4. 운동경기행위

권투나 레슬링과 같이 상대방에게 유형력을 행사하는 경기나 기타 고의·과실로 타인의 신체를 상해하거나 사망케 할 가능성을 수반하는 운동경기에서 **경기규칙에 따라** 경기한 운동선수가 상대방선수를 사망케 하거나 상해한 경우에도 업무로 인한 행위로 위법성이 조각된다.

운동경기는 사회상당성이 있는 행위로서 구성요건해당성이 없다고 하는 견해도 있지만, **일정한 경기규칙에 따르지 않을 때에는 처벌받을 위험성이 있으므로 위법성조각사유로 보아야 할 것이다**.

5. 기타 업무로 인한 행위

가. 업무로 인한 행위로 위법성조각을 긍정한 판례

대법원에 따르면, ① 재건축조합의 조합장이 조합탈퇴의 의사표시를 한 자를 상대로 '사업시행구역 안에 있는 그 소유의 건물을 명도하고 이를 재건축사업에 제공하여 행하는 업무를 방해하여서는 아니 된다'는 가처분의 판결을 받아 위 건물을 철거한 경우[475], ② 조합의 긴급이사회에서 불신임을 받아 조합장직을 사임한 피해자가 그 후 개최된 대의원총회에서 피고인 등의 음모로 조합장직을 박탈당한 것이라고 대의원들을 선동하여 회의 진행이 어렵게 되자 새조합장이 되어 사회를 보던 피고인이 그 회의진행의 질서유지를 위한 필요조처로서 이사회의 불신임결의 과정에 대한 진상보고를 하면서 피해자는 긴급 이사회에서 불신임을 받고 쫓겨나간 사람이라고 발언한 경우[476]에는 업무로 인한 행위로서 정당행위를 인정하였다.

---

475) 대법원 1998.2.13. 선고 97도2877 판결(재물손괴).

476) 대법원 1990.4.27. 선고 89도1467 판결(명예훼손).

나. 업무로 인한 행위로 위법성조각을 부정한 판례

그러나 대법원은, ① 군수후보자 합동연설회장에서 유인물을 교부한 행위[477], ② 회사의 관리사원으로 근무하는 자들이 해고에 항의하는 농성을 제지하기 위하여 그 주동자라고 생각되는 해고근로자들을 다른 근로자와 분산시켜 귀가시키거나 불응 시에는 경찰에 고발, 인계할 목적으로 간부사원회의의 지시에 따라 위 근로자들을 봉고차에 강제로 태운 다음 그곳에서 내리지 못하게 하여 감금행위를 한 경우[478], ③ 채무자로부터 그 재산을 양도받는 데에 결정적인 역할을 한 자들에 대한 사례금으로 지급하기 위해 변조채권증서를 이용하여 채무정산위원회로부터 금원을 편취한 경우[479]에는 업무로 인한 행위로서 정당행위를 부정한다.

제4절 기타 사회상규에 위배되지 아니하는 행위

1. 개념 및 판단기준

가. 개념

사회상규에 위배되지 아니하는 행위란 '법질서 전체의 정신이나 그 배후에 놓여 있는 사회윤리 내지 사회통념에 비추어 용인될 수 있는 행위'를 말한다. 즉 이러한 행위는 구성요건에 해당하고 개별적인 위법성조각사유의 하나에 속하지 않는 경우에도 위법성이 조각된다.

---

477) 대법원 2002.1.25. 선고 2000도1696 판결(공직선거및선거부정방지법위반).

478) 대법원 1989.12.12. 선고 89도875 판결(폭력행위등처벌에관한법률위반,감금치상).

479) 대법원 1982.12.14. 선고 82도2357 판결(유가증권변조·동행사·사기미수).

보충판례 19[사회상규에 위배되지 아니하는 행위의 의미 및 성립요건] : 대법원 2004.5.14. 선고 2003도5370 판결.

이처럼 사회상규는 실질적 위법성(전체 법질서의 관점에서 위법하다고 판단)의 개념을 실정법에 연결시키는 고리라고 할 수 있다. 즉 사회적으로 유해한 것으로서 위법하다고 판단되는 행위와 그렇지 아니한 행위의 경계를 사회상규개념이 제시해 준다. 즉 사회상규의 개념은 실질적 위법성의 한계를 제시하는 연결고리이다.

사회상규의 개념을 구체적으로 정의하는 것은 거의 불가능하고, 설령 정의하였다 하더라도 문제해결에 별 도움을 주지 못하는 전형적인 불확정개념(포괄적·추상적 내용)에 불과하다. 따라서 합리적 해석을 통한 개념의 구체화 및 개별적 지도원리의 유형화는 판례에 의해 확정되게 된다.

나. 사회상규의 판단기준

사회 내의 지배적 법윤리가 역사적·사회적·문화적 여건의 변화에 따라 변하기 마련이므로 위법성조각 여부에 관한 판단도 영속적인 판단이 아니라 변화 속에서 구체적으로 타당한 역사적·가변적 판단일 수밖에 없다. 위법성조각 판단이 사회의 외적 상황의 변화와 지배적 가치관의 변화에 따라 달라지도록 역할하는 개념이 바로 '사회상규'이다.[480)]

보충판례 19-1[사회상규의 판단기준] : 대법원 1985.6.11. 선고 84도1958 판결.

사회상규의 판단기준에 관하여 법익교량과 목적과 수단의 정당성 이외에 '사회적 상당성'을 드는 견해도 있다. 그러나 사회상규와 사회적 상당성은 구별되는 개념[481)]이

---

480) **보충판례 19-1[사회상규의 판단기준] : 대법원 1985.6.11. 선고 84도1958 판결**(사회상규에 반하지 아니하는 행위라 함은 행위가 법규정의 문언상 일응 범죄구성요건에 해당된다고 보이는 경우에도 그것이 극히 정상적인 생활형태의 하나로서 역사적으로 생성된 사회생활질서의 범위 안에 있는 것이라고 생각되는 경우에 한하여 그 위법성이 조각되어 처벌할 수 없게 되는 것으로서, 어떤 법규정이 처벌대상으로 하는 행위가 사회발전에 따라 전혀 위법하지 않다고 인식되고 그 처벌이 무가치할 뿐 아니라 사회정의에 위반된다고 생각될 정도에 이를 경우나, 국가법질서가 추구하는 사회의 목적 가치에 비추어 이를 실현하기 위하여서 사회적 상당성이 있는 수단으로 행하여 졌다는 평가가 가능한 경우에 한하여 이를 사회상규에 위배되지 아니한다고 할 것이다.)

므로 사회상규의 판단기준으로 고려하는 것은 타당하다고 할 수 없다.[482] 여기서 **사회상규의 판단기준으로는 법익의 균형과 목적·동기 및 수단·방법의 정당성·적합성**을 들 수 있다.

첫째 **법익의 균형성**, 즉 보호이익과 침해이익 사이의 법익균형성은 **결과반가치의 측면**에서 사회상규에 위배되는가를 판단하기 위한 중요한 기준이 된다. 따라서 침해가 중대한 경우에는 사회상규에 위배되지 않는 행위라고 할 수 없게 된다.

둘째 **목적과 수단의 정당성**은 **행위반가치의 측면**에서 사회상규의 판단기준이다. 따라서 사회상규의 위배여부를 판단함에 있어서는 먼저 **목적과 동기를 고려**해야 한다. 즉 사회상규에 위배되지 않는 행위라고 하기 위해서는 행위의 동기와 목적이 전체 법질서의 정신이나 사회윤리에 비추어 용인될 수 있는 것이어야 한다. 또한 이와 함께 **행위의 긴급성과 보충성을 참작하여 수단의 정당성 또는 수단의 적합성이 인정**되어야 한다.[483]

보충판례 19-2[수단의 상당성을 부정한 경우] : 대법원 1997.3.28. 선고 95도2674 판결 ; 대법원

481) **[사회적 상당성의 의미 및 기능]** : 사회적 상당성은 **형법이론학의 개념**으로서 '어떤 행위가 역사적으로 인정된 사회질서의 한계를 벗어나지 않아 그것이 일반적으로 흔히 있는 일로 여겨지고 따라서 마땅히 처벌할 가치가 없는 행위'를 가리킬 때 사용되는 개념이다. 이 개념은 우리 형법과 같이 사회상규에 위배되지 아니하는 행위에 관한 근거규정이 없는 독일형법 하에서 구성요건해당성배제사유로 인정되고 있는 구성요건의 해석원리라고 할 수 있다.

482) 그러나 판례는 사회적 상당성이 인정되는 행위를 사회상규에 위배되지 않는 행위와 동일시하여 위법성을 조각시킬 수 있다고 한다 : **대법원 2009.4.9. 선고 2009도676 판결**(공직선거법 제113조가 지방의회의원 등의 일체의 기부행위를 제한하고, 위 법 제112조 제1항이 처벌대상이 되는 기부행위의 종류를 포괄적으로 규정한 후, 제2항이 그 예외를 제한적으로 열거하고 있는 법령의 규정방식에 비추어, 위 법 제112조 제1항에 해당하는 금품 등의 제공행위가 위 법 제112조 제2항 및 이에 근거한 중앙선거관리위원회규칙과 그 위원회의 결정에 의하여 의례적이거나 직무상의 행위 또는 통상적인 정당활동으로서 허용되는 것으로 열거된 행위에 해당하지 않는 이상, 지방의회의원 등의 기부행위금지 위반을 처벌하는 위 법 제257조 제1항의 범죄구성요건에 해당한다. 다만, 그 기부행위가 위 법 제112조 제2항 등에 규정된 의례적이거나 직무상의 행위 또는 통상적인 정당활동에 해당하지 않더라도, 그것이 지극히 정상적인 생활 형태의 하나로서 역사적으로 생성된 사회질서의 범위 안에 있는 것이라고 볼 수 있는 경우에는 일종의 의례적이거나 직무상의 행위 또는 통상적인 정당활동으로서 사회상규에 위배되지 아니하여 위법성이 조각되는 경우가 있을 수 있지만, 그와 같은 사유로 위법성의 조각을 인정하는 것은 신중하여야 한다.)

483) **[판례상 사회상규의 판단기준]** : 대법원 2004.3.26. 선고 2003도7878 판결(어떠한 행위가 위법성조각사유로서의 정당행위가 되는지의 여부는 구체적인 경우에 따라 합목적적, 합리적으로 가려야 하고, 또 행위의 적법 여부는 국가질서를 벗어나서 이를 가릴 수 없는 것이므로, **정당행위로 인정되려면 첫째 행위의 동기나 목적의 정당성, 둘째 행위의 수단이나 방법의 상당성, 셋째 보호법익과 침해법익과의 법익균형성, 넷째 긴급성, 다섯째 그 행위 이외의 다른 수단이나 방법이 없다는 보충성의 요건을 모두 갖추어야 한다.**)

2007.3.15. 선고 2006도7079 판결.

2. 사회·경제적 사유에 의한 낙태행위

모자보건법(제14조)에서 인정하는 인공임신중절사유 이외에 **사회·경제적 사유에 의한 낙태**가 사회상규에 위반되지 않는 행위로서 위법성이 조각된다는 견해도 있다. 그러나 **사회·경제적 이유로 한 낙태는 사회상규에 위반되는 것이라고 해야 한다**.

과거에는 지나친 인구증가의 억제, 최근에는 여성의 사회활동의 자유를 위해 위법성이 조각된다고 주장한다. 그러나 최근에는 오히려 인구감소가 문제되고 있고, 임신이 여성의 사회활동을 본질적으로 방해한다고 하기 어려울 뿐만 아니라, 태아의 생명보호는 여성의 사회활동보다 우선되어야 한다는 관점에서 사회상규에 위반되는 것이라고 하여야 한다. **대법원도 같은 입장이다**.[484]

3. 경미한 법익침해행위

공기놀이를 하기 위해 옆집 공사장에서 주인의 허락없이 공기돌을 몇 개 가져오는 행위나 슈퍼마켓에서 주인의 허락없이 땅콩 하나를 집어먹는 행위 등과 같이 경미한 법익침해의 경우 절도죄의 구성요건해당성이 없다는 견해도 있지만, **통설**은 절도죄의 구성요건해당성은 있지만 사회상규에 위반되지 않는 행위로서 위법성이 조각된다고 한다.[485]

484) **[사회·경제적 이유에 의한 낙태와 사회상규의 관계]** : 대법원 1985.6.11. 선고 84도1958 판결(인간의 생명은 잉태된 때부터 시작되는 것이고 회임된 태아는 새로운 존재와 인격의 근원으로서 존엄과 가치를 지니므로 그 자신이 이를 인식하고 있던지 또 스스로를 방어할 수 있는지에 관계없이 침해되지 않도록 보호되어야 한다 함이 헌법 아래에서 국민일반이 지니는 건전한 도의적 감정과 합치되는 바이므로 비록 모자보건법이 특별한 의학적, 우생학적 또는 윤리적 적응이 인정되는 경우에 임산부와 배우자의 동의 아래 인공임신중절수술을 허용하고 있다 하더라도 이로써 의사가 부녀의 촉탁 또는 승낙을 받으면 일체의 낙태행위가 정상적인 행위이고 형법 제270조 제1항 소정의 업무상촉탁낙태죄에 의한 처벌을 무가치하게 되었다고 할 수는 없으며 임산부의 촉탁이 있으면 의사로서 낙태를 거절하는 것이 보통의 경우 도저히 기대할 수 없게 되었다고 할 수도 없다.)

485) **보충판례 19-3[경미한 법익침해행위] : 대법원 1978.4.11. 선고 77도3149 판결**(군대내의 질서를 지키

보충판례 19-3[경미한 법익침해행위] : 대법원 1978.4.11. 선고 77도3149 판결.

4. 소극적 방어(저항)행위

소극적 방어행위란 상대방의 부당한 침해를 저지하거나 벗어나기 위해 본능적으로 행하는 저항행위를 말한다. 대법원은 이러한 행위유형에 해당하는 사례들에 대해 특히 수단이나 방법이 '사회통념상 허용될 것'을 전제로 사회상규에 위배되지 아니하는 행위로서 위법성이 조각되는 정당행위로 인정한다.[486]

현재 대법원은 판례의 집적[487]을 통하여 '소극적 방어행위'라는 이론으로써 사회상

려는 목적에서 지휘관이 부하에게 가한 경미한 폭행은 지키려는 법익이 피해법익에 비하여 월등이 크다고 할 것이므로 그 위법성을 결여한다.)

486) **[소극적 방어(저항)행위의 심사구조]** : '소극적 방어행위'의 심사구조는 그 방법상 소극적이다. 즉 이 심사는 '사회상규에 위배되는 행위'를 찾는 것이 아니고 '위배되지 않는 행위'를 판단하는 것이기 때문이다. 이러한 소극적 심사방법은 사회상규에 위배되는 행위를 찾는 적극적 심사보다 위배되지 않는 행위를 판단하는 소극적 심사가 훨씬 용이하다는 점에 있다.

487) **[소극적 방어행위를 인정한 판례]** : 대법원 1983.5.24. 선고 83도942 판결(피해자가 피고인을 따라다니면서 귀찮게 싸움을 걸어오는 것을 막으려고 피고인이 피해자의 멱살을 잡고 밀어 넘어뜨렸다면 이는 사회통념상 용인되는 행위로서 위법성이 없다.) ; 대법원 1987.10.26. 선고 87도464 판결(피고인이 자기의 앞가슴을 잡고 있는 피해자의 손을 떼어 내기 위하여 피해자의 손을 뿌리친 것에 불과하다면 그와 같은 행위는 피해자의 불법적인 공격으로부터 벗어나기 위한 **본능적인 소극적 방어행위**에 지나지 아니하여 사회통념상 허용될 상당성이 있는 위법성이 결여된 행위라고 볼 여지가 있다 할 것이고 위 행위가 사회상규에 위배되지 않는 행위로서 위법성이 결여된 행위로 인정된다면 그 행위의 결과로 피해자가 사망하게 되었다 하더라도 폭행치사죄로 처벌할 수는 없다.) ; 대법원 1990.5.22. 선고 90도748 판결(피해자가 술에 취하여 피고인에게 아무런 이유없이 시비를 걸면서 얼굴을 때리다가 피고인이 이를 뿌리치고 현장에서 도망가는 바람에 그가 땅에 넘어져 상처를 입은 사실이 인정된다면 피고인의 행위는 사회통념상 허용될 만한 정도의 상당성이 있는 행위로서 형법 제20조에 정한 정당행위에 해당되어 죄가 되지 아니한다.) ; 대법원 1991.1.15. 선고 89도2239 판결(피해자가 술에 취한 상태에서 별다른 이유 없이 함께 술을 마시던 피고인의 뒤통수를 때리므로 피고인도 순간적으로 이에 대항하여 손으로 피해자의 얼굴을 1회 때리고 피해자가 주먹으로 피고인의 눈을 강하게 때리므로 더 이상 때리는 것을 제지하려고 피해자를 붙잡은 정도의 행위의 결과로 인하여 피해자가 원발성쇼크로 사망하였다 하더라도 피고인의 위 폭행행위는 **소극적 방어행위에 지나지 않아** 사회통념상 허용될 수 있는 상당성이 있어 위법성이 없다.) ; **보충판례 19-4 : 대법원 1992.3.10. 선고 92도37 판결**[피해자(남, 57세)가 술에 만취하여 아무런 연고도 없는 가정주부인 피고인의 집에 들어가 유리창을 깨고 아무데나 소변을 보는 등 행패를 부리고 나가자, 피고인이 유리창 값을 받으러 피해자를 뒤따라 가며 그 어깨를 붙잡았으나, 상스러운 욕설을 계속하므로 더 이상 참지 못하고 잡고 있던 손으로 피해자의 어깨부분을 밀치자 술에 취하여 비틀거리던 피해자가 몸을 제대로 가누지 못하고 앞으로 넘어져 시멘트 바닥에 이마를 부딪쳐 1차성 쇼크로 사망한 경우, 피고인의 위와 같은 행위는 피해자의 부당한 행패를 저지하기 위한 **본능적인 소극적 방어행위**에 지나지 아니하여 사회통념상 용인될 수 있는 정도의 상당성이 있어 형법 제20조에 정한 정당행위에 해당한다.] ; 대법원 1992.3.27. 선고 91도2831 판결(남자인 피해자가 비좁은 여자 화장실 내에 주저앉아 있는 피고인으로부터 무리하게 쇼핑백을 빼앗으려고 다가오는 것을 저지하기 위하여 피해자의 어깨를 순간적으로

규개념의 유형화를 시도하고 있다. 그러나 이러한 소극적 방어행위는 보충적인 위법성조각사유에 해당하므로 구체적인 사례에서 상대방의 위법·부당한 공격에 대한 정당방위 인정여부를 먼저 검토할 필요가 있다. 즉 사회상규라는 **일반적(포괄적)** 위법성조각사유의 검토에 앞서서 다른 **구체적** 위법성조각사유에 대한 해당여부를 먼저 검토하여야 한다. 사회상규에 위배되지 않는 행위는 어디까지나 보충적 지위에 있기 때문이다.

보충판례 19-4 : 대법원 1992.3.10. 선고 92도37 판결 ; 대법원 1996.5.28. 선고 96도979 판결.

5. 권리실현의 일환으로 행한 행위

행위자가 피해자에 대해 원래 가지고 있던 권리를 실현하는 과정에서 구성요건에 해당하는 행위를 하였더라도 그 방법이 사회통념상 허용되는 범위를 넘어서지 아니하면 위법성이 조각된다. 특히 채권자가 채권실행을 위하여 채무자에게 해악을 고지하는 등 상대방을 협박하거나 기망하려 할 대 사기죄 또는 공갈죄 등이 될 수 있는지가 문제된다.

이러한 사례에서 **대법원**은 그 권리실현의 방법이 사회통념상 허용되는 범위를 넘어서는 경우에는 위법성이 조각되지 않는다고 하면서, 사회통념상 허용되는 정도나 범위를 넘는 것인지 여부는 그 행위의 주관적 측면과 객관적 측면, 즉 추구된 목적과

밀친 것은 피해자의 불법적인 공격으로부터 벗어나기 위한 **본능적인 소극적 방어행위**에 지나지 아니하므로 이는 사회통념상 허용될 수 있는 행위로서 그 위법성을 인정할 수 없다.) ; **대법원 1995.8.22. 선고 95도936 판결**(피고인이 피해자로부터 며칠 간에 걸쳐 집요한 괴롭힘을 당해 온 데다가 피해자가 피고인이 교수로 재직하고 있는 대학교의 강의실 출입구에서 피고인의 진로를 막아서면서 피고인을 물리적으로 저지하려 하자 극도로 흥분된 상태에서 그 행패에서 벗어나기 위하여 피해자의 팔을 뿌리쳐서 피해자가 상해를 입게 된 경우, 피고인의 행위는 피해자의 부당한 행패를 저지하기 위한 **본능적인 소극적 방어 행위**에 지나지 아니하여 사회통념상 허용될 만한 정도의 상당성이 있어 위법성이 없는 정당행위라고 봄이 상당하다.) ; **보충판례 19-4 : 대법원 1996.5.28. 선고 96도979 판결**(피해자가 양손으로 피고인의 넥타이를 잡고 늘어져 후경부피하출혈상을 입을 정도로 목이 졸리게 된 피고인이 피해자를 떼어놓기 위하여 왼손으로 자신의 목 부근 넥타이를 잡은 상태에서 오른손으로 피해자의 손을 잡아 비틀면서 서로 밀고 당기고 하였다면, 피고인의 그와 같은 행위는 목이 졸린 상태에서 벗어나기 위한 소극적인 저항행위에 불과하여 형법 제20조 소정의 정당행위에 해당하여 죄가 되지 아니한다.)

수단을 전체적으로 종합하여 판단하여야 한다고 한다.[488]

보충판례 19-5 : 대법원 1995.3.10. 선고 94도2422 판결.

6. 일반인의 간단한 의료행위

'의료법[시행 2012.8.5][법률 제11005호, 2011.8.4, 일부개정]' 제27조(무면허 의료행위 등 금지)는 무면허 내지 무자격자가 의료행위[489]를 행한 경우에는 '금지된 의료행위'로서 범죄화하고 있다[동법 제87조(벌칙) 제1항]. 금지된 의료행위라고 하더라도 '구체적인 경우에 개별적으로 보아 법질서 전체의 정신이나 그 배후에 놓여있는 사회윤리 내지 사회통념'에 비추어 위법성이 조각될 수 있다.[490]

---

488) **[권리실현의 일환으로 행한 행위]** : **대법원 1990.8.14. 선고 90도114 판결**(피고인이 그 소유건물에 인접한 대지 위에 건축허가조건에 위반되게 건물을 신축, 사용하는 소유자로부터 일조권 침해 등으로 인한 손해배상에 관한 합의금을 받은 것이 사회통념상 용인되는 범위를 넘지 않는 것이어서 공갈죄가 성립되지 않는다.) ; **대법원 2001.9.7. 선고 2001도2917 판결**(회사의 정기주주총회에 적법하게 참석한 주주라고 할지라도 주주총회장에서의 질문, 의사진행 발언, 의결권의 행사 등의 주주총회에서의 통상적인 권리행사 범위를 넘어서서 회사의 구체적인 회계장부나 서류철 등을 열람하기 위하여는 별도로 상법 제466조 등에 정해진 바에 따라 회사에 대하여 그 열람을 청구하여야 하고, 만일 회사에서 정당한 이유 없이 이를 거부하는 경우에는 법원에 그 이행을 청구하여 그 결과에 따라 회계장부 등을 열람할 수 있을 뿐 주주총회 장소라고 하여 회사측의 의사에 반하여 회사의 회계장부를 강제로 찾아 열람할 수는 없다고 할 것이며, 설사 회사측이 회사 운영을 부실하게 하여 소수주주들에게 손해를 입게 하였다고 하더라도 위와 같은 사정만으로 주주총회에 참석한 주주가 강제로 사무실을 뒤져 회계장부를 찾아내는 것이 사회통념상 용인되는 정당행위로 되는 것은 아니다.) ; **보충판례 19-5 : 대법원 1995.3.10. 선고 94도2422 판결**(해악의 고지가 비록 정당한 권리의 실현 수단으로 사용된 경우라고 하여도 그 권리실현의 수단방법이 사회통념상 허용되는 정도나 범위를 넘는 것인 이상 공갈죄의 실행에 착수한 것으로 보아야 하고, 여기서 어떠한 행위가 구체적으로 사회통념상 허용되는 정도나 범위를 넘는 것이냐의 여부는 그 행위의 주관적인 측면과 객관적인 측면, 즉 추구된 목적과 선택된 수단을 전체적으로 종합하여 판단하여야 한다.) ; **대법원 2005.4.29. 선고 2005도381 판결**(채권자가 채권관리를 위하여 근저당권이 설정된 회사의 공장건물에 무단침입하고 건물에 부착되어 있던 자물쇠를 손괴한 행위는 정당행위에 해당한다고 보기 어렵다.)

489) **[의료행위의 정의]** : 의료행위란 의학적 전문지식을 기초로 하는 경험과 기능으로 진찰, 검안, 처방, 투약하는 행위 또는 외과적 시술을 시행하여 질병을 예방하거나 치료하는 행위와 그밖에 의료인이 행하지 아니하면 보건위생상 위해가 생길 우려가 있는 행위를 말한다.

490) **보충판례 19-6 : 대법원 2000.4.25. 선고 98도2389 판결**[일반적으로 면허 또는 자격 없이 침술행위를 하는 것은 의료법 제25조의 무면허 의료행위(한방의료행위)에 해당되어 같은 법 제66조에 의하여 처벌되어야 하고, 수지침 시술행위도 위와 같은 침술행위의 일종으로서 의료법에서 금지하고 있는 의료행위에 해당하며, 이러한 수지침 시술행위가 광범위하고 보편화된 민간요법이고, 그 시술로 인한 위험성이 적다는 사정만으로 그것이 바로 사회상규에 위배되지 아니하는 행위에 해당한다고 보기는 어렵다고 할 것이나, 수지침은 시술부위나 시술방법 등에 있어서 예로부터 동양의학으로 전래되

보충판례 19-6 : 대법원 2000.4.25. 선고 98도2389 판결 ; 대법원 2007.6.28. 선고 2005도8317 판결.

이에 대하여 의료법상의 구성요건에도 해당하지 않는 행위는 처음부터 금지되는 의료행위가 되지 않는다.[491)]

7. 풍속영업의규제에관한법률과 사회상규

'풍속영업의규제에관한법률[시행 2010.7.23][법률 제10377호, 2010.7.23, 일부개정]'은 여관 등 풍속영업을 경영하는 사람으로 하여금 도박을 하지 못하도록 금지하고 있다[제3조(준수사항) 제4호[전문개정 2010.7.23]]. 그리고 이 금지규범에 위반하는 사

어 내려오는 체침의 경우와 현저한 차이가 있고, 일반인들의 인식도 이에 대한 관용의 입장에 기울어져 있으므로, 이러한 사정과 함께 시술자의 시술의 동기, 목적, 방법, 횟수, 시술에 대한 지식수준, 시술경력, 피시술자의 나이, 체질, 건강상태, 시술행위로 인한 부작용 내지 위험발생 가능성 등을 종합적으로 고려하여 구체적인 경우에 있어서 개별적으로 보아 법질서 전체의 정신이나 그 배후에 놓여 있는 사회윤리 내지 사회통념에 비추어 용인될 수 있는 행위에 해당한다고 인정되는 경우에는 형법 제20조 소정의 사회상규에 위배되지 아니하는 행위로서 위법성이 조각된다고 할 것이다.] ; **대법원 2004.10.28. 선고 2004도3405 판결**(피고인이 행한 부항 시술행위가 보건위생상 위해가 발행할 우려가 전혀 없다고 볼 수 없는 데다가, 피고인이 한의사 자격이나 이에 관한 어떠한 면허도 없이 영리를 목적으로 위와 같은 치료행위를 한 것이고, 단순히 수지침 정도의 수준에 그치지 아니하고 부항침과 부항을 이용하여 체내의 혈액을 밖으로 배출되도록 한 것이므로, 이러한 피고인의 시술행위는 의료법을 포함한 법질서 전체의 정신이나 사회통념에 비추어 용인될 수 있는 행위에 해당한다고 볼 수는 없고, 따라서 사회상규에 위배되지 아니하는 행위로서 위법성이 조각되는 경우에 해당한다고 할 수 없다.) ; **대법원 1992.5.22. 선고 91도3219 판결**(고객들의 눈썹 또는 속눈썹 부위의 피부에 자동문신용 기계로 색소를 주입하는 방법으로 눈썹 또는 속눈썹 모양의 문신을 하여 준 행위는 그 시술방법이 표피에 색소를 주입함으로써 통증도 없고 출혈이나 그 부작용도 생기지 않으므로 의료인이 행하지 아니하면 사람의 생명, 신체 또는 일반 공중위생에 밀접하고 중대한 위험이 발생할 염려가 있는 행위라고 볼 수 없어 의료행위가 아니라고 본 원심판결은 과연 표피에만 색소를 주입하여 영구적인 문신을 하는 것이 가능한지 및 그 시술방법이 어떤 것인지를 가려 보지 않았고 작업자의 실수 등으로 진피를 건드리거나 진피에 색소가 주입될 가능성이 있으며 문신용 침으로 인하여 질병의 전염우려도 있는 점을 간과함으로써 법리오해, 채증법칙 위배, 심리미진 등의 위법이 있다는 이유로 파기한 사례.) ; **보충판례 19-6 : 대법원 2007.6.28. 선고 2005도8317 판결**(의사가 모발이식시술을 하면서 이에 관하여 어느 정도 지식을 가지고 있는 간호조무사로 하여금 모발이식시술행위 중 일정 부분을 직접 하도록 맡겨둔 채 별반 관여하지 않은 것이 정당행위에 해당하지 않는다.)

491) **[금지되는 의료행위가 아닌 경우]** : **대법원 2000.2.22. 선고 99도4541 판결**(지압서비스업소에서 근육통을 호소하는 손님들에게 엄지손가락과 팔꿈치 등을 사용하여 근육이 뭉쳐진 허리와 어깨 등의 부위를 누르는 방법으로 근육통을 완화시켜 준 행위가 의료행위에 해당하지 않는다고 한 사례) ; **대법원 2001.7.13. 선고 99도2328 판결**(건강원을 운영하는 피고인이 손님들에게 뱀가루를 판매함에 있어 그들의 증상에 대하여 듣고 손바닥을 펴보게 하거나 혀를 내보이게 한 후 뱀가루를 복용할 것을 권유하였을 뿐 병상이나 병명이 무엇인지를 규명하여 판단을 하거나 설명을 한 바가 없는 경우, 의료행위에 해당하지 않는다.)

람에 대하여 형사처벌을 가하고 있다[동법 제10조(벌칙) 제2항[전문개정 2010.7.23]]. 형법도 도박죄를 규정하고 있으나 형법상의 단순도박죄에는 '일시오락'이라는 위법성조각사유가 규정되어 있다(형법 제246조 제1항 본문·단서). 이에 대하여 풍속영업규제법에는 이러한 위법성조각사유가 명시되어 있지 않다.

보호법익의 관점에서는 풍속영업규제법의 도박죄는 형법상의 도박죄와는 별개의 범죄이다. 일시오락의 특례를 명시하지 않은 것도 그 때문이라 할 수 있다. 그러나 대법원은 풍속영업규제법 위반죄의 구성요건해당성을 인정하면서 사회상규에 위배되지 아니하는 행위를 인정하였다.[492] 이러한 판단에는 형법 제246조 제1항 단서가 규정한 일시오락이라는 위법성조각사유가 중요한 고려요소로 작용하고 있다.

보충판례 19-7 : 대법원 2004.4.9. 선고 2003도6351 판결.

보충판례 19-8[기타 사회상규에 위배되지 않는 경우] : 대법원 2009.7.23. 선고 2009도840 판결 ; 대법원 2010.4.8. 선고 2009도11395 판결 ; 대법원 1994.4.15. 선고 93도2899 판결.

---

492) **보충판례 19-7 : 대법원 2004.4.9. 선고 2003도6351 판결**(풍속영업자가 풍속영업소에서 도박을 하게 한 때에는 그것이 일시 오락 정도에 불과하여 형법상 도박죄로 처벌할 수 없는 경우에도 풍속영업자의 준수사항 위반을 처벌하는 풍속영업의규제에관한법률 제10조 제1항, 제3조 제3호의 구성요건 해당성이 있다고 할 것이나, 어떤 행위가 법규정의 문언상 일단 범죄 구성요건에 해당된다고 보이는 경우에도, 그것이 정상적인 생활형태의 하나로서 역사적으로 생성된 사회생활 질서의 범위 안에 있는 것이라고 생각되는 경우에는 사회상규에 위배되지 아니하는 행위로서 그 위법성이 조각되어 처벌할 수 없다. 그 이유로는 일시 오락 정도에 불과한 도박행위의 동기나 목적, 그 수단이나 방법, 보호법익과 침해법익과의 권형성 그리고 일시 오락 정도에 불과한 도박은 그 재물의 경제적 가치가 근소하여 건전한 근로의식을 침해하지 않을 정도이므로 건전한 풍속을 해할 염려가 없는 정도의 단순한 오락에 그치는 경미한 행위에 불과하고, 일반 서민대중이 여가를 이용하여 평소의 심신의 긴장을 해소하는 오락은 이를 인정함이 국가정책적 입장에서 보더라도 허용되기 때문이다.)

제 11 장

형법총론

정당방위

제1절 정당방위의 개념

[조문]

刑法 第21條(正當防衛) ①自己 또는 他人의 法益에 對한 現在의 不當한 侵害를 防衛하기 爲한 行爲는 相當한 理由가 있는 때에는 罰하지 아니한다.

②防衛行爲가 그 程度를 超過한 때에는 情況에 依하여 그 刑을 減輕 또는 免除할 수 있다.

③前項의 境遇에 그 行爲가 夜間 其他 不安스러운 狀態下에서 恐怖, 驚愕, 興奮 또는 唐慌으로 因한 때에는 罰하지 아니한다.

2011년 형법일부개정법률안[형법총칙전면개정안][의안번호 제11304호] 제17조(정당방위) ①자기 또는 타인의 법익에 대한 현재의 부당한 침해를 방위하기 위한 행위는 상당한 이유가 있는 경우에 벌하지 아니한다.

② 방위행위가 그 정도를 초과한 경우에는 정황(情況)에 따라 그 형을 감경하거나 면제할 수 있다.

③ 제2항의 경우에 그 행위가 야간이나 그 밖의 불안스러운 상태에서 공포, 경악 또는 당황으로 인하였을 때에는 벌하지 아니한다.

暴力行爲등處罰에關한法律 第8條(正當防衛等) ①이 法에 規定된 罪를 犯한 者가 兇器 其他 危險한 物件等으로 사람에게 危害를 加하거나 加하려 할 때 이를 豫防 또는 防衛하기 위하여 한 行爲는 罰하지 아니한다.

②第1項의 境遇에 防衛行爲가 그 程度를 超過한 때에는 그 刑을 減輕한다.

③第2項의 境遇에 그 行爲가 夜間 其他 不安스러운 狀態下에서 恐怖 · 驚愕 · 興奮 또는 唐慌으로 因한 때에는 罰하지 아니한다.

民法 第761條 (正當防衛, 緊急避難) ①他人의 不法行爲에 對하여 自己 또는 第三者의 利益을 防衛하기

爲하여 不得已 他人에게 損害를 加한 者는 賠償할 責任이 없다. 그러나 被害者는 不法行爲에 對하여 損害의 賠償을 請求할 수 있다.
②前項의 規定은 急迫한 危難을 避하기 爲하여 不得已 他人에게 損害를 加한 境遇에 準用한다.

1. 정당방위의 의의

긴급행위의 일종인 **정당방위**란 자기 또는 타인의 법익에 대한 현재의 부당한 침해를 방위하기 위한 상당한 이유가 있는, 즉 사회상규에 위배되지 않는 행위를 말한다.

정당방위는 현재의 부당한 침해를 방위하기 위한 행위이므로 **不正 대 正의 관계**이며, 법(正)은 불법(不正)에 길을 양보할 필요가 없다는 '법확증(법질서수호)의 원리'에 입각한 위법성조각사유로 인정되고 있다.

2. 다른 위법성조각사유와의 비교

가. 긴급피난과의 異同

정당방위는 부당한 침해에 대한 정당한 방위이므로 不正 대 正의 관계에 있다는 점에서 **正 대 正의 관계에 있는 긴급피난**과 다르다. 이점에서 긴급피난의 경우에는 긴급피난에 의해 보호되는 법익과 침해되는 법익 사이에 **균형이 요구**되지만, 정당방위에서는 정당방위로 보호되는 법익이 정당방위로 침해되는 법익보다 **작아도 무방**하다(즉 **이익형량의 사상에 근거하고 있지 않다**). 정당방위와 긴급피난은 현재의 침해 또는 위난, 자기 또는 타인의 법익을 보호하기 위한 것, 법익보호의 긴급성, 상당한 이유가 있어야 하는 것 등에서는 공통점을 가지고 있다.

나. 자구행위와의 異同

정당방위는 不正 대 正의 관계, 법익보호의 긴급성 및 상당한 이유를 요한다는 점에서는 자구행위와 공통점을 갖는다. 그러나 타인을 위한 정당방위가 가능한 반면 자구행위에서는 **자기의 청구권에 대해서만 인정**되고, 정당방위로 보호하기 위한 법익은 제한이 없는 반면 자구행위로 보호하기 위한 법익은 **청구권에 한정된다는 점**에서 차이가 있다. 또한 정당방위는 현재의 침해에 대한 사전적 긴급행위이나, 자구행위는 이미 침해된 청구권을 보전하기 위한 **사후적 긴급행위라는 점**에서 구별된다.

3. 정당방위의 지도원리 : 정당방위의 근거

가. 자기보호의 원리

정당방위의 일차적 목표는 침해받는 자신의 법익을 보호하기 위한 것이다. 개인이 법익침해를 받는 경우에는 원칙적으로 국가기관에 침해의 배제를 요청하여야 하지만, 그러한 방법을 사용하기에는 **상황이 긴급한 경우**에 예외적으로 자신의 법익을 스스로 보호하는 자력구제(자기방어권)를 허용하는 것이 정당방위이다. 이점에서 정당방위는 구체적인 실정법체계가 개입하기 이전에 이미 권리로서 인정되고 있는 **개인적 차원의 자연권적 측면**을 갖는다.[493] 형법 제21조 제1항은 '자기의 법익에 대한 현재의 부당한 침해를 방위하기 위한 행위'라는 표현으로써 자기보호의 원리를 확인하고 있다.

나. 법질서수호 내지 확증의 원리

자신의 법익을 보호하기 위해서 뿐만 아니라 **타인의 법익을 보호**하기 위해서도 정당방위를 할 수 있다. 타인의 법익보호를 위한 정당방위는 자신의 법익을 보호하기 위한 정당방위와는 달리 공익적 성격을 지니고 있다. 즉 정당방위는 국가를 대신하여 국가가 개입할 때까지 타인간의 관계에 개입함으로써 타인간의 관계에서 무엇이 정

493) **[개인적 차원의 자연권적 의미로서의 정당방위]** : 정당방위가 개인의 권리보호를 위하여 인정된다는 근거에서 정당방위는 위법한 침해로부터 개인의 법익을 보호하기 위하여 허용될 뿐이며 국가적·사회적 법익을 보호하기 위한 정당방위는 허용되지 않는다는 결론이 도출된다. 이에 대하여 상세히는 후술하는 '국가사회적 법익보호를 위한 정당방위'를 참조.

의이고 무엇이 불법인지를 확증케 하고 이를 통해 정당한 법질서를 수호하는 기능을 담당한다. 이는 **사회적 차원의 자연권**으로서 정당방위의 성격이 강조된 것이다.[494] 형법 제21조 제1항은 '타인의 법익에 대한 현재의 부당한 침해를 방위하기 위한 행위'라는 표현으로써 법질서수호의 원리를 확인하고 있다.

제2절 정당방위의 성립요건

정당방위가 성립하기 위해서는, 자기 또는 타인의 법익에 대한 현재의 부당한 침해가 있어야 하고 침해로부터 법익을 보호하기 위해 상당한 이유가 있는 방위행위가 있어야 한다는 객관적 요건과 행위자에게 방위의사, 즉 주관적 정당화요소가 있어야 한다는 주관적 요건이 구비되어야 한다.

1. 현재의 부당한 침해가 있을 것

정당방위는 정당방위를 할 수 있는 상황이 있어야 가능하다. **현재의 부당한 침해가 정당방위상황**이다.

가. 침해가 있을 것

(1) 인간의 행위(작위·부작위)에 의한 침해

법익에 대한 침해란 법익을 박탈하거나 법익의 전부 또는 일부를 향유하지 못하게

494) **[사회권적 차원에서의 정당방위의 제한]** : 법질서수호의 원리가 정당방위의 지도원리가 됨에 따라 법질서수호의 이익이 없는 때에는 정당방위를 부정해야 한다는 정당방위의 제한의 문제가 제기된다. 종래 자유주의 사상에 입각하고 있던 형법에서는 정당방위의 개인권적 성질이 중시되었으나 최근 사회권적 측면에서 정당방위를 제한해야 한다는 것이 정당방위의 중심문제가 되고 있다.

하는 것을 말한다. 침해는 인간의 행위에 의한 것이어야 한다.[495] 인간의 행위에 의하지 않은 자연현상은 정당·부당의 판단대상이 아니기 때문이다.

인간의 행위에 의한 침해이므로 작위에 의한 침해뿐만 아니라 부작위에 의한 침해에 대해서도 정당방위가 가능하다. 예컨대 부작위범의 경우에는 보증인지위(작위의무)가 인정되는 때에만 침해라고 할 수 있기 때문에 문을 열어줘야 할 작위의무가 있는 사람이 문을 열어주지 않아 문을 손괴하고 들어간 경우 정당방위가 성립할 수 있다.[496]

(2) 동물에 의한 침해

동물에 의한 침해(즉 대물방위)는 다음과 같이 해결할 수 있다.

첫째 주인없는 동물이 공격해 오기 때문에 동물을 살해하였고 그것이 특별법상의 범죄가 되지 않는 경우에는 특별한 형법적 문제가 발생하지 않는다. 주인없는 동물살해행위가 예컨대 '자연환경보전법[시행 2012.7.29][법률 제10977호, 2011.7.28, 타법개정]' 제15조(생태·경관보전지역에서의 행위제한 등) 제1항 제1호 위반행위[제63조(벌칙)]에 해당하는 경우에는 정당방위가 아닌 긴급피난의 문제로 해결하여야 한다.

둘째 주인있는 동물이 주인의 고의의 사주 또는 과실로 인한 관리소홀로 인해 공격해 오기 때문에 동물을 살해한 경우에는 동물을 도구로 이용한 사람에 의한 침해이기 때문에 정당방위가 가능하다.

셋째 주인있는 동물이 주인의 고의·과실없이 공격해 오기 때문에 동물을 살해한 경우에는 긴급피난이 가능하다.[497]

---

495) **[법익에 대한 침해행위의 의미]** : 침해는 고의·과실행위를 포함하지만, 반드시 범죄구성요건상의 행위일 필요는 없다. 예컨대 형사처벌의 대상이 되지 않는 성희롱이나 과실재물손괴에 대해서도 정당방위가 가능하다. 물론 단순히 욕설을 하는 것과 같은 경우에는 정당방위에서의 침해라고 할 수 없다 : **대법원 1957.5.10 선고 4290형상73 판결**(욕설을 가한 것만으로는 현재의 급박·부당한 침해라고 할 수 없으니 욕설을 함에 대하여 폭행을 가한 경우에 이를 정당방위로 논할 수 없다.)

496) **[부작위에 의한 침해와의 구별]** : 그러나 채무불이행과 같은 단순한 의무불이행은 부작위에 의한 침해가 아니다. 이 경우에는 정당방위가 아닌 민사소송절차에 의해 구제받아야 한다.

497) **[동물에 의한 침해의 민사상 책임]** : 한편 동물에 의한 침해의 민사상 책임과 관련하여서는 민법 제759조(동물의 점유자의 책임)가 "① 동물의 점유자는 그 동물이 타인에게 가한 손해를 배상할 책임이 있다. 그러나 동물의 종류와 성질에 따라 그 보관에 상당한 주의를 해태하지 아니한 때에는 그러하지 아니하다. ②점유자에 가름하여 동물을 보관한 자도 전항의 책임이 있다."고 규정하고 있다.

나. 부당한 침해가 있을 것

(1) 부당의 개념

부당한 침해란 객관적으로 법질서와 일치되지 않아 그 자체로 정당화되지 않는 행위를 말한다. **부당이라 함은 위법함을 말한다는 견해가 다수설**[498]이지만, **언어의 의미상 부당은** 형법상 구성요건에 해당하고 위법성이 인정되는 행위, 즉 **위법한 침해보다 더 넓은 범주(법질서 전체의 위법개념)를 포함하므로 반드시 형법상의 구성요건을 실현하는 행위일 필요는 없다**.[499]

따라서 민사법상의 불법행위나 처벌규정이 없어서 처벌대상이 되지 않는 미수행위, 더 나아가 형법에 의해 보호되지 않는 법익에 대한 침해(예컨대 부당한 행정행위)도 부당한 침해로 볼 수 있다. 형법상 운전자의 과실과 그로 인해 발생한 피해자의 사망 간에 '의무위반관련성'의 결여를 이유로 과실범으로 처벌되지 않는 운전자의 행위도 부당한 침해에 해당한다고 할 수 있으므로 당해 차량의 동승자가 피해자의 사망을 방지하기 위하여 운전대를 잡아서 방위행위를 할 수 있다.

그러나 위법성이 조각되는 행위는 원칙적으로 정당한 행위이고 부당한 행위가 아니므로 정당행위, 정당방위, 긴급피난 등의 행위에 대해서는 정당방위를 할 수 없다.[500]

부당한 행위인지 여부는 객관적으로 판단하게 되므로 책임무능력자의 행위, 강요된 행위 등 위법하지만 책임이 조각되는 행위에 대해서도 정당방위가 가능하다.[501]

---

498) **[부당한 침해의 요건]** : 다수설은 부당한 침해를 위법한 침해로 이해하기 때문에 결과반가치뿐만 아니라 행위반가치도 존재하여야 한다는 입장에 귀결된다. 즉 공격자의 행위가 법적 명령·금지규범에 위반하는가 하는 점에 초점을 맞추어 침해의 위법성 여부를 판단하기 때문에 **단순한 결과불법에 대해서는 침해의 위법성을 인정하지 않는다.** 예컨대 고의·과실이 없는 행위(자동차운전등 허용된 위험행위)로 인하여 법익침해가 발생하는 경우 행위반가치가 없으므로 침해의 위법성이 부정되어 정당방위가 아닌 긴급피난이 성립할 뿐이라고 한다.

499) **[소수설의 타당성 논거]** : 소수설의 입장이다. 침해가 반드시 고의 또는 과실에 의한 것이 아니더라도 위협된 법익에 손해를 유발시키기만 하면(즉 단순한 결과불법이더라도) 부당한 침해로 보아 정당방위의 성립을 인정한다. 이처럼 넓게 인정되는 정당방위는 '상당한 이유'라는 요건을 통해 다시 제한될 수 있다.

500) **[적법한 법정절차와 정당방위]** : 대법원 1962.8.23. 선고 62도93 판결(채권자가 가옥명도강제집행에 의하여 적법하게 점유를 이전받아 점유하고 있는 방실에 채무자가 무단히 침입한 때에는 주거침입죄가 성립하고 **적법한 강제집행에 대한 정당방위나 자구행위는 인정될 수 없다.**)

보충판례 20[현재의 부당한 침해 - 부당의 개념] : 대법원 2011.5.26. 선고 2011도3682 판결 ; 대법원 2006.9.8. 선고 2006도148 판결.

(2) 싸움과 부당한 침해

두 사람 이상이 싸움을 하는 경우에는 서로가 서로에 대해 부당한 침해를 하고 있는 것이므로 각자의 행위를 방위의사가 있는 방위행위로 볼 수 없다(**통설 및 판례**).[502]

다만 **예외적으로** 싸움에서 예상할 수 있는 정도를 초과한 공격[503], 외관상 싸움을 하는 것처럼 보이지만 상대방은 방어행위만 하는데 일방적으로 하는 공격[504], 싸움이 중지된 이후의 새로운 공격[505]은 부당한 침해이기 때문에 정당방위가 허용된다.

보충판례 20-1[싸움과 부당한 침해] : 대법원 2010.2.11. 선고 2009도12958 판결.

---

501) **[부당한 침해를 인정한 판례]** : 대법원 2000.7.4. 선고 99도4341 판결(경찰관이 적법절차를 준수하지 아니한 채 실력으로 현행범인을 연행하려고 하였다면 적법한 공무집행이라고 할 수 없고, 현행범인이 그 경찰관에 대하여 이를 거부하는 방법으로써 폭행을 하였다고 하여 공무집행방해죄가 성립하는 것은 아니다.) ; 대법원 1970.9.17. 선고 70도1473 판결(절도범으로 오인받은 자가 야간에 군중들로부터 무차별 구타를 당하자 이를 방위하기 위하여 소지하고 있던 손톱깍기 칼을 휘둘러 상해를 입힌 행위는 정당방위에 해당한다.) ; 대법원 2006.9.8. 선고 2006도148 판결(검사가 참고인 조사를 받는 줄 알고 검찰청에 자진출석한 변호사사무실 사무장을 합리적 근거 없이 긴급체포하자 그 변호사가 이를 제지하는 과정에서 위 검사에게 상해를 가한 것이 정당방위에 해당한다.)

502) **[방어행위와 공격행위가 공존하는 경우]** : 대법원 2004.6.25. 선고 2003도4934 판결(가해자의 행위가 피해자의 부당한 공격을 방위하기 위한 것이라기보다는 서로 공격할 의사로 싸우다가 먼저 공격을 받고 이에 대항하여 가해하게 된 것이라고 봄이 상당한 경우, 그 가해행위는 방어행위인 동시에 공격행위의 성격을 가지므로 정당방위 또는 과잉방위라고 볼 수 없다.) ; 대법원 2000.3.28. 선고 2000도228 판결 ; 대법원 1996.9.6. 선고 95도2945 판결 ; 대법원 1993.8.24. 선고 92도1329 판결 ; 대법원 1986.12.23. 선고 86도1491 판결 등.

503) **[예상을 초과한 공격행위가 있는 경우]** : 대법원 1968.5.7. 선고 68도370 판결(싸움을 함에 있어서 격투를 하는 자 중의 한사람의 공격이 그 격투에서 당연히 예상할 수 있는 정도를 초과하여 살인의 흉기 등을 사용하여온 경우에는 이를 '부당한 침해'라고 아니할 수 없으므로 이에 대하여는 정당방위를 허용하여야 한다고 해석하여야 할 것이다.)

504) **[일방적인 공격행위가 있는 경우]** : 대법원 1999.10.12. 선고 99도3377 판결(외관상 서로 격투를 하는 것처럼 보이는 경우라고 할지라도 실지로는 한쪽 당사자가 일방적으로 불법한 공격을 가하고 상대방은 이러한 불법한 공격으로부터 자신을 보호하고 이를 벗어나기 위한 저항수단으로 유형력을 행사한 경우라면, 그 행위가 적극적인 반격이 아니라 소극적인 방어의 한도를 벗어나지 않는 한 그 행위에 이르게 된 경위와 그 목적수단 및 행위자의 의사 등 제반 사정에 비추어 볼 때 사회통념상 허용될 만한 상당성이 있는 행위로서 위법성이 조각된다고 보아야 할 것이다.) ; 대법원 1985.10.22. 선고 85도1455 판결 ; 대법원 1985.3.12. 선고 84도2929 판결 ; 대법원 1984.9.11. 선고 84도1440 판결 ; 대법원 1983.2.8. 선고 82도2098 판결.

505) **[새로운 도발행위에 대한 방어행위]** : 대법원 1957.3.8. 선고 형상18 판결(싸움이 중지된 후 다시 피해자들이 새로이 도발한 별개의 가해행위를 방어하기 위하여 단도로서 상대방의 복부에 자상을 입힌 행위는 정당방위에 해당한다.)

(3) 도발한 침해행위

방위자가 공격자의 침해행위를 도발한 경우 정당방위의 허용여부에 대해서는 견해가 대립한다. 도발행위의 유형에 따라 공격목적에 의한 도발, 고의·과실 등에 의한 유책한 도발, 방위자의 책임없는 도발 등으로 나누어 볼 수 있다.

① 공격목적에 의한 도발

공격목적에 의한 도발이란 정당방위상황을 이용하여 공격자를 침해할 목적으로 공격을 유발한 경우를 말한다.[506] **통설 및 판례**[507]는 정당방위가 성립할 수 없다는 데에 결론을 같이 하지만, 각기 다른 근거를 제시하고 있다.

즉 ⅰ) 정당방위상황이 없기 때문(즉 부당한 침해라고 할 수 없기 때문)에 정당방위가 불가능하다는 견해, ⅱ) 주관적 정당화사유(즉 방위의사)를 인정할 수 없기 때문에 정당방위가 불가능하다는 견해, ⅲ) 도발된 침해에 대한 방위행위는 원인에 있어서 위법한 행위이므로, 즉 방위행위는 적법하지만 원인행위가 위법하기 때문에 전체적으로 위법한 행위가 되어 정당방위라고 할 수 없다는 견해(원인에 있어서 위법한 행위이론), ⅳ) 도발된 침해에 대한 방위행위는 법질서방위를 위해서 필요한 행위가 아니므로 정당방위가 될 수 없다는 견해(법질서수호이론), ⅴ) 침해행위를 도발하여 이에 대해 방위행위를 하는 것은 권리의 남용으로 정당화되지 않는다는 견해(**권리남용**

506) **[공격목적의 도발례]** : 예컨대 甲이 A를 살해하기 위해 A가 자신을 살해할 수 있는 행위를 도발하고 이를 이용하여 먼저 A를 살해하는 경우나 甲이 乙에게 모욕적인 언사를 하여 乙로 하여금 폭력을 유발시킨 후 甲이 乙보다 신체적인 열등한 상태에 있음을 이유로 乙에 대해 흉기를 들고 방어행위를 한 경우 등이 이에 해당한다.

507) **[상호 간의 도발행위]** : **대법원 1984.6.26. 선고 83도3090 판결**(언쟁 중 흥분 끝에 싸우다가 상해를 입힌 행위는 서로 상대방의 상해행위를 유발한 것이어서 정당방위는 성립하지 아니한다.) ; **대법원 1986.12.23. 선고 86도1491 판결**(일련의 상호쟁투 중에 이루어진 구타행위는 서로 상대방의 폭력행위를 유발한 것이므로 정당방위 또는 과잉방위는 성립되지 아니한다.) ; **대법원 1996.9.6. 선고 95도2945 판결**(싸움과 같은 일련의 상호투쟁 중에 이루어진 구타행위는 서로 상대방의 폭력행위를 유발한 것이므로 정당방위가 성립되지 않는다.)

[판례해설] : 이상의 판례가 도발한 침해에 대한 정당방위를 인정하지 않았다고 보는 견해로는 이재상, 형법총론(제7판), 박영사, 2011, 233쪽 참조. 그러나 이들 판례는 '유발'이라는 표현을 사용하고는 있지만 도발한 침해에 대한 정당방위를 직접 취급한 판례라고 보기는 어렵다. 즉 여기서는 서로 공격을 주고받는 싸움에서 정당방위가 허용되는지 여부가 핵심이고 상대방으로 하여금 부당한 공격을 하게하여 정당방위 수단으로 합법적으로 상대방을 반격하겠다는 행위구도가 들어있는 것은 아니기 때문이다.

이론, 다수설) 등이 있다.

생각건대 다수설이 주장하는 권리의 남용이란 **존재하는 권리를 남용할 때에 적용**되는 원리인데 그 누구도 타인의 침해행위를 도발할 권리를 갖지 않기 때문에 공격목적의 도발사례에 이를 적용할 수 없다. 따라서 **공격목적의 도발사례는 부당한 침해라고 할 수 없기 때문에 정당방위라고 할 수 없다**. 도발자에 의해 도발된 공격행위는 **객관적으로 볼 때** 그 자체가 부당한 침해를 방위하기 위한 것으로서 정당화되는 행위(즉 도발자가 도발한 침해에 대한 정당화행위)이기 때문에 이에 대해 다시 도발자는 자기보호의 원리나 법질서수호의 원리라는 정당방위의 지도원리상 정당방위를 할 수 없다고 해야 하기 때문이다.[508)]

보충판례 20-2[공격목적에 의한 도발] : 대법원 1996.12.23. 선고 96도2745 판결.

② 고의·과실 등으로 유책하게 도발한 침해의 경우

ㄱ. 도발행위가 적법한 경우

상대방이 공격해 올 것이라는 점을 예상하고 이를 의욕·인용하면서 행위를 한 경우 그 행위가 적법행위인 경우에는 공격에 대한 정당방위가 가능하다. 예컨대 강제집행을 하는 공무원이 집행당하는 사람이 공격해 올 가능성을 인식하면서도 강제집행을 하자 상대방이 공격해 온 경우 그 공격에 대해 정당방위가 가능하다.

ㄴ. 도발행위가 위법한 경우

도발행위가 위법한 경우에는 이에 대한 정당방위가 가능하기 때문에 도발자의 정당방위는 허용되지 않는다.

ㄷ. 도발행위가 부당한 경우

도발한 행위가 **사회윤리적으로 정당하지 않은 경우**에는 그로 인해 도발된 침해에

508) **[공격목적에 의한 도발]** : 대법원 1983.9.13. 선고 83도1467 판결(피고인이 피해자를 살해하려고 먼저 가격한 이상 피해자의 반격이 있었더라도 피해자를 살해한 소위가 정당방위에 해당한다고 볼 수 없다.) **[판례해설]** : 이 판례는 공격목적에 의한 도발자의 정당방위를 부정한 근거가 무엇인지에 대해서는 밝히고 있지 않지만 방위의사의 결여나 상당한 이유의 결여 때문에 정당방위를 부정한 것으로 보이지는 않는다.

대해서는 정당방위가 허용되지 않는다는 견해도 있지만[509], 도발한 행위가 **부당한 경우**에 상대방은 정당방위를 할 수 있고, 이에 대해서는 도발자가 정당방위를 할 수 없다고 해야 할 것이다. 다만 반격행위가 도발행위에서 예상될 수 있는 정도를 넘어선 경우에는 그 반격행위에 대해 정당방위를 할 수 있다고 해야 할 것이다.[510]

③ 도발에 대해 방위자가 고의·과실이 없는 경우

이 경우 도발행위가 부당할 경우에는 상대방의 반격행위가 정당할 수 있고 이에 대해서는 정당방위가 불가능하다. 그러나 도발행위가 부당하고 반격행위도 위법·부당한 경우에는 정당방위가 성립할 수 있을 것이다.

다. 현재의 침해가 있을 것

(1) 현재의 침해의 개념 및 범위

현재의 침해란 법익에 대한 침해가 발생하기 직전이거나 발생 이후 종료까지 및 종료직후를 모두 포함하는 개념이다.

예컨대 절도범이 물건을 절취하기 위해 물건에 접근하는 경우에는 아직 절도행위의 실행의 착수가 없지만 그 절도범이 물건에 접근하는 것을 막는 행위도 정당방위가 될 수 있다. 절도범이 물건을 훔치는 도중에 훔쳐가지 못하도록 하는 것이 정당방위가 될 수 있음은 물론이고, 절도범이 물건을 훔쳐서 도망가는 것을 발견하고 그를 추적하여 체포하는 행위도 범죄종료직후의 행위이기 때문에 정당방위가 될 수 있다.[511]

그러나 물건을 훔쳐간 절도범을 며칠 후 우연히 길에서 만나게 되어 그를 체포한 행

509) **[사회윤리적 제한을 인정하는 입장에서의 도발행위의 해석]** : 이는 정당방위의 사회윤리적 제한을 인정하는 입장에 입각한 것으로 도발행위가 사회윤리적으로 정당하지 않은 경우에는 정당방위가 제한된다고 하기 때문이다.

510) **[반격행위가 도발행위의 예상정도를 넘는 경우]** : 예컨대 甲이 乙을 무시하는 손가락질을 하였는데 乙이 예상 밖으로 칼을 들고 달려 든 경우에 정당방위가 가능하다고 할 수 있다.

511) **[현재의 부당한 침해]** : 대법원 2002.5.10. 선고 2001도300 판결(현행범인으로서의 요건을 갖추고 있었다고 인정되지 않는 상황에서 경찰관들이 동행을 거부하는 자를 체포하거나 강제로 연행하려고 하였다면, 이는 적법한 공무집행이라고 볼 수 없고, 그 체포를 면하려고 반항하는 과정에서 경찰관에게 상해를 가한 것은 불법 체포로 인한 신체에 대한 현재의 부당한 침해에서 벗어나기 위한 행위로서 정당방위에 해당하여 위법성이 조각된다.)

위는 **과거의 침해**[512]에 대한 것이기 때문에 정당방위가 될 수 없고(경우에 따라 자구행위가 될 수 있다), 내일 자신을 공격하러 오려는 자를 오늘 미리 찾아가 살해하는 행위는 **장래의 침해(예방적 정당방위)**에 대한 것이기 때문에 정당방위가 성립할 수 없다(**다수설**).[513]

(2) 과거에 침해가 있었고 미래의 침해반복이 예상되는 경우

과거에 계속적으로 법익침해가 있었고 앞으로도 법익침해가 계속될 것이라고 예상되는 경우에 현재의 침해가 있다고 할 것인지에 대해서는 견해가 대립한다.

긍정설(판례)[514]은 과거부터 계속되어 온 침해행위가 언제든지 반복될 현실적 가능성을 지니고 있는 경우에는 정당방위의 침해의 현재성을 인정할 수 있다고 한다. **다수설인 부정설**은 과거에서 미래까지 법익침해가 계속될 것이라는 것만으로는 법익침해의 직전(침해의 급박성)이라고 할 수 없기 때문에 침해의 현재성을 인정하기 어렵다고 한다. 예컨대 **대법원 92도2540 판결**[주 514) 참조]에서 의붓아버지가 강간행위를 하려고 접근할 때에는 성적 자기결정권에 대한 현재의 침해가 있다고 할 수 있지만, 의붓아버지가 자고 있는 동안에는 성적 자기결정권에 대한 현재의 침해가 있다고 할 수 없다. 그러나 긴급피난의 현재성은 인정될 여지가 있을 것이다.

보충판례 20-3[현재의 침해 - 지속적 위험과 예방적 정당방위의 성부 -]: 대법원 1992.12.22. 선고 92도2540 판결.

512) **[과거의 침해에 대한 정당방위의 부정]** : 대법원 1996.4.9. 선고 96도241 판결(피해자의 침해행위에 대하여 자기의 권리를 방위하기 위한 부득이한 행위가 아니고, 그 침해행위에서 벗어난 후 분을 풀려는 목적에서 나온 공격행위는 정당방위에 해당한다고 할 수 없다.)

513) **[예방적 정당방위에 있어서 현재의 침해 의미]** : 미래의 침해에 대비하기 위한 현재의 방위조치는 현재로서는 정당방위가 아니지만 침해행위가 일어난 시점에서는 현재의 침해에 대한 정당방위라고 할 수 있다. 예컨대 도둑이 침입하지 못하도록 하기 위해 철조망을 쳐놓는 행위는 정당방위라고 할 수 없으나 도둑이 침범하다가 철조망에 상해를 입은 경우 그 순간의 방위는 정당방위가 된다.

514) **[예방적 정당방위의 인정가능성]** : 대법원 1992.12.22. 선고 92도2540 판결(피고인 김○○이 약 12살 때부터 의붓아버지인 피해자의 강간행위에 의하여 정조를 유린당한 후 계속적으로 이 사건 범행무렵까지 피해자와의 성관계를 강요받아 왔고, 그 밖에 피해자로부터 행동의 자유를 간섭받아 왔으며, 또한 그러한 침해행위가 그 후에도 반복하여 계속될 염려가 있었다면, 피고인들의 이 사건 범행 당시 피고인 김○○의 신체나 자유 등에 대한 현재의 부당한 침해상태가 있었다고 볼 여지가 없는 것은 아니나, 그렇다고 하여도 판시와 같은 경위로 이루어진 피고인들의 이 사건 살인행위가 형법 제21조 소정의 정당방위나 과잉방위에 해당한다고 하기는 어렵다.)

(3) 침해의 현재성 판단기준

현재성은 피침해자의 주관에 의하여 결정되는 것이 아니라 객관적인 상황에 따라서 결정하여야 하며, 방위행위시가 아니라 침해행위시를 기준으로 결정하여야 한다.

따라서 도둑의 침입에 대비해 설치한 자동발사장치나 감전장치는 침해와 동시에 작동되는 한 현재성을 인정할 수 있으며, 절도범의 침입을 막기 위해 담장에 설치한 유리조각도 절도범이 담장을 넘다가 상해를 입는 경우 정당방위를 긍정할 수 있다.[515)]

2. 자기 또는 타인의 법익에 대한 침해가 있을 것

가. 보호법익의 범위

법이 보호하는 모든 개인적 법익은 정당방위로 보호될 수 있다. 따라서 형법의 개인적 법익(생명·신체·자유·명예·재산 등)뿐만 아니라[516)], 민법의 점유 또는 일반적 인격권

515) **[침해의 현재성을 긍정한 판례]** : 대법원 2006.11.23. 선고 2006도2732 판결(경찰관의 현행범 체포행위가 적법한 공무집행을 벗어나 불법하게 체포한 것으로 볼 수밖에 없다면, 현행범이 그 체포를 면하려고 반항하는 과정에서 경찰관에게 상해를 가한 것은 불법 체포로 인한 신체에 대한 현재의 부당한 침해에서 벗어나기 위한 행위로서 정당방위에 해당하여 위법성이 조각된다.) ; **대법원 2001.5.15. 선고 2001도1089 판결**(피고인이 이와 같이 피해자로부터 먼저 폭행·협박을 당하다가 이를 피하기 위하여 피해자를 칼로 찔렀다고 하더라도, 피해자의 폭행·협박의 정도에 비추어 피고인이 칼로 피해자를 찔러 즉사하게 한 행위는 피해자의 폭력으로부터 자신을 보호하기 위한 방위행위로서의 한도를 넘어선 것이라고 하지 않을 수 없고, 따라서 이러한 방위행위는 사회통념상 용인될 수 없는 것이므로, 자기의 법익에 대한 현재의 부당한 침해를 방어하기 위한 행위로서 상당한 이유가 있는 경우라거나, 방위행위가 그 정도를 초과한 경우에 해당한다고 할 수 없다.) ; **대법원 1991.5.28. 선고 91도80 판결**(피고인이 피해자로부터 갑작스럽게 빰을 맞는 등 폭행을 당하여 서로 멱살을 잡고 다투자 주위 사람들이 싸움을 제지하였으나 피해자에게 대항하기 위하여 깨어진 병으로 피해자를 찌를 듯이 겨누어 협박한 경우, 피고인의 행위는 자기의 법익에 대한 현재의 부당한 침해를 방어하기 위한 것이라고 볼 수 있으나, 맨손으로 공격하는 상대방에 대하여 위험한 물건인 깨어진 병을 가지고 대항한다는 것은 사회통념상 그 정도를 초과한 방어행위로서 상당성이 결여된 것이고, 또 주위사람들이 싸움을 제지하였다는 상황에 비추어 야간의 공포나 당황으로 인한 것이었다고 보기도 어렵다.)
[침해의 현재성을 부정한 판례] : 대법원 1989.12.12. 선고 89도2049 판결(피고인의 이건 행위가 피해자가 먼저 피고인을 구타한 것이 원인이 되었다 하더라도 원판시와 같이 길이 26센티미터의 과도로 복부와 같은 인체의 중요한 부분을 3, 4회나 찔러 피해자에게 상해를 입힌 행위를 정당방위나 과잉방위에 해당한다고 볼 수 없다.) ; **대법원 1971.6.22. 선고 71도814 판결**(소송상 청구가 부당한 주장이었다 하여도 그것이 정당방위의 요건인 급박부당한 법익의 침해행위에 해당한다고 볼 수 없다.)

516) **대법원 1957.5.10. 선고 4290형상73 판결**.

의 대상이 되는 사생활영역[517]도 정당방위의 보호대상에 속한다.[518] 또한 권리에 국한되지 않으므로 사법상의 권리가 없더라도 사실상 향유하는 이익(설령 위법한 원인에 의해 이익을 취득하여 사실상 향유하는 이익인 경우)에 대해서도 정당방위가 가능하다.[519]

보충판례 20-4[일반적인 인격권침해에 대한 정당방위] : 대법원 1974.5.14. 선고 73도2401 판결.

나. 긴급구조

형법 제21조 제1항 본문은 자기의 법익뿐만 아니라 타인의 법익을 보호하기 위한 정당방위도 인정하고 있는데 이처럼 타인의 법익을 보호하기 위한 정당방위[520]를 긴급구조라고 한다. 타인의 법익은 자기 이외의 자연인, 법인 또는 국가가 귀속주체인 모든 법익을 말한다.

517) **[사생활영역에 대한 정당방위]** : 따라서 부부 사이의 성관계를 엿보는 자에 대한 정당방위도 성립할 수 있다.

518) **보충판례 20-4[일반적인 인격권침해에 대한 정당방위] : 대법원 1974.5.14. 선고 73도2401 판결**(피해자가 아버지인 피고인에게 식도까지 들고 대들어서 주위에서 동 식도를 뺏는 한편 피고인은 문밖으로 피신한바, 피해자는 문밖까지 쫓아와서 피고인에게 폭행을 하려고한 사실을 엿볼 수 있는바, 이러한 경우 타인이 보는 자리에서 자식으로부터 인륜상 용납할 수 없는 폭언과 함께 폭행을 가하려는 피해자를 1회 구타한 행위는 **피고인의 신체에 대한 법익뿐 아니라 아버지로서의 신분에 대한 법익에 대한 현재의 부당한 침해를 방위하기 위한 행위**로써 기록에 나타난 정황에 비추어 볼 때 아버지되는 피고인으로서는 피해자에게 일격을 가하지 아니할 수 없는 상당한 이유가 있는 경우에 해당한다고 봄이 타당하다 할 것이니 피고인의 피해자에 대한 구타행위는 정당방위에 해당하여 범죄를 구성하지 아니할 것이요, 동 폭행행위가 범죄를 구성하지 아니하는 이상 피해자가 그 폭행으로 돌이 있는 지면에 넘어져서 머리 부분에 상처를 입은 결과로 사망에 이르게 되었다 하여도 피고인을 폭행치사죄로 처단할 수 없다.)

519) **[사실상 향유하는 이익침해에 대한 정당방위 성립여부]** : 예컨대 임대차기간이 만료되었다 하더라도 임차인이 가옥을 명도하지 않고 있는 중에 임대인이 강제로 침입하는 경우에는 정당방위가 가능하며, 절취해 온 물건을 점유하여 사용하고 있는 사람이라도 그 물건을 훔쳐가려는 사람에 대해서 정당방위를 할 수 있다.

520) **[긴급구조로서 타인의 법익을 보호하기 위한 정당방위]** : 대법원 1986.10.14. 선고 86도1091 판결(차량통행문제를 둘러싸고 피고인의 부와 다툼이 있던 피해자가 그 소유의 차량에 올라타 문안으로 운전해 들어가려 하자 피고인의 부가 양팔을 벌리고 이를 제지하였으나 위 피해자가 이에 불응하고 그대로 그 차를 피고인의 부 앞쪽으로 약 3미터 가량 전진시키자 위 차의 운전석 부근 옆에 서 있던 피고인이 부가 위 차에 다치겠으므로 이에 당황하여 위 차를 정지시키기 위하여 운전석 옆 창문을 통하여 피해자의 머리털을 잡아당겨 그의 흉부가 위 차의 창문틀에 부딪혀 약간의 상처를 입게 한 행위는 부의 생명, 신체에 대한 현재의 부당한 침해를 방위하기 위한 행위로서 정당방위에 해당한다.)

다. 국가사회적 법익보호를 위한 정당방위

정당방위가 보호하는 법익의 보호주체가 국가라 할지라도 그 법익이 개인적 법익(국가 소유의 건물 또는 물건)일 경우[521]에 정당방위가 가능하다는 점에 견해는 일치한다.

문제는 순수한 국가적·사회적 법익을 위한 정당방위가 허용되는가 하는 점인데 부정설(다수설)과 예외적 허용설이 대립하고 있다.[522] 예외적 허용설은 국가기밀문서를 반출하려는 사람으로부터 기밀문서를 탈취한 경우처럼 국가의 존재에 관한 명백하고 중대한 위협에 직면하여 국가가 그 기관에 의하여 스스로 보호조치를 취할 수 없는 예외적인 경우에는 국가적 법익을 보호하기 위한 정당방위가 성립한다고 한다.

그러나 이 경우에도 현행범체포(형사소송법 제212조) 등 다른 위법성조각사유가 인정될 수 있는 것은 별론으로 하더라도 정당방위를 인정할 수는 없다(**부정설**). 국가적·사회적 법익을 보호하는 것은 국가의 임무이지 개인의 의무는 아니기 때문이다.[523]

3. 방위하기 위한 행위일 것

가. 방위의사의 존재

방위행위가 되기 위해서는 주관적 정당화요소로서 방위의사가 필요하고[524], 방위의

521) **[국가소유의 건물 또는 물건에 대한 정당방위례]** : 예컨대 관공서를 보호하기 위해서 또는 관공서 안에 있는 사람의 생명을 보호하기 위해 관공서에 불을 지르려는 사람을 제지한 행위를 들 수 있다.

522) **[사회적·국가적 법익에 대한 정당방위의 허용여부]** : 따라서 국가적 법익이나 사회적 법익은 **원칙적으로** 정당방위에 의하여 보호될 수 없다. 예컨대 운전면허없이 자동차를 운전하거나, 음란한 圖畵를 판매하는 것을 막기 위하여 폭행을 한 때에는 정당방위가 성립하지 않는다 : BGHSt. 5. 245.(피고인이 '죄많은 여인'이라는 음란한 영화상영을 막기 위하여 영화관에 최루탄을 터뜨려 약 15분 동안 그 영화를 상영하지 못하게 한 사안에 대하여, 공공의 질서나 도덕과 같은 일반의 법익에는 정당방위가 있을 수 없다.)

523) **[사회적·국가적 법익에 대한 정당방위의 성립 배제례]** : 대법원 1993.6.8. 선고 93도766 판결(서면화된 인사발령 없이 국군보안사령부 서빙고분실로 배치되어 이른바 "혁노맹"사건 수사에 협력하게 된 사정만으로 군무이탈행위에 군무기피목적이 없었다고 할 수 없고, 국군보안사령부의 민간인에 대한 정치사찰을 폭로한다는 명목으로 군무를 이탈한 행위는 정당방위나 정당행위에 해당하지 아니한다.)

524) **[방위의사의 판단방법]** : 대법원 1955.8.5. 선고 4288형상124 판결(정당방위에 있어서의 방위의사

사는 고의를 상쇄시킬 만한 것이어야 하기 때문에 정당방위상황에 대한 인식과 방위행위를 실현하려는 의사(의욕)를 필요로 한다(통설). 따라서 방위의사의 정서적·감정적 요소에 지나지 않는 원한, 증오, 복수심 등이 수반되더라도 방위의사의 의지적 요소와는 무관하기 때문에 정당방위의 성립에 지장이 없다.

나. 보호방위와 공격방위

방위행위란 그 침해가 계속되지 못하게 하거나 침해를 배제하는 모든 행위를 포함한다. 순수한 수비적 방어행위(소극적 방어를 하는 보호방위)뿐만 아니라 침해자에 대한 적극적 반격을 포함하는 반격적 방어행위(공격방위)도 방위행위에 속한다.[525] 그러나 이들의 구체적 허용여부는 추가적으로 상당성심사를 거쳐 결정된다.[526]

방어행위는 공격자 및 그 도구에 대해서만 할 수 있기 때문에 공격과 무관한 제3자의 법익을 반격하여 침해하는 것은 정당방위가 아니라 긴급피난만이 고려될 수 있을 뿐이다(**통설**).

4. 상당한 이유가 있을 것

가. 상당한 이유의 개념

방위행위가 정당방위가 되기 위해서는 방위행위에 상당한 이유, 즉 상당성이 있어야 한다. 여기서의 상당성은 '그럴만한 이유가 있다'는 의미를 가지는 용어로서 '고도

는 행위자의 주관을 표준으로 하는 동시에 객관적으로 사회통념상 방위의사를 추정할 수 있는 경우이어야 한다.)

525) **[방어행위의 범위]** : 대법원 1992.12.22. 선고 92도2540 판결(정당방위의 성립요건으로서의 방어행위에는 순수한 수비적 방어뿐 아니라 적극적 반격을 포함하는 반격방어의 형태도 포함되나, 그 방어행위는 자기 또는 타인의 법익침해를 방위하기 위한 행위로서 상당한 이유가 있어야 한다.)

526) **[공격방위의 구체적 허용기준]** : 대법원 1984.1.24. 선고 83도1873 판결(피해자가 칼을 들고 피고인을 찌르자 그 칼을 뺏어 그 칼로 반격을 가한 결과 피해자에게 상해를 입게 하였다 하더라도 그와 같은 사실만으로는 피고인에 대한 현재의 부당한 침해를 방위하기 위한 행위로서 상당한 이유가 있는 경우에 해당한다고 할 수 없다.)

의 가능성, 즉 개연성'을 의미하는 상당인과관계설에서의 상당성과는 다른 개념이다.

나. 상당한 이유의 해석

(1) 학설의 태도

불확정개념인 '상당한 이유'의 해석과 관련하여 다양한 견해들이 주장되고 있다. 즉 ① '상당한 이유'를 독일형법 제32조 제2항[527]의 필요성과 동일한 의미로 이해하면서도 사회윤리적 제한을 상당한 이유와는 구별되는 정당방위의 독자적인 성립요건으로 파악하는 견해, ② 상당한 이유에 필요성과 사회윤리적 제한(요구성)을 포함시키는 견해(**다수설**), ③ 상당한 이유는 필요성 및 요구성과는 무관한 독자적 의미를 가진 개념이고 사회윤리적 제한이 상당한 이유 속에 용해되어 있는 것으로 파악하는 견해, ④ 상당한 이유를 필요성 등과는 무관한 개념으로 보면서도 형법의 도덕화를 방지하기 위해서는 사회윤리적 제한을 정당방위의 성립요건의 하나로 가져와서는 안된다는 견해 등이 있다.

(2) 판례의 태도

대법원은 방위행위가 사회적으로 상당한 것일 것을 요하면서 긴급피난의 경우와 같이 '달리 피난할 방법이 없었다는 것을 반드시 필요로 하는 것은 아니다'[528]라고 하고 있어서 '보충성(최후수단성)'까지 요구하지는 않고 있다.

그러면서도 대법원은 상당한 이유가 인정되려면 '방위에 필요한 한도 내의 행위'[529]로서 '사회통념상 허용될 만한 정도의 상당성'[530]이 있을 것을 요하기 때문에 방위행위

527) **[독일형법 제32조 제2항]** : "정당방위는 자기 또는 타인을 현재의 위법한 공격으로부터 회피하기 위하여 필요로 하는 방위이다."

528) **[보충성(최후수단성)의 구별]** : 대법원 1966.3.5. 선고 66도63 판결(정당방위에 있어서는 긴급피난의 경우와 같이 불법한 침해에 대해서 달리 피난방법이 없었다는 것을 반드시 필요로 하는 것이 아니다.)

529) **보충판례 20-5 : 대법원 1991.9.10. 선고 91다19913 판결**(정당방위에 있어서는 반드시 방위행위에 보충의 원칙은 적용되지 않으나 방위에 필요한 한도내의 행위로서 사회윤리에 위배되지 않는 상당성 있는 행위임을 요한다.)

530) **[상당한 이유의 인정 방법 및 범위]** : 대법원 1984.4.24. 선고 84도242 판결(피해자가 피고인에게 다

자체가 사회윤리적으로 용인되거나 사회상규에 위배되지 말아야 할 것을 상당한 이유의 최외곽 요건으로 인정하고 있는 것처럼 생각된다.

보충판례 20-5 : 대법원 1991.9.10. 선고 91다19913 판결.

다만 대법원도 정당방위의 사회적 상당성을 판단할 때에는 "침해행위에 의해 침해되는 법익의 종류, 정도, 침해의 방법, 침해행위의 완급과 방위행위에 의해 침해될 법익의 종류, 정도 등 일체의 구체적 사정들을 참작하여 판단"[531)]하여야 한다고 한다.

(3) 소결

우리 형법의 상당성요건에는 정당방위의 사회윤리적 제한이 당연히 포함된다고 할 수 있으므로 이를 정당방위의 또 다른 성립요건으로 논하는 것은 옥상옥에 불과하다.

또한 우리 판례가 제시하는 상당성판단의 기준에는 사회윤리적 제한에서 제시하는 기준보다 더욱 상세한 기준이 제시되고 있으므로 사회윤리적 제한은 그 실익이 없을 뿐만 아니라 공연히 개념상의 혼란만 초래하는 개념이다.

사회적 관점을 반영하고 있는 우리 형법의 상당한 이유라는 개념은 개인주의적 관점을 반영하고 있는 독일형법상의 필요성이라는 개념과 동일한 차원으로 이해할 수 없어 정당방위의 사회윤리적 제한이라는 관점을 포섭하는 포괄적인 개념으로 이해하는 것이 타당하다. 따라서 ③설이 타당하다.

다. 상당한 이유의 충족요건

방위행위가 상당성을 구비하기 위해서는 방위행위의 필요성, 보충성, 법익균형성, 최소피해의 원칙 등이 언급되고 판례는 여기에 침해행위의 방법, 완급 및 방위행위 등

가와 폭언을 하면서 피고인의 오른손 둘째 손가락을 물어 뜯으므로 피고인이 이를 피하려고 손을 뿌리치면서 두 손으로 피해자의 양어깨를 누르게 되었다면, 피고인의 소위는 피해자의 부당한 공격에서 벗어나려고 한 행위로서 그 행위에 이르게 된 경위, 목적, 수단, 의사 등 제반사정에 비추어 사회통념상 허용될 만한 정도의 상당성 있는 것으로 위법성이 결여되어 폭행죄를 구성하지 아니한다.)

531) **[정당방위의 사회적 상당성 판단방법]** : 대법원 2006.4.27. 선고 2003도4735 판결.

구체적 상황도 고려해야 한다고 한다.

(1) 방위행위의 필요성

방위행위가 상당성을 갖기 위해서는 방위행위의 필요성이 인정되어야 한다. 그러나 우리 형법에서는 필요성이 아니라 좀 더 엄격한 개념인 상당성을 요건으로 규정하고 있으므로 필요성 등의 요건은 상당성의 한 내용이 될 수 있을 뿐이다.

(2) 방위행위의 보충성

보충성이란 방위행위가 최후수단이어야 한다는 것과 방위행위를 할 경우에도 필요한 최소한의 범위에서 방위행위를 해야 한다는 것(상대적 최소침해의 원칙)을 의미한다.

정당방위에서는 원칙적으로 보충성이 요구되지 않는다. 다른 수단을 통해 법익보호를 할 수 있는 경우에도 방위행위를 최초수단으로 사용할 수 있고, 방위행위도 '필요한 최소한도의 범위'내에서만 할 수 있는 것이 아니라 '필요한 범위'내에서 할 수 있다. 즉 정당방위는 不正 대 正의 관계이므로 正이 不正에 조금도 양보할 필요가 없기 때문이다.

대법원도 정당방위에 있어서는 긴급피난의 경우와 같이 불법한 침해에 대해서 달리 피난방법이 없었다는 것을 반드시 필요로 하는 것이 아니고[532], 방어행위에는 순수한 수비적 방어뿐만 아니라 적극적 반격을 포함하는 반격방어의 형태도 포함된다고 한다.[533]

(3) 법익균형성

정당방위에서는 긴급피난과 달리 법익균형성이 요구되지 않는다고 한다(**균형성원칙 불적용설, 다수설**). 그러나 방위행위에 의해 보호하려는 법익과 방위행위에 의해

---

532) **[방위행위의 보충성의 의미]** : 대법원 1966.3.5. 선고 66도63 판결(정당방위에 있어서는 긴급피난의 경우와 같이 불법한 침해에 대해서 달리 피난방법이 없었다는 것을 반드시 필요로 하는 것이 아니다.)

533) **[적극적 반격행위를 포함한 반격방어]** : 대법원 1992.12.22. 선고 92도2540 판결.

침해받는 법익이 균형을 이룰 필요는 없지만 보호하려는 법익에 비해 침해받는 법익이 현저히 큰 경우에는 상당성이 인정되기 어렵기 때문에 법익균형성은 방위행위의 상당성을 판단하는 데에 중요한 기능을 담당한다고 하여야 한다(균형성원칙 적용설).

대법원도 침해행위와 방위행위에 의하여 침해되는 법익의 종류, 정도를 고려해야 한다고 한다. 즉 정조와 신체를 보호하기 위해 혀절단상을 입힌 것은 상당성이 있지만[534], 정조를 보호하기 위해 자고 있는 義父를 살해한 것은 상당성이 없다[535]고 한다. 이들 판례에서는 법익형량(법익 간의 현저한 불균형)이 상당성판단에 중요한 역할을 하고 있음을 알 수 있다.[536]

보충판례 20-6[법익의 균형성 : 균형성원칙 적용설] : 대법원 1989.8.8. 선고 89도358 판결.

(4) 행위균형성 및 구체적 상황에 대한 고려

방위행위의 상당성을 판단하기 위해서는 침해행위와 방위행위의 균형도 고려해야 한다. 정당방위에서 방위행위가 침해행위보다 방법이 평온하고 정도가 약해야 하는 것은 아니지만, 방위행위가 침해행위에 비해 현저하게 공격적이거나 위험한 방법을 사용하는 경우에는 상당성이 인정되지 않는다.[537] 즉 방위행위의 상당성을 판단하기

---

534) **보충판례 20-6[법익의 균형성 : 균형성원칙 적용설] : 대법원 1989.8.8. 선고 89도358 판결.**

535) 대법원 1992.12.22. 선고 92도2540 판결.

536) **[상당성의 판단기준으로서 법익 간의 현저한 불균형]** : 대법원 1984.9.25. 선고 84도1611 판결(피고인은 피고인 소유의 밤나무 단지에서 피해자가 밤 18개를 푸대에 주워 담는 것을 보고 푸대를 뺏으려다가 반항하는 그녀의 뺨과 팔목을 때려 그 판시와 같은 상처를 입혔다는 것이므로 위와 같은 피고인의 행위가 비록 피해자의 절취행위를 방지하기 위한 것이었다고 하여도 긴박성과 상당성을 결여하여 정당방위라고 볼 수 없다.) ; 대법원 1984.6.12. 선고 84도683 판결(전투경찰대원이 상관의 다소 심한 기합에 격분하여 상관을 사살한 행위는 자신의 신체에 대한 침해를 방위하기 위한 상당한 방법이었다고 볼 수 없다.) ; 대법원 1991.5.28. 선고 91다10084 판결(타인의 집대문 앞에 은신하고 있다가 경찰관의 명령에 따라 순순히 손을 들고 나오면서 그대로 도주하는 범인을 경찰관이 뒤따라 추격하면서 등부위에 권총을 발사하여 사망케 한 경우, 위와 같은 총기사용은 현재의 부당한 침해를 방지하거나 현재의 위난을 피하기 위한 상당성있는 행위라고 볼 수 없는 것으로서 범인의 체포를 위하여 필요한 한도를 넘어 무기를 사용한 것이라고 하여 국가의 손해배상책임을 인정한 사례.)

537) **[침해행위에 비해 현저한 공격적 방위행위]** : 대법원 1991.9.10. 선고 91다19913 판결(위 망인이 칼을 들고 소외 1순경 등에게 항거하였다고 하여도 소외 1순경 등이 약 11미터나 뒤로 밀리는 동안 공포를 발사하거나 정상호 의경이 소지한 가스총과 경찰봉을 사용하여 위 망인의 항거를 억제할 시간적 여유와 보충적 수단이 있었다고 보여지고, 또 복도 끝에 밀려 부득이 총을 발사하여 위해를 가할 수밖에 없었다고 하더라도 가슴부위가 아닌 하체부위를 향하여 발사함으로써 그 위해를 최소한도로 줄일 여지가 있었다고 보여지므로, 위와 같은 소외 1순경의 총기사용행위는 경찰관직무집행법 제11

위해서는 침해행위의 방법과 완급, 방위행위의 방법, 침해행위자와 방위행위자, 침해행위와 방위행위 당시의 상황도 고려해야 한다.[538)]

보충판례 20-7[침해행위와 방위행위의 균형성] : 대법원 1989.10.10. 선고 89도623 판결.

라. 폭력행위등처벌에관한법률 제8조의 정당방위

'상당한 이유'는 정당방위의 인정을 위하여 설정한 필수요건이다. 그런데 입법자에 의해 이 요건이 완화되는 경우가 있다. 즉 폭처법 제8조 제1항은 상당한 이유의 요건을 명시하고 있지 않다. 폭처법 제8조 제1항에 기한 방위행위도 정당방위의 일종이기 때문에 상당한 이유의 요건을 배제한 것은 아니라 할 것이다. 즉 폭처법 제8조 제1항은 이 규정이 설정한 일정한 요건이 충족되면 일단 상당한 이유의 요건이 구비된 것으로 인정하는 규정이라고 이해하여야 할 것이다.

보충판례 20-8 : 대법원 1999.6.11. 선고 99도943 판결.

조 소정의 총기사용 한계를 벗어난 것이라고 하지 않을 수 없다.)

538) **보충판례 20-7[침해행위와 방위행위의 균형성] : 대법원 1989.10.10. 선고 89도623 판결**(피고인이 방안에서 피해자로부터 깨진 병으로 찔리고 이유없이 폭행을 당하여 이를 피하여 방밖 홀로 도망쳐 나오자 피해자가 피고인을 쫓아 나와서까지 폭행을 하였다면 이때 피고인이 방안에서 피해자를 껴안거나 두손으로 멱살부분을 잡아 흔든 일이 있고 홀 밖에서 서로 붙잡고 밀고 당긴 일이 있다고 하여도 특별한 사정이 없는 한 이는 피해자에 대항하여 폭행을 가한 것이라기보다는 피해자의 부당한 공격에서 벗어나거나 이를 방어하려고 한 행위였다고 보는 것이 상당하고 그 행위에 이르게 된 경위, 목적, 수단, 의사 등 제반사정에 비추어 위법성이 결여된 행위라고 볼 것이다.) ; **대법원 1977.5.24. 선고 76도3460 판결**(국유토지가 공개입찰에 의하여 매매되고 그 인도집행이 완료되었다 하더라도 그 토지의 종전 경작자인 피고인이 파종한 보리가 30센치 이상 성장하였다면 그 보리는 피고인의 소유로서 그가 수확할 권한이 있으므로 토지매수자가 토지를 경작하기 위하여 소를 이용하여 쟁기질을 하고 성장한 보리를 갈아 뭉게는 행위는 피고인의 재산에 대한 현재의 부당한 침해라 할 것이므로 이를 막기 위하여 그 경작을 못 하도록 소 앞을 가로막고 쟁기를 잡아당기는 등의 피고인의 행위는 정당방위에 해당된다.) ; **대법원 2007.2.22. 선고 2006도8750 판결**(통행로의 현황, 개설시기 및 이용상황 등 제반 사정에 비추어, 통행로 중 폭 100m 길이 부분을 포크레인으로 폭 2m 정도로 굴착하고 돌덩이까지 쌓아 놓은 행위는 정당행위나 정당방위에 해당한다고 보기 어렵다.) ; **대법원 2001.5.15. 선고 2001도1089 판결**(이혼소송중인 남편이 찾아와 가위로 폭행하고 변태적 성행위를 강요하는 데에 격분하여 처가 칼로 남편의 복부를 찔러 사망에 이르게 한 경우, 그 행위는 방위행위로서의 한도를 넘어선 것으로 사회통념상 용인될 수 없다는 이유에서 정당방위나 과잉방위에 해당하지 않는다.) ; **대법원 1983.9.27. 선고 83도1906 판결**(피고인이 피해자를 7군데나 식칼로 찔러 사망케 한 행위가 피해자의 구타행위로 말미암아 유발된 범행이었다 하더라도 그와 같은 사정만으로는 위 소위가 정당방위 또는 과잉방위에 해당된다고 볼 수 없다.)

제3절 정당방위의 사회윤리적 제한

1. 정당방위의 사회윤리적 제한의 의미와 체계적 지위

前述한 것처럼, 독일에서는 자기보호의 원리 및 법질서수호의 원리가 정당방위의 지도원리로 등장하면서 법질서수호의 이익이 없는 때에는 정당방위를 제한하여야 한다는 **정당방위의 사회윤리적 제한**이 문제되고 있다.[539] 즉 자기 또는 법질서를 보호할 이익이 없는 경우 정당방위가 제한되는 것은 당연한 것이므로 정당방위의 지도원리인 **자기보호 및 법질서수호의 원리에 의하여 정당방위의 한계가 설정된다**는 것이다.

다수설은 이러한 독일의 논의를 우리나라에도 그대로 도입하여 정당방위가 성립하기 위한 요건으로서 정당방위의 사회윤리적 제한을 제시하고 있다.

사회윤리적 제한의 체계적 지위와 관련해서는, 상당성과는 구별되는 또 하나의 요건이라고 하는 견해와 상당성의 내용에 포함된다고 하는 견해(**다수설**)가 대립된다.[540] 따라서 전자의 견해에 의하면 사회윤리적 제한을 넘어서는 정당방위는 과잉방위도 성립하지 않는 것임에 비하여, 후자의 견해에 의하면 사회윤리적 제한을 넘어서는 정당방위는 상당성이 없기 때문에 과잉방위가 될 수 있다.

2. 정당방위의 사회윤리적 제한의 내용

가. 책임무능력자의 침해에 대한 방위

정당방위는 부당한 침해에 대하여 성립할 수 있기 때문에 침해행위가 책임까지 있

539) **[사회윤리적 제한의 의미]** : 정당방위의 역사는 사회윤리적 근거에 의한 정당방위제한의 역사라고 할 수 있을 정도로 정당방위제한에 중요한 의미를 두고, 정당방위에 대한 논쟁은 형법학에 있어서 가장 중요한 문제점으로 재연되었다는 것이다.

540) 상세히는 본 서 437쪽 이하 설명 참조.

을 필요는 없다. 따라서 책임무능력자의 부당한 침해에 대해서도 정당방위는 얼마든지 가능하다.

그러나 14세 미만의 자, 정신병자, 만취자, 법률의 착오에 빠진 사람의 공격, 긴급피난자, 고도의 흥분상태에 빠진 자 등 책임무능력이거나 책임능력이 현저하게 감소되어 있는 사람의 침해에 대해서는 사회윤리적 제한의 관점에서 정당방위가 제한된다. 즉 책임무능력자의 침해에 대해서는 법질서수호의 이익이 감소 또는 결여되기 때문에 정당방위가 제한된다는 것이다.

이러한 경우에는 정당방위 이외에 다른 방법으로 법익을 방어할 수 있는 때에는 가급적 정당방위를 회피하여야 하고(**회피의 원칙**), 정당방위를 하더라도 공격적 행위가 아닌 보호적 행위에 그쳐야 한다(**보호방위의 원칙**).[541]

나. 부부·친족 등 긴밀한 인적관계에 있는 사람의 침해에 대한 방위

부부나 친족 등 긴밀한 인적 관계에 잇는 사람의 침해행위에 대해서도 이들은 서로 상대방을 보호해야 할 보증관계에 있기 때문에 법질서수호의 이익은 상대방에 대한 법익보호의무로 제한되는 것이므로 정당방위는 제한된다.[542]

따라서 이 경우에도 자신의 신체에 대한 중대한 침해 또는 생명에 대한 위협이 없는 한 방위행위로 나아갈 수 없으며, 회피가 가능한 경우에는 우선 회피하여야 한다. 그

541) **[회피의 원칙 및 보호방위의 원칙 : 오상정당행위에 의한 공격과 정당방위]** : 대법원 1970.9.17. 선고 70도1473 판결[(피고인이 자전거를 절취한 사실이 없는데 자전거 절취범으로 오인하고 군중들이 피고인을 에워싸고 무차별 구타를 하기에 자기는 자전거 절도범이 아니라고 외쳤으나, 군중들은 그것을 믿지 않고 무차별 구타를 계속하므로 피고인은 이를 제지하고 자기의 신체에 대한 가해행위의 부당한 침해를 방위하기 위하여, 또 야간에 위와 같은 불안스러운 상태 하에서 당황으로 인하여 피고인이 소지하고 있던 손톱깎기에 달린 줄칼을 내어 들고 이를 휘둘렀던바, 이에 공소외인의 등에 찔려 1주간의 치료를 요하는 상해를 입혔다.) **절도범으로 오인받은 자가 야간에 군중들로부터 무차별 구타를 당하자 이를 방위하기 위하여 소지하고 있던 손톱깍기 칼을 휘둘러 상해를 입힌 행위는 정당방위에 해당한다.**]

542) **[상대방에 대한 법익보호의무와 정당방위의 제한]** : BGH NJW 1975, S.62. : 부인이 늘 술에 취해서 폭행을 일삼던 남편이 또 자신을 구타하자 이번에는 정말 본때를 보여주겠다고 생각하고 재떨이를 잡으려고 하였으나 막상 칼이 손에 잡히자 이로써 달려드는 남편의 가슴을 찔러 사망하게 하였다. 독일연방대법원은 방위행위의 종류와 수단은 부부라는 특수한 관계, 동일한 생활공동체 내에서의 밀접한 결합 및 상대방에 대한 이해와 배려의 의무를 고려하여야 하므로, 공격을 받는 배우자는 **가능한 한 공격을 회피**하여야 하고 만약 그것이 불가능하다면 **가벼운 공격에 대해서는 배우자는 치명적인 방위수단을 취하는 것을 포기하고 이를 감수**하여야 한다고 하였다.

리고 방위행위는 회피불가능한 경우에 한하여 할 수 있으며 방위행위로 나아가더라도 경미한 수단(보호방위)을 우선적으로 사용하여야 한다.[543)]

다. 경미한 침해에 대한 방위(지극히 불균형적인 방위행위)

공격당하는 법익과 침해당하는 법익 사이에 현저한 불균형이 있는 경우의 방위행

543) **[보호방위수단의 우선적 사용]** : **대법원 2001.5.15. 선고 2001도1089 판결**(피해자는 평소 노동에 종사하여 돈을 잘 벌지 못하면서도 낭비와 도박의 습벽이 있고, 사소한 이유로 평소 피고인에게 자주 폭행·협박을 하였으며, 변태적인 성행위를 강요하는 등의 사유로 결혼생활이 파탄되어 1999년 11월경부터 별거하기에 이르고, 2000.1.10.경 피고인이 서울가정법원에 이혼소송을 제기하여 그 소송 계속 중이던 같은 해 4월 23일 10:40경 피해자가 피고인의 월세방으로 찾아온 사실, 문밖에 찾아온 사람이 피해자라는 것을 안 피고인은 피해자가 칼로 행패를 부릴 것을 염려하여 부엌에 있던 부엌칼 두 자루를 방의 침대 밑에 숨긴 사실, 피고인이 문을 열어 주어 방에 들어온 피해자는 피고인에게 이혼소송을 취하하고 재결합하자고 요구하였으나 피고인이 이를 거절하면서 밖으로 도망가려 하자, 피해자는 도망가는 피고인을 붙잡아 방안으로 데려온 후 부엌에 있던 가위를 가지고 와 피고인의 오른쪽 무릎 아래 부분을 긋고 피고인의 목에 겨누면서 이혼하면 죽여버리겠다고 협박하고, 계속하여 피고인의 옷을 강제로 벗기고 자신도 옷을 벗은 다음 피고인에게 자신의 성기를 빨게 하는 등의 행위를 하게 한 후, 침대에 누워 피고인에게 성교를 요구하였으나 피고인이 이에 응하지 않자 손바닥으로 뺨을 2-3회 때리고, 재차 피고인에게 침대 위로 올라와 성교할 것을 요구하며 "너 말을 듣지 않으면 죽여버린다."고 소리치면서 침대 위에서 상체를 일으키는 순간, 계속되는 피해자의 요구와 폭력에 격분한 피고인이 그 상황에서 벗어나고 싶은 생각에서 침대 밑에 숨겨두었던 칼 한 자루를 꺼내 들고 피해자의 복부 명치 부분을 1회 힘껏 찔러 복부자창을 가하고, 이로 인하여 피해자로 하여금 장간막 및 복대동맥 관통에 의한 실혈로 인하여 그 자리에서 사망에 이르게 한 사실을 인정할 수 있다.
피고인이 이와 같이 피해자로부터 먼저 폭행・협박을 당하다가 이를 피하기 위하여 피해자를 칼로 찔렀다고 하더라도, 피해자의 폭행・협박의 정도에 비추어 피고인이 칼로 피해자를 찔러 즉사하게 한 행위는 **피해자의 폭력으로부터 자신을 보호하기 위한 방위행위로서의 한도를 넘어선 것이라고 하지 않을 수 없고**, 따라서 **이러한 방위행위는 사회통념상 용인될 수 없는 것**이므로, 자기의 법익에 대한 현재의 부당한 침해를 방어하기 위한 행위로서 **상당한 이유가 있는 경우라거나, 방위행위가 그 정도를 초과한 경우에 해당한다고 할 수 없기 때문**에 정당방위나 과잉방위에 해당하지 않는다.)
BGH NJW 1984, S.896; BGH JR 1985, S. 114.(피고인은 24세의 임신한 부녀로 남편의 외도, 마약, 알코올중독 및 이로 인한 경제적 어려움 때문에 잦은 부부싸움을 하였다. 사건 당일 남편은 부인으로부터 100마르크를 빼앗아 가서는 술과 마약에 취해 집에 돌아와 마지막으로 남은 200마르크를 빼앗아 현관문을 나서려 하자 부인은 열쇠를 빼앗아 감추고 나가려는 것을 막았다. 이에 남편은 부인을 구타하였으며 구타를 당하던 부인은 부엌칼을 가지고 남편에게 다시 때리면 칼로 찌르겠다고 위협하였지만 남편을 이를 무시하고 또다시 부인의 머리를 때렸다. 이에 부인은 왼손으로는 얼굴을 다치지 않게 가리고 오른손에 든 칼로 남편의 가슴을 찔렀는데 칼이 심장에 적중하여 이로써 남편은 사망하였다.) **[판례해설]** : 이 사례에서 Wiesbaden주법원은 부인은 남편의 구타로부터 폭력을 사용하여 자신을 방위할 수 있는 권리가 있다는 점을 인정하였지만, 남편에게 열쇠를 건네주거나 그 자리에 함께 있었던 친구에게 도움을 청할 수 있었다는 점을 이유로 칼을 사용한 것은 방위에 필요한 수단과 정도를 초과한 것이라고 하였다. 그러나 독일연방대법원은 부인에게 자신을 충분히 보호하고 방위할 수 있는 권리를 인정하고 특히 부인이 임신 중이었기 때문에 폭력에 위한 침해는 매우 위험하다는 점을 강조하고(실제 부인은 사건발생 몇 일후 자연유산을 하였다), 칼로 방위할 수도 있음을 경고하였음에도 불구하고 계속적으로 구타를 하는 남편에 대한 부인의 유일한 방위수단을, 남편을 사망하게 할지도 모른다는 이유에서 포기할 것을 요구하는 것은 원칙적으로 배우자에 대한 이해와 배려에 포함되지 않는다는 이유로 정당방위를 인정하였다.

위는 사회윤리적 제한에 의해 정당방위가 성립할 수 없다. 예컨대 과수원 주인이 엽총을 쏘아 절도범을 살해하는 행위는 사회윤리적으로 제한되어야 한다는 것이다.[544)]

이러한 경우에는 자기보호의 이익이나 법질서수호의 이익이 감소·약화되기 때문에 방어행위가 권리남용에 해당되어 정당방위가 허용되지 않는다.

보충판례 20-9 : 대법원 1984.9.25. 선고 84도1611 판결 ; 대법원 1984.6.12. 선고 84도683 판결.

[사례의 해결]

사례 4

甲은 밤중에 총으로 무장한 채 감시견을 데리고 자신의 과수원을 감시하고 있었다. 그러던 중 새벽녘에 두 사람이 과일을 훔치는 것을 목격하였다. 甲은 멈추지 않으면 쏘겠다고 위협했음에도 불구하고 그들은 훔친 과일을 지닌 채 계속 도주하였다. 甲은 이들로부터 과일을 되찾기 위해서는 총을 발사하는 수밖에 없다고 판단하고 총을 쏘아 그 중 한 명(乙)에게 중상을 입혔다. 甲의 범죄성립여부를 논하시오.

3. 사회윤리적 제한에 대한 비판

첫째 우리 형법의 상당성요건에는 정당방위의 사회윤리적 제한이 당연히 포함된다고 할 수 있으므로 이를 정당방위의 또 다른 성립요건으로 논하는 것은 옥상옥에 불과하다.

둘째 우리 판례가 제시하는 상당성판단의 기준에는 사회윤리적 제한에서 제시하는 기준보다 더욱 상세한 기준이 제시되고 있으므로 사회윤리적 제한은 그 실익이 없을 뿐만 아니라 공연히 개념상의 혼란만 초래하는 개념이다.

셋째 사회윤리적 제한의 내용인 책임무능력자의 침해에 대한 정당방위의 제한은 법질서수호 이익의 결여라는 소극적 측면에서 찾을 것이 아니라, 오히려 정당방위를

544) **보충판례 20-9 : 대법원 1984.9.25. 선고 84도1611 판결 ; 대법원 1984.6.12. 선고 84도683 판결**(정당방위는 침해행위에 의해 침해되는 법익의 종류, 정도, 침해방법, 침해행위의 완급과 방위행위에 의해 침해될 법익의 종류, 정도 등 일체의 구체적 사정을 참작하여 방위행위가 사회적으로 상당한 것이었다고 인정할 수 있는 것이어야 하는바, 전투경찰대원이 상관의 다소 심한 기합에 격분하여 상관을 사살한 행위는 자신의 신체에 대한 침해를 방위하기 위한 상당한 방법이었다고 볼 수 없다.)

함에 있어서 고려해야 할 법질서의 적극적 측면에서 찾아야 할 것이다. 즉 법질서가 인간의 행위에 대하여 (적법 또는 위법이라는) 일정한 평가를 내리고 이를 바탕으로 인간의 행위를 규율하고 있는 한 정당방위에 있어서도 이러한 평가를 무시할 수 없다. 이러한 평가의 기초를 이루고 있는 것 중의 하나가 **책임원칙**이다 책임원칙에 따르면 아동, 명정자, 정신병자 중 책임무능력자의 행위에 대해서는 원칙적으로 형벌을 과하지 않는다. 다만 형벌보다 원칙적으로 경한 제재로서 보안처분이 과해질 수 있다. 법질서가 책임무능력자의 행위에 대하여 중한 형벌 대신에 보다 경한 제재수단으로서 보안처분을 부과하고 있다면 마찬가지로 책임무능력자의 위법한 침해에 대해서 준엄한 방위행위 대신에 완화된 방위행위만을 인정하는 것이 법질서에 부합한다고 할 것이다. 이 경우 정당방위의 성립여부는 상당성판단에서 고려하면 될 것이다.

넷째 긴밀한 인적관계에 있는 자의 침해에 대한 정당방위의 제한은 상대적으로 열악한 지위에 있는 부인에게 특히 보호의무가 강조되는 반면 남편의 보호의무는 무시하는 결과를 초래할 수 있다는 점, 즉 부인을 공격하는 남편은 자기의 부인의 안전을 보호해야 하는 의무를 위반하는 데도 불구하고 침해를 받은 부인에게만 일방적으로 이러한 의무의 준수를 요구하는 것은 타당하다 할 수 없다. 정당방위는 침해받는 자의 법익을 우선적으로 보호하는 것이지 침해하는 자의 법익을 보호하는 것은 아니기 때문이다. 이 경우에도 정당방위의 성립여부는 상당성판단에서 고려하여야 할 것이다.

제4절 정당방위의 법적 효과

정당방위의 법적 효과는 '벌하지 아니한다(형법 제21조 제1항)'이다. '벌하지 아니한다'는 위법성이 조각되어 범죄가 성립하지 않기 때문에 벌하지 않는다는 의미이다. 이는 '형을 면제한다'는 법적 효과와는 다른 의미이다.

형법은 범죄의 성립요건이 충족되지 않았을 때에는 '벌하지 아니한다'는 표현을, 범죄의 성립요건은 충족되었으나 다른 이유로 형벌을 과하지 않을 경우에는 '형을 면제한다'는 표현을 사용하고 있다. 따라서 정당방위를 한 피고인에 대해서는 형면제판결(형사소송법 제322조)이 아니라 무죄판결(제325조)을 선고하여야 한다.

제5절 과잉방위와 오상방위 및 오상과잉방위

1. 과잉방위의 개념 및 종류

가. 과잉방위의 개념

(1) 과잉방위

과잉방위란 방위행위가 법적으로 허용되는 범위를 초과한 경우를 말한다. 다만 그 전제로서 자기 또는 타인의 법익에 대한 현재의 부당한 침해라는 객관적 정당방위 상황과 주관적 방위의사가 존재하여야 한다. 그런데 방위행위의 허용범위 또는 한계는 전술한 바와 같이 상당성 요건에 의해 결정된다. 따라서 **과잉방위는 정당방위 상황은 존재하나 방위행위가 상당성의 정도를 초과한 경우라고 정의할 수 있다.**[545] 이러한 과잉방위에 대해서는 경우에 따라 형벌감면(제21조 제2항) 또는 불처벌(동조 제3항)의 법적 효과가 부여된다.

보충판례 20-10[과잉방위의 정의] : 서울고법 1987.3.20. 87노94 제3형사부판결 ; 대법원 2007.4.26. 선고 2007도1794 판결.

545) **보충판례 20-10[과잉방위의 정의] : 서울고법** 1987.3.20. 87**노**94 **제**3**형사부판결 ; 대법원** 2007. 4.26. **선고** 2007**도**1794 **판결**(과잉방위란 정당방위의 다른 요건은 갖추고 있되 다만 방위행위가 그 상당성의 정도를 벗어난 경우에 성립하는 것인 바, 싸움을 이유로 그 몇 시간 후에 피해자를 찾아가 다짜고짜 심장부를 칼로 찌른 행위는 방위행위라고 보기 어렵고 오히려 새로운 공격행위라고 보아야 할 것이므로 위 행위는 정당방위는 물론 과잉방위에도 해당하지 않는다.)

(2) 오상방위

과잉방위라고 하기 위해서는 정당방위 상황이 존재해야 한다. 정당방위 상황이 존재하지 아니 함에도 불구하고 이를 존재한다고 믿고 방위행위로 나아간 경우는 오상방위에 해당한다. 이러한 오상방위의 사례에 대해서는 이를 사실의 착오로 볼 것인가 또는 법률의 착오로 볼 것인가에 관하여 학설의 대립이 있으나 어쨌든 과잉방위에 해당하지는 않는다.

보충판례 20-12[오상방위에 관한 법리오해] : 대법원 1968.5.7. 선고 68도370 판결.

(3) 오상과잉방위

과잉방위와 오상방위는 위와 같이 그 요건과 법적 효과의 면에서 차이가 있다. 그러나 양자가 서로 중첩되는 경우, 즉 오상과잉방위의 경우가 있을 수 있다. 예컨대 위법한 침해가 없음에도 불구하고 이를 존재한다고 믿고 몽둥이를 들고 방위한다고 한 것이 착오로 옆에 있던 도끼를 들고 방위행위로 나아간 경우 또는 위법한 공격에 대하여 즉각 방위행위로 나아가 위법한 침해상황이 종료되었음에도 불구하고 계속 방위행위로 나아간 경우를 들 수 있다. 그러나 오상과잉방위는 객관적 정당방위 상황이 전제되지 않는 오상방위의 일종으로, 엄밀히 말하자면 정당방위 상황을 전제로 하는 과잉방위가 아니다. 다만 과잉방위 규정을 유추적용하여 형의 감면 또는 불처벌을 허용할 수 있는가가 문제될 뿐이다.

나. 과잉방위의 종류

우리 형법 제21조 제2항은 "방위행위가 그 정도를 초과한 때에는 정황에 의하여 그 형을 감경 또는 면제할 수 있다"고 규정하고, 동조 제3항에서 "전항의 경우에 그 행위가 야간 기타 불안스러운 상태하에서 공포, 경악, 흥분 또는 당황으로 인한 때에는 벌하지 아니한다"고 규정하고 있다. 따라서 과잉방위는 그 법적 효과면에서 형벌감면적 과잉방위와 불가벌적 과잉방위로 구분할 수 있다.[546]

보충판례 20-11[불가벌적 과잉방위(형법 제21조 제3항)] : 대법원 1986.11.11. 선고 86도1862 판결.

과잉방위는 내포적(內包的) 과잉방위와 외연적(外延的) 과잉방위로 구분된다. 前者는 방위자가 객관적으로 존재하는 정당방위상황에서 허용된 방위의 정도를 초과한 경우, 즉 정당방위의 양적 한계를 초과한 경우(질적 과잉방위)이다. 예컨대 현재의 위법한 침해에 대하여 단지주먹으로만 방위할 수 있는 상황에서 방위자가 공포, 당황으로 인하여 칼 또는 총으로 방위한 경우를 들 수 있다. 이에 대하여 後者는 방위자가 침해가 아직 발생하지 아니하였거나 이미 종료하여 침해의 현재성이 없음에도 불구하고 방위행위로 나아간 경우, 즉 정당방위의 시간적 한계를 초과한 경우(양적 과잉방위)이다. 예컨대 방위자가 흥분으로 인하여 이미 자신의 방위행위에 의해 땅에 쓰러진 공격자에게 계속 반격을 가하거나 또는 자신을 공격하기 위해 몸을 풀고 있는 복싱선수를 총으로 쏜 경우를 들 수 있다. 다만 공격행위가 종료하지 않는 한 위법한 침해는 존재하므로 방위행위에 의하여 공격의 강도가 완화되었다거나 또는 공격이 일시 중단되었다는 것만으로는 정당방위 상황이 부정되지 않는다.

2. 과잉방위의 법적 성질

과잉방위의 법적 성질은 과잉방위의 법적 효과로서 형의 감면 또는 불가벌의 근거에 관련된 문제이기도 하다.

첫째 **책임감소·소멸설(통설)**은 과잉방위의 경우에는 긴급상황으로 인하여 적법행위의 기대가능성이 감소·소멸되기 때문에 책임이 감소·소멸된다고 한다.

둘째 **위법성감소·소멸설**은 과잉방위의 경우에 방위의 정도는 초과하고 있으나 부당한 침해에 대한 방위효과는 존재하므로 위법성이 감소·소멸한다고 한다.

셋째 **위법성·책임감소·소멸설**은 과잉방위의 경우에도 현재의 부당한 침해에 대한

546) **[과잉방위유형의 입법례]** : 이와 관련하여 비교법적으로 **일본 형법**은 제36조 제2항에서 "방위의 정도를 초과한 행위는 정상에 의하여 그 형을 감경 또는 면제할 수 있다"고 하여 형벌감면적 과잉방위만을 규정하고 있고, **독일 형법전** 제33조는 "행위자가 당황, 공포 또는 경악으로 인하여 정당방위의 한계를 초과한 때에는 처벌하지 아니한다"고 하여 불가벌적 과잉방위만을 규정하고 있다.

방위행위는 존재하므로 위법성이 감소·소멸하고 동시에 행위의 긴급성과 동기의 이상성에 의하여 책임도 감소·소멸한다고 한다.

통설은 과잉방위는 정당방위의 적법성의 한계를 넘어선 것이기 때문에 과잉방위를 면책사유로 이해한다. 이렇게 되면 과잉방위의 위법성에는 변함이 없기 때문에 이에 대해 정당방위를 하는 것도 허용된다.

3. 과잉방위의 요건

가. 정당방위상황의 존재

과잉방위가 성립하기 위해서는 우선 정당방위 상황, 즉 현재의 부당한 침해가 존재하여야 한다. 정당방위의 시간적 한계인 침해의 현재성을 벗어난 경우에는 처음부터 정당방위 또는 과잉방위가 성립할 수 없기 때문이다. 따라서 사전적 또는 사후적 과잉방위는 우리 형법 제21조 제2, 3항의 과잉방위에 해당한다고 할 수 없다. 다만 위법한 침해가 방위자의 방위행위에 의하여 종료된 이후에도 계속된 경우에는 정당방위상황의 종료 이전의 행위와 이후의 행위를 하나의 일련의 방위행위로 볼 수 있는 때에는 과잉방위의 규정을 적용할 수 있다.[547)]

나. 방위의사의 존재

정당방위상황이 존재하더라도 주관적 정당화요소로서 방위의사가 존재하지 않는

547) **[침해가 종료된 후 반격행위에 대한 정당방위 및 과잉방위의 인정여부]** : 우리 판례는 "피해자의 부당한 공격행위에 대응하여 피해자의 손목을 비틀어 칼을 뺏은 다음, 아무것도 들고 있지 않은 피해자의 등과 가슴부분을 여러 번 찔러서 살해하기에 이른 경우, 위 행위는 상당성이 없고, 피해자의 공격행위에 대한 방위의 범위를 벗어난 별개의 공격행위로서 정당방위나 과잉방위에 해당하지 않는다"고 하고 있다(서울고판 1984.7.6. 84노1304). 또한 "피해자의 부당한 침해가 일단 중지된 후에 살의를 가지고 피해자에게 공격행위를 한 것은 정당방위 내지는 과잉방위가 되지 아니한다"고 하고(서울고판 1997.11.11. 71노752), "싸움을 이유로 그 몇 시간 후에 피해자를 찾아가 다짜고짜 심장부를 칼로 찌른 행위는 방위행위라고 보기 어렵고 오히려 새로운 공격행위라고 보아야 할 것이므로 위 행위는 정당방위는 물론 과잉방위에도 해당하지 않는다"(서울고판 1987.3.20. 87노94)고 하여 **위법한 침해의 직후가 아니라 침해가 종료된 후 반격행위로 나아간 경우에는 정당방위 및 과잉방위의 성립을 부정**하고 있다.

경우에는 정당방위뿐만 아니라 과잉방위도 성립하지 아니한다. 다만 방위자에게 어느 정도의 증오심, 복수심이 개입되더라도 방위의사가 부정되지 않는다. 특히 공포, 경악, 흥분 또는 당황으로 인한 과잉방위에 있어서는 보통 흥분, 분개, 격분 등의 감정이 개입되기 마련이므로 이러한 감정이 지배적인 것이 아닌 이상 방위의사를 부정할 수 없다. 다만 공격자의 경미한 침해에 대하여 방위자가 흥분 또는 분개하여 중대한 반격행위를 가한 경우에는 방위의사가 부정될 여지가 특히 크다.[548)]

다. 상당성의 초과

상당성을 정당방위의 요건으로 규정하고 있는 우리 형법의 해석상 과잉방위는 방위행위가 상당성을 '초과한' 행위라고 정의할 수 있다. 다만 상당성을 결여한 행위가 모두 과잉방위로 되는 것은 아니다. 그것은 상당성 요건에는 적합성, 방위수단의 최소침해성, 보충성 및 균형성이라는 복합적인 요소가 포함되기 때문이다.

첫째 방위수단의 적합성과 관련하여서는, 방위자가 취한 수단이 위법한 침해를 배제하는 효과를 전혀 기대할 수 없는 방위행위는 방위행위로서의 객관적 성질을 결여하고 있으므로 정당방위가 성립하지 않음은 물론 나아가서는 과잉방위도 성립하지 않는다.

둘째 방위수단의 최소침해성을 결여한 행위는 과잉방위가 성립할 수 있다. 경한 방위수단이 있음에도 불구하고 공격자에게 위험성이 큰 수단(예컨대 칼대신에 총)을 사용하거나, 경미한 방위수단을 사용하더라도 공격자에게 위험성이 큰 방법으로(예컨대 경고사격 대신에 조준사격을 하거나 하체를 쏘는 것 대신에 상체를 쏘아) 방위행위로 나아간 경우에는 상당한 정도를 초과한 행위로서 과잉방위에 해당한다.

셋째 방위행위의 보충성이 요구됨에도 불구하고 이를 위반한 경우 과잉방위가 성

548) **[방위의사의 부존재]** : **대법원 1983.9.27. 선고 83도1906 판결**(피해자가 주먹으로 얼굴을 1회 때리고 발로 등부분을 수회 차는 데 분개하여 빈 맥주병을 깨어 그 병조각으로 위 피해자의 목을 1회 찔러 사망케 하였다면 **위 소위는 피해자를 공격하기 위한 것**이니 피해자의 부당한 침해로부터 자기의 법익을 보호하기 위한 방위행위라고 인정할 수 없어 과잉방위에 해당하지 않는다) ; **대법원 1989.12.12. 선고 89도2049 판결**(피고인이 길이 26센티미터의 과도로 복부와 같은 인체의 중요한 부분을 3,4회나 절러 피해자에게 상해를 입힌 행위는 비록 그와 같은 행위가 피해자의 구타행위에 기인한 것이라 하여도 정당방위나 과잉방위에 해당한다고 볼 수 없다).

립하는가가 문제된다. 전술한 바와 같이 정당방위에 있어서는 원칙적으로 긴급피난에서와 같은 엄격한 보충성이 요구되지 않는다. 다만 특별한 위험이 없이도 공격을 쉽게 회피할 수 있지나 국가기관에 의하여 즉각적이고 효과적인 구제를 받을 수 있는 경우에는 회피의무 또는 국가기관의 구조에 대한 요청의무가 부과된다. 방위행위의 보충성의 문제는 방위수단의 최소침해성과는 달리 방위행위의 정도가 아니라 방위행위로 나아갈 것인가의 여부에 관한 문제이다. 따라서 만약 방위자가 회피하거나 또는 구조요청을 하지 않고 곧바로 방위행위로 나아간 경우에는 보충성이 부정되어 정당방위가 성립하지 않을 뿐만 아니라 과잉방위도 성립하지 아니한다.

넷째 정당방위에 있어서의 균형성이 문제된다. 균형성에 있어서는 방위행위로 인하여 발생한 공격자에 대한 법익침해의 결과가 문제된다. 특히 균형성을 염두에 두고 상당성의 요건을 입법화한 우리 형법의 해석으로서는 균형성이 상당성 요건의 한 내용이 된다. 따라서 방위행위가 허용범위를 넘어서서 공격자에게 중대한 법익침해를 야기한 경우에는 정당방위는 부정되더라도 과잉방위가 성립할 여지가 있다. 즉 정당방위에 있어서는 보호법익과 침해법익 간에 현저한 불균형이 있어서는 안 된다는 의미에서 균형성이 요구되는데, 방위자가 방위행위로서 공격자에게 현저히 불균형한 침해를 가한 경우가 곧 과잉방위라고 할 수 있다.

4. 오상과잉방위

오상과잉방위는 방위자가 현재의 부당한 침해가 없음에도 불구하고 있다고 오인하고 상당성의 정도를 초과하여 방위행위로 나아간 경우를 말한다. 즉 오상방위와 과잉방위가 결합한 것으로서 이중의 착오, 즉 정당방위 상황에 대한 착오와 허용된 방위행위의 정도에 관한 착오가 있는 경우라고 할 수 있다. 제한적 책임설에 따르면 오상방위의 경우에는 과실범 처벌규정이 있는 경우에 한하여 과실범으로 처벌될 수 있다. 따라서 오상과잉방위의 문제는 과실범으로 처벌되는 경우 형법 제21조 제2, 3항을 유추적용하여 형을 감면 또는 불처벌할 수 있는가의 문제라고 할 수 있다.

오상과잉방위의 법적 성질에 대해서는 오상방위와 같이 취급하되 엄격책임설에 따라 고의범에서의 법률의 착오의 일례로 해결하려는 견해, 오상방위로 취급하되 제한책임설에 따라 과실범의 일례로 취급하려는 견해 및 과잉성을 인식한 협의의 오상과잉방위는 과잉방위로, 착오로 인하여 그 정도를 초과한 광의의 오상과잉방위는 오상방위로 보는 견해가 대립하고 있다.

생각건대 오상과잉방위의 법적 성격을 논함에 있어서는 다음과 같은 점들이 전제되어야 할 것이다. 우선 오상방위에 있어서는 과잉방위와는 달리 원칙적으로 정당방위권이 존재하지 아니하며 따라서 그 정도를 초과하는 행위는 논리적으로는 과잉방위에 해당하지 않는다. 또한 정당방위 상황이 존재하지 않음에도 불구하고 존재한다고 오인하고 이로써 방위행위를 하는 자는 현실적으로 존재하는 정당방위 상황에서 방위행위를 하는 자 이상의 방위를 해서는 안 될 것이며, 따라서 오상과잉방위자는 단순한 과잉방위자보다 법적으로 더 유리하게 취급될 수 없다. 그리고 오상과잉방위의 피해자는 과잉방위와는 달리 방위자에게 아무런 위법한 침해를 가하지 않았음에도 불구하고 제3자의 방위행위로 인하여 희생을 당하는 결과가 되므로 피해자의 보호필요성도 신중히 고려되어야 한다.

이상과 같은 점에 비추어 볼 때 우선 방위행위의 과잉성에 대하여 오상방위자에게 책임이 있는 경우에는 과잉방위규정을 적용할 수 없다. 따라서 과잉성에 대하여 고의가 있는 경우는 물론 과실이 있는 경우에도 과잉방위에 관한 규정이 적용되지 않는다. 또한 오상과잉방위자의 과잉성에 관한 착오에 대하여 피해자에게 일정한 책임이 전제가 되어야 한다. 따라서 오상과잉방위 상황에 대하여 오상과잉방위자에게 책임이 없고 피해자에게 책임이 있는 경우에 한하여 과잉방위에 관한 규정이 유추적용될 수 있다고 하겠다. 우리나라의 학설 중에는 오상방위에 관하여 과잉방위 규정의 적용을 인정하더라도 우리 형법 제21조 제3항의 규정은 적용될 수 없다고 하는 견해가 있다. 그러나 오상과잉방위의 상황에 대하여 피해자에게 일정한 책임이 있는 경우에는 굳이 이를 부인할 이유는 없을 것이다.

보충판례 20-13[오상과잉방위] : 대법원 2004.3.25. 선고 2003도3842 판결.

복습 및 심화질문

1. 정당방위는 과거 또는 장래의 침해에 대해서는 인정되지 않기 때문에 법익이 실제로 침해된 경우에만 인정된다. (O, X)
2. 甲은 乙로부터 몽둥이로 구타를 당하였다. 甲은 도망칠 수 있었지만 도망가질 않고 몽둥이로 반격하였기 때문에 乙이 부상을 입었다. 甲에게 정당방위는 성립하지 않는다. (O, X)
3. 주인의 사주를 받고 공격해 온 맹견에 대하여 가지고 있던 지팡이로 맹견을 때려죽였다. 맹견의 공격에 대한 행위이었기 때문에 정당방위는 성립하지 않는다. (O, X)
4. 강간을 당할 상황에 처하여 이를 피하기 위해 상대방을 밀쳤던 바 넘어진 상대방이 머리를 돌에 부딪혀 사망하였다. 법익균형의 원칙에 반하기 때문에 정당방위는 성립하지 않는다. (O, X)
5. 甲은 칼로 공격해 오는 乙에 대하여 몽둥이로 이를 방어하였지만, 乙이 칼을 버리고 도망치기에 약 100M 정도 쫓아가 뒤에서 머리를 내리쳐 부상을 입혔다. 甲의 행위는 정당방위이다. (O, X)

예습심화문제 **다음 수업시간 전까지 스스로 풀어볼 것!**

사례 1	甲은 부주의로 乙의 맹견의 꼬리를 밟았던 바 맹견이 공격해 오므로 그 難을 피하기 위하여 부득이 그 맹견을 때려죽였다. 甲의 행위의 긴급피난의 성립여부는?

사례 2	甲의 자식 丙을 인질로 잡고 있는 乙은 甲에게 은행강도를 하지 않으면 丙을 살해하겠다고 협박하여 甲에게 은행강도를 하게 하였다. 甲의 행위는 긴급피난에 해당하는가?

제 12 장

형법총론

긴급피난

제1절 긴급피난의 개념 및 본질

[조문]

刑法 第22條 (緊急避難) ①自己 또는 他人의 法益에 對한 現在의 危難을 避하기 爲한 行爲는 相當한 理由가 있는 때에는 罰하지 아니한다.
②危難을 避하지 못할 責任이 있는 者에 對하여는 前項의 規定을 適用하지 아니한다.
③前條 第2項과 第3項의 規定은 本條에 準用한다.

2011년 형법일부개정법률안[형법총칙전면개정안][의안번호 제11304호] 제18조(긴급피난) ① 자기 또는 타인의 법익에 대한 현재의 위난을 피하기 위한 행위는 상당한 이유가 있는 경우에는 벌하지 아니한다.
② 위난에 대처하여야 할 의무가 있는 자에 대해서는 제1항을 적용하지 아니한다. 이 경우 형을 감경하거나 면제할 수 있다.
③ 제1항 및 제2항에 대해서는 제17조 제2항 및 제3항을 준용한다.

民法 第761條 (正當防衛, 緊急避難) ①他人의 不法行爲에 對하여 自己 또는 第三者의 利益을 防衛하기 爲하여 不得已 他人에게 損害를 加한 者는 賠償할 責任이 없다. 그러나 被害者는 不法行爲에 對하여 損害의 賠償을 請求할 수 있다.
②前項의 規定은 急迫한 危難을 避하기 爲하여 不得已 他人에게 損害를 加한 境遇에 準用한다.

1. 긴급피난의 의의

긴급행위의 일종인 **긴급피난**이란 법익에 대한 현재의 위난[549]을 피하기 위한 행위, 즉 자기 또는 타인의 법익에 대한 현재의 위난을 피하기 위한 상당한 이유가 있는 행위를 말한다.

2. 긴급피난과 정당방위와의 구별

정당방위가 자기 또는 타인의 법익에 대한 **현재의 부당한 침해**를 전제로 하지만(不正 대 正), 긴급피난은 자기 또는 타인의 법익에 대한 **현재의 위난**이 부당한 원인에 의한 것임을 요구하지 않는다는 점[550]에 중요한 차이가 있다(正 대 正).

이러한 구조적 차이와 연동하여 다음과 같은 차이점이 도출된다.

첫째 不正 대 正의 관계에서만 정당방위가 성립한다고 할 때 긴급피난은 **그 적용영역이 매우 넓은 위법성조각사유**라고 할 수 있다. 즉 **보호되는 법익의 범위**와 관련하여 정당방위는 원칙적으로 개인적 법익에 국한되지만 긴급피난은 사회적·국가적 법익에까지 확대되고, **현재성의 요건**과 관련해서도 지속적 위난에 대한 피난 및 예방적 긴급피난이 인정(**유연한 현재성**)되는 등 정당방위(**엄격한 현재성**)의 경우에 비해 상대적으로 더 넓게 해석된다. 또한 **행위의 대상면**에서는 정당방위는 법익을 부당하게 침해하는 침해자 또는 그 도구에 대해서만 방위행위를 할 수 있음에 반하여, 긴급피난

---

549) **[危難의 유형]** : 법익침해의 위험은 사람의 부당(위법)한 공격행위에 의하여 일어날 뿐만 아니라 물건이나 자연력 또는 적법한 행위에 의해서도 발생할 수 있다. 이처럼 **법익침해의 구체적 위험을 발생시키는 일련의 사유**를 가리켜서 위난이라 한다.

550) **[위난원인의 내용불문]** : 긴급피난은 위난원인의 내용을 묻지 않기 때문에 인간의 행위로 볼 수 없는 자연적 위난, 반사행위, 무의식행위, 절대적 힘의 지배에 의한 행위 등에 의한 위난에 대해서는 정당방위가 아닌 긴급피난만이 가능할 뿐이다. 그러나 위법한 위난에 대해서는 정당방위를 할 수도 있고 긴급피난을 할 수도 있다.

> **사례 2** : 甲의 자식 丙을 인질로 잡고 있는 乙은 甲에게 은행강도를 하지 않으면 丙을 살해하겠다고 협박하여 甲에게 은행강도를 하게 하였다. 甲의 행위는 긴급피난에 해당하는가?

의 경우에는 **위난을 초래한 행위상황과 무관한 제3자도 행위대상**으로 삼을 수 있다(**공격적 긴급피난**).[551)]

둘째 긴급피난이 인정되는 것은 정당방위에 비하여 용이하지 않다. 즉 긴급피난은 정당방위에 비하여 **훨씬 더 엄격한 요건 하에 인정되는 위법성조각사유**라고 할 수 있다. 정당방위는 현재의 부당한 공격행위에 대하여 인정되는 적법한 위법행위인 반면, 긴급피난은 주로 위법하지 아니한 법익침해의 위험상황에 대하여 인정되는 적법한 피난행위이기 때문이다. 따라서 **'상당한 이유'의 해석(상당성의 정도)**과 관련해서는 긴급피난의 경우에는 **법익균형성의 원칙과 보충성(최후수단성)의 원칙**이 요구되는 등 엄격한 제약조건이 요구되지만, 정당방위의 경우에는 부당한 침해에 대한 공격이므로 그러한 제약조건이 요구되지 않는다.

3. 긴급피난의 본질

가. 다수설(종전)의 논의상황

종래 긴급피난의 본질과 관련하여서는, 첫째 현재의 위난을 제3자에게 전가하는 것이기 때문에 위법행위도 아닌 적법행위도 아닌 법으로부터 자유로운 영역으로 파악하는 견해(**법으로부터 자유로운 영역이론**)[552)], 둘째 제3자의 정당한 법익을 침해하는 행위이므로 위법한 행위이지만 인간의 자기유지의 본능상 적법행위에 대한 기대가능성이 없어서 책임이 조각된다는 견해(**책임조각설**)[553)] 등이 주장된다.

551) **[방어적 긴급피난과 공격적 긴급피난]** : 법익침해의 위험원 자체에 대한 긴급피난행위는 정당방위에 있어서 공격자에 대한 방어행위와 유사한 외관을 갖는다. 이점에서 **법익침해의 위험원 자체에 대한 긴급피난을 방어적 긴급피난**이라고 하며, **법익침해의 위험원과는 무관한 다른 물건이나 제3자에 대하여 행해지는 긴급피난을 공격적 긴급피난**이라고 한다. 양자의 구별은 법익의 이익형량에서 중요한 의미를 가지는데, 위난의 발생과 무관한 사람이나 물건에 대하여 가해지는 긴급피난행위는 이익형량에 있어서 훨씬 더 엄격하게 판단되어야 하기 때문이다.

552) **[법으로부터 자유로운 영역이론에 대한 비판]** : 이 설에 대해서는 구성요건에 해당하는 행위에 대하여 위법성판단을 포기하는 것은 타당하다고 할 수 없고, 형법상 '벌하지 아니한다'고 규정되어 있는 이상 자유로운 영역이라 할 수 없다.

553) **[책임조각설에 대한 비판]** : 이 설에 대해서는 생명·신체 등과 같이 이익형량이 어려운 경우에는 타당하지만, 피난행위에 대해 정당방위가 가능하게 되어 실질적으로 법익보호에 충실을 기할 수 없다는

나. 유력설(현재)의 논의상황

오늘날 긴급피난은 보호되는 이익이 침해되는 이익에 비해 우월성이 인정될 때 위법성을 조각시켜 정당화되는 행위라고 이해하는 견해(**위법성조각설, 다수설**)[554]가 지배적이다.

특히 위법성조각설에서 더 나아가 **보호되는 이익의 우월성이 인정되지 않더라도 피난자에게 긴급한 피난행위로 나아갈 수밖에 없는 상황이 있을 경우에는 피난행위가 책임조각사유로 인정될 수 있다고 하는 이원적 태도(이분설, 유력설)**[555]도 유력하게 전개되고 있다.

따라서 오늘날 긴급피난에 관한 현행 형법의 태도에 관한 해석으로는, 첫째 형법 제22조 제1항이 위법성조각사유로서의 긴급피난(**정당화적 긴급피난**)만을 규정한 것이고 책임조각사유로서의 긴급피난(**면책적 긴급피난**)은 형법규정에 근거조항이 없으므로 기대불가능성이나 기대가능성의 감소를 이유로 하는 초법규적 책임조각사유로 다루어질 수 있을 뿐이라는 견해와, 둘째 형법 제22조 제1항은 정당화적 긴급피난과 면책적 긴급피난을 동시에 규정하고 있는 것으로 이해하는 견해가 대립한다.

다. 소결

우리 형법은 '상당한 이유'를 긴급피난 이외에도 정당방위와 자구행위의 요건으로 규정하고 있다. 이는 '상당한 이유'가 긴급행위인 위법성조각사유의 요건으로서 주로 이익형량의 사상을 표현한 것으로 책임조각사유인 기대불가능성을 포함하는 개념이

문제점을 안고 있다.

554) **[위법성조각설에 대한 비판]** : 이 설에 대해서는 생명과 생명, 신체와 신체의 법익과 같이 이익형량이 어려운 법익이 충돌하는 경우에는 긴급피난의 본질을 설명할 수 없다는 비판이 제기된다.

555) **[이분설의 구조 및 비판]** : 이분설은 정당화적 긴급피난과 면책적 긴급피난의 구별기준과 관련하여 두 가지 태도로 나누어진다. 즉 ① 긴급피난을 사물에 대한 긴급피난(정당화적 긴급피난)과 사람의 생명과 신체에 대한 긴급피난(면책적 긴급피난)으로 구분하는 견해, ② 우월한 이익을 보호하기 위한 긴급피난(정당화적 긴급피난)과 낮은 이익이나 동가치의 이익을 보호하기 위한 긴급피난(면책적 긴급피난)으로 구분하는 견해(유력설 중 다수설)이다. 그러나 이분설에 대해서는 형법의 명문규정에 정면으로 반하고, 면책적 긴급피난을 형법 제22조에서 규정하고 있다고 해석하게 되면 제22조의 '상당한 이유'가 기대불가능성과 같은 개념이 된다는 비판이 가해진다.

아님을 명백히 해 준다.

이점에서 긴급피난의 경우에만 '상당한 이유'에 기대불가능성까지 포함된다고 해석하는 것은 법률문언의 가능한 해석한계를 벗어난 것이다. 물론 제22조 제2항 및 제3항의 과잉피난 등은 책임에 관련된 규정이지만 정당방위에도 동일한 규정이 있다고 하여 정당방위를 책임조각사유로서의 성격도 지니고 있다고 할 수는 없다. 따라서 우리 형법상의 긴급피난은 위법성조각사유라고 하여야 한다(**위법성조각설, 다수설**).

한편 법익동가치(면책적 긴급피난의 유형)의 경우에는 모두 기대불가능성이나 기대가능성의 감소를 이유로 한 초법규적 책임조각·감격사유라고 하는 것이 개념과 용어의 혼란을 막는 길이다. 이러한 행위에 대해서는 '상당한 이유'에 대한 심사에서와는 전혀 다른 요소나 사정들을 고려하는 기대가능성의 유무 및 정도의 심사를 통해 형법적 효과를 결정하여야 할 것이다.

4. 위법성조각의 근거

긴급피난의 위법성이 조각되는 실질적 이유로서는, 서로 충돌하는 이익을 형량하여 보호되는 이익이 침해되는 이익보다 우월한 경우에 위법성이 조각된다는 **이익형량의 원칙(우월적 이익의 원칙)**과 피난행위가 정당한 목적을 위한 상당한 수단으로 평가될 때 위법성이 조각된다는 목적설이 제시된다. 위법성조각사유의 근거에 관한 개별화설은 긴급피난의 경우에도 적용된다. 판례도 같은 입장이다.[556)]

보충판례 21[긴급피난의 위법성조각근거] : 대법원 1987.1.20. 선고 85도221 판결.

556) **[긴급피난의 인정근거로서의 개별화설]** : 대법원 2006.4.13. 선고 2005도9396 판결(형법 제22조 제1항의 긴급피난이란 자기 또는 타인의 법익에 대한 현재의 위난을 피하기 위한 상당한 이유 있는 행위를 말하고, 여기서 **'상당한 이유 있는 행위'에 해당하려면,** 첫째 피난행위는 위난에 처한 법익을 보호하기 위한 유일한 수단이어야 하고, 둘째 피해자에게 가장 경미한 손해를 주는 방법을 택하여야 하며, 셋째 피난행위에 의하여 보전되는 이익은 이로 인하여 침해되는 이익보다 우월해야 하고, 넷째 피난행위는 그 자체가 사회윤리나 법질서 전체의 정신에 비추어 적합한 수단일 것을 요하는 등의 요건을 갖추어야 한다.)

제2절 긴급피난의 성립요건

1. 자기 또는 타인의 법익에 대한 현재의 위난 : 긴급피난의 객관적 정당화 상황

가. 자기 또는 타인의 법익

(1) 개인적 법익

긴급피난으로 보호되는 법익에는 제한이 없다. 생명·신체·명예·재산 등 형법법익뿐만 아니라 그 밖의 민법(경제적 손실을 방지하기 위한 긴급피난)·노동법(예컨대 근로조건, 안정된 일자리 등) 등의 법익도 포함된다. 또한 그 법익에 적법한 근거가 있을 것을 요하지 않는다.

긴급피난은 타인의 법익을 보호하기 위해서도 가능한데 이를 **긴급구조**라 한다. 피난행위로 인하여 보호되는 법익의 주체와 침해되는 법익의 주체가 동일한 경우에도 긴급피난이 인정될 수 있다.[557]

(2) 국가적·사회적 법익

국가적·사회적 법익도 긴급피난에 의해 보호되는 법익에 포함될 수 있는지에 관해서는 견해가 일치하지 않는다. ① 국가적·사회적 법익을 위한 긴급피난은 인정될 수 없다는 견해, ② 긴급피난을 인정하는 대신 사회상규에 위배되지 않는 행위로서 위법성이 조각될 수 있다는 견해, ③ 국가적·사회적 법익에 대한 위난이 동시에 개인적 법

---

557) **[보호되는 법익의 주체와 침해되는 법익의 주체가 동일한 경우의 긴급피난 성립여부]** : 따라서 ① 보호되는 법익의 주체가 승낙이 불가한 상태에 있는 경우(예컨대 화재시 어린아이를 구하기 위하여 창밖으로 던져 부상을 입힌 경우), ② 처분이 불가능한 개인적 법익이 위험에 처한 경우(예컨대 자살을 막기 위하여 자살기도자를 강제로 감금한 경우)에도 긴급피난이 성립한다.

익에 대한 현재의 위난을 포함하는 경우에 한하여 긴급피난이 허용된다는 견해, ④ 원칙적으로 긴급피난이 가능하다는 견해(**다수설**) 등이 있다.

긴급피난은 엄격한 요건에 따라 정당화되는 행위이기 때문에 국가의 민주적 기본질서 혹은 도로교통의 안전도 국가기관의 유효한 공적 활동을 기대할 수 없는 경우에는 긴급피난을 통해 보호되는 법익의 범주에 속하는 것으로 보아야 할 것이다. 다수설이 타당하다.

나. 현재의 위난

(1) 위난의 개념

'**위난**'이란 위급하고 곤란한 경우로서 일정한 상황진전을 그대로 방치하면 법익침해가 발생할 개연성이 높은 상태, 즉 **법익침해가 예측되는 상태**를 의미한다. 따라서 위난은 장래에 발생하게 될 법익침해를 현재의 시점에서 예측적으로 진단한 것으로서 위난이 곧 법익침해를 뜻하는 것은 아니다.[558)]

(2) '현재'의 위난 : 위난의 현재성

위난은 현재의 위난이어야 한다.[559)] 따라서 법익의 침해가 목전에 임박한 경우, 법익의 침해가 실제로 진행 중인 경우, 법익침해행위가 기수에 이르렀으나 아직 범죄의 완료에 이르지 아니한 경우 등은 모두 위난의 현재성을 충족한다.

또한 위난으로 인한 손해의 발생이 아직 직접 현존한 상태는 아니나 피난행위가 늦어지면 위험회피가 불가능하거나 더 큰 위난이 발생할 염려가 있는 경우 또는 이미 손

558) **[사회적 긴급피난의 인정여부]** : 경제적 궁핍상태로 인하여 생명·신체에 위험한 상태가 야기되자 이를 피하기 위하여 절취한 경우(예컨대 레 미제라블의 장발장)에도 긴급피난이 인정될 것인지에 대해서는 극단적인 궁핍상태 하에서는 긴급피난이 가능하다는 적극설도 있지만, 예외적으로 인정되는 긴급피난의 성질을 고려할 때 위난의 범위를 사회적 긴급피난에 까지 확대하는 부당하다고 하여야 할 것이다(소극설).

559) **[위난의 현재성]** : 대법원 1975.5.27. 선고 74도3559 판결(피고인이 甲에게 채무없이 단순히 잠시 빌려준 피고인 발행 약속어음을 甲이 乙에게 배서양도하여 乙이 소지 중 피고인이 이를 찢어버린 것은 문서손괴죄에 해당하고 이를 자구행위 또는 긴급피난이라고 볼 수 없다.) **[판례해설]** : 이 판례에서는 현재의 위난을 부정한 것이라고 할 수 있다.

해가 발생했더라도 그대로 두면 그 손해가 훨씬 중대될 것으로 예상되는 경우에도 위난의 현재성은 인정된다(**예방적 긴급피난**).

현재의 위난에 '**지속적 위험**'이 포함되는지가 문제된다. '지속적 위험'이란 아직 법익침해의 위험이 현실화되고 있지 않으나 이전에 계속적으로 반복되었던 사정에 비추어 볼 때 언제든지 법익침해의 위험성이 현실화될 수 있는 상황을 말한다. 예컨대 의붓아버지에게 오랫동안 성폭행당해 온 상태 또는 혹독한 가정폭력에 시달려 온 상태에서 그 가해자가 가까운 장래에 동일형태의 위난을 현실화시킬 것이 예상되는 경우 등을 들 수 있다.[560] 이에 대해서는 견해가 대립한다.

첫째 **부정설**은 긴급피난의 모든 요건을 정당방위의 경우에 비해 완화시켜서는 안 된다는 전제에서 침해와 위난의 현재성에 관한 한 차이가 없다고 보는 견해이다.

둘째 **긍정설(다수설)**은 긴급피난은 상당한 이유라는 요건에서 정당방위에 비해 더욱 엄격하게 통제되기 때문에 현재성 요건은 정당방위보다 넓게 인정될 수 있으며 따라서 지속적 위험도 긴급피난의 '현재의 위난'에 포함될 수 있다는 견해이다.

생각건대 긴급피난은 상당성의 요건을 엄격하게 해석해야 하므로 현재성 요건을 넓게 해석해도 무리가 따르지 않는다 할 수 있다. 특히 지속적 위험을 현재성에서 배제시키게 되면 사후에 예상되는 손해에 대해 유효하게 대처할 수 없기 때문에 즉각적인 조치의 필요성이 있는 상황이라면 지속적 위험도 현재의 위난에 포함시키는 것이 타당하다.

(3) 자초위난

긴급피난을 할 목적으로 위난을 의도적으로 야기한 경우(**의도적 자초위난**)에는 위난 자체가 존재하지 않기 때문에 긴급피난이 될 수 없다.[561]

---

560) **[지속적 위험과 예방적 긴급피난]** : 대법원 1992.12.22. 선고 92도2540 판결(피고인 김○○이 약 12살 때부터 의붓아버지인 피해자의 강간행위에 의하여 정조를 유린당한 후 계속적으로 이 사건 범행 무렵까지 피해자와의 성관계를 강요받아 왔고, 그 밖에 피해자로부터 행동의 자유를 간섭받아 왔으며, 또한 **그러한 침해행위가 그 후에도 반복하여 계속될 염려가 있었다면, 피고인들의 이 사건 범행 당시 피고인 김○○의 신체나 자유등에 대한 현재의 부당한 침해상태가 있었다고 볼 여지가 없는 것은 아니나**, 그렇다고 하여도 판시와 같은 경위로 이루어진 피고인들의 이 사건 살인행위가 형법 제21조 소정의 정당방위나 과잉방위에 해당한다고 하기는 어렵다.)

561) **보충판례 21-1 : 대법원 1995.1.12. 선고 94도2781 판결**(강간 등에 의한 치사상죄에 있어서 사상의

보충판례 21-1[의도적 자초위난] : 대법원 1995.1.12. 선고 94도2781 판결.

그러나 피난행위자에게 위난의 발생에 대한 책임이 있는 경우(**유책적 자초위난**)에는 원칙적[562]으로 긴급피난을 인정할 수 있다는 것이 통설의 입장이다.[563] **판례**도 자초위난에 대한 긴급피난을 인정한다.[564]

보충판례 21[유책적 자초위난] : 대법원 1987.1.20. 선고 85도221 판결.

사례 1

甲은 부주의로 乙의 맹견의 꼬리를 밟았던 바 맹견이 공격해 오므로 그 難을 피하기 위하여 부득이 그 맹견을 때려죽였다. 甲의 행위의 긴급피난의 성립여부는?

결과는 간음행위 그 자체로부터 발생한 경우나 강간의 수단으로 사용한 폭행으로부터 발생한 경우는 물론 강간에 수반하는 행위에서 발생한 경우도 포함한다 할 것인바, 원심이 확정한 바와 같이 피고인이 판시 일시경 피해자의 집에 침입하여 잠을 자고 있는 피해자를 강제로 간음할 목적으로 동인을 향해 손을 뻗는 순간 놀라 소리치는 동인의 입을 왼손으로 막고 오른손으로 음부 부위를 더듬던 중 동인이 피고인의 손가락을 깨물며 반항하자 물린 손가락을 비틀며 잡아 뽑아 동인으로 하여금 우측하악측절치치아결손의 상해를 입게 하였다면, 피해자가 입은 위 상해는 결국 피고인이 저지르려던 강간에 수반하여 일어난 행위에서 비롯된 것이라 할 것이고, 기록상 나타난 피해자의 반항을 뿌리친 형태 등에 비추어 보면 그 결과 또한 능히 예견할 수 있었던 것임을 부인할 수는 없다 하겠으니, 위와 같은 소위에 대하여 피고인을 강간치상죄로 처단한 제1심판결을 유지한 원심의 조처는 옳게 수긍이 되고, 거기에 소론과 같이 강간치상죄의 법리를 오해한 위법이 없다. 또 피고인이 스스로 야기한 범행의 와중에서 피해자에게 위와 같은 상해를 입힌 소위를 가리켜 법에 의하여 용인되는 피난행위라 할 수도 없고, 위와 같이 소리치며 반항하는 피해자의 입을 손으로 막고 음부까지 만진 소위에 대하여 주장과 같이 강간의 수단인 폭행이나 협박이 개시되지 않았다고 할 수도 없다.)

562) **[고의로 위난을 자초한 경우]** : 다만 고의로 위난을 자초한 경우에도 권리남용이 아니거나 기대불가능한 경우 또는 예상 외의 위난이 초래된 경우에는 예외적으로 긴급피난을 할 수 있다.

563) **[유책적 자초위난의 예]** : 예컨대 임산부가 자신의 신체에 대한 위험을 유책하게 야기한 때에도 긴급피난으로서의 낙태는 가능하다.

564) **보충판례 21 : 대법원 1987.1.20. 선고 85도221 판결**(선박의 이동에도 새로운 공유수면점용허가가 있어야 하고 휴지선을 이동하는데는 예인선이 따로 필요한 관계로 비용이 많이 들어 다른 해상으로 이동을 하지 못하고 있는 사이에 태풍을 만나게 되고 그와 같은 위급한 상황에서 선박과 선원들의 안전을 위하여 사회통념상 가장 적절하고 필요불가결하다고 인정되는 조치를 취하였다면 형법상 긴급피난으로서 위법성이 없어서 범죄가 성립되지 아니한다고 보아야 하고 미리 선박을 이동시켜 놓아야 할 책임을 다하지 아니함으로써 위와 같은 긴급한 위난을 당하였다는 점만으로는 긴급피난을 인정하는데 아무런 방해가 되지 아니한다.)

2. 피난의사

긴급피난의 주관적 요건으로서 피난의사가 인정되어야 한다. 피난의사는 위난상황의 인식을 근거로 하여 피난의 목적을 추구하고 실현한다는 의식을 말한다. 긴급피난의 객관적 요건이 갖추어져 있지만 피난의사가 없는 경우를 우연피난이라고 할 수 있다.

3. 상당한 이유

긴급피난은 正 대 正의 관계로서 위난에 대한 책임이 없는 사람의 법익을 침해하는 것이므로 피난행위의 상당성은 방위행위의 상당성보다는 엄격한 개념이다. 상당한 이유는 보충성과 균형성 및 적합성을 내용으로 한다.

가. 보충성의 원칙

긴급피난이 상당한 이유가 있기 위해서는 보충성의 원칙, 즉 다른 방법으로는 위난을 피할 수 없고 피난행위만이 위난을 피할 수 있는 최후수단일 경우에만 피난행위를 하여야 하고(최후수단성), 피난행위를 할 경우에도 침해를 최소화해야 한다(최소침해의 원칙).[565]

565) **[보충성원칙으로서 최후수단성]** : **대법원 1990.5.8. 선고 90도606 판결**[차량충돌 사고장소가 편도 1차선의 아스팔트 포장도로이고, 피고인 운전차량이 제한속도(시속 60킬로미터)의 범위 안에서 운행하였으며(시속 40 내지 50킬로미터), 비가 내려 노면이 미끄러운 상태였고, 피고인이 우회전을 하다가 전방에 정차하고 있는 버스를 발견하고 급제동조치를 취하였으나 빗길 때문에 미끄러져 미치지 못하고 중앙선을 침범하기에 이른 것이라면, 피고인이 버스를 피하기 위하여 다른 적절한 조치를 취할 방도가 없는 상황에서 부득히 중앙선을 침범하게 된 것이어서 교통사고처리특례법 제3조 제2항 단서 제2호에 해당되지 않는다는 원심의 판단은 수긍이 간다.] ; **보충판례 21-2 : 대법원 1990.8.14. 선고 90도870 판결**(경찰관들이 한양대학교 출입문에서 집회참가자의 출입을 저지한 것은 집회장소 사용 승낙을 하지 않은 한양대학교측의 집회저지협조요청에 따른 것임을 알 수 있어서 이는 경찰관 직무집행법 제6조의 주거침입행위에 대한 사전 제지조치로 보지 못할 바 아니고 비록 그 때문에 소정의 신고 없이 연세대학교로 장소를 옮겨서 집회를 하였다 하여 그 신고 없이 한 집회를 급박한 현재의 위난을 피하기 위한 부득이한 것이었다고 볼 수는 없는 것이므로 같은 취지에서 원심이 위 집회가 긴급피난에 해당하지 아니하다고 판단한 것도 정당하다.)

보충판례 21-2 : 대법원 1990.8.14. 선고 90도870 판결.

나. 균형성(이익형량)의 원칙

긴급피난에서는 피난행위로 보호되는 이익이 피난행위로 침해되는 이익보다 본질적으로 우월해야 한다(우월적 이익의 원칙). 따라서 어떤 방법에 의해 이익을 형량할 것인지가 중요한데, 긴급피난에 의해 보호되는 법익과 침해되는 법익의 종류, 침해의 정도, 보호의 필요성 등을 종합적으로 고려하여야 한다.

보충판례 21-3[균형성(이익형량)의 원칙] : 대법원 2004.4.27. 선고 2002도315 판결.

(1) 법익의 가치

이익형량에서 가장 중요한 비교인자는 충돌하는 양 법익의 가치이다.

첫째 인격적 법익(생명, 신체, 자유, 명예 등)은 재산적 법익보다 우선하고, 인격적 법익 중 생명·신체는 자유·명예보다 우월한 이익이다. 또한 형법에 의해서 보호되는 이익은 일반행정규칙이나 질서벌에 의해 보호되는 이익보다 우월하다.

둘째 법정형의 범위도 중요한 판단자료로 사용될 수 있다. 따라서 사람의 생명(살인죄)은 태아의 생명(낙태죄)보다 우월한 이익이 된다.[566]

(2) 법익침해의 정도

구체적 상황에서 발생하는 법익침해의 정도도 이익형량의 중요한 자료가 된다.

첫째 낮은 가치의 법익을 보호하기 위해 높은 가치의 법익을 침해하는 것도 정당화되는 경우가 있다. 예컨대 인격적 법익은 재산적 법익보다 일반적으로 높은 가치를 갖지만 그 침해정도가 경미할 경우에 막대한 재산상 손해를 방지하기 위한 긴급피난은 허용될 수 있다(예 : 화재 등의 막대한 재산상 손해를 방지하기 위한 가벼운 상처나

566) **[이익형량의 판단기준으로서 법익의 가치]** : 대법원 1976.7.13. 선고 75도1205 판결(임신의 지속이 모체의 건강을 해칠 우려가 현저할 뿐더러 기형아 내지 불구아를 출산할 가능성마저도 없지 않다는 판단 하에 부득이 취하게 된 산부인과 의사의 낙태 수술행위는 정당행위 내지 긴급피난에 해당되어 위법성이 없는 경우에 해당된다.)

무해한 건강침해 등).

둘째 동등한 법익 사이에는 법익침해의 정도가 이익형량의 중요한 요소가 된다. 예컨대 자신에게 중상해를 입힐 위난을 피하기 위해 다른 사람에게 경상을 입히면서 피난한 경우에 긴급피난이 인정될 수 있다.

셋째 **사람의 생명**은 절대적 가치를 가지므로 양적·질적 형량의 대상이 되는 법익이 아니므로 긴급피난에 의하여 사람을 살해하는 것은 위법성을 조각할 수 없다. 따라서 다수인의 생명을 구하기 위하여 소수인을 살해하는 것도 긴급피난에 의하여 정당화될 수 없고, 표류 중인 선원이 餓死를 면하기 위하여 다른 선원을 살해한 경우에도 긴급피난에 의하여 정당화되지 않는다. 이러한 경우에는 기대가능성의 유무에 따라 책임에 영향을 미칠 수 있다(유력설의 경우 면책적 긴급피난으로서 면책가능성).

(3) 위험의 정도

법익침해의 위험이 발생할 개연성이 높을수록 구조의 필요성도 그만큼 높아지므로, 구체적 위험을 피하기 위해 추상적 위험범으로 피난행위를 하는 것은 정당화 된다. 예컨대 생명이 위독한 환자(구체적 위험)를 구하기 위하여 술을 마시고 있던 의사가 과속운전(추상적 위험)을 하는 경우가 그것이다.[567)]

(4) 구조가능성

동등한 법익 사이의 피난행위, 특히 법익주체가 동일인인 경우에는 법익침해 위험의 개연성과 구조가능성을 서로 형량하는 것만으로도 정당성심사를 할 수 있다. 예컨대 그대로 방치하면 사망할 것이 확실한 화재현장의 어린아이를 구조하기 위해 창밖

567) **[하급심판례에 있어서 긴급피난의 적용여부]** : 하급심의 판례이기는 하지만, 지난 2012.1.19. 서울북부지방법원 형사2부(부장판사 안승호)는 어린 딸을 응급실로 데려가려다 음주운전을 한 혐의[도로교통법 제44조 제1항(음주운전) 및 제148조의2(벌칙) 위반]로 기소된 최00씨에게 **벌금형 대신 선고유예형을 선고**하였다. 재판부는 "음주운전행위의 위험성을 고려해 보면 벌금형처벌이 불가피하지만, 어린 딸이 고열과 경기를 일으켜 응급실에 빨리 후송하기 위한 사정이 있었음을 고려해 (선고)형을 정했다."고 판결이유를 설명했다. 최씨는 2011.10. 술에 취한 상태로 귀가한 뒤 아픈 딸을 병원으로 데려가려고 300m 가량 운전한 혐의로 기소돼 제1심에서 벌금 50만원을 선고받았다. 최00씨가 항소 및 상고하는 경우 항소심 및 상고심의 판결이 주목된다 할 것이다. : 연합뉴스 2012.1.19. 참조.

으로 던졌으나 사망한 경우가 그것이다. 창밖에 던짐으로서 생명을 구조할 수 있는 가능성이 현저하게 크기 때문에 이 행위는 긴급피난으로 위법성이 조각된다.

다. 적합성(수단의 상당성)의 원칙

피난행위 자체가 피난목적에 적합하고 사회상규에 위배되지 않는 수단에 의해 이루어져야 한다.

따라서 피난행위는 사회윤리적으로 적합한 행위이어야 하며, 특히 제3자의 개인적 법익을 침해하는 경우에는 상대방의 자기결정권이 존중되어야 한다. 예컨대 중병에 걸려 수혈없이는 살 수 없는 사람을 구조하기 위하여 승인을 받지 않고 강제로 채혈하거나 장기를 적출하는 것은 사람의 생명을 구하기 위한 적절한 수단이 될 수 없으므로 상당성을 인정할 수 없다.

또한 법익에 대한 위난을 방지하기 위한 법적 절차가 마련되어 있는 때에는 법적 절차에 따르지 아니한 피난행위는 허용되지 않는다. 예컨대 진범인이 아닌데도 부당하게 기소된 피고인이 무죄판결을 받기 위하여 위증을 교사하거나, 석방되기 위하여 도주하는 것은 적합한 수단이라 할 수 없어 긴급피난이 되지 않는다.

제3절 긴급피난의 특칙

위난을 피하지 못할 책임이 있는 자에게는 긴급피난이 허용되지 않는다(제22조 제2항). '위난을 피하지 못할 책임이 있는 자'란 군인, 경찰관, 소방관, 의사 등과 같이 그 직무를 수행함에 있어서 마땅히 일정한 위난을 감수해야 할 의무가 있는 자를 말한다.

이러한 자들은 재산적 가치의 구조를 위해서도 자신의 생명과 신체에 대한 구체적 위험을 감수하여야 한다. 즉 그들이 감수해야 할 위험을 초과하지 않는 한 자신의 생명을 구하기 위하여 타인의 법익을 침해할 수 없다. 그러나 절대적 희생의무가 있는 것은 아니므로 감수해야 할 의무의 범위를 넘는 자기의 위난 즉 생명·신체에 대한 중대한 위험에 직면하였을 경우[568]에는 긴급피난을 할 수 있다.

제4절 긴급피난의 법적 효과

긴급피난은 '벌하지 아니한다'. 이는 위법성이 조각된다는 의미이다(유력설인 이분설의 경우에는 책임조각도 포함된다고 한다). 피고인의 행위가 긴급피난에 해당하는 경우 법원은 형면제판결이 아닌 무죄판결을 선고해야 한다. 어떤 행위가 긴급피난으로 인정되면 이에 대한 정당방위는 허용되지 않으나 긴급피난은 가능하다.

제5절 과잉긴급피난과 오상긴급피난

1. 과잉긴급피난

현재의 위난에 대한 피난행위는 있었으나 그 피난행위가 상당성의 정도를 초과한 경우를 과잉긴급피난이라 한다. 이 경우에는 과잉방위에 관한 규정이 준용된다(제22조 제3항).

568) **[긴급피난의 특칙례]** : 예컨대 소방관이 진화 중 심한 연기 때문에 질식될 위험에 빠지자 옆집 창문을 부수고 탈출한 경우를 들 수 있다.

2. 오상긴급피난

오상긴급피난이란 긴급피난의 객관적 전제사실이 존재하지 않음에도 불구하고 행위자는 이를 존재하는 것으로 오신하고 피난행위로 나아간 경우이다. 이 경우는 위법성조각사유의 객관적 전제사실에 대한 착오의 문제가 된다.

제6절 의무의 충돌

1. 의무의 충돌의 의의

형법 제22조는 법익이 상호충돌하는 상황에 대비하기 위한 조문이다. 그런데 법익이 아니라 의무가 서로 충돌하는 경우가 있다. 예컨대 '의료법' 제19조(비밀누설 금지)에 따르면 의사는 업무상 비밀을 준수해야 할 법적 의무를 진다. 의사가 이 의무에 위반하면 업무상 비밀누설죄(제317조 제1항)로 처벌된다[특별법으로는 '감염병의예방및관리에관한법률' 제74조(비밀누설의 금지) 및 78조(벌칙) 참조].

한편 의사는 법정전염병을 발견한 경우처럼 일정한 경우에 관계당국에 해당사항을 신고할 법적 의무를 진다('감염병의예방및관리에관한법률' 제11조). 이 신고의무에 위반하면 의사는 또한 관계법령에 의해 처벌된다(동법 제81조 제1호 및 제82조의 양벌규정). 여기서 전염병을 발견한 의사는 비밀유지의무와 신고의무를 동시에 이행해야 하는 갈등상황에 봉착하게 된다. 이처럼 하나의 의무를 포기하지 않으면 다른 의무를 이행할 수 없는 경우를 가리켜서 **의무의 충돌**이라 한다. 즉 수 개의 의무를 동시에 이행할 수 없는 긴급상태에서 그 중 어느 한 의무를 이행하고 다른 의무를 방치한 결과 그 방치한 의무불이행이 구성요건에 해당하는 가벌적 행위가 되는 경우를 말한다.

현재 우리 형법은 의무가 동시에 충돌하는 갈등상황에 대하여 명문의 규정을 두고 있지 않지만, 의무의 충돌은 긴급상황에서의 문제이면서 이익의 충돌과 구조적으로 유사하기 때문에 긴급피난의 특수한 경우에 속하는 것으로 보아 긴급피난의 규정을 준용하여 해결하는 것이 타당할 것이다(**긴급피난설, 다수설**).

2. 의무의 충돌의 요건

가. 법적 의무의 충돌

의무의 충돌에 있어서 충돌하는 의무는 모두 법적 의무이어야 한다. 단순한 도덕적 의무나 종교적 의무가 문제되는 경우에는 의무의 충돌이 있다고 할 수 없다.[569]

나. 의무의 실질적 충돌

의무의 충돌은 실질적인 것이어야 한다. 외관상 의무가 충돌하는 것처럼 보이더라도 두 의무 사이의 논리적 관계에 비추어 볼 때 하나의 의무를 이행한 후 다른 의무를 이행할 수 있거나 두 의무를 동시에 이행할 수 있는 경우에는 의무의 충돌이 있다고 할 수 없다.

의무와 의무가 충돌하더라도 법질서가 충돌하는 의무 사이에 우열을 명시한 경우에는 그 우선순위에 따라서 판단하면 된다. 우선순위가 명시되어 있지 아니한 경우에는 의무이행을 통하여 보호하려는 법익, 상충하는 이해관계, 추구하는 최종목적, 사회일반인의 가치관 등을 고려하여 종합적으로 판단하여야 한다.

569) **[법적 의무의 충돌과 도덕적·종교적 의무의 충돌 관계]** : 대법원 1983.3.8. 선고 82도3248 판결(성직자라 하여 초법규적인 존재일 수는 없으며 성직자의 직무상 행위가 사회상규에 반하지 아니한다 하여 그에 적법성이 부여되는 것은 그것이 성직자의 행위이기 때문이 아니라 그 직무로 인한 행위에 정당, 적법성을 인정하기 때문인 바, 사제가 죄지은 자를 능동적으로 고발하지 않는 것에 그치지 아니하고 은신처마련, 도피자금 제공등 범인을 적극적으로 은닉·도피케 하는 행위는 사제의 정당한 직무에 속하는 것이라고 할 수 없다.)

다. 법익충돌과의 비교

의무와 의무가 충돌하는 경우에는 법익충돌의 경우와 달리 현저한 우열의 차이를 요하지 않는다. 사소한 차이가 인정되어도 우월한 의무를 이행한 행위는 긴급피난에 준하여 위법성이 조각된다. 의무의 이행은 법익침해를 금지하는 경우와 달리 보다 적극적인 행위자의 기여를 요하기 때문이다.

충돌하는 의무와 의무가 비교불가능하거나 동등한 가치를 가지는 경우에 하나의 의무를 이행한 행위에 대하여 위법성을 조각시킬 것인지 책임을 조각시킬 것인지가 문제된다. 의무의 이행은 적극성을 요한다는 점에서는 대등한 가치 사이의 의무이행 행위는 위법성을 조각시킨다고 하여야 한다. 다만 생명 대 생명의 경우에는 비교불가능한 상황이므로 책임조각의 문제로 처리해야 할 것이다.

복습 및 심화질문

1. 긴급피난에 있어서 위난의 원인에는 (　　)이(가) 없다. 위난이 사람의 행위로 인한 것이든 (　).(　　)에 의한 것이든 불문한다. 또한 위난은 위법할 것을 요하지 않으며 (　　) 위난에 대해서도 긴급피난이 가능하다.
2. 위난이 피난자의 (　)로 인하여 초래된 경우에도 긴급피난이 가능하다는 것이 통설.판례이다. 그러나 (　)로 위난을 자초한 경우에는 긴급피난이 인정될 수 없다.
3. (　) 긴급피난의 경우에는 무고한 제3자의 법익을 침해하는 것이기 때문에 보호이익이 침해이익보다 본질적으로 우월하여야 하지만, (　　) 긴급피난의 경우에는 위난을 유발한 자의 이익은 보호가치가 낮으므로 보호이익의 (　　)을 인정할 수 없거나 심지어 낮은 가치일 경우에도 정당화될 수 있다.

제13장 자구행위

제1절 자구행위의 개념 및 본질

[조문]

刑法 第23條 (自救行爲) ① 法定節次에 依하여 請求權을 保全하기 不能한 境遇에 그 請求權의 實行不能 또는 顯著한 實行困難을 避하기 爲한 行爲는 相當한 理由가 있는 때에는 罰하지 아니한다.
② 前項의 行爲가 그 程度를 超過한 때에는 情況에 依하여 刑을 減輕 또는 免除할 수 있다.

2011년 형법일부개정법률안[형법총칙전면개정안][의안번호 제11304호] 제19조(자구행위) ① 법정절차(法定節次)에 따라 청구권을 보전하기 불가능한 경우에 그 청구권의 실행 불능 또는 현저한 실행 곤란을 피하기 위한 행위는 상당한 이유가 있을 때에는 벌하지 아니한다.
② 제1항의 행위가 그 정도를 초과한 경우에는 정황에 따라 형을 감경하거나 면제할 수 있다.

民法 第209條 (自力救濟) ① 占有者는 그 占有를 不正히 侵奪 또는 妨害하는 行爲에 對하여 自力으로써 이를 防衛할 수 있다.
② 占有物이 侵奪되었을 境遇에 不動産일 때에는 占有者는 侵奪後 直時 加害者를 排除하여 이를 奪還할 수 있고 動産일 때에는 占有者는 現場에서 또는 追跡하여 加害者로부터 이를 奪還할 수 있다.

1. 자구행위의 의의

가. 자구행위의 개념

우리 형법 제23조 제1항에서 긴급행위의 일종으로 규정하고 있는[570] **자구행위**란 권리자가 권리에 대한 불법한 침해를 받고 국가기관의 법정절차에 의해서는 권리보전이 불가능한 경우에 자력으로 그 권리를 구제·보전하는 행위(**청구권 보전행위**)[571]를 말한다(예컨대 무전숙박 후 손님이 도주하는 경우에 숙박요금지급을 확보하기 위하여 손님을 체포·감금하는 것은 자구행위로서 허용될 수 있다).[572] 즉 국가가 개인의 청구권을 보호해 줄 수 없거나 곤란한 상황(즉 긴급한 상황)에서 개인이 국가를 대행하여 권리를 실현하는 행위(**국가권력대행행위**)라고 할 수 있다.

보충판례 22[자구행위의 의미] : 대법원 2007.12.28. 선고 2007도7717 판결.

570) **[민법 제209조와의 관계]** : 우리 민법 제209조는 자력구제라는 표제 아래 점유와 관련한 자구행위의 규정을 두고 있다. 이 조문도 법령에 기한 위법성조각사유(형법 제20조 참조)로 파악할 수 있으나 형법 제23조의 자구행위의 규정이 더 넓게 규정되어 있으므로 형사처벌과 관련하여 독자적인 규범력(즉 위법성조각)을 주장할 실익은 없다.

571) **[청구권의 보전의 의의]** : 청구권의 보전이란 청구권을 실제로 실현하는 것이 아니라 실현가능한 상태로 유지하는 것을 말한다.

572) **[자구행위의 구조]** : 자기 물건을 훔쳐가는 도둑에 대해 폭행을 가하고 자기 물건을 도로 빼앗은 경우에는 정당방위가 될 수 있지만, 범행순간이 아니라 며칠 후 그 도둑을 우연히 길거리에서 만나 그 도둑에게 폭행을 가하고 그가 가지고 있던 자기물건을 빼앗은 경우에는 자구행위가 될 수 있다.
이 경우 그 물건을 돌려받을 수 있도록 한 법정절차(법률에 정한 절차)는 도둑에 대해 **절취물건반환청구**를 하고, 이에 응하지 않는 경우에는 **반환청구의 소를 제기**하여 승소판결을 받은 후 **강제집행**을 하는 것이다. 그러나 이러한 절차를 거칠 수 없는 긴급한 상황(공권력에 의한 구제를 기다릴 수 없는 상황)에서 청구권을 보전하기 위한 긴급행위가 자구행위이다.

나. 정당방위, 긴급피난과의 비교

[표 : 정당방위, 긴급피난, 자구행위의 비교]

	정당방위	긴급피난	자구행위
행위	자기 또는 타인의 법익에 대한 현재의 부당한 침해를 방위하기 위한 행위	자기 또는 타인의 법익에 대한 현재의 위난을 피하기 위한 행위	법정절차에 의하여 청구권을 보전하기 불능한 경우에 그 청구권의 실행불능 또는 현저한 실행곤란을 피하기 위한 행위
위법성 조각근거	자기보호원리, 법질서수호원리	이익형량원칙, 목적설	자기보호원리
성격	不正 대 正의 관계 : (현재의 침해에 대한)사전적 긴급행위	正 대 正의 관계 : (현재의 위난에 대한)사전적 긴급행위	不正 대 正의 관계(多) : (과거의 권리침해에 대한)사후적 긴급행위(多)
대상	자기 또는 타인의 법익 : 개인적 법익에 한함(多)	자기 또는 타인의 법익 : 국가적·사회적 법익도 포함(多)	자기의 청구권 : 타인을 위해서는 원칙적 불가
현재성	침해의 현재성 필요 : 예방적 정당방위 불가	위난의 현재성 필요 : 예방적 긴급피난 가능	침해의 과거성 필요 : 예방적 자구행위 불가
침해원인	사람의 행위	제한없음	타인의 침해(多)
예외규정 (특칙)	과잉방위(제21조 제2항), 불가벌적 과잉방위(동조 제3항)	과잉피난(제22조 제3항), 불가벌적 과잉피난(동조 동항), 위난을 피하지 못할 책임있는 자에 대한 예외(동조 제2항)	과잉자구행위(제23조 제2항)
긴급행위의 허용범위	넓음	중간	엄격
상당성의 보충성	적용 안 됨	적용	적용
상당성의 균형성	적용 안 됨	적용	적용 안 됨
상당성의 수단성	수단의 충분성	수단의 제한성	수단의 제한성
공통점	긴급상황에서 행해지는 긴급행위, 주관적 정당화요소 필요, 상당한 이유있는 행위		

2. 자구행위의 법적 성격

독일·스위스·일본 등 대부분의 대륙법계 국가들과는 달리 우리 형법은 자구행위에 관한 명문규정을 별도로 두고 있기 때문에 자구행위가 긴급행위의 일종으로서 정당방위 및 긴급피난과는 다른 **별도의 독자적인 위법성조각사유**라는 데에 견해가 일치되고 있다.

제2절 자구행위의 성립요건

1. 법정절차에 의하여 청구권을 보전하기 불가능할 것 : 자구행위의 객관적 정당화상황

가. 청구권

(1) 청구권의 범위

청구권은 사법상의 청구권으로서 상대방에 대해 일정한 행위(작위 또는 부작위)를 요구할 수 있는 권리를 말한다. 따라서 청구권이 존재하지 않는 경우에는 자구행위가 인정되지 않는다.[573)]

보전대상이 되는 청구권에는 재산적 청구권(채권적·물권적 청구권)은 물론 무체재산권(지적재산권)·친족권·상속권 등에서 생기는 청구권 가운데 보전이 가능한 청구권도 포함된다(**적극설, 다수설**).[574)] 따라서 원상회복이 불가능한 생명·신체·자유·성적 가

573) **[청구권의 존재여부]** : 대법원 1962.8.23. 선고 62도93 판결(채권자가 가옥명도강제집행에 의하여 적법하게 점유를 이전받아 점유하고 있는 방실에 채무자가 무단히 침입한 때에는 주거침입죄가 성립하고 적법한 강제집행에 대한 정당방위나 자구행위는 인정될 수 없다.) **[판례해설]** : 이는 채무자가 아무런 청구권을 가지고 있지 않기 때문에 자구행위가 인정되지 않는 것이다.

574) **[보전이 가능한 청구권의 포함여부]** : 이에 대하여 소수설은 訴求하여 직접강제할 수 있는 청구권만이 자구행위의 대상이 된다는 점을 근거로, 가족법상의 청구권(동거청구권 등)과 같이 직접강제할 수 없는 청구권은 제외하여야 한다고 주장하지만, 자구행위가 권리보호를 위해서 인정된 것이라는 점을 고려할 때 포함된다고 하는 적극설이 타당하다 할 것이다. 따라서 적극설에 의하면 가출한 아내를 우연히 발견하고 민법상의 동거청구권을 보전하기 위하여 체포·감금하는 행위도 자구행위로 허용될 수

기결정권·명예[575] 등의 권리는 청구권의 대상에 포함시킬 수 없다.[576]

(2) 자기의 청구권

청구권은 자기의 청구권에 국한되므로 타인을 위한 자구행위는 인정되지 않는다. 다만 청구권자로부터 자구행위의 실행을 위임받은 자는 예외적으로 타인의 청구권을 위한 자구행위를 할 수 있다.[577]

나. 청구권에 대한 침해행위

(1) 위법·부당한 침해

통설에 의하면 형법 제23조 제1항에는 규정되어 있지 않지만 자구행위가 성립하기 위해서는 청구권의 실행불능 또는 실행곤란이 **청구권에 대한 위법·부당한 침해행위에 의한 것**이어야 한다(不正 대 正의 관계).

이에 대하여 소수설은 청구권의 불법한 침해라는 명문의 규정이 없기 때문에 자구행위자에게 유리하게 청구권에 대한 위법·부당한 침해가 없더라도 자구행위를 인정할 수 있다고 한다.

그러나 위법·부당한 침해가 없었다면 청구권보전을 위한 조치가 필요하지 않고, 법정절차에 의한 구제는 위법·부당한 침해를 전제로 하고 있기 때문에 적법한 행위에 대해서는 예외적인 수단인 자력구제를 인정할 필요가 없을 것이다. 따라서 적법행위나 자연현상에 의한 청구권의 실행불능 또는 실행곤란을 피하기 위한 행위는 긴급피난

있다.

575) **[원상회복이 불가능한 권리와 청구권의 관계]** : 대법원 1969.12.30. 선고 69도2138 판결(피해자가 다른 친구들 앞에서 피고인의 전과사실을 폭로함으로써 명예를 훼손하였기 때문에 동인을 구타하였다 하더라도 그 所爲는 자구행위에 해당한다고 할 수 없다.)

576) **[권리침해 후 청구권보전상황이 발생한 경우의 예외]** : 물론 이러한 권리가 침해된 후 이로부터 발생하는 손해배상청구권과 같은 재산상의 청구권을 보전해야 할 긴급상황 하에서는 자구행위의 문제가 발생한다.

577) **[타인을 위한 자구행위]** : 예컨대 채권자로부터 채권추심을 의뢰받은 사람이 해외로 도피하는 채무자를 제지하는 경우나 여관주인의 의뢰를 받고 종업원이 숙박비를 지불하지 않고 도주한 손님을 붙들어 온 경우에는 자구행위가 될 수 있다.

이 될 뿐이라고 하여야 한다.[578)]

(2) 도품탈환과 자구행위

자구행위는 위법·부당한 침해행위가 아니라 위법·부당한 침해상태를 전제로 하는 '사후적 긴급행위'이기 때문에 위법·부당한 침해행위가 곧 행해지려는 상황이나 현재 계속 진행 중인 경우에는 사전적 긴급행위에 해당하는 정당방위가 가능할 뿐이다.

그러나 절도범인이 재물을 버리고 도망하는 것을 추적하여 체포한 경우에는 침해의 현재성이 없기 때문에 정당방위가 성립하는 것이 아니라 현행범인의 체포로서 정당행위가 된다.

한편 일단 침해행위가 완료되어 원상회복의무의 불이행상태가 될 때 정당방위상황은 자구행위상황으로 바뀐다. 따라서 상당한 기일이 경과한 후 우연히 절도범인을 만나 그 도품을 탈환하면서 절도범인에게 가해행위를 한 경우에는 과거의 침해에 대한 청구권을 보전하기 위한 자구행위가 인정될 수 있다.

(3) 부작위에 의한 침해

부작위에 의한 청구권의 침해에 대해서도 자구행위는 가능하다. 그러나 부작위에 의한 침해가 있을 때에는 정당방위도 가능하므로 정당방위가 인정되면 자구행위의 성립여부는 문제되지 않는다(**통설**).

다. 법정절차에 의하여 청구권을 보전하기 불가능할 것

자구행위는 법정절차에 의해 청구권을 보전하기 불가능한 긴급상황에서만 허용되고 법정절차에 의해 청구권을 보전할 수 있는 경우에는 허용되지 않는다. 이점에서 자구행위는 보충성을 지닌다.

578) **[적법행위나 자연현상에 의한 청구권실행불능 또는 실행곤란을 피하기 위한 행위의 성격]** : 예컨대 **통설에 따르면** 바람이 불어 강물에 무기명채권증서가 떠내려가기 때문에 타인의 배를 타고 쫓아가서 그 증서를 주운 행위는 자구행위가 될 수 없고 긴급피난이 될 수 있을 뿐이다.

(1) 법정절차

국가의 사법작용으로서 민사집행법상의 강제집행절차, 가처분, 가압류는 청구권을 보전하기 위한 전형적인 법정절차에 해당한다. 이러한 법정절차는 재판절차에 한정되지 않고 행정공무원이나 경찰공무원에 의한 청구권보전절차[579]도 포함하는 개념이다.

(2) 청구권보전의 불능

시간적·장소적으로 보아 사법절차 등과 같은 법정구제절차를 밟는 경우 자기의 청구권실행이 불능상태에 빠지거나 현저한 실행곤란이 발생할 가능성이 있는 경우를 말한다. 이러한 요건 때문에 자구행위의 경우에는 보충성이 명문의 규정으로 인정되고 있는 것이라 할 수 있다.

따라서 법정절차에 의한 청구권보전이 가능한 가옥명도청구, 토지반환청구 또는 점유사용권의 회복을 위한 자구행위는 허용되지 않는다.[580][581] 또한 청구권에 대한 충분한 인적·물적 담보가 설정되어 있는 경우에는 청구권을 보전할 수 없는 경우가 아니므로 자구행위를 할 수 없다.

---

579) **[법정절차의 유형]** : 대법원 1976.10.29. 선고 76도2828 판결(암장된 분묘라 하더라도 당국의 허가 없이 자구행위로 이를 발굴하여 개장할 수는 없는 것이다.)

580) **[청구권보전을 위한 자구행위의 예외적 허용]** : 그러나 이러한 청구권을 보전하기 위한 자구행위가 완전히 금지되는 것은 아니다. 예컨대 자신의 가옥명도청구권의 존재를 증명할 수 있는 유일한 증거가 멸실되는 것을 그대로 방치하게 되면 가옥명도청구권을 보전할 수 없는 경우에는 자구행위가 허용된다고 할 수 있다.

581) **[법정절차에 의한 청구권보전이 가능한 경우]** : 대법원 1985.7.9. 선고 85도707 판결(소유권의 귀속에 관한 분쟁이 있어 민사소송이 계속 중인 건조물에 관하여 현실적으로 관리인이 있음에도 위 건조물의 자물쇠를 쇠톱으로 절단하고 침입한 소위는 법정절차에 의하여 그 권리를 보전하기가 곤란하고 그 권리의 실행불능이나 현저한 실행곤란을 피하기 위해 상당한 이유가 있는 행위라고 할 수 없다.) ; 대법원 1970.7.21. 선고, 70도996 판결(절의 출입구와 마당으로 약 10년 전부터 사용하고 또 그곳을 통하여서만 출입할 수 있는 대지를 전 주지의 가족으로부터 매수하여 등기를 마쳤다는 구실로 불법침입하여 담장을 쌓기 위한 호를 파 놓았기 때문에 그 절의 주지가 신도들과 더불어 그 호를 메워버린 경우에는 피고인의 점유배제청구권을 보존할 수 있는 법정절차가 없다거나 그와 같은 방법이 있다고 하더라도 그 방법에 의하여 그 청구권을 보존할 수 없는 경우에 해당한다고는 볼 수 없어 자구행위라고는 할 수 없다.)

2. 청구권의 실행불능 또는 현저한 실행곤란을 피하기 위한 행위

가. 청구권의 실행불능 또는 현저한 실행곤란

자구행위는 청구권의 실행불능이나 현저한 곤란을 피하기 위한 행위에 국한되므로 청구권을 실행까지 하는 행위는 원칙적으로 자구행위로 허용될 수 없다.[582] 예컨대 돈을 갚지 않고 해외로 도피하는 채무자를 제지하는 행위는 실행불능·곤란을 피하기 위한 행위로서 자구행위가 될 수 있지만 그의 주머니를 뒤져 돈을 빼앗는 행위는 청구권의 실행행위이므로 자구행위가 될 수 없다.[583]

보충판례 22-1 : 대법원 2006.3.24. 선고 2005도8081 판결.

한편 자구행위로서 위법성이 조각되기 위해서는 법정절차에 의한 청구권보전이 불가능한 긴급사정 이외에 즉시 자력으로 구제하지 않으면 청구권의 실행이 불가능하거나 현저히 곤란해지는 긴급사정까지 존재하여야 한다(**이중의 긴급성**).

나. 청구권보전을 위한 행위 : 피하기 위한 행위

자구행위는 청구권의 보전수단으로 이루어져야 한다. 따라서 청구권의 보전을 위하여 필요한 행위란 재물의 탈환, 손괴, 의무자의 체포·감금, 주거침입, 폭행, 상해 등을 포함한다.

이처럼 자구행위는 청구권의 이행을 직접 추구하는 충족수단이 아니라 채권자로서

582) **[청구권을 실행하는 행위]** : 대법원 1966.7.26. 선고 66도469 판결(채무자가 유일한 재산인 가옥을 방매하고 그 대금을 받은 즉시 멀리 떠나려는 긴급한 순간에 있어서 각 채권자가 할 수 없이 강제적인 채권추심을 하는 행위는 자구행위에 해당하지 않는다.) **[판례해설]** : 만약 이 사례에서 강제추심을 하지 않고 채무자의 가옥매매대금을 압류까지만 하였다면 자구행위를 인정할 수도 있을 것이다.

583) **보충판례 22-1 : 대법원 2006.3.24. 선고 2005도8081 판결**(비록 채권을 확보할 목적이라고 할지라도 취거 당시에 점유 이전에 관한 점유자의 명시적·묵시적인 동의가 있었던 것으로 인정되지 않는 한 점유자의 의사에 반하여 점유를 배제하는 행위를 함으로써 절도죄는 성립하는 것이고, 그러한 경우에 특별한 사정이 없는 한 불법영득의 의사가 없었다고 할 수는 없다.)

의 지위를 확보하는 청구권의 보전수단이기 때문에 타인의 재산을 임의로 처분하거나 강제이행을 하는 것은 자구행위가 될 수 없다.[584)]

보충판례 22-2 : 대법원 1984.12.26. 선고 84도2582,84감도397 판결.

다. 자구의사

자구행위의 주관적 정당화요소로서 자구행위의 객관적 정당화상황에 대한 인식과 청구권의 실행불능 또는 현저한 실행곤란을 피하기 위한 의사가 있어야 한다.

3. 상당한 이유

가. 보충성의 원칙

자구행위의 보충성원칙이란 두 가지 의미를 지니고 있다. 하나는 법정절차에 의해 청구권을 보전하기 불가능한 경우에만 자구행위가 허용된다는 점이고, 다른 하나는 청구권을 보전하는 행위, 즉 청구권의 실행불능이나 현저한 실행곤란을 피하기 위한 행위에 국한된다고 하는 점이다.

나. 균형성의 원칙

자구행위는 不正 대 正의 관계이므로 긴급피난과 같은 엄격한 이익형량은 요하지 않는다. 그러나 극심한 불균형, 즉 청구권의 보전이익보다 훨씬 큰 손해를 입히는 자구행위(예컨대 재물을 탈환하기 위한 살해 등)는 허용되지 않는다.

---

584) **보충판례 22-2 : 대법원 1984.12.26. 선고 84도2582,84감도397 판결**(피고인이 피해자에게 석고를 납품한 대금을 받지 못하고 있던 중 피해자가 화랑을 폐쇄하고 도주하자, 피고인이 야간에 폐쇄된 화랑의 베니어판 문을 미리 준비한 드라이버로 뜯어내고 피해자의 물건을 몰래 가지고 나왔다면, 위와 같은 피고인의 강제적 채권추심 내지 이를 목적으로 하는 물품의 취거행위를 형법 제23조 소정의 자구행위라고 볼 수 없다.)

다. 적합성의 원칙

자구행위는 사회윤리적으로 용인될 수 있어야 하고 권리남용에 해당하지 않는 적합한 수단과 방법에 의해 이루어져야 한다. 예컨대 해외로 도피하는 채무자를 출국하지 못하도록 하기 위해 채무자가 탄 비행기에 시한폭탄장치가 설치되어 있다고 거짓 신고하는 행위 등은 허용되지 않는다.

보충판례 22-3[기타 자구행위를 부정한 경우] : 대법원 2007.5.11. 선고 2006도4328 판결.

제3절 자구행위의 법적 효과

자구행위는 벌하지 아니 한다(형법 제23조 제1항). '벌하지 아니한다'는 것은 위법성이 조각되므로 벌하지 않는다는 의미이다. 따라서 자구행위는 적법한 행위이므로 이에 대한 정당방위는 허용되지 않는다.

제4절 과잉자구행위 및 오상자구행위

1. 과잉자구행위

과잉자구행위란 자구행위의 다른 요건은 다 갖추었지만 그 정도를 초과하여 상당한 이유가 없는 행위를 말한다. 과잉자구행위에 대해서는 형을 감경 또는 면제할 수 있지만, 정당방위나 긴급피난의 경우와는 달리 야간 등의 경우에 필요적 면책규정은 규정되어 있지 않다.

2. 오상과잉자구행위

자구행위의 객관적 전제조건이 존재하지 않음에도 불구하고 존재한다고 오인하고 자구행위로 나아간 경우로서 위법성조각사유의 객관적 전제사실에 대한 착오의 문제가 된다.

복습 및 심화질문

1. 가옥명도청구, 토지반환청구 등 부동산점유권의 회복을 위한 자구행위는 허용되지 않는다. 이는 법정절차에 의한 (　　)이 가능하기 때문이다. 같은 이유로 (　) 담보나 (　) 담보가 확보되어 있는 때에도 자구행위는 허용되지 않는다.
2. 자구행위는 (　　)이므로 보전의 범위를 벗어나 타인의 재산을 임의로 처분하거나 (　　)을 하는 것은 자구행위가 될 수 없다. 그러나 자기물건에 대한 탈환은 허용된다.

예습심화문제 **다음 수업시간 전까지 스스로 풀어볼 것!**

사례 1	부친 甲은 전도를 비관하여 5세인 자식 A와 같이 자살할 것을 결의한 후 그 승낙을 받고 A를 안은 채 강물에 투신하였으나 A는 익사하고 甲만이 구조되었다. 甲의 죄책은?

사례 2	甲은 A家에서 불이 나는 것을 발견하고 이를 빨리 소화하기 위하여 대문을 파손하고 그 주거에 침입하여 진화하였다. 甲의 죄책은?

제 14 장

피해자의 승낙에 의한 행위

제1절 피해자의 승낙의 개념 및 본질

[조문]

刑法 第24條(被害者의 承諾) 處分할 수 있는 者의 承諾에 依하여 그 法益을 毁損한 行爲는 法律에 特別한 規定이 없는限 罰하지 아니한다.

2011년 형법일부개정법률안[형법총칙전면개정안][의안번호 제11304호] 제20조(피해자의 승낙) 처분할 수 있는 자의 승낙에 따라 그 법익을 훼손한 행위는 법률에 특별한 규정이 없으면 벌하지 아니한다.

1. 긴급행위와 피해자의 승낙의 차이

우리 형법은 제20조 이하에서 정당행위, 정당방위, 긴급피난, 자구행위, 피해자의 승낙을 위법성조각사유로 규정해 놓고 있다. 위법성조각사유 가운데 정당방위, 긴급피난, 자구행위는 소위 긴급행위라는 점에서 공통된 특징을 갖는다. 즉 긴급행위라는 특성상 '상당한 이유'라는 공통의 표지를 사용하고 있는 것이다.

이에 대하여 피해자의 승낙은 긴급상황을 전제로 하지 않고 인정되는 위법성조각사유이다. 즉 '상당한 이유'라는 표지를 사용하고 있지 않다. 이와 관련하여 '상당한 이유'라는 요건을 해석론으로 보충할 것인가 하는 문제는 후술하는 것처럼 견해가 대립한다.

2. 피해자의 승낙의 의의

피해자의 승낙이라는 개념은 '피해자'와 '승낙'의 두 부분으로 구성되어 있다. **피해자**란 법익이 침해된 사람을 의미하며, 여기에는 침해의 대상이 되는 법익과 그 법익의 주체라는 요소가 포함되어 있다. **승낙**이란 법익침해를 받아들이겠다는 법익주체의 의사표시이다.

따라서 **피해자의 승낙**이란 형법상 보호법익 가운데 자신의 의사에 따라 처분할 수 있는 법익의 주체가 상대방에게 자기의 법익에 대한 침해를 허용하는 것을 말하고 승낙[585]을 받은 법익침해행위는 **원칙적으로** 위법성이 조각된다.

보충판례 23[피해자 승낙의 의의] : 대법원 2008.12.11. 선고 2008도9606 판결 ; 대법원 1985.12.10. 선고 85도1892 판결.

그러나 모든 범죄에 대하여 승낙이 위법성조각사유가 되는 것은 아니다. 다양한 법익 가운데 어떤 법익에 대하여 개인의 법익처분권을 인정할 것인가는 국가의 법률정책에 속하는 문제로서 이는 형법각칙의 규정에 반영되어 있다. 따라서 피해자의 승낙에 관한 형법 제24조는 각칙상의 특별규정[586]이 있는 경우를 제외하고 그 이외의 범죄

---

585) **[승낙의 예]** : 승낙의 예로는 장기이식에 있어서 장기제공이라든가 헌혈 등을 들 수 있다 : **보충판례 23[피해자 승낙의 의의] : 대법원 2008.12.11. 선고 2008도9606 판결 ; 대법원 1985.12.10. 선고 85도1892 판결**(형법 제24조의 규정에 의하여 위법성이 조각되는 피해자의 승낙은 개인적 법익을 훼손하는 경우에 법률상 이를 처분할 수 있는 사람의 승낙을 말할 뿐만 아니라 그 승낙이 윤리적, 도덕적으로 사회상규에 반하는 것이 아니어야 한다.)

586) **[피해자의 승낙이 있더라도 위법성이 조각되지 않는 형법각칙의 특별규정]**

1. 승낙이 감경적 구성요건에 해당하는 경우 : ① 보통살인죄에 대한 촉탁·승낙살인죄(제252조제1항), ② 타인소유일반건조물방화죄에 대한 자기소유일반건조물방화죄(제166조제2항), ③ 타인소유일반물건방화죄에 대한 자기소유일반물건방화죄(제167조제2항), ④ 부동의낙태죄에 대한 동의낙태죄(제269조제2항, 제270조제1항).

2. 승낙이 범죄성립에 영향이 없는 경우 ; ① 미성년자의제강간·강제추행죄(제305조), ② 피구금부녀간음죄(제303조).

3. 승낙이 구성요건해당성을 조각하는 경우(양해) : ① 강간죄(제297조), 강제추행죄(제298조), 체포감

에 대해서만 일반적으로 적용된다고 할 수 있다.

3. 피해자의 승낙과 고소취소

정당방위 등 긴급상황을 전제로 하는 위법성조각사유와는 달리 평시상황을 전제로 하는 피해자의 승낙은 일상생활에서 자주 나타날 수 있는 위법성조각사유이다. 그럼에도 불구하고 실제 형사재판에서 위법성조각사유로서의 피해자의 승낙은 그다지 자주 주장되지 않는다. 그 이유의 일단은 우리 형법이 친고죄와 반의사불벌죄라는 범죄유형을 인정하고 있기 때문이다.

친고죄나 반의사불벌죄는 '처벌을 원한다' 또는 '처벌을 원하지 않는다'고 하는 피해자의 의사표시가 피의자·피고인의 형사처벌을 좌우한다는 특징을 가지고 있다. 이 경우 '처벌을 원하지 않는다'는 피해자의 의사표시를 가리켜서 **고소취소**[587]라고 한다. 친고죄나 반의사불벌죄에 있어서 고소취소는 형사처벌에 영향을 미칠 수 있다는 점에서 형법 제24조가 규정한 피해자의 승낙과 유사하다.

그러나 피해자의 승낙과 고소취소는 다음과 같이 명확히 구별된다.

첫째 친고죄나 반의사불벌죄의 고소취소는 범죄의 실행행위가 종료한 이후에 **피해자가 사후적으로 발하는 處罰不願의 의사표시**이다. 이에 대하여 피해자의 승낙은 범죄의 실행행위 당시에 피해자로부터 표출된 의사표시이다. 여기서는 피해자의 의사표시가 법익침해행위의 원인이 되고 있다.

금죄(제276조), ② 절도죄(제329조), 횡령죄(제355조제1항), 손괴죄(제366조), ③ 주거침입죄(제319조), 비밀침해죄(제316조) 등.

587) **刑事訴訟法 第232條(告訴의 取消)** ①告訴는 第1審 判決宣告前까지 取消할 수 있다. ②告訴를 取消한 者는 다시 告訴하지 못한다. ③被害者의 明示한 意思에 反하여 罪를 論할 수 없는 事件에 있어서 處罰을 希望하는 意思表示의 撤回에 關하여도 前2項의 規定을 準用한다.

[고소취소의 효력] : **대법원 2007.3.15. 선고 2007도210 판결**[항소심에서 비로소 공소사실이 친고죄로 변경된 경우에도 항소심을 제1심이라 할 수는 없는 것이므로, 항소심에 이르러 고소인이 고소를 취소하였다면 이는 친고죄에 대한 고소취소로서의 효력이 없다(**대법원 1999.4.15. 선고 96도1922 전원합의체 판결 참조**). 기록에 의하면 검사는 피고인의 피해자 공소외인에 대한 2005.5.7.자 및 2005.5.21.자 범행에 대해서 정보통신망 이용촉진 및 정보보호 등에 관한 법률 위반죄로 기소를 하였다가 항소심에 이르러 친고죄인 모욕죄로 공소장을 변경하였는데, 피해자 공소외인은 제1심판결이 선고된 후에야 고소취소를 하였으므로 앞서 본 법리에 비추어 볼 때 그 고소취소 역시 아무런 효력이 없다.]

둘째 형법적 효과의 측면에서는 피해자의 승낙은 구성요건에 해당하는 행위의 위법성을 조각시킴으로써 범죄가 성립하지 않고, 설령 그 행위가 법원에 기소되더라도 법원은 실체판결인 무죄판결(형소법 제325조)을 선고하여야 한다. 이에 대하여 친고죄나 반의사불벌죄에서 고소취소가 있는 경우에는 법원은 무죄판결이 아니라 형식재판인 공소기각의 판결(동법 제327조)을 선고하여야 한다.

제2절 양해와 승낙

1. 양해의 의미

피해자의 승낙은 범죄체계론상 반드시 위법성의 영역에서만 의미가 있는 것은 아니다. 즉 법익침해에 대한 법익주체의 의사표시는 구성요건단계에서 문제되기도 한다.

예컨대 기존 점유자의 의사에 반하여 재물에 대한 사실상의 지배를 깨뜨리고 새로운 지배를 설정하는 행위인 절도죄(제329조)에 있어서 '절취', 부녀의 의사에 반하여 피해부녀와 성관계를 가지는 행위인 강간죄(제297조)에 있어서 '강간', 작성명의인의 의사에 반하여 작성명의인의 명의를 함부로 사용하는 행위인 공문서위조죄(제225조) 및 사문서위조죄(제231조)에 있어서 '위조' 등과 같은 구성요건요소의 경우에는 피해자의 의사표시가 중요한 기능을 하고 있다.

여기서 피해자가 처음부터 절취, 강간, 위조 등의 행위를 하여도 좋다는 의사표시를 하였다면 그러한 구성요건표지들은 아예 성립조차 할 수 없다. 즉 재물의 점유자가 재물을 가져가도록 허용하거나, 부녀가 이성과 합의하여 성관계를 가지거나, 문서의 작성명의인이 자신의 이름을 사용해도 좋다고 상대방에게 허용하는 경우에는 피해자의 승낙이 있다고 할 수 있다.

그러나 절취, 강간, 위조 등에서 논의되는 피해자의 의사표시는 형법 제24조의 피해자의 승낙과는 구별되는 구성요건단계에서 논의되는 피해자의 승낙(양해)이다. 이러한 피해자의 의사표시는 문서위조죄의 예에서 알 수 있는 것처럼 개인적 법익을 침해하는 범죄가 아닌 경우에도 법적인 의미를 가질 수 있다.[588]

이처럼 **양해**란 피해자의 승낙이 있으면 행위의 위법성을 거론하기에 앞서서 처음부터 구성요건해당성이 배제되는 것으로 해석되는 경우를 말한다. 즉 절취, 강간, 위조 등의 경우에 피해자의 승낙에 기초하여 이루어진 행위는 처음부터 당해 구성요건표지를 실현할 수 없기 때문에 구성요건해당성이 조각되는 것이다.[589]

2. 양해와 승낙의 구별

양해의 법적 성질과 관련해서는, 법익주체가 발하는 승낙의 의사표시가 단순히 구성요건단계에서 논의되는 양해에 해당하는가 아니면 위법성조각사유로 기능하는가 하는 문제는 일률적으로 결정(일률적 취급설, 사실적 성질설)할 사항이 아니다. 이 문제는 일단 개개의 구성요건이 가지고 있는 특성(즉 구성요건의 입법취지와 보호법익의 성질 등)에 따라 구체적·개별적으로 판단하여야 한다(**개별적 취급설, 다수설**).

한편 양해와 피해자의 승낙은 구별하여야 한다(**구별긍정설, 통설**). 즉 피해자의 승낙과 양해를 구별하는 것은 개별구성요건의 해석의 결과라고 할 수 있다. 살인·상해·

588) 예컨대 문서위조죄는 형법각칙상 사회적 법익 중 공공의 신용에 관한 죄에 해당한다.

589) **[대법원도 문서위조죄는 사회적 법익이지만 피해자의 승낙이 구성요건해당성을 배제시킨다는 태도를 취한다]** : 대법원 2008.4.10. 선고 2007도9987 판결 : 대법원 1998.2.24. 선고 97도183 판결[문서의 위조라고 하는 것은 작성권한 없는 자가 타인 명의를 모용하여 문서를 작성하는 것을 말하는 것이므로 사문서를 작성함에 있어 그 명의자의 명시적이거나 묵시적인 승낙(위임)이 있었다면 이는 사문서위조에 해당한다고 할 수 없다.] ; **대법원 1983.5.24. 선고 82도1426 판결**(공문서의 위조라 함은 행사할 목적으로 공무원 또는 공무소의 문서를 정당한 작성권한 없는 자가 작성권한 있는 자의 명의로 작성하는 것을 말하므로, 공문서인 기안문서의 작성권한자가 직접 이에 서명하지 않고 피고인에게 지시하여 자기의 서명을 흉내내어 기안문서의 결재란에 대신 서명케 한 경우라면 피고인의 기안문서 작성행위는 작성권자의 지시 또는 승낙에 의한 것으로서 공문서위조죄의 구성요건해당성이 조각된다.) ; **대법원 2003.5.30. 선고 2002도235 판결**(사문서의 위·변조죄는 작성권한 없는 자가 타인명의를 모용하여 문서를 작성하는 것을 말하는 것이므로 사문서를 작성·수정함에 있어 그 명의자의 명시적이거나 묵시적인 승낙이 있었다면 사문서의 위·변조죄에 해당하지 않고, 한편 행위 당시 명의자의 현실적인 승낙은 없었지만 행위 당시의 모든 객관적 사정을 종합하여 명의자가 행위 당시 그 사실을 알았다면 당연히 승낙했을 것이라고 추정되는 경우 역시 사문서의 위·변조죄가 성립하지 않는다.)

폭행·명예훼손·감금·유기 등 대부분의 구성요건행위들은 모두가 피해자의 의사에 반하는 행위라고 할 수 없다. 피해자의 의사에 따른 살인·상해·폭행·명예훼손·감금·유기 등이 얼마든지 있을 수 있기 때문이다. 이에 대하여 강간·주거침입·절취·강취·횡령·위조 등의 행위는 이미 개념상 피해자의 의사에 반할 것이 예정되어 있다.

따라서 전자의 범죄유형에서는 피해자의 승낙에 의한 행위라도 일단 구성요건적 행위에 속하고 승낙이 있음으로 인해 그 행위는 위법성이 조각될 수 있다. 그러나 후자의 범죄유형에서는 피해자의 승낙이 있는 경우에는 구성요건적 행위가 존재하지 않는다고 할 수 있기 때문에 구성요건해당성 자체가 없다고 할 수 있다. 이점에서 양자는 구별되는 것이다.

피해자의 승낙과 양해를 구별하는 실익은 피해자의 승낙에서는 사회상규위배여부를 검토해야 하지만 양해에서는 그럴 필요가 없다는 점이다. 따라서 승낙인지 양해인지 불분명한 경우에는 피고인에게 유리하도록 양해로 해석하여야 할 것이다.

대법원은 폭행죄[590]와 업무방해죄[591]에서 승낙은 구성요건해당성을 조각하지 않고 위법성을 조각한다는 취지로 판시하지만, 문서위조·변조죄에서[592]는 승낙이 구성요건해당성을 조각한다는 입장을 취하고 있다.

보충판례 23-1[양해와 승낙의 구별] : 대법원 2011.9.29. 선고 2010도14587 판결 ; 대법원 1983.5.24. 선고 82도1426 판결.

590) 대법원 1989.11.28. 선고 89도201 판결(피할만한 여유도 없는 좁은 장소와 상급자인 피고인이 하급자인 피해자로부터 아프게 반격을 받을 정도의 상황에서 신체가 보다 더 건강한 피고인이 피해자에게 약 1분 이상 가슴과 배를 때렸다면 사망의 결과에 대한 예견가능성을 부정할 수도 없을 것이며 위와 같은 상황에서 이루어진 폭행이 장난권투로서 피해자의 승낙에 의한 사회상규에 어긋나지 않는 것이라고도 볼 수 없다.)

591) 대법원 1983.2.8. 선고 82도2486 판결(피고인이 위계를 사용하여 甲의 계운영업무를 방해하였다고 하여도 피고인에 대하여 다액의 채무를 부담하고 있던 甲으로서는 채권확보를 위한 피고인의 요구를 거절할 수 없었기 때문에 피고인이 계주의 업무를 대행하는데 대하여 이를 승인 내지 묵인한 사실이 인정된다면 피고인의 소위는 이른바 위 甲의 승낙이 있었던 것으로서 위법성이 조각되어 업무방해죄가 성립되지 않는다.)

592) 앞의 주 589)의 판례를 참조.

3. 양해의 유효요건

가. 양해능력

양해의 주체는 법익을 임의로 처분할 수 있는 자이어야 하고 적어도 자연적 의사능력[593]을 가지고 있어야 한다. 따라서 행위능력 내지 판단능력이 없는 미성년자나 정신병자라도 양해의 주체가 될 수 있다. 그러나 단순한 방치 또는 수동적 인내는 양해라 할 수 없다.

나. 의사표시의 要否

자연적 의사능력으로 충분한 구성요건의 경우는 양해의사가 외부에 표시될 필요가 없고 행위자는 상대방이 양해를 하였다는 사실을 인식하지 않았어도 그 묵시적 의사 내지 명시적 의사에 반하지 않으면 유효한 양해가 된다.[594]

그러나 행위능력·판단능력을 요구하는 구성요건의 경우(예컨대 모욕죄, 강도죄, 사기죄 등)에는 양해의사가 외부에 표시되어야 하고 행위자도 상대방의 양해가 있음을 인식하고 행위하여야 유효한 양해가 된다.

다. 의사표시의 하자

양해의 법적 성질에 관한 '일률적 취급설(사실적 성질설)'의 입장에서는 양해가 순

593) **[자연적 의사능력으로 유효한 양해가 될 수 있는 범죄유형]** : 구성요건이 자연적 행동, 의사결정의 자유 또는 점유와 같은 사실상의 지배관계를 침해하는 것을 내용으로 하는 경우에는 자연적 의사능력만으로 충분하다(예컨대 강간죄, 감금죄, 절도죄, 횡령죄 등).

594) **[묵시적 의사 및 묵시적 동의]** : 대법원 1985.11.26. 선고 85도1487 판결(피고인이 동거 중인 피해자의 지갑에서 현금을 꺼내가는 것을 피해자가 현장에서 목격하고도 만류하지 아니하였다면 피해자가 이를 허용하는 묵시적 의사가 있었다고 봄이 상당하여 이는 절도죄를 구성하지 않는다.) ; 대법원 1990.8.10. 선고 90도1211 판결(피고인이 피해자에게 이 사건 밍크 45마리에 관하여, 자기에게 그 권리가 있다고 주장하면서 이를 가져간 데 대하여 피해자의 묵시적인 동의가 있었다면 피고인의 주장이 후에 허위임이 밝혀졌더라도 피고인의 행위는 절도죄의 절취행위에는 해당하지 않는다.)

수한 사실적 성격을 가진 것으로 보아 의사표시의 하자가 있어도 구성요건해당성이 배제될 수 있다고 한다.

그러나 다수설인 '개별적 취급설'에서는 구성요건의 내용과 기능에 따른 차이를 인정한다. 즉 예컨대 절도죄[595]나 주거침입죄[596]에 있어서는 의사표시의 하자가 개입하더라도 양해는 여전히 유효하지만, 미성년자유인죄[597]나 강간죄 등 성적 자유에 관한 죄에 있어서는 의사표시의 하자가 개입된 경우의 양해에 대해서는 그 효력이 인정될 수 없다.

라. 양해가 현실적으로 존재할 것

양해는 적어도 행위시에 있어야 하며 현실적으로 존재하여야 한다. 행위 당시에 현실적 양해가 없는 경우에는 행위자가 양해가 존재한다고 오인한 경우가 아닌 이상 행위자의 고의를 여전히 인정할 수 있기 때문에 양해는 현실적으로 존재하여야 한다. 따라서 추정적 양해는 구성요건해당성을 조각시킬 수 없다. 다만 추정적 승낙이라는 위법성조각사유의 요건을 갖추는 경우에는 위법성이 조각될 수는 있다.

---

595) **[묵시적 동의와 허위의 주장]** : 대법원 1990.8.10. 선고 90도1211 판결(피고인이 피해자에게 이 사건 밍크 45마리에 관하여 자기에게 그 권리가 있다고 주장하면서 이를 가져간 데 대하여 피해자의 묵시적인 동의가 있었다면 피고인의 주장이 후에 허위임이 밝혀졌더라도 피고인의 행위는 절도죄의 절취행위에는 해당하지 않는다.)

596) **[추정적 승낙의 성립범위]** : 대법원 1997.3.28. 선고 95도2674 판결(일반인의 출입이 허용된 음식점이라 하더라도, 영업주의 명시적 또는 추정적 의사에 반하여 들어간 것이라면 주거침입죄가 성립되는바, 기관장들의 조찬모임에서의 대화내용을 도청하기 위한 도청장치를 설치할 목적으로 손님을 가장하여 그 조찬모임 장소인 음식점에 들어간 경우에는 영업주가 그 출입을 허용하지 않았을 것으로 보는 것이 경험칙에 부합하므로, 그와 같은 행위는 주거침입죄가 성립한다.)

[판례해설] : 이 대법원판결에서의 쟁점사항은 기본적으로 피해자의 하자있는 의사에 기한 동의의 효력문제가 아니다. 대법원은 누구나 출입이 허용된 장소에 범죄목적으로 들어간 경우에 주거침입죄가 성립할 수 있는가 하는 문제에서 주거권자의 추정적 승낙이 없었으리라고 인정되는 경우에는 피해자의 동의 그 자체가 없었다고 보아야 한다는 취지에서 범죄성립을 인정한 것에 불과하다 할 것이다.

597) **[의사표시의 하자와 양해의 효력]** : 대법원 1976.9.14. 선고 76도2072 판결(미성년자유인죄라 함은 기망 유혹과 같은 달콤한 말을 수단으로 하여 미성년자를 꾀어 현재의 보호상태로부터 이탈케 하여 자기 또는 제3자의 사실적 지배하에 옮기는 것으로서 사려없고 나이어린 피해자의 하자있는 의사를 이용하는데 있는 것이며 본죄의 범의는 피해자가 미성년자임을 알면서 유인행위에 대한 인식이 있으면 족하고 유인하는 행위가 피해자의 의사에 반하는 것까지 인식할 필요는 없으며 또 피해자가 하자있는 의사로 자유롭게 승낙하였다 하더라도 본죄의 성립에 소장이 없다.)

4. 양해의 형법적 효과

가. 양해의 요건을 구비한 경우

법익주체인 피해자의 양해에 따라 법익을 침해(훼손)한 행위는 구성요건해당성이 배제되어 처음부터 형법적 판단의 대상에서 제외된다.

나. 양해에 대한 착오가 있는 경우

행위자가 양해가 있다고 오인하고 행위한 경우에는 사실의 착오로서 구성요건적 사실에 대한 인식이 없는 경우이므로 고의가 조각되어 과실범에 해당할 수 있을 뿐이다.[598)]

이에 대하여 행위자가 양해가 존재함을 알지 못하고 행위한 경우에는 행위자는 불가능한 객체의 실현을 지향하고 있으므로 불능미수의 문제가 된다.

제3절 피해자의 승낙의 위법성조각 근거

피해자의 승낙에 의한 행위에 형법 제24조가 적용되어 위법성이 조각되는 근거가 무엇인가에 관하여는 다음과 같은 학설이 대립한다.

---

598) **[양해에 대한 착오와 고의의 조각여부]** : 부산고등법원 1991.8.20. 선고 91고합1291 판결(강간치상죄는 강간죄와 마찬가지로 폭행 또는 협박으로 부녀자를 강간하려 한 경우에 성립하는 고의범으로서 피해자가 성교행위를 승낙하고 있는 경우에는 구성요건해당성이 없어 범죄가 성립할 수 없음은 물론, 피해자가 겉으로는 승낙하지 않고 있다고 하더라도 내심의 진의는 승낙하고 있는 것이라고 행위자가 오신하여 성교를 하려고 한 과정에서 상해를 입힌 경우에도 강간치상죄의 고의는 조각되므로 같은 죄로 처벌할 수 없다.)

1. 상당성설(사회적 상당설)

피해자의 승낙에 의한 행위는 사회질서 전체의 이념(사회상규)에 비추어 상당하다고 인정되기 때문에 위법성을 조각한다는 견해이다. 그러나 이에 대해서는 상당성은 지나치게 추상적인 개념이므로 또 다른 원리에 의한 보충을 필요로 한다는 점이 비판된다.

2. 이익포기설(이익흠결설)

승낙을 이익포기의 징표로 보고 처분권자가 자신의 법익을 포기하였으므로 국가법질서에 의해 그 법익을 보호할 필요가 없으므로 그 법익을 침해하더라도 위법하지 않다는 것이다. 이 견해는 개인의 자기결정권을 존중하는 자율의 원리에 충실한 장점은 있지만, 생명이나 신체 등은 자신이 포기하였다 하더라도 국가법질서에 의해 보호된다고 하는 점을 간과하였다는 비판이 제기된다.

3. 법률행위설

승낙을 일종의 법률행위로 보아 피해자의 승낙에 의해 행위자는 법익침해의 권리를 부여받았으므로 그 권리의 행사는 위법하지 않다는 견해이다. 형법에서는 민법과 달리 사적 자치가 인정되지 않으므로 공법의 원리와 사법의 원리가 근본적으로 다르다는 점을 간과하였다는 비판이 제기된다.

4. 법률정책설(이익형량설)

법익보전에 관한 공동체의 이익과 개인의 처분권(자기결정권)을 비교하여 개인적 자유의 행사가 더 중요하다고 인정되는 경우에 위법성이 조각된다는 견해이다(다수설). 피해자 개인의 자기결정권에 대한 존중과 개인주의·자유주의의 한계를 설정하려는 법공동체의 정책을 조화롭게 설명하는 견해로서 타당하다고 할 것이다.

제4절 피해자의 승낙의 성립요건

1. 당해 법익을 처분할 수 있는 자의 유효한 승낙

가. 승낙주체의 유효한 승낙

(1) 승낙주체의 승낙능력

승낙은 자신의 법익에 대한 침해를 허용하는 것이므로 승낙주체는 승낙의 의미와 내용 및 효과를 이해할 수 있는 능력(승낙능력)을 갖추고 있어야 한다.

승낙능력이 있기 위해서는 사물에 대한 인식능력이 있어야 하고 자신의 의사를 결정할 수 있는 의사결정능력이 있어야 한다. 또한 법익의 침해를 허용하는 것이므로 법익침해의 의미를 판단할 수 있는 판단능력을 요한다. 따라서 미성년자도 자신의 승낙의사의 의미와 효력범위를 통찰할 수 있는 변별능력이 있으면 유효한 승낙을 할 수 있다.

승낙의 주체는 원칙적으로 법익의 주체이어야 하기 때문에 원칙적으로 대리승낙은 허용되지 않는다. 그러나 예외적으로 법익주체는 아니지만 법적으로 처분권이 인정된 자(법정대리인)도 대리승낙이 가능하다. 이 경우 대리승낙자의 의사표시는 가능한 한 법익주체의 추정된 진의에 부합하여야 한다.

(2) 승낙의 유효요건

승낙은 자유로운 의사결정에 의한 진지한 승낙이어야 하므로 기망, 착오, 강제, 위계, 유혹, 폭행, 협박 등 의사의 흠결이나 하자가 있으면 유효한 승낙이 될 수 없다. 이 점에서 승낙은 양해와 성질을 달리한다.

승낙자가 당해 법익침해의 범위와 태양 및 그와 결부된 위험성에 관한 착오, 즉 법익관계적 착오를 일으킨 경우에도 유효한 승낙이 될 수 없다. 그러나 법률행위의 중요부분의 착오가 아닌 단순한 동기의 착오는 승낙의 유효성에 영향을 미치지 않는다.

전문적인 지식이 필요한 경우에는 승낙을 얻고자 하는 측이 승낙자에게 사전에 충분히 설명한 후에 얻은 승낙만이 유효하다. 따라서 수술의 경우 의사가 환자에게 설명의무[599]를 충실히 이행하지 않고 수술한 경우에는 유효한 승낙이 될 수 없다.[600] 그러나 의사가 설명의무를 다하는 것이 오히려 환자의 병세를 악화시킬 우려가 있는 경우에는 예외적으로 의사의 설명의무는 면제된다.

보충판례 23-2 : 대법원 1993.7.27. 선고 92도2345 판결.

(3) 승낙의 표시

승낙의 표시에 관해서는, 승낙이 피해자의 내심에만 존재하면 되고 외부적으로 표시될 필요는 없다는 주관설(의사방향설)와 승낙의사가 외부에 명시적으로 표현되어야 한다는 객관설(의사표시설)이 있으나, 행위자에 대하여 명시적으로 표시될 필요는 없지만 어떤 방법으로든 외부에서 인식할 수 있도록 표시되어야 한다는 **절충설(의사**

599) **[의사의 설명의무]** : 의사의 설명의무는 ① 진단결과와 질병의 유무 및 질병의 내용, ② 현재 환자의 건강상태와 질병의 예후, ③ 다른 치료방법과 수술방법의 비교, ④ 수술의 내용, 범위 및 치료과정, ⑤ 수술의 효과와 부작용 등을 그 내용으로 한다. **설명방법에 있어서도** 환자가 자유롭게 결정할 수 있도록 자신의 치료방법의 효과를 과대평가하거나 다른 치료방법을 과소평가해서는 안 되고 중립적 입장에서 설명해 주어야 한다.

600) **보충판례 23-2 : 대법원 1993.7.27. 선고 92도2345 판결**(산부인과 전문의 수련과정 2년차인 의사가 자신의 시진, 촉진결과 등을 과신한 나머지 초음파검사 등 피해자의 병증이 자궁외 임신인지, 자궁근종인지를 판별하기 위한 정밀한 진단방법을 실시하지 아니한 채 피해자의 병명을 자궁근종으로 오진하고 이에 근거하여 의학에 대한 전문지식이 없는 피해자에게 자궁적출술의 불가피성만을 강조하였을 뿐 위와 같은 진단상의 과오가 없었으면 당연히 설명받았을 자궁외 임신에 관한 내용을 설명받지 못한 피해자로부터 수술승낙을 받았다면 위 승낙은 부정확 또는 불충분한 설명을 근거로 이루어진 것으로서 수술의 위법성을 조각할 유효한 승낙이라고 볼 수 없다.)

확인설, 통설)이 타당하다. 따라서 묵시적 승낙[601]도 외부에서 인식될 수 있는 한 승낙이 된다.

(4) 승낙의 시기

승낙은 사전에 표시되어야 하고 그 법익침해가 행해지는 시점(행위시)까지 존재하여야 하기 때문에 민법상의 추인과 같은 사후적인 승낙은 승낙으로서의 효력이 없다.[602] 승낙의 의사표시는 행위 이전에 자유롭게 철회할 수 있지만 철회 이전의 행위에 대해서는 승낙의 효력이 인정된다.

나. 처분가능한 법익 : 승낙의 대상법익

피해자의 승낙은 처분할 수 있는 법익에 대한 것이어야 한다. 무엇이 처분할 수 있는 법익인가에 대해서는 견해의 대립이 있을 수 있다.

(1) 국가적·사회적 법익

국가적·사회적 법익은 개인이 처분할 수 있는 법익이 아니므로 승낙의 대상이 될 수 없다. 예컨대 배우자가 간통을 승낙하거나 상대방이 성매매를 승낙한 경우라고 하더라도 간통죄나 성매매금지규정의 보호법익은 선량한 성풍속이라는 사회적 법익이므로 간통행위나 성매매행위의 위법성이 조각되는 것은 아니다(간통행위의 경우 고소권발생만을 저지할 수 있다).

601) **[묵시적 승낙의 인정례]** : 대법원 1983.2.8. 선고 82도2486 판결[피고인이 계원들로 하여금 공소외 (갑)대신 피고인을 계주로 믿게 하여 계금을 지급하고 불입금을 지급받아 위계를 사용하여 공소외 (갑)의 계운영업무를 방해하였다고 하여도 피고인에 대하여 다액의 채무를 부담하고 있던 공소외 (갑)으로서는 채권확보를 위한 피고인의 요구를 거절할 수 없었기 때문에 피고인이 계주의 업무를 대행하는데 대하여 이를 승인 내지 묵인한 사실이 인정된다면 피고인의 소위는 이른바 위 공소외 (갑)의 승낙이 있었던 것으로서 위법성이 조각되어 업무방해죄가 성립되지 않는다.]

602) **[승낙의 행위시 존재의 원칙]** : 이는 형법상 가벌성의 모든 요건은 행위시에 존재하는 것이어야 한다는 기본원리로부터 도출된다.

(2) 개인적 법익

승낙으로 처분할 수 있는 법익은 개인적 법익에 한정된다. 그러나 **생명**은 개인적 법익이지만 본질적 가치와 비대체적인 절대성을 가진 법익이므로 승낙의 대상이 될 수 없다. 또한 **신체**는 처분할 수 있는 법익이지만 그 처분에는 사회상규에 위배되지 않는다는 요건을 충족하여야 한다.[603)]

[사례 1의 해결] : [참조조문 : 촉탁·승낙살인죄(형법 제252조 제1항), 보통살인죄(형법 제250조제1항)]

사례 1

부친 甲은 전도를 비관하여 5세인 자식 A와 같이 자살할 것을 결의한 후 그 승낙을 받고 A를 안은 채 강물에 투신하였으나 A는 익사하고 甲만이 구조되었다. 甲의 죄책은?

ⅰ.쟁점의정리

사례1의 쟁점은 승낙살인죄의 인정여부에 관한 문제이다. 그 중에서도 자살과 승낙능력의 의의가 문제의 핵심이다.

ⅱ.자살의형법적효과

자살은 자기의 생명을 자발적 의사에 의하여 자신이 스스로 절단하는 행위이다. 자살에서는 그 주체가 자살자이며 사망자이므로 처벌의 대상이 존재하지 아니한다. 자살미수에서는 그 행위의 주체는 생존자이지만 이는 자기의 법익을 자신이 침해하는 자손행위(자상행위)의 일종이므로 형법은 이를 처벌하지 아니한다. 자살기수를 처벌하지 않고 자살미수만을 처벌한다는 것도 논리적인 모순이기 때문이다. 즉 자살은 그것이 단독·공동자살이건 또 자살미수이건 불문하고 현행형법상 범죄로 되지 않는다. 따라서 甲과 A가 자살 또는 자살미수에 그쳤다는 점에 대해서는 형법상 아무런 책임도 지지 않는다.

603) **보충판례 23[승낙과 사회상규의 관계] : 대법원 2008.12.11. 선고 2008도9606 판결**[형법 제24조의 규정에 의하여 위법성이 조각되는 피해자의 승낙은 개인적 법익을 훼손하는 경우에 법률상 이를 처분할 수 있는 사람의 승낙이어야 할 뿐만 아니라 그 승낙이 윤리적·도덕적으로 사회상규에 반하는 것이 아니어야 한다(대법원 1985.12.10. 선고 85도1892 판결 등 참조).]

iii. 피해자의 승낙능력

한편 형법 제252조 제1항은 촉탁·승낙살인죄를 규정하고 있다. 그 중 승낙살인죄는 타인의 승낙을 받고 그 자를 살해하는 행위를 그 요건으로 한다. 승낙살인죄에서는 우선 피해자의 승낙이 있어야 한다. 그리고 그 승낙은 자기의 사망·살해를 적극적으로 승낙·동의하는 의사표시이다. 따라서 승낙자에게는 그 승낙의 의미내용을 이해 납득할 수 있는 능력, 즉 승낙능력이 있어야 한다. 그 능력은 반드시 민사상의 행위능력 또는 형법상의 책임능력과 일치하지 아니 하나, 승낙살인죄에서는 적어도 그 승낙으로 인하여 자기가 사망·살해된다는 사실 정도는 인식할 수 있는 능력이 있어야 한다. 이러한 능력이 없는 자는 자기의 사망·살해를 승낙할 수 없는 자이며 따라서 그 승낙은 효력이 없는 것으로 이해하여야 한다. 또 승낙은 본인의 자유로운 의사에 의한 진지한 것임을 요하므로 승낙의 대리, 사후승낙은 물론 취중, 잡담, 위압, 착오, 동정 등에 의한 승낙도 원칙적으로 효력이 없다.

iv. 사안의 해결

사례1에서 자식 A는 부친 甲과 같이 자살할 것을 승낙하였다. 그러나 A는 아직 5세 정도의 아동이며 설령 그 승낙이 형식적으로 자유의사로 인한 것같이 보일지라도 이는 다만 자기부친을 믿고 그 요구를 시인한 데 불과한 것이므로 진의로써 승낙하였다거나 자살을 승낙할 능력이 있는 자라 할 수 없다. 이처럼 A에 자살의 승낙능력이 없다고 하면 그 승낙은 효력이 없는 것이므로 A의 승낙은 승낙살인죄에서의 승낙에 해당하지 않게 된다. 그리고 A는 甲의 자식이며 자식은 자기 이외의 타인이므로 甲은 결국 타인을 살해한 결과가 된다. 따라서 甲은 보통살인죄의 책임을 진다.

2. 승낙에 대한 행위자의 인식 : 주관적 정당화요소

피해자의 승낙이 있다는 인식은 피해자의 승낙의 주관적 정당화요소이다. 피해자가 승낙의 의사표시를 하였으나 행위자가 승낙사실을 알지 못한 경우에는 우연승낙에 의한 행위라고 할 수 있다. 이는 우연방위, 우연피난, 우연자구행위와 같은 형법적 효과를 지닌다. 무죄설, 기수설이 있으나 불능미수규정을 유추적용하는 불능미수설(다수설)이 타당하다 할 것이다. 이에 대하여 존재하지 않는 승낙사실을 존재한다고 오신한 경우에는 위법성조각사유의 객관적 전제사실에 대한 착오의 문제가 된다(제한적 책임설, 법효과제한책임설).

3. 승낙에 의한 행위가 사회상규에 위배되지 않을 것

승낙에 의한 행위는 사회상규에 위배되지 않아야 한다. 즉 법질서 전체의 정신 내지 사회윤리에 비추어 용인될 수 있는 것이어야 한다.

예컨대 승낙에 의한 상해죄를 처벌하는 특별규정이 없으므로 승낙에 의해 상해를 할 경우에는 무조건 위법성이 조각된다고 해석하는 견해도 있으나, **통설·판례**는 승낙에 의한 행위라도 사회상규에 위배되지 않아야 위법성이 조각된다고 한다.[604]

보충판례 23-3[피해자의 승낙과 상당성] : 대법원 2008.8.21. 선고 2008도2695 판결 ; 대법원 1994.8.23. 선고 94도1484 판결 ; 대법원 1985.12.10. 선고 85도1892 판결.

604) **[승낙행위와 사회상규의 관계]** : 대법원 1989.11.28. 선고 89도201 판결(각종의 장기와 신경이 밀집되어 있어 인체의 가장 중요한 부위를 점하고 있는 흉부에 대한 강도의 타격은 생리적으로 중대한 영향을 줄 뿐만 아니라 신경에 자극을 줌으로써 이에 따른 쇼크로 인해 피해자를 사망에 이르게 할 수 있고, 더우기 그 가격으로 급소를 맞을 때에는 더욱 그러할 것인데, 피할만한 여유도 없는 좁은 장소와 상급자인 피고인이 하급자인 피해자로부터 아프게 반격을 받을 정도의 상황에서 신체가 보다 더 건강한 피고인이 피해자에게 약 1분 이상 가슴과 배를 때렸다면 사망의 결과에 대한 예견가능성을 부정할 수도 없을 것이며 위와 같은 상황에서 이루어진 폭행이 장난권투로서 피해자의 승낙에 의한 사회상규에 어긋나지 않는 것이라고도 볼 수 없다.) ; **대법원 1985.12.10. 선고 85도1892 판결**[이 사건 피고인 등은 피해자로부터 자신의 몸속에 있는 잡귀를 물리쳐 줄 것을 부탁받고 1984.2.25. 21:00경부터 그 다음날 09:00경까지 부산직할시 동래구 안락1동 428의15 피해자의 집에서 처음에는 피고인 1, 2, 3, 4가 그 다음에는 연락을 받고 그 곳에 차례로 온 피고인 5와 6(1984.2.25. 22:30경) 피고인 7과 8(같은날 23:00경)등이 같이 참여하여 피해자의 몸에서 잡귀를 물리친다면서 뺨 등을 때리고 팔과 다리를 붙잡고 배와 가슴을 손과 무릎으로 힘껏 누르고 밟는 등 하여 그로 하여금 우측간 저면파열, 복강내출혈로 사망에 이르게 하였다. 형법 제24조의 규정에 의하여 위법성이 조각되는 피해자의 승낙은 개인적 법익을 훼손하는 경우에 법률상 이를 처분할 수 있는 사람의 승낙을 말할 뿐만 아니라 그 승낙이 윤리적, 도덕적으로 사회상규에 반하는 것이 아니어야 한다. 이 사건에 있어서와 같이 폭행에 의하여 사람을 사망에 이르게 하는 따위의 일에 있어서 피해자의 승낙은 범죄성립에 아무런 장애가 될 수 없는 윤리적, 도덕적으로 허용될 수 없는 즉 사회상규에 반하는 것이라고 할 것이므로 피고인 등의 행위가 피해자의 승낙에 의하여 위법성이 조각된다는 상고논지는 받아들일 수가 없다.]

따라서 보험금을 타기 위하여 승낙을 받고 상해를 가한 경우나 채무자의 승낙을 받고 채무자의 신체 일부를 도려내거나(베니스의 상인) 승낙을 받고 상대방을 구타하여 중상을 입히는 행위 등은 사회상규에 위배된 행위로서 위법성이 조각되지 않는다.

승낙에 의한 행위의 사회상규위배성 여부는 승낙에 의한 행위에 의하여 기도한 목적에 의하여 결정한다. 승낙의 동기(비윤리적인 동기 등)는 문제되지 않기 때문에 승낙의 동기는 사회상규에 반하더라도 승낙에 의하여 행위하는 행위자의 동기나 목적이 정당한 경우에는 위법성이 조각될 수 있다. 예컨대 의사가 환자의 생명을 구하기 위하여 피해자가 도박자금마련을 위하여 매혈한다는 것을 알면서도 채혈한 경우에는 위법성이 조각된다.

제5절 피해자의 승낙의 형법적 효과

피해자의 승낙에 의한 행위는 구성요건에 해당하지만 위법성이 조각되어 처벌되지 않는다. 피해자의 승낙은 고의범뿐만 아니라 과실범에도 인정된다. 예컨대 권투경기를 하는 선수는 상대방의 고의상해행위뿐만 아니라 과실에 의한 상해도 승낙한 것이 되므로 운동경기 중 상대방에게 과실로 상해를 입혔다고 하더라도 과실치상죄가 성립하지 않는다.

보충판례 23-4[피해자 승낙의 철회 및 철회방법] : 대법원 2011.5.13. 선고 2010도9962 판결.

제6절 추정적 승낙

1. 추정적 승낙의 의의

추정적 승낙이란 피해자의 현실적인 승낙은 없었지만 행위 당시의 모든 객관적인 사정을 피해자가 알았더라면 당연히 승낙했을 것으로 추정되는 경우를 말한다.[605]

예컨대 실신해 있는 응급환자를 발견한 의사가 환자의 승낙을 받지 않고 수술을 한 경우 의사의 수술행위는 환자의 추정적 승낙에 의한 행위라고 할 수 있다.

보충판례 23-5 : 대법원 2011.9.29. 선고 2010도14587 판결 ; 대법원 2008.4.10. 선고 2007도9987 판결.

2. 추정적 승낙의 유형

추정적 승낙에 의한 행위는 피해자의 이익을 위한 경우와 행위자나 제3자의 이익을 위한 경우로 나눌 수 있다.

가. 피해자의 이익을 위한 행위

피해자의 이익을 위한 행위 중에는 피해자의 보다 큰 이익을 위해 작은 이익을 희생

605) **보충판례 23-5[추정적 승낙] : 대법원 2011.9.29. 선고 2010도14587 판결 ; 대법원 2008.4.10. 선고 2007도9987 판결**[사문서의 위·변조죄는 작성권한 없는 자가 타인 명의를 모용하여 문서를 작성하는 것을 말하는 것이므로 사문서를 작성·수정함에 있어 그 명의자의 명시적이거나 묵시적인 승낙이 있었다면 사문서의 위·변조죄에 해당하지 않고, 한편 행위 당시 명의자의 현실적인 승낙은 없었지만 행위 당시의 모든 객관적 사정을 종합하여 명의자가 행위 당시 그 사실을 알았다면 당연히 승낙했을 것이라고 추정되는 경우 역시 사문서의 위·변조죄가 성립하지 않는다고 할 것이나(대법원 1993.3.9. 선고 92도3101 판결, 대법원 2003.5.30. 선고 2002도235 판결 등 참조), 명의자의 명시적인 승낙이나 동의가 없다는 것을 알고 있으면서도 명의자 이외의 자의 의뢰로 문서를 작성하는 경우 명의자가 문서작성 사실을 알았다면 승낙하였을 것이라고 기대하거나 예측한 것만으로는 그 승낙이 추정된다고 단정할 수 없다.]

시키는 경우와 피해자의 작은 이익을 위해 보다 큰 이익을 희생시키는 경우로 나눌 수 있다. 후자의 경우는 추정적 승낙이 인정되지 않을 것이므로 추정적 승낙은 전자에서만 문제된다. 후자는 경우에 따라 사회상규에 위배되지 않는 행위로 위법성이 조각되거나 행위자의 책임이 조각될 수 있을 뿐이다.

전자의 예로는 다리에 중상을 입은 환자의 생명을 구하기 위하여 환자의 승낙을 받지 않고 다리를 절단하는 수술을 하는 행위, 이웃집에 불이 났기 때문에 그 불을 끄러 집주인의 승낙을 받지 않고 그 집에 들어간 행위를 들 수 있다.

[사례2의 해결]

사례 2

甲은 A家에서 불이 나는 것을 발견하고 이를 빨리 소화하기 위하여 대문을 파손하고 그 주거에 침입하여 진화하였다. 甲의 죄책은?

나. 행위자나 제3자의 이익을 위한 행위

행위자나 제3자의 이익을 위해 피해자의 이익을 침해하는 경우 피해자의 이익이 중대한 이익일 때에는 추정적 승낙이 인정되지 않는다. 이는 경우에 따라 사회상규에 위배되지 않는 행위로 위법성이 조각되거나 책임조각사유가 될 수 있을 뿐이다.

행위자나 제3자의 이익을 위해 피해자의 이익을 침해하는 경우에는 경미한 이익을 침해하는 행위에서만 추정적 승낙을 인정할 수 있다. 예컨대 주인의 승낙을 받지 않고 건어물가게에서 멸치 하나를 맛보는 행위, 자신이 보관하고 있는 상대방의 물건을 제3자가 사용하도록 허락하는 행위 등을 들 수 있다. 이러한 행위들은 피해자와 행위자 및 제3자의 신뢰관계(특별한 친분관계)나 침해되는 이익이 경미하기 때문에 상대방이 그 이익을 포기할 것으로 추정되는 경우에서의 행위이다.

3. 추정적 승낙의 법적 성격

추정적 승낙을 위법성조각사유의 하나로 인정할 수 있다는 점에 대해서는 견해가 일치한다.

하지만 추정적 승낙의 법적 성격과 관련해서는 크게, ①추정적 승낙을 피해자의 승낙의 대용물로 보아 양자를 동일하게 보는 승낙대체설(피해자의 승낙의 일종으로 이해하는 견해), ②추정적 승낙은 피해자의 승낙과 긴급피난의 중간에 위치하면서도 이들과는 다른 구조를 가진 독자적인 위법성조각사유라고 이해하는 독자적 위법성조각사유설(다수설)이 대립한다.

다수설의 독자적 위법성조각사유라 함은 사회상규에 위배되지 않는 행위의 한 유형이라 할 수 있다. 즉 제20조 이하 제24조의 특별한 위법성조각사유의 적용을 받지 않는 독자적 위법성조각사유들은 사회상규에 위배되지 않는 행위에 포함될 수 있기 때문이다.

4. 추정적 승낙의 성립요건

추정적 승낙이 사회상규에 위배되지 않는 행위로 평가되어 위법성이 조각되기 위해서는 다음과 같은 요건이 충족되어야 한다.

가. 피해자의 승낙과 공통된 요건

첫째 피해자에게 당해 법익을 처분할 수 있는 통찰능력(자연적 의사능력)과 판단능력이 있어야 한다.

둘째 대상법익이 처분가능한 법익이어야 한다(통설). 그러나 대법원은 사문서위조죄 및 행사죄의 경우에도 추정적 승낙을 인정하고 있다.[606]

---

606) 앞의 주 605)의 **보충판례 23-5 : 대법원 2011.9.29. 선고 2010도14587 판결 ; 대법원 2008.4.10. 선**

셋째 추정적 승낙에 기한 행위가 법률에 저촉되거나 사회상규에 위배되는 행위가 아니어야 한다.

넷째 승낙의 추정은 행위시에 있어야 한다. 추후의 승낙을 기대하고 행위하는 것만 가지고는 불충분하다.

나. 피해자의 승낙과 다른 요건(추정적 승낙에 특유한 요건)

(1) 피해자의 명시적 반대의사가 없을 것

피해자가 승낙을 거부했을 경우에는 추정적 승낙에 의한 행위가 성립할 여지가 없다. 예컨대 자신이 사고로 뇌사상태에 빠졌다고 하더라도 자신의 장기를 적출하지 말아달라는 의사표시를 한 사람으로부터는 추정적 승낙에 의한 장기적출을 할 수 없다.

(2) 현실적 승낙을 받는 것이 불가능할 것

추정적 승낙은 현실적 승낙을 받는 것이 불가능한 경우에만 허용된다(보충성원칙의 적용). 현실적 승낙을 받는 것이 불가능한 이유는 피해자가 승낙을 거부했기 때문이 아니라 '극복할 수 없는 장애로 승낙을 제때에 받지 못하는 상황 때문'이어야 한다.[607]

(3) 승낙이 객관적으로 추정될 것

승낙은 객관적으로 추정될 수 있는 것이어야 한다. 추정적 승낙의 존재여부는 행위

고 2007도9987 판결 참조.

607) **[대법원도 현실적으로 승낙을 받는 것이 가능한 경우에는 추정적 승낙이 인정될 여지가 없다고 한다]** : 대법원 1997.11.28. 선고 97도1741 판결(원심판결 이유에 의하면 원심은, 공소외 정천양이나 성경익은 위 피고인들과 종전부터 친분관계가 있었다거나 위 피고인들로부터 수시로 안전점검 부탁을 받은 일이 없고 위 피고인들의 부탁을 받고 간단한 점검을 하여 준 점, 정천양이 수당지급을 위해 필요하다면 도장을 달라는 요구를 받고 불쾌하게 생각하였던 점, 제1심 법정에서 자신들이 점검하지 않은 교량에 대한 점검보고서에 날인할 의사가 없었다고 진술하고 있는 점, 위 피고인들이 위 정천양과 성경익의 승낙을 받지 못한 불가피한 사정도 없었던 점 등에 비추어 보면, 위 정천양이나 성경익의 추정적 승낙이 있었다고 볼 수 없다고 판단하였다. 기록에 비추어 살펴보면, 원심의 위와 같은 사실인정 및 판단은 정당하고, 거기에 상고이유로 지적하는 바와 같은 사실오인 내지 추정적 승낙에 관한 법리를 오해한 위법이 있다고 할 수 없다. 이 점에 관한 상고이유 역시 받아들일 수 없다.)

당시의 모든 사정을 종합적으로 고려하여 객관적으로 결정하여야 한다. 이러한 객관적 사정이 존재하지 않음에도 불구하고 행위자만이 승낙이 추정된다고 생각한 경우에는 위법성이 조각될 수 없다.[608)]

다. 주관적 정당화요소

추정적 승낙이 있을 수 있는 상황에 대한 인식은 주관적 정당화요소이다. 이러한 인식이외에도 모든 사정을 충분히 검토한 후에 행위할 것을 요하는 양심적 심사의무가 추가적으로 요구되는지가 문제된다.

(1) 불요설

추정적 승낙이 있을 수 있는 상황에 대한 인식만 있으면 족하고 양심적 심사(성실한 검토의무)는 추정적 승낙의 주관적 정당화요소가 아니라는 견해이다. 즉 상황을 양심적으로 신중하게 판단하고 행위하였느냐 아니면 경솔하게 생각했느냐는 추정적 승낙의 착오의 문제라는 것이다.

(2) 필요설

다수설인 필요설은 추정적 승낙이 성립하기 위해서는 행위자가 추정적 승낙이 있는지를 양심적 심사(성실한 검토의무)로써 신중하게 검토하여야 하고 이러한 성실한 검토는 주관적 정당화요소라고 한다. 따라서 성실한 검토를 행한 경우에는 사후에 승낙이 없음이 판명되더라도 위법성이 조각되고 성실한 검토를 하지 않은 경우에는 사후에 승낙이 있음이 판명되더라도 위법성이 조각되지 않는다고 한다.

608) **[승낙의 객관적 추정]** : **대법원 1993.7.27. 선고 92도2160 판결**(피고인이 각 실제수령액과 다른 내용의 2중 봉급명세서 작성 당시 비록 명의자들의 승낙을 얻지 못하였으나 명의자들이 행위의 내용을 알았더라면 그들 명의로 위 봉급명세서를 작성하는 것을 승낙하였으리라는 사정이 **객관적으로 보아 분명하다고 할 수는 없고**, 이러한 경우라면 이 사건 범행에 대하여 위 봉급명세서 명의자들의 추정적 승낙이 있었던 때에 해당한다고는 할 수 없다.) ; **대법원 2006.3.24. 선고 2005도8081 판결**(추정적 승낙이란 피해자의 현실적인 승낙이 없었다고 하더라도 **행위 당시의 모든 객관적 사정에 비추어 볼 때** 만일 피해자가 행위의 내용을 알았더라면 당연히 승낙하였을 것으로 예견되는 경우를 말하는바, 기록에 비추어 살펴보면, 원심이 그 판시와 같은 사정을 인정한 다음 피고인들이 피해자의 가구들을 취거할 당시 피해자의 추정적 승낙이 있다고 볼 수 없다.)

추정적 승낙은 타인의 법익에 대해 행위자의 승낙없이 침해를 가하는 것이므로 이러한 추정에는 언제나 법익주체의 의사와 일치하지 않을 수 있는 위험이 수반된다. 이러한 위험(허용된 위험)을 최소화하기 위하여 행위자는 양심적 심사(성실한 검토의무)를 다하여야 한다는 점을 감안하면 다수설인 필요설이 타당하다 할 것이다.

5. 추정적 승낙의 형법적 효과

추정적 승낙의 성립요건을 구비한 경우에 이에 의한 행위는 위법성이 조각되어 범죄로 되지 않는다. 또한 구성요건해당성을 배제하는 양해는 반드시 현실적으로 존재하여야 하므로 추정적 양해는 인정되지 않는다. 다만 추정적 승낙에 의한 위법성조각은 가능하다.

복습 및 심화질문

1. 소유자 및 거주자 전원의 승낙을 얻어 주택가에 있는 가옥에 불을 붙여 이를 전소한 행위는 범죄가 되지 않는다. (O, X)
2. 횡령죄나 재물손괴죄는 피해자가 법익침해에 동의함으로서 구성요건해당성이 배제된다. (O, X)
3. 피해자의 승낙이 위법성을 조각하는 것은 개인적 법익에 관한 죄에 한정된다(다수설에 의함). (O, X)
4. 공증인 甲이 그 직무수행상 지득한 유언자 乙의 비밀을 그 승낙을 얻어 丙 및 丁에게 발설한 경우 업무상비밀누설죄는 성립하지 않는다.(O, X)
5. 승낙은 반드시 책임능력자에 의해 행해지는 것이 아니어도 성립할 수 있다. (O, X)
6. 甲은 부재 중인 이웃 乙의 자택 창문틈새로부터 연기가 나는 것을 발견하고 창을 부수고 집안에 들어가 불을 껐다. 재물손괴죄는 성립하지 않는다. (O, X)

예습심화문제 **다음 수업시간 전까지 스스로 풀어볼 것!**

사례 1	甲은 乙에게 평소에 원한관계에 있던 丙을 죽여달라고 부탁하였다. 거액의 사례금에 혹한 乙은 丙을 죽이기로 결심하였으나 용기가 나질 않아 술을 마시고 만취한 상태로 丙을 기다렸다. 어둠 속에 다가오는 사람이 丙임을 확신한 乙은 丙을 칼로 찔러 살해하였다. 하지만 확인해 보니 그는 丙이 아닌 丁이었다. 乙은 실망하였으나 丁의 호주머니에 지갑이 들어있는 것을 발견하여 이를 가지고 현장을 떠났다. 乙이 술에 만취하여 책임능력이 없다는 것을 전제로 甲과 乙의 죄책을 논하시오.

책임론 일반

제 15 장

제1절 책임의 일반이론

1. 책임의 개념

가. 행위자에 대한 비난가능성으로서의 책임

범죄성립의 세 번째 요건인 **책임**이란 행위자가 자신의 행위의 규범위반성을 인식할 수 있었고 그 인식한 내용에 따라 적법한 행위로 나아갈 수 있는 가능성이 있었음에도 불구하고 불법한 행위로 나아간 데에 대해 가해지는 부정적인 가치판단(**의사형성의 비난가능성**)을 의미한다.

책임의 개념에 대해서는 여러 가지 학설이 있지만 **현재의 통설**은 책임을 "구성요건에 해당하고 위법한 행위를 이유로 한 행위자에 대한 비난가능성"으로 정의한다. 위법성이 '(구성요건적) 행위'에 대한 비난가능성(반가치판단)인 반면 책임은 '행위자'에 대한 비난가능성(반가치판단)이라 할 수 있다.[609]

609) **[반가치판단의 기준]** : **'(구성요건적) 행위'에 대한 반가치판단의 기준**은 그 사회의 모든 구성원에 대해 요구되는 객관적인 법질서(당위규범)인데 반하여, **'행위자'에 대한 반가치판단의 기준**은 행위자의

나. 형사책임과 윤리적 책임

[형사책임과 윤리적 책임의 구별]

	형사책임	윤리적 책임
본질	법규범과 관련된 법적 책임	법규범과 관련없는 윤리책임
판단기준	법적 기준	행위의 도덕적 성질
결정절차	법원의 재판절차	개인의 내적 양심

행위자에 대한 비난가능성으로서의 형사책임은 법적 책임이므로 윤리적 책임이나 종교적 책임과는 구별된다. 예컨대 수영선수가 익사하는 사람을 보았지만 귀찮아서 구하지 않은 경우 그 수영선수는 윤리적 비난을 받을 것이므로 윤리적 책임은 존재한다 할 것이지만, 익사하는 사람을 구할 법적 의무는 없기 때문에 익사자의 사망에 대해 형사책임을 지지 않는다. 이와 반대로 실정형법이 악법이어서 이를 지키지 않는 사람(양심범)의 경우 윤리적 비난은 받지 않을 수 있지만 형법적 비난은 받을 수 있다.

다. 형사책임과 민사책임

[형사책임과 민사책임의 구별]

	형사책임	민사책임
목적 및 원리	범죄에 대한 응보와 예방	사인 간의 손해의 공평한 보상
법적 효과의 원칙	엄격한 책임주의의 관철(형사책임의 주관화현상)	위험책임·무과실책임 인정(민사책임의 객관화현상)
고의와 과실의 취급	과실은 예외적으로 처벌	책임의 경중 불인정
책임의 궁극적 대상	원칙적으로 행위자의 신체	행위자의 재산
책임의 추궁형태	생명이나 신체의 자유박탈·제한	강제집행

인식능력과 구체적인 사정에 비추어 볼 때 행위자가 그와 같은 당위규범을 위반하는 행위(위법한 행위)로 나아가지 않고 다른 행위(적법한 행위)로 나아가는 것이 가능하였는가 하는 점(타행위가능성)이다. 바로 이점에서 **위법과 책임의 관계를 '당위'와 '가능'의 관계**로 대비시키기도 한다.

형사책임과 민사책임은 모두 윤리적 책임을 넘어서는 법적 책임이지만 그 목적, 요건, 내용 등에서 차이가 난다. 즉 민사책임의 원리는 발생된 손해에 대한 공평한 분담이지만, 형사책임은 행위자를 처벌하는 데에 그 목적이 있다.

이러한 이유로 민사책임에서는 고의·과실책임뿐만 아니라 무과실책임도 인정하고 그 효과도 별 차이가 없다. 그러나 형사책임에서는 무과실책임을 인정하지 않고 원칙적으로 고의범에 대해서 예외적으로 과실범에 대해서 책임을 묻고 과실범의 책임은 고의범의 책임에 비해 훨씬 가볍다.

또한 민사책임의 궁극적 대상은 행위자의 재산이지만 형사책임의 궁극적 대상은 원칙적으로 행위자의 신체이다. 따라서 민사책임을 추궁하는 형태는 강제집행이고 형사책임을 추궁하는 형태는 생명이나 신체의 자유를 박탈·제한하는 것이다. 벌금·과료와 같은 재산형도 노역장유치와 같이 자유를 제한·박탈하는 형태로 나타날 수 있게 되는데 이점이 민사상의 손해배상책임과 구별되는 점이라 할 수 있다.

2. 책임주의

가. 의의

책임주의란 책임(의사형성의 비난가능성)이 없으면 범죄는 성립하지 않고 책임의 한도 내에서 형벌을 부과하여야 한다는, 즉 책임이 범죄성립 및 형벌을 근거지우기 위한 전제조건으로 인정되어야 한다는 형법상의 대원칙을 말한다['**책임없으면 형벌없다**']. 따라서 책임주의에 의하면 행위자의 행위에 대해 위법성까지만 인정되고 행위자에 대한 책임이 인정되지 않는다면 형벌을 부과할 수 없게 된다.

[책임주의의 원칙과 형벌의 독자적 의미]

책임주의라는 원칙 때문에 형벌은 형벌이외의 다른 형사제재수단(특히 보안처분)과 구별되는 독자적인 의미를 가진 제재수단으로 자리잡게 된다.

즉 형벌은 책임주의원칙상 행위자의 책임이 인정되어야 부과할 수 있지만, 보안처분은 오로지 예방목적에만 이바지하면서 책임과 아무런 관계없이 부과될 수 있는 형사제재수단이다. 그 결과 치료감호법상의 치료감호나 보안관찰법상의 보안관찰 혹은 소년법상의 보호처분 등은 구성요건해당성과 위법성만 인정되면 책임이 부정되어도 부과할 수 있다.

나. 내용

책임주의는 결과만 발생하면 이에 대해 형벌을 부과하였던 결과책임사상을 극복하여 책임이 인정되는 경우에만 형벌을 부과할 수 있고(**형벌근거책임 : 책임없으면 형벌없다**), 행위자의 책임을 넘어서지 않는 범위 내에서만 형벌의 양이 정해질 것을 요구(**형벌제한책임 : 형벌은 책임의 양을 초과할 수 없다**)함으로써 **국가의 형벌권으로부터 개인의 자유를 보장하는 법치국가적 기능**을 수행한다. 이러한 책임주의는 형사법의 기본원리로서 법치국가의 원리에 내재하는 원리인 동시에 인간의 존엄과 가치의 보장으로부터 당연히 도출되는 헌법상의 원칙이다.[610)]

보충판례 24[책임주의] : 헌법재판소 2010.10.28. 선고 2010헌가23, 24, 36, 39, 47, 50(병합) 전원재판부 결정 【청소년보호법제54조위헌제청등】

또한 책임주의에 따르면 불법은 있지만 책임이 없는 행위자를 처벌해서는 안되며 책임이 불법의 정도에 미치지 못할 경우에는 책임의 한도 내에서 처벌하여야 하며(**불**

610) **[책임주의와 양벌규정]** : 헌법재판소 2007.11.29. 선고 2005헌가10 전원재판부 결정 【보건범죄단속에관한특별조치법 제6조 위헌제청】 [종업원의 위반행위에 대하여 양벌조항으로서 개인인 영업주에게도 동일하게 무기 또는 2년 이상의 징역형의 법정형으로 처벌하도록 규정하고 있는 '보건범죄단속에 관한 특별조치법' 제6조 중 제5조에 의한 처벌 부분(이하 '이 사건 법률조항'이라 한다)이 형사법상 책임원칙에 반하는지 여부]에 대하여, 헌법재판소는 [1. 이 사건 법률조항이 종업원의 업무 관련 무면허의료행위가 있으면 이에 대해 영업주가 비난받을 만한 행위가 있었는지 여부와는 관계없이 자동적으로 영업주도 처벌하도록 규정하고 있고, 그 문언상 명백한 의미와 달리 "종업원의 범죄행위에 대해 영업주의 선임감독상의 과실(기타 영업주의 귀책사유)이 인정되는 경우"라는 요건을 추가하여 해석하는 것은 문리해석의 범위를 넘어서는 것으로서 허용될 수 없으므로, 결국 위 법률조항은 다른 사람의 범죄에 대해 그 책임 유무를 묻지 않고 형벌을 부과함으로써, 법정형에 나아가 판단할 것 없이, 형사법의 기본원리인 '책임없는 자에게 형벌을 부과할 수 없다'는 책임주의에 반한다. 2. 일정한 범죄에 대해 형벌을 부과하는 법률조항이 정당화되기 위해서는 범죄에 대한 귀책사유를 의미하는 책임이 인정되어야 하고, 그 법정형 또한 책임의 정도에 비례하도록 규정되어야 하는데, 이 사건 법률조항은 문언상 종업원의 범죄에 아무런 귀책사유가 없는 영업주에 대해서도 그 처벌가능성을 열어두고 있을 뿐만 아니라, 가사 위 법률조항을 종업원에 대한 선임감독상의 과실 있는 영업주만을 처벌하는 규정으로 보더라도, 과실밖에 없는 영업주를 고의의 본범(종업원)과 동일하게 '무기 또는 2년 이상의 징역형'이라는 법정형으로 처벌하는 것은 그 책임의 정도에 비해 지나치게 무거운 법정형을 규정하는 것이므로, 두 가지 점을 모두 고려하면 형벌에 관한 책임원칙에 반한다.]고 하여 '보건범죄단속에 관한 특별조치법' 제6조 중 제5조에 의한 처벌 부분에 대해 위헌선언을 하면서 **위헌주문에 대한 이유에 있어 재판관들의 의견이 상이한 사례**이다.

법과 책임의 일치 : 책임과 불법은 일치하여야 한다), 책임능력 있는 자만이 규범의 금지·명령에 따라 행위할 수 있기 때문에 행위시에 책임능력이 존재하여야 한다(**행위와 책임의 동시존재**).

다. 한계

책임주의는 책임의 완전한 인식이 불가능하고 형법상 결과책임의 잔재(예컨대 인식없는 과실, 결과적 가중범, 양형에서 결과의 고려, 상해죄의 동시범특례 등)가 아직 존재하고 있으며 책임이 없는 자에게도 보안처분[예컨대 '치료감호법[시행 2011.8.4][법률 제11005호, 2011.8.4, 타법개정]'상의 치료감호, '보안관찰법[시행 2008.1.1][법률 제8435호, 2007.5.17, 타법개정]'상의 보안관찰처분(제4조 및 제14조), '소년법[시행 2011.8.4][법률 제11005호, 2011.8.4, 타법개정]'상 보호처분(제32조 이하) 등][611]이 가능하다는 점에서 일정한 한계를 지닌다.

제2절 책임의 근거 : 책임과 자유의사

1. 결정론과 비결정론의 대립

우리 입법자는 책임에 대하여 명문으로 규정해 놓고 있지 않다. 입법자가 실정법으로 책임이 무엇인지를 규정하지 아니한 것은 현명한 처사라고 할 수 있는데, 이는 책임의 개념이 인간의 자유의사에 관한 법철학적 기본입장에 따라서 그 이해를 달리하기 때문이다.

611) **[보안처분의 결정 주체]** : 치료감호와 보호처분은 재판을 통하여 판사가 판결 및 결정으로써 선고하여야 함에 반하여, 보안관찰처분은 법무부 산하 '보안관찰처분심의위원회'의 심의·의결을 거쳐 법무부장관이 결정한다. 상세하게는, 각 법률상의 절차규정을 참조할 것!

인간의 자유의사[612]에 대해서는 결정론과 비결정론이 대립하고 있다.

결정론(자유의사 부정론)이란 인간의 행동이 외적 요인에 의하여 결정된다고 보는 견해이다. 즉 인간의 행위는 소질·환경·교육 등과 같은 제반 요인에 의하여 타율적으로 결정된다는 것이다. 결정론의 입장에서 보면 인간에게 다른 행위를 할 수 있는 가능성이 없다. 즉 불법을 범하지 않고 적법한 행위로 나아갈 수 있는 여지는 처음부터 존재하지 않게 된다. 따라서 결정론의 관점에서는 **책임의 개념이 인정되지 않는다**. 책임을 근거로 한 형벌은 더 이상 존재하지 않으며 형벌은 장래지향적인 보안과 개선의 처분(즉 보안처분)에 흡수된다(一元主義).

비결정론(자유의사 긍정론)은 인간의 행동이 외적 요인에 의하여 결정되지 않는다고 보는 견해이다. 즉 인간에게는 선악을 구별할 수 있는 능력과 그 판단에 따라서 행위할 수 있는 능력이 있다는 것이다. 시비변별능력과 의사결정능력이 있음에도 불구하고 해야 할 행위를 하지 않거나 그릇된 행위를 한 자는 비난을 받아 마땅하다. 이점에서 비결정론자는 **책임의 개념을 인정**하게 된다. 책임주의는 인간의 의사결정의 자유를 논리적 전제로 하기 때문에 형벌과 보안처분은 그 본질과 기능이 다르다고 한다(二元主義).[613]

보충판례 24-1[비결정론의 관점을 천명한 판례] : 대법원 1968.4.30. 선고 68도400 판결.

2. 도의적 책임론

도의적 책임론은 인간에게는 자유의사가 있고, 범죄행위를 한 자는 자유의사를 오

612) **[자유의사의 의미]** : 자유의사란 자신의 행위의 의미와 그 결과를 알고 그에 따라 자신의 행위를 결정할 수 있는 능력을 말한다.

613) **보충판례 24-1[판례의 태도 : 비결정론의 관점을 천명] : 대법원** 1968.4.30. **선고** 68**도**400 **판결**(형법 제10조에서 말하는 사물을 판별할 능력 또는 의사를 결정할 능력은 자유의사를 전제로 한 의사결정의 능력에 관한 것이다.) ; BGH 2, 194, 200(형벌은 책임을 전제로 한다. 책임은 비난가능성이다. 책임이라는 반가치판단을 통하여 행위자에게 그가 적법하지 않게 행위하였으며, 적법하게 행위하고 법을 선택할 수 있었음에도 불구하고 불법을 선택하였다는 점에 대하여 비난이 가해진다. 책임비난의 내적 근거는 인간이 자유롭고 책임질 줄 알며, 윤리적으로 자기결정을 할 수 있는 바탕을 가지고 있으며 그렇기 때문에 법을 선택하고 불법을 선택하지 않을 수 있는 능력을 가지고 있다는 점에 있다.)

용 또는 남용하였기 때문에 도의적·윤리적 비난을 받는 것이라고 한다. 도의적 책임론은 고전학파(구파), 객관주의, 응보형주의의 책임론이다.

도의적 책임론에 의하면, ① 인간의 의사는 절대적으로 자유롭기 때문에 법과 불법 어느 쪽이든지 자유롭게 선택할 수 있으므로 범죄는 인간의 자유의사의 산물이 된다(**비결정론**). ② 책임의 근거는 자유의사를 기초로 한 위법한 의사형성에 있으며(**의사책임론**), ③ 책임은 행위자의 개인적인 특성은 고려하지 않고 개개의 행위에서 드러난 범위에서만 문제된다(**행위책임론**). ④ 자유의사를 가진 존재만이 범죄를 저지를 수 있기 때문에 자유의사가 없는 책임무능력자(심신상실자 등)에게는 형벌을 과할 수 없다(**책임능력은 범죄능력을 의미한다**). ⑤ 자유의사를 가진 자에게 과하는 형벌과 책임무능력자에게 과하는 보안처분은 그 본질과 기능이 다르다(二元論).

이상과 같은 내용의 도의적 책임론은 외부로 나타난 행위를 책임의 척도로 삼고 있기 때문에 **판단자의 주관을 배제**할 수 있어 법치주의사상과 죄형법정주의의 요청에 부합한다는 장점을 가진 반면, 인간의 행위가 소질·환경과 같은 인과법칙에 의해 영향을 받고 있음을 간과하였다는 문제점을 내포하고 있다.

3. 사회적 책임론

사회적 책임론은 인간의 자유의사를 부인하고 책임은 행위자에 대한 비난이 아니라 행위자의 사회적 위험성 또는 재범위험성이라고 한다. 따라서 책임의 근거는 사회적으로 위험한 행위자의 반사회적 성격에 있다는 견해이다. 사회적 책임론은 근대학파(신파), 주관주의, 목적형주의의 책임론이다.

사회적 책임론에 의하면, ① 인간의 행위는 전적으로 인과법칙에 따라 결정되기 때문에 자유의사는 부정되어 범죄는 전적으로 인간의 소질과 환경의 필연적인 산물이 된다(**결정론**). ② 책임의 근거는 개개의 구체적인 행위가 아니라 소질과 환경에 의해 결정된 행위자의 반사회적 성격·사회적 위험성에 있다(**성격책임론**). ③ 책임비난의 대상은 개개의 행위가 아니라 사회적으로 위험한 성격을 가진 행위자이다(**행위자책**

임론). 따라서 책임은 **사회적 비난가능성**을 의미하게 된다. ④ 사회적으로 위험한 성격을 가진 책임무능력자에 대해서도 사회방위처분인 보안처분이 필요하다(**책임능력은 형벌능력을 의미한다**). ⑤ 사회방위처분이라는 점에서 형벌과 보안처분은 모두 재범위험성을 방지하기 위한 목적과 내용을 갖는 것이기 때문에 그 본질과 기능이 동일하다(一元論).

이상과 같은 사회적 책임론은 소질과 환경의 영향을 받아 활동하고 있는 구체적인 인간상을 발견하고 있다는 점에서는 타당하지만, 성격의 위험성이라는 개념은 다의적인 개념이기 때문에 판단자의 주관이 개입할 여지가 크다는 문제점을 포함하고 있다.

4. 인격적 책임론

인격적 책임론이란 도의적 책임론과 사회적 책임론의 중간에 위치하는 것으로 책임을 행위자의 인격에 대해 가해지는 도의적·윤리적 비난이라고 한다. 여기서 **인격**이란 어느 구체적인 행위자가 구축해 놓은 가치판단의 체계를 말한다.

인격적 책임론에 의하면, ① 인간은 소질과 환경의 영향을 받으면서도 그 제약된 범위 내에서 행동의 자유를 가지고 주체적으로 인격을 형성해 나아가는 존재이다(**상대적 비결정론**). ② 따라서 책임판단의 제1차적 대상은 행위이지만, 행위는 주체성을 가진 인간의 인격의 현실화이므로 제2차적으로 인격형성과정을 조사하여 인격형성책임을 인정하여야 한다(**인격형성책임론**).

인격적 책임론에 대해서는 인격형성과정은 복잡하기 이를데 없기 때문에 이를 확정한다는 것은 거의 불가능하고 행위자로서는 어쩔 수 없는 인격형성도 책임의 대상에 포함되어 위험성이 책임에 포함되는 문제점을 안고 있다.

5. 형법의 태도

형법 제10조는 **책임능력의 판단기준**으로 **사물변별능력과 의사결정능력**을 규정하고 있다. 사물변별능력과 의사결정능력이 모두 존재한다는 것은 결국 자유의사가 있다는 의미로 해석할 수 있기 때문에 **우리 형법은 도의적 책임론에 입각하고 있다**고 할 수 있다.[614)]

그러나 인간의 행위가 순수하게 자유의사에 의해서만 결정되는 것이 아니라 행위자의 환경과 소질에 영향을 받는다고 할 수 있다. 즉 인간의 자유의사도 절대적인 것이 아니라 상대적이라고 할 수밖에 없다. 이 점에서 책임무능력자의 재범위험성으로부터 사회를 보호할 필요성이 있다는 것이 일반적으로 인정되고 있다. 따라서 도의적 책임론 이외에 사회적 책임론을 인정할 수밖에 없게 된다. 따라서 앞의 책임주의의 한계에서 살펴본 것처럼, **현행 형사제재수단 가운데 형벌은 도의적 책임론, 보안처분은 사회적 책임론에 입각하고 있다**고 할 수밖에 없을 것이다.

제3절 책임의 본질

책임의 본질이 무엇인가에 대해서는 심리적 책임론과 규범적 책임론이 대립한다.

1. 심리적 책임론

심리적 책임론은 책임을 사실판단의 문제로 파악하여 구성요건에 해당하고 위법한 행위를 한 자가 **행위 당시에 고의·과실이라는 심리상태를 지니고 있었다는 사실 그 자체가 책임**이라고 한다. 즉 책임의 본질을 행위자의 내심세계에 존재하는 심적 상태에서 구하는 심리적 책임론은 구성요건해당성은 객관적 사실판단, 위법성은 객관적 가치판단, 책임은 주관적 사실판단이라고 보았던 고전적 범죄체계에서 주장되었다.

614) 앞의 주 613)의 **보충판례 24-1[판례의 태도 : 비결정론의 관점을 천명] : 대법원 1968.4.30. 선고 68도 400 판결 참조.**

2. 규범적 책임론

규범적 책임론은 책임을 규범적 판단, 즉 평가의 문제로 파악하여 구성요건에 해당하고 위법한 행위를 한 사람에 대한 비난가능성이라고 한다.

따라서 규범적 책임론에 의하면 행위자에게 고의·과실이 있다고 하여 바로 책임이 있다고 할 수 없고 고의 또는 과실로 위법한 행위를 한 사람을 옳지 않다고 비난할 수 있어야 책임을 인정할 수 있다.

이처럼 규범적 책임론은 행위자의 심적 상태뿐만 아니라 행위 당시의 객관적인 부수사정도 고려하여 행위자가 행위 당시에 적법행위로 나아갈 가능성이 있었는지 여부에 의미를 부여한다.

3. 형법의 태도

심리적 책임론에 대해서는 형사미성년자(제9조)나 강요된 행위(제12조)의 경우 책임을 인정할 수밖에 없다는 비판이 가해진다. 예컨대 조직폭력배로부터 회사의 비밀장부를 가져다주지 않으면 가족을 몰살하겠다는 협박을 받은 회사원 甲이 회사의 비밀장부를 절취하여 조직폭력배에게 가져다 준 경우, 행위 당시 甲에게는 절도의 고의라는 내심상태가 있었기 때문에 책임을 인정할 수밖에 없게 된다.

그러나 규범적 책임론에 의하면 비록 고의라는 내심상태는 있지만 이 경우 비난받을 자는 조직폭력배이고 甲에 대해서는 비난가능성이 없기 때문에 책임이 조각된다고 한다.

위법행위를 한 미성년자에게도 고의·과실이라는 심리상태는 존재하기 때문에 심리적 책임론에서는 책임을 인정하게 된다. 그러나 규범적 책임론에 의하면 형법이 미성년자를 보호의 대상으로 보고 비난의 대상으로 보지 않기 때문에 미성년자를 비난할 수 없어 책임이 인정되지 않는다.

심리적 책임론에 대해서는 인식없는 과실의 경우에는 발생한 결과와 행위자의 심리상태 사이에 아무런 연관성이 없기 때문에 책임을 인정할 수 없다는 비판도 가해진다.

규범적 책임론은 행위자의 내면세계에만 시야를 한정하지 아니하고 행위자가 처한 객관적 사정도 책임판단시 함께 고려한다는 점에서 책임의 본질을 적절하게 설명하는 견해로 폭넓은 지지를 받고 있다.

제4절 행위책임론과 행위자책임론

1. 개념

행위책임론은 행위자가 행한 행위 및 그 결과를 근거로 책임의 인정여부 및 정도를 결정해야 한다고 한다.

이에 대하여 **행위자책임론**은 행위자가 행한 행위 및 그 결과가 아니라 행위자의 '인격형성'을 근거로 책임의 인정여부 및 정도를 결정한다.

2. 두 학설의 차이

행위책임론과 행위자책임론의 차이는 누범(제35조) 및 상습범(제264조)의 처벌에서 나타난다.

예컨대 교도소에서 출소한지 5일 된 甲과 상해의 습벽이 있는 乙 및 초범인 丙이 공동으로 상해죄(제257조)를 범했고 이들이 한 행위내용이 동일한 경우에, **행위책임론의 입장**에서는 세 사람의 행위가 동일하므로 책임도 같고 따라서 형벌도 같아야 한다고 한다. 그러나 **행위자책임론의 입장**에서는 甲은 교도소에서 출소한지 5일밖에 되지 않은 사람이 범죄를 저질렀으므로 그렇지 않은 丙에 비해서 더 비난을 받아야 하고, 乙도 상해의 습벽이 있는 사람이 범죄를 저질렀으므로 그렇지 않은 丙에 비해 더 비난을 받아야 한다고 한다. 행위가 동일함에도 불구하고 甲·乙의 책임이 丙에 비해 무거운 것은 甲·乙의 인격형성(인격책임론) 내지 생활태도(행상책임론)[615]가 비난의 대상이 되기 때문이다.

3. 통설의 입장

통설은 행위책임론에 입각한 책임원칙을 인정하고 있다. 책임원칙에서 말하는 책임은 행위책임을 의미하므로 위의 사례에서 甲·乙·丙은 행위가 동일한 이상 책임도 같다. 즉 행위책임론에 의하면 甲·乙에 대한 형벌은 丙에 대한 형벌과 같거나 丙에 대한 형벌을 초과해서는 안 된다.

그러나 우리 형법은 누범과 상습범에 대한 가중처벌을 규정하고 있다. 이에 따르면 甲은 누범이므로 제257조와 제35조가 적용되어 14년 이하의 징역(장기의 두 배까지 가중)에 처해지고, 乙은 상습범이므로 제264조가 적용되어 10년 6개월 이하의 징역(장기의 2분의 1까지 가중)에 처해지며, 丙은 제257조가 적용되어 7년 이하의 징역에 처해진다. 이처럼 甲·乙에 대한 형벌이 丙에 대한 형벌을 초과하는 것은 행위책임론으로는 설명할 수 없고, 甲·乙의 인격형성 내지 생활태도에 대한 비난을 의미하는 행위자책임론에 의해서만 설명이 가능하다.

즉 현행형법은 원칙적으로 행위책임에 따르면서도 누범 및 상습범 가중처벌규정을 두어 행위자책임론도 받아들이고 있다. 따라서 통설은 상습범·누범의 가중처벌 규정은 위헌적 규정으로서 폐지되어야 한다고 주장한다.[616]

---

615) **[行狀責任의 의미]** : 행상책임이란 구체적 행위자가 문제된 범죄를 범할 때 그 때까지 행위자가 살아온 삶의 모습 자체를 비난의 대상으로 삼아 논하는 책임을 말한다. 예컨대 개별적이고 단편적인 구체적 절도행위보다는 범인이 그릇된 삶을 살아왔다는 사실 자체가 형사처벌의 근거가 된다는 것이다.

616) 현행형법은 누범가중은 총칙(제35조 및 제36조)에서, 상습범가중은 각칙의 각 규정에서 규정하고 있는데, **'2011년 형법총칙전면개정안'**은 보안처분인 보호수용제도(안 제83조 이하)를 형법전에 도입하기로 하고 누범 및 상습범가중규정을 모두 폐지하고 있다.

4. 그 밖의 책임론

최근에는 **예방적 책임론(기능적 책임론)**이 주장되고 있다. **예방적 책임론**이란 행위자에 대한 비난가능성만으로 책임을 결정하는 것이 아니라 **일반예방이나 특별예방이라는 형벌목적도 함께 고려하여 책임을 결정**하여야 한다는 입장이다. 이 경우 예방목적으로 인해 형벌이 과도해 지는 것을 방지하기 위하여 책임이 형벌의 상한을 결정한다고 한다. 따라서 일반예방이나 특별예방의 필요가 없는 경우에는 책임이 인정되더라도 형벌을 부과해서는 안 된다고 한다.

이러한 예방적 책임론은 규범적 책임론, 도의적 책임론, 행위책임론을 기초로 이에 사회적 책임론과 행위자책임론의 요소를 가미하는 입장이라고 할 수 있다. 일반예방이라는 형벌목적을 고려하여 책임을 정하는 것은 개인책임에서 나아가 사회적 책임을 인정하는 것이고, 특별예방이라는 형벌목적을 고려하여 책임을 정하는 것은 행위자책임을 고려하는 것이기 때문이다.

예방적 책임론에 대해서는 형법과 형사정책의 관계를 혼동함으로써 일반예방에 대한 관계에서 책임주의가 가지고 있는 제한적 기능을 무의미하게 만들 수 있다는 비판이 가해진다.

제5절 책임요소

구성요건에 해당하고 위법한 행위를 한 행위자를 비난하기 위해서는 행위자에게 책임능력이 있어야 하고, 위법성을 인식하거나 인식할 가능성이 있어야 하며, 행위자가 적법행위를 할 것을 기대할 수 있다고 하는 기대가능성이 있어야 한다는 점에 의견은 일치한다.

그러나 고의·과실이 책임요소인가 하는 점, 즉 고의·과실이 행위자에 대한 비난 여부나 정도를 결정하는 기능을 하는가에 대해서는 견해가 대립한다.

다수설은 고의·과실의 이중적 기능을 인정한다(**고의·과실의 이중적 기능설**). 이 입장의 책임개념에서는 고의·과실이라는 심리상태(심리적 사실)가 존재한다는 사실판단과 비난가능성이라는 규범적 판단이 모두 책임개념에 존재한다고 한다. 따라서 고의·과실이 존재한다는 판단 그 자체는 책임판단이라 할 수 없고 고의·과실이 존재하기 때문에 비난을 받아야 한다는 판단이 책임판단이라 할 수 있다. 이에 의하면 책임능력, 위법성의 인식, 기대가능성 이외에 고의·과실도 책임요소가 된다.

제6절 위법성과 책임의 관계

통설에 의하면 구성요건해당성은 위법성의 인식근거이기 때문에 구성요건해당성이 있으면 위법성이 사실상 추정된다. 따라서 위법성론에 관한 논의는 구성요건에 해당하는 행위가 어떤 경우에 위법한가 라는 적극적인 판단이 아니라 어떤 경우에 위법하지 않은가 라는 소극적인 판단, 즉 위법성조각사유를 중심으로 전개된다.

이점은 책임론에서도 그대로 타당하다. 구성요건에 해당하고 위법한 행위가 있는 경우 행위자는 책임이 있는 것으로 사실상 추정된다. 따라서 책임론에서는 어떤 경우에 책임이 인정되는가 라는 점보다는 어떤 경우에 책임이 조각되거나 책임이 감경되는가를 중심으로 논의가 전개된다.[617]

617) **[위법성과 책임의 관계]** : 예컨대 책임능력과 관련해서는 어떤 경우에 책임무능력 또는 한정책임능력이 되어 처벌되지 않거나 형벌이 감경되는지를 다루며, 위법성의 인식과 관련해서는 위법성의 인식이 없는 법률의 착오를 어떻게 취급해야 하는가를 다루고, 기대가능성과 관련해서는 어떤 경우에 기대가능성이 없거나 적어져서 책임이 조각 또는 감경되는가를 중심으로 논의가 전개된다.

제16장 책임능력

제1절 책임능력의 개념과 판단방법

1. 책임능력의 개념

책임을 범죄인에 대한 비난가능성으로 이해하는 경우에는 행위자에게 책임능력이 있어야 비난을 가할 수 있게 된다.

책임능력이란 행위자가 법규범의 의미내용을 이해하여 명령과 금지를 이해할 수 있는 통찰능력(사물변별능력)과 이 통찰에 따라 행위할 수 있는 조종능력(의사결정능력)을 말한다.

전술한 것처럼 우리 형법은 형벌에 관해서는 도의적 책임론, 보안처분에 관해서는 사회적 책임론에 입각하고 있다. 따라서 심신상실자가 범죄를 저지를 경우 책임능력이 없어서 형벌의 대상이 될 수 없다. 다만 그 사람에 대해서는 재범위험성이 있는 경우에 보안처분의 대상이 될 수 있다.

2. 책임능력의 판단방법

가. 생물학적 방법

생물학적 방법은 정신병과 같은 일정한 생물학적(신체적·정신적) 비정상상태에 있는 자를 모두 책임무능력자·한정책임능력자로 취급하는 방법이다. 형법 제11조의 농아자의 형감경규정은 이 방법을 따른 것이라 할 수 있다.

이러한 생물학적 방법에 대해서는 생물학적 비정상상태에 있는 자라고 하더라도 항상 사물변별능력이나 의사결정능력이 없는 것은 아니라는 비판이 가해진다.[618]

나. 심리적 또는 규범적 방법

이 방법은 행위자가 사물을 변별하거나 의사를 결정할 능력이 없으면 그 원인을 불문하고 책임능력이 없다고 하는 방법이다.

그러나 이에 대해서는 책임능력의 판단을 전적으로 법관에게만 맡김으로써 법적 안정성을 해할 수 있다는 비판이 가해진다.

다. 혼합적 방법

이 방법은 행위자의 생물학적 비정상상태를 기초자료로 하여 사물변별능력·의사결정능력이라는 심리적 요소를 판단하여 책임능력을 결정하는 방법이다. 이에 따르면 책임능력의 유무는 의사 등 전문가의 생물학적 감정을 기초로 법관이 심리적 방법에 의한 검토를 통하여 법률적으로 판단한다.

우리 형법 제10조도 이 방법을 따른 것이라 할 수 있는데, 제10조는 사물변별능력

618) **대법원 1992.8.18. 선고 92도1425 판결**(형법 제10조에 규정된 심신장애는 생물학적 요소로서 정신병, 정신박약 또는 비정상적 정신상태와 같은 정신적 장애가 있는 외에 심리학적 요소로서 이와 같은 정신적 장애로 말미암아 사물에 대한 판별능력과 그에 따른 행위통제능력이 결여되거나 감소되었음을 요하므로, **정신적 장애가 있는 자라고 하여도 범행 당시 정상적인 사물판별능력이나 행위통제능력이 있었다면 심신장애로 볼 수 없음은 물론**이다.)

(생물학적 요소)·의사결정능력(심리적 요소)이라는 용어를 사용하면서 전자가 후자의 원인일 것을 요구하고 있기 때문이다.

라. 판례의 태도

대법원은 책임능력의 판단방법과 관련하여 혼합적 방법에 입각하고 있음을 천명하고 있다.[619)]

보충판례 25[책임능력의 판단방법 - 혼합적 방법 -] : 대법원 2007.2.8. 선고 2006도7900 판결.

한편 대법원은 심신장애의 유무 및 정도의 판단은 법률적 판단으로서 반드시 전문가의 감정을 거치거나 전문감정인의 의견에 기속되어야 하는 것은 아니라고 한다.[620)] 그러나 최근 다수의 판례는 심신장애 여부가 불분명한 사건에서 전문가의 의견을 묻지 않고 심신장애 여부를 판단하는 것은 심리미진이라고 한다.[621)] 이는 생물학적 요소

619) **[책임능력의 판단방법으로서 혼합적 방법]** : 대법원 1992.8.18. 선고 92도1425 판결(형법 제10조에 규정된 심신장애는 생물학적 요소로서 정신병, 정신박약 또는 비정상적 정신상태와 같은 정신적 장애가 있는 외에 심리학적 요소로서 이와 같은 정신적 장애로 말미암아 사물에 대한 판별능력과 그에 따른 행위통제능력이 결여되거나 감소되었음을 요하므로, 정신적 장애가 있는 자라고 하여도 범행 당시 정상적인 사물판별능력이나 행위통제능력이 있었다면 심신장애로 볼 수 없음은 물론이나, 정신적 장애가 정신분열증과 같은 고정적 정신질환의 경우에는 범행의 충동을 느끼고 범행에 이르게 된 과정에 있어서의 범인의 의식상태가 정상인과 같아 보이는 경우에도 범행의 충동을 억제하지 못한 것이 흔히 정신질환과 연관이 있을 수 있고, 이러한 경우에는 정신질환으로 말미암아 행위통제능력이 저하된 것이어서 심신미약이라고 볼 여지가 있다.)

620) **보충판례 25-1[심신장애여부가 불분명한 사건에서의 전문가의 의견] : 대법원 2006.10.13. 선고 2006도5360 판결 ; 대법원 2007.6.14. 선고 2007도2360 판결**[피고인이 범행 당시 심신장애의 상태에 있었는지 여부를 판단함에 있어 반드시 전문가의 감정을 거쳐야 하는 것은 아니므로, 법원이 범행의 경위와 수단, 범행 전후의 피고인의 행동 등 기록에 나타난 여러 자료와 공판정에서의 피고인의 태도 등을 종합하여 피고인이 심신장애의 상태에 있지 아니하였다고 판단하여도 이것만 가지고 위법이라고 할 수는 없다(대법원 1993.12.7. 선고 93도2701 판결 등 참조).] ; 대법원 1996.5.10. 선고 96도638 판결(형법 제10조 소정의 심신장애의 유무는 법원이 형벌제도의 목적 등에 비추어 판단하여야 할 법률문제로서, 그 판단에 있어서는 전문감정인의 정신감정결과가 중요한 참고자료가 되기는 하나, 법원으로서는 반드시 그 의견에 기속을 받는 것은 아니고, 그러한 감정 결과뿐만 아니라 범행의 경위, 수단, 범행 전후의 피고인의 행동 등 기록에 나타난 제반 자료 등을 종합하여 독자적으로 심신장애의 유무를 판단하여야 한다.)

621) **보충판례 25-1[심신장애여부가 불분명한 사건에서의 전문가의 의견] : 대법원 2006.10.13. 선고 2006도5360 판결**(피고인의 병력, 가족관계, 성장환경, 그 동안의 전력, 피고인의 범죄 횟수 및 그 시간적 간격, 각 범행 전후의 정황, 피고인에 대한 정신감정 결과 등에 비추어 피고인의 각 범행이 매우 심각한 충동조절장애와 같은 성격적 결함으로 인하여 심신장애 상태에서 순간적으로 저지른 것일 가능성도 있는데도, 원심판결이 객관적 정신감정기관을 통하여 자세한 정신감정을 다시 실시하는 등의 방

에 대한 판단만이라도 전문가에게 맡기려고 하는 것이라 할 수 있다.

보충판례 25-1[심신장애여부가 불분명한 사건에서의 전문가의 의견] : 대법원 2006.10.13. 선고 2006도5360 판결 ; 대법원 2007.6.14. 선고 2007도2360 판결.

제2절 책임무능력자

1. 형사미성년자

[조문]

刑法 第9條(刑事未成年者) 14歲 되지 아니한 者의 行爲는 罰하지 아니한다.

2011년 형법일부개정법률안[형법총칙전면개정안][의안번호 제11304호] 제23조(책임연령) 14세가 되지 아니한 자의 행위는 벌하지 아니한다.

질서위반행위규제법 제9조(책임연령) 14세가 되지 아니한 자의 질서위반행위는 과태료를 부과하지 아니한다. 다만, 다른 법률에 특별한 규정이 있는 경우에는 그러하지 아니하다.

형사미성년자란 14세 미만자(만 14세 되지 아니한 자)를 말한다. 이는 현실적으로는 사물변별능력·의사결정능력이 있는 자가 있다 하더라도 사물변별능력·의사결정능력이 없는 것으로 간주하는 규정이라고 할 수 있다. 즉 14세 미만자에 대해서는 국가가 형법적 '비난의 대상'으로 하지 않고 '교육 내지 보호의 대상'으로 하겠다는 형사정책적 고려가 반영된 것이라고 할 수 있다.

여기서 '벌하지 아니한다'는 것은 형사미성년자의 행위는 책임능력이 없기 때문에

법으로 심신장애 여부를 심리하지 아니한 것은 위법하다.) ; 대법원 2002.5.24. 선고 2002도1541 판결(피고인이 생리기간 중에 심각한 충동조절장애에 빠져 절도 범행을 저지른 것으로 의심이 되는데도 전문가에게 피고인의 정신상태를 감정시키는 등의 방법으로 심신장애 여부를 심리하지 아니한 원심판결을 심리미진과 심신장애에 관한 법리오해의 위법이 있다는 이유로 파기한 사례) 외 다수의 판결 참조.

필요적으로 책임이 조각되므로 형벌을 과할 수 없다는 의미이다(절대적 책임무능력자).[622]

보충판례 25-2[소년법상의 특례] : 대법원 1991.3.8. 선고 90도2826 판결.

2. 심신상실자

[조문]

刑法 第10條(心神障碍人) ① 心神障碍로 因하여 事物을 辨別할 能力이 없거나 意思를 決定할 能力이 없는 者의 行爲는 罰하지 아니한다.[제목개정 2014.12.30.]

2011년 형법일부개정법률안[형법총칙전면개정안][의안번호 제11304호] 제22조(정신장애) ① 정신장애로 행위의 불법을 판단할 능력이 없거나 그 판단에 따라 행위 할 능력이 없는 자의 행위는 벌하지 아니한다.

질서위반행위규제법제10조(심신장애) ① 심신(心神)장애로 인하여 행위의 옳고 그름을 판단할 능력이 없거나 그 판단에 따른 행위를 할 능력이 없는 자의 질서위반행위는 과태료를 부과하지 아니한다.

심신상실자란 심신장애로 인하여 사물을 변별하거나 의사를 결정할 능력이 없는 자를 말한다. 이는 혼합적 방법에 의한 규정이라 할 수 있다.

통설 및 판례[623]에 의하면 생물학적 요소인 심신장애란 정신병[624], 정신박약[625] 또는 비정상적인 정신상태와 같은 정신적 장애[626]를 의미한다. 신체적 장애는 심신장애에

622) **[소년법상의 특례]** : ①보호처분…촉법소년(형벌법령에 저촉되는 행위를 한 10세 이상 14세 미만인 소년)과 우범소년(아직 형벌법령에 저촉되는 행위를 하지 아니하였으나 일정한 사유가 있고 앞으로 형벌법령에 저촉되는 행위를 할 우려가 있는 10세 이상의 소년)(제4조제1항제2호·제3호) ②형의감경(제59조) ③부정기형(제60조제1항) ④형의 실효(제67조).

623) **[심신장애의 의미]** : 대법원 1992.8.18. 선고 92도1425 판결(형법 제10조에 규정된 **심신장애는 생물학적 요소로서 정신병, 정신박약 또는 비정상적 정신상태와 같은 정신적 장애**가 있는 외에 심리학적 요소로서 이와 같은 정신적 장애로 말미암아 사물에 대한 판별능력과 그에 따른 행위통제능력이 결여되거나 감소되었음을 요한다.)

624) **[정신병의 의의]** : 정신병이란 신체적·병적 질환을 거쳐 정신활동이 파괴된 병적 정신장애를 말한다(예컨대 정신분열증, 조울증, 간질, 알콜·약품중독, 치매, 창상성 뇌손상 등) : **대법원 1983.10.11. 선고 83도1897 판결**(피고인이 평소 간질병 증세가 있었더라도 **범행 당시에는 간질병이 발작하지 아니하였다면 이는 책임감면사유인 심신장애 내지는 심신미약의 경우에 해당하지 아니한다**.)

625) **[정신박약]** : 정신박약이란 선천적인 지능박약을 의미한다(예컨대 백치, 치우 등).

포함되지 않는다.

심신장애의 여부는 사실문제이므로 정신과 의사의 감정을 거치는 것이 원칙이지만 심신장애의 의심이 없는 경우에는 법원이 감정없이 판단할 수 있다.[627]

보충판례 25-3[심신장애의 의심이 드는 경우] : 대법원 1998.4.10. 선고 98도549 판결 ; 대법원 2009.4.9. 선고 2009도870 판결.

한편 심리적 요소의 하나인 사물변별능력이란 법과 불법을 구별할 수 있는 통찰능력으로서 지적 능력을 의미하며, 또 다른 하나인 의사결정능력이란 불법의 통찰에 따라 자신의 행위를 지배할 수 있는 조종능력으로서 의지적 능력을 의미한다.[628]

사물변별능력과 의사결정능력의 존부확정은 구체적인 위법한 구성요건의 실현과의 관계에서 판단해야 할 법적·규범적 문제에 속하기 때문에 법원은 감정인의 감정결과에 기속되지 않고 독자적으로 판단할 수 있다.[629] 판단의 기준시는 행위시이며 일반인의 평균적 능력을 기준으로 한다.

보충판례 25-4[사물의 변별능력과 의사결정능력] : 대법원 1990.8.14. 선고 90도1328 판결 ; 대법원 1991.5.28. 선고 91도636 판결.

---

626) **[정신적 장애의 유형]** : 정신적 장애에는 중증의 충동장애나 심한 신경쇠약 등과 같은 감정·의사 또는 성격장애를 의미하는 정신병질과 병적 이유에 기하지 아니하고 자기의식과 외계의식 사이의 정상적인 연관이 단절된 경우를 말하는 의식장애(예컨대 심한 심리적 충격상태 등)가 있다.

627) **[전문가의 감정없이 심신장애 여부를 판단할 수 있는 경우]** : 대법원 1984.4.24. 선고 84도527 판결(심신장애자의 행위인 여부는 반드시 전문가의 감정에 의하여만 결정할 수 있는 것이 아니고 그 행위의 전후 사정이나 기록에 나타난 제반자료와 공판정에서의 피고인의 태도 등을 종합하여 심신상실 또는 미약자의 행위가 아니라고 인정하여도 이를 위법이라 할 수 없다.) ; 대법원 1985.8.20. 선고 85도1235 판결(음주로 인한 심신장애의 여부는 기록에 나타난 제반자료와 공판정에서의 피고인의 진술 등을 종합하여 판단하여도 무방하고 반드시 전문의사에 의한 감정에 의하여야 하는 것은 아니다.)

628) **[사물변별능력 및 의사결정능력의 의미]** : 대법원 1980.5.27. 선고 80도656 판결(편집형 정신분열증 환자는 자기의 행동을 알 때도 있고 모를 때도 있으나 사물에 대한 판단력이 없는 것이 특징이고 또 사물을 변별하고 그에 따라서 자신의 의사결정을 하거나 자기의 의지를 제어할 능력이 없는 것이다.)

629) 대법원 1999.8.24. 선고 99도1194 판결(형법 제10조에 규정된 심신장애의 유무 및 정도의 판단은 법률적 판단으로서 반드시 전문감정인의 의견에 기속되어야 하는 것은 아니고, 정신질환의 종류와 정도, 범행의 동기, 경위, 수단과 태양, 범행 전후의 피고인의 행동, 반성의 정도 등 여러 사정을 종합하여 법원이 독자적으로 판단할 수 있다.) ; 대법원 2007.11.29. 선고 2007도8333,2007감도22 판결(형법 제10조에 규정된 심신장애의 유무 및 정도의 판단은 법률적 판단으로서 반드시 전문감정인의 의견에 기속되어야 하는 것은 아니고, 정신질환의 종류와 정도, 범행의 동기, 경위, 수단과 태양, 범행 전후의 피고인의 행동, 반성의 정도 등 여러 사정을 종합하여 법원이 독자적으로 판단할 수 있다.)

심신상실자는 책임능력이 없기 때문에 책임이 조각된다(필요적 책임조각). 그러나 심신상실자가 금고이상의 형에 해당하는 죄를 범하고 치료감호시설에서의 치료가 필요하며 재범의 위험성이 있다고 인정되는 때에는 치료감호처분에 처해질 수 있다['치료감호법' 제2조(치료감호대상자) 제1항 제1호].[630)]

제3절 한정책임능력자

1. 심신미약자

[조문]

刑法 第10條(心神障碍人) ②心神障碍로 因하여 前項의 能力이 微弱한 者의 行爲는 刑을 減輕한다.

2011년 형법일부개정법률안[형법총칙전면개정안][의안번호 제11304호] 제22조(정신장애) ② 정신장애로 제1항의 능력이 미약(微弱)한 자의 행위에 대해서는 형을 감경한다.

질서위반행위규제법 제10조(심신장애) ② 심신장애로 인하여 제1항에 따른 능력이 미약한 자의 질서위반행위는 과태료를 감경한다.

심신미약자란 심신장애로 인하여 사물을 변별하거나 의사를 결정할 능력이 미약한 자를 말한다. 한정책임능력자는 책임이 감경될 뿐이므로 책임능력자와 책임무능력자의 중간 형태가 아닌 책임능력자이다.

630) **[형법총칙규정을 배제하는 형사특별법 규정]** : 한편 "성폭력범죄의처벌등에관한특례법[시행 2012.3.16] [법률 제11162호, 2012.1.17, 일부개정]" 제19조(「형법」상 감경규정에 관한 특례)는 '음주 또는 약물로 인한 심신장애 상태에서 제3조부터 제11조까지의 죄를 범한 때에는 「형법」 제10조제1항·제2항 및 제11조를 적용하지 아니할 수 있다.'고 규정하고 있으며, "아동·청소년의성보호에관한법률[시행 2012.8.5][법률 제11002호, 2011.8.4, 타법개정]" 제7조의2(「형법」상 감경규정에 관한 특례)는 '음주 또는 약물로 인한 심신장애 상태에서 아동·청소년에 대하여 「성폭력범죄의처벌등에관한특례법」 제3조부터 제11조까지의 죄를 범한 때에는 「형법」 제10조제1항·제2항 및 제11조를 적용하지 아니할 수 있다.'고 규정하여 형법 제10조 및 제11조의 적용을 배제시키고 있다.

심신장애가 있어야 하지만 그 정도가 심신상실에 이를 정도는 아니어야 한다(예컨대 가벼운 정신분열증 등). 사물변별능력 또는 의사결정능력의 정도도 통찰능력과 조종능력을 완전히 상실하지 않고 미약한 경우를 의미한다. 이는 법률문제이기 때문에 전문가의 감정을 기초로 법원이 판단한다.

보충판례 25-5[심신미약 등 정신장애와 상습성판단] : 대법원 2009.2.12. 선고 2008도11550 판결.

심신미약자는 책임능력자에 속하지만 책임감경이 인정되므로 그 형을 감경한다(필요적 감경). 그러나 심신미약자가 금고이상의 형에 해당하는 죄를 범하고 치료감호시설에서의 치료가 필요하며 재범의 위험성이 있다고 인정되는 때에는 치료감호처분에 처해질 수 있다[치료감호법 제2조(치료감호대상자) 제1항 제1호].

2. 농아자

[조문]

刑法 第11條(聾啞者) 聾啞者의 行爲는 刑을 減輕한다. **2011년 형법일부개정법률안[형법총칙전면개정안][의안번호 제11304호]삭제**

농아자란 청각과 발음기능에 모두 장애가 있는 자를 말한다. 장애가 발생한 이유는 선천적·후천적 이유를 불문한다.

농아자는 정신발육이 불충분한 것이 보통이므로 책임을 감경하여 형을 감경한다(필요적 감경). 그러나 농아교육의 발달로 인하여 농아자도 정상인과 동일한 능력을 갖는 것이 일반적이므로 입법론적으로는 이 규정을 삭제하는 것이 타당하다.[631)]

631) **2011년 형법일부개정법률안[형법총칙전면개정안][의안번호 제11304호]**도 현행 형법제11조의 농아자 규정을 삭제하였다.

제4절 원인에 있어서 자유로운 행위

1. 원인에 있어서 자유로운 행위의 의의

[조문]

刑法 第10條(心神障碍人) ③ 危險의 發生을 豫見하고 自意로 心神障碍를 惹起한 者의 行爲에는 前2項의 規定을 適用하지 아니한다.

2011년 형법일부개정법률안[형법총칙전면개정안][의안번호 제11304호] 제22조(정신장애) ③ 스스로 정신장애의 상태를 일으켜 고의 또는 과실로 행위한 자의 행위에 대해서는 제1항 및 제2항을 적용하지 아니한다.

질서위반행위규제법제10조(심신장애) ③ 스스로 심신장애 상태를 일으켜 질서위반행위를 한 자에 대하여는 제1항 및 제2항을 적용하지 아니한다.

가. 개념

원인에 있어서 자유로운 행위(actio libera in causa)란 책임능력있는 상태에서 위험의 발생을 예견하고 자의로 책임무능력 또는 한정책임능력상태를 야기하고(원인행위) 이러한 책임무능력상태 혹은 한정책임능력상태를 이용하여 범죄를 실행하는(결과실현행위) 형태의 범죄를 말한다.

즉 심신장애를 야기하는 원인행위는 책임능력이 있는 상태 하에서 이루어졌지만 결과실현행위는 책임능력이 없는 상태에서 이루어진 경우에 그 결과실현행위(구성요건적 행위)를 가리켜서 원인에 있어서 자유로운 행위라 한다.

사례 1

예컨대 甲이 乙을 살해할 것을 결심하고 술을 먹고 만취된 상태에서 乙을 칼로 찔러 살해한 경우, 甲이 乙을 칼로 찌를 때(결과실현행위)에는 책임무능력상태이었지만, 이러한 결과(위험발생)를 예견하고 甲이 음주만취를 한(원인행위) 경우의 범죄형태를 원인에 있어서 자유로운 행위라 한다.

나. 특징

원인에 있어서 자유로운 행위라는 개념은 결과실현행위시에는 행위자가 심신장애로 부자유한 상태에 있으므로 원칙적으로 처벌하지 못하거나 형벌을 감경하여야 하지만, 원인행위시에는 행위자가 자유로운 상태에 있었기 때문에 예외적으로 처벌할 수 있다는 것을 암시하는 개념이다.

이처럼 원인에 있어서 자유로운 행위는 원인행위와 결과실현행위가 밀접하게 결합되어 이루어지는 범죄형태이기 때문에 심신장애를 야기하는 행위와 결과실현행위가 아무런 연관성없이 우연히 이루어지는 경우에는 원인에 있어서 자유로운 행위가 되지 않는다.

[원인에 있어서 자유로운 행위와의 구별사례]

어떤 사람이 술에 만취하여 걸어가다가 옆에 시동이 켜있는 자동차를 발견하고 갑자기 그 차를 운전하고 싶은 충동이 들어 그 차를 몰고 가다가 사고를 내어 사람에게 상처를 입힌 경우에는 원인에 있어서 자유로운 행위가 문제되지 않는다.

위 사례에서 사고를 내는 행위, 즉 결과실현행위시에 행위자는 책임무능력상태에 있었지만, 행위자가 결과실현행위에 의한 위험발생을 예견하고 자의로 심신장애를 야기하는 원인행위없이 이루어졌기 때문에 원인에 있어서 자유로운 행위가 될 수 없는 것이다.

다. 문제점 : 행위와 책임의 동시존재의 원칙 및 실행행위의 정형성의 원칙과의 관계

형법 제10조 제3항이 원인에 있어서 자유로운 행위의 가벌성을 명문화함으로써 그 법적 근거는 마련되었으나 이러한 형법의 태도는 행위당시에 책임능력의 존재를 전제로 하는 책임주의(행위와 책임의 동시존재의 원칙)와 상충된다. 따라서 이러한 책임주의와 상충되는 원인에 있어서 자유로운 행위를 처벌하는 이론적 근거를 정립할 필요가 있게 된다.

또한 죄형법정주의의 명확성원칙에 따르면 현실의 범죄행위는 당해 구성요건이 예상하고 있는 정도의 위험성이 있는 정형적 행위에 합치될 경우에 구성요건해당성을 인정할 수 있다(실행행위의 정형성의 원칙). 따라서 심신장애상태 하에서 어느 것이 실행행위이고 또 실행의 착수시기를 어떻게 정립할 것인가가 문제된다.

2. 원인에 있어서 자유로운 행위의 실행의 착수시기

가. 원인행위시설

범죄행위와 책임능력의 동시존재의 원칙에 충실하려는 견해는 실행의 착수시기를 원인행위시로 파악한다. 즉 원인행위시 행위자는 책임무능력자가 아니므로 원인에 있어서 자유로운 행위를 처벌하더라도 범죄행위와 책임능력의 동시존재의 원칙을 그대로 유지할 수 있다는 것이다. 과거의 다수설이었다.

그러나 이 견해에 대해서는 위 사례1에서 음주행위시점에 이미 살인죄의 실행의 착수를 인정하게 되어 구성요건실현행위(실행행위)의 정형성을 무시함으로써 죄형법정주의에 반할 우려가 있을 뿐만 아니라 실행의 착수시기가 앞당겨짐으로써 미수범의 처벌범위가 대폭 확장된다는 치명적인 문제점을 안고 있다.

나. 결과실현행위시설

이 견해는 심신장애상태에서의 결과실현행위시를 실행의 착수시기로 파악한다. 즉 원인행위는 책임의 근거는 될 수 있어도 그 자체를 범죄행위라고 보기 어렵기 때문이라는 것이다. 현재의 다수설이라 할 수 있다.

다. 소결

형법 제10조 제3항은 원인에 있어서 자유로운 행위의 주체를 '위험발생을 예견하고 자의로 심신장애를 야기한 자'라 하고 있고, 행위의 태양은 '행위'라고 할 수 있는데, 여기서의 행위란 실행행위(결과실현행위)를 의미한다고 할 수 있기 때문에 원인행위설은 형법 제10조 제3항의 해석에 부합할 수 없다.

즉 원인행위는 행위의 주체가 되기 위한 요건에 불과한 것이지 실행행위 자체인 것은 아니다. 원인행위는 기껏해야 예비행위가 될 수 있을 뿐이다. 따라서 결과실현시설(다수설)이 형법 제10조 제3항과 마찰을 일으키는 부분이 적다는 의미에서 타당하다고 할 것이다.

3. 원인에 있어서 자유로운 행위의 가벌성근거

원인에 있어서 자유로운 행위의 실행의 착수시기를 원인행위시라고 하는 경우에는 행위와 책임의 동시존재의 원칙을 만족시키는 데에 별 다른 문제가 없다. 그러나 실행의 착수시기를 결과실현행위시라고 하고 행위와 책임의 동시존재원칙을 엄격히 적용하는 경우 실행행위시 행위자는 심신장애상태이기 때문에 불가벌 내지는 형을 감경하여야 한다.

따라서 결과실현행위설을 취하는 경우에는 원인에 있어서 자유로운 행위를 처벌할 수 있는 근거가 무엇인지를 규명하는 것이 중요한 문제로 대두된다.

통설(불가분적 연관설, 예외모델)은 원인에 있어서 자유로운 행위의 처벌근거를 원인행위와 결과실현행위가 밀접불가분하게 연결되어 있다는 점에서 찾는다.[632] 즉 불법의 실체는 결과실현행위시에, 책임은 원인행위시에 존재하는 바 양자는 밀접불가분의 관련을 가지고 있으므로 전체적으로 보아 행위자에 대한 책임비난이 가능하다

632) **[일치설, 구성요건모델]** : 이에 대하여 소수설(일치설, 구성요건모델)은 책임능력이 있었던 원인행위 자체를 이미 불법의 실체를 갖춘 구성요건실현행위로 보고, 그 자유로운 원인설정행위에 가벌성의 근거가 있다는 견해이다.

고 함으로써 행위와 책임의 동시존재원칙의 예외를 인정하는 것이 합리적이라는 것이다.

생각건대 형법 제10조 제3항은 결과실현행위시에는 책임의 근거를 찾을 수 없지만 '원인에 있어서 자유로운 행위'라는 용어에서 알 수 있는 것처럼 원인행위와 결과실현행위가 범죄의 원인과 결과로서 연결되어 있기 때문에 원인행위에서 가벌성의 근거를 찾을 수 있는 범죄유형을 명문화한 것으로 이해하여야 할 것이다(불가분적 연관설, 예외모델).

4. 원인에 있어서 자유로운 행위의 성립요건

원인에 있어서 자유로운 행위가 성립하기 위해서는 원인행위(즉 위험의 발생을 예견하고 자의로 심신장애를 야기하는 행위)가 있어야 하고, 결과실현행위(즉 심신장애상태 하에서의 범죄행위)가 있어야 하며, 원인행위와 결과실현행위 사이에 인과관계가 있어야 한다.

가. 원인행위

(1) 위험의 발생에 대한 예견

(가) 위험의 발생에 대한 해석

① 학설의 태도

형법 제10조 제3항의 '위험의 발생'을 구성요건적 결과의 실현, 즉 결과실현행위에 의한 법익침해 또는 그 위태화로 이해하는 견해(**특정구성요건실현설**)가 **다수설**이다.

그러나 최근에는 위험의 발생을 '구성요건적 결과의 실현'으로 지나치게 엄격하게 해석하게 되면 입법자가 의도한 형사정책적 목표를 달성할 수 없으므로 위험의 발생이란 심신장애에 빠지는 원인행위(과도한 음주나 약물복용)에 전형적으로 수반되는 법익(생명·신체 등)침해의 가능성을 의미하는 것으로 해석하여야 한다는 견해(**전형**

적 위험성설)도 주장되고 있다.

② 판례의 태도

대법원은 음주운전을 할 의사를 가지고 음주만취한 후 운전을 결행하여 교통사고를 일으킨 후 도주한 경우, 행위자가 범한 도주운전죄['특정범죄가중처벌등에관한법률[시행 2012.4.1][법률 제11136호, 2011.12.31, 타법개정]' 제5조의3(도주차량 운전자의 가중처벌)]의 범행까지 예견한 것이 아니라 단지 '교통사고를 일으킬 위험성'만을 예견하였음에도 심신장애를 야기한 경우에 해당한다고 함으로써 '위험발생'을 구체적인 구성요건적 결과의 실현으로 해석하는 태도를 취하고 있지 않다(**전형적 위험성설의 입장**).[633]

③ 소결

전형적 위험성설은 위험발생이라는 개념을 구성요건적 결과발생을 지칭하는 개념으로 해석할 수 없다고 하면서, 예컨대 부진정부작위범에서 위험발생의 원인을 야기한 행위로 인정되려면 형식적인 특정한 구성요건적 결과의 원인행위일 필요는 없고 구성요건적 결과 이외의 다른 포괄적인 법익침해를 야기하는 행위로도 충분하다는 논거를 든다.

예컨대 물에 빠진 자를 방치하여 익사시킨 자에게 부작위에 의한 살인죄를 인정하려면 행위자가 위험발생의 원인을 야기하였다고 할 수 있어야 하는데, 이 경우에는 피해자를 '미끄러지기 쉬운 물가로 데려가는 행위'만으로도 충분히 위험발생의 원인을 야기한 행위가 된다는 것이다. 또한 여기서 '위험의 발생'은 미끄러져 물에 빠지는 결

633) **[전형적 위험성설을 취한 판례]** : 대법원 1992.7.28. 선고 92도999 판결(형법 제10조 제3항은 … 위험의 발생을 예견할 수 있었는데도 자의로 심신장애를 야기한 경우도 그 적용 대상이 된다고 할 것이어서, 피고인이 음주운전을 할 의사를 가지고 음주만취한 후 운전을 결행하여 교통사고를 일으켰다면 피고인은 음주시에 교통사고를 일으킬 위험성을 예견하였는데도 자의로 심신장애를 야기한 경우에 해당하므로 위 법조항에 의하여 심신장애로 인한 감경 등을 할 수 없다.) ; **대법원 2007.7.27. 선고 2007도4484 판결**(음주운전을 할 의사를 가지고 음주만취한 후 운전을 결행하다가 교통사고를 일으킨 경우에는 음주시에 교통사고를 일으킬 위험성을 예견하였는데도 자의로 심신장애를 야기한 경우에 해당하므로 형법 제10조 제3항에 의하여 심신장애로 인한 감경 등을 할 수 없다고 할 것이다.) 이들 판례에 대하여 상세하게는 후술하는 6. 원인에 있어서 자유로운 행위의 형법적 효과 부분을 참조!

과를 의미하는 것이지 물에 빠져 피해자가 사망한 것이라는 구성요건적 결과발생을 의미하는 것은 아니라고 한다.

그러나 피해자를 '미끄러지기 쉬운 물가로 데려가는 행위'는 작위에 의한 살인죄의 예비행위에 해당한다 할 것이고, 미끄러져 물에 빠지는 결과를 의미하는 '위험의 발생'으로 이해하는 전형적 위험성설은 결과범을 위험범으로 처벌할 수 있는 가능성을 제시한다는 점에서 타당하다고 할 수 없다.

(나) 예견의 해석

① 학설의 태도

ㄱ. 고의로 보는 견해

형법 제10조 제3항의 '예견'개념에는 고의만 포함되고 과실은 포함될 수 없다고 해석하는 견해이다. 과실이란 위험의 발생을 예견할 수 있었음에도 주의의무를 다하지 않아 '예견하지 못한 경우'이기 때문에 과실을 포함시킬 수 없다고 한다.

ㄴ. 고의 또는 과실로 보는 견해

예견개념에 인식있는 과실뿐만 아니라 인식없는 과실(예견가능성)까지도 포함시키는 확장해석을 해야 한다는 견해이다(**다수설**). 이 견해는 원인에 있어서 자유로운 행위는 과실에 의한 경우가 대부분이기 때문에 과실도 포함시켜야 한다는 것이다.

ㄷ. 고의 또는 과실과 무관한 개념이라는 견해

행위자가 원인행위시에 장차 실현하게 될 행위대상을 고의 또는 과실과 연결지어 생각할 필요가 없다는 견해이다.

② 판례의 태도

대법원은 "이 규정(형법 제10조 제3항)은 고의에 의한 원인에 있어서의 자유로운 행위만이 아니라 과실에 의한 원인에 있어서의 자유로운 행위까지도 포함하는 것으로서 위험의 발생을 예견할 수 있었는데도(즉 예견가능성이 있었는데도) 자의로 심신장애를 야기한 경우도 그 적용 대상이 된다"[634]고 하고 있기 때문에 예견개념에 예견가능성까지도 포함시키는 태도를 취하고 있다(다수설의 입장).

③ 소결

다수설 및 판례의 입장처럼 예견의 개념에 인식없는 과실(즉 예견가능성)을 포함시키는 것은 피고인에게 불리한 유추해석이라 할 수 있기 때문에 '예견'개념에는 고의 또는 인식있는 과실만을 포함시키는 것이 타당하다 할 것이다.

(2) 자의에 의한 심신장애의 야기

(가) 심신장애의 해석

심신장애란 신체적 장애를 제외한 비정상적인 심리적 상태로서 통상 정신적인 장애를 가리킨다. 원인에 있어서 자유로운 행위와 관련해서 문제되는 심신장애는 정신병보다는 주로 알코올이나 마약 등으로 인한 중대한 심신상실 또는 심신미약을 의미한다.

(나) '자의로'의 해석

① 고의로 보는 견해

고의로 심신장애상태를 야기한 경우에만 자의로 심신장애상태를 야기한 경우에 해당하는 것으로 해석하는 견해이다. 즉 원인행위는 고의행위에만 한정된다.

② 고의 또는 과실로 보는 견해

자의로라는 개념을 스스로 또는 자유로이 라는 의미로 해석하면서 고의 또는 과실로 심신장애상태를 야기한 경우에도 자의로 심신장애상태를 야기한 경우에 해당하는 것으로 해석하는 견해이다(다수설).

634) 앞의 주 633)의 대법원 1992.7.28. 선고 92도999 판결 참조.

③ 고의 또는 과실과 무관하다는 견해

자의개념을 구성요건적 실현에 대한 행위자의 심리적 태도인 고의 또는 과실로 해석하지를 않고 문자적 의미 그대로 '자유로운 의사결정'으로 해석해야 한다는 견해이다.

④ 소결

생각건대 '자의로'라는 개념을 과실로 심신장애상태를 야기한 경우까지 포함하는 것으로 해석하는 것은 '자의로'라는 문언의 가능한 의미를 넘어서는 해석이라고 할 수 있다. 제10조 제3항의 '자의로'라는 개념은 피고인에게 유리한 개념인 제26조(중지미수)의 '자의로'라는 개념과는 달리 피고인에게 불리한 개념이므로 과실로까지를 포함하는 넓은 해석은 허용되지 않는다고 하여야 한다.

따라서 '자의로'는 고의로 심신장애상태를 야기한 경우에만 자의로 심신장애상태를 야기한 경우에 해당하는 것으로 해석하는 것이 타당하다 할 것이며, 여기서 '고의로(자의로)'는 심신장애야기에 대한 의욕 내지 인용을 의미하는 것이지 결과실현에 대한 의욕이나 인용을 의미하는 것은 아니다.

나. 결과실현행위

심신장애상태 하에서 범죄행위를 하는 결과실현행위가 있어야 한다. 결과실현행위에는 고의·과실·작위·부작위행위가 포함된다.

[부작위에 의한 결과실현행위의 착수시기]

> 예컨대 환자를 수혈해야 할 작위의무를 지니 의사가 수혈을 하지 않음으로써 환자를 살해할 의도로 수혈예정시각 한 시간 전에 술을 먹고 잠이 들었다고 하더라도 바로 이 시점(부작위를 결심한 시점)에서 부작위에 의한 살인죄의 실행의 착수가 있었다고 하기는 곤란할 것이다.
>
> 이 경우 수혈을 하지 않음으로써 환자에게 위험발생이 어느 정도 가능한 시점에서 실행의 착수가 있다고 보아야 하기 때문에 원인행위시가 아닌 결과실현행위시에 실행의 착수가 있다고 하여야 한다.
>
> 한편 과실범의 경우에는 심신장애상태 하에서 객관적 주의의무위반이 잇는 때에 실행의 착수가 있다고 할 것이다.

실행의 착수시기를 원인행위시로 보는 견해는 결과실현행위가 없더라도 원인행위만 있으면 실행의 착수가 있기 때문에 미수가 성립한다고 한다. 그러나 결과실현행위시설에 의하면 원인행위만 있는 경우에는 예비행위는 될 수 있어도 미수가 될 수는 없다.

다. 인과관계

원인행위와 결과실현행위 사이에는 인과관계가 있어야 한다. 인과관계가 없는 경우에는 제10조 제3항이 적용될 수 없다.

5. 원인에 있어서 자유로운 행위의 유형

다수설 및 판례는 제10조 제3항을 다음과 같이 해석하고 있다.

첫째 '위험발생을 예견하고'라는 규정의 의미가 위험발생을 현실적으로 예견한 경우뿐만 아니라 위험발생의 예견가능성이 있는 경우, 즉 인식없는 과실로 인하여 위험발생을 예견하지 못한 경우도 포함한다고 해석한다.

둘째 '자의로'에 '과실로'라는 의미도 포함된다고 해석한다.

이상을 종합하여 원인에 있어서 자유로운 행위의 유형을 정리하면 다음과 같다.

[원인에 있어서 자유로운 행위의 유형]

	위험발생예견	심신장애 야기	결과실현 행위	유형
1	예견 및 인용	고의	고의	고의에 의한 원인에 있어서 자유로운 행위범
2	예견 및 인용	고의	과실	과실에 의한 원인에 있어서 자유로운 행위범
3	예견 및 인용	과실	고의	과실에 의한 원인에 있어서 자유로운 행위범
4	예견 및 인용	과실	과실	과실에 의한 원인에 있어서 자유로운 행위범
5	예견(인용없음)	고의	고의	과실에 의한 원인에 있어서 자유로운 행위범

6	예견(인용없음)	고의	과실	과실에 의한 원인에 있어서 자유로운 행위범
7	예견(인용없음)	과실	고의	과실에 의한 원인에 있어서 자유로운 행위범
8	예견(인용없음)	과실	과실	과실에 의한 원인에 있어서 자유로운 행위범
9	예견가능성	고의	고의	과실에 의한 원인에 있어서 자유로운 행위범
10	예견가능성	고의	과실	과실에 의한 원인에 있어서 자유로운 행위범
11	예견가능성	과실	고의	과실에 의한 원인에 있어서 자유로운 행위범
12	예견가능성	과실	과실	과실에 의한 원인에 있어서 자유로운 행위범

6. 원인에 있어서 자유로운 행위의 형법적 효과

가. 고의에 의한 원인에 있어서 자유로운 행위

고의에 의한 원인에 있어서 자유로운 행위의 경우 행위자가 결과실현행위의 고의범의 죄책을 진다는 데에 의문이 없다.

보충판례 25-6[고의에 의한 원인에 있어서 자유로운 행위] : 대법원 1996.6.11. 선고 96도857 판결.

나. 과실에 인한 원인에 있어서 자유로운 행위

(1) 결과실현행위가 과실범인 경우

이 경우 행위자가 결과실현행위의 과실범의 죄책을 진다는 데에도 의문이 없다.

(2) 결과실현행위가 고의범인 경우

① 판례의 태도

판례는 이 경우 행위자가 고의범의 죄책을 지는 것으로 해석하는 듯 하다. 판례는 음주운전 후 교통사고를 내고 뺑소니친 운전자에 대하여 '특정범죄가중처벌등에관한 법률' 제5조의3을 적용하고 있다.[635]

보충판례 25-7 : 대법원 1992.7.28. 선고 92도999 판결 ; 대법원 2007.7.27. 선고 2007도4484 판결.

이 사례들에서 피고인이 음주시에 음주운전을 할 것이나 사고가 발생할 수 있다는 것은 예견하였다고 할 수 있다. 따라서 음주운전죄는 고의에 의한 원인에 있어서 자유로운 행위, 업무상과실치상죄는 과실에 의한 원인에 있어서 자유로운 행위라고 할 수 있다. 그러나 피고인이 음주시에 사고를 내고 도주할 것까지는 예견하였다고 보기 어렵기 때문에 도주부분은 예견가능성밖에 남지 않는다.

그럼에도 불구하고 판례가 '특정범죄가중처벌등에관한법률'을 적용한 것은 특가법위반죄부분(제5조의3 제1항 제1호 도주운전죄)에 대해서 과실에 의한 원인에 있어서 자유로운 행위에 해당한다고 판단한 것이라 할 수 있다. 특가법위반죄는 고의범만 처벌하고 있기 때문에 판례가 피고인에 대하여 특가법위반죄의 유죄를 인정한 것은 결과실현행위시 행위자가 심신상실이 아니라 심신미약상태(책임능력자)에 있었기 때문이라고 할 수 있을 것이다.

② 다수설의 입장

이에 대해 다수설은 결과실현행위가 과실범인 경우는 물론 고의범이라고 하여도 과실에 의한 원인에 있어서 자유로운 행위의 효과로서 행위자는 과실범의 죄책을 진다고 한다.

---

635) **보충판례 25-7 : 대법원 1992.7.28. 선고 92도999 판결**(형법 제10조 제3항은 … 위험의 발생을 예견할 수 있었는데도 자의로 심신장애를 야기한 경우도 그 적용 대상이 된다고 할 것이어서, 피고인이 음주운전을 할 의사를 가지고 음주만취한 후 운전을 결행하여 교통사고를 일으켰다면 피고인은 음주시에 교통사고를 일으킬 위험성을 예견하였는데도 자의로 심신장애를 야기한 경우에 해당하므로 위 법조항에 의하여 심신장애로 인한 감경 등을 할 수 없다.) ; **보충판례 25-7 : 대법원 2007.7.27. 선고 2007도4484 판결**(음주운전을 할 의사를 가지고 음주만취한 후 운전을 결행하다가 교통사고를 일으킨 경우에는 음주시에 교통사고를 일으킬 위험성을 예견하였는데도 자의로 심신장애를 야기한 경우에 해당하므로 형법 제10조 제3항에 의하여 심신장애로 인한 감경 등을 할 수 없다고 할 것이다.)

(3) 심신미약자의 원인에 있어서 자유로운 행위범

심신미약자가 위험발생을 예견하고 자의로 심신상실상태를 야기하여 범죄행위를 한 경우에는 형을 감경하지 않고 보통의 형벌을 과할 것인지 아니면 심신미약자의 행위로서 형을 감경할 것인지 문제될 수 있지만 형을 감경하는 것이 타당하다고 할 것이다.

7. 원인에 있어서 자유로운 행위와 객체의 착오 : 사례해결

사례

甲은 乙에게 평소에 원한관계에 있던 丙을 죽여달라고 부탁하였다. 거액의 사례금에 혹한 乙은 丙을 죽이기로 결심하였으나 용기가 나질 않아 술을 마시고 만취한 상태로 丙을 기다렸다. 어둠 속에 다가오는 사람이 丙임을 확신한 乙은 丙을 칼로 찔러 살해하였다. 하지만 확인해 보니 그는 丙이 아닌 丁이었다. 乙은 실망하였으나 丁의 호주머니에 지갑이 들어있는 것을 발견하여 이를 가지고 현장을 떠났다. 乙이 술에 만취하여 책임능력이 없다는 것을 전제로 甲과 乙의 죄책을 논하시오.

가. 쟁점의 정리(문제의 소재)

乙의 행위는 두 가지로 요약할 수 있다. 첫째는 丁을 살해한 행위이고, 둘째는 丁의 지갑을 가지고 간 행위이다. 이들 행위시에는 乙에게 책임능력이 없었기 때문에 원인에 있어서 자유로운 행위의 이론을 적용할 수 있는지가 문제된다.

또한 丙을 죽일 고의로 丁을 살해한 것을 어떻게 평가할 것인지도 사실의 착오이론과 관련된 문제이며, 死者의 점유를 침해한 것이 어떤 죄에 해당하는지도 살펴보아야 한다.

한편 甲에게 있어서는 자신이 乙을 교사한 본 의도와는 다른 결과가 발생하였다. 즉 丙이 아닌 丁이 사망하였으며 乙은 甲이 교사하지도 않은 丁의 지갑을 절취한 것이다. 이러한 결과에 대하여 甲은 어떠한 책임을 질 것인지가 문제된다.

나. 乙의 죄책

(1) 丁을 살해한 행위

(가) 사실의 착오 : 구체적 사실의 착오에 있어서 객체의 착오

乙은 丁을 丙이라 확신하고 丙을 살해하려는 고의로 丁을 살해하였다. 이처럼 객체의 동일성에 착오가 있는 경우에 고의 및 기수를 인정할 수 있는지에 대해서는 견해가 대립하고 있다.

행위자의 인식과 발생한 사실이 어느 정도 부합하여야 하는지에 대해서는 크게 구체적 부합설(다수설)과 법정적 부합설(판례의 입장)의 대립이 있는데, 어떤 견해에 입각하든지 객체의 착오의 경우에는 발생한 사실의 고의가 인정된다. 따라서 乙은 고의로써 살해행위를 행하여 살인의 결과를 발생시킨 것이라 할 수 있다.

다만 원인에 있어서 자유로운 행위에 있어서 가벌성의 근거와 관련한 구성요건모델(일치설)은 심신장애상태 하의 객체의 착오를 정상적인 상태 하에서의 착오와 동일하게 다룰 수는 없기 때문에 전체적으로 방법의 착오로 취급한다. 그러나 통설인 예외모델(불가분적 연관설)에 의하면 결과실현행위시를 기준으로 고의를 판단하기 때문에 객체의 착오가 된다. 따라서 구성요건모델에 의하면 乙은 인식한 사실의 미수범과 발생결과의 과실범의 상상적 경합으로 취급되어 살인미수가 성립할 수도 있다(구체적 부합설).

(나) 원인에 있어서 자유로운 행위

① 의의

② 원인에 있어서 자유로운 행위의 가벌성의 근거

ㄱ. 구성요건모델(일치설)

ㄴ. 예외모델(불가분적 연관설)

ㄷ. 소결

③ 원인에 있어서 자유로운 행위의 유형

ㄱ. 고의에 의한 원인에 있어서 자유로운 행위

ㄴ. 과실에 의한 원인에 있어서 자유로운 행위

ㄷ. 사안에의 적용

사안에서 甲은 심신장애상태를 고의로 야기하였을 뿐만 아니라 이 때 이미 丙을 살해하겠다는 고의를 가지고 있었기 때문에 고의에 의한 원인에 있어서 자유로운 행위가 된다.

(다) 소결

乙은 살인죄의 구성요건을 실현하였고 그 이외에 위법성조각사유 또는 책임조각사유를 발견할 수 없기 때문에 살인죄(살인미수죄)의 죄책을 진다.

(2) 丁의 지갑을 가져간 행위 : 절도죄 또는 점유이탈물횡령죄

(가) 구성요건해당성

지갑에 대해 이미 사망한 丁의 점유가 인정되는지가 문제이다. 인정되는 경우에는 절도죄 또는 점유이탈물횡령죄가 성립할 여지가 있다.

형법상 점유는 재물지배라는 객관적 요소와 점유의사라는 주관적 요소를 구비하여야 한다. 이 경우 재물지배란 순수한 사실상의 개념이므로 상속에 의한 점유의 이전은 인정되지 않는다.

死者의 경우 점유의 객관적 요건은 갖추었다고 볼 수 있다. 그러나 점유의사라는 주관적 요건을 인정할 수 없음은 명백하다. 따라서 지갑은 어느 누구의 소유에도 속하지 않는 물건이라 할 것이기 때문에 결국 점유이탈물횡령죄의 구성요건을 충족시킨다고 하겠다. 다만 판례는 이러한 경우에도 절도죄를 인정하고 있다.[636]

---

[636] **[死者의 점유]** : 대법원 1968.6.25. 선고 68도590 판결 ; 대법원 1993.9.28. 선고 93도2143 판결(피해자를 살해한 방에서 사망한 피해자 곁에 4시간 30분쯤 있다가 그곳 피해자의 자취방 벽에 걸려 있던 피해자가 소지하는 물건들을 영득의 의사로 가지고 나온 경우 피해자가 생전에 가진 점유는 사망 후에도 여전히 계속되는 것으로 보아야 한다.)

(나) 책임

乙의 살인행위와는 달리 이 경우는 원인에 있어서 자유로운 행위에 해당하지 않는다. 원인행위 당시 점유이탈물횡령의 결과실현행위에 대한 인식이 전혀 없었고, 단지 심신장애상태 하에서 위 구성요건에 해당하는 행위를 한 것뿐이기 때문이다. 결국 심신장애상태라는 책임능력이 없는 상태의 행위이었기 때문에 심신장애의 정도에 따라 범죄가 성립하지 않거나 형이 감경될 수 있다.

다. 甲의 죄책

(1) 乙이 丁을 살해한 행위

(가) 정범의 객체의 착오와 교사범의 죄책

乙에게 살인을 교사한 甲은 원칙대로라면 乙과 마찬가지로 살인죄로 처벌되어야 하지만, 乙이 객체의 착오를 일으켜 甲이 의도한 것과는 다른 결과를 발생시켰기 때문에 정범의 객체의 착오가 교사범에게 어떠한 의미를 가지는지를 검토할 필요가 있다.

(나) 학설의 대립

① 구체적 부합설

양자가 구체적으로 부합할 것을 요구하는 견해로서 이 견해에 따르면 일반적으로 정범의 객체의 착오는 교사범의 방법의 착오가 된다고 해석한다. 따라서 乙의 착오로 인해 甲의 丁에 대한 고의는 부정되게 된다.

② 법정적 부합설

양자가 법정적으로 부합할 것을 요구하는 견해로서 이 견해에 따르면 일반적으로 정범의 객체의 착오는 교사범에게도 객체의 착오가 된다고 해석한다. 따라서 乙의 착오가 있더라도 甲의 丁에 대한 고의는 인정된다.

(다) 검토 및 사안에의 적용

구체적 부합설은 고의의 인정범위가 지나치게 축소되고, 구성요건의 규범적 의미를 무시한다는 점에서 타당하다 할 수 없다. 또한 구체적 사실의 착오의 경우 객체의 착오에 관하여는 고의의 성립을 인정하면서 방법의 착오에 관하여는 이를 부정하게 되는 바 그 근거가 명백하지 못한 문제점을 안고 있다. 따라서 법정적 부합설이 타당하다 할 것이다.

결국 법정적 부합설의 입장을 취하게 되면 甲은 살인죄의 교사범의 죄책을 진다.

(2) 乙이 丁의 지갑을 절취한 행위

甲은 乙에게 지갑을 절취할 것을 교사한 바 없다. 더욱이 이에 대한 인식도 없었던 것처럼 보인다. 정범이 교사받은 행위와 성질을 달리하는 범죄를 초과실현한 때에는 그 결과를 공범에게 귀속시킬 수 없다. 따라서 甲은 이에 대해 아무런 죄책을 지지 않는다.

라. 결론

법정적 부합설에 입각할 때 피교사자인 乙의 객체의 착오는 乙의 살인죄 성립뿐만 아니라 교사자인 甲의 살인죄의 교사범 성립에 아무런 영향을 미치지 아니한다. 다만 乙이 술에 취한 채로 살해행위를 한 것이 문제되나 이는 원인에 있어서 자유로운 행위로서 책임이 조각되지 않는다.

乙이 사망한 丁의 지갑을 가져간 행위는 점유이탈물횡령죄의 구성요건에 해당한다고 할 수 있지만, 술에 만취해 우발적으로 저지른 범행이기 때문에 책임능력이 없어 범죄를 구성하지 않는다. 甲 또한 이에 대해 어떠한 죄책도 지지 않는다.

제
17
장

형법총론

위법성의 인식과 법률의 착오

제1절 형법 제16조

[조문]

刑法 第16條 (法律의 錯誤) 自己의 行爲가 法令에 依하여 罪가 되지 아니하는 것으로 誤認한 行爲는 그 誤認에 正當한 理由가 있는 때에 限하여 罰하지 아니한다.

2011년 형법일부개정법률안[형법총칙전면개정안][의안번호 제11304호] 제24조(법률의 착오) ① 자기의 행위가 위법하지 아니한 것으로 오인(誤認)한 자의 행위는 그 오인에 정당한 이유가 있는 경우에는 벌하지 아니한다.
② 제1항의 경우 그 오인에 정당한 이유가 없는 경우에는 형을 감경할 수 있다.

국제형사재판소관할범죄의처벌등에관한법률[시행 2011.4.12][법률 제10577호, 2011.4.12, 일부개정] 제4조(상급자의 명령에 따른 행위) ① 정부 또는 상급자의 명령에 복종할 법적 의무가 있는 사람이 그 명령에 따른 자기의 행위가 불법임을 알지 못하고 집단살해죄 등을 범한 경우에는 명령이 명백한 불법이 아니고 그 오인(誤認)에 정당한 이유가 있을 때에만 처벌하지 아니한다.
② 제1항의 경우에 제8조 또는 제9조의 죄를 범하도록 하는 명령은 명백히 불법인 것으로 본다. [전문개정 2011.4.12]

질서위반행위규제법 제8조(위법성의 착오) 자신의 행위가 위법하지 아니한 것으로 오인하고 행한 질서위반행위는 그 오인에 정당한 이유가 있는 때에 한하여 과태료를 부과하지 아니한다.

형법 제16조는 법률의 착오를 규정하고 있다. 제16조에 의하면 **법률의 착오**란 죄가 되는 행위를 하는 자가 행위 당시에 자기의 행위가 법령에 의하여 죄가 되지 않는 것으로 오인한 경우를 말한다고 할 수 있다. 제16조에서 언급되고 있는 '**행위**'는 모든 구성요건에 해당하고 위법한 행위를 말한다. '**죄가 되지 아니하는 것으로 오인한다**'는 것은 객관적으로는 행위자의 행위가 구성요건에 해당하고 위법함에도 불구하고 행위자는 자신의 행위가 위법하다는 것을 알지 못하는 것을 의미한다.

이처럼 법률의 착오는 위법한 행위(법적으로 금지된 행위)를 하는 사람이 자기 행위가 위법하다는 인식없이(법적으로 금지되었다는 것을 알지 못하고) 그 행위를 하는 경우를 말한다(**금지착오, 위법성의 착오**).

형법 제16조를 해석하기 위해서는 위법성인식의 의미를 먼저 파악할 필요가 있다. 즉 위법성인식의 개념을 넓게 파악하면 법률의 착오의 범위는 줄어들고 위법성인식의 개념을 좁게 파악하면 법률의 착오의 범위가 넓어지기 때문이다.

제2절 위법성의 인식

1. 위법성인식의 개념

위법성의 인식이란 구체적인 행위자가 자신의 행위가 위법에 해당한다는 것, 즉 자신의 행위가 법질서 전체적인 관점에서 부정적 가치판단을 받는다는 것에 대해 인식하거나 인식할 수 있는 내심적 상태를 말한다.[637]

그런데 책임비난을 가하려면 구체적 행위자가 구성요건에 해당하고 위법한 행위(즉 불법)가 있음을 알고 이를 피하여 적법행위로 나아갈 것을 그 구체적 행위자에게 기대할 수 있어야 한다.[638] 이점에서 자신의 행위가 위법하다는 것을 인식하면서도 위

637) **[위법성의 인식과 고의의 구별]** : **위법성의 인식**은 행위에 의하여 침해되는 **금지규범에 대한 인식**을 의미하는데 반하여, **고의**는 객관적 구성요건에 해당하는 사실과 그 사실의 사회적 의미에 대한 인식, 즉 **금지사실에 대한 인식**을 의미한다.

법한 행위를 한 사람에 대해서는 책임비난이 가능하고 그는 자신이 행한 위법행위에 대해 책임을 져야 한다. 결국 **위법성의 인식은 행위자에 대한 비난가능성, 즉 책임의 한 요소**라고 할 수 있다.

[확신범 또는 양심범과 위법성의 인식]

위법성의 인식을 '전체로서의 법질서에 위반된다는 인식'으로 정의하는 경우에는, 확신범(객관적인 법질서에 반하는 어떤 행위를 윤리적·종교적 또는 정치적 확신에서 옳다고 여기고 더 높은 가치의 실현을 위해서 행위하는 자)이나 양심범(양심에 비추어 불가피하다고 판단되어 행위하는 자, 예컨대 종교적 이유에 의한 집총거부)의 경우처럼 법질서의 타당성에 의문을 품는 경우에도 위법성의 인식이 있다고 할 수 있다.[639]

2. 위법성인식의 요건

학설과 판례는 위법성의 인식을 자신의 행위가 법률상 허용되지 않거나 금지된다는 인식을 말한다고 한다. 그러나 그 구체적 의미에 대해서는 견해가 대립한다.

즉 구체적인 금지규정까지 인식할 필요는 없고 비전문가의 소박한 판단으로 족하다는 점(법적 금지에 대한 인식, 금지성의 인식), 위법성의 인식은 구체적인 구성요건에 관계되어 있어야 하므로 수 개의 서로 다른 행위(數罪)가 문제되는 경우에는 각 행위(각 죄)에 대해 위법성의 인식이 있어야 한다는 점(위법성인식의 분리가능성), 현실

638) **[주관적 귀속]** : 주관적 귀속이란 객관적으로 존재하는 불법을 구체적인 행위자의 탓으로 돌리는 것을 말한다. 이점에서 책임판단은 주관적 귀속여부를 검토하는 작업을 의미하며 주관적 귀속이 인정되면 행위자에게 불법에 대한 비난을 가할 수 있게 된다. 책임의 핵심은 비난가능성인 바, 위법성의 인식이 있어야 법규범을 알면서도 범죄를 결의하였다는 것에 대한 비난이 가능하기 때문에 위법성의 인식은 책임비난의 핵심이 된다.

639) **[확신범 또는 양심범에 있어서 위법성인식의 인정례]** : 예컨대 과거 정부는 반정부데모를 처벌하기 위하여 '집회및시위에관한법률[시행 2008.9.22][법률 제8733호, 2007.12.21, 타법개정]'을 제정·시행하였다. 대학생들의 반정부데모행위는 동법률에 위반되는 행위였지만 대학생들은 동법은 부당한 법률이고 민주사회의 건설이라는 목표를 위해서는 설사 동법률에 의해 처벌되더라도 반정부데모는 해야 되겠다는 생각으로 데모를 하였다. 이 경우 자신의 행위가 법질서에 위반된다는 인식은 있었다고 할 수 있다.

한편 여호와의 증인들의 경우 집총을 거부하면 '군형법[시행 2010.2.3][법률 제9820호, 2009.11.2, 일부개정]' 제44조(항명죄)에 의해 처벌된다는 것은 알지만 총을 잡는 것은 인간의 명령을 지키고 여호와의 명령은 지키지 않는 것이므로 인간의 명령을 어기더라도 여호와의 명령을 지키겠다는 종교적 신념하에 집총을 거부하는 것이므로 위법성의 인식을 부정할 수 없다.

적 인식(확정적 위법성의 인식)뿐만 아니라 잠재적 혹은 미필적 인식(위법가능성에 대한 인식이 있는 경우)으로도 족하다는 점 등에서는 거의 견해가 일치되어 있다.

그러나 위법성인식의 구체적 내용(위법성의 인식정도)에 대해서는 견해가 대립한다.

가. 판례의 태도

판례는 위법성의 인식을 가장 넓게 파악하여, 자신의 행위가 사회정의와 조리에 어긋난다는 것을 인식하면 족하다고 한다.[640)]

보충판례 26[위법성의 인식정도] : 대법원 1987.3.24. 선고 86도2673 판결.

나. 학설의 태도

위법성의 인식을 가장 좁게 해석하는 소수설은 형법적 평가에 반한다는 인식, 즉 형벌법규에 위반된다는 인식이 있어야 위법성의 인식이 있다고 한다.

이에 대하여 **다수설**은 단순한 윤리규범에 위반된다는 인식으로는 충분하지 않지만 형벌법규위반의 인식까지는 필요하지 않다고 한다. 즉 그 행위가 현행 법질서에 어긋난다는 인식이면 족하므로 민법이나 행정법 등에 위반된다는 인식이 있어도 위법성의 인식이 있다는 것이다.

다. 소결

생각건대 판례의 태도는 위법성의 인식이라는 문자적 개념과 너무 동떨어질 뿐만

640) **보충판례 26[위법성의 인식정도] : 대법원 1987.3.24. 선고 86도2673 판결**(범죄의 성립에 있어서 위법의 인식은 그 범죄사실이 사회정의와 조리에 어긋난다는 것을 인식하는 것으로서 족하고 구체적인 해당 법조문까지 인식할 것을 요하는 것은 아니므로 설사 형법상의 허위공문서작성죄에 해당되는 줄 몰랐다고 가정하더라도 그와 같은 사유만으로는 위법성의 인식이 없었다고 할 수 없다.)

[판례해설] : 이 사안은 피고인이 봉양면사무소 호병계장으로 재직하고 있음을 기화로 피고인과 피고인의 동거여인인 공소외 1과의 사이에 출생한 공소외 2를 피고인과 피고인의 법률상 처인 공소외 3 사이에서 출생한 것처럼 호적부에 허위의 기재를 한 후 그 정을 모르는 면장으로 하여금 이에 날인케 하여 허위내용의 호적부를 작성하여 허위공문서작성 및 동행사죄로 기소된 사안이다.

아니라, 위법성의 인식과 반윤리·도덕성의 인식을 동일하게 취급하여 지나치게 가벌성의 범위를 확장할 우려가 있다.

한편 형벌법규를 위한한다는 인식까지 요구하는 소수설의 태도는 가벌성의 범위를 좁힌다는 긍정적인 측면을 가지기는 하지만, 위법성인식의 범위를 지나치게 좁게 인정하는 문제점을 안고 있다. 즉 법률전문가들을 제외한 대부분의 사람들은 자신의 행위가 형벌법규에 위반되는지를 정확하게 인식하지 못하는 경우가 많기 때문에 소수설에 의하게 되면 일반인들의 범죄행위 대부분은 위법성의 인식이 결여되어 법률의 착오가 문제된다는 난점을 내포하게 된다.

따라서 위법성의 인식을 자신의 행위가 현행법질서에 위반한다는 인식정도를 요구하는 다수설이 타당하다고 할 것이다. 위법성을 법질서 전체적 관점에서의 평가라고 한다면 위법성의 인식도 법질서 전체적 관점에서 파악하는 것이 순리일 것이기 때문이다.[641]

[사례를 통한 각 입장의 차이점]

[사례] 국회의원이면서 유부녀인 甲은 자신의 남자비서와 동침을 하고 돈을 주지 않으면 간통죄가 되지만 돈을 주게 되면 간통죄가 되지 않는다고 생각하고 동침을 하였다. 그러나 甲은 자신이 남자비서와 동침한 사실이 발각되면 앞으로 다가 올 국회의원 선거에 나쁜 영향을 미치게 될 것이고, 남편에게 이혼당할 수도 있다고 생각하여 남자비서에게 자신과 동침한 사실을 발설하면 안 된다고 신신당부하였다. 위법성의 인식의 성립여부는?

판례에 의하면, 甲 이 자신의 행위를 들키게 되면 선거에 나쁜 영향을 미친다고 생각한 것은 자신의 행위가 '사회정의나 조리'에 맞지 않는다고 생각한 것이므로 이러한 인식만 가지고도 위법성의 인식을 긍정한다.

다수설에 의하면, 선거에 나쁜 영향을 미친다고 생각한 것만으로는 위법성을 인식하였다고 할 수 없지만, 甲이 자신의 행위가 형법에 위반된다는 인식은 못했어도 남편에게 들키면 이혼당한다고 생각한 것은 민법에 위반된다는 인식은 있었던 것이기 때문에 甲에게 위법성의 인식이 있다고 할 수 있다.

소수설에 의하면, 甲이 자신의 행위가 사회정의나 조리 혹은 민법에 위반된다는 인식은 하였으나 형법에 위반된다는 인식, 즉 간통죄가 된다는 사실을 인식하지 못하였기 때문에 甲에게 위법성의 인식을 긍정할 수 없다. 따라서 甲은 위법성의 인식없이 위법한 행위를 한 것이므로 법률의 착오가 문제된다.

641) **[전체적 법질서의 관점에서의 위법성인식의 파악 필요성]** : 이점에서 구체적 행위자가 자신의 행위가 민법, 행정법에 위반한다는 인식은 있었지만, 형벌법규에 위반한다는 사실을 인식하지 못한 경우에는 형법 제16조의 문제가 아니라 일반적인 양형의 문제로 해결하는 것이 바람직할 것이다.

3. 위법성인식의 체계적 지위

범죄성립에는 위법성의 인식이 필요하고, 위법성의 인식이 행위자의 비난가능성 즉 책임의 요소라는 점에 대해서는 견해가 일치한다. 다만 위법성의 인식이 (책임)고의의 내용인가에 대해서는 고의설과 책임설이 대립한다.

가. 고의설

고의설은 고의를 책임요소로 이해하고, 고의의 내용으로서 구성요건에 해당하는 객관적 사실에 대한 인식 이외에 위법성의 인식도 필요하다는 견해이다. 따라서 이 견해에 의하면 위법성의 인식이 없는 경우에는 원칙적으로 책임고의가 조각된다.

여기서 고의설은 **위법성의 인식은 없지만 위법성의 인식가능성은 있는 경우**에 과실책임을 인정할 것인지, 고의책임을 인정할 것인지에 따라 엄격고의설과 제한적 고의설로 나누어진다.

(1) 엄격고의설

엄격고의설은 고의설의 입장을 엄격하게 유지하고 예외를 인정하지 않는다. 즉 위법성의 인식은 고의의 한 구성요소이므로, ① 위법성의 현실적 인식(확정적 인식, 미필적 인식)이 있는 경우에만 고의책임을 인정하고, ② 과실로 인하여 위법성을 인식하지 못한 경우(즉 위법성의 인식가능성이 있는 경우)에는 고의책임이 아닌 과실책임을 인정하며, ③ 위법성의 인식가능성조차 없을 경우에는 고의·과실책임 모두 조각되므로 범죄가 성립하지 않는다고 한다.

그러나 엄격고의설에 대해서는 행위자가 현실적으로 위법성을 인식하지 못한 경우는 항상 과실범의 성립여부만 남게 되고, 과실범처벌규정이 없는 경우에는 처벌의 공백이 발생한다는 비판이 제기된다.

(2) 제한적 고의설

제한적 고의설은 고의의 인정에 현실적인 위법성의 인식까지 요구하는 엄격고의설의 문제점을 수정하기 위하여 등장한 견해이다. 고의의 성립요건을 완화하였다는 의미에서 **완화된 고의설**이라고도 한다.

제한적 고의설에 의하면 위의 ①, ③의 경우 엄격고의설과 동일한 결론에 이르지만, **②의 경우에는 예외적으로 과실책임이 아닌 고의책임을 인정**한다. 위법성인식의 가능성만 있어도 고의에 준해서 처벌해야 한다고 하는 위법성인식가능성설이나 법과실준고의설도 같은 입장이라 할 수 있다.

제한적 고의설에 의하면 엄격고의설과 같은 처벌의 공백은 피할 수 있지만, 사실의 인식과 위법성의 인식을 모두 고의의 성립요소로 보면서 과실로 사실을 인식하지 못한 경우에는 과실범을 인정하지만, 과실로 위법성을 인식하지 못한 경우에는 고의범을 인정하는 것은 논리일관성이 없다는 비판이 가해진다.

[고의설의 정리]

		엄격고의설	제한적 고의설
위법성을 현실적(확정적·미필적)으로 인식한 경우		고의책임	고의책임
위법성을 현실적으로 인식하지 못한 경우	인식가능성이 있었던 경우	과실책임	고의책임
	인식가능성이 없었던 경우	범죄불성립	범죄불성립

나. 책임설

책임설이란 위법성의 인식(내지 인식가능성)을 고의와 독립된 책임요소라고 하는 전제 하에서 위법성의 인식이 없는 법률의 착오는 고의조각에는 아무런 영향을 주지 못하고 책임조각이나 감경에만 영향을 미칠 수 있을 뿐이라고 하는 견해를 말한다.

책임설에 의하면, ① 위법성의 현실적(확정적·미필적) 인식이 있는 경우에는 책임이 완전히 인정되고, ② 과실로 인해 위법성을 인식하지 못한 경우(위법성의 인식가능성이 있는 경우)에는 책임이 감경되며, ③ 위법성의 인식가능성조차 없는 경우에는 책임이 조각된다.

책임설은 '위법성조각사유(정당화사유)의 요건사실(전제사실)에 대한 착오'의 형법적 효과를 무엇으로 할 것인지에 다라 엄격책임설과 제한책임설로 나누어진다.

(1) 엄격책임설

엄격책임설은 고의·과실은 구성요건요소일 뿐이고 책임영역에서는 완전히 배제되어야 한다는 입장이다(목적적 행위론을 배경으로 한다). 따라서 행위의 위법성에 관한 모든 착오는 법률의 착오이므로 위법성조각사유의 전제사실에 관한 착오도 구성요건에 관련된 사실의 착오가 아니라 위법성에 관련된 사실의 착오이기 때문에 예외없이 법률의 착오로 파악한다.

엄격책임설에 대해서는 행위정황에 관한 착오인 위법성조각사유의 전제사실에 관한 착오를 규범평가에 관한 착오인 법률의 착오와 동일시할 수 없고, 그 오인에 정당한 이유가 없는 경우에도 고의범의 책임을 묻는 것은 법감정에 반한다는 문제점이 있다.

(2) 제한적 책임설

제한적 책임설은 고의·과실이 구성요건요소일 뿐만 아니라 책임요소로서도 작용한다는 고의·과실의 이중적 기능을 인정하는 입장이다(사회적 행위론을 배경으로 한다). 따라서 위법성조각사유의 전제사실에 관한 착오는 그 법적 효과에 있어서 사실의 착오와 동일하지만, 위법성조각사유의 존재 및 허용한계에 대한 착오는 법률의 착오에 해당한다고 한다.

제한적 책임설은 위법성조각사유의 전제사실에 관한 착오에 대하여, 구성요건적 사실의 착오를 유추적용하여 고의가 조각된다고 하는 '사실의 착오 유추적용설'과 고의가 조각되는 것은 아니지만 형법적 효과만은 고의책임이 아닌 과실책임을 인정하고자 하는 '**법효과제한(전환)책임설(다수설)**'을 주장한다.

그러나 위법성조각사유의 전제사실에 관한 착오의 경우에 고의범의 구성요건에 해당하고 위법하다고 평가된 행위를 책임고의가 조각되면 과실범으로 논하는 불합리성이 있다고 할 수 있다.

[책임설의 정리]

	엄격책임설	제한적 책임설
위법성조각사유의 존재에 관한 착오	법률의 착오	법률의 착오
위법성조각사유의 허용한계에 관한 착오	법률의 착오	법률의 착오
위법성조각사유의 전제사실에 관한 착오	법률의 착오	사실의 착오 효과

다. 판례의 태도

대법원은 "법률착오가 범의를 조각한다."[642], "부동산중개업자가 부동산중개업협회의 자문을 통하여 인원수의 제한 없이 중개보조원을 채용하는 것이 허용되는 것으로 믿고서 제한인원을 초과하여 중개보조원을 채용함으로써 부동산중개업법 위반행위에 이르게 되었다고 하더라도 그러한 사정만으로 자신의 행위가 법령에 저촉되지 않는 것으로 오인함에 정당한 이유가 있는 경우에 해당한다거나 범의가 없었다고 볼 수는 없다."[643]고 판시하고 있는데 이는 위법성의 인식을 犯意, 즉 고의의 한 구성요소로 파악하는 입장이라 할 수 있으며, 행위자에게 위법성에 대한 현실적 인식이 없음에도 불구하고 고의의 성립을 인정한 것이기 때문에 **제한적 고의설**의 입장을 취한 것이라 할 수 있다.

보충판례 26-1 : 대법원 1988.12.13. 선고 88도184 판결 ; 대법원 1974.11.12. 선고 74도2676 판결.

[642] **보충판례 26-1 : 대법원 1988.12.13. 선고 88도184 판결 ; 대법원 1974.11.12. 선고 74도2676 판결** (자기의 행위에 대한 위법의 인식이 있었다고 보지 못할 바 아니므로 위 채권자의 미필적 고의는 인정할 수 있다.) ; 대법원 1989.2.14. 선고 87도1860 판결(유선비디오 방송업자들의 질의에 대하여 체신부장관이 유선비디오 방송은 자가통신설비로 볼 수 없어 같은법 제15조 제1항 소정의 허가대상이 되지 않는다는 견해를 밝힌 바 있다 하더라도 그 견해가 법령의 해석에 관한 법원의 판단을 기속하는 것은 아니므로 그것만으로 피고인에게 범의가 없었다고 할 수 없다.)

[643] 대법원 2000.8.18. 선고 2000도2943 판결.

라. 소결

생각건대 위법성조각사유의 전제사실에 관한 착오는 범죄체계상으로는 법률의 착오이지만, 그 성질상 과실범(사실의 착오)의 성격도 지닌다고 할 수 있다. 그러나 위법성조각사유의 전제사실에 관한 착오의 효과는 고의범으로 처벌하기는 가혹하고 과실범으로 처벌하기에는 너무 관대하다고 할 수 있다. 이러한 경우에는 피고인에게 유리하게 과실범으로 처리하는 방법(제한적 책임설)과 고의범의 효과를 인정하면서 형벌을 감경하는 방법(엄격책임설)이 있을 수 있다.

제한적 책임설에서는 위법성조각사유의 전제사실에 관한 착오를 고의범으로 처벌하는 것은 법감정에 반한다는 주장을 하지만, 고의범의 구성요건에 해당하고 위법성도 인정되는 행위를 한 사람에 대해 과실범의 효과를 인정하는 것이 오히려 법감정에 반한다고 할 것이며, 위법성조각사유의 전제사실의 착오에서 사실의 착오는 어디까지나 고의행위에 이르게 된 동기의 착오에 불과한데 이러한 동기의 착오가 고의범을 과실범으로 처벌해야할 정도로 중요한 착오라고 할 수 없기 때문에 엄격책임설이 타당하다고 할 것이다.

제3절 법률의 착오

1. 법률의 착오의 개념

가. 법률의 착오의 의의

법률의 착오란 위법한 행위를 하는 사람이 자신의 행위의 위법성을 인식하지 못하는 경우, 즉 **위법성의 인식없이 위법한 행위를 하는 경우**[행위에 대한 주관적 평가(즉 주관적 생각으로는 적법한 행위)와 객관적 평가(객관적으로는 위법한 행위)의 불일치]를 말한다. 결국 법률의 착오는 책임비난에 필요한 위법성의 인식이 없는 경우이다.[644]

법률의 착오는 과실범과 유사한 구조를 가지고 있다. 즉 과실범과 법률의 착오는 행위자의 인식에 의하면 범죄가 되지 않고 객관적으로는 범죄가 된다는 구조를 가지고 있기 때문이다. 다만 과실범과 달리 법률의 착오는 고의가 인정될 수도 있기 때문에 원칙적으로 처벌되고 예외적으로 정당한 이유가 있는 경우에만 처벌되지 않는다는 점에서 차이가 있다.

나. 형법 제16조와 법률의 착오의 문제영역

형법 제16조는 법률의 착오에 정당한 이유가 있는 경우에 한하여 벌하지 않는다고 규정하고 있으므로 법률의 착오와 관련하여서는 다음과 같은 문제들이 중요하게 대두된다.[645]

① 행위자가 자신이 위반하는 형벌법규를 전혀 알지 못한 경우인 이른 바 '**법률의 不知**'를 위법성의 인식이 있는 경우로 볼 것인지 아니면 법률의 착오의 한 유형으로 볼 것인지의 문제이다.

② 정당한 이유의 유무를 어떻게 결정할 것이며, 정당한 이유가 있는 경우 처벌하지 않는 이론적 근거는 무엇인지의 문제이다.

③ 형법 제16조를 반대해석하는 경우 정당한 이유가 없는 경우에는 처벌한다는 취지인데 이 때 어떻게 처벌해야 하는지의 문제이다.

644) **[법률의 착오의 유형]** : 법률의 착오는 적극적 착오와 소극적 착오로 나눌 수 있다. **위법성의 적극적 착오**란 위법하지 않은 행위를 위법하다고 오인한 경우로서 반전된 법률의 착오인 환각범에 해당한다. 이 경우는 처음부터 구성요건해당성이 없기 때문에 형법상 문제가 되지 않는다. 이에 대하여 **위법성의 소극적 착오**란 위법한 행위를 위법하지 않다고 오인한 경우로서 법률의 착오가 문제되는 경우이다.

645) **[형법 제16조의 해석론에 부합하는 체계의 정립]** : 대부분의 문헌들에서는 위법성인식의 체계적 지위나 법률의 착오의 효과에 관한 학설들을 먼저 소개하고 마지막으로 형법 제16조의 의미를 해석하고 있다.

그러나 형법 제16조에 의하면 정당한 이유가 있는 법률의 착오는 처벌되지 않으므로 법률의 착오가 무엇인지, 법률의 착오에 정당한 이유가 있는지 여부를 먼저 다루는 것이 제16조의 해석론에 부합한다 할 것이다.

④ 위법성조각사유의 전제사실에 관한 착오에 대해 어떤 형법적 효과를 인정할 것인지의 문제이다.

2. 법률의 착오의 유형과 법률의 不知

가. 법률의 착오의 유형

(1) 직접적 법률의 착오

직접적 법률의 착오란 행위자가 자신의 행위를 금지하는 규범을 잘못 이해하여 그 행위가 허용된다고 오인한 경우(위법성을 인식하지 못한 경우)를 말한다. **학설**은 법률의 不知, 포섭의 착오, 효력의 착오 등이 모두 이에 포함된다고 하지만, **판례**는 법률의 不知는 위법성의 인식이 있는 경우로서 법률의 착오에 속하지 않는다고 한다.[646) 법률의 不知는 별도로 취급하기로 한다.

① 포섭의 착오(해석의 착오)

포섭의 착오란 행위자가 금지규정의 존재는 인식하고 있었지만 그 규정을 잘못 해석·적용하여 자신의 행위는 그 금지규정에 해당하지 않는다고 생각한 경우를 말한다.

예컨대 공무원 甲이 뇌물을 받으면 처벌된다는 것을 알았으나 업자들로부터 정기적으로 상납되는 금품은 뇌물이 아니라고 생각하고 그 금품을 수수한 경우, 타인의 자동차 타이어의 바람을 빼는 것은 손괴가 아니라고 생각하고 바람을 뺀 경우 등을 들 수 있다.

② 효력의 착오

효력의 착오란 유효한 금지규정을 무효라고 생각하고 그 금지규정을 위반하는 행

646) 뒤의 주 647)의 판례 참조.

위를 하는 경우를 말한다.

예컨대 간통죄폐지가 논의만 되고 간통죄가 폐지되지 않았음에도 불구하고 간통죄가 폐지된 것으로 오인하고 간통한 경우, 병역법이 헌법상 양심의 자유를 침해하는 위헌무효라고 생각하고 입대를 거부한 경우 등을 들 수 있다.

(2) 간접적 법률의 착오

간접적 법률의 착오란 행위자가 위법성조각사유와 관련한 판단을 잘못하여 자신의 행위가 위법함에도 불구하고 허용된다고 오인한 경우(그 위법성을 인식하지 못한 경우)를 말한다.

① 위법성조각사유의 요건에 대한 착오(사실관계에 대한 착오없는 오로지 법적 평가에 대한 착오)

이는 위법성조각사유의 법적 요건이나 의미, 한계 등을 오인함으로써, 즉 잘못된 법률지식으로 인해 자신의 행위가 위법하다는 것을 인식하지 못한 경우를 말한다. 법률의 착오에 해당한다.

예컨대 남편이 아내를 구타하면서 징계권이 있다고 믿은 경우(법적 요건 및 위법성조각사유의 존재에 대한 착오, 허용규범의 착오), 과거의 침해에 대해서도 정당방위가 허용된다고 오인하여 절도범을 살해한 경우(한계에 대한 착오, 허용한계의 착오), 자신의 생명을 구하기 위해 다른 사람의 생명을 침해하는 것도 긴급피난이 된다고 오해하고 피난행위를 한 경우(허용한계의 착오) 등을 들 수 있다.

② 위법성조각사유의 전제사실에 대한 착오(사실관계의 착오로 인해 법적 평가에 착오를 일으킨 경우)

이는 위법성조각사유의 전제사실이 존재하지 않음에도 불구하고 이를 존재한다고 오인하고 위법성조각사유에 해당하는 행위를 한 경우(허용구성요건의 착오 또는 정당화상황의 착오)를 말한다. 이 경우를 사실의 착오로 볼 것인지(제한적 책임설), 법률의 착오로 볼 것인지(엄격책임설) 견해가 대립하지만 다수설은 전자의 효과를 인정한다.

예컨대 가게주인 甲이 손님이 계산한 물건을 가방에 담는 것을 보고 도둑으로 오인하여 그 손님을 폭행하고 물건을 빼앗은 경우, 야간에 전보배달부를 강도로 오인하고 정당방위행위를 한 경우 등을 들 수 있다.

나. 법률의 不知

(1) 법률의 不知의 개념

법률의 不知란 행위자가 일정한 행위를 금지하는 규범을 전혀 알지 못하고 그 금지규범에 위반하는 행위를 하는 경우를 말한다.

예컨대 간통을 처벌하지 않는 외국에서 온 외국인이 간통금지규정을 모르고 우리나라에서 간통을 한 경우를 들 수 있다.

통설은 법률의 不知를 직접적 법률의 착오의 한 유형으로 파악하지만, **판례**는 법률의 착오에 속하지 않는다는 입장을 고수하고 있다. 따라서 판례에 의하면 법률의 不知에 대해서는 행위자의 정당한 이유 유무에 상관없이 책임을 인정한다.[647]

---

647) **[법률의 不知를 이유로 책임을 인정한 경우]** : **대법원 2001.6.29. 선고 99도5026 판결**(피고인이 학교교육도 제대로 받지 못한 가정주부로서 보험회사의 지점장인 김순애나 영업소장인 이부혜가 규정에 어긋난 행동을 할 줄은 꿈에도 몰랐다든가, 특정경제범죄가중처벌등에관한법률 제9조 제1항이 헌법재판소에서 비록 합헌결정이 났으나 5인의 헌법재판관이 위헌의견을 내었다는 등 상고이유로 내세우는 사유만으로는 피고인이 자신의 행위가 특히 법령에 의하여 허용된 행위로서 죄가 되지 않는다고 그릇 인식한 경우라고 할 수 없고, **단순한 법률의 부지에 해당하는 경우라고 할 것**이므로, 같은 취지의 원심의 판단은 수긍이 가고, 거기에 주장과 같은 위법성에 관한 법리를 오해한 위법이 없다.) ; **대법원 1995.12.12. 선고 95도1891 판결**(토지의 소유명의자로부터 직접 매수한 자도 아니고 매수인의 상속인도 아닌 자가 부동산소유권이전등기등에관한특별조치법에 따라 소유명의자로부터 직접 매수한 양 보증서를 작성, 행사하여 확인서를 발급받아 이를 행사하였다면, 설령 그로 인한 소유권이전등기가 실체관계에 부합되어 유효하다고 하더라도 위 특별조치법 제13조 제1항 제1호, 제4호 위반죄에 해당하고, 그 같은 행위가 법에 위반되는 줄 몰랐다 하더라도 이는 **단순한 법률의 부지에 불과**하여 정당한 이유가 있다고 볼 수 없다 할 것이다) ; **대법원 1995.8.25. 선고 95도1351 판결**(피고인은 이 사건 건물의 임차인으로서 건축법의 관계 규정을 알지 못하여 이 사건 건물을 자동차정비공장으로 사용하는 것이 건축법상의 무단용도변경 행위에 해당한다는 것을 모르고 사용을 계속하였다는 것이므로, 이는 **단순한 법률의 부지에 해당한다고 할 것**이고 피고인의 소위가 특히 법령에 의하여 허용된 행위로서 죄가 되지 않는다고 그릇 인식한 경우는 아니므로 **범죄의 성립에 아무런 지장이 없다고 할 것**이다.) ; **대법원 1994.4.15. 선고 94도365 판결**[피고인은 단열재시공등에 대한 중간검사를 받아야 한다는 구건축법(1991.5.31. 법률 제4381호로 개정되기 전의 것) 제7조의 2의 규정을 알지 못하였다는 것이므로 이는 **단순한 법률의 부지에 해당한다 할 것**이고 피고인의 소위가 특히 법령에 의하여 허용된 행위로서 죄가 되지 않는다고 그릇 인식한 경우는 아니므로 범죄의 성립에 아무런

(2) 법률의 不知에 대한 판례의 태도

대법원은 법률의 착오를 "단순한 법률의 부지를 말하는 것이 아니고 일반적으로 범죄가 되는 행위이지만 자신의 특수한 경우에는 법령에 의하여 허용된 행위로서 죄가 되지 아니한다고 그릇 인식한"[648]것으로 정의함으로써 단순한 법률의 부지는 법률의 착오로 인정하지 않고 있다.

보충판례 26-2 : 대법원 2006.1.13. 선고 2005도8873 판결 ; 대법원 2010.4.29. 선고 2009도13868 판결.

(3) 판례에 대한 비판

이러한 대법원의 태도에 대해서는 ① 특별한 논거없이 법률의 不知를 법률의 착오에서 제외하는 것은 피고인에게 유리한 법률의 착오규정을 축소해석하는 것으로 이는 불리한 규정을 유추해석하는 것과 마찬가지로 죄형법정주의에 반한다 할 것이며, ② 법률의 不知와 같이 위법성의 인식이나 인식가능성도 없을 수 있는 행위자를 무조건적으로 비난할 수 있다는 것은 책임주의에 반하고, ③ 위법성을 인식하지 못한 이유가 적극적인 오인에 의한 것이든, 소극적인 不知에 의한 것이든 위법성을 인식하지 못했다는 점에서는 동일하므로 양자를 차별해야 할 형법이론적·형사정책적 근거가 없으며, ④ 법률의 不知를 인정한 판례들 중에는 법률의 不知이기 때문에 법률의 착오에 해당하지 않는다고 한 판례들도 있지만, 나아가 법률의 부지이기 때문에 정당한 이유가 없다고 한 판례들도 많이 있다.[649] 이는 판례도 법률의 不知가 법률의 착오의 한 예

지장이 될 바 아니다.] ; **대법원 1992.4.24. 선고 92도245 판결**(피고인이자신의 행위가 국토이용관리법상의 거래허가대상인 줄을 몰랐다는 사정은 **단순한 법률의 부지에 불과**하고 특히 법령에 의하여 허용된 행위로서 죄가 되지 않는다고 적극적으로 그릇 인식한 경우가 아니어서 이를 법률의 착오에 기인한 행위라고 할 수 없다.) ; **대법원 1991.10.11. 선고 91도1566 판결**(피고인이 자신의 행위가 건축법상의 허가대상인 줄을 몰랐다는 사정은 **단순한 법률의 부지에 불과**하고 특히 법령에 의하여 허용된 행위로서 죄가 되지 않는다고 적극적으로 그릇 인식한 경우가 아니어서 이를 법률의 착오에 기인한 행위라고 할 수 없다.) ; **대법원 1986.6.24. 선고 86도810 판결**(피고인이 소론과 같은 이유로 당국의 허가없이 임목을 벌채한 것이었다 해도 **단순한 법률의 부지에 불과**하며, 형법 제16조에 해당하는 경우라고 볼 수 없으니 같은 이유로 피고인의 주장을 배척한 원심판단은 정당하고, 그 판단에 아무런 위법사유가 없다.)

648) **[법률의 착오의 정의]** : 대법원 2008.5.29. 선고 2007도10914 판결 ; 대법원 2008.3.14. 선고 2007도11263 판결 ; 대법원 2007.11.15. 선고 2007도6775 판결 ; 대법원 2005.9.29. 선고 2005도4592 판결 외 다수.

649) **[단순한 법률의 부지이기 때문에 정당한 이유를 부정한 판례]** : 대법원 1997.6.27. 선고 95도1964 판

에 불과하다는 것을 부지불식 간에 인정하고 있는 것이라는 비판이 가해지고 있다.

3. 법률의 착오와 정당한 이유

가. 정당한 이유와 과실

형법 제16조에 따르면 법률의 착오가 범죄불성립의 사유로 작용하려면 법률의 착오에 '정당한 이유가' 반드시 인정되어야 한다. 따라서 행위자의 비난가능성을 탈락시키는 결정적 단서인 '정당한 이유'가 존재한다는 것이 무엇을 의미하는지가 문제된다.

우리나라 대부분의 학설(다수설)은 독일형법의 해석론을 차용하고 착오의 회피가능성이라는 척도를 사용하여 책임이 조각되는 법률의 착오는 그 불인식을 회피할 수 없었던 경우로 국한시켜야 한다고 주장한다(회피불가능한 법률의 착오).[650] 즉 회피가능성의 유무로 정당한 이유의 유무를 판단하고[651], 회피가능성의 유무는 곧 법률의 착오에서의 과실의 유무라는 것이다.[652] 판례도 정당한 이유의 유무를 착오에 대한 과실의 유무로 판단한다.[653] 다만 최근의 판례는 구체적인 행위정황과 행위자 개인의 인식

결(긴급명령 위반행위 당시 긴급명령이 시행된 지 그리 오래되지 않아 금융거래의 실명전환 및 확인에만 관심이 집중되어 있었기 때문에 비밀보장의무의 내용에 관하여 확립된 규정이나 판례·학설은 물론 관계 기관의 유권해석이나 금융관행이 확립되어 있지 아니하였다는 것이나, 이는 **단순한 법률의 부지에 해당하는 사유라 할 것**이고, 그 위반행위가 이 사건 제1심 변호인들의 자료요청에서 기인하였다고 하더라도, 변호인들에게 구체적으로 긴급명령위반의 여부에 관하여 자문을 받은 것은 아닌데다가, 해당 은행에서는 긴급명령상의 비밀보장에 관하여 상당한 교육을 시행하였음을 알 수 있어 피고인들의 행위가 죄가 되지 않는다고 믿은 데에 **정당한 이유가 없는 경우라 할 것**이므로 범죄의 성립에 아무런 지장이 없다.)

650) **[독일형법 제17조(금지착오)]**는 "범행시 위법성을 인식하지 못한 자는 **그 착오가 회피불가능한 때에는 책임이 조각**된다. 그 착오가 **회피가능한 때에는 형법 제49조 제1항에 따라 형벌을 감경**한다"고 규정하고 있다.

651) **[정당한 이유유무의 판단기준으로서 회피가능성의 유무]** : 즉 위법성의 인식은 행위자의 지적 인식능력을 기준으로 평가해야 한다고 한다(**다수설**). 따라서 행위자가 위법성을 인식할 수 있는 지적 인식능력이 있었음에도 불구하고 이러한 능력을 발휘하지 아니하여 위법성을 인식하지 못한 경우에는 착오는 회피가능한 것이므로 책임이 조각되지 않지만, 자신의 지적 인식능력을 동원하였음에도 위법성을 인식할 수 있는 가능성이 없었던 경우에는 착오는 회피불가능하므로 책임이 조각된다는 것이다.

652) **[정당한 이유를 인정하기 위한 과실의 정도]** : 다만 정당한 이유가 인정되기 위해서는 주의의 정도가 과실의 주의정도보다 높다고 하는 견해와 과실의 주의의무와 동일한 수준이라는 견해(**다수설**)가 대립되어 있다.

653) **[정당한 이유의 유무를 착오에 대한 과실의 유무로 판단한 판례]** : 대법원 1983.2.22. 선고 81도2763

능력 그리고 행위자가 속한 사회집단을 고려한 행위자의 위법성 인식가능성여부를 기준으로 삼고 있다.[654)]

보충판례 26-3[정당한 이유유무의 판단기준 및 판단방법] : 대법원 2006.3.24. 선고 2005도3717 판결 ; 대법원 2010.7.15. 선고 2008도11679 판결.

그러나 '정당한 이유가 있는 때'라는 표현과 '회피가능한 때' 또는 '과실이 없는 때'라는 표현은 같은 의미를 가진 것이라 할 수 없다. 독일의 경우에는 명문규정이 있기 때문에 법률의 착오를 회피가능성을 중심으로 다루는 것이 당연하지만, 우리 형법에는 회피가능성이 아니라 '그 오인에 정당한 이유가 있는 때'라고 규정되어 있으므로 이를 과실의 유무로 판단할 수 없을 뿐만 아니라 정당한 이유의 유무를 과실의 유무로 판단하는 태도는 법률의 착오의 영역과 과실의 영역이 서로 다른 차원의 영역임을 고려하지 않은 태도로서 타당하다고 할 수 없다. 즉 과실판단은 구성요건적 사실에 대한 인식 및 인식가능성과 관련된 규범적 평가이지만 법률의 착오 및 착오의 정당한 이유의 문제는 사실인식의 문제가 아니라 규범에 대한 행위자의 인식에 관련된 규범적 평가의 문제이기 때문이다.

이러한 관점에서 보면 법률의 착오에 과실이 인정된다 하더라도 정당한 이유가 있다고 할 수 있는 경우도 있을 수 있다. 우리나라에서 법률의 착오가 문제되는 사례의

판결(피고인이 1975.4.1자 서울특별시 공문, 1975.12.3자 동시의 식품제조허가지침, 동시의 1976.3.29자 제분업소허가권 일원화에 대한 지침 및 피고인이 가입되어 있는 서울시 식용유협동조합 도봉구 지부의 질의에 대한 도봉구청의 1977.9.1자 질의회시 등의 공문이 곡물을 단순히 볶아서 판매하거나 가공위탁자로부터 제공받은 고추, 참깨, 들깨, 콩 등을 가공할 경우 양곡관리법 및 식품위생법상의 허가대상이 아니라는 취지이어서 사람들이 물에 씻어 오거나 볶아온 쌀 등을 빻아서 미싯가루를 제조하는 행위에는 별도의 허가를 얻을 필요가 없다고 믿고서 미싯가루 제조행위를 하게 되었다면, 피고인은 자기의 행위가 법령에 의하여 죄가 되지 않는 것으로 오인하였고 또 **그렇게 오인함에 어떠한 과실이 있음을 가려낼 수 없어 정당한 이유가 있는 경우에 해당**한다.)

654) **[정당한 이유유무의 판단방법 및 기준]** : **대법원 2008.2.28. 선고 2007도5987 판결**[정당한 이유가 있는지 여부는 행위자에게 자기 행위의 위법의 가능성에 대해 심사숙고하거나 조회할 수 있는 계기가 있어 자신의 지적능력을 다하여 이를 회피하기 위한 진지한 노력을 다하였더라면 스스로의 행위에 대하여 위법성을 인식할 수 있는 가능성이 있었음에도 이를 다하지 못한 결과 자기 행위의 위법성을 인식하지 못한 것인지 여부에 따라 판단하여야 할 것이며, 이러한 **위법성의 인식에 필요한 노력의 정도는 구체적인 행위정황과 행위자 개인의 인식능력 그리고 행위자가 속한 사회집단에 따라 달리 평가되어야 한다**(대법원 2006.3.24. 선고 2005도3717 판결, 대법원 2006.9.28. 선고 2006도4666 판결 등 참조).]

[판례해설] : 그러나 이들 판례가 과실의 유무로 정당한 이유를 판단한 종래의 입장보다 더 넓게 정당한 이유를 인정하려는 것이라고는 할 수 없을 것이다.

대부분은 행정형법범[655]이므로 형법 제16조가 착오의 면책범위를 좀 더 넓게 인정하고 있다고 해석하는 것이 우리 현실에도 맞는다고 할 수 있다.

또한 '정당한 이유'라는 척도는 회피가능성이라는 척도보다 행위자에 대한 비난을 탈락시킬 수 있는 가능성을 더 폭넓게 인정할 수 있는 여지를 처음부터 내포하고 있는 법문이라 할 수 있다. 따라서 회피가능성이라는 개념을 우리 형법에 대체해 넣을 이론적·실제적 이유도 발견할 수 없기 때문에 정당한 이유라는 용어를 그대로 사용하면서 불특정개념인 정당한 이유의 구체적인 내용을 유형화하는 것이 바람직하다 할 것이다.

나. 정당한 이유 유무에 대한 판례

우리 판례는 법률의 착오에 관한 상당수의 사건들을 법률의 부지이론으로 해결하고, 법률의 착오를 인정하는 경우에도 극히 제한된 경우에만 정당한 이유를 인정하고 있다. 판례에서 문제되는 법률의 착오사례는 대부분 행정형법범적 성격을 지닌 것들이다.

(1) 정당한 이유를 인정한 판례

대법원은, ① 허가를 담당하는 공무원이 허가를 요하지 않는다고 잘못 알려준 것을 믿고 임야상에 토지를 쌓아 둔 산림법위반행위[656], ② 광역시의회 의원이 선거구민들에게 의정보고서를 배부하기에 앞서 미리 관할 선거관리위원회 소속 공무원들에게 자문을 구하고 그들의 지적에 따라 수정한 의정보고서를 배부한 행위[657], ③ 비디오물

655) **[행정형법과 법률의 착오]** : 우리나라와 같이 형법이 비대화되어 있는 경우에는 특히 행정형법의 분야에서 법률의 착오가 문제될 수 있다. 우리나라에는 행정의 확실한 집행성을 확보하기 위하여 행정법규 위반행위들에 대해 형벌을 과하는 규정들을 두고 있는 행정법률들이 다수 존재한다. 이러한 법률들은 기술적·전문적 성격을 가진 관계로 많은 사람들이 자신의 행위가 이러한 법률상의 범죄구성요건에 해당하고 위법하다는 사실을 알지 못하고 위반행위를 하게 되는데 이러한 경우의 대부분이 법률의 착오가 문제될 수 있다.

656) **대법원 2005.8.19. 선고 2005도1697 판결**(행정청의 허가가 있어야 함에도 불구하고, 허가를 받지 아니하여 처벌대상의 행위를 한 경우라도 허가를 담당하는 공무원이 허가를 요하지 않는 것으로 잘못 알려 주어 이를 믿었기 때문에 허가를 받지 아니한 것이라면 허가를 받지 않더라도 죄가 되지 않는 것으로 착오를 일으킨 데 대하여 정당한 이유가 있는 경우에 해당하여 처벌할 수 없다.)

감상실업자가 자신의 비디오물감상실에 18세 이상 19세 미만의 청소년을 출입시킨 행위[658], ④ 변리사의 감정과 특허심판의 결과 등을 믿고 한 의장법 위반행위[659], ⑤ 서울특별시나 구청의 공문을 믿고 무허가로 미숫가루를 제한 행위[660], ⑥ 담당공무원이 잘못 알려주어 이를 믿고 허가를 받지 않고 한 산림훼손행위[661], ⑦ 국유재산법상 건축이 금지된 건물이지만 담당공무원에게 문의하여 일정한 절차에 따라 건물을 신축한 행위[662], ⑧ 이전에 검찰의 혐의없음 결정을 받은 적이 있어서 허가없이 의약품인 가감삼십전대보초를 허가없이 제조·판매한 경우[663], ⑨ 초등학교 교장이 도교육위원회의 지

657) 대법원 2005.6.10. 선고 2005도835 판결.

658) 대법원 2002.5.17. 선고 2001도4077 판결[비디오물감상실의 관할부서(대구 중구청 문화관광과)는 업주들을 상대로 실시한 교육과정을 통하여 종전과 마찬가지로 음반등법 및 그 시행령에서 규정한 '만 18세 미만의 연소자' 출입금지표시를 업소출입구에 부착하라고 행정지도를 하였을 뿐 법에서 금지하고 있는 '만 18세 이상 19세 미만'의 청소년 출입문제에 관하여는 특별한 언급을 하지 않았고, 이로 인하여 피고인을 비롯한 비디오물감상실 업주들은 여전히 출입금지대상이 음반등법 및 그 시행령에서 규정하고 있는 '18세 미만의 연소자'에 한정되는 것으로 인식하였던 것으로 보여지는바, 사정이 위와 같다면, 피고인이 자신의 비디오물감상실에 18세 이상 19세 미만의 청소년을 출입시킨 행위가 관련 법률에 의하여 허용된다고 믿었고, 그렇게 믿었던 것에 대하여 정당한 이유가 있는 경우에 해당한다.]

659) 대법원 1982.1.19. 선고 81도646 판결(특허나 의장권 관계의 법률에 관하여는 전혀 문외한인 피고인으로서는 위 대법원판결이 있을 때까지는 자신이 제조하는 양말이 위 김종국의 의장권을 침해하는 것이 아니라고 믿을 수밖에 없었다고 할 것이니, 위 양말을 제조 판매하는 행위가 법령에 의하여 죄가 되지 않는다고 오인함에 있어서 정당한 이유가 있는 경우에 해당하여 처벌할 수 없다.)

660) 대법원 1983.2.22. 선고 81도2763 판결. 앞의 주 653)을 참조할 것.

661) 대법원 1992.5.22. 선고 91도2525 판결(행정청의 허가가 있어야 함에도 불구하고 허가를 받지 아니하여 처벌대상의 행위를 한 경우라도, 허가를 담당하는 공무원이 허가를 요하지 않는 것으로 잘못 알려 주어 이를 믿었기 때문에 허가를 받지 아니한 것이라면 허가를 받지 않더라도 죄가 되지 않는 것으로 착오를 일으킨 데 대하여 정당한 이유가 있는 경우에 해당하여 처벌할 수 없다.) : 대법원 1993.9.14. 선고 92도1560 판결 : 대법원 1995.7.11. 선고 94도1814 판결.

662) 대법원 1993.10.12. 선고 93도1888 판결(국유재산을 대부받아 주유소를 경영하는 자가 기사식당과 휴게소가 필요하게 되어 건축허가사무 담당 공무원에게 위 국유지상에 건축물을 건축할 수 있는지의 여부를 문의하여, 비록 국유재산이지만 위 국유재산을 불하받을 것이 확실하고 또 만일 건축을 한 뒤에 위 국유재산을 불하받지 못하게 되면 건물을 즉시 철거하겠다는 각서를 제출하면 건축허가가 될 수 있다는 답변을 듣고, 건축사에게 건축물의 설계를 의뢰하여 위와 같은 내용의 각서와 함께 건축허가신청서를 제출하여 건축허가를 받고, 건물을 신축하여 준공검사를 받은 지 1년여 후에 위 국유재산을 매수하였다면, 국유재산법 제24조 제3항에 따라 기부를 전제로 한 시설물의 축조 이외에는 국유지상에 건물을 신축할 수 없는 사실을 알고 있었다 하더라도, 국유지상에 건물을 신축하여 그 국유재산을 사용·수익하는 것이 법령에 의하여 허용되는 것으로 믿었고 또 그렇게 믿을 만한 정당한 이유가 있었다고 볼 수 있다.)

663) 대법원 1995.8.25. 선고 95도717 판결(가감삼십전대보초와 한약 가지 수에만 차이가 있는 십전대보초를 제조하고 그 효능에 관하여 광고를 한 사실에 대하여 이전에 검찰의 혐의없음 결정을 받은 적이 있다면, 피고인이 비록 한의사 약사 한약업사 면허나 의약품판매업 허가가 없이 의약품인 가감삼십전대보초를 판매하였다고 하더라도 자기의 행위가 법령에 의하여 죄가 되지 않는 것으로 믿을 수밖에 없었고, 또 그렇게 오인함에 있어서 정당한 이유가 있는 경우에 해당한다.)

시에 따라 교과내용으로 되어있는 꽃 양귀비를 교과식물로 비치하기 위하여 양귀비종자를 사서 교무실 앞 화단에 심은 행위[664] 등에 대하여 정당한 이유를 인정하고 있다.

(2) 정당한 이유를 인정하지 않은 판례

대법원은, ① 지방자치단체장이 법령에 의하여 허용되는 행위라고 오인하고 관행적으로 간담회를 열어 업무추진비 지출 형식으로 참석자들에게 음식물을 제공한 행위[665], ② 한국간행물윤리위원회나 정보통신윤리위원회가 청소년유해매체물로 판정하였을 뿐 음란물로 관계기관에 형사처벌 또는 행정처분을 요청하지 않았기 때문에 음란물을 음란하지 않다고 오인한 경우[666], ③ 사무실 임차인이 임대차계약 종료 후 갱신계약 여부에 관한 의사표시나 명도의무를 지체하고 있으므로 죄가 되지 않는다고 오인하고 행한 임대인의 단전조치[667], ④ 유사석유제품인 사실을 모르고 법령상 금지되는 유사석유제품을 제조한 행위[668], ⑤ 부동산중개업자가 아파트 분양권의 매매를 중개하면서 중개수수료 산정에 관한 지방자치단체의 조례를 잘못 해석하여 법에서 허용하는 금액을 초과한 중개수수료를 수수한 경우[669], ⑥ 음식점허가를 받고 주로 주

664) **대법원 1972.3.31. 선고 72도64 판결**(국민학교 교장이 도 교육위원회의 지시에 따라 교과내용으로 되어 있는 꽃 양귀비를 교과식물로 비치하기 위하여 양귀비 종자를 사서 교무실 앞 화단에 심은 것이라면 이는 죄가 되지 아니하는 것으로 오인한 행위로서 그 오인에 정당한 이유가 있는 경우에 해당한다고 할 것이다.)

665) **대법원 2007.11.16. 선고 2007도7205 판결**(지방자치단체장이 관행적으로 간담회를 열어 업무추진비 지출 형식으로 참석자들에게 음식물을 제공해 오면서 법령에 의하여 허용되는 행위라고 오인하였다 하더라도, 그 오인에 정당한 이유가 없어 법률의 착오에 해당하지 않는다.)

666) **대법원 2006.4.28. 선고 2003도4128 판결**(한국간행물윤리위원회나 정보통신윤리위원회가 이 사건 만화들 중 '에로 2000'을 제외한 나머지 만화에 대하여 심의하여 음란성 등을 이유로 청소년유해매체물로 판정하였을 뿐 더 나아가 전기통신사업법 시행령 제16조의4 제1항에 따라 시정요구를 하거나 청소년보호법 제8조 제4항에 따라 관계기관에 형사처벌 또는 행정처분을 요청하지 않았다 하더라도, 위 위원회들이 시정요구나 형사처벌 등을 요청하지 아니하고 청소년유해매체물로만 판정하였다는 점이 곧 그러한 판정을 받은 만화가 음란하지 아니하다는 의미는 결코 아니라고 할 것이므로, 피고인들의 나이, 학력, 경력, 직업, 지능 정도 등 제반 사정에 비추어 보면 피고인들의 행위가 죄가 되지 아니하는 것으로 오인한 데 정당한 이유가 있다고 볼 수 없다.)

667) **대법원 2006.4.27. 선고 2005도8074 판결**(사무실 임대를 업으로 하는 피고인이 위와 같은 사정에서 일방적으로 취한 단전조치가 죄가 되지 않는다고 오인한 것에는 정당한 이유가 있다고 볼 수 없다.)

668) **대법원 2006.1.13. 선고 2003도7040 판결**.

669) **대법원 2005. 5. 27. 선고 2004도62 판결**(피고인이 이 사건 아파트 분양권의 매매를 중개할 당시 '일반주택'이 아닌 '일반주택을 제외한 중개대상물'을 중개하는 것이어서 교부 받은 수수료가 법에서 허용되는 범위 내의 것으로 믿고 이 사건 위반행위에 이르게 되었다고 하더라도 그러한 사정만으로

류를 판매하더라도 청소년고용금지업소가 아니라고 생각하고 청소년을 고용한 행위[670], ⑦ 담당공무원이 법에 위반되지 않는다는 확실한 답변을 하지 아니하였음에도 불구하고 죄가 되지 아니한 것으로 생각한 경우[671], ⑧ 이전의 법률에서는 허용되었으나 법률이 바뀌어 행정기관으로부터 통지를 받고서야 위반행위인 줄 안 경우[672], ⑨ 검사의 무혐의처분을 믿고 한 행위이지만 그 무혐의처분에 대하여 곧 바로 고소인의 항고가 받아들여져 재기수사명령에 다라 재수사되어 기소에 이르게 된 경우[673], ⑩ 사안을 달리하는 사건에 관한 대법원의 판례의 취지를 오해한 경우[674] 등에 대해서는 정당

는 자신의 행위가 법령에 저촉되지 않는 것으로 오인함에 정당한 사유가 있는 경우에 해당한다거나 피고인에게 범의가 없었다고 볼 수는 없다.)

670) **대법원 2004.2.12. 선고 2003도6282 판결**(피고인은 상고이유에서, 주로 음식류를 조리·판매하는 레스토랑으로 허가받았으면 청소년을 고용해도 괜찮을 줄로 알고 있었다거나, 구미 시내 다른 레스토랑이나 한식당에서도 청소년을 고용하는 업소가 많고 구미시청 위생과 등에 문의해도 레스토랑은 청소년을 고용해도 괜찮다는 대답이 있어 자신의 행위가 법률에 의하여 죄가 되지 아니하는 것으로 인식하였고 그와 같이 인식하는 데 정당한 이유가 있다고 주장하나, 이는 일반음식점을 영위하는 자가 주로 음식류를 조리·판매하는 영업을 하면서 19세 미만의 청소년을 고용하는 경우에는 특별한 사정이 없는 한 청소년보호법의 규정에 저촉되지 않는다는 것을 피고인이 자기나름대로 확대해석하거나 달리 해석했을 뿐이라고 보여지므로, 피고인이 자신의 행위가 법률에 의하여 죄가 되지 아니하는 것으로 인식하는 데에 정당한 이유가 있다고 할 수도 없다.)

671) **대법원 2003.4.11. 선고 2003도451 판결**(피고인들은 피고인 2가 이 사건 아파트의 관리소장으로 관리업무를 수행하기 전에 당시 대전 대덕구청 도시국 건축종합허가과에 근무하던 공무원을 찾아가 주택관리사보자격만이 있는 피고인 2에게 이 사건 아파트의 관리업무를 수행하도록 하여도 법 위반이 되는지의 여부에 관하여 질의를 한 바는 있으나, 위 공무원은 법에 위반되지 않는다는 확실한 답변을 하지 아니한 사실이 인정되는바, 이러한 경위에 비추어 보면, 피고인들이 위 공무원에게 질의를 한 후 피고인 2가 이 사건 아파트의 관리업무를 수행하였다고 하더라도, 그 사유만으로 피고인들의 범행이 형법 제16조에서 말하는 '그 오인에 정당한 이유가 있는 때'에 해당한다고 할 수 없다.)

672) **대법원 2000.9.29. 선고 2000도3051 판결**(피고인이 1999.10.13. 영상물등급위원회로부터 외국인공연추천세칙에 관한 통지를 받고서야 외국연예인의 관광업소 공연허가 신청시 근로자파견사업허가증을 첨부하여야 한다는 사실을 알았다든가, 1999.12.1. 이전까지는 근로자파견사업 허가와 관계없이 러시아 무용수들에 대한 입국이 허용되었다는 등 상고이유가 내세우는 사유만으로는 피고인이 자신의 행위가 특히 법령에 의하여 허용된 행위로서 죄가 되지 않는다고 그릇 인식한 경우라고 할 수 없다.)

673) **대법원 1995.6.16. 선고 94도1793 판결**(검사가 피고인들의 행위에 대하여 범죄혐의 없다고 무혐의 처리하였다가 고소인의 항고를 받아들여 재기수사명령에 의한 재수사 결과 기소에 이른 경우, 피고인들의 행위가 불기소처분 이전부터 저질러졌다면 그 무혐의 처분결정을 믿고 이에 근거하여 이루어진 것이 아님이 명백하고, 무혐의 처분일 이후에 이루어진 행위에 대하여도 그 무혐의 처분에 대하여 곧바로 고소인의 항고가 받아들여져 재기수사명령에 따라 재수사되어 기소에 이르게 된 이상, 피고인들이 자신들의 행위가 죄가 되지 않는다고 그릇 인식하는 데 정당한 이유가 있었다고 할 수 없다.)

674) **대법원 1995.7.28. 선고 95도1081 판결**(피고인이 대법원의 판례에 비추어 자신의 행위가 무허가 의약품의 제조·판매행위에 해당하지 아니하는 것으로 오인하였다고 하더라도, 이는 사안을 달리하는 사건에 관한 대법원의 판례의 취지를 오해하였던 것에 불과하여 그와 같은 사정만으로는 그 오인에 정당한 사유가 있다고 볼 수 없다.)

한 이유를 인정하지 않고 있다.

(3) 판례의 검토

이상의 판례를 살펴보면, 우리 판례가 정당한 이유를 극히 제한된 범위에서 인정하고 있음을 알 수 있다. 즉 정당한 이유를 인정한 판례의 대부분은 담당공무원이 잘못 알려준 경우뿐이고 그 밖의 경우에 정당한 이유를 인정한 판례는 거의 없다.

그러나 이처럼 제한된 범위에서만 인정하고 있는 판례의 태도는 바람직하다고 할 수 없다. 정당한 이유의 유무에 대한 판례에서 문제된 범죄들을 살펴보면 형법전이나 형사특별법에 규정되어 있는 범죄는 거의 없고 대부분이 행정법적 성격을 가진 법률의 벌칙규정에서 범죄로 되어 있는 것들이기 때문이다. 즉 행정법상에 규정되어 있는 기술적 내용에 위반되는 범죄들에 대해 일반국민들이 모두 알기를 기대하기는 어렵기 때문에 정당한 이유를 좀 더 넓게 인정할 필요가 있다.

4. 법률의 착오의 효과

가. 정당한 이유가 있는 법률의 착오의 효과

정당한 이유가 있는 법률의 착오는 벌하지 않는다(제16조). 정당한 이유가 있는 법률의 착오의 경우에도 구성요건해당성이나 위법성은 인정되므로 이를 벌하지 않는 이유는 행위자를 비난할 수 없다는 것, 즉 책임이 조각되기 때문이다.

나. 정당한 이유가 없는 법률의 착오의 효과

정당한 이유가 없는 법률의 착오에서는 언제나 행위자에게 법률의 착오에 이르게 된 데 대한 과실이 인정된다. 과실이 있는 법률의 착오의 효과는 위법성인식의 체계적 지위를 어떻게 파악하느냐에 따라 달라진다.

(1) 고의설

엄격고의설은 정당한 이유가 없는 법률의 착오에서도 행위자에게 위법성의 현실적 인식은 없으므로 고의가 인정되지 않고 과실범의 죄책을 진다고 한다. 제한적 고의설은 과실로 법률의 착오에 이르게 된 경우 위법성의 인식가능성이 있는 것이므로 고의책임을 인정한다.

(2) 책임설

위법성조각사유의 전제사실에 관한 착오를 제외한 모든 법률의 착오에서 엄격책임설, 제한적 책임설 모두 고의책임을 인정하고 형벌을 감경할 수 있을 뿐이라고 한다.

5. 위법성조각사유의 전제사실에 관한 착오

가. 의의

위법성조각사유의 전제사실에 관한 착오란 위법성조각사유의 객관적 성립요건을 충족하는 사실이 없음에도 불구하고 행위자가 그러한 사실이 있다고 오인하고 위법성조각사유에 해당하는 행위를 하는 경우를 말한다.[675]

예컨대 가게주인 甲이 손님이 계산한 물건을 가방에 넣는 것을 보고 도둑이라 생각하고 방위의사로써 손님을 폭행한 뒤 물건을 빼앗는 경우나 길을 가던 乙이 개가 자신을 공격한다고 생각하고 피난의사로써 옆집으로 피난하였지만 그 개는 사람을 물지 않는 개임이 판명된 경우 등이 이에 해당한다.

이들 사례에서는 甲·乙 모두 위법한 폭행, 주거침입행위를 하였지만 각자 자신들의 행위가 정당방위 도는 긴급피난이라고 생각하여 위법성의 인식이 없었다. 손님을 도둑으로, 물지 않는 개를 무는 개로 착오한 것은 법적 평가에 대한 착오가 아니라 사실

675) **[독립된 형태의 착오(제3의 착오)의 의미]** : 다수설에 의하면 위법성조각사유의 전제사실에 관한 착오는 사실의 착오와 법률의 착오의 중간에 위치하는 **독립된 형태의 착오(제3의 착오)**로 이해되고 있다.

관계에 대한 착오이다. 그러나 자신의 행위가 위법한 행위임에도 불구하고 위법하지 않다고 착오한 것은 법적 평가의 착오이다. 즉 이들 사례에서 甲·乙에게는 사실관계에 대한 착오와 법적 평가에 대한 착오라는 이중의 착오를 하였다고 할 수 있다.

나. 법적 효과

(1) 고의설

책임요소로서의 고의가 성립하기 위해서는 위법성의 현실적 인식이 필요하다고 하는 엄격고의설에 의하면, 이 경우 위법성의 현실적 인식이 없으므로 행위자는 고의범의 죄책을 지지 않는다. 행위자에게 과실이 있으면 과실범의 책임을 지고, 과실이 없으면 책임이 조각된다고 한다.

고의의 성립에 위법성의 인식가능성만 있으면 족하다고 하는 제한적 고의설에 의하면 행위자에게 착오에 대한 과실이 있으면 고의범의 죄책을 지고, 과실이 없으면 책임이 조각된다고 한다.

(2) 엄격책임설

이 견해는 위법성에 관련된 모든 착오를 예외없이 법률의 착오로 파악한다. 따라서 이 경우 행위자에게 구성요건적 고의가 있으므로 고의범의 구성요건해당성과 위법성이 있다고 한다.

책임단계에서 일반적 법률의 착오와 마찬가지로 행위자에게 위법성의 인식가능성이 있으면(즉 착오에 대해 과실이 있으면) 책임이 감경되고, 위법성의 인식가능성이 없으면(즉 착오에 대해 과실이 없으면) 책임이 조각된다고 한다.

(3) 제한적 책임설

이 견해는 위법성조각사유의 전제사실에 관한 착오는 사실관계의 착오로 일반적인 법률의 착오는 순수한 법적 평가의 착오로 양자를 달리 취급한다. 따라서 위법성조각사유의 전제사실에 관한 착오의 경우 과실범의 책임을 인정하려고 한다.

① 유추적용설(좁은 의미의 제한적 책임설)

이 설은 위법성의 인식가능성이 있는 경우(착오에 과실이 있는 경우) 사실의 착오(과실범)를 유추적용하여 과실범의 책임을 인정하고, 위법성의 인식가능성이 없는 경우에는 책임이 조각된다고 한다.

이 설은 위법성조각사유의 전제사실에 관한 착오를 사실의 착오는 아니지만 사실의 착오와의 유사성을 근거로 행위자의 고의책임을 부정하려는 이론구성을 시도한다. 따라서 이 견해에 의하면 위법성조각사유의 전제사실을 착오한 자는 고의의 본질이 되는 구성요건적 불법을 실현하려는 결단(의사)이 없으므로 행위불법을 부정하여야 하고 이에 따라 사실의 착오에 관한 규정을 유추적용하여 고의를 조각시키고 과실범처벌의 가능성만을 남겨두게 된다.

② 법효과제한책임설(다수설)

이 설은 이 경우 행위자에게는 법적으로 비난받을 만한 심정반가치적 요소(법배반적 심정)가 드러나지 않으므로 고의의 또 다른 측면인 심정반가치 즉 책임고의가 없으므로 고의책임을 물을 수 없고, 착오에 과실이 있는 경우에는 과실범의 책임을 인정하고 과설에 책임이 없는 경우에는 책임이 조각된다고 한다.

(4) 소극적 구성요건요소이론

이 설은 위법성조각사유의 부존재도 객관적 구성요건요소이므로 행위자가 이에 대한 인식이 없는 경우에는 구성요건적 고의가 조각된다는 견해이다. 따라서 위법성조각사유의 전제사실에 관한 착오는 고의를 조각시키는 사실의 착오이기 때문에 형법 제13조(사실의 착오)가 직접 적용된다고 한다. 즉 고의가 조각되고 과실범성립의 문제만 남는다고 한다. 결국 이설에 의하면 착오에 과실이 있는 경우에는 과실범의 죄책을 지고, 과실이 없는 경우에는 책임이 조각된다고 한다.

(5) 판례의 태도

대법원은 위법성조각사유의 전제사실에 관한 착오를 일으킨 경우에는 책임조각이 아니라 '위법성조각'을 인정하는 독자적인 태도를 취하고 있다. 그리고 위법성조각이라는 결론에 이르기 위해서는 행위자의 착오에 '정당한 이유' 내지 '상당한 이유'가 있어야 한다고 한다.[676]

보충판례 26-4 : 대법원 1986.10.28. 선고 86도1406 판결[여우고개사건].

보충판례 26-5[위법성조각사유의 전제사실에 관한 착오[허용구성요건의 착오]] : 대법원 1996.8.23. 선고 94도3191 판결.

(6) 소결

위법성조각사유의 전제사실에 관한 착오의 효과는 고의범으로 처벌하기는 가혹하고 과실범으로 처벌하기에는 너무 관대하다고 할 수 있다. 이러한 경우에는 피고인에게 유리하게 과실범으로 처리하는 방법(제한적 책임설)과 고의범의 효과를 인정하면서 형벌을 감경하는 방법(엄격책임설)이 있을 수 있다.

제한적 책임설에서는 위법성조각사유의 전제사실에 관한 착오를 고의범으로 처벌하는 것은 법감정에 반한다는 주장을 하지만[677], 고의범의 구성요건에 해당하고 위법

---

676) **보충판례 26-4 : 대법원 1986.10.28. 선고 86도1406 판결**(소속 중대장의 당번병이 근무시간 중은 물론 근무시간 후에도 밤늦게 까지 수시로 영외에 있는 중대장의 관사에 머물면서 집안일을 도와주고 그 자녀들을 보살피며 중대장 또는 그 처의 심부름을 관사를 떠나서까지 시키는 일을 해오던 중 사건 당일 중대장의 지시에 따라 관사를 지키고 있던 중 중대장과 함께 외출나간 그 처로부터 24:00경 비가 오고 밤이 늦어 혼자 귀가할 수 없으니 관사로부터 1.5킬로미터 가량 떨어진 지점까지 우산을 들고 마중을 나오라는 연락을 받고 당번병으로서 당연히 해야 할 일로 생각하고 그 지점까지 나가 동인을 마중하여 그 다음날 01:00경 귀가하였다면 위와 같은 당번병의 관사이탈 행위는 중대장의 직접적인 허가를 받지 아니 하였다 하더라도 당번병으로서의 그 임무범위 내에 속하는 일로 오인하고 한 행위로서 그 오인에 정당한 이유가 있어 위법성이 없다고 볼 것이다.)

[판례평석] : 그러나 위법성조각사유의 객관적 요건은 그 요건이 충족되어야만 행위자의 행위의 위법성이 조각되는 것인데, 위법성조각사유의 전제사실의 착오의 경우에는 위법성의 객관적 요건이 충족되지 않았기 때문에 어떤 경우에도 위법성은 조각될 수 없는 것이라고 해야 하기 때문에 위와 같은 대법원의 태도는 범죄체계론적 관점에서 문제라 아니할 수 없다.

677) **[제한적 책임설의 비판에 대한 반론]** : 이와 관련하여 엄격책임설처럼 법률의 착오로 보더라도 착오에 정당한 이유가 인정되면 비난가능성이 탈락되어 무죄가 될 수 있는 여지가 있기 때문에 반드시 법감정에 반하는 것이라 할 수 없다.

성도 인정되는 행위를 한 사람에 대해 과실범의 효과를 인정하는 것은 체계모순이며 과실의 의제에 지나지 않게 되어 오히려 법감정에 반한다고 할 것이며, 위법성조각사유의 전제사실의 착오에서 사실의 착오는 어디까지나 고의행위에 이르게 된 동기의 착오에 불과한데 이러한 동기의 착오가 고의범을 과실범으로 처벌해야할 정도로 중요한 착오라고 할 수 없고, 위법성조각사유의 전제사실에 관한 착오의 경우에도 구성요건적 고의는 인정되지만 행위자의 행위를 정당화시키는 사실의 불인식을 통해 자기행위의 위법성을 인식하지 못한 경우이기 때문에 이를 법률의 착오로 파악하는 엄격책임설이 타당하다고 할 것이다.

따라서 위법성조각사유의 전제사실에 관한 착오에 대해서도 고의책임을 인정하되 위법성의 인식가능성이 있는 경우(착오에 과실이 있는 경우)에는 책임을 감경하고 인식가능성조차 없는 경우에는 책임이 조각된다.

6. 오상과잉방위(이중의 착오)

가. 의의

오상과잉방위란 오상방위와 과잉방위가 결합된 경우로서 행위자가 이중의 착오를 일으킨 경우이다. 두 가지 형태로 나누어 볼 수 있다.

첫째 정당방위의 법적 요건을 잘못 이해하고(법률적 평가의 착오) 상당성을 초과하는 방위(법률적 평가의 착오)를 하는 경우로서 이중의 평가의 착오가 있는 경우이다. 예컨대 과거에 자신의 물건을 절취해 간 사람에게는 중상해를 입혀도 정당방위가 성립한다고 생각하고 방위행위를 한 경우이다.

둘째 정당방위의 요건을 충족하는 사실이 없음에도 불구하고 그러한 사실이 있다고 오인하고(사실관계의 착오) 상당성을 초과하는 과잉방위(법률적 평가의 착오)를 한 경우이다. 예컨대 가게주인이 손님을 도둑으로 오인하고 도둑에게는 중상해를 입혀도 정당방위가 된다고 생각하여 중상해를 입힌 경우이다.

오상과잉방위의 법리는 오상과잉피난, 오상과잉자구행위, 오상과잉정당행위에도 그대로 적용될 수 있다.

나. 법적 효과

첫째 형태의 오상과잉방위의 경우에는 이중의 법률의 착오가 있는 경우이기 때문에 일반적인 법률의 착오로 해결하면 족하다.

둘째 형태의 오상과잉방위의 경우에 대한 법적 효과와 관련해서는 견해가 대립한다.

(1) 오상방위효과설

오상과잉방위도 정당방위상황에 대한 착오라는 사실관계의 착오를 수반한 것이므로 오상방위의 예에 따라 엄격책임설 혹은 제한적 책임설에 의해 해결하자는 견해이다.

(2) 과잉방위효과설

오상과잉방위는 과잉방위로 처리해야 한다는 입장이다. 사실관계의 착오가 없는 단순한 과잉방위는 고의범으로 처벌되는데 비해, 사실관계의 착오를 수반한 오상과잉방위를 오상방위로 다루고 제한적 책임설에 따라 과실범으로 처벌하는 것은 균형이 맞지 않는다고 한다.

(3) 소결

오상방위설과 과잉방위설은 제한적 책임설을 취하는 경우에만 문제된다. 즉 제한적 책임설에 의하면 오상방위로 처벌하면 과실범, 과잉방위로 처벌하면 고의범으로 처벌해야 하기 때문이다.

결국 이 문제도 엄격책임설에 의해 해결해야 한다. 엄격책임설은 오상방위도 고의범, 과잉방위도 고의범으로 처벌하므로 오상과잉방위도 고의범으로 처벌하게 된다.

보충판례 26-6[오상과잉정당행위[이중의 평가의 착오]] : 대법원 1980.9.9. 선고 80도762 판결.

제 18 장

기대가능성

제1절 기대가능성의 의의

1. 기대가능성의 개념

기대가능성이란 적법행위의 기대가능성을 말한다. 행위 당시의 여러 사정을 종합하여 볼 때 구성요건에 해당하고 위법한 행위를 한 사람이 위법행위를 하지 않고 적법행위를 할 수도 있었을 것이라고 인정될 때 기대가능성이 있다고 한다.

기대가능성이론은 1897년 독일의 제국법원의 Leinenfänger 판결[678]에서 비롯되었다. 즉 馬夫인 피고인이 자신의 말이 사람들을 차는 나쁜 습관이 있음을 잘 알고 있음에도 불구하고 주인의 명령에 따라 그 말을 몰고 가다가 말이 통행인에게 상처를 입힌 사건이다. 제국법원은 피고인이 말의 나쁜 습관을 알고 있었지만 말을 몰고 가라는 주인의 명령에 따르지 않았다면 해고될 위험성이 있으므로 피고인이 말을 몰지 않을 것을 기대할 수 없었다고 판시하였다.

이 판결을 계기로 고의·과실만으로는 책임을 인정할 수 없고 행위 당시의 주변사정

678) RG. 30, 35.

도 고려해야 한다는 것이 인정되었으며, 나아가 책임은 비난가능성이라고 하는 규범적 책임론이 정립되기에 이르렀다.

2. 형법규정

우리 형법과 통설 및 판례[679]도 규범적 책임론과 그 핵심적 개념인 기대가능성이론(기대불가능성)을 초법규적 책임조각사유로 받아들이고 있다.

형법총칙상의 강요된 행위(제12조), 과잉방위(제21조 제2항, 제3항), 과잉피난(제22조 제3항), 과잉자구행위(제23조 제2항) 규정과 형법각칙상의 친족간의 범인은닉(제151조 제2항), 친족간의 증거인멸(제155조 제4항), 도주원조죄에 비해 도주죄의 형벌이 가벼운 것(제145조-제147조), 위조통화취득후지정행사죄(제210조)가 위조통화행사죄(제207조)보다 형벌이 가벼운 것 등의 규정은 기대가능성이 없거나 낮음으로 인해 책임이 조각되거나 감경되는 것이라 할 수 있다.

제2절 기대가능성의 체계적 지위

기대가능성이 책임요소라는 점에는 의문이 없다. 다만 적극적 책임요소인가 소극적 책임요소인가에 대해서는 학설의 대립이 있다.

---

679) **[초법규적 책임조각사유로서의 기대가능성]** : 대법원 1966.3.22. 선고 65도1164 판결(입학시험에 응시한 수험생으로서 자기 자신이 부정한 방법으로 탐지한 것이 아니고 우연한 기회에 미리 출제될 시험문제를 알게 되어 그에 대한 답을 암기하였을 경우 그 암기한 답에 해당된 문제가 출제되었다 하여도 위와 같은 경위로서 암기한 답을 그 입학시험 답안지에 기재하여서는 아니 된다는 것을 그 일반 수험생에게 기대한다는 것은 보통의 경우 도저히 불가능하다 할 것이다.)

1. 적극적 책임요소설

기대가능성은 책임능력, 위법성의 인식 등의 책임조건과 동등한 위치를 차지하는 책임요소라는 견해이다. 따라서 행위자의 책임을 인정하기 위해서는 책임능력, 위법성인식 등과 마찬가지로 기대가능성의 존재도 확인하여야 한다.

2. 소극적 책임요소설(다수설)

기대가능성은 책임의 적극적 요소가 아니라 책임능력과 위법성인식 등의 책임조건이 구비되면 원칙적으로 책임이 인정되고 기대가능성은 오로지 책임조각과 책임감경 여부에 관한 사유로서 고려되면 된다, 즉 기대가능성이 없는 때에만 예외적으로 책임이 조각된다고 보는 견해이다.

제3절 기대가능성의 판단기준

1. 국가표준설

이 설은 국가의 법질서 내지 국가이념에 따라 기대가능성을 판단해야 한다고 한다. 이에 대해서는 국가는 항상 국민에게 적법행위를 요구하므로 이 설에 의하면 기대가능성이 없음을 이유로 책임이 조각되는 경우는 거의 없게 된다는 비판이 제기된다.

2. 행위자표준설

이 설은 행위 당시 행위자의 구체적 능력을 기준으로 기대가능성 여부를 판단하자는 견해이다. 즉 행위자 개개인에게 불가능한 것을 이유로 비난을 가할 수는 없기 때문에 행위자의 구체적 능력을 고려하지 않은 채 기대가능성을 판단하는 것은 무의미하다는 것이다.

그러나 이 설에 대해서는 개개의 행위자별로 책임비난의 여부와 정도가 달라져 법규범의 통일적인 실현이 저해된다는 비판이 제기된다.

3. 평균인표준설

이 설은 기대가능성의 유무를 사회일반의 평균인이 행위자의 입장에 있었을 경우 적법행위의 가능성이 있었는지 여부에 따라 판단해야 한다는 견해이다(**다수설**). 판례도 평균인표준설의 입장을 취하고 있다.[680]

보충판례 27[기대가능성의 판단기준] : 대법원 2004.7.15. 선고 2004도2965 전원합의체 판결.

4. 소결

생각건대 형법이 인간관계를 규율하는 규범이라는 점을 감안하면 행위자의 비난여부를 오로지 행위자의 능력과 사정에 따라서만 판단하여서는 안 되고 사회일반인의 관점에서 판단하여야 할 것이기 때문에 평균인표준설이 타당하다고 할 것이다.

680) **보충판례 27[기대가능성의 판단기준] : 대법원 2004.7.15. 선고 2004도2965 전원합의체 판결**(양심적 병역거부자에게 그의 양심상의 결정에 반한 행위를 기대할 가능성이 있는지 여부를 판단하기 위해서는, 행위 당시의 구체적 상황 하에 행위자 대신에 사회적 평균인을 두고 이 평균인의 관점에서 그 기대가능성 유무를 판단하여야 할 것이다.)

제4절 기대가능성의 착오

1. 기대가능성의 존재와 한계에 관한 착오

예컨대 위법한 상관의 명령을 받은 사람이 그 명령에 따르면 기대가능성이 없어서 책임이 조각된다고 착오한 경우이다. **통설**은 기대가능성의 유무는 법질서가 객관적으로 판단하는 것이지 행위자가 스스로 판단할 성질의 것이 아니기 때문에 범죄성립에 아무런 영향을 미치지 못한다고 한다.

2. 기대가능성의 기초가 되는 상황 및 사실관계에 대한 착오

예컨대 자신의 생명·신체에 대한 폭행·협박이 없음에도 불구하고 폭행·협박이 있다고 오인하고 그러한 상황에서의 행위는 기대가능성이 없다고 판단하고 행위한 경우이다.

이에 대해서는 ① 사실의 착오로 보아 고의가 조각된다는 견해, ② 고의는 조각되지 않지만 과실범과 동일하게 처벌해야 한다는 견해, ③ 법률의 착오에 관한 규정을 유추적용해야 한다는 견해(**다수설**), ④ 특별한 종류의 착오로 보아야 한다는 견해, ⑤ 범죄성립에는 영향을 미칠 수 없고 양형에서 고려될 수 있다는 견해가 대립한다.

생각건대 기대가능성은 행위자의 비난가능성에 영향을 미치는 책임의 규범적인 요소이다. 따라서 위법성의 인식가능성 여부에 따라 책임조각 여부를 결정하는 법률의 착오 사례와 유사한 측면이 있으므로 법률의 착오에 관한 형법 제16조를 유추적용하는 것이 타당하다.

보충판례 27-1[기대가능성이 없어 책임이 조각되는 경우] : 대법원 2008.10.9. 선고 2008도5984 판결.

보충판례 27-2[기대가능성이 있어 책임이 인정되는 경우] : 대법원 2010.1.21. 선고 2008도942 전원합의체 판결.

제5절 강요된 행위

[조문]

刑法 第12條(强要된 行爲) 抵抗할 수 없는 暴力이나 自己 또는 親族의 生命 身體에 對한 危害를 防禦할 方法이 없는 脅迫에 依하여 强要된 行爲는 罰하지 아니한다.

2011년 형법일부개정법률안[형법총칙전면개정안][의안번호 제11304호] 제25조(강요된 행위) 저항할 수 없는 폭력이나 자기 또는 친족의 생명, 신체에 대한 위해를 방어할 방법이 없는 협박에 의하여 강요된 행위는 벌하지 아니한다.

1. 의의

강요된 행위는 강제된 상태 하에서 행위자에게 적법행위의 기대가능성이 없음을 이유로 책임이 조각된다는 책임조각사유를 명문화한 규정이다.

2. 강요된 행위의 성립요건

가. 강제상태

(1) 저항할 수 없는 폭력에 의한 강제상태

여기서 '폭력'이란 의사형성에 영향을 미치는 심리적 폭력 내지 강제적 폭력을 말한다(**통설**). 절대적 폭력[681]을 제외한 나머지 유형력의 행사를 의미[682]하기 때문에 상대

681) **[절대적 폭력의 의미]** : 사람을 육체적으로 저항할 수 없도록 하는 물리적 폭력을 말한다. 예컨대 강제로 손을 붙들어 무인을 찍게 하는 경우가 이에 해당한다. 이러한 절대적 폭력에 의한 행위는 피강요자에게 의사적 요소가 없기 때문에 처음부터 형법상 행위에 해당하지 않는다.

682) **[유형력의 행사로서 폭력과 저항할 수 없는 폭력의 의미]** : 대법원 2007.6.29. 선고 2007도3306 판결 [형법 제12조에서 말하는 강요된 행위는 저항할 수 없는 폭력이나 생명, 신체에 위해를 가하겠다는

적 폭력이라고도 한다.

폭력은 상대방이 저항할 수 없는 정도이면 족하고 수단·방법에는 제한이 없다. 저항할 수 없는 정도의 폭력인지 여부는 폭력의 성질, 수단, 방법, 피강요자의 성격, 입장 등 모든 사정을 종합하여 판단하여야 한다.[683]

(2) 방어할 방법이 없는 협박에 의한 강제상태

여기서 '협박'이란 상대방을 두렵게 하여 공포심을 가지게 할 목적으로 해악을 가한다는 통고를 말한다. 유형력이 아닌 무형력(언어의 내용)을 수단으로 한다는 점에서 폭력과 구별된다. 반드시 명시적·외형적인 협박이 있을 것을 요하지 않는다.[684]

다만 협박은 반드시 생명·신체에 대한 위해를 내용으로 하는 것이어야 한다. 만일 생명·신체 이외의 법익에 대한 위해가 협박의 내용을 이루고 있을 경우에는 강요된 행위가 아니라 초법규적 책임조각사유로서 기대불가능성의 문제로 다시 다룰 수 있을 뿐이다.

방어할 방법이 없는 협박인가의 여부는 협박자의 성질, 협박의 내용, 수단방법 및 피협박자의 처지 등 모든 사정을 종합하여 판단한다.[685] 방어할 방법이 없다고 하기 위

협박 등 다른 사람의 강요에 의하여 이루어진 행위를 의미하는데, 여기서 저항할 수 없는 폭력은 심리적 의미에 있어서 육체적으로 어떤 행위를 절대적으로 하지 아니할 수 없게 하는 경우와 윤리적 의미에 있어서 강압된 경우를 말하고, 협박이란 자기 또는 친족의 생명, 신체에 대한 위해를 달리 막을 방법이 없는 협박을 말하며, 강요라 함은 피강요자의 자유스런 의사결정을 하지 못하게 하면서 특정한 행위를 하게 하는 것을 말하는 것이다(대법원 1997.7.10. 선고 98도1309 판결, 2004.12.10. 선고 2003도5124 판결 등 참조).]

683) **[저항할 수 없는 정도의 폭행인지 여부에 대한 판단기준]** : 대법원 1972.5.9. 선고 71도1178 판결(피고인은 빈곤한 가정에서 성장하여 중학교를 중퇴한 소년으로 먼 촌일가 인 공소외인의 일본에 가면 공장에 취직할 수 있다는 감언에 속아 동인을 따라 일본국으로 밀항하였다가 전시 조총련 간부들에게 인계 된 이래 그들이 국외공산 계열의 간부들이라는 점은 알았으나 그들의 그 판시와 같은 방법에 의한 감시 내지 감금 하에서 전시와 같은 교육 또는 권유를 받았고, 그들의 협박적인 강요에 못이겨 그들의 선전에 동조하고 공산주의자가 되어 북한으로 갈 것을 서약하기에 이르렀던 것이었다는 사실과 그러한 사실들이 불과 18세의 소년에 대하여 지리나 인정 등이 생소한 일본국에서 이루어졌던 점 등에 비추어 피고인의 전인한 바와 같은 각 행위들은 모두 저항할 수는 없는 폭력 또는 그의 생명 신체에 대한 위해를 방어할 방법이 없는 협박에 의하여 강요된 행위였다고 볼 수밖에 없다.)

684) **[강요된 행위의 요건]** : 대법원 1969.3.25. 선고 69도94 판결(강요된 행위가 되려면 반드시 유형적인 협박을 받는 것을 요건으로 하지 아니 한다.)

685) **[방어할 방법이 없는 정도의 협박인지 여부에 대한 판단기준]** : 대법원 1968.4.2. 68도221 판결(공범자가 자기를 따라 다니지 아니하면 때려준다고 말하였다고 하더라도 그 정도의 사유만으로는 피고인의 5회에 걸친 절취행위가 강요된 행위에 해당한다고 볼 수 없다.)

해서는 범죄를 행하는 것이 위해를 피하기 위한 유일한 방법이었음을 의미하는 보충성이 요구된다.

친족의 범위는 민법 제777조에 의해서 결정되나, 형법 제12조의 취지에 비추어 사실혼관계에 있는 부부나 사생아도 포함된다(**통설**). 친족 자신은 피할 수 있더라도 피협박자에게 방어할 방법이 없는 경우에는 위해가 될 수 있다.

(3) 자초한 강제상태

강제상태가 야기될 것이 예견가능함에도 불구하고 스스로의 귀책사유에 의해 강제상태를 자초한 경우에는 강요된 행위가 될 수 없다(**다수설**).[686] 그러나 행위자가 자초하였다고 해도 강요된 행위에 대해 전혀 예견할 수 없었을 경우에는 강요된 행위가 될 수 있다. 즉 피강요자가 명예훼손을 강요당할 것을 예견하고 강제상태를 자초하였으나 절도나 강도를 강요당했다고 한다면 명예훼손행위는 강요된 행위가 될 수 없으나 절도, 강도는 강요된 행위가 될 수 있다.

나. 강요된 행위

강요된 행위는 피강요자가 자유로운 의사결정을 하지 못하면서 행하는 특정한 행위를 말한다.[687] 저항할 수 없는 폭력이나 생명, 신체에 위해를 가하겠다는 협박 등 다른 사람의 강요행위에 의하여 이루어진 행위는 강요된 행위에 해당하지만, 어떤 사람의 성장교육과정을 통하여 형성된 내재적인 관념 내지 확신으로 인하여 행위자 스스로의 의사결정이 사실상 강제되는 결과를 낳게 하는 경우까지 의미한다고 볼 수 없다.[688]

686) **[자초한 강제상태]** : 대법원 1971.2.23. 선고 70도2629 판결(어로저지선을 넘어 어로의 작업을 하면 북괴구성원에게 납치될 염려가 있으며 만약 납치된다면 대한민국의 각종 정보를 북괴에게 제공하게 된다 함은 일반적으로 예견된다고 하리니 피고인이 그전에 선원으로 월선조업을 하다가 납북되었다가 돌아온 경험이 있는 자로서 월선하자고 상의하여 월선조업을 하다가 납치되어 북괴의 물음에 답하여 제공한 사실을 강요된 행위라 할 수 없다.)

687) **[강요된 행위의 의미]** : 대법원 1983.12.13. 선고 83도2276 판결(형법 제12조 소정의 저항할 수 없는 폭력은, 심리적인 의미에 있어서 육체적으로 어떤 행위를 절대적으로 하지 아니할 수 없게 하는 경우와 윤리적 의미에 있어서 강압된 경우를 말하고, 협박이란 자기 또는 친족의 생명, 신체에 대한 위해를 달리 막을 방법이 없는 협박을 말하며, 강요라 함은 피강요자의 자유스런 의사결정을 하지 못하게 하면서 특정한 행위를 하게 하는 것을 말한다.)

보충판례 27-3[방어할 방법이 없는 협박에 의한 강제상태] : 대법원 1990.3.27. 선고 89도1670 판결.

형법 제12조의 강요된 행위는 구성요건에 해당하고 위법성이 조각되지 않는 행위를 말한다. 따라서 피강요자의 강요된 행위에 대해서는 정당방위가 가능하다. 폭력 또는 협박과 강요된 행위 사이에 인과관계가 인정되지 않는 경우에는 강요된 행위를 한 행위자의 책임이 조각되지 않고 강요자와 공범관계가 성립할 뿐이다.

보충판례 27-4[강요된 행위 - 위법한 명령의 사실상 구속력 -] : 대법원 1988.2.23. 선고 87도2358 판결 ; 대법원 1997.4.17. 선고 96도3376 전원합의체 판결 ; 대법원 1999.4.23. 선고 99도636 판결.

다. 주관적 요건

피강요자가 강요된 행위를 할 당시에 강요상태를 인식하여야 한다. 폭력이나 협박이 있음에도 불구하고 이를 인식하지 못하고 한 행위는 강요된 행위가 될 수 없다.

3. 강요된 행위의 법적 효과

강요된 행위를 한 피강요자의 행위는 적법행위의 기대가능성이 없기 때문에 책임비난이 탈락되어 책임이 조각된다.

강요자는 피강요자(행위자)를 자유없는 도구로 이용하였기 때문에 간접정범이 성립한다(**통설**). 즉 강요자의 우월적 의사에 의한 의사지배가 인정되기 때문에 간접정범이 된다고 하여야 한다. 다만 저항이 불가능한 정도에 미치지 못하는 폭력을 행사한 경우에는 강요자에게 교사방조가 될 수 있을 뿐이다.

688) **보충판례 27-3[방어할 방법이 없는 협박에 의한 강제상태] : 대법원 1990.3.27. 선고 89도1670 판결** (형법 제12조에서 말하는 강요된 행위는 저항할 수 없는 폭력이나 생명, 신체에 위해를 가하겠다는 협박 등 다른 사람의 강요행위에 의하여 이루어진 행위를 의미하는 것이지 어떤 사람의 성장교육과정을 통하여 형성된 내재적인 관념 내지 확신으로 인하여 행위자 스스로의 의사결정이 사실상 강제되는 결과를 낳게 하는 경우까지 의미한다고 볼 수 없다.)

제19장

미수범의 일반이론 및 장애미수

제1절 구성요건의 수정형식과 미수범

1. 기수범과 미수범

위법행위의 定型인 구성요건은 기본적으로 고의범의 형식을 취한다(형법 제13조 본문 참조). 구성요건의 원칙적인 실현형태는 객관적 구성요건과 구성요건적 고의가 일치하는 모습으로 나타난다. 즉 형법이 설정한 구성요건의 기본형태는 기수범이다.

그러나 **구성요건은 수정된 형태(수정형식)로 실현될 수 있다**. 즉 첫째 구성요건적 고의는 인정되지만 객관적 구성요건요소가 전부 다 충족되지 못하는 경우이다(미수범). 둘째 객관적 구성요건요소는 전부 충족되었으나 주관적으로 구성요건적 고의가 인정되지 아니하는 경우이다(과실범). 셋째 객관적 구성요건요소가 전부 다 갖추어지지 못한 상태에서 주관적으로 구성요건적 고의도 인정되지 아니하는 경우이다(과실범의 미수).[689]

689) **[과실범의 미수를 형사처벌하는 입법례]**로는 **독일형법 제315조의c(도로교통방해) 제3항**을 들 수 있다. 예컨대 운전자 甲이 부주의로 A의 옆을 과속으로 아슬아슬하게 스쳐지나간 경우, 독일의 입법자는 전방주시의무위반이나 제한속도위반이라는 주의의무에 위반하여 법익침해의 위험을 발생시켰다는 이유로 결과가 발생하지 아니한 경우에 대해서도 행위자에게 형사처벌을 가하고 있다.

따라서 첫 번째 수정형식처럼 고의범의 범죄구성요건 가운데 객관적 구성요건요소에 해당하는 결과가 발생하지 않으면 당해 범죄의 기수범의 성립이 부정된다. 그 뿐만 아니라 결과가 발생하였더라도 행위자의 행위와 발생한 결과 사이의 형법상의 인과관계가 부정될 경우에도 기수범이 부정된다.[690]

2. 미수의 개념요소와 미수범

[조문]

> 刑法 第25條(未遂犯) ① 犯罪의 實行에 着手하여 行爲를 終了하지 못하였거나 結果가 發生하지 아니한 때에는 未遂犯으로 處罰한다.
> ② 未遂犯의 刑은 旣遂犯보다 減輕할 수 있다.
>
> 第29條(未遂犯의處罰) 未遂犯을 處罰할 罪는 各 本條에 定한다.
>
> **2011년 형법일부개정법률안[형법총칙전면개정안][의안번호 제11304호]** 제26조(미수범)
> ① 범죄의 실행에 착수(着手)하여 행위를 종료하지 못하였거나 결과가 발생하지 아니한 경우에는 미수범으로 처벌한다.
> ② 미수범의 형은 기수범의 형보다 감경할 수 있다.
>
> 제29조(미수범의 처벌) 미수범을 처벌할 죄는 각칙에서 정한다.

형법각칙은 미수범의 경우 기수범과 달리 일정한 행위의 모습을 구체적으로 명시하지 않고 있다. 단순히 "…조의 미수범은 처벌한다."라고 규정되어 있을 뿐이다.[691] 여기서 형법총칙은 형법 각 본조에서 처벌의 대상으로 정해져 있는 모든 미수범에 공통되는 요건을 규정하고 있다. 즉 형법 제25조 제1항의 규정이 바로 그것이다.

이 규정에 의해 어떤 행위의 가벌성은 "범죄의 실행에 착수하여 행위를 종료하지 못하였거나 결과가 발생하지 아니한 경우"에까지 확장되고 있다. 이처럼 미수범에 공통

---

690) **[처벌확장사유로서의 미수범규정]** : 이점에서 미수범을 처벌하는 형법규정은 입법자가 범죄인정의 시점을 결과발생 이전단계로 앞당김으로써 **형사처벌의 범위를 확장하고 있는 규정**이라 할 수 있다.

691) **[미수범의 규정례]** : 예컨대 내란죄(제87조) 및 내란목적의 살인죄(제88조)에 대한 미수범규정인 형법 제89조(미수범)는 "前2조의 미수범은 처벌한다"고 규정하고 있다.

되는 두 가지 요소, 즉 **실행의 착수와 결과의 불발생을 합쳐서 강학상 '미수'**라 한다. 따라서 '미수'란 행위자가 실행에 착수하였으나 (행위를 종료하지 못하였든 행위를 종료하였든) 결과가 발생하지 않은 경우를 말한다. 즉 미수범이 성립하려면 최소한 실행의 착수는 인정되어야 하고, 실행행위를 종료하지 못하였거나 종료하였더라도 결과가 발생하지 않아야 한다.

3. 범죄실현의 단계적 구별

고의범의 범죄실현을 단계적으로 분석해 보면, ① 범행의 결의(범죄의 결심), ② 범죄의사의 표시, ③ 범죄의 음모·예비, ④ 실행의 착수, ⑤ 미수, ⑥ 기수, ⑦ 범죄의 종료, ⑧ 범죄의 완료 등으로 나눌 수 있다.[692]

가. 범행의 결의(범죄의 결심)

범행의 결의란 일정한 범죄목표를 달성하려고 결심하는 단계를 말한다. 의지적 요소가 결여된 단순한 공상·환상 등은 범행의 결의가 아니다. 순수한 심리적 현상에 지나지 않는 범죄의 결심은 원칙적으로 형법적 평가의 대상이 아니다(불처벌). 즉 범죄를 결심하더라도 도덕이나 종교의 논의대상은 될지라도 형법적 논의대상은 아니다.

나. 범죄의사의 표시

범죄의사를 외부에 표시하였다 하더라도 이는 처벌의 대상이 아니다. 예컨대 甲이 乙에게 丙을 살해하겠다는 의사를 표시하였다 하더라도 이는 처벌의 대상이 아니다.

경우에 따라서는 범죄의사의 표시행위 그 자체가 독립적으로 범죄를 구성할 수 있

692) **[범죄실현의 단계적 구별의 구체적 진행례]** : 물론 모든 고의범이 이러한 전과정을 거치는 것은 아니다. 범죄의사의 표시, 예비, 음모, 종료 등의 단계는 없는 경우도 많다. 과실범에서는 범죄의 결심이나 예비, 음모 등이 있을 수 없고 미수는 있을 수 있지만 과실범의 미수를 처벌하지 않으므로 논의할 실익이 없다.

다. 예컨대 甲이 乙이 아닌 丙의 면전에서 죽이겠다는 의사를 표시하였다면 협박죄가 될 수 있다. 이때에는 甲이 丙에게 살해의사를 표시하였기 때문이 아니라 '해악의 고지'라는 협박행위를 했기 때문에 처벌되는 것이다.

다. 음모·예비

예비란 범행결의를 실천에 옮기기 위하여 물적(유형적·외부적)으로 준비하는 행위이다. 예컨대 범행도구를 물색하거나 범행자금을 마련하는 등의 행위가 그것이다. 즉 일정한 위험성은 있지만 실행의 착수에는 이르지 않은 경우라 할 수 있다.

[예비와 범행의 결의 및 미수와의 구별]

> 예비는 범죄적 의사가 외부로 표현되었다는 점에서 외부성이 없는 **범행의 결의**와 구별되고, 실행의 착수 이전 단계라는 점에서 **미수**와 구별된다.

음모란 범죄에 대한 심리적(무형적)인 준비행위로서 2인 이상이 범죄실현을 위해 범행의 결의를 상호합의하는 것이다. 예비·음모를 처벌하기 위해서는 반드시 실현하려는 범죄를 규정한 각 本條를 지시하는 이외에 예비·음모행위에 대한 법정형도 함께 규정하여야 한다.[693)]

693) **[예비·음모의 처벌과 죄형법정주의의 관계]** : 대법원 1979.12.26. 선고 78도957 판결(형법 제28조에 의하면 범죄의 예비 또는 음모는 특별한 죄형규정이 있을 때에 한하여 처벌할 수 있도록 되어 있는데 부정선거관련자처벌법 제5조 제4항에 의하면 동조 제1항에 예비, 음모와 미수는 처벌한다고 규정하고 있으나 동 예비, 음모의 형에 관하여 아무런 규정이 없으며, 이를 본범이나 미수범에 준하여 처벌함은 죄형법정주의 원칙상 허용할 수 없으니 결국 위 소위는 처벌할 수 없다.) : **대법원 1977.6.28. 선고 77도251 판결**(부정선거관련자처벌법 제5조 제4항에 동법 제5조 제1항의 예비음모는 이를 처벌한다고만 규정하고 있을 뿐이고 그 형에 관하여 따로 규정하고 있지 아니한 이상 죄형법정주의의 원칙상 위 예비음모를 처벌할 수 없다.)

[예비와 음모의 구별]

예비가 범죄의 실행을 목적으로 이루어지는 범죄의 준비행위임에 반하여, 음모는 범죄의 심리적 준비행위로서 2인 이상의자 사이에 성립한 범죄실행의 합의를 의미한다. 즉 음모가 인정되기 위해서는 특정범죄의 실행을 위한 준비행위라는 것이 객관적으로 명백히 인식되어야 하며, 범죄실행의 합의에 실질적이 위험성이 인정되어야 한다.[694]

이처럼 예비와 음모는 양자 모두 실행의 착수 이전단계의 행위인 점에서는 차이가 없기 때문에 양자를 구별할 실익이 있는지 여부가 문제된다. **다수설 및 판례**[695]는 예비와 음모가 병렬적으로 규정되어 있는 경우, 예비는 음모에 해당하는 행위를 제외한 것으로 보고 있어 예비와 음모를 구별하고 있다. 특별법상으로도 음모는 벌하지 않고 예비죄만을 처벌하는 규정[696]이 있는 이상 예비와 음모를 개념상으로 뿐만 아니라 그 법효과면에서도 구별할 실익은 엄연히 존재한다 할 것이다.

라. 실행의 착수

실행의 착수란 구성요건실현행위(실행)의 개시·시작을 말한다. 범죄는 이때부터 시작된다. 실행의 착수가 있게 되면 범죄는 범죄행위의 종료 여부나 결과발생 여부와 상관없이 적어도 미수단계에 이르게 된다.

예컨대 사람을 살해하기 위해 총을 겨누었을 경우 예비단계를 넘어서서 살인죄의 실행의 착수에 이르렀다고 하면 총을 다시 거두어들였다 하더라도 살인미수죄가 성립한다. 따라서 실행의착수를 언제로 볼 것인가에 대해서는 다양한 견해가 대립한다.[697]

마. 미수

미수란 범죄의 실행에 착수하여 실행행위를 종료하지 못하였거나(미종료미수, 착

---

694) 대법원 1999.11.12. 선고 99도3801 판결. **[판례해설]** : 대법원이 "甲과 乙이 군복무기간 중에 수회에 걸쳐 '총을 훔쳐 전역 후 은행이나 현금수송차량을 털어 한탕 하자'는 말을 나눈 정도만으로는 강도음모를 인정하기에 부족하다"고 한 것은 범죄실행의 합의가 실질적인 위험성이 인정되는 정도에 이르지 못한 것으로 보았기 때문이라 할 수 있다.

695) 대법원 1984.12.11. 선고 82도3019 판결 ; 대법원 1986.6.24. 선고 86도437 판결. **[판례해설]** : 86도437 판례는 일본으로 밀항하고자 도항비로 일화 100만엔을 주기로 약속하였던 자가 그 후 이 밀항을 포기한 경우에는 밀항의 음모에는 해당하지만 밀항의 예비정도에는 이르지 아니하였다고 판단하면서 음모가 예비에 선행하는 단계임을 인정하고 있다.

696) **[예비만을 처벌하는 입법례]** : 예컨대 밀항단속법 제3조 제1항 및 제3항은 예비만을 처벌하고 있으며, 관세법 제271조 제2항 및 제274조 제2항에서도 예비만을 처벌하고 있다.

697) 상세히는 본장 제3절 실행의 착수 참조.

수미수), 실행행위는 종료하였지만 결과가 발생하지 아니한 경우(종료미수, 실행미수)를 말한다.

형법은 세 가지 형태의 미수, 즉 장애미수(형법 제25조), 중지미수(제26조), 불능미수(제27조)를 규정하고 있으며 미수범을 처벌하는 범죄는 형법각칙의 각 본조에 규정되어 있다(**미수범의 예외적 처벌**).[698]

바. 기수

형법의 원칙적 처벌대상은 기수이다. 기수란 실행의 착수에 이어서 결과발생을 위시로 한 당해 범죄의 구성요건요소가 완전히 충족된 경우를 말한다.

거동범에서는 행위의 종료만으로 기수가 되지만 결과범에 있어서는 행위의 종료만으로는 기수가 되지 못하고 결과가 발생하여야 할 뿐만 아니라 행위와 결과 사이에 형법적 인과관계가 인정되어야 한다. 목적범에 있어서는 목적을 달성하지 못해도 기수가 될 수 있다. 예컨대 '행사의 목적'으로 위조통화를 제작하면 통화위조죄(형법 제207조)의 기수가 되는 것으로 위조통화를 실제로 행사하려던 목적이 실현될 필요는 없는 것이다.

구체적으로 기수시기가 언제인가는 개별 범죄유형마다 구성요건의 해석을 통해 판단되어야 한다. 기수시기는 특히 개별구성요건의 해석에 달린 문제로서 형법각론에서의 과제이다.

사. 범죄의 종료

종료란 기수 이후에 보호법익에 대한 침해가 실질적으로 끝난 경우를 말한다. 예컨대 계속범인 감금죄의 기수시기는 피해자를 감금시킨 때이지만, 감금죄의 종료시기는 피해자가 감금상태에서 풀려난 때이다.

기수 이외에 범죄의 종료를 인정하는 실익은, ① 기수 이후 종료 이전까지는 공동정

698) **[형법각칙상의 미수범 처벌규정의 도표정리]**에 대하여 상세하게는, 오영근, 형법총론 제2판(보정판), 박영사, 2012, 473/474쪽 참조.

범(계속범의 경우)과 방조범의 성립이 가능하며, ② 공소시효는 범죄의 기수시가 아니라 범죄의 종료시부터 진행하고(형사소송법 제252조 제1항)[699] 일반사면의 기준시점 또한 공소시효와 마찬가지로 범죄의 종료시를 기준으로 하며[700], ③ 기수 이후에도 종료 이전에는 형을 가중하는 사유가 실현될 수 있고[701], ④ 절도죄와 관련하여 정당방위에서 침해의 현재성은 절도죄의 실행의 착수 직전으로부터 시작하여 기수를 거쳐 범죄의 종료시까지 인정되며, ⑤ 범행종료에 이르기 전에는 다른 범죄의 구성요건실행행위가 이미 기수에 이른 범죄와 중복되는 부분이 생기면 양자를 상상적 경합관계로 파악할 수도 있다는 점 등이다.

아. 범죄의 완료

결합범 등 일정한 범죄에서는 범죄의 완료라는 개념이 문제된다. 범죄의 완료는 범죄의 종료보다 더 늦은 시점까지를 포괄하는 개념이다. 결합범에서는 앞의 범죄가 완료되기 이전에 뒤의 범죄가 행해져야 한다.

예컨대 강도상해죄(제337조)나 강도살인죄(제388조)가 성립하기 위해서는 강도의 실행에 착수하여 기수 및 종료단계를 지나 어느 정도의 시간이 흐르기 이전, 즉 범죄의 완료 이전에 상해, 살인행위가 행해져야 하고 그 이후에 살인, 상해가 행해지는 경우에는 강도상해나 강도살인죄가 성립하지 않고 강도죄와 상해죄 또는 강도죄와 살인죄의 경합범이 될 수 있을 뿐이다.[702]

699) **[범죄의 종료를 인정하는 실익례]** : 대법원 2007.3.29. 선고 2005도7032 판결[구 병역법(2005.5.31. 법률 제7541호로 개정되기 전의 것) 제89조의2 제1호에 정한 공익근무요원의 복무이탈죄는 정당한 사유 없이 계속적 혹은 간헐적으로 행해진 통산 8일 이상의 복무이탈행위 전체가 하나의 범죄를 구성하는 것이고, 그 공소시효는 위 전체의 복무이탈행위 중 최종의 복무이탈행위가 마쳐진 때부터 진행한다.]

700) **[일반사면의 의미]** : 일반사면이란 일정한 범죄의 종류를 정해 놓고 그에 대해 국가형벌권을 행사하지 않겠다고 선언하는 것이다('사면법[시행 2012.2.10][법률 제11301호, 2012.2.10, 일부개정]' 제8조). 일반사면은 어느 시점을 정하여 그 시점까지 범해진 일정한 종류의 범죄행위에 대하여 형사소추권을 행사하지 않겠다고 하는 일반적인 의사표시이다.

701) **[계속범으로서 중감금죄의 구조]** : 예컨대 형법 제277조의 중감금죄는 감금죄의 기수 이후 종료 이전에 가혹행위를 하는 경우에 성립하는 범죄이다.

702) **[범죄의 완료와 범죄성립여부]** : 대법원 1984.9.11. 선고 84도1398,84감도214 판결[야간주거침입절도의 실행에 착수한 후 피해자에게 발각되어 계속 추격당하거나 재물을 면탈하고자 피해자에게 폭행을 가하였다면 그 장소가 소론과 같이 범행현장으로부터 200미터 떨어진 곳이라고 하여도 절도의

제2절 미수범의 처벌근거

형법은 원칙적으로 기수범을 처벌하고 예외적으로 미수범을 처벌하고 있는데, 이처럼 실행의 착수만으로 행위자를 처벌하는 이론적 근거에 대해서는 객관설, 주관설, 절충설이 대립하고 있다.[703)]

1. 객관설

객관설(객관주의 범죄이론)은 미수범을 처벌하는 이유는 미수에 의해 발생한 법익침해의 객관적 위험성(결과반가치) 때문이라고 한다. 즉 범죄실현의 모든 단계(예비, 미수, 기수)에서는 모두 기수의 고의를 필요로 하기 때문에 주관적 위험성, 즉 행위자의 반사회적 위험성은 동일한 것이므로 각 행위가 갖는 법익침해의 객관적 위험성의 차이 때문에 형벌의 차이가 발생한다는 것이다.

객관설에 의하면 형벌은 범죄행위의 객관적 위험성에 비례하여 정해져야 하므로 장애미수와 중지미수의 형벌은 기수범에 비해 필요적 감경을, 결과발생과 법익침해의 가능성이 없는 불능미수는 처벌대상에서 제외해야 한다. 이점에서 객관설은 우리 형법이 장애미수의 형벌은 임의적 감경, 중지미수의 형벌을 필요적 감면, 불능미수의 형벌을 임의적 감면으로 한 것을 설명하기 곤란하다.

기회 계속 중(완료 전)에 폭행을 가한 것이라고 보아야 할 것이다(준강도죄성립).] ; **대법원 1999.2.26. 선고 98도3321 판결**(피해자의 집에서 절도범행을 마친지 10분 가량 지나 피해자의 집에서 200m 가량 떨어진 버스정류장이 있는 곳에서 피고인을 절도범인이라고 의심하고 뒤쫓아 온 피해자에게 붙잡혀 피해자의 집으로 돌아왔을 때 비로소 피해자를 폭행한 경우, 그 폭행은 사회통념상 절도범행이 이미 완료된 이후에 행하여진 것이므로 준강도죄가 성립하지 않는다.)

703) **[미수범의 처벌근거에 대하여 통설]**은 절충설을 취하고 있으며 오늘날 객관설이나 주관설을 취하는 학자는 없기 때문에 두 입장은 이론상의 의미만 가질 뿐이다.

2. 주관설

주관설(주관주의 범죄이론)은 미수범의 처벌근거를 실행행위를 통해 나타난 행위자의 반사회적 위험성(법적대적 의사, 행위반가치)에서 찾는 견해이다. 행위자가 실행에 착수한 이상 행위자의 법적대적 의사가 표출된 것이므로 실행행위의 종료 여부나 결과발생 여부는 행위자의 법적대적 의사와 무관한 요소라는 점을 논거로 한다.

주관설에 의하면 미수범과 기수범에서 행위자의 법적대적 의사는 차이가 없으므로 형벌도 동일하여야 하며, 중지미수는 행위자가 자의로 중지한 경우에는 법적대적 의사가 사라진 것이므로 원칙적으로 벌하지 말아야 하고, 불능미수의 경우 결과발생이 불가능하지만 행위자의 법적대적 의사가 표출된 것이므로 처벌해야 한다고 한다.

그러나 주관설도 우리 형법의 미수범처벌규정을 설명하기 곤란할 뿐만 아니라 예비죄, 미수범, 기수범의 구별이 모호해져서 형벌권의 지나친 확장을 통한 인권침해의 위험이 있다.

3. 절충설

통설인 절충설은 미수범의 처벌근거를 주관적인 관점과 객관적인 관점의 결합에서 찾는 견해이다. 특히 印象說(**다수설**)에 의하면 미수범의 처벌근거는 기본적으로 행위자의 범죄의사(행위반가치)라고 하는 주관적 요소이지만, 미수행위로 인해 일반인에게 법질서의 효력과 법적 안정성에 대한 신뢰를 깨뜨린데 대한 범죄적 인상(결과반가치)을 주었다고 하는 객관적 요소도 미수범의 처벌근거가 된다고 한다. 인상설은 주관설에 가까운 절충설이라고 할 수 있다.

4. 소결

우리 형법의 해석론으로는 절충설이 타당함은 물론이다.

그러나 우리 형법의 미수범규정은 객관주의를 기본으로 하고 주관주의를 가미한 것이라 할 수 있기 때문에 주관설을 위주로 객관설을 절충한 인상설은 우리 형법의 미수범규정의 해석으로는 문제가 있을 수 있다.

또한 인상설은 법질서의 위태화라는 객관적인 관점을 반영하는 것이지만 법질서의 위태화 내지 법질서를 동요하게 하는 인상과 같은 판단도 판단자의 주관에 좌우될 가능성이 있다.

따라서 미수범의 처벌근거로서 절충적인 입장을 취한다 하더라도, 행위자의 외부적인 행위를 기준으로 하고 법질서의 위태화 여부도 보호법익에 대한 위태화(법익침해의 위험성) 등과 같은 객관적인 기준을 가미하는 태도가 타당하다 할 것이다.

제3절 미수범의 일반적 성립요건

형법상 장애미수, 중지미수, 불능미수 등의 미수범에 공통되는 객관적 구성요건은 첫째 실행의 착수가 있을 것, 둘째 행위를 종료하지 못하였거나 결과가 발생하지 않았을 것이고 주관적 구성요건은 기수의 고의가 있을 것이다.

1. 주관적 구성요건

가. 고의(범행결의)

미수범의 경우 범행결의의 내용은 기수범의 구성요건적 고의와 동일하다. 따라서 미수범의 범행결의(고의)는 기수범에서의 고의와 마찬가지로 모든 객관적 구성요건적 사실의 인식 및 의욕을 의미한다. 그러나 행위자가 처음부터 미수에 그치겠다는 고의, 즉 미수의 고의는 고의로서 인정되지 않는다.[704)]

기수범의 경우 고의를 조각시키는 사실의 착오는 미수범의 경우에도 행위자의 고의를 탈락시킨다. 그러나 동일종류에 대한 객체의 착오 등의 경우처럼 기수범에서 고의가 탈락되지 않는 착오가 있으면 미수범의 경우에도 고의는 탈락되지 않는다.

미수범의 경우에도 미필적 고의만 있어도 충분하지만, 이는 행위자가 범죄를 행할 것인가를 결의하지 않은 '조건부 행위의사'[705]와 구별되어야 한다. 즉 범행결의(고의)가 있다고 하기 위해서는 무조건적인 구성요건실현의사인 '확정적 행위의사'가 존재하여야 한다.

나. 초주관적 구성요건요소

고의 외에 목적범의 목적, 절도죄의 불법영득의사 등과 같은 초주관적 구성요건요소도 미수범의 주관적 구성요건요소이다.

2. 객관적 구성요건

가. 실행의 착수

(1) 실행의 착수의 의의

실행의 착수란 구성요건실현행위의 개시 또는 시작을 말한다. 미수범의 객관적 구

704) **[판례해설 : 미수의 고의와 기수의 고의]** : 대법원 1995.9.15. 선고 94도2561 판결에서 문제가 된 피고인의 행위는 방안으로 들어갈 의사없이 창문 안으로 얼굴만 들이밀고 피해자가 자는 모습을 감상한 행위이었다. 대법원은 주거침입죄의 기수시기에 대해 몸의 일부만 주거에 들어가도 주거침입죄의 기수가 된다고 하는 일부침입설을 취하였다. 만일 통설과 같이 몸의 전부가 들어가야 주거침입죄의 기수가 된다고 하는 전부침입설을 택하게 되면 피고인에게 **미수의 고의(몸의 일부만 들어가겠다는 고의)밖에 없으므로 주거침입죄의 미수로도 처벌할 수 없게 된다**.
그러나 피고인이 피해자를 계속 따라 다니면서 강간을 시도한 적이 있고 그 이후에도 계속 따라 다니는 스토커였으므로 법원은 피고인을 어떻게든 처벌할 필요성이 있었기 때문에 일부침입설을 택하게 되었다. 일부침입설에 의하면 피고인이 창문 안으로 머리를 들이민 행위는 주거침입죄의 기수가 되고 기수의 고의도 인정할 수 있으므로 피고인을 처벌할 수 있게 되기 때문이다.

705) **[조건부 행위의 사례]** : 예컨대 권총을 들고 단지 위협만 할 것인지 아니면 발사할 것인지 결정하지 못한 경우나 보석상에 경보장치가 있는지 살펴보았지만 아직 절취에 대한 최종결단을 내리지 못한 경우 등을 들 수 있다.

성요건요소는 실행의 착수이다. 즉 실행의 착수는 미수(미종료미수이든 종료미수이든)의 최소전제조건이다.

실행의 착수와 실행의 착수시기는 다른 개념이다. 즉 실행의 착수란 미수인정의 최소전제조건이자 미수범의 객관적 구성요건요소인 추상적 개념이지만, 실행의 착수시기란 행위자가 언제 실행의 착수를 하였는가를 정하는 구체적이고 역동적인 개념이다. 실행의 착수시기는 예비와의 구별기준이 된다.

(2) 실행의 착수시기에 대한 판단기준

① 학설의 태도

종래 실행의 착수시기를 어떻게 판단할 것인가에 대해서는, 1) 개개의 범죄구성요건에서 기술되어 있는 실행행위로 나아간 때에 실행의 착수가 인정된다는 객관설[706], 2) 행위자의 주관적 의사가 행위에 의하여 확정적으로 나타난 때 또는 범의의 비약적 표동이 있을 경우에 실행의 착수가 인정된다는 주관설[707], 3) 객관적 요소와 주관적 요소를 결합하여 실행의 착수를 결정해야 한다는 절충설(주관적 객관설 또는 개별적 객관설)[708]이 주장되어 왔다.

② 판례의 태도

실행의 착수시기에 관한 대법원의 태도는 개별 범죄유형에 따라 각기 다르게 나타

706) **[객관설에 있어서 실행의 착수시기와 위험개념의 무용성]** : 객관설에는 형식적 객관설(엄격한 의미에서 구성요건에 해당하는 행위 또는 적어도 그 일부를 행한 때를 기준으로 삼는 견해, 예컨대 재물을 손으로 잡은 때 또는 권총의 방아쇠를 당긴 때에 절도죄와 살인죄의 실행의 착수시기를 인정한다)과 실질적 객관설(보호법익에 대한 직접적 위태화 또는 법익침해에 밀접한 행위를 기준으로 삼는 견해. 예컨대 금고문을 열기 위한 행위를 개시한 때 또는 금고문을 연 때 절도죄의 실행의 착수시기를 인정한다)로 나눌 수 있다. 그러나 위험개념은 특히 구체적 위험범의 경우에는 미수확정에 아무런 기능을 하지 못한다. 왜냐하면 구체적 위험범의 경우 위험이 발생하면 미수가 아니라 이미 기수가 되기 때문이다. 뿐만 아니라 추상적 위험범의 경우에는 기수가 되기 위해서도 그러한 위태화를 요구하지 않는다는 점에서 실질적 객관설을 취할 수는 없다.

707) **[주관설의 실행의 착수시기]** : 예컨대 금고를 털기 위하여 건물 안으로 들어간 때에 절도죄의 실행의 착수시기를 인정한다.

708) **[주관적 객관설의 실행의 착수시기]** : 즉 주관적 객관설은 행위자의 범행계획에 따르면 구성요건실현행위가 직접 개시되었을 때를 실행의 착수시기라고 한다. 예컨대 금고를 털기 위해 금고가 있는 건물에 들어가 금고가 있는 방의 자물쇠를 뜯고 들어갈 때 절도죄의 실행의 착수시기를 인정한다.

나고 있는 관계로 무엇을 구별기준으로 삼고있는지 파악하기 어렵다.

절도죄와 관련하여서는 행위자의 행위가 당해 구성요건의 보호법익의 침해에 직접 밀접하여 있는 경우에 실행의 착수시기를 인정하는 '밀접행위설(실질적 객관설)'을 취하고 있다고 보여진다.[709)]

또한 주거침입죄와 관련하여 "출입문이 열려 있으면 안으로 들어가겠다는 의사 아래 출입문을 당겨보는 행위는 바로 주거의 사실상의 평온을 침해할 객관적인 위험성을 포함하는 행위를 한 것으로 볼 수 있어 그것으로 주거침입의 실행에 착수한 것으로 보아야 한다."[710)]는 판시는 실질적 객관설의 태도에 입각한 것이라 할 수 있다.

한편 간첩죄나 특정한 범죄에 대해서는 주관설에 입각하여 실행의 착수시기를 판단하기도 한다.[711)]

③ 소결

주관적 객관설(절충설)과 실질적 객관설은 크게 차이가 나지 않는다. 그러나 행위의 의미를 파악할 때 단순히 행위의 객관적 형식이나 외형만으로 파악하는 것이 아니

---

709) **[밀접행위설에 의한 절도죄의 실행의 착수시기 판단]** : 대법원 2003.6.24. 선고 2003도1985,2003감도26 판결(절취할 재물의 물색행위를 시작하는 등 그에 대한 사실상의 지배를 침해하는 데에 밀접한 행위를 개시하면 절도죄의 실행에 착수한 것으로 보아야 한다.) : 대법원 2001.7.27. 선고 2000도4298 판결(외국환거래법 제28조 제1항 제3호에서 규정하는, 신고를 하지 아니하거나 허위로 신고하고 지급수단·귀금속 또는 증권을 수출하는 행위는 지급수단 등을 국외로 반출하기 위한 행위에 근접·밀착하는 행위가 행하여진 때에 그 실행의 착수가 있다고 할 것이다.) ; 대법원 1999.11.26. 선고 99도2461 판결(비지정문화재를 국외로 반출하는 행위에 근접·밀착하는 행위가 행하여진 때에 그 실행의 착수가 있는 것으로 보아야 한다.) ; 대법원 1984.12.11. 선고 84도2524 판결(소매치기의 경우 피해자의 양복상의 주머니로부터 금품을 절취하려고 그 호주머니에 손을 뻗쳐 그 겉을 더듬은 때에는 절도의 범행은 예비단계를 지나 실행에 착수하였다고 봄이 상당하다.)

710) **[실질적 객관설에 의한 실행의 착수시기 판단]** : 대법원 2006.9.14. 선고 2006도2824 판결 : 대법원 2008.4.10. 선고 2008도1464 판결(주거침입죄의 실행의 착수는 주거자, 관리자, 점유자 등의 의사에 반하여 주거나 관리하는 건조물 등에 들어가는 행위, 즉 구성요건의 일부를 실현하는 행위까지 요구하는 것은 아니고 범죄구성요건의 실현에 이르는 현실적 위험성을 포함하는 행위를 개시하는 것으로 족하다.) : 대법원 1984.12.26. 선고 84도2433 판결(야간에 타인의 재물을 절취할 목적으로 사람의 주거에 침입한 경우에는 주거에 침입한 행위의 단계에서 이미 형법 제330조에서 규정한 야간주거침입절도죄라는 범죄행위의 실행에 착수한 것이라고 볼 것이다.)

711) **[주관설에 의한 실행의 착수시기 판단]** : 대법원 1984.9.11. 선고 84도1381 판결(간첩의 목적으로 외국 또는 북한에서 국내에 침투 또는 월남하는 경우에는 기밀탐지가 가능한 국내에 침투 상륙함으로써 간첩죄의 실행의 착수가 있다고 할 것이다.) ; 대법원 1984.7.24. 선고 84도832 판결(관세를 포탈할 범의를 가지고 선박을 이용하여 물품을 영해 내에 반입한 때에는 관세포탈죄의 실행의 착수가 있었다고 할 것이고, 선박에 적재한 화물을 양육하는 행위 또는 그에 밀접한 행위가 있음을 요하지 아니한다고 할 것이다.)

라 행위자의 주관적 측면인 범행계획을 아울러 고려한다는 점에서 주관적 객관설이 이론상으로 좀더 타당성을 가지고 있다고 할 수 있다.

나. 행위의 미종료 또는 결과의 불발생

(1) 미종료미수와 종료미수

실행에 착수하여 행위를 종료하지 못한 경우를 미종료미수(착수미수), 행위를 종료하였으나 결과가 발생되지 않은 경우를 종료미수(실행미수)라고 한다.

양자는 중지미수의 성립요건을 충족하는 데에 있어서 중요한 차이가 있다. 즉 미종료미수의 경우 실행을 중지하기만 하면 중지미수가 성립할 수 있지만, 종료미수의 경우에는 결과발생의 방지를 위한 적극적인 노력이 있어야 중지미수가 성립할 수 있다.

(2) 거동범의 미수

거동범(형식범)에서는 행위가 종료하면 기수가 되므로 종료미수는 있을 수 없고 미종료미수는 있을 수 있다. 즉 거동범의 경우에도 실행의 착수와 실행의 종료는 있으므로 실행을 종료하지 못한 경우에는 미수범이 성립할 수 있다. 예컨대 형법은 주거침입죄의 미수를 처벌하고 있으며(제322조), 대법원도 주거침입죄의 미수를 인정하고 있다.[712]

712) **[거동범의 미수]** : 대법원 1995.9.15. 선고 94도2561 판결(예컨대 주거로 들어가는 문의 시정장치를 부수거나 문을 여는 등 침입을 위한 구체적 행위를 시작하였다면 주거침입죄의 실행의 착수는 있었다고 보아야 하고, 신체의 극히 일부분이 주거 안으로 들어갔지만 사실상 주거의 평온을 해하는 정도에 이르지 아니하였다면 주거침입죄의 미수에 그친다.)

제4절 장애미수

1. 장애미수의 개념

[조문]

刑法 第25條(未遂犯) ① 犯罪의 實行에 着手하여 行爲를 終了하지 못하였거나 結果가 發生하지 아니한 때에는 未遂犯으로 處罰한다.
② 未遂犯의 刑은 旣遂犯보다 減輕할 수 있다.

2011년 형법일부개정법률안[형법총칙전면개정안][의안번호 제11304호] 제26조(미수범)
① 범죄의 실행에 착수(着手)하여 행위를 종료하지 못하였거나 결과가 발생하지 아니한 경우에는 미수범으로 처벌한다.
② 미수범의 형은 기수범의 형보다 감경할 수 있다.

형법 제25조 제1항은 미수범에 관한 일반적 규정이기도 하면서 협의의 미수, 즉 장애미수에 대한 규정이다.

장애미수란 행위자가 내·외부적 장애로 인하여 자신의 의사에 반하여 범죄를 완성하지 못한 경우를 말한다. 장애미수는 행위의 미종료나 결과의 불발생이 행위자의 자의에 의한 것이 아니라 내·외부적 장애에 의한 것이라는 점에서 중지미수와 구별되고, 결과발생이 가능하였음에도 결과가 발생하지 않았다는 점에서 처음부터 결과의 발생이 불가능한 불능미수와 구별된다.

2. 장애미수의 성립요건

가. 객관적 요건

(1) 실행의 착수가 있을 것

미수범이 예비·음모와 구별되는 것은 실행의 착수의 유무이다. 실행의 착수시기에 대해서 **통설**은 주관적 객관설(절충설), **판례**[713]는 실질적 객관설, 주관설 등을 취하고 있다.

(2) 범죄의 미완성

① 행위의 미종료 또는 결과의 불발생

거동범에서는 실행을 종료하는 경우에는 기수가 되므로 실행에 착수한 행위를 종료하지 못하는 미종료미수만이 가능하다. 결과범에서는 미종료미수와 행위는 종료하였으나 결과가 발생하지 않은 종료미수 모두가 있을 수 있다.

② 장애에 의한 범죄의 미완성

장애미수가 성립하기 위해서는 범죄의 미완성이 자의에 의한 것이어서는 안 된다. 자의에 의한 경우에는 장애미수가 아니라 중지미수가 성립하기 때문이다. 장애에 의한 미완성이란 자의에 의한 미완성을 제외한 개념이다.

③ 행위의 종료 및 결과발생의 가능

장애미수가 되기 위해서는 행위의 종료와 결과발생이 가능하지만 장애에 의해 행위를 종료하지 못하거나 결과가 발생하지 않아야 한다. 처음부터 행위의 종료나 결과발생이 불가능하기 때문에 행위를 종료하지 못하거나 결과가 발생하지 않은 경우에는 장애미수가 아니고 불능미수가 될 수 있을 뿐이다.

---

713) 앞의 주 709), 710), 711)의 판례를 참조.

나. 주관적 요건

장애미수가 성립하기 위해서는 기수범에서와 같은 주관적 구성요건요소를 갖추어야 한다. 미수의 고의가 아닌 기수의 고의가 있어야 함은 물론, 목적, 불법영득의사 등 초주관적 구성요건요소를 필요로 하는 범죄에서는 이러한 요소들도 모두 구비되어야 한다.

3. 장애미수의 법적 효과

제25조 제2항은 "미수범의 형은 기수범보다 감경할 수 있다"고 하여 주관주의와 객관주의를 절충한 형의 임의적 감경을 규정하고 있다.

순수한 주관주의 입장에 의하면 장애미수에서 행위자의 법적대적 의사는 기수범과 다르지 않기 때문에 장애미수의 형을 기수범과 동일하게 규정해야 한다. 순수한 객관주의 입장에서는 미수범은 실행에 착수하였지만 기수범에 비해 행위나 결과가 적기 때문에 필요적 감경을 규정하여야 한다. 형법은 임의적 감경을 규정하여 감경을 하면 객관주의, 감경을 하지 않으면 주관주의와 동일한 효과가 발생하도록 하여 양자를 절충하고 있다.

제 20 장

형법총론

중지미수, 불능미수, 예비·음모죄

제1절 중지미수

1. 중지미수의 의의

가. 중지미수의 개념

[조문]

刑法 第26條(中止犯) 犯人이 自意로 實行에 着手한 行爲를 中止하거나 그 行爲로 因한 結果의 發生을 防止한 때에는 刑을 減輕 또는 免除한다.

2011년 형법일부개정법률안[형법총칙전면개정안][의안번호 제11304호] 제27조(중지미수) 범인이 자의(自意)로 실행에 착수한 행위를 중지하거나 그 행위로 인한 결과의 발생을 방지한 경우에는 형을 감경하거나 면제한다.

중지미수란 행위자가 범죄실행에 착수한 후에 自意로 실행행위를 중지하거나(미종료미수, 착수미수의 중지범), 실행행위를 종료하였지만 결과발생을 방지함으로써(종료미수, 실행미수의 중지범) 성립하는 미수범을 말한다.[714] 중지미수는 실행행위를 중지하거나 결과발생을 방지한 행위자의 태도가 자발적인 의사에 의해 이루어진 것을 형법적으로 평가하여 미수범 중에서 가장 관대한 처벌, 즉 형벌의 필요적 감면효과를 부여하고 있다.[715][716]

나. 중지미수의 법적 성격

형법 제26조가 중지미수에 대해 관대한 효과인 필요적 감면이라는 특별한 혜택을 부여하고 있는 근거가 무엇인가를 해명하는 다양한 견해들이 종래 중지미수의 법적 성격이라는 장에서 논의되고 있다.[717]

(1) 형사정책설

형사정책설은 중지미수에 대한 형의 필요적 감면을 미수단계에서라도 실행행위를 중지하면 처벌하지 않겠다는 희망을 주어 기수를 방지하자는 형사정책적 고려를 반영하였기 때문이라고 설명하는 견해이다.

필요적 감면효과가 '후퇴를 장려하는 황금의 다리'라고 설명하는 견해(**황금의 다리 이론**)나 범행중지를 행위자의 공적으로 보아 이러한 공적에 대한 국가의 보상 내지 은사라고 설명하는 견해(**은사설, 보상설, 공적설**)[718], 또는 일반예방이나 특별예방이

....

714) **[중지미수와의 개념구별]** : 중지미수는 실행의 착수가 있다는 점에서 실행의 착수가 없는 예비·음모 및 예비의 중지와 구별되며, 행위가 종료하지 않았거나 결과가 발생하지 않았다는 점에서 기수와 구별된다. 또한 중지미수는 행위의 미종료나 결과의 불발생이 행위자의 자의에 의한 것이었다는 점에서 장애미수와 구별되며, 결과발생이 가능할 수도 있다는 점에서 결과발생이 불가능한 불능미수와 구별된다.

715) **[중지미수의 처벌입법례]** : 중지미수의 처벌은 나라마다 다르다. **영미법계의 형법**에서는 중지미수와 장애미수를 구별하지 않고 일률적으로 처벌하지만, **우리 형법(제26조) 및 일본형법(제43조), 스위스 형법(제23조 제1항)**은 중지미수의 형을 필요적 감면사유로 하고 있지만, **독일형법(제24조) 및 오스트리아 형법(제16조), 그리스형법(제44조)**은 중지미수의 형을 필요적 면제사유로 규정하고 있다.

716) **[중지미수의 취지]** : 중지미수에 대하여 형의 필요적 감면이라는 법적 효과를 특별히 부여하는 이유는, 범죄인에게 실행에 착수한 행위를 중도에 그만 두도록 계기를 부여하기 위해서이다. 이처럼 중지미수는 범죄인을 정상인의 세계로 되돌리기 위한 유인책이며 범죄피해의 확산을 방지하기 위한 안전장치라고 할 수 있다.

717) **[형감면근거에 대한 논의의 실익]** : 중지미수의 필요적 형벌감면의 근거에 관한 논의는 그 자체로는 실익이 없는 논쟁이라 할 수 있는데 중지미수의 요건 특히 자의성의 해석에 영향을 미칠 수 있다는 점에 의미가 있다.

라는 형벌목적에 비추어 볼 때 행위자에 대한 처벌의 필요성이 감소·소멸하는 것으로 볼 수 있기 때문이라고 설명하는 견해(**형벌목적설**) 등도 형사정책적 고려를 반영하고 있는 태도라고 할 수 있다.

(2) 법률설

법률설은 관대한 처벌의 근거를 범죄성립요건의 어느 한 요건의 감소·소멸이라는 차원에서 설명하려는 견해이다.

법률설은 다시, 자의성을 주관적 불법요소로 보아[719] 형면제는 불법의 소멸 때문이고 형감경은 불법의 감소 때문이라고 하는 견해(**위법성감소·소멸설**), 실행의 중지 또는 결과발생의 방지를 이유로 행위자에 대한 비난가능성, 즉 책임이 감소·소멸되었기 때문이라고 설명하는 견해(**책임감소·소멸설**)로 나누어진다.

(3) 결합설

형사정책설과 법률설을 결합하여 형면제는 형사정책에 의해 설명하지만, 형감경의 근거에 관해서는 다시 다양한 주장이 이루어진다. 형감경이 위법성감소·소멸때문이라고 주장하는 견해, 책임감소·소멸이라고 주장하는 견해, 위법성과 책임이 모두 감소되기 때문이라고 주장하는 견해도 있다.[720]

(4) 소결

중지미수의 본질을 통일적으로 설명하면서도 형의 면제와 감경의 기준을 제시하기 위해서는 중지범이 자의로 중지한 공적에 따라 형을 감경 또는 면제함에 의하여 이를

718) **[은사설의 유형]** : **다수설**의 입장이다. 그러나 논자에 따라서는 은사설과 형벌목적설을 결합하는 입장, 은사설과 책임감소설을 결합하는 입장도 있다. 한편 행위자는 자신이 초래한 행위 및 결과에 대해 원상회복의무를 지는데 행위자가 원상회복의무를 이행하였기 때문에 형벌을 감면한다는 **책임이행설**도 은사설과 같은 입장으로 분류할 수 있다.

719) **[법률설에 있어서 주관적 불법요소로서의 중지의사(자의성)]** : 즉 행위자의 고의가 주관적 불법요소인 것처럼 중지의사(자의성)는 위법성감소나 소멸을 위한 주관적 요소인데 중지미수에는 이러한 주관적 요소가 충족된다는 것이다.

720) 결합설 중에서는 형사정책설과 책임감소·소멸설의 결합설이 **[종래의 다수설]**이었다.

보상하는 것이라고 이해하는 보상설(공적설, 은사설)이 타당하다고 할 것이다. 보상의 근거는 책임감소·소멸, 형벌목적의 소멸 및 형사정책적 고려가 될 수 있다.

2. 중지미수의 유형

가. 의의

형법 제26조의 해석상 중지미수범은 미종료(착수)중지미수범과 종료(실행)중지미수범의 두 가지 유형으로 나누어질 수 있다.

미종료(착수)중지미수범이란 행위자가 실행행위의 종료 전에 자의로 더 이상의 실력행위로 나아가지 않고 중지한 경우를 말한다. 이 경우에는 범행의 결과발생을 위하여 계속적인 행위수행으로 나아가야 할 상황이 전제되어 있다. 이러한 상황에서 행위자가 더 이상의 계속적인 행위수행을 자의로 중지하기만 하면 중지범의 관대한 효과가 부여되는 것이다.

종료(실행)중지미수범이란 행위자가 실행행위를 종료하였지만 자의로 결과발생을 방지한 경우를 말한다. 이 경우에는 결과발생에 필요한 실행행위를 이미 종료하였기 때문에 행위자가 더 이상의 행위를 계속할 필요가 없는 상황이 전제되어 있다. 따라서 행위자가 적극적으로 결과를 방지하지 않으면 중지범의 관대한 효과를 부여할 수 없게 된다.

나. 구별의 실익

이처럼 중지미수범을 두 가지로 구별해야 하는 이유는 중지미수범으로 인정되기 위한 요건이 각각 다르기 때문이다. 즉 미종료(착수)중지미수범의 경우에는 행위자의 '자의에 의한 실행의 중지'라는 요건만 있으면 중지미수범이 인정되고, 종료(실행)중지미수범의 경우에는 행위자의 '자의에 의한 결과발생의 방지'라는 요건이 있어야 중지미수범이 인정된다. 따라서 양자를 구별하기 위해서는 먼저 행위자의 실행행위가 종료되었는지 여부를 구별할 필요가 있다.

다. 구별에 관한 학설

[사례를 통한 구별]

행위자의 행위가 미종료미수인지, 종료미수인지의 구별(실행의 종료시기)은 예컨대 ① 甲이 乙을 살해하기 위하여 칼로 목을 찌른 후 총으로 심장을 쏘기로 계획하였는데 칼로 乙의 목을 지른 후 乙이 죽지 않자 총쏘는 행위를 하지 않은 경우와 같이 행위자가 범죄의 실현을 위해 여러 개의 행위를 계획하였는데 계획된 행위의 일부만을 하였으나 결과가 발생하지 않자 나머지 계획된 범행을 중지한 경우, ② 甲이 총쏘는 행위까지 하였으나 乙이 사망하지 않았고 甲이 살인행위를 계속할 수 있었지만 계속하지 않은 경우와 같이 실행의 착수시에 계획된 행위를 모두 하였음에도 결과가 발생하지 않았지만 범행을 계속하는 것을 중지한 경우처럼 **행위자가 결과발생 전에 당초의 계획과는 달리 실행을 중지한 경우**에 문제된다.

(1) 범행계획설(주관설, 전체행위설)

'실행의 착수시'에 행위자가 어떤 의사를 가지고 있었는지에 초점을 맞추는 견해이다. 즉 실행의 착수시의 행위자의 범행계획에 비추어 실행을 계속하도록 되어 있는 경우에는 미종료미수가 되고, 계획된 모든 행위가 종료되었으나 결과가 발생하지 않은 경우에는 종료미수가 된다는 것이다.

이 입장에 의하면 ①의 경우에는 실행이 종료하지 않아 미종료미수가 되고, ②의 경우에는 종료미수가 된다.

(2) 수정된 주관설(중지시점의 의사설, 개별행위설)

행위자의 의사를 기준으로 삼되 그 의사의 기준시점을 실행의 착수시가 아닌 실행행위를 '중지하는 시점(즉 최종 실행행위 후의 행위자의 의사)'에 두는 견해이다. 즉 행위자가 실행행위를 중지하는 시점에서 범죄의 완성(결과발생)을 위해 필요한 것은 이제 모두 종료하였다고 믿고 있으면 종료미수이고, 반대로 아직 해야 할 것이 더 있다고 믿고 있으면 미종료미수라고 한다. 이 입장에 의하면 ①의 경우에는 미종료미수가 되고, ②의 경우에는 종료미수가 된다.

(3) 객관설

행위자의 의사여하를 묻지 않고 객관적으로 결과발생의 가능성이 있는 경우가 있으면 실행행위는 종료된 것으로 인정하는 견해이다. 이 입장에 의하면 ②의 경우는 물론이고 ①의 경우에도 종료미수이다. 즉 칼로 타인의 심장을 찌르는 행위는 객관적으로 볼 때 사망의 결과를 발생시킬 수 있는 행위이므로 이 행위가 종료되면 실행도 종료된다고 할 수 있기 때문이다.

(4) 절충설

행위자의 범행계획을 고려하면서 행위 당시의 객관적 사정과 이에 관한 행위자의 인식을 종합하여 판단하려는 견해이다(**다수설**). 이에 따르면 객관적 사정과 행위자의 계획을 종합하여 볼 때 결과를 발생시킬 수 있는 행위가 종료되었으면 종료미수가 된다고 한다. 이 입장에 의하면 ①의 경우에는 행위자의 범행계획에 의하면 해야 될 행위가 더 남았기 때문에 실행이 종료되었다고 할 수 없어 미종료미수가 되고 ②의 경우에는 행위자의 범행계획에 따른 행위가 종료했고 객관적으로도 그 행위들이 결과발생의 가능성을 가지고 있기 때문에 실행이 종료되었다고 할 수 있어 종료미수가 된다.

(5) 소결

실행의 종료시기를 결정(미종료미수인지 종료미수인지를 구별)함에도 주관적 요소와 객관적 요소를 모두 고려하는 절충설(주관적 객관설)이 타당하다고 할 수 있다. 실행의 종료시기를 결정하는 방법은 실행의 착수시기를 결정하는 방법과 동일해야 논리일관성이 있기 때문이다. 따라서 행위자의 범행계획을 고려하여 법익침해의 직접적 행위가 종료되었을 때 실행이 종료된다고 새겨야 할 것이다.

3. 미종료(착수)중지미수범의 성립요건

미종료중지미수범이 성립하기 위해서는 미수범의 일반적 성립요건(범죄의 미완성, 미수범처벌규정의 존재, 주관적 요건으로서의 고의, 객관적 요건으로서의 실행의 착수, 범죄성립배제사유의 부존재 등) 외에도 ① 미종료미수, ② 실행행위의 중지, ③ 중지의 자의성이라는 특별한 요소가 충족되어야 한다.

가. 미종료미수

미종료미수는 행위자가 결과발생을 위해 여러 행위를 계획하였다가 종료 전에 그 실행행위를 중지한 경우 또는 원래 하나의 행위를 계획하고 이를 실행하였지만 예상한 결과가 발생하지 않은 상태에서 결과를 발생하게 할 다른 행위를 할 수 있었음에도 더 이상 그러한 행위로 나아가지 않은 경우 등에 인정된다.

나. 실행행위의 중지

미종료미수의 경우 중지미수가 성립하기 위해서는 실행행위의 계속을 중지하고 결과가 발생하지 않아야 한다.

(1) 불능행위의 중지

행위자가 행위를 계속하는 것이 가능하다고 생각하였다면 설령 외부적 장애나 기타 사정에 의해 그 행위를 계속하는 것이 불가능한 경우라도 중지미수가 성립할 수 있다.

예컨대 절도의 실행에 착수한 사람이 물건을 꺼내는 것을 자의적으로 중지한 경우에는 이미 경찰관이 잠복해 기다리고 있었기 때문에 물건을 꺼내는 것이 불가능하더라도 중지미수가 성립할 수 있다.

(2) 실행의 종국적 포기

중지미수가 성립하기 위해서는 행위자가 범행을 종국적으로 포기하여야 하는지 여부가 문제될 수 있다.

긍정설은 범행을 종국적으로 포기하지 않은 자를 경하게 처벌할 이유가 없기 때문에 행위자가 범행결의를 최종적으로 포기해야만 중지미수가 성립한다고 한다. 이에 대하여 **부정설(다수설)**은 중지미수를 처벌하지 않는 독일형법[721)]과 달리 우리 형법은 단순히 형을 감면할 뿐이기 때문에 행위자가 잠정적으로 범행을 중지한 경우에도 중지미수가 성립할 수 있다고 한다.

생각건대 우리 형법상 포기를 종국적 포기라고 이해하는 것은 피고인에게 불리한 축소해석으로서 허용되지 않는 해석일 뿐만 아니라, 피해자보호를 위해서도 어떻든 실행의 계속이 중지되는 것이 바람직하다 할 것이므로 중지라는 개념을 엄격하게 해석할 필요가 없다 할 것이다. 즉 실행의 포기는 행위자가 그 다음의 모든 행위를 포기한다는 의미에서만 종국적이어서 영원히 포기할 필요는 없다. 다른 어떤 기회에 새롭게 다시 시작하려고 하는 경우에는 그 행위와 관련해서는 실행행위의 중지로 볼 수 있는 것이다. 따라서 부정설이 타당하다.

다. 중지의 자의성 : 자의성의 판단방법

행위자가 실행을 중지하였거나 결과발생을 방지하였더라도 자의성이 없으면 중지미수가 성립하지 않고 장애미수나 불능미수가 설립할 수 있을 뿐이다. 자의성에 대한 판단방법에 대해서는 다음과 같이 견해가 대립한다.

(1) 주관설

행위자의 중지가 후회, 동정, 연민, 양심의 가책 기타 윤리적 동기에 의한 경우에만 자의성이 인정되고 그 밖의 경우에는 장애미수라고 한다.

721) **[종국적 포기의 입법례] : 독일형법 제24조(중지미수)**는 '범죄의 계속적인 실행을 포기한 자'라고 규정하고 있고 그 법적 효과 또한 필요적 면제이므로 포기를 종국적 포기로 해석할 수 있다.

그러나 이 견해는 형법상의 자의성이라는 내부적·심리적 요소를 윤리성이라는 가치적 요소로 해석할 수 없다는 문제점이 있다.

(2) 객관설

외부적 사정(물리적 장애)과 내부적 동기를 구별하여 외부적 사정에 의한 중지는 장애미수이고 내부적 동기에 의한 중지는 중지미수라고 한다(내부적 동기설). 따라서 윤리적 동기에 의한 중지뿐만 아니라 범행의 편의성, 성공가능성, 처벌에 대한 두려움 등을 고려하여 중지한 경우에도 자의성이 인정된다고 한다.

그러나 객관설에 대해서는 외부적 사정에 의한 중지와 내부적 동기에 의한 중지를 구별할 기준이 명확하지 않다는 비판이 제기된다. 예컨대 방화범이 자기가 생각한 것보다 더 빨리 불이 붙자 두려움에 방화를 중지한 경우, 두려움을 기준으로 한다면 내부적 동기이지만 빨리 불이 붙었다는 것은 외부적 장애라고 할 수 있기 때문이다.

(3) 프랑크(Frank)의 공식

'범행을 계속할 수 있었지만 하기를 원치 않아서' 중지한 경우에는 자의성이 있지만 '범행을 계속하기를 원했지만 할 수가 없어서' 중지한 경우에는 자의성이 없다고 한다. 즉 안했으면 자의성이 있고 못했으면 자의성이 없다는 것이다.

이 견해는 자의성판단의 개념구별이 불분명하다는 문제점이 있다. 예컨대 아버지를 살해하려다가 차마 계속하지 못하여 중지한 경우 윤리적으로 보면 '못한 것'이지만 물리적으로 보면 '안한 것'이라고도 할 수 있기 때문이다.

(4) 절충설(자율적 동기·타율적 동기 구별설)

사회통념상 강제적 사유로 인하여 타율적으로 중지한 때에는 장애미수이고 이러한 사유가 없음에도 불구하고 자율적 동기에 의하여 중지한 때에는 중지미수라는 견해이다(**통설**). 즉 행위상황이 행위자에게 결정적으로 불리하게 변화하여 범행을 중지하면 타율적 동기가 되지만, 외부사정의 변화가 없음에도 스스로 실행에 착수한 행위를 그만두었다면 자율적 동기가 된다는 것이다.

그러나 이 견해는 사회통념이라는 기준의 판단기준이 일정하지 아니하기 때문에 판단자의 주관에 따라 결론이 달라질 수 있다는 문제점을 안고 있다.

(5) 규범설

자의성 여부에 대한 판단을 심리적 방법과 형법의 목적 등과 같은 규범적 방법을 절충하여 판단하는 입장이다. 즉 범인의 범행중지의 동기가 형의 필요적 감면의 보상을 받을 만한 가치가 있다고 평가되는 경우에는 중지미수이고, 그렇지 않은 경우에는 장애미수라는 것이다.

이 견해에 대해서는 자의성이 규범적 개념이라고 하는 것은 너무나 당연한 것이어서 동어반복에 지나지 않고 자의성의 개념을 지나치게 좁게 파악한다는 비판이 제기된다.

(6) 판례의 태도

대법원은 "자의에 의한 중지가 일반 사회통념상 범죄실행에 대한 장애라고 여겨지지 아니할 경우"[722]에 자의성을 인정하는 입장을 취하고 있다.

보충판례 28[중지의 자의성] : 대법원 1999.4.13. 선고 99도640 판결 ; 대법원 2011.11.10. 선고 2011도10539 판결.

722) **보충판례 28-1[자율적 동기] : 대법원 1993.10.12. 선고 93도1851 판결**(피고인이 피해자를 강간하려다가 피해자의 다음 번에 만나 친해지면 응해 주겠다는 취지의 간곡한 부탁으로 인하여 그 목적을 이루지 못한 후 피해자를 자신의 차에 태워 집에까지 데려다 주었다면 피고인은 자의로 피해자에 대한 강간행위를 중지한 것이고 피해자의 다음에 만나 친해지면 응해 주겠다는 취지의 간곡한 부탁은 사회통념상 범죄실행에 대한 장애라고 여겨지지는 아니하므로 피고인의 행위는 중지미수에 해당한다.) ; **보충판례 28[중지의 자의성] : 대법원 1999.4.13. 선고 99도640 판결 ; 대법원 2011.11.10. 선고 2011도10539 판결**(범죄의 실행행위에 착수하고 그 범죄가 완수되기 전에 자기의 자유로운 의사에 따라 범죄의 실행행위를 중지한 경우에 그 중지가 일반 사회통념상 범죄를 완수함에 장애가 되는 사정에 의한 것이 아니라면 이는 중지미수에 해당한다고 할 것이지만, 피고인이 피해자를 살해하려고 그의 목 부위와 왼쪽 가슴 부위를 칼로 수 회 찔렀으나 피해자의 가슴 부위에서 많은 피가 흘러나오는 것을 발견하고 겁을 먹고 그만 두는 바람에 미수에 그친 것이라면, 위와 같은 경우 많은 피가 흘러나오는 것에 놀라거나 두려움을 느끼는 것은 일반 사회통념상 범죄를 완수함에 장애가 되는 사정에 해당한다고 보아야 할 것이므로, 이를 자의에 의한 중지미수라고 볼 수 없다.)

보충판례 28-1[자율적 동기] : 대법원 1993.10.12. 선고 93도1851 판결.

또한 "일반사회통념상 장애에 의한 미수라고 보여지는 경우를 제외한 것을 중지미수"[723]라고 하는데 이는 절충설을 취한 것이라 할 수 있다. 그러나 "가책을 느낀 나머지 스스로 결의를 바꾸어 … 그 범행을 중지하여"[724], "피고인들이 간음행위를 중단한 것은 피해자를 불쌍히 여겨서가 아니라"[725] 라는 점에서는 주관설의 견해에 가깝다고 할 수 있다.

보충판례 28-2[타율적 동기] : 대법원 1992.7.28. 선고 92도917 판결.

결국 대법원은 절충설을 취하는 것으로 표명하고 있지만 실제로는 '주관설에 가까운 절충설'을 취하고 있다고 할 수 있다.[726]

....

723) **[절충설에 입각한 판례]** : 대법원 1985.11.12. 선고 85도2002 판결(중지미수라 함은 범죄의 실행행위에 착수하고 그 범죄가 완수되기 전에 자기의 자유로운 의사에 따라 범죄의 실행행위를 중지하는 것으로서 장애미수와 대칭되는 개념이나 중지미수와 장애미수를 구분하는데 있어서는 범죄의 미수가 자의에 의한 중지이냐 또는 어떤 장애에 의한 미수이냐에 따라 가려야 하고 특히 자의에 의한 중지 중에서도 일반사회통념상 장애에 의한 미수라고 보여지는 경우를 제외한 것을 중지미수라고 풀이함이 일반이다.)

724) **[주관설에 입각한 판례]** : 대법원 1986.3.11. 선고 85도2831 판결.

725) **[주관설에 입각한 판례]** : **보충판례 28-2[타율적 동기] : 대법원 1992.7.28. 선고 92도917 판결.**

726) **[자의성을 긍정한 판례]** : 대법원 1993.10.12. 선고 93도1851 판결[주 720) 참조].
[자의성을 부정한 판례] : 대법원 1984.9.11. 선고 84도1381 판결(피고인이 기밀탐지임무를 부여받고 대한민국에 입국 기밀을 탐지 수집중 경찰관이 피고인의 행적을 탐문하고 갔다는 말을 전해 듣고 지령사항수행을 보류하고 있던 중 체포되었다면 피고인은 기밀탐지의 기회를 노리다가 검거된 것이므로 이를 중지범으로 볼 수는 없다.) ; **대법원 1985.11.12. 선고 85도2002 판결**(원료불량으로 인한 제조상의 애로, 제품의 판로문제, 범행탄로시의 처벌공포, 원심 공동피고인의 포악성 등으로 인하여 히로뽕 제조를 단념한 것이므로 중지미수로서 형법 제26조를 적용하여야 한다는 취지이나 원심이 인용한 제 1심판결이 적법하게 확정한 바에 따르면 피고인등은 염산에페트린으로 메스암페타민합성 중간제품을 만드는 과정에서 그 범행이 발각되어 검거됨으로써 메스암페타민 제조의 목적을 이루지 못하고 미수에 그쳤다는 것이므로 피고인 등의 범행과정에 설사 소론과 같은 사정이 있었다고 하더라도 그와 같은 사정이 있었다는 사정만으로서는 이를 중지미수라 할 수 없다.) ; **대법원 1986.1.21. 선고 85도2339 판결**(범행당일 미리 제보를 받은 세관직원들이 범행장소 주변에 잠복근무를 하고 있어 그들이 왔다 갔다하는 것을 본 피고인이 범행의 발각을 두려워한 나머지 자신이 분담하기로 한 실행행위에 이르지 못한 경우, 이는 피고인의 자의에 의한 범행의 중지가 아니어서 형법 제26조 소정의 중지범에 해당한다고 볼 수 없다.) ; **보충판례 28-2[타율적 동기] : 대법원 1992.7.28. 선고 92도917 판결**(피고인 갑, 을, 병이 강도행위를 하던 중 피고인 갑, 을은 피해자를 강간하려고 작은 방으로 끌고가 팬티를 강제로 벗기고 음부를 만지던 중 피해자가 수술한 지 얼마 안되어 배가 아프다면서 애원하는 바람에 그 뜻을 이루지 못하였다면, 강도행위의 계속 중 이미 공포상태에 빠진 피해자를 강간하려고 한 이상 강간의 실행에 착수한 것이고, 피고인들이 간음행위를 중단한 것은 피해자를 불쌍히 여겨서가 아니라 피해자의 신체조건상 강간을 하기에 지장이 있다고 본 데에 기인한 것이므로, 이는 일반의 경험상 강간행위를 수행함에 장애가 되는 외부적 사정에 의하여 범행을 중지한 것에 지나

(7) 소결

주관설과 객관설을 혼합한 절충설(자율적 동기·타율적 동기 구별설)이 타당하다 할 것이다. 특히 피해자의 법익보호를 위해서는 행위자가 어떤 동기에서든 범행을 중지하면 되는 것이므로 자의성의 개념을 엄격하게 해석할 필요가 없다. 더욱이 우리형법은 형을 감경만 해도 되기 때문에 자의성을 넓게 해석할 필요가 있다. 이러한 관점에서는 자의성을 넓게 인정할 수 있는 절충설이 타당하다 할 것이다.

4. 종료(실행)중지미수범의 성립요건

종료중지미수범도 미수범인 이상 미수범의 일반적 성립요건을 구비해야 함은 물론이다. 그 밖에 특별한 성립요건으로는 ① 종료미수, ② 결과발생의 방지, ③ 결과방지의 자의성이 인정되어야 한다.

가. 종료미수

실행의 종료시기를 결정(미종료미수인지 종료미수인지를 구별)함에도 주관적 요소와 객관적 요소를 모두 고려하는 절충설(주관적 객관설)에 따라 실행행위가 종료되었는지 여부를 판단하여야 한다.

지 않는 것으로서 중지범의 요건인 자의성을 결여하였다.) ; **대법원 1993.4.13. 선고 93도347 판결**(강도가 강간하려고 하였으나 잠자던 피해자의 어린 딸이 잠에서 깨어 우는 바람에 도주하였고, 또 다른 피해자가 시장에 간 남편이 곧 돌아온다고 하면서 임신 중이라고 말하자 도주한 경우에는 자의로 강간행위를 중지하였다고 볼 수 없다.) ; **대법원 1997.6.13. 선고 97도957 판결**(피고인이 장롱 안에 있는 옷가지에 불을 놓아 건물을 소훼하려 하였으나 불길이 치솟는 것을 보고 겁이 나서 물을 부어 불을 끈 것이라면, 위와 같은 경우 치솟는 불길에 놀라거나 자신의 신체안전에 대한 위해 또는 범행 발각시의 처벌 등에 두려움을 느끼는 것은 일반 사회통념상 범죄를 완수함에 장애가 되는 사정에 해당한다고 보아야 할 것이므로, 이를 자의에 의한 중지미수라고는 볼 수 없다.) ; **대법원 1999.4.13. 선고 99도640 판결**(피고인이 피해자를 살해하려고 그의 목 부위와 왼쪽 가슴 부위를 칼로 수 회 찔렀으나 피해자의 가슴 부위에서 많은 피가 흘러나오는 것을 발견하고 겁을 먹고 그만 두는 바람에 미수에 그친 것이라면, 위와 같은 경우 많은 피가 흘러나오는 것에 놀라거나 두려움을 느끼는 것은 일반 사회통념상 범죄를 완수함에 장애가 되는 사정에 해당한다고 보아야 할 것이므로, 이를 자의에 의한 중지미수라고 볼 수 없다.)

나. 결과발생의 방지

(1) 결과발생의 방지행위

범인이 결과발생의 방지를 위한 행위를 하여야 한다. **통설**은 범인이 결과발생방지를 위해 진지한 노력을 다하여야 하기 때문에 부작위에 의한 결과발생방지는 불가능하다고 한다(적극적 작위, 적극성).[727] 또한 원칙적으로 범인 스스로 결과발생방지행위를 하여야 하고(직접성), 타인의 도움을 받거나 타인을 시켜서 방지행위를 해도 상관없으나 이 경우 타인은 행위자로 인하여 방지행위를 하여야 하고, 타인에 의한 결과방지가 범인 자신이 결과발생을 방지한 것과 동일시할 수 있을 정도의 진지한 노력을 요한다고 한다. 그리고 방지행위는 결과의 발생을 방지하는데 객관적으로 적합한 행위이어야 한다(상당성).

(2) 결과의 불발생

방지행위로 인하여 현실적으로 결과발생이 방지되어야 한다. 따라서 결과방지를 위한 진지한 노력에도 불구하고 결과가 발생한 경우에는 중지미수가 성립하지 않고 기수범이 성립한다.[728] 이 때 행위자가 결과방지를 위해 진지한 노력을 했다는 점은 양형에서 고려될 수 있을 뿐이다.

....

727) **[부작위에 의한 결과발생방지의 가능성]** : 그러나 모든 행위는 작위와 부작위를 포함하므로 결과발생의 방지행위도 부작위를 배제하고 작위에 국한시킬 이유가 없는 것처럼 생각된다. 따라서 자신이 계획했던 모든 실행행위를 다하였으나 결과가 발생하지 않은 종료미수에서 행위자가 새로운 범행을 계속하여 결과를 발생시킬 수 있는 충분한 가능성이 있음에도 불구하고 자의로 새로운 범행을 계속하지 않은 경우(부작위에 의한 결과발생방지)에는 중지미수가 성립한다고 해야 할 것이다. 예컨대 총을 쏘아 피해자에게 중상을 입힌 경우에는 결과발생방지를 위한 적극적 노력을 하여 중지미수가 될 가능성이 있지만, 총을 쏘아 빗나간 경우에는 결과발생방지를 위한 적극적 노력을 할 기회가 없어서 중지미수가 될 수 없기 때문이다.

728) **보충판례 28-3[결과의 불발생] : 대법원 1978.11.28. 선고 78도2175 판결**(타인의 재물을 공유하는 자가 공유자의 승낙을 받지 않고 공유대지를 담보에 제공하고 가등기를 경료한 경우 횡령행위는 기수에 이르고 그 후 가등기를 말소했다고 하여 중지미수에 해당하는 것이 아니다.) ; **보충판례 28-3[결과의 불발생] : 대법원 1983.12.27. 선고 83도2629,83감도446 판결**(대마관리법 제19조 제1항 제2호, 제4조 제3호 위반의 죄는 대마를 매매함으로써 성립하는 것이므로 설사 피고인의 변소와 같이 피고인이 대마 2상자를 사가지고 돌아오다 이 장사를 다시 하게 되면 내 인생을 망치게 된다는 생각이 들어 이를 불태웠다고 하더라도 이는 양형에 참작되는 사유는 될 수 있을지언정 이미 성립한 죄에는 아무 소장이 없어 이를 가리켜 중지미수에 해당된다고 할 수 없다.)

보충판례 28-3[결과의 불발생] : 대법원 1978.11.28. 선고 78도2175 판결 ; 대법원 1983.12.27. 선고 83도2629,83감도446 판결.

(3) 방지행위와 결과불발생 사이의 형법적 인과관계

실행행위와 결과발생 간에 형법적 인과관계가 없거나 발생된 결과를 실행행위에 객관적으로 귀속시킬 수 없는 때에는 결과가 발생하더라도 중지미수가 성립한다.[729]

① 불능미수에 대한 중지미수의 성립여부

처음부터 결과발생이 불가능하지만 행위자가 이를 모르고 결과방지를 위한 진지한 노력을 한 때에도 중지미수가 성립할 수 있는지가 문제된다. 방지행위와 결과불발생 사이에 형법적 인과관계가 없기 때문에 불능미수의 중지미수는 인정될 수 없다는 견해(부정설)도 있지만, 통설(긍정설)은 불능미수의 중지미수를 긍정한다.

중지미수의 형량이 불능미수의 형량보다 피고인에게 유리하고 중지미수의 형벌감면이유가 자의에 의한 중지라는 점을 감안할 때 불능미수의 중지미수를 인정하는 것이 타당하다 할 것이다.

② 행위자 이외의 원인에 의해 결과가 방지된 경우

행위자가 결과발생방지를 위한 노력을 다하였으나 다른 원인에 의해 결과가 방지된 경우[730]에도 중지미수를 인정할 것인지가 문제된다.

부정설(다수설)은 인과관계가 없기 때문에 중지미수를 인정할 수 없다고 하지만, 긍정설은 필요적 감면을 규정하고 있는 우리 형법에 비추어 행위자의 진지한 노력이 있는 경우에는 중지미수가 인정될 수 있다고 한다. 우리 형법은 결과발생을 방지할 것만 규정하고 그 원인이 무엇인가를 규정하고 있지 않으므로 긍정설이 타당하다 할 것이다.

729) **[방지행위와 결과불발생 사이의 형법적 인과관계]** : 예컨대 甲이 乙을 살해하기 위해 칼로 찌른 후 후회하는 마음이 생겨 乙을 병원으로 옮겨 乙이 생명을 구했으나 그날 밤 병원에 화재가 발생하여 乙이 사망한 경우에는 甲의 살해행위와 乙의 사망 사이에 형법적 인과관계가 부정되므로 甲은 살인죄의 중지미수의 책임만 지게 된다.

730) **[다른 원인에 의한 결과발생 방지례]** : 예컨대 甲이 乙을 살해하려고 칼로 찔러 중상을 입힌 후 자의로 乙의 사망을 방지하기 위한 행위를 하였으나 그 행위로는 결과가 방지될 수 없고, 마침 지나가던 의사가 응급조치를 잘 해서 피해자가 사망하지 않은 경우를 들 수 있다.

다. 결과방지의 자의성

앞의 미종료중지미수범의 경우에서 서술한 내용이 그대로 타당하다.

5. 중지미수의 법적 효과

가. 형의 필요적 감면

중지미수의 처벌은 기수범의 법정형을 기준으로 그 형을 감경하거나 면제하여야 한다(필요적 감면사유). 따라서 중지미수에 대한 형벌감경·면제는 인적처벌감경·조각사유라고 할 수 있어 중지자에게만 적용될 뿐 다른 공범에게는 적용되지 않는다.[731] 이 때 형을 감경할 것인지 면제할 것인지는 법관이 재량으로 결정한다.

보충판례 28-4[미수감경의 적용] : 대법원 2010.11.25. 선고 2010도11620 판결.

나. 기수범적 중지미수(가중적 미수)

예컨대 피해자를 살해하려고 칼로 찔러 상해를 입힌 뒤 자의로 범행을 중지한 경우처럼, 기수범적 중지미수(가중적 미수)란 중한 범죄의 중지미수의 행위가 다른 경한 범죄의 기수를 포함하고 있는 경우를 말한다.

기수범적 미수범은 장애미수에도 있을 수 있는데 이 경우에는 중한 범죄의 미수범으로 해결하면 된다. 기수범적 중지미수의 경우에는 중지미수의 형을 필요적 감면으로 규정하고 있는 우리 형법에서는 이를 형의 감경으로 해결할 수 있기 때문에 기수범적 중지미수의 처벌여부를 논할 필요성이 거의 없다.[732]

731) **[인적처벌감경·조각사유로서의 필요적 감면사유]** : 예컨대 甲과 乙이 공동으로 丙을 살해하려고 칼로 찔렀으나 丙이 상처만 입고 죽지 않자 乙은 그대로 가버리고 甲만이 丙을 살리려고 노력한 결과 丙이 사망하지 않은 경우에는, 甲에게만 중지미수에 의한 형의 감면이 허용되고 乙은 장애미수로 처벌된다.

732) **[기수범적 중지미수의 처벌여부논의 무익성]** : 상해의 결과를 발생시킨 살인죄의 장애미수에서 상해기수죄를 별도로 논하지 않는다면 상해의 결과를 발생시킨 살인죄의 중지미수에서도 상해기수죄를

보충판례 28-5[예비의 중지미수 적용여부] : 대법원 1966.4.21. 선고 66도152 전원합의체 판결 ; 대법원 1999.4.9. 선고 99도424 판결.

보충판례 28-6[공동정범의 중지미수를 부정한 경우] : 대법원 2005.2.25. 선고 2004도8259 판결.

보충판례 28-7[공동정범의 중지미수를 긍정한 경우] : 대법원 2010.11.25. 선고 2010도11620 판결 ; 대법원 1986.3.11. 선고 85도2831 판결.

제2절 불능미수

[조문]

刑法 第27條 [不能犯] 實行의 手段 또는 對象의 錯誤로 인하여 結果의 發生이 不可能하더라도 危險性이 있는 때에는 處罰한다. 단 刑을 減輕 또는 免除할 수 있다.

2011년 형법일부개정법률안[형법총칙전면개정안][의안번호 제11304호] 제28조(불능미수) 실행의 수단 또는 대상의 착오로 인하여 결과의 발생이 불가능하더라도 위험성이 있는 경우에는 처벌한다. 이 경우 형을 감경하거나 면제할 수 있다.

1. 서설

가. 의의 및 성격

(1) 의의

불능미수(untauglicher Versuch)란 행위자가 범죄의사로 실행하였으나 처음부터 결과발생이 불가능하고 다만 위험성이 있기 때문에 미수범으로 처벌되는 경우를 말한다. 즉 존재하는 구성요건적 사실을 인식하지 못한 구성요건적 착오와는 반대로, 존재하지 않는 사실을 존재한다고 오인한 반전된 구성요건적 착오에 해당한다.

별도로 논하지 않는 것이 논리적이라 할 수 있기 때문이다.

이러한 불능미수는 실행의 착수시기를 기준으로 하여 처음부터 결과발생의 불능성이 없었다는 점에서 그 가능성이 존재했던 장애미수·중지미수와 구별된다.[733]

보충판례 29[장애미수와 불능미수의 구별] : 대법원 1990.7.24. 선고 90도1149 판결 【살인미수】

(2) 성격

형법 제27조의 성격에 대해서는 견해가 대립한다. 즉 제27조는 위험성을 기준으로 미수범과 불능범을 구별하는 규정이라고 보는 견해(미수범· 불능범 구별설), 제27조는 제25조의 장애미수, 제26조의 중지미수와 구별되는 별개의 미수형태인 불능미수

....

733) **보충판례 29[장애미수와 불능미수의 구별] : 대법원 1990.7.24. 선고 90도1149 판결 【살인미수】** (피고인이 원심 상피고인에게 피해자를 살해하라고 하면서 준 원비-디 병에 성인 남자를 죽게 하기에 족한 용량의 농약이 들어 있었고, 또 피고인이 피해자 소유 승용차의 브레이크호스를 잘라 브레이크액을 유출시켜 주된 제동기능을 완전히 상실시킴으로써 그 때문에 피해자가 그 자동차를 몰고 가다가 반대차선의 자동차와의 충돌을 피하기 위하여 브레이크 페달을 밟았으나 전혀 제동이 되지 아니하여 사이드브레이크를 잡아 당김과 동시에 인도에 부딪치게 함으로써 겨우 위기를 모면하였다면 피고인의 위 행위는 어느 것이나 사망의 결과발생에 대한 위험성을 배제할 수 없다 할 것이므로 각 살인미수죄를 구성한다.)

[판례평석] : 본 판결에서 피고인 갑의 첫 번째 행위는 교사행위라 할 수 있는 데, 교사행위의 결과발생 가능성 판단에 있어서는 피교사자의 미수행위가 어떠한 유형이든 이를 객관적 사후판단에 입각하여 행위시에 객관적으로 존재한 사정을 판단자료로 삼아 판단(재판)시까지 판명된 인과요인 및 인과법칙을 기초로 하는 한 결과발생의 가능성은 부정된다 할 것이다. 피교사자가 장애미수나 중지미수 또는 불능미수에 그친 상황 아래 구체적으로 판명된 객관적으로 존재한 사실을 판단기저로 삼는 한 그러한 교사행위로부터 결과가 발생할 가능성은 부정되고 교사행위는 실행수단의 착오에 해당할 것이기 때문이다. 다음으로 피고인 갑의 두 번째 행위, 즉 브레이크호스를 잘라 주된 제동기능을 완전히 상실시킨 행위로 인한 결과발생의 가능성 판단에 있어서도 행위시에 객관적으로 존재한 사정을 판단자료로 하여 판단시까지 판명된 인과요인 및 인과법칙을 기초로 하는 한 결과발생의 가능성은 부정될 수밖에 없다 할 것이다. 즉 피고인의 행위로 인해 피해자가 반대차선을 따라 오던 자동차와의 충돌을 피하기 위하여 브레이크 페달을 밟았으나 전혀 제동이 되지 아니하여 사이드브레이크를 잡아당김과 동시에 인도에 부딪치게 하였다는 구체적인 경과는 객관적 사후판단에 따르면 피고인의 행위로 인한 결과발생의 가능성을 부정할 수밖에 없기 때문이다. 즉 피고인이 사이드브레이크를 파손하지 않은 이상 결과발생의 가능성은 부정될 것이기 때문이다.

이를 바탕으로 피고인 갑의 모든 행위가 일반인들이 느낄 수 있는 객관적·구체적인 위험성을 지닌 것인가에 대한 위험성 판단은 모든 전문적 지식 및 최고의 인식능력을 지닌 자가 행위시에 객관적으로 존재한 사정을 판단기저(판단자료)로 하여 재판시까지 판명된 인과요인 및 인과법칙을 기초로 하여 내리는 객관적·구체적 위험에 대한 판단이다. 피고인이 을에게 치사량의 농약을 건네준 사실 및 브레이크 호스를 잘라 제동기능을 완전히 상실시킨 사실은 일반인에게도 인식가능한 사정으로 이를 위험성 판단의 자료로 하여 모든 전문적 지식 및 최고의 인식능력을 지닌 자가 행하는 객관적 사후예측에 의하면 일반인들이 느낄 수 있는 객관적·구체적 위험성을 배제할 수 없을 것이다. 따라서 본 판결에 있어 대법원이 판시한 결론은 타당하다 할 것이지만, 결과발생의 가능성 여부에 대한 판단을 도외시한 점은 형법 제27조 불능미수의 판단구조를 희석시키는 결과를 초래할 수 있다 할 것이다. 한편 이 판례에 대해서는 결과발생이 可能한 경우이므로 障碍未遂를 인정하는 것이 타당하다는 유력한 비판도 제기되고 있다.

를 규정하고 있다는 견해(불능미수범설, 다수설)이 그것이다.

생각건대 형법 제27조는 결과발생이 처음부터 불가능하다는 점에서 장애미수(제25조), 중지미수(제26조)와 구별되는 독자적인 규정이라 할 수 있으므로 불능미수범설이 타당하다.[734)]

보충판례 29[장애미수와 불능미수의 구별] : 대법원 1984.2.14. 선고 83도2967 판결.

나. 구별개념

(1) 불능범과 불능미수

불능범과 불능미수의 구별에 대해서는, 법률의 표제가 불능범으로 되어 있는 이상 불능범과 불능미수를 동의어로 이해해야 한다는 견해(구별부정설)와 결과발생이 불가능하다는 점에서 양자는 같지만, 불능범은 위험성이 없어 불가벌이나 불능미수는 위험성으로 인하여 미수범으로 처벌되므로 양자를 구별해야 한다는 견해(구별긍정설, 다수설)가 대립한다.

생각건대 결과발생이 불가능한 경우를 모두 미수로 처벌하는 독일형법과는 달리 우리 형법은 위험성이 있는 경우에 한하여 미수로 처벌하고 있기 때문에 형법의 해석

734) **보충판례 29[장애미수와 불능미수의 구별] : 대법원 1984.2.14. 선고 83도2967 판결**(원심이 인용한 제1심판결 이유에 의하면 제1심은 그 채택한 증거를 종합하여 피고인이 남편인 공소외인을 살해할 것을 결의하고 배추국 그릇에 농약인 종자소독약 유제3호 8미리리터 가량을 탄 다음 위 공소외인에게 먹게 하여 동인을 살해하고자 하였으나 이를 먹던 위 피해자가 국물을 토함으로써 그 목적을 이루지 못하고 미수에 그친 사실을 인정하고 피고인에 대하여 형법 제254조, 제250조 제1항, 제25조, 제55조 등을 적용하여 처단하고 있다.

그러나 원심이 채택한 사법경찰관 사무취급작성의 신현화에 대한 진술조서의 기재에 의하면, 위 농약유제 3호는 동물에 대한 경구치사량에 있어서 LD 50이 키로그람당 1.590미리그람이라고 되어 있어서 피고인이 사용한 위의 양은 그 치사량에 현저히 미달한 것으로 보이고, 한편 형법은 범죄의 실행에 착수하여 결과가 발생하지 아니한 경우의 미수와 실행수단의 착오로 인하여 결과발생이 불가능하더라도 위험성이 있는 경우의 미수와는 구별하여 처벌하고 있으므로 원심으로서는 이 사건 종사소독약유 제3호의 치사량을 좀더 심리한 다음 피고인의 소위가 위의 어느 경우에 해당하는지를 가렸어야 할 것임에도 불구하고 원심이 이를 심리하지 아니한 채 그 판시와 같은 사유만으로 피고인에게 형법 제254조, 제250조 제1항, 제25조의 살인미수의 죄책을 인정하였음은 장애미수와 불능미수에 관한 법리를 오해하였거나 심리를 다하지 아니함으로써 판결에 영향을 미친 위법을 범하였다 할 것이고 이 점을 탓하는 논지는 이유있다.

따라서 피고인의 상고이유에 대한 판단을 생략하고, 원심판결을 파기하여 원심인 대구고등법원에 환송하기로 하여 관여 법관의 일치된 의견으로 주문과 같이 판결한다.)

상 구별긍정설이 타당하다. 판례도 구별긍정설의 입장을 취한다.[735)]

(2) 불가벌적 미신범과 불능미수

미신범이란 비과학적인 미신을 믿고 비현실적 방법이나 수단에 의하여 범죄를 실현하려는 경우를 말한다(예컨대 주술적 방법에 의한 살인 등). 따라서 불능미수는 행위반가치와 결과반가치가 존재하는 범죄현상이지만, 미신범은 범죄실현의 가능성을 전제하는 고의와 실행행위의 정형성이 없기 때문에 형법적으로 무의미한 행위이다.

(3) 불가벌적 환각범과 불능미수

불능미수는 실제로 존재하지 않는 구성요건요소를 행위자가 존재한다고 착오한 경우(반전된 구성요건적 착오)이지만, 환각범(Wahndelikt)은 사실상 허용되는 행위를 금지되거나 처벌된다고 오인한 경우(반전된 금지착오)이다.

이러한 불가벌적 환각범의 유형으로는 ① 행위자가 금지규범의 존재 자체에 대하여 착오를 일으켜 금지되지 않은 행위를 형법규정에 위반하는 것으로 알고 행하는 경우(협의의 반전된 금지착오 : 동성애가 형법에 위반되는 것으로 안 경우), ② 행위자가 법률이 인정하는 위법성조각사유를 인식하지 못하거나 그 한계를 오인하여 자신의 행위가 위법성조각사유에 해당하지 아니하여 처벌된다고 잘못 안 경우(반전된 위법성조각사유의 착오 : 진실한 사실로서 오로지 공공의 이익에 관한 명예훼손이 가벌적이라고 착각한 경우), ③ 행위자가 행위의 상황과 의미는 정확하게 인식하였으나 금지규범의 적용범위를 잘못 넓게 이해하여 자신의 행위에도 적용되는 것으로 착각한 경우(반전된 포섭의 착오 : 명의인이 없는 문서를 문서로 오인한 경우)[736)], ④ 행위

735) **[불능범과 불능미수의 구별긍정설]** : 대법원 1954.1.30. 선고 4286형상103 판결(권총에 탄자를 충전하여 발사하였으나 탄자가 불량하여 불발된 경우에도 이러 한 총탄을 충전하여 발사하는 행위는 결과발생을 초래할 위험이 내포되어 있었다 할 것이므로 이를 불능범이라 할 수 없다.)

736) **[반전된 포섭의 착오]** : 대법원 1983.7.12. 선고 82도2114 판결(무역거래법 제33조 제1호 소정의 "사위기타 부정한 행위로써 수입허가를 받은 자" 라 함은 정상적인 절차에 의하여는 수입허가를 받을 수 없는 물품임에도 불구하고 위계 기타 사회통념상 부정이라고 인정되는 행위로써 수입허가를 받은 자를 의미하므로, 수입자동승인품목을 가사 수입제한품목이나 수입금지품목으로 잘못알고 반제품인양 가장하여 수입허가신청을 하였더라도 그 수입물품이 수입자동승인품목인 이상 이를 사위 기타 부정한 행위로써 수입허가를 받은 경우에 해당한다고 볼 수 없다.)

자가 자신의 행위가 인적 처벌조각사유에 해당함에도 불구하고 이를 모르고 처벌된다고 착각한 경우(반전된 가벌성의 착오 : 동거친족의 재물을 절취해도 처벌된다고 생각한 경우) 등을 들 수 있다.

그런데 물건의 소유자가 법적 판단을 잘못하여 타인의 소유라고 생각한 경우와 같이 반전된 구성요건적 착오(불능미수)인지 반전된 포섭의 착오(환각범)인지 구별이 어려운 경우가 있다. 이러한 경우에는 그 착오가 사실적 상황(행위상황)에 관한 것이면 반전된 구성요건적 착오로 보아 불능미수가 성립하지만, 행위상황에 대해서는 제대로 인식하였으나 규범의 적용범위에 관한 것이면 반전된 포섭의 착오로 보아 불가벌적 환각범에 해당한다고 하여야 할 것이다.

(4) 구성요건흠결이론

구성요건흠결이론이란 불능미수의 성립을 구성요건의 객관적 요소 중 인과관계가 흠결된 경우에 국한시키고, 그 외의 객관적 구성요건요소인 행위주체·객체·행위태양(행위방법, 행위수단, 행위상황) 등이 흠결된 경우에는 불가벌적 불능범이 된다는 이론이다(사실의 흠결이론).

그러나 우리 형법 제27조는 실행의 수단 또는 대상의 착오, 즉 흠결이 있는 경우에도 위험성이 있으면 불능미수범으로 처벌하므로 현행 형법의 해석론으로는 적용될 수 없는 이론이다(통설).

2. 불능미수의 성립요건

가. 실행의 착수

불능미수도 미수의 일종이기 때문에 고의를 가지고 구성요건적 실행행위라고 할 만한 행위가 있어야 한다. 즉 행위자가 그의 전체계획에 따라 직접 실행행위를 개시하였을 것을 요한다. 이러한 의미에서 실행의 착수는 형식적으로는 예비와 미수를 구

별하는 기준이 되지만, 실질적으로는 불가벌적 불능범과 가벌적 불능미수를 구별하는 기준이 된다.[737]

나. 결과발생의 불가능

불능미수범이 인정되려면 결과발생이 불가능하여야 한다. 결과발생의 불가능은 사실적·자연과학적 개념이라는 점에서 규범적·평가적으로 문제되는 위험성의 개념과 구별하여야 한다. 판례가 불능범은 범죄행위의 성질상 결과발생 또는 법익침해의 가능성이 절대로 있을 수 없는 경우를 말한다고 판시[738]한 것은 이러한 의미라고 할 수 있다. 따라서 결과발생의 불가능은 사실상 판단되어야 하며, 그 판단은 결과가 발생하지 않은 이후의 제반사정을 고려하여 판단하여야 한다(사후판단).

형법 제27조는 행위자의 행위가 결과발생에 이르지 못하는 원인과 관련하여 수단의 착오와 대상의 착오가 있는 경우를 불능미수범으로 규정해 두고 있다. 결과발생이 처음부터 불가능하였다는 점에서 불능범의 결과불법은 소멸한 것이라고 할 수 있다.

보충판례 29-1[결과발생의 불가능] : 대법원 2007.7.26. 선고 2007도3687 판결.

(1) 수단의 착오

행위자가 선택한 수단으로는 결과발생이 불가능한 경우(수단의 불가능성), 즉 결과발생에 이르는 데에 객관적으로 무용한 수단을 유용하다고 오신한 경우를 말한다(예

737) **[불능미수의 실행의 착수 의미]** : 따라서 치사량 미달의 독약으로 사람을 살해하고자 한 경우에 독약을 구입하는 것은 예비행위에 불과하지만, 이를 피해자에게 교부하는 때에는 실행의 착수가 인정된다.

738) **보충판례 29-1[결과발생의 불가능] : 대법원 2007.7.26. 선고 2007도3687 판결**[불능범은 범죄행위의 성질상 결과발생 또는 법익침해의 가능성이 절대로 있을 수 없는 경우를 말하는 것이다(대법원 1998.10.23. 선고 98도2313 판결 참조).
기록에 의하면 '초우뿌리'나 '부자'는 만성관절염 등에 효능이 있으나 유독성 물질을 함유하고 있어 과거 사약(死藥)으로 사용된 약초로서 그 독성을 낮추지 않고 다른 약제를 혼합하지 않은 채 달인 물을 복용하면 용량 및 체질에 따라 다르나 부작용으로 사망의 결과가 발생할 가능성을 배제할 수 없는 사실을 알 수 있는바, 원심이 그 설시 증거를 종합하여 피고인이 원심 공동피고인 공소외 1과 공모하여 일정량 이상을 먹으면 사람이 사망에 이를 수도 있는 '초우뿌리' 또는 '부자' 달인 물을 피해자(공소외 1의 남편)에게 마시게 하여 피해자를 살해하려고 하였으나 피해자가 이를 토해버림으로써 미수에 그친 행위를 불능범이 아닌 살인미수죄로 본 제1심의 판단을 유지한 것은 정당하고 거기에 앞서 본 불능범에 관한 법리오해 또는 채증법칙 위배 등의 위법이 없다.]

컨대 두통약을 가지고 낙태를 시도한 경우 등).[739][740]

(2) 대상의 착오

행위의 객체가 흠결되어 있거나 침해가 불가능한데도 불구하고 범죄가 가능한 것으로 착오한 경우(객체의 불가능성), 즉 그 대상에 대해 원하는 결과발생이 원천적으로 불가능함을 모르고 있는 경우를 말하며 사실상 불가능한 경우(시체를 살해하려고 한 경우)나 법률상 불가능한 경우(자기 소유의 물건을 횡령하려고 시도한 경우)를 불문한다(예컨대 임신하지 않은 부녀에 대해 낙태를 시도한 경우, 소매치기가 빈주머니인 줄 모르고 손을 넣어 절취하려고 한 경우[741] 등).[742]

(3) 주체의 착오

① 의의

주체에 관한 착오란 행위자가 구성요건에 예정된 범죄주체로서의 자격을 갖추지 못하고 있음에도 불구하고 스스로 자격을 갖추고 있다고 믿고 행위한 경우(주체의 불가능성), 즉 신분 없는 자가 신분 있는 것으로 오인하고 진정신분범을 범한 경우를 말한다(예컨대 공무원임용이 무효임을 모르는 자가 수뢰죄를 범한 경우 등).

② 결과발생의 불가능에 주체에 관한 착오의 포함 여부

형법 제27조는 결과발생 불가능의 원인으로 수단·대상의 착오만을 규정하고 주체

739) **[수단의 착오]** : 대법원 1984.2.28. 선고 83도3331 판결(이 사건 농약의 치사추정량이 쥐에 대한 것을 인체에 대하여 추정하는 극히 일반적 추상적인 것이어서 마시는 사람의 연령, 체질, 영양 기타의 신체의 상황여하에 따라 상당한 차이가 있을 수 있는 것이라면 피고인이 요구르트 한 병마다 섞은 농약 1.6씨씨가 그 치사량에 약간 미달한다 하더라도 이를 마시는 경우 사망의 결과발생 가능성을 배제할 수는 없다고 할 것이다.)

740) **[방법의 착오와의 구별]** : 수단의 착오는 불가능한 수단 그 자체에 착오가 있는 경우라는 점에서, 수단은 가능하지만 예상과는 다른 객체에 결과가 발생한 방법(타격)의 착오와 구별된다.

741) **[대상의 착오]** : 대법원 1986.11.25. 선고 86도2090,86감도231 판결(소매치기가 피해자의 주머니에 손을 넣어 금품을 절취하려 한 경우 비록 그 주머니 속에 금품이 들어있지 않았었다 하더라도 위 소위는 절도라는 결과발생의 위험성을 충분히 내포하고 있으므로 이는 절도미수에 해당한다.)

742) **[객체의 착오와의 구별]** : 대상의 착오는 객체의 불가능성을 의미한다는 점에서, 행위객체의 동일성에 관한 착오인 객체의 착오와 구별된다.

에 관한 착오가 있는 경우를 규율하고 있지 않다. 따라서 해석론상 주체에 관한 착오에 대해서도 제27조의 규정을 적용할 수 있는지가 문제된다.

ㄱ. 불능미수 인정설

모든 구성요건요소는 주체·객체·수단을 불문하고 등가치이므로 주체의 착오도 불능미수가 될 수 있다는 견해이다. 진정신분범에 있어서의 신분도 행위객체 및 행위수단 등과 같이 행위자의 착오를 통해 대체될 수 있는 요소이기 때문이라고 한다. 따라서 스스로 공무원이라고 생각한 비공무원은 공무원만이 기수에 이를 수 있는 범죄의 불능미수범이 될 수 있다고 한다.

ㄴ. 불능미수 부정설(불가벌적 환각범설)

비신분자는 결코 당해 규범의 수범자가 될 수 없으므로 어떠한 경우에도 불능미수가 성립할 수 없기 때문에 주체에 관한 착오의 경우에는 불가벌적 환각범으로 처리해야 한다는 견해이다(다수설). 즉 자신에게 적용되지도 않을 형법규정(예컨대 수뢰죄의 구성요건)이 자신에게 적용된다고 생각한 자는 형법상의 범죄구성요건이 아닌 '상상의 구성요건'을 스스로 적용하고 있는 환각범의 경우와 동일한 구조를 가지게 되기 때문이다.

ㄷ. 이분설

주체에 관한 착오의 경우를 두 가지 경우로 나누어, 첫째 행위자가 특별한 의무적 지위(신분)를 가진 자가 아닌데도 불구하고 '법에 대한 잘못된 해석', 즉 규범적 구성요건요소에 대한 포섭을 잘못하여 자신이 그러한 지위를 가지고 있다고 생각한 경우(예컨대 임의동행된 자도 도주죄의 주체가 된다고 생각하고 도주한 경우 등)에는 법에 대한 반전된 착오(반전된 금지착오)를 일으킨 경우이므로 불가벌적 환각범으로 처리해야 한다고 한다.

둘째 주체의 착오가 대상의 흠결 또는 대상의 불능에 기인한 경우, 즉 신분범의 주체를 근거지우는 상황에 대한 적극적 착오가 있는 경우(예컨대 임의동행된 자가 영장에 의해 체포된 것으로 오인하고 도주한 경우 등)에는 반전된 구성요건적 착오에 해당하므로 주체의 착오로 보아 불능미수로 처벌할 수 있다고 한다.

ㄹ. 소결

생각건대 형법 제27조가 수단이나 대상에 관한 착오로 제한하고 있기 때문에 이를 주체의 착오에까지 확대적용하는 것은 죄형법정주의에 반하고, 신분범에 있어서는 신분자의 특수의무(신분)가 불법을 형성하는 것이므로 비신분자의 행위는 미수범의 행위반가치를 결여하기 때문에 불가벌적 환각범으로 처리하고자 하는 불능미수 부정설이 타당하다.

이분설에서 말하는 '대상의 흠결 또는 대상의 불능'은 형법 제27조의 대상의 착오에 해당한다 할 것이므로 이는 형법 제27조의 적용대상에서 주체의 착오를 배제시키자는 태도와 다를 바 없다 할 것이다.[743)]

다. 위험성

불능미수가 가벌적인지 불가벌적인지를 평가하는 핵심표지는 '위험성'이다. 형법 제27조의 '위험성'이 구체적으로 어떠한 의미내용을 가지고 있는 표지이며, 위험성의 존부판단을 어떻게 할 것인지에 대해서는 견해가 대립하고 있다.

(1) 형법 제27조의 위험성이라는 개념의 형법적 의미

① 비독자적 위험성개념설

형법 제27조의 위험성이란 구성요건의 실현가능성 내지 결과발생의 개연성을 의미한다는 견해이다. 이에 따르면 형법 제27조의 위험성개념은 불능미수사례를 가벌적

743) **[대상의 불능 및 대상의 착오]** : 예컨대 길을 걷다가 우연히 생면부지의 자가 익사직전에 있는 것을 보면서 자신이 그를 구조해야 할 보증인이 된다고 생각하면서도 살해의 고의를 가지고 구조하지 않은 경우에는 실제로 행위자와 피해자 사이에는 보증인적 지위를 근거지우는 사실관계가 없으므로 피해자는 행위자의 범행대상이 될 수 없다(이원설에서 말하는 대상의 불능). 따라서 이러한 경우 행위자가 일으킨 착오는 대상의 착오이지 부작위에 의한 살인죄의 보증인적 지위에 관한 착오(주체의 착오)로 분류할 필요가 없다.

인 불능미수와 불가벌적인 불능미수(불능범)로 가르는 독자적인 의의를 가지지 않고 따라서 수단 또는 대상의 착오가 있고 결과발생이 불가능하면 위험성유무와 상관없이 항상 가벌적인 불능미수가 된다고 한다.[744)]

보충판례 29-2 : 대법원 2002.2.8. 선고 2001도6669 판결.

② 독자적 위험성개념설

형법 제27조의 위험성개념을 결과발생의 가능성(위험성)과 다르게 보거나 형법적 가치평가로서의 구성요건실현가능성으로 이해하는 견해이다. 즉 불능미수의 경우에는 (수단 또는 대상의 착오로 인하여) 결과발생의 가능성(위험성)이 없어서 원칙적으로 미수범으로 처벌할 수 없으나(불가벌적 불능미수), 예외적으로 형법 제27조에서 규정하고 있는 '또 다른 위험성이 있으면' 다시 (약화된 강도로) 처벌할 수 있다는 것이다(가벌적 불능미수).[745)]

③ 소결

일반적으로 미수범의 처벌근거는 '사후적·객관적 관점'에서 고찰할 때 사실적·자연과학적으로 '결과발생의 위험' 내지 '결과발생의 가능성(위험성)'에서 찾을 수 있다. 그런데 불능미수범의 경우에는 '사후적으로' 이미 결과발생의 가능성이 없다는 결론이 내려진 경우를 대상으로 한다.

이러한 전제에서 형법 제27조가 다시 '위험성'이라는 표지를 요건으로 내세우고 있는 것은 결과발생의 가능성유무를 다른 관점(사전판단)에서 다른 방법으로 평가하도

744) **보충판례 29-2 : 대법원 2002.2.8. 선고 2001도6669 판결**(임대인과 임대차계약을 체결한 임차인이 임차건물에 거주하기는 하였으나 그의 처만이 전입신고를 마친 후에 경매절차에서 배당을 받기 위하여 임대차계약서상의 임차인 명의를 처로 변경하여 경매법원에 배당요구를 한 경우, 실제의 임차인이 전세계약서상의 임차인 명의를 처의 명의로 변경하지 아니하였다 하더라도 소액임대차보증금에 대한 우선변제권 행사로서 배당금을 수령할 권리가 있다 할 것이어서, 경매법원이 실제의 임차인을 처로 오인하여 배당결정을 하였더라도 이로써 재물의 편취라는 결과의 발생은 불가능하다 할 것이고, 이러한 임차인의 행위를 객관적으로 결과발생의 가능성이 있는 행위라고 볼 수도 없으므로 형사소송법 제325조에 의하여 무죄를 선고하여야 한다.)

745) **[가벌적 불능미수의 위험성의 의미]** : 이처럼 가벌적 불능미수의 '또 다른 위험성'은 미수범일반에 대한 이론상의 처벌근거인 위험성과는 다른 독자적인 의미내용을 가진 독립된 표지이므로 형법 제27조의 포섭대상에는 착오가 있지만 위험성이 없어서 가벌성이 부정되는 불가벌적 불능미수사례와 착오도 있고 위험성도 있어서 가벌성이 인정되는 가벌적 불능미수사례가 모두 포함된다고 한다.

록 요구하는 것으로 이해하여야 한다. 즉 사후적으로 판단하는 경우에는 결과발생이 사실상 불가능하더라도, 행위당시의 사전적인 관점에서 평가할 때 장래적으로 결과발생이 가능한 것인지를 평가하여 위험성여부를 판단하도록 하고 있는 것이기 때문이다.

이상과 같은 관점에서 형법 제27조의 위험성은 일반미수범의 처벌근거로서의 위험성(결과발생의 가능성)과는 구별되는 독자적인 의미를 가지는 표지라고 할 수밖에 없다. 따라서 비독자적 위험성개념설은 형법 제27조의 위험성표지를 무시함으로써 형법이 마련한 법치국가적 안전핀의 하나를 무시하는 결과에 이를 수 있기 때문에 타당하다고 할 수 없다.

(2) 위험성의 판단기준

형법 제27조의 독자적인 표지인 위험성의 판단방법에 대해서는 다양한 견해가 대립하고 있다.

① 구객관설(절대적 불능·상대적 불능구별설)

불능범을 일체의 구체적 사정을 고려하지 않고 결과발생이 절대적으로 불가능한 경우(어떠한 경우에도 결과발생이 불가능한 경우)와 상대적으로 불가능한 경우(상황의 변화에 따라서 결과발생이 가능할 수도 있는 경우)로 구별하여 전자에는 범죄불성립(불가벌)을 후자에는 불능미수범을 인정하여야 한다는 견해이다.[746)]

그러나 구객관설에 대해서는 절대적 불능과 상대적 불능을 구별하는 명확한 기준이 없고, 행위상황과 관점에 따라서 양자의 구별이 유동적이라는 비판이 가해진다.

② 순주관설

순주관설은 행위자가 자신의 범행계획에 의할 때 구성요건적 결과를 실현할 수 있다고 생각하였다면 그 자체로 위험성이 있다는 견해이다. 즉 주관적으로 범죄의사가

746) **[결과발생의 절대적 불능과 상대적 불능]** : 예컨대 시체에 대한 발포(객체의 절대적 불능), 방탄복을 입은 자에 대한 발포(객체의 상대적 불능), 독살의 의사로 소화제를 먹인 경우(수단의 절대적 불능), 치사량 미달의 독약을 먹인 경우(수단의 상대적 불능) 등으로 구분할 수 있다.

확실하게 표시된 이상 그것이 객관적으로 절대불능인 때에도 불능미수범으로 처벌하여야 한다는 입장이다.

그러나 이 견해는 불능미수를 원칙적으로 처벌하지 않지만 위험성이 있는 때에 한하여 처벌하고 그 형도 감경 또는 면제할 수 있다고 규정한 형법 제27조의 태도와는 부합될 수 없는 입장이다.

③ 추상적 위험설

추상적 위험범설은 행위시에 행위자가 인식한 사실을 기초로 행위자가 생각한 대로의 사정이 존재하였다면 일반인의 판단에서 추상적으로 결과발생의 위험성이 있다고 인정될 때 불능미수가 된다는 견해이다.[747] 객관적으로는 결과발생의 가능성이 전혀 없지만 행위자가 인식한 사실을 기초로 하여 위험성을 인정할 수 있는 입장이기 때문에 일반인들이 구체적으로 위험을 느끼지 못해도 행위자가 느끼는 위험성 내지 행위자의 위험성이라는 추상적 위험성은 존재한다는 점에서 추상적 위험설이라고 하는 것이다.

그러나 이 견해는 판단의 기초를 행위자가 잘못 인식한 사정에 국한함으로써 행위자가 경솔하게 잘못 인식한 경우에도 그 사정만을 기초로 위험성을 판단하므로 위험성판단의 객관성이 결여되어 있다는 비판이 제기되고 있다.

④ 구체적 위험설

구체적 위험설은 행위 당시에 행위자가 인식한 사정 및 일반인이 인식할 수 있었던 사정을 기초로 일반적 경험법칙에 따라 사후판단을 하여 구체적 위험성이 있다고 인정되면 불능미수가 된다는 견해이다(신객관설).[748] 즉 위험성판단의 기초는 행위 당시에 행위자가 인식하고 있었던 사정과 일반인이 인식할 수 있었던 사정에 두고, 위험성판단의 기준은 일반인(즉 관련분야의 전문지식인인 과학적 일반인[749])에 두고 있다.

747) **[추상적 결과발생의 위험성 판단]** : 예컨대 행위자가 설탕을 독약으로 오인하고 먹인 경우에는 위험성을 인정하지만, 설탕으로도 살해할 수 있다고 믿고서 먹인 경우에는 위험성을 부정한다.

748) **[일반적 경험법칙에 따른 사후판단]** : 예컨대 실탄이 없는 총에 실탄이 있다고 생각하고 발사한 경우나 치사량 미달의 독약을 먹인 경우에는 위험성을 인정하지만, 일반인이 사정거리 밖에 있음을, 또는 시체임을 알 수 있는 자에 대하여 발포한 경우에는 위험성을 부정한다.

보충판례 29-3[위험성의 판단기준] : 대법원 1978.3.28. 선고 77도4049 판결 ; 대법원 2005.12.8. 선고 2005도8105 판결.

이 견해에 대해서는 행위자가 인식한 내용과 일반인이 인식할 수 있었던 내용이 다른 경우에 어느 사정을 기초로 판단할 것인지가 명확하지 아니하다는 비판이 제기된다.[750]

⑤ 印象說

인상설은 수단이나 대상의 착오가 있어 결과발생이 사실상 불가능하더라도 행위자에 의한 법적대적 의사의 실행이 일반인의 법질서의 효력과 법적 안정성에 대한 신뢰를 저해시키는 법동요적 인상을 줄 경우에 위험성이 인정되어 불능미수가 된다는 견해이다.

그러나 이 견해는 미수범 일반의 처벌근거를 설명하는 견해로는 타당하지만, 불능미수의 위험성의 판단기준으로서는 너무 막연하고 포괄적이라고 할 수 있다. 즉 위험성의 판단방법으로서 법적 평온교란상태를 어떻게 판단할 것인지에 관한 기준 내지 방법을 제시하지 못할 뿐만 아니라 법동요적 인상만으로 처벌하는 것은 주관설에 치우쳐 미수범의 처벌범위를 확대할 위험성이 있다.

⑥ 판례의 태도

대법원은 불능미수의 위험성판단과 관련하여 구객관설의 태도를 취해왔다. 즉 대법원의 판시내용에서 '그 성질상 결과발생의 위험성이 있다'[751], 또는 '결과가 절대로

---

749) **보충판례 29-3[위험성의 판단기준] : 대법원 1978.3.28. 선고 77도4049 판결**(불능범의 판단기준으로서 위험성판단은 피고인이 행위 당시에 인식한 사정을 놓고 이것이 객관적으로 일반인의 판단으로 보아 결과발생의 가능성이 있느냐를 따져야 하므로 히로뽕제조를 위하여 에페트린에 빙초산을 혼합한 행위가 불능범이 아니라고 인정하려면 위와 같은 사정을 놓고 **객관적으로 제약방법을 아는 과학적 일반인의 판단**으로 보아 결과발생의 가능성이 있어야 한다.) ; **보충판례 29-3[위험성의 판단기준] : 대법원 2005.12.8. 선고 2005도8105 판결**(불능범의 판단기준으로서 위험성판단은 피고인이 행위 당시에 인식한 사정을 놓고 이것이 객관적으로 일반인의 판단으로 보아 결과 발생의 가능성이 있느냐를 따져야 한다.)

750) **[행위자의 인식내용과 일반인의 인식내용이 다른 경우의 판단방법]** : 그러나 이러한 경우에는 원칙적으로 일반인이 인식한 사정을 기초로 하되 특히 행위자가 알고 있었던 사정이 있는 경우에는 이를 부가적으로 고려하여 과학적 일반인의 입장에서 결과발생의 가능성유무를 판단하여 위험성유무를 결정하여야 할 것이다.

발생할 위험성이 없다고 단정할 수 없다'[752]는 등의 표현이 사용되었기 때문이다. 그러나 최근 대법원은 추상적 위험설의 취지에 입각한 듯 한 판결도 선고하고 있다.[753]

보충판례 29-3[위험성의 판단기준] : 대법원 2005.12.8. 선고 2005도8105 ; 대법원 1978.3.28. 선고 77도4049 판결.

⑦ 소결

생각건대 위험성의 판단기준은 주관과 객관 사이의 균형된 것이어야 하므로 구객관설과 주관설은 부당하다. 절충적 입장 중에서 인상설과 추상적 위험설은 불능미수의 성립범위가 지나치게 확대될 위험성이 있기 때문에 구체적 위험설이 타당하다 할 것이다.

라. 불능미수의 처벌

불능미수범의 형은 기수범보다 감면할 수 있다(임의적 감면). 즉 장애미수와 중지미수의 중간 정도의 처벌이다.

751) **[구객관설에 입각한 판례]** : 대법원 1985.3.26. 선고 85도206 판결(불능범은 범죄행위의 성질상 결과발생의 위험이 절대로 불능한 경우를 말하는 것인바 향정신성의약품인 메스암페타민 속칭 " 히로뽕" 제조를 위해 그 원료인 염산에 페트린 및 수종의 약품을 교반하여 " 히로뽕" 제조를 시도하였으나 그 약품배합미숙으로 그 완제품을 제조하지 못하였다면 위 소위는 **그 성질상 결과발생의 위험성이 있다**고 할 것이므로 이를 습관성의약품제조미수범으로 처단한 것은 정당하다.)

752) **[구객관설에 입각한 판례]** : 대법원 1973.4.30. 선고 73도354 판결[피고인이 우물과 펌프에 혼입한 농약(스미치온)의 악취가 심하여 보통의 경우에 마시기가 어렵고 또 그 혼입한 농약의 분량으로 보아 사람을 치사에 이르게 할 정도는 아니라고 하더라도 위 농약의 혼입으로 **살인의 결과가 발생할 위험성이 없다고 단정할 수 없는 이상** 피고인에게 살인미수 등의 죄책을 인정하였음은 정당하다.]

753) **보충판례 29-3[위험성의 판단기준] : 대법원 2005.12.8. 선고 2005도8105 판결**[불능범의 판단기준으로서 위험성판단은 **피고인이 행위 당시에 인식한 사정을 놓고 이것이 객관적으로 일반인의 판단으로 보아 결과 발생의 가능성이 있느냐**를 따져야 하고(대법원 1978.3.28. 선고 77도4049 판결 참조), 한편 민사소송법상 소송비용의 청구는 소송비용액 확정절차에 의하도록 규정하고 있으므로, 위 절차에 의하지 아니하고 손해배상금 청구의 소 등으로 소송비용의 지급을 구하는 것은 소의 이익이 없는 부적법한 소로서 허용될 수 없다고 할 것이다. 따라서 소송비용을 편취할 의사로 소송비용의 지급을 구하는 손해배상청구의 소를 제기하였다고 하더라도 이는 객관적으로 소송비용의 청구방법에 관한 법률적 지식을 가진 일반인의 판단으로 보아 결과 발생의 가능성이 없어 위험성이 인정되지 않는다고 할 것이다.] ; **보충판례 29-3[위험성의 판단기준] : 대법원 1978.3.28. 선고 77도4049 판결**(불능범의 판단기준으로서 **위험성 판단은 피고인이 행위 당시에 인식한 사정을 놓고 이것이 객관적으로 일반인의 판단으로 보아 결과발생의 가능성이 있느냐**를 따져야 하므로 히로뽕제조를 위하여 에페트린에 빙초산을 혼합한 행위가 불능범이 아니라고 인정하려면 위와 같은 사정을 놓고 객관적으로 제약방법을 아는 과학적 일반인의 판단으로 보아 결과발생의 가능성이 있어야 한다.)

제3절 예비죄

[조문]

刑法 第28條(陰謀, 豫備) 犯罪의 陰謀 또는 豫備行爲가 實行의 着手에 이르지 아니한 때에는 法律에 特別한 規定이 없는 한 罰하지 아니한다.

2011년 형법일부개정법률안[형법총칙전면개정안][의안번호 제11304호]제30조(예비, 음모) 범죄를 예비하거나 음모하고 실행에 착수하지 아니한 경우에는 법률에 특별한 규정이 없으면 벌하지 아니한다.

1. 예비죄의 의의

가. 개념과 예비죄의 규정

예비(Vorbereitung)란 실행에 착수하기 전에 이루어지는 범죄의 준비행위, 즉 특정 범죄를 실현할 목적으로 행하여지는 외부적 준비행위로서 아직 실행의 착수에 이르지 아니한 일체의 행위를 말한다.[754)]

예비는 범죄적 의사가 외부로 표현되었다는 점에서 외부성이 없는 범행의 결의와 구별되고 실행의 착수 이전 단계라는 점에서 미수와 구별된다.[755)]

나. 예비와 음모의 구별

예비와 음모는 모두 실행의 착수 이전단계의 행위인 점에서는 차이가 없으므로 양

754) **[예비의 전형례]** : 예컨대 살인을 하기 위해 흉기를 구입하는 행위, 강도를 하기 위해 범행현장을 답사해 두는 행위 등을 말한다.

755) **[예비행위와 실행의 착수의 관계]** : 따라서 예비행위는 실행의 착수 이전의 준비행위이므로 실행의 착수로 나아가면 예비는 미수 혹은 기수에 흡수되며(법조경합 중 보충관계), 예비행위로부터 직접 결과가 발생한 경우에는 실행행위가 존재하지 않으므로 예비죄가 성립하고 별도로 과실이 문제된다. 즉 甲이 乙을 살해할 목적으로 사격연습을 하다가 빗나간 총알이 우연히 지나가던 乙에게 맞아 乙이 사망한 경우에는 살인예비죄와 과실치사죄의 상상적 경합이다.

자를 구별할 실익이 있는지, 실익이 있다면 그 구별기준이 무엇인지에 대해서 견해가 대립한다.

(1) 학설의 태도

① 부정설(불구별설)

부정설에는 형법이 예비와 음모를 항상 병렬적으로 규정하여 동일하게 취급하고 있으므로 양자를 구별할 실익이 없다는 견해, 예비를 준비행위라는 포괄적인 행위로 보고 음모를 이에 포함시켜서 이해하는 견해(음모는 예비행위의 하나라는 견해) 등이 있다.

② 긍정설(구별설)

범죄의 실현단계를 기준으로 음모는 심리적 준비행위이고 예비는 그 이외의 외부적 준비행위(범죄실현을 위한 물적 준비행위)로서 시간적 선후관계는 없다는 견해(다수설)이다.

(2) 판례의 태도

대법원은 예비와 음모가 병렬적으로 규정되어 있는 경우 예비는 음모에 해당하는 행위를 제외한 것으로 보고 있어 예비와 음모를 구별하고 있다.[756] 즉 음모는 예비에 선행하는 범죄발전의 일단계라는 것이다.[757]

보충판례 30[예비와 음모의 구별] : 대법원 1984.12.11. 선고 82도3019 판결.

756) **보충판례 30[예비와 음모의 구별] : 대법원 1984.12.11. 선고 82도3019 판결**(형법 제343조는 그 구성요건으로서 예비.음모를 따로 규정하고 있으니 예비는 음모에 해당하는 행위를 제외하는 것으로 새겨야 할 것인바 강도예비로 공소를 제기하면서 강도결의를 하였다는 부분을 적시하고 있다 하더라도 그 결의의 일시. 장소 등이 명시되어 있지 아니하고 그 공소사실 말미에 강도의 예비를 하였다는 문구 등이 있다면 이는 강도예비죄의 공범관계에 있음을 적시한 것일 뿐 그 결의 자체를 따로 강도음모죄로 공소한 것으로는 볼 수 없다.)

757) **[예비에 선행하는 범죄발전단계로서의 음모]** : 대법원 1986.6.24. 선고 86도437 판결(일본으로 밀항하고자 공소외인에게 도항비로 일화 100만엔을 주기로 약속한 바 있었으나 그 후 이 밀항을 포기하였다면 이는 밀항의 음모에 지나지 않는 것으로 밀항의 예비정도에는 이르지 아니한 것이다.)

(3) 소결

특별법상으로 음모는 벌하지 않고 예비죄만을 처벌하는 규정이 있는 이상[758] 예비와 음모를 개념상으로 뿐만 아니라 그 법효과면에서도 구별할 실익은 엄연히 존재한다고 하여야 한다.

양자를 구별할 경우 부정설은 음모가 반드시 예비에 선행되어야 한다면 모든 범죄에서 예비와 음모를 구별하여 처벌해야 할 것이라는 점에서 타당하지 않기 때문에 음모는 심리적 준비행위[759]이고 예비는 그 이외의 일체의 준비행위라고 하는 구별설이 타당하다.

또한 예비는 단독행위자에 의해서도 가능하지만, 음모는 반드시 2인 이상의 가담을 전제로 하는 점에서도 차이가 있다.

보충판례 30-1[음모의 의미] : 대법원 1999.11.12. 선고 99도3801 판결.

다. 형법의 규정

형법은 예비를 원칙적으로 처벌하지 않고, 예외적으로 특별규정이 있는 경우에만 처벌하는데, 그 이유는 예비행위 그 자체는 형법적으로 중요하지 않은 행위이며, 범

---

758) '密航團束法[시행 2008.1.1][법률 제7427호, 2005.3.31, 타법개정]' 第3條 (密航·離船등) ①密航 또는 離船·離機한 者는 3年 이하의 懲役 또는 300萬원 이하의 罰金에 處한다. ③第1項의 罪를 犯할 目的으로 豫備를 한 者는 1年 이하의 懲役 또는 100萬원 이하의 罰金에 處한다.
'關稅法[시행 2012.7.1][법률 제11121호, 2011.12.31, 일부개정]' 제271조 (미수범 등) ③제268조의2 • 제269조 및 제270조의 죄를 범할 목적으로 그 예비를 한 자는 본죄의 2분의 1을 감경하여 처벌한다. [전문개정 2010.12.30]
제274조 (밀수품의 취득죄 등) ②제1항의 죄를 범할 목적으로 그 예비를 한 자는 본죄의 2분의 1을 감경하여 처벌한다. [전문개정 2010.12.30]

759) **보충판례 30-1[음모의 의미] : 대법원 1999.11.12. 선고 99도3801 판결**(형법상 음모죄가 성립하는 경우의 음모란 2인 이상의 자 사이에 성립한 범죄실행의 합의를 말하는 것으로, 범죄실행의 합의가 있다고 하기 위하여는 단순히 범죄결심을 외부에 표시·전달하는 것만으로는 부족하고, **객관적으로 보아 특정한 범죄의 실행을 위한 준비행위라는 것이 명백히 인식되고, 그 합의에 실질적인 위험성이 인정될 때**에 비로소 음모죄가 성립한다. 원심이 같은 취지에서 피고인 1과 피고인 3이 수회에 걸쳐 '총을 훔쳐 전역 후 은행이나 현금수송차량을 털어 한탕 하자'는 말을 나눈 정도만으로는 강도음모를 인정하기에 부족하다고 판단한 것은 정당하고, 거기에 강도음모죄의 법리를 오해하여 판결 결과에 영향을 미친 위법이 있다고 할 수 없다.) **[판례해설]** : 대법원이 '총을 훔쳐 전역 후 은행이나 현금수송차량을 털어 한탕 하자'는 말을 나눈 정도만으로는 강도음모를 인정하기에 부족하다고 한 것은 범죄실행의 합의가 실질적인 위험성이 인정되는 정도에 이르지 못한 것으로 보았기 때문이라 할 수 있다.

죄의사의 증명이 곤란할 뿐만 아니라 기수에 이르게 될 가능성도 불확정적이어서 상대적으로 위험성이 적기 때문이다(원칙적 불벌의 이유). 따라서 법익의 중대성과 행위자의 위험성에 비추어 실행행위로 나아가기 전에 미연에 방지할 형사정책적 필요성이 존재하는 경우만을 범죄로 처벌하고 있다(예외적 처벌의 이유).[760]

2. 예비죄의 법적 성격

가. 예비죄와 기본범죄와의 관계

(1) 학설의 태도

① 발현형태설

예비죄는 독립된 범죄유형이 아니라 기본범죄의 발현형태로서, 효과적인 법익보호가 필요한 경우에 미수 이전의 단계에까지 구성요건을 확장한 기본범죄의 수정적 구성요건이라고 보는 견해이다(다수설).

형법상 예비죄는 독립된 범죄유형으로 규정되어 있지 않고 "…죄를 범할 목적으로"라는 기본적 구성요건에 종속하는 형식을 취하고 있다는 점을 근거로 든다.

② 독립범죄설

예비죄는 기본범죄에서 독립하여 그 자체 불법의 실질을 갖추고 있는 독립된 범죄형태라는 견해이다.

이 설은 "본죄의 미수범은 처벌한다"라는 미수규정과는 달리 예비죄는 기본적 구성요건과 마찬가지로 행위·행위자·형벌을 독립적으로 규정하고 있다는 점을 논거로 삼고 있다.

760) **[형법상 예비행위를 처벌하는 경우]** : 형법상 예비행위가 처벌되는 경우는 내란죄, 간첩죄, 이적죄, 폭발물사용죄, 방화죄, 일수죄, 교통방해죄, 통화위조죄, 살인죄 또는 강도죄 등과 같이 중대한 범죄에 국한되어 있다.

③ **이분설**

예비죄를 일정한 기준에 따라 기본범죄의 발현형태인 경우와 독립범죄인 경우로 구분하는 견해이다.

즉 "…죄를 범할 목적으로"라고 규정된 경우는 기본적 구성요건의 수정형태이지만, "…의 목적으로 …을 준비한 자"라고 규정된 경우는 독립범죄라고 보아야 한다는 점을 논거로 든다.

(2) 판례의 태도(발현형태설)

대법원은 우리 형법이 예비죄의 처벌이 가져 올 범죄의 구성요건을 부당하게 유추내지 확장해석하는 것을 금지하고 있음을 이유로 예비죄는 형법상 독립된 구성요건에 해당하는 범죄가 아니라 기본범죄 실행행위의 전단계의 행위, 즉 발현행위를 처벌하고 있는 데 불과하다고 한다.[761)]

보충판례 30-2[발현형태설] : 대법원 1976.5.25. 선고 75도1549 판결 ; 대법원 1979.11.27. 선고 79도2201 판결.

(3) 소결

생각건대 미수범도 기본범죄의 수정형식에 불과하다는 점에서 보면 그 전단계의 행위인 예비행위를 독립된 구성요건적 행위로 파악할 수는 없다. 예비죄의 구성요건에서 주관적 요소의 하나에 해당하는 목적이 언제나 기본범죄를 범할 목적으로 되어있다는 점을 감안하여 예비죄를 독립된 범죄로 파악하기 보다는 기본범죄의 발현형태로 이해하는 발현형태설이 타당하다.

761) **보충판례 30-2[발현형태설] : 대법원 1976.5.25. 선고 75도1549 판결 ; 대법원 1979.11.27. 선고 79도2201 판결**(형법 제28조에 의하면 범죄의 음모 또는 예비행위가 실행의 착수에 이르지 아니한 때에는 법률에 특별한 규정이 없는 한 벌하지 아니한다고 규정하여 예비죄의 처벌이 가져올 범죄의 구성요건을 부당하게 유추 내지 확장해석하는 것을 금지하고 있기 때문에 형법각칙의 예비죄를 처단하는 규정을 바로 독립된 구성요건 개념에 포함시킬 수는 없다고 하는 것이 죄형법정주의의 원칙에도 합당하는 해석이라 할 것이다.)

나. 예비행위의 실행행위성

예비죄를 독립된 범죄로 이해하는 한(독립범죄설) 예비행위의 실행행위성은 당연히 인정될 수밖에 없다. 그러나 예비죄가 수정된 구성요건이고 예비행위가 기본범죄의 발현형태에 불과하다고 파악하게 되면 그 발현형태인 예비행위에 실행행위성이 인정될 수 있는지가 문제될 수 있다.

(1) 학설의 대립

① 실행행위 긍정설

기본범죄에 대해서만 실행행위성을 인정하는 것은 실행행위의 상대적·기능적 성격을 무시한 것이고 예비죄의 처벌규정이 있는 이상 당연히 처벌규정상의 실행행위성을 인정할 수 있다는 견해(다수설)이다. 특히 여기서의 실행행위란 기본범죄의 구성요건적 실행행위가 아니라 예비죄라는 범죄의 실행행위를 의미하는 것이라고 한다.

② 실행행위 부정설

실행행위는 기본범죄에 대한 정범의 실행행위에 한정되고(따라서 기본범죄에 대해 정범이 실행에 착수하는 경우만을 실행행위라고 본다), 예비행위는 무정형·무형식적인 것이므로 예비의 독자적인 실행행위성을 인정할 수 없다는 견해이다. 특히 예비죄를 기본범죄의 발현형태로 파악하면서 예비행위의 실행행위성을 인정하는 것은 논리적으로 모순이라고 한다. 더욱이 음모의 경우에는 외부적으로 표현되는 행위도 없고, 단지 의사의 합치만이 있을 뿐이라는 것이다.

(2) 판례의 태도

대법원이 예비행위의 실행행위성을 인정하고 있는지에 관한 명백한 판단자료는 존재하지 않는다. 다만 '정범이 실행의 착수에 이르지 아니하고 예비단계에 그친 경우에는 이에 가공한다 하더라도 예비의 공동정범이 되는 때를 제외하고는 종범으로 처벌할 수 없다.'[762]는 대법원의 판시내용에 따르면 예비행위의 실행행위성을 부정하는 취지로 볼 수 있다. 즉 예비행위에 대해 기본범죄의 구성요건적 실행행위성을 긍정한다면 그 예비행위로서의 실행행위는 정범의 실행행위고 따라서 정범의 실행행위(즉 예비행위)를 도와 준 행위에 대한 방조범의 성립을 인정해야 하기 때문이다.

(3) 소결

발현형태설을 취하면서 예비행위의 실행행위성을 인정하는 것은 논리적으로 모순이라 할 수 있다. 발현형태설의 기본취지는 예비죄의 실행행위성을 인정하지 않으려고 하는 것이기 때문이다. 예컨대 존속살해죄는 보통살인죄의 수정적 구성요건이지만 이를 발현형태라고는 하지 않는다. 왜냐하면 존속살해죄의 구성요건은 그 자체로 명확하기 때문에 존속살해행위의 실행행위성을 인정해도 별 문제가 없기 때문이다. 그러나 예비행위는 그 내용이 모호하기 때문에 예비행위가 실행행위와 동일한 법적 효과를 인정할 수 있을 정도로 독자적인 성격을 갖지는 못하였다고 할 수 있다.

한편 우리 형법은 기본적으로 예비와 음모를 동일하게 취급하고 있다. 그 이유는 기본범죄가 실행의 착수단계에 이르기 전에 일어나는 다양한 발현형태를 포착할 수 있도록 하기 위함이다. 특히 음모는 2인 이상의 범행의사의 합치만 있으면 성립하는데 이 경우에는 객관적인 행위를 찾아볼 수 없다.

실행행위긍정설에서는 실행행위를 긍정해야 예비행위의 범위를 제한할 수 있다고 하지만, 예비행위의 범위를 제한하는 데에 효과적인 것은 오히려 부정설이라고 할 수 있다는 점에서 실행행위부정설이 타당하다.

---

762) **[예비행위의 독립적 실행행위성 부정례]** : 대법원 1979.5.22. 선고 79도552 판결 : 대법원 1979.11.27. 선고 79도2201 판결(예비행위의 방조행위는 방조범으로서 처단할 수 없는 것이고 그와 같은 법리는 특정범죄가중처벌등에관한법률 및 관세법에 규정된 무면허수입등 예비죄의 방조행위에 있어서도 마찬가지이다.)

다. 예비죄의 성립요건

(1) 객관적 성립요건

① 예비행위의 사회적 정형성

범죄실행을 목적으로 하는 외부적 준비행위인 예비행위가 죄형법정주의의 내용인 명확성의 원칙에 반하지 않으려면 일정한 정형성, 즉 예비행위도 실행행위의 필요불가결한 준비행위라는 사회적 정형성을 갖추어야 한다.[763] 예비행위의 수단·방법에는 제한이 없으므로(무정형성) 예비행위의 범위가 무한히 확대될 위험성이 있기 때문이다.[764]

보충판례 30-3[예비행위의 사회적 정형성[외부적 준비행위]] : 대법원 2009.10.29. 선고 2009도7150 판결.

따라서 예비행위는 특정한 범죄의 실현을 위한 준비행위라는 것이 객관적으로 명확하여야 하고, 기본범죄의 실현에 객관적으로 적합한(실질적으로 위험한) 행위이어야 하며, 실행의 착수에 시간적·장소적으로 밀접하게 연관된 준비행위이어야 한다.

판례는 음모는 처벌하지 않고 예비만 처벌하는 경우 예비행위를 음모행위보다 더 엄격하게 해석한다.[765]

763) **[예비행위의 사회적 정형성]** : 대법원 1999.11.12. 선고 99도3801 판결(형법상 음모죄가 성립하는 경우의 음모란 2인 이상의 자 사이에 성립한 범죄실행의 합의를 말하는 것으로, 범죄실행의 합의가 있다고 하기 위하여는 단순히 범죄결심을 외부에 표시·전달하는 것만으로는 부족하고, **객관적으로 보아 특정한 범죄의 실행을 위한 준비행위라는 것이 명백히 인식되고, 그 합의에 실질적인 위험성이 인정될 때에 비로소 음모죄가 성립**한다.) ; **대법원 1973.6.26. 선고 73도548 판결**(피고인이 일방적으로 반국가단체인 조총련 간부에게 집살 돈을 송금해 달라는 내용의 편지를 써서 재일교포에게 그 전달을 부탁하였으나 위 재일교포가 김포공항에서 출국하려다가 검거되므로써 그 연락의 목적을 이루지 못한 때에는 금품을 제공할 자의 의사가 불확실할 뿐 아니라 그 의사에 관계없이 일방적으로 요구한 단계에 있었으므로 이는 금품수수의 예비죄가 되지 아니한다.) ; **대법원 1966.12.6. 선고 66도1317 판결**(원판결이 확정한바와 같이, 피고인이 행사할 목적으로 미리 준비한 물건들과 옵셋트 인쇄기를 사용하여, 한국은행권 100원권을 사진찍어 그 필림원판 7매와 이를 확대하여 현상한 인화지7매를 만들었음에 그쳤다면, 아직 통화위조의 착수에는 이르지 아니하였고, 그 예비단계에 불과하다고 봄이 상당할 것이므로, 논지 이유있다.)

764) **[필요불가결한 준비행위의 의미]** : 예컨대 사람을 살해하기 위해 칼을 사는 행위는 예비행위라고 할 수 있지만, 칼을 사기 위해 은행에서 돈을 찾는 행위나 살인을 하기 위해 체력을 단련하는 행위 등은 살인의 준비행위라고는 할 수 있어도 필요불가결한 준비행위라고 할 수 없기 때문에 예비행위라고 할 수 없다.

765) **[예비행위의 엄격해석례]** : 대법원 1986.6.24. 선고 86도437 판결(일본으로 밀항하고자 공소외인에게 도항비로 일화 100만엔을 주기로 약속한 바 있었으나 그 후 이 밀항을 포기하였다면 **이는 밀항의**

② 불능예비

준비행위에 실질적 위험성(사회적 정형성)을 갖추지 못한 경우로서 결과발생이 객관적으로 불가능한 예비행위, 즉 설탕이나 소금으로 사람을 살해할 수 있다고 생각하고 살인의 목적으로 설탕이나 소금을 준비하는 행위는 불능예비로서 예비행위가 될 수 없다.

③ 물적 예비와 인적 예비

소수설은 예비행위가 물적 예비(예컨대 범행도구의 준비, 범행장소의 물색·답사·잠입 등)에 국한되어야 한다고 하지만, 다수설(인적 예비포함설)[766]은 물적 예비뿐만 아니라 인적 예비(예컨대 알리바이 조작을 위한 대인접촉, 장물을 처분할 사람의 확보, 범행대상인 건물의 구조를 잘 알고 있는 사람으로부터 건물구조에 관한 정보의 수집 등)도 포함된다고 한다.

생각건대 기본범죄를 실현하기 위한 준비행위이면 인적·물적인 것을 구별할 필요가 없고 범죄실현을 위한 준비행위임이 객관적으로 명백한 이상 인적 준비행위도 예비에 포함시키는 다수설이 타당하다.

보충판례 30-3[인적 예비포함설] : 대법원 2009.10.29. 선고 2009도7150 판결.

④ 자기예비와 타인예비

자기예비란 자신이 실행행위를 할 목적으로 스스로 또는 타인과 공동으로 하는 예비행위를 말하고, 타인예비란 타인이 실행행위를 할 죄의 예비행위를 단독으로 또는 공동으로 하는 것을 말한다. 자기예비가 예비행위가 될 수 있다는 점에는 이견이 없지만, 타인예비가 예비행위가 될 수 있는지에 대해서는 견해가 대립한다.

음모에 지나지 않는 것으로 밀항의 예비정도에는 이르지 아니한 것이다.)

766) **[판례도 다수설(인적 예비포함설)의 입장]**이라 할 수 있다 : **보충판례 30-3[인적 예비포함설] : 대법원 2009.10.29. 선고 2009도7150 판결**(형법 제255조, 제250조의 살인예비죄가 성립하기 위하여는 형법 제255조에서 명문으로 요구하는 살인죄를 범할 목적 외에도 살인의 준비에 관한 고의가 있어야 하며, 나아가 실행의 착수까지에는 이르지 아니하는 살인죄의 실현을 위한 준비행위가 있어야 한다. 여기서의 준비행위는 물적인 것에 한정되지 아니하며 특별한 정형이 있는 것도 아니지만, 단순히 범행의 의사 또는 계획만으로는 그것이 있다고 할 수 없고 객관적으로 보아서 살인죄의 실현에 실질적으로 기여할 수 있는 외적 행위를 필요로 한다.)

ㄱ. 타인예비긍정설

소수설은 타인예비도 예비행위가 될 수 있다고 한다. 즉 첫째 타인예비도 법익침해의 실질적 위험성에서는 자기예비와 차이가 없고, 둘째 예비죄의 구성요건 중 '…죄를 범할 목적'에는 '자기 스스로 죄를 범할 목적 이외에' '타인으로 하여금 죄를 범하게 할 목적'도 포함되는 것으로 해석할 수 있으며, 셋째 기도된 교사(효과없는 교사와 실패한 교사)는 타인예비의 성격을 지닌 행위인데 이를 예비죄로 처벌하는 형법규정(제31조 제2항 및 제3항)이 있다는 것은 타인예비도 처벌해야 한다는 취지라는 것이다.

ㄴ. 타인예비부정설

통설은 타인예비는 예비행위가 될 수 없다고 한다. 즉 첫째 타인예비의 법익침해성을 자기예비와 같이 취급할 수 없고[767], 둘째 예비죄의 구성요건 중 '…죄를 범할 목적'에 '타인으로 하여금 죄를 범하게 할 목적'까지 포함시켜 해석하는 것은 문언의 가능한 범위를 넘어선 해석이고, 셋째 타인예비를 인정하게 되면 타인예비자는 예비죄의 정범이 되고 그 이후 타인이 실행에 착수한 때에는 타인예비자가 다시 기본범죄의 공범(교사범 또는 방조범)이 되는데, 동일한 행위(타인예비)를 한 자가 타인의 실행의 착수 여부에 따라 정범이 되기도 하고 공범이 되기도 하는 것은 부당하다는 것이다.

ㄷ. 판례의 태도

대법원은 예비죄의 공동정범의 성립은 인정하고 예비죄의 방조범의 성립은 부정하는 태도[768]를 취하고 있는데, 이는 타인예비를 부정하는 것이라 할 수 있다. 즉 예비죄

767) **[법익침해에 의한 자기예비와 타인예비의 구별]** : 예컨대 법익침해의 관점에서는 자기예비가 타인예비에 비해 훨씬 위험성이 높고 타인예비는 자기예비에 비해 법익침해성이 상대적으로 간접적일 뿐이라 할 수 있다.

768) **[타인예비 부정으로서 예비죄의 공동정범과 방조범의 성립여부]** : 대법원 1976.5.25. 선고 75도1549 판결(형법 제32조 제1항의 타인의 범죄를 방조한 자는 종범으로 처벌한다는 규정의 타인의 범죄란 정범이 범죄를 실현하기 위하여 착수한 경우를 말하는 것이라고 할 것이므로 종범이 처벌되기 위하여는 정범의 실행의 착수가 있는 경우에만 가능하고 정범이 실행의 착수에 이르지 아니한 예비의 단계에 그친 경우에는 이에 가공하는 행위가 예비의 공동정범이 되는 경우를 제외하고는 이를 종범으로 처벌할 수 없다고 할 것이다.
 왜냐하면 범죄의 구성요건 개념상 예비죄의 실행행위는 무정형·무한정한 행위이고 종범의 행위도 무정형·무한정한 것이고 형법 제28조에 의하면 범죄의 음모 또는 예비행위가 실행의 착수에 이르지 아니한 때에는 법률에 특별한 규정이 없는 한 벌하지 아니한다고 규정하여 예비죄의 처벌이 가져올

의 공동정범자는 타인과 공동으로 하는 자기예비의 행위자를 말하며, 예비죄의 방조범 성립여부를 부정하는 것 자체가 타인예비를 인정하지 않음을 방증하는 것이기 때문이다.

ㄹ. 소결

법익을 직접적으로 침해하는 실행의 착수 전단계의 행위임에도 불구하고 예비행위를 처벌하는 것은 형법의 보충성원칙에 비추어 볼 때 바람직한 일이라 할 수 없으므로 예비죄는 가능한 한 엄격하게 해석할 필요가 있다. 즉 '…죄에 공할 목적으로'라고 규정하고 있는 일본형법과는 달리 우리 형법은 '…죄를 범할 목적으로 예비 또는 음모한 자'라고 규정하고 있으므로 '죄를 범할 목적'에 '죄를 범하게 할 목적'까지 포함시킬 수 없음은 형법해석상 자명하다. 이점에서 형법은 예비죄의 주체와 기본범죄의 주체를 동일하게 보면서 원칙적으로 예비행위를 자기예비로 한정하고 있다고 하여야 할 것이기 때문에 타인예비부정설이 타당하다.

(2) 주관적 성립요건

① 예비죄의 고의

예비죄의 경우 과실범을 처벌하는 형법규정은 존재하지 않는다. 따라서 예비죄는 모두 고의범을 전제로 하며 과실에 의한 예비나 과실범에 대한 예비죄는 인정되지 않는다. 무엇이 예비의 고의인가에 대해서는 견해가 대립하고 있다.

ㄱ. 기본범죄의 실행행위에 대한 고의를 의미한다는 견해

예비도 미수와 같이 기본범죄의 발현형태이므로 기본범죄의 구성요건적 사실에 대

범죄의 구성요건을 부당하게 유추 내지 확장해석하는 것을 금지하고 있기 때문에 형법각칙의 예비죄를 처단하는 규정을 바로 독립된 구성요건 개념에 포함시킬 수는 없다고 하는 것이 죄형법정주의의 원칙에도 합당하는 해석이라 할 것이기 때문이다. 따라서 형법전체의 정신에 비추어 예비의 단계에 있어서는 그 종범의 성립을 부정하고 있다고 보는 것이 타당한 해석이라고 할 것이다.) ; **대법원 1979.11.27. 선고 79도2201 판결**(예비행위의 방조행위는 방조범으로서 처단할 수 없는 것이고 그와 같은 법리는 특정범죄가중처벌등에관한법률 및 관세법에 규정된 무면허수입등 예비죄의 방조행위에 있어서도 마찬가지이다.)

한 인식이 있어야 고의가 인정될 수 있다는 견해(실행의 고의설)이다. 즉 기본범죄를 고려하지 않은 준비행위에 대한 인식은 무의미하고, 예비·미수·기수는 행위의 일련의 발전단계로서 범죄의 실현단계에 불과한 것이며 고의의 내용은 원칙적으로 기본범죄의 구성요건의 실현을 지향하고 있다는 점에서 같다고 보아야 하므로 예비의 고의는 기본적 구성요건에 해당하는 사실의 인식 및 의욕을 의미한다는 것이다.[769)]

ㄴ. 예비행위(준비행위)에 대한 고의를 의미한다는 견해

예비행위는 기본범죄의 실행을 위한 준비의 의미를 갖는 데 불과하기 때문에 예비행위와 기본범죄의 실행행위 사이에는 질적인 차이가 있고, 예비죄는 일종의 목적범의 구조를 취하고 있으므로 여기서 고의는 당연히 예비행위에 대한 고의로 보아야 하며, 예비 자체에 대한 고의가 있어야 예비행위에 그친 자의 책임을 물을 수 있으므로 예비의 고의는 준비행위 그 자체에 대한 인식 및 의욕을 의미한다는 견해(예비의 고의설)이다.[770)]

ㄷ. 소결

예비죄를 기본범죄의 수정된 구성요건으로 이해하는 이상 예비죄의 구성요건적 행위 역시 수정되어 기본범죄의 행위와 다르게 파악되어야 한다. 즉 수정된 예비죄의 수정된 구성요건적 행위가 바로 기본범죄의 실현을 위한 준비행위가 된다. 따라서 예비죄의 고의는 예비죄의 구성요건적 사실에 대한 인식 및 의욕, 즉 준비행위에 대한 고의를 의미하는 것이라고 이해하여야 하기 때문에 예비의 고의설이 타당하다.[771)]

769) **[고의의 내용으로서 예비죄의 목적]** : 따라서 실행의 고의설은 예비죄에 있어서 기본범죄를 범할 목적은 본래의 목적범의 경우와 같이 초과주관적 구성요건요소가 아니라 고의의 내용에 포섭되는 것에 불과하다고 한다.

770) **[판례는 예비의 고의설에 입각]**하고 있다 : **대법원 2009.10.29. 선고 2009도7150 판결**(형법 제255조, 제250조의 살인예비죄가 성립하기 위하여는 형법 제255조에서 명문으로 요구하는 **살인죄를 범할 목적 외에도 살인의 준비에 관한 고의가 있어야 하며**, 나아가 실행의 착수까지에는 이르지 아니하는 살인죄의 실현을 위한 준비행위가 있어야 한다.)

771) **[초과주관적 구성요건요소로서의 예비죄의 목적]** : 한편 기본범죄를 수정하고 있는 예비죄의 구성요건 속에 포함되어 있는 목적이라는 주관적 성립요건은 준비행위 자체에 대한 인식 및 의욕으로 제한된 고의내용, 즉 예비의 고의를 넘어서서 기본범죄를 범할 목적(초과주관적 구성요건요소)을 의미하게 된다.

② 기본범죄를 범할 목적

예비죄는 목적범이므로 예비행위 자체에 대한 고의 이외에 기본범죄를 범할 목적이 있어야 한다는 점에는 견해가 일치하지만 그 인식의 정도에 대해서는 다툼이 있다.

ㄱ. 미필적 인식으로 족하다는 입장

고의의 일반원리에 따라 확정적 인식은 물론 미필적 인식으로도 족하다는 입장이다. 판례도 같은 입장이다.[772]

보충판례 30-4[미필적 인식설] : 대법원 2006.9.14. 선고 2004도6432 판결.

ㄴ. 확정적 인식을 요한다는 입장

처벌범위가 확장되는 것을 막기 위하여 목적에 대한 인식은 확정적 인식이어야 한다는 입장이다(다수설). 즉 죄를 범할 목적을 미필적 인식으로 족하다고 하는 것은 예비죄의 입법취지에 반하므로 목적은 확정적으로 인식이어야 한다는 것이다.

---

772) **보충판례 30-4[미필적 인식설] : 대법원 2006.9.14. 선고 2004도6432 판결**[강도예비·음모죄에 관한 형법 제343조는 "강도할 목적으로 예비 또는 음모한 자는 7년 이하의 징역에 처한다."고 규정하고 있는바, 그 법정형이 단순절도죄의 법정형을 초과하는 등 상당히 무겁게 정해져 있고, 원래 예비·음모는 법률에 특별한 규정이 있는 경우에 한하여 예외적으로 처벌의 대상이 된다는 점(형법 제28조)을 고려하면, 강도예비·음모죄로 인정되는 경우는 위 법정형에 상당한 정도의 위법성이 나타나는 유형의 행위로 한정함이 바람직하다 할 것이다.
그런데 준강도죄에 관한 형법 제335조는 "절도가 재물의 탈환을 항거하거나 체포를 면탈하거나 죄적을 인멸할 목적으로 폭행 또는 협박을 가한 때에는 전2조의 예에 의한다."라고 규정하고 있을 뿐 준강도를 항상 강도와 같이 취급할 것을 명시하고 있는 것은 아니고, 절도범이 준강도를 할 목적을 가진다고 하더라도 이는 절도범으로서는 결코 원하지 않는 극단적인 상황인 절도범행의 발각을 전제로 한 것이라는 점에서 본질적으로 극히 예외적이고 제한적이라는 한계를 가질 수밖에 없으며, 형법은 흉기를 휴대한 절도를 특수절도라는 가중적 구성요건(형법 제331조 제2항)으로 처벌하면서도 그 예비행위에 대한 처벌조항은 마련하지 않고 있는데, 만약 준강도를 할 목적을 가진 경우까지 강도예비로 처벌할 수 있다고 본다면 흉기를 휴대한 특수절도를 준비하는 행위는 거의 모두가 강도예비로 처벌받을 수밖에 없게 되어 형법이 흉기를 휴대한 특수절도의 예비행위에 대한 처벌조항을 두지 않은 것과 배치되는 결과를 초래하게 된다는 점 및 정당한 이유 없이 흉기 기타 위험한 물건을 휴대하는 행위 자체를 처벌하는 조항을 폭력행위등처벌에관한법률 제7조에 따로 마련하고 있다는 점 등을 고려하면, 강도예비·음모죄가 성립하기 위해서는 예비·음모 행위자에게 **미필적으로라도** '강도'를 할 목적이 있음이 인정되어야 하고 그에 이르지 않고 단순히 '준강도'할 목적이 있음에 그치는 경우에는 강도예비·음모죄로 처벌할 수 없다고 봄이 상당하다.] ; **대법원 2004.3.26. 선고 2003도7112 판결**(목적에 대한 인식의 정도는 적극적 의욕이나 확정적 인식임을 요하지 아니하고 미필적 인식이 있으면 족하다.)

ㄷ. 소결

목적범에서의 목적은 고의보다는 훨씬 의지적 요소가 강한 개념이므로 미필적 목적이란 모순개념이라고 할 수밖에 없다. 따라서 예비죄의 처벌범위가 부당하게 확대되는 것을 방지한다는 점에서 예비죄에서의 목적은 확정적 인식을 요한다는 입장이 타당하다.

라. 관련문제

(1) 예비의 중지

예비의 중지란 예비행위를 마친 후에 자의적으로 실행의 착수를 하지 않은 경우를 말한다. 예컨대 살인예비·음모는 살인죄와 존속살해죄, 위계·위력에 의한 살인죄를 범할 목적으로 예비 또는 음모한 때에 성립한다. 문제는 이러한 예비·음모 행위를 실행에 착수하기 이전에 중지한 경우에 중지미수의 규정을 준용할 수 있을 것인지가 문제된다.

긍정설(다수설)은 형의 균형과 입법취지에 비추어 볼 때 예비의 중지에 대해서도 중지미수의 효과를 그대로 부여해야 한다고 하나, 부정설은 중지미수는 실행의 착수를 전제로 하는 개념이므로 실행의 착수 이전단계인 예비행위에 대해서는 중지미수 규정을 준용할 수 없다고 한다. 판례는 부정설에 입각하고 있다.[773)]

생각건대 예비란 실행의 착수 이전의 단계를 말하는 것으로 실행의 착수를 전제로 하는 중지미수의 개념을 예비에 적용할 수 없기 때문에[774)] 중지범에 관한 조항은 준용되지 않는다고 하는 부정설이 타당하다.

(2) 예비죄의 공동정범

2인 이상의 자가 공동하여 기본범죄를 실현하고자 하였으나 가별적 예비행위에 그

773) **[중지미수규정의 준용부정설]** : 대법원 1999.4.9. 선고 99도424 판결 ; 대법원 1991.6.25. 선고 91도436 판결(중지범은 범죄의 실행에 착수한 후 자의로 그 행위를 중지한 때를 말하는 것이고 실행의 착수가 있기 전인 예비음모의 행위를 처벌하는 경우에 있어서 중지범의 관념은 이를 인정할 수 없다.)

774) **[형식논리상 예비의 중지 개념 성립여부]** : 예비의 중지라는 관념을 인정하는 것은 예비의 미수를 인정하는 것과 다름없는 태도이다. 예비는 실행의 착수 이전단계이므로 실행의 착수를 전제로 하는 미수와 개념적으로 구별된다는 점에서 예비죄의 미수는 불가능하다고 해야 한다.

친 경우[775]에 예비죄의 공동정범이 성립한다는 것이 통설 및 판례[776]의 입장이다.

보충판례 30-5[예비죄의 공동정범] : 대법원 1979.5.22. 선고 79도552 판결 ; 부산고법 1993.8.4. 선고 93노713 제1형사부판결 : 확정

(3) 예비죄의 교사범

예비죄의 교사범은 두 가지 유형이 있을 수 있다.

첫째 기본범죄에 대한 고의없이 예비죄만을 교사하는 경우이다. 예컨대 甲이 乙에게 살인행위에 필요한 무기를 구입하라고 교사하는 행위를 말한다. 통설은 이 경우 예비죄의 교사범을 인정하지 않는다.

둘째 기본범죄에 대한 고의를 가지고 교사하였으나 피교사자가 예비행위만을 한 경우이다. 예컨대 甲이 乙에게 丙의 재물을 강취하라고 교사하였으나, 乙이 이를 승낙하고 범행에 필요한 도구만을 준비한 채 실행에 착수하지 않은 경우이다.

이는 교사를 받은 자가 범죄의 실행을 승낙하고 실행의 착수에 이르지 아니 한 '효과없는 교사'이므로 형법 제31조 제2항에 따라 교사자와 피교사자 모두 예비·음모에 준하여 처벌된다.

(4) 예비죄의 종범

기수의 고의로 정범을 방조하였으나 정범이 예비에 그친 경우에 예비죄의 방조가 성립할 수 있는지가 문제된다.

775) **[예비죄의 공동정범례]** : 예컨대 甲·乙이 공동으로 강도할 목적으로 공동으로 범행도구를 구입하는 예비행위를 한 경우,

776) **보충판례 30-5[예비죄의 공동정범] : 대법원 1979.5.22. 선고 79도552 판결 ; 부산고법 1993.8.4. 선고 93노713 제1형사부판결 : 확정**[검사의 상고이유를 보건대 정범이 실행의 착수에 이르지 아니한 예비의 단계에 그친 경우에는 이에 가공한다 하더라도 예비의 공동정범이 되는 때를 제외하고는 종범으로 처벌할 수 없다는 것이 당원의 판례인 바(대법원 1976.5.25. 선고 75도1549 판결 참조) 원심이 위 취지에 따라서 이 사건 피고인들의 범행이 원심상피고인 1, 2의 밀항단속법 위반의 예비단계에 가공한 것뿐으로서는 방조범으로서 처벌할 수 없다고 하였음은 상당하고 또한 밀항단속법 제4조 제1항의 교사, 방조는 같은 법 제3조 제1항의 밀항, 이선(離船), 이기(離機)등 기수범의 방조에 관한 규정이고 결코 같은 법 제3조 제3항의 예비까지를 방조한 경우에 관한 것이라고는 할 수 없음이 같은 법조문의 규정 자체에 비추어 명백하다 할 것이다.]

ㄱ. 긍정설

공범독립성설의 입장에서는 방조행위 그 자체가 공범의 실행행위이므로, 피방조자의 행위가 가벌적 예비행위로 되면 방조자는 종범의 미수로 처벌된다고 본다.

공범종속성설의 입장에서는 예비죄도 수정적 구성요건으로서 실행행위성을 인정할 수 있고, 정범이 예비죄로 처벌되는 이상 공범종속성설의 입장에서는 당연히 예비죄의 종범이 성립할 수 있다는 것이다.

그러나 긍정설은 종범의 미수에 대해서는 교사의 미수(제31조 2항)와 같은 처벌규정을 두지 않은 형법의 취지에 반한다고 할 수 있다.

ㄴ. 부정설

예비행위는 실행행위라고 볼 수 없고 정범의 실행행위가 없으면 방조범은 성립할 수 없기 때문에 예비죄의 방조범을 인정할 수 없고, 예비죄의 처벌은 예외적이고 방조범의 처벌도 필요적 감경인데 이 두가지를 종합하면 예비죄의 방조범은 처벌하지 않는 것이 바람직하며, 예비죄는 범죄로서의 사회적 정형성을 갖고 있지 못한데 여기에 방조범까지 처벌하게 되면 처벌의 범주가 지나치게 확장되어 형법의 보충성원칙에 반하기 때문에 예비죄의 종범은 성립할 수 없다는 견해(통설 및 판례[777])이다.

ㄷ. 소결

생각건대 예비행위의 실행행위성을 긍정하면서도 예비죄의 방조범을 반드시 처벌할 필요가 없다고 하는 견해는 설득력이 약하다고 할 수박에 없다. 논리적으로는 예비행위의 실행행위성을 인정하지 않고 방조범도 인정하지 않아야 하기 때문에 부정설이 타당하다.

777) **[예비죄의 방조범 인정여부]** : 대법원 1976.5.25. 선고 75도1549 판결 ; 대법원 1979.11.27. 선고 79도2201 판결(종범이 처벌되기 위하여는 정범의 실행의 착수가 있는 경우에만 가능하고 형법 전체의 정신에 비추어 정범이 실행의 착수에 이르지 아니한 예비의 단계에 그친 경우에는 이에 가공하는 행위가 예비의 공동정범이 되는 경우를 제외하고는 종범의 성립을 부정하고 있다고 보는 것이 타당하다.)

제 21 장

형법총론

정범과 공범론

제1절 정범·공범의 일반이론

1. 총설

가. 다수인의 범죄관여

(1) 범죄에의 관여형태

한 사람이 단독으로 범죄를 실현하는 경우를 '단독범(또는 단독정범)'[778]이라고 하고, 두 사람 이상이 가담하는 범죄형태를 '공범' 또는 '다수에 의한 가담형태'라 할 수 있다.[779]

778) **[단독정범의 외연]** : 물론 동시범 또는 독립행위의 경합(형법 제19조)의 경우에는 범죄에 여러 사람이 관여하지만 이는 단독범행이 우연히 동시 또는 이시에 이루어진 것이므로 공범이라고 하지 않는다. 한편 간접정범(제34조)은 행위자 자신이 범죄를 직접 실행하지 않고 타인을 이용하여 간접적으로 실행하는 경우이다. 피이용자는 단지 수단으로 이용될 뿐이라는 점(행위자의 우월적 의사지배)에서 단독정범에 가깝다. **'2011년 형법총칙전면개정안'도 제31조(정범) 제2항에서 간접정범을 정범으로 규정하고 있다.**

779) **[공범의 이중적 의미]** : 따라서 공범이란 다수의 사람이 관계되어 저지르는 범죄형태라는 의미와 범죄를 저지르는 데에 관계된 다수의 사람이라는 두 가지 의미로 사용된다.

[조문]

> **2011년 형법일부개정법률안[형법총칙전면개정안][의안번호 제11304호]**제31조(정범) ① 스스로 죄를 범한 자는 정범(正犯)으로 처벌한다.
> ② 어느 행위로 인하여 처벌되지 아니하는 자 또는 과실범으로 처벌되는 자를 이용하여 범죄행위의 결과를 발생하게 한 자는 정범으로 처벌한다.**[신설조항]**

다수인이 범죄에 관여하는 공범의 형태는 크게 세 가지로 나눌 수 있다.

첫째 필요적 공범이나 공동정범(제30조)의 경우에서와 같이 다수인이 실행행위를 분담하여 행하는 경우이다. 예컨대 다수인이 내란죄를 범하거나(필요적 공범), 다수인이 함께 사기죄를 범하는 경우(공동정범)이다.

둘째 교사범(제31조)으로서 자신은 실행행위를 하지 않고 다른 사람으로 하여금 범죄를 결의하고 실행행위를 하도록 한 경우이다. 예컨대 물건을 훔쳐오면 돈을 주겠다고 타인을 유혹하여 절도죄를 범하게 하는 경우이다.

셋째 방조범 혹은 종범(제32조)으로서 자신은 실행행위를 하지 않고 타인의 실행행위를 유형·무형으로 도와주는 경우이다. 예컨대 살인을 하려는 사람에게 권총을 빌려주거나 피해자를 찾아가는 방법을 알려주는 경우이다.

(2) 가담형태에 관한 입법례

① 단일정범체계

정범과 공범을 구별하지 않고 범죄구성요건을 실현하는 데에 어떠한 형태로든 기여한 모든 사람을 정범으로 파악하는 입법례도 있는데 이는 단일정범개념(통일적 정범개념)에 입각한 입법체계라고 할 수 있다.[780]

이러한 입법례에서는 정범과 공범의 형을 법률에서 따로 규정하지 않고 개개의 가담자의 불법과 책임에 상응한 형벌의 양을 결정할 수 있는 양형규칙을 마련하여 그 관여정도를 양형에서 고려하게 된다.

780) **[단일정범체계의 입법례]** : 예컨대 **오스트리아의 형법(제12조 및 제13조), 독일의 질서위반법(제14조), 우리나라의 질서위반행위규제법[시행 2011.7.6][법률 제10544호, 2011.4.5, 일부개정][제12조(다수인의 질서위반행위 가담) 제1항]** 등이 단일정범체계를 취하고 있다. 이러한 단일정범개념의 입법형식에서는 여러 가지 정범형태 및 공범형태를 서로 구별할 필요성이 없기 때문에 매우 실용적이라 할 수 있다.

그러나 단일정범체계는 교사의 미수와 방조의 미수도 정범의 미수에 해당하게 되어 가벌성의 부당한 확대를 초래하며, 각 구성요건의 특유한 행위반가치를 무시하게 되어 비신분자도 신분범의 정범이 될 수 있다는 부당한 결과를 발생시킨다는 문제점을 안고 있다.

② 정범·공범구별체계

정범과 공범을 법률에서 구별하고 그에 대한 형벌도 법률에서 따로 규정하는 입법방식으로서 범죄행위에 가담한 자 가운데 전체 범행에 대한 주도권을 가진 중심인물만을 정범이라고 규정하는 입법형식이다. 여기서는 정범과 다른 행위분담을 한 자를 공범이라고 부른다.

이 체계 하에서는 정범과 공범이라는 두 가지 상이한 개념적 카테고리를 사용하고 있지만 양자의 구별기준에 관한 규정을 두고 있지 않기 때문에 정범과 공범을 구별할 수 있는 이론을 개발하여야 하는 어려움이 있다.[781]

이러한 이원적 체계의 입법형식을 취하게 되면 형법각칙의 범죄구성요건에서 행위자의 행위를 유형화한 후에 총칙상의 규정을 통하여 다시 정범형태 또는 공범형태를 구분하게 된다. 이러한 체계는 구성요건중심적 형법이라는 법치국가적 요청에 부합하는 방식이고, 단일정범체계에 비해 구성요건의 세분화·명확화라는 죄형법정주의의 요청에 더욱 충실한 방식이라 할 수 있기 때문에 법정책적으로 다수 국가(독일 및 일본 등)에서 선호되고 있다.

③ 우리 형법의 입법형식

우리 형법은 정범·공범구별체계를 기본모델로 삼고 있다. 즉 형법전의 제2장 제3절에서 공범이라는 표제 하에 공동정범, 교사범, 종범, 공범과 신분, 간접정범에 관한 규정을 둠으로써 정범과 공범의 개념적 구별을 전제로 하고 있기 때문이다.[782]

---

781) **[정범·공범구별체계의 난점극복례]** : 그러나 이러한 어려움은 일단 개념적 구별이 이루어지면 형법각칙상의 법정형은 정범에 대한 것이고, 공범에 대한 법정형은 정범의 법정형을 기준으로 해서 조절한다는 원칙적인 규정만 두면 간단히 해결할 수 있을 것이다.

782) **[정범·공범구별체계의 예외적 입법례]** : 고의범과는 달리 과실범의 경우에는 그 구조상의 특성 때문에 정범과 공범의 구별이 불가능하므로 주의의무를 위반하여 구성요건실현에 기여를 한 자는 전부 과실

나. 공범개념의 다의성

(1) 최광의의 공범

최광의의 공범은 범죄에 관계한 모든 사람을 의미한다. 임의적 공범과 이에 대비되는 개념인 필요적 공범을 모두 포함하는 개념이다.

임의적 공범이란 단독으로도 실행할 수 있는 범죄를 여러 사람이 관여하여 실행하는 경우의 공범형태로서 공동정범, 교사범, 종범을 모두 포함한다. 필요적 공범이란 내란죄[783], 소요죄[784], 다중불해산죄[785] 등과 같이 단독으로는 범할 수 없고 개념상 여러 사람이 함께 죄를 범하는 형태의 범죄를 말한다. 일상 언어 관행상 '공범'이라 할 때에는 최광의의 공범을 의미한다.

(2) 광의의 공범

광의의 공범은 최광의의 공범에서 필요적 공범을 제외한 공범, 즉 임의적 공범을 말한다.

형법전의 제2장 제3절에서 공범이라는 표제 하에 공동정범, 교사범, 종범 등 광의의 공범과 간접정범이 포함되어 있다. 간접정범은 '어느 행위로 인하여 처벌되지 아니하는 자 또는 과실범으로 처벌되는 자를 교사 또는 방조하는 형태의 범죄' 및 '타인을

범의 정범으로 볼 여지가 있다. 또한 **경범죄처벌법 제3조(교사·방조)**는 제1조에 열거된 경범죄들을 범하도록 시키거나 도와준 사람을 경범죄를 범한 사람에 준하여 벌하도록 규정함으로써 가담형태를 개념적으로 구별하지도 않고, 처벌에 있어서 형식적인 차이를 인정하는 것도 아니기 때문에 **단일정범체계에 근접해 있는 것으로 볼 수 있다. 2008년부터 시행된 '질서위반행위규제법'도 제12조(다수인의 질서위반행위 가담) 제1항**에서 '2인 이상이 질서위반행위에 가담한 때에는 각자가 질서위반행위를 한 것으로 본다.'하여 **단일정범체계를 취하고 있다**.

783) **刑法 第87條 (內亂)** 國土를 僭竊하거나 國憲을 紊亂할 目的으로 暴動한 者는 다음의 區別에 依하여 處斷한다. 1. 首魁는 死刑, 無期懲役 또는 無期禁錮에 處한다. 2. 謀議에 參與하거나 指揮하거나 其他 重要한 任務에 從事한 者는 死刑, 無期 또는 5年 以上의 懲役이나 禁錮에 處한다. 殺傷, 破壞 또는 掠奪의 行爲를 實行한 者도 같다. 3. 附和隨行하거나 單純히 暴動에만 關與한 者는 5年 以下의 懲役 또는 禁錮에 處한다.

784) **刑法 第115條 (騷擾)** 多衆이 集合하여 暴行, 脅迫 또는 損壞의 行爲를 한 者는 1年 以上 10年 以下의 懲役이나 禁錮 또는 1千500萬원 以下의 罰金에 處한다.

785) **刑法 第116條 (多衆不解散)** 暴行, 脅迫 또는 損壞의 行爲를 할 目的으로 多衆이 集合하여 그를 團束할 權限이 있는 公務員으로부터 3回 以上의 解散命令을 받고 解散하지 아니한 者는 2年 以下의 懲役이나 禁錮 또는 300萬원 以下의 罰金에 處한다.

생명있는 도구로 이용하는 범죄'를 말한다. 간접정범에서도 교사·방조자와 피교사·방조자 또는 이용자와 피이용자 등 다수인이 범죄에 관여하기 때문에 공범의 절에서 규정한 것이라 할 수 있다. 그러나 피이용자는 범죄의 주체가 아니라 수단이 된다는 점에서 임의적 공범과 구별된다.

(3) 협의의 공범

협의의 공범이란 정범에 대비되는 개념으로서 광의의 공범에서 공동정범을 제외한 교사범 및 종범을 말한다.

'정범과 공범의 구별'문제에서 정범과 구별되는 개념으로서의 공범, '공범의 종속성 내지 공범의 종속형식'이라는 문제에서 정범에 종속되는 공범도 협의의 공범을 의미한다.

다. 필요적 공범

(1) 필요적 공범의 개념

필요적 공범이란 범죄구성요건 자체가 처음부터 2인 이상이 관여해서만 실현할 수 있는 범죄형태, 즉 범죄구성요건의 내용상 범죄성립에 다수인(공범)이 필요한 범죄형태를 말한다. 임의적 공범이 구성요건상으로는 단독으로 범할 수 있는 범죄를 다수인이 범하는 경우임에 대하여, 필요적 공범은 구성요건의 내용상 단독으로는 범할 수 없는 범죄라는 점에서 양자는 구별된다.[786)]

(2) 임의적 공범과 필요적 공범의 구별실익

임의적 공범의 경우에는 그 여러 사람에 대해 가담형태에 따른 취급상의 차이를 인정하기 위해서는 먼저 정범형태인지 공범형태인지를 구별해야 하고 각 가담형태에

786) **[필요적 공범과 임의적 공범의 구별례]** : 예컨대 내란죄는 반드시 2인 이상이 내란행위에 가담하여야만 성립할 수 있는 범죄구성요건으로 형식화되어 있는 범죄이므로 내란행위에 가담한 2인 이상은 필요적 공범이 되는데 반하여, 살인죄는 1인이 살해행위를 할 수도 있고 2인 이상이 살해행위에 가담할 수도 있어서 2인 이상이 살해행위에 관여한 경우에는 임의적 공범이 된다.

맞는 형법총칙상의 공범에 관한 규정을 적용하는 것이 관건이 된다.

이에 대하여 필요적 공범은 여러 사람에 대해 가담형태에 따른 취급상의 차이가 없거나 차이가 있다고 해도 이는 형법각칙상의 범죄구성요건에 처음부터 규정되어 있다. 따라서 필요적 공범(필요적 가담범)으로 관여한 각 행위자는 형법각칙상의 범죄구성요건을 실현하는 정범에 해당하므로 정범형태와 공범형태의 구별도 문제되지 않는다.

(3) 필요적 공범의 분류

다수설은 공범 사이의 의사방향의 일치 여부에 따라 필요적 공범을 집합범과 대향범으로 분류한다. 민법상의 법률행위를 단독행위, 계약, 합동행위로 나누는 것과 같은 분류방식이다.

① 집합범

집합범이란 공범들의 의사방향이 일치하는 경우를 말한다. 즉 공범들이 동일한 목표를 달성하기 위해 공동으로 행위하는 경우이다. 집합범은 공범의 처벌형태에 따라 공범전원에게 동일한 법정형을 부과하는 경우[787]와 공범에게 상이한 법정형을 부과하는 경우[788]로 나눌 수 있다.

한편 집합범은 **집단범(다중범)과 합동범**으로 나눌 수 있는데 이러한 구별의 실익은 합동범에서는 현장성이라는 특수한 성립요건을 필요로 한다는 점에 있다.

합동범이란 2인 이상이 합동하여 범죄를 실행한 경우에 단독정범이나 공동정범보다 가중처벌하도록 규정되어 있는 범죄형태를 말한다(예컨대 특수절도죄, 특수강도죄, 특수도주죄). 합동범의 필요적 공범성 여부에 대해서는, 공동정범의 특수한 경우에 불과하다는 견해나 부진정필요적 공범이라는 개념으로 설명하는 견해가 있으나

787) **[공범전원에게 동일한 법정형을 부과하는 범죄]** : 특수도주죄(제146조), 특수절도죄(제331조 제2항), 특수강도죄(제334조 제2항)와 같이 2인 이상의 합동을 요건으로 하는 합동범 및 다중이나 단체를 필요로 하는 소요죄(제115조), 다중불해산죄(제116조), 특수공무방해죄(제144조), 특수폭행죄(제261조), 특수체포·감금죄(제278조), 특수협박죄(제284조), 특수주거침입죄(제320조), 해상강도죄(제340조), 특수손괴죄(제369조) 등이 이러한 유형에 속한다.

788) **[공범에게 상이한 법정형을 부과하는 범죄]** : 내란죄(제87조), 절도목적의 단체조직죄(특정범죄가중처벌등에관한법률 제5조의8) 등이 이에 속한다. 이러한 범죄구성요건에는 가담자 중의 일부가 임의적 공범에 해당하는 교사행위 혹은 방조행위를 하는 것이 예정되어 있다.

합동범의 구성요건에서 이미 '2인 이상'의 행위주체를 예정해 두고 있고 가담자들의 현장성을 요구하고 있기 때문에 필요적 공범이라는 견해가 타당하다.

② 대향범

대향범이란 상대방을 필요로 하는 범죄, 즉 공범들 사이에 일정한 목표를 달성하기 위한 서로 반대되는 방향의 의사가 합치됨으로써 성립하는 범죄를 말한다. 대향범도 공범의 처벌형태에 따라 대향자 쌍방에게 동일한 법정형이 규정된 경우[789]와 상이한 법정형이 규정된 경우[790] 및 대향자 중 일방만을 처벌하는 경우(편면적 대향범)[791]로 나눌 수 있다.

보충판례 31 : 대법원 2007.10.25. 선고 2007도6712 판결.

③ 필요적 공범에 대한 총칙상의 공범규정의 적용 여부

필요적 공범에 대해서도 공동정범, 교사범, 종범 등이 성립할 수 있는지가 문제된다. 이 문제는 행위자가 필요적 공범의 행위주체에 포함되는 자인지 여부에 따라 달리 판단될 수 있다.

....

789) **[대향자 쌍방의 법정형이 같은 범죄]** : 간통죄(제241조), 도박죄(제246조), 촉탁·승낙낙태죄(제269조 제2항), 아동혹사죄(제274조), 부녀매매죄(제288조 제2항), 국외이송을 위한매매죄(제289조 제1항) 등이 이에 속한다. 이러한 범죄에서는 간통자와 상간자, 임부와 낙태자, 도박자 상호간, 아동의 인도자와 인수자, 매도자와 매수자 모두에게 동일한 법정형이 규정되어 있다.

790) **[대향자 쌍방의 법정형이 다른 범죄]** : 뇌물죄에서 수뢰자(제129조)와 증뢰자(제133조), 업무상동의낙태죄(제270조 제2항)에서 의사와 임산부(제269조 제1항), 배임수증재죄에서 배임수재자와 배임증재자(제357조 제1항 및 제2항) 등이 이에 속한다 : **대법원 1991.1.15. 선고 90도2257 판결**(형법 제357조 제1항의 배임수재죄와 같은 조 제2항의 배임증재죄는 통상 필요적 공범의 관계에 있기는 하나 이것은 **반드시 수재자와 증재자가 같이 처벌받아야 하는 것을 의미하는 것은 아니고** 증재자에게는 정당한 업무에 속하는 청탁이라도 수재자에게는 부정한 청탁이 될 수도 있는 것이다.)

791) **[대향자 중 일방만을 처벌하는 범죄]** : 범인은닉·도피죄(제151조 제1항), 음화판매죄(제243조), 촉탁·승낙살인죄(제252조 제1항) 등이 이에 속한다 : **보충판례 31 : 대법원 2007.10.25. 선고 2007도6712 판결**(2인 이상의 서로 대향된 행위의 존재를 필요로 하는 대향범에 대하여는 공범에 관한 형법총칙 규정을 적용할 수 없는바, 세무사법은 제22조 제1항 제2호, 제11조에서 세무사와 세무사였던 자 또는 그 사무직원과 사무직원이었던 자가 그 직무상 지득한 비밀을 누설하는 행위를 처벌하고 있을 뿐 비밀을 누설받는 상대방을 처벌하는 규정이 없고, 세무사의 사무직원이 직무상 지득한 비밀을 누설한 행위와 그로부터 그 비밀을 누설받은 행위는 대향범 관계에 있으므로 이에 공범에 관한 형법총칙 규정을 적용할 수 없다.)

ㄱ. 필요적 공범의 행위주체(내부가담자)인 경우

필요적 공범의 내부가담자에 대해서는 이미 모두 정범으로서 각자에게 적용될 형벌이 각칙에 별도로 규정되어 있기 때문에 내부가담자 상호간에는 임의적 공범을 전제로 하는 총칙상의 공범규정이 적용되지 않는다(통설 및 판례[792]).

그러나 대향범 중 일방만을 처벌하는 범죄의 경우에는 내부자인 불가벌적 대향자에 대해서도 교사범 또는 방조범이 인정될 수 있다. 예컨대 음화를 판매할 생각이 없는 사람을 교사하여 음화를 판매하게 하고 이를 통해 음화를 구입한 내부가담자는 음화판매자의 음화판매죄[793]의 교사범 또는 방조범이 될 수 있다.[794]

보충판례 31-1[불가벌적 대향자의 예외적 처벌근거] : 대법원 2011.10.27. 선고 2010도7624 판결 ; 대법원 1999.7.23. 선고 99도1911 판결.

---

792) **[필요적 공범의 내부가담자]** : 대법원 2007.10.25. 선고 2007도6712 판결(2인 이상의 서로 대향된 행위의 존재를 필요로 하는 대향범에 대하여는 공범에 관한 형법총칙 규정을 적용할 수 없는바, 세무사법은 제22조 제1항 제2호, 제11조에서 세무사와 세무사였던 자 또는 그 사무직원과 사무직원이었던 자가 그 직무상 지득한 비밀을 누설하는 행위를 처벌하고 있을 뿐 비밀을 누설받는 상대방을 처벌하는 규정이 없고, 세무사의 사무직원이 직무상 지득한 비밀을 누설한 행위와 그로부터 그 비밀을 누설받은 행위는 대향범 관계에 있으므로 이에 공범에 관한 형법총칙 규정을 적용할 수 없다.) ; **대법원 2001.12.28. 선고 2001도5158 판결**(매도, 매수와 같이 2인 이상의 서로 대향된 행위의 존재를 필요로 하는 관계에 있어서는 공범이나 방조범에 관한 형법총칙 규정의 적용이 있을 수 없고, 따라서 매도인에게 따로 처벌규정이 없는 이상 매도인의 매도행위는 그와 대향적 행위의 존재를 필요로 하는 상대방의 매수범행에 대하여 공범이나 방조범관계가 성립되지 아니한다.) ; **대법원 1985.3.12. 선고 84도2747 판결**[소위 대향범은 대립적 범죄로서 2인 이상의 서로 대향된 행위의 존재를 필요로 하는 필요적 공범관계에 있는 범죄로 이에는 공범에 관한 형법총칙규정의 적용이 있을 수 없는 것이므로 피고인 (갑)이 피고인 (을)에게 외화취득의 대상으로 원화를 지급하고 피고인 (을)이 이를 영수한 경우 위 (갑)에게는 대상지급을 금한 외국환관리법 제22조 제1호, (을)에게는 대상지급의 영수를 금한 같은조 제2호 위반의 죄만 성립될 뿐 각 상피고인의 범행에 대하여는 공범관계가 성립되지 않는다.] ; **대법원 1971.3.9. 선고 70도2536 판결**(뇌물수수죄는 필요적 공범으로서 형법 총칙의 공범이 아니므로, 이에 소론과 같이 형법 제30조를 따로 적용하여야 하는 것이 아니다.)

793) **刑法 第243條 (淫書頒布등)** 淫亂한 文書, 圖畵, 필름 기타 물건을 頒布, 販賣 또는 賃貸하거나 公然히 展示 또는 上映한 者는 1年 이하의 懲役 또는 500萬원 이하의 罰金에 處한다.

794) **보충판례 31-1[불가벌적 대향자의 예외적 처벌근거] : 대법원 2011.10.27. 선고 2010도7624 판결 ; 대법원 1999.7.23. 선고 99도1911 판결**(업무상배임죄의 실행으로 인하여 이익을 얻게 되는 수익자 또는 그와 밀접한 관련이 있는 제3자를 배임의 실행행위자와 공동정범으로 인정하기 위해서는 실행행위자의 행위가 피해자인 본인에 대한 배임행위에 해당한다는 것을 알면서도 소극적으로 그 배임행위에 편승하여 이익을 취득한 것만으로는 부족하고, 실행행위자의 배임행위를 교사하거나 또는 배임행위의 전 과정에 관여하는 등으로 배임행위에 적극 가담할 것을 필요로 한다.)

[판례해설] : 이처럼 대법원은 일방만을 처벌하는 대향범의 경우 불가벌적인 대향자에게 적극적인 가담행위가 있는 때에는 공동정범이나 교사범의 처벌가능성을 인정할 수 있다는 취지의 판결을 통하여 종래 필요적 공범의 경우 총칙상의 공범규정적용배제론을 수정할 수 있는 길을 열어 두고 있다.

ㄴ. 필요적 공범의 외부가담자인 경우

필요적 공범의 외부가담자에 대해서는 필요적 공범의 종류에 따라 임의적 공범규정(총칙상의 공범규정)의 적용여부가 달라진다.

a. 집합범의 경우

집합범에 대해서는, 외부가담자도 교사범·종범 이외에 집단 내부의 자들과 연계하여 본질적 기능을 담당한 경우에는 공동정범도 성립할 수 있다는 견해(전면적 긍정설), 집단 외부에서 가담한 자의 행위에 대해서 공동정범을 제외하고 교사·방조의 규정은 적용될 수 있다는 견해(부분적 긍정설, 통설), 다수인에게 동일한 법정형이 규정된 경우에는 전면적으로 성립하지만 상이한 법정형이 규정된 경우에는 구성요건에 이미 교사·방조가 포함되어 있기 때문에 공범규정이 적용되지 않는다는 견해(이분설) 등이 대립한다.

생각건대 공동정범이 성립하는 경우에는 이미 필요적 공범의 행위주체(내부가담자)가 될 수 없고 내란죄의 가담형태의 세분화도 교사·방조규정의 적용을 배제한 것이라 할 수 없기 때문에 통설인 부분적 긍정설이 타당하다.

b. 대향범의 경우

대향범에 속하지 않는 외부인은 대향범의 공동정범, 교사범, 종범이 될 수 있다. 예컨대 형법 제33조의 해석상 진정신분범의 공동정범, 교사범, 종범이 성립할 수 있으므로 배임수증재죄의 공동정범, 교사범, 종범이 성립할 수 있기 때문이다.

④ 합동범

2인 이상이 합동한 경우를 합동범이라고 한다. 합동범은 공동정범에 비해 형벌이 가중되어 있다. 여기서 형벌가중의 근거가 되는 **합동의 의미가 무엇인**가에 대하여는 견해가 일치하지 않는다.

a. 합동의 의의

공모공동정범설은 합동의 의미를 공모공동정범과 같은 개념으로 보는 견해이며,

가중적 공동정범설은 합동범은 공동정범과 동일한 개념이지만 집단범죄에 대한 대책을 위하여 형을 가중한데 불과하다고 하는 견해이다. 이에 대하여 **현장설(판례와 통설)**은 합동이란 때와 장소를 같이하여 상호 협력하는 것을 의미한다고 한다. 시간적·장소적 협동을 요건으로 하므로 공모공동정범이나 현장에 함께하지 아니한 공동정범은 합동범이 될 수 없게 된다.[795]

한편 현장적 공동정범설은 현장설과 같이 시간적 장소적으로 근접한 행위를 요구하면서도, 현장에 없는 자에 대하여도 현장에서 범행을 하는 자들에 대하여 기능적 범행지배를 하는 자는 합동범의 공동정범으로 규율할 수 있다고 한다. 그러나 이 견해에 대해서는 배후두목은 합동범의 교사범이나 기타 범죄단체조직죄(제114조) 등으로 처벌하면 족하고 현장에 없는 사람까지 합동범이라고 하여 처벌범위를 확대할 필요가 없다는 비판을 가할 수 있다.

b. 합동범과 공범

통설인 현장설에 따를 때 **합동범에 대하여 공동정범의 규정이 적용될 수 있는지**가 문제된다.

긍정설도 있으나, 합동범은 공동정범에 대한 특별규정이므로 합동범에 대하여는 공동정범의 규정이 적용될 수 없다고 하여야 한다(부정설, 통설).

795) **[시간적·장소적 협동으로서 합동의 의미]** : 대법원 1989.3.14. 선고 88도837 판결 【특수절도】 [형법 제331조 제2항 후단의 2인 이상이 합동하여 타인의 재물을 절취한 경우의 이른바 합동범으로서의 특수절도가 성립되기 위하여서는 주관적 요건으로서의 공모와 객관적 요건으로서의 실행행위의 분담이 있어야 하고 그 실행행위에 있어서는 시간적으로나 장소적으로 협동관계가 있음을 요한다(당원 1973.5.22. 선고 73도480 판결; 1985.3.26. 선고 84도2956 판결; 1988.9.13. 선고 88도1197판결 참조).
원심이 유지한 제1심판결의 확정사실 관계를 보면, 피고인은 원심공동피고인 1, 2와함께 서울 동작구 상도동 616 소재 나윤찬 경영의 명진상사 창고에 몰래 들어가 피혁을 훔치기로 약속하였으나 피고인은 절취할 마음이 내키지 아니하고 처벌이 두려워 만나기로 한 시간에 약속장소로 가지 아니하고 성남시 중동 소재 포장마차에서 술을 마신 후 인근 여관에서 잠을 잤으며 원심공동피고인 1등은 약속장소에서 피고인을 기다리다가 그들끼리 모의된 범행을 결행하기로 하여 원심공동피고인 1은 그 창고 앞에서 망을 보고 원심공동피고인 2는 창고에 침입하여 가죽 약 1만평을 절취한 것이라는 바 그렇다면 피고인은 특수절도의 공동정범이 성립될 수 없음은 물론 다른 공모자들이 실행행위에 이르기 이전에 그 공모관계로부터 이탈한 것이 분명하므로 그 이후의 다른 공모자의 절도행위에 관하여도 공동정범으로서 책임을 지지 아니한다고 할 것이다.] ; **대법원 1996.3.22. 선고 96도313 판결 【특수절도】** (피고인이 피해자의 형과 범행을 모의하고 피해자의 형이 피해자의 집에서 절취행위를 하는 동안 피고인은 그 집 안의 가까운 곳에 대기하고 있다가 절취품을 가지고 같이 나온 경우 시간적, 장소적으로 협동관계가 있었다.)

대법원은 종래 합동범의 공동정범을 인정하지 않았으나[796], 이후 대법원은 전원합의체판결을 통하여 현장에서 공동하지 않은 자도 합동범의 공동정범이 될 수 있다고 태도를 변경하였다.[797] 따라서 3명이 모의한 후 2명이 현장에서 특수절도 범행을 하고, 1명은 배후에서 조종을 한 경우에는 2명에 대하여는 특수절도의 합동범이, 1명에게는 특수절도의 공동정범이 되어 3명 모두 특수절도죄로 처벌을 할 수 있게 된 것이다.

보충판례 31-2[필요적 공범의 일유형인 집합범의 범죄형태로서 합동범의 공모공동정범 인정여부] : 대법원 1998.5.21. 선고 98도321 전원합의체 판결 ; 대법원 2011.5.13. 선고 2011도2021 판결.

2. 정범과 공범의 구별

가. 정범과 공범의 구별 의의

'정범과 공범의 구별'은 종래 공동정범과 종범을 구별하는 기준을 논하는데 중점이 있었다. 그러나 이 문제는 공동정범과 간접정범의 정범성을 확정하고 종범이나 교사범과 구별하기 위한 기준이 될 뿐만 아니라 정범과 공범의 관계, 즉 공범의 종속성과 독립성의 문제를 해결하기 위한 논리적 전제가 된다. 따라서 공범의 개념을 규명하기 위해서는 먼저 정범의 개념을 정립할 필요가 있다.

나. 정범과 공범의 구별 실익

여러 공범형태 가운데 법적 효과(형벌)에 특별한 차이가 있는 것은 방조범이다.[798]

---

796) **[현장설에 입각하여 합동범의 공동정범을 부정한 판례]** : 대법원 1976.7.27. 선고 75도2720 판결 **【주거침입특수절도】** (형법 331조 2항 후단 소정 합동절도에는 주관적 요건으로서 공모외에 객관적 요건으로서 시간적으로나 장소적으로 협동관계가 있는 실행행위의 분담이 있어야 하므로 "갑"이 공모한 내용대로 국도상에서 "을" "병" 등이 당일 마을에서 절취하여 온 황소를 대기하였던 트럭에 싣고 운반한 행위는 시간적으로나 장소적으로 절취행위와 협동관계가 있다고 할 수 없어 합동절도죄로 문의할 수는 없으나 공동정범에 있어서 범죄행위를 공모한 후 그 실행행위에 직접 가담하지 아니하더라도 다른 공범자의 죄책을 면할 수 없으니 "갑"의 소위는 본건 공소사실의 범위에 속한다고 보아지므로 "갑"은 일반 절도죄의 공동정범 또는 합동절도방조로서의 죄책을 면할 수 없다.)

797) **보충판례 31-2[필요적 공범의 일유형인 집합범의 범죄형태로서 합동범의 공모공동정범 인정여부] : 대법원 1998.5.21. 선고 98도321 전원합의체 판결 【강도상해·특수절도·사기】**

방조범이나 방조범의 예에 의하여 처벌되는 간접정범의 경우를 제외하면 여러 공범 형식은 사실상 동일한 법적 효과를 발생시킨다. 이처럼 공동정범, 교사범, 교사의 예에 의하는 간접정범은 모두 단독정범의 형을 기준으로 처벌되기 때문에 개개의 공범 형태를 세밀하게 분석하는 작업이 별 다른 실익을 가져오지 않는다고 생각할 여지도 있다.

그러나 정범과 공범은 명확하게 구별할 필요가 있으며 논의의 실익 또한 분명하다.

첫째 방조범의 刑은 정범의 형보다 감경되는데 방조범의 형을 결정하려면 먼저 정범이 누구인지 확인하고 정범에 과해지는 형을 확정해 두어야만 한다. 따라서 정범인가 공범(방조범)인가는 행위자의 죄책과 처벌에 중대한 영향을 미칠 수 있다.

둘째 협의의 공범은 정범에 종속하여 성립한다는 중요한 특징을 가지고 있다. 따라서 여러 사람이 하나의 구성요건을 함께 실현시킨 경우에 법관은 먼저 정범을 확인하고 그 정범을 근거로 공범을 포착해내야 한다.

셋째 정범과 공범의 구별은 소송법적 측면(실무적으로도)에서도 중요한 의미를 갖는다. 협의의 공범을 기소할 때 검사는 공범뿐만 아니라 정범의 행위도 공소장에 기재하여야 한다.[799] 법관이 공범에 대하여 유죄판결을 선고할 때에는 정범의 행위도 판결이유에 함께 기재하여야 한다.[800]

---

798) **刑法 第32條 (從犯)** ②從犯의 刑은 正犯의 刑보다 減輕한다.

799) **[사법연수원 검찰실무 I 권(2003년판)에 서술되어 있는 교사범에 대한 공소사실 기재방법]**은 다음과 같다. 실무상으로도 대체적으로 사법연수원 교재에 기재되어 있는 방법을 따르고 있는 것으로 보인다. 교사범에 관하여는 통설·판례가 공범종속성설을 채택하고 있으므로 **교사의 구체적인 사실 이외에 정범의 범죄사실까지도 전부 구체적으로 기재해야 한다**. **교사범과 정범을 별도로 기소하는 경우**에도 마찬가지로 교사범의 공소사실을 기재함에 있어 정범의 범죄사실을 구체적으로 기재하여야 한다. 또 **교사범과 방조범을 정범과 동시에 기소하는 경우**에는 교사범은 정범보다 먼저 기재하고 방조범은 정범보다 나중에 기재하는 것이 논리적이다.

800) **[공범에 대한 유죄판결 선고시 판결이유에 정범의 행위로서 기재하여야 할 사항]** : 대법원 1981.11.24. 선고 81도2422 판결(대저, 정범의 성립은 교사범, 방조범의 구성요건의 일부를 형성하고 교사범, 방조범이 성립함에는 먼저 정범의 범죄행위가 인정되는 것이 그 전제요건이 되는 것은 공범의 종속성에 연유하는 당연한 귀결이며, 따라서 **교사범, 방조범의 사실 적시에 있어서도 정범의 범죄 구성요건이 되는 사실 전부를 적시하여야 하고, 이 기재가 없는 교사범, 방조범의 사실 적시는 죄가 되는 사실의 적시라고 할 수 없다** 할 것인바, 원심이 유지한 제1심 판결은 "피고인은 1978.12.21. 15:00경 제주시 소재 제주공항대합실에서 제1심 공동피고인으로부터 밀항자인 공소외 1을 부산까지 인솔하여 달라는 부탁을 받고 동인이 밀항자인 점을 알면서도 부산항 국내선 여객선 터미널 대합실 입구까지 공소외 1을 데리고 가서 동소에서 공소외 2에게 인도하여 주어서 공소외 1로 하여금 전항과 같이 밀항 도일케 하여서 동인의 밀항을 용이하게 하여 이를 방조한 것이다"라고 피고인의 범죄사실을 적시하고 있으나, 주범이라고 보여지는 공소외 1의 범죄사실은 전혀 판시가 없을 뿐만 아니

다. 정범개념의 우월성

여러 공범형태의 분석기준은 정범이다. 정범을 먼저 확정하고 이를 바탕으로 공범을 논한다는 성질을 가리켜 '정범개념의 우월성'[801]이라고 한다. 따라서 공범의 개념은 정범의 개념표지가 확정됨에 따라 상대적으로 결정된다(공범개념의 종속성).

광의의 공범은 구성요건의 수정형식이다. 이 때 수정의 대상이 된 것은 단독행위자를 전제로 한 개별구성요건이다. 그런데 다수의 관여자가 하나의 구성요건실현에 관여한 사안에서는 자연히 누구를 정범으로 보아야 할 것인지의 문제가 발생하는 것이다.

라. 정범개념의 이해방식에 관한 이론

(1) 확장적 정범개념이론

결과에 대한 모든 조건의 등가치성을 인정하는 조건설을 이론적 기초로 삼으면 정범이 될 수 있는 범위가 넓어지게 된다. 이처럼 구성요건적 결과발생에 조건을 설정한 자는 그 자의 행위가 구성요건에 해당하는 행위인지 여부를 불문하고 모두 정범이라고 하는 이론을 '확장적 정범개념이론(인과적 정범개념이론)'이라고 한다. 단일정범개념의 논리적 귀결이다.

이에 의하면 교사범·종범도 원칙적으로는 정범의 형으로 처벌되어야 할 것이지만

라 도시 판문에 기재된 "공소외 1로 하여금 전항과 같이"라는 전항은 판결문에 그 기재조차 없는 것으로 이는 범죄될 사실의 적시가 없는 것임이 명백하여 결국 원심판결에는 유죄판결에 명시될 이유를 갖추지 아니한 제1심 판결을 유지하여 이유불비의 위법이 있어 이 위법은 판결결과에 영향을 미쳤음이 명백하므로 상고논지는 이 점에서 그 이유있다고 할 것이다.) ; **대법원 2000.2.25. 선고 99도1252 판결**(교사범이 성립하기 위해서는 교사자의 교사행위와 정범의 실행행위가 있어야 하는 것이므로, 정범의 성립은 교사범의 구성요건의 일부를 형성하고 교사범이 성립함에는 정범의 범죄행위가 인정되는 것이 그 전제요건이 된다.)

801) **[정범개념의 우월성원칙과 간접정범의 관계]** : 정범개념의 우월성원칙은 형법 제34조(간접정범)와 관련하여 의문이 발생한다. 즉 우리 형법은 제30조 이하에서 공동정범, 교사범, 종범, 간접정범의 순으로 규정하고 있으며, 간접정범도 '교사·방조하여 범죄행위의 결과를 발생하게 한 자'라고 규정하고 있기 때문에 형법의 조문의 순서나 내용상 교사·방조범의 개념이 먼저 확정되어야 간접정범을 정의할 수 있는 체계로 되어 있다.
따라서 간접정범을 공범이 아닌 정범으로 보는 경우에는 공범인 교사·방조의 개념이 확정되어야 정범인 간접정범의 개념이 확정되게 된다. 즉 여기에서는 오히려 '공범개념의 우월성'원칙이 타당할 수도 있는 것이다.

공범규정에 의하여 정범 그 자체와 달리 처벌한다. 따라서 공범규정은 정범의 처벌범위를 축소하는 '형벌축소사유'가 된다. 또한 객관적 구성요건요소에 의해서는 정범과 공범을 구별할 수 없기 때문에 정범과 공범의 구별에 관한 주관설과 결합하게 된다.

그러나 주관설과 결부된 확장적 정범개념이론은 범죄참가형태를 분명하게 구별해주지 못하므로[802] 죄형법정주의에 반하여 형법의 보장적 기능을 침해하게 되며, 정범과 공범을 구별하고 있는 현행 형법의 입장에도 부응할 수 없다.

(2) 제한적 정범개념이론

이에 대하여 구성요건이라는 형식적 요건을 기준으로 삼게 되면 정범으로 인정되는 범주는 제한 될 수 있다. 이처럼 형식적인 구성요건을 출발점으로 하여 구성요건에 해당하는 행위를 스스로 행한 자만이 정범이고, 구성요건 이외의 행위에 의하여 결과에 조건을 준 자는 공범에 불과하다는 이론을 '제한적 정범개념이론'이라고 한다.

이에 따르면 교사자 및 방조자와 같은 공범은 정범처벌규정 이외의 특별한 처벌규정이 없으면 불가벌로 되는 것이 논리적 귀결이지만 처벌규정(형법 제31조 및 제32조)이 있어서 이에 따라 처벌되는 것이므로 이 경우 공범처벌규정은 가벌성을 확장한 '형벌확장사유'가 된다. 또한 구성요건에 해당하는 행위와 이에 대한 가공행위는 객관적으로 구별되므로 정범과 공범의 구별에 관한 형식적 객관설과 결합하게 된다.

그러나 제한적 정범개념이론은 직접 구성요건적 실행행위를 하지 않는 자의 이용행위에 대한 간접정범성과 현장에서 망보는 자의 행위기여에 대한 공동정범성을 인정할 수 없게 되는 난점이 있다.

(3) 소결

확장적 정범개념이론에 따르면 공범은 인정될 여지가 없기 때문에 단일정범체계를 취하지 않는 한 수용하기는 곤란하다. 따라서 정범개념은 기본적으로 구성요건을 출

802) **[주관설의 난점]** : 일례로 주관설에 의하면 방조의 의사로서 행위하는 자인 이상은 스스로 모든 구성요건적 요소를 충족시킨 경우에도 단순한 방조범으로 처벌하여야 하기 때문에 범죄참가형태를 불분명하게 할뿐만 아니라 정범개념을 극단적으로 확장할 여지가 있다.

발점으로 하는 제한적 정범개념이론에 의하여 파악되어야 한다.

그러나 구성요건적 행위를 직접 실행하지 않은 행위자에 대해서도 정범성(간접정범성 및 공동정범성)을 인정해야 할 경우가 있기 때문에 부가적으로 범행지배설에 따라 형법총칙규정을 해석하게 되면 정범인정의 범위가 일정하게 확대될 수 있다.

마. 정범과 공범의 구별기준

(1) 학설의 태도

① 형식적 객관설

형식적 객관설은 스스로 구성요건적 실행행위의 전부 또는 일부를 수행하는 자가 정범이고, 구성요건적 실행행위 이외의 행위로써 구성요건실현에 기여한 자를 공범이라고 한다. 제한적 정범개념이론에 입각한 견해로서 공범규정은 실행행위를 하지 않은 사람을 처벌하는 것이므로 형벌확장사유가 된다.

형식적 객관설에 대해서는 행위자의 주관적 의사를 고려하지 않고 정범과 공범을 구별하려는 것은 방법론상 문제이고, 스스로 실행행위를 하지 않는 간접정범과 집단의 배후조종자를 공동정범으로 파악하지 못하고 교사나 방조로 처벌할 수밖에 없는 결함이 있다.

② 실질적 객관설

인과관계론의 원인설을 근거로 원인과 조건을 구별하여, 결과발생에 직접 원인(필요불가결한 조건)을 부여하였는가(정범) 아니면 필요한 조건만을 부여하였는가(공범)라는 행위가담의 위험성 정도에 따라 정범과 공범을 구별하는 견해이다. 이 경우 결과발생에 기여한 수많은 조건들 중 최종조건, 최유력조건, 필연조건을 원인이라고 보는 것은 인과관계에서와 같다.

구체적으로는, 결과발생에 대하여 필요불가결한 행위를 한 자는 정범이고, 그렇지 아니한 단순가담자는 공범이 된다는 필요설(타인에게 범죄를 결의시킨 교사범은 언제나 정범으로 보아야 하기 때문에 간접정범과 교사범의 구별에는 도움을 주지 못한다), 행위수행의 시점을 기준으로 실행행위시에 가담한 자가 정범이고, 그 전이나 그 후에 가담한 자는 공범이 된다는 동시설(사전가담자인 간접정범의 정범성을 설명하지 못한다), 범죄참가자의 행위가 협동적·동가치적인 경우는 공동정범이고, 종속적·열위적인 경우는 종범이 된다는 우위설(판단기준이 지나치게 일반적· 추상적이어서 판단자의 자의가 개입할 여지가 있다) 등이 있다. 따라서 실질적 객관설에 대해서는 인과관계의 원인설에 대한 비판이 그대로 타당하게 적용된다.

③ 주관설

주관설은 외부세계에 나타난 객관적 기준을 가지고 보면 정범이나 공범이나 모두 결과발생에 대해 조건을 제공한 점에서 동일하므로 객관적 측면만 가지고는 정범과 공범의 구별이 불가능하다는 인식에서 출발하여, 범행에 대한 행위자의 주관적 의사를 기준으로 정범과 공범을 구별하는 견해이다. 정범·공범 모두 범죄의사가 있다는 점에서 모두 정범이라고 하는 확장적 정범개념에 입각하여 공범처벌규정을 정범을 공범으로 처벌하는 형벌축소사유라고 한다.

주관설은 다시 정범의사(자기의 범죄로 실현하고자 하는 의사)를 가지고 행위한 자는 정범이고, 공범의사(타인의 범죄에 가담할 의사)를 가지고 행위한 자는 공범이 된다는 고의설 또는 의사설(정범의사·공범의사라는 기준은 다시 정범과 공범의 개념을 전제로 하고 있으므로 논리적으로 순환론에 빠져있다), 자기의 이익을 위하여 범죄를 실행한 경우는 정범이고, 타인의 이익을 위하여 실행한 경우는 공범이 된다는 목적설 또는 이익설(구체적인 경우에 자기의 이익을 위한 것인가 타인의 이익을 위한 것인가가 명백하지 않다)로 나누어진다.

④ 범행지배설(행위지배설)

통설인 범행지배설은 객관적 요소와 주관적 요소의 의미통일체로 구성된 '범행지배(행위지배)'라는 개념을 정범과 공범의 구별에 관한 지도원리로 삼는 견해이다.

이에 의하면 가담자가 계획적으로 범행에 적합한 수단을 투입·조종함으로써 그 범죄를 장악하여 결과발생에 이르기까지 그 진행과정을 지배하고 있으면 범행지배가 있다고 하게 된다. 따라서 범행지배를 통하여 그의 의사에 따라서 구성요건의 실현을 저지하거나 계속 진행하게 할 수 있는 자가 정범이고, 스스로 범행지배 없이 행위를 야기하거나 촉진한 자는 공범이 된다.

그러나 범행지배설은 모든 정범유형을 망라적으로 설명할 수 있는 이론은 아니다. 즉 진정신분범(업무상 비밀누설죄)이나 일정한 의무의 이행이 범죄의 중점을 이루는 범죄유형(일정한 공무원 등과 같이 특별한 의무를 지닌 자들만이 범할 수 있는 범죄유형)인 의무범(횡령죄, 배임죄, 공무원의 직무상의 범죄), 범인이 스스로 자신의 몸을 이용하여야만 범할 수 있는 범죄유형인 自手犯(따라서 공동정범이나 간접정범의 형태로는 정범으로 범죄를 범할 수 없다. 위증죄)의 경우에는 범행지배만으로 부족하고 自手性이나 신분을 갖추어야만 하기 때문이다.

(2) 판례의 태도

대법원도 범행지배설에 따라 정범과 공범을 구별하고 있다. 즉 대법원은 공동정범(정범)과 방조범(공범)의 구별을 위해 기능적 범행지배를 그 기준으로 삼고 있다는 점에서[803] 또 다른 정범형태인 간접정범과 공범형태인 교사범의 구별을 위해서도 '범행지배'라는 보다 상위의 구별척도를 사용할 수 있음을 시사하고 있기 때문이다.

보충판례 31-3[정범과 공범의 구별 - 범행지배설 -] : 대법원 2008.4.10. 선고 2008도1274 판결 ; 대법원 1989.4.11. 선고 88도1247 판결.

803) **보충판례 31-3[범행지배설] : 대법원** 1989.4.11. **선고** 88**도**1247 **판결**(공동정범의 본질은 분업적 역할분담에 의한 기능적 행위지배에 있다고 할 것이므로 공동정범은 공동의사에 의한 기능적 행위지배가 있음에 반하여 종범은 그 행위지배가 없는 점에서 양자가 구별된다 할 것인바, 원심이 유지한 제1심 판결이 들고 있는 증거들에 의하면, 피고인은 이 사건 대출이 부정대출인 정을 알면서 원심 상피고인들에게 대출에 필요한 서류들을 작성하여 결재를 받은 사실이 인정되므로 동 피고인의 행위에는 공동의사에 의한 기능적 행위지배가 있었다고 보아야 할 것이니 동 피고인의 행위를 공동정범으로 처단한 원심의 판단은 정당하고 거기에 지적하는 바와 같은 법리오해나 채증법칙위배의 잘못이 없으니 논지는 이유없다.) ; **보충판례 31-3[범행지배설] : 대법원 2008.4.10. 선고 2008도1274 판결**(형법 제30조의 공동정범은 2인 이상이 공동하여 죄를 범하는 것으로서, 공동정범이 성립하기 위하여는 주관적 요건으로서 공동가공의 의사와 객관적 요건으로서 공동의사에 기한 기능적 행위지배를 통한 범죄의 실행사실이 필요하고, 공동가공의 의사는 타인의 범행을 인식하면서도 이를 제지하지 아니하고 용인하는 것만으로는 부족하고 공동의 의사로 특정한 범죄행위를 하기 위하여 일체가 되어 서로 다른 사람의 행위를 이용하여 자기의 의사를 실행에 옮기는 것을 내용으로 하는 것이어야 한다.)

(3) 소결

공범과 정범을 구별함에 있어서 주관적 요소와 객관적 요소를 모두 고려하여야 하는 것은 당연하므로 범행지배설이 타당하다.

그러나 범행지배를 정범과 공범을 구별하기 위한 척도로 인정하면서도 사건진행의 중심인물에 해당하는 정범의 세 가지 형태에 상응되게 범행지배의 내용을 다음과 같이 구체화시킬 필요가 있다.

직접정범의 경우 범행지배는 '실행행위의 지배(구성요건에 해당하는 범행 자체에 대한 지배)', 간접정범의 경우 범행지배는 '우월적 의사지배(우월적 의사를 가지고 타인을 도구로 이용하는 것을 의미)', 공동정범의 경우 범행지배는 '기능적 범행지배(분업적 역할분담에 따른 전체계획의 수행에 필요불가결한 기여를 의미)'이다.

3. 공범의 종속성과 처벌근거

가. 공범독립성과 공범종속성(종속성의 유무)

형법상의 범죄는 개념필연적으로 범죄구성요건의 존재 및 구성요건을 실현하는 실행행위의 존재를 전제로 하는데, 공범(협의의 공범)은 그러한 구성요건적 실행행위를 수행하지 않는 자로 개념화되어 있다. 예컨대 살해라는 형법의 정범행위를 전제로 하지 않으면 살인죄의 교사범 또는 방조범은 인정될 수 없는 것이다.

따라서 공범이 반드시 정범의 존재를 전제로 하더라도 공범자의 행위는 정범자의 행위와는 별도로 독자적으로 범죄가 성립될 수 있는지(공범독립성), 공범은 반드시 정범의 실행행위에 종속해서만 성립할 수 있는지(공범종속성)가 문제된다.

(1) 공범독립성설

공범독립성설의 입장에서는 타인으로 하여금 죄를 범하게 하려는 의사 자체가 외부로 표명되는 이상, 정범의 실행행위와 상관없이 독자적으로 공범의 가벌성이 인정되는 것이라고 한다. 즉 공범은 독립된 범죄이므로 교사·방조행위가 있으면 그 자체가 이미 반사회적인 행위로서의 실질을 갖추고 있기 때문에(주관주의 범죄이론) 정범의 실행행위가 없더라도 공범이 성립할 수 있다는 것이다.

(2) 공범종속성설

공범은 적어도 정범의 실행행위가 있어야 그 정범의 실행행위에 종속해서만 성립할 수 있다는 견해이다(통설). 즉 공범의 가벌성의 근거를 공범자가 정범의 실행행위를 야기하거나 촉진하였다는 점에서 찾아야 한다는 점을 근거로 든다(객관주의 범죄이론).

판례도 이러한 의미의 공범종속성을 출발점으로 삼고 있다. 대법원은 '정범의 성립이 공범의 구성요건의 일부를 형성'한다고 판시하고 있기 때문이다.[804]

보충판례 31-4[공범의 종속성과 처벌근거] : 대법원 1998.2.24. 선고 97도183 판결 ; 대법원 2000.2.25. 선고 99도1252 판결.

804) **보충판례 31-4[공범의 종속성과 처벌근거] : 대법원 2000.2.25. 선고 99도1252 판결**(교사범이 성립하기 위해서는 교사자의 교사행위와 정범의 실행행위가 있어야 하는 것이므로, 정범의 성립은 교사범의 구성요건의 일부를 형성하고 교사범이 성립함에는 정범의 범죄행위가 인정되는 것이 그 전제요건이 된다.) ; **보충판례 31-4[공범의 종속성과 처벌근거] : 대법원 1998.2.24. 선고 97도183 판결**(정범의 성립은 교사범의 구성요건의 일부를 형성하고 교사범이 성립함에는 정범의 범죄행위가 인정되는 것이 그 전제요건이 된다.) ; **대법원 1981.11.24. 선고 81도2422 판결**(정범의 성립은 교사범, 방조범의 구성요건의 일부를 형성한다.) ; **대법원 1974.5.28. 선고 74도509 판결**(원래 방조범은 종범으로서 정범의 존재를 전제로 하는 것이다. 즉 정범의 범죄행위 없이 방조범만이 성립될 수는 없다. 이른바 편면적 종범에 있어서도 그 이론은 같다.)

(3) 공범종속성설과 공범독립성설의 해석론상 차이점

	공범종속성설	공범독립성설
기도된 교사	① 정범이 적어도 실행에 착수해야 공범이 성립하므로 미수의 공범은 가능하나 공범의 미수는 있을 수 없다. ② 기도된 교사(제31조 2, 3항)를 특별규정으로 이해한다.	① 공범은 정범과 독립된 범죄이므로 미수의 공범은 물론 공범의 미수도 미수범으로 처벌받아야 한다. ② 제31조 2, 3항을 독립성설에 근거한 규정으로 본다.
간접정범	피이용자의 행위를 정범의 행위로 볼 수 없으므로 이용자는 간접정범이 된다. 즉 공범과 간접정범의 구별필요성을 인정.	교사방조행위가 있는 이상 공범은 성립할 수 있으므로 이용자는 공범이 된다. 즉 공범과 간접정범의 구별필요성을 부정.
공범과 신분	신분의 연대성을 규정한 제33조 본문을 원칙규정으로 본다.	신분의 개별성을 규정한 제33조 단서를 원칙규정으로 본다.
자살관여죄	자살이 범죄가 아님에도 불구하고 교사방조자를 처벌하는 제252조 2항을 특별규정으로 본다.	제252조 2항은 독립성설에 의해서만 설명이 가능하므로 동조항은 공범독립성설의 유력한 근거로 본다.

(4) 소결

생각건대 공범독립성설은 범죄적 의사에 치중하여 구성요건적 실행행위의 정형성을 무시함으로써 죄형법정주의에 반할 우려가 있다는 점에서 받아들일 수 없다.

형법 해석상 공범종속성설을 취해야 할 결정적인 근거는 공범규정에 관한 원칙적인 규정(제31조 제1항 및 제32조 제1항)에서 찾을 수 있다. 즉 이 규정에서는 교사범에 대하여 '타인을 교사하여 죄를 범하게 한 자', 종범에 대해서도 '타인의 범죄를 방조한 자'라고 규정하여 '타인'을 전제로 하고 있을 뿐만 아니라 그 타인이 일정한 구성요건적 실행행위로 나아가는 것까지 전제로 삼고 있다. 이는 공범은 정범의 존재를 전제로 하여 이에 종속하여 성립한다는 취지라 할 수 있기 때문에 공범종속성설이 타당하다.

보충판례 31-5[부작위범에 있어서 정범과 공범의 구별] : 대법원 1997.3.14. 선고 96도1639 판결 ; 대법원 2006.4.28. 선고 2003도4128 판결 ; 대법원 2009.6.11. 선고 2009도1518 판결.

나. 공범종속성의 정도(공범의 종속형식)

공범종속성의 정도는 정범이 범죄의 구성요건해당성·위법성·책임 중에서 어느 단계까지의 요건을 구비한 경우에 공범이 성립할 수 있는가라는 문제이다.

(1) 최소종속형식

정범의 행위가 구성요건에 해당하기만 하면, 위법·유책하지 않은 경우에도 공범이 성립한다는 종속형식이다. 공범성립가능성이 가장 넓어진다.

이 견해에 따르면 타인에게 적법한 행위(정당방위)를 교사하거나 그러한 행위를 방조한 경우에도 공범의 성립가능성이 인정되고 간접정범의 성립은 그 만큼 줄어들게 된다.

그러나 타인의 적법행위를 이용하는 경우에는 현행 형법상 간접정범으로 보는 것이 타당하고, 정범의 불법 없이 공범의 불법을 인정하는 것은 부당하다고 할 수 있다.

(2) 제한종속형식

정범의 실행행위가 구성요건에 해당하고 위법하면, 유책하지 않은 경우에도 공범이 성립한다는 종속형식이다(**통설**).

이에 따르면 정범의 행위가 구성요건에 해당하고 위법하지만 책임이 조각되는 경우에도 거기에 관여한 가담자에 대해 공범성립이 가능하게 된다.

(3) 극단종속형식

정범의 실행행위가 구성요건에 해당하고 위법·유책할 경우로 족하고 처벌조건까지 갖추지 않아도 거기에 관여한 가담자의 공범성립이 가능하다는 견해이다.

그러나 책임의 연대성을 인정하므로 개인책임의 원칙에 반하고, 책임무능력자를 이용한 경우에 간접정범의 성립을 인정하지만 책임무능력자일지라도 단순한 도구로 이용되지 않고 자신의 행위지배가 존재하는 경우에는 공범이 성립할 수도 있다는 점을 간과했다는 비판이 제기된다.

(4) 최극단종속형식

정범의 실행행위가 구성요건에 해당하고 위법·유책할 뿐만 아니라 나아가 가벌성의 모든 조건(인적 처벌조각사유의 부존재 및 객관적 처벌조건의 충족)까지 완전히 갖춘 경우에 공범의 성립을 인정하는 견해이다.

그러나 책임의 연대성을 인정하므로 역시 개인책임의 원칙에 반하고, 타인의 가벌성에까지 종속하는 것은 공범의 고유범성에도 반한다는 비판이 제기된다.

다. 공범의 처벌근거

(1) 공범처벌의 특징

공범종속성설에 의할 경우 교사·방조행위는 각각 실행행위를 하게 하는 행위 및 실행행위를 용이하게 해 주는 행위이지 실행행위 그 자체는 아니다. 이처럼 교사범 및 방조범이 직접 실행행위를 하지 않았음에도 불구하고 처벌되는 근거를 어디에서 찾을 것인지에 대해서는 견해가 대립한다.

(2) 책임가담설

공범의 처벌근거를 공범이 정범으로 하여금 유책한 범죄행위를 하도록 함으로써 정범의 책임(비난가능성)에 가담하였다는 점에서 찾는 견해이다. 극단적 종속형식과 관련된 이론이다.

그러나 이 견해는 공범이 정범의 위법한 행위에 관여한 것을 무시하고 있고, 책임의 연대성을 인정하여 개인책임의 원칙에도 반하며, 제한적 종속형식에 의하면 책임 없는 정범에 대한 공범의 성립도 가능하다는 점에서 부당하다.

(3) 불법가담설

공범의 처벌근거를 정범으로 하여금 구성요건에 해당하고 위법한 행위를 하게 함으로써 정범의 위법한 범죄행위에 가담하였다는 점에서 찾는다. 책임가담설을 제한적 종속형식에 따라 변형시킨 이론이다.

그러나 이 견해는 교사범의 처벌근거에 국한되고, 기도된 교사를 예비·음모에 준하여 처벌하는 것을 설명할 수 없다. 즉 정범의 실행행위가 없으면 정범에 의한 위법상태 내지 불법이 없어서 이에 가담할 수 없기 때문이다.

(4) 순수야기설

공범의 처벌근거를 정범의 행위에서 찾지 않고 공범의 교사·방조행위 그 자체에서 찾는 견해이다. 즉 공범은 그 자체의 독자적인 공범구성요건을 실현함으로써 스스로 구성요건적 보호법익을 침해했기 때문에 처벌된다는 것이다. 공범독립성설과 상응하는 이론으로서 공범의 행위불법을 중시한다.

그러나 공범의 종속성을 인정하고 있는 우리 형법의 태도와 일치하지 않고, 행위불법 이외에 결과불법도 있을 때 완전한 불법이 되므로, 행위불법만으로 공범을 처벌할 수 있다고 보는 것은 부당하다는 비판이 제기된다.

(5) 종속적 야기설

공범의 처벌근거를 공범이 정범의 위법행위를 야기하거나 촉진했다는 점에서 찾는 견해이다. 즉 공범의 불법은 그 근거와 정도에 있어서 모두 정범의 불법에 종속된다는 것이다(**다수설**). 공범의 종속성을 강조하는 견해로서 순수야기설을 공범종속성설의 관점에서 수정하였다는 점에서 수정된 야기설이라고도 한다.

그러나 이 견해는 공범의 행위불법은 교사·방조행위 그 자체에 있으므로 정범의 모든 불법에 종속된다는 것은 부당하다는 비판이 가해진다.

(6) 혼합적 야기설

이 견해는 다시, 공범의 불법이 일부는 정범의 행위에서, 일부는 자신의 독자적인 법익침해에서 도출된다고 함으로써 공범은 종속적이지만 동시에 독립된 법익침해성을 내포하고 있다는 종속적 법익침해설(순수야기설과 종속적 야기설의 결합설), 공범의 불법 중 행위불법은 공범 자신의 교사·방조행위에서 독립적으로 인정되고, 결과불법은 정범에 종속한다는 행위불법·결과불법 구별설로 나누어진다.

그러나 상반된 입장인 순수야기설과 종속적 야기설의 타협을 시도하기 때문에 순수야기설의 단점을 그대로 안고 있다는 비판이 가해진다.

(7) 소결

공범의 행위는 규범에는 위반하였지만 그 자체로는 구성요건에 해당하지 않기 때문에 처벌의 근거가 되는 불법이라 할 수 없으므로 공범의 불법은 정범의 불법에 의존할 수밖에 없기 때문에 공범의 종속성에 부합하는 일관된 입장인 종속적 야기설이 타당하다.

제2절 공동정범

[조문]

刑法 第30條 (共同正犯) 2인 以上이 共同하여 罪를 犯한 때에는 各自를 그 罪의 正犯으로 處罰한다.

2011년 형법일부개정법률안[형법총칙전면개정안][의안번호 제11304호] 제32조(공동정범) 2명 이상이 공동하여 죄를 범한 경우에는 각자를 정범으로 처벌한다.

질서위반행위규제법 제12조(다수인의 질서위반행위 가담) ① 2인 이상이 질서위반행위에 가담한 때에는 각자가 질서위반행위를 한 것으로 본다. [형법 제30조와의 조문상 차이점을 생각해 보자!]

1. 총설

가. 공동정범의 개념

형법은 직접 구성요건적 행위를 수행하는 경우(직접정범)[805]를 정범형태로 인정하는 것은 물론, '2인 이상이 공동하여' 구성요건을 실현하는 경우(제30조 공동정범), 공동가담의 의사없이 각자의 독립된 행위가 경합된 경우(제19조 동시범), 나아가 타인에 대한 '우월적 의사지배'를 통해 구성요건을 실현하는 경우(제34조 간접정범)도 (직접)정범으로 인정하고 있다.

여기서 공동정범(Muttäterschaft)이란 2인 이상이 분업적인 역할분담을 통해 성립하는 정범형태를 말한다.[806] 공동정범은 타인의 범행을 이용한다는 점에서 간접정범과 공통점이 있으나[807], 공동정범에서는 범인들 상호간에 이용행위가 있는데 비해 간접정범에서는 이용자만이 피이용자의 행위를 이용하고 피이용자는 이용자의 행위를 이용하지 않는다는 점에서 구별된다. 그러나 간접정범과 공동정범은 대립되는 개념이 아니다. 간접정범형태의 공동정범이 있을 수 있기 때문이다. 즉 의사 甲과 乙이 환자 丙을 살해하기로 공모하고 사정을 모르는 간호사 丁에게 독극물주사를 영양주사라고 속여 丙에게 주사하게 한 경우 甲과 乙은 간접정범의 공동정범이다.

나. 공동정범의 특징

단독으로 범할 수 있는 범죄를 2인 이상이 공동으로 범하는 이유는 '분업의 원리'에 따라 각자가 범행을 분담함으로써 1인이 행할 수 있는 것을 산술적으로 합쳐 놓은 것보다 더 많은 범죄효과를 거둘 수 있을 뿐만 아니라 2인 이상이 범행을 함으로써 서로간의 범죄의사를 강화할 수 있기 때문이다.

이 때문에 공동정범에서는 각 범인이 분업적으로 범행의 일부분을 담당하지만 그

805) **[직접정범의 개념]** : 직접정범이란 그 범죄구성요건을 스스로 실현하여 '직접적 실행지배'를 하는 자이기 때문에 모든 구성요건요소, 즉 객관적 구성요건요소와 주관적 구성요건요소를 직접 스스로 충족시키는 자만이 직접정범이 될 수 있다. 이러한 직접정범은 단독행위자가 범죄행위를 실현하는 단독정범과 다르기 때문에 직접정범과 연관된 다른 가담자가 항상 병존하게 된다.

806) **[분업적 역할분담례]** : 예컨대 두 사람이 서로 모의하여 한 사람은 피해자를 총으로 사살하는 동안 다른 한 사람은 망을 보는 경우 두 사람 모두 살인죄의 공동정범이 된다.

807) **[간접정범 및 공범과의 구별개념]** : 그밖에도 공동정범은 정범성의 표지가 기능적 범행지배라는 점에서 직접 실행지배를 하는 단독정범 및 우월적 의사지배를 하는 간접정범과 구별되고, 정범의 공동이라는 점에서 범행지배 없이 타인의 범죄에 가담하는 교사범·종범과 구별되며, 공동자 상호간에 공동실행의 의사가 존재한다는 점에서 이것이 결여된 동시범과 구별된다. 또한 공동정범은 공동자 전원의 현장성을 요건으로 하지 않는다는 점에서 현장성을 요하는 합동범과 구별된다.

것이 전체의 의사연락 하에 이루어짐으로써 범인 모두가 범죄 전체에 대해 책임을 지는 '**일부(부분)실행 전부책임의 원리**'에 의해 처벌된다는 특징이 있다. 즉 공동정범에서는 직접 실행행위를 직접 실행행위를 하지 않은 다른 정범의 행위에 대해서도 책임을 진다는 특징이 있는 것이다.

다. 공동정범의 본질

어떤 조건이 있으면 '일부실행 전부책임의 원리'에 따라 공동정범을 인정할 수 있는가 라는 물음은 형법 제30조의 '2인 이상이 공동하여 죄를 범한 때'라는 문언의 해석을 통하여 답해야 한다. 즉 형법 제30조의 '2인 이상이 공동하여 죄를 범한 때'라는 부분은 공동정범을 정범으로 만드는 본질적 표지일 뿐만 아니라 공동정범과 공범을 구별하는 척도가 된다.

여기서 **공동정범에서 공동으로 하는 대상이 무엇인지**에 대해서는 학설이 대립한다. 이들 학설은 공동정범과 동시범의 범위 및 공모에는 참가하였지만 실행행위는 하지 않은 경우의 공동정범인 공모공동정범을 인정할 것인지에 대해 결론을 달리한다.

(1) 범죄공동설

통설은 행위만을 공동으로 해서는 공동정범이 성립할 수 없고 '특정한 범죄'를 공동으로 해야 공동정범이 성립할 수 있다고 한다. 범죄의 정형성을 중시하는 객관주의 범죄이론의 입장으로서 특정한 범죄를 공동으로 하기 위해서는 실행행위를 공동으로 하는 것뿐만 아니라 그 범죄에 대한 고의도 공동으로 하여야 한다(고의공동설).[808] 따라서 과실범의 공동정범, 고의범과 과실범의 공동정범, 범죄의 종류가 서로 다른 고의범의 공동정범을 인정하지 않고 이러한 경우를 동시범으로 처리한다.

---

808) **[부분적 범죄공동설]** : 이 설은 범죄공동설에 약간의 수정을 가하여 살인죄, 상해죄, 폭행죄처럼 고의가 중첩되는 범죄에서는 부분적 공동정범이 성립할 수 있다고 한다. 즉 甲은 살인의 고의로 乙은 상해의 고의로 함께 폭행을 가해 상해를 입힌 경우, 각각 살인미수죄와 상해죄의 단독정범이 되는 것이 아니라 살인의 고의는 상해의 고의를 포함하므로 살인죄에 대해서는 공동정범이 인정되지 않지만, 상해죄에 대해서는 공동정범을 인정할 수 있다는 것이다. 따라서 甲은 살인미수죄의 단독정범으로 처벌되지만, 乙은 상해미수죄가 아닌 상해기수죄의 공동정범이 된다고 한다.

(2) 행위공동설

행위공동설은 '특정한 행위'를 공동으로 하면 공동정범이 성립하고, 특정한 범죄까지 공동으로 할 필요는 없다고 한다. 범죄를 반사회적 성격의 징표로 파악하는 주관주의 범죄이론의 입장으로서 이때의 행위에 대해서는 전구성요건적·자연적 의미의 사실행위라는 입장(사실행위공동설)도 있고, 구성요건에 해당하는 실행행위라고 하는 입장(구성요건적 행위공동설)도 있지만 결과에 있어서는 차이가 없다.

행위공동설에 의하면 특정행위만을 공동으로 하면 되고 고의를 공동으로 할 필요가 없으므로 과실범의 공동정범, 고의범과 과실범의 공동정범, 범죄의 종류가 서로 다른 고의범간의 공동정범도 인정하게 된다.[809)]

(3) 기능적 범행지배설

이 견해는 공동정범이 성립하기 위해서는 단순히 범죄나 행위를 공동으로 하였다는 것보다는 범인들이 기능적으로 범행을 지배하여야 한다는 것이다. 범행지배를 강조한다는 점에서 범죄공동설이나 행위공동설과 다르지만 기본적으로는 범죄공동설에 입각하여 행위공동설의 입장을 가미한 것이라고 할 수 있다.

기능적 범행지배설에서는 과실범의 공동정범에 대한 긍정설과 부정설이 병존한다. 긍정설은 과실범에서도 기능적 범행지배가 인정되는 경우에는 공동정범이 성립할 수 있다고 하며, 부정설은 범행지배란 특정한 범죄행위를 하기 위하여 일체가 되어 다른 사람의 행위를 이용하여 자기의 의사를 실행에 옮기는 것이기 때문에 고의범에서만 기능적 범행지배를 인정할 수 있다고 한다.

809) **[범죄공동설과 행위공동설의 차이점]**

	범죄공동설	행위공동설
異種·수개의 구성요건 사이의 공동정범	부정	긍정
승계적 공동정범	부정➡종범 성립	긍정
가담자의 고의가 다른 부분적 공동정범	부정	긍정
과실범의 공동정범·결과적 가중범의 공동정범	부정	긍정
고의범과 과실범의 공동정범	부정	긍정

(4) 공동의사주체설과 공동행위주체설

이들 견해는 공모공동정범의 인정근거로 제시된 것이다.

① 공동의사주체설

공동의사주체설에 의하면 특정한 범죄를 공모하게 되면 공동의사주체가 형성되고 각 공모자는 공동의사주체의 일부가 된다고 한다. 한 몸의 일부분이 행한 것을 몸 전체가 책임져야 하듯이, 공동의사주체의 구성원 중 일부가 실행행위를 한 경우에는 실행행위를 하지 않은 다른 공모자도 공동정범의 책임을 진다는 것이다.

이 견해는 공모공동정범은 공모가 있어야 성립하므로 과실범의 공모공동정범이나 고의범과 과실범의 공모공동정범, 종류가 다른 고의범 간의 공모공동정범은 인정하지 않는다.

판례는 공동의사주체설에 입각하여 공모공동정범을 인정하고 있다.[810)]

② 공동행위주체설

이 견해는 범인들 간에 의사연락이 있고 실행행위를 분담하는 경우 공동행위주체가 형성되고 각 범인들은 공동행위주체의 한 부분이 된다고 한다. 따라서 각 범인의 행위는 공동행위주체의 행위가 되므로 전체범인들이 전체결과에 대해서 책임을 져야 한다는 것이다.

공모만으로는 공동주체가 형성될 수 없고 공모와 실행행위가 있어야만 공동행위주체가 형성된다고 하는 점에서 공동의사주체설과 구별된다. 이 견해에 의하면 공동행

---

810) **[공동의사주체설에 입각하여 공모공동정범을 인정한 판례]** : 대법원 1983.3.8. 선고 82도3248 판결(공모공동정범은 공동범행의 인식으로 범죄를 실행하는 것으로 공동의사주체로서의 집단 전체의 하나의 범죄행위의 실행이 있음으로써 성립하고 공모자 모두가 그 실행행위를 분담하여 이를 실행할 필요가 없고 실행행위를 분담하지 않아도 **공모에 의하여 수인 간에 공동의사주체가 형성되어 범죄의 실행행위가 있으면 실행행위를 분담하지 않았다고 하더라도 공동의사주체로서 정범의 죄책을 면할 수 없다**.) ; **대법원 2008.5.8. 선고 2008도198 판결**[2인 이상이 범죄에 공동 가공하는 공범관계에서 공모는 법률상 어떤 정형을 요구하는 것이 아니고 2인 이상이 공모하여 어느 범죄에 공동 가공하여 그 범죄를 실현하려는 의사의 결합만 있으면 되는 것으로서, 비록 전체의 모의과정이 없었다고 하더라도 수인 사이에 순차적으로 또는 암묵적으로 상통하여 그 의사의 결합이 이루어지면 공모관계가 성립하고, 이러한 공모가 이루어진 이상 실행행위에 직접 관여하지 아니한 자라도 다른 공모자의 행위에 대하여 공동정범으로서의 형사책임을 지는 것이다(대법원 2006.1.26. 선고 2005도8507 판결 등 참조).]

위주체의 행위는 고의행위뿐만 아니라 과실행위도 포함되므로 과실범의 공모공동정범이나 고의범과 과실범의 공모공동정범, 종류가 다른 고의범 간의 공모공동정범도 인정된다.

(5) 판례의 태도

판례는 행위공동설에 입각하여 과실범의 공동정범[811]과 결과적 가중범의 공동정범[812]을 인정한다. 또한 판례는 기능적 범행지배설을 취하면서도 공동의사주체설에 입각하여 공모공동정범을 인정한다.[813]

811) **[행위공동설에 입각하여 과실범의 공동정범을 인정한 판례]** : 대법원 1994.5.24. 선고 94도660 판결(**터널굴착공사를 도급받은 건설회사의 현장소장과 위 공사를 발주한 한국전력공사의 지소장에게 과실범의 공동정범을 인정한 사례**)[공동정범은 고의범이나 과실범을 불문하고 의사의 연락이 있는 경우면 성립하는 것으로서 2인 이상이 서로의 의사연락 아래 과실행위를 하여 범죄되는 결과를 발생하게 하면 과실범의 공동정범이 성립하는 것이다(당원 1994.3.22. 선고 94도35 판결, 1982.6.8. 선고 82도781 판결 등 참조).
원심판결과 원심이 인용한 제1심 판결이 채용한 증거들을 기록과 대조하여 검토하여 보면, 피고인 3과원심판시의 공동피고인들 사이에 업무상과실치사죄, 업무상과실치상죄 및 업무상과실기차전복죄의 공동정범관계가 성립하는 것으로 본 원심의 판단은 정당한 것으로 수긍이 가고, 원심판결에 소론과 같은 위법이 있다고 볼 수 없다. 논지도 이유가 없다.] ; **대법원 1997.11.28. 선고 97도1740 판결**(성수대교와 같은 교량이 그 수명을 유지하기 위하여는 건설업자의 완벽한 시공, 감독공무원들의 철저한 제작시공상의 감독 및 유지·관리를 담당하고 있는 공무원들의 철저한 유지·관리라는 조건이 합치되어야 하는 것이므로, 위 각 단계에서의 과실 그것만으로 붕괴원인이 되지 못한다고 하더라도, 그것이 합쳐지면 교량이 붕괴될 수 있다는 점은 쉽게 예상할 수 있고, 따라서 위 각 단계에 관여한 자는 전혀 과실이 없다거나 과실이 있다고 하여도 교량붕괴의 원인이 되지 않았다는 등의 특별한 사정이 있는 경우를 제외하고는 붕괴에 대한 공동책임을 면할 수 없다.)

812) **[행위공동설에 입각하여 결과적 가중범의 공동정범을 인정한 판례] : 대법원 2000.5.12. 선고 2000도745 판결**(결과적 가중범인 상해치사죄의 공동정범은 폭행 기타의 신체침해 행위를 공동으로 할 의사가 있으면 성립되고 결과를 공동으로 할 의사는 필요 없으며, 여러 사람이 상해의 범의로 범행 중 한 사람이 중한 상해를 가하여 피해자가 사망에 이르게 된 경우 나머지 사람들은 사망의 결과를 예견할 수 없는 때가 아닌 한 상해치사의 죄책을 면할 수 없다.)

813) **[기능적 범행지배설을 근거로 공모공동정범을 인정한 판례]** : 대법원 2007.4.26. 선고 2007도428 판결 ; 대법원 2009.2.12. 선고 2008도6551 판결(형법 제30조의 공동정범은 공동가공의 의사와 그 공동의사에 기한 기능적 행위지배를 통한 범죄 실행이라는 주관적·객관적 요건을 충족함으로써 성립하는바, **공모자 중 일부가 구성요건 행위 중 일부를 직접 분담하여 실행하지 않은 경우**라 할지라도 전체 범죄에 있어서 그가 차지하는 지위, 역할이나 범죄 경과에 대한 지배 내지 장악력 등을 종합해 볼 때, 단순한 공모자에 그치는 것이 아니라 **범죄에 대한 본질적 기여를 통한 기능적 행위지배가 존재하는 것으로 인정**된다면, 이른바 공모공동정범으로서의 죄책을 면할 수 없는 것이다.) ; **대법원 2009.6.23. 선고 2009도2994 판결 : 대법원 2010.4.29. 선고 2009도13868 판결**(형법 제30조의 공동정범은 공동가공의 의사와 그 공동의사에 기한 기능적 행위지배를 통한 범죄 실행이라는 주관적·객관적 요건을 충족함으로써 성립하는바, **공모자 중 구성요건 행위 일부를 직접 분담하여 실행하지 않은 자라도 경우에 따라 이른바 공모공동정범으로서의 죄책을 질 수도 있는 것**이기는 하나, 이를 위해서는 전체 범죄에서 그가 차지하는 지위, 역할이나 범죄 경과에 대한 지배 내지 장악력 등을 종합

그런데 행위공동설이나 기능적 범행지배설에 의하면 공모공동정범을 인정할 수 없고 공동의사주체설에 의하면 과실범의 공동정범을 인정할 수 없다.

판례는 각 학설들이 인정하는 공동정범보다 훨씬 넓게 공동정범을 인정하고 있는데, 이러한 판례의 입장은 입증의 편의를 도모하여 법원의 사건처리부담을 덜고, 공범론보다는 양형에 의해 구체적 타당성있는 해결을 하면 족하다는 사고에 기초한 것이라 아니할 수 없다. 그러나 이러한 공동정범에 대한 이론적 통일성을 포기하는 것은 피고인에게 지나치게 불리한 해석을 초래한다는 문제점을 안게 된다.

(6) 소결

범죄공동설은 공동정범의 성립범위를 지나치게 제한함으로써 책임원칙에는 충실하나 형사정책적 합목적성이 결여될 수 있고, 행위공동설은 공동정범의 성립범위를 확대함으로써 형사정책적인 합목적성은 충족할 수 있으나 책임원칙을 저해할 위험이 있다.

결국 공동정범의 본질을 가장 잘 나타내 주는 학설은 기능적 범행지배설이라고 할 수 있다. 기능적 범행지배를 '공동의 의사로 특정한 범죄행위를 하기 위하여 일체가 되어 서로 다른 사람의 행위를 이용하여 자기의 의사를 실행에 옮기는 것'으로 파악하는 한 과실범의 공동정범을 인정할 수는 없다.

2. 공동정범의 성립요건

공동정범이 성립하기 위해서는 주관적 요건으로서 공동가공(공동실행)의 의사가 있어야 하고, 객관적 요건으로서 공동실행행위가 있어야 한다.

해 볼 때, 단순한 공모자에 그치는 것이 아니라 범죄에 대한 본질적 기여를 통한 기능적 행위지배가 존재하는 것으로 인정되는 경우여야 한다.)

가. 주관적 요건

(1) 공동가공의 의사(공동의 의사연락)의 의의

공동정범이 성립하기 위해서는 범인들 사이에 공동으로 죄를 범한다는 공동가공의 의사, 즉 범인들 사이에 의사연락이 있어야 한다. 공동가공의 의사는 범행계획의 모의인 공모에까지 이를 필요는 없지만 타인의 범행을 인식하면서도 이를 제지하지 아니하고 용인하는 것만으로는 부족하다.[814)]

따라서 공동가공의 의사는 특정한 범죄행위를 하기 위하여 일체가 되어 서로 다른 사람의 행위를 이용하여 자기의 범행의사를 실현하려는 의사이기 때문에 각자가 행한 개개의 행위부분을 하나의 전체행위로 묶는 역할을 한다. 즉 공동가공의 의사를 통하여 각 범인들의 행위는 단순히 개인적인 행위가 아니라 범인 전체의 행위로서의 성격을 띠게 되고 다른 범인들의 행위가 자기의 행위로서의 성격도 지니게 되어 일부실행 전부책임의 원리를 가능하게 하는 것이다.

보충판례 32[공동정범의 정범성 표지] : 대법원 2003.3.28. 선고 2002도7477 판결.

(2) 공동가공의사의 쌍방성

공동가공의 의사는 범인들 사이에 각각 인정되어야 한다. 따라서 일방만이 공동가공의 의사를 가지는 경우에는 공동정범이 될 수 없고(편면적 공동정범의 부정)[815)], 경우에 따라 타인의 범죄에 대한 편면적 방조범이나 상호 의사연락이 없는 동시범이 성립할 수 있을 뿐이다.

814) **[공동가공의사의 의의]** : **대법원 2008.4.10. 선고 2008도1274 판결**(형법 제30조의 공동정범은 2인 이상이 공동하여 죄를 범하는 것으로서, 공동정범이 성립하기 위하여는 주관적 요건으로서 공동가공의 의사와 객관적 요건으로서 공동의사에 기한 기능적 행위지배를 통한 범죄의 실행사실이 필요하고, 공동가공의 의사는 타인의 범행을 인식하면서도 이를 제지하지 아니하고 용인하는 것만으로는 부족하고 공동의 의사로 특정한 범죄행위를 하기 위하여 일체가 되어 서로 다른 사람의 행위를 이용하여 자기의 의사를 실행에 옮기는 것을 내용으로 하는 것이어야 한다.)

815) **보충판례 32-1[공동가공의사의 쌍방성 : 편면적 공동정범의 인정여부] : 대법원 1985.5.14. 선고 84도2118 판결**(공동정범은 행위자 상호간에 범죄행위를 공동으로 한다는 공동가공의 의사를 가지고 범죄를 공동실행하는 경우에 성립하는 것으로서, 여기에서의 공동가공의 의사는 공동행위자 상호간에 있어야 하며 행위자 일방의 가공의사만으로는 공동정범관계가 성립할 수 없다.)

보충판례 32-1[공동가공의사의 쌍방성 : 편면적 공동정범의 인정여부] : 대법원 1985.5.14. 선고 84도 2118 판결.

(3) 공동의 의사연락의 형성방법과 형성시기

① 의사연락의 형성방법

통설 및 판례[816]에 의하면 의사연락은 법률상 어떤 정형을 요구하는 것이 아니고 2인 이상이 공동으로 범죄를 실현하려는 의사의 결합만 있으면 족하다. 따라서 전체적인 모의과정이 없었다고 하더라도 수인 사이에 순차적으로 또는 암묵적으로 상통하여 그 의사의 결합이 이루어져도 의사연락이 인정되고(순차적 공동정범의 인정)[817], 의사연락의 방법도 반드시 명시적일 필요도 없다.

② 의사연락의 형성시기

공동의 의사연락은 사전(실행의 착수 이전)에 형성되는 예비모의(豫謀)가 대부분일 것이지만(예모적 공동정범), 반드시 사전에 예모의 형식을 띨 필요없이 실행행위 시에 우연히 만난 장소에서도 의사형성이 가능하다(우연적 공동정범의 인정).[818]

816) **[의사연락의 형성방법]** : **대법원 1983.3.8. 선고 82도2873 판결**(형법 제30조의 공동하여 죄를 범한 때라 함은 2인 이상이 행위를 공동으로 실행한다는 상호간의 의사연락에 의하여 죄를 범한 경우를 말하고 이와 같은 공범자상호간의 의사 즉 공모관계는 공범자 전원이 일정한 일시장소에 집합하여 직접 모의한 바 없다 하더라도 상호간에 간접적 또는 순차적인 방법에 의하여 범행의 의사연락이 있거나 그에 대한 인식이 있었으면 성립한다.) ; **대법원 1988.6.14. 선고 88도592 판결**(공동정범이 성립하기 위하여는 반드시 공범자간에 사전모의가 있어야 하는 것은 아니며 암묵리에 서로 협력하여 공동의 범의를 실현하려는 의사가 상통하면 족하고, 범인 전원의 동일일시, 동일장소에서 모의하지 아니하고 순차적으로 범의의 연락이 이루어짐으로써 그 범의내용에 대하여 포괄적 또는 개별적 의사의 연락이나 인식이 있었으면 범인 전원의 공모관계가 있다 할 것이다.) ; **대법원 1997.2.14. 선고 96도1959 판결 : 대법원 2005.1.7. 선고 2004도7511 판결**(2인 이상이 공모하여 범죄에 공동 가공하는 공범관계에 있어서 공모는 법률상 어떤 정형을 요구하는 것이 아니고 공범자 상호간에 직접 또는 간접으로 범죄의 공동실행에 관한 암묵적인 의사연락이 있으면 족한 것으로 비록 전체의 모의과정이 없었다고 하더라도 수인 사이에 의사의 결합이 있으면 공동정범이 성립되는 것이므로, 공범자가 공갈행위의 실행에 착수한 후 그 범행을 인식하면서 그와 공동의 범의를 가지고 그 후의 공갈행위를 계속하여 재물의 교부나 재산상 이익의 취득에 이른 때에는 공갈죄의 공동정범이 성립한다.)

[판례해설] : 이처럼 판례는 주로 공모공동정범의 성립요건으로 이러한 설명을 하고 있지만, 공모공동정범뿐만 아니라 일반적인 공동정범에도 적용되는 것이라고 할 것이다.

817) **[의사연락의 형성방법으로서 순차적 공동정범]** : **대법원 2003.3.28. 선고 2002도7477 판결**(피해자 일행을 한 사람씩 나누어 강간하자는 피고인 일행의 제의에 아무런 대답도 하지 않고 따라 다니다가 자신의 강간 상대방으로 남겨진 공소외인에게 일체의 신체적 접촉도 시도하지 않은 채 다른 일행이 인근 숲 속에서 강간을 마칠 때까지 공소외인과 함께 이야기만 나눈 경우, 피고인에게 다른 일행의 강간 범행에 공동으로 가공할 의사가 있었다고 볼 수 없다.)

보충판례 32-2[의사연락의 형성시기 : 우연적 공동정범의 인정 여부] : 대법원 1984.12.26. 선고 82도 1373 판결 ; 대법원 2004.8.20. 선고 2004도2870 판결.

③ 의사연락의 형성 종기(공동정범의 성립 종기)

그러나 실행에 착수한 이후에는 언제까지 공동정범이 성립(공동의 의사연락이 가능)할 수 있는지에 대해서는 견해가 대립한다.

즉 실행의 착수 후 기수에 이르기 전까지, 즉 실행행위가 종료되기 이전까지는 공동정범이 성립가능하다는 견해와 기수 이후 범행종료 전까지 공동정범의 성립이 가능하다는 견해(다수설)가 대립한다.

판례는 범죄의 종류에 따라 공동정범의 성립종기를 다르게 판단한다. 즉 즉시범과 상태범의 경우에는 범죄기수 전까지 공동정범이 성립할 수 있다고 하고[819], 계속범의 경우에는 기수 후 범행종료 이전까지 공동정범이 성립가능하다고 한다.[820]

생각건대 원칙적으로 범죄가 기수로 된 이후에는 공동정범의 성립은 부정하여야 한다. 즉 선행행위자가 기수 이후에 가담한 후행가담자에 대해 공동정범의 성립을 인정한다면 공동정범이 구성요건관련성을 상실하게 되어 제한적 정범개념 및 죄형법정주의의 원칙과 상충될 수 있고, 범죄가 기수에 이른 후에는 후행가담자가 과거에 이미 진행된 범죄사실에 대해 기능적 범행지배를 할 수 없으므로 후행가담부분에 대해 공동정범의 죄책을 질 수 없기 때문이다.

....

818) **보충판례 32-2[의사연락의 형성시기 : 우연적 공동정범의 인정 여부] : 대법원** 1984.12.26. **선고** 82도 1373 **판결** ; **대법원** 2004.8.20. **선고** 2004도2870 **판결**(공동정범이 성립하기 위하여는 반드시 공범자간에 사전에 모의가 있어야 하는 것은 아니며, 우연히 만난 자리에서 서로 협력하여 공동의 범의를 실현하려는 의사가 암묵적으로 상통하여 범행에 공동가공하더라도 공동정범은 성립된다.)

819) **[즉시범과 상태범에 있어서 의사연락의 형성종기]** : 대법원 1953.8.4. 선고 4286형상20 판결[공동정범관계는 범죄가 기수되기 전에 성립되는 것이므로 횡령죄가 기수가 된 후에 그 내용을 知悉(지실)하고 그 이익을 공동취득할 것을 승낙한 사실이 있더라도 횡령죄의 공동정범관계는 성립될 수 없다.] ; 대법원 2003.10.30. 선고 2003도4382 판결(회사직원이 영업비밀을 경쟁업체에 유출하거나 스스로의 이익을 위하여 이용할 목적으로 무단으로 반출한 때 업무상배임죄의 기수에 이르렀다고 할 것이고, 그 이후에 위 직원과 접촉하여 영업비밀을 취득하려고 한 자는 업무상배임죄의 공동정범이 될 수 없다.)

820) **[계속범에 있어서 의사연락의 형성종기]** : 대법원 1995.9.5. 선고 95도577 판결(범인도피죄는 범인을 도피하게 함으로써 기수에 이르지만 범인도피행위가 계속되는 동안에는 범죄행위도 계속되고 행위가 끝날 때 비로소 범죄행위가 종료되고, 공범자의 범인도피행위의 도중에 그 범행을 인식하면서 그와 공동의 범의를 가지고 기왕의 범인도피상태를 이용하여 스스로 범인도피행위를 계속한 자에 대하여는 범인도피죄의 공동정범이 성립한다.)

(4) 승계적 공동정범

선행행위자의 행위가 '실행의 착수 후 기수에 이르기 전'에 후행가담자가 선행행위자와 의사연락 하에 선행행위자의 행위에 가담하여 공동정범이 성립한다고 하면 후행가담자의 일부실행분담이 선행행위자가 행위한 실행부분을 승계하여 전체에 대한 공동정범이 성립하는지가 문제된다.[821)]

① 승계적 공동정범 개념의 인정 여부

ㄱ. 긍정설

선행행위자가 실행에 착수한 후에 후행가담자가 공동가공의 의사를 가지고 선행행위자의 행위에 가담한 경우에도 공동정범이 성립할 수 있다는 원칙론적 태도에서 출발하는 견해이다.

긍정설은 다시 후행가담부분에 국한하여 공동정범이 성립한다는 견해와 후행가담자가 타인이 이미 행한 바에 대해서 공동가동의 의사를 가지고 관여하였다는 것은 타인의 선행부분까지도 승계하겠다는 의사표시라고 볼 수 있다는 근거로써 전체에 대해 공동정범이 성립한다는 견해로 나누어진다.

ㄴ. 부정설

후행가담부분에 국한하여 공동정범이 성립한다고 하면서도 승계적 공동정범이라는 개념의 사용을 부정하는 견해이다. 즉 후행가담부분에 대한 공동정범은 선행행위자로부터 승계한 것이 없는 통상의 공동정범이기 때문이라는 것이다.

ㄷ. 판례의 태도

대법원은 명시적으로 승계적 공동정범이라는 개념을 사용하고 있지 않다. 만일 대

---

821) **[승계적 공동정범에 있어서 승계의 범위]** : 예컨대 甲(선행행위자)이 강도의 고의로 피해자를 기절시켜 놓은 후 이를 알고 있는 乙(후행가담자)이 절도의 고의로 함께 피해자의 몸을 뒤져 지갑 속의 현금을 절취한 경우, 乙이 합동절도죄의 책임을 지는 것은 당연하지만, 더 나아가 甲이 행한 폭행부분까지 승계하여 乙이 합동강도죄의 책임까지 진다고 하는 경우 이를 승계적 공동정범이라고 한다. 이러한 승계적 공동정범과 逆의 관계에 있는 문제가 **'공모관계의 이탈'**의 문제이다.

법원이 승계적 공동정범이라는 개념을 전제하고 있다면 그 개념의 사용범위는 범죄의 종류에 따라 달라질 수 있을 것이다. 즉 범죄의 종류에 따라 공동정범의 성립종기를 다르게 인정하고 있기 때문이다.

② 선행행위자 단독으로 행한 부분에 대한 후행가담자의 책임범위

ㄱ. 적극설

후행가담자가 선행행위자가 행한 부분을 포함하여 전체범죄에 대해 공동정범의 책임을 진다는 견해이다.

즉 후행가담자가 선행행위자와의 양해 하에 선행행위자의 범행사실을 인용하고 이용한 이상 공동가공의 의사와 공동의 실행행위가 인정되고, 공동정범에서 공동가공의 의사가 사전에 있어야 하는 것은 아닌 이상 실행행위 도중에 공동가공의 의사가 형성된 경우에도 공동정범의 성립을 인정할 수 있기 때문이라는 것이다.

ㄴ. 소극설

후행가담자에게 가담 이후의 범행에 대해서만 공동정범을 인정하고 선행행위자가 행한 부분에 대한 공동정범은 인정될 수 없다는 견해이다(다수설).

즉 선행행위자의 행위에 대해 후행가담자가 가진 고의는 사후고의로서 효력이 없고, 선행행위자의 행위에 대해 후행가담자의 범행지배를 인정할 수 없으며, 후행가담자의 행위가 선행행위자의 행위의 원인이 될 수 없으며 형법상 인과관계(객관적 귀속)는 행위 이후에 발생한 결과에 대해서만 가능하기 때문이라는 것이다.

ㄷ. 판례의 태도

대법원은 '포괄일죄의 일부에 공동정범으로 가담한 자는 비록 그가 그때에 이미 이루어진 종전의 범행을 알았다 하여도 그 가담 이후의 범행에 대해서만 공동정범으로서 책임을 진다.'[822]고 하여 소극설의 입장을 취하고 있다.

---

822) **보충판례 32-3[승계적 공동정범의 책임 인정범위] : 대법원 1982.6.8. 선고 82도884 판결 ; 대법원 2007.11.15. 선고 2007도6336 판결**[포괄일죄의 범행 도중에 공동정범으로 범행에 가담한 자는 비록 그가 그 범행에 가담할 때에 이미 이루어진 종전의 범행을 알았다 하더라도 그 가담 이후의 범행

보충판례 32-3[승계적 공동정범의 책임범위] : 대법원 1982.6.8. 선고 82도884 판결 ; 대법원 2007.11.15. 선고 2007도6336 판결.

ㄹ. 소결

생각건대 이미 과거가 된 범행과정을 후행가담자가 지배한다는 것은 있을 수 없으므로 선행행위자의 범행사실에 대한 후행가담자의 기능적 범행지배를 인정할 수 없다는 점에서 소극설이 타당하다. 경우에 따라 후행가담자에게는 가담 이후의 부분에 대한 통상의 공동정범이나 전체범죄의 방조범[823]이 성립할 수 있을 뿐이다.

(5) 과실범의 공동정범

① 문제의 소재

공동정범의 본질에 대한 기능적 범행지배설에 따르면 공동가공의 의사는 개념필연적으로 자기 스스로 전체범행의 실행을 위해 역할분담을 하려는 의사를 의미한다. 즉 공동가공의 의사는 단독행위자의 고의가 공동정범의 특성에 맞게 수정된 것이기 때문에 공동정범은 원칙적으로 고의범이어야 한다.

따라서 2인 이상이 과실로 과실범의 구성요건적 결과를 발생시킨 경우에도 과실범의 공동정범을 인정할 것인지가 문제된다.[824] 이는 형법 제30조의 '2인 이상이 공동하여 죄를 범한 때'를 어떻게 해석할 것인지의 문제라 할 수 있다. 즉 과실범의 경우 어떤

에 대하여만 공동정범으로 책임을 진다(대법원 1997.6.27. 선고 97도163 판결 등 참조).]

823) **[승계적 공동정범의 책임 인정범위]** : 대법원 1982.11.23. 선고 82도2024 판결(특정범죄가중처벌등에 관한 법률 제5조의2 제2항 제1호 소정의 죄는 형법 제287조의 미성년자 약취,유인행위와 약취 또는 유인한 미성년자의 부모 기타 그 미성년자의 안전을 염려하는 자의 우려를 이용하여 재물이나 재산상의 이익을 취득하거나 이를 요구하는 행위가 결합된 단순일죄의 범죄라고 봄이 상당하므로 비록 타인이 미성년자를 약취. 유인한 행위에는 가담한 바 없다 하더라도 사후에 그 사실을 알면서 약취. 유인한 미성년자를 부모 기타 그 미성년자의 안전을 염려하는 자의 우려를 이용하여 재물이나 재산상의 이익을 취득하거나 요구하는 타인의 행위에 가담하여 이를 방조한 때에는 단순히 재물등 요구행위의 종범이 되는데 그치는 것이 아니라 종합범인 위 특정범죄가중처벌등에 관한 법률 제5조의2 제2항 제1호 위반죄의 종범에 해당한다.)

824) **[과실범의 공동정범 인정여부]** : 예컨대 甲과 乙이 함께 사냥 중 丙을 노루로 오인하고 사격하여 죽게 한 경우나 甲과 乙이 함께 목재를 운반하다가 떨어뜨려 丙에게 상처를 입힌 경우 등을 들 수 있다.
이들 사안에서 과실범의 공동정범을 인정하게 되면 甲과 乙은 과실치사죄나 업무상과실치상죄의 공동정범이 되지만, 과실범의 공동정범을 인정하지 않는 경우에는 甲과 乙은 동시범이 되어 각자의 행위에 대해서만 책임을 지게 된다.

구성요건표지를 공동가공의 의사(의사연락)로 볼 것인지의 문제인 것이다.

② **학설의 태도**

ㄱ. 공동정범긍정설

공동정범의 본질에 관한 행위공동설, 공동행위주체설, 기능적 범행지배설 중 일부 견해 등은 과실범의 공동정범을 인정한다. 각 학설의 내용과 문제점은 앞에서 언급한 부분과 같다.

ㄴ. 공동정범부정설

공동정범의 본질에 관한 범죄공동설과 기능적 범행지배설 및 공동의사주체설에서는 과실범의 공동정범을 부정한다(다수설). 각 학설의 내용과 문제점 또한 앞에서 언급한 부분과 같다.

③ **판례의 태도**

대법원은 "형법 제30조 소정의 '2인 이상이 공동하여 죄를 범한 때'의 '죄'에는 고의범뿐만 아니라 과실범도 불문하므로 두 사람 이상이 어떠한 과실행위를 서로 의사연락 하에 이룩하여 범죄가 되는 결과를 발생케 한 것이라면 과실범의 공동정범이 성립된다"[825]고 한다(행위공동설의 입장).

825) **[행위공동설에 입각한 형법 제30조의 해석례]** : 대법원 1962.3.29. 선고 4294형상598 판결(형법 제30조에 「공동하여 죄를 범한 때」의 「죄」는 고의범이고 과실범이고를 불문한다고 해석하여야 할 것이고 따라서 공동정범의 주관적 요건인 공동의 의사도 고의를 공동으로 가질 의사임을 필요로 하지 않고 고의행위이고 과실행위이고 간에 그 행위를 공동으로 할 의사이면 족하다고 해석하여야 할 것이므로 2인 이상이 어떠한 과실 행위를 서로의 의사연락 아래 하여 범죄되는 결과를 발생케 한 것이라면 여기에 과실범의 공동정범이 성립되는 것이다.) ; **보충판례 32-4 : 대법원 1979.8.21. 선고 79도1249 판결**(형법 제30조에 "공동하여 죄를 범한 때"의 "죄" 라 함은 고의범이고 과실범이고를 불문하므로 두 사람 이상이 어떠한 과실행위를 서로의 의사연락 하에 이룩하여 범죄가 되는 결과를 발생케 한 것이라면 과실범의 공동정범이 성립된다. 운전병이 운전하던 짚차의 선임 탑승자는 이 운전병의 안전운행을 감독하여야 할 책임이 있는데 오히려 운전병을 데리고 주점에 들어가서 같이 음주한 다음 운전케 한 결과 위 운전병이 음주로 인하여 취한 탓으로 사고가 발생한 경우에는 위 선임 탑승자에게도 과실범의 공동정범이 성립한다.) ; **보충판례 32-4 : 대법원 1984.3.13. 선고 82도3136 판결**(피고인이 운전자의 부탁으로 차량의 조수석에 동승한 후, 운전자의 차량운전행위를 살펴보고 잘못된 점이 있으면 이를 지적하여 교정해 주려 했던 것에 그치고 전문적인 운전교습자가 피교습자에 대하여 차량운행에 관해 모든 지시를 하는 경우와 같이 주도적 지위에서 동 차량을 운행할 의도가 있었다거나 실제로 그 같은 운행을 하였다고 보기 어렵다면 그 같은 운행 중에 야기된 사고에 대하여 과

보충판례 32-4[과실범의 공동정범 인정여부] : 대법원 1979.8.21. 선고 79도1249 판결 ; 대법원 1984.3.13. 선고 82도3136 판결 ; 대법원 2007.7.26. 선고 2007도2919 판결.

④ 소결

공동정범긍정설에 의하면 자신의 과실의 범위를 넘는 타인의 과실결과에 대해서도 책임을 지게 될 위험성이 있으므로 책임주의에 반하여 수긍할 수 없고, 자신의 과실행위에 의해서 초래되지 않았을지도 모를 결과에 대해 행위자에게 책임을 물어야 실익이 없을 뿐만 아니라 이러한 경우에는 민사상의 손해배상의 문제로 해결하는 것이 형법의 보충성원칙에 충실한 것이며, 과실범에서는 공동정범의 필수요건인 공동가공의 의사를 규명할 수 없다는 점에서 공동정범부정설이 타당하다.

(6) 공모관계의 이탈

① 이탈의 의의

공모관계의 이탈이란 공동모의를 한 가담자가 다른 공동모의자가 '실행에 착수하기 이전'에 공동가공의 의사를 철회하는 경우를 말한다. 이러한 경우는 이탈자가 실행분담행위로 나아가지 않기 때문에 공동정범의 객관적 요건이 충족되지 않음은 물론 **공동가공의 의사라는 주관적 요소도 탈락**하게 된다.

② 이탈의 요건

ㄱ. 주관적 요건

실행의 착수 전에 범행결의를 포기한 공모자가 그 사실을 다른 공모자에게 표시하

실범의 공동정범의 책임을 물을 수 없다.) ; **보충판례 32-4 : 대법원 2007.7.26. 선고 2007도2919 판결**[운전자가 아닌 동승자가 교통사고 후 운전자와 공모하여 운전자의 도주행위에 가담하였다 하더라도, 동승자에게 과실범의 공동정범의 책임을 물을 수 있는 특별한 경우가 아닌 한, 특정범죄가중처벌등에관한법률위반(도주차량)죄의 공동정범으로 처벌할 수는 없다.**(원심판결) 대구지법 2007. 3.28. 선고 2006노2898 판결**] ; **대구지법 2007.3.28. 선고 2006노2898 판결**[동승자가 교통사고 후 아무런 조치를 취하지 아니한 채 운전자와 공모하여 운전자 대신 차를 몰고 현장을 이탈한 경우, 운전자의 과실로 인하여 발생한 종전 범행인 교통사고 발생사실을 동승자가 인식하였다 하더라도 동승자의 형사상 책임은 가담 이후의 범행에 대한 공동정범으로서의 책임에 국한된다 할 것이므로, 형법상 유기죄 등이 성립할 수 있음은 별론으로 하고, 동승자를 특정범죄가중처벌등에관한법률위반(도주차량)죄의 공동정범으로 처벌할 수는 없지만, 교통사고 후 미조치의 점에 대한 도로교통법 위반죄의 공동정범으로는 처벌할 수 있다.]

여야 하는지에 대해서는 견해가 대립한다.

a. 필요설

다른 공모자가 이탈사실을 알지 못하는 경우에는 이탈자의 기존의 기여가 전체사건의 진행에 계속적인 영향을 미치므로 이탈의 의사는 명시적 또는 묵시적으로 표시되어야 한다는 것이다.

b. 불요설

이탈에 의하여 공모관계는 실행행위시에 존재하지 않게 되어 기능적 범행지배는 해소된 것이므로 이탈의 의사표시는 표시될 필요가 없다는 것이다.

c. 판례의 태도

대법원은 "공모공동정범에 있어서 그 공모자중의 1인이 다른 공모자가 실행행위에 이르기 전에 그 공모관계에서 이탈한 때에는 그 이후의 다른 공모자의 행위에 관하여 공동정범으로서의 책임은 지지 않는다고 할 것이고 그 이탈의 표시는 반드시 명시적임을 요하지 않는다."[826]고 하여 이탈의 표시가 명시적임을 요하지 않으나 적어도 묵시적인 의사표시는 인정되어야 하는 것으로 이해하고 있다고 할 수 있다.

보충판례 32-5[공모관계의 이탈 : 이탈자의 형사책임] : 대법원 1986.1.21. 선고 85도2371, 85감도 347 판결 ; 대법원 1996.1.26. 선고 94도2654 판결.

d. 소결

생각건대 이탈의사를 외부에 표시하지 않으면 다른 공모자와의 내적 연결고리가 끊어진 것이 아니기 때문에 공동의 범행결의는 여전히 유효할 것이다. 따라서 적어도

---

826) **보충판례** 32-5[**공모관계의 이탈 : 이탈자의 형사책임**] : **대법원** 1986.1.21. **선고** 85**도**2371, 85**감도** 347 **판결 ; 대법원** 1996.1.26. **선고** 94**도**2654 **판결**(피고인에게는 다른 조직원들과의 사이에 '파라다이스'파 조직원들을 공격하여 상해를 가하거나 살해하기로 하는 모의가 있었다고 보기 어렵고, 가사 피고인에게도 그 범행에 가담하려는 의사가 있어 공모관계가 인정된다 하더라도 다른 조직원들이 각이 사건 범행에 이르기 전에 그 공모관계에서 이탈한 것이라 할 것이므로 피고인은 위 공모 관계에서 이탈한 이후의 행위에 대하여는 공동정범으로의 책임을 지지 않는다고 할 것이다.)

묵시적으로라도 이탈의사를 다른 공모자에게 표시해야 이미 표시된 공동가공의 의사가 철회될 수 있다는 점에서 필요설이 타당하다.

ㄴ. 객관적 요건

이탈자가 자신의 기여분을 이미 예비단계에서 투입한 경우에는 범행사태의 진행이 이탈자의 수중에서 떠난 것이기 때문에 이탈의 의사표시만으로는 공동정범의 성립을 부정하기에 충분치 못하여 이탈자가 추가로 결과발생에 대한 인과성을 제거해야 하는지가 문제될 수 있다.

이에 대해서는, 공동의 범행결의에서 이탈한 자는 기능적 범행지배가 결여되기 때문에 이탈의사표시만으로도 공동정범이 부정된다는 견해(인과성제거불요설), 이탈자가 주모자로서 다른 공모자의 실행에 강하게 영향을 미친 때에는 실행에 미친 영향력이나 인과성을 제거하거나 제거하기 위한 진지한 노력이 필요하지만 공모자 가운데 평균적 一員에 불과한 때에는 이탈의 의사표시로 족하다는 견해(주모자와 평균적 一員 구별설), 공동정범에서의 이탈이 인정되기 위해서는 반드시 범행결과에 대한 인과성을 제거해야만 한다는 견해(인과성제거필요설) 등이 대립한다.

판례는 기본적으로 인과성제거필요설에 입각하고 있지만, 주모자와 평균적 일원에 대해 차별적 요건을 요구하는지는 분명하지 않다.[827)]

생각건대 예비단계에서 이미 이루어놓은 객관적 기여행위의 영향력을 제거해야만 기능적 범행지배라는 요건의 불충족을 이유로 공동정범의 성립이 부정되고, 이 점에

827) **[공모관계이탈의 객관적 요건으로서 인과성제거의 필요성]** : 대법원 2008.4.10. 선고 2008도1274 판결 ; 대법원 2010.9.9. 선고 2010도6924 판결(공모공동정범에 있어서 공모자 중의 1인이 다른 공모자가 실행행위에 이르기 전에 그 공모관계에서 이탈한 때에는 그 이후의 다른 공모자의 행위에 관하여는 공동정범으로서의 책임은 지지 않는다 할 것이나, 공모관계에서의 이탈은 공모자가 공모에 의하여 담당한 기능적 행위지배를 해소하는 것이 필요하므로 공모자가 공모에 주도적으로 참여하여 다른 공모자의 실행에 영향을 미친 때에는 범행을 저지하기 위하여 적극적으로 노력하는 등 실행에 미친 영향력을 제거하지 아니하는 한 공모관계에서 이탈하였다고 할 수 없다. 그러므로 다른 3명의 공모자들과 강도모의를 하면서 삽을 들고 사람을 때리는 시늉을 하는 등 그 모의를 주도한 피고인이 함께 범행 대상을 물색하다가 다른 공모자들이 강도의 대상을 지목하고 뒤쫓아 가자 단지 "어?"라고만 하고 비대한 체격 때문에 뒤따라가지 못한 채 범행현장에서 200m 정도 떨어진 곳에 앉아 있었으나 위 공모자들이 피해자를 쫓아가 강도상해의 범행을 한 사안에서, 피고인에게 공동가공의 의사와 공동의사에 기한 기능적 행위지배를 통한 범죄의 실행사실이 인정되므로 강도상해죄의 공모관계에 있고, 다른 공모자가 강도상해죄의 실행에 착수하기까지 범행을 만류하는 등으로 그 공모관계에서 이탈하였다고 볼 수 없으므로 강도상해죄의 공동정범으로서의 죄책을 진다.)

서는 행위기여자가 주모자이든 평균적 일원이든 아무런 차이가 없다는 점을 감안할 때 인과성제거필요설이 타당하다.

③ **이탈자의 형사책임**

ㄱ. 다른 공모자가 실행에 착수하기 전의 이탈

공모자 중 1인이 다른 공모자가 실행의 착수에 이르기 전에 공모관계에서 이탈한 경우에는 위의 요건을 충족시키는 한 다른 공동모의자에 의해 수행된 범죄에 대한 공동정범성이 탈락된다. 이탈로 인하여 공모관계가 소멸되기 때문이다.[828] 그러나 교사·방조범 및 이탈자에 대한 당해 범죄의 예비·음모를 처벌하는 경우에는 예비·음모죄가 성립할 수 있다.

ㄴ. 다른 공모자가 실행에 착수한 이후의 가담포기

다른 공모자가 실행에 착수한 이후에 실행행위에 가담하지 않았을 뿐인 경우에는 공모관계의 이탈이라고 할 수 없기 때문에 공동정범과 중지미수의 문제가 발생한다. 따라서 다른 공모자가 나머지 범행이 이루어진 경우에는 공동정범이 성립한다.[829]

한편 공동정범 중 일부의 자가 다른 공동자 전원의 실행행위를 중지시키거나 모든 결과의 발생을 방지한 경우에 자의로 중지한 자는 중지미수, 다른 가담자는 장애미수의 책임을 진다.

---

828) **[다른 공모자가 실행에 착수하기 이전의 공모관계로부터 이탈]** : 대법원 1972.4.20. 선고 71도2277 판결(소위 공모공동정범에 있어서도 다른 공모자가 실행행위에 이르기 전에 그 공모관계에서 이탈한 때에는 공동정범의 책임을 지지 않고, 그 경우에 이탈의 의사표시는 반드시 명시적임을 요하지 않는다.) ; 대법원 1985.3.26. 선고 84도2956 판결(형법 제334조 제2항에 규정된 합동범은 주관적 요건으로서 공모가 있어야 하고 객관적 요건으로서 현장에서의 실행행위의 분담이라는 협동관계가 있어야 하는 것이므로 피고인이 다른 피고인들과 택시강도를 하기로 모의한 일이 있다고 하여도 다른 피고인들이 피해자에 대한 폭행에 착수하기 전에 겁을 먹고 미리 현장에서 도주해 버렸다면 다른 피고인들과의 사이에 강도의 실행행위를 분담한 협동관계가 있었다고 보기는 어려우므로 피고인을 특수강도의 합동범으로 다스릴 수는 없다.)

829) **[다른 공모자가 실행에 착수한 이후의 공모관계로부터 이탈]** : 대법원 2002.8.27. 선고 2001도513 판결(피고인이 공범들과 다단계금융판매조직에 의한 사기범행을 공모하고 피해자들을 기망하여 그들로부터 투자금명목으로 피해금원의 대부분을 편취한 단계에서 위 조직의 관리이사직을 사임한 경우, 피고인의 사임 이후 피해자들이 납입한 나머지 투자금명목의 편취금원도 같은 기망상태가 계속된 가운데 같은 공범들에 의하여 같은 방법으로 수수됨으로써 피해자별로 포괄일죄의 관계에 있으므로 이에 대하여도 피고인은 공동정범으로서의 책임을 부담한다.)

나. 객관적 요건

(1) 공동가공행위(실행행위의 분담)

① 공동가공행위의 의의

공동정범이 성립하기 위해서는 각 범인들이 실행행위를 분담하여 기능적으로 범행을 지배하여야 한다. 즉 공동정범도 원칙적으로 특정구성요건을 실현을 전제로 하는 것이기 때문에 구성요건적 '실행행위단계'에서 행해지는 행위기여가 '실행행위분담'으로 인정된다.[830)]

즉 공동의 역할분담행위는 공동의 행위결의(공동가공의사)에 기초하여 서로 분리된 독자적인 행위가 아니라 하나의 '전체결과'로 결합될 수 있는 구성요건적 결과를 실현하는데 불가결한 요건이 되는 기능을 분담한 경우에 인정된다(본질적 범행기여).

따라서 범죄수행에 불가결(본질적 기여)한 행위인 이상, 구성요건의 전부 또는 일부뿐만 아니라 구성요건의 범위 외의 행위일지라도 공동의 가공행위로 인정될 수 있다.[831)]

보충판례 32-6[공동가공행위의 의의 및 정도] : 대법원 1986.1.21. 선고 85도2411 판결.

② 공동가공행위 여부의 판단기준

범행지배설에 의하면 어느 범인의 행위를 공동가공행위라고 할 것인지 아니면 단순한 교사·방조행위라고 할 것인지는 기능적 범행지배(범죄수행에 불가결한 본질적 행위기여)가 있었는지 여부에 따라 결정된다.

---

830) **[공동가공행위의 구조]** : 따라서 **공동의 가공행위**란 전체적인 공동의 범행계획을 실현하기 위하여 공동가담자들이 분업적 공동작업원리에 따라 상호간의 역할을 분담하여 각각 실행단계에서 본질적인 기능을 수행하는 것을 말한다(공동가공의 사실).

831) **보충판례 32-6[공동가공행위의 의의 및 정도] : 대법원 1986.1.21. 선고 85도2411 판결**(피고인이 공범들과 함께 강도범행을 저지른 후 피해자의 신고를 막기 위하여 공범들이 묶여있는 피해자를 옆방으로 끌고 가 강간범행을 할 때에 피고인은 자녀들을 감시하고 있었다면 공범들의 강도강간범죄에 공동가공한 것이라 하겠으므로 **비록 피고인이 직접 강간행위를 하지 않았다 하더라도 강도강간의 공동죄책을 면할 수 없다**.) ; **대법원 1992.3.31. 선고 91도3279 판결 ; 대법원 2010.1.28. 선고 2009도10139 판결**[화염병과 돌맹이들을 진압 경찰관을 향하여 무차별 던지는 시위 현장에 피고인도 이에 적극 참여하여 판시와 같이 돌맹이를 던지는 등의 행위로 다른 사람의 화염병 투척을 용이하게 하고 이로 인하여 타인의 생명 신체에 대한 위험을 발생케 하였다면 비록 피고인 자신이 직접 화염병 투척의 행위는 하지 아니하였다 하더라도 그 화염병 투척(사용)의 공동정범으로서의 죄책을 면할 수는 없는 것이다.]

ㄱ. 공동정범과 방조범의 구별

절도죄에서 '망보는 행위'가 불가결한 행위기여로 인정될 수 있는지가 문제된다.

생각건대 공동의 범행계획을 통해 망보는 역할이 범행의 완성에 필요불가결한 정도라면 기능적 범행지배가 인정되는 본질적인 행위기여에 해당되어 공동정범이 성립한다. 그러나 망보는 행위가 단순히 보조, 원조 또는 타인의 범행을 용이하게 하는 정도의 역할이라면 방조범이 될 것이다.

판례도 대체로 이러한 취지에서 망보는 행위를 실행행위분담으로 보아 공동정범으로 인정한다.[832] 이에 반해 판례는 환자의 부인의 강청에 의해 치료를 요하는 환자를 퇴원조치한 의사에게는 공동정범이 아닌 방조범을 인정한다.[833]

ㄴ. 공동정범과 교사범의 구별

공동정범이 되기 위해서는 실행행위를 분담하여야 하지만, 자신이 형식적 의미의 실행행위에 가담하지 않고 범행을 지시하거나 범행방법을 알려주는 행위 등을 하는 경우에도 기능적 범행지배(정신적 역할분담)가 인정될 수 있는 경우에는 교사범이 아

832) **[망보는 행위를 공동정범으로 인정한 판례]** : **대법원 1986.7.8. 선고 86도843 판결**(두 사람이 공모합동하여 타인의 재물을 절취하려고 한 사람은 망을 보고 또 한 사람은 기구를 가지고 출입문의 자물쇠를 떼어내거나 출입문의 환기창문을 열었다면 특수절도죄의 실행에 착수한 것이다.) ; **대법원 1984.1.31. 선고 83도2941 판결**(피고인 등이 금품을 강취할 것을 공모하고 피고인은 집 밖에서 망을 보기로 하였으나, 다른 공모자들이 피해자의 집에 침입한 후 담배를 사기 위해서 망을 보지 않았다고 하더라도, 피고인은 판시 강도상해죄의 공동정범의 죄책을 면할 수가 없다.) ; **대법원 1971.4.6. 선고 71도311 판결**(1970.7.6. 2:00경 서울 ○○구 ○○동산14 김유태 집안에 들어가서 피고인은 마당에서 망을 보고 위 공소외인들은 안방에 들어가서 잠을 자다 깨어 일어나는 위 김유태와 그의 처 손◇희 등에게 "담요를 뒤집어 쓰고 앉아 있으라"고 강요 하다가 고분고분이 말을 듣지 않는다고 긴 몽둥이로 김유태의 머리를 한번 때리고 위 손◇희에게는 담요를 뒤집어 씌운 뒤 손으로 목을 누르는 등 폭행을 가하여 항거할 수 없게 만든 다음 그곳에 있던 위 김유태 소유의 금성 테레비 1대와 오리엔트 손목시계 1개 및 론손 라이타 1개등 싯가 계금 12,600원 상당을 빼앗아 달아남으로써 강취하였다는 것이므로 피고인은 위 공소외인들과 같이 특수강도죄의 공동정범의 죄책을 면할 수 없는 것으로서 이와 같은 취지로 판단한 원판결은 정당하다.) **[판례평석]** : 그러나 **71도 311의 사건의 경우**에는 망보는 행위가 특수강도범행을 지배했다고 보기 어렵고 다른 공범의 특수강도행위를 용이하게 한 정도의 행위로서 특수강도죄의 방조범을 인정하는 것이 타당할 것이다.

833) **[공동정범과 방조범의 구별]** : **대법원 2004.6.24. 선고 2002도995 판결**(결국 피고인들의 이 사건 범행은, 피해자의 담당 의사로서 피해자의 퇴원을 허용하는 행위를 통하여 피해자의 생사를, 민법상 부양의무자요 제1차적 보증인의 지위에 있는 원심공동피고인의 추후 의무 이행 여부에 맡긴 데 불과한 것이라 하겠고, 그 후 피해자의 사망이라는 결과나 그에 이르는 사태의 핵심적 경과를 피고인들이 계획적으로 조종하거나 저지·촉진하는 등으로 지배하고 있었다고 보기는 어렵다. 따라서 피고인들에게는 앞에서 본 공동정범의 객관적 요건인 이른바 기능적 행위지배가 흠결되어 있다고 보는 것이 옳다.)

니라 공동정범이 된다.[834)]

ㄷ. 공동가공행위와 현장성

필요적 공범인 합동범에서는 현장성을 필요로 한다는 것이 통설이지만, 공동정범에서 기능적 범행지배는 반드시 현장에서 이루어질 필요가 없다. 예컨대 甲·乙이 공모하여 甲은 서울에서 부산에 있는 슈퍼마켓 주인 丙에게 전화를 걸어 주위를 산만하게 하고 그 사이 乙이 슈퍼마켓에서 물건을 절취한 경우에도 甲의 행위가 범행을 지배한 것이라고 평가될 경우에는 甲은 절도죄의 방조범이 아니라 공동정범이 된다. 이 경우 甲이 현장에 있는 것은 아니기 때문에 甲·乙은 합동절도죄(제331조 제2항)의 책임을 지지 않고 절도죄의 공동정범의 죄책만을 진다.[835)]

---

834) **[공동정범과 교사범의 구별]** : **대법원 1987.10.13. 선고 87도1240 판결**(부하들이 흉기를 들고 싸움을 하고 있는 도중에 폭력단체의 두목급 수괴의 지위에 있는 을이 그 현장에 모습을 나타내고 더우기 부하들이 흉기들을 소지하고 있어 살상의 결과를 초래할 것을 예견하면서도 전부 죽이라는 고함을 친 행위는 부하들의 행위에 큰 영향을 미치는 것으로서 을은 이로써 위 싸움에 가세한 것이라고 보지 아니할 수 없고, 나아가 부하들이 칼, 야구방망이 등으로 피해자들을 난타, 난자하여 사망케 한 것이라면 을은 살인죄의 공동정범으로서의 죄책을 면할 수 없다.)

835) **[합동범의 공모공동정범]** : **대법원 1998.5.21. 선고 98도321 전원합의체 판결**[한편 2인 이상이 공동의 의사로서 특정한 범죄행위를 하기 위하여 일체가 되어 서로가 다른 사람의 행위를 이용하여 각자 자기의 의사를 실행에 옮기는 내용의 공모를 하고, 그에 따라 범죄를 실행한 사실이 인정되면 그 공모에 참여한 사람은 **직접 실행행위에 관여하지 아니하였더라도** 다른 사람의 행위를 자기 의사의 수단으로 하여 범죄를 하였다는 점에서 자기가 직접 실행행위를 분담한 경우와 형사책임의 성립에 차이를 둘 이유가 없는 것인바(형법 제30조), 이와 같은 공동정범 이론을 형법 제331조 제2항 후단의 합동절도와 관련하여 살펴보면, 2인 이상의 범인이 합동절도의 범행을 공모한 후 1인의 범인만이 단독으로 절도의 실행행위를 한 경우에는 합동절도의 객관적 요건을 갖추지 못하여 합동절도가 성립할 여지가 없는 것이지만, 3인 이상의 범인이 합동절도의 범행을 공모한 후 적어도 2인 이상의 범인이 **범행 현장에서 시간적, 장소적으로 협동관계를 이루어** 절도의 실행행위를 분담하여 절도 범행을 한 경우에는 위와 같은 공동정범의 일반 이론에 비추어 그 공모에는 참여하였으나 **현장에서 절도의 실행행위를 직접 분담하지 아니한 다른 범인에 대하여도** 그가 현장에서 절도 범행을 실행한 위 2인 이상의 범인의 행위를 자기 의사의 수단으로 하여 합동절도의 범행을 하였다고 평가할 수 있는 정범성의 표지를 갖추고 있다고 보여지는 한 그 다른 범인에 대하여 합동절도의 공동정범의 성립을 부정할 이유가 없다고 할 것이다(대법원 1956.5.1. 선고 4289형상35 판결, 1960.6.15. 선고 4293형상60 판결 등 참조).

형법 제331조 제2항 후단의 규정이 위와 같이 3인 이상이 공모하고 적어도 2인 이상이 합동절도의 범행을 실행한 경우에 대하여 공동정범의 성립을 부정하는 취지라고 해석할 이유가 없을 뿐만 아니라, 만일 공동정범의 성립가능성을 제한한다면 직접 실행행위에 참여하지 아니하면서 배후에서 합동절도의 범행을 조종하는 수괴는 그 행위의 기여도가 강력함에도 불구하고 공동정범으로 처벌받지 아니하는 불합리한 현상이 나타날 수 있다. 그러므로 합동절도에서도 공동정범과 교사범·종범의 구별기준은 일반원칙에 따라야 하고, 그 결과 범행현장에 존재하지 아니한 범인도 공동정범이 될 수 있으며, 반대로 상황에 따라서는 장소적으로 협동한 범인도 방조만 한 경우에는 종범으로 처벌될 수도 있다.

원심판결 이유에 의하면, 원심은 제1심이 채택한 증거들을 인용하여 피고인에 대하여 1997.4.18. 04:08경 삼성동 소재 엘지마트 편의점에서 범한 특수절도죄를 유죄로 인정하였다. 그런데 원심이 인

보충판례 32-7[공동가공행위와 현장성] : 대법원 2011.5.13. 선고 2011도2021 판결 【특정범죄가중처벌등에관한법률위반(절도)】[파기환송]

ㄹ. 부작위에 의한 공동가공

공동가공행위(실행행위의 분담)는 부작위에 의해서도 이루어질 수 있다.[836] 그러나 이 때에도 부작위가 타인의 범행을 인식하면서도 이를 제지하지 아니하고 용인하는 정도가 아니라 특정한 범죄행위를 하기 위하여 일체가 되어 서로 다른 사람의 행위를 이용하여 자기의 의사를 실행에 옮기는 정도에 이르러야 한다.[837]

(2) 공모공동정범

공모공동정범이란 범행을 공모(예비·음모단계에서 범행에 기여)한 사람들은 다른 공모자가 실행에 착수한 경우 자신은 실행행위에 가담하지 않았더라도 공모한 범죄의 공동정범이 되는 것을 말한다. 공모만으로 공동정범이 될 수 있다는 점에서 공모공동정범이라고 하고 이를 찬성하는 입장을 공모공동정범이론이라고 한다.[838]

용한 제1심판결이 채택한 증거들을 기록과 대조하여 검토하여 보면, 속칭 삐끼주점의 지배인인 피고인이 피해자 오건수로부터 신용카드를 강취하고 신용카드의 비밀번호를 알아낸 후 현금자동지급기에서 인출한 돈을 삐끼주점의 분배관례에 따라 분배할 것을 전제로 하여 원심 공동피고인 1(삐끼), 2(삐끼주점 업주) 및 공소외 인(삐끼)과 피고인은 삐끼주점 내에서 피해자를 계속 붙잡아 두면서 감시하는 동안 원심 공동피고인 1, 2및 공소외인은 피해자의 위 신용카드를 이용하여 현금자동지급기에서 현금을 인출하기로 공모하였고, 그에 따라 원심 공동피고인 1, 2및 공소외인이 1997.4.18. 04:08경 서울 강남구 삼성동 소재 엘지마트 편의점에서 합동하여 현금자동지급기에서 현금 4,730,000원을 절취한 사실을 인정하기에 넉넉한바, 비록 피고인이 범행 현장에 간 일이 없다 하더라도 위와 같은 사실관계 하에서라면 피고인이 합동절도의 범행을 현장에서 실행한 원심 공동피고인 1, 2및 공소외인과 공모한 것 만으로서도 그들의 행위를 자기 의사의 수단으로 하여 합동절도의 범행을 하였다고 평가될 수 있는 합동절도 범행의 정범성의 표지를 갖추었다고 할 것이고, 따라서 위 합동절도 범행에 대하여 공동정범으로서의 죄책을 면할 수 없다. 같은 취지의 원심의 판단은 정당하고, 여기에 논하는 바와 같은 법리오해의 위법이 있다고 할 수 없다. 이 점에 관한 논지도 이유가 없다.] 그러나 이 사안에서 피고인에 대해서는 합동절도죄의 교사범이나 절도죄의 공동정범을 인정하는 것이 타당할 것이다.]

836) **[부작위에 의한 공동가공]** : 예컨대 가령 甲이 丙을 위험에 빠뜨리고 丙에 대한 구조의무 있는 乙이 甲과의 사전모의에 따라 구조행위를 부작위함으로써 결국 丙이 사망한 경우에는 甲의 작위와 乙의 부작위 사이에는 행위실행의 공동이 인정될 수 있다.

837) **[부작위에 의한 공동정범의 인정근거]** : 대법원 2009.2.12. 선고 2008도9476 판결(부작위범 사이의 공동정범은 다수의 부작위범에게 공통된 의무가 부여되어 있고 그 의무를 공통으로 이행할 수 있을 때에만 성립한다고 할 것이다.)

838) **[공모공동정범이론의 탄생배경]** : 공모공동정범이론은 집단적·조직적·지능적 범죄의 배후조종자인 거물·간부를 직접 실행행위를 한 부하들과 같이 공동정범으로 취급하기 위하여 판례에 의해서 인정된

이처럼 공동모의라는 주관적 요건만 있고 공동의 실행분담(공동가공행위)이라는 객관적 요건이 없는 경우에도 공동정범의 성립을 긍정(즉 공동정범의 성립범위를 확대하고 형벌권의 확장을 초래)하는 공모공동정범이론의 인정여부에 대해서는 학설과 판례가 정면으로 대립하고 있다.

① 긍정설

공모공동정범을 인정하는 견해로는 일본에서 간접정범유사설[839]이 있었고, 우리나라에서는 적극이용설[840] 등이 있었지만 현재 이를 지지하는 학자는 없다. 현재 주장되고 있는 긍정설은 판례가 이론적 근거로 삼고 있는 공동의사주체설[841]이다.

② 부정설

통설은 형법 제30조의 해석상 실행행위를 분담한 때에만 공동정범의 객관적 요건이 충족되어 공동정범이 될 수 있으므로 공동실행행위를 분담하지 않은 공모자를 공모공동정범으로 처벌하는 것은 책임주의원칙에 반하고, 공모공동정범은 범죄조직의 수괴를 처벌하기 위해 고안된 이론이라고 하지만 수괴에 대해서는 범죄단체조직죄(제114조)나 절도목적단체조직죄('특정범죄가중처벌등에관한법률' 제5조의8) 등으로 처벌할 수 있고, 수괴를 부하들이 실행한 범죄의 교사범으로 처벌하더라도 정범의

이론이다.

839) **[간접정범유사설]** : 단순한 공모자는 공동의사에 의한 심리적 구속을 실행자에게 미쳐 실행자를 도구로 이용하여 자기의 범죄의사를 실현한 점에서 간접정범에 유사한 정범성을 가진 공동정범이 된다는 견해이다 : **대법원 1988.4.12. 선고 87도2368 판결**(공모공동정범이 성립되려면 두 사람 이상이 공동의 의사로 특정한 범죄행위를 하기 위하여 일체가 되어 서로가 다른 사람의 행위를 이용하여 각자 자기의 의사를 실행에 옮기는 것을 내용으로 하는 모의를 하여 그에 따라 범죄를 실행한 사실이 인정되어야 하고, 이와 같이 공모에 참여한 사실이 인정되는 이상 직접 실행행위에 관여하지 안했더라도 **다른 사람의 행위를 자기의사의 수단으로 하여 범죄를 하였다는 점**에서 자기가 직접 실행행위를 분담한 경우와 형사책임의 성립에 차이를 둘 이유가 없다.)
그러나 단순히 공모하였다는 것만으로는 간접정범과의 유사성을 인정하기 어렵고, 책임능력자의 행위를 서로 이용하는 공동정범과 책임무능력자 등의 행위를 이용하는 경우인 간접정범은 실제 내용에서 서로 다른 법형상이기 때문에 취하기 어렵다.

840) **[적극적 이용설]** : 실행행위를 전체적·실질적으로 고찰하여 단순한 의사연락의 정도를 넘어서 공모자가 실행자들을 적극 이용한 경우에만 공모공동정범을 인정하자는 견해이다. 그러나 적극이용이라는 요소가 오늘날 기능적 행위지배의 한 요소로 발전되었다는 학설사적 의미를 가짐에 불과하다.

841) 상세하게는 본 서 674쪽 이하 참조.

형과 같이 벌할 수 있거나 제34조 제2항의 특수교사·방조규정을 통하여 공모공동정범보다 오히려 더 무겁게 벌할 수 있기 때문에 수괴를 처벌하는 데에 문제가 없다는 등의 이유로 공모공동정범을 인정하지 않는다.

③ 절충설

이 견해는 대체로 기능적 범행지배설의 입장에서 공모공동정범의 성립가능성을 검토하여, 공동가공행위는 반드시 실행행위를 분담한 경우에만 국한되는 것이 아니라 각자가 전체 계획의 범위 안에서 공동하여 결과실현의 불가결한 요건을 담당하였느냐에 따라 결정해야 하므로, 단순히 공모에 참가하였다고 공동정범이 될 수 없지만 공범들을 지휘, 통제, 감독하거나 범죄실행자를 지정하여 실행하는 때와 같이 전체 범행계획의 중요한 기능을 담당하였다고 인정되는 공모자는 공동정범이 될 수 있다고 한다.

④ 판례의 태도

대법원은 사전모의에는 가담하였지만 실행행위에는 아무런 가담을 하지 않은 경우에 대해서도 공모공동정범을 인정할 수 있다고 하고[842], 그 근거로서 공동의 가공의사를 통하여 일심동체가 된다는 내용의 공동의사주체설 및 간접정범유사설[843]에 입각하고 있다.

또한 대법원은 합동범에 대해 현장설을 취하다가 이를 부분적으로 포기하고 기능적 범행지배설의 입장에서 합동범의 공모공동정범도 인정하여 공모공동정범의 적용범위를 오히려 확대해 나아가고 있다.[844]

842) **[공모공동정범의 인정근거]** : 대법원 1983.3.8. 선고 82도3248 판결(공모공동정범은 공동범행의 인식으로 범죄를 실행하는 것으로 공동의사주체로서의 집단전체의 하나의 범죄행위의 실행이 있음으로 성립하고 공모자 모두가 그 실행행위를 분담하여 이를 실행할 필요가 없고 실행행위를 분담하지 않아도 공모에 의하여 수인 간에 공동의사주체가 형성되어 범죄의 실행행위가 있으면 그 실행행위를 분담하지 않았다고 하더라도 공동의사주체로서 정범의 죄책을 지게 하는 것이니 범죄의 집단화현상으로 볼 때 범행의 모의만 하고 실행행위는 분담하지 않아도 그 범행에 중요한 소임을 하는 것을 간과할 수 없기 때문에 이를 공모공동정범으로서 처단하는 것이다.)

843) 앞의 주 839)의 **대법원 1988.4.12. 선고 87도2368 판결.**

844) 앞의 주 835)의 **대법원 1998.5.21. 선고 98도321 전원합의체 판결.**

보충판례 32-8[공모공동정범의 인정여부 : 공모자의 범죄에 대한 본질적 기여를 통한 기능적 행위지배의 존재 여부] : 대법원 2009.6.23. 선고 2009도2994 판결 ; 대법원 2010.7.15. 선고 2010도3544 판결 ; 대법원 2011.9.29. 선고 2009도2821 판결.

⑤ 소결

생각건대 공모공동정범이론은 삼권분립의 원칙에 반하는 위헌적 해석론이기 때문에 그 합리성 여부를 떠나 폐기되어야 할 것이다.

첫째 공모공동정범이론은 예비·음모와 미수범을 엄격하게 구별하고 공동정범, 교사범 및 종범을 엄격하게 분리하고 있는 입법자의 입법의도를 말살할 소지가 있는 이론이다. 즉 공모공동정범은 예비·음모나 교사범으로 처벌되면 족한 행위자를 모두 공동정범으로 처벌함으로써 사실상 예비·음모나 교사범, 종범에 관한 규정들의 존재의의를 상실케 한다.[845] 이러한 입법자의 입법의도를 정면으로 무시하는 것은 사법부에 의한 입법(판례에 의한 입법형성)으로서 헌법상의 권력분립의 원칙에 반할 뿐만 아니라, 죄형법정주의원칙의 파생원칙인 유추적용금지원칙에도 배치되는 것이라 할 수 있다.

둘째 최근의 공모공동정범에 관한 판례의 대부분은 허위공문서작성죄, 사기죄, 횡령·배임죄, 시국사건 등을 다룬 것으로 그 범죄규모도 집단범죄라고 할 수 있을 만큼 크지 않은 경우가 대부분이다. 따라서 공모공동정범이 집단범죄조직의 수괴급들을 처벌하는 데에 효과적이라는 공모공동정범이론의 근거를 뒷받침할 만한 증거도 별로 없다. 또 설사 그런 증거가 있다하더라도 집단범죄의 수괴를 처벌하는 효과보다는 예비·음모나 공범으로 처벌해야 할 사람들을 공동정범으로 처벌하는 부작용이 더 크다고 할 수 있다.

셋째 공모공동정범이론은 집단범죄조직의 수괴를 정범으로 처벌하지 않고 교사범

---

845) **[공모공동정범을 인정하는 판례의 문제점]** : 특히 우리 판례는 예비·음모(특히 모의단계)에서의 행위자의 기여가 그 이후의 행위부분에 어느 정도로 본질적인 기여를 하였는가 조차 묻지 않고, 타인의 실행행위에 전혀 가담한 바가 없는 자에 대해서도 공동정범을 인정하는 태도를 일관되게 유지하고 있다. 모의만 있으면 공동정범을 인정하겠다는 판례의 태도는 **공동정범의 객관적 성립요건을 포기하는 것과 다름없는 것**으로서 재고되어야 할 것이다 : **대법원 1980.5.27. 선고 80도907 판결**(피고인이 위조행위 자체에는 관여한 바 없다고 하더라도 타인에게 위조를 부탁하여 의사연락이 되고 그로 하여금 범행을 하게 하였다면 공모공동정범에 의한 위조죄가 성립된다.)

으로 처벌하는 것은 부당하다고 하지만, 이는 공범은 정범에 비해 가벼운 형을 선고해야 한다는 오해에서 비롯된 것이라고 할 수 있다. 즉 교사범과 정범의 법정형이 같다고 하더라도 그들의 반사회적 위험성이나 비난가능성 등을 고려하여 교사범에게 정범보다 더 무거운 형을 선고하는 것이 가능하기 때문이다. 또한 제34조 제2항을 적용하는 경우에는 수괴의 형벌은 2분의 1까지 가중할 수도 있다.

다. 형법상 인과관계

공동정범의 경우 개별 행위자는 결과에 대한 전체책임을 지게 되므로 각 행위자의 부분행위와 결과 사이에 인과관계문제를 개별적으로 검토할 필요가 없다(개별 행위자 전원의 행위와 발생한 결과의 종합적·전체적 고찰).

따라서 발생된 결과가 다른 행위자의 행위에 의한 것이더라도 그 행위를 하지 않은 가담자의 행위에 대해 인과관계를 부정할 수는 없고, 각 가담자의 행위가 누적된 경우 또는 이중적인 경우라도 인과관계가 인정된다. 뿐만 아니라 공동정범자 중 어느 가담자의 행위에 의해 결과가 발생한 것인지를 판명할 수 없더라도 각 가담자의 전체행위를 종합해 볼 때 결과발생에 원인을 제공한 것이라면 형법상의 인과관계가 인정된다.[846)]

라. 공동정범의 처벌

공동정범은 각자를 그 죄의 정범으로 처벌한다(제30조).

즉 공동정범은 기능적 범행지배를 통해 범죄결과를 발생시킨 것이므로 실행의 일부를 분담하였어도 전체 결과에 대한 책임을 지는 **'일부실행 전부책임'의 원리**에 따른다.

그러나 각자를 정범으로 처벌한다는 것은 정범의 법정형으로 처벌한다는 것이므로 범죄수행에서의 역할이나 기타 사항을 고려하여 동일한 법정형의 범위 내에서 양형

846) **[결과발생에 원인된 행위로서 전체행위의 종합적 판단]** : 예컨대 살인을 공모한 甲과 乙이 각각 발포하였으나 한발의 총알만 명중하여 피해자가 사망한 경우에도 甲과 乙은 살인기수의 공동정범이 된다.

(처단형이나 선고형)은 각자에게 달라질 수 있다.

보충판례 32-9[일부실행 전부책임의 원리]: 대법원 1998.3.27. 선고 98도30 판결; 대법원 2004.3.12. 선고 2004도126 판결.

마. 관련문제

(1) 공동정범의 착오

① 개념

공동정범의 착오란 공동정범 간의 의사연락(공동가공의사)의 내용과 다른 범죄의 결과가 발생한 경우이다.

공모사실과 발생사실이 불일치하지만 동일한 구성요건에 속하는 경우인 구체적 사실의 착오나 법률의 착오는 단독정범에서의 착오와 같은 방식으로 해결하면 된다.

예컨대 甲·乙이 丙을 살해하기로 하고 함께 총을 발사하였으나 乙의 총알이 빗나가서 丁을 살해한 경우(방법의 착오) 甲과 乙은 모두 같은 책임을 진다. 즉 구체적 부합설에 의하면 丙에 대한 살인미수와 丁에 대한 과실치사의 상상적 경합, 법정적 부합설이나 추상적 부합설에 의하면 丁에 대한 살인기수의 죄책을 지게 된다.[847]

공동정범의 착오에서 특히 문제가 되는 것은 공동정범의 일부가 의사연락의 내용과 다른 범죄결과를 발생시킨 경우 즉 죄질이 상이한 구성요건에 해당하는 경우인 추상적 사실의 착오의 경우 다른 공동정범들의 책임문제이다. 이는 의사연락의 내용과 일부 공범이 범한 범죄 간에 질적 차이가 있는 경우와 양적 차이가 있는 경우로 나누

847) **[공모자 중 한 사람이 객체의 착오를 일으킨 경우]**: 예컨대 절도를 공모한 甲과 乙이 범행도중 발각되어 도주하다가 甲이 뒤따라오는 자를 추격자라고 생각하고 총을 쏘았는데, 그 추격자가 실제로는 공모자인 乙이었을 경우가 이에 해당한다. 이 경우 甲의 객체의 착오는 고의를 조각시키지 않지만, 乙에 대해서도 고의가 인정되는지가 문제된다.

이에 대해서는, 공동정범 중 1인이 범행대상이 된 경우는 공동의 범행계획을 초과한 것이므로 그 초과부분에 대해서는 공동정범이 성립할 수 없다는 부정설, 공동정범은 모두 동등한 형사책임을 부담하며 객체의 착오는 고의를 배제하지 않으므로 피해자인 공동정범도 자기에 대한 범행의 공동정범이 성립한다는 긍정설, 위의 예에서 乙은 自傷한 것에 불과하고 自傷은 처벌규정이 없으므로 불능미수가 성립한다는 불능미수설이 대립한다.

생각건대 상해죄의 객체는 타인이어야 하는데 위 사례에서 乙은 자기 자신을 객체로 하고 있으므로 객체의 불가능으로 인하여 불능미수가 성립한다는 견해가 타당하다.

어 살펴볼 수 있다.

② 질적 차이의 경우

甲·乙이 살인을 공모하였으나 乙이 재물을 절취한 경우와 같이 의사연락의 내용과 공동정범의 일부가 실행한 범죄사실이 전혀 별개의 구성요건에 속하는 경우, 즉 죄질이 상이한 구성요건에 해당하는 경우이다. 그 초과부분에 대해서는 공동정범이 성립하지 아니하고 실행자는 단독정범이 된다.

따라서 乙만이 절도죄의 단독정범의 책임을 지고 甲은 절도죄에 대한 책임은지지 않고 살인예비·음모죄의 책임만을 지고 乙은 살인예비·음모죄와 절도죄의 경합범의 책임을 진다.[848]

보충판례 32-10 : 대법원 1988.9.13. 선고 88도1114 판결.

③ 양적 차이의 경우

의사연락의 내용과 공동정범의 일부가 실행한 범죄사실이 별개의 구성요건에 속하지만 죄질을 같이하는 경우로서, 다른 공범이 의사연락내용보다 작은 결과를 초래한 경우와 의사연락내용보다 더 많은 결과를 초래한 경우로 나눌 수 있다.

통설에 의하면 어느 경우나 의사연락범죄와 다른 공범이 행한 범죄가 중첩되는 부분(죄질이 부합하는 범위)에 대해서는 다른 공범들도 공동정범으로서 책임을 진다.

즉 甲·乙이 살해를 공모하였는데 乙이 상해만을 입힌 경우(공모내용의 미달)에는 상해가 중첩되는 부분이라고 할 수 있으므로 甲·乙 모두 상해죄의 공동정범의 책임을 진다. 따라서 甲·乙 모두 살인예비·음모죄 및 상해죄의 공동정범의 경합범의 책임을

848) **보충판례 32-10[질적 차이의 경우] : 대법원 1988.9.13. 선고 88도1114 판결**(피고인은 원심공동피고인의 강간사실을 알게 된 것은 이미 실행의 착수가 이루어지고 난 다음이었음이 명백하고 강간사실을 알고 나서도 암묵리에 그것을 용인하여 그로 하여금 강간하도록 할 의사로 강간의 실행범인 원심공동피고인 1과 강간 피해자의 머리 등을 잡아준 원심공동피고인 2와 함께 일체가 되어 원심공동피고인들의 행위를 통하여 자기의 의사를 실행하였다고는 볼 수 없다 할 것이고 따라서 결국 강도강간의 공모사실을 인정할 증거가 없다고 하지 않을 수 없다.) **[판례평석]** : 이 사건은 강도를 서로 공모하였지만, 원심공동피고인1과 2가 강간을 초과적으로 실행한 경우로서 강도죄와 강간죄는 보호법익을 달리하고 법전상의 편제도 가르다는 점에서 공동정범의 질적 초과에 해당한다. 따라서 원심공동피고인 1과 2에게는 강도강간죄의 공모공동정범이 성립하지만, 피고인은 합동범인 특수강도죄만 성립한다.

진다.

甲·乙이 절도를 공모하였는데 乙이 강도죄를 범한 경우(공모내용의 초과)에는 절도부분이 중첩된 부분이므로 이에 대해서는 공동정범이 인정된다. 따라서 甲은 절도죄의 공동정범(또는 합동범), 乙은 강도죄의 단독정범의 책임을 진다.

(2) 결과적 가중범의 공동정범

결과적 가중범의 공동정범이란 공범들이 기본범죄만을 모의하였는데 그 중 일부 공범이 고의·과실로 중한 결과를 발생시킨 경우이다. 예컨대 甲·乙이 강도만을 공모하였는데 乙이 고의·과실로 피해자를 살해한 경우 甲도 중한 결과에 대한 공동정범으로 처벌되는지의 문제이다.

첫째 乙이 고의로 살해한 경우에는 乙이 강도살인죄의 죄책을 지고 甲은 강도살인죄의 죄책을 지지 않는 것은 당연하다. 다만 甲에게 피해자의 사망에 대한 예견가능성이 있는 경우 甲이 강도치사죄의 단독정범의 죄책을 지는 것도 별 문제가 없다.

문제는 甲과 乙이 공동정범인가 동시범인가 이다. 이는 고의범과 과실범의 공동정범의 인정여부의 문제로서 행위공동설에서는 공동정범을 인정하지만, 범죄공동설에서는 공동정범을 인정하지 않고 각자 단독정범이라고 한다. 판례는 강도치사죄의 공동정범을 인정한다.[849] 즉 乙은 강도살인죄가 되지만, 甲은 강도치사죄의 공동정범이

849) **[결과적 가중범의 공동정범 인정근거]** : 대법원 1991.11.12. 선고 91도2156 판결[기록을 살펴보면, 제1심은 피고인은 제1심의 상피고인 이용관과 공모하여 유흥비를 마련하기 위해 술 취한 사람을 상대로 금품을 강취할 것을 마음먹고, 소나타 승용차를 빌려 운전하고 가다가 밤 00:00경에 술에 취한 피해자 정상두를 집까지 데려다 주겠다고 위 승용차에 태워 가다가 폭행과 협박을 한 후 금품을 강취하고, 계속하여 위 피해자를 주먹과 발로 때리며 승용차 밖으로 끌어낸 다음 경찰관서에 신고하지 못하도록 하기 위해 위 이용관은 부근에 있는 길이 1m정도의 각목으로 위 피해자의 다리를 수회 때리고 사람 머리 크기의 돌멩이를 집어 들어 위 피해자의 등을 때리고 또 뒷통수를 때려 머리에 피를 흘리며 쓰러지게 하여 즉석에서 위 피해자를 외상성 뇌출혈 등으로 죽게 하여 살해하였다고 인정하였고, 원심은 피고인이 위 이용관과 술취한 사람을 상대로 금품을 강취하기로 공모하고 위 피해자로 부터 금품을 강취한 사실이 있기는 하지만 위 이용관의 살인범행에는 전혀 가담한 바 없을 뿐 아니라 당시 피고인이나 위 이용관 모두 칼 등 흉기를 전혀 휴대하고 있지 아니하여 위 이용관이 위 피해자를 살해까지 하리라고는 전혀 예견할 수 없는 상태에 있었는데 제1심이 피고인에게 강도살인죄의 죄책을 인정한 것은 부당하다는 피고인과 원심 국선변호인의 항소이유에 대하여, 제1심이 든 증거들을 종합하면 제1심이 판시한 범죄사실을 인정할 수 있다고 판단하여 이를 배척하고, 강도살인죄의 공동정범으로 인정하였다.

살피건대 강도살인죄는 고의범이므로 강도살인죄의 공동정범이 성립하기 위하여는 강도의 점 뿐 아니라 살인의 점에 관한 고의의 공동이 필요하다고 할 것인데 제1심이 들고 있는 증거를 살펴보면 피

된다고 한다.

둘째 乙이 과실로 피해자를 사망케 하고 甲에게 예견가능성이 있는 경우 甲과 乙이 강도치사죄의 죄책을 지는 것은 분명하다. 문제는 이 경우 강도치사죄의 공동정범이라고 할 수 있는지 이다. 행위공동설이나 구성요건적 행위공동설에서는 공동정범을 인정하지만[850], 범죄공동설이나 범행지배설에서는 과실범의 공동정범을 인정하지 않

고인이 위 이용관과 공모하여 강도의 범행을 한 사실은 인정할 수 있으나, 이들 증거에 의하여 피고인이 위 이용관과 살인의 공모까지 하였다고 인정하기는 어렵고 피고인이 살해행위에 가담하였다고 인정할 증거도 없다. 다만 강도의 공범자 중 1인이 강도의 기회에 피해자에게 폭행 또는 상해를 가하여 살해한 경우, **다른 공모자가 살인의 공모를 하지 아니하였다고 하여도 그 살인행위나 치사의 결과를 예견할 수 없었던 경우가 아니면 강도치사죄의 죄책을 면할 수 없다**고 할 것이나, 그렇게 한다고 하여도 이 사건에서 피고인이나 변호인은 항소이유로서 이를 전혀 예견할 수 없었다고 주장하고 있으므로, 이에 관하여는 사실심인 원심이 판단을 하여야 할 것이다.

강도살인죄는 고의범이고 강도치사죄는 이른바 결과적가중범으로서 살인의 고의까지 요하는 것이 아니므로, 수인이 합동하여 강도를 한 경우 그 중 1인이 사람을 살해하는 행위를 하였다면 **그 범인은 강도살인죄의 기수 또는 미수의 죄책을 지는 것**이고 **다른 공범자도 살해행위에 관한 고의의 공동이 있었으면** 그 또한 강도살인죄의 기수 또는 미수의 죄책을 지는 것이 당연하다 하겠으나, **고의의 공동이 없었으면** 피해자가 사망한 경우에는 강도치사의, 강도살인이 미수에 그치고 피해자가 상해만 입은 경우에는 강도상해 또는 치상의, 피해자가 아무런 상해를 입지 아니한 경우에는 강도의 죄책만 진다고 보아야 할 것이다.

원심판결에는 강도살인죄와 강도치사죄의 구성요건을 혼동하였거나 채증법칙에 위배하여 살인의 점에 관한 고의의 공동을 인정하고, 또는 심리를 미진하고 판단을 유탈한 위법이 있다고 할 것이고, 이점을 지적하는 논지는 이유있다.]

850) **[행위공동설에 의한 결과적 가중범의 공동정범 인정]** : 대법원 2000.5.12. 선고 2000도745 판결(결과적 가중범인 상해치사죄의 공동정범은 폭행 기타의 신체침해 행위를 공동으로 할 의사가 있으면 성립되고 결과를 공동으로 할 의사는 필요 없으며, 여러 사람이 상해의 범의로 범행 중 한 사람이 중한 상해를 가하여 피해자가 사망에 이르게 된 경우 나머지 사람들은 사망의 결과를 예견할 수 없는 때가 아닌 한 상해치사의 죄책을 면할 수 없다.) ; **대법원 1998.4.14. 선고 98도356 판결**(강도합동범 중 1인이 피고인과 공모한대로 과도를 들고 강도를 하기 위하여 피해자의 거소를 들어가 피해자를 향하여 칼을 휘두른 이상 이미 강도의 실행행위에 착수한 것임이 명백하고, 그가 피해자들을 과도로 찔러 상해를 가하였다면 대문 밖에서 망을 본 공범인 피고인이 구체적으로 상해를 가할 것까지 공모하지 않았다 하더라도 피고인은 상해의 결과에 대하여도 공범으로서의 책임을 면할 수 없다.) ; **대법원 1996.4.12. 선고 96도215 판결**[피고인을 비롯한 30여 명의 공범들이 화염병 등 소지 공격조와 쇠파이프 소지 방어조로 나누어 이 사건 건물을 집단방화하기로 공모하고 이에 따라 공격조가 위 건물로 침입하여 화염병 수십 개를 1층 민원실 내부로 던져 불을 붙여 위 건물 내부를 소훼케 하는 도중에 공격조의 일인이 위 건조물 내의 피해자를 향하여 불이 붙은 화염병을 던진 사실을 알 수 있는 바, 이와 같이 공격조 일인이 방화대상 건물 내에 있는 피해자를 향하여 불붙은 화염병을 던진 행위는, 비록 그것이 피해자의 진화행위를 저지하기 위한 것이었다고 하더라도, 공격조에게 부여된 임무수행을 위하여 이루어진 일련의 방화행위 중의 일부라고 보아야 할 것이고, 따라서 피해자의 화상은 이 사건 방화행위로 인하여 입은 것이라 할 것이므로 피고인을 비롯하여 당초 공모에 참여한 집단원 모두는 위 상해 결과에 대하여 현존건조물방화치상의 죄책을 면할 수 없다. 가사 피해자의 상해가 이 사건 방화 및 건물소훼로 인하여 입은 것이라고 보기 어렵다고 하더라도 형법(1995.12.29. 법률 제5057호로 개정되기 전의 것) 제164조 후단이 규정하는 현존건조물방화치상죄와 같은 이른바 부진정결과적가중범은 예견가능한 결과를 예견하지 못한 경우뿐만 아니라 그 결과를 예견하거나 고의가 있는 경우까지도 포함하는 것이므로 이 사건에서와 같이 사람이 현존하는 건조물을 방화하는 집단행위의 과정에서 일부 집단원이 고의행위로 살상을 가한 경우에도 다른 집단원에게 그 사상의 결과가 예

으므로 甲·乙은 동시범이 되어 각각 강도치사죄의 단독정범이 된다.

(3) 공동정범과 중지미수

통설은 공동정범의 중지미수가 성립하기 위해서는 자신이 범행을 중지하여야 할 뿐만 아니라 다른 공범의 행위도 중지시키거나 결과발생을 방지하여야 한다고 한다. 따라서 공동정범 중 일부가 자의로 실행행위를 중지하였으나 다른 공동정범이 결과를 발생시킨 경우에는 자의로 중지한 공동정범도 중지미수가 성립할 수 없다고 한다.

즉 공동정범은 의사연락 하에 상호협조하여 범행을 하는 것이므로 '일부실행 전부책임'의 원칙이 적용되기 때문에 자신뿐만 아니라 다른 공범의 행위를 중지시키거나 결과발생을 방지해야 중지미수가 될 수 있기 때문이다.

판례도 '다른 공범자의 범행을 중지케 한 바 없으면 범의를 철회하여도 중지미수가 될 수 없다'[851]고 하여 통설의 입장을 취하고 있다.[852]

견 가능한 것이었다면 다른 집단원도 그 결과에 대하여 현존건조물방화치사상의 책임을 면할 수 없는 것인바, 피고인을 비롯한 집단원들이 당초 공모시 쇠파이프를 소지한 방어조를 운용하기로 한 점에 비추어 보면 피고인으로서는 이 사건 건물을 방화하는 집단행위의 과정에서 상해의 결과가 발생하는 것도 예견할 수 있었다고 보이므로, 이 점에서도 피고인을 현존건조물방화치상죄로 의율할 수 있다.] ; **대법원 1984.2.14. 선고 83도3120 판결**(공동정범의 경우에 공모자 전원이 일정한 일시, 장소에 집합하여 모의하지 아니하고 공범자 중 수인을 통하여 범의의 연락이 있고 그 범의내용에 대하여 포괄적 또는 개별적인 의사연락이나 그 인식이 있었다면 그들 전원이 공모관계에 있다 할 것이고, 이와 같이 공모한 후 공범자중의 1인이 설사 범죄실행에 직접 가담하지 아니하였다 하더라도 다른 공모자가 분담실행한 공모자가 실행한 행위에 대하여 공동정범의 책임이 있다 할 것이며, 공범자 중 수인이 강간의 기회에 상해의 결과를 야기하였다면 다른 공범자가 그 결과의 인식이 없었더라도 강간치상죄의 책임이 없다고 할 수 없다.)

851) **[공동정범의 중지미수 요건]** : **대법원 2005.2.25. 선고 2004도8259 판결**[다른 공범의 범행을 중지하게 하지 아니한 이상 자기만의 범의를 철회, 포기하여도 중지미수로는 인정될 수 없는 것인바(대법원 1969.2.25. 선고 68도1676 판결 참조), 기록에 의하면, 피고인은 원심 공동피고인과 합동하여 피해자를 텐트 안으로 끌고 간 후 원심 공동피고인, 피고인의 순으로 성관계를 하기로 하고 피고인은 위 텐트 밖으로 나와 주변에서 망을 보고 원심 공동피고인은 피해자의 옷을 모두 벗기고 피해자의 반항을 억압한 후 피해자를 1회 간음하여 강간하고, 이어 피고인이 위 텐트 안으로 들어가 피해자를 강간하려 하였으나 피해자가 반항을 하며 강간을 하지 말아 달라고 사정을 하여 강간을 하지 않았다는 것이므로, 앞서 본 법리에 비추어 보면 위 구본선이 피고인과의 공모 하에 강간행위에 나아간 이상 비록 피고인이 강간행위에 나아가지 않았다 하더라도 중지미수에 해당하지는 않는다고 할 것이다.]

852) **[사견]** : 그러나 우리 형법에는 공범의 범행을 중지시킬 것(기수에 이르지 못하게 할 것)을 요구하는 명문의 규정은 없다. 이처럼 형법의 규정이 엄격하게 규정되어 있지 않음에도 불구하고 피고인에게 유리한 개념을 엄격하게 해석하는 것은 허용되지 않는 해석이기 때문에 이 경우에도 중지미수를 인정할 필요가 있다. 공범 중 일부가 자의로 범행을 중지한 경우에는 공동정범 사이의 의사연락도 더 이상 존재하지 않는다고 할 수 있기 때문이다.

3. 동시범(독립행위의 경합)

[조문]

刑法 第19條(獨立行爲의 競合) 同時 또는 異時의 獨立行爲가 競合한 경우에 그 結果發生의 原因된 行爲가 判明되지 아니한 때에는 각 행위를 未遂犯으로 處罰한다. **2011년 형법일부개정법률안[형법총칙전면개정안][의안번호 제11304호]** 제16조(독립행위의 경합) 동시(同時) 또는 이시(異時)의 독립행위가 경합한 경우에 그 결과 발생의 원인된 행위가 판명되지 아니하였을 때에는 각 행위를 미수범으로 처벌한다.

가. 동시범의 의의

동시범(Nebentäterschaft)이란 2인 이상이 상호간에 공동의 범행결의 없이(즉 공동가공의 의사 없이) 동일객체에 대해서 동시 또는 이시에 각자 범죄를 실행하는 경우를 말한다(독립행위의 경합[853]). 즉 동시범은 공범이 아니라 단독정범이 경합된 경우로서 고의범과 과실범 모두에 성립할 수 있다.[854]

나. 동시범의 특징

동시범은 범인들 사이에 의사연락이 없고 여러 개의 행위가 우연히 동시 혹은 이시에 이루어져 결과를 발생시킨 경우이기 때문에 각 행위자는 공동정범이 아니라 단독정범의 책임을 지게 된다(개별책임의 원리).

따라서 동시범에서는 발생된 결과가 누구의 행위에 의한 것인지를 가려내는 것이 중요하다.

첫째 어느 한 행위에 의해서 결과가 발생했다는 것이 판명된 경우에는 결과를 발생

853) **[용어의 정리]** : 법전상 용어인 독립행위의 경합과 강학상 용어인 동시범 중에는 독립행위의 경합이 좀 더 정확한 용어이다. 즉 반드시 여러 개의 행위가 동시에 이루어지는 경우뿐만 아니라 異時에 이루어져도 상관없기 때문이다.

854) **[동시범의 발생유형]** : 예컨대 甲과 乙이 의사연락 없이 독자적으로 丙에게 사격을 가하여 살해한 경우(고의의 동시범) 및 운전자 甲과 乙이 각각 주의의무를 태만히 하여 충돌사고를 일으켜 승객이 다친 경우(과실의 동시범)를 들 수 있다.

시킨 자는 기수범, 나머지는 미수범이 된다.[855]

둘째 여러 행위가 누적되어 결과가 발생된 경우에는 인과관계에 관한 누적적 경합의 문제가 된다. 누적적 경합에서는 상당인과관계가 인정되지 않거나 객관적 귀속이 인정되지 않으므로 각 행위자들은 원칙적으로 발생된 결과에 대한 미수범으로 처벌된다.

셋째 여러 행위 중 어느 행위에 의해 결과가 발생된 것은 확실하지만 그 원인행위가 판명되지 않은 경우에는 제19조 및 제263조(상해죄의 동시범의 특례)가 적용된다.

다. 제19조의 적용요건

(1) 행위의 주체

2인 이상의 다수인의 실행의 착수 이후의 실행행위가 있어야 한다. 따라서 행위의 주체도 2인 이상이어야 한다. 실행의 착수 이전의 예비행위는 제19조의 적용대상이 아니다.

(2) 행위의 객체

독립행위는 동일한 객체에 대한 것이어야 하고 행위의 객체가 동일한 이상 각자의 행위가 구성요건적으로 동일할 필요는 없다. 따라서 살인과 상해의 동시범도 가능하다.

(3) 시간적 동일성

독립행위가 반드시 동일한 시각에 이루어질 필요는 없다. 이시에 이루어진 경우에도 동시범이 될 수 있다. 따라서 甲이 丙에게 독약을 먹이고 한 시간 후에 乙이 丙에게 독약을 먹여 丙이 사망하였지만 丙의 사망원인이 판명되지 않은 경우에는 제19조 및 제263조의 적용문제가 발생한다.[856]

---

855) **[결과발생의 원인행위가 판명된 경우]** : 대법원 1983.9.27. 선고 83도1787 판결(피고인이 1심상피고인과 함께 술집에서 같이 자다가 깨어 옆에서 잠든 접대부를 강간하려다가 피해자의 반항으로 목적을 이루지 못하고 포기한 뒤, 뒤이어 잠을 깬 1심상피고인이 피해자를 강간코자 하였으나 역시 피해자의 반항으로 목적을 이루지 못하고 피해자를 구타하는 것을 적극 만류한 사실이 인정된다면, 피고인에 대하여는 1심상피고인의 강간치상행위에 대한 공모공동정범의 죄책을 물을 수 없다.)

(4) 장소적 동일성

동시범의 행위는 시간적 동일성뿐만 아니라 반드시 동일한 장소에서 행해짐을 요하지 않는다.

(5) 범인들 사이에 의사연락이 없을 것

범인들 사이에는 범죄를 공동으로 실현하려는 의사의 연락이 없어야 한다.[857]

동시범의 성립범위는 공동정범의 본질론과 表裏의 관계에 있다. 범죄공동설처럼 공동정범의 의사연락이 있기 위해서는 고의를 공동으로 해야 한다고 할 경우에는 과실범과 과실범, 고의범과 과실범, 서로 다른 고의범 사이에서는 공동정범이 성립할 여지가 없고 모두 동시범의 문제가 되지만, 행위공동설에 의하면 이들 모두에서 공동정범이 성립할 수 있고 동시범은 성립하지 않게 된다.

(6) 결과가 발생할 것

구성요건적 결과가 발생하지 않은 경우에는 제19조가 적용될 여지가 없다. 이 경우에는 각자 자신의 행위에 대한 미수책임을 지면 된다.

(7) 원인된 행위가 판명되지 않을 것

결과발생의 원인된 행위가 판명되지 않아야 한다. 인과관계는 각자의 행위가 결과

856) **[시간적 동일성의 범위]** : 대법원 2000.7.28. 선고 2000도2466 판결[시간적 차이가 있는 독립된 상해행위나 폭행행위가 경합하여 사망의 결과가 일어나고 그 사망의 원인된 행위가 판명되지 않은 경우에는 공동정범의 예에 의하여 처벌할 것이므로(대법원 1985.5.14. 선고 84도2118 판결 참조), 2시간 남짓한 시간적 간격을 두고 피고인이 두 번째의 가해행위인 이 사건 범행을 한 후, 피해자가 사망하였고 그 사망의 원인을 알 수 없다고 보아 피고인을 폭행치사죄의 동시범으로 처벌한 원심판단은 옳고 거기에 동시범의 법리나 상당인과 관계에 관한 법리를 오해한 위법도 없다.]

857) **[상호의사연락의 부존재]** : 대법원 1997.11.28. 선고 97도1740 판결[2인 이상이 상호의사의 연락이 없이 동시에 범죄구성요건에 해당하는 행위를 하였을 때에는 원칙적으로 각인에 대하여 그 죄를 논하여야 하나, 그 결과발생의 원인이 된 행위가 분명하지 아니한 때에는 각 행위자를 미수범으로 처벌하고(독립행위의 경합), 이 독립행위가 경합하여 특히 상해의 경우에는 공동정범의 예에 따라 처단(동시범)하는 것이므로, 상호의사의 연락이 있어 공동정범이 성립한다면, 독립행위경합 등의 문제는 아예 제기될 여지가 없다.]

에 대해 원인이 되었는지를 개별적으로 검토한다는 점에서 다수인의 행위를 합쳐서 포괄적으로 결과에 대한 인과관계를 검토하는 공동정범과 구별된다.[858]

라. 동시범의 효과

(1) 동시범의 법적 효과의 의의

독립행위가 경합하였고 결과가 발생하였으나 원인된 행위가 판명되지 않았을 경우에는 각 행위자를 미수범으로 처벌한다는 제19조는 '의심스러울 때는 피고인에게 유리하게(in dubio pro reo)'라는 원칙 또는 형사소송법상의 소극적 실체진실주의의 원리가 반영된 것이다. 즉 범인 중 일부가 자기행위책임에 미달하는 처벌을 받는 문제점이 있다고 하더라도 범인들 중 자기행위책임을 초과해서 처벌되는 일이 없도록 하기 위해 모든 행위자를 미수범으로 처벌하는 것이다.

(2) 고의행위와 고의행위가 경합한 경우

이 경우에는 미수범 처벌규정이 있는 경우에 한해 각자 그 고의행위의 미수범으로 처벌된다.

(3) 고의행위와 과실행위가 경합한 경우

이 경우 고의행위는 미수범으로 처벌되나, 과실행위는 미수의 처벌규정이 없으므로 불가벌이다.

---

858) **[공동정범과 동시범의 인과관계 판단의 차이]** : 대법원 2007.10.26. 선고 2005도8822 판결(선행 교통사고와 후행 교통사고 중 어느 쪽이 원인이 되어 피해자가 사망에 이르게 되었는지 밝혀지지 않은 경우 후행 교통사고를 일으킨 사람의 과실과 피해자의 사망 사이에 인과관계가 인정되기 위해서는 후행 교통사고를 일으킨 사람이 주의의무를 게을리 하지 않았다면 피해자가 사망에 이르지 않았을 것이라는 사실이 증명되어야 하고, 그 증명책임은 검사에게 있다.) ; **대법원 1984.5.15. 선고 84도488 판결**(상해죄에 있어서의 동시범은 두 사람 이상이 가해행위를 하여 상해의 결과를 가져올 경우에 그 상해가 어느 사람의 가해행위로 인한 것인지가 분명치 않다면 가해자 모두를 공동정범으로 본다는 것이므로 **가해행위를 한 것 자체가 분명치 않은 사람에 대하여는 동시범으로 다스릴 수 없다**.)

(4) 과실행위와 과실행위가 경합한 경우

이 경우 과실행위는 미수의 처벌규정이 없으므로 모두 불가벌이 된다.

마. 상해죄 동시범(제263조)의 특례

[조문]

刑法 第263條(同時犯) 獨立行爲가 競合하여 傷害의 效果를 發生하게 한 경우에 있어서 原因된 行爲가 判明되지 아니한 때에는 共同正犯의 例에 의한다.

(1) 의의 및 취지

상해의 동시범에 있어서는 원인행위가 판명되지 아니한 때에도 예외적으로(제19조[독립행위의 경합]의 예외로서) 의사연락이 있었던 것과 같이 공동정범으로 처벌한다는 특례규정이다. 즉 형법 제263조는 검사의 상해결과에 대한 원인의 입증곤란을 구제하기 위하여 정책적으로 'in dubio pro reo'원칙의 예외를 인정한 것이다.

(2) 법적 성질

제263조의 법적 성격에 대해서는, ① 검사의 입증곤란을 구제하기 위하여 법률상 인과관계의 존재와 공동정범의 책임을 추정한 것이라는 견해(법률상 추정설), ② 입증의 곤란을 구제하기 위하여 인과관계가 존재한다고 간주해버리는 규정이라는 견해(법률상 간주설), ③ 피고인에게 자기의 행위로 상해의 결과가 발생하지 않았음을 증명할 거증책임을 전환한 규정이라고 보는 견해(**거증책임전환설, 다수설**), ④ 소송법상으로는 거증책임의 전환규정인 동시에 실체법상으로는 공동정범의 범위를 확장시키기 위하여 인과관계의 존재를 간주하는 것이라는 견해(이원설), ⑤ 피고인이 인과관계의 부존재에 대한 증거를 제출할 책임이 있다고 하는 견해(증거제출책임설) 등이 대립한다.

생각건대 제263조는 전근대적인 적극적 실체진실주의가 반영된 규정으로서 책임주의원칙에 반한다고 할 수 있다. 즉 추정·간주·전환은 증명절차를 거치지 않고 사실을 인정하는 것이므로 형사소송법의 기본원칙인 자유심증주의·실체진실주의에 반하기 때문이다. 따라서 제263조는 위헌적 규정이므로 삭제되는 것이 바람직하고, 해석상으로는 제263조의 규정을 극도로 축소해석하여 운용해야 한다는 점을 감안할 때 피고인이 인과관계의 부존재를 증명할 증거를 제출하면 족하다고 하는 증거제출책임설이 가장 타당하다.

(3) 적용요건

첫째 2인 이상의 행위가 서로 의사연락 없이 동시 또는 이시에 동일객체에 대하여 행해져야 하며(독립행위의 경합)[859], 둘째 상해의 결과는 상해행위에 의한 것이든 폭행행위에 의한 것이든 불문하고(상해의 결과발생). 셋째 누구의 행위가 원인이 되어 상해의 결과가 발생하였는지 인과관계의 증명이 불가능하여야 한다(원인행위의 불분명).[860]

(4) 법적 효과

① 포괄적 행위와 인과관계의 판단

'원인된 행위가 판명되지 아니한 때에는 공동정범의 예에 의한다'(제263조). 여기서 공동정범의 예에 의한다는 것은 공동정범처럼 취급하여 각자의 전체행위와 결과 간에 인과관계를 판단한다는 의미이다.

따라서 개개의 행위와 상해의 결과 간에 개별적으로는 인과관계가 불분명할지라도 전체행위가 상해의 결과에 대해서 원인이 되었다면 각 행위자는 발생한 결과에 대하

859) **[공동가공의사의 부존재]** : 대법원 1985.12.10. 선고 85도1892 판결 : 대법원 1997.11.28. 선고 97도1740 판결[2인 이상이 상호의사의 연락없이 동시에 범죄구성요건에 해당하는 행위를 하였을 때에는 원칙적으로 각인에 대하여 그 죄를 논하여야 하나 그 결과 발생의 원인이 된 행위가 분명하지 아니한 때에는 각 행위자를 미수범으로 처벌하고(독립행위의 경합), 이 독립행위가 경합하여 특히 상해의 결과를 발생하게 하고 그 결과발생의 원인이 된 행위가 밝혀지지 아니한 경우에는 공동정범의 예에 따라 처단(동시범)하는 것이므로 공범관계에 있어 공동가공의 의사가 있었다면 이에는 도시 동시범등의 문제는 제기될 여지가 없다.]

860) **[동시범의 전제로서 실행행위의 존재]** : 대법원 1984.5.15. 선고 84도488 판결(상해죄에 있어서의 동시범은 두 사람 이상이 가해행위를 하여 상해의 결과를 가져올 경우에 그 상해가 어느 사람의 가해행위로 인한 것인지가 분명치 않다면 가해자 모두를 공동정범으로 본다는 것이므로 가해행위를 한 것 자체가 분명치 않은 사람에 대하여는 동시범으로 다스릴 수 없다.)

여 공동정범(기수범)의 예에 따라 처벌되는 것이다.

② 적용범위

ㄱ. 상해죄·폭행치사죄

제263조는 폭행과 상해의 죄에 관한 특례규정이므로 상해죄와 폭행치상죄의 규정에 당연히 적용된다.

ㄴ. 상해치사죄·폭행치사죄

상해치사죄와 폭행치사죄에 대해서도 제263조가 적용될 것인지에 대해서는, 사망의 결과에 대하여 인과관계가 있고 예견가능성이 있는 한 제263조가 적용된다는 견해(긍정설), 제263조는 예외규정이므로 그 적용범위를 제한하여야 하고 이를 사망의 결과가 발생한 경우에까지 적용하는 것은 유추적용금지의 원칙에 반하므로 적용할 수 없다는 견해(부정설), 상해치사죄의 경우에는 인과관계와 예견가능성이 있는 한 제263조가 적용되지만 폭행치사죄의 경우에는 상해의 결과가 발생한 것이 아니므로 적용될 여지가 없다는 견해(이분설) 등이 대립한다.

판례는 긍정설에 입각하여 상해치사죄와 폭행치사죄의 동시범을 인정하고 있다.[861)]

861) **[상해치사죄와 폭행치사죄의 동시범]** : **대법원 1981.3.10. 선고 80도3321 판결**(원심이 확정한 사실에 의하면 원심 공동피고인은 술에 취해있던 피해자의 어깨를 주먹으로 1회 때리고 쇠스랑 자루로 머리를 2회 강타하고 가슴을 1회 밀어 땅에 넘어뜨렸고, 그후 3시간 가량 지나서 피고인이 위 피해자의 멱살을 잡아 평상에 앉혀놓고 피해자의 얼굴을 2회 때리고 손으로 2,3회 피해자의 가슴을 밀어 땅에 넘어뜨린 다음, 나일론 슬리퍼로 피해자의 얼굴을 수회 때렸는데 위와 같은 두 사람의 이시적인 상해행위로 인하여 피해자가 그로부터 6일 후에 뇌출혈을 일으켜 사망하기에 이르렀다는 것인 바, 원판결의 문언과 원심이 피고인의 소위에 대하여 형법 제263조를 적용한 취지에서 보면 원심은 위 피해자의 사인이 원심 공동피고인의 행위와 피고인의 행위 중 누구의 행위에 기인한 것인지를 판별할 수 없는 경우에 해당한다고 하여 형법 제263조의 규정에 의한 공동정범의 예에 따라 피고인에게 책임을 지우고 있는 것이라고 할 것이다. 그런데 형법 제19조와 같은 법 제263조의 규정취지를 새겨보면 본건의 경우와 같은 이시의 상해의 독립행위가 경합하여 사망의 결과가 일어난 경우에도 그 원인된 행위가 판명되지 아니한 때에는 공동정범의 예에 의하여야 한다고 해석하여야 할 것이니 이와 같은 견해에서 피고인의 소위에 대하여 형법 제263조의 동시범으로 의율처단한 원심의 조치는 정당하고 원판결에 형법 제19조와 동 제263조의 법리를 오해한 위법이나 소론 의률착오의 위법이 없다.) ; **대법원 1985.5.14. 선고 84도2118 판결**(공동정범은 행위자 상호간에 범죄행위를 공동으로 한다는 공동가공의 의사를 가지고 범죄를 공동실행하는 경우에 성립하는 것으로서, 여기에서의 공동가공의 의사는 공동행위자 상호간에 있어야 하며 행위자 일방의 가공의사만으로는 공동정범관계가 성립할 수 없다. 동시범의 특례를 규정한 형법 제263조는 **상해치사죄에도 적용**된다.) ; **대법원 2000.7.28. 선고 2000도2466 판결**[시간적 차이가 있는 독립된 상해행위나 폭행행위가 경합하여 사망의 결과가 일어나고 그 사망의 원인된 행위가 판명되지 않은 경우에는 공동정범의 예에 의하여 처벌할 것이므

생각건대 제263조는 예외규정이므로 그 적용범위를 극도로 축소해석하여 제한해야 하고, 상해의 결과를 발생케 한 경우라고 규정하고 있음에도 불구하고 사망의 결과를 발생한 경우에 적용하는 것은 유추적용금지의 원칙에 반한다는 점에서 부정설이 타당하다.

ㄷ. 강도상해·치상죄, 강간상해·치상죄, 과실치사상죄

제263조는 폭행과 상해의 죄에 관한 특례규정이므로 그 보호법익을 달리하는 위와 같은 죄에는 적용할 수 없다(판례[862]).

제3절 교사범

[조문]

刑法 第31條(敎唆犯) ① 他人을 敎唆하여 罪를 犯하게 한 者는 罪를 實行한 者와 同一한 刑으로 處罰한다.

② 敎唆를 받은 者가 犯罪의 實行을 承諾하고 實行의 着手에 이르지 아니한 때에는 敎唆者와 被敎唆者를 陰謀 또는 豫備에 준하여 處罰한다.

③ 敎唆를 받은 者가 犯罪의 實行을 承諾하지 아니한 때에도 敎唆者에 대하여는 前項과 같다.

2011년 형법일부개정법률안[형법총칙전면개정안][의안번호 제11304호] 제33조(교사범)
① 타인을 교사(敎唆)하여 죄를 범하게 한 자는 정범과 같은 형으로 처벌한다.

② 교사를 받은 자가 범죄의 실행을 승낙하고 실행의 착수에 이르지 아니한 경우에는 교사자와 피교사자를 예비 또는 음모에 준하여 처벌한다.

③ 교사를 받은 자가 범죄의 실행을 승낙하지 아니한 경우에도 교사자는 예비 또는 음모에 준하여 처벌한다.

로(대법원 1985.5.14. 선고 84도2118 판결 참조), 2시간 남짓한 시간적 간격을 두고 피고인이 두 번째의 가해행위인 이 사건 범행을 한 후, 피해자가 사망하였고 그 사망의 원인을 알 수 없다고 보아 피고인을 **폭행치사죄의 동시범**으로 처벌한 원심판단은 옳고 거기에 동시범의 법리나 상당인과 관계에 관한 법리를 오해한 위법도 없다.]

862) **대법원 1984.4.24. 선고 84도372 판결**(형법 제263조의 동시범은 상해와 폭행죄에 관한 특별규정으로서 동 규정은 그 보호법익을 달리하는 강간치상죄에는 적용할 수 없다.) ;

1. 교사범의 개념 및 종속성

가. 개념

교사범(Anstiftung)이란 타인을 교사하여 범죄실행의 결의를 생기게 하고 이 결의에 의하여 범죄를 실행하게 하는 자를 말한다.[863] 예컨대 甲이 乙에게 丙의 물건을 절취해 오면 돈을 주겠다고 하고 乙이 돈을 벌기 위해 丙의 물건을 절취해 올 것을 결의하고 이 결의에 따라 丙의 물건을 절취해 온 경우 乙은 정범이고 甲은 교사범이 된다.

나. 종속성

형법은 공범종속성설을 채택하였기 때문에 협의의 공범에 속하는 교사범은 원칙적으로 정범의 성립과 처벌에 따라 그 성립여부와 처벌이 결정된다(교사범의 정범에의 종속성).

형법은 '他人을 教唆하여 罪를 犯하게 한 者는 罪를 實行한 者와 同一한 刑으로 處罰한다.'고 규정하여 '죄를 범하게 한 자'인 교사범과 '죄를 실행한 자'인 정범을 구별하고 교사범의 형벌도 '죄를 실행한 자와 동일한 형으로 처벌한다'고 함으로써 공범종속성을 인정하고 있다. 판례도 같은 입장이다.[864]

보충판례 33[교사범의 정범에의 종속성] : 대법원 2000.2.25. 선고 99도1252 판결 : 대법원 1998.2.24. 선고 97도183 판결.

---

863) **[구별개념]** : 교사범은 정범에 종속하는 공범이라는 점에서, 고의가 없거나 정범으로 처벌될 수 없는 자를 도구로 이용하여 의사지배를 하는 간접정범과 구별되고, 교사범은 범행지배가 없는 공범이라는 점에서, 기능적 범행지배를 하는 공동정범과 구별되며, 교사범은 타인에게 범죄결의를 유발시킨다는 점에서, 타인의 범행결의를 전제로 그 실행을 유형・무형으로 원조하는 종범과 구별된다.

864) **보충판례 33[교사범의 정범에의 종속성] : 대법원 2000.2.25. 선고 99도1252 판결 : 대법원 1998.2.24. 선고 97도183 판결**(교사범이 성립하기 위해서는 교사자의 교사행위와 정범의 실행행위가 있어야 하는 것이므로, 정범의 성립은 교사범의 구성요건의 일부를 형성하고 교사범이 성립함에는 정범의 범죄행위가 인정되는 것이 그 전제요건이 된다.)

2. 교사범의 성립요건

가. 교사행위에 관한 요건

(1) 객관적 요건

① 개념

교사행위란 범죄를 범할 의사가 없는 타인에게 범죄실행의 결의를 가지게 하는 일체의 행위를 말한다. 교사행위의 수단에는 제한이 없다.[865)]

교사행위가 강요행위인 경우 교사범이 성립한다는 견해도 있지만, 형법 제34조가 어느 행위로 인하여 처벌되지 않는 자를 교사한 경우를 간접정범으로 벌하고 있고 피강요자는 처벌되지 않는 자이기 때문에 간접정범(의사지배)이 성립한다고 해야 할 것이다.

교사행위가 기망행위인 경우에는 교사범 또는 간접정범이 성립한다. 예컨대 돈을 줄 생각없이 돈을 준다고 정범을 기망하여 죄를 범하게 한 경우에는 교사범이 성립한다. 그러나 피교사자가 자신이 하는 행위의 의미를 알지 못하도록 기망한 경우에는 간접정범이 성립한다.

② 피교사자 및 그가 행할 범죄의 특정

교사행위가 성립하기 위해서는 피교사자 및 교사자가 행할 범죄가 특정되어야 한다.

즉 막연히 일반인들에게 특정한 범죄를 교사한 경우에는 선동은 될 수 있어도 교사가 될 수 없기 때문에 다수이건 소수이건 피교사자가 특정되어야 교사행위가 될 수 있다.

교사행위가 되기 위해서는 피교사자가 행할 범죄가 특정되어야 한다. 이때의 특정이란 단순한 죄명만이 아니라 그 죄의 대상이 특정될 것을 의미한다. 다만 범행의 장

865) **[교사행위의 수단]** : 따라서 대가의 제공, 유혹, 명령, 지시, 부탁, 애원, 위협 등 피교사자로 하여금 범죄결의를 하도록 하는 행위이면 족하다 : **대법원 1969.4.22. 선고 69도255 판결**(백송을 도벌하여 상자를 만들어 달라고 말하면서 도벌자금을 교부한 이상 피고인의 위 청탁으로 공소외인들이 도벌의 범의를 일으켰다고 볼 수 있어 교사죄가 성립한다.)

소 · 방법 등 세부적인 사항까지 특정할 필요는 없다. 따라서 공무원에게 막연히 '세상 정직하게 살지 말고 뇌물도 먹으면서 살아라'고 하는 것은 객체가 특정되지 않았으므로 뇌물죄의 교사행위가 될 수 없다.[866)]

③ 교사행위의 방법

피교사자의 의사형성에 영향을 줄 수 있는 것이면 교사행위의 수단 · 방법에는 제한이 없다. 따라서 명시적(직접적) · 묵시적(간접적) 방법을 불문한다. 그러나 단순히 범죄를 유발할 수 있는 상황을 만든 것만으로는 교사행위가 될 수 없다.[867)]

보충판례 33-1[교사행위의 방법] : 대법원 1991.5.14. 선고 91도542 판결.

④ 부작위 및 과실에 의한 교사

부작위는 피교사자에 대해서 현실적으로 아무런 심리적 영향을 주지 못하므로 교사가 될 수 없다(통설). 또한 교사는 타인에게 범죄의 결의를 일으키게 하는 것으로서

---

866) **[객체의 불특정여부]** : 대법원 1971.2.23. 선고 71도45 판결(피고인이 그 자녀들로 하여금 조총련의 간부로 있는 피고인의 실형에게 단순한 신년인사와 안부의 편지를 하게 한 것 만으로서는 반국가단체의 구성원과 그 이익이 된다는 정을 알면서 통신연락을 하도록 교사하였다고 할 수 없다.) ; **대법원 1984.5.15. 선고 84도418 판결**(피고인이 연소한 제1심 피고인에게 밥값을 구하여 오라고 말한 점이 절도범행을 교사한 것이라고 볼 수 없다.) ; **대법원 1997.6.24. 선고 97도1075 판결**(교사자가 피교사자에게 피해자를 "정신차릴 정도로 때려주라"고 교사하였다면 이는 상해에 대한 교사로 봄이 상당하다.)

867) **보충판례 33-1[교사행위의 방법] : 대법원 1991.5.14. 선고 91도542 판결**[교사범이란 타인(정범)으로 하여금 범죄를 결의하게 하여 그 죄를 범하게 한 때에 성립하는 것이고 피교사자는 교사범의 교사에 의하여 범죄실행을 결의하여야 하는 것이므로, 피교사자가 이미 범죄의 결의를 가지고 있을 때에는 교사범이 성립할 여지가 없다.

막연히 "범죄를 하라"거나 "절도를 하라"고 하는 등의 행위만으로는 교사행위가 되기에 부족하다 하겠으나, 타인으로 하여금 일정한 범죄를 실행할 결의를 생기게 하는 행위를 하면 되는 것으로서 교사의 수단방법에 제한이 없다 할 것이므로, 교사범이 성립하기 위하여는 범행의 일시, 장소, 방법 등의 세부적인 사항까지를 특정하여 교사할 필요는 없는 것이고, 정범으로 하여금 일정한 범죄의 실행을 결의할 정도에 이르게 하면 교사범이 성립된다. .

피고인이 갑, 을, 병이 절취하여 온 장물을 상습으로 19회에 걸쳐 시가의 3분의1 내지 4분의 1의 가격으로 매수하여 취득하여 오다가, 갑, 을에게 일제 도라이바 1개를 사주면서 "병이 구속되어 도망다니려면 돈도 필요할텐데 열심히 일을 하라(도둑질을 하라)"고 말하였다면, 그 취지는 종전에 병과 같이 하던 범위의 절도를 다시 계속하면 그 장물은 매수하여 주겠다는 것으로서 절도의 교사가 있었다고 보아야 한다.

교사범의 교사가 정범이 죄를 범한 유일한 조건일 필요는 없으므로, 교사행위에 의하여 정범이 실행을 결의하게 된 이상 비록 정범에게 범죄의 습벽이 있어 그 습벽과 함께 교사행위가 원인이 되어 정범이 범죄를 실행한 경우에도 교사범의 성립에 영향이 없다.]

고의성을 본질로 하므로 과실에 의한 교사는 성립할 수 없다(통설).

⑤ 간접교사 및 연쇄교사

간접교사란 교사자와 피교사자 사이에 한 사람의 중간교사자가 개입되어 있는 경우를 말한다. 예컨대 甲이 乙에게 '丙을 시켜 丁을 폭행하라'고 교사한 경우이다. 직접교사자는 교사범으로서 가벌적임은 물론이나, 간접교사자의 가벌성에 대해서 논의가 있다.

통설 및 판례[868]는 정범의 범행을 야기시킴에 있어 간접교사와 직접교사 사이에 실질적 차이가 없으므로 간접교사를 인정한다. 간접교사에서도 피교사자 및 범행행위가 특정되어야만 교사행위에 해당되고, 나아가 간접교사행위와 실행행위 사이에 형법상 인과관계가 인정되어야 교사범이 성립한다고 할 것이다.

한편 연쇄교사란 교사자와 피교사자 사이에 여러 사람의 중간교사자가 개입되어 있는 경우를 말한다. 간접교사자의 경우 교사자가 최종 실행행위자를 인식하고 있는데 비해 연쇄교사에서는 이를 인식하지 못하였다는 점에서 차이가 있다.

통설은 연쇄교사에서도 교사범의 책임을 인정한다. 즉 중간교사자 가운데 1인이 자신이 교사행위에 이용당한다는 사실을 인식하지 못하고 다시 교사를 한 경우에도 교사범이 성립한다는 것이다. 그러나 교사자가 연쇄교사를 인식·인용한 경우에는 교사범이 성립하지만 그렇지 않은 경우에는 피교사자가 특정되었다고 할 수 없으므로 교사범의 성립을 부정해야 할 것이다.

보충판례 33-2 [연쇄교사] : 대법원 1967.1.24. 선고 66도1586 판결.

(2) 주관적 요건

① 이중의 고의

교사자는 이중의 고의, 즉 첫째 피교사자에게 범죄실행의 결의를 갖게 한다는 사실

868) **[간접교사]** : 대법원 1974.1.29. 선고 73도3104 판결(甲이 乙에게 범죄를 저지르도록 요청한다 함을 알면서 甲의 부탁을 받고 甲의 요청을 乙에게 전달하여 乙로 하여금 범의를 야기케 하는 것은 教唆에 해당한다.)

에 대한 '고의(자신의 교사행위에 대한 고의)'와, 둘째 정범을 통하여 구성요건적 결과를 실현한다는 사실에 대한 '고의(피교사자의 실행행위에 대한 고의)'를 요한다는 견해이다(통설).

교사행위에 대한 고의란 자신이 '특정한 피교사자에 대해 특정한 범죄를 교사하고 있다'는 것을 인식·인용하는 교사자의 내심상태를 말한다.

피교사자의 실행행위에 대한 고의란 피교사자가 행할 '특정한 범죄'에 대한 고의를 말한다. 적어도 범행의 대상이나 객체에 대해서는 고의가 있어야 한다.

② 미수의 교사

미수의 교사란 피교사자의 행위가 미수에 그칠 것을 예견하면서 교사하는 경우를 말한다. 이는 함정수사의 수단으로 많이 사용된다. 예컨대 경찰관 甲이 마약판매상을 체포하기 위해 마약판매상 乙에게 마약을 판매할 것을 교사하고 乙이 마약을 판매하기 위해 내놓으면 그를 체포하는 경우와 같은 것이다.

미수의 교사를 처벌할 것인지에 대해서는 견해가 대립한다. 정범(피교사자)의 실행행위가 미수에 그친 경우와 기수에 달한 경우로 나눌 수 있다.

ㄱ. 정범의 실행행위가 미수에 그친 경우

피교사자는 범죄의 고의를 가지고 실행에 착수하였으나 미수에 그쳤으므로 당연히 미수범으로 처벌된다.

교사자에 대해서 통설은 고의를 인정하기 위해서는 결과발생을 의욕 또는 인용하여야 하는데 미수의 교사에서는 구성요건적 결과발생에 대한 인식 · 인용이 없기 때문에 교사의 고의를 인정할 수 없다고 한다. 즉 함정교사(agent provocateur)도 기수의 고의가 없기 때문에 교사자의 가벌성은 부정된다.

ㄴ. 정범의 실행행위가 기수에 달한 경우

교사자가 미수를 교사했으나 피교사자의 실행행위가 기수에 이른 경우 또는 다른 구성요건에 해당하는 결과가 발생한 경우에는 교사자에게 기수에 대한 고의가 없으므로 교사범으로 처벌할 수 없다. 다만 결과발생에 대한 과실이 있는 경우에는 교사자에게 과실책임을 지울 수 있다(다수설).

피교사자는 결과발생에 대한 고의로 실행에 착수하였으므로 원칙적으로 미수범이 성립한다. 함정수사의 경우 미수의 교사가 이미 범죄의사를 가진 자에게 범죄의 기회를 제공한 기회제공형 함정수사인 경우에는 피교사자는 미수범으로 처벌된다. 그러나 미수의 교사가 전혀 범죄의사가 없는 자에게 적극적으로 범죄의사를 갖게 한 범의유발형 함정수사인 경우에는 수사방법의 상당성이 결여되므로 이러한 함정수사에 기한 공소제기는 그 절차가 법률의 규정에 위반하여 무효인 때에 해당한다.[869)]

보충판례 33-3[미수의 교사 : 함정수사] : 대법원 2008.10.23. 선고 2008도7362 판결.

나. 피교사자의 실행행위

(1) 피교사자의 범행결의

교사행위로 피교사자가 범죄를 결의하여야 하고 이미 범죄를 결의한 사람을 교사한 때에는 실패한 교사가 되거나 무형적 방법에 의한 방조범이 성립할 수 있을 뿐이다.[870)] 한편 피교사자의 범죄결의가 확고하지 않거나 막연한 일반적 범죄계획을 가지

---

869) **[범의유발형 함정수사]** : 대법원 2005.10.28. 선고 2005도1247 판결(범의를 가진 자에 대하여 단순히 범행의 기회를 제공하거나 범행을 용이하게 하는 것에 불과한 수사방법이 경우에 따라 허용될 수 있음은 별론으로 하고, 본래 범의를 가지지 아니한 자에 대하여 수사기관이 사술이나 계략 등을 써서 범의를 유발케 하여 범죄인을 검거하는 함정수사는 위법함을 면할 수 없고, 이러한 함정수사에 기한 공소제기는 그 절차가 법률의 규정에 위반하여 무효인 때에 해당한다.) ; **보충판례 33-3[미수의 교사 : 함정수사] : 대법원 2008.10.23. 선고 2008도7362 판결**(원심판결 이유에 의하면 원심은, 이 사건의 경우 경찰관들이 단속 실적을 올리기 위하여 손님을 가장하고 들어가 도우미를 불러 줄 것을 요구하였던 점, 피고인측은 평소 자신들이 손님들에게 도우미를 불러 준 적도 없으며, 더군다나 이 사건 당일 도우미를 불러달라는 다른 손님들이 있었으나 응하지 않고 모두 돌려보낸 바 있다고 주장하는데, 위 노래방이 평소 손님들에게 도우미 알선 영업을 해 왔다는 아무런 자료도 없는 점, 위 경찰관들도 그와 같은 제보나 첩보를 가지고 이 사건 노래방에 대한 단속을 한 것이 아닌 점, 위 경찰관들이 피고인측으로부터 한 차례 거절당하였으면서도 다시 위 노래방에 찾아가 도우미를 불러 줄 것을 요구하여 도우미가 오게 된 점 등 여러 사정들을 종합해 보면, 이 사건 단속은 수사기관이 사술이나 계략 등을 써서 피고인의 범의를 유발케 한 것으로서 위법하고, 이러한 함정수사에 기한 이 사건 공소제기 또한 그 절차가 법률의 규정에 위반하여 무효인 때에 해당한다고 하여 이 사건 공소를 기각한 제1심 판결을 유지하였다.

. 위 법리와 기록에 비추어 살펴보면, 원심의 위와 같은 사실인정과 판단은 수긍이 가고 거기에 주장과 같은 함정수사에 관한 법리오해의 위법이 없다.)

고 있을 정도인 때에는 교사가 될 수 있다.

(2) 이미 결심한 것과 다른 범죄를 결심하도록 한 경우

이미 일정한 범죄를 결의한 사람에게 다른 범죄를 하도록 교사한 경우에는 이미 결심한 범죄와 새로 결심한 범죄가 질적 차이가 있는 경우와 양적 차이가 있는 경우로 나누어 볼 수 있다.

① 질적 차이가 있는 경우

예컨대 상해를 결심하고 있는 사람에게 절도를 교사한 경우와 같이 질적 차이가 있는 경우에는 피교사자가 절도의 결심을 한 바가 없기 때문에 절도죄의 교사범이 성립한다.

② 양적 차이가 있는 경우

양적 차이가 있는 경우는 이미 결심한 범죄보다 중한 범죄를 교사한 경우와 이미 결심한 범죄보다 경한 범죄를 교사한 경우로 나눌 수 있다.

ㄱ. 중한 범죄를 교사한 경우

절도를 결의한 자에게 강도를 교사한 경우나 상해를 결의한 자에게 살인을 교사한 경우처럼 피교사자가 이미 결심한 범죄보다 중한 범죄를 결심하게 한 경우에는, 전체 범죄에 대한 교사의 성립(강도죄나 살인죄의 교사범)을 인정하는 견해(다수설), 전체 범죄에 대한 방조범과 초과부분에 대한 교사범의 상상적 경합(강도죄나 살인죄의 방조범과 폭행·협박죄의 교사범이나 살인죄의 교사범의 상상적 경합)을 인정하는 견해 등이 대립한다.

870) **[피교사자의 범행결의]** : **대법원 1991.5.14. 선고 91도542 판결**[교사범이란 타인(정범)으로 하여금 범죄를 결의하게 하여 그 죄를 범하게 한 때에 성립하는 것이고 피교사자는 교사범의 교사에 의하여 범죄실행을 결의하여야 하는 것이므로, 피교사자가 이미 범죄의 결의를 가지고 있을 때에는 교사범이 성립할 여지가 없다.] ; **대법원 1950.4.18. 선고 4283형상10 판결**(권총 등을 교부하면서 사람을 살해하라고 한 자는 피교사자의 범죄실행결의의 유무와 관계없이 그 행위 자체가 독립하여 살인예비죄를 구성한다.)

생각건대 이 경우에는 교사범의 성립을 인정할 수 없다고 해야 한다. 강도죄의 교사범이 되기 위해서는 폭행·협박죄와 절도죄 모두에 대한 교사행위가 있어야 하는데 절도죄를 결심하고 있는 사람에 대해서는 절도교사가 불가능하기 때문이다. 따라서 피교사자가 강도죄를 범하였을 경우에는 강도죄에 대한 방조범(살인죄에 대한 방조범)만을 인정해야 하고, 피교사자가 실행행위로 나아가지 않은 경우 초과부분에 대한 예비·음모죄를 처벌하는 경우에는 예비·음모죄(살인예비·음모죄), 초과부분에 대한 예비·음모를 처벌하지 않는 경우에는 불가벌(폭행·협박의 예비·음모를 처벌하는 규정이 없으므로 불가벌)이라고 해야 할 것이다.

ㄴ. 가벼운 범죄를 교사한 경우

강도를 결심하고 있는 사람에게 절도를 교사한 경우와 같이 피교사자가 결심하고 있는 범죄보다 경한 범죄를 교사한 경우에는 교사범이 성립할 수 없다. 즉 강도의 결심에는 절도의 결심이 포함되어 있고, 이미 범죄를 결심하고 있는 사람을 교사한 경우에는 교사범이 성립할 수 없기 때문이다. 이 경우에는 가벼운 범죄의 방조범(절도죄의 방조범)이 성립할 수 있을 뿐이다(다수설).

(3) 실행행위

교사범이 성립하기 위해서는 피교사자가 적어도 범죄의 실행에 착수하여야 한다. 피교사자의 실행행위가 없으면 실패한 교사가 되어 교사자 · 피교사자는 예비 · 음모로 처벌된다(제31조 2항). 교사행위와 실행행위 사이에 인과관계가 없는 경우에도 같다.

피교사자의 행위가 기수에 이르러야 교사범이 완전하게 성립한다. 피교사자의 행위가 미수에 그친 경우에는 교사범 역시 미수범으로 처벌되는데 이를 교사의 미수라고 한다. 교사의 미수는 불가벌인 미수의 교사와 구별해야 한다.

또한 피교사자의 실행행위는 구성요건에 해당하고 위법해야 하나, 유책할 필요는 없다(제한적 종속형식). 신분범 · 목적범의 경우에는 피교사자에게 그러한 신분 · 목적 등이 있어야 한다.

보충판례 33-4[피교사자의 실행행위] : 대법원 1998.2.10. 선고 97도2961 판결 ; 대법원 2011.7.28. 선고 2010도2244 판결.

(4) 고의

피교사자는 실행행위에 필요한 주관적 요건도 모두 갖추어야 한다. 고의뿐만 아니라 목적범에서의 목적, 불법영득의사 등 초과주관적 구성요건요소 등이 필요한 경우 이것들도 모두 갖추어야 한다.

다. 교사행위와 실행행위 간의 형법상 인과관계

교사행위와 피교사자의 실행행위 사이에는 형법상 인과관계가 있어야 한다. 즉 교사행위로 인해 피교사자가 범죄의 결의를 하고 이 결의에 따라 실행행위를 하여야 한다.

즉 교사행위가 피교사자의 범죄결의의 유일한 조건일 필요는 없고 교사행위와 다른 조건이 복합적으로 작용하여 범죄결의를 하게 한 경우에도 교사범이 성립할 수 있다.[871] 그러나 피교사자가 교사받고 있다는 사실을 알지 못하는 편면적 교사의 경우는 범행결의를 위한 적극적 작용을 하는 교사의 관념상 교사가 될 수 없다.

3. 교사범의 처벌

교사범은 죄를 실행한 자와 동일한 형으로 처벌한다(제31조 제1항). 즉 피교사자가 범한 죄의 법정형의 범위 내에서 교사범을 처벌한다는 의미이며, 그 구체적 선고형이 동일하여야 한다는 의미는 아니다.[872]

---

871) **[다른 조건의 복합작용에 의한 범행결의의 경우]** : 대법원 1991.5.14. 선고 91도542 판결(교사범의 교사가 정범이 죄를 범한 유일한 조건일 필요는 없으므로, 교사행위에 의하여 정범이 실행을 결의하게 된 이상 비록 정범에게 범죄의 습벽이 있어 그 습벽과 함께 교사행위가 원인이 되어 정범이 범죄를 실행한 경우에도 교사범의 성립에 영향이 없다.)

872) **[교사자와 피교사자의 선고형관계]** : 대법원 1955.9.27. 선고 4288형상220 판결(본조 제1항의 "타인을 교사하여 죄를 범하게 한 자는 죄를 실행한 자와 동일한 형으로 처벌한다"의 법의는 피교사자가 범한 죄의 소정형의 범위 내에서 교사범을 처벌한다는데 있는 것이고 그 구체적 선고형이 양자가 동일하여야 한다는 것이 아니다.)

또한 교사범도 몰수나 추징의 대상이 될 수 있다.[873)]

4. 관련문제

가. 교사의 착오

교사의 착오란 피교사자가 교사의 내용과 일치하지 않는 범죄행위를 한 경우를 말한다. 다음과 같은 4가지 유형에서 문제된다.

(1) 질적 불일치의 경우

절도를 교사하였으나 피교사자가 상해죄를 범한 경우와 같이 교사의 내용과 실행행위의 내용이 질적으로 일치하지 않는 경우 교사자는 실행행위에 대한 교사범의 책임을 지지 않는다. 다만 교사행위로 인해 예비·음모에 준하여 처벌될 수는 있다.

(2) 양적 불일치의 경우

교사한 범죄와 피교사자의 실행행위가 같은 죄질이지만 양적으로 불일치하는 경우에는 실행행위가 교사에 미달하는 경우와 교사를 초과하는 경우로 나눌 수 있다.

① 실행행위가 교사내용에 미달하는 경우

특수강도를 교사하였는데 단순강도를 한 경우 단순강도죄의 교사범으로 처벌된다

873) **[몰수·추징대상으로서의 교사범]** : **대법원 2004.10.27. 선고 2003도6738 판결**[공무원범죄에관한몰수특례법 제6조에 의한 필요적 몰수 또는 추징은 범인이 취득한 당해 재산을 범인으로부터 박탈하여 범인으로 하여금 부정한 이익을 보유하지 못하게 함에 그 목적이 있고(대법원 1999.6.25. 선고 99도1900 판결 참조), 수인이 공동으로 수재한 경우에는 그 분배받은 금원, 즉 실질적으로 귀속된 이익금만을 개별적으로 몰수·추징하여야 하고, 여기서 범인에는 공동정범자 뿐만 아니라 종범 또는 교사범도 포함되고 소추 여부를 불문한다(대법원 2001.3.9. 선고 2000도794 판결 참조).] ; **대법원 1985.6.25. 선고 85도652 판결**(관세법 제198조 제3항은 몰수할 물품의 전부 또는 일부를 몰수할 수 없을 때에는 그 몰수할 수 없는 물품의 범칙당시의 국내 도매가격에 상당한 금액을 범인으로부터 추징한다라고 규정하고 있는바 여기서 말하는 범인의 범위는 공동정범자 뿐만 아니라 종범 또는 교사범도 포함된다.)

는 데에 별 의문이 없다. 즉 단순강도죄의 형벌이 특수강도예비·음모죄의 형벌보다 무겁기 때문이다.

그러나 강도를 교사하였는데 절도죄를 범한 경우, 교사자는 교사행위 그 자체로 강도예비·음모의 죄책을 지고 피교사자의 절도죄에 대한 교사범의 죄책도 지는데 이들이 실체적 경합, 상상적 경합, 법조경합 중 어느 것에 해당하는지가 문제된다. 절도죄의 형벌보다 강도예비·음모죄의 형벌이 더 무겁기 때문이다.

이에 대해 다수설은 강도예비·음모죄와 절도죄의 교사범의 상상적 경합이라고 하지만, 법조경합이라고 하는 것이 타당하다. 즉 교사범의 성격상 교사자는 자신의 교사행위에 의해서 처벌되거나 아니면 실행범죄의 교사범으로 처벌될 수 있을 뿐이므로 둘 중 어느 하나가 성립하면 다른 것은 성립할 수 없다고 보아야 하기 때문이다.

② 실행행위가 교사내용을 초과하는 경우

실행한 범죄가 교사행위를 초과하는 경우 교사자는 원칙적으로 교사행위의 범위 내에서만 책임을 진다. 즉 절도를 교사했는데 강도를 실행한 경우 교사자는 절도죄의 교사범으로 처벌된다.

다만 통설 및 판례[874)]는 결과적 가중범의 경우 교사자에게 중한 결과에 대한 예견가능성이 있는 경우(즉 중한 결과를 예견하지 못한 데에 과실이 있는 경우) 교사자는 결과적 가중범의 교사범의 죄책을 진다고 한다.

보충판례 33-5[실행행위가 교사내용을 초과하는 경우 : 양적 초과와 예견가능성] : 대법원 2002.10.25. 선고 2002도4089 판결.

874) **[양적 불일치 : 실행행위가 교사내용을 초과하는 경우]** : 대법원 1993.10.8. 선고 93도1873 판결(교사자가 피교사자에 대하여 상해 또는 중상해를 교사하였는데 피교사자가 이를 넘어 살인을 실행한 경우 일반적으로 교사자는 상해죄 또는 중상해죄의 교사범이 되지만 이 경우 교사자에게 피해자의 사망이라는 결과에 대하여 과실 내지 예견가능성이 있는 때에는 상해치사죄의 교사범으로서의 죄책을 지울 수 있다.) ; 대법원 1997.6.24. 선고 97도1075 판결(교사자가 피교사자에 대하여 상해를 교사하였는데 피교사자가 이를 넘어 살인을 실행한 경우, 일반적으로 교사자는 상해죄에 대한 교사범이 되는 것이고, 다만 이 경우 교사자에게 피해자의 사망이라는 결과에 대하여 과실 내지 예견가능성이 있는 때에는 상해치사죄의 교사범으로서의 죄책을 지울 수 있다.) ; **보충판례 33-5 : 대법원 2002.10.25. 선고 2002도4089 판결**(교사자가 피교사자에 대하여 상해 또는 중상해를 교사하였는데 피교사자가 이를 넘어 살인을 실행한 경우에, 일반적으로 교사자는 상해죄 또는 중상해죄의 죄책을 지게 되는 것이지만 이 경우에 교사자에게 피해자의 사망이라는 결과에 대하여 과실 내지 예견가능성이 있는 때에는 상해치사죄의 죄책을 지울 수 있다.)

그러나 이러한 통설 및 판례의 입장을 근거지울 만한 아무런 실정법적 근거가 없다. 형법 제15조 제2항은 정범에 대한 규정이므로 이를 공범인 교사범에게 적용하는 경우 이는 유추적용이라 할 수 있으며 이러한 유추적용은 피고인에게 불리한 것이므로 허용될 수 없다. 따라서 결과적 가중범에서도 교사범의 책임은 형법의 일반원칙에 따라 결정해야 할 것이다.

즉 교사자는 기본범죄만을 교사했고 피교사자가 중한 결과를 발생시켰으므로 교사자는 원칙적으로 기본범죄에 대해서만 책임을 진다. 다만 교사자에게도 중한 결과에 대한 예견가능성이 인정되는 경우에는 교사자도 중한 결과에 대한 과실범의 죄책을 진다. 이 경우 기본범죄에 대한 교사범과 중한 결과에 대한 과실범은 상상적 경합 판례에서는 (중)상해죄의 교사범과 과실치사죄의 상상적 경합이라고 해야 할 것이다.

(3) 피교사자에 대한 착오

피교사자의 책임능력에 대한 인식은 교사자의 고의의 내용에 포함되지 않으므로 이에 대한 착오는 교사범의 고의를 조각하지 않는다. 따라서 피교사자를 책임능력자로 알았으나 책임무능력자인 경우나 그 반대의 경우에는 언제나 교사범이 성립한다(다수설).

(4) 피교사자에게 객체나 방법의 착오가 있는 경우

① 객체의 착오와 방법의 착오

피교사자의 객체의 착오와 방법의 착오는 교사자에게는 방법의 착오가 되므로 교사한 범죄의 미수와 발생사실에 대한 과실의 상상적 경합이 성립한다(구체적 부합설). 예컨대 甲이 乙에게 丙을 살해할 것을 교사하였는데 乙이 착오로 丁을 살해한 경우에는 丙에 대한 살인미수의 교사와 丁에 대한 과실치사의 상상적 경합이 된다.

피교사자의 객체의 착오 · 방법의 착오를 불문하고 교사자에게는 방법의 착오가 되므로 교사자의 고의에는 영향이 없고, 발생사실에 대한 교사범이 성립한다(법정적 부합설 및 판례). 즉 위의 사례에서 甲에게 丁에 대한 살인죄의 교사범이 성립한다.

② 구체적 사실의 착오와 추상적 사실의 착오

ㄱ. 구체적 사실의 착오

피교사자의 구체적 사실의 착오 중 방법의 착오의 경우 법정적 부합설에 의하면 피교사자는 발생사실에 대한 기수범의 책임을 진다. 이때 교사자도 발생사실에 대한 기수범의 교사범의 죄책을 진다는 것이 다수설(법정적 부합설)의 입장이다.

그러나 교사범이 성립하기 위해서는 교사행위에 대한 고의와 특정한 객체에 대한 범죄의 실행이라는 고의가 있어야 하는데, 이 경우 교사범에게 발생사실에 대한 고의를 인정할 수는 없다. 따라서 교사범은 인식사실에 대한 교사미수범과 발생사실에 대한 (과실이 인정되는 경우에는) 과실범의 상상적 경합의 죄책을 진다고 해야 할 것이다(구체적 부합설).

ㄴ. 추상적 사실의 착오

법정적 부합설과 구체적 부합설 모두 피교사자의 추상적 사실의 착오 중 방법의 착오의 경우에는 피교사자는 인식사실에 대한 미수범과 발생사실에 대한 과실범의 상상적 경합범의 죄책을 진다고 한다. 이 경우에도 교사자는 인식사실의 미수범과 발생사실에 대한 (과실이 인정되는 경우에는) 과실범의 상상적 경합범의 죄책을 진다고 해야 할 것이다.

나. 예비·음모죄의 교사

예비·음모를 처벌하는 범죄에서 구성요건적 결과를 실현할 의사 없이 단지 예비에만 그치게 할 의사로 교사한 경우 예비·음모죄에 대한 교사범이 성립할 수 있는지가 문제된다.

예비행위의 실행행위성을 부정하는 이상 예비·음모죄에 대해서는 교사범이 성립할 수 없다고 해야 할 것이다.

다. 기도된 교사

(1) 의의

효과 없는 교사란 피교사자가 범죄의 실행은 승낙하였으나 아무런 행위를 하지 아니한 경우나 행위를 하였으나 그것이 예비 · 음모에 그친 경우 및 실행에 착수하였으나 그것이 불가벌적 미수에 그친 경우를 말한다(제31조 제2항).

이에 대하여 실패한 교사란 교사를 하였으나 피교사자가 범죄의 실행을 승낙하지 아니하거나 이미 범죄실행을 결의하고 있는 경우를 말한다(제31조 제3항).

(2) 법적 효과

공범독립성설은 교사행위 그 자체를 기준으로 실행의 착수를 논하므로 기도된 교사도 교사의 미수로서 교사한 범죄의 미수범으로 처벌한다. 그러나 공범종속성설의 입장은 피교사자의 실행행위를 기준으로 실행의 착수를 논하므로 기도된 교사는 교사의 미수가 아니고 미수의 교사에 해당되어 불가벌이 된다.

우리 형법은 효과 없는 교사의 경우에는 교사자 · 피교사자 모두 예비 · 음모에 준하여 처벌하고(제31조 2항), 실패한 교사의 경우에는 교사자만 예비 · 음모에 준하여 처벌하는 바(제31조 3항) 이는 공범독립성설과 공범종속성설의 절충적 입장이라 할 수 있다.

제4절 종 범

[조문]

刑法 第32條(從犯) ① 他人의 犯罪를 幇助한 者는 從犯으로 處罰한다.
② 從犯의 刑은 正犯의 刑보다 減輕한다.

2011년 형법일부개정법률안[형법총칙전면개정안][의안번호 제11304호] 제34조(방조범) 타인의 범죄를 방조(幇助)한 자는 정범의 형보다 감경하여 처벌한다.

1. 종범의 개념

종범(Beihilfe)이란 타인의 범죄를 방조하는 것, 즉 타인의 실행행위를 용이하게 하도록 하는 것을 말하며 방조범이라고도 한다.

종범은 이미 범행결의를 가진 자의 실행행위를 도와주거나 그 결의를 강화시킨다는 점에서, 아직 범죄를 결의하지 아니한 자에게 새로이 범행결의를 하여 실행케 하는 교사범과 구별되며, 의사연락과 행위지배가 없는 공범이라는 점에서 공동의사를 기초로 기능적 범행지배를 하는 공동정범과 구별된다.[875] 또한 정범에 종속하는 공범이라는 점에서, 고의가 없거나 정범으로 처벌될 수 없는 자를 도구로 이용하여 의사지배를 하는 간접정범과 구별된다.

형법은 종범에 관한 한 공범종속성설의 입장을 그대로 받아들이고 공범독립성설의 입장[876]은 거의 받아들이지 않는다. 즉 종범의 성립·처벌을 위해서는 정범이 존재할 것

875) **[공동정범과 방조범의 구별기준]** : 대법원 1989.4.11. 선고 88도1247 판결(공동정범의 본질은 분업적 역할분담에 의한 기능적 행위지배에 있으므로 공동정범은 공동의사에 의한 기능적 행위지배가 있음에 반하여 종범은 그 행위지배가 없는 점에서 양자가 구별된다.)

876) **[독립된 구성요건으로서 형법각칙상의 방조]** : 방조행위가 각칙상 독립된 구성요건으로 특별히 규정된 경우에는 방조행위 자체가 정범의 실행행위에 해당하므로 제32조는 적용되지 않는다. 에컨대 간첩방조죄(제98조 1항), 도주원조죄(제147조), 아편흡식등 장소제공죄(제201조 1항), 자살방조죄(제252조 2항), 도박개장죄(제247조) 등 ; 대법원 1986.9.23. 선고 86도1429 판결(형법 제98조 제1항의 간첩방조죄는 정범인 간첩죄와 대등한 독립죄로서 간첩죄와 동일한 법정형으로 처단하게 되어 있어 형법 총칙 제32조 소정의 감경대상이 되는 종범과는 그 실질이 달라 종범감경을 할 수 없는 것이

을 전제로 하고 종범의 형을 정범의 형보다 필요적 감경으로 한 것은 공범종속성설의 입장을 그대로 따른 것이라 할 수 있다.[877]

보충판례 34[종범의 정범에의 종속성] : 대법원 1979.2.27. 선고 78도3113 판결.

2. 종범의 성립요건

가. 종범의 방조행위

(1) 방조행위의 방법

방조행위란 정범이 범행을 한다는 정을 알면서 그 실행행위를 용이하게 하는 모든 행위를 말한다.

직접적 방법뿐만 아니라 간접적 방법으로도 가능하며, 유형적·물질적 방조[878](거동방조, 기술적 방조로서 범행도구의 대여, 범죄장소의 제공, 범죄자금의 제공 등)뿐만 아니라 정범에게 범행의 결의를 강화하도록 하는 것과 같은 무형적·정신적 방조행위[879](언어방조, 지적 방조로서 조언, 격려, 충고, 정보제공, 장물처분 · 알리바이증명

므로 그 가중규정인 국가보안법 제4조 제1항 제2호의 반국가단체의 간첩방조죄에 대하여도 그 정범인 반국가단체의 간첩죄와 동일한 법정형으로 처단하여야 하고 종범감경을 할 수 없다.)

877) **보충판례 34[종범의 정범에의 종속성] : 대법원 1979.2.27. 선고 78도3113 판결**(방조죄는 정범의 범죄에 종속하여 성립하는 것으로서 방조의 대상이 되는 정범의 실행행위의 착수가 없는 이상 방조죄만이 독립하여 성립될 수 없다.)

878) **[유형적·물질적 방조행위]** : 대법원 2000.8.18. 선고 2000도1914 판결[형법상 방조행위는 정범이 범행을 한다는 정을 알면서 그 실행행위를 용이하게 하는 직접, 간접의 모든 행위를 가리키는 것인바, 자동차운전면허가 없는 자에게 승용차를 제공하여 그로 하여금 무면허운전을 하게 하였다면 이는 도로교통법위반(무면허운전) 범행의 방조행위에 해당한다.] ; **대법원 2006.1.12. 선고 2004도6557 판결**(의사인 피고인이 입원치료를 받을 필요가 없는 환자들이 보험금 수령을 위하여 입원치료를 받으려고 하는 사실을 알면서도 입원을 허가하여 형식상으로 입원치료를 받도록 한 후 입원확인서를 발급하여 준 경우 사기방조죄가 성립한다.) ; **대법원 1984.8.21. 선고 84도781 판결**(웨이타인 피고인들은 손님들을 단순히 출입구로 안내를 하였을 뿐 미성년자인 여부의 판단과 출입허용여부는 2층 출입구에서 주인이 결정하게 되어 있었다면 피고인들의 위 안내행위가 곧 미성년자를 크럽에 출입시킨 행위 또는 그 방조행위로 볼 수 없다.)

879) **[무형적·정신적 방조행위]** : 대법원 1997.1.24. 선고 96도2427 판결(덕적도 핵폐기장 설치 반대 시위의 일환으로 행하여진 대학생들의 인천시청 기습점거 시위에 대하여 전혀 모르고 있다가 시위 직전에 주동자로부터 지시를 받고 시위현장을 사진촬영한 행위는 이 사건 범행을 함에 있어 시위대들이 **정신적으로 크게 고무**되고 **그 범행결의도 강화한 것**이므로 폭력행위, 시위, 공용물건손상 등 범행의

의 약속 등)도 포함된다.[880]

(2) 방조행위의 시기

정범의 예비행위를 방조한 때에도 그 후 정범의 실행의 착수가 있는 이상 방조가 성립한다.[881]

보충판례 34-1[종범의 방조행위 : 방조행위의 방법 및 시기] : 대법원 2009.6.11. 선고 2009도1518 판결 ; 대법원 2007.4.27. 선고 2007도1303 판결.

통설에 의하면 정범의 실행행위가 완료된 후 그 결과가 발생하기 이전, 또한 기수가 된 이후라도 그 종료 이전에는 방조가 가능하다(계속범). 예컨대 절도의 현행범을 추격하는 자의 진로를 방해한 경우에는 절도죄의 종범이 성립한다.[882]

그러나 정범의 범죄가 종료된 이후에는 더 이상 방조가 성립할 수 없고 별개의 독자

방조행위가 된다.) ; **대법원 1983.4.12. 선고 82도43 판결**(이미 스스로 입영기피를 결심하고 집을 나서는 공소외 (갑)에게 피고인이 이별을 안타까와 하는 뜻에서 **잘 되겠지 몸조심하라 하고 악수를 나눈 행위**는 입영기피의 범죄의사를 강화시킨 방조행위에 해당한다고 볼 수 없다.)

880) **[방조행위의 방법]** : 대법원 1982.9.14. 선고 80도2566 판결[형법상 방조행위는 정범이 범행을 한다는 정을 알면서 그 실행행위를 용이하게 하는 행위로서 그것은 정범의 실행에 대하여 물질적 방법이건, 정신적 방법이건, 직접적이건, 간접적이건 가리지 아니한다 할 것인바, 피고인들이 정범의 변호사법 위반행위(금 2억원을 제공받고 건축 사업허가를 받아 주려한 행위)를 하려한다는 정을 알면서 자금능력있는 자를 소개하고 교섭한 행위는 그 방조행위에 해당한다.] ; **대법원 2008.3.13. 선고 2006도3615 판결**(형법상 방조행위는 정범이 범행을 한다는 정을 알면서 그 실행행위를 용이하게 하는 직접·간접의 모든 행위를 가리키는 것으로서 유형적·물질적인 방조뿐만 아니라 정범에게 범행의 결의를 강화하도록 하는 것과 같은 무형적·정신적 방조행위까지도 이에 해당한다.)

881) **[방조행위의 시기]** : **대법원 2004.6.24. 선고 2002도995 판결**(종범은 정범의 실행행위 중에 이를 방조하는 경우뿐만 아니라, 실행 착수 전에 장래의 실행행위를 예상하고 이를 용이하게 하는 행위를 하여 방조한 경우에도 성립한다.) ; **대법원 1997.4.17. 선고 96도3377 전원합의체 판결**(종범은 정범의 실행행위 중에 이를 방조하는 경우는 물론이고 실행의 착수 전에 장래의 실행행위를 예상하고 이를 용이하게 하는 행위를 하여 방조한 경우에도 정범이 그 실행행위에 나아갔다면 성립한다. 따라서 피고인이 위 전두환, 노태우가 기업인들로부터 뇌물을 수수하기 전에 그 면담을 주선한 것으로서, 정범이 실행행위에 나아가기 전에 방조하였을 뿐이므로 피고인을 수뢰죄의 종범으로 처벌할 수 없다는 것이나, 종범은 정범의 실행행위 중에 이를 방조하는 경우는 물론이고 실행의 착수 전에 장래의 실행행위를 예상하고 이를 용이하게 하는 행위를 하여 방조한 경우에도 정범이 그 실행행위에 나아갔다면 성립하는 것이다.)

882) **[계속범에 있어서 방조범의 성립]** : **대법원 1982.4.27. 선고 82도122 판결**(진료부는 환자의 계속적인 진료에 참고로 공하여지는 진료상황부이므로 간호보조원의 무면허 진료행위가 있은 후에 이를 의사가 진료부에다 기재하는 행위는 정범의 실행행위종료 후의 단순한 사후행위에 불과하다고 볼 수 없고 무면허 의료행위의 방조에 해당한다.)

적인 범죄의 정범이 된다. 예컨대 장물을 은닉할 장소를 물색 중인 도범을 도와 장물을 보관해 준 경우에는 절도죄의 방조범이 아니라 장물보관죄가 성립한다.

(3) 부작위에 의한 방조

방조범이 결과발생을 방지해야 할 보증인지위에 있는 경우에는 부작위에 의한 종범이 성립할 수 있다(통설 및 판례[883]).

(4) 주관적 요건

① 종범의 고의

종범이 성립하기 위해서는 정범의 실행행위를 방조한다는 '방조의 고의'와 정범의 실행행위가 구성요건적 결과를 실현한다는 사실에 대한 '정범의 고의'가 있어야 한다(이중의 고의).[884] 그러나 종범에게 방조행위에 대한 고의가 있어야 하므로 과실에 의

883) **[부작위에 의한 방조]** : **대법원 2006.4.28. 선고 2003도4128 판결**[인터넷 포털 사이트 내 오락채널 총괄팀장과 위 오락채널 내 만화사업의 운영 직원인 피고인들에게, 콘텐츠제공업체들이 게재하는 음란만화의 삭제를 요구할 조리상의 의무가 있다고 하여, 구 전기통신기본법(2001.1.16. 법률 제6360호로 개정되기 전의 것) 제48조의2 위반 방조죄의 성립을 긍정한 사례] ; **대법원 1997.3.14. 선고 96도1639 판결**(백화점에서 바이어를 보조하여 특정매장에 관한 상품관리 및 고객들의 불만사항 확인 등의 업무를 담당하는 직원은 자신이 관리하는 특정매장의 점포에 가짜 상표가 새겨진 상품이 진열·판매되고 있는 사실을 발견하였다면 고객들이 이를 구매하도록 방치하여서는 아니되고 점주나 그 종업원에게 즉시 그 시정을 요구하고 바이어 등 상급자에게 보고하여 이를 시정하도록 할 근로계약상·조리상의 의무가 있다고 할 것임에도 불구하고 이러한 사실을 알고서도 점주 등에게 시정조치를 요구하거나 상급자에게 이를 보고하지 아니함으로써 점주로 하여금 가짜 상표가 새겨진 상품들을 고객들에게 계속 판매하도록 방치한 것은 작위에 의하여 점주의 상표법위반 및 부정경쟁방지법위반 행위의 실행을 용이하게 하는 경우와 동등한 형법적 가치가 있는 것으로 볼 수 있으므로, 백화점 직원인 피고인은 부작위에 의하여 공동피고인인 점주의 상표법위반 및 부정경쟁방지법위반 행위를 방조하였다고 인정할 수 있다.) ; **대법원 1996.9.6. 선고 95도2551 판결**(법원의 입찰사건에 관한 제반 업무를 주된 업무로 하는 공무원이 자신이 맡고 있는 입찰사건의 입찰보증금이 계속적으로 횡령되고 있는 사실을 알았다면, 담당 공무원으로서는 이를 제지하고 즉시 상관에게 보고하는 등의 방법으로 그러한 사무원의 횡령행위를 방지해야 할 법적인 작위의무를 지는 것이 당연하고, 비록 그의 묵인행위가 배당불능이라는 최악의 사태를 막기 위한 동기에서 비롯된 것이라고 하더라도 자신의 작위의무를 이행함으로써 결과 발생을 쉽게 방지할 수 있는 공무원이 그 사무원의 새로운 횡령범행을 방조 용인한 것을 작위에 의한 법익 침해와 동등한 형법적 가치가 있는 것이 아니라고 볼 수는 없기 때문에 그 담당 공무원은 업무상횡령의 종범으로 처벌된다.)

884) **[종범의 이중고의]** : **대법원 2003.4.8. 선고 2003도382 판결**(방조는 정범이 범행을 한다는 것을 알면서 그 실행행위를 용이하게 하는 종범의 행위이므로 종범은 정범의 실행을 방조한다는 방조의 고의와 정범의 행위가 구성요건에 해당한다는 점에 대한 정범의 고의가 있어야 한다.) ; **대법원 2005.4.29. 선고 2003도6056 판결** ; **대법원 2007.10.26. 선고 2007도4702 판결**(형법상 방조행위

한 방조행위는 방조가 될 수 없고 과실범의 정범이 성립할 뿐이다.

피방조자(정범)는 특정된 자이어야 하지만, 정범의 정확한 신원 및 정범의 실존유무까지 알 필요는 없고 방조자는 정범의 실행행위의 본질적 표지를 인식해야 하나 범행의 세부적인 사항까지 인식할 필요는 없다.[885]

보충판례 34-2[방조범의 성립요건으로서 '고의'의 의미와 입증 방법] : 대법원 2010.3.25. 선고 2008도4228 판결.

② 편면적 종범

편면적 종범이란 정범이 방조받고 있다는 사실을 인식하지 못한 경우, 즉 종범에게만 방조의사가 있는 경우를 말한다. 통설 및 판례[886]는 편면적 공동정범은 인정하지 않지만 종범은 방조자와 정범 사이에 반드시 의사의 연락을 요하는 것은 아니므로 편면

는 정범이 범행을 한다는 정을 알면서 그 실행행위를 용이하게 하는 직접·간접의 행위를 말하므로, 방조범은 정범의 실행을 방조한다는 이른바 방조의 고의와 정범의 행위가 구성요건에 해당하는 행위인 점에 대한 정범의 고의가 있어야 하나, 이와 같은 고의는 내심적 사실이므로 피고인이 이를 부정하는 경우에는 사물의 성질상 고의와 상당한 관련성이 있는 간접사실을 증명하는 방법에 의하여 입증할 수밖에 없고, 이 때 무엇이 상당한 관련성이 있는 간접사실에 해당할 것인가는 정상적인 경험칙에 바탕을 두고 치밀한 관찰력이나 분석력에 의하여 사실의 연결상태를 합리적으로 판단하는 외에 다른 방법이 없다고 할 것이며, 또한 방조범에 있어서 정범의 고의는 정범에 의하여 실현되는 범죄의 구체적 내용을 인식할 것을 요하는 것은 아니고 미필적 인식 또는 예견으로 족하다.)

885) **[종범의 고의범위] : 대법원 2007.12.14. 선고 2005도872 판결**[저작권법이 보호하는 복제권의 침해를 방조하는 행위란 정범의 복제권 침해를 용이하게 해주는 직접·간접의 모든 행위로서, 정범의 복제권 침해행위 중에 이를 방조하는 경우는 물론, 복제권 침해행위에 착수하기 전에 장래의 복제권 침해행위를 예상하고 이를 용이하게 해주는 경우도 포함하며, 정범에 의하여 실행되는 복제권 침해행위에 대한 미필적 고의가 있는 것으로 충분하고 정범의 복제권 침해행위가 실행되는 일시, 장소, 객체 등을 구체적으로 인식할 필요가 없으며, 나아가 정범이 누구인지 확정적으로 인식할 필요도 없다.

P2P 프로그램을 이용하여 음악파일을 공유하는 행위가 대부분 정당한 허락 없는 음악파일의 복제임을 예견하면서도 MP3 파일 공유를 위한 P2P 프로그램인 소리바다 프로그램을 개발하여 이를 무료로 널리 제공하였으며, 그 서버를 설치·운영하면서 프로그램 이용자들의 접속정보를 서버에 보관하여 다른 이용자에게 제공함으로써 이용자들이 용이하게 음악 MP3 파일을 다운로드 받아 자신의 컴퓨터 공유폴더에 담아 둘 수 있게 하고, 소리바다 서비스가 저작권법에 위배된다는 경고와 서비스 중단 요청을 받고도 이를 계속한 경우, MP3 파일을 다운로드 받은 이용자의 행위는 구 저작권법(2006.12.28. 법률 제8101호로 전문 개정되기 전의 것) 제2조 제14호의 복제에 해당하고, 소리바다 서비스 운영자의 행위는 구 저작권법상 복제권 침해행위의 방조에 해당한다.]

886) **보충판례 34-3[편면적 종범] : 대법원 1974.5.28. 선고 74도509 판결**(원래 방조범은 종범으로서 정범의 존재를 전제로 하는 것이다. 즉 정범의 범죄행위 없이 방조범만이 성립될 수는 없다. 이른바 편면적 종범에 있어서도 그 이론은 같다. 이 사건에서 볼 때 피고인은 스스로가 단독으로 자기 아들인 공소외인에 대한 징집을 면탈케 할 목적으로 사위행위를 한 것으로서 위 공소외인의 범죄행위는 아무것도 없어 피고인이 위 공소외인의 범죄행위에 가공하거나 또는 이를 방조한 것이라고 볼 수 없음이 명백하니, 피고인을 방조범으로 다스릴 수 없다고 한 원심판결은 정당하다.)

적 종범을 인정한다.

보충판례 34-3[편면적 종범] : 대법원 1974.5.28. 선고 74도509 판결.

③ 미수의 방조

종범이 성립하기 위해서는 정범의 행위가 기수에 이를 것을 인식해야 한다. 정범의 행위가 미수에 그칠 것을 예견하면서 방조하는 경우 즉 미수의 방조로는 종범이 성립할 수 없다. 예컨대 임부로부터 낙태의뢰를 받은 약사가 아무런 효과도 없는 약을 낙태약이라고 속이고 교부한 경우이다.

미수의 방조에 있어서 피방조자는 미수범처벌규정의 존재를 전제로 당해 범죄의 미수범으로 처벌되지만 방조자는 기수의 고의가 없으므로 불가벌이다.

나. 정범(피방조자)의 실행행위

(1) 종범의 종속성

종범은 '종된 범죄'라는 문자의 의미 그대로 정범에 종속된다. 따라서 정범이 실행에 착수하지 않은 경우에는 종범이 성립할 수 없다.[887] 그러나 정범은 고의범에 국한되고 과실범을 방조한 경우에는 간접정범이 성립한다(제34조 제1항).

한편 정범의 실행행위가 없는 기도된 방조는 교사와 달리 처벌규정이 없어 불가벌이다. 예비행위에 대한 종범도 성립할 수 없다(다수설 및 판례[888]).

제한적 종속형식에 의하면 정범의 실행행위는 구성요건에 해당하고 위법해야 하나 유책할 필요는 없다.

887) **[종범의 종속성]** : **대법원 1979.2.27. 선고 78도3113 판결**(방조죄는 정범의 범죄에 종속하여 성립하는 것으로서 방조의 대상이 되는 정범의 실행행위의 착수가 없는 이상 방조죄만이 독립하여 성립될 수 없다.) ; **대법원 1974.5.28. 선고 74도509 판결**(편면적 종범에서도 정범의 범죄행위 없이 방조범만이 성립될 수 없다.) ; **대법원 1996.9.6. 선고 95도2551 판결**(종범은 정범의 실행행위 중에 이를 방조하는 경우뿐만 아니라, 실행 착수 전에 장래의 실행행위를 예상하고 이를 용이하게 하는 행위를 하여 방조한 경우에도 정범이 실행행위를 한 경우에 성립한다.)

888) **[예비행위에 대한 종범]** : **대법원 2005.11.10. 선고 2005도1995 판결**(정범이 사위의 방법으로 병사용 진단서를 발급받아 관할 병무청에 제출하는 단계에까지 이르지 아니하였으므로 병역법 제86조에서 정하고 있는 사위행위의 실행에 착수한 것으로 볼 수 없어, 그와 같은 정범의 사위행위를 방조하였다는 공소사실은 무죄이다.)

(2) 방조행위와 실행행위 사이의 형법상 인과관계

종범이 성립하기 위해서는 방조행위와 정범의 실행행위 사이에 인과관계가 인정되어야 하는지에 대해서는 견해가 대립한다.

① 긍정설(필요설)

통설은 양자 사이에 인과관계가 필요하다고 한다. 그러나 이 때의 인과관계란 방조행위에 의해 정범의 실행행위가 용이해 지는 것을 요한다는 의미이다. 만약 방조행위가 있었지만 실행행위를 용이하게 하지 못한 경우에는 종범이 성립할 수 없으므로 이른바 효과없는 방조, 실패한 방조는 방조범이 될 수 없다는 것이다.

통설은 다시, 방조행위가 정범의 범죄실행의 방법이나 수단에 합법칙적 조건관계가 있을 정도로 영향을 미친 경우에 한하여 방조가 성립한다는 합법칙적 조건설과 가벌적인 방조가 성립하기 위해서는 인과관계의 존재 이외에 더 나아가 방조행위가 구성요건적 결과발생의 기회를 현실적으로 증대시켜야만 한다는 기회증대설(인과적 위험증대설, 다수설)로 나눌 수 있다.

② 부정설(불요설)

방조행위만 있으면 그것이 실행행위를 용이하게 하였는지 여부와 관계없이 종범이 성립한다는 견해이다.

부정설은 다시, 방조행위가 정범의 범행에 대해 인과적 원인이 될 필요는 없고 정범의 범죄실현의 위험을 증대시키기만 하면 족하다는 위험증대설과 방조행위는 정범의 행위를 사실상 촉진시키거나 용이하게 해 주었으면 충분하고 정범에 의해 야기된 결과에 대해 원인일 필요는 없다는 정범행위촉진설(판례[889])로 나누어 진다.

---

889) **[인과관계불요설(정범행위촉진설)의 입장]** : **대법원 1986.12.9. 선고 86도198 판결**(형법상 방조행위는 정범이 범행을 한다는 정을 알면서 그 실행행위를 용이하게 하는 직접, 간접의 행위를 말한다.) ; **대법원 2007.10.26. 선고 2007도4702 판결**(형법상 방조행위는 정범이 범행을 한다는 정을 알면서 그 실행행위를 용이하게 하는 직접, 간접의 모든 행위를 가리키는 것으로서 그 방조는 정범의 실행행위 중에 이를 방조하는 경우뿐만 아니라, 실행 착수 전에 장래의 실행행위를 예상하고 이를 용이하게 하는 행위를 하여 방조한 경우에도 성립한다.)

③ 소결

생각건대 불요설(부정설)은, 공범의 처벌근거는 타인의 불법을 야기 · 촉진하는 데 있으므로 공범이 정범의 구성요건실현에 아무런 원인이 되지 아니한 때에는 공범은 그 처벌근거를 상실한다는 점을 간과했을 뿐만 아니라 형법상 불가벌인 기도된 방조의 가벌성을 인정할 위험성이 있다는 점에서 타당하다고 할 수 없다.

방조행위는 그 범위가 매우 넓을 수 있기 때문에 이를 제한적으로 인정해야 할 필요가 있고 종범에 관해서는 종속성을 강하게 인정하고 있는 형법의 취지를 감안할 때 긍정설(기회증대설)이 타당하다.

3. 종범의 처벌

종범의 형은 정범의 형보다 감경한다(제32조 2항. 필요적 감경). 형법각칙에는 방조행위를 독립적으로 처벌하는 규정이 있는데 이러한 범죄에 대해서는 종범감경을 할 수 없다.[890] 한편 자기의 지휘 · 감독을 받는 자를 방조한 때에는 정범의 형으로 처벌된다(제34조 2항, 특수방조).

4. 관련문제

가. 종범의 착오

종범의 착오란 종범이 인식했던 방조행위의 내용과 정범의 실행행위가 일치하지 않는 경우를 말한다.

첫째 질적 착오의 경우, 즉 절도를 방조하였는데 살인을 한 경우에는 실행한 범죄에

890) **[형법각칙상 독립적 방조범에 대한 종범감경 부정]** : 대법원 1986.9.23. 선고 86도1429 판결(형법 제98조 제1항의 간첩방조죄는 정범인 간첩죄와 대등한 독립죄로서 간첩죄와 동일한 법정형으로 처단하게 되어 있어 형법 총칙 제32조 소정의 감경대상이 되는 종범과는 그 실질이 달라 종범감경을 할 수 없는 것이므로 그 가중규정인 국가보안법 제4조 제1항 제2호의 반국가단체의 간첩방조죄에 대하여도 그 정범인 반국가단체의 간첩죄와 동일한 법정형으로 처단하여야 하고 종범감경을 할 수 없다.)

대해서 종범이 성립하지 않고 기도된 방조의 처벌규정도 없으므로 항상 불가벌이다.

둘째 양적 착오의 경우, 즉 상해를 방조했는데 폭행만을 실행한 경우나 폭행을 방조하였는데 상해를 실행한 경우에는 방조하려던 범죄와 실행범죄 중 중복되는 부분에 대해서만 종범의 죄책을 진다. 따라서 모두 폭행죄의 종범만이 성립한다.[891]

보충판례 34-4[종범의 착오 : 양적 초과의 경우] : 대법원 1985.2.26. 선고 84도2987 판결.

셋째 정범의 객체의 착오이든 방법의 착오이든 종범에게는 모두 방법의 착오의 문제로 다루어야 한다.

넷째 구체적 사실의 착오 중 방법의 착오의 경우, 법정적 부합설에 의하면 정범이 발생사실에 대한 기수범의 책임을 진다. 방조자에게는 발생사실에 대한 고의를 인정하기 어려우므로 인식사실의 미수죄에 대한 종범의 죄책만을 진다. 교사범에서와 달리 종범에게는 발생사실에 대한 과실범을 인정하기 곤란할 것이다. 구체적 부합설에 의하면 정범은 인식사실에 대한 미수범과 발생사실에 대한 과실범의 상상적 경합범의 죄책을 진다. 방조자는 인식사실에 대한 미수죄의 종범의 죄책만을 진다.

다섯째 추상적 사실의 착오의 경우 방조자는 인식사실에 대한 미수죄의 종범의 죄책만을 진다.

결국 종범의 착오에서 방조자는 언제나 인식사실에 대한 미수죄의 종범의 죄책만을 진다.

나. 예비죄의 종범

예비죄의 종범이 성립할 수 있는지에 대해서는 예비죄의 실행행위성을 부인하는 견해는 물론 예비죄의 실행행위성을 인정하는 견해도 예비죄의 종범은 인정하지 않는다. 판례도 같은 입장이다.[892]

891) **보충판례 34-4 : 대법원 1985.2.26. 선고 84도2987 판결**(방조자의 인식과 정범의 실행 간에 착오가 있고 양자의 구성요건을 달리한 경우에는 원칙적으로 방조자의 고의는 조각되는 것이나 그 구성요건이 중첩되는 부분이 있는 경우에는 그 중복되는 한도 내에서는 방조자의 죄책을 인정하여야 할 것이다.)

892) **[예비죄의 방조범]** : 대법원 1979.11.27. 선고 79도2201 판결(예비행위의 방조행위는 방조범으로서 처단할 수 없는 것이고 그와 같은 법리는 특정범죄가중처벌등에관한법률 및 관세법에 규정된 무면허

다. 종범의 종범

종범에 대한 방조는 단순히 종범에 대한 방조에 그치는 것이 아니라 정범에 대한 간접방조 내지 연쇄방조의 의미를 갖기 때문에 종범이 성립한다(다수설 및 판례[893]).

보충판례 34-5[종범의 종범] : 대법원 1977.9.28. 선고 76도4133 판결

라. 독립적 방조죄의 종범

도주원조죄(제147조)와 같이 방조적 성격을 지닌 행위를 처벌하는 독립적 규정을 두고 있는 경우 이에 대한 종범이 성립하는지가 문제될 수 있다.

생각건대 도주원조죄와 같이 도주죄(제145조, 제146조)의 방조행위의 성격을 지닌 범죄는 예비죄와 마찬가지로 실행행위성이 없음에도 불구하고 특별히 처벌하는 것이므로 이에 대한 종범은 인정할 수 없고, 다만 그것이 도주죄에 대한 방조로서의 의미를 가지고 있는 경우에는 도주원조죄로 처벌해야 할 것이다.

마. 교사범의 종범

교사범에 대한 방조행위도 정범에 대한 방조행위라고 할 수 있으므로 종범이 성립한다(다수설). 다만 기도된 방조는 불가벌이므로 정범이 실행에 착수하여야 한다.

바. 종범의 교사

종범의 교사도 실질적으로는 정범을 방조한 것이므로 정범에 종속하여 종범이 성립되는 경우에 한하여 교사자에게 종범이 성립한다(다수설).

수입등 예비죄의 방조행위에 있어서도 마찬가지이다.)

893) **보충판례 34-5[종범의 종범] : 대법원 1977.9.28. 선고 76도4133 판결**(형법이 방조행위를 종범으로 처벌하는 까닭은 정범의 실행을 용이하게 하는 점에 있으므로 그 방조행위가 정범의 실행에 대하여 간접적이거나 직접적이거나를 가리지 아니하고 정범이 범행을 한다는 점을 알면서 그 실행행위를 용이하게 한 이상 종범으로 처벌함이 마땅하며 간접적으로 정범을 방조하는 경우 방조자에 있어 정범이 누구에 의하여 실행되어지는가를 확지할 필요가 없다.)

사. 기도된 방조

효과없는 방조란 방조행위가 정범의 범행결의나 범죄실행에 전혀 영향을 미치지 못한 경우이며, 실패한 방조란 방조가 피방조자에 의하여 거부된 경우를 말한다. 기도된 방조는 교사의 경우와 달리 처벌규정이 없어 불가벌이다.

제5절 간접정범

[조문]

刑法 第34條(間接正犯, 特殊한 敎唆, 幇助에 對한 刑의 加重) ① 어느 行爲로 因하여 處罰되지 아니하는 者 또는 過失犯으로 處罰되는 者를 敎唆 또는 幇助하여 犯罪行爲의 結果를 發生하게 한 者는 敎唆 또는 幇助의 例에 依하여 處罰한다.

②自己의 指揮, 監督을 받는 者를 敎唆 또는 幇助하여 前項의 結果를 發生하게 한 者는 敎唆인때에는 正犯에 定한 刑의 長期 또는 多額에 그 2分의 1까지 加重하고 幇助인 때에는 正犯의 刑으로 處罰한다.

2011년 형법일부개정법률안[형법총칙전면개정안][의안번호 제11304호] 제31조(정범) ② 어느 행위로 인하여 처벌되지 않는 자 또는 과실범으로 처벌되는 자를 이용하여 범죄행위의 결과를 발생하게 한 자도 정범으로 처벌한다.

1. 통설에 의한 간접정범의 개념과 특징

가. 간접정범의 개념

간접정범이란 직접 실행행위를 담당하는 타인을 내세워 간접적으로 구성요건을 실현하는 경우를 말한다. 통설은 간접정범을 '타인을 생명 있는 도구로 이용하여 (간접적으로) 범죄를 실행하는 자'라고 한다.[900] 즉 제34조의 '어느 행위로 인하여 처벌되지

900) 통설의 간접정범개념은 형법 제34조 제1항보다는 독일형법 제25조 제1항의 개념정의와 더 유사하다. 독일 형법 동조는 타인을 이용해 또는 타인을 통해 범죄행위를 한 자라고 규정하고 있는데, 독일

않는 자 또는 과실범으로 처벌되는 자'는 생명있는 도구로, '교사 또는 방조하여는 이용하여'로 해석한다[간접정범의 본질에 관한 정범설(통설인 범행지배설)의 입장][901].

나. 간접정범의 특징

타인을 이용하여 범죄를 실행하는 방법에는 타인을 '생명없는 도구'로 이용하는 방법[902], 생명있는 도구로 이용하는 방법 및 분별력과 의사결정능력이 있는 자로서 이용하는 방법이 있을 수 있다.

특히 간접정범은 타인을 생명있는 도구로 이용하는 범죄형태이다. 예컨대 갑이 자신의 병원에 입원해 있는 환자 A를 살해하기 위하여 간호사 을에게 독주사를 영양주사로 속여 A에게 놓아주라고 하고 이를 그대로 믿은 을이 A에게 주사를 놓아 A가 사망한 경우이다.

여기서 외관상으로는 간호사가 독주사를 놓았기 때문에 간호사를 정범이라고도 볼 수 있지만, 간호사는 아무것도 모르는 상태에서 주사행위를 하였기 때문에 간호사를 정범이라고 하는 것은 부당하다. 이 사건의 주역, 즉 자신에 의해 이용되는 자와의 관

의 통설은 이를 타인을 생명있는 도구로 이용하는 범죄라고 해석하고 있기 때문이다.

901) **대법원 1983.6.14. 선고 83도515 전원합의체 판결**(형법 제34조 제1항이 정하는 소위 간접정범은 어느 행위로 인하여 처벌되지 아니하는 자 또는 과실범으로 처벌되는 자를 교사 또는 방조하여 범죄행위의 결과를 발생케 하는 것으로 이 어느 행위로 인하여 처벌되지 아니하는 자는 시비를 판별할 능력이 없거나 강제에 의하여 의사의 자유를 억압당하고 있는 자, 구성요건적 범의가 없는 자와 목적범이거나 신분범일 때 그 목적이나 신분이 없는 자, 형법상 정당방위, 정당행위, 긴급피난 또는 자구행위로 인정되어 위법성이 없는 자 등을 말하는 것으로 이와 같은 책임무능력자, 범죄사실의 인식이 없는 자, 의사의 자유를 억압당하고 있는 자, 목적범, 신분범인 경우 그 목적 또는 신분이 없는 자 위법성이 조각되는 자 등을 **마치 도구나 손발과 같이 이용하여** 간접으로 죄의 구성요소를 실행한 자를 간접정범으로 처벌하는 것이므로 형법 제104조의2 제2항의 외국인이나 외국단체 등은 도시 이 죄의 주체도 아니어서 범죄의 대상이나 수단 또는 도구나 손발 자체는 될 수 있을지언정 이를 간접정범에서의 도구나 손발처럼 이용하는 것은 원천적으로 불가능하다 하겠으므로 이 외국인이나 외국단체는 위 전단의 그 어떤 경우에도 해당하지 아니함이 명백하여 이 규정을 들어 간접정범을 정한 취지라고 해석할 학리적 이유가 없다.)

[판례해설] : 대법원은 간접정범의 정범성표지로서 '우월적 의사지배'라는 적극적 표지가 필요하다고는 직접 언급하고 있지 않지만 피교사자나 피방조자의 도구성을 전면에 등장시켜 강조함으로써 간접정범의 정범성을 인정하는 것이 형법 제34조의 규율태도임을 천명하고 있다고 할 것이다.

902) 이용자가 동물을 이용하거나 사람을 생명없는 도구로 범죄에 이용한 경우에는 간접정범이 아니라 직접정범이 성립한다. 예컨대 자신의 개를 이용하여 타인에게 상해를 가하게 한 경우나 사람을 갑자기 밀어 넘어지게 하여(즉 절대적 폭력을 이용하여) 타인의 재물을 손괴하게 한 경우 등에는 상해죄 및 손괴죄의 직접정범이 된다.

계에서 행위의 전체진행과정을 손아귀에 넣고 지배조정한 자는 의사이기 때문이다. 이처럼 의사에게는 분별력과 의사결정능력 있는 인간으로서 간호사를 이용하지 않고, 사정을 모르기 때문에 의사의 명령에 따른 간호사를 이용한 '우월한 의사지배'[903]가 인정되고, 간호사는 도구에 불과하기 때문에 의사가 정범이 된다.

2. 간접정범의 성립요건

가. 피이용자의 행위(간접정범의 전제조건)

간접정범의 피이용자는 어느 행위로 인하여 처벌되지 아니하는 자 또는 과실범으로 처벌되는 자이어야 한다. 어느 행위로 처벌되지 아니하는 자란 범죄의 성립요건 가운데 어느 한 가지를 충족시키지 못하는 경우를 말한다. 피이용자는 자신의 행위가 범죄행위라는 것을 알지 못하여야 하는데 다음과 같이 분류할 수 있다.

보충판례 35[피이용자의 범위] : 대법원 1970.9.22. 선고 70도1638 판결.

(1) 구성요건에 해당하지 않는 피이용자의 행위를 이용하는 경우

① 객관적 구성요건에 해당하지 않는 피이용자의 행위

피이용자의 행위가 객관적 구성요건을 충족시키지 않는 경우로는 이용자의 강요 또는 기망에 의하여 피이용자가 자살 또는 자상한 때를 들 수 있다. 살인죄와 상해죄에 있어서 행위의 객체인 사람은 자신 이외의 타인을 의미하므로 피이용자의 행위는 구성요건해당성이 없다. 이용자는 기망 또는 강요에 의하여 도구를 장악하였으므로 의사지배가 인정되어 살인죄[904] 또는 상해죄[905]의 간접정범이 된다.

---

903) **[우월적 의사지배]** : 정범인 간접정범의 정범표지는 범행지배라는 일반적 정범표지가 구체화된 '우월적 의사지배'이다. '우월적 의사지배'란 배후조종자인 간접정범자가 피이용자에 비해 상대적으로 우월한 의사 또는 지식을 가지고 매개자의 행위를 지배 내지 조정하는 경우를 의미한다. 이점에서 의사지배는 간접정범(정범)과 교사범 및 방조범(공범)을 구별하는 기준이 된다.

904) **대법원 1987.1.20. 선고 86도2395 판결**(피고인이 7세, 3세 남짓된 어린자식들에 대하여 함께 죽자

② 주관적 구성요건에 해당하지 않는 피이용자의 행위

피이용자의 구성요건적 고의없는 행위나 사실의 착오(구성요건적 착오)를 이용하는 경우에도 의사지배가 인정되어 간접정범이 성립한다. 예컨대 의사가 고의 없는 간호사를 시켜 환자에게 독약을 주사하게 하여 그를 살해하거나, 정을 모르는 자를 이용하여 마약을 밀수하는 경우를 들 수 있다.[906)]

보충판례 35-1[고의없는 도구를 이용한 경우] : 대법원 1996.10.11. 선고 95도1706 판결.

한편 형법 제228조(공정증서원본등부실기재죄)는 고의없이 공정증서원본 등을 부실기재하는 공무원의 행위를 이용하는 자를 처벌하고 있는데 고의없는 공무원을 이용하여 허위공문서를 작성케 하는 전형적인 예로서 허위공문서작성죄의 간접정범의 특별한 경우라 할 수 있다.[907)]

③ 신분 또는 목적은 없지만 고의있는 피이용자의 행위

진정신분범에 있어서의 신분과 목적범에 있어서의 목적은 구성요건요소이므로 이를 결한 자의 행위는 구성요건해당성이 없다. 따라서 이러한 경우에 신분 없는 고의

고 권유하여 물속에 따라 들어오게 하여 결국 익사하게 하였다면 비록 피해자들을 물속에 직접 밀어서 빠뜨리지는 않았다고 하더라도 자살의 의미를 이해할 능력이 없고 피고인의 말이라면 무엇이나 복종하는 어린 자식들을 권유하여 익사하게 한 이상 살인죄의 범의는 있었음이 분명하다.)

905) **대법원 1970.9.22. 선고 70도1638 판결**(피고인이 피해자를 협박하여 그로 하여금 자상케 한 경우에 피고인에게 상해의 결과에 대한 인식이 있고 또 그 협박의 정도가 피해자의 의사결정의 자유를 상실케 함에 족한 것인 이상 피고인에 대하여 상해죄를 구성한다.)

906) **대법원 1984.11.27. 선고 84도1862 판결 ; 대법원 1996.10.11. 선고 95도1706 판결 ; 대법원 2008.9.11. 선고 2007도7204 판결**(경찰서 보안과장인 피고인이 갑의 음주운전을 눈감아주기 위하여 그에 대한 음주운전자 적발보고서를 찢어버리고, 부하로 하여금 일련번호가 동일한 가짜 음주운전 적발보고서에 을에 대한 음주운전 사실을 기재케 하여 그 정을 모르는 담당 경찰관으로 하여금 주취운전자 음주측정처리부에 을에 대한 음주운전 사실을 기재하도록 한 이상, 을이 음주운전으로 인하여 처벌을 받았는지 여부와는 관계없이 허위공문서작성 및 동 행사죄의 간접정범으로서의 죄책을 면할 수 없다.)

907) **대법원 1992.1.17. 선고 91도2837 판결**(공문서의 작성권한이 있는 공무원의 직무를 보좌하는 자가 그 직위를 이용하여 행사할 목적으로 허위의 내용이 기재된 문서 초안을 그 정을 모르는 상사에게 제출하여 결재하도록 하는 등의 방법으로 작성권한이 있는 공무원으로 하여금 허위의 공문서를 작성하게 한 경우에는 간접정범이 성립되고 이와 공모한 자 역시 그 간접정범의 공범으로서의 죄책을 면할 수 없는 것이고, 여기서 말하는 공범은 반드시 공무원의 신분이 있는 자로 한정되는 것은 아니라고 할 것이다.)

있는 도구[908] 또는 목적(이나 영득범의 불법영득의사) 없는 고의있는 도구[909]를 이용한 자에 대하여도 간접정범의 성립을 인정할 수 있다. 피이용자의 행위가 구성요건에 해당하지 않으므로 이용자를 공범으로 처벌할 수 없기 때문이다.

이러한 고의있는 도구를 이용한 때에는 피이용자를 순수한 도구라고만 보기는 어렵고 이용자의 지배적 지위도 인정할 수 없기 때문에, 즉 범행지배설에 의하면 간접정범의 정범표지인 사실적 의사지배가 없으므로 간접정범의 성립여부가 문제될 수 있다.

그러나 범행지배설을 주장하는 학자들도 이 경우에 간접정범의 성립을 인정하고 있다.[910] 즉 신분범에 있어서 법규범의 명령과 금지는 신분 있는 자에게만 과하여지는 것이므로 이러한 경우에 피이용자도 행위상황을 알고 있기 때문에 이용자의 사실적인 의사지배를 인정할 수는 없지만, **행위지배를 규범적으로 파악하는 경우** 신분 또는 목적있는 자의 관여없이는 범죄가 성립하지 아니하므로 규범적·심리적 행위지배 또는 사회적 행위지배를 인정할 수 있기 때문이다(**규범적·사회적 범행지배설**).

판례도 내란죄 등에 있어서 국헌문란의 목적 없는 피이용자를 이용한 경우에 간접정범을 인정하고 있다.[911]

---

908) 예컨대 공무원이 그의 처를 이용하여 수뢰한 경우 또는 의사가 그의 처에게 환자기록카드의 기록을 제3자에게 넘겨주도록 사주하였고 의사의 처는 그러한 자료유출이 허용되어 있지 않은 사정을 알면서도 이에 응하여 직접 기록을 넘겨준 경우 수뢰죄나 업무상비밀누설죄의 주체가 될 수 없는 처의 행위를 이용한 공무원이나 의사에 대하여 이들 범죄의 간접정범을 인정할 수 있는지의 문제이다.

909) 예컨대 농장주인으로부터 이웃집 거위를 주인집 축사로 몰아넣을 것을 지시받은 일꾼이 그 거위가 주인소유가 아님을 알면서도 시키는 대로 한 경우를 들 수 있다. 여기서 일꾼에게는 절도의 고의는 있으나 그 거위를 자신의 것으로 하려는 불법영득의 의사는 없으므로 절도죄가 인정되지 않는다. 그러나 피이용자인 일꾼도 그 거위가 타인의 거위라는 사실을 아는 등 전체 행위상황을 알고 있기 때문에 즉 고의가 인정된다면 이용자인 주인에게 우월적 의사지배가 있다고 할 수 있는지의 문제이다.

910) **[규범적 범행지배개념으로의 확장필요성]** : 범행지배개념을 피이용자에 대한 이용자의 사실상의 심리적 우월성(우월적 의사지배)이라고 이해하는 경우 행위상황을 인식하고 있는 신분 또는 목적없는 고의있는 피이용자의 도구성을 인정하기 어렵게 된다. 이러한 이유로 이용자의 간접정범성이 부정되어야 할 뿐만 아니라 피이용자의 행위가 목적 등의 초과주관적 구성요건요소가 결여되어 구성요건해당성조차 부정되기 때문에 이용자를 공범으로도 처벌할 수 없게 된다.
이러한 처벌의 공백을 메우기 위해서는 예외적으로 범행지배개념을 사실상의 심리적 우위성 대신에 **형식적·법적 우위성을 전제로 하는 개념으로 이해할 필요**가 있게 된다(소위 **규범적 범행지배개념**). 이에 따르면 피이용자의 행위가 범죄성립요건을 전부 충족하고 있지 않더라도 이용자가 모든 요건을 갖추고 있으면 이를 이용하려는 이용자의 의도를 토대로 배후자의 법적(규범적)인 우위성을 인정할 수 있게 된다.

911) **[신분 또는 목적없는 고의있는 도구를 이용한 경우] : 대법원 1983.6.14. 선고 83도515 전원합의체 판결 ; 대법원 1997.4.17. 선고 96도3376 전원합의체 판결 ; 대법원 2002.6.28. 선고 2000도3045 판결**

보충판례 35-2[목적없는 고의있는 도구를 이용한 경우] : 대법원 2002.6.28. 선고 2000도3045 판결.

(2) 구성요건해당성은 있으나 위법하지 않는 피이용자의 행위를 이용하는 경우

피이용자의 행위가 적법한 때, 즉 적법하게 행위하는 도구를 이용한 때에도 간접정범이 성립한다. 여기에는 다음과 같은 세 가지 경우가 있을 수 있다.

① 국가기관(피이용자의 정당행위)을 이용하는 경우

국가기관의 적법한 행위를 이용한 때에도 간접정범이 성립한다. 예컨대, 갑이 국가기관에 허위의 사실을 신고하여 형법상 적법한 영장에 의하여 을이 구속된 때에는 갑은 체포·감금죄의 간접정범이 된다.[912)]

보충판례 35-3[정당행위를 이용한 경우] : 대법원 2006.5.25. 선고 2003도3945 판결.

② 정당방위상황을 이용하는 경우

방위자를 도구로 이용하여 공격자를 침해하기 위하여 고의로 정당방위상황을 초래

; **대법원 2014.1.23. 선고 2013도13804 판결**[범죄는 '어느 행위로 인하여 처벌되지 아니하는 자'를 이용하여서도 이를 실행할 수 있으므로(형법 제34조 제1항), 내란죄의 경우 '국헌문란의 목적'을 가진 자가 그러한 목적이 없는 자를 이용하여 이를 실행할 수도 있다고 할 것이다.

그런데 앞서 본 사실관계에 의하면, 피고인들은 12·12군사반란으로 군의 지휘권을 장악한 후, 국정 전반에 영향력을 미쳐 국권을 사실상 장악하는 한편, 헌법기관인 국무총리와 국무회의의 권한을 사실상 배제하고자 하는 국헌문란의 목적을 달성하기 위하여, 비상계엄을 전국적으로 확대하는 것이 전군지휘관회의에서 결의된 군부의 의견인 것을 내세워 그와 같은 조치를 취하도록 대통령과 국무총리를 강압하고, 병기를 휴대한 병력으로 국무회의장을 포위하고 외부와의 연락을 차단하여 국무위원들을 강압 외포시키는 등의 폭력적 불법수단을 동원하여 비상계엄의 전국확대를 의결·선포하게 하였음을 알 수 있다.

사정이 이와 같다면, 위 비상계엄 전국확대가 국무회의의 의결을 거쳐 대통령이 선포함으로써 외형상 적법하였다고 하더라도, 이는 피고인들에 의하여 국헌문란의 목적을 달성하기 위한 수단으로 이루어진 것이므로 내란죄의 폭동에 해당하고, 또한 이는 피고인들에 의하여 국헌문란의 목적을 달성하기 위하여 그러한 목적이 없는 대통령을 이용하여 이루어진 것이므로 피고인들이 간접정범의 방법으로 내란죄를 실행한 것으로 보아야 할 것이다.]

912) **대법원 2006.5.25. 선고 2003도3945 판결**(감금죄는 간접정범의 형태로도 행하여질 수 있는 것이므로, 인신구속에 관한 직무를 행하는 자 또는 이를 보조하는 자가 피해자를 구속하기 위하여 진술조서 등을 허위로 작성한 후 이를 기록에 첨부하여 구속영장을 신청하고, 진술조서 등이 허위로 작성된 정을 모르는 검사와 영장전담판사를 기망하여 구속영장을 발부받은 후 그 영장에 의하여 피해자를 구금하였다면 형법 제124조 제1항의 직권남용감금죄가 성립한다.)

한 경우, 예컨대 갑이 을을 살해하기 위하여 을을 사주하여 병을 공격하게 하고 병의 정당방위행위를 이용하여 을을 살해한 때에는 병의 행위는 적법하지만 갑은 살인죄의 간접정범이 된다. 이 경우 이용자는 공격자와 방위자를 모두 도구로 이용한 것이 된다. 그러나 병에게 방위의사가 없었을 때에는 갑은 병을 지배하지 못한 것이 되어 간접정범이 되지 아니한다.

③ 긴급피난을 이용하는 경우

타인의 긴급피난행위를 이용하는 경우, 예컨대 낙태에 착수한 임부가 생명의 위험이 일어나 의사를 찾아가자 의사가 임부의 생명을 구하기 위하여 낙태수술을 한 때에는 임부는 자기낙태죄의 간접정범이 된다.

(3) 구성요건해당성과 위법성은 있으나 책임없는 피이용자의 행위를 이용하는 경우

① 피이용자가 책임능력 없는 경우

피이용자가 유아 또는 심신상실자와 같은 책임무능력자인 때에는 이용자의 행위지배가 인정되므로 이용자는 원칙적으로 간접정범이 된다. 다만 이용자가 피이용자의 책임무능력상태를 인식하고 이를 이용하였을 것을 요한다. 그러나 피이용자가 형사미성년자 또는 정신이상자라 할지라도 시비의 변별능력이 있는 때(예컨대 12세 내지 13세 정도의 형사미성년자의 경우)에는 이용자의 우월적 의사지배를 인정하기 어려울 경우도 있을 것이므로 교사범이나 방조범의 성립을 인정할 수도 있다.[913)]

---

913) **대법원 1983.6.14. 선고 83도515 전원합의체 판결**[(다수의견)형법 제104조의2 제2항 소정의 외국인이나 외국단체 등은 본죄의 주체가 아니어서 범죄의 대상이나 수단 또는 도구나 손발자체는 될 수 있을지언정 이를 간접정범에서의 도구나 손발처럼 이용하는 것은 원칙적으로 불가능하므로 이 규정을 들어 간접정범을 정한 취지라고 해석할 학리적 이유가 없다. 따라서 형법 제104조의2의 제2항의 규정 중 "이용하여" 라는 말에 집착한 나머지 간접정범의 그 본래적 성격과 형태를 도외시하여 형법 제104조의2의 제2항의 죄가 성립하려면 내국인이 외국인을 이용하는 행위와 이용당한 그 외국인이 국외에서 대한민국 및 그 헌법기관을 비방하는 등의 행위가 있어야 성립된다는 전제아래 피고인에게 무죄를 선고한 원심조치에는 판결에 영향을 미침이 분명한 형법 제34조 제1항이 정하는 간접정범에 관한 법리와 형법 제104조의2 제2항의 국가모독죄에 관한 법리를 오해한 위법이 있어 상고논지는 그 이유가 있으므로 원심판결을 파기하여 원심으로 하여금 다시 심리판단케 하기 위해서 사건을 서울형사지방법원 합의부에 환송하기로 하여 주문과 같이 판결한다.
(반대의견 이일규대법원판사)형법 제104조의2 국가모독죄의 범죄의 주체가 될 수 없는 외국인이나

보충판례 35-4[책임이 조각되는 행위를 이용한 경우] : 대법원 1983.6.14. 선고 83도515 전원합의체 판결.

② 피이용자가 법률의 착오(금지착오)에 빠진 경우

피용자자 법률의 착오(위법성의 착오)에 빠져 있었고 그 착오에 정당한 이유가 있는 때에는 이용자가 그 착오를 야기하였거나 적어도 이를 인식하고 이용하는 때에 간접정범이 된다. 그러나 피이용자의 착오를 알지 못한 때에는 물론 공범이 성립할 뿐이다.

③ 자유로운 의사나 적법행위에의 기대가능성이 없는 피이용자의 행위

피이용자의 강요된 행위 또는 상관의 명령에 의한 행위를 이용한 때에도 피이용자가 자유로운 의사 없이 행동하는 도구인 때에는 이용자는 간접정범이 된다. 그러나 피이용자에게 자발적으로 의사가 인정되는 때에는 공범의 성립이 가능하다.

(4) 구성요건에 해당하고 위법하고 책임 있는 피이용자를 이용한 경우

간접정범은 피이용자의 행위가 구성요건에 해당하지 않거나 위법하지 않는 경우 또는 피이용자에게 책임 없는 경우에 성립하므로 피이용자가 유책하게 구성요건을 실현하는 때에는 간접정범이 될 수 없다. 그러나 다음과 같은 일정한 경우 책임있는 피이용자를 이용한 '정범배후의 정범이론'에 의한 간접정범을 인정할 수 있는지가 문제된다.[914)]

외국단체 등도 형법 제34조 제1항에 규정된 어느 행위로 인하여 처벌되지 아니하는 자에 해당된다.
(반대의견 이회창대법원판사)형법 제104조의2 제2항은 내국인이 외국인등을 교사 또는 방조하는 등 이들의 행위를 통하여 국내에서 동조 제1항 소정의 모독행위를 한 경우의 처벌규정이고, 교사·방조 받은 외국인 등이 국내에서 모독행위를 하지 아니하고 국외에 나가 모독행위를 한 경우에는 내국인은 동조 제1항의 간접정범이 될 것이다.]

914) **[정범배후의 정범이론(배후정범이론)]** : 간접정범의 본질이 정범인 이상 이용자(배후자)에게 정범표지인 우월적 의사지배만 인정될 수 있으면 피이용자의 행위가 범죄성립요건을 모두 충족시키더라도 이용자에게 간접정범성을 긍정하여 피이용자도 처벌되는 정범이 되고 이용자도 간접정범이 될 수 있는데 이러한 형태의 간접정범을 정범배후의 정범이론이라고 한다.
여기서 간접정범처벌의 초점을 이용자(배후자)에 맞추어 자신이 추구하는 어떤 목표달성을 위해 타인을 이용하고 있다는 사실 그 자체, 즉 배후자에게 우월한 지위에서의 범행지배에서 간접정범의 본질을 찾게 되면 배후자는 간접정범으로 처벌할 수 있게 된다(긍정설). 그러나 정범배후의 정범이론

① 피이용자의 회피가능한 금지의 착오를 이용하는 경우

정범배후의 정범이론 긍정설[915]에 따르면 이용자(배후자)를 간접정범으로 처벌할 수 있지만, 피이용자가 회피가능한 금지의 착오에 빠진 경우 책임설에 의하면 피이용자는 고의범으로 처벌받기 때문에 부정설에 따르면 간접정범조문의 해석상 교사범으로 처벌할 수밖에 없다.

② 피이용자의 동일한 유형의 구성요건과 관련된 객체의 착오를 이용하는 경우

예컨대 갑이 자신을 살해하기 위하여 을이 잠복해 있다는 사실을 알고 자신과 원한관계에 있는 병을 그곳으로 유인하여 병을 자신으로 오인한 을이 살해하도록 한 경우를 들 수 있다(소위 Dohna사례).

이 경우에도 간접정범설(긍정설)과 교사범설(부정설)이 대립하고 있지만 우리 형법 조문의 해석상 교사범으로 처벌하는 것이 타당하다(부정설).

③ 조직적 권력구조를 통하여 피이용자의 행위수행을 이용하는 경우(책상정범)

예컨대 조직적 권력구조 속에서 상층부의 지시에 절대복종할 수밖에 없는 행동대원을 통하여 범죄행위(요인암살, KAL기 폭파 등)를 수행하게 하는 경우를 들 수 있다.

이러한 경우에는 권력기구를 조정하는 수뇌부에게는 전체 범죄에 대한 기능적 범행지배가 인정된다고 할 수밖에 없기 때문에 간접정범이 아닌 공동정범의 성립을 인정하는 것이 타당하다(부정설).

(긍정설)은 간접정범을 '어느 행위로 인하여 처벌되지 않는 경우(간접정범의 소극적 요건)'로 제한하고 있는 우리 형법 제34조 제1항의 규정에 정면으로 배치되는 견해이기 때문에 현행 형법의 해석론상으로는 받아들일 수 없는 견해이다(**부정설, 다수설**).

따라서 정범배후의 정범으로 인정되는 사례유형은 피이용자가 범죄성립요건을 충족시키고 있고 이용자(배후자)에게는 간접정범의 적극적 요건인 우월적 의사지배를 인정할 수 없기 때문에 이용자(배후자)는 구체적인 사정에 따라 교사범 또는 공동정범은 인정될 수 있지만 간접정범은 인정될 수 없다고 하여야 한다(부정설의 입장).

915) 독일의 통설은 이 경우에도 이용자에게 간접정범의 성립을 인정한다. 즉 피이용자의 금지의 착오가 회피가능했는가 아닌가는 사실적 · 심리적 관점에서 이용자의 행위지배에 영향을 미칠 수 없으므로 교사범과 간접정범의 구별은 금지의 착오의 회피가능성의 유무가 아니라 실질적 위법성의 인식에 따라 구별해야 한다는 것이다.

나. 이용행위

(1) 교사 또는 방조

간접정범의 이용행위는 교사 또는 방조이다. 여기서 교사 또는 방조는 교사범이나 방조범에 있어서의 교사 또는 방조의 의미가 아니라 '사주 또는 이용'의 뜻으로 넓게 이해하여야 한다(통설).[916)]

간접정점에 있어서 피이용자는 도구에 불과하므로 도구에게 범죄의사를 갖게 하거나 이미 범죄의사를 가진 자를 돕는다는 것은 사실상 불가능하기 때문이다. 따라서 이용자가 외관상 방조행위에 해당하는 방법으로 관여한 때에도 행위의 실행이 이용자의 의사에 의하여 지배된 때에는 간접정범이 성립한다.

(2) 결과의 발생

범죄행위의 결과를 발생케 한 때란 결과범이라는 범죄구성요건에 규정된 구성요건적 결과발생만을 의미하는 것이 아니라 결과범을 포함하여 어떤 범죄구성요건이든간에 당해 구성요건의 실현(즉 범죄가 행해진다는 것)을 말한다. 그러나 결과가 발생하지 아니한 때에도 간접정범은 미수범으로 처벌되지 않을 수 없다.[917)]

---

916) 따라서 여기서의 교사는 우월한 의사에 의한 지배·조종행위를, 방조는 우월한 의사에 의한 이용·원조행위를 의미하게 된다. 바로 이러한 **'사주 또는 이용행위'가 간접정범자의 우월적 의사지배를 인정할 수 있는 법적 근거**가 될 수 있다. 따라서 우월적 의사지배가 인정되기 위해서는 객관적으로 매개자의 의사가 지배당하는 상황이 존재하여야 하고 주관적으로는 우월적인 의사지배를 하려는 의사, 즉 사주의사 내지 이용의사가 존재하여야 한다.

917) **[간접정범의 실행의 착수시기]** : 간접정범의 실행의 착수시기와 관련하여서는, 간접정범은 사람을 생명있는 도구로 이용하는 것이기 때문에 도구이용자를 중심으로 그가 피이용자를 도구로 이용하기 시작할 때 실행의 착수가 있는 것으로 보는 이용자행위기준설, 구성요건의 사회적 정형성을 강조하면서 피이용자의 행위에 초점을 맞추어 피이용자의 행위가 실행의 착수에 이르렀을 때 간접정범자의 실행의 착수가 인정된다고 하는 피이용자행위기준설, 악의(고의)있는 도구와 선의의 도구를 구분하여 전자의 경우에는 도구의 실행행위시, 후자의 경우에는 이용자가 이용행위를 개시한 때라고 하는 이분설 등이 주장된다.
그러나 **다수설인 개별화설**은 간접정범의 정범성을 전제로 보호법익에 대한 위험야기행위가 어느 때에 직접적 위험야기의 단계에 이르는가 하는 점을 고려하여 개별구성요건별로 간접정범의 실행의 착수시기를 결정하자는 견해이다. 따라서 개별화설에 따르면 일반적으로는 단순히 피이용자를 이용하기 시작한 때가 아니라 이용행위가 법익침해의 위험성을 직접적으로 초래한 때 또는 이용자가 더 이상 아무런 조치를 취하지 않더라도 피이용자의 행위에 의하여 독자적으로 구성요건이 실현될 상황에 이르게 된 때를 실행의 착수시기로 인정하게 된다.

3. 간접정범의 처벌

가. 간접정범과 처벌

간접정범을 교사 또는 방조의 예에 의하여 처벌하므로 이용행위가 외형상 교사에 해당할 때에는 정범과 동일한 형으로 처벌하며, 종범에 해당할 때에는 정범의 형보다 감경한다.[918]

나. 간접정범의 미수

간접정범은 교사범 또는 방조의 예의 의하여 처벌하도록 되어 있으나 간접정범은 정범이므로 간접정범의 미수는 공범의 예에 따라 교사의 미수로 처벌되는 것이 아니라 간접정범 자체의 미수가 성립되고, 따라서 미수범에 관한 일반 규정이 적용되며, 미수범 처벌규정이 있는 경우에 한하여 처벌된다.

4. 관련문제

가. 간접정범의 착오

(1) 이용자의 성질에 대한 착오

① 이용자가 책임무능력자로 오인하였으나 사실은 고의있는 책임능력자인 경우

이에 대하여 행위자의 의사를 기준으로 하여 간접정범이 성립한다는 견해(주관설)가 있으나 위의 경우에는 이용자가 피이용자에 대하여 우월한 의사지배에 의한 행위

918) 형법상 간접정범의 조문에도 불구하고 간접정범에서는 방조의 형으로 처벌되는 간접정범은 나타나기 어렵다. 이용자의 행위가 방조행위 정도에 그친 때에는 우월한 의사지배에 의한 범행지배를 인정할 수 없어서 도구로 이용하였다고 할 수 없기 때문이다. 따라서 간접정범은 대부분 정범의 형으로 처벌될 것이다. 그러나 정범을 공범의 예에 의하여 처벌하는 것은 죄형법정주의에 반할 우려가 있기 때문에 입법론상으로는 재고의 여지가 있다 할 것이다. 2011년의 법무부형법개정안을 참조!!

지배가 사실상 불가능하기 때문에 교사범이 성립한다고 보아야 한다(다수설).

② 이용자가 피이용자를 책임능력자인 것으로 오인하고 교사 또는 방조한 때

이에 대하여 객관설에 의하여 간접정범의 결과 실현 속에 교사에 의한 범죄실현은 포함된다는 점에서 간접정범이 된다는 견해가 있으나 위의 경우에는 이용자에게 이용의사가 없고 단지 교사·방조의 고의로 행위한 것이므로 공범이 성립한다고 보아야 한다(통설).

(2) 실행행위에 대한 착오

실행행위에 대한 착오란 피이용자가 실행행위 과정에서 착오를 일으켜 이용자가 원래 의도했던 결과가 발생하지 않은 경우이다. 이때에는 사실의 착오에 관한 일반이론이 그대로 적용된다.

한편 피이용자가 이용자의 의사를 초과하여 실현한 때에는 이용자는 책임개별화원칙에 따라 초과부분에 대하여 책임을 지지 않는다.[919] 그러나 결과적 가중범인 때에는 이용자가 그 결과에 대하여 미필적 고의가 있거나 중한 결과를 예견할 수 있었을 경우에는 이용자도 중한 결과에 대하여 책임이 인정된다.

나. 신분범과 간접정범

행위의 주체에 일정한 신분을 요하는 범죄의 경우에 신분 없는 자는 이론상 그 범죄의 정범이 될 수 없다. 다만 형법은 신분 없는 자가 신분 있는 자와 같이 진정신분범의 공범 또는 공동정범이 될 수 있도록 규정하고 있을 뿐이다.

그러나 간접정범은 정범이므로 간접정범이 성립하기 위하여는 간접정범자에게 정범적격이 있어야 한다. 따라서 신분 없는 자는 신분 있는 자를 이용하여 진정신분범의 간접정범이 될 수 없다(다수설).[920] 예컨대 공무원의 신분을 가지고 있지 않는 자는

---

919) 즉 피이용자의 초과부분에 대해서는 이용자의 지배의사가 없고 따라서 그 부분에 대해서 이용자의 고의가 인정될 수 없기 때문이다.

비록 그 신분을 가진 자의 행위를 이용하더라도 뇌물수수죄의 간접정범이 될 수 없는 것이다.[921]

다. 과실범에 의한 간접정범

이용자가 과실로 피이용자를 이용하여 범죄결과를 발생하게 한 경우에 과실에 의한 간접정범의 성립을 인정할 것인가가 문제된다.[922]

이에 대하여 과실범은 정범이며, 따라서 배후자에게 행위에 대한 객관적 귀속을 인정할 수 있으므로 위법한 구성요건을 실현한 경우에는 고의에 의하건 과실에 의하건 간접정범이 된다는 견해가 있다.

그러나 과실범에게는 정범과 공범의 구별이 무의미하고, 간접정범을 성립하게 하는 기초가 되는 의사지배나 정범의사가 없으므로 간접정범은 부정된다고 보아야 한다. 다만 과실로서 결과발생에 기여한 것은 인정되므로 과실범의 동시범이 성립된다고 할 것이다(다수설).

라. 부작위와 간접정범

(1) 부작위에 의한 간접정범

정신병원의 의사나 간호사가 정신병자가 동료환자를 공격하는 것을 방치해 두어 상해를 입힌 경우 등과 같이 자신이 감호하고 있는 자가 타인에 의해 침해당하고 있는 것을 알면서도 작위의무자가 이를 방치한 경우에 부작위에 의한 상해죄의 간접정범을 인정할 것인지가 문제된다.

---

920) 그러나 판례는 예외적으로 허위공문서작성죄의 경우 '작성권한있는 공무원을 보조하는 자'는 비신분자이지만 허위공문서작성죄의 간접정범이 될 수 있다고 하거나(대법원 1992.1.17. 선고 91도2837 판결), 나아가 위계에 의한 공무집행방해죄를 인정하기도 한다(대법원 1997.2.28. 선고 96도2825 판결 ; 대법원 2008.3.13. 선고 2007도7724 판결).

921) 예외적으로 공정증서원본등부실기재죄(제228조)의 경우에는 신분없는 자가 바로 그 죄의 정범이 된다는 것을 명문으로 규정하고 있다.

922) 예컨대 장난삼아 빈총이라고 친구를 기망하여 사냥용 총을 격발하게 한 결과 우연히 행인에게 명중하여 사망하게 한 경우를 들 수 있다.

이에 대하여 ① 이용자가 보증의무에 반하여 도구인 피이용자의 행위를 방해하지 않은 때에는 간접정범의 성립가능성을 인정하는 견해가 있다. 그러나 ② 간접정범은 성질상 작위적인 방법[923]으로 피이용자로 하여금 범죄를 범하도록 하여야 성립하는 것이고, 위의 예에서와 같이 보증인이 책임무능력자의 행위를 저지하지 않는 것은 보호하여야 할 보증의무를 다하지 않는 것이므로 부작위에 의한 방조범이 된다고 하여야 할 것이다.

(2) 타인의 부작위를 이용한 간접정범

아버지가 물에 빠진 자기 아이를 구하려는 제3자로 하여금 그 구조의사를 포기하도록 만들어 아이를 사망하게 한 경우 등과 같이 작위의무자가 강요행위나 기망행위를 이용하여 타인으로 하여금 부작위하게 한 경우에 작위의무자에게 그 타인의 부작위를 이용한 간접정범의 성립을 인정하는데 반대하는 견해는 없다. 배후자에 의해 이용되는 매개자의 행위가 작위이든 부작위이든 간접정범이 성립하는 데에는 아무런 지장이 없기 때문이다.

마. 자수범과 간접정범

(1) 자수범의 의의

자수범은 정범자 자신의 직접적인 실행행위를 요하는 범죄로서 타인을 이용하여서는 범할 수 없는 범죄를 말한다. 따라서 자수범에 있어서는 자수(自手)에 의하지 않고 실행한 경우 공동정범이나 간접정범은 불가능하지만[924], 공범은 가능하다.[925]

923) 예컨대 부작위를 통해 타인에 대한 의사지배를 할 수 없기 때문에 부작위에 의한 간접정범은 인정될 수 없다. 나아가 직접정범에 대해 요구되는 직접적 실행지배가 없기 때문에 부작위에 의한 직접정범도 성립할 수 없다.

924) 이점에서 자수범을 소극적으로 '간접정범으로 범할 수 없는 범죄'로 정의할 수 있다.

925) 예컨대 폭행 · 협박으로 증인을 강요하여 위증하게 한 경우에는 위증죄의 교사범이 된다.

(2) 자수범의 인정여부

① 부정설

형법 제34조 제1항이 간접정범을 교사나 방조의 예에 따라 처벌하도록 함으로써 제33조 본문이 간접정범에도 적용되게 하였으므로 자수범은 현행법상 인정할 수 없다는 견해이다.

이 설에 대하여는 간접정범은 정범이며, 정범인 이상 신분없는 자가 진정신분범의 간접정범이 될 수 있다고 해석하는 것은 불가능하며, 형법 제33조의 규정에도 불구하고 각칙의 개별적인 구성요건의 해석상 정범 스스로의 실행행위에 의하여 불법을 실현할 것을 요하는 범죄가 있다는 것을 부정할 수 없다는 비판이 있다.

② 긍정설

ㄱ. 문언설

문언설은 구성요건의 문언에 의하여 정범자 스스로의 실행행위를 해야만 구성요건을 충족할 수 있게 규정되어 있는 범죄가 자수범이라고 하는 견해이다. 형식설이라고도 한다. 따라서 의사가 간호사를 이용하여 환자를 살해하는 것은 가능하지만, 성범죄를 간접정범에 의하여 범할 수는 없다고 한다.

이 설에 대하여 자수범 여부를 법률규정에 의하여 형식적으로 결정하는 것은 타당하지 못하며, 언어는 다양한 의미를 가지고 사용되므로 정범과 공범을 구별하는 기준으로 할 수 없고, 법률이 자수범 인정기준이 될 만한 용어를 사용하는 것도 아니라는 비판이 가해진다.

ㄴ. 거동범설

거동범설은 범죄를 결과범과 거동범으로 구별하고, 거동범은 행위자의 신체적 거동을 요하므로 자수범이라고 한다(신체동작설).

이 설에 대하여는 모든 거동범이 자수범이 되는 것은 아니라는 비판이 있다. 거동범도 그것이 사회적으로 비난할 만한 상태를 야기했거나 추상적 위험범으로서 결과와 간접적으로 연결될 때에는 처벌된다는 것이다. 즉, 주거침입죄는 거동범이지만 자수범은 아니라는 것이다.

ㄷ. 법익보호표준설(이분설)

Roxin은 법익보호의 관점에서 자수범을 진정자수범과 부진정자수범으로 나눈다. 먼저 행위자 형법적 범죄(예컨대 상습범)와 법익침해 없는 행위관련적 범죄(예컨대 구간통죄)가 진정자수범에 속한다고 한다. 행위자 형법적 범죄는 구성요건이 개별적인 행위만아 아니라 생활태도 내지 일정한 행위자인격을 규정하고 있으므로 본인이 행위하지 않으면 행위지배가 있다고 볼 수 없고, 법익침해없는 행위관련적 범죄는 도덕적으로 비난받는 행위를 스스로 행하였기 때문에 처벌된다는 것에 근거한다. 이에 대해 부진정자수범은 법익은 침해하지만 정범에게는 특수한 의무침해를 전제로 하므로 행위자가 자수적으로만 범할 수 있는 범죄(예컨대 위증죄)를 말한다고 한다.

이 설에 대하여는 형법은 일정한 법익보호를 전제로 처벌하는 것임에도 법익침해없는 범죄를 행위의 반윤리성이나 의무위반만을 이유로 자수범으로 인정하여 처벌하는 것은 형법의 보호기능에 충실하지 못하며, 진정자수범과 부진정자수범을 구별할 실익이 없다는 비판이 있다.

ㄹ. 구성요건표준설(삼분설)

구성요건표준설(다수설)은 개별적인 구성요건의 체계적이고 합리적인 해석에 따라 판단하고자 한다. 이에 따르면 형법상 자수범에는 3가지 유형이 있다고 한다. 즉 첫째 유형은 범죄의 실행행위에 있어서 직접 행위자의 신체를 수단으로 할 것을 요구하는 범죄이다. 간통죄, 피구금부녀간음죄 등이 이 속에 속한다고 한다. 둘째 유형은 실행행위를 통해 행위자의 인격적 태도가 표출된 것을 요구하는 범죄이다. 명예훼손죄, 모욕죄, 업무상 비밀누설죄 등이 이에 속한다고 한다. 셋째 유형은 소송법 등 형법 이외의 법률이 행위자 스스로의 행위를 요구하는 범죄이다. 위증죄, 군형법상의 군무이탈죄 등이 이에 속한다고 한다.

생각건대 구성요건 가운데 당해 범죄의 특수한 행위반가치가 자수적 방법으로써만 실현되는 범죄가 있으므로 자수범의 개념은 인정할 수밖에 없다. 기본적으로는 삼분설이 타당하다.

(3) 판례의 태도

대법원도 가계수표허위신고사건에서 '수표금액의 지급책임을 부담하는 자 또는 거래정지처분을 당하는 자는 오로지 발행인에 국한되는 점에 비추어 볼 때 발행인 아닌 자는 위 법조가 정한 허위신고죄의 주체가 될 수 없고, 허위신고의 고의 없는 발행인을 이용하여 간접정범의 형태로 허위신고죄를 범할 수도 없다'[926]고 판시함으로써 자수범이라는 법형상을 적극적으로 인정하면서 자수범이 간접정범의 형태로 범할 수 없는 범죄임을 천명하고 있다.[927]

보충판례 35-5[자수범과 간접정범] : 대법원 1990.10.30. 선고 90도1912 판결 ; 대법원 2006.5.11. 선고 2006도1663 판결 ; 대법원 2006.5.11. 선고 2006도1663 판결 ; 대법원 2011.5.13. 선고 2011도1415 판결.

5. 특수교사방조

가. 형법 제34조 제2항

형법 제34조 제2항에서는 '자기의 지휘·감독을 받는 자를 교사 또는 방조하여 전항의 결과를 발생하게 한 자는 교사인 때에는 정범에 정한 형의 장기 또는 다액에 2분의 1까지 가중하고 방조인 때에는 정범의 형으로 처벌한다'고 규정하고 있다. 타인을 지휘·감독할 지위에 있는 자가 그 지위를 남용하여 범행했다는 점에서 행위불법 내지는

---

926) **대법원 1992.11.10. 선고 92도1342 판결 ; 대법원 2007.3.15. 선고 2006도7318 판결 ; 대법원 2014.1.23. 선고 2013도13804 판결**

927) **대법원 1998.2.10. 선고 97도2961 판결**(형법 제155조 제1항에서 타인의 형사사건에 관하여 증거를 위조한다 함은 증거 자체를 위조함을 말하는 것으로서, 선서무능력자로서 범죄 현장을 목격하지도 못한 사람으로 하여금 형사법정에서 범죄 현장을 목격한 양 허위의 증언을 하도록 하는 것은 위 조항이 규정하는 증거위조죄를 구성하지 아니한다.)

비난가능성이 크다는 것을 이유로 형을 가중하는 것이다.

나. 법적 성격

형법 제34조 제2항의 법적 성격과 관련하여서는 ① 특수간접정범에 관한 규정이라는 설 ② 전항의 결과를 발생하게 한 자를 범죄행위의 결과를 발생하게 한 것으로 해석하여 이를 특수공범(특수교사 및 특수방조)에 관한 규정으로 보는 설, ③ 특수공범과 특수간접정범을 모두 포함하여 가중규정한 것이라는 설(결합설, 다수설) 등이 있다.

제34조 제2항이 피교사자와 피방조자를 단지 '자기의 지휘, 감독을 받는 자'라고 규정하고 있을 뿐 제1항과 같은 제한을 두고 있지 않다는 점에서 다수설이 타당하다.

다. 적용범위

(1) 자기의 지휘·감독을 받는 자

형법은 단지 '지휘·감독을 받는 자'라고 규정하고 있음에 불과하므로 그 근거가 법령, 계약, 사무관리에 의한 경우에 제한하지 않고 사실상 지휘·감독을 받는 관계이면 충분하고, 반드시 적법할 것도 요하지 않는다. 따라서 주인과 가정부 사이는 물론 범죄조직에 있어서 수괴와 구성원들 사이에서도 성립할 수 있다.

(2) 교사 또는 방조

교사 또는 방조는 지휘·감독하는 지위를 이용하여 할 것을 요한다. 따라서 교사자 또는 방조자는 피이용자가 자기의 지휘·감독을 받는 자라는 사실을 인식하여야 한다. 그리고 교사 또는 방조의 내용이 자기의 지휘·감독을 받고 있는 사항에 관한 것임을 요하지 않는다.

제6절 공범과 신분

[조문]

刑法 第33條(共犯과 身分) 身分關係로 因하여 成立될 犯罪에 加功한 行爲는 身分關係가 없는 者에게도 前3條의 規定을 適用한다. 但, 身分關係로 因하여 刑의 輕重이 있는 境遇에는 重한 刑으로 罰하지 아니한다.

2011년 형법일부개정법률안[형법총칙전면개정안][의안번호 제11304호] 제35조(공범과 신분) ① 신분에 의하여 구성되는 범죄에 신분없는 자가 가담한 때에는 제32조 내지 제34조의 규정을 적용한다. 다만, 신분없는 자의 형은 감경할 수 있다.

② 신분에 의하여 형의 경중이 있는 경우에 신분없는 자는 신분으로 인하여 가중되거나 감경되지 아니한 형으로 처벌한다.

1. 머리말

가. 공범과 신분의 문제

공범과 신분의 문제는 범죄의 성립이나 형의 가감에 신분이 영향을 미치는 경우 즉 신분있는 자와 신분 없는 자가 공범관계에 있을 때 이를 어떻게 취급할 것인지에 대한 것이다. 형법 제33조는 신분이 비신분자에게 종속할 수 있는지에 대하여 입법적으로 해결하고 있다. 즉 제33조 본문은 신분이 원칙적으로 비신분자에게 종속할 수 있는 것임을 선언하고 있기 때문이다. 그러나 **단서조항과 관련**하여서는 신분이 종속하는 것인지 독립적인 것인지 여부, 책임의 개별성과 관련하여 신분없는 자를 어떻게 처리해야 하는 것인지를 둘러싸고 해석상의 논란이 심하다.[934]

934) **[공범의 종속성과의 관계]** : 공범종속성설에 의하면 신분자와 비신분자 간의 공범관계가 얼마든지 가능하고 형벌의 가감도 인정할 필요가 없다. 따라서 제33조의 본문은 위법의 연대(종속, 신분의 연대성)를 규정한 원칙적인 규정이며 단서는 예외적인 규정으로 이해하게 된다.
한편 공범독립성설에 의하면 신분자와 비신분자 간의 공범관계는 불가능하고 진정신분범에서 신분자에게 가공한 비신분자의 행위는 죄가 되지 않는다. 따라서 제33조는 책임의 개별화(신분의 독립성)를 규정한 단서가 원칙규정이고 본문은 예외규정으로 이해하게 된다. 그러나 우리 형법은 본문에서 공범종속성을, 단서에서는 공범의 독립성을 규정하여 양자를 절충하고 있다.

나. 신분범의 의의와 종류

(1) 신분범과 신분

신분이 범죄의 성립이나 형의 가감에 영향을 미치는 범죄를 신분범이라고 한다. 여기서 신분은 남녀의 성별, 내외국인의 구별, 친족관계 또는 공무원의 자격뿐만 아니라 널리 일정한 범죄행위에 대한 범인의 인적 관계인 특수한 지위나 상태를 말한다(통설 및 판례[935]).

신분은 반드시 계속성을 가질 것을 요하지는 않지만(다수설 및 판례[936]) 이러한 신분요소는 상습성, 업무성, 작위의무 등 행위자와 관련된 요소임을 요한다. 따라서 주관적 불법요소인 고의·목적 또는 동기, 불법영(이)득의사는 행위와 관련된 요소인 동시에 누구에게나 존재할 수 있는 일반적인 요소이자 행위자관련적 주관적(내부적·심리적) 요소이기 때문에 구성요건요소의 분류상 객관적(외부적) 행위자관련적 요소만을 신분으로 하는 신분개념에 포함되지 않는다.

한편 모해할 목적으로 교사하더라도 정범에게 모해의 목적이 없는 때에는 단순위증죄의 교사범이 성립한다.[937]

보충판례 36[신분의 의미 : 행위자관련적 표지] : 대법원 1994.12.23. 선고 93도1002 판결.

935) **대법원 1994.12.23. 선고 93도1002 판결**.

936) '모해목적'을 가중적 신분으로 인정하는 93도1002 판결의 입장도 신분에 계속성을 요구하지 않는 전제에서 주장되고 있다고 할 수 있다. 그러나 신분이라는 용어 그 자체도 어느 정도의 계속성을 필요로 하는 것이 일상용어적 사용례이고 목적 등을 신분으로 포섭하지 않기 위해서라도 계속성은 신분의 본질적 요소로 이해할 필요가 있을 것이다.

937) 다수설과 달리 판례는 **'모해목적'**을 행위자 개인의 특수한 위험심정을 나타내는 행위자관련적 주관요소로 해석라면서도 신분개념에 포함시키고 있다 : **대법원 1994.12.23. 선고 93도1002 판결**(형법 제152조 제1항과 제2항은 위증을 한 범인이 형사사건의 피고인 등을 '모해할 목적'을 가지고 있었는가 아니면 그러한 목적이 없었는가 하는 범인의 특수한 상태의 차이에 따라 범인에게 과할 형의 경중을 구별하고 있으므로, 이는 바로 형법 제33조 단서 소정의 "신분관계로 인하여 형의 경중이 있는 경우"에 해당한다고 봄이 상당하다.)

(2) 신분의 종류

① **형식적 분류방법**

통설은 형법 제33조의 법조문을 기준으로 신분을 다음과 같은 세 가지 유형으로 분류한다.

ㄱ. (범죄)구성적 신분

일정한 신분이 있어야 범죄가 성립하는 경우의 신분을 말하며 이 때 신분은 가벌성을 구성하는 요로소서의 기능을 가진다. 이러한 범죄구성적 신분을 요하는 범죄를 진정신분범이라고 한다. 예컨대 수뢰죄(제129조), 위증죄(제152조), 허위진단서작성죄(제233조), 업무상 비밀누설죄(제317조), 횡령 및 배임죄(제355조) 등이 이에 속한다.

ㄴ. (형벌)가감적 신분

형벌가감적 신분은 신분이 없어도 범죄는 성립하지만 신분에 의하여 형벌이 가중되거나 감경되는 경우의 신분을 말하며, 이 때 신분은 형벌을 가감하는 인적 요소로서의 기능을 한다. 이러한 가감적 신분에 해당하는 범죄를 부진정신분범이라고 한다. 예컨대 존속살해죄(제250조 제2항)의 직계비속, 업무상 횡령죄(제356조 제1항)에서 업무자는 가중적 신분이며, 영아살해죄(제251조)의 직계존속은 감경적 신분이다.

ㄷ. 소극적 신분

신분으로 인하여 범죄의 성립 또는 형벌이 조각되는 경우의 신분을 말한다. 이에는 ① 위법조각적 신분(불구성적 신분, 불법조각적 신분) 예컨대 의료법위반에 있어서 의사, 변호사법위반에 있어서 변호사의 신분 등, ② 책임조각적 신분 예컨대 만14세가 되지 아니한 자, 범인은닉죄·증거인멸죄에서의 친족·동거가족 등, ③ 형벌조각신분 예컨대 친족상도례(제328조)에서의 친족의 신분 등이 있다.

② 실질직 분류방법

실질적 분류방법은 불법의 연대성과 책임의 개별성을 고려하여 신분을 신분관계

자체의 법적 성질에 따라 구분하는 견해이다. 오스트리아 형법이 사용하고 있는 입법방식으로 다음과 같이 세 가지 유형으로 분류한다.

ㄱ. 위법신분

신분이 정범행위의 결과불법에 영향을 주는 기능을 하는 경우로서 모든 공범에게 연대적으로 작용하여 비신분자도 신분자와 같이 취급된다. 제33조 본문이 적용된다고 한다.

1) 적극적 위법신분

이에는 일정한 신분자가 아니면 행위주체가 될 수 없는 적극적 위법신분과 신분에 의하여 불법이 가중되거나 감경되는 가감적 위법신분이 있다. 전자에 속하는 것으로 강간죄(제297조), 수뢰죄(제129조), 위증죄(제152조), 횡령·배임죄(제355조), 간통죄(제241조) 등이 있다. 또 후자에 해당하는 것으로서 도주원조죄(제148조), 직권남용죄(제123조, 제125조)는 가중적 위법신분에 속하며, 자기낙태죄(제269조 제1항)는 감경적 위법신분에 속한다.

2) 소극적 위법신분

신분으로 인하여 해서 위법성이 조각되는 신분, 즉 위법조각적 신분을 의미한다.

ㄴ. 책임신분

신분이 행위자의 책임비난에 영향을 주는 경우로서 책임개별화의 원칙이 적용되어 비신분자와 신분자를 구별하여야 한다고 본다. 제33조 단서가 적용된다고 한다.

1) 적극적 책임신분

이에는 책임비난을 가중시키는 가중적 책임신분과 책임비난을 감경하는 감경적 책임신분이 있다. 전자에 속하는 것으로 존속살해죄의 직계비속이 있으며, 후자에 속하는 것으로 영아살해죄의 직계존속, 한정책임능력자(제10조 제2항, 제11조), 형이 감경되는 중지미수범(제26조), 자수·자복한 자(제52조) 등을 들 수 있다.

2) 소극적 책임신분

신분으로 인하여 책임이 조각되는 신분을 말한다. 책임무능력자(제9조, 제10조 제1항), 책임이 면제되는 중지미수범과 자수·자복한 자, 범인은닉죄와 증거인멸죄의 친족·호주·동거가족 등이 이에 속한다.

ㄷ. 처벌조각적 신분

처벌조각적 신분이란 신분자에 대해서나 비신분자에 대해서나 범죄 자체의 성립은 인정하지만 신분자에 한하여 처벌을 면제하는 경우의 신분을 말한다. 예컨대 친족상도례의 친족을 들 수 있다.

③ **결론**

실질적 분류방법은 통설적인 방법에 의하면 동일한 내용의 신분이 구성적 또는 가감적으로 기능하는 경우에는 불합리하다는 것을 근거로 한다. 그러나 위법신분과 책임신분의 구별이 명확하지 않으며, 위법신분이면서 가중적 신분을 가진 정범에게 가공한 비신분자에게 형법 제33조 본문을 적용한다고 함으로써 제33조 단서의 규정과 배치되는 모순이 있다는 점에서 통설인 형식적 분류방법이 타당하다.

2. 형법 제33조 본문의 해석

가. 신분관계로 인하여 성립될 범죄의 의미

(1) 종속적 신분·비종속적 신분 구별설(다수설)

제33조 본문이 진정신분범에 대하여만 적용된다고 하는 설이다. 이 설은 소수설에 따르면 진정신분범에 대하여는 과형에 관한 규정이 없게 되고, 부진정신분범은 신분

관계로 인하여 성립될 범죄가 아니라는 점 등을 그 논거로 한다.

(2) 신분의 종속과형의 개별화설(소수설)

제33조 본문이 진정신분범과 부진정신분범의 성립근거를 규정하고, 단서는 부진정신분범의 과형만을 규정한 것이라고 하는 설이다. 이 설은 통설에 의하면 부진정신분범에 대하여는 공범성립의 근거규정이 없게 되고, 형법 제33조 단서가 부진정신분범의 과형에 대하여만 규정한 것이 명백하므로 본문을 진정신분범에 제한하여 적용해야 할 근거가 없다는 점 등을 그 논거로 한다.

(3) 판례의 입장(신분의 종속·과형의 개별화설)

판례는 제33조 본문의 '신분관계로 인하여 성립될 범죄'에 진정신분범뿐만 아니라 부진정신분범도 포함시켜 진정신분범과 부진정신분범에 가담한 비신분자의 공범성립에 관한 규정으로, 같은 조 단서를 비신분자와 신분자의 과형의 개별화에 관한 규정 즉 부진정신분범에 가담한 비신분자의 처벌에 관한 규정으로 이해한다.

따라서 비신분자인 아내와 신분자인 아들이 공동하여 아버지를 살해하여 존속살해죄(부진정신분범)가 문제된 경우, 비신분자인 아내에 대해서는 일단 본문규정을 적용하여 존속살해죄의 공동정범이 성립하지만 과형에 관한 한은 단서를 적용하여 보통살인죄의 법정형으로 처단한다고 한다.[938)]

보충판례 36-1[신분범의 처리방법] : 대법원 1965.8.24. 선고 65도493 판결 ; 대법원 1961.12.28. 선

938) **대법원 1961.8.2. 선고 4295형상284 판결 ; 대법원 1965.8.24. 선고 65도493 판결 ; 대법원 1997.12.26. 선고 97도2609 판결**(상호신용금고법 제39조 제1항 제2호 위반죄는 상호신용금고의 발기인·임원·관리인·청산인·지배인 기타 상호신용금고의 영업에 관한 어느 종류 또는 특정한 사항의 위임을 받은 사용인이 그 업무에 위배하여 배임행위를 한 때에 성립하는 것으로서, 이는 위와 같은 지위에 있는 자의 배임행위에 대한 형법상의 배임 내지 업무상배임죄의 가중규정이고, 따라서 형법 제355조 제2항의 배임죄와의 관계에서는 신분관계로 인하여 형의 경중이 있는 경우라고 할 것이다. 그리고 위와 같은 신분관계가 없는 자가 그러한 신분관계에 있는 자와 공모하여 위 상호신용금고법위반죄를 저질렀다면, 그러한 신분관계가 없는 자에 대하여는 형법 제33조 단서에 의하여 형법 제355조 제2항에 따라 처단하여야 할 것인바, 그러한 경우에는 **신분관계가 없는 자에게도 일단 업무상배임으로 인한 상호신용금고법 제39조 제1항 제2호 위반죄가 성립한 다음 형법 제33조 단서에 의하여 중한 형이 아닌 형법 제355조 제2항에 정한 형으로 처벌**되는 것이다.)

고 4294형상564 판결 ; 대법원 2003.10.24. 선고 2003도4027 판결.

(4) 결론

현행법의 해석이나 그 적용을 고려할 때 다수설이 타당하다. 즉 형법 제33조 본문은 비신분자에게도 진정신분범의 공범이 될 수 있다는 것만을 규정한 것으로 봄이 타당하다. 따라서 공무원인 갑이 뇌물을 수수하는데 을이 관여하게 되면 을도 수뢰죄의 공범이 된다.[939)]

나. 형법 제33조 본문의 적용 여부

(1) 비신분자가 신분자의 범죄에 가담한 경우

'신분관계로 인하여 성립될 범죄'란 진정신분범을 말한다. 즉 제33조 본문은 진정신분범에 가담한 비신분자의 공범의 성립과 과형의 문제를 규정하고 있는 것이다. 또한 '신분관계가 없는 자에게도 전3조의 규정을 적용'하기 때문에 진정신분범에 가담한 비신분자에게도 본문의 연대적 작용에 의하여 공동정범(제30조), 교사범(제31조), 종범(제32조)이 성립한다.

예컨대 비공무원인 갑이 공무원 을의 수뢰를 교사·방조한 경우 갑은 수뢰죄의 교사범·방조범으로 처벌되며[940)], 비공무원이 공무원과 함께 뇌물을 받은 경우에는 수뢰죄의 공동정범으로 처벌된다.[941)]

939) 소수설에 따르더라도 진정신분범에 있어서 이론적 귀결은 같다. 다만 **공소시효나 일반사면은 성립된 범죄를 기준으로 하므로 차이가 있게 된다**.

940) **대법원 1983.12.13. 선고 83도1458 판결**(피고인이 건축물조사 및 가옥대장 정리업무를 담당하는 지방행정서기를 교사하여 무허가 건물을 허가받은 건축물인 것처럼 가옥대장 등에 등재케 하여 허위공문서 등을 작성케 한 사실이 인정된다면, 허위공문서작성죄의 교사범으로 처단한 것은 정당하다.)

941) **대법원 1983.7.12. 선고 82도180 판결 ; 대법원 1992.1.17. 선고 91도2837 판결 ; 대법원 1997.12.26. 선고 97도2249 판결 ; 대법원 2011.10.27. 선고 2010도7624 판결** (공문서의 작성권한이 있는 공무원의 직무를 보좌하는 자가 그 직위를 이용하여 행사할 목적으로 허위의 내용이 기재된 문서 초안을 그 정을 모르는 상사에게 제출하여 결재하도록 하는 등의 방법으로 작성권한이 있는 공무원으로 하여금 허위의 공문서를 작성하게 한 경우에는 간접정범이 성립되고 이와 공모한 자 역시 그 간접정범의 공범으로서의 죄책을 면할 수 없는 것이고, 여기서 말하는 공범은 반드시 공무원의 신분이 있는 자로 한정되는 것은 아니라고 할 것이다.)

(2) 신분자가 비신분자의 범죄에 가담한 경우

형법 제33조는 비신분자가 신분자의 신분범에 가담한 경우만을 규정하고 있을 뿐 신분자가 비신분자에게 가담한 경우를 직접 규율하고 있지 않다. 따라서 이 경우 비신분자의 행위에 가담한 신분자의 행위를 어떻게 평가할 것인지가 문제된다.

① 교사·방조

진정신분범에서 신분자가 비신분자를 교사·방조하여 범죄를 실행케 한 경우, 예컨대 공무원인 갑이 그의 아내 을을 교사하여 뇌물을 수수한 경우 진정신분범의 신분은 구성요건요소이므로 비신분자의 행위는 구성요건해당성을 결하게 된다.

이 경우에는 전술한 것처럼 신분없는 고의있는 도구를 이용한 자(신분자인 공무원 갑)를 간접정범으로도 공범으로도 인정할 수 없는 가벌성의 공백을 메우기 위해 사실상의 우월적 의사지배를 사회적·규범적 의사지배개념으로 수정하여 신분자의 간접정범성을 인정할 수밖에 없다. 따라서 신분자는 신분없는 고의있는 도구를 이용한 간접정범이 성립한다(통설).

② 공동정범

진정신분범에서 신분자가 비신분자에게 공동정범으로 가담한 경우, 예컨대 공무원인 갑이 비공무원인 을과 함께 공모하여 뇌물을 수수한 경우 신분자와 비신분자는 행위시에 의사연락이 있는 등 양자가 공동하여 범죄를 범하고 있는 경우에 해당하여 신분자가 비신분자의 행위에 가담하였는지 비신분자가 신분자의 행위에 가담하였는지의 구별이 없기 때문에 비신분자가 신분자에게 관여한 경우와 동일하게 취급하여야 한다. 따라서 제33조가 그대로 적용되어 갑과 을은 수뢰죄의 공동정범으로 처벌된다.[942]

942) **대법원 1990.11.13. 선고 90도1848 판결 ; 대법원 1992.8.14. 선고 91도3191 판결 ; 대법원 1997.4.22. 선고 95도748 판결**(한국전기통신공사 A본부에는 조직의 최소단위가 부이고 과는 없어 위 공사 일반직 3급 직원인 피고인도 범행 당시 위 공사 A본부 총무부 또는 관리국 인사부에 일반직원으로 근무하고 있었으나 위 공사 직제규정시행세칙은 편제상 직위가 부여되지 않은 일반직 3급 직원을 과장으로 호칭하도록 하고 있으며, 또 위 사업본부 산하 현업기관에서 피고인과 같은 일반직 3

다. '전 3조를 적용한다'의 의미

형법 제34조 제1항에 따르면 간접정범은 교사·방조의 예로 처벌되기 때문에 비신분자가 간접정범에 해당하는 경우에도 형법 제33조가 적용되어 비신분자에 대해 신분범의 간접정범 성립 및 처벌이 인정될 수 있는지가 문제된다.

간접정범은 교사·방조의 예에 의하여 처벌되므로 교사·방조에 대하여 적용되는 제33조 본문이 간접정범에도 적용된다. 즉 간접정범의 경우도 제34조에 의해 제33조의 교사·방조가 되므로 우회적으로 형법 제33조의 규정이 적용될 수 있다는 견해(긍정설)[943]도 주장된다.

보충판례 36-2[간접정범과 형법 제33조 본문] : 대법원 1992.1.17. 선고 91도2837 판결 ; 대법원 2011.5.13. 선고 2011도1415 판결.

그러나 간접정범도 본질상 단독정범의 한 형태이고 제34조는 간접정범의 처벌만을 교사범·방조범의 처벌규정에 따르게 하려는 것에 불과하며 나아가 제33조의 규정을 통해 신분효과가 비신분자에게도 인정되어 결국 비신분자의 가벌성이 확대되는 결과를 초래하기 때문에 이 규정은 제한적으로 해석할 필요가 있다. 따라서 형법 제33조의 '전3조를 적용한다'는 규정은 공동정범, 교사범, 방조범의 경우에만 적용된다고 이해하는 부정설(통설)이 타당하다.

급 직원을 과장으로 보하도록 규정하고 있다면, 피고인이 비록 현실적으로 과장의 직위를 가지고 있지는 않다 하더라도 과장과 동급의 직급에 있다고 보아야 할 것이어서 형법 제129조 제1항 소정의 뇌물수수죄의 주체가 될 수 있다. 따라서 정부관리기업체의 과장대리급 이상이 아닌 직원도 다른 과장대리급 이상인 직원들과 함께 뇌물수수죄의 공동정범이 될 수 있다.)

943) 긍정설은 **대법원 1992.1.17. 선고 91도2837 판결 ; 대법원 2011.5.13. 선고 2011도1415 판결**(공문서의 작성권한이 있는 공무원의 직무를 보좌하는 자가 그 직위를 이용하여 행사할 목적으로 허위의 내용이 기재된 문서 초안을 그 정을 모르는 상사에게 제출하여 결재하도록 하는 등의 방법으로 작성권한이 있는 공무원으로 하여금 허위의 공문서를 작성하게 한 경우에는 간접정범이 성립되고 이와 공모한 자 역시 그 간접정범의 공범으로서의 죄책을 면할 수 없는 것이고, 여기서 말하는 공범은 반드시 공무원의 신분이 있는 자로 한정되는 것은 아니라고 할 것이다.)이 간접정범의 경우에도 형법 제33조가 적용된다는 취지라고 이해한다.

그러나 판례가 비신분자(공무원의 직무를 보좌하는 자)를 신분범죄의 간접정범으로 인정한 것은 신분자(작성권한이 있는 공무원)의 행위가 범죄성립요건을 갖추지 못하고 비신분자가 신분자와 특별한 내적인 관계에 있는 경우에 처벌의 공백을 메우기 위해 예외적으로 제시한 해결방안일 뿐이지 비신분자가 언제나 신분죄의 간접정범이 된다는 일반론을 전개하고 있는 것은 아니라 할 것이다.

3. 형법 제33조의 단서의 해석

형법 제33조 단서는 '신분관계로 인하여 형의 경중이 있는 경우에는 중한 형으로 벌하지 아니한다'고 규정하고 있다.

가. 적용범위

형법 제33조 단서의 적용범위에 대하여 제33조 본문의 적용범위에 대한 소수설(판례)은 부진정신분범에 있어서도 비신분자는 본문에 의하여 부진정신분범의 공범이 되고, 그 과형만 제33조 단서에 의하여 결정된다고 한다. 따라서 갑과 을이 갑의 아버지를 살해하면 갑과 을은 존속살해죄의 공동정범이 되고, 단서규정에 의하여 을은 보통살인죄로 처벌된다고 한다.

그러나 제33조 본문의 적용범위에 대한 다수설은 제33조 단서를 부진정신분범의 공범성립과 그 과형에 대한 규정으로 이해한다. 따라서 비신분자와 신분자가 공동정범을 범한 때에는 신분자는 부진정신분범, 비신분자는 보통범죄의 공동정범이 된다. 또한 비신분자가 신분자를 교사 또는 방조하여 부진정신분범을 범한 때에는 비신분자는 보통범죄의 교사범 또는 방조범이 되지만 신분자는 부진정신분범의 정범이 된다. 따라서 갑이 을을 교사방조하여 을의 아버지를 살해하면 갑은 보통살인죄의 교사방조범, 을은 존속살해죄의 정범으로 처벌된다고 한다.[944][945][946]

944) **[신분자가 비신분자의 범죄에 가담한 경우]** : **대법원 1984.4.24. 선고 84도195 판결**(상습도박의 죄나 상습도박방조의 죄에 있어서의 상습성은 행위의 속성이 아니라 행위자의 속성으로서 도박을 반복해서 거듭하는 습벽을 말하는 것인 바, 도박의 습벽이 있는 자가 타인의 도박을 방조하면 상습도박방조의 죄에 해당하는 것이며, 도박의 습벽이 있는 자가 도박을 하고 또 도박방조를 하였을 경우 상습도박방조의 죄는 무거운 상습도박의 죄에 포괄시켜 일죄로서 처단하여야 한다.) ; **대법원 1994.12.23. 선고 93도1002 판결**(피고인이 갑을 모해할 목적으로 을에게 위증을 교사한 이상, 가사 정범인 을에게 모해의 목적이 없었다고 하더라도, 형법 제33조 단서의 규정에 의하여 피고인을 모해위증교사죄로 처단할 수 있다.)

945) **[가중적 신분범과 형법 제33조]** : **대법원 1986.10.28. 선고 86도1517 판결 ; 대법원 1997.12.26. 선고 97도2609 판결 ; 대법원 2015. 2. 26. 선고 2014도15182 판결**(상호신용금고법 제39조 제1항 제2호 위반죄는 상호신용금고의 발기인·임원·관리인·청산인·지배인 기타 상호신용금고의 영업에 관한 어느 종류 또는 특정한 사항의 위임을 받은 사용인이 그 업무에 위배하여 배임행위를 한 때에 성립하는 것으로서, 이는 위와 같은 지위에 있는 자의 배임행위에 대한 형법상의 배임 내지 업무상배임죄의

보충판례 36-3[가중적 신분범과 형법 제33조] : 대법원 1989.10.10. 선고 87도1901 판결 ; 대법원 1997.12.26. 선고 97도2609 판결.
보충판례 36-4[형법 제33조 본문에 대한 특별규정이 존재하는 경우] : 대법원 2007.4.26. 선고 2007도309 판결.

나. '중한 형으로 벌하지 아니한다'의 의미

다수설에 따르면 형법 제33조 단서가 비신분자를 중한 형으로 벌하지 아니한다고 규정한 것은 공범에 있어서 책임개별화원칙을 선언한 것으로 이해한다. 따라서 가중적 신분범의 경우에는 비신분자는 신분범의 공범이 아니라 보통범죄의 공동정범·교사범 또는 종범이 되어 중한 형으로 벌하지 아니하게 된다. 또한 비신분자가 신분자에 가공하여 존속살해죄를 범한 경우에 비신분자는 가담정도에 따라 보통살인죄의 공동정범·교사범 또는 종범이 됨에 그친다.

한편 현행 형법은 감경적 신분범에 대하여는 그 규정이 명확하기 않다. 따라서 이에 대하여 형법이 명문으로 중한 형으로 벌하지 아니한다고 규정하고 있는 이상 비신분자는 언제나 경한 죄로 벌하여야 한다는 견해(긍정설)가 있다.

그러나 제33조 단서는 책임개별화의 원칙을 규정한 것에 지나지 않으며, 형의 가중 또는 감경사유는 언제나 신분자에게 일신전속적이므로 비신분자인 공범에게는 미치지 않는다고 함이 타당하다(부정설, 통설). 따라서 직계존속이 비신분자와 함께 영아

가중규정이고, 따라서 형법 제355조 제2항의 배임죄와의 관계에서는 신분관계로 인하여 형의 경중이 있는 경우라고 할 것이다. 그리고 위와 같은 신분관계가 없는 자가 그러한 신분관계에 있는 자와 공모하여 위 상호신용금고법위반죄를 저질렀다면, 그러한 신분관계가 없는 자에 대하여는 형법 제33조 단서에 의하여 형법 제355조 제2항에 따라 처단하여야 할 것인바, 그러한 경우에는 신분관계가 없는 자에게도 일단 업무상배임으로 인한 상호신용금고법 제39조 제1항 제2호 위반죄가 성립한 다음 형법 제33조 단서에 의하여 중한 형이 아닌 형법 제355조 제2항에 정한 형으로 처벌되는 것이다.)

946) **[형법 제33조 본문에 대한 특별규정이 존재하는 경우] : 대법원 2007.4.26. 선고 2007도309 판결**[공직선거법 제257조 제1항 제1호 소정의 각 기부행위제한위반의 죄는 같은 법 제113조, 제114조, 제115조에 각기 한정적으로 열거되어 규정하고 있는 신분관계가 있어야만 성립하는 범죄이고 죄형법정주의의 원칙상 유추해석은 할 수 없으므로 위 각 해당 신분관계가 없는 자의 기부행위는 위 각 해당 법조항위반의 범죄로는 되지 아니하며, 또한 위 각 법조항을 구분하여 기부행위의 주체 및 그 주체에 따라 기부행위제한의 요건을 각기 달리 규정한 취지는 각 기부행위의 주체자에 대하여 그 신분에 따라 각 해당 법조로 처벌하려는 것이고, 각 기부행위의 주체로 인정되지 아니하는 자가 기부행위의 주체자 등과 공모하여 기부행위를 하였다고 하더라도 그 신분에 따라 각 해당법조로 처벌하여야 하며 기부행위의 주체자의 해당법조의 공동정범으로 처벌할 수 없다 (대법원 1997.12.26. 선고 97도2249 판결 참조).]

살해죄를 범한 경우에 비신분자는 보통살인죄가 성립한다.

[정리 : 다수설과 판례의 차이점]

구분	종속적 신분·비종속적 신분 구별설(다수설)	신분의 종속·과형의 개별화설(소소설 및 판례)
제33조 본문	진정신분범의 성립과 처벌에 관한 근거	진정신분범과 부진정신분범의 성립 근거
제33조 단서	부진정신분범의 성립과 처벌에 관한 근거	부진정신분범의 처벌근거

4. 소극적 신분[947]과 공범

가. 위법조각(불구성)적 신분과 공범

불구성(불법조각)적 신분을 가진 자의 범죄에 신분없는 자가 교사 또는 방조한 때에는 신분자의 행위는 적법행위가 되어 범죄를 구성하지 않으므로 이에 종속하여 비신분자도 처벌되지 않는다. 따라서 의사 아닌 자가 의사에게 교사하여 치료행위를 하게 하더라도 의료법위반의 문제는 일어나지 않는다.

그러나 신분자가 비신분자에게 교사 또는 방조한 경우에는 제33조의 취지에 따라 그 범죄의 교사범 또는 종범이 성립한다.[948] 한편 신분자와 비신분자가 공동정범의 형식으로 관여한 때에는 양자 모두 공동정범이 성립된다(통설 및 판례[949]). 따라서 의사

947) **[소극적 신분의 의미]** : 소극적 신분이란 신분관계가 있으면 범죄가 성립하지 않거나 성립된 범죄에 대한 처벌이 탈락되는 경우의 신분을 말한다. 여기서 '소극적'이란 문제의 신분관계가 존재하지 아니하여야 범죄가 성립하거나 처벌할 수 있다는 의미를 나타낸다.

948) **[소극적 신분과 공범]** : **대법원 1986.7.8. 선고 86도749 판결**(치과의사가 환자의 대량유치를 위해 치과기공사들에게 내원환자들에게 진료행위를 하도록 지시하여 동인들이 각 단독으로 전항과 같은 진료행위를 하였다면 무면허의료행위의 교사범에 해당한다.) ; **대법원 2004.10.28. 선고 2004도3994 판결**[변호사가 변호사 아닌 자에게 고용되어 법률사무소의 개설·운영에 관여하는 행위는 위 범죄가 성립하는 데 당연히 예상될 뿐만 아니라 범죄의 성립에 없어서는 아니 되는 것인데도 이를 처벌하는 규정이 없는 이상, 그 입법 취지에 비추어 볼 때 변호사 아닌 자에게 고용되어 법률사무소의 개설·운영에 관여한 변호사의 행위가 일반적인 형법 총칙상의 공모, 교사 또는 방조에 해당된다고 하더라도 변호사를 변호사 아닌 자의 공범으로서 처벌할 수는 없다.)

인 갑과 의사가 아닌 을이 공모하여 치료행위를 한 경우에는 갑과 을은 모두 의료법위반의 공동정범이 된다.

보충판례 36-5[불법조각적 신분과 공범] : 대법원 1986.2.11. 선고 85도448 판결 ; 대법원 1986.7.8. 선고 86도749 판결.

나. 책임조각적 신분과 공범

책임무능력자 등 책임조각신분자의 행위에 비신분자가 가공한 때에는 신분자는 책임이 조각되어 처벌되지 않지만 비신분자의 범죄성립에는 영향을 미치지 않으므로 가공정도에 따라 공동정범, 교사범 또는 종범이 성립한다.[950] 다만 책임조각신분자를 교사 또는 방조한 비신분자에게 의사지배가 인정되면 간접정범이 될 수 있다. 따라서 제한종속형식에 따르면 15세인 갑이 13세인 을의 절도행위에 관여한 경우에는 을은 책임무능력자이므로 처벌되지 않지만, 갑은 행위지배의 정도에 따라 간접정범 또는 공범이 성립한다.

반대로 비신분자의 행위에 신분자가 가공한 경우에는 비신분자는 해당범죄의 정범으로 처벌되지만 가공한 신분자은 책임이 조각된다. 따라서 만15세인 갑의 절도행위를 도와주기 위하여 13세인 을이 망을 본 경우에 갑은 절도죄가 성립하지만 을은 정범의 처벌에 상관없이 책임무능력자이므로 책임이 조각되어 처벌되지 않는다.

....

949) **[소극적 신분과 공동정범] : 대법원 1986.2.11. 선고 85도448 판결 ; 대법원 2001.11.30. 선고 2001도2015 판결**(의료인일지라도 의료인 아닌 자의 의료행위에 공모하여 가공하면 의료법 제25조 제1항이 규정하는 무면허의료 행위의 공동정범으로서의 책임을 진다.)

950) **[책임조각신분과 공범] : 대법원 2000.3.24. 선고 2000도20 판결 ; 대법원 2014.3.27. 선고 2013도152 판결 ; 대법원 2014.4.10. 선고 2013도12079 판결**(범인 스스로 도피하는 행위는 처벌되지 아니하므로, 범인이 도피를 위하여 타인에게 도움을 요청하는 행위 역시 도피행위의 범주에 속하는 한 처벌되지 아니하며, 범인의 요청에 응하여 범인을 도운 타인의 행위가 범인도피죄에 해당한다고 하더라도 마찬가지이다. 다만 범인이 타인으로 하여금 허위의 자백을 하게 하는 등으로 범인도피죄를 범하게 하는 경우와 같이 그것이 방어권의 남용으로 볼 수 있을 때에는 범인도피교사죄에 해당할 수 있다. 이 경우 방어권의 남용이라고 볼 수 있는지 여부는, 범인을 도피하게 하는 것이라고 지목된 행위의 태양과 내용, 범인과 행위자의 관계, 행위 당시의 구체적인 상황, 형사사법의 작용에 영향을 미칠 수 있는 위험성의 정도 등을 종합하여 판단하여야 한다.)

다. 형벌조각적 신분과 공범

형벌조각신분자의 행위에 비신분자가 가공한 때에 신분자는 범죄가 성립하지만 처벌이 배제되는 반면 비신분자는 처벌된다. 따라서 갑이 자기의 아버지의 지갑을 훔치도록 을이 교사한 때에는 갑은 절도죄가 성립되나 친족상도례규정의 적용에 의하여 그 형이 면제되지만 이러한 신분이 없는 을은 절도죄의 교사범으로 처벌된다.

반대로 비신분자의 행위에 신분자가 가공한 경우에도 비신분자는 해당범죄의 정범으로 처벌되지만 가공한 신분자는 처벌되지 않는다(제한적 종속형식). 따라서 갑이 을을 교사하여 갑의 아버지 지갑을 훔치게 하였다면 을은 절도죄가 성립하지만 갑은 처벌되지 않는다. 이에 대하여 신분자가 비신분자를 교사 또는 방조한 때에는 신분자에게도 형벌이 조각되지 않는다는 견해도 있다. 이에 따르면 위 사례에서 을은 절도죄의 교사범으로 처벌받게 된다.

형법총론

죄수론

제 22 장

제1절 죄수의 일반이론

Ⅰ. 죄수론의 의의

범죄론이 1개의 범죄성립 여부를 심사하는 과정의 문제라고 한다면 죄수론은 범죄의 수가 1개인가 또는 수 개인가를 밝히는 판단의 문제이다.

죄수의 문제는 1개의 행위가 수개의 범죄를 실현시키는 경우와 수개의 행위가 1개의 범죄만을 실현하는 경우 그리고 수개의 행위에 의해서 수개의 범죄를 발생시킨 경우에 나타난다. 따라서 죄수론에서는 먼저 행위자의 행위가 한 개의 범죄를 성립시키는가, 수 개의 범죄를 성립시키는가를 묻고(일죄와 수죄와의 구별), 수개의 범죄라고 인정될 경우, 수개의 범죄가 한 개의 행위에 의해 범해졌는가, 수개의 행위에 의해 범해졌는가를 구별하여(상상적 경합과 실체적 경합) 어떤 처단형을 정할 것인가를 결정한다. 이에 관하여 현행 형법은 제37조부터 제40조에 걸쳐 경합범과 상상적 경합범을 규정하고 있다.

범죄론의 심사에 의해 인정된 범죄행위의 수가 단일한가 또는 수개인가의 확정은 양형의 기초가 되어 범죄론과 형벌론의 연결기능을 담당함은 물론 공소의 효력, 기판력의 범위 등 형사소송법적으로도 매우 중요한 의미를 지니고 있다.

Ⅱ. 죄수결정의 기준

해당범죄행위가 1개의 범죄인가, 수개의 범죄인가에 대한 일반적인 판단기준으로 ① 행위의 개수를 표준으로 하는 행위표준설, ② 행위자의 의사를 기준으로 판단하는 의사표준설, ③ 침해되는 법익의 수를 표준으로 범죄수를 판단하는 법익표준설, ④ 구성요건해당사실을 기준으로 죄수를 결정하는 구성요건표준설 등이 제시되고 있다.

1. 행위표준설

범죄의 수를 행위의 수에 따라 범죄수를 결정하려는 견해이다. 객관주의범죄론 입장에서 주장된 견해로 독일의 통설과 판례의 입장이다.

행위표준설에 있어 행위는 자연적 의미의 행위개념을 의미하며, 행위가 1개(수개)이면 범죄도 1개(수개)이다. 행위표준설에 따르면 상상적 경합은 1개의 행위를 전제로 하므로 일죄가 되며, 연속범의 경우는 수개의 행위를 전제로 하므로 수개의 범죄가 된다. 판례는 강간죄, 강제추행죄, 간통죄, 공갈죄 등에서 행위표준설을 따르고 있다.(예: 간통죄는 성교행위마다 1개의 간통죄가 성립한다.)

그러나 행위표준설은 행위를 자연적 의미로 이해하므로 하나의 구성요건의 내용이 수개의 행위로 이루어진 결합범을 설명하기 어려운 문제점이 있다.

보충판례 37[죄수의 결정기준] : 대법원 2002.7.18. 선고 2002도669 전원합의체 판결.
보충판례 37-5[종합고려설] : 대법원 2011.2.10. 선고 2010도16742 판결.
보충판례 37-1[행위표준설] : 대법원 2002.7.23. 선고 2001도6281 판결.

2. 의사표준설

범죄의 수를 행위자의 범죄의사의 수에 따라 결정하려는 견해로서 주관주의범죄론의 결론이다.

의사표준설에 있어 범죄의사는 고의적 의사뿐만 아니라 과실적 의사도 포함하며, 범죄의사가 1개이면 범죄도 1개 성립한다. 따라서 의사표준설에 의하면 상상적 경합과 연속범도 의사의 단일성이 인정되는 한 사실상 일죄가 된다. 판례도 단일한 범죄의사하에 동종 행위를 계속 반복한 때에는 포괄일죄를 구성한다고 한다.(예: 수회에 걸친 뇌물수수행위)

그러나 의사표준설에서 범죄의 개수를 범죄의사에 의해서만 결정하는 것은 범죄의 정형성을 무시하는 것이고, 단일한 범죄의사에 의해서 다수의 범죄결과가 발생한 경우를 일죄로 보는 것은 부당하다는 비판을 받는다. 또한 범죄의사가 단일한가의 판단기준도 불명확하다는 지적도 있다.

보충판례 37-3[의사표준설] : 대법원 2008.12.11. 선고 2008도6987 판결.

3. 법익표준설

범죄행위로 인하여 침해되는 보호법익의 수나 결과의 수(예: 위조통화행사죄와 사기죄는 보호법익이 다르므로 경합범이 된다)에 따라 죄수를 결정하고자 하는 학설로서 객관주의 입장에 기초하고 있다.

이에 의하면 1개의 행위가 수개의 법익을 침해하면 수죄가 성립하므로 상상적 경합의 경우도 실질상 수죄가 되지만 다만 상상적 경합은 과형상 일죄로 취급하는 결과가 되는 것이다. 판례의 태도 역시 포괄일죄 특히 범죄의사의 단일성이 인정되는 연속범의 경우를 제외하고는 이 견해를 취하고 있다고 할 수 있다.

그러나 법익표준설은 수 개의 법익침해가 1개의 범죄를 구성하는 경우를 설명하지 못한다.

보충판례 37-2[법익표준설] : 대법원 2011.4.14. 선고 2011도769 판결.

4. 구성요건표준설

범죄구성요건에 해당하는 수를 기준으로 죄수를 결정하고자 하는 이론이다. 객관주의에 기초하여 실정법을 중요시하는 입장이다.

구성요건표준설에서는 구성요건해당사실이 1개(수개)이면 범죄도 1개(수개)이며, 상상적 경합은 원래 수죄이지만 형법 제40조에 의하여 과형상의 일죄로 취급되는 것이다(조세포탈 등에 대한 판례의 입장이기도 하다).

이에 대하여는 반복된 행위가 동일한 구성요건을 여러 차례 충족하는 경우에 일죄인가 수죄인가 판단하기 어려우며, 구체적 적용에 있어서 구성요건에 해당하는 회수를 판단하기 어렵다는 비판이 있다.

보충판례 37-4[구성요건표준설] : 대법원 1999.4.23. 선고 99도354 판결.

Ⅲ. 죄수의 처벌원칙

수죄가 실제로 경합되어 있는 경우에 이를 형법상 어떻게 처벌할 것인가와 관련해서는 병과주의, 가중주의, 흡수주의 등의 원칙이 있다. 각 입법례에 따라 태도가 일치하지 않지만 우리 형법을 중심으로 살펴보면 다음과 같다.

1. 병과주의

각 죄에 대하여 독자적인 형을 확정한 후에 수죄의 형을 합산하여 부과하는 방법으로 영미법에서는 이 원칙에 따르고 있다. 우리 형법(제38조 제1항 제3호)은 경합범에서 각 죄에 정한 형이 무기징역이나 무기금고 이외에 이종의 형인 경우에 병과주의를 채택하고 있다(제38조 제1항 3호).

이러한 병과주의에 대한 문제점으로는 가산되는 형은 같은 기간의 분리된 형벌보다 수형자에게 더 큰 고통을 주고, 다수의 유기자유형을 병과하는 것은 실제로 무기자유형과 같은 결과가 되어 형벌을 질적으로 변화시킨다는 비판이 제기되고 있다.

2. 가중주의

수죄에 대한 각 죄의 형을 확정하고 수죄 중 가장 중한 죄에 정한 형을 가중하는 방법으로 하나의 전체형을 만들어서 선고하는 원칙이다.

우리 형법은 경합범에서 「각 죄에 정한 형이 사형 또는 무기징역이나 무기금고 이외에 동종의 형인 경우에 가장 중한 죄에 정한 장기 또는 다액의 그 2분의 1까지 가중하되 각 죄에 정한 형의 장기 또는 다액을 합산한 형기 또는 액수를 초과할 수 없다(제38조 제1항 2호)」라고 규정하여 경합범 처벌의 원칙으로 삼고 있다.

3. 흡수주의

수죄 중에 가장 중한 죄에 정한 형을 적용하고 다른 경한 죄의 형은 중한 죄의 형에 흡수시키는 방법이다. 우리 형법은 상상적 경합(제40조)의 경우와 경합범 중 중한 죄에 정한 형이 사형 또는 무기징역이나 무기금고인 경우에는 가장 중한 형으로 처벌하도록 규정하면서(제38조 제1항 제1호) 흡수주의를 택하고 있다.

제2절 일죄

Ⅰ. 일죄의 의의

일죄는 범죄의 수가 1개인 것을 말한다. 즉 타인의 시계를 한 개 훔치면 한 개의 절도죄가 성립하고, 한 사람의 인간을 의도적으로 살해하면 한 개의 살인죄가 성립한다. 이처럼 구성요건에 해당하는 범죄사실이 1회 발생하는 것을 단순일죄라고 한다. 단순일죄의 대표적인 경우는 1개의 자연적 행위가 1개의 구성요건을 충족하는 것인데, 이것은 사실적 판단만으로도 일죄 판단이 명확하다.

그러나 죄수론에서 행위는 자연적 행위가 아니라 구성요건적 행위이므로, 「구성요건에 해당하는 사실이 1회 발생하는 것」의 판단을 위해서는 규범적인 평가가 필요하다. 그러므로 1개 또는 수개의 행위가 수개의 구성요건에 해당하는 것 같이 보이나, 구성요건의 상호관계에 의해 1개의 구성요건만 적용되는 법조경합의 경우나, 하나 하나가 독자적으로 구성요건을 충족하는 수개의 행위가 포괄하여 일죄를 구성하는 포괄일죄는 1개의 구성요건을 1회 충족하는 일죄에 속한다.

이에 대하여 실질적으로는 수죄이지만 일죄로 처벌하는데 불과한 상상적 경합의 경우는 과형상의 일죄로 단순일죄인 법조경합이나 포괄일죄와 구별된다.

Ⅱ. 법조경합

1. 법조경합의 의의

법조경합은 1개 또는 수개의 행위가 외관상 수개의 구성요건에 해당하지만, 실은 구성요건 상호간의 관계에서 1개의 구성요건에만 해당하는 단순일죄가 되는 경우이다.(이중평가금지의 원칙) 법조경합은 외형상 수개의 구성요건에 관계되나 실질적으로는 1개의 구성요건만을 충족하기 때문에 외형상경합 또는 부진정경합이라고 한다.

법조경합은 행위가 외관상으로만 수개의 구성요건에 해당할 뿐이고, 실질적으로는 1개의 구성요건만 적용된다는 점에서 실질적으로 수죄인 상상적 경합·실체적 경합과 구별된다.

보충판례 38[법조경합] : 대법원 2002.5.16. 선고 2002도51 전원합의체 판결.

2. 법조경합의 유형

법조경합에는 특별관계·보충관계·흡수관계의 세 가지 유형이 있다.

가. 특별관계

특별관계는 1개의 행위가 2개의 형벌법규에 해당하는 것처럼 보이지만, 그 2개의 형벌법규가 일반법과 특별법의 관계에 있어, 특별법이 우선 적용이 되는 경우이다. 특별관계는 주로 ① 기본적 구성요건과 가중·감경적 구성요건(예: 살인죄(제250조①항)와 존속살인죄(제250조②항), 살인죄와 영아살해죄(제251조)) 관계에서 발생하며, ② 기본범죄와 결과적 가중범(예: 상해죄와 상해치사죄(제259조)) 및 결합범과 그 내용이 되는 범죄(예: 강도죄와 절도·폭행·협박죄(제333조)), ③ 일반형법법규와 특별형벌법규(예: 형법과 폭력행위 등 처벌에 관한 법률) 사이에서도 특별관계가 적용된다. 다만 이 경우에는 특별형벌법규의 구성요건이 일반형벌법규의 구성요건요소를 포함하여야 함은 물론 법익도 같아야 한다.

여기에서 ①의 구체적 예를 들면, 자신의 부친을 살해한 경우에 살인죄와 존속살인죄에 해당하는 것처럼 보이지만 존속살인죄만 성립된다. 그러나 1발의 탄환으로 타인과 부친 2인을 동시에 살해한 경우에는 특별관계에 의해 존속살인죄만 성립하는 것이 아니라 살인죄와 존속살인죄의 2죄가 성립하며, 상상적 경합이 된다. 왜냐하면 법조경합은 어디까지나 1개의 법익침해를 전제로 하고 있으므로 타인과 자기 부친을 살해한 경우에는 특별관계에 의한 법조경합이 성립할 수는 없기 때문이다.

보충판례 38-1[특별관계] : 대법원 2008.12.11. 선고 2008도9182 판결.

나. 보충관계

보충관계는 기본구성요건을 보충하는 구성요건이 정하여져 있어, 기본구성요건에 해당하지 않는 경우에 보충하는 구성요건이 적용되는 경우를 말한다. 보충관계는 「기본법은 보충법에 우선한다」는 원리에 의하여 기본법은 보충법에 우선하여 적용한다. 따라서 보충법은 기본법의 적용이 배제되는 경우에 한하여 적용된다.

보충관계에는 명시적 보충관계와 묵시적 보충관계가 있다.

(1) 명시적 보충관계

명시적 보충관계는 형벌법규에 명백하게 보충적으로 적용한다고 규정한 경우이며, 형법 제99조의 일반이적죄와 형법 제166조의 일반건조물 등의 방화죄가 이에 해당된다.

(2) 묵시적 보충관계

묵시적 보충관계는 구성요건의 해석상 보충관계의 의미를 가지는 경우이다. 묵시적 보충관계에는 불가벌적 사전행위와 가벼운 침해방법이 있다.

① 불가벌적 사전행위

불가벌적 사전행위는 경과범죄의 경우로서 범죄실현을 위한 전 단계의 범죄는 같은 대상에 대한 다음 단계의 침해가 있으면 독자적 의의를 잃고 불가벌이 된다. 예를 들면 예비는 미수에 대하여, 미수는 기수에 대해서 보충관계에 있다. 또한 폭행죄는 상해죄에, 상해죄는 살인죄에, 모욕죄는 명예훼손죄에 대해 보충관계에 있다. 이 밖에도 위험범과 침해범, 추상적 위험범과 구체적 위험범 관계에서도 인정된다.

그러나 불가벌적 사전행위는 주된 행위와 법익이 동일하고 주된 행위 보다 가벼운 불법내용을 가지고 있어야 한다. 따라서 강도미수는 절도기수에 대한 보충관계가 될 수 없다.

② 가벼운 침해방법

같은 법익에 대한 침해에 있어서 무거운 침해방법과 가벼운 침해방법 사이에서 보충관계가 인정된다. 예컨대 방조범은 교사범에 대해서, 교사범은 정범에 대해서 보충관계에 있다. 그러므로 공범이 교사범과 공동정범에 동시에 해당하는 경우는 공동정범으로 처벌된다. 그리고 부작위범이 작위범에 대해서, 과실범이 고의범에 대해서 보충관계에 있다고 보는 견해가 다수설이다.

보충판례 38-2[보충관계] : 대법원 2006.10.19. 선고 2005도3909 전원합의체 판결.

다. 흡수관계

「전부법은 부분법을 폐지한다」는 원리에 근거한 흡수관계는 어떤 구성요건의 불법과 책임내용이 다른 구성요건의 불법과 책임내용을 포함하지만 특별관계나 보충관계에 해당하지 않는 경우를 말한다. 흡수되는 범죄구성요건은 흡수하는 범죄의 '전형적인 수반행위'가 되는 것이 보통이다. 흡수관계에는 불가벌적 수반행위와 불가벌적 사후행위가 있다.

(1) 불가벌적 수반행위

특정한 범죄에 일반적·전형적으로 결합되어 있는 제3의 경미한 위법행위를 불가벌적 수반행위라고 한다. 불가벌적 수반행위는 불법·책임이 주된 범죄에 비해 경미하기 때문에 별도로 처벌하지 않는 것이다. 예컨대 살인에 수반되는 재물손괴나 낙태에 당연히 수반되는 정도의 상해, 상해를 가하면서 행한 협박행위, 사문서 위조 과정에 있어서의 인장 위조행위 등은 불가벌적 수반행위로 별도의 범죄를 구성하지 않는다.

그러나 수반행위가 흡수범의 불법성을 초과하여 고유한 불법내용을 가질 때에는 법조경합이 아니라 상상적 경합이 된다.

보충판례 38-3[흡수관계-불가벌적 수반행위] : 대법원 1997.1.21. 선고 96도2715 판결.

(2) 불가벌적 사후행위

① 의의

불가벌적 사후행위에 있어 범죄에 의하여 획득한 위법한 이익을 확보·사용·처분하는 행위는 별개의 구성요건에 해당하지만 그 불법은 주된 범죄에서 이미 평가를 받았으므로 별도의 범죄를 구성하지 않는다는 경우를 말한다. 예컨대 절도범이 취득한 재물을 손괴하는 경우 별도로 손괴죄로 처벌받지 않는 것이 전형적인 불가벌적 사후행위에 해당된다.

불가벌적 사후행위의 법적 성질은 흡수관계에 의한 법조경합으로 보는 것이 다수설이다.

② 요건

- 불가벌적 사후행위는 주된 범죄와는 다른 구성요건에 해당하여야 한다. 왜냐하면 사후행위가 구성요건에 해당하지 않을 때는 가벌성 문제는 생기지 않는다. 절도범이 절취한 장물을 소비하는 경우는 불가벌적 사후행위가 아니다. 그러나 절도범이 절취한 장물을 처분하는 경우에는 장물죄의 구성요건에 해당하지만 절도죄에 흡수되어 절도죄로만 처벌된다.
- 불가벌적 사후행위가 동일한 보호법익·행위객체를 침해하여야 한다. 그러나 사후행위가 새로운 법익을 침해하는 경우(예: 절취한 예금통장으로 현금을 인출하는 경우)에는 별개의 범죄를 구성하게 되고 주된 범죄와 실체적 경합범이 된다.
- 불가벌적 사후행위가 되기 위해서는 사후행위가 침해하는 법익은 주된 범죄의 보호법익과 질을 달리하거나 양을 초과하지 않아야 한다.(예: 절취한 문서로 타인의 재

물을 편취하거나 절취한 재물을 피해자에게 매각한 경우) 따라서 피해자와 법익이 동일하더라도 주된 범죄에 의하여 침해된 법익의 범위를 초과한 사후행위는 불가벌적 사후행위가 되지 않는다.

- 사후행위는 주된 범죄가 공소시효의 완성 또는 소송조건의 결여로 공소가 제기되지 아니한 때에도 불가벌이다. 불가벌적 사후행위의 주된 범죄는 재산죄인 것이 보통이지만 여기에 한정되지 않고 주된 범죄의 가벌성이 불가벌적 사후행위의 성립에 전제조건이 되지 않기 때문이다. 그러나 주된 범죄가 범죄의 성립요건을 결하였거나, 범죄의 증명이 없기 때문에 처벌받지 아니한 때에는 사후행위도 처벌될 수 있다.

③ 효과

불가벌적 사후행위는 선행행위에 의해 범한 주된 범죄에 흡수되어 별도로 처벌되지 않는다. 그러나 불가벌적 사후행위 자체는 구성요건에 해당하는 위법한 행위이므로 사후행위에 가담한 제3자에 대해서는 공동정범 및 공범이 성립한다.

보충판례 38-4[불가벌적 사후행위] : 대법원 2008.9.11. 선고 2008도5364 판결.

라. 택일관계

형벌법규의 성질상 양립할 수 없는 규정은 한편을 배척하여 적용되는 경우가 택일관계이다. 예컨대, 어느 행위사실이 절도죄나 횡령죄에 해당하는 경우 절도죄나 횡령죄 중 하나가 적용되게 된다. 그러나 다수설은 택일관계를 법조경합의 한 유형으로 취급한다.

3. 법조경합의 처리

법조경합은 적용이 되는 형벌법규만이 판결주문이나 이유에 기재되고 배제되는 형벌법규는 형법적 제재의 근거가 될 수 없으므로 판결주문이나 이유에 기재되지 않는다. 그러나 법조경합에 있어 배제되는 법규정도 적용되는 법규정의 일부로 볼 수 있으므로, 제3자는 배제되는 법률이 정한 범죄의 공범이 될 수 있다. 또한 배제되는 법률이 양형에서 고려되는가와 관련하여 독일의 판례는 긍정하고 있다.

Ⅲ. 포괄일죄

1. 의의

포괄일죄는 수개의 행위가 포괄적으로 1개의 구성요건에 해당하여 일죄를 구성하는 경우를 말한다. 포괄일죄는 판례를 중심으로 발전한 이론으로 수개의 행위가 소송상 하나의 사건으로 다루는 것이 적절하다고 판단되는 경우 포괄일죄라는 개념으로 표현되었다.

포괄일죄는 실체법상 1죄이므로 한 개의 형벌법규만 적용이 되고, 구성요건을 달리하는 행위가 포괄일죄가 되는 경우에는 가장 중한죄 하나만 성립한다. 이 점에서 수개의 범죄이지만 처벌만 일죄로 하는 과형상 일죄와는 구분된다. 또한 포괄일죄의 부분적 행위가 진행되는 중에 형의 변경이 있게 되면 최후의 행위시의 법이 행위시법으로 적용되게 되며, 공범은 포괄일죄의 일부분에 대해서도 성립할 수 있다. 포괄일죄는 소송법상으로도 일죄이므로 공소의 효력과 기판력은 포괄일죄의 내용이 된 행위 전부에 미친다.

보충판례 38-5[포괄일죄의 성립요건] : 대법원 2010.11.11. 선고 2007도8645 판결.

2. 유형

포괄일죄의 유형으로는 결합범·계속범·접속범·연속범·집합범 등이 있다.

가. 결합범

결합범은 개별적으로는 독립된 구성요건에 해당하는 수개의 행위가 결합하여 1개의 범죄의 구성요건을 이루는 것이다. 예컨대, 강도죄(제333조)는 폭행죄(제260조) 및 협박죄(제283조)와 절도죄(제329조)의 결합범이며, 강도살인죄(제338조)는 강도죄(제333조)와 살인죄(제250조), 강도강간죄(제339조)는 강도죄(제333조)와 강간죄(제297조)의 결합범이다. 결합범과 결합된 범죄는 특별관계이지만, 결합범 자체는 1개의 범죄완성을 위하여 수개의 실행행위가 포함되어 있다는 점에서 포괄일죄가 된다고 할 수 있다. 따라서 강도가 사람을 살해한 때에는 강도살인죄만 성립된다. 또한 구성요건이 반복된 수개의 행위를 예상한 경우에도 마찬가지이다(예: 간첩죄, 범죄단체조직죄, 통화위조죄 등).

결합범은 수개의 실행행위가 결합하여 일죄를 구성하는 포괄일죄이므로 그 일부분에 대한 실제행위가 있으면 실행의 착수가 있는 것으로 보아야 하며, 일부분에 대한 방조는 전체에 대한 방조가 된다.

보충판례 38-6[결합범] : 대법원 2001.8.21. 선고 2001도3447 판결.

나. 계속범

계속범은 구성요건적 행위의 기수에 의하여 위법상태가 야기된 후 그 위법상태가 구성요건적 행위에 의하여 일정시간 유지되어야 하므로, 구성요건에 해당하는 위법한 행위와 야기된 위법상태를 유지하는 행위가 포괄하여 1개의 구성요건을 실현하는 경우이다. 주거침입죄·감금죄 등이 여기에 해당한다.

계속범은 위법적인 상태가 계속하여 종료할 때까지 일련의 계속된 행위는 일죄를 구성하므로 위법적인 상태가 일시적으로 중단되었다고 하여도 위법상태가 완전 종료되지 않는 한 포괄일죄가 된다.

다. 접속범

접속범은 단독으로도 범죄구성요건에 해당하는 수개의 행위가 동일한 기회에 동일한 법익에 대하여 불가분적으로 접속하여 행해졌을 때 포괄하여 일죄로 되는 경우이다. 예컨대, 절도범이 자동차를 대기시켜 놓고 재물을 수회 반출하거나, 동일한 기회에 같은 부녀를 수회 간음한 경우 등이 이에 속한다.

접속범은 반복된 행위의 시간적·장소적 밀착성, 단일한 범죄의사에 의한 수개의 밀접한 행위, 그리고 피해법익의 동일성이 인정되어야 한다. 따라서 수개의 행위에 의해 다른 법익을 침해하거나 전속적 법익에서 다른 주체의 법익을 침해하면 포괄일죄가 아니라 수죄가 성립하여 실체적 경합범이 된다. 접속범은 피해자의 동일성을 요구하지 않으므로 비전속적 법익에 대해서는 법익의 주체가 다르다 하더라도 접속범의 요건을 구비하면 포괄일죄가 성립하지만, 전속적 법익의 경우는 주체를 달리할 때에는 불법의 단순한 양적 증가가 아니므로 포괄일죄가 되지 않는다.

보충판례 38-7[접속범] : 대법원 1998.4.14. 선고 97도3340 판결.

라. 연속범

(1) 연속범의 의의

연속범이란 연속한 수개의 행위가 동종의 범죄에 해당하는 경우로 공무원이 뇌물을 며칠 간격으로 연속하여 수수하는 경우 연속범이 된다. 연속범은 동일한 의사와 동일한 방법으로 일련의 계속적인 행위로 법익을 침해하는 점에서 접속범과 동일하나, 연속범은 연속된 수개의 행위가 반드시 구성요건적으로 일치할 것을 요구하지 않고, 시간적·장소적 접속도 요건으로 하지 않는다. 그러므로 동종의 다른 구성요건을 각각 다른 기회에 동일한 방법으로 연속적으로 실행하는 경우에도 연속범이 된다. 예컨대 단순절도죄의 구성요건과 특수절도죄의 구성요건을 연속적으로 실행하였을 경우에도 연속범이 되어 특수절도죄의 포괄적일죄가 인정된다.

(2) 법적 성질

연속범의 법적성질과 관련해서는 ① 연속범은 접속범과는 다르므로 수 개의 경합범이라는 경합범설, ② 원래는 수죄이지만 과형상 일죄로 보아야 한다는 과형상 일죄설, ③ 동일한 방법 및 의사로 동일한 법익을 침해하는 계속적 행위이므로 포괄일죄로 보아야 한다는 포괄일죄설이 대립하고 있다.

그러나 연속범이 수 개의 범행에도 불구하고 포괄일죄로 처벌하는 것은 경합범으로 볼 경우에는 소송법상 제 행위를 개별적으로 취급해야 하는 문제점이 있기 때문이다. 즉 연속범을 수죄로 보아 경합범으로 처리할 경우 수개의 범죄행위를 개별적으로 확정하여야 하는 법관의 부담이 생기므로 그 부담을 덜어주기 위하여 다수의 범행에도 불구하고 단일한 행위로 보아 포괄일죄로 처리하는 것이다. 연속범이 많은 죄를 범한 자를 유리하게 한다는 문제점에도 불구하고, 소송경제적인 관점에서 독일판례를 중심으로 발전해 온 것임을 주목할 때 연속범을 포괄적 일죄로 다루는 것이 타당하며 다수설과 판례도 같은 입장을 취하고 있다.

(3) 연속범의 성립요건

연속범은 수개의 범행에도 불구하고 포괄일죄로 취급하므로 연속범의 성립요건은 엄격하게 정할 필요가 있다. 연속범이란 수개의 행위에 의해서 수개의 범죄가 연속적으로 발생한 경우이므로 개개의 행위가 구성요건에 해당하고 위법·유책 하여야 한다.

① 객관적 요건

연속범이 성립하기 위한 객관적 요건으로 침해법익과 침해방법의 동일성, 시간적·장소적 동일성이 요구된다.

■ 침해법익의 동일성

수개의 행위가 서로 다른 종류의 법익을 침해하는 경우는 연속범이 될 수 없다. 그러므로 절도죄와 주거침입죄, 절도죄와 강도죄, 감금죄와 상해죄 사이에는 연속범이 될 수 없다. 그러나 기본적 구성요건과 가중적 구성요건, 기수와 미수가 연속적으로 발생한 경우에는 연속범이 되어 포괄일죄로 다룰 수 있다.

동종의 법익을 침해하는데 있어 피해자의 동일성을 요하지 않으나, 비록 동종의 법익이라 하더라도 생명·신체·자유와 같은 전속적 법익인 경우에는 법익주체가 다르면 연속범이 될 수 없고 수죄가 된다. 따라서 수인에 대하여 강간을 연속적으로 한 경우에는 수죄의 강간죄가 성립하여 실체적 경합범이 된다.

■ 침해방법의 동일성

개개의 연속된 행위는 그 범행방법이 동일하거나 유사하여야 한다. 그러므로 범죄형태가 다른 범죄행위가 연속적으로 발생한 경우, 예컨대 고의범과 과실범, 작위범과 부작위범 사이에는 연속범이 될 수 없다.

■ 시간적·장소적 계속성

연속된 개개행위는 동일한 관계를 이용했다고 볼 수 있을 정도로 시간적·장소적 연속성이 있어야 한다. 그러므로 증권회사 직원이 고객이 예탁한 돈을 2, 3일마다 수회에 걸쳐 횡령하였다면 연속범이 될 수 있지만, 범죄 사이의 기간이 4개월 이상 되거나, 다른 도시에서 이루어진 무전 취식 행위는 연속범이 될 수 없다.

② 주관적 요건

연속범의 주관적 요건으로는 범의의 단일성이 인정되어야 한다. 범의의 단일성이 인정되기 위해서는 처음부터 행위자가 연속범을 계획적으로 인식하고 범하는 전체고의가 있어야 한다는 견해와 계속적 고의만으로 충분하다는 견해가 있다.

전체고의설은 계획적이고 치밀한 범인이 비계획적인 순간 범인보다 유리하게 되는 부당한 결과가 생긴다. 그러므로 다수설과 판례는 개개의 행위가 앞의 행위와 계속적인 심리적 관련을 가지면 범의의 단일성을 인정할 수 있다는 계속적 고의설을 지지하고 있다.

(4) 연속범의 법적 효과

(가) 실체법적 효과

연속범은 포괄일죄가 되어 일죄로 처벌받으며 상이한 구성요건을 실현하였을 때에는 중한 죄로 처벌받는다. 예를 들면 강간죄와 특수강간죄의 연속범인 경우는 특수강간죄로 처벌받는다. 동종의 범죄의 기수와 미수가 연속된 경우에는 기수죄로 처벌된다. 다만 경한죄의 기수와 중한죄의 미수가 연속된 때에는 양 죄의 상상적 경합이 된다.

연속범은 법관의 복잡한 양형 부담을 덜어주는 장점이 있지만 포괄일죄가 되어 형량이나 기판력에서 단순일죄의 범인보다 특혜를 받는다는 비판이 있으므로 연속범의 연속된 수개 행위의 불법과 책임은 양형에서 고려되어야 한다.

(나) 소송법적 효과

연속범은 소송법상 단일행위로 취급되어 기판력은 연속된 모든 행위에 미치므로 기판력이 발생한 개별행위에 대한 공소가 제기된 때에는 면소판결을 하여야 한다. 그리고 연속범으로 기소된 사건에 대하여 일부 유죄선고를 할 때에는 나머지 부분을 명시적으로 무죄선고를 할 필요가 없다.

보충판례 38-8[연속범] : 대법원 2006.9.8. 선고 2006도3172 판결.

(5) 집합범

(가) 의의

집합범이란 다수의 동종의 행위가 동일한 의사경향에 기하여 반복될 것이 구성요건의 성질상 당연히 예상이 되는 범죄로서 상습범·영업범·직업범 등이 여기에 해당한다.

영업범이란 행위자가 행위의 반복으로 수입원을 삼는 것을 말하며, 직업범이란 범죄의 반복이 경제적·직업적 활동이 된 경우를 말한다. 그리고 상습범은 행위자가 범죄의 반복행위로 얻어진 경향으로 인하여 죄를 범하는 것을 말한다.

(나) 집합범의 죄수

집합범에 대해서는 포괄일죄로 보는 견해와 수죄로 파악하려는 견해가 있다.

집합범에 대해 포괄일죄를 인정하지 않는 입장에서는 상습성이나 영리성만으로 개별적 행위를 포괄일죄로 볼 수 없으며, 만약에 포괄일죄를 인정하게 되면 특수한 범죄성향을 가진 범죄인에게 부당하게 특혜를 주는 것이므로 집합범 자체는 수죄로서 실체적 경합범이 되어야 한다고 한다. 그러나 집합범을 포괄일죄로 보는 견해는 수개의 행위들에 대해 영업성·상습성 및 직업성이 인정되는 경우에는 이들 요소가 개별적인 행위를 하나의 행위로 통일하는 기능을 가지기 때문에 집합범은 포괄일죄가 된다고 한다. 우리나라 통설과 판례는 집합범을 포괄일죄로 본다.

최근에는 집합범은 포괄일죄가 일률적으로 성립하는 것이 아니라, 집합범이 포괄일죄가 되기 위해서는 영업성·상습성·직업성이라는 요소만 인정되는 것만으로는 부족하고 연속범 등 포괄일죄의 일반적인 성립요건을 충족시켜야 한다는 견해가 주장되고 있다.

보충판례 38-9[집합범] : 대법원 2004.9.16. 선고 2001도3206 전원합의체 판결.

3. 포괄일죄의 법적 효과

(1) 실체법상의 효과

포괄일죄는 실체법상 일죄이므로 하나의 죄로 처벌된다. 구성요건을 달리하는 수개의 행위가 포괄일죄가 되는 경우에는 가장 중한 죄의 하나만 성립된다. 또 포괄일죄는 하나의 죄이므로 형의 변경이 있는 때에는 최후의 행위시법을 적용하면 된다. 한편, 포괄일죄의 일부에 대한 공범의 성립도 가능하다.

(2) 절차법상의 효과

포괄일죄는 소송법상으로도 일죄이다. 따라서 포괄일죄에 대한 공소의 효력과 기판력은 사실심리의 가능성이 있는 항소심판결선고시까지 범하여진 모든 사실에 대하여 미치며, 이 사실에 대하여 별도의 공소가 제기된 경우에는 면소판결을 해야 한다. 확정된 공소사실이 포괄일죄로 구성되었느냐 단순일죄로 구성되었느냐는 불문한다.

제3절 수죄

Ⅰ. 상상적 경합

1. 과형상일죄와 상상적경합

과형상 일죄는 본래 수개의 죄이지만 처분상 일죄로서 다루는 것을 말한다. 구형법에서는 과형상 일죄로서 상상적 경합범 이외에도 견련범(구형법 제54조) 및 연속범(구형법 제55조)을 인정하였으나, 현행 형법은 과형상의 일죄로서 형법 제40조에서 상상적 경합범만을 인정하고 있다. 이러한 현행 형법하에서는 과형상 일죄로 상상적 경합범만을 인정하고 있다.

2. 상상적 경합의 의의

가. 개념

상상적 경합이란 1개의 행위가 수개의 죄에 해당하는 경우이다. 예컨대 1개의 폭탄을 던져 3인을 살해하거나(동종의 상상적 경합), 재물을 손괴하고 한사람을 상해하고 다른 사람을 살해한 경우(이종의 상상적 경합)가 상상적 경합이 된다.

형법은 상상적 경합에 관하여 「1개의 행위가 수 개의 죄에 해당하는 경우에는 가장 중한 죄에 정한 형으로 처벌한다(제40조)」고 규정하여 수 개의 범죄 중에서 가장 중한 범죄의 형으로 처벌한다.

나. 상상적 경합의 죄수

상상적 경합의 죄수에 대해서 일죄설(행위표준설과 의사표준설)과 수죄설(구성요건표준설과 법익표준설)이 대립하고 있다.

일죄설은 상상적 경합의 경우 오직 하나의 행위가 있었기 때문에 비록 다수의 구성요건이 실현되었다고 할지라도 하나의 범죄행위만 존재한다고 본다. 반면에 수죄설은 상상적 경합의 경우 비록 외관상 하나의 행위만이 존재한다 할지라도 실현된 구성요건이 다수인 이상 수죄라고 보아야 된다는 것이다.

그러나 우리 형법 제40조에서 「수개의 죄」라고 명시하고 있으므로 상상적 경합은 수죄라고 보아야 한다. 따라서 상상적 경합은 실질적으로 수죄이며, 다만 한 개의 행위에 의해 수죄가 발생하였으므로 과형상 일죄가 되는 것이며, 상상적 경합은 행위가 1개인 점에서 행위가 수개인 실체적 경합과 구별된다. 우리 형법은 수개의 범죄가 인정된 경우에 상상적 경합이냐 실체적 경합이냐에 따라 형법상의 양형 효과가 달라지므로 먼저 한 개의 행위(행위 단일성)에 의해 수죄가 성립되었는지 여부가 밝혀져야 한다. 만일 행위의 단일성이 인정되지 않는다면 그 경우 수죄의 행위로 인정되어 실체적 경합관계가 된다.

3. 상상적 경합의 요건

상상적 경합이 성립되기 위해서는 형법 제40조의 문언에 따라 '1개의 행위'(행위의 단일성)와 '수개의 죄'라는 두 가지 요건이 필요하다.

가. 행위의 단일성

1개의 행위가 있어야 한다. 즉 행위자는 1개의 행위에 의해 수개의 죄를 범해야 한다. 1개의 행위라는 것은 행위의 단일성과 동일성이 있는 행위를 말한다.

(1) 행위의 단일성

1개의 행위라는 것은 행위의 단일성이 있는 행위를 의미한다. 행위의 단일성에 있어 행위의 의미는 자연적 의미의 행위로 해석하는 견해도 있다. 그러나 행위의 의미는 법적 개념으로 침해된 구성요건과의 관계에서만 행위의 수가 결정될 수 있으므로 행위의 단일성은 구성요건 해당행위를 기준으로 판단하여야 한다.

보충판례 39[행위의 단일성] : 대법원 1991.6.25. 선고 91도643 판결.

(2) 행위의 동일성

1개의 행위가 되는 것은 객관적 실행행위의 동일성이 인정될 것을 요구하며 주관적 요소가 그 기준이 되지 않는다. 행위의 동일성은 완전한 동일성 있는 실행행위를 의미하며, 동일성은 구성요건 해당성이 동일하다는 의미가 아니고 동일한 위법행위를 의미한다.

① 행위의 완전동일성

수개의 구성요건을 실현하는 실행행위가 완전히 동일한 경우에는 언제나 단일성이 인정된다(폭탄 하나를 던져 수인을 사망하게 한 경우). 실행행위의 동일성이 인정되면 고의범과 과실범도 1개의 행위가 될 수 있으며(돌을 던져 고의로 재물을 손괴하고 과실로 사람을 다치게 한 경우), 수개의 부작위범사이에서도 기대되는 행위의 동일성이 인정되면 상상적 경합이 가능하다. 그러나 작위범과 부작위범 사이에서는 실행행위의 동일성을 인정할 수 없으므로 상상적 경합이 불가능하다.

② 행위의 부분적 동일성

수개의 구성요건을 실현하는 실행행위가 부분적으로 동일한 경우에도 행위의 단일성이 인정될 수 있다.(예: 출입문을 부수고 타인의 주거에 침입한 경우) 따라서 결합범의 경우는 물론 결과적 가중범에 있어서 중한 결과가 고의로 실현된 경우에는 결과적 가중범과 중한 결과의 고의는 상상적 경합이 된다.(예: 현주건조물을 방화하여 사

람을 살해한 경우에는 현주건조물 방화죄와 살인죄의 상상적 경합이 된다)

계속범에서 위법상태의 계속이 다른 범죄를 실현하기 위한 수단이 되는 경우에는 상상적 경합이 성립한다.(예: 강간 또는 강도의 수단으로 감금한 때) 그러나 계속범과 그 중에 범한 죄 사이에 단지 동시성만 인정되는 경우(주거침입의 기회에 범한 강간)에는 실체적 경합이 성립한다.

보충판례 39-1[행위의 부분적 동일성] : 대법원 2003.1.10. 선고 2002도4380 판결.

③ 연결효과에 의한 상상적 경합

2개의 독립적 행위가 제3의 행위와 각각 상상적 경합관계에 있을 때, 이 2개의 행위가 제3의 행위에 의하여 연결되어 상상적 경합관계가 성립될 수 있느냐가 문제된다.

이와 관련하여 연결행위의 불법내용이 다른 2개의 범죄보다 가볍지 않다는 전제하에서 연결행위의 이중평가를 피하기 위하여 상상적 경합관계를 인정할 수 있다는 긍정설과 서로 다른 2개의 행위가 제3의 행위에 의하여 1개가 될 수 없으므로 연결효과에 의한 상상적 경합은 인정할 수 없다는 부정설이 대립하고 있다.

실체적 경합에 따라 가중처벌되어야 할 범인이 상상적 경합으로 유리하게 처벌받아야할 합리적 이유가 없고, 연결효과에 의한 상상적 경합을 인정하는 것은 행위 단일성이 없음에도 상상적 경합을 인정하는 것이 되어 결국 행위 단일성을 의제하는 결과가 되므로 부정설이 타당하다. 따라서 감금중인 A·B 부녀에 대한 강간은 경합범이 된다. 다만 판례는 독립된 2개의 행위가 실체적 경합관계에 있지만 그 처벌은 상상적 경합의 예에 따라야 한다고 판시하고 있다.

보충판례 39-2[연결효과에 의한 상상적 경합] : 대법원 2003.2.28. 선고 2002도7335 판결.

나. 수개의 죄

1개의 행위는 수개의 범죄에 해당할 것을 요한다. 수개의 범죄는 수개의 범죄의 구성요건에 해당함을 의미하며, 1개의 행위가 서로 다른 수개의 구성요건에 해당하는 경우를 이종의 상상적 경합이라고 하고, 1개의 행위가 동일한 구성요건에 수회 해당하는 경우를 동종의 상상적 경합이라고 한다.

이종의 상상적 경합(예: 1개의 폭탄을 던져 살인·상해·손괴를 한 경우)을 인정하는 데는 이견이 없지만, 동종의 상상적 경합(예: 1개의 폭탄을 던져 수인을 살해한 경우)을 인정할 수 있느냐와 관련해서는 견해가 대립되고 있다. 동종의 상상적 경합은 단순일죄이므로 상상적 경합이 성립할 수 없다는 부정설과 모든 범죄에 대해서 상상적 경합이 가능하다는 긍정설, 그리고 전속적 법익인 경우에는 상상적 경합이 가능하지만 비전속적 법익(재산죄) 경우에는 불가능하다는 절충설이 있다.

동종의 상상적 경합에 있어서 피해법익을 고려하지 않고 상상적 경합의 성립을 논할 수 없다. 그런 관점에서 피해법익을 고려하여 생명·신체·자유·명예 등과 같은 전속적 법익과 재산과 같은 비전속적 법익을 구별하여 동종의 상상적 경합의 성립을 논하고 있는 절충설이 타당한 견해라고 하겠다. 절충설에 따르면 전속적 법익과 국가적·사회적 법익 중 고유한 가치를 가진 범죄에 있어서는 그 법익의 침해가 수회의 구성요건의 실현이 있다고 보아야 함으로 동종의 상상적 경합이 인정된다.(예: 1개의 고소장으로 수인을 무고한 경우, 수인의 공무집행을 방해한 경우, 수개의 문서를 동시에 행사한 때)

그러나 비전속적 법익인 재산죄는 법익 주체가 수인이라고 하여도 구성요건적 불법의 단순한 양적 증가에 지나지 않으므로 단순일죄가 성립할 뿐이다. 재산죄와 관련하여 유의할 것은 강도죄나 공갈죄와 같이 개인의 전속적 법익을 동시에 보호하는 범죄는 동종의 상상적 경합이 가능하다.

4. 상상적 경합의 법적 효과

가. 실체법적 효과

상상적 경합범은 실질적으로 수죄이지만 과형상 일죄이므로 1개형으로 처벌하되 각죄의 법정형 가운데 가장 중한 법정형으로 처벌한다. 예를 들면 1개의 행위에 의해 살인죄(제250조)와 재물손괴죄(제366조)가 성립하여 상상적 경합범으로 처단하게 되면 중한 법정형인 살인죄만을 적용하여 처벌하게 된다.

형의 경중은 형법 제50조에 따라 정해진다. 법정형의 경중을 비교하는 방법으로는 중한형만 비교하여 대조하면 된다고 보는 중점적 대조주의와 형의 상하한 모두를 비교하여 대조하여야 한다고 보는 전체적 대조주의가 있다.

상상적 경합은 실질적으로는 수죄이므로 전체적 대조주의가 타당하다. 따라서 상상적 경합범은 수죄의 법정형 가운데 상한과 하한이 모두 중한형으로 처벌해야 하고, 경한죄에 병과형이나 부가형이 있을 때에는 이를 병과 하여야 한다. 통설과 판례도 이 입장에 서 있다.

보충판례 39-3[실체법적 효과] : 대법원 2008.12.24. 선고 2008도9169 판결.

나. 소송법적 효과

상상적 경합범은 과형상의 일죄이므로 소송법적으로 한개의 사건으로 취급한다. 따라서 수개의 죄 중 어느 일부에 대한 공소제기의 효력 및 기판력은 수개의 죄 전체에 미친다. 그러므로 상상적 경합관계에 있는 수죄 중 어느 일부분의 죄가 확정판결을 받은 경우 기판력이 그 수죄의 전부에 대해서 미치므로 일사부재리의 원리가 전부에 적용된다. 또한 수죄 중 일부에 대해서 공소의 제기가 있는 경우 공소불가분의 원칙에 따라 그 전부의 죄에 대해서 효력이 미친다.

그리고 수개의 죄 가운데 일부가 무죄일 때는 판결이유에서 밝히는 것으로 충분하고 판결주문에서 무죄를 선고할 필요가 없다. 상상적 경합은 실질적으로 수죄이므로 판결이유에서 상상적 경합관계에 있는 모든 범죄사실과 적용법조문을 기재하여야 한다.

친고죄에 있어 고소와 공소시효는 각 죄별로 별도로 논해야 한다. 그러므로 친고죄에 대해 고소가 없거나 고소가 취하되어도 다른 죄의 처벌에는 영향이 없다.

보충판례 39-4[상상적 경합을 인정한 경우] : 대법원 1990.1.25. 선고 89도1317 판결.

Ⅱ. 경합범

1. 경합범의 의의

경합범은 판결이 확정되지 않은 수개의 죄 또는 판결이 확정된 죄와 그 판결확정 전에 범한 죄(제37조)와의 관계를 말한다. 그러나 판결이 확정된 죄와 재판확정 후에 범한 죄와의 관계는 경합범이 아니다.

경합범은 수개의 행위에 의해 수죄가 성립하였다는 점에서 한 개의 행위로 수죄가 구성되는 상상적 경합과 구별되며, 동일인이 범한 수개의 행위가 법조경합 또는 포괄일죄의 관계에 있지 않고 수죄에 해당해야 한다는 점에서 실체적 경합범이라고도 한다.

경합범은 같은 행위자에 의하여 실제로 수죄가 실현된 경우이다. 따라서 경합범에 대해서는 실현된 범죄의 형을 병과하는 것이 이론상 타당하지만 병과주의는 유기자유형의 성질을 변질시킬 뿐만 아니라 형벌의 목적 달성도 불가능하다는 점에서 형법은 원칙적으로 가중주의를 취하고 있다.

동일인이 수죄를 범하였을 경우, 수죄가 동시심판의 가능성이 있거나(제37조 전단), 있었을 경우(제37조 후단) 형의 적용에 있어 합리성을 구현하기 위해 경합범의 규정이 필요한 것이다. 이 점에서 경합범의 제도적 기능은 수죄의 경우 형의 양정에 있다고 할 수 있다.

이러한 경합범에는 다음과 같은 특징이 있다.

① 동일인의 행위에 의해 범하여진다. 수인의 행위자에 의해서 수죄를 범하는 경우는 각각 독립된 범죄에 따라 처벌되므로 경합범의 문제는 일어나지 않는다.

② 동일인의 수개의 행위에 의해 범하여진다. 따라서 1개의 행위에 수죄를 범하는 상상적 경합과는 다르다.

③ 수개의 행위에 의해 수죄를 범한다. 수개의 행위가 법조경합이나 포괄일죄가 되는 경우에는 실체적 경합이라 할 수 없다.

④ 수죄가 동시심판의 가능성이 있거나(제37조 전단), 가능성이 있어야한다(제37

조 후단).

2. 경합범의 성립요건

형법 제37조는 경합범을 '판결이 확정되지 않은 수개의 죄' 즉 동시적 경합범과 '판결이 확정된 죄와 그 판결확정전에 범한 죄' 즉 사후적 경합범으로 나누고 있다. 경합범의 성립요건도 구분하여 검토할 필요가 있다.

가. 동시적 경합범

형법은 동시에 경합범에 대해서 판결이 확정되지 않은 수개의 죄(제37조 전단)라고 규정하고 있다. 예컨대 갑이 A B C의 3개의 죄를 범하고 어느 것도 확정판결을 받지 않은 경우에 A·B·C는 경합범이 된다. 이 경우에는 동시 심판이 가능한 것이다.

동시적 경합범이 성립하기 위해서는 다음과 같은 요건이 필요하다.

첫째, 동일인의 수개의 행위에 의해 수개의 죄가 성립되어야 한다. 수개의 행위란 행위의 단일성이 인정되지 않는 것을 말한다.

둘째, 수개의 죄는 판결이 확정되지 아니한 것으로 동시심리(판결)가 가능한 것이어야 한다. 판결의 확정은 상소 등 통상의 불복절차(공소제기의 불가 등)로서 다툴 수 없는 상태를 말한다. 동시에 경합범은 판결이 확정되지 아니한 수개의 죄가 동시심리 또는 판결이 가능해야 한다. 따라서 수개의 죄 가운데 일부의 죄가 기소되지 않는 때에는 경합범이 될 수 없다. 그러므로 수개의 죄는 모두 기소되어 있어야 하고, 일부만 기소된 경우에는 항소심에서 추가 기소에 의한 병합 심리가 이루어져야 경합범으로 처리된다.

보충판례 39-5[이종 및 동종의 경합범] : 대법원 2007.5.10. 선고 2007도1375 판결.

나. 사후적 경합범

형법은 사후적 경합범에 대해서 판결이 확정된 죄와 그 판결확정전에 범한 죄(제37조 후단)라고 규정하고 있다.

(1) 일부의 확정판결

판결이 확정된 죄와 그 판결확정전에 범한 죄만이 사후적 경합범이 된다. 따라서 확정판결 전후의 죄는 경합범이 될 수 없다.

(2) 확정판결의 범위

확정판결은 일본 형법과 달리 반드시 금고 이상의 형에 처벌하는 것을 요하지 않는다. 따라서 벌금형이나 약식명령이 확정된 경우도 포함된다. 또 이것은 어느 판결에 의해서 확정판결이 있었던 사실 자체를 의미하므로 형의 집행유예나 선고유예의 판결이 확정된 경우는 물론 이들 판결의 유예기간이 경과하여 형의 선고가 실효되었거나 면소된 것으로 간주된 때에도 마찬가지이다.

보충판례 39-6[확정판결의 범위] : 대법원 1996.3.8. 선고 95도2114 판결.
보충판례 39-7[확정판결의 범위] : 대법원 2004.4.23. 선고 2004도805 판결.

(3) 확정판결전에 범한 죄

최종의 사실심인 항소판결전에 범한 죄를 의미한다. 왜냐하면 사후적 경합범을 인정하는 취지가 동시판결의 가능성에 있었던 사건에 대하여 동시적 경합범과 같이 취급하려는데 있기 때문이다. 죄를 범한 시점은 범죄의 기수가 아닌 범죄의 종료시점을 기준으로 한다.

3. 경합범의 처분

우리 형법은 경합범의 처벌을 가중주의 원칙으로 하고 흡수주의와 병과주의를 예외적으로 인정하고 있다. 경합범의 처분에 관하여 동시 경합범과 사후 경합범으로 나누어서 살펴본다.

가. 동시적 경합범

판결이 확정되지 않은 수개의 죄를 동시에 판결할 때에는 다음과 같이 구별하여 처벌한다.

(1) 흡수주의

경합범의 각 죄 중에 가장 중한 죄에 정한 형이 사형 또는 무기징역이나 무기금고인 때에는 가장 중한 죄에 정한 형으로 처벌한다(제38조 1항 1호).

이것은 가장 중한 죄의 형이 사형이나 무기징역 또는 무기금고인 경우에는 다른 형을 병과 하거나 형을 가중하는 것은 가혹하기만 할 뿐 사실상 무의미하기 때문이다.

(2) 가중주의

경합범의 각 죄에 정한 형이 사형 또는 무기징역이나 무기금고 이외의 동종의 형인 때에는 가장 중한 죄에 정한 장기 또는 다액에 그 2분에 1까지 가중하되 각 죄에 정한 형의 장기 또는 다액을 합산한 형기 또는 액수를 초과할 수 없다(제38조 2항). 단 과료와 과료, 몰수와 몰수를 병과할 수 있다. 이 경우에 동종의 형의 범위는 징역과 금고를 동종의 형으로 보며 처벌형은 징역으로 한다(제38조 2항).

자유형은 형의 가중시 제42조의 단서에 의하여 25년을 넘지 못한다. 제38조 제1항 2호는 형법범 뿐만 아니라 특별법 위반죄와 형법 위반죄가 경합되는 경우에도 적용된다. 제38조 제1항 2호의 취지는 경합범의 각 죄의 선택형이 규정되어 있는 경우에는 먼저 형종을 선택한 후, 가장 중한 죄에 정한 선택된 형의 장기 또는 다액의 2분의 1까지를 가중한다.

보충판례 39-8[가중주의] : 대법원 2004.2.13. 선고 2003도3090 판결.

(3) 병과주의

경합범의 각 죄에 정한 형이 무기징역이나 무기금고 이외의 이종의 형인 때에는 병과한다(제38조 1항 3호). 이종의 형이란 유기자유형(유기징역과 유기금고)과 벌금 또는 과료, 벌금과 과료, 자격정지와 구류 등의 관계처럼 서로 다른 형을 말하며 이러한 이종의 형은 서로 병과할 수 있다.

나. 사후적 경합범

경합범을 동시에 판결하지 아니하는 경우인 사후적 경합범은 제39조에 따라 다음과 같이 처벌한다.

(1) 형의 선고

경합범 중 판결을 받지 아니한 죄가 있을 때에는 그 죄에 대하여 형을 선고한다(제39조 제1항). 경합범 가운데 확정판결을 받은 죄에 대해서는 물론 다시 판결을 할 수 없으므로(일사부재리의 원칙), 확정재판(판결)을 받지 아니한 죄에 대해서만 형을 선고할 수 있도록 규정한 것이다.

판결을 받지 아니한 죄에 대하여 형을 선고함에 있어서는 제38조의 규정에 의하여 새로운 전체형을 정하도록 하여야 한다는 견해가 있으나, 판결을 받지 아니한 죄의 독자적인 책임의 범위 내에서 형을 선고하면 된다는 견해가 제39조 2항의 입법 취지에 비추어 볼 때 타당하다.

제39조 제1항은 사후적 경합범에 대해서 적용하는 것이 원칙이지만 동시적 경합범을 동시에 판결할 수 없는 경우에도 적용된다.

(2) 형의 집행

경합범에 수개의 판결이 있는 경우에는 형법 제38조에 규정하고 있는 경합범의 처벌 예에 따라 집행한다(제39조 제2항). 사형 또는 무기형이 선고된 때에는 타죄는 여기에 흡수되고 그 밖의 경우에는 제38조에 따라 형이 가중되거나 병과하여 집행된다.

보충판례 39-9[사후적 경합범의처분] : 대법원 2008.9.11. 선고 2006도8376 판결.
보충판례 39-10[실체적 경합을 인정한 경우] : 대법원 1979.7.10. 선고 79도840 판결.

다. 형의 집행과 경합범

경합범에 의하여 판결의 선고를 받은 자가 경합범 중에 어떤 죄에 대하여 사면 또는 형의 면제된 때에는 다른 죄에 대하여 다시 형을 정한다(제39조 제3항). 여기서 「형을 정한다」란 그 죄에 대한 심판을 다시 한다는 뜻이 아니라 형의 집행을 다시 정한다는 의미이다. 이 경우에 형의 집행에 있어서는 이미 확정 판결에 의하여 집행되었던 형기를 통산한다(제39조 제4항).

형법총론

제
23
장

형벌론

제1절 형벌의 의의

형벌이란 국가가 범죄에 대한 법률상의 효과로서 범죄자에 대하여 과하는 법익의 박탈을 말한다. 형벌은 보안처분과 함께 형사제재의 하나이다. 국가적·사회적 범죄대책은 보통 범죄억제, 사회복귀 그리고 환경공학적 범죄통제의 세 가지 방향으로 이루어진다. 이 가운에 형벌이 관련되는 것은 범죄억제와 사회복귀 두 가지 측면이다. 사회적 환경을 개선해서 범죄를 방지하는 역할은 형법학에서 아직 관여하지 않는 분야이다.

근대 이후 형법은 국가공권력에 의해서만 부과하도록 제한되었고 형벌이 가지는 기능도 복수가 아니라 범죄방지와 범죄인의 사회복귀이어야 한다는 방향으로 나아가게 되었다. 이에 따라 형벌이 가지는 사회적 효과를 일반예방과 특별예방으로 분류하는 것이 일반적인 경향이 되었다. 일반예방이란 범죄와 형벌을 미리 법률에 규정함으로써 범죄행위를 하지 못하도록 미리 예방하는 형벌의 기능을 의미한다. 반면 특별예방이란 이미 범죄를 저지를 범죄자를 수용시설에서 개선·교화시켜 건전한 시민의식을 가진 사람으로 사회에 복귀하도록 만드는 기능을 말한다.

이러한 두 가지 예방기능은 종래 형벌을 통해 수행되어 왔는데 책임원칙에 입각하여 운용되는 형벌제도만으로는 예방기능을 제대로 수행할 수 없는 경우가 발생함에 따라 보안처분이라는 제도가 나타났다. 보안처분은 행위자의 범죄적 위험성을 기초로 장래의 범죄예방을 지향하는데 중점을 두고 있는 제도이다. 따라서 범죄행위 자체의 책임보다는 비례성의 원칙에 입각하여 사회방위의 효과를 어떻게 하면 극대화할 것인가를 기준으로 제도가 운영되고 있다. 그러한 면에서 보안처분은 그 운용과정에서 인권침해의 위험성도 존재한다.

보충판례 40[형사책임의 일신전속성] : 대법원 2007.8.23. 선고 2005도4471 판결.

제2절 형벌의 종류

형법 제41조가 정하고 있는 형벌의 종류에는 사형, 징역, 금고, 자격상실, 자격정지, 벌금, 구류, 과료, 몰수의 9가지가 있다.

Ⅰ. 사형

1. 사형제도의 의의

(1) 사형의 개념과 집행방법

사형이란 수형자의 생명을 박탈하여 사회로부터 영원히 격리하는 형벌을 말한다. 형법이 정하 있는 형벌 가운데 가장 그 법익 박탈이 중하다는 의미에서 극형이라고도 한다. 사형의 집행방법은 그 역사상 여러 형태가 있으나 형법은 사형은 교도소 내에서 교수하여 집행한다고 규정하고 있다.

(2) 사형범죄의 범위

현행 형법이 사형을 법정형으로 하고 있는 범죄로는 내란죄(제87조), 내란목적살인죄(제88조), 외환유치죄(제92조), 여적죄(제93조), 모병이적죄(제94조), 시설제공이적죄(제95조), 시설제공이적죄(제95조), 시설파괴이적죄(제96조), 간첩죄(제98조) 등이 있다. 이외에도 특별법 가운데 폭력행위등 처벌에 관한 법률상 단체조직죄(제4조), 특정범죄 가중처벌 등에 관한 법률상의 약취유인죄(제5조의2), 도주차량운전죄(제5조의3), 상습강도(제5조의4) 등이 있다. 또한 국가보안법, 군형법, 보건범죄 단속에 관한 특별조치법, 성폭력 범죄의 처벌 및 피해자 보호 등에 관한 법률 등에서도 사형범죄를 정하고 있다.

특히 이 가운데에서도 여적죄와 군형법상의 군사반란죄(제5조 제1호)는 사형만을 절대적 법정형으로 정하고 있다. 그 이외의 사형범죄는 사형을 다른 형벌과 같이 선택적으로 규정하고 있으므로 사형 이외의 자유형 등을 선고형으로 선택할 수 있다. 사형이 절대적 법정형으로 정해진 범죄라 하더라도 감경사유가 있을 때에는 징역 또는 금고형으로 감경될 수 있다.

사형은 인간의 생명을 박탈하는 형벌이라는 점에서 그 위헌성이 문제된다.

2. 사형존폐론

가. 사형존치론

사형을 존치해야 한다는 견해는 다음과 같은 점을 그 근거로 하고 있다. ① 사형은 다른 어떤 형벌보다도 강력한 범죄 억제력, 즉 위하적 효과를 가지고 있다. ② 형벌의 본질은 응보에도 있는 만큼 극악한 범죄인에 대해서는 사형을 통한 도의적 책임을 묻지 않을 수 없고 또한 적절하다. ③ 사형은 오랜 기간 동안 유지되어 온 형벌로서 국민의 법의식 속에 흡수되어 있고 아직도 많은 국민들이 사형의 존치를 희망하고 있다. ④ 사형은 국민의 응보관념과 정의관념에 합치한다.

나. 사형폐지론

사형폐지를 주장하는 견해의 논거는 다음과 같다. ① 사형은 인간의 존엄과 가치에 반하는 잔혹한 형벌이다. 따라서 사형은 인간의 존엄과 가치를 존중하는 헌법의 정신에 반한다. ② 오판에 의해 사형이 집행되면 영원히 구제할 수 없는 결과를 가져온다. ③ 일반의 개대와는 달리 강력하지 못하다. 오히려 사형집행이 많아질수록 범죄의 양상은 더욱 포악해질 뿐이다.④ 형벌의 목적을 개선·교육에 있다고 할 때 사형은 이러한 기능을 전혀 수행할 수 없다.

다. 결론

현재 우리나라에서의 사형존폐에 관한 논란은 ① 사형제도는 폐지되어야 한다는 주장과 ② 현실적으로 존치는 불가피하지만 적용에 신중을 기하고 사형범죄를 축소하여야 한다는 견해 그리고 ③ 사형집행 유예제도를 도입하여야 한다는 견해로 나누어져 있다. 궁극적으로 사형이 사라져야 한다는 데 대해서는 아무도 부인하지 않고 있다. 사형이 어느 정도 범죄 억제력을 가지고 있다는 점은 인정할 수 있지만 그 효과에 비해서 볼 때 생명을 박탈한다는 대가가 너무 크므로 점진적으로 사형선고와 사형집행을 줄여나가 완전히 폐지하는 쪽으로 노력해야 할 것이라고 생각한다.

사형제도의 개선내용으로서는 사형범죄의 축소, 사형선고의 제한, 사형집행의 제한 등이 제시되고 있다.

보충판례 40-1[사형의 위헌성 여부] : 대법원 1991.2.26. 선고 90도2906 판결 ; 헌법재판소 2010.2.25. 선고 2008헌가23 전원재판부결정.

Ⅱ. 자유형

수형자의 신체적 자유를 박탈하는 형벌을 자유형이라고 한다. 근대 이후 형벌체제의 중심을 이루고 있다. 형법상 자유형에는 징역, 금고, 구류 세 종류가 있다.

1. 징역

징역이란 수형자를 교도소 내에 구치하여 정역에 복무하게 하는 것을 내용으로 하는 가장 무거운 자유형이다(제67조). 징역 또는 금고는 무기 또는 유기로 하고 유기는 1년 이상 30년 이하로 한다. 단, 유기징역 또는 유기금고에 대하여 형을 가중하는 때에는 50년까지로 한다(제42조).

2. 금고

금고는 수형자를 교도소 내에 구치하여 신체의 자유를 박탈하는 것을 내용으로 하는 자유형의 일종이다. 금고는 수형자를 교도소 내에 구치한다는 점에서 징역과 같으나 정역에 복무하게 하지 않는다는 점에서 차이가 있다(제68조). 과실범, 정치범 등과 같이 비파렴치범에 대하여 주로 부과된다. 금고도 무기와 유기가 있으며 그 기간은 징역과 같다.

3. 구류

구류도 수형자를 교도소 내에 구치한다는 점에서 징역, 금고와 같으나 정역을 부과하지 않는다는 점에서 징역과 다르고, 그 기간에 있어서 금고와 다르다. 구류기간은 1

일 이상 30일 미만이다(제46조).

형벌로서의 구류는 형사소송법상의 강제처분인 구금이나 벌금·과료를 납부하지 않았을 때 가해자는 노역장 유치(제69조 제2항, 제70조, 제17조)와는 구별된다. 구류는 경범죄처벌법을 비롯한 특별법규에서 많이 활용된다.

4. 자유형의 개선

가. 자유형의 단일화

(1) 의의

징역, 금고, 구류의 3종류의 자유형의 구별을 폐지하고 자유형으로 단일화 하자는 주장이다.

(2) 논거

현재 자유형은 노동을 시키는가 시키지 않는가에 따라 징역과 금고로 구별되어 있다. 그러나 ① 징역과 금고를 구별하여 파렴치범에 대해서 징역형을 부과하는 것은 노동을 천시하는 태도이기 때문에 문제가 많다. ② 징역을 파렴치범에게 부과한다면 이는 이들에게 낙인을 찍는 것이 되어 오히려 재사회화를 방해한다. ③ 파렴치범과 비파렴치범을 구별하는 것이 많은 경우 불가능하다는 점을 근거로 자유형을 단일화 해야 한다는 주장이 대두되고 있다. 독일과 오스트리아 등은 이미 자유형을 단일화하였다. 우리나라의 경우도 자유형을 단일화하는 것이 바람직하다고 생각한다.

나. 단기자유형의 제한

(1) 의의

단기 자유형이란 일반적으로 6개월 이하의 자유형을 의미한다.

(2) 논거

비교적 가벼운 범죄를 저지른 사람에게 부과되는데 이 경우 기간이 너무 짧아서 재소자에 대한 교육적 효과는 제대로 나타나지 않는 반면, 다른 재소자들로부터 범죄성이 전염되기에는 충분한 기간이라는 문제점이 있다. 범죄인이 재사회화에 전혀 도움이 안되고 경우에 따라서는 오히려 역기능을 하기 때문에 단기 자유형은 폐지되어야 한다는 것이다.

가벼운 범죄에 대해서는 단기 자유형을 부과하지 말고 벌금형에 처하거나 집행을 유예함으로써 범죄인에게 경종을 울리는 데 그쳐야 한다고 생각한다.

Ⅲ. 재산형

재산형은 범죄인의 일정한 재산을 박탈하는 형벌을 말한다. 형법이 정하고 있는 재산형에는 벌금, 과료, 몰수의 3가지가 있다.

1. 벌금

가. 의의

범죄인에게 일정한 금액의 지급의무를 강제적으로 부담시키는 것을 내용으로 하는 재산형의 일종이다.

벌금은 일신전속적 성질을 가지므로 제3자의 대납·국가에 대한 채권과의 상계, 제3자의 연대책임·상속 등은 원칙적으로 인정되지 않는다.

나. 내용

재산형 가운데서 가장 무거운 형벌인 벌금의 액수는 5만원 이상이며 상한선은 없다. 감경하는 경우에는 5만원 미만으로 할 수 있다(제45조).

벌금은 판결 확정일로부터 30일 이내에 납부하여야 하며, 벌금을 납입하지 아니하는 자는 1일 이상 3년 이하의 기간 노역장 환형유치하여 작업에 복무하게 한다(제69조, 제70조).

보충판례 40-2[노역장유치] : 대법원 2000.11.24. 선고 2000도3945 판결.

다. 장·단점

(1) 장점

벌금형은 다음과 같은 장점이 있다. ① 이욕적인 범죄와 법인 회사 등 단체가 개입된 범죄에 효과적이다. ② 자유형의 집행으로 인한 수형대한 부정적 영향을 피할 수 있다. ③ 오판의 경우 그 회복이 용이하며, 집행비용도 저렴하다. ④ 재산권이 중시되는 자본주의사회에서의 재산의 손실은 일반적 위하력을 가지므로 적합한 형벌이 된다.

(2) 단점

벌금형은 다음과 같은 단점이 있다. ① 수형자의 자력에 따라 형벌이 효과가 달라지는 불평등 문제가 발생하고, 특히 자력 있는 자에 대해서는 일반예방이나 특별예방의 효과를 기대할 수 없다. ② 피고인의 가족의 생계에 영향을 주어 형벌의 일신전속성에 반한다. ③ 재산만을 박탈하게 되어 범죄인의 인격에 직접적인 영향을 주지 못하므로 교화·개선의 효과를 기대할 수 없다.

라. 개선점

현행 벌금제도에 대해서는 다음과 같은 문제점과 대안이 지적되고 있다.

(1) 일수벌금형제도

우리의 형법은 일정액의 벌금액을 총액으로 선고하는 이른 바 총액벌금제도를 규정하고 있다. 그런데 이 제도는 범죄자의 빈부격차를 고려할 수 없는 단점을 가지고 있다. 즉 가난한 사람은 벌금을 내지 못해 대신 자유형을 사라야 하는 경우가 생기게 되고, 부자에게는 벌금을 내는 것이 전혀 부담이 되지 않기 때문에 형벌의 목적을 달성할 수 없게 되는 것이다. 따라서 이미 독일, 오스트리아, 포루투칼, 핀란드, 스웨덴, 덴마크 등에서 이용되고 있는 일수범금제도를 도입함으로써 벌금의 탄력성을 높일 필요가 있다고 생각한다. 일수벌금제도란 책임의 정도에 따라 벌금일수를 먼저 정하고 경제적 사정(수입, 재산, 가족상황 등)을 고려하여 1일 벌금액을 결정하여 벌금을 부과하는 제도이다.

(2) 벌금형의 집행유예제도

우리 형법은 벌금형에 대해서는 집행유예를 인정하고 있지 않다. 자유형에는 집행유예를 인정하면서도 재산형에 집행유예를 인정하지 않는 것은 타당하다고 할 수 없다. 따라서 입법적으로 벌금형 제도에도 집행유예를 도입하여 탄력성을 주는 것이 바람직하다.

2. 과료

가. 의의

과료는 재산형의 하나로서 범죄인에게 일정한 금액의 지불을 강제한다는 점에서는 벌금형과 같다. 다만, 그 금액이 작고 경미한 범죄에 부과된다는 점에서 벌금형과 구별된다. 또한 과료는 재산형이라는 점에서 형법상의 형벌이 아니라 행정상의 제재에 불과한 과태료와 구별된다.

나. 내용

과료는 2천원 이상 5만원 미만(제47조)으로 한다는 점에서 벌금과 차이가 있다. 주로 경범죄 처벌법이나 기타 특별법규가 정하는 경미한 범죄에 적용된다. 과료도 이를 납입하지 않으면 1일 이상 30일 미만의 노역장 환형유치에 처해진다(제69조).

3. 몰수

가. 의의

몰수는 범죄가 반복되는 것을 방지하고 범죄를 통해 이익을 얻는 것을 막는다는 목적으로 범죄행위와 관련된 재산을 박탈하는 재산형이다. 몰수는 원칙적으로 다른 형에 부가하여 과하는 형벌이다. 그러나 행위자에게 유죄판결을 하지 않을 때에도 몰수의 요건이 있을 때에는 몰수만을 선고할 수 있다(제49조).

몰수를 할 것인가의 여부는 법관의 재량에 의해 판단된다(임의적 몰수 : 제48조). 다만 뇌물에 관한 죄에서 범인 또는 사정을 아는 제3자가 받은 뇌물 또는 뇌물로 받은 금품(제134조), 특정범죄 가중처벌 등에 관한 법률 제3조(알선수재), 제12조(외국인을 위한 탈법행위)에 위반하여 취득한 재산(제13조), 국가보안법에 정한 죄를 범하고 그 대가로 받은 보수(제15조)는 필수적으로 몰수하고, 몰수할 수 없을 때에는 추징한다.

나. 법적 성질

몰수가 법적으로 형벌의 성격을 가지고 있는지 아니면 보안처분의 성격을 띠고 있는지에 관하여는 견해가 갈린다.

① 형법은 몰수를 재산형으로 규정하고 있기 때문에 형식적으로 형벌에 해당하지만 실질적으로는 대물적 보안처분이라는 견해가 있다. 몰수는 원래 자유형, 벌금 등과 같이 범인에 대한 응보적인 형벌로서의 성질을 가지고 있었으나 오늘에 와서는 벌

금형과 몰수형을 분리시켜 몰수를 부가형으로 하고 있으므로 형식적으로는 형벌이면서도, 실질적으로는 범인으로부터 사회적으로 위험한 물건(예 : 범죄행위를 위한 자금)을 제거하여 범죄의 반복을 예방한다는 의미에서 보안처분적 성질을 가지고 있다는 것이다. ② 형법 제41조가 몰수를 형벌의 일종으로 규정하고 있는 이상 몰수는 형벌로 보아야 한다는 견해가 있다. ③ 몰수는 한 가지 성질만 가진 제도가 아니라 경우에 따라 목적과 성질을 달리하는 것이라는 견해가 있다. 행위자 또는 공범의 소유에 속하는 물건의 몰수는 재산형으로서의 성질을 가지고 제3자의 소유에 속하는 물건을 몰수하는 것은 보안처분으로서의 성질을 가진다는 것이다.

모든 경우의 몰수를 다 형벌로 파악할 수 있는 것은 아니며 그렇다고 몰수가 항상 대물적 보안처분이라고 할 수도 없다. 따라서 몰수는 형벌과 대물적 보안처분의 성격을 동시에 가지고 있는 제도라고 보아야겠다.

다. 대상

다음에 열거하는 물건의 전부 또는 일부를 몰수할 수 있다(제48조).

(1) 범죄행위에 제공하였거나 제공하려고 한 물건

범죄행위의 도구 또는 수단을 말한다. 예를 들면 범행에 사용하기 위한 흉기나 도박자금으로 빌려준 돈 등이 여기에 해당된다.

(2) 범죄행위로 인하여 발생했거나 범죄행위로 인하여 취득한 물건

범죄로 인하여 새롭게 생성된 산출물, 예를 들면 위조문서나 위조통화, 도박으로 딴 돈, 불법으로 벌채한 나무 등이 여기에 해당한다.

(3) 위 두 가지에 해당되는 행위의 대가를 취득한 물건

예를 들면 장물을 매각한 대금이 여기에 해당한다.

라. 몰수의 요건

몰수를 하기 위해서는 몰수의 대상이 다음과 같은 요건을 구비하고 있어야 한다.

(1) 물건이 범인 이외의 자의 소유에 속하지 않을 것

범인(공범 포함) 이외의 자의 소유로 되어 있는 물건을 몰수할 수 없다. 따라서 범인 소유의 물건, 무주물, 소유관례가 불확실한 물건 또는 금제품의 경우는 몰수할 수 있다.

(2) 범죄 후 범인 이외의 자가 알면서 취득한 물건

비록 범인 이외의 자가 소유한 물건이라고 하더라도 그 자가 범죄행위에 관련된 물건이라는 사정을 알면서 취득한 경우에는 몰수의 대상이 된다.

마. 추징·폐기

몰수의 대상인 물건을 몰수하기 불가능한 때에는 그 가액을 추징하며(제48조 제2항), 문서·도화·전자기록 등 특수매체기록 또는 유가증권의 일부가 몰수의대상일 때에는 그 부분을 폐기한다(제3항). 추징과 폐기는 몰수의 본래 취지를 관철하기 위한 사법처분이다.

몰수가 불가능한 경우란 소비, 분실, 훼손, 제3자의 선의취득 등 사실상 또는 법률상 몰수할 수 없는 경우를 말한다. 따라서 뇌물로 받은 돈이나 자기앞수표를 소비한 경우에는 같은 액수를 추징하여야 한다.

보충판례 40-3[몰수·추징] : 대법원 2010.5.13. 선고 2009도11732 판결.
보충판례 40-4[징벌적 추징] : 대법원 1998.5.21. 선고 95도2002 전원합의체 판결.

Ⅳ. 명예형

명예형이란 범인의 명예나 일정한 자격을 박탈 또는 제한하는 형벌로서 자격형이라고도 한다. 형법이 정하고 있는 명예형으로는 자격상실과 자격정지가 있다.

1. 자격상실

가. 의의

자격상실이란 일정한 형의 선고가 있으면 그 형의 효력으로서 당연히 일정한 자격이 상실되는 것을 말한다.

나. 상실되는 자격

사형, 무기징역 또는 무기금고의 형을 선고받은 자는 ① 공무원이 되는 자격, ② 공법상의 선거권과 피선거권, ③ 법률로 요건을 정한 공법상의 업무에 관한 자격, ④ 법인의 이사, 감사 또는 지배인 기타 법인의 업무에 관한 검사역이나 재산관리인이 되는 자격을 상실한다(제43조 제1항).

2. 자격정지

가. 의의

자격정지란 일정한 기간 동안 일정한 자격의 전부 또는 일부가 정지되는 것을 말한다.

나. 종류

형법은 일정한 형법의 부수 효과로서 당연히 자격이 정지되는 경우와 판결에 의하여 부과되는 독자적인 형벌로서의 자격정지를 각각 규정하고 있다(제43조 제2항). 유기징역 또는 유기금고의 형을 선고받은 자는 그 형의 집행이 종료되거나 면제받을 때까지 ① 공무원이 되는 자격, ② 공법상의 선거권과 피선거권, ③ 법률로 요건을 정한 공법상의 업무에 관한 자격이 당연 정지된다.

이러한 당연 정지 이외에 판결선고에 의한 자격정지도 인정된다. 판결로써 선택형이나 병과형으로 형법 제43조 제1항에서 정한 자격의 전부 또는 일부를 정지할 수 있다. 자격정지 기간은 1년 이상 15년 이하이다(제44조 제1항). 자격정지 기간은 자격정지가 선택형인 때에는 판결의 확정일로부터 기산하며, 유기징역 또는 유기금고에 병과한 때에는 징역 또는 금고의 집행이 종료하거나 면제된 날로부터 기산한다(제2항).

Ⅴ. 형의 경중

1. 의의

형의 경중은 형법상 신·구형법의 경중비교(제1조 제2항), 상상적 경합의 처벌(제40조), 경합범의 처벌(제38조 제1항 제2호)의 문제를 해결하기 위해서 형의 경중의 판단이 필요할 뿐만 아니라 형사소송법상의 불이익변경금지의 원칙(형소법 제368조)을 적용하기 위해서도 필요하다.

2. 형의 경중의 기준

가. 법정형의 기준

제50조의 규정에 의하여 결정한다. ① 형의 경중은 제41조 기재의 순서(사형, 징역, 금고 , 자격상실, 자격정지, 벌금, 구류, 과료, 몰수의 순)에 의한다. 단, 무기금고와 유기징역은 금고를 중한 것으로 하고 유기금고의 장기가 유기지역의 장기를 초과하는 때에는 금고를 중한 것으로 한다. ② 동종의 형은 장기의 긴 것과 다액의 많은 것을 중한 것으로 하고 장기 또는 다액이 동일한 때에는 그 단기의 긴 것과 소액의 많은 것을 중한 것으로 한다. ③ 법정형이 동일한 때에는 죄질과 법정에 의하여 경중을 정한다.

나. 처단형·선고형의 경중

명문규정이 없다. 그러나 판례는 형법 제50조의 취지에 따라 그 경중을 정한다.

제3절 형의 양정

Ⅰ. 양형의 의의

형의 量刑, 즉 양형이란 형법에 규정된 형벌의 종류와 범위 내에서 법관이 구체적인 사건에서 피고인에게 선고할 형량을 정하는 것을 말한다. 형법은 범죄와 그 범죄를 저지른 자에게 부과할 수 있는 형의 종류와 범위를 정하고 있을 뿐, 구체적인 사건에서 선고하여야 할 형벌의 종류와 정도는 일정한 제한 아래 법관의 광범위한 재량에 의해 정해지도록 하고 있다. 형의 양정은 다음과 같은 단계로 진행된다.

법정형------(가중,감경)--〉 처단형 ---(형의 결정)----〉 선고형

II. 법정형

1. 의의

형법이 일정한 범죄행위에 대하여 그 법률효과로 정하고 있는 형벌을 법정형이라고 한다. 일단 피고인의 행위가 어느 구성요건에 해당되는지가 확인이 되면 법정형을 찾는 것은 쉽다. 모든 처벌조항은 스스로 부과할 수 있는 형벌의 종류와 형량의 범위를 정하고 있기 때문이다. 예컨대, 살인행위의 경우에는 제250조 1항에 해당되며 제250조 1항에는 '사형, 무기 또는 5년 이상의 징역' 이라는 법정형이 규정되어 있다.

2. 규정형식

가. 절대적 법정형주의

형벌의 종류와 범위를 법률로 엄격히 규정하여 법관에게 재량을 전혀 인정하지 않는 방법이다.

나. 상대적 법정형주의

법률이 형벌의 종류와 범위를 정하고 그 범위 내에서 형의 적용을 법관의 재량에 맡기는 방법이다. 현행 형법의 태도이다.

III. 처단형

1. 의의

법정형을 기초로 하여 당해 피고인에게 적용될 각종의 가중 또는 감경사유를 고려하여 가중 또는 감경한 형을 처단형이라고 한다.

2. 법정방법

법정형이 여러 가지 형벌일 경우에는 먼저 형벌의 종류를 선택한 후 그 형법에 가해져야 할 가중 또는 감경을 하게 된다.

IV. 선고형

1. 의의

법관은 그 처단형의 범위 내에서 여러 가지 양형사유를 고려하여 구체적으로 피고인에게 내리는 최종적인 형벌을 결정하게 되는데 이를 선고형이라고 한다. 예를 들면 살인을 저지른 피고인에게 여러 가지 사정을 감안하여 징역10년을 선고했다면 이것이 곧 선고형이다. 선고형은 양형의 최종종적 단계이다.

선고형은 당해 피고인의 양형책임을 기초로 판단하여야 한다. 이러한 양형책임은 범죄 성립요건으로서의 형벌근거책임과는 달리 범죄 후의 행위자의 태도, 피해자와의 관계, 범죄 후의 정황 등도 고려하여 판단하여야 한다. 결국 형법 제51조의 양형의 조건은 1차적으로 처단형을 결정함에 있어서 그 작량감경의 판단자료로, 2차적으로는 처단형의 범위 내에서 최종적인 선고형을 구체적으로 결정하는 근거 자료로 활용된다.

2. 자유형의 선고형식

가. 정기형

현행 형법은 자유형을 선고함이 있어서 정기형을 원칙으로 한다.

나. 부정기형

절대적 부정기형은 죄형법정주의에 반하므로 허용되지 않으나 상한과 하한이 제한되는 상대적 부정기형은 허용된다(소년법 제60조 참조).

V. 형의 가중·감경·면제

1. 형의 가중

형의 가중은 법률상 다음과 같은 가중사유가 있는 경우에 한하여 인정되며, 재판상 법관의 재량에 의한 가중은 허용되지 않는다. 죄형법정주의와 관련하여 당연한 결론이다.

가. 일반적 가중사유

모든 범죄에 대하여 일반적으로 형을 가중하는 경우가 있다. 이러한 경우에 형법총칙이 정하고 있는 것으로는 ① 특수교사 · 방조(제34조 제2항), ② 누범가중(제35조), ③경합범가중(제38조)이 있다.

나. 특수적 가중사유

형법각칙에는 특별 구성요건에 의한 가중사유가 있는데 ① 상습범가중(제203, 264, 285, 332, 351조), ② 특수범죄가중(제144, 278조)이 그것이다.

2. 형의 감경

형의 가중과 달리 형의 감경에는 법률상 감경뿐 아니라 재판상 감경도 허용된다.

가. 법률상 감경

법률상 감경에는 형법이 정하는 일정한 사유가 있으면 반드시 형을 감경하여야 하는 필요적 감경과 법원의 재량에 의하여 감경할 수 있는 임의적 감경이 있다.

(1) 필요적 감경

형법이 정하고 있는 필요적 감경사유로는 ① 심신미약(제10조 제2항), ② 농아자(제11조), ③ 중지미수(제26조), ④ 방조범(제32조 제2항)이 있다.

(2) 임의적 감경

형법이 정하고 있는 임의적 감경사유로는 ① 외국에서 받은 형의 집행으로 인한 감경(제7조), ② 과잉방위(제21조 제2항), ③ 과잉피난(제22조 제3항), ④ 과잉자구행위(제32조 제2항), ⑤ 장애미수(제25조 제2항), ⑥ 불능미수(제27조 단서), ⑦ 자수 또는 자복(제52조) 등이 있다.

나. 재판상 감경

법률상 감경사유의 존재여부를 불문하고 법원은 범죄의 情狀에 참작할 만한 사유가 있는 때에는 형을 감경할 수 있다(제53조). 범죄의 정상에 참작할 만한 사유가 있는 지의 여부는 ① 범인의 연령·성행·지능·환경, ② 피해자에 대한 관계, ③ 범행의 동기와 수단 및 결과, ④ 범행후의 범인의 정황을 고려하여 결정한다(제51조).

보충판례 40-5[실체적 경합을 인정한 경우] : 대법원 1992.10.13. 선고 92도1428 전원합의체 판결.

3. 형의 면제

가. 의의

형의 면제는 범죄가 성립하고자 엄격한 사유로 형벌로 과하지 않는 경우를 말한다. 법률상의 면제를 말하며 재판상의 면제는 인정하지 않는다. 형의 면제는 유죄판결의 일종으로서 판결확정 전의 사유를 원인으로 한다는 점에서 판결확정 후의 사유를 원인으로 하는 형집행의 면제와 구별된다.

나. 종류

법률상 면제로서는 필요적 면제와 임의적 면제가 있다.

임의적 면제사유로는 ① 외국에서 받은 형의 집행으로 인한 감경(제7조), ② 과잉방위(제21조 제2항), ③ 과잉피난(제22조 제3항), ④ 과잉자구행위(제23조 제2항), ⑤ 장애미수(제25조 제2항), ⑥ 불능미수(제27 단서), ⑦ 자수 또는 자복(제52조) 등이 있다. 이들 사유는 모두 형의 감경과 택일적으로 규정되어 있다.

필요적 면제사유로는 중지미수(제26조)가 있다.

4. 자수와 자복

가. 의의

(1) 자수

범인이 자력으로 자신의 범죄사실을 수사기관에 신고하여 소추를 구하는 의사표시를 말한다.

(2) 자복

반의사불벌죄에 있어서 범인이 피해자에게 자신의 범죄를 고백하는 것을 말한다.

(3) 구별개념

자수와 자복은 자기의 범죄사실을 신고한다는 점에서, 타인의 범죄사실을 신고하는 고소·고발과 구별된다. 또한 자수와 자복은 자발적이라는 점에서 수사기관의 신문에 응하여 범죄사실을 인정하는 자백과 구별된다.

나. 내용

자수는 모든 범죄에 인정되나 자복은 반의사불벌죄에 대해서만 인정된다. 자수· 자복은 모두 제3자를 통해서 할 수 있으나, 자수의 상대방은 수사기관이고 자복의 상대방은 피해자이다.

다. 결과

자수·자복은 형의 임의적 감경 또는 면제사유이다(제52조). 이는 범인의 개전을 장려하고 범죄수사를 용이하게 하려는 취지에서 인정된다.

보충판례 40-6[자수와 자복] : 대법원 1997.3.20. 선고 96도1167 전원합의체 판결.

5. 형의 가중·감경 방법 및 정도

가. 형의 가중·감경 순서

한 개의 죄에 정해져 있는 형벌이 여러 가지일 때에는 먼저 적용할 형을 정하고 그 형을 감경한다(제54조).

형을 가중·감경할 사유가 경합될 때에는 다음의 순서에 의한다. (제56조). 즉 ①각칙 본조에 의한 가중, ② 제34조 제2항(특수교사·방조)의 가중, ③ 누범가중, ④ 법률상 감경, ⑤ 경합범가중, ⑥ 작량감경의 순이다.

나. 형의 가중

유기징역이나 유기금고를 가중하는 때에는 50년까지로 제한된다(제42조 단서).

그 밖의 가중사유인 특수교사·방조, 누범 가중, 경합범 가중, 상습범 가중 등의 가중 정도는 형법에 각각 별도의 규정이 있으므로 이에 따라 해결한다.

다. 형의 감경

(1) 법률상 감경

법률상 감경은 다음과 같이 한다(제55조 1항). ① 사형을 감경할 때에는 무기 또는 20년 이상 50년 이하의 징역 또는 금고로 한다. ② 무기징역 또는 무기금고를 감경할 때에는 10년 이상 50년 이하의 징역 또는 금고로 한다. ③ 유기징역 또는 유기금고를 감경할 때에는 그 형기의 2분의 1로 한다. ④ 자격상실을 감경할 때에는 7년 이상의 자격정지로 한다. ⑤ 자격정지를 감경할 때에는 그 형기의 2분의 1로 한다. ⑥ 벌금을 감경할 때에는 그 다액의 2분의 1로 한다. ⑦ 구류를 감경할 때에는 그 장기의 2분의 1

로 한다. ⑧ 과료를 감경할 때에는 그 다액의 2분의 1로 한다. 감경하는 경우 그 상한과 하한을 동시에 감경한다.

만약 법률상 감경할 사유가 수개있는 때에는 거듭 감경할 수 있다(제55조 제2항).

(2) 재판상 감경

재판상의 작량감경의 방법에 대해서는 명문의 규정이 없다. 그러나 통설과 판례는 법률상의 감경의 예에 따르는 것으로 이해하고 있다. 다만, 작량감경의 경우에는 감경할 사유가 여러 개 있는 경우라도 거듭 감경할 수는 없다.

VI. 양형

1. 의의

양형이란 법원의 법정형에 가능한 수정을 가하여 얻어진 처단형의 범위 내에서 범인과 범행 등에 관련된 제반정황을 고려하여 구체적으로 선고할 형의 양을 정하는 것을 말한다.

양형은 법원의 재량에 속하지만 자유재량이 아니라 법적으로 기속된 재량이다. 따라서 양형부당은 형사소송법상 항소이유가 된다(형소법 제361의5).

2. 양형의 기준

가. 양형과 형벌의 목적 및 책임주의

양형은 형벌의 목적에 따라 결정되어야 하므로 행위자의 책임과 일반예방 및 특별예방의 관점을 고려해야 한다. 그러나 양형의 기초와 한계는 행위자의 책임이므로,

예방목적을 위하여 책임의 범위를 초과하는 양형은 허용되지 않는다.

나. 양형책임의 개념

양형책임은 행위에 대한 사회윤리적 불법판단의 경중을 결정하는 모든 요소의 총체를 의미하며, 여기에는 범죄 전후의 행위자의 태도도 포함된다는 점에서 범죄성립요건인 비난가능성으로서의 책임과 구별된다.

다. 양형의 기준에 대한 이론

(1) 유일형이론

책임과 형량은 정확히 일치하여야 하므로 단일의 형량만이 인정될 수 있다는 견해이다.

(2) 단계이론

형량은 불법과 책임에 따라서 결정하지만, 형벌의 종류와 집행여부는 예방목적에 따라 결정해야 한다는 견해이다.

(3) 범위이론

책임과 정확히 일치하는 형벌은 정할 수 없으므로 책임의 상한과 하한의 범위 내에서 일차적으로 특별예방을, 이차적으로는 일반예방을 고려하여 형벌을 결정해야 한다는 견해이다(다수설).

(4) 비판 및 결어

책임과 일치하는 정확한 형벌은 불가능하므로 유일형이론은 하나의 가설에 지나지 않는다. 또한 단계이론은 양형에 관하여 예방적 목적을 약화시킨다는 점에서 부당하다. 따라서 범위이론이 타당하다.

3. 양형의 조건

가. 양형판단의 자료

형법 제51조는 양형의 조건, 즉 형을 정함에 있어서는 다음사항을 참작하여야 한다고 규정하고 있다. 즉 ① 범인의 연령, 성행, 지능과 환경, ② 피해자에 대한 관계, ③ 범행의 동기, 수단과 결과, ④ 범행 후의 정황 등이다.

나. 이중평가의 금지

구성요건의 불법과 책임을 근거지우거나 가중·감경사유가 된 상황은 다시 양형의 자료가 될 수 없다.

Ⅶ. 판결선고전 구금 및 판결의 공시

1. 판결선고전 구금

가. 의의

판결선고전 구금이란 범죄의 혐의를 받고 있는 자를 재판이 확정될 때까지 구금하는 것을 말한다. 미결구금이라고도 한다. 판결선고전 구금은 증거인멸을 방지하고 범인도피의 예방을 통해 소송절차의 진행을 확보하고 유죄판결의 확정에 따라 시행 될 형집행을 담보하려는 데 그 목적이 있다.

나. 판결선고전 구금일수의 산입

미결구금은 형이 아니지만 피구금자에게는 자유형의 집행과 동일하다. 따라서 형법은 미결구금일수의 전부 또는 일부를 유기징역, 유기금고, 벌금이나 과료에 대한 유치 또는 구류의 기간에 산입하도록 하고 있다(제57조 1항). 이 때 구금일수의 1일은 징역, 금고, 벌금이나 과료에 관한 유치 또는 구류기간의 1일로 계산한다(동조 2항).

미결구금일수를 어느 정도까지 산입하느냐는 법원의 재량이나, 전혀 산입하지 않거나 구금일수보다 많은 일수를 산입하는 것은 위법이다(판례).

보충판례 40-7[미결구금일수의 산입] : 대법원 2009.12.10. 선고 2009도11448 판결 ; 대법원 2010.9.9. 선고 2010도6924 판결.

2. 판결의 공시

가. 의의

판결의 공시란 피해자의 이익이나 피고인의 명예회복을 위하 판결의 선고와 동시에 관보 또는 일간신문 등을 통하여 판결의 전부 또는 일부를 공적으로 주지시키는 제도이다.

나. 종류

형법 제58조는 판결의 공시는 '피해자의 이익을 위하여 필요하다고 인정할 때에는 피해자의 청구가 있는 때에 한하여 피고인의 부담으로 판결공시의 취지를 선고할 수 있다'(1항)고 하고, 피고인의 이익을 위하여 '피고사건에 대하여 무죄 또는 면소의 판결을 선고할 때에는 판결공시의 취지를 선고할 수 있다'(2항)고 규정한다.

제4절 누범

Ⅰ. 의의

1. 누범개념

누범이란 범죄를 누적적으로 반복하여 범하는 것을 말한다. 이러한 누범 가운데 특히 형법적 의미를 가지는 것은 형법 제35조에 의하여 가중처벌되는 협의의 누범이다. 형법 제35조 제1항은 "금고 이상의 형을 받아 그 집행을 종료하거나 면제를 받은 후 3년 내에 금고 이상에 해당하는 죄를 범한 자는 누범으로 처벌한다"고 규정하고 있다. 이러한 누범은 그 죄에 정한 형의 장기의 2배까지 가중하여 처벌한다. (제2항).

누범을 법정형의 2배까지 무겁게 가중하는 것은 한 번 처벌함으로써 경고를 했음에도 불구하고 다시 불법의 세계로 발을 들여놓았다는 데 대한 비난이 강하게 가해지기 때문이다. 그러나 이에 대해서는 책임주의와 관련하여 많은 비판이 가해지고 있다. 행위자에 의하여 범해진 바로 그 범죄가 가지는 책임의 크기와 형벌의 크기가 일치되어야 한다는 책임주의의 입장에서 볼 때 누범에 대한 가중처벌은 문제가 많다. 입법적으로 누범은 양형 조건의 하나로만 취급되는 것이 바람직하다.

2. 누범과 상습범

누범은 상습범과는 구별된다. 상습범은 범죄의 반복으로 나타나는 범죄적 성향이나 습벽을 특징으로 하는 범죄이어서 반복되는 범죄는 동일 범죄 또는 동종의 범죄이어야 한다. 그러나 누범은 누적되는 범죄가 동일하거나 동종의 범죄일 필요가 없으며 전과의 존재만을 그 요건으로 한다. 따라서 상습범은 형법 각칙에 규정되어 있음에 반하여 누범은 형법총칙에 규정되어 있다. 이와 같이 누범이 반드시 상습범이어야 하거나 상습범이 반드시 누범이 되는 것은 아니지만 현실적으로 대부분의 누범과 상습범은 중첩되어 상습누범의 형태로 나타난다.

보충판례 40-8[상습범과 누범의 관계] : 대법원 2007.8.23. 선고 2007도4913 판결 ; 헌법재판소 2011.12.29. 선고 2011헌바284 전원재판부 결정.

II. 성립요건

형법상의 누범이 성립되기 위해서는 다음과 같은 요건이 갖추어져야 한다.

1. 전범에 관한 요건

가. 금고 이상의 형을 선고받아야 한다.

전범의 형은 금고 이상의 형이어야 한다. 금고 이상의 형이 선고되기만 하면 그 범죄가 고의범이든 과실범이든 문제가 되지 않는다. 전범에 대한 금고 이상의 선고가 일반사면 등으로 그 효력이 상실된 때에는 누범 전과가 되지 않는다. 그러나 복권(제82조)은 형 선고의 효력을 상실시키는 것이 아니므로 그 후범은 누범이 된다.

'금고 이상의 형의 선고'란 실형의 선고뿐 아니라 집행유예의 선고도 포함하는 개념이다. 다만, 집행유예의 선고가 실효되거나 취소되지 않고 집행유예 기간을 경과한 때에는 형의 선고가 효력을 상실하므로 누범이 성립하기위한 전과가 되지 않는다.

나. 형의 집행을 종료하거나 또는 면제받아야 한다.

'형의 집행종료'는 형기가 만료된 경우를 말하고 '형의 집행면제'란 형의 시효가 완성된 때(제77조), 특별사면에 의하여 형의 집행이 면제된 때(사면법 제5조), 외국에서 형의 집행을 받았을 때(제7조) 등의 경우를 말한다.

2. 후범에 관한 요건

가. 금고이상에 해당하는 죄를 범해야 한다.

후범도 금고 이상의 형에 해당하는 범죄이어야 한다. 누범을 일정한 범죄이상의 경우에만 제한하여 처벌하고자 하는 형법의 취지에 비추어 볼 때 여기서 말하는 '금고이상에 해당하는 범죄의 의미는 선고형을 기준으로 판단되어야 한다(다수설, 판례). 현행 형법은 누범 가중이 되는 후범이 고의범이든 과실범이든 상관하지 않고 있다. 그러나 이러한 입장은 과실범이 자주 범해질 수 있는 사회현실을 감안할 때 조금 가혹하다고 생각된다.

나. 전범의 형집행종료 또는 면제후 3년 이내에 범해야 한다.

후범은 전범의 형이 집행 종료되었거나 면제된 때로부터 3년 이내에 범하였을 경우에만 누범으로 가중된다. 누범 시효의 기산점은 후범의 실행의 착수시기를 기준으로 한다.

Ⅲ. 효과

형법 제35조의 누범은 그 범죄에 적용할 형의 장기의 2배까지 가중하여 처벌한다.

다만, 유기징역과 유기금고는 50년까지만 가중할 수 있다(제42조 단서). 누범 가중은 장기에만 효력이 미친다. 물론 이 때의 가중은 법정형에 대한 것이다.

판결선고 후 누범인 것이 밝혀졌을 경우에는 이미 선고할 형벌과 합쳐서 다시 형량을 정할 수 있다(제36조). 다만, 판결선고 후 누범인 사실이 발각되더라도 선고했던 형이 종료되었거나 그 집행이 면제된 후에는 그렇게 할 수 없다. 이와 같이 이미 확정된 판결에 대하여 누범 가중을 위하여 다시 형을 선고한다는 것은 명백하게 일사부재리 원칙에 반하는 일이다. 형법 개정법률안은 이러한 비판을 고려하여 제36조를 삭제하고 있다.

제5절 선고유예·집행유예·가석방

Ⅰ. 선고유예

1. 의의

선고유예란 경미한 범죄행위자에 대하여 일정 기간 동안 형의 선고를 유예하고 그 유예기간을 무사히 경과한 때에는 면소된 것으로 간주하는 제도를 말한다(제59조). 선고유예는 처벌받았다는 오점을 남김이 없이 피고인의 사회복귀를 용이하게 한다는 점에 그 취지가 있다. 선고유예는 형의 선고를 유예할 뿐이므로 형집행의 변형도 아니고, 선고할 형을 정하여 준다는 점에서 보안처분도 아니다. 따라서 형법이 정하고 있는 고유한 종류의 제재이다.

2. 선고유예의 요건

가. 1년 이하의 징역이나 금고, 자격정지 또는 벌금의 형을 선고하는 경우일 것

형을 병과하는 경우에는 그 형의 전부 또는 일부에 대하여도 선고를 유예할 수 있다(제59조 제2항).

나. 개전의 정상이 현저할 것

즉 뉘우치는 빛이 뚜렷해야 한다. 행위자에게 형을 선고하지 않더라도 재범의 위험성이 없다고 인정될 만한 사정이 현저히 있는 경우에 선고를 유예할 수 있는 것이다. 그 구체적인 판단은 형법 제51조의 양형의 조건을 고려해서 하여야 하며 이러한 조건을 갖추었는가에 대한 판단은 재판시점을 기준으로 한다.

다. 자격정지 이상의 형을 받은 전과가 없어야 한다.

따라서 벌금, 구류, 과료의 형을 선고받은 전과는 선고유예를 내리는데 장애가 되지 않는다.

3. 선고유예와 보호관찰

선고유예의 경우에도 보호관찰을 명할 수 있다. 즉 형의 선고를 유예하는 경우에 재범방지를 위하여 지도와 도움이 필요한 때에는 최고 1년간 보호관찰을 받을 것을 명할 수 있다(제59조의2).

4. 선고유예의 효과

선고유예의 판결을 받게 되면 선고유예가 실효되지 않고 2년을 경과한 때 면소된 것으로 본다(제60조). 선고유예는 유죄판결의 일종이지만 유예기간이 완성되면 형벌권을 비롯한 모든 것이 소멸되어 아무 일도 없었던 것과 같은 경우가 되어 다시는 이로 인하여 어떠한 형태로도 불이익을 받는 일이 없게 된다.

5. 선고유예의 실효

형의 선고유예를 받은 자에게 유예기간 중 자격정지 이상의 형이 부과되는 판결이 확정되거나, 자격정지 이상의 형에 처해졌던 전과가 발견된 때에는 선고유예는 효력을 잃게 된다. 이렇게 선고유예가 효력을 잃게 되면 유예했던 형을 다시 선고한다(제61조 제1항).

선고유예와 함께 보호관찰을 부과받은 자가 보호관찰 기간 중에 준수사항을 지키지 않고 그 위반의 정도가 심각할 때에는 유예한 형을 다시 선고할 수 있다(제2항). 이 경우 그 형의 선고는 검사의 청구에 의하여 그 범죄사실에 대한 최종판결을 내린 법원이 한다(형소법 제336조).

Ⅱ. 집행유예

1. 의의

집행유예란 일정한 기간 동안 형의 집행을 유예하고, 그 유예기간이 지나면 형을 선고한 효력이 상실되는 제도이다. 일단 형을 선고한다는 점에서 선고유예와 다르나,

유죄 판결의 하나로서 유예제도라는 점에서는 같다.

이 제도는 단기 자유형의 집행으로 인한 여러 가지의 폐해를 방지하고, 형의 집행을 하지 않음으로써 오히려 피고인의 재사회화를 도와준다는 특별예방의 측면에서 인정되고 있다.

2. 집행유예의 요건

다음과 같은 요건이 갖추어지면 법원은 1년 이상 5년 이하의 기간을 정하여 형의 집행을 유예할 수 있다(제61조 제1항).

가. 3년 이하의 징역 또는 금고의 형을 선고할 경우일 것

벌금형·노역장 유치에 대해서는 집행유예를 할 수 없다. 즉, 하나의 형의 일부에 대한 집행유예는 허용되지 않지만 형을 병과하는 경우에는 집행유예를 할 수 없으며, 이는 벌금을 납부하지 못해서 노역장 유치로 환형된 경우에도 마찬가지다. 형법개정법률안은 벌금형의 집행유예를 인정하고 있다.

나. 정황을 참작할 만한 사유가 있을 것

따라서 형의 집행을 미루더라도 그 형의 선고만으로 충분한 재범 방지를 기대할 수 있을 만한 사유가 있어야 한다. 선고유예와 마찬가지로 구체적인 사유는 형법 제51조의 양형의 조건을 고려하여 판단하여야 하고, 그 조건을 갖추었는지를 판단하는 기준 시점은 재판을 할 때이다.

다. 금고 이상의 형의 선고를 받아 집행이 종료되거나 면제된 후 5년이 경과했을 것

원칙적으로 형의 선고는 실형의 선고만이 아니라 집행유예의 선고도 포함하는 개념이다. 따라서 집행유예 기간 중에 범한 또 다른 범죄에 대해서 또 다시 집행유예를 선고할 수 없다는 견해도 있다. 그러나 집행유예의 취지가 자유형의 기계적인 집행으로 인한 폐단을 방지하고 범죄인의 개선이라는 특별예방의 목적을 달성한다는데 있으므로 집행유예 기간 중에 다시 집행유예를 선고할 수도 있다고 해야 한다.

보충판례 40-9[집행유예기간 중에 범한 범죄에 대한 집행유예] : 대법원 2007.7.27. 선고 2007도768 판결.

3. 집행유예와 보호관찰·사회봉사명령·수강명령

형의 집행을 유예할 때에는 보호관찰을 받을 것을 명하거나 사회봉사 또는 수강을 명할 수 있다(제62조의2 제1항). 보호관찰의 기간은 집행을 유예한 기간을 원칙으로 하되 법원이 집행유예 기간의 범위 내에서 조정할 수 있다(동조 제2항). 사회봉사 명령과 수강명령은 집행유예 기간 내에 이를 집행한다(동조 제3항).

4. 집행유예의 효과

집행유예의 선고가 취소 또는 실효됨이 없이 유예기간을 경과한 때는 형의 선고는 효력을 잃는다(제65조). 형의 선고가 효력을 잃게 되므로 형의 집행이 면제될 뿐 아니라 형의 선고가 없었던 상태로 돌아가게 된다. 그러나 형의 선고가 있었던 사실까지 없어지는 것은 아니며, 이미 발생한 법률효과가 이로써 영향을 받는 것은 아니다.

5. 집행유예의 실효와 취소

집행유예의 선고를 받은 자가 유예기간 중 금고 이상의 형의 선고를 받아 그 판결이 확정되면 집행유예의 선고는 효력을 잃는다(제63조). 따라서 범행이 언제 행하여졌던 간에 유예기간 중 금고 이상의 형의 선고를 받아 확정되면 집행유예는 실효된다.

또한 집행유예의 선고가 일단 내려졌는데 나중에 금고 이상의 형의 선고를 받아 집행이 종료 또는 면제된 후로부터 5년이 경과되지 않았었다는 사실이 발각되면 집행유예의 선고를 취소하여야 한다(제64조 제1항). 한편, 보호관찰이나 사회봉사 또는 수강을 명한 집행유예를 선고받은 자가 준수사항이나 명령을 위반하고 그 위반의 정도가 심각할 때에는 집행유예의 선고를 취소할 수 있다(제64조 제2항).

[정리 : 선고유예와 집행유예의 차이]

구분	선고유예	집행유예
대상	1년이하의 징역이나 금고, 자격정지 또는 벌금의 형을 선고할 경우	3년이하의 징역 또는 금고의 형을 선고할 경우
요건	*개전의 정상이 현저할 것, *자격정지 이상의 형을 받은 전과가 없을 것	*정상에 참작할 만한 사유가 있을 것, *금고이상의 형의 선고를 받아 집행을 종료하거나 면제된 수 5년이 경과하였을 것
기간	2년	1년 이상 5년 이하
효과	선고유예 기간이 경과한 때에는 면소된 것으로 간주한다.	선고가 실효 또는 취소되지 않고 유예기간을 경과한 때에는 형의 선고는 효력을 잃는다.
실효	유예기간중 자격정지 이상의 형에 처한 판결이 확정되거나 자격정지 이상의 형에 처한 전과가 발견된 때	유예기간중 금고 이상의 형의 선고를 받아 그 판결이 확정된 때
취소	해당 없음	금고 이상의 형의 선고를 받아 집행이 종료 또는 면제된 후로부터 5년을 경과하지 않은 것이 발각된 때
보안처분	지도와 원호가 필요한 때 1년의 보호관찰 명할 수 있음	유예기간동안의 보호관찰, 사회봉사 또는 수강명령을 명할 수 있음

Ⅲ. 가석방

1. 의의

가석방이란 징역 또는 금고의 집행을 받고 있는 사람이 상당히 뉘우치고 있다고 판단될 때 조건부로 수형자를 석방하고 그때부터 일정한 기간이 지나면 형의 집행을 종료한 것으로 간주하는 제도를 말한다.

가석방은 불필요한 형집행 기간을 단축해서 수형자의 사회복귀를 촉진하기 위한 특별예방의 목적을 달성하기 위하여 인정되는 제도이다. 가석방은 일단 형의 집행 중 그 형이 집행이 정지된다는 점에서 처음부터 형의 집행을 하지 않는 집행유예와 차이가 있다.

2. 가석방의 요건

가석방은 다음의 요건이 구비된 경우에 교도소, 소년 교도소 및 구치소의 장이 가석방 대상자를 선정하여 가석방심사위원회에 가석방심사를 신청하며, 가석방 심사위원회는 가석방 적격 여부를 결정하여 법무부장관에게 신청하고 법무부장관이 허가함으로써 이루어진다(제72조, 행형법 제49조 내지 제52조).

가. 징역 또는 금고의 집행을 받고 있는 자가 무기에 있어서는 20년, 유기에 있어서는 형기의 3분의 1을 경과한 후일 것

벌금을 납입하지 않아 노역장으로 환형유치된 경우에도 가석방은 허용될 수 있다. 여기서의 형은 선고형을 기준으로 판단하여야 하고 사면 등에 의하여 감형된 경우에는 감형된 형을 기준으로 한다.

나. 행상이 양호하여 개전의 정이 현저할 것

비록 중대한 범죄를 저지른 자라고 하더라도 행형 성적이 우수하며, 뉘우쳐 재범의 여지가 없는 경우에는 가석방을 허용해야 한다.

다. 벌금 또는 과료가 병과된 때에는 그 금액을 완납할 것

다만, 벌금·과료에 관한 유치기간에 산입된 판결선고전 구금일수는 그에 해당하는 금액이 납입된 것으로 간주한다(제73조 제2항).

3. 가석방기간과 보호관찰

가석방의 기간은 무기형에 있어서는 10년으로 하고, 유기형에 있어서는 남은 형기로 하되, 그 기간은 10년을 초과할 수 없다(제73조의2 제1항).

가석방된 자는 그 가석방 기간 중 보호관찰을 받는다(제73조의2 제2항). 선고유예나 집행유예는 보호관찰이 임의적 처분이지만 가석방의 경우에 있어서는 보호관찰은 필요적 처분이다. 다만, 가석방을 허가한 행정관청이 필요가 없다고 인정한 때에는 보호관찰을 행하지 않는다(동항 단서).

4. 가석방의 효과

가석방의 처분을 받은 다음 그 처분이 실효 또는 취소되지 않고 가석방 기간이 지난 때에는 형의 집행을 종료한 것으로 본다(제76조 1항). 형의 집행이 종료된 것으로 간주하는 것이 바로 가석방의 효과이며, 집행유예의 경우처럼 형의 선고가 효력을 잃는 것은 아니다. 이와 같이 가석방 기간 중에는 아직 형의 집행이 종료된 것이 아니기 때문에 그 기간 중에 다시 죄를 지어도 누범이 되지 않는다.

5. 가석방의 실효와 취소

가석방 중에 금고 이상의 형을 선고받아 그 판결이 확정된 때에는 가석방처분은 효력을 잃는다. 다만, 가석방 중에 과실로 죄를 범한 경우에는 가석방이 효력을 잃지 않는다(제74조). 또 법무부장관은 가석방처분을 받은 자가 감시에 관한 규칙을 위배하거나 보호관찰의 준수사항을 위반하고 그 정도가 무거운 때에는 가석방을 취소할 수 있다(제75조).

가석방이 취소되거나 실효되었을 경우에는 가석방되었던 기간은 형기에 산입되지 않는다(제76조 2항). 그러므로 가석방이 취소되거나 실효되었을 경우에는 가석방 당시 피고인의 잔여형기에 대하여 다시 형을 집행받아야 한다.

제6절 형의 시효와 소멸·기간

Ⅰ. 형의 시효

1. 의의

형의 시효란 형의 선고를 받은 자가 재판이 확정된 후 그 형의 집행을 받지 않고 일정한 기간이 경과한 때 집행이 면제되는 효과를 말한다.

2. 시효의 기간

시효는 형의 선고하는 재판이 확정된 후 그 집행을 받지 않고 다음의 기간을 경과함으로써 완성된다(제78조). ① 사형은 30년, ② 무기의 징역 또는 금고는 20년, ③ 10년 이상의 징역 또는 금고는 15년, ④ 3년 이상의 징역이나 금고 또는 10년 이상의 자격정지는 10년, ⑤ 3년 미만의 징역이나 금고 또는 5년 이상의 자격정지는 5년, ⑥ 5년 미만의 자격정지, 벌금, 몰수 또는 추징은 3년, ⑦ 구류 또는 과료는 1년. 시효는 판결이 확정된 날부터 개시되고 그 말일 24시에 종료된다. 시효기간의 초일인 확정판결일은 판결이 내려진 시각과 관계없이 1일로 계산된다.

3. 시효의 효과

형의 선고를 받은 자에 대한 형의 집행은 시효가 완성됨으로써 면제된다(제77조). 이는 형의 효력이 실효되는 것이 아니라 그 집행만 면제되는 것이다.

4. 시효의 정지와 중단

가. 시효의 정지

시효는 형의 집행이 유예되었던 기간, 정지되었던 기간, 가석방되었던 기간 또는 형을 집행할래야 할 수가 없도록 불가피한 사유가 있었던 기간 동안에는 진행되지 않는다(제79조). 여기서 형을 집행할래야 할 수 없도록 만드는 불가피한 사유란 천재지변 등으로 인하여 형의 집행이 불가능한 경우를 말한다. 따라서 형의 선고를 받은 자가 도주하거나 행방불명이 되어버린 경우는 여기에 포함되지 않는다. 일단 정지된 시효는 그 정지사유가 사라지면 그때부터 계속 진행된다.

나. 시효의 중단

사형·징역·금고·구류의 시효는 그 집행을 위하여 수형자를 체포한 때에 중단되며, 벌금·과료·몰수·추징의 시효는 강제처분이 시작되면 중단된다(제80조). 시효가 일단 중단되면 시효기간은 처음부터 다시 계산된다.

Ⅱ. 형의 소멸·실효·복권·사면

1. 형의 소멸

형의 소멸이란 유죄판결의 확정으로 발생한 형의 집행권이 소멸하는 것을 말한다. 형의 집행이 종료되거나 가석방 기간이 만료되거나 형의 집행이 면제되거나 범죄인이 사망하면 형이 소멸한다.

일단 형이 소멸되더라도 범죄자의 전과사실은 그대로 남아있게 되므로 여러 가지 불이익이 초래된다. 따라서 우리 형법은 범죄인이 사회복귀를 용이하게 하기 위하여 일정한 요건 아래 형의 실효와 복권제도를 두고 있다.

2. 형의 실효

형의 실효란 전과자의 정상적인 사회복귀를 보장함을 목적으로 수형인의 전과기록을 없애 주는 제도를 말한다. 이에는 당연실효와 재판상 실효의 2가지가 있다.

가. 당연실효

형의 실효에 관한 법률 제7조에 의하여 수형인이 자격정지 이상의 형을 받지 않고 형의 집행을 종료하거나 그 집행이 면제된 날로부터 ① 3년이 넘는 징역·금고의 경우에는 10년, ② 3년 이하의 징역·금고의 경우에는 5년, ③ 벌금의 경우에는 2년을 경과하면 형은 당연히 실효된다. 다만, 구류와 과료는 형의 집행을 종료하거나 그 집행이 면제된 때에 그 형이 실효된다.

나. 재판상 실효

당연실효기간 전이라도 징역 또는 금고의 집행을 종료하거나 집행이 면제된 자가 피해자의 손해를 보상하고 자격정지 이상의 형을 받지 않고 7년을 경과한 때에는 본인 또는 검사의 신청에 의하여 재판으로 형의 실효를 선고받을 수 있다(제81조).

3. 복권

자격정지의 선고를 받은 자가 피해자의 손해를 보상하고, 자격정지 이상의 형을 받지 않고 정지기간의 2분의 1을 경과한 때에는 본인 또는 검사의 신청에 의하여 자격의 회복을 선고할 수 있다(제82조). 자격정지 기간 중이라도 일정한 요건이 갖추어진 경우에는 조기에 사회복귀를 허용하여 재사회화에 도움을 주고자 하는 제도이다.

4. 사면

형사소추 및 확정판결에 의한 처벌을 포기하게 하는 제도를 사면이라고 한다. 헌법 제79조와 사면법이 일정한 요건 아래 사면을 허용하고 있다. 이러한 사면은 가혹한 법률규정을 완화하거나, 입법 또는 사법의 결함에 대한 구제 또는 판결의 착오에 대한 수정, 형사정책적 고려를 위하여 행하여질 수 있다.

사면에는 특정범죄 또는 일반범죄에 대한 형사소추 및 처벌을 일반적으로 포기하는 일반사면과 확정판결을 받은 특정 수형자에 대하여 그 형벌의 집행을 포기하는 특별사면이 있다. 일반사면은 국회의 동의를 필요로 하지만(헌법 제79조 2항), 특별사면의 경우는 그렇지 않다.

Ⅲ. 형의 기간

1. 형의 기간의 계산

년 또는 월로써 정해진 기간은 중간의 일·시·분·초를 정산하지 않고, 년·월을 단위로 계산하는 역법의 계산방법에 따른다(제83조). 예컨대 6개월의 기간은 1월 1일부터 계산하면 6월 30일에 만료된다.

2. 형기의 계산

형기는 판결이 확정된 날로부터 기산한다(제84조 제1항). 여기서 형기는 자유형의 기간을 뜻한다. 징역·금고·구류와 유치의 경우에 구속되지 않은 일수는 형기에 산입하지 않는다(제84조 제2항).

형집행과 시효기간의 초일은 시간을 계산하지 않고 1일로 산정하며(제85조), 석방은 형기만료일에 한다(제86조).

보안처분론

제 24 장

제1절 보안처분의 일반이론

Ⅰ. 의의 및 연혁

1. 의의

보안처분이란 행위 속에 객관화된 행위자의 장래의 위험성 때문에 행위자의 치료·교육·재사회화를 위한 개선과 그에 대한 보안이라는 사회방위를 주목적으로 하여 과해지는 형벌 이외의 형사제재를 말한다.

형벌과 보안처분은 형벌이 책임을 전제로 책임주의의 범위 내에서만 과하여지나 보안처분은 행위자의 위험성을 전제로 특별예방의 관점에서 과하여 진다는 점, 또한 형벌은 과거의 행위에 대한 사회윤리적 비난으로서의 제재임에 반하여 보안처분은 장래의 범죄에 대한 예방적 제재라는 점, 형벌은 그 정도가 그 책임의 정도에 의하여 제한되나 보안처분은 비례성의 원칙에 따라 제한된다는 점에서 구별된다.

2. 연혁

보안처분의 최초는 Carolina 형법전이다. 여기서는 범행이 예견되고 충분한 보증이 없는 자에게 부정기의 보안구금을 허용하였다. 그러나 형벌과 보안처분의 구별이 명확하지는 않았다.

보안처분의 이론적 확립은 클라인(E. F. Klein)에 의하여 이루어졌다. 그는 책임에 기초한 형벌과 함께 행위자의 위험성을 대상으로 하는 보안처분의 필요성을 최초로 주장하였다. 이러한 그의 주장은 1794년 프로이센 일반란트법에 반영되었다. 이후 리스트(Franz v. Liszt)는 특별예방적 목적형사상을 주장하였으며 형벌은 순수한 보안형벌로 이해하였다(일원주의). 한편 쉬토스(Carl Stoos)는 형벌은 범죄예방을 위하여 불충분하므로 형벌 이외의 보안처분을 형법전에 도입하고자 하였다(1893년 스위스 형법예비초안, 이원주의).

현행법상의 보안처벌 근거조항으로서는 헌법에 "누구든지 법률과 적법한 절차에 의하지 아니하고는 보안처분을 받지 아니한다(제12조 제1항)는 규정과 형법에 집행유예시의 보호관찰과 사회봉사수강명령(제62조의2), 선고유예시의 보호관찰(제59조의2), 가석방시의 보호관찰(제73조의2 제2항)의 규정이 있고, 특별법인 소년법, 보호관찰 등에 관한 법률, 사회보호법, 보안관찰법, 국가보안법(제20조), 모자보건법(제15조 제2항), 마약법(제50조), 윤락행위 등 방지법(제7조), 성폭력범죄의 처벌 및 피해자 보호 등에 관한 법률(제16조, 제17조)에 규정이 있다.

Ⅱ. 보안처분의 지도원리

1. 보안처분의 정당성

보안처분의 정당성에 관해서는 다음 세 가지 견해가 대립한다. ① 피처분자의 내적 자유의 결함에 보안처분의 정당성의 근거가 있다는 견해(내적 자유의 결함설), ② 타인의 법익보호가 범죄인의 자유박탈이나 제약에 비해 훨씬 중요한 의미를 갖는 때 보안처분은 정당화될 수 있다는 견해(법익교량설), ③ 자유를 사회에 반하는 방법으로 행사할 때에는 사회의 보호를 받을 수 없다는 기본권의 내재적 한계에 보안처분의 정당성이 있다는 견해(기본권의 내재적 한계설) 등이다.

그러나 내적 자유의 결함설과 기본권의 내재적 한계설은 보안처분이 행위자의 책임범위를 초과해서까지 그 자유를 박탈하는 이유를 설명하지 못한다. 따라서 법익교량설이 타당하다.

2. 비례성의 원칙

가. 의의

이 원칙은 보안처분은 행위자에 의하여 행하여진 범죄와 장래에 기대될 범죄 및 위험성의 정도와 균형을 유지해야 한다는 원칙이다. 책임주의와 형벌의 제한원리이듯이 비례성의 원칙은 보안처분에 대한 법치국가적 한계로서 보장적 기능을 수행한다.

나. 구체적 내용

(1) 적합성의 원칙

이 원칙은 보안처분에 의한 자유박탈 및 제한의 수단은 예방적 목적을 달성하는 데 적합하고 유용한 것이어야 한다는 원칙이다.

(2) 필요성의 원칙

이 원칙은 보안처분의 수단은 범죄인의 자유영역을 가장 적게 침해하는 필요불가결한 것이어야 한다는 원칙이다.

(3) 균형성의 원칙

이 원칙은 비록 적합하고 필요한 수단일지라도 침해의 중대성과 얻을 수 있는 결과 사이의 불균형을 초래하는 보안처분은 허용되지 않는다는 원칙이다.

다. 적용범위

이 원칙은 특정한 하나의 보안처분의 선고여부 및 수 개의 보안처분 중 어느 것을 선택하여 선고할 것인가에 대하여 적용된다. 또한 이 원칙은 보안처분의 집행 및 집행받고 있는 자의 석방에 관한 판단에 대해서도 적용된다. 즉 보안처분의 전체영역에 대해서 적용되는 원칙이다.

3. 사법적 통제와 인권보장

보안처분은 범죄자의 장래의 위험성 때문에 내려지는 사회방위처분이기 때문에 그것이 남용되면 인권이 침해될 우려가 있다. 따라서 이러한 위험성 때문에 보안처분은 다음과 같은 사법적 통제가 필요하다. 즉, ① 보안처분은 사법처분·형사처분이므로 그 선고는 법원에 의하여 행해질 것이 요청된다. ② 인권보장의 관점에서 죄형법정주의의 근본정신은 보안처분에서도 존중되어야 한다(보안처분법정주의). ③ 보안처분의 적용에 있어서 모호한 점이 있을 때에는 피처분자에게 유리한 방향으로 판단하여야 한다.

Ⅲ. 보안처분의 전제조건

1. 위법행위의 존재

위법행위의 존재는 형벌의 경우는 당연히 그 법적 근거이지만 보안처분에 있어서도 그 준거점이 된다. 또한 위법행위의 존재는 위험성의 법적 징표로서의 의미고 가지고 있다.

가. 보안처분의 준거점

위법한 행위사실이 있을 때 이에 대해 형사제재의 하나인 보안처분을 부과할 수 있으므로 보안처분은 위법행위를 전제로 한다.

나. 위험성의 법적 징표로서의 의미

위법행위는 보안처분에 의해 제거하고자 하는 행위자의 위험성의 징표로 볼 수 있는 행위이어야 한다. 그 이유는 만약 그렇지 않으면 그 남용에 의하여 개인의 자유의 보장이 힘들기 때문이다.

2. 위험성의 존재

보안처분은 장래의 범죄발생의 위험성으로부터 사회를 방위하기 위한 처분으로 그 전제조건으로 위험성의 존재가 필요하다.

보안처분의 전제조건으로서의 행위자의 위험성은 재범의 높은 가능성, 즉 개연성을 의미한다. 위험성 판단은 행위자의 인격과 그가 행한 행위를 종합적으로 판단한다. 또 위험성 판단은 미래에 대한 가정적 예측이므로 보안처분의 선고시를 기준으로 판단한다.

Ⅳ. 형벌과 보안처분과의 관계

1. 이원주의

(1) 의의

형벌과 보안처분이 동시에 선고되고 중복적으로 집행되는 주의이다. 보안처분은 부정기적이고 형벌에 대해 보충적이며 보통 형벌의 집행종료 후에 보안처분을 집행한다.

이원주의의 근거는 형벌은 책임을 기초로 한 과거행위에 대한 응보이고, 보안처분은 장래의 위험성에 대한 사회방위처분으로서 양자는 엄격히 구별되므로, 국가는 범죄에 의하여 표현된 책임과 위험성을 형벌과 보안처분이라는 이중의 수단에 의하여 대처할 후 있다는 것을 근거로 한다.

(2) 비판

이원주의에 대해서는 다음과 같은 비판이 있다. 첫째, 형벌과 보안처분의 구별은 이론상으로는 가능하지만 사실상 실현될 수 없으므로 실제적으로 이중처벌의 결과를 초래한다. 둘째, 양자가 중복적으로 집행될 경우 행위자는 가혹한 처벌을 받는다는 생각을 갖게 되어 형사정책적 효과를 거둘 수 없다.

2. 일원주의

(1) 의의

형벌과 보안처분 중 어느 하나만을 적용하는 주의이다. 일원주의는 형벌과 보안처분은 범죄인의 개선 및 사회복귀라는 점에서 동일하므로, 형벌의 특별예방적 효과를 기대할 수 없는 경우에는 보안처분을 적용해야 한다는 것을 근거로 한다.

(2) 비판

일원주의에 대해서는 다음과 같은 비판이 있다. 첫째, 일원주의는 책임이 행위자책임·성격책임으로 되어 책임주의를 포기하는 결과가 된다. 둘째, 한정책임능력자에 대한 보안처분은 책임무능력자와의 구별을 인정하고 있는 형법의 태도와 일치하지 않는다는 비판이 있다.

3. 대체주의

가. 의의

형벌은 책임의 정도에 따라 언제나 선고하되 그 집행단계에서 보안처분에 의해 대체하거나 보안처분의 집행이 종료된 후에 집행하는 주의이다.

대체주의는 범죄인의 사회복귀를 위해서는 보안처분의 선집행이 합리적이며, 보안처분도 자유박탈 내지 제한을 그 내용으로 하므로 이에 의해서도 형벌의 목적을 달성할 수 있다는 것을 근거로 한다.

나. 비판

대체주의에 대해서는 다음과 같은 비판이 가해진다. 첫째, 형벌과 보안처분의 교환이 책임형법에 합치되지 아니하고, 또한 형벌과 보안처분의 한계가 불명확해진다. 둘째, 보안처분을 받은 자가 형벌만을 선고받은 자 보다 유리하게 되어 정의관념에 반한다는 비판이 있다.

4. 결어

생각건대, 행위자의 위험성을 방치한 채 형벌을 먼저 집행하는 것은 보안처분의 취지에 반하고, 또한 형벌과 보안처분을 이론적으로 완전히 동일시할 수능 없다. 그러나 대체주의는 형벌은 책임의 정도에 따라 언제나 선고하되 그 집행단계에서 보안처분에 의해 대체하거나 보안처분의 집행이 종료된 후에 집행하므로 사회방위의 목적을 달성하면서도 행위자에게 불리하지도 않다. 따라서 대체주의가 타당하다.

Ⅴ. 보안처분의 종류

1. 대인적 보안처분

가. 자유를 박탈하는 보안처분

(1) 치료감호처분

정신병자 등 심신장애로 인한 범죄자, 마약·향정신성의약품 등 약물범죄나 음주 범죄, 소아성기호증 등 성폭력 범죄자 등에 해당하는 자로서 치료감호시설에서 치료를 받을 필요가 있고 재범의 위험성이 있는 자를 시설에 수용하여 치료하는 처분이다(치료감호법 제2조).

(2) 교정처분

알콜 또는 마약중독자를 일정기간 교정소 또는 금단시설에 수용하여 그 습벽을 제거·치료하는 처분이다(구, 사회보호법 제8조 제1항 제2호).

(3) 보호감호처분

사상범, 상습범, 강력범 등이 형집행종료 후 재범의 위험성이 있는 경우에 예방소 또는 보안감호시설에 격리·수용하는 처분이다(구, 사회보호법 제5조)

(4) 노동시설수용처분

부랑자, 걸인, 매춘부 등 노동혐기로 인하여 상습적으로 범죄를 저지르는 자들을 일정한 작업에 종사케 함으로써 근면하고 규율있는 생활습관을 순치시키는 처분이다. 우리나라에서는 인정하지 않는다.

(5) 사회치료처분

누범자, 성적 충동범인 등 범죄성 정신병질자에 대하여 인격장애를 제거하기 위하여 각종 사회치료시설에 수용하는 처분이다.

나. 자유를 제한하는 보안처분

(1) 보호관찰

범죄인에게 형벌을 집행하지 아니하고 정상적인 사회생활을 영위하게 하면서 보호관찰기관의 지도·감독과 보도를 받도록 함으로써 그 개선과 사회복귀를 도모하는 처분이다(보호관찰 등에 관한 법률, 소년법).

(2) 선행보증

형의 집행유예나 가석방시 보증금제공 또는 보증인을 세워 보증금 몰수라는 심리적 압박을 통하여 범죄를 예방하는 처분이다.

(3) 직업금지

일정한 직업·영업활동을 남용하여 죄를 범할 위험성이 있는 자에게 일정기간 당해 직업·영업을 금지시키는 처분이다.

(4) 주거제한

사상범 등에게 그 주거를 제한하는 처분이다.

(5) 국외추방

외국인범죄자의 국내체류가 공공의 안녕질서에 위험하다고 인정될 경우에 과해지는 처분이다(출입국관리법 제45조)

(6) 주점출입금지

범죄의 원인이 알콜의 과음에 있는 자에 과해지는 처분이다.

(7) 운전면허박탈

교통법규를 위반하여 사고를 낸 자에게 운적부적합사유가 있다고 판명된 경우에 운전면허를 취소하는 처분이다.

(8) 단종·거세

단종은 생식능력을 제거하는 처분이고, 거세는 생식(고환, 난소)까지 제거하여 생식 및 성생활까지도 불가능하게 하는 처분이다.

2. 대물적 보안처분

몰수, 영업소의 폐쇄처분, 법인의 해선처분 등이 있다.

제2절 현행법상 보안처분

현행 형법에도 선고유예, 집행유예, 가석방을 부과할 대 보호관찰, 사회봉사, 수강명령 등을 내리게 하는 규정이 있다. 이에 관하여는 앞에서 설명하였다. 아래에서는 특별법상 인정되는 처분을 살펴본다.

I. 보호관찰 등에 관한 법률, 치료감호법 상 보안처분

1. 의의

보호관찰 등에 관한 법률은 죄를 지은 사람으로서 재범 방지를 위하여 보호관찰, 사회봉사, 수강(受講) 및 갱생보호(更生保護) 등 체계적인 사회 내 처우가 필요하다고 인정되는 사람을 지도하고 보살피며 도움으로써 건전한 사회 복귀를 촉진하고, 효율적인 범죄예방 활동을 전개함으로써 개인 및 공공의 복지를 증진함과 아울러 사회를 보호함을 목적으로 한다.

치료감호법은 심신장애 상태, 마약류 · 알코올이나 그 밖의 약물중독 상태, 정신성적(精神性的) 장애가 있는 상태 등에서 범죄행위를 한 자로서 재범(再犯)의 위험성이 있고 특수한 교육 · 개선 및 치료가 필요하다고 인정되는 자에 대하여 적절한 보호와 치료를 함으로써 재범을 방지하고 사회복귀를 촉진하는 것을 목적으로 한다.

2. 종류

가. 보호관찰

보호관찰은 재범장지를 위하여 보호관찰, 사회봉사, 수강 및 갱생보호 등 사회내 처우가 필요하다고 인정되는 사람을 시설 외에서 지도·감독하는 것을 내용으로 하는 보안처분이다(제1조, 제3조).

보호관찰 기간은 1. 보호관찰을 조건으로 형의 선고유예를 받은 사람: 1년, 2. 보호관찰을 조건으로 형의 집행유예를 선고받은 사람: 그 유예기간. 다만, 법원이 보호관찰 기간을 따로 정한 경우에는 그 기간, 3. 가석방자: 「형법」 제73조의2 또는 「소년법」 제66조에 규정된 기간, 4. 임시퇴원자: 퇴원일부터 6개월 이상 2년 이하의 범위에서 심사위원회가 정한 기간, 5. 「소년법」 제32조 제1항 제4호 및 제5호의 보호처분을 받은 사람: 그 법률에서 정한 기간, 6. 다른 법률에 따라 이 법에서 정한 보호관찰을 받는 사람: 그 법률에서 정한 기간이다(제30조).

보충판례 40-10[보호관찰의 법적 성질] : 대법원 2010.9.30. 선고 2010도6403 판결 ; 헌법재판소 1989.7.14. 선고 88헌가5,8,89헌가44 전원재판부 결정.

나. 치료감호

치료감호란 심신장애자, 마약 및 알코올 중독자, 정신성적 장애가 있는 상태에서 범죄행위를 한 자 등 피치료감호자를 치료감호 시설에 수용하여 이들에게 치료를 위한 조치를 행하는 보안처분을 말한다(제1조). 치료감호의 대상은 다음 중 재범의 위험성이 있다고 인정되는 경우이다(제2조 제1항). 1. 「형법」 제10조제1항에 따라 벌할 수 없거나 같은 조 제2항에 따라 형이 감경(減輕)되는 심신장애자로서 금고 이상의 형에 해당하는 죄를 지은 자, 2. 마약·향정신성의약품·대마, 그 밖에 남용되거나 해독(害毒)을 끼칠 우려가 있는 물질이나 알코올을 식음(食飮)·섭취·흡입·흡연 또는 주입받는 습벽이 있거나 그에 중독된 자로서 금고 이상의 형에 해당하는 죄를 지은 자, 3. 소아성기호증(小兒性嗜好症), 성적가학증(性的加虐症) 등 성적 성벽(性癖)이 있는 정신성적 장애자로서 금고 이상의 형에 해당하는 성폭력범죄를 지은 자를 말한다.

피치료감호자를 치료감호시설에 수용하는 기간은 심신장애자의 경우, 정신성적 장애자로서 성범죄자인 경우는 15년, 마약, 알코올 범죄의 경우는 2년이다(제16조).

Ⅱ. 소년법상 보호처분

소년법은 반사회성 있는 19세 미만의 소년에 대하여 환경 조정과 품행 교정(矯正)을 위한 보호처분 등의 필요한 조치를 하고, 형사처분에 관한 특별조치를 함으로써 소년이 건전하게 성장하도록 돕는 것을 목적으로 한다(제1조, 제2조).

특히 범죄소년, 촉법소년, 우범소년에 대해서는 보호처분의 일종으로 보호관찰을 부과하도록 결정할 수 있다(제32조, 제33조).

소년법상 인정되는 보호처분으로는 1. 보호자 또는 보호자를 대신하여 소년을 보호할 수 있는 자에게 감호 위탁, 2. 수강명령, 3. 사회봉사명령, 4. 보호관찰관의 단기(短期) 보호관찰, 5. 보호관찰관의 장기(長期) 보호관찰, 6. 「아동복지법」에 따른 아동복지시설이나 그 밖의 소년보호시설에 감호 위탁, 7. 병원, 요양소 또는 「보호소년 등의 처우에 관한 법률」에 따른 소년의료보호시설에 위탁, 8. 1개월 이내의 소년원 송치, 9. 단기 소년원 송치, 10. 장기 소년원 송치이다(제32조).

Ⅲ. 보호관찰법상의 보안처분

보호관찰 등에 관한 법률은 죄를 지은 사람으로서 재범 방지를 위하여 보호관찰, 사회봉사, 수강(受講) 및 갱생보호(更生保護) 등 체계적인 사회 내 처우가 필요하다고 인정되는 사람을 지도하고 보살피며 도움으로써 건전한 사회 복귀를 촉진하고, 효율적인 범죄예방 활동을 전개함으로써 개인 및 공공의 복지를 증진함과 아울러 사회를 보호함을 목적으로 한다(제1조).

보호관찰의 대상은 형법에 의한 보호관찰조건부 선고 유예·집행유예를 선고받은 자 또는 보호관찰을 조건으로 가석방 또는 가퇴원한 자 등이다(제3조).

찾아보기

ㅅ

ㅊ

ㅋ

ㅌ